실전 의료사고 소송

Practical Cases Medical Accident Suit

권종현 저

육 법 사

추 천 사

저자는 1990년 의료사고피해를 직접 당한 후 '의료소송은 계란으로 바위치기'라는 주위의 만류에도 불구하고 제소하여, 8년간의 투쟁 끝에 마침내 "오빠의 동의만으로는 설명의무를 다한 것이라고 볼 수 없다"라는 대법원판례를 남겼습니다. 당시 우리 의료계는 환자 본인에게 질병에 대하여 설명하지 않는 것을 미덕으로 생각하였는데, 위 판결 선고로 환자의 자기결정권 보호가 우선이라는 인식을 갖게 되었다. 그로 인해 이 판결은 2016년 12월 국회에서 의료법 제24조의2(의료행위에 대한 설명)를 신설하는 계기가 되었습니다.

저자는 고려대학교 대학원 의료법학과에서 의료소송 관련 법률이론을 수학하고, 의료법률정보센터에서 실무를 경험하면서 수없이 쏟아지는 의료판례를 체계적으로 정리할 필요성을 느꼈으며, 이에 따라 최근 10여년간 선고된 최신 의료판례를 분석, 정리하게 되었습니다.

이 책은 실전에서 직접 수행한 판례를 진료과정에 따라 진료 단계별로 정리하여 진찰 및 검사 단계, 진단 단계, 치료 단계(주사 · 약물 · 마취 · 분만 · 수술), 경과관찰 단계로 나누어 실제 실전 판례를 정리하였는데, 이는 우리나라에서 처음으로 시도되는 형태의 판례정리서입니다. 그리고 진료기록부와 의료사고와 관련된 진료비에 대한 법적인 의미에 대하여 체계적으로 정리하였으므로 일반인은 몰론 법조인, 의료인에게도 실무적으로 많은 도움이 될 것입니다.

이 책은 의료인들에게 임상진료 지침이 되고, 일반인들에게 의료사고의 발생기전과 과실판단요건을 알려주어 권리구제를 받을 수 있도록 쉽게 만들어졌습니다. "의료사고를 모두 막을 수는 없지만 이미 발생한 사고사례를 통하여 단 1건의 유사사건 재발을 막을 수 있다면 이 책을 쓴 보람을 느끼겠다"는 저자의 겸손함에 고개 숙여집니다. 추천인과 30년 가량을 같이 동고동락하면서 만들어낸 판례가 이처럼 방대한 자료로 정리분석되어 출판된 데 대하여 깊은 감회가 있습니다. 저자의 노력에 깊은 찬사와 존경을 보냅니다.

2017년 6월

의료소송 전문변호사
고려대학교 법학전문대학원 겸임교수 신 현 호

감수의 말

일반인들은 의료사고가 발생했을 때 대형 병원을 상대로 한 의료소송을 '계란으로 바위치기'라고 생각하며 주저하곤 한다. 하지만, 실제로 의료사고 피해자가 대형 병원을 상대로 의료소송을 제기해서 10억 원에 가까운 배상액을 받기도 한다. 반면 의료인들도 소송을 하면 손해 볼 것이 없다는 잘못된 생각으로 환자 측에 "법대로 하라"고 이야기하기도 한다. 그러나, 법대로 하라고 한 의료인이 의료사고에 대응을 잘못해서 병원 문을 닫는 일이 벌어지기도 한다. 이 모두 의료소송의 실제를 잘 모르기 때문에 발생하는 일들이다.

이번에 출간한 『실전 의료사고 소송』은 일반인과 의료인 모두에게 의료소송이 어떻게 진행되는지, 의료소송의 결과는 어떠한지를 가감 없이 보여주고 있다. 특히 실제 사례를 들면서 관련 의학지식을 그림까지 덧붙여 보다 쉽게 설명하고 있는 부분은 이 책의 진가를 보여주는 대목이라 할 것이다. 이는 오랜 기간 의료사고 소송을 통하여 수많은 의료사고 피해자를 대변해서 피해자의 피해구제를 위해 얼마나 많은 노력을 기울였는지를 보여주는 실제 증거라고 할 것이다.

이런 이유로 이 책의 일독을 권한다. 특히 의료소송에 있어 징벌적 위자료를 도입해야 한다는 저자의 충고는 정책을 입안하고 결정하는 행정부와 입법부의 관계자들도 참고해야 할 부분이다. 의료사고로 고통 받는 피해자와 그 가족들, 언제라도 의료사고가 발생할 수 있는 의료기관의 의료인 및 직원들, 의료사고를 법적으로 해결해야 하는 법조인 모두가 이 책으로 인해 의료사고를 합리적으로 해결할 수 있기를 기대해 본다.

2017년 6월

의료소송 전문변호사 **신 헌 준**

발간을 축하하며

의료사고의 심각성이 인식되기 시작한지 30여년이 되었다. 그러나 아직까지 의료사고로 인하여 고통받고 있는 환자나 그 가족은 그대로이다. 최근의 가습기 살균제 사건, 폭스바겐 배출가스 조작 사건을 보면서 한편으로 의료사고 가족들을 생각하게 된다. 가습기 살균제 사건이나 폭스바겐 배출가스 조작 사건의 경우는 사회적 물의에 대하여 국민과 국가의 관심이 증폭되나, 의료사고의 경우는 누구도 관심을 가지지 않고 있는 것으로 느껴진다.

최근에 한국의료분쟁조정중재원이 설립되어 있으나, 이미 그 기능은 한계에 와 있는 것으로 보이고, 의사들이나 병원측에 면제부만 주기 위한 제도가 아닌지 의심을 받기에 이르고 있다.

의료사고에 대하여는 30년 전이나 지금이나 의료사고를 위한 해결책은 전적으로 개인간에 맡겨져 있고, 소송을 통한 해결이 궁극적인 해결방법으로 선택되어져 있다. 의료사고의 가장 확실한 해결방법은 공정한 판단을 해줄 수 있는 판단기관만 있다면 쉽게 해결될 문제이다. 예컨대 의료사고감정원같이 객관성이 담보되고, 근무하는 의사들의 신분보장만 된다면 재판이든 중재든 조정이든 누구든지 그 결과를 받아들이기 어렵지 않을 것이다.

이런 객관성이 담보되지 않는 국가기관의 관여는 결국 의사나 그 이익단체의 대변인 역할밖에 할 수 없으며, 한국의료분쟁조정중재원의 상임감정위원인 의사들의 면면만 보아도 알 수 있다. 공정성이 담보되지 못한 제도의 한계로 인해 의사나 병원측에서 환자나 그 가족에게 적극적으로 중재원을 찾아가라고 권유하고 있는 실정이다.

이런 현실에서 의료사고 분쟁시 치열한 다툼과 이를 통한 문제해결이, 다른 기관들에 지침이 되고 그 기준으로 사용될 수 있는 도움이 될 수 있는 이 책이 출간되어 매우 기쁘게 생각한다.

2017년 6월

의료사고가족연합회 회장 **이 진 열**

머 리 말

저자는 의료사고 피해자들과 그 가족을 보면서, 어떻게 하면 의료사고를 개인적인 문제로 돌리지 않고 사회적인 시스템내에서 해결되도록 할 것인가를 항상 고민하여 왔다. 의료사고의 경우에는 교통사고나 산재사고와 달리 거의 전적으로 개인간의 사적영역으로 남게 되는데, 공공재적인 성격이 강한 서비스로 그 진료비나 시설, 의사의 자격 등 여러 가지 면에서 국가의 간섭과 지도가 개입되어 있다. 그러므로 우리나라에서는 전 국민이 의료보험에 강제로 가입되어 있고, 진료비는 엄격한 심사에 의하여 그 결정에 국가의 강한 관여가 있다.

진료비의 경우에는 의료사고에 대한 의료기관의 비용도 산정이 되어 있으므로 그 자체가 국가의 강한 개입이 있는데, 의료사고 자체는 거의 전적으로 진료계약에 따른 당사자인 환자측과 병원측의 사적 영역에 맡겨져 있다. 최근에 의료사고 분쟁에 대하여 한국의료분쟁조정중재원을 설립하여 국가의 개입을 늘렸으나, 그 한계가 다시 노정되는 것으로 보인다. 한국의료분쟁조정중재원 설립 이전에는 소비자보호원이 있어 공정거래위원회 소속으로 국가의 관여가 있었다.

그러나 소비자보호원도 의료사고 해결에 크게 기여하지 못하였고, 한국의료분쟁조정중재원도 같은 길을 걷는 것은 아닌지 걱정이 앞선다. 이런 국가기관이 의료사고에 개입하여 큰 결과를 얻지 못하는 이유는 공정성이 확보되지 못하기 때문으로 보인다.

이는 의료사고의 특성상 의료진의 과실 여부를 거의 전적으로 의사의 판단에 따라 결정이 되는데, 현재와 같이 각 학회를 통한 강한 연대감이 형성되어 있는 의사들이 외부의 통제도 없는 상태에서 접수된 기관내에서 의사의 과실을 지적하며 배상과 처벌을 할 수 있는지 의문이 든다.

현재 주어진 제도내에서 그래도 가장 공정성이 확보된 재판절차를 통해 의료사고에 대하여 어느 정도로 치열하게 싸우며, 다투고 있는지를, 실제 수행한 소송기록으로 보여주며, 이런 소송기록들이 의료사고에 대한 국가기관의 관여시 기준이 될 수 있도록 하기 위하여 이 책을 집필하게 되었다.

이 책이 의료사고를 당한 환자나 그 가족에게 조금이나마 용기를 주며, 그들에게 일어난 사고(accident)를 한번 정화(淨化)하여 의료사고를 빨리 잊고 새로운 생활로 돌아갈 수 있는 희망의 등불이 되었으면 감사하겠다.

앞서의 졸저인 『15년 의료사고에 숨은 이야기』에 이어 두 번째 책이 출판될 수 있도록 도와주신 우리나라 의료사고 소송의 개척자이신 법학박사 신현호 변호사님, 전체적인 집필 방향을 잡아주신 신현준 변호사님, 육법사의 백 욱 대표님과 편집진에 감사를 드린다.

2017년 6월

저 자 **권 종 현**

차 례

실전 의료사고 소송

제1장 제도변화와 의료사고 관련 소송통계분석 27

제 1 절 제도변화 …… 29

1. 한국의료분쟁조정중재원의 설립 …… 29
가. 연 혁 …… 29
나. 조정의 강제주의 도입 …… 29
다. 중재원 조정금액의 실제 …… 29
2. 문제의 제기 및 집필 동기 …… 32
가. 병원측의 중재원 이용 권유 …… 32
나. 자기재판금지의 원칙 …… 33
다. 집필동기 …… 34

제 2 절 우리나라 의료소송 법원 통계 …… 35

1. 의료사고 소송 민사 1심 접수건수 통계 …… 35
2. 민사 1심 본안사건 청구인용 비율 …… 37
3. 민사 1심 합의사건 본안판결 항소율 …… 39
4. 상고처리 내역 …… 41
5. 민사 1심 승소율 …… 42

제2장 진료과정에 따른 의료사고의 발생과정 43

제 1 절 진료과정에서 발생하는 의료사고 …… 45

제 2 절 진료단계별 의료사고 …… 46

1. 진찰·검사 단계 ······ 46
가. 문진(問診) ······ 47
나. 시진(視診, inspection) ······ 47
다. 타진(打診, percussion) ······ 48
라. 청진(聽診, auscultation) ······ 48
마. 촉진(觸診, palpation) ······ 48
바. 각종 검사 ······ 49
2. 진단 단계 ······ 50
가. 진단이란? ······ 50
나. 진단상 과실유무의 판단기준 ······ 50
다. 진단의 문제는 결국 오진(誤診, misdiagnosis)의 문제 ······ 51
(1) 유책(有責)한 오진 51 / (2) 무책(無責)한 오진 52
라. 오진과 인과관계의 문제 ······ 52
3. 치료 단계 ······ 53
가. 주사 치료 ······ 53
(1) 주사의 종류 53 / (2) 주사 치료의 특징 54 / (3) 주사 치료의 주의의무 54 / (4) 영유아에 대한 주사 치료시 발생하기 쉬운 의료사고 55
나. 약물 치료 ······ 56
(1) 투약이란? 56 / (2) 투약상의 주의의무 56 / (3) 약품설명서의 법적 효력 57 / (4) 약품 사용 후의 경과관찰의무와 복약지도의무 58 / (5) 약사의 약사법상 조제시 주의의무 규정과 조제 판매시의 설명의무 정도 59 / (6) 임상단계의 신약 사용과 약화사고 59
다. 마 취 ······ 62
(1) 마취란? 62 / (2) 마취의 종류 62 / (3) 부작용·후유증 64 / (4) 마취와 관련된 주의의무 64
라. 수 술 ······ 71
(1) 수술과 관련된 주의의무 71 / (2) 수술의 필요성 관련 판례 71 / (3) 수술방법 선택과 관련된 판례 71 / (4) 수술과 관련하여 의료기술상 과실과 관련된 판례 73
4. 경과관찰 단계 ······ 79
가. 각 진료단계에 필요한 경과관찰 ······ 79
나. 경과관찰 해태와 관련된 판례 ······ 80
5. 전원의무 관련 ······ 84
가. 전원의무란? ······ 84

나. 전원의 요건 ······ 84
다. 전원의 판단기준 ······ 85
라. 전원의무 위반 관련 판례 ······ 85
6. 설명의무 위반 관련 ······ 87
가. 두 가지 설명의무 ······ 87
나. 요양방법 지도 의무로서의 설명의무 ······ 88
(1) 의사의 요양방법 지도 의무 88 / (2) 진료행위의 본질적인 구성부분으로서의 요양방법 지도 의무 88
다. 고지된 동의를 얻기 위한 설명의무 ······ 89
7. 악결과의 형태 ······ 90
가. 불법행위에 의한 손해배상청구의 성립요건 ······ 90
나. 손해의 발생－악결과의 발생과 형태 ······ 90

제 3 절 의료사고와 진료비와의 문제 ······ 91

1. 진료계약의 성격－진료계약은 유상의 쌍무계약 ······ 91
2. 의료사고와 진료비의 관계 ······ 91
가. 의료사고가 발생할 경우 진료비 문제에 대한 다툼 ······ 91
나. 진료비 청구에 대한 법원의 판단 ······ 92
(1) 병원의 진료비청구 소장 예 92 / (2) 의료과오로 인하여 발생된 진료비는 진료비청구권이 없음 93 / (3) 원고의 일부승소와 진료비 청구의 문제 95

제 3 장 자연과학적 인과관계와 법률적 인과관계 97

제 1 절 인과관계 ······ 99

1. 인과관계의 의의 ······ 99
2. 의료사고 소송에서 다루는 인과관계는 법률적 인과관계이다. ······ 99
가. 종합적인 고려 ······ 99
나. 규범적 판단의 문제 ······ 100
(1) 재판관의 가치관의 반영 100 / (2) 소송 실제에서의 적용문제 100
3. 인과관계 추정을 위한 간접사실들 ······ 101
가. 간접사실이 가지는 증명력에 의한 입증 ······ 101

나. 최근의 경향 ········ 102

제 2 절 손해배상법에서의 인과관계 ········ 103

제 3 절 성립요건으로서의 인과관계에 대한 판례의 태도 ········ 104

1. 의료행위의 준칙 위반 ········ 104
2. 시간적 근접성 ········ 105
3. 치료부위와 악결과 부위의 일치성 ········ 107
4. 통계적 인과관계 ········ 107
5. 다른 원인의 개재가능성 배제 ········ 108
   가. 전주지방법원 2016. 2. 17. 선고 2013가합2695 판결 ········ 108
   나. 서울남부지방법원 2013. 6. 11. 선고 2011가합17725 판결, 서울고등법원 2015. 6. 25. 선고 2013나2013182 판결 ········ 109
   다. 수원지방법원 2009. 7. 9. 선고 2007가합21378 판결 ········ 109
   라. 수원지방법원 2013. 2. 7. 선고 2011가합26394 판결 및 서울고등법원 2014. 2. 6. 선고 2013나2004942 판결 ········ 110
   마. 춘천지방법원 원주지원 2015. 1. 29. 선고 2012가합1784 판결 ········ 110

제4장 실전 의료사고 소송 111

제 1 절 진찰 및 검사 단계에서의 의료분쟁 사례 ········ 114

1. 교통사고로 늑골 골절을 당한 후 가슴 답답한 증세 있는 환자에게 바륨 주사 후 사망한 사건 ········ 114
2. 심근효소 수치가 증가함에도 진통제만 투여하다 늦은 대처로 대동맥박리로 사망한 사건 ········ 122
3. 외상성 경막하출혈이 있는 환자에 대하여 뇌출혈에 대한 늦은 검진으로 사망한 사건 ········ 131
4. 두개골 골절과 뇌출혈이 있는 환자를 의식이 있다고 귀가시킨 후 다시 쓰러져 병원으로 갔으나 사망한 사건 ········ 150

제 2 절 진단과 관련된 단계에서의 의료분쟁 사례 ········ 154

1. 흉통이 있어 내원한 환자를 심전도상 정상이라고 귀가시킨 후 심정지 상태에서 내원한 후 사망한 사건 154
2. 자궁외 임신을 급성 골반염으로 오진하여 난관파열에 의한 대량출혈로 사망한 사건 165
3. 급성 심근염을 간염으로 오진하여 늦은 처치로 사망한 사건 180
4. 세균성 수막염을 기관지염, 급성 위장염으로 오진하여 치료시기를 놓쳐 사망한 사건 191
5. 상장간막동맥색전에 대한 진단지체 및 후유증으로 사망한 사건 209
6. 뇌동맥류 파열을 긴장성 두통으로 오진하여 사망한 사건 222
7. 폐암에 대한 조직검사 없이 폐엽절제술을 시행하는 도중 폐충혈 발생하여 개흉술 시행하였으나 사망한 사건 235
8. 견갑부 임파선 종창을 양성종양으로 오진하여 종양절제술을 하다 좌측부신경을 손상시킨 사건 249
9. 뇌수막염을 급성 위장염 등으로 오진하여 치료시기가 늦어져 뇌병변 1급장애아가 된 사건 266
10. 긴장성 기흉에 대하여 즉시 흉강천자술이나 흉관삽입술을 시행하지 않아 사망한 사건 285

제 3 절 치료 단계에서의 의료분쟁 사례 291

Ⅰ. 주사 관련 의료사고 사건 291
1. 영유아에 대한 정맥주사시 과도한 자극으로 수유물 역류로 인한 호흡정지가 발생하여 뇌손상이 된 사건 291
2. 척추관협착증 환자에 대한 신경차단술 직후 심정지 발생하여 저산소성 뇌손상 발생된 사건 300

Ⅱ. 약물 관련 의료사고 사건 310
1. 류마티스 관절염약인 MTX를 과다투여하여 혈소판감소증 등이 발생하여 사망한 사건 310
2. 항결핵약 투여 후 급성간부전에 의하여 사망한 사건 324
3. 배란유도체 투여 후 뇌경색 발생 사건 338
4. 수술 위해 항응고제 투여중단 후, 전립선 수술을 받은 다음 항응고제 투여 미

뤄 혈전에 의한 급성 뇌경색 발생한 사건 ··· 353
5. 뇌동맥류 수술 기왕력이 있는 환자에 대한 안이한 혈압관리로 뇌출혈이 발생된 사건 ··· 369

Ⅲ. 마취 관련 의료사고 사건 ··· 380
1. 프로포폴에 의한 수면내시경 도중 청색증 발생 뒤 기도삽관 실패 후 앰브배깅 후 전원하였으나 뇌손상 발생된 사건 ··· 380
2. 계류유산 수술 후 잔류태반으로 재수술 받은 후 마취에 대한 경과관찰을 해태하여 사망한 사건 ··· 405

Ⅳ. 분만 관련 의료사고 사건 ··· 424
1. 분만처치상의 과실로 태아곤란증이 유발되었고 신속한 조치가 취해지지 않아 뇌성마비가 된 사건 ··· 424
2. 아두골반불균형에 의한 분만지체에 의하여 뇌성마비가 된 사건에서 진료기록부를 부실기재 · 사후에 기재할 시 과실판단의 참작사유가 된 사건 ··· 461
3. 아두골반불균형에 의한 분만지연으로 뇌성마비가 된 사건 ··· 470
4. 아두골반불균형 산모에 대한 흡입분만 후 제왕절개술로 분만하였으나 저산소성 뇌손상과 두개골 골절발생 사건 ··· 486
5. 분만 후 유착태반에 의한 대량출혈로 야기된 범발성 혈액응고장애로 산모가 사망한 사건 ··· 508
6. 분만과정의 무리한 만출로 신생아가 상완신경총 손상을 입은 사건 ··· 520
7. 무리한 질식분만으로 산모가 직장-질 누공과 항문 4도 열상입은 사건 ··· 536
8. 태아곤란증이 있는 태아에 대한 제왕절개수술 지연으로 태변흡입증후군에 의한 뇌손상이 발생한 사건 ··· 548

Ⅴ. 수술 관련 의료사고 사건 ··· 556
1. 척추측만증 수술을 하면서 과도하게 금속봉을 연장하여 하반신이 마비된 사건 ··· 556
2. 척추간협착증 수술 후 배변 및 배뇨장해가 발생된 사건 ··· 569
3. 항결핵 약제 복용으로 합병증이 발생하여 항결핵제 복용을 중단한 후 속립성 결핵 및 긴장성 기흉 발생하였으나 늦은 흉관삽관으로 뇌손상 발생된 사건 ··· 580
4. 고관절 수술 중 과다출혈로 사망한 사건 ··· 608

5. 협심증 환자에 대한 스텐트 삽입술 도중 와이어 손상되어 사망한 사건 ············ 617
6. 심장 관상동맥에 대한 풍선확장술 후 관상동맥이 파열되어 심낭압전으로 사망한 사건 ············ 633
7. 뇌수막종 제거 수술 중 중대뇌동맥 손상에 의한 뇌부종·뇌경색으로 사망한 사건 ············ 644
8. 지주막하 출혈에 대한 뇌동맥류 결찰술 후 결찰주위 재출혈과 뇌부종으로 인하여 사망한 사건 ············ 652
9. 담낭용종이 있어 복강경 담낭절제술시 담관을 절제하여야 하는데 담도를 절단한 과실로 인하여 장애가 발생한 사건 ············ 662
10. 자궁근종 수술 후 과다출혈로 사망한 사건 ············ 682
11. 호흡부전으로 인공호흡기 치료중 기관내 삽관 빠져 재삽관시도 중 기도손상으로 인한 저산소성 뇌손상 발생한 사건 ············ 702
12. 유방확대수술을 하면서 상완신경총 손상을 입힌 사건 ············ 718

제 4 절 경과관찰 단계에서의 의료분쟁 사례 ············ 733

1. 신생아 MRSA 감염에 의한 패혈증으로 사망한 사건 ············ 733
2. 치과 신경치료 후 농양이 확대되어 패혈증으로 사망한 사건 ············ 744
3. 위암수술 후 문합부위 누출로 인한 복막염과 흉부천자 과실로 인한 과다출혈로 사망한 사건 ············ 764
4. 대퇴골 골절에 대한 내고정술 후 골수염이 발생하여 하지가 13㎝ 단축되고 관절강직이 남은 사건 ············ 781
5. 허리에 대한 인대강화주사 후 요추농양과 뇌수막염이 발생한 후 하지마비 및 인지장애가 발생한 사건 ············ 811
6. 임플란트 위한 발치 후 염증의 확산으로 인하여 심경부 염증과 호흡곤란으로 기관절개를 한 사건 ············ 825
7. 급성 세기관지염이 있는 영아가 몇 차례 개인의원 내원 후 악화되어 급성폐렴으로 사망한 사건 ············ 842

제5장 진료기록부의 부실기재나 추가작성시 입증방해의 문제 853

1. 진료기록부의 의의 ··· 855
2. 진료기록부의 작성취지와 관행의 불인정 ··· 855
3. 입증방해의 일반이론 ··· 856
가. 입증방해의 효과 ··· 856
나. 소송실무에서 진료기록부의 부실기재나 추가기재 ··· 857
4. 입증방해 관련 판례 ··· 857
가. 대법원 1995. 3. 10. 선고 94다39567 판결 ··· 857
(1) 사실관계 857 / (2) 법원의 판단 858
나. 서울지방법원 1999. 9. 8. 선고 98가합54194 판결 ··· 858
다. 서울지방법원 1999. 9. 8. 선고 98가합51874 판결 ··· 858
라. 서울지방법원 의정부지원 1999. 6. 3. 선고 97가합18025 판결 ··· 859
마. 수원지방법원 2009. 1. 22. 선고 2007가합5253 판결 ··· 859
(1) 사건 개요 859 / (2) 태아에 대한 분만감시 후 위험요소가 있으면 즉각적인 응급제왕절개 수술 필요 860 / (3) 진료기록부의 부실기재시 분만감시를 소홀히 한 것으로 추정 860
바. 춘천지방법원 원주지원 2002. 2. 28. 선고 2000가합573 판결 ··· 861

제6장 징벌적 손해배상제도의 의료사고 사건에의 도입 863

1. 현행 손해배상제도의 모순점 ··· 865
가. 현행 손해배상제도 ··· 865
나. 새로운 유형의 불법행위와 가해자에 대한 제재의 필요성 ··· 865
다. 가습기 살균제 사건과 폭스바겐 배출가스 조작 사건 ··· 866
라. 징벌적 손해배상제도의 도입 필요성 ··· 866
2. 현행 징벌적 배상제도 ··· 867
3. 의료분야에서의 징벌적 손해배상이 적용된 사례 ··· 867

가. 사건 개요 ········· 867
나. 판결요지 ········· 869
다. 해　설 ········· 870
4. 개별입법이 아닌 일반법인 민법에 의한 징벌적 손해배상제도의 도입 ········· 871
5. 징벌적 손해배상제도를 의료사고 분야에 도입할 필요성 ········· 871
6. 위자료 산정방안을 통한 징벌적 손해배상제도의 도입시도 ········· 872

□ **판례 찾아보기** ········· 875

□ **사항 찾아보기** ········· 879

제 1 장 제도변화와 의료사고 관련 소송통계분석

제1절 제도변화

제2절 우리나라 의료소송 법원 통계

제 1 장
제도변화와 의료사고 관련 소송통계분석

제 1 절 제도변화

1. 한국의료분쟁조정중재원의 설립

가. 연 혁

2011년 4월 7일, '의료사고 피해구제 및 의료분쟁 조정 등에 관한 법률'이 공포되어, 공포후 1년이 경과된 후부터인 2012년 4월 8일경부터 시행되게 되어, 한국의료분쟁조정중재원이 설립・운영되어 오고 있다.

나. 조정의 강제주의 도입

의료분쟁조정법 제27조 제8항에 따라 신청인의 분쟁조정 신청시 피신청인이 조정에 응하고자할 경우 조정은 개시되나, 가수 신해철씨 사망사건[1])을 계기로 하여 2016년 11월 30일부터는 사망 또는 1개월 이상의 의식불명 등 중상해시는 자동으로 개시되는 강재조정개시제도가 도입되게 되었다.

다. 중재원 조정금액의 실제

한국의료분쟁조정중재원의 조정사례를 찾아보면서 왜 사람이 사망하였는데도, 불과 수백만 원에 조정이 이루어지고, 조정금액이 왜 이렇게 적은지에 대하여 의문을 가지

1) 가수 신해철씨는 2014년 10월 17일 갑작스런 복통을 느껴 서울 송파구 S병원에서 장협착에 관한 수술을 받은 후 같은 달 19일 오후 퇴원하였고, 같은 달 20일 새벽 미열과 함께 수술부위에 통증 발생하여 재방문한 후 퇴원 뒤 같은 달 22일 다시 복통으로 재입원한 후 심정지 발생하여, 3차병원으로 전원되어 복강내 장수술과 심막수술을 하였으나 사망한 사건. 부검상 사인은 복막염 및 심낭염으로 인한 패혈증으로 사망한 것으로 밝혀짐.

고 실제 조정금액을 찾아보고, 그 이유에 대한 원인 파악을 하게 되었다.

한국의료분쟁조정중재원 홈페이지에 있는 조정사례 전체를 검색하여 분석하였다. 홈페이지의 성격상 중재원의 실적과 좋은 조정성공 사례를 올리는 것을 감안하더라도 이는 매우 적은 조정금액이다.

특히 의료사고의 경우 심한 후유증이나 사망, 의식혼수 등의 사건이 많은 것을 감안하면 너무 적은 조정금액에 대하여 문제제기를 하게 된 것이다.

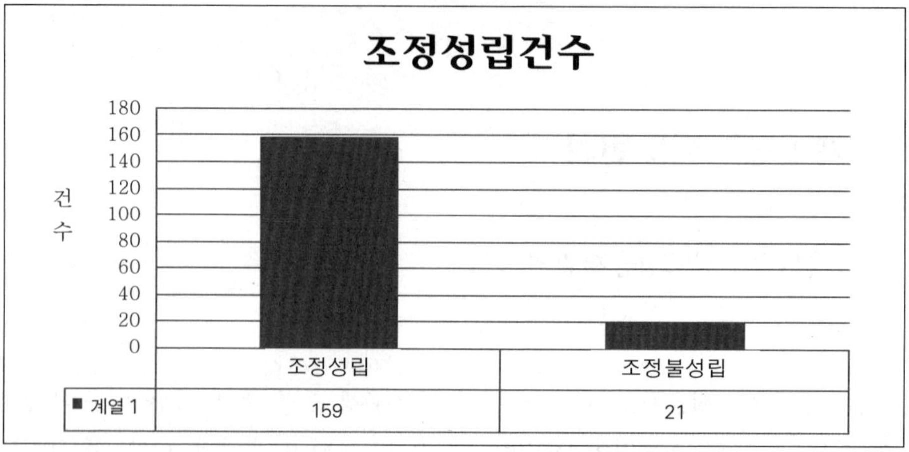

전체 조정건수 180건수 중 조정성립건수 159건, 조정불성립 21건이다.

조정이 성립된 159건 중에서 조정금액과 관련된 아래 분산형 그래프를 보면 거의 대부분이 5,000만 원 이하에서 조정이 성립됨을 알 수 있고, 그 비율이 무려 92%에 해당한다. 1억 원 이상은 불과 4건에 불과하다.

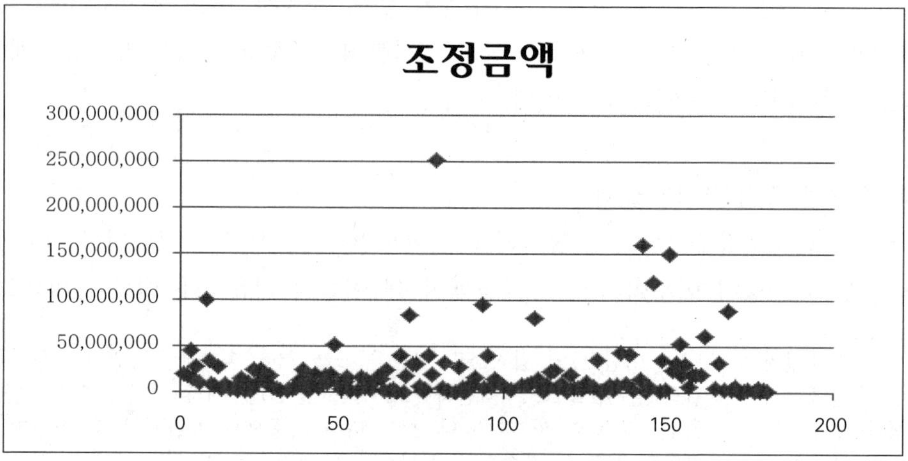

<조정금액에 대한 분산형 그래프>

건당 조정금액을 보면 1천만 원 이하가 57%, 1천만 원에서 5천만 원 사이가 35%, 5천만 원에서 1억 원 사이가 0.5%, 1억 원 이상은 0.25%이다.

즉 조정금액이 1억 원 이상인 경우는 0.25%에 불과해 조정으로 1억 원 이상의 조정금액을 기대할 수 없다는 것을 알 수 있다. 92% 이상이 5천만 원 이하이고, 그 중에서도 1천만 원 이하가 57%나 된다.

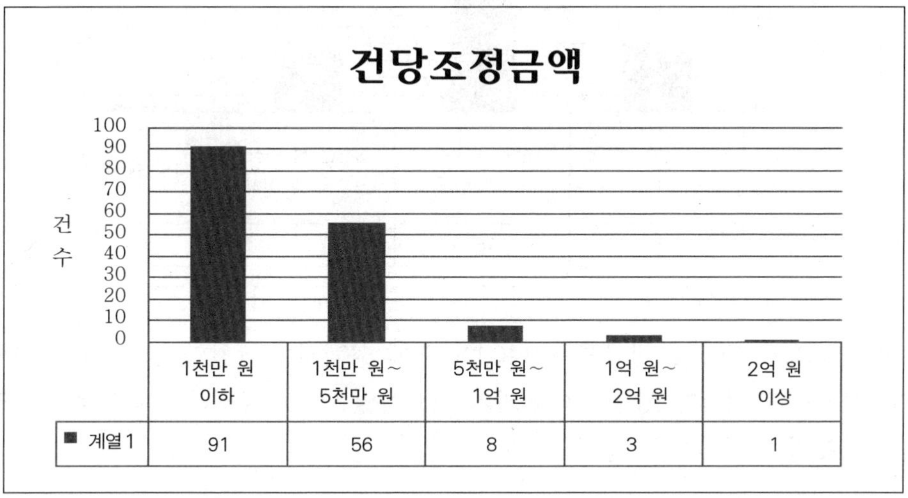

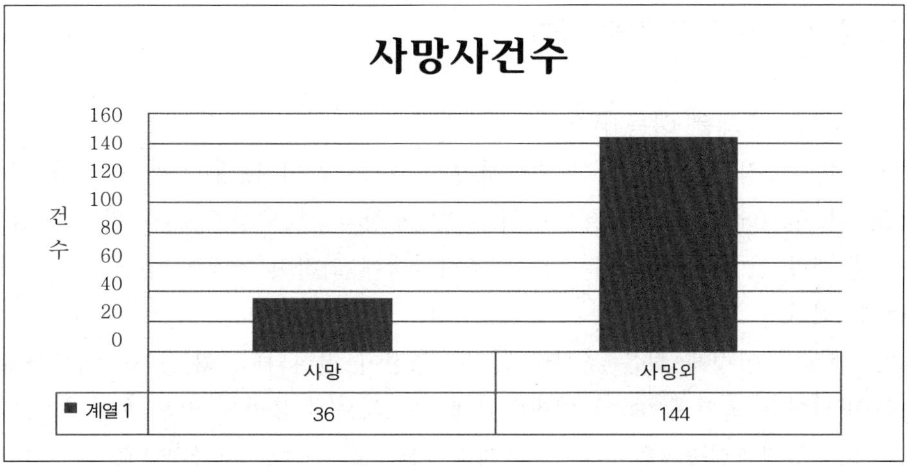

전체 180건 중 사망사건이 36건이고 사망 외의 사건이 144건이다. 사망사건이 20%에 달해, 5건 중 1건이 사망사건이다. 의료사고의 심각성을 이를 통해서도 잘 보여주고 있다.

사망사건 36건 중에서 조정이 성립되지 않은 2건을 제외하고, 조정이 성립된 34건

에 대한 조정금액을 보면,

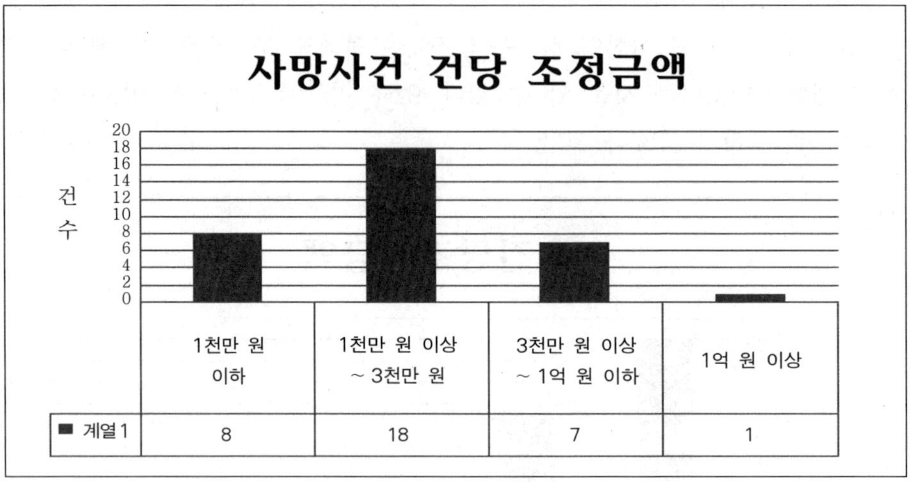

사망사건 34건 평균 조정금액은 3,100만 원에 불과하고, 1천만 원 이하도 24%이고, 3천만 원 이하가 전체의 76%로서, 환자가 사망하였음에도 불구하고 대부분이 3천만 원 이하에서 조정이 성립함을 알 수 있다.

2. 문제의 제기 및 집필 동기

가. 병원측의 중재원 이용 권유

(1) 적은 조정금액에 대하여 위에서 보는 바와 같이 1,000만 원 이하가 대부분이고, 2016년 현재에도 인터넷상에 올라와 있는 한국의료분쟁조정중재원의 조정사례를 보아도 수백만 원에 불과한 매우 적은 조정금액에 의하여 조정이 성립되고 있다는 것을 알 수 있다.

(2) 현실이 이렇게 적은 조정금액으로 조정이 결정되니, 최근에는 의료사고를 발생케한 병원이나 의원 등 특히 대형병원에서는 치료에 불만이 있는 환자나 그 가족에게 한국의료분쟁조정중재원에 가서 분쟁조정신청을 하라고 적극적으로 권유하고 있는 실정이다.

의료기관에서 자신들에게 불리한 조정제도라면 이렇게 적극적으로 권유할 일은 없을 것이다.

(3) 이렇게 소액으로 배상금이 결정되는 가장 중요한 이유는 그 조정금액의 성격이 의사의 과실이 전제되는 의료과오의 개념이 아니라, 의사의 과오는 없으나 환자가

병원에 와서 발생된 일이니 약간의 위자료 정도의 조정금액을 지급한다는 개념에서 접근하기 때문이다. 또한 조정이 성립되면 민사적인 소송이나 형사적인 고소, 다른 구제절차나 이의를 제기하지 못하도록 문구를 삽입하고 있다. 이는 일방적으로 환자에게 불리한 전제에서 조정이 개시되는 것으로 이는 반드시 시정이 되어야 한다.

나. 자기재판금지의 원칙

(1) 재판의 원칙 중에는 자기재판금지의 원칙이 있다. 자기와 관련된 사건에 자신이 스스로 재판관이 되어 재판할 수 없다는 원칙이다. 이는 매우 당연한 원칙으로 받아들여지지만, 외양은 자기재판금지의 원칙을 지키고 있으나 실제는 자기재판인 경우가 있다.

의사의 경우 각 학회를 중심으로 도제성격의 교육을 통하여 매우 강한 유대감이 형성되어 있다. 그러다보니 의사가 의사의 과실을 지적하여 문제점을 철저히 밝히는 경우는 거의 없다. 의료사고의 과실여부를 공개된 절차가 아닌 내부심사에 의하여 결정이 되고, 상임감정위원인 의사에 의하여 과실여부가 결정이 된다는 것은 형식적 자기재판은 아니나, 실제는 자기재판이 아닌지 돌아보아야 한다.

(2) 모든 조직에는 core group이 존재한다. 학교에는 선생님이 핵심적인 역할을 하며, 법원에는 판사, 병원에는 의사, 군대에는 장교 등이 그 조직의 핵심역할을 하게 된다. 한국의료분쟁조정중재원의 경우 그 핵심적인 역할을 하는 조직은 의료진의 의료과오여부를 따져 배상여부를 결정하는 감정단이 하게 되며, 그 감정단의 핵심이 의사들로 구성되는 상임감정위원들이다.

2016년 현재 상임감정위원의 구성을 보면, 6명의 상임감정위원이 있는데 그 명단은 아래와 같다(아래는 한국의료분쟁조정중재원에 올라와 있는 상임감정위원의 명단을 캡쳐하였음).

아래에서 보는 바와 같이 상임감정위원 6명의 의료진은 정말 권위있고, 명성이 자자한 분들이다. 그런데 이 분들의 면면을 보면 S 의과대학을 졸업한 상임위원이 5명이고, 1명만 Y대학교 의과대학을 졸업하여 특정대학이 전체를 대변하고 있다. 또한 이 상임감정위원은 병원장급, 학회장급의 의사들로 최근의 의료과오와 관련된 환자측의 권리의식과 의료가 상업화됨에 따른 의료계약에 의한 환자측의 권리의식을 바르게 반영할 수 있는 법감정(legal mind)이 과연 있는지 다시 한번 돌아보게 한다.

적극적으로 의사의 과실을 부정하며, 이를 전제로 의사의 과실은 없고 동정심을 가지고 약간의 위자료 수준에서 모든 결정이 이루어지는 것은 아닌지, 의사들의 이익단체 등의 입김은 작용하지 않는지, 감정단에 속한 직원들의 적극적인 대응 등에 대하여 바르게 적응을 하는지 등에 대하여 많은 생각을 하게 된다.

상임감정위원 (가나다순)

▪ 성명 강 ▪ 학력 · 서울대학교 의과대학 졸업 · 의학박사, 정형외과 전문의 ▪ 주요경력 · 중앙대학교 교수 · 대한 정형외과 학회 이사장	▪ 성명 김 ▪ 학력 · 서울대학교 의과대학 졸업 · 의학박사, 산부인과 전문의 ▪ 주요경력 · 한양대병원 산부인과 과장, 주임교수 · 전 대한산부인과학회 고시위원장 · 전 대한부인종양학회 회장 · 대한부인종양학회 명예회장
▪ 성명 김 ▪ 학력 · 서울대학교 의과대학 졸업 · 의학박사, 내과전문의 ▪ 주요경력 · 울산대학교 학장 및 명예교수 · 건국대학교병원 호흡기알레르기내과 자문교수 · 서울아산병원 내과 과장	▪ 성명 박 ▪ 학력 · 연세대학교 의과대학 졸업 · 의학박사, 신경외과 전문의 ▪ 주요경력 · 인하대학교 주임교수 · 이화여자대학교 부교수 역임 · 연세대학교 교수 역임 · 대한척추신경외과학회 회장 역임
▪ 성명 이 ▪ 학력 · 서울대학교 의과대학 졸업 · 의학박사, 내과전문의 ▪ 주요경력 · 한양대병원 소화기내과 교수, 내과 주임교수, 국제협력병원장 역임 · 전 복지부 중앙 약사심의 위원회 위원 · 전 대통령실 정책자문위원 · 식품의약품안전처 중앙약사심의위원회 전문가 · 한양대학교 의과대학 명예교수	▪ 성명 장 ▪ 학력 · 서울대학교 치과대학 졸업 · 치의학 박사 및 교정학 전문의 ▪ 주요경력 · 서울대학교 치과병원 원장 · 서울대학교 치과대학 교수 및 학생부학장 · 대한치과의사협회 학술이사 · 대한치과교정학회 회장 · 대한치과병원협회 회장 · 전국치과대학교육협의회 회장 · 서울대학교 명예교수

다. 집필동기

이런 소액의 조정금액으로 환자나 그 가족에게 위로를 준다는 명목으로 의료사고가 종결되어, 더 이상의 형사적인 고소나 진정 다른 기관에의 탄원 등 일체의 이의를 제기하지 못하도록 하는 것이 바람직한지 의문이 들었다.

중재조정제도의 성격상 공개된 재판과 달리 내부적인 심사에 의하여 누가 어떤 절차에 의하여 심사가 되며, 과실이 있는지 여부와 구체적인 과실은 어떤 것인지 여부에 대한 환자나 그 가족의 참여도 없이 이루어지는 것이 특징이다. 그럼에도 불구하고 그 조정금액이 재판에서 받는 손해배상금과 너무 많은 차이가 난다면 이는 가난한 의료사고 피해자나 그 가족은 재판할 돈이 없으니, 국가에서 간단히 심사하여 판단하는 중재조정을 받아 소액의 조정금액으로 만족하고, 돈이 있는 의료사고 피해자나 가족은 재판을 받아서 의료사고를 해결하게 되는 모양이 된다.

이에 실제 의료사고와 관련된 재판에서 승소시 얼마 정도의 배상이 판결되며 이런 판결금액이 조정의 결정금에 기준이 되어, 이 판결금에서 가감이 이루어져야 바른 조정이 된다고 생각한다. 중재원의 조정은 재판과 같은 절차적인 정당성이 담보되어 있지 않은 상태에서 조정이 성립하게 되어 더 이상 민사적인 재판도, 형사적인 고소도, 다른 이의절차도 밟을 수 없어 환자나 그 가족은 불만족스러운 조정금액을 받음으로 인해서 의사에게 면죄부만 주는 형태가 될 수 있다.

이 책은 환자측의 입장에서 판례를 정리하고, 의료사고가 실제 법정에서 어떻게 다투어지며, 의사와 환자가 어떻게 대처하는지에 대하여 쉬운 정리자료와 의료적인 사진이나 요약된 도표 등을 통하여 정리하고자 한다.

제 2 절 우리나라 의료소송 법원 통계

1. 의료사고 소송 민사 1심 접수건수 통계

[도표] 민사 1심본안사건 통계

연 도	금년 접수	처리												항소
		합계	각하명령	판결				취하	조정	화해	인낙	기타		
				원승	일부승	원패	각하							
1989	69	42	-	11	20	2	1	4	-	2	-	2		8
1990	84	68	-	21	22	3	2	12	-	7	-	1		4
1991	128	88	2	18	40	14	-	12	-	1	-	1		12
1992	75	81	1	8	37	12	-	16	-	4	-	3		15
1993	179	137	-	27	59	12	-	28	-	8	-	3		9
1994	208	163	-	36	41	38	-	26	-	10	-	12		22

1995	179	115	2	13	35	32	2	19	6	3	-	3	25
1996	290	229	6	36	54	34	1	40	36	10	2	10	51
1997	399	303	3	36	75	67	3	57	31	13	-	18	73
1998	542	475	4	84	123	98	3	70	59	16	1	17	74
1999	508	396	2	29	112	70	4	50	82	11	-	35	104
2000	519	361	3	29	106	86	-	47	62	8	-	20	115
2001	666	585	16	35	143	80	5	58	182	5	-	61	150
2002	671	492	2	10	109	103	6	62	137	11	1	51	167
2003	755	735	4	39	168	184	1	66	119	52	1	1	267
2004	802	755	5	8	178	195	3	58	146	69	-	93	273
2005	867	772	4	6	182	166	1	54	183	85	-	91	239
2006	979	749	3	9	191	170	2	75	140	82	-	77	243
2007	766	932	2	5	223	240	2	72	160	132	-	96	280
2008	748	894	1	8	218	219	5	47	133	176	-	1	302
2009	911	780	6	6	199	195	6	58	128	103	-	79	272
2010	871	782	4	7	196	171	6	59	140	106	-	93	260
2011	876	881	4	8	244	213	3	54	115	135	-	106	314
2012	1,009	922	3	8	272	221	5	70	105	126	-	112	332
2013[2]	1,101	945	6	6	282	238	2	48	123	136	-	103	371
2014	946	960	11	14	287	265	6	64	92	108	-	113	403[3]
2015	963	951	3	13	261	279	5	58	92	147	-	93	406

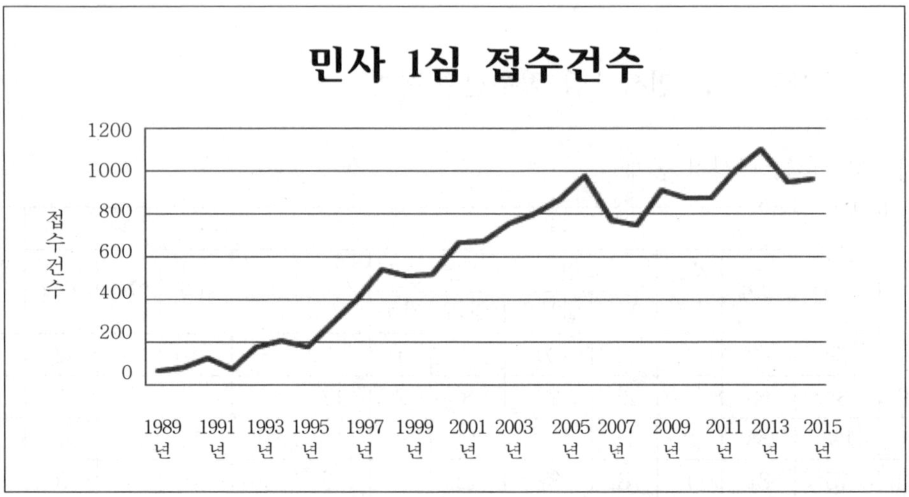

2) 2014년 사법통계상 판결에서 기타 1건이 통계처리되었다.
3) 2014년 항소심(고등법원 226건 + 지방법원 177건) 접수건수.

의료사고 건수가 1990년경부터 2006년경까지 급격하게 급증하고 있다. 연간 100건 이하에서 200건, 300건, 500건, 800건, 900건 등으로 급증하고 난 후 2006년 979건을 기록한 후, 2015년까지 900건에서 1,000건 사이에서 횡보하고 있다.

이는 의료행위가 급증하는 것과 관계가 있고, 우리나라도 중진국에서 선진국의 문턱까지 소득이 늘고, 국민의 권리 의식이 신장됨으로 인하여 발생된 것으로 보인다.

특히 이전의 의사 '선생님'이라는 전통적인 의료관에 기초하여 의사의 선의(善意)에만 의지하는 형태에서, 의료행위를 의사와 환자와의 계약으로 보고, 이에 기초하여 권리－의무관계로 의료행위를 파악함으로 인하여 발생된 것이기도 하다.

여기에 의료가 본격적인 상업화의 길로 나서는 경향이 강화되고, 언론을 통한 의료사고의 심각성이 등이 알려지면서 적극적인 권리구제에 나서면서 의료사고에 대하여 환자나 가족들이 권리구제방법으로서 의료사고 소송을 택한다고 보여진다.

2. 민사 1심 본안사건 청구인용 비율

[도표] 민사 1심 본안사건 청구인용

내용 연도	전체			합의사건			의료		
	처리건수	인용건수	비율(%)	처리건수	인용건수	비율(%)	처리건수	인용건수[4]	비율(%)
1989년	264,752	179,650	67.9	32,421	22,582	69.7	42	33	78.6
1990년	266,237	178,639	67.1	37,861	25,832	68.2	68	50	73.5
1991년	310,940	215,797	69.4	47,503	32,697	68.8	88	59	67.0
1992년	354,535	243,714	68.7	42,066	26,788	63.7	81	49	60.5
1993년	379,150	260,964	68.8	31,961	21,334	66.8	137	94	68.6
1994년	408,814	270,905	66.3	33,988	20,397	60.0	163	87	53.4
1995년	471,202	329,808	67.0	39,228	25,910	66.0	115	57	49.6
1996년	544,309	386,926	71.1	44,091	29,783	67.5	229	138	60.3
1997년	627,402	456,028	72.7	48,351	31,475	65.1	303	155	51.2
1998년	858,731	659,484	76.8	49,766	32,618	65.5	475	283	59.6
1999년	852,501	657,749	77.2	41,109	25,758	62.7	396	234	59.1
2000년	719,322	551,861	76.7	40,454	24,887	61.5	361	205	56.8
2001년	792,829	610,517	77.0	35,552	21,474	60.4	585	365	62.4

4) 청구인용은 원고승＋원고일부승＋이행권고＋조정＋화해＋인낙의 합계임.

2002년	969,355	779,868	80.5	28,001	17,040	60.9	492	268	54.5
2003년	1,141,608	946,442	82.9	31,939	20,385	63.8	735	379	51.6
2004년	1,170,534	1,001,233	85.5	35,163	21,865	62.2	755	401	53.1
2005년	1,136,740	967,606	85.1	40,930	25,053	61.2	772	456	59.1
2006년	1,203,174	1,042,668	86.7	40,633	24,245	59.7	749	422	56.3
2007년	1,222,270	1,063,074	87.0	44,359	26,566	59.9	932	520	55.8
2008년	1,284,430	1,124,427	87.5	48,880	29,821	61.0	894	535	59.8
2009년	1,102,464	925,232	83.9	53,387	32,349	60.6	780	515	66.0
2010년	989,868	812,284	82.1	51,897	31,232	60.2	782	449	57.4
2011년	967,988	787,510	81.4	53,437	31,853	59.6	881	502	57.0
2012년	1,020,187	813,438	79.7	54,475	33,205	61.0	922	511	55.4
2013년	1,117,175	889,715	79.6	58,053	35,314	60.8	945	547	57.9
2014년	1,124,565	899,122	79.95	59,087	35,269	59.5	960	501	52.2
2015년	1,020,173	782,968	76.74	50,957	29,461	57.8	951	513	53.9

민사 1심 사건에서 본안사건 청구인용 비율을 보면 2010년 이후 일반민사 합의사건의 청구인용비율은 약 60%이고, 의료사고와 관련된 민사 사건에서 재판부가 원고의 청구를 인용하는 비율은 약 56%로서, 일반민사사건과 의료사고와의 사이에 청구인용비율에 큰 차이가 없다는 것을 알 수 있다.

따라서 일반인이 알고 있는 바와 같이 병원과 의사를 상대로 재판에서 이기기 어렵다고 생각하는 것은 선입견에 기인한 것으로 보인다.

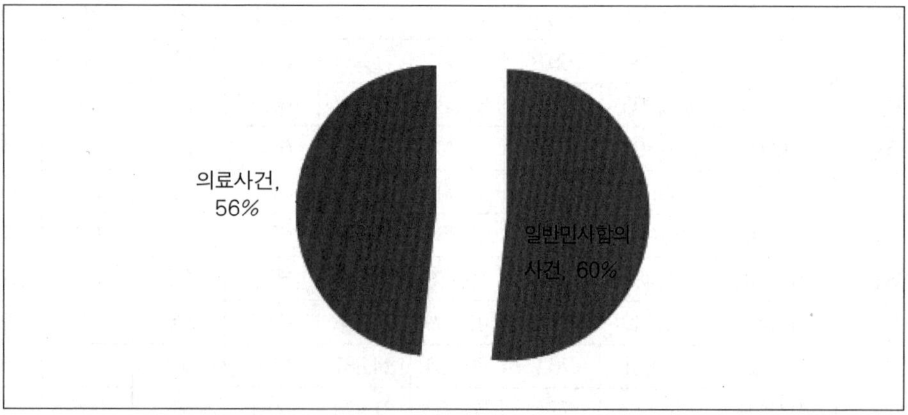

<의료사건 청구인용비율>

3. 민사 1심 합의사건 본안판결 항소율

[도표] 민사 1심 합의사건 본안판결 항소율

내용 연도	전 체 소 송				의 료 소 송			
	처리건수	판 결	항소건수	비율(%)	처리건수	판 결	항소건수[5]	비율(%)
1989	32,421	23,540	8,230	35.0	42	34	8	23.5
1990	37,861	27,067	9,191	34.0	68	48	4	8.3
1991	47,503	34,320	11,030	32.1	88	72	12	16.7
1992	42,066	29,088	11,508	39.6	81	57	15	26.3
1993	31,961	23,157	8,730	37.7	137	98	9	9.2
1994	33,988	22,770	7,823	34.4	163	115	22	19.1
1995	39,228	26,011	8,677	33.4	115	82	25	30.5
1996	44,091	29,853	8,888	29.8	229	125	51	40.8
1997	48,351	31,531	9,718	30.8	303	181	73	40.3
1998	49,766	32,564	9,783	30.0	475	308	74	24.0
1999	41,109	27,091	9,691	35.8	396	216	104	48.1
2000	40,454	25,880	8,889	34.3	361	221	115	52.0
2001	35,552	22,700	11,538	50.8	585	263	150	57.0
2002	28,001	18,327	7,239	39.5	492	228	145	63.6
2003	31,939	21,211	7,553	35.6	735	393	267	67.9
2004	35,163	22,035	7,724	35.1	755	384	273	71.1
2005	40,930	25,669	9,697	37.8	772	355	239	67.3
2006	40,633	25,978	10,534	40.5	749	372	243	65.3
2007	44,359	27,580	11,196	40.6	932	470	280	59.6
2008	48,880	29,794	12,305	41.3	894	451	302	67.0
2009	53,387	33,024	13,725	41.6	911	406	272	67.0
2010	51,897	32,022	17,912	55.9	782	380	260	68.4
2011	53,437	33,662	16,485	49.0	881	468	314	67.1
2012	54,475	34,708	15,818	45.6	992	506	332	65.6
2013	58,053	38,071	15,759	41.4	945	526	371	70.5
2014	59,087	38,827	16,524	42.6	960	572	402	70.4
2015	50,957	32,545	14,423	44.3	951	561	406	72.3

5) 항소건수는 고등법원 항소심접수통계임.

전체 민사사건에서 항소하는 비율이 47% 정도이나, 의료사고의 경우에는 68%에 이를 정도로 승소하든 패소하든, 환자나 병원이나 이를 받아들이지 않는다는 것을 알 수 있다.

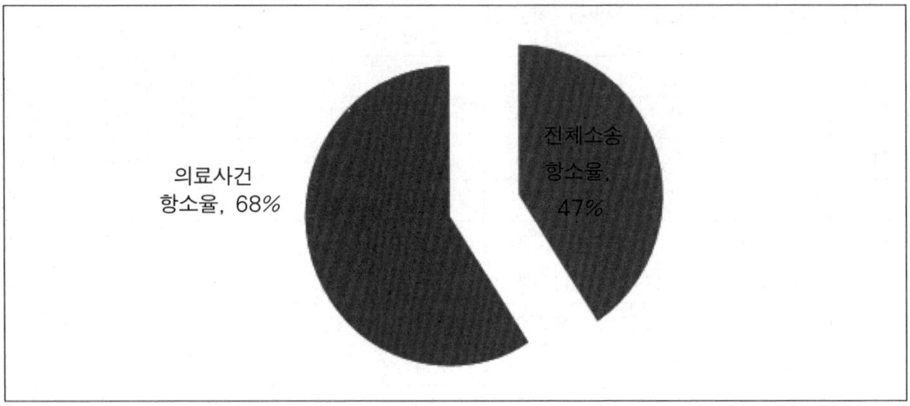

<의료사건 항소율>

이렇게 다른 일반적 민사소송과 달리 의료소송에서 압도적으로 1심판결에 대하여 항소를 하는 이유는 무엇일까?

병원의 입장에서 항소하는 경우는 대부분이 패소할 경우로서 의료진의 과실이 인정되는 경우이다. 현 병원의 시스템상 대형병원의 경우 병원에는 법무담당직원이 있어 송무업무를 담당하게 되는데, 이 법무담당직원의 결정권이 미약한 경우가 대부분이다.

즉 의료사고와 관련된 의사가 법무담당직원의 판단에 대하여 항소를 하겠다고 하면 할 수밖에 없는 구조이다. 의사의 입장에서는 자신이 평생 배우고 닦은 모든 것이 의료사고로 인하여 명성에 먹칠을 하였다고 생각하는 경향이 강하다. 그래서 1심에서 의료과오가 있다는 사실에 대하여 받아들이지 않고, 패소하는 경우 대부분이 항소하는 경향이 있다.

의료사고를 당한 피해자나 그 가족의 입장에서는 1심에서 패소할 경우 환자나 그 가족이 이 사실을 받아들이가 너무 어렵다. 의료소송의 경우 대부분이 환자가 사망하거나 심한 장해가 남는 경우가 대부분인데, 이를 현실적으로 받아들이고, 다른 사람의 과실이 아닌 자신들의 운명으로 받아들이기를 거부한다.

이런 의사와 환자 사이의 대립된 시각이 항소율을 높이는 결과로 이어지는 것으로 보인다. 그러나 항소할 경우 대부분 항소심에서는 재판부의 중재 등에 잘 응하는 경향이 있다.

이는 원심에서 한 번 판단을 받아서 승패가 갈렸고, 대법원에 가는 경우 파기환송되는 경우가 10%가 채 되지 않는다는 사실과 상고할 경우 지연이자만도 년 15%나 되므로 고집을 부리면 많은 배상액을 지급하여야 하는 경우가 있을 수 있으며, 환자나 그 가족은 소송비용을 부담하여야 하지 않느냐 하는 현실적인 문제도 있어 의료진이나 환자측이 항소심에서 재판부의 조정에 잘 응하고 있다.

이는 아래의 상고처리 내역을 보아도 알 수 있는 바와 같이 항소하는 건수에 비하여 상고하는 건수가 매우 적음을 알 수 있다. 이는 항소심에서 패소하여 상고를 포기하는 경우도 있으나 항소심에서의 조정결정이나 판결에 대하여 대부분이 받아들이고 있음을 알 수 있다.

4. 상고처리 내역

[도표] 상고처리 내역

내용 / 연도	판 결	기 각	파 기	소취하	상고취하	각하명령	파기율(%)
1993	3	3	-	-	-	-	0
1994	8	8	-	-	-	-	0
1995	13	12	1	-	-	-	7.7
1996	24	23	1	-	-	-	4.2
1997	32	31	1	-	-	-	3.2
1998	19	17	2	-	-	-	10.5
1999	24	24	-	-	-	-	0
2000	28	26	1	-	1	-	3.7
2001	32	29	2	-	1	-	6.3
2002	51	47	4	-	-	-	8.5
2003	43	41	2	-	-	-	4.7
2004	33	30	1	1	1	-	3.0
2005	48	46	2	-	-	-	4.2
2006	56	51	5	-	-	-	8.9
2007	66	64	2	-	-	-	3.0
2008	69	61	7	-	-	1	10.1
2009	58	52	3	2	-	-	5.2
2010	77	60	15	1	-	1	19.5
2011	55	47	8	-	-	-	14.5
2012	57	53	2	-	2	-	3.5
2013	83	78	4	-	1	-	4.8
2014	95	83	9	1	2	-	9.5
2015	118	98	15		5		12.7

상고하여 고등법원으로 파기환송되는 비율이 10%도 채 되지 않아 상고심에서의 파기율이 매우 낮음을 알 수 있다. 그래서 항소심까지 사실심으로서 사실관계가 결정되

므로 특별한 이유가 없다면 항소심의 판결이나 조정을 받아들이고, 법률심인 대법원에 잘 상고하지 않는 이유를 보여주고 있다.

또한 그래야 재판의 안정성도 담보되는 것이므로 의료소송에서도 가능하면 항소심에서 마무리되는 것이 바람직하다고 할 수 있다.

5. 민사 1심 승소율

[도표] 민사 1심 본안판결 및 조정사건통계

연 도	신건접수현황	처리						승+조정+화해 / 신건접수
		판결				조정	화해	
		원고승	일부승	원고패	각하			
1997	399	36	75	67	3	31	13	38.8%
1998	542	84	123	98	3	59	16	52.0%
1999	508	29	112	70	4	82	11	46.0%
2000	519	29	106	86	-	62	8	39.4%
2001	666	35	143	80	5	182	5	70.0%
2002	671	10	109	103	6	137	11	39.7%
2003	755	39	168	184	1	119	52	50.0%
2004	802	8	178	195	3	146	69	55.2%
2005	867	6	182	166	1	183	85	52.5%
2006	979	9	191	170	2	140	82	43.1%
2007	766	5	223	240	2	160	132	67.8%
2008	748	8	218	219	5	133	176	71.5%
2009	911	6	199	195	6	128	103	47.8%
2010	871	7	196	171	6	140	106	51.5%
2011	876	8	244	213	3	115	135	57.3%
2012	1,009	8	272	221	5	105	126	50.6%
2013	1,101	6	282	238	2	123	136	49.6%
2014	946	14	287	265	6	92	108	52.9%
2015	963	13	261	279	5	58	92	44.0%

의료과오를 원인으로 하는 손해배상청구 1심사건에서 원고가 승소하거나 조정이 되거나 화해가 됨으로 인하여 원고측에서 승소한 비율은 평균적으로 약 50% 정도된다. 물론 이 가운데 소액의 위자료 배상 사례도 포함되나, 일반인이 생각하는 것과 같이 의사와의 다툼은 계란으로 바위치기라는 선입견은 매우 잘못된 것임을 알 수 있다.

의료소송이라고 하여 특별히 다른 민사사건과 큰 차이가 없다는 것이 사법연감 통계에 의하여 나타나고 있다.

제 2 장 진료과정에 따른 의료사고의 발생과정

제 1 절 진료과정에서 발생하는 의료사고

제 2 절 진료단계별 의료사고

제 3 절 의료사고와 진료비와의 문제

제 2 장 진료과정에 따른 의료사고의 발생과정

제 1 절 진료과정에서 발생하는 의료사고

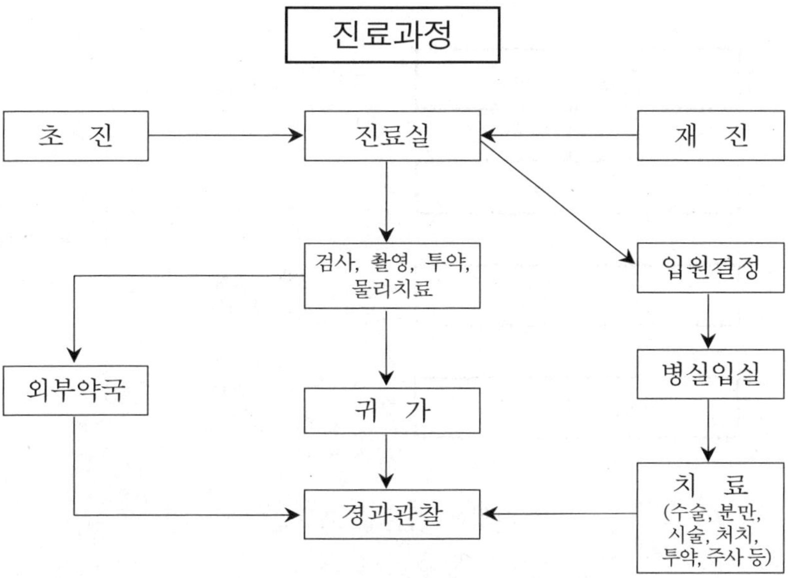

위의 진료과정은 환자가 병원에 내원하게 되었을 때를 가정하여 1차적인 치료가 어떻게 이루어지게 되는지를 보여준다. 환자가 초진이든 재진이든 응급실을 통하여 내원하든지 병원에 오게 되면 진료를 통하여 각종검사를 하게 된다. 의료진에 의한 기본적인 문진, 시진 등을 통하여 검사가 필요하면 검사 처치전이 나가고, 투약이나 주사 등이 이루어지고, 가벼운 질환인 경우 검진후 바로 퇴원하여 외부약국에 의한 투약처방을 받게 된다.

환자에 대한 진료에서 입원결정이 내려지면 보다 자세한 검사와 진단이 내려지게 되는데, 이 검진 결과에 따라 병명이 의진(rule out, r/o)되거나 확진이 되어 본격적인 치료에 들어가게 되며, 투약이나 주사치료, 수술이나 분만 등이 이루지게 된다. 여기서 진료과정이 종결되는 것이 아니고, 치료 등을 통하여 환자에 대한 경과관찰이 이루어지고, 평가를 하여 feed back이 이루어지게 된다.

이런 일련의 과정이 진료과정이라고 할 수 있다.

제 2 절 진료단계별 의료사고

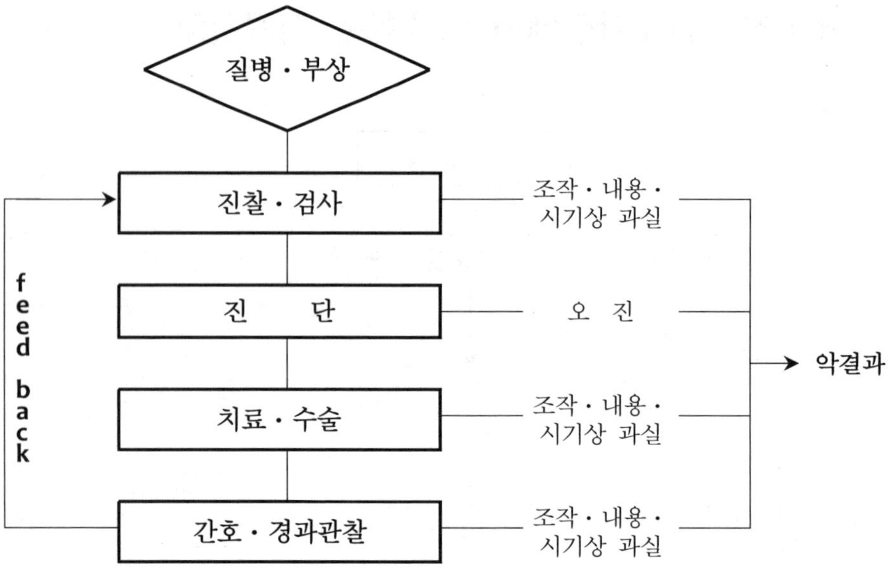

<치료과정에 따른 프로토콜>

1. 진찰 · 검사 단계

진찰 · 검사단계는 문진, 시진, 촉진, 타진, 청진, 각종 검사 등을 말한다.

진찰이란 환자의 용태를 듣고 관찰하여 병상 및 병명을 규명 판단하는 것으로서 그 진단방법으로는 문진, 시진, 청진, 타진, 촉진, 기타 각종의 과학적 방법을 써서 검사하는 등 여러 가지가 있다.[6]

6) 대법원 2005. 8. 19. 선고 2005도4102 판결.

가. 문 진(問診)[7]

문진은 의사의 관점으로 묻고,[8] 환자가 호소하는 자각증세를 듣는 한편, 환자가족의 병력을 조회하는 데 목적을 두는 진단법이다.

양·한방 모두 진찰에서 빼놓을 수 없는 과정이다. 의사는 환자로부터 현재 걸려 있는 병에 대해 그 발병상황과 증세의 진행 또는 변동, 특히 주가 되는 고통은 어떤 것인가에 대해 물어서 진단한다.

문진의 내용은 형식적으로는 기왕력, 가족병력, 주소(主訴), 현 병력 등으로 나눈다. 기왕력에는 출생의 상태와 과거에 걸렸던 병에 대한 경위가 포함되고, 가족병력은 유전에 대한 정보를 파악하는 데 도움이 된다. 주소는 진찰을 받게 된 동기가 되는 병의 중심적인 증세이며, 이것으로 진단의 방향이 결정된다. 현 병력은 현재 병의 시작, 진행, 증세의 종류 등 가장 중요한 부분이다.

의사는 문진을 하면서 환자의 성격, 감수성, 의학적인 상식, 생활태도 등을 자세히 관찰하거나 묻는다. 그러나 환자를 유도하거나 암시를 주는 일이 있어서는 절대로 안 된다. 시진과 함께 임상의학 기술의 출발점으로, 정신분석법이나 여기에서 비롯된 정신신체의학은 문진이 특수하게 발달한 것이라고 할 수 있다.

나. 시 진(視診, inspection)

의사가 우선 육안으로 관찰하여 환자의 표정·자세·태도나, 피부·점막의 병변 유무 등을 조사하는 것으로, 여러 가지를 질문한 후 타진(打診)이나 청진기에 의한 청진 등에 앞서 행하는 진찰로서, 몸의 전체 상태를 파악하는 데 중요할 뿐만 아니라, 어떤 병은 거의 시진만으로도 진단이 가능할 수도 있다.

---

7) 인천지방법원 2012가합6864 판결.
문진상 과실에 관한 판결로서, 외상성 경막하출혈이 있는 환자에 대하여 뇌출혈에 대한 늦은 검진으로 사망한 사건에서 『피고병원 의료진으로서는 뇌손상으로 인한 망인의 의식상태 등의 변화를 음주로 인한 것으로 오인하는 일이 없도록 망인 또는 망인을 피고 병원으로 후송한 구급대원 등에게 망인이 부상을 입은 상황, 부상을 입을 당시의 의식상태 및 그 후의 의식상태의 변화, 기타 증상의 변화유무 등에 관하여 문진을 하고, 망인의 보호자에게 망인의 음주량, 음주시각, 섭취한 술의 종류 등 충분한 정보를 문진할 주의의무가 있다』고 판시하고 있다.

8) 서울고등법원 2007나24406 판결.
두개골절과 뇌출혈이 있는 환자를 의식이 있다가 귀가시킨 후 다시 쓰러져 병원으로 갔다가 사망한 사건에서 『피고 병원 의료진이 망인의 회사동료들과 119구급대원들에게 망인의 내원 경위나 이송 중의 증상 등을 자세히 물어보았더라면 비록 내원 당시 망인의 상태가 일반인의 관점에서 음주로 인한 것처럼 보였다고 하더라도 의료전문가인 피고 병원 의료진으로서는 뇌손상 등의 가능성을 충분히 의심할 수 있었을 것으로 판단된다』라고 판시하여 의사로서는 일반인의 시각에서 문진하는 것이 아니라 의사의 관점에서 문진하여야 한다고 판시하고 있다.

다. 타 진(打診, percussion)

신체 표면을 두들겨 내부 장기의 상태나 흉강·복강 속의 가스나 액체의 유무를 알아내는 방법이다.

보통 흉부질환의 진단에 사용되는 일이 가장 많은데, 복부나 두개내 질환인 경우에도 응용된다. 1754년경에 오스트리아의 의사 L.아우엔브루거가 술통을 두들겨 술이 가득 찼는가를 아는 방법에서 암시를 받아 고안했으며, 원리는 체표를 두들겨 내부의 공기를 진동시켜 나는 음향의 성질에 의하여 장기의 크기·굳기, 조직의 변화, 액의 유체(留滯) 등의 상태를 알려고 하는 것이다.

직접법과 간접법이 있고, 직접 타진법은 손가락끝 또는 타진해머로 직접 체벽을 두들기는 방법으로, 어린이의 흉곽 하부의 탁음을 증명할 때 사용한다.

간접 타진법은 손가락끝 또는 타진판의 위에서 두들기는 방법으로 손가락을 사용하는 방식이 널리 쓰인다. 이 때는 타향음만이 아니고 체표에 대고 있는 손가락에 느껴지는 저항감도 진단상 중요하다. 타진에 의하여 심장의 크기, 폐의 병소 상태, 흉강·복강 속의 가스나 체액의 유무, 방광의 크기 등을 알 수 있다.

라. 청 진(聽診, auscultation)

청진기로 순환기, 호흡기에 일어나는 각종 음향, 예를 들면 심장의 심음, 심장 잡음, 혈관음, 폐장의 폐포음, 기관지음 등을 청취하고 그 성상을 판단하여 각 장기에 있어서의 이상 여부를 탐지하는 방법이다.

마. 촉 진(觸診, palpation)

진찰자의 손가락을 통하여 촉각으로 대상의 신체 상태를 파악하는 방법으로, 전신상태의 파악과 더불어 자각 증상이나 시각적으로 나타나지 않은 종양이나 염증의 조기 발견에 이어지고 있으며 중요한 진단기술의 하나이다.

촉진으로 알 수 있는 내용은

(1) 피부의 온도, 습윤 정도, 팽윤, 긴장,

(2) 간, 신장, 비장, 갑상샘, 림프절 등의 종대[9]

(3) 이상 종류의 유무와 그 크기, 형태, 경도, 가동성, 박동성, 압통의 유무,

(4) 복수저류에 의한 복벽의 파동이나 흉벽에 손을 대어 얻어내는 음성전도 등의 진동

---

9) 세로로 줄을 지어 늘어선 대형(隊形).

(5) 맥박 등이 있다.

이 중 맥박수, 맥의 크기, 긴장성, 성상(性狀) 등과 동시에 피부의 온도, 습윤성 등을 관찰합니다.

바. 각종 검사

(1) 의료와 관련된 검사방법의 발달에 따라 임상검사는 필수가 되었고, 수많은 검사기계와 기구가 쏟아져 나오고 있고, 정보통신 기구의 발달과 IT기술이 의료분야에도 활발히 들어옴으로 인하여 수많은 검사방법이 도입되고 있다.

특히 컴퓨터단층촬영(CT), 자기공명영상촬영(MRI), 혈관조영촬영, 초음파촬영(SONO), 조직검사 등의 검사는 진단을 위한 필수검사 항목이 되었고, 최근에는 PET-CT(양전자단층촬영), 유전자 검사법 등도 도입되고 있다.

(2) 이런 검사법의 도입이 반드시 환자나 의료진에게 좋은 것인지는 한번쯤 생각할 시기도 되었다고 생각한다. 왜냐하면 대부분의 검사방법이나 검사기계는 그 근저에 상업적인 베이스가 깔려 있고, 의료의 상업화와 밀접한 관계를 맺고 있다.

특히 새로운 검사법이나 진단기기의 도입은 의료보험과도 관계가 있어, 이런 검사법이나 진단기기가 유의한 유익성을 보인다면 의료보험에도 적용이 되고, 이를 바탕으로 광범위하게 사용되게 되며, 이러한 검사법이나 진단기계가 의료시장을 장악하는 형태로 발전하게 된다.

(3) 이는 환자나 국가의 의료보험 재정여력과 관계가 있으며, 국가재정이 어려워지고 있는 현대에서는 새로운 검사와 진단기계의 도입이 늦어질 수도 있다. 이를 국가가 해결해주지 못하므로 국가는 환자나 그 가족에게 이런 검사나 진단, 치료법을 미루게 되고, 그럼으로 인하여 국가가 새로운 검사법이나 진단기기 등의 도입에서 국가는 빠지고 상업적인 회사와 민간이 만나는 영역으로 남게 된다.

그럼으로 인하여 국가는 의료보험 재정을 방어하게 되고, 상업적인 회사는 성장하게 되며, 환자나 그 가족이 이런 비용을 부담하는 경향으로 나아가고 있다.

(4) 이런 경향을 잘 보여주고 있는 나라가 일본으로 많은 검사법이나 진단기기, 치료기구 등의 의료기구(medical devices)가 끊임없이 개발되고, 국민들도 이를 자신이 알아서 채택하고 있다.

새로운 검사법이든 검사기계든 그 사용이 증가하면 그에 따른 사고도 많이 발생하게 마련이며, 검사와 관련된 각종 사고도 많은 판례에서 보여주고 있다. 또한 진찰과 검사단계와 관련된 사고 중에는 환자에 대한 증상의 악화나 새로운 임상증상에 대한

검진이 이루어지지 않아 진단이 되지 못하여 악결과가 되는 경우가 많다.[10)]

2. 진단 단계

가. 진단이란?

병명을 판정하는 의사의 의료행위로, 넓은 의미로서는 환자의 병의 실태를 모든 면에 걸쳐서 판단하는 일을 말한다. 판단하는 내용은 병명·병인·병형(病形)·경중·병상(病狀)의 상세한 양태, 합병증의 유무, 예후 등이다. 이들 판단의 기초적인 자료를 얻기 위하여 주증세를 제일의 실마리로 하고, 발병에서 현재에 이르기까지의 병의 경과를 상세하게 문진(問診)에 의하여 조사한다. 이어서 현재의 신체의 상태를 모든 각도에서 검사한다. 여기까지의 내용으로 진단을 내릴 수가 있지만 이것을 뒷받침하기 위하여 다시 필요한 검사항목이 추가된다. 이상의 결과를 모아서 최종적으로 판단을 내리게 된다.

나. 진단상 과실유무의 판단기준

진단상 의료과오 여부를 판단하기 위하여는 의료행위 당시의 임상의학 분야에서 실천되는 의료행위를 기준으로 하며,[11)] 의사는 전문직업인으로서 요구되는 의학지식이나 윤리 등을 가진 의사(reasionable doctor)를 기준으로 한다. 이에 대하여 대법원 2010. 7. 8. 선고 2007다55866 판결에서 『진단상의 과실 유무를 판단함에 있어서는 그 과정에 있어서 비록 완전무결한 임상진단의 실시가 불가능하다고 할지라도 적어도 임

---

10) 서울고등법원 2012나640 판결.
심근효소수치가 증가함에도 진통제 등으로만 치료하다 대동맥박리로 사망한 사건에서 『피고병원 의료진으로서는 요추부 CT나 MRI 결과로 설명되지 아니하는 망인의 통증 원인을 밝히려는 노력을 추가적으로 하였어야 하고, 특히 명치부위와 그 아랫부위의 통증, 혈압상승, 흉부방사선상 심비대 및 좌측 늑막 삼출, 높은 CPK 수치 등을 종합적으로 고려하여 침상안정 등을 시행하고, 급사 위험이 높은 심장질환 등을 판별하기 위하여 망인에 대하여 추가 검사와 지속적인 추적, 관찰을 함으로써 망인의 증상이 어느 질환에 의하여 발생한 것인지를 조기 진단하여 망인에게 적절한 치료를 하였어야 함에도』이를 시행하지 않아 사망하였다고 판시하고 있다.

11) 대법원 2005. 10. 28. 선고 2004다13045 판결.
의사가 진찰·치료 등의 의료행위를 함에 있어서는 사람의 생명·신체·건강을 관리하는 업무의 성질에 비추어 환자의 구체적인 증상이나 상황에 따라 위험을 방지하기 위하여 요구되는 최선의 조치를 행하여야 할 주의의무가 있고, 의사의 이와 같은 주의의무는 의료행위를 할 당시 의료기관 등 임상의학 분야에서 실천되고 있는 의료행위의 수준을 기준으로 판단하여야 할 것이다.

상의학 분야에서 실천되고 있는 진단 수준의 범위 내에서 그 의사가 전문직업인으로서 요구되는 의료상의 윤리와 의학지식 및 경험에 터잡아 신중히 환자를 진찰하고 정확히 진단함으로써 위험한 결과 발생을 예견하고 그 결과 발생을 회피하는 데에 필요한 최선의 주의의무를 다하였는지 여부를 따져 보아야 한다』고 판시하고 있다.[12)]

다. 진단의 문제는 결국 오진(誤診, misdiagnosis)[13)]의 문제

의사가 행한 진단이 객관적, 최종적 확진과 일치하지 않을 때를 오진이라고 하며, 우리나라 판례에서는 의사가 오진하였다는 사실만을 가지고 의사의 과실책임을 지우지는 않는다.

즉 의사는 신(神)이 아니므로 모든 환자의 질환을 정확히 맞출 수는 없으므로 오진하였다는 사실만으로 의료진에 책임을 물을 수 없는 것은 당연하다. 그러나 의료진이 오진하는 과정에 의사에게 책임을 물을 만한 사유가 있는지에 따라서 유책한 오진과 무책한 오진으로 나눌 수 있다.

오진의 문제는 결국 오진의 결과를 가지고 치료를 하게 되므로 치료가 잘 될 수 없으므로 최종적으로 악결과를 유발하게 되고, 의료분쟁으로 연결되게 된다.

(1) 유책(有責)한 오진

의사로서는 진료행위 당시에 있어서 일반적으로 인정되는 임상의학 실천당시의 진료기준에 입각한 합리적 판단에 기초하여 검사와 진단을 하지 아니한 채 진단을 하여 결국 오진을 하였다면 이는 의사의 과실에 의한 오진으로 그 결과인 악결과는 의사에게 책임이 있게 된다.[14)][15)][16)]

---

12) 같은 취지의 판결 대법원 2004. 4. 9. 선고 2003다33875 판결.

13) 오진이란 결국 잘못된 진단을 말함.

14) 서울남부지방법원 2014. 10. 7. 선고 2013가합14775 판결.
뇌동맥류 파열을 긴장성 두통으로 오진하여 사망한 사건에서 다른 의사의 진단 결과를 그대로 신뢰하여 『망인의 증상을 긴장성 두통으로 진단한 것으로 보이는데 뇌 MRI 검사의 경우 어느 정도 크기 이하의 뇌동맥류를 발견하는데 있어 민감도가 떨어지므로, 뇌혈관 이상이 의심되는 환자에 대하여 MRA 검사 등 상급병원에서 실시 가능한 추가적인 검사를 실시할 필요가 있었다고 보이는 점 등을 종합하여 보면… 망인에게 발생한 두통 등 증상의 원인을 발견하기 위한 정밀검사를 시행할 의무가 있었음에도 이를 해태한 과실이 있다고 봄이 상당하고…』라고 판시하여 정밀검사를 시행하지 않아 발생한 오진에 대하여 의사에게 과실책임을 묻고 있다.

15) 서울중앙지방법원 2011. 9. 21. 선고 2009가합110793 판결, 서울고등법원 2011나85422 판결, 대법원 2013다74387 판결.
폐암에 대한 조직검사 없이 폐엽절제술을 시행하는 도중 폐출혈이 발생하여 개흉술을 시행하였으나 사망한 사건에서 『피고 병원 의료진은 쐐기절제술로 나아가야 할 주의의무가 있음에도

이를 유책한 오진이라 할 수 있다. 수많은 의료사고와 관련된 법적 분쟁에서 이와 같은 유책한 오진을 원인으로 하는 분쟁의 사례는 아주 흔하며, 대표적인 사례가 암 오진 관련사건[17]이다.

(2) 무책(無責)한 오진

의사가 오진을 하였다고 바로 의사에게 과실이 있다고 할 수 없다.[18] 그 당시 의료수준이나 reasionable doctor를 기준으로 하여 정확한 진단이 불가능하거나 그 오진이 피할 수 없는 것이었다면 의사에게 그 과실책임을 물을 수 없다.

실제 의료 현장에서는 질환이 초기단계이거나 특이체질이거나 우연한 합병증인 경우, 급박한 상태에서 진단을 하여야 하는 경우 등에서 많이 발생하게 된다.[19]

라. 오진과 인과관계의 문제

의사가 결국은 유책한 오진을 하였으나, 오진과 악결과 사이에 인과관계가 없는 경우가 있다.[20] 즉 유책한 오진을 하였고 오진한 결과에 따라 치료를 하였는데 우연히

불구하고, 그러한 주의의무에 반하여 기관지폐포암에 대한 확진없이 폐엽절제술을 실시한 과실이 있다고 봄이 상당하다』.

16) 전주지방법원 2016. 2. 17. 선고 2013가합2695 판결.
견갑부 임파선 종창을 양성종양으로 오진하여 종양절제술을 하다 좌측 부신경을 손상시킨 사건에서 『진단상 과실－피고 병원 의료진은 이 사건 수술을 실시하기 전에 이 사건 종괴에 대하여 초음파, CT, MRI, 조직생검 등의 감별진단 검사를 제대로 실시하지 않은 채 이 사건 종괴를 양성종양으로 진단한 사실이 인정된다. 위 인정사실에 의하면, 피고 병원의 의료진은 이 사건 종괴를 감별하기 위한 진단 검사를 시행하였어야 함에도 이를 실시하지 않아 이 사건 종괴에 대하여 양성종양으로 오진한 과실이 인정된다』.

17) 서울지방법원 97가합69168 판결.
환자에게 발생한 위암이 전이가 아주 빠른 형태의 위암이라는 것을 발견하였거나 상급 병원에서 정밀진단을 받아 볼 것을 권유하여 곧바로 이에 대한 치료를 받았더라면 다른 장기로의 전이를 막고 수술적 치료로 적어도 생명을 연장할 수 있는 가능성을 배제할 수 없으므로 위 주장은 이유없다.
피고는 환자가 위암이 진행중임에도 위염 또는 소화불량이라는 진단을 하였을 뿐만 아니라 환자에게 발생한 위암이 위내시경검사만으로는 쉽게 발견할 수 없는 암으로 위내시경검사결과 아무런 이상한 점을 발견할 수 없을 지라도 환자의 보만 4형의 위암은 전체 위암 중 10~20% 정도나 차지하고 계속적인 상복부동통, 오심, 불쾌감 등을 호소하면서 총 4차례나 내원하였으면 쉽게 발견되지 않는 유형의 위암일 가능성을 염두에 두고 위내시경검사 이외에 초음파검사 또는 조직생검을 하여 보거나 상급 병원에 가서 정밀진단을 받아 볼 것을 권유함으로써 적절한 진료를 받을 수 있는 기회를 갖도록 하는 조치를 취하여야 할 주의의무를 위반한 책임이 있어 환자와 그의 가족에게 정신적, 육체적 고통을 주었으므로 금전으로 위자할 의무가 있다.

18) 대법원 1973. 1. 30. 선고 72다2319 판결.

19) 대법원 1984. 4. 24. 선고 82도1882 판결, 대법원 1999. 6. 11. 선고 98다33062 판결.

그 치료법이 맞는 치료법이거나 치료에 효과가 있는 경우나 인체에 무해한 경우, 유책한 오진과 악결과 사이에 인과관계가 없는 경우 등이다. 이런 경우는 결국 의사의 과실과 악결과 사이의 인과관계의 문제로 해결이 가능한 문제로 오진의 문제로 접근하지 않아도 될 것이다.

3. 치료 단계

의료사고의 많은 부분이 치료단계에서 발생한다. 치료행위에는 주사, 투약, 수혈, 마취, 수술, 분만, 방사선치료[21] 등이 있다. 특히 이중에서도 수술과 관련된 의료사고가 가장 많으며, 또한 심각한 악결과를 초래하는 경우가 많다. 치료의 경우에 의료행위의 특성이 잘 나타난다. 치료는 환자에 대하여 직접적인 신체의 침해를 수반하므로 인체의 다양성, 반응의 예측불가능성, 복잡성 등이 겹쳐서 여러 형태의 의료사고가 발생하게 된다.

가. 주사 치료

(1) 주사의 종류

(가) 조직주사

조직에 놓는 주사이다.

- 근육주사 : 가장 일반적인 주사방식으로 주사부위는 주로 엉덩이의 윗부분이다.
- 피내주사 : 질병의 진단과 예방을 하기 위해 주사하는 방식으로 주사 부위는 주로 아래팔의 안쪽이다.
- 피하주사 : 내복약으로 복용하면 소화액에 의하여 약효가 변질될 우려가 있는 약물에 대하여 주사하는 방식으로 주사부위는 주로 위팔의 바깥쪽이다.

(나) 혈관주사

혈관에 놓는 주사이다.

- 동맥주사 : 질병의 진단과 치료를 하기 위해 동맥부위에 주사하는 방식이다.
- 정맥주사 : 대량의 주사약을 정맥부위에 주사하는 방식으로 수액이나 수혈에 주로 이용된다. 주사부위는 주로 팔꿈치의 안쪽이다.

---

20) 대법원 1980. 3. 25. 선고 79다2280 판결, 대법원 1987. 9. 29. 선고 86다카2780 판결.

21) 광주지법 2002. 7. 10. 선고 2000가합4915 판결.
의료기관이 자궁경부암 환자에 대한 방사선 치료를 함에 있어 통상 국내 임상의학 분야에서 통용되는 방사선 조사량보다 과도하게 초과하는 처치를 한 잘못이 있다고 판시함.

(2) 주사 치료의 특징

주사는 주사기를 사용하여 체내에 주사약을 직접 넣게 되므로 그 약효가 직접적이고, 신속한 것이 특징인데, 따라서 이로 인한 부작용도 크다. 그러므로 주사약은 신중히 선택되고 투여되어야 한다.

주사는 치료행위 그 자체이고 신체에 미치는 영향이 크므로 정맥주사의 경우 의사가 직접하는 것이 원칙이다(doctor's job).[22] 그러나 대부분의 병, 의원에서는 간호사나 간호조무사가 의사의 구체적인 지시·감독을 받아 주사를 놓고 있는 실정이며, 보건복지부에서도 유권해석으로 인정하고 있고,[23] 판례도 인정하고 있다.[24]

(3) 주사 치료의 주의의무

22) 대법원 1981. 6. 23. 선고 81다413 판결.

23) 의레 1420-8753. 77. 6. 25. 및 의제 1421-8947. 81. 6. 18.

24) 2016-04-04 법률신문기사 [판결] 간호조무사가 마취제 프로포폴 투여했어도, 이마 성형수술 뒤 피부가 괴사하는 의료사고를 일으킨 강남의 한 유명 성형외과 의사에게 벌금형이 확정됐다. 이 의사는 수술 당시 간호조무사에게 수면마취제인 프로포폴을 주입하도록 해 의료법 위반 혐의도 받았지만 이 부분에 대해서는 무죄가 선고됐다. 옆에서 관리·감독을 했다는 이유 때문이다.

대법원 형사2부(주심 김창석 대법관)는 의료법 위반 교사와 업무상 과실치상 혐의로 기소된 의사 A(44)씨에게 업무상과실치상 혐의만 인정해 벌금 300만 원을 선고한 원심을 최근 확정했다(2015도8345).

재판부는 "A씨가 간호조무사에게 프로포폴을 주사하도록 하긴 했지만 당시 함께 수술실에 있었고 투여용량과 방법에 관해 지시·감독한 이상 마취제 투여를 간호조무사에게 시켰다고 의료법 위반이라고 볼 수는 없다"고 밝혔다. 이어 "마취제는 환자가 진정되는 깊이를 파악하고 약의 용량을 조절하기 위해 의사가 직접 투여하는 것이 원칙이지만, 간호조무사에게 미리 확보된 정맥로를 통해 마취제를 투여하게 하고 의사가 현장에 참여해 구체적인 지시를 했다면 이를 무면허의료행위로 볼 수 없다"며 "의료법이 의사의 임무를 의료와 보건지도로, 간호조무사의 업무를 간호보조 업무 및 진료보조로 각 규정하고 있는 점을 감안할 때, 프로포폴의 투여 여부와 용량을 의사인 A씨가 직접 결정하는 등 현장에서 구체적인 지시와 감독을 했다고 봐야 한다"고 설명했다.

재판부는 "다만 이마 성형수술 후 압박붕대를 너무 세게 감았을 때 혈액순환 저하로 피부 괴사가 발생할 수 있는데도 이를 환자에게 충분히 설명하지 않았고, 환자가 전화로 수술 부위에 통증이 심하다고 말하는데도 직접 문진하지 않고 나중에 병원에 와도 된다고 간호조무사를 통해 전달하는 바람에 A씨가 이마 괴사를 막지 못한 데에는 잘못이 있다"며 "A씨의 업무상과실치상 혐의를 유죄로 인정한 원심은 옳다"고 판시했다.

서울 신사동에서 성형외과를 운영하는 A씨는 2009년 3월 이마 성형수술을 했다가 환자의 이마에 괴사가 진행돼 업무상과실치상 등의 혐의로 기소됐다. A씨는 수술 당시 간호조무사인 B씨가 환자에게 프로포폴을 주사하도록 지시한 혐의도 받았다.

1심은 업무상과실치상 혐의만 유죄로 인정해 벌금 500만 원을 선고했다. 2심도 같은 취지로 선고하면서 벌금을 300만 원으로 깎았다.

주사치료는 주사기가 신체내로 들어가기 때문에 항상 주사기를 멸균·소독하여야 하고,[25] 알레르기 반응 등이 있을 수 있으므로 이를 철저히 문진을 통하여 확인이 되어야 한다. 주사시 주사기의 위치가 정확한 부위에 주사되어야 하며, 또한 일부 주사약의 경우 피부반응 검사 등을 필수적으로 하여야 하는 경우도 있어 이를 반드시 확인하여야 하며, 주사약제의 부패여부, 정량여부 등을 확인하여야 한다.

또한 주사약으로 인하여 쇼크 등이 발생할 경우 신속한 응급처치가 이루어질 수 있도록 시설과 인력이 구비되어 있어야 하며, 간호사나 간호조무사 등에 의하여 주사를 놓게 될 경우에는 상세하게 지시·감독하에 주사행위가 이루어져야 하고, 부작용이 날 것에 대비한 상태에서 주사행위가 이루어져야 한다.

대개의 경우 주사의 필요성이나 시기에 대하여는 의료진의 과실을 인정하지 않고있으며,[26] 주사약의 종류나 정량을 어긴 경우 그 과실을 인정하는 경향이 있다.[27]

(4) 영유아에 대한 주사 치료시 발생하기 쉬운 의료사고

영유아의 경우, 기도 내경이 매우 작아 역류된 우유나 미세한 자극에도 폐쇄가 발생하여 호흡곤란 증상이 나타날 수 있고, 위식도 괄약근이 약하여 쉽게 위 내용물이 역류할 수 있다. 그래서 신생아나 애기의 경우 응급상황이 아니면 수유후 최소한 30분이 경과한 뒤 주사를 하고, 우유 등의 역류로 인한 호흡곤란과 심정지 등을 대비하여야 한다. 이런 사고는 소아과나 산부인과 등에서 아주 흔하게 발생되는 일이며, 실제의 재판에서도 많은 사건들이 나타나고 있다.

광주지방법원 2011. 2. 17. 선고 2009가합8897 판결과 광주고등법원 2011나1803 조정사건에서 영유아 주사시의 주의의무에 관하여 잘 보여주고 있는 바. 판결문을 보면,

『정맥주사상의 과실,

…① 신생아는 기도 내경이 매우 작아 역류된 우유나 미세한 자극으로도 기도폐쇄가 발생하여 호흡곤란 증상이 나타날 수 있고, 신생아는 위식도 괄약근이 약하여 쉽게 위 내용물이 역류될 수 있는 점,

② 신생아의 경우 수유 직후 주사를 실시할 경우 주사시 통증으로 인한 수유물 역류 등으로 호흡곤란 증상을 야기할 수 있으므로 응급상황이 아닌 한 수유 후 30분 정도 지난 이후에 시행하는 것이 바람직한 점,

③ 2006. 6. 9. 02:00경 원고 조○○의 생체활력지수가 정상이었으므로 그로부터 4시

25) 인천지방법원 2006. 11. 1. 선고 2005가합15235 판결.
주사후 척수지주막염 발생 사건 과실인정.

26) 대법원 1986. 10. 28. 선고 84다카1881 판결.

27) 대법원 1994. 12. 19. 선고 93도2524 판결.

간이 지난 같은 날 06:10경에도 달리 신속히 처치를 하여야 할 위급한 상황이 발생하였다고 볼 수 없는 점,

④ 그럼에도 위 병원의 간호사가 태어난 지 3일도 안 된 원고 조○○에게 분유를 먹인지 10분도 지나지 않아 정맥주사를 실시하여 통증을 유발한 점,

⑤ 원고 조○○이 정맥주사 직후 심하게 울다가 자가 호흡이 없어지고 산소공급의 부족으로 청색증의 증상을 보였으며, 위 병원의 의료진이 원고 조○○에게 구강흡입을 실시한 점에 비추어 구토로 인한 분비물이 있었던 것이 아닌지 의심되는 점,

⑥ ○○대학교병원 의사 박○○는 원고 조○○이 이 사건 사고로 저산소증으로 인한 뇌손상을 입은 것으로 추정된다고 의견을 표시한 점 등을 종합할 때, 위 병원의 의료진은 원고 조○○에게 정맥주사를 실시함에 있어서 수유물이 위장을 통과할 만한 상당한 시간이 지나기를 기다려 안전하게 주사를 시행할 주의의무가 있음에도 이를 게을리 한 과실로 수유 직후 주사를 놓아 통증을 가하였고, 이로 인하여 원고 조○○이 심하게 울던 중 수유물이 역류하면서 청색증 및 호흡곤란 증세를 유발하였다고 할 것이다.』

고 판시하고 있다.[28]

나. 약물 치료

(1) 투약이란?

질병회복, 건강증진, 질병예방을 목적으로 약물을 이용하는 방법을 말한다. 투약의 종류는 국소적으로 작용시키는 방법으로서 도포·흡입·삼킴 등이 있으며 전신을 순환해서 작용시키는 방법으로서 내복·주사·도포 등이 있다. 인체에 대한 약물의 적용결정의 임무와 그 지시의 권한은 의사에 있으며 처방전에 따라서 조제된 약물을 적절히 준비하고 직접 환자에 주고 투약후의 상태를 관찰하고 기록·보고하는 것은 간호사의 역할이다.

(2) 투약상의 주의의무

치료의 경우 외과적인 수술이 아닌 경우 대부분이 약물이나 주사치료이다. 약물의 경우 유익한 효용도 있지만 그 부작용이 반드시 따르게 되므로 항상 주의하여 환자의 경과를 살펴야 한다.[29]

28) 영유아에 대한 주사로 수유물 역류로 인하여 심정지가 발생하여 뇌손상이 된 사례로는 서울지방법원 서부지원 2003. 7. 25. 선고 2002가단6121 판결, 대구지방법원 2006. 4. 4. 선고 2004가합6355 판결 등이 있음.

29) 대법원 1997. 5. 9. 선고 97다1815 판결.
약물투여 후 과민성 쇼크나 호흡억제를 일으킬 수 있는 약물을 투여할 경우에도 사후 세심한

① 의약품 사용설명서상의 주의사항을 지켜야 한다.

일반적인 투약사고의 경우 대개 의사가 제품설명서상에 나와 있는 투여여부(필요성), 투여용량, 투여방법, 신중한 투여, 투여후의 검사 등의 의무를 위반하여 문제가 발생하게 된다.

② 의약품의 금기자인지 여부를 확인하여야 한다.

위에서도 보는 바와 같이 의약품의 경우 유익한 작용도 하지만 그 부작용이 반드시 따르게 되므로 이 약물이 문제가 되고 있는 환자에게 그 부작용으로 인하여 투약되는 것을 피하여야 할 환자가 아닌지를 반드시 확인하여야 한다.

특히 이 경우 과거 알레지 반응이 있었는지, 그 알레지 반응을 일으킨 약물은 무엇인지 등을 반드시 확인하여야 하고, 사전반응검사 등이 필요한 경우 반드시 시행하여야 한다.

의사들의 경우 사전반응검사를 하든지 하지 않든지 그 결과에서는 차이가 없다고 주장하는 많은 논문을 제시하며 과실을 다투나, 법원의 판단은 사전반응검사를 하지 않고 발생된 결과는 의사의 책임을 인정하고 있다.

금기자에 대한 약물투여 결과는 대개의 경우 사망이나 심각한 후유증이 남게 된다.

③ 의약품의 사용상 이익이 그 부작용을 압도하여야 한다.

약물 사용시 그 부작용이 예상된다고 하여도 약물로 인하여 얻게 되는 유익이 큰 경우 그 약물을 선택할 수 있으며, 이를 의사의 과실로 볼 수 없다.

그러나 그 약물로 인하여 심한 부작용이 예상되고, 실제 투여 후 약물로 인한 증상이 발현되고 있음에도 작은 유익을 위하여 약물투여를 고집할 경우 이는 의사의 과실로 인정될 것이다.

(3) 약품설명서의 법적 효력

의사는 투약시 약품설명서에 기재된 약물의 용량, 용법 등을 지켜야 하며, 주의사항, 신중투여, 금기사항, 투약후의 부작용시 처치, 투약후의 정기적인 검사 필요성 등에 대한 주의사항을 지켜야 한다.

의사가 합리적인 이유없이 약품설명서에 기재된 주의사항을 따르지 않아 발생된 문제는 의사의 과실이 추정된다. 의사가 약품설명서를 일일이 확인하여야 하는지에 관

주의와 관찰이 필요함에도 불구하고, 만연히 앞서 진단하였던 결과에 따라 별다른 검진도 없이 약물을 투여하였고, 약물을 투여한 후에도 안정하도록 하여 부작용이 없는지를 확인하지도 아니함으로 인하여 과민성 쇼크가 발생하여 환자가 사망하였다면, 진료의사는 이로 말미암아 발생한 모든 손해를 배상할 책임이 있다고 판시함.

한 주의의무가 있는가 문제될 수 있다. 원칙적으로 약제에 첨부되어 있는 약품설명서는 새로운 부작용 등에 관한 사례 보고 등이 나타나면 즉시 이를 개정하여 약제에 관한 신규정보를 제공하게 되어 있으므로 약제의 선택과 사용에 관한 기준은 약품설명서라고 하여야 하며, 의사는 이를 숙지하여야 할 의무가 있다고 할 것이다.

(4) 약품 사용 후의 경과관찰의무와 복약지도의무

의사는 의약품을 장기간 계속하여 투여할 경우 경과를 관찰하고, 필요에 따라 문진하거나 혈액검사나 방사선 검사 등을 통하여 약물의 부작용 여부를 살펴야하는 경우가 있다. 부작용의 증상이 보이면 즉시 약물의 투여를 중단하고 다른 약물을 투여하거나 다른 치료법 등을 고려하여야 한다.[30]

그리고 의사에게는 환자에게 약물을 투여할 경우 복약지도 의무가 있다. 약물을 투여하면서 이런, 이런, 부작용 증상이 있으며, 이런 부작용 증상이 보이면 즉시 투약을 중단하고 병원을 찾도록 할 복약지도 의무가 있다. 이를 위반하여도 의사에게 과실책임을 물을 수 있다.

약물 부작용의 대표적인 예라고 할 수 있는 결핵약의 투여와 관련된 사례를 보면 대구지방법원 포항지원 2013. 11. 22. 선고 2011가합936 판결, 대구고등법원 2013나6545 결정에서 약물투여 후 경과관찰 해태에 대하여,

『결핵약은 그 투여로 간독성 등의 부작용을 일으킬 수 있으므로 환자에게 약제를 투여할 경우 주기적으로 혈액검사를 시행하여 간기능 이상여부를 관찰할 것이 요구된다… 망인에 대하여 결핵약 투여를 시작한 때인 2009. 7. 14.경부터 간기능이 급격히 악화된 것을 발견한 2009. 7. 23.경까지 간기능 검사는 2009. 7. 16., 같은 달 20., 같은 달 23., 단 세 차례 밖에 이루어지지 않았고, 특히 2009. 7. 20.경 검사 결과 그 이전까지 정상범위 내에 있던 GOT 수치가 경미하지만 다소 상승한 소견을 보였으므로 그 이후부터는 그 이전보다 더 주의를 기울여 간기능검사를 함으로써 간기능 악화여부를 관찰하였어야 함에도 종전과 동일한 3일 간격으로 그 검사를 함으로써, 2009. 7. 23.경 간기능이 급격하게 악화된 이후에야 이를 발견한 과실이 있다.』

30) 대법원 1999. 2. 12. 선고 98다10472 판결.
간질환으로 치료받던 환자에게 진균증(칸디디아증) 감염사실이 발견되어 항진균제인 니조랄을 투약한 후 반복적인 흉통, 발작, 일시적인 혼수상태 등의 현상이 나타났으나, 그것이 니조랄과 관련된 것인지 여부를 판단하여 투약을 중단시키거나 심장계통의 이상을 의심하여 이에 적절히 대처하는 등의 조치를 취하지 아니하고 방치한 의사의 과실을 인정함.
목에 진균증이 발생하여 간에 치명적인 니조랄 약물을 투여하도록 처방하였고, 환자의 간이 급격히 나빠져서 간성 혼수가 발생하여 일시적으로 정신을 잃는데도 불구하고 간이상 여부를 확인하지 않은 의료진의 책임을 물은 사례이다.

고 판시하여, 부작용이 큰 약물의 경우 투약후에 항상 정기적인 검사와 경과관찰을 하여야 한다는 것을 밝히고 있다.

(5) 약사의 약사법상 조제시 주의의무 규정과 조제 판매시의 설명의무 정도

『약사법 제26조(처방의 변경 · 수정)

① 약사 또는 한약사는 처방전을 발행한 의사 · 치과의사 · 한의사 또는 수의사의 동의 없이 처방을 변경하거나 수정하여 조제할 수 없다.

② 약사 또는 한약사는 처방전에 표시된 의약품의 명칭 · 분량 · 용법 및 용량 등이 다음 각 호의 어느 하나로 의심되는 경우 처방전을 발행한 의사 · 치과의사 · 한의사 또는 수의사에게 전화 및 모사전송을 이용하거나 전화 및 전자우편을 이용하여 의심스러운 점을 확인한 후가 아니면 조제를 하여서는 아니 된다.

1. 식품의약품안전처장이 의약품의 안정성 · 유효성 문제로 의약품 품목 허가 또는 신고를 취소한 의약품이 기재된 경우
2. 의약품의 제품명 또는 성분명을 확인할 수 없는 경우
3. 「국민건강보험법」 제41조 제2항에 따라 보건복지부령으로 정하는 요양급여기준에 따라 식품의약품안전처장이 병용금기 또는 특정 연령대 금기 성분으로 고시한 의약품이 기재된 경우』

따라서 약사는 의사의 처방전에 따라 의약품을 조제할 경우 처방전을 면밀히 살펴 처방전의 내용상 명칭, 분량, 용법, 용량 등에 이상이 있을 경우 그 처방전을 발행한 의사나 치과 의사 등에게 확인할 의무를 부여하고 있다.

약사의 조제 판매시의 주의의무는 의사가 환자에게 지는 설명의무 정도의 주의의무를 조제하는 약사도 지게 된다.[31]

(6) 임상단계의 신약 사용과 약화사고

---

31) 대법원 2002. 1. 11. 선고 2001다27449 판결.
투약에 있어서 요구되는 의사의 이러한 설명의무는 약사가 의약품을 조제하여 판매함으로써 환자로 하여금 복용하도록 하는 경우에도 원칙적으로 적용된다고 봄이 상당하다. 약사가 환자를 문진의 방법으로 진단하여 감기약을 조제하여 줄 당시 그 조제약의 부작용의 발생 가능성에 관한 설명을 할 시간적 여유가 없는 긴급한 상태가 존재하지 아니하였고, 그 조제약의 복용시 스티븐슨-존슨증후군과 같은 부작용이 발생할 수 있다는 사실 자체는 이미 의학계에 널리 알려져 있었으며, 그 부작용을 회복할 수 없을 정도로 중대한 반면 그에 관한 사전 검사방법이 알려져 있지 아니하였다는 것이므로, 약사로서는 사용설명서에 부작용에 대한 경고가 표시되어 있는 의약품을 단순 판매하는 경우와는 달리, 감기약을 조제함에 있어 조제전에 스티븐슨-존슨증후군 등 부작용의 발생가능성을 미리 설명하여 부작용의 존재를 알 길이 없던 환자 측의 승낙을 받아야 하는 것이고, 그 발생가능성이 극히 희소하다는 점만으로는 그와 같은 설명의무가 면제된다 할 수는 없다고 판시하였다.

(가) 최근 신약투여의 증가

최근 정부의 바이오산업 육성과 관련하여 신약의 사용이 늘어나고 있고, 세계적인 제약사들이 우리나라를 신약의 Test Bed로 사용하고자 하는 시장의 방향과 국가의 성장동력으로써의 바이오산업에 발맞추어 신약의 광고가 범람하고 있다.

특히 지하철에도 신약을 투약받을 환자를 모집한다는 광고가 붙어 있을 정도이다. 이런 신약의 실험과 맞물려서 당연히 약화사고가 늘어나고 있고, 보도가 되고 있으나, 약화사고가 사회적으로 알려지기 전에 제약사에 의하여 환자측과 합의를 빨리 보아서 사회적 이슈가 되는 것을 막고 있다.

그러나 임상단계의 신약이 환자들에게 무분별하게 투약되고, 광고를 통하여 모집될 정도라면, 이는 언젠가는 봇물과 같이 약화사고가 터져나올 것으로 예상이 된다.[32]

(나) 신약 제조 제약사와 의사의 책임

신약으로 인한 약화사고의 경우 제약회사와 이를 투여한 의사의 책임이 어떠한가 문제가 된다. 의사가 제약회사가 제조한 신약을 환자에게 투여하였으나 그 부작용으로 환자가 사망하거나 심각한 장해가 남는 경우 그 책임이 어떻게 되느냐의 문제이다.

신약이 보건복지부의 허가를 득한 제품이라고 하더라도 이것만으로 의사의 주의무가 면책되는 것은 아니다. 정량과 정해진 사용법대로 사용하였다고 하더라도 그 부작용을 살피며, 종래의 약물과의 차이 등을 면밀히 살펴야 한다.

신약 제조사의 책임은 의사의 책임보다 강화되어야 하며, 제조물책임법 등이 있는 상황에서 그 부작용에 대한 책임은 항상 일정하게 따른다고 보아야 한다.

(다) 미승인 의약품 사용시의 동의의무

미승인 약품투여의 합법조건에 대하여 대법원은,

『긴급한 경우 기타의 특별한 사정이 없는 한, 환자들에 대해서 투약행위에 앞서 암의 상태, 자연적 경과, 임상시험약의 약효, 폐렴과 같은 부작용, 부작용의 추적검사방법, 부작용 발현시 치료방법, 사망 등 발생이 예상되는 위험에 관하여 당시의 의료수준에 비추어 상당하다고 생각되는 사항을 설명하여 해당환자가 그 필요성이나 위험

---

32) KBS 뉴스 2016. 1. 18. 보도.
프랑스서 신약 임상 시험 참가자 1명 사망… 정부 조사 착수, 프랑스에서 불안 등 정서장애를 치료하는 신약 임상 시험에 참가했다가 뇌사에 빠진 남성이 숨졌습니다.
프랑스 렌 병원은 뇌사자가 숨졌으며, 다른 환자 5명은 안정적인 상태라고 발표했다고 현지 언론이 보도했습니다. 렌 병원에서는 최근 프랑스 비오트리알 연구소에서 진행한 신약 임상 시험 부작용으로 환자 6명이 치료받고 있었습니다. 참가자들은 포르투갈 제약회사 비알이 개발하는 신약을 투약한 후 사흘이 지나자 몸에 이상이 생겼다고 보고했습니다. 프랑스 국립의 약품건강제품안전청은 의료사고를 낸 비오트리알 연구소 등에 대한 조사에 착수했습니다.

성을 충분히 비교해 보고 그 투약을 받을 것인지의 여부를 선택하도록 함으로써 그 진료행위에 대한 동의를 받아야 한다.』

고 판시하여 환자에 대한 동의가 반드시 필요함을 밝히고 있다.[33]

임상실험 단계에서의 신약은 임상실험을 거쳐 승인을 거친 신약과는 달리 판단되어야 한다. 이는 임상실험 단계의 연구의 목적을 위한 것이어서 의약품으로서의 효능·효과도 확립되어 있지 않은 미승인의 단계에 있으므로 이를 투여하는 상당성에 대하여는 충분한 증명을 필요로 하며, 환자에 대한 투여시 받아야 할 승낙과 관련하여서도 의사는 그 목적이 연구에 있다는 점, 약제에 관한 반응과 승인이 미확립된 상태라는 점 등 승낙의 취득을 위한 설명을 보다 상세히 할 것이 요구된다.[34]

(라) 환자의 동의도 없이 신약을 사용하여 사망한 경우

① 최근에 경험한 사건 중에는 의사가 환자나 그 가족의 동의도 없이 신약을 사용하여 사망한 예가 있었다. 환자는 만 57세 된 여성으로 유방암이 있어 유방암에 대한 유방절제술을 받았고, 항암제로서 아피니토[35]를 2013. 12. 12.경부터 투여받았다.

아피니토는 아직 시판도 되지 않는 약이었고, 부산에 있는 국가기관이 운영하는 병원에서 병원장이 이 약을 환자나 가족의 동의도 없이 환자를 상대로 몰래 투여를 한 것이다.

② 아피니토라는 항암제는 그 부작용으로 폐렴이 발생하는 약인데, 결국 위 환자에게 폐렴이 발생하여 사망하게 되었다. 환자나 가족은 이런 사실에 대하여 잘 알지 못하고 있었는데, 어머니가 유방절제수술후 비교적 건강히 있다가 위 아피니토 투여후 갑자기 폐렴으로 사망을 하게 되자, 문제를 제기하기 시작하였다.

③ 먼저 항암제 투여와 관련하여 치료비가 과다하게 나와서 건강보험심사평가원에 진료비에 대한 적정진료비심사청구를 하게 되었고, 건강보험심사평가원에서 아피니토 약물이 시판 허가된 약물이 아니라는 사실을 알려주었다. 이에 환자측 가족은 의사를 상대로 업무상과실치사죄로 형사 고소를 하였고, 병원장이 조사과정에서 환자의 동의나 가족의 동의없이 신약을 사용한 사실을 자백하게 되었고, 환자측과 1억 원에 합의를 하게 되었다.

---

33) 대법원 2015. 10. 29. 선고 2014다22871 판결.

34) 三輪亮壽, 薬剤の選擇及び使用における注意義務, 174면, 米村滋人, 医學硏究における被験者と倫理委員會−生體試料提供の諸問題に着目して, ヅュリスト No. 1339, 2007. 8. 1.-15, 12면-13면

35) 아피니토는 2015. 12. 18.경에 시판허가를 받았다.

다. 마 취

(1) 마취란?

마취란 무감각 또는 통증에 대한 인지능력이 없다는 말이다.

마취는 18세기까지 감각의 소실만을 뜻하는 단어로 쓰이다가, 올리버 홈즈(Oliver Wendell Holmes, 1809~1894)가 에테르에 의해 유발된 환자의 상태를 'anesthesia'라고 이름 붙이면서 마취는 통증과 감각의 소실뿐만 아니라 의식의 소실에 대한 의미도 포함하게 되었다.

전신 마취는 수술을 하기 위해 시행되며, 무통, 기억상실, 의식소실, 근육이완 그리고 반사차단이 이루어진 상태를 말하고, 부위 마취는 마취된 부위에만 국한되어 무통과 근육 이완이 이루어진 상태를 말한다. 마취된 상태는 다시 본래 마취 전 상태로 되돌이킬 수 있는 성질을 가져야 한다.

수술을 하기 위한 마취는 넓은 의미에서 수술 전과 후, 그리고 수술하는 동안 통증의 완화는 물론 환자에게 일어날 수 있는 정신 및 육체적인 변화를 관리하는 의술이다. 또한 최근 의료 분야에서 마취는 수술을 위해서 수술실에서만 행해지는 것이 아니라, 검사 중 환자가 느낄 수 있는 통증을 없애거나, 환자의 움직임이 없어야 시행할 수 있는 각종 검사나 중재적 시술을 진행하기 위해서도 폭넓게 사용되고 있다.

(2) 마취의 종류

마취의 종류는 크게 전신 마취(general anesthesia)와 부위 마취(regional anesthesia)로 나뉘어진다.

(가) 전신 마취

전신 마취는 휘발성 혹은 가스성 흡입 마취제를 사용하는 흡입 마취와 주사용 약제를 정맥 주사 혹은 근육 주사하는 마취, 또는 직장 내에 약제를 삽입하는 마취방법이 있다.

① 흡입 마취

현대의 흡입 마취제의 발달은 1275년 스페인 화학자인 래이문두스 룰리우스(Raymundus Lullius)가 에테르(ether)를 발견하면서 시작되었지만, 흡입 마취 자체는 스위스의 의사이며 연금술사인 파라켈수스(Paracelsus)가 에테르를 닭에게, 1790년 험프리 데이비(Humphry Davy, 1778~1829)가 발치시 아산화질소(N2O)를 사람에게 사용한 것이 시초라고 볼 수 있다. 17세기경에는 발렌틴(Valentine)에 의해 에틸클로라이드(ethyl chloride)가 처음 제조되고, 1847년 플로렌스(Flourens)에 의해 마취 효과가 있다는 것이 알려졌지만, 부작용으로 인해서 현재는 국소 냉각마취에 사용하고 있다.

이어서 에틸렌(ethylene), 트리클로로에틸렌(trichloroethylene), 디비닐에테르(divinyl ether), 싸이클로프로판(cyclopropane), 할로탄(halothane), 엔플루란(enflurane), 이소플루란(isoflurane), 메톡시플루란(methoxyflurane), 세보플루란(sevoflurane), 데스플루란(desflurane) 등이 개발되었다. 임상 경험과 연구들의 결과로 개발된 흡입 마취제의 부작용들이 자세히 알려지면서 일부는 사용되지 않게 되고, 현재는 부작용이 극히 적은 세보플루란, 데스플루란을 비롯한 일부 흡입 마취제들만이 사용되고 있다.

현재는 새롭게 개발된 좋은 흡입 마취제들과 함께, 개량된 마취기, 기화기 및 여러 감시장비를 통하여 흡입 마취 시 과거보다 신속한 마취유도와 마취로부터의 각성, 그리고 안정된 수술 마취유지가 가능해졌다.

② 정맥 마취

정맥 마취제 개발의 초점은 쉽게 잠들고, 작용 시간이 짧으며, 부작용이 적은 약물을 찾는데 모아져, 조건에 부합하는 다양한 정맥주사용 마취약제들[미다졸람(midazolam), 프로포폴(propofol), 알펜타닐(alfentanil), 레미펜타닐(remifentanil), 수펜타닐(sufentanil) 및 근이완제인 베큐로니움(vecuronium), 아트라큐리움(atracurium) 등]이 개발되었고, 1997년에는 프로포폴(propofol)이 소개되기에 이르렀다. 이러한 약물과 함께 컴퓨터 기술이 발달하면서 목표농도 조절 주입(Target-controlled infusion; TCI) 장치를 통해 흡입가스 없이 오로지 정맥주사만으로도 마취가 가능하게 되었다. 현재 이러한 마취 방법을 '완전정맥 마취(Total intravenous anesthesia; TIVA)'라 부르고 있다.

(나) 부위 마취

부위 마취는 척추 마취(spinal anesthesia), 경막외 마취(epidural anesthesia), 국소마취(local anesthesia) 등의 방법이 있다. 경막외 마취는 주사침을 넣어 약제를 투여하는 부위에 따라 흉추경막외(thoracic epidural), 요추경막외(lumbar epidural) 및 미추경막외(caudal epidural) 마취로 구분되며, 국소 마취는 국소 침윤마취(infiltration), 부위차단(field block) 및 말초신경차단(peripheral nerve block) 등이 있다.

① 척추 마취, 경막외 마취 및 미추(꼬리뼈) 마취

척추 마취, 경막외 마취, 미추 마취는 복잡한 장비 없이도 마취가 가능하기 때문에 마취기기들이 발달되기 이전부터 시행되어온 오래된 마취방법이며, 여전히 자주 시행되고 있다. 최근 새로운 국소 마취제의 개발과 아편유사제의 활용, 급·만성 통증관리에 대한 관심이 높아지면서 이러한 마취술은 더욱 보편화되고 있다. 척추 마취는 거미막밑공간(subarachnoid space)에 있는 뇌척수액(cerebro-spinal fluid; CSF)에 국소 마취제를 투여하는 방법이기 때문에 거미막밑 마취(subarachnoid anesthesia)라고도 한다.

경막외 마취는 경막(dura meter)과 황색인대(ligamentum flavum) 사이의 경막외 공간(epidural space)에 국소 마취제를 투여하는 방법인데, 특히 엉치뼈(sacrum)의 경막외공간에 해당되는 부위에 국소 마취제를 투여하는 것은 미추 마취라 한다. 척추 마취는 주입된 국소 마취제가 뇌척수액을 따라 퍼지기 때문에 그 퍼지는 정도에 따라서 차단 범위가 결정되며 적은 양의 국소 마취제만이 있으면 된다. 반면, 경막외 마취는 국소 마취제가 주입된 분절 주위만 한정하여 마취할 수 있으며, 척추 마취에 비해 많은 양의 국소 마취제가 필요하다. 또한 경막외 마취는 마취 효과가 느리게 나타나지만 카테터를 삽입하여 국소 마취제를 투여해서 오랫동안 마취 상태를 유지를 할 수 있다.

이 마취방법들은 신체의 일부만 마취시키기 때문에 부위 마취(regional anesthesia)라고도 하고, 환자의 의식은 소실시키지 않고 신경 전달 경로를 차단한다 하여 전도차단(conduction block)이라고 하기도 한다. 이 부위 마취들은 전신 마취의 부작용이나 합병증을 피할 수 있고, 수술이 끝난 후에도 환자들이 통증을 느끼지 않는 장점이 있다. 수년 전부터는 작용발현이 빠르고 마취효과가 확실한 척추 마취의 장점과 오랜 기간 마취를 유지할 수 있는 경막외 마취의 장점을 이용하기 위하여 척추-경막외 병용마취를 시행하기도 한다.

(3) 부작용 · 후유증

전신 마취 후 있을 수 있는 부작용은 가볍게는 기도부위(목)의 이물감으로부터 치아 손상, 폐렴, 사망에 이르기까지 다양하게 나타날 수 있다. 부위 마취의 경우, 가볍게는 시술 부위의 통증, 일시적인 배뇨곤란, 마취부위의 일시적인 근력 약화에서부터 효과적인 마취의 실패, 경막천자로 인한 심한 두통, 감염, 사망에 이르기까지 나타날 수 있다. 가능성은 가벼운 증상은 흔하고, 심한 부작용은 그 가능성이 낮으나 발생하면 사망이나 뇌손상 등이 유발되어 심각한 후유증을 남길 수 있다.

(4) 마취와 관련된 주의의무

마취 과정이란 마취 전과정, 마취 과정, 마취 후 회복과정이 모두 포함되는 개념이다. 마취 의사는 환자에 대한 사전검사에서 혈액검사나 다른 신체검진을 통하여 마취로 인하여 발생될 수 있는 문제에 대하여 사전 검토가 되어야 한다. 특히 마취와 관련하여 마취약물의 경우 간에서 회독이 되므로 간검사 소견, 마취는 호흡곤란의 문제를 야기시킬 수 있으므로 폐검사, 마취시 갑작스러운 심정지 등이 문제가 되므로 심장검사 등이 특히 중요하다.

마취 과정에서의 과실의 형태는 마취된 환자의 상태를 잘 관찰하지 않아 발생되는 경우이고, 마취 후 과정은 마취에서 환자가 완전히 깨어나는 것을 확인하고 병동으로 보내거나 하여야 하는데, 이를 회복되는 것을 확인하지도 않고 회복실이나 병동으로 보내어 문제가 되는 경우들이다.

(가) 마취 전(前) 과정과 관련된 판례

① 대법원 1989. 6. 16. 선고 88가합2508 판결

전신마취를 요하는 수술을 시행하기에 앞서 담당의사에게 요구되는 주의의무에 관하여,

『간기능에 이상이 있는 환자에게 수술을 위한 전신마취를 할 경우에는 환자의 간기능이 급격히 악화되어 사망할 우려가 있으므로, 담당의사는 그 환자에 대한 전임의사 작성의 진료일지까지 면밀하게 검토하여, 환자에게 조금이라도 간기능 이상이 엿보였다면 이에 대해 내과전문의의 자문을 구하여 통상적인 간기능검사 이외에 보다 정밀한 검사를 실시하는 등으로, 간기능의 정상여부를 철저히 확인한 후에 전신마취를 요하는 수술을 할 주의의무가 있다.』

고 판시하고 있다.

② 대법원 1990. 12. 11. 선고 90도694 판결

할로테인 전신마취을 사용한 난소종양절제수술을 시행함에 앞서, 혈청의 생화학적 반응에 의한 간기능검사로 환자의 간상태를 정확히 파악하지 아니한 채 개복수술을 시행하여 환자가 급성전격성간염으로 사망한 사례에서,

『응급환자가 아닌 난소종양 환자의 경우에 있어서 수술주관의사 또는 마취담당의사인 피고들로서는 난소종양절제수술에 앞서 혈청의 생화학적 반응에 의한 검사 등으로 종합적인 간기능검사를 철저히 하여, 피해자가 간손상 상태에 있는지의 여부를 확인한 후에 마취 및 수술을 시행하였어야 할 터인데, 피고인들은 시진·문진 등의 검사결과와 정확성이 떨어지는 소변에 의한 간검사결과만을 믿고, 피해자의 간상태를 정확히 파악하지 아니한 채 할로테인으로 전신마취를 실시한 다음 이 사건 개복수술을 감행한 결과, 수술 후 22일만에 환자가 급성전격성간염으로 인하여 사망한 경우에는 피고인들에게 업무상 과실이 있다.』

고 판시하였다.

③ 대법원 1994. 11. 25. 선고 94다35671 판결

교통사고로 분쇄골절을 입고 그 수술을 위해 내원한 환자에게, 마취의사가 상기도 검사를 시행하지 않아 삽관법을 잘못 선택하여 급성심부전증으로 사망한 사건에서,

『마취전문의사가 좌측 상완골 간부 분쇄골절에 대한 수술을 위한 전신마취를 시행함에 있어, 환자의 신체가 비대하고, 특히 목이 짧고 후두개가 돌출하여 삽관에 장애가 될 수도 있으므로, 상기도 검사를 실시하여 삽관경로의 상태를 관찰하고 여러 가지 삽관법을 선택하여야 하는데도, 이를 소홀히하고 전신 마취 후 삽관을 시작하였다가, 도중에 후두경을 통하여 후두개의 이상을 발견하고 곡날형 후두경을 통하여 삽관을 시도하다가 실패하자, 마침내 삽관튜브를 교체하여 삽관을 시행하였고, 그 과정에서 많은 시간이 소요됨으로써 자력으로 호흡이 불가능한 환자에게 산소공급이 일시 중단되거나 정상적인 호흡상태보다 적은 양의 산소가 공급되게 한 잘못이 있다면, 이러한 의사의 과실이 지방심으로 심폐기능이 원활하지 못한 환자에게 작용함으로써 급성심부전증을 불러일으켜 환자를 사망케한 과실을 추인할 수 있다.』

고 판시하였다.

④ 대법원 1996. 6. 11. 선고 95다41079 판결

호흡기 질환의 병력이 있는 환자에게 심전도 검사를 소홀히 하여, 전신마취 후 수술도중에 심정지가 발생하여 뇌손상으로 인한 전신마비증세를 초래한 사건에서,

『위 의료사고는 위 신○○가 시술한 마취과정에서 발생한 것임이 분명한 바, 위 원고가 마취제나 마취유도제의 사용시 주의를 요하는 호흡기 계통의 질환을 앓은 병력이 있고, 이 사건 수술부위도 목 부위인 점 등에 비추어 환자에 대한 심전도 검사는 필수적인 것으로 여겨지고, 나아가 전신마취의 경우에도 알 수 없는 원인으로 심정지가 오고 그 후유증으로 뇌손상을 일으키는 경우가 전혀 없는 것은 아니나, 그 비율이 0.1% 이하로 극히 낮은 점과, 위 원고에 대한 마취 도중 심정지가 발생하고 응급조치로 혈압이 정상으로 돌아온 후에도 상당한 시간 동안 마취제가 투여되고 수술이 계속되었던 점 등에 비추어, 위 신○○, 장○○가 마취나 집도수술을 제때에 중단하고 적절한 대응조치를 취하지 않은 과실은 위 원고의 위 발병 및 증상의 확대에 원인이 되었던 것으로 추정되고, 따라서 피고로서는 위와 같은 과실 없이 수술의 전(全) 과정을 통하여 최선의 조치를 다하였다고 하더라도 이 사건 사고가 발생하였으리라는 점에 대한 반증을 제시하지 못하는 한, 이 사건 사고발생으로 인한 손해배상책임을 면할 수 없다.』

고 판시하였다.

⑤ 대법원 1997. 8. 29. 선고 96다46903 판결

심질환이 있는 환자에게 정밀검사 없이 성급하게 전신마취를 시행한 마취의사에 대하여,

『장○○에게는 당초부터 심근경색이 있다는 의심이 있었으며, 이 때문에 심질환을 위한 치료제를 투여함으로써 막상 심전도 검사 결과로서는 정상으로 나타날 가능성

이 있으므로, 척추마취가 아닌 전신마취를 실시하는 3차 수술을 시행함에 있어서는 그 수술이 반드시 필요한 것이라고 하더라도 시급히 하여야 할 것이 아닌 이상, 다른 병원에 의뢰하여서라도 정밀검사를 거쳐 심장질환 여부를 확인한 다음 하여야 할 것인데도 피고병원의 마취과 의사는 정밀검사 없이 성급하게 전신마취를 한 것이라 할 것이고, 이를 두고 피고병원이 현재의 의학수준 및 당시 임상의학 분야에서 실천되고 있는 의료행위의 수준에 비추어 필요하고 적절한 진료조치를 다하였다고 볼 수는 없으므로 이는 피고병원의 의료과실에 해당한다.』

고 판시하였다.

⑥ 대법원 1998. 11. 24. 선고 98다32045 판결

심전도검사상 이상이 발견된 환자에 대하여 정밀검사를 시행하지 아니한 채 전신마취를 시행하여, 수술도중 환자가 마취로 인한 부작용으로 사망한 사건에서,

『전신마취에 의한 수술을 함에 있어 사전에 실시한 심전도검사에서 이상이 발견되었으나, 심전도 검사 결과가 전신마취에 부적합한 정도에 이르는지 여부를 보다 정밀한 검사를 통하여 확인하는 등의 절차없이 그대로 일반적인 마취방법으로 수술을 시행하던 중 마취로 인한 부작용으로 환자가 사망하였다면, 병원 의사들의 의료행위에 과실이 있다.』

고 판시하였다.

(나) 마취 과정중과 관련된 판례

① 대법원 1994. 12. 27. 선고 94다35022 판결

할로테인 마취 도중 에피네프린의 투여를 잘못하여 환자가 심정지를 일으켜 사망한 사건에서,

『할로테인으로 전신마취를 하여 수술중에 출혈을 적게 하여 좋은 시야를 얻기 위한 방법으로 에피네프린을 사용하는 경우에는 심근감작으로 부정맥을 일으킬 수 있으며 심한 경우에는 심정지까지 초래한다는 사실은 빈번히 보고되고 있고, 이에 대한 논문들도 있어 이는 의학계에 잘 알려진 사실이므로, 할로테인 마취 중 에피네프린 사용시에는 소량을 국소소마취제에 희석하여 혈관이 덜 발달된 곳으로 천천히 투여하는 것이 안전하며, 특히 이 사건의 경우와 같이 혈액순환이 잘 되는 안면부에 투여할 때에는 신중한 태도와 면밀한 관찰이 요구되는 바, 위 군의들로서는 할로테인을 사용하여 마취를 한 위 환자에 대하여 에피네프린을 혈관이 발달된 수술부위인 윗입술에 주사함에 있어 적정량을 잘 혼합하여 주의를 하여 천천히 주사를 하고, 부정맥 또는 심정지의 징후가 있는지 여부를 두고 면밀히 관찰하여 본 다음에, 이상이 없음을 확인하고 수술부위의 절개를 시작하여야 함에도 불구하고, 별일 없을 것이라고 가볍게 믿고 주사 후 위 망인의 상태를 살피지 아니한 채 곧바로 수술부위 절개를 시작한

잘못으로, 절개 후 뒤늦게 출혈이 매우 적고 혈압이 급강하된 것을 발견하고, 에페드린과 에피네프린을 투여하면서 심장마사지를 하는 등 혈압강화를 위한 응급조치를 취하여 혈압과 맥박이 회복되었으나, 그 때 발생한 심정지로 인한 급성폐부종, 요붕증, 저산소성 허혈성 뇌증으로 결국 위 소외인이 사망하였다.』

고 판시하였다.

② 대법원 1995. 3. 17. 선고 93다41075 판결

망막박리 유착수술을 위한 전신마취 회복도중 환자에게 기흉으로 인한 저산소성뇌후유증으로 인한 신경마비증세가 발생한 사건에서,

『기흉의 발생원인은 첫째, 수술 도중에 기관지, 식도, 폐 또는 횡격막에 직접 손상을 가한 경우, 둘째, 수술 도중에 기관지 또는 폐 등에 과도한 압력을 가한 경우, 셋째, 환자가 호흡기계 질환이 있는 경우, 넷째, 환자의 폐포의 벽이 파열되어 큰 폐포가 형성되어 있거나 정상인에 비하여 늑막이 약하거나 하여 소위 특이체질인 경우로 나누어 볼 수 있는 사실… 이 같은 기흉이 발생될 수 있는 네 가지 원인 중 셋째 및 넷째의 경우가 아닌 첫째 내지 둘째의 경우, 즉 과도양압으로 인한 폐포파열 또는 삽관시 식도손상 등 원고의 책임으로 돌릴 수 없는 전신마취 과정에서 적절치 못한 시술이 바로 이 같은 기흉의 유발 및 이로 인한 청색증 내지 피하기종이 초래된 원인이 된 것으로 추정할 수밖에 없다.』

고 판시하였다.

③ 대법원 2006. 8. 25. 선고 2006다20122 판결

우측 제3수지 원위부 절단상에 대한 응급 봉합수술시 마취제 투여 후 안면경련, 호흡정지 등의 주된 증상이 발현된 사건에서,

『이에 비추어 볼 때 마취제의 3가지 부작용 중 중추신경계에 대한 독성반응으로 인한 것으로 추단되고, 이는 마취제 주사시의 부주의가 원인이 되었다고 봄이 상당하며 이후 소외인은 심한 저혈압 상태 또는 심정지에 가까운 상태가 상당기간 지속되었음에도 불구하고 신속히 기도유지와 환기를 보조하고 혈압상승제와 맥박상승제를 투여하는 등 뇌에 산소가 공급될 수 있도록 필요한 모든 조치를 다하여야 함에도 불구하고 뒤늦게 기도내 삽관을 통해 산소공급을 한 과실로 인하여 소외인이 저산소성 뇌손상으로 인하여 식물인간 상태에 가까운 상해를 입게 되었다.』

고 판시하였다.

④ 서울북부지방법원 2009. 9. 3. 선고 2008가합8557 판결

프로포폴에 의한 수면내시경 도중 청색증 발생뒤 기도삽관 실패후 엠브배킹후 전원하였으나 뇌손상이 발생된 사건에서,

『프로포폴은 저혈압, 호흡억제 등을 유발할 수 있으나 이에 대한 길항제가 없어서

이를 이용한 수면 내시경검사는 기도유지와 심폐소생술을 할 수 있는 장비를 갖춘 상태에서 심폐소생술에 대해 전문 식견을 가진 의사에 의하여 이루어져야 하고, 갑작스러운 호흡정지로 인한 저산소증으로 뇌손상 등을 야기할 수 있어서 신속하게 호흡저하에 대한 응급조치를 하여야 함은 위에서 인정한 바와 같고… 피고 정○○은 제2차 내시경검사 당시에 원고에게 혈당 138㎎/dl의 합병증이 없는 인슐린-비의존성 당뇨병, 본태성(원발성) 고혈압 등이 있음을 확인한 점, 외관상으로 환자의 목이 짧고 굵어 기도가 잘 보이지 않을 수 있는 해부학적 특성이 있으면 이로 인하여 기도유지 또는 환기유지가 어려울 수 있음을 예상할 수 있었던 점, 프로포폴의 호흡억제 등 부작용, 위 약제의 특성 등으로 인하여 내시경검사 중 호흡 저하 내지 무호흡 증상이 발생할 수 있으므로, 이러한 경우에 대비하여 환자의 신체적 특성 등을 고려한 신속한 심폐소생술, 기도삽관술 등 응급조치를 취할 수 있는 기구와 장비를 미리 갖추어야 함에도 불구하고 원고에게 적합한 기도삽관을 위한 튜브 등을 확보하지 않은 채 내시경 검사를 시행한 점, 피고들이 원고에게 호흡 저하 등이 발생한 후 여러 차례 기도삽관을 시도하였으나 실패함으로써 약 34분 동안 원고의 기도가 제대로 유지되지 못하고, 이로 인하여 저산소성 뇌손상에 이르게 된 점, 원고의 경우 목이 짧고 굵으며 경직된 상태였으나, ○○의료원 응급실에서는 도착 즉시 원고에게 기도삽관이 이루어진 사정 등에 비추어보면 오직 원고의 해부학적인 요인 때문에 기도삽관을 시행하지 못하였다고 단정하기 어려운 점, 원고에 대한 기도삽관의 실패로 장시간 기도가 유지되지 못하고 있음에도 기관절개술 등을 비롯한 다른 응급처치에 대한 준비나 시행을 하지 못한 점, 그 밖에 피고들의 응급처치가 이루어진 과정 등을 종합하여 보면, 피고들로서는 원고에게 호흡저하 증상이 나타날 것을 예견하고, 미리 원고에게 적합한 튜브 등 심폐소생술에 필요한 장비를 준비하고, 원고에게 호흡 저하 증상이 나타난 경우에는 이에 대하여 기도 삽관 등 적절한 응급처치를 하여야 함에도 불구하고, 피고들의 기도삽관에 관한 술기부족 내지는 응급처치에 대한 준비부족으로 인하여 계속하여 기도삽관에 실패한 과실로 인하여 원고에게 저산소성 뇌손상 등을 입게 하였다고 할 것이다.』

고 판시하였다.

(다) 마취후 회복 과정과 관련된 판례

① 대법원 1994. 4. 26. 선고 92도3283 판결

환자가 완전히 마취에서 회복되었는지도 확인하지 않고 환자를 떠난 마취의사의 과실을 인정한 사건에서,

『마취환자가 수술 도중 특별한 이상이 있었는지를 확인하여 특별히 이상이 있었던 경우에는 보통 환자보다 더욱 감시를 철저히 하고, 또한 마취 환자가 의식이 회복되기 전에는 호흡이 정지될 가능성이 적지 않으므로 피해자를 담당하는 간호사를 특정

하여 그로 하여금 환자의 상태를 계속 주시하도록 하여, 만일 이상이 발생한 경우에는 즉시 응급조치가 가능하도록 할 의무가 있다고 할 것이라고 전제하고서, 피고인이 피해자가 어떤 이상증세가 일어났는지에 대하여, 확인하여 회복처치에 참고하지도 않았으며, 피해자에게 자발호흡이 있는 것만 확인하고는 의식이 회복되었는지 분명하지도 않은 상태에서 특정 간호사에게 확실한 인계조치나 구체적인 지시도 하지 않은 채 환자를 떠난 점을 마취의사로서의 업무상 주의의무를 해태한 것이다.』

고 판시하였다.

② 서울중앙지방법원 2013. 2. 13. 선고 2011가합107721 판결, 서울고등법원 2013. 12. 5. 선고 2013나2005181 판결, 대법원 2014. 4. 10. 선고 2014다200084 판결

계류유산 수술후 잔료태반으로 재수술뒤 마취후 경과관찰을 해태하여 사망한 사건에서,

『프로포폴은 마취약제이므로 약물 투여후 무호흡, 호흡저하, 저산소증, 저혈압 등이 발생할 위험이 있으므로, 프로포폴을 사용하여 환자를 마취하는 의사는 약물 투여후 작용이 지속되는 동안 환자의 혈압, 맥박, 산소포화도, 호흡여부 등을 관찰해야 하고, 수술이 끝난 다음에는 환자가 마취에서 완전히 회복되지 않을 가능성이 크고 수술자극이 사라짐에 따라 잔존 마취 효과가 크게 나타날 수 있으므로 적어도 수술후 30분 정도는 환자를 집중관찰해야 하는 사실, 특히 다른 종류의 호흡을 억제할 수 있는 마취제를 같이 투여할 때는 마취의 효과가 커지고 지속시간도 연장될 수 있으며 수술자극이 없어진 상태에서는 어느 정도 깨워서 자극이 이루어지더라도 다시 의식저하가 발생할 가능성이 있기 때문에 의료진은 환자의 의식상태, 호흡상태 등을 지속적으로 확인해야 하는 사실, 심정지가 발생할 경우 15초 이내에 의식이 소실되고, 30내지 60초 사이에는 무호흡과 동공확대가 발생하며, 4~5분 정도의 시간이 경과하면 영구적인 뇌손상이 발생할 수 있는 사실, 피고 병원의 의료진은 두 가지 마취제, 펜타닐(Fentanyl) 100㎍, 프로포폴(Profopol) 130㎎을 사용하여 망인을 마취한 사실, 피고 병원의 의료진은 15:00경부터 16:05경까지 망인의 활력징후를 측정하지 않았으며, 피고 병원의 의료진은 16:05경 망인이 의식이 없고 혈압이 측정되지 않으며 산소포화도가 47%라는 사실을 발견하고 응급처치를 실시하였으나 회복되지 않았으며 이는 심폐기능이 이미 회복되기 어려운 만큼 손상되었기 때문인 사실 등은 당사자 사이에 다툼이 없거나… 인정될 수 있다.

위 인정사실을 종합하면, 피고 병원 의료진은 펜타닐과 프로포폴을 함께 사용하여 망인을 마취하였으므로 마취제의 작용지속 시간이 연장되고 수술자극이 없어지면 깨우는 등의 자극이 있더라도 다시 의식저하가 발생할 수 있다는 점을 고려하여 망인의 의식회복이 완전히 회복될 때까지 망인의 활력징후를 관찰했다가 심폐기능의 저하가 발생하면 즉각적으로 응급처치를 실시할 주의의무가 있었음에도 불구하고, 망인의 의

식이 완전히 회복되지 않은 15:00경 이후 망인의 활력징후를 관찰하지 않은 과실이 있다고 인정된다.』

고 판시하여 마취후 환자가 완전히 의식을 회복할 때까지 환자에 대한 활력징후 등의 경과관찰를 하여야 할 의무가 있음을 밝히고 있다.

라. 수 술

(1) 수술과 관련된 주의의무

의료사고의 대부분이 수술과 관련하여 발생한다고 하여도 과언이 아닐정도로 수술은 침습적인 치료행위이다. 따라서 수술시 수술의 필요성 여부, 수술의 방식, 수술 수기상의 주의의무, 수술 후의 환자의 관리 등이 중요한 핵심요소가 된다.

그 외에 수술 후의 잔유물 등이 분쟁의 요소로 남게 되나, 최근에는 잔유물 등이 의료진의 과실이라는 것이 광범위하게 알려져서 잔유물로 법정까지 오는 경우는 거의 없고, 법정에 와서도 재판장 등의 중재로 해결이 되므로 판례를 살펴보는 것도 오래된 것들이어서 의미가 없다.

분쟁의 실제에서는 수술 후 잔유물의 경우 의료진을 업무상과실치상죄로 형사고소하여 합의를 하면, 재판을 통한 민사 배상액보다 많은 금액으로 합의를 하는 경우가 더 많은 것 같다.

(2) 수술의 필요성 관련 판례

자궁외 임신을 자궁근종으로 오진하여 불필요한 자궁적출을 시행한 사건[36]에서,

『당초 위 환자를 진찰한 결과 복부에 혹이 만져지고 하혈을 하고 있어 자궁외 임신일 가능성도 생각하였으나 피해자가 10년간 임신경험이 없고 경유병원에서의 진단소견이 자궁근종 또는 자궁체부암으로 되어 있자 자궁외 임신인지를 판별하기 위한 수술 전 검사법인 특수호르몬 검사, 초음파 검사, 복강경 검사, 소변임신방응검사 등을 전혀 실시하지 않고, 자궁근종을 확인한다는 의미에서 촉진 및 시진을 통하여 자궁외 임신 환자를 자궁근종으로 오진하였고, 수술단계에서도 냉동절편에 의한 조직검사 등을 거치지 아니한 상태에서 자궁근종으로 속단하고 일반외과 전문의와 함께 병명조차 정확하지 못한 채 자궁적출술을 시행하여 자궁적출이 반드시 필요한 환자가 아닌 위 김○○의 자궁을 적출함으로써 동인을 상해에 이르게 한 사실을 인정한다.』

고 판시하고 있다.

(3) 수술방법 선택과 관련된 판례

36) 대법원 1993. 7. 27. 선고 92도2345 판결.

(가) 수술방법이나 진료방법 선택시 의사의 광범위한 재량 인정

의사는 진료를 행함에 있어 환자의 상황과 당시의 의료수준 그리고 자기의 지식경험에 따라 적절하다고 판단되는 진료방법을 선택할 상당한 범위의 재량을 가진다고 할 것이고, 그것이 합리적인 범위를 벗어난 것이 아닌 한 진료의 결과를 놓고 그 중 어느 하나만이 정당하고 이와 다른 조치를 취한 것은 과실이 있다고 말할 수는 없다.[37)]

(나) 수술방법 선택과 관련된 과실의 대표적인 예 – 분만방법 선택상의 과실

대법원[38)]은,

『질식분만의 시도 중 태아곤란증을 뚜렷하게 시사하는 만기심박동감소 양상이 발생한 경우는 물론, 다양성 심박동 감소와 같이 그것만으로는 태아곤란증이라고 보기는 어렵더라도 이와 더불어 태아의 심박동수가 시간의 경과에 따라 정상수치보다 훨씬 낮아지고 그 빈도 및 정도가 악화되는 등 태아의 병적인 상태에 대한 의심을 배제할 수 없는 상황이 발생하였다면 분만을 담당하는 의사로서는 즉시 내진을 하여 제대탈출 여부를 확인하고 임신부의 체위변경, 산소 및 수액공급 등의 조치를 취하여야 하고, 만약 그 후에도 태아의 심박동 측정결과가 개선되지 않고 태아곤란증을 시사하는 양상이 나타날 때에는 제왕절개술을 통한 즉각적인 분만을 시도하는 등 산모와 태아의 안전을 위하여 필요한 조치를 신속히 취하여야 할 주의의무가 있는 바, 태아의 심박동 측정결과가 다양성 심박동 감소 양상을 나타내면서 그 최저점이 정상수치의 절반에도 미치지 못하는 등의 상태가 점점 악화되었음에도 불구하고 피고가 이를 태아의 안전에 별다른 영향이 없는 조기 심박동 감소로만 판단하여 집중적인 관찰과 처치를 소홀히 하고 나아가 제왕절개술을 결정하고서도 2시간이 넘어서야 시술을 함으로써 필요한 조치를 지체한 과실이 있다.』

고 판시하여, 질식자연분만을 시도하다가 태아곤란증이 발생한 경우 신속히 분만방식을 바꾸어 제왕절개분만을 하도록 하는 것이 의사의 주의의무라고 밝히고 있다.

같은 취지의 판결로는,[39)]

『당시 분만을 담당했던 피고 최○○, 이○○는 산전진찰을 통해 아두골반 불균형으로 분만의 어려움이 있을 것을 예상하고 있었고, 실제로 태아하강도 +3/3의 상태에서 아두골반 불균형으로 2시간 이상 분만정착의 상태가 계속되었으며, 이에 더하여

37) 대법원 1992. 5. 12. 선고 91다23707 판결, 대법원 2007. 5. 31. 선고 2005다5867 판결.
의사는 진료를 행함에 있어 환자의 상황과 당시의 의료수준 그리고 자기의 지식경험에 따라 적절하다고 판단되는 진료방법을 선택할 상당한 범위의 재량을 가진다고 할 것이고, 그것이 합리적인 범위를 벗어난 것이 아닌 한 진료의 결과를 놓고 그 중 어느 하나만이 정당하고 이와 다른 조치를 취한 것을 과실이 있다고 말할 수는 없다.

38) 대법원 2006. 10. 27. 선고 2004다2342 판결.

39) 수원지방법원 2009. 7. 9. 선고 2007가합21378 판결.

다양성 태아심박동 감속의 증상이 장시간 나타나는 상황에서도 신속히 제왕절개술을 시행하지 않은 과실이 있다.』

라고 판시하여, 아두골반 불균형이 있어 분만정착이 있는 경우에는 신속히 제왕절개수술을 하라는 취지의 판결을 하고 있다.

(4) 수술과 관련하여 의료기술상 과실과 관련된 판례

(가) 무리한 질식분만으로 산모가 직장-질 누공과 항문 4도 열상 입은 사건[40)]

『① 회음절개술에는 중앙 회음절개술과 내외측 회음절개술이 있는데, 중앙 회음절개술을 시행할 경우 회음부에 3도 및 4도의 열상이 발생할 위험이 있고, 중앙 회음절개술 후 절개부위가 확장되어 항문, 직장 주변의 근육이 파열될 수 있으며, 항문괄약근 및 직장손상의 가능성이 내외측 회음절개술에 비해 높은 점, ② 회음부열상은 적절하지 못한 회음절개 시기 또는 적절하지 않은 방법의 회음절개를 실시한 경우(의학적 인자), 거대 태아이거나 태아의 후방 후두위나 둔위 분만, 견갑 난산의 경우(태아측 인자), 산모의 골반이 협소하거나 골반 내 구조물의 이상 또는 산모의 협조 불능의 경우(모체측 인자)에 발생할 수 있는데, 이 사건의 경우 태아는 정상위로 임신한 상태에서 3.34kg의 정상체중으로 출생한데다가 분만 전 원고에게 자궁골반 협착이나 둔위 등 이상증상은 없었고, 분만 과정에 원고가 과도하게 힘주기를 지속하였다는 등의 기록도 없는데 비추어 분만 과정에 특별한 문제는 없었을 뿐 아니라 피고 의원 의료진은 원고에게 분만촉진제인 옥시토신을 지속적으로 투여하면서 분만을 진행했을 뿐 급속분만이 진행된 사정도 보이지 않는 바, 원고에게 발생한 회음부열상은 피고 의원 의료진이 적절하지 않은 방법으로 회음절개를 실시하는 등의 의학적 인자로 인하여 발생한 것으로 봄이 상당한 점, ③ 피고들의 주장과 같이 원고에게 발생한 현 장애가 질식분만시 태아가 하강하면서 음부신경 및 골반근육을 직접 손상시켰기 때문에 불가피하게 발생한 것이라고 볼 만한 증거는 없는 점, ④ 질식분만 후 4도의 열상이 확인된 경우 직장점막의 창상면을 접합하여 봉합한 후에 그 위로 근막을 덮고 마지막으로 항문괄약근을 분리 접합하고(이때 항문괄약근은 단속봉합이 3~4회 요구된다) 그 뒤의 봉합은 일반적인 회음절개의 봉합법과 동일하게 봉합하게 되는데, 이 사건의 경우 회음부 봉합이 어떤 방식으로 진행되었는지 확인할 기록은 없으나 일차단순봉합(장 점막 봉합과 질 점막 봉합)을 시행한 것으로 추정되는 점, ⑤ 4도 열상의 경우 합병증으로 질과 직장 사이가 대변에 의해 오염이 되어 아물지 않고 구멍이 생기는 직장-질 누공이 발생할 수 있고, 실제로 피고 의원 의료진이 2012. 2. 21.경 원고에게 누공의 발생가능성에 대하여 설명하는 등 피고 의원 의료진으로서도 원고에게 누공이 발생할 가능성을 예상할 수 있었음에도 피고 의원 의료진은

40) 서울중앙지방법원 2016. 4. 20. 선고 2013가합28693 판결.

2012. 2. 18.경 원고에 대한 질 소독 후 퇴원토록 하였고, 그 후 원고에 대하여 외래 진료를 통하여 소독치료와 항생제치료를 지속하다가 퇴원 후 6일이 지난 2012. 2. 24.경에야 원고에게 직장-질 누공이 발생한 것을 인지한 점, ⑥ 빈혈로 인하여 회음부열상의 회복이 지연되어 산모의 봉합부위가 잘 치유되지 않거나 직장-질 누공이 발생하는 등 합병증이 발생할 가능성도 배제할 수 없다 할 것인데, 원고의 경우 분만 다음날인 2012. 2. 17.경 헤모글로빈 수치가 8.4g/dL로 낮아져 있었고 이에 피고 의원 의료진이 빈혈치료를 위해 철분제를 투여하기는 하였으나, 철분제 투여의 효과는 몸 안에서 적혈구 생성이 활성화되면서 천천히(일주일 가량 시간소요) 나타나게 되고 이에 퇴원 후인 2012. 2. 20.경에도 원고의 헤모글로빈 수치는 여전히 참고치 이하인 8.5g/dL으로 유지되고 있었는 바, 비록 피고들의 주장과 같이 원고의 아버지가 수혈을 원하지 않았던 것이 사실이라 하더라도 그러한 사정만으로 피고 의원 의료진이 수혈 등 빈혈치료를 적극적으로 진행하지 않은 것이 정당화될 수는 없는 점, ⑦ 비록 원고가 2012. 2. 24.경 ○○대병원에 내원하였을 때에는 헤모글로빈 수치가 10.2g/dL로 상승해있기는 하였으나, 이는 철분제 복용의 효과가 뒤늦게 나타난 것으로 보이고 이러한 사정만으로 피고 의원 의료진이 분만 후 초기에 원고에 대한 빈혈치료를 제대로 시행한 것이라고 보기도 어려운 점, ⑧ 원고의 경우 분만을 위하여 피고 의원에 입원할 당시 직장 열상, 괄약근 손상, 변실금 등의 증상은 없었고, 활력징후도 모두 정상범위에 있는 등 분만 전 원고의 상태는 양호했을 것으로 추정되는 점 등에 비추어 보면, 원고에게 나타난 현 장애는 피고 의원 의료진이 분만을 진행하는 과정에 회음부를 과도하게 절개하여 원고에게 열상을 발생시키고 이에 대하여 봉합술을 제대로 시행하지 않는 등의 과실로 인하여 초래된 것이라고 봄이 상당하다.』

(나) 척추측만증 수술을 하면서 과도하게 금속봉을 연장하여 하반신이 마비된 사건[41]

『피고 김○○은 이 사건 제2차 수술 과정에서 이 사건 제1차 수술이후의 척추 성장속도 등을 고려하여 적절한 범위 내에서 원고의 척추에 고정된 성장형 금속봉을 연장해야 할 주의의무가 있음에도, 이를 위반하여 지나치게 과도하게 위 금속봉을 연장한 잘못이 있고, 이로 인하여 원고의 척수신경이 손상됨으로써 원고가 현재 장애상태에 이르렀다고 판단된다.』

(다) 협심증 환자에 대한 스텐트 삽입술 도중 와이어가 망가져 사망한 사건[42]

『이 사건 시술 과정에서 시술 도구를 잘못 사용하고 그로 인하여 망인에게 발생한 부정맥 등을 적절히 처치하지 못한 과실을 인정할 수 있고, 이와 같은 이 사건 의료진의 과실과 망인의 사망 사이에 상당한 인과관계가 있음을 인정된다.

① …이 사건 의료진은 망인에 대하여 관상동맥조영술을 실시하여 망인의 좌전하행

41) 서울중앙지방법원 2015. 10. 6. 선고 2013가합555720 판결, 서울고등법원 2015나2063389 결정.

42) 서울중앙지방법원 2014. 10. 15. 선고 2012가합84719 판결.

지 입구에 70%의 궤양성 죽종을 동반한 협착 등 소견을 확인한 다음 망인의 좌주간지와 좌전하행지에 관상동맥스텐트삽입술을 위해 가이드와이어를 삽입하고 혈관 내 초음파를 실시한 직후 좌주간지와 좌전하행지 입구에 혈전성 폐색이 발생하였는 바, 이는 이 사건 의료진이 망인에게 가이드와이어를 삽입하는 과정 또는 이를 이용한 혈관 내 초음파 과정에서 망인의 좌전하행지 입구에 있던 궤양성 죽종을 손상했기 때문으로 판단된다.

② …이 사건 의료진이 망인의 혈전성 폐색을 발견한 것은 2012. 7. 10. 12:39경이었다. 이 사건 의료진은 그 직후 망인에게 항응고제 등을 투여한 다음 스텐트삽입술을 시행하였으나, 그 과정에서 삽입한 가이드와이어가 12:46경, 12:49경 2차례에 걸쳐 망가졌고, 이로 인하여 망인의 혈전 개통이 지연되었을 뿐 아니라 혈관에 자극을 줌에 따라 망인에게 심실세동 및 심정지 증상이 발생하게 되었다. 이 사건 의료진은 망인에게 동율동 전환술을 실시한 다음 재차 스텐트삽입술을 시행하였으나, 그 과정에서 삽입한 가이드와이어가 12:58경, 13:21경 2차례에 걸쳐 망가졌고, 그 과정에서 망인은 지속적으로 심실세동 및 심정지 증상이 발생하게 되었다. 최종적으로 이 사건 시술은 14:30경 종료되었고, 당시 망인의 협착 부위는 모두 해결되었으나, 망인은 혈압이 63/47mmHg로 측정되는 등 쇼크상태였으며, 그 후 중환자실로 이실하여 인공심폐기, 지속적 신대체요법 등의 치료를 받았으나, 2012. 7. 14. 13:01경 이 사건 시술로 인하여 생긴 심부전 및 그로 인한 심인성쇼크를 직접사인으로 사망하였다.』

(라) 심장에 대한 풍선확장술후 관상동맥이 파열되어 심낭압전으로 사망한 사건[43)]

『① 망인은 스텐트 원위부 말단 5㎜ 이내의 지점에서 혈관 손상에 기한 출혈이 발생하였는 바, 경피적관상동맥성형술 시술시 합병증으로 관상동맥 천공, 파열이 발생되는 기전은 혈관벽이 확장되는 풍선의 힘을 견디지 못하였을 경우이므로 확장풍선 및 스텐트의 크기를 선택할 때 지나치게 크지 않도록 하며, 너무 무리한 힘을 가하여 확장시키지 않도록 주의할 필요가 있는점, ② 적정한 스텐트 혈관의 비는 1.1:1.0 이고, 관상동맥조영술상 망인의 병변의 혈관 굵기는 근위부 3.54㎜, 원위부 3.26㎜이며, 혈관내초음파 검사결과에 의하면 근위부 3.7X3.4㎜, 원위부 3.5X3.2㎜ 이었던 점, ③ 피고 병원 의료진은 경피적 관상동맥성형술 시술시 망인에게 직경 3.5㎜의 스텐트를 사용하여 13기압까지 올려서 삽입하였는 바, 이때 스텐트는 3.68㎜까지 확장되므로 스텐트/혈관의 비율은 원위부의 혈관을 기준으로 대략 1.05:1에서 1.15:1이며, 근위부 혈관을 기준으로 1.08:1 이하여서 스텐트 크기와 압력은 적절한 것으로 볼 수 있는 점, ④ 이후 피고 병원 의료진은 망인에 대하여 혈관내 초음파를 시행하고 삽입할 스텐트가 혈관벽에 밀착되지 않았다고 판단하여 더 큰 풍선도자를 사용하여 20기압까지 올렸는 바, …원위부 혈관을 기준으로 다소 큰 풍선도자가 사용되었고, 원위부 혈

43) 서울중앙지방법원 2012. 2. 8. 선고 2010가합95005 판결.

관의 크기와 스텐트의 직경을 고려할 때 풍선의 압력이 다소 과다한 것으로 보이는 점, 병변 혈관의 길이가 근위 정상부위에서 원위 정상부위로 산정할 경우 대략 2.2㎜ 정도인데 피고 병원 의료진이 망인에게 사용한 스텐트는 3.5㎜X18㎜로 스텐트 길이가 병변 혈관보다 짧아서 병변 말단 부위(대략 4~5㎜)는 스텐트로 커버되지 않고 잔여협착부위로 남아 있었던 점, 진료기록 감정의는 '스텐트 삽입후 파열의 원인으로 추정되는 것은 스텐트의 원위부가 병변을 완전하게 커버하지 못하고 걸쳐 있으며, 스텐트는 추가 확장의 영향으로 잘 늘어나 있으나 연속되는 혈관은 그렇지 못하여 스텐트의 금속재질이 심장의 박동과 함께 계속 혈관벽을 자극하여 일어났을 개연성이 있다'고 회신하였던 점 등에 비추어 볼 때, 망인에게 발생한 혈관 손상 및 출혈은 피고 병원 의료진이 망인에게 확장성형술 및 스텐트삽입술을 시행하는 과정에서 과실로 풍선도자/혈관크기의 적정비율(1.1:1)보다 좀 더 큰 풍선도자를 사용하였고, 사용된 스텐트의 길이가 짧아 원위부의 병변말단부위의 잔여 협착부위(대략 4~5㎜)를 완전하게 커버하지 못하고 걸쳐있게 되어 스텐트는 추가 확장으로 잘 늘어나 있으나 연속되는 혈관은 그렇지 못하여 스텐트의 금속재질이 심장의 박동과 함께 계속 혈관벽을 자극하여 혈관손상이 발생한 것으로 봄이 상당하다.』

(마) 뇌수막종 제거 수술중 중대뇌동맥 손상에 의한 뇌경색으로 사망한 사건[44]

『피고 병원은 이 사건 수술에 앞서 망인에 대한 뇌 CT, 뇌 MRI, 뇌혈관조영술을 통하여 망인의 종양이 우측 중대뇌동맥과 유착하여 우측 중대뇌동맥을 뒤로 밀어내고 있는 상태에 있고, 이로 인하여 종양제거수술과정에서 우측 중대뇌동맥의 손상가능성이 있다는 사실을 충분히 알고 있었던 점, 뇌수막종의 경우 혈관분포가 비교적 많은 종양으로 수술 후 뇌출혈을 예방하기 위해 적절한 지혈을 하여야 하고, 종양제거시에 종양 주변부 유착된 혈관손상이나 뇌손상을 최소화하기 위한 적절한 조치를 취하여야 하는 점, 망인의 종양과 유착된 우측 중뇌대동맥의 경우 뇌의 많은 부분에 혈류공급을 담당하는 매우 중요한 혈관이며, 혈관과 종양의 유착이 매우 심한 경우 수술과정에서 다른 혈관보다 쉽게 손상될 수 있는 점, 이 사건 수술 직후 망인의 우측 바닥핵, 관자 마루엽 부위에서 허혈성 뇌경색이 발생하였던 점, 위 우측 바닥핵, 관자마루엽 부위는 우측 중대뇌동맥이 혈류를 공급하는 부분인 점, 이 사건 수술 이전에 망인에게는 뇌경색의 소견이 없었으며, 이 사건 수술외에는 망인에게 뇌경색이 발생할 특별한 원인이나 증상이 없었던 점, 피고 병원 의사 하○○ 또한 이 수술 이후 원고들에게 수술시 우측 중대뇌동맥의 손상으로 망인의 좌반신마비가 발생한 것으로 보인다고 설명하고 있는 점 등을 종합하여 보면, 이 사건 수술 이후 망인에게 발생한 뇌경색은 이 사건 수술과정에서 피고 병원의 의사들이 망인의 우측 중대뇌동맥을 손상시키는 잘못으로 인하여 초래된 것으로 추정할 수밖에 없다고 할 것이다.』

44) 서울북부지방법원 2009. 5. 21. 선고 2007가합9195 판결, 서울고등법원 2009나58175 결정.

(바) 지주막하 출혈에 대한 뇌동맥류 결찰술 후 결찰주위 재출혈과 뇌부종으로 인하여 사망한 사건[45)]

『진단지연 및 처치지연 과실 여부

…① 망인은 이 사건 수술 후부터 2007. 3. 24.까지 경미한 두통 증상에 관하여 발생과 호전을 반복하였고, 간혹 일시적인 발열이나 구토 등이 있었던 사실, ② 피고 병원 의료진이 2007. 3. 24.까지 망인에 대하여 실시한 뇌 CT촬영 결과 망인에게 뇌혈관연축 소견이 있었던 사실, ③ 그런데 망인은 2007. 3. 25. 00:00 담당간호사가 주치의를 호출할 정도로 극심한 두통을 호소하였고, 그 후 같은 날 03:00경, 07:40경 및 11:40경 서너 시간 간격으로 극심한 두통을 호소하면서 구토를 하였고, 같은 날 15:30경에는 깊은 기면상태에 빠져 침상에 배뇨한 사실, ④ 피고병원 의료진은 2007. 3. 25. 00:00경부터 망인이 기면상태에 빠진 15:30경까지 망인의 증상을 뇌혈관연축에 따른 증상이라고 보고 이에 따른 처방 및 투약을 하였던 사실, ⑤ 피고 병원 의료진은 같은 날 15:35경 망인을 처치실로 옮기고 즉시 뇌 CT촬영을 하려고 하였으나 대기환자로 인하여 같은 날 17:20경에야 뇌 CT촬영을 한 결과, 망인의 동맥류 결찰부위 재출혈이 있고 뇌부종이 심화된 상태임을 알게 된 사실, ⑥ 그 후 피고병원 의료진은 곧바로 망인에 대하여 응급 뇌압감압술을 실시하기로 결정하고, 같은 날 20:10경 수술을 시행한 사실을 인정할 수 있는 바, 위 인정사실에 비추어 보면 피고 병원 의료진은 망인이 2007. 3. 25. 00:00경부터 11:40경까지 두통의 정도가 매우 극심하고 그 발현 간격이 매우 짧아져서 그전과는 전혀 다른 상태를 보이므로 망인에게 다른 합병증이 발생했는지 여부를 진단할 필요가 있었음에도 그전과는 매우 다른 망인의 증상들을 종전의 진단에 다른 뇌혈관연축에 따른 증상이라고만 단정하여 다른 합병증의 발견을 위해 필요한 뇌 CT촬영 등의 진단검사를 하지 아니하였고, 결국 망인이 같은 날 15:30경 깊은 기면상태에 빠지는 등의 심각한 상태에 이른 후 같은 날 17:20경에야 다른 합병증 여부를 진단하기 위한 뇌 CT촬영을 하여 비로소 망인의 수술부위 재출혈을 알게 되어 응급 뇌압감압술을 시행하게 된 것으로 위와 같은 피고 병원 의료진의 행위는 환자에 대하여 최선의 주의의무를 다하여야 할 의사로서의 의무를 소홀히 한 과실이 있다고 봄이 상당하다.』

(사) 담낭용종이 있어 복강경 담낭절제술시 담관을 절제하여야 하는데 담도를 절단한 과실로 인하여 장애가 발생한 사건[46)]

『피고 송○○의 이 사건 수술 상의 과실

…① 원고 전○○가 2007. 1. 3. 이 사건 수술을 받은 후 복통을 호소하고, 진통제를 투여받았으나 통증이 완화되지 않은 사실, ② 피고 공단의 의료진이 원고 전○○에

45) 서울동부지방법원 2009. 1. 22. 선고 2008가합4764 판결, 서울고등법원 2009나25427 결정.

46) 광주고등법원 2012. 9. 5. 선고 2009나8030 판결, 대법원 2014. 5. 16. 선고 2012다89955 판결.

대한 2007. 1. 8. 복부 초음파 검사 결과 복수의 양이 증가하고, 장막이 두꺼워졌으며, 장벽에 부종이 있어 심한 복막염 소견이 나왔고, 2007. 1. 9. 혈액 검사 결과 간기능 수치에 이상이 있다는 소견이 나온 사실, ③ 피고 공단의 2007. 1. 9. 유두부절개술 및 내시경적 역행성 담췌관 조영술(ERCP)검사에서 총담관(담도)은 중간부위까지만 조영되고 금속클립에 의한 폐색이 확인된 사실, ④ ○○대학교 병원에 전원되어 응급 수술을 받을 때 원고 전○○의 복강에 담즙이 2,000cc가량 차 있었고(간에서 하루 생산되는 담즙의 양은 약 500~1,000cc 인데, 원고 전○○에게는 배액관이 설치되어 있어 배액관으로 담즙이나 장내분비액이 배액되었다), 장 전반의 부종과 확장이 심하였으며, 총담관의 전체적인 횡단면에 완전절단 등 중대한 손상이 있었던 사실, ⑤ 그리하여 ○○대병원에서 원고 전○○에 대하여 총담관공장문합술을 시술한 사실을 각 인정할 수 있는 바, 위 인정사실을 앞서 살펴본 담낭 절세술의 방법 등에 비추어 보면, 피고 송○○ 등 피고 공단의 의료진이 이 사건 수술을 시행함에 있어 위에서 설시한 담도 손상을 예방하기 위한 주의의무를 게을리 한 채 겸자 또는 소작기 등으로 총담관을 절단하거나 손상시킨 과실로, 원고 전○○로 하여금 총담관 손상, 담즙에 의한 복막염, 재발성 담관염 후유증을 앓게 하였다고 할 것이다.

피고 송○○의 이 사건 수술 후 검사 지연 등 후속 조치를 게을리 한 과실 여부

…원고 전○○가 2007. 1. 4. 이 사건 수술을 받은 후 복부 팽만, 복부 통증, 압통을 호소하여 2007. 1. 4.부터 2007. 1. 6.까지 진통제를 5회 투여받았음에도 통증이 완화되지 않았고, 백혈구 수치(WBC)의 정상치는 4~10인데 이 사건 수술 이후 원고 전○○의 백혈구 수치는 2007. 1. 4.경 16.5., 같은 달 5.경 19.8., 같은 달 6.경 14.6., 같은 달 7.경 12.2로 정상치를 넘은 사실을 인정할 수 있는 바, 위 인정사실에 의하면 피고 송○○ 등 피고 공단의 의료진은 담관송상을 의심하고 신속하게 간효소 검사, 복부초음파 검사, 단층촬영, 내시경 역행성 췌담관 조영술 등으로 담관 손상을 확인하고, 이에 대한 치료를 실시하여야 함에도 이를 게을리 한 채 2007. 1. 8. 복부초음파 검사, 2007. 1. 9. 간효소 검사 및 내시경적 역행성 담췌관 조영술(ERCP) 검사를 실시하여 그 검사를 지연하였고, 이에 따라 원고 전○○의 총담관 손상에 대한 치료 또한 지연시킨 과실로, 원고 전○○로 하여금 중증 복막염, 담관염을 앓게 하였고, 총담관 손상을 악화시켰다고 할 것이다.』

(아) 자궁근종 수술후 과다출혈로 사망한 사건[47]

『술기상의 과실

…피고 양○○을 포함한 피고 병원 의료진을 원고의 자궁을 직장 등 주위 유착조직에서 박리함에 있어 사전에 직장 등 장기 손상 및 그로 인한 출혈에 대비한 만반의

47) 수원지방법원 2013. 2. 7. 선고 2011가합26394 판결, 서울고등법원 2014. 2. 6. 선고 2013나2004942 판결.

조치를 취한 후 조심스럽게 박리를 하여야 하고, 또한 자궁절제술을 시행함에 있어 난소동맥의 결찰부위가 풀릴 위험성 및 유착부위의 출혈 가능성에 대비하여 더욱 주의를 기울여 혈관을 결찰하였어야 함에도 불구하고, 만연히 원고의 자궁을 박리하다가 그에 유착된 원고의 직장 앞쪽에 손상을 가하였고, 난소동맥 등이 혈관을 완전하게 결찰하지 못하여 원고로 하여금 과다출혈에 이르게 한 술기상의 과실이 있다고 봄이 상당하다.

경과관찰 해태로 인한 응급처치 및 전원 지연

…피고 병원 의료진은 망인에 대하여 이 사건 수술 당시 자궁과 장의 유착, 수술 이후의 혈압저하 등의 상태로 보아 출혈 합병증의 가능성을 예견할 수 있었으므로, 그에 대비하여 수술 이후 과다출혈로 인한 이상증상의 발생 여부 등을 주의 깊게 관찰하여야 하고, 실제로 이상증상이 발생한 경우 신속하게 과다출혈을 진단하고 적절한 처치를 하여야 할 주의의무가 있음에도 불구하고, 수술 이후 망인에 대한 경과관찰과 검사를 태만히 하여 같은 날 23:40경 망인에게 과다출혈로 인한 심각한 저혈압 소견이 나타난 상황에서 주치의나 당직의의 적극적인 치료 없이 당직의의 전화 처방에 따른 조치를 취하였고, 같은 날 23:40경 망인이 과다출혈로 인한 저혈류량성 쇼크 상태에 빠진 이후에야 당직의가 직접 망인의 상태를 확인하고 분만실로 망인을 옮겼으며, 그로부터 약 1시간이 경과한 2011. 7. 22. 00:40경 심폐소생술을, 같은 날 00:50경 출혈 여부를 확인하기 위한 초음파 검사를 각 시행하였고, 같은 날 01:15경에야 뒤늦게 망인을 분당○○대병원으로 전원하여 응급 혈관색전술을 받게 하였다. 따라서 피고 병원 의료진에게는 망인의 과다출혈을 신속히 감지하지 못하고 망인으로 하여금 그에 대한 신속하고 적절한 조치를 받을 기회를 상실하게 한 과실이 있다.』

4. 경과관찰 단계

가. 각 진료단계에 필요한 경과관찰

진료단계 중 경과관찰과 관련된 단계는 검사, 진단, 수술 후의 각 단계마다 적용이 된다.[48] 즉 검사를 하고 난 후에 환자가 이상이 있다면 그 때는 그 검사의 침습성 등

48) 서울고등법원 2007나24406 판결.
두개골절과 뇌출혈이 있는 환자를 의식이 있다가 귀가시킨 후 다시 쓰러져 병원으로 갔다가 사망한 사건에서 『망인은 피고병원 내원 후에도 구토를 계속하였을 뿐만 아니라 혈압강하제의 투여에도 불구하고 퇴원시까지 고혈압이 지속되고 있었으며, 퇴원시까지 언어반응을 비롯한 신체상태도 제대로 회복되지 않았던 것으로 보인다. 그러므로 내원 당시부터 뇌손상의 가능성을 시사하는 증상들을 보인데다가 내원후에도 위와 같은 증상들을 보인 망인에 대해서는 계속적인 경과관찰도 필요하였다 할 것이다』고 판시하여, 검사와 진단 단계에서도 경과관찰 해태의 과실을 인정하고 있다.

과 관련이 있는지 확인이 되어야 하고, 진단을 하고 치료를 하였다면 치료의 결과가 정확한지 평가하기 위하여 자세한 경과관찰이 필요하다.

많은 경우 경과관찰을 잘하는 것만으로도 첫 번째 오진으로 인한 악결과를 피할 수가 있다. 오진을 하였으나 경과관찰을 하니 증상이 지속되거나 악화되는 형태를 보였다면 다른 질환을 의심하여 검사와 진단에 들어가서 앞서의 오진을 교정할 수 있으므로, 의료진은 반드시 환자에 대한 경과관찰을 자세히, 구체적으로 지시하여 시행할 필요가 있다.

나. 경과관찰 해태와 관련된 판례

(1) 서울지방법원 북부지원 2002. 12. 26 선고 2001가합5696 판결, 서울고등법원 2004. 7. 8. 선고 2003나12849 판결, 대법원 2004. 10. 14. 선고 2004다42005 판결

『① 박○○은 출생당시 울음과 움직임이 좋았고, 피부색은 전체는 홍색, 손발은 청색이었으며 후두(hood)로 산소를 2리터 공급하자 손발도 곧 홍색으로 변하였고, 태아에 대한 분만후 기본 검사 결과 폐확장도 좋았고, 호흡음이 깨끗하였으며, 심박동도 규칙적이고, 복부팽만, 태아곤란증 등의 이상증세도 보이지 않았으며 아프가 점수는 출생 후 1분경 9점, 5분경 10점으로 출생 당시 상태가 양호하였던 점, ② ○○산부인과 및 피고 병원에서 원고 김○○에게 대하여 실시한 산전, 산후 혈액검사 등 일반검사결과 별다른 이상이 없었던 점, ③ 박○○이 신생아실로 입실한 다음날인 2001. 5. 26.경 오전경에 박○○에게 신음 및 복부팽만, 백혈구 수치의 증가, 황달 등 감염을 나타내는 증상이 나타났고, 이후 박○○에게 황달 및 범발성혈액응고증이 나타나는 등으로 패혈증을 의심할 수 있는 증상이 나타났던 점, ④ 신생아실 입실 이후인 2001. 5. 26.경 박○○에게 실시하였던 혈액배양검사 결과 아주 강한 세균인 메치실린에 내성이 있는 MRSA에 감염된 사실이 확인되었던 점, ⑤ 한편 피고 병원에서는 2001. 5. 28~29.경에 핵황달을 예방하기 위한 목적으로 교환수혈을 하였던 점, ⑥ 피고 병원에서는 박○○의 패혈증을 치료하기 위하여 항생제를 계속 투여하였으며, 복부팽만을 치료하기 위하여 2001. 6. 17.경에는 박○○에게 위관과 직장관을 삽입하였고, ⑦ 피고 병원에서 2001. 8. 7.경 박○○에게 실시한 CMV 및 B형 간염 바이러스 검사 결과 모두 양성반응이 나타났던 점의 사정에, ⑧ 박○○과 같은 미숙아의 경우 병원내 감염의 위험도가 크고, 병원 내 감염의 위험요소로는 혈관 내 도관 및 기관지 삽관, 광범위한 항생제 사용 등이 있는 점, ⑨ 특히 MRSA 감염은 보건의료 종사자들의 손에서 환자에게로 전파된 풍토병성 균주들에 의해 발생하기 쉬우며 병원 내 감염을 일으키는 가장 흔한 병원체 중의 하나라는 점, ⑩ 박○○이 출생 당시에는 그 상태가 양호하였다가 이후 피고 병원의 신생아실에서 치료를 받던 중

비로소 위 MRSA, CMV, B형 간염 바이러스 등에 감염된 증상이 나타났던 점, ⑪ 박○○이 MRSA에 감염되어 이미 면역력이 약화된 상태에서는 CMV 등의 바이러스에 쉽게 감염될 수 있는 점 등의 사정을 합하여 보면, 결국 피고 병원이 미숙아에 대한 병원 내 감염의 위험성을 예방하기 위한 무균조작을 철저히 할 주의의무에 위반한 채 항생제 투여, 위관 및 직장관 삽입, 제대동맥을 통한 교환수혈과정 등 박○○에 대한 처치과정에서 박○○에게 MRSA, CMV, B형 간염 바이러스 등에 감염되도록 하고, 이로 인하여 박○○으로 하여금 간기능 부전, 패혈증 등으로 사망에 이르게 하였다고 봄이 상당하다고 할 것이므로(피고 병원도 박○○의 CMV, B형 간염 바이러스는 교환수혈과정에서 감염되었을 가능성이 가장 높다는 점을 인정하고 있다. 한편 대한의사협회장에 대한 진료기록감정결과에 의하면 위 박○○의 간기능 부전의 원인은 신생아 간염이고, 위 신생아 간염의 원인은 CMV 감염으로 인한 것일 가능성이 가장 큰 것으로 보인다고 판단하고 있다), 피고 병원은 그 이행보조자의 지위에 있는 피고 병원 의료진의 과실로 인하여 박○○ 및 친족관계에 있는 원고들이 입은 손해를 배상할 책임이 있다.』

(2) 의정부지방법원 2012. 10. 18. 선고 2010가합9921 판결

치과 신경치료후 농양이 확대되어 패혈증으로 사망한 사건에서,

『패혈증 임상증상이 없다면 경추 농양에 대하여 바로 항생제 치료를 시작하지는 않는다고 하더라도, 망인은 2010. 6. 14. 피고 병원에 내원할 때부터 발열을 호소하고 있었고 실제 체온도 정상 체온보다 다소 상승한 37.5℃인데다 감염여부를 확인할 수 있는 백혈구 수치, CPR수치, ESR 수치가 모두 정상 수치보다 상승해 있었으며, 피고 병원은 망인이 고혈압과 음주벽 등으로 면역력이 저하된 상태임을 알고 있었으므로 패혈증을 의심해 볼 수 있었고 이에 따라 경험적 항생제 치료의 시작을 고려해 볼 수 있었던 점, 망인이 2010. 6. 15. 12:30경 두통 및 오한을 호소하고 16:20경에는 체온이 38.2℃상승하고 백혈구 수치가 15,500을 넘었으며 CRP 수치, ESR 수치 역시 전날보다 상승하여 패혈증을 진단할 수 있는 임상양상이 2가지 이상 나타났으므로 피고 병원은 망인에 대하여 패혈증을 진단할 수 있었을 것으로 보이는 점, …그렇다면 피고 병원은 망인의 균배양검사를 기다리며 경과 관찰을 지속하기 보다는 경험적 항생제를 투여했어야 할 것임에도 해열제만을 투여한 점, 2010. 6. 16. 망인의 체온 및 백혈구, CRP, ESR 수치 모두 더 악화되고 오한 증상이 나타났음에도 만연히 해열제만을 투여하다가 2010. 6. 17. 16:35경 1차 절개 및 배농술 직전에서야 경험적 항생제를 처방한 점, 그 결과 1차 절개 및 배농술 당시 농양이 이미 망인의 종격동까지 확대되었던 것으로 보이는 점, 일반적으로 감염 및 패혈증의 치료는 감염 원인균을 알아내기 위해서 균배양검사 및 유효 항생제 검사를 실시하면서 경험적 항생제 치료를 시행하고 감염 원인균 및 유효 항생제가 확인되면 추적 균배양검사를 시행하

면서 유효 항생제 치료를 하게 되는 점 등을 종합하면, 피고 병원은 망인에 대하여 패혈증을 의심할 수 있었던 2010. 6. 14. 또는 늦어도 망인에게 패혈증 진단 양상이 나타난 2010. 6. 15.에는 바로 경험적 항생제를 사용하면서 망인에 대하여 패혈증 치료를 할 필요가 있었음에도 그로부터 상당시간 경과한 2010. 6. 17. 16:35경에야 처음으로 항생제를 투여하여 망인에 대한 치료를 지연한 과실이 있다고 인정되고, 망인에게 발생한 감염에 대하여 조기치료를 하였다면 감염성 척추염 및 경추 농양이 다른 부위로 확대되는 것을 막아 망인의 예후에 차이가 있었을 것으로 봄이 상당하다.』

(3) 서울남부지방법원 2012. 6. 19. 선고 2010가합6469 판결

위암 수술후 문합부위 누출로 인한 복막염과 흉부천자 과실로 인한 출혈로 사망한 사건에서,

『MRSA 검출후 조치에서의 과실 인정 여부

망인은 2010. 1. 9.경 절주 부위 봉합술 시행 이후 38~38.5℃ 가량의 발열, 소변량 감소, 호흡곤란 등 전신 염증성반응 증후군의 증상을 보인 점, 2010. 1. 12.경 망인의 코 속에서 MRSA가 배양되었으며, 그 다음날인 13. 망인의 보강액에서도 MRSA가 검출된 사실은 위 기초사실에서 본 바와 같고, …그럼에도 피고 병원은 MRSA에 대하여 효력이 없는 항생제인 trizele와 tbaxin만을 계속 투여하다가 2010. 1. 16.에서야 복강내 감염의 치료제이면서 MRSA를 함께 커버할 수 있는 tigecycline으로 항생제를 교체한 사실, 그 후 망인은 복강내 감염이 제대로 조절되지 못하여 감염상태가 지속된 사실을 인정할 수 있다.

여기에 앞서 살펴본 바와 같이 MRSA는 현재 병원 내 감염의 가장 중요한 원인균이고 특히 수술상처부위 감염의 가장 흔한 원인균인 점, 이러한 MRSA 감염은 조기진단 및 조기치료가 필수적이고 반코마이신 등 MRSA를 커버할 수 있는 일부 항생제를 투여하기 전에는 사실상 치료가 곤란한 점, 2010. 1. 10.경 망인은 이미 전신성 염증반응 증후군 증상을 보이고 있었고, MRSA에 의해 이러한 증상을 보이는 경우에(패혈증) 초기에 치료하지 못하면 사망률이 높아지는 점 등을 보태어 보면, 피고 망인에게 MRSA 감염에 대하여 적시에 치료시기를 놓친 과실이 있다고 판단된다.』

(4) 춘천지방법원 원주지원 2015. 1. 29. 선고 2012가합1784 판결

대퇴골 골절에 대한 내고정술후 골수염이 발생하여 하지가 13cm 단축되고 관절강직이 남은 사건에서,

『이 사건 수술 전에는 원고의 백혈구 수치가 정상범위 내이고 감염 소견이 없었는데 수술 후 원고의 수술 부위에 혈종이 발생하였고, 균배양검사 결과 원고는 메티실린 내성 황색포도상구균에 감염된 것이 발견된 사실, 메티실린 황색 포도상구균은 병원 감염을 일으키는 주요 병원균인 사실, 감염은 이 사건 수술 직후 수술부위에서 발생

한 것으로 추정되는 사실 등은 앞서 본 바와 같고, 여기에다가, 입원 48시간 이후에 발생한 감염의 경우 원내 감염으로 평가하는 것이 일반적인 점, MRSA 병원균의 감염경로가 병원 내에서 의료진의 손 등을 통한 접촉, 특히 수술과정에서의 창상감염일 가능성이 많은 점, 그런데 피고 병원측은 이 사건 수술 당시 감염 예방을 위하여 취하여야 할 모든 조치를 다하였다거나, 감염후 적정한 치료조치를 다하였음을 제대로 입증하지 못하고 있는 점(피고 병원측은 MRSA 예방을 위한 별다른 감염지침도 제시하지 않고 있다) 등을 더하여 보면, 위 수술부위의 감염은 이 사건 수술과정이나 수술 직후에 수술 준비 및 시행 과정 또는 수술 후 환부처치 과정에서 세균감염을 예방하기 위한 조치를 소홀히 함으로써 수술부위에 세균이 침투하게 하여 초래되었다고 추인된다.』

고 판시하고 있다.

(5) 급성 세기관지염이 있는 영아가 몇 차례 개인의원 내원후 악화되어 급성폐렴으로 사망한 사건[49]

『피고는 2008. 10. 17. 망아의 증상을 기관지염으로 진단하고, 항생제, 해열제 등을 처방한 이래 2008. 11. 5.까지 망아의 증상을 기관지염 또는 편도염이 동반된 기관지염으로만 진단하고 유사한 약물치료를 계속하였다. 그럼에도 불구하고 망아의 증상은 일시적인 호전과 악화를 반복하기는 하였지만, 눈에 띄게 개선되지는 않았고, 오히려 시간이 지날수록 기침, 건성수포음, 고열로 인한 열성 경련, 구토, 식욕부진, 처짐 등의 증세가 나타나는 등 망아의 상태가 악화되었다. 이와 같이 거듭되는 항생제 등의 처방에도 불구하고 뚜렷한 치료 효과 없이 발열, 기침, 콧물 증세 등이 10일 이상 계속되고, 더구나 청진상 수포음마저 발견되었다면, 고열, 호흡곤란 등의 전형적인 폐렴 증상을 동반하지 않았더라도 피고는 피고 스스로도 폐렴의 가능성을 언급한 2008. 11. 1. 경에는 폐렴이나 다른 질환의 동반을 의심하고 흉부 방사선 전사 등의 진단적 검사를 실시하거나 진단적 검사가 가능한 병원으로 망아를 전원시킬 주의의무가 있었다. 특히 망아가 2008. 11. 5. 탈수에 따른 수액처치를 받았음에도 불구하고 기력을 찾지 못하였고, 원고 이○○이 같은 날 18:30경 피고 의원의 간호사에게 망아의 상태가 악화되었음을 전화로 호소하였는 바, 그렇다면, 피고는 당장 망아를 피고의원에 내원케하여 망아의 상태를 확인하거나 다른 병원의 진단을 받도록 조치를 취하여야 할 것임에도 불구하고 아무런 조치를 취하지 아니하였으므로, 의사로서의 주의의무를 다하였다고 할 수 없다. 결국 망아는 위와 같은 피고의 진단·처치상의 잘못으로 폐렴에 관하여 아무런 치료도 받지못한 채 사망에 이르렀다고 할 것이므로, 피고는 피고의 잘못으로 인하여 망아와 원고들이 입은 손해를 배상할 의무가 있다…

49) 대구지방법원 2012. 2. 16. 선고 2009가합994 판결, 대구고등법원 2012나1635 결정.

피고는 원고 이○○에게 망아를 입원시설이 있는 병원에 입원시키라고 수차례 권유하였음에도 원고 부부가 망아를 입원시키지 않아 망아가 사망에 이르게 된 것이므로, 피고에게 망아의 사망으로 인한 책임이 없다고 다툰다…

망아에 대한 진료기록부에 '열 호전 안되면 입원하세요(2008. 11. 1.자 기록)' '심하면 입원하세요(2008. 11. 5.자 기록)'라고 기재되어 있는 사실은 인정되지만, 위와 같이 피고가 원고 이○○에게 망아의 입원을 권유하였다고 하더라도 망아의 상태에 대한 충분한 설명없이 '열 호전되지 않으면' 또는 '심하면' 등의 추상적인 기준을 제시하면서 비전문가인 원고 부부에게 망아의 입원에 관한 판단의 책임을 떠넘기는 형태로 의례적으로 입원을 권유한 사실만으로 피고가 망아에 대한 진료를 담당한 의사로서 최선의 조치를 다하였다고 볼 수는 없다.』

5. 전원의무 관련

가. 전원의무란?

전원의무란 병원의 시설이나 의료진의 기술 등의 이유로 특정 환자를 치료하기에 부적합하다고 판단한 경우 그러한 인력과 시설이 갖추어진 병원으로 이송하는 것을 말한다.[50)]

의사에게 만일 당해 의료관의 설비 및 지리적 요인 기타 여러 가지 사정으로 인하여 진단에 필요한 검사나 치료를 실시할 수 없는 경우에는 특단의 사정이 없는 한 당해 환자로 하여금 그 검사나 치료를 받을 수 있도록 해당 의료기관에 전원을 권고하거나 전원을 하여야 하는 의무이다.

전원의무는 진료계약에 의하여 의료진은 환자의 치료를 위하여 최선의 주의의무를 다하여야하는데, 이 진료의무의 연장선에서 의료진의 능력이나 시설 등이 갖추어져 있지 않아 적절한 진료를 다하지 못할 때 환자에 대하여 다른 적절한 치료시설이나 의료진이 갖추어진 곳으로 전원을 권유하거나 전원하여야 하는 전원의무가 발생한다.

나. 전원의 요건

(1) 환자의 질환이 자신의 전문영역에 속하지 않아 그 질환을 치료하기에는 인적, 물적 시설이 갖추어져 있지 않을 것.

---

50) 대법원 1998. 2. 27. 선고 97다38442 판결.
의사에게는 만일 당해 의료기관의 설비 및 지리적 요인 기타 여러 가지 사정으로 인하여 진단에 필요한 검사를 실시할 수 없는 경우에는 특단의 사정이 없는 한 당해 환자로 하여금 그 검사를 받을 수 있도록 해당 의료기관에 전원을 권고할 의무가 있다.

(2) 환자가 전원의 과정을 견딜 수 있을 것으로 판단이 되어야 한다. 즉 전원이 너무 늦지 말아야 한다.

(3) 전원될 의료기관이 지리적, 환경적으로 가능한 지역내에 있으면서, 그 질환을 치료할 수 있는 인력과 시설이 있어야 한다.

(4) 전원으로 인하여 환자의 질환이 개선되거나 개선될 전망이 있어야 한다.

다. 전원의 판단기준

전원의 판단기준은 결국 구체적 사정에 의하여 결정이 되어야 하며, 판례를 통하여 구체적 사정과 원칙 등이 결정될 것이다.

라. 전원의무 위반 관련 판례

(1) 대법원 2000. 9. 8. 선고 99다48245 판결

대법원은,

『진찰 결과 장파열, 복강내출혈 및 비장손상 등의 가능성이 있어 응급개복술의 시행이 필요한 부상자를 그 처의 요청으로 집 근처 병원으로 이송시키던 중 부상자가 복강내 출혈 등으로 사망한 경우, 다른 사망원인이나 의사가 즉시 개복수술을 시행하였어도 사망하였을 것이라는 점에 대한 입증이 없는 이상 의사가 수술을 실시하지 아니한 채 만연히 부상자를 다른 병원으로 이송하도록 한 과실로 수술이 지연되어 부상자가 사망하였다고 추정이 상당하다.』

고 판시하였다.

(2) 대법원 2005. 6. 24. 선고 2005다16713 판결

대법원은 응급환자의 전원을 의뢰받은 의사에게 요구되는 주의의무의 내용에 관하여,

『의료법인인 피고 1 소속 의사가 즉각적인 응급개복술을 받아야 할 환자를 잘못 판단하여 즉각적인 응급개복술의 실시가 불가능한 피고 2 병원으로 전원을 시키면서 환자의 상태를 묻는 피고 2 병원 과장 ○○○의 질문에 대하여 환자의 생체징후나 혈색소 수치상 이상이 없고 특별한 출혈소견은 보이지 않는다는 등의 대답만을 하고 응급실에서의 초기상황과 시행된 처치에 대한 반응 등에 관한 정보를 제공하지 아니하여 집에서 한밤중에 전화로 전원요청을 받은 ○○○이 응급개복술이 필요하지 않은 환자라고 판단하여 전원을 허락하였다면, ○○○으로서는 피고 1 소속 의사의 위와 같은 답변을 듣고 환자의 상태를 파악한 후 전원을 허용할 것인지의 여부를 결정

하면 되는 것이지, 이에 더 나아가 환자의 내원 당시의 상태나 시행한 조치, 환자의 생체징후가 수액투여로 정상으로 유지되고 있는 것은 아닌지, 그리고 특별히 출혈소견이 보이지 않는다고 판단한 근거가 무엇인지 등에 관하여 구체적이고 추가적인 질문을 하여 환자의 상태를 더 구체적으로 정확하게 파악한 후에야 전원을 허용할 것인지의 여부를 결정하여야 할 주의의무까지 있다고 보기는 어렵다고 할 것이다.』

고 판시하였다.

(3) 서울동부지방법원 2003가합576 판결

『야간에 응급환자가 발생할 수 있는 정형외과 의원에 간호조무사(의료인이 아님)에 불과한 김○○만을 남겨둔 채 퇴근하면서도, 입원환자에게 응급상황이 발생할 경우 피고가 곧바로 대처할 수 있도록 김○○으로 하여금 입원환자들의 상태를 유심히 관찰하고 이상 징후가·발견될 경우 즉시 피고에게 이를 보고하도록 철저히 지시・감독할 의무를 소홀히 하여, 망 김○○에게 '긴장성 기흉'의 전형적인 증상이 발현된 23:20경 내지 23:25경 김○○으로부터 이러한 응급상황이 발생한 사실을 적시에 보고받지 못함으로써 그 즉시 피고가 피고 의원으로 출발한다든가 또는 위 김○○ 등으로 하여금 망 김○○을 인근의 다른 병원으로 전원조치하도록 하는 등 적절한 조치를 취할 기회를 놓친 잘못이 있는데다가…』

라고 판시하고 있다.

(4) 수원지방법원 2013. 2. 7. 선고 2011가합26394 판결, 서울고등법원 2014. 2. 6. 선고 2013나2004942 판결

자궁근종 수술후 과다출혈로 사망한 사건에서,

『경과관찰 해태로 인한 응급처치 및 전원 지연

…피고 병원 의료진은 망인에 대하여 이 사건 수술 당시 자궁과 장의 유착, 수술 이후의 혈압저하 등의 상태로 보아 출혈 합병증의 가능성을 예견할 수 있었으므로, 그에 대비하여 수술 이후 과다출혈로 인한 이상증상의 발생 여부 등을 주의 깊게 관찰하여야 하고, 실제로 이상증상이 발생한 경우 신속하게 과다출혈을 진단하고 적절한 처치를 하여야 할 주의의무가 있음에도 불구하고, 수술 이후 망인에 대한 경과관찰과 검사를 태만히 하여 같은 날 23:40경 망인에게 과다출혈로 인한 심각한 저혈압 소견이 나타난 상황에서 주치의나 당직의의 적극적인 치료 없이 당직의의 전화 처방에 따른 조치를 취하였고, 같은 날 23:40경 망인이 과다출혈로 인한 저혈류량성 쇼크 상태에 빠진 이후에야 당직의가 직접 망인의 상태를 확인하고 분만실로 망인을 옮겼으며, 그로부터 약 1시간이 경과한 2011. 7. 22. 00:40경 심폐소생술을, 같은 날 00:50경 출혈 여부를 확인하기 위한 초음파 검사를 각 시행하였고, 같은 날 01:15.경에야 뒤늦게 망인을 ○○대병원으로 전원하여 응급 혈관색전술을 받게 하였다. 따라서 피고

병원 의료진에게는 망인의 과다출혈을 신속히 감지하지 못하고 망인으로 하여금 그에 대한 신속하고 적절한 조치를 받을 기회를 상실하게 한 과실이 있다.』

고 판시하여 신속한 전원을 하지 않은 의사의 과실책임을 묻고 있다.

(5) 급성 세기관지염이 있는 영아가 몇 차례 개인의원 내원 후 악화되어 급성폐렴으로 사망한 사건51)

『피고는 2008. 10. 17. 망아의 증상을 기관지염으로 진단하고, 항생제, 해열제 등을 처방한 이래 2008. 11. 5.까지 망아의 증상을 기관지염 또는 편도염이 동반된 기관지염으로만 진단하고 유사한 약물치료를 계속하였다. 그럼에도 불구하고 망아의 증상은 일시적인 호전과 악화를 반복하기는 하였지만, 눈에 띄게 개선되지는 않았고, 오히려 시간이 지날수록 기침, 건성수포음, 고열로 인한 열성 경련, 구토, 식욕부진, 처짐 등의 증세가 나타나는 등 망아의 상태가 악화되었다. 이와 같이 거듭되는 항생제 등의 처방에도 불구하고 뚜렷한 치료 효과 없이 발열, 기침, 콧물 증세 등이 10일 이상 계속되고, 더구나 청진상 수포음마저 발견되었다면, 고열, 호흡곤란 등의 전형적인 폐렴 증상을 동반하지 않았더라도 피고는 피고 스스로도 폐렴의 가능성을 언급한 2008. 11. 1. 경에는 폐렴이나 다른 질환의 동반을 의심하고 흉부 방사선 검사 등의 진단적 검사를 실시하거나 진단적 검사가 가능한 병원으로 망아를 전원시킬 주의의무가 있었다.』

고 하며 진단적 검사가 가능한 병원으로 전원시킬 주의의무가 있다고 판시하고 있다.

6. 설명의무 위반 관련

가. 두 가지 설명의무

설명의무에는 환자의 승낙을 얻기 위한 전제로서의 설명의무와 요양방법 지도와 관련된 지도설명의무로 나눌 수 있다.

환자의 승낙을 얻기 위한 설명의무는 일반적으로 알려진 설명의무로서 informed consent(고지된 동의)를 얻기 위한 설명을 말하는데, 치료를 받기 전에 질병의 종류, 치료방법과 내용, 그 합병증과 발생률 등에 대하여 의사로부터 듣게 되는 설명을 말한다.

요양방법 지도 의무로서의 지도설명의무는 진료중이거나 진료후에 발생이 예견되는 악결과 등에 대하여 환자에게 설명하여주고 그 대처법 등을 알려주는 것을 말한다. 이 요양방법 지도 의무로서의 설명의무 위반은 그 자체가 주의의무 위반이 되어 의료과오로 판단되게 된다.52)

---

51) 대구지방법원 2012. 2. 16. 선고 2009가합994 판결, 대구고등법원 2012나1635 결정.

나. 요양방법 지도 의무로서의 설명의무

(1) 의사의 요양방법 지도 의무

의사가 진찰·치료 등의 의료행위를 함에 있어서는 사람의 생명·신체·건강을 관리하는 업무의 성질에 비추어 환자의 구체적인 증상이나 상황에 따라 위험을 방지하기 위하여 요구되는 최선의 조치를 취하여야 할 주의의무가 있고, 이와 같은 주의의무는 환자에 대한 수술 등 침습행위가 종료함으로써 끝나는 것이 아니라, 그 진료 목적의 달성을 위하여 환자가 의사의 업무범위 이외의 영역에서 생활을 영위함에 있어 예견되는 위험을 회피할 수 있도록 환자에 대한 요양의 방법 기타 건강관리에 필요한 사항을 지도설명하는 데까지도 미친다 할 것이므로(의료법 제24조 참조), 의사는 수술 등의 당해 의료행위의 결과로 후유 질환이 발생하거나 아니면 그 후의 요양과정에서 후유 질환이 발생할 가능성이 있으면, 비록 그 가능성이 크지 않다고 하더라도 이를 억제하기 위한 요양의 방법이나 일단 발생한 후유 질환으로 인해 중대한 결과가 초래되는 것을 막기 위하여 필요한 조치가 무엇인지를 환자 스스로 판단·대처할 수 있도록, 그와 같은 요양방법, 후유 질환의 증상과 그 악화 방지나 치료를 위한 대처방법 등을 환자의 연령, 교육 정도, 심신상태 등의 사정에 맞추어 구체적인 정보의 제공과 함께 설명·지도할 의무가 있다(대법원 2005. 4. 29. 선고 2004다64067 판결 참조).

한편, 의사는 환자를 진료하는 과정에서 질환이 의심되는 증세가 있는지를 자세히 살피어 그러한 증세를 발견한 경우에는 특별한 사정이 없는 한 그 질환의 발생 여부 및 정도 등을 밝히기 위한 조치나 검사를 받도록 환자에게 설명, 권유할 주의의무가 있다(대법원 2009. 1. 15. 선고 2008다60162 판결).

(2) 진료행위의 본질적인 구성부분으로서의 요양방법 지도 의무

이러한 지도설명의무는 그 목적 및 내용상 진료행위의 본질적 구성부분이므로, 지도설명의무 위반과 상당인과관계가 있다면 그로 인한 생명·신체상의 손해에 대하여 배상할 책임을 면할 수 없습니다(대법원 2010. 7. 22. 선고 2007다70445 판결).

---

52) 대법원 2010. 7. 22. 선고 2007다70445 판결.
의사의 의료행위의 결과 또는 그 후의 요양과정에서 후유 질환이 발생할 가능성이 있으면, 비록 그 가능성이 크지 않다고 하더라도 이를 억제하기 위한 요양의 방법이나 일단 발생한 후유 질환으로 인해 중대한 결과가 초래되는 것을 막기 위하여 필요한 조치가 무엇인지를 환자 스스로 판단·대처할 수 있도록, 그와 같은 요양방법, 후유 질환의 증상과 그 악화 방지나 치료를 위한 대처방법 등을 환자의 연령, 교육 정도, 심신상태 등의 사정에 맞추어 구체적인 정보의 제공과 함께 설명·지도할 의무가 있고, 이러한 지도설명의무는 그 목적 및 내용상 진료행위의 본질적 구성부분이므로, 지도설명의무 위반과 상당인과관계가 있다면 그로 인한 생명·신체상의 손해에 대하여 배상할 책임을 면할 수 없다.

요양방법 지도 의무 위반으로 진료행위의 본질적 부분을 위반한 것으로 판단하여 전손해를 배상한 판결로는 서울서부지방법원 2011가합7413 판결과 같은 사건 서울고등법원 2013나2013526 판결이 있다. 위 하급심의 판례를 살펴보면, 세균성 수막염을 기관지염, 급성 위장염으로 진단하여 치료시기를 놓쳐 사망한 사건으로 요양방법 지도의무 위반과 관련하여 『의료진은 망아에 대한 치료방법과 치료과정을 원고들에게 상세히 설명하고, 망아를 퇴원시킴에 있어서 퇴원후에도 발열, 구토 등의 증상이 계속될 경우 다시 치료를 받도록 퇴원 후의 요양방법을 충분히 설명할 의무가 있다고 할 것이나, 이러한 설명의무를 이행하였다고 인정할 증거가 없다』고 판시하고, 전손해배상을 인정하고 있다.

다. 고지된 동의를 얻기 위한 설명의무

고지된 동의를 얻기 위한 설명의무에 관하여는 대부분의 책에서 언급이 되어 생략하기로 한다. 고지된 동의를 얻기 위한 설명의무를 위반하였다고 하더라도 특별한 사정이 없는 한(설명의무의 위반이 의료기술상의 과오에 버금갈 정도의 과오가 아닌 한) 그 손해배상의 범위가 인격권의 침해로 보아 위자료에 한정된다.[53)]

즉 고지된 동의를 얻기 위한 설명의무 위반의 경우 손해배상의 범위는 위자료에 한정되므로 의료기술적 과오의 입증에 집중을 하여야 하고, 설명의무위반에 대한 주장은 부차적으로 주장하여야 한다.

너무 설명의무 위반만을 주장하면, 재판부에서 의료 기술적 과오를 입증하지 못하니 설명의무위반을 주장한다고 인식되어 패소할 가능성이 높아진다.

우리나라에서 고지된 동의를 얻기 위한 설명의무위반만을 가지고 배상판결을 하는 경우는 드물고, 대개의 경우 의료기술적 과오의 가능성은 있으나 이를 입증하지 못할 때 설명의무위반으로 환자측에 일부의 배상을 선고하는 경향이 있다. 따라서 여기에

---

53) 대법원 1994. 4. 15. 선고 93다60953 판결.
의사가 설명의무를 위반한 채 수술 등을 하여 환자에게 사망 등의 중대한 결과가 발생한 경우에 있어서 환자측에서 선택의 기회를 잃고 자기결정권을 행사할 수 없게 된 데 대한 위자료만을 청구하는 경우에는 의사의 설명결여 내지 부족으로 선택의 기회를 상실하였다는 사실만을 입증함으로써 족하고 설명을 받았더라면 사망 등의 결과는 생기지 않았을 것이라는 관계까지 입증할 필요는 없으나, 그 결과로 인한 모든 손해를 청구하는 경우에는 그 중대한 결과와 의사의 설명의무위반 내지 승낙취득과정에서의 잘못과의 사이에 상당인과관계가 존재하여야 하며, 그 경우 의사의 설명의무위반은 환자의 자기결정권 내지 치료행위에 대한 선택의 기회를 보호하기 위한 점에 비추어 환자의 생명 신체에 대한 의료적 침습과정에서 요구되는 의사의 주의의무위반과 동일시할 정도의 것이어야 한다.

서는 소송 실제에서 의료 기술적인 과실여부를 입증하기 위하여 사용되는 주장방법, 입증방법을 다루고 있어 집필방향과 맞지 않아 고지된 동의를 얻기 위한 설명의무에 관하여는 생략하기로 한다.

7. 악결과의 형태

가. 불법행위에 의한 손해배상청구의 성립요건

가해자의 불법행위에 의하여 손해가 발생하였을 경우 손해배상을 청구하기 위하여는 4가지 요건이 있어야 한다. 즉 (1) 가해자가 고의나 과실이 있어야 하며, (2) 가해행위가 위법하여야 하고, (3) 손해가 발생하여야 하며, (4) 가해행위와 손해 사이에 인과관계가 있어야 한다.

이를 의료사고에 적용하면, 의사의 위법한 고의, 과실로 인하여 손해가 발생하여야 환자측에서 의사를 상대로 손해배상을 청구할 수 있다는 것이다.

나. 손해의 발생 – 악결과의 발생과 형태

의료사고에 있어서 손해의 발생은 악결과의 형태로 나타나게 된다. 진찰과 검사단계, 진단단계, 치료단계, 경과관찰단계를 거쳐서 의료과오가 있게 되면, 환자에게 악결과가 나타나게 된다. 악결과란 결국 환자측에 손해가 발생되는 것이 되며, 이 손해를 금전적으로 배상하여 달라는 것이 손해배상의 개념이 되는 것이다.

악결과의 형태는 치료지연, 치유불완전, 후유증, 치료흔적, 치료불가능, 병의 지속, 사망시기의 촉진 등이 형태로 나타나게 된다. 이러한 악결과에 대하여 입증책임이 환자측에 있으므로 사망을 제외한 경우 법원에 신체감정신청을 하여, 대학병원급 병원에 가서 신체감정을 담당하는 의사를 통하여 악결과의 형태, 향후치료비, 노동능력의 상실 정도, 의료보조구대, 개호의 필요여부 등에 대하여 감정하게 되며, 이를 통하여 손해를 입증하게 되는 것이다.

제 3 절 의료사고와 진료비와의 문제

1. 진료계약의 성격 – 진료계약은 유상의 쌍무계약

진료계약은 의사와 환자 사이에서 환자의 질환 등의 치료를 목적으로 성립하는 계약으로, 이 계약에 의하여 의사는 자신의 의학적 지식과 기술을 최선을 다하여 치료하여 줄 의무가 생기고, 환자는 그 댓가로서 치료비를 지급하게 되는 의무를 지게 된다.

즉 의사와 환자 사이에 체결되는 진료계약은 의료행위를 주고 받는 관계로, 의사는 진료의무를 지고 환자는 보수지급의무를 지게 되는 유상의 쌍무계약이다.[54)]

2. 의료사고와 진료비의 관계

가. 의료사고가 발생할 경우 진료비 문제에 대한 다툼

(1) 의료사고가 발생할 경우 그 가족은 곤란을 겪는 경우가 많다. 갑자기 예측하기 어려운 문제에 부딪쳐 이를 어떻게 해결하여야 하는지 우왕좌왕하게 된다. 최근에 의료사고와 관련하여 중재원같은 국가의 개입이 있으나, 이는 어디까지나 행정부에서 하는 일로 실제적인 피해구제에는 매우 미흡한 제도이다.

분쟁과 관련된 사법부의 일을 행정부가 개입하여 해결한다는 것 자체가 한계를 내재하고 있으며, 그 재원의 문제가 항상 따르게 된다. 의사들은 의료사고로부터 보호를 받지 못한다는 불만이 있고, 환자나 그 가족은 소액의 배상금으로 문제를 해결하라고 하니 이를 받아들이기가 어려운 것이다.

(2) 당장 의료사고가 발생할 경우 병원측에서는 원무과 직원들이 환자나 그 가족에게 진료비를 내라고 독촉하는 진료비청구서나 안내서를 가지고 오게 된다. 이럴 경우 가족들은 당황하게 되고, 의사에게 따지며 항의하게 되면서부터 감정이 악화되어 분쟁화의 단초가 되게 된다. 이럴 경우 실제로 국가기관이나 중재원이나 누구하나 마땅한 해결책을 제시하여 주지 못한다.

병원측에서는 진료에 불만이 있는 환자의 진료비를 받지 못한다면 병원의 경영은 어떻게 하며, 환자나 그 가족은 언제 치료가 끝날지도 모르는 진료비를 끝없이 병원

54) 대법원 2009. 5. 21. 선고 2009다17417 판결.

측에서 요구하는 대로 지급할 수도 없는 노릇이다.

나. 진료비 청구에 대한 법원의 판단

(1) 병원의 진료비청구 소장 예

소 장

원 고 학교법인 (소관 :)
서울시
이사장 김
(송달장소) 서울시

피 고 1. 장○○
경기도
2. 박
경기도 광명시

진료비 청구의 소

청 구 취 지

1. 피고들은 연대하여 원고에게 금 34,509,080원 및 이에 대하여 본 소장 부본 송달일 다음날부터 다 갚는 날까지 연 15%의 비율에 의한 금원을 지급하라.
2. 소송비용은 피고들의 부담으로 한다.
3. 제1항은 가집행할 수 있다.

라는 판결을 구합니다.

청 구 원 인

1. 당사자 관계

원고 학교법인 ○○학원(이하 "원고병원"이라 함)은 서울 ○○○ 소재 ○○병원을 운영하고 있는 학교법인이며, 피고 1 장○○는 2014. 12. 2.~2015. 12. 31.(약 1년 동안) 현재 원고병원 대장항문외과에 입원하여 치료받고 있는 환자입니다. 그리고 피고 2 박○○는 피고 1의 부인이자 이 사건 입원 진료비에 대한 연대보증인입니다(갑 제1호증 입원약정서).

2. 입원 진료비의 발생 등

원고병원에서는 피고 1 장○○에 대하여 대장 상피내암 및 천공을 동반한 대장의 게실염의 진단하에 본원 대장항문외과에서 2014. 12. 2.~2015. 12. 31. 재원기간 동안 위 상병에 해당하는 합당한 입원치료를 성심껏 시행하고 있습니다. 이에 따라서 피고 1 장○○와 피고 2 박○○는 연대하여 이 사건 진료비 34,509,080원을 납부할 책임이 있다 할 것입니다(갑 제2호증 중간진료비계산서).

3. 피고들의 진료비 납부의무 혜택

피고 1 장○○는 2015. 12. 31. 현재 재원 중에 있으며, 피고 2 연대보증인 박○○는 현재의 진료비에 대해 잘 알고 있으나, 2014. 12. 2. 입원이후 1년여가 지난 2015. 12. 31. 현재까지도 이 사건 진료비 34,509,080원을 전혀 납부하지 않아 본소를 제기하기에 이른 것입니다.

4. 결 론

따라서 피고들은 연대하여 원고에게 금 34,509,080원 및 이에 대하여 본소장 부본송달일 다음날부터 다 갚는 날까지 연 15%의 비율에 의한 금원을 변제해야 할 의무가 있다고 할 것입니다.

입 증 방 법

1. 갑 제1호증(입원약정서) 1통(사본)
1. 갑 제2호증(중간진료비계산서) 1통
1. 갑 제3호증(내용증명) 1통(사본)

첨 부 서 류

1. 위 입증자료 각 1통
1. 소송대리허가신청 1부
1. 대리인 재직증명서 1부
1. 사용인감계 1부
1. 법인 인감증명서 1부
1. 법인 등기부등본 1부
1. 위임장 1부

(2) 의료과오로 인하여 발생된 진료비는 진료비청구권이 없음

의료과오로 인하여 발생된 진료비는 의료진측에서 환자와 맺은 진료계약의 본지에 따른 의무를 이행한 것이 아니므로, 환자측에서는 당연히 진료비를 지급할 의무가 없다. 위의 진료계약의 성격에서 진료계약을 쌍무적 유상계약이라고 하였으므로, 당연히 의료진측에서 자신의 의무를 이행하지 못하여 발생된 의료사고 관련 진료비는 환자측에 청구할 수 없다.

이에 관한 확립된 대법원의 판결은 여러 건 있다.

야구공에 오른 쪽 머리를 맞고 입원한 환자에게 컴퓨터단층촬영(CT)도 하지 않은 채 호흡 및 의식상태를 진찰한 후 금식조치와 절대안정 조치만을 취한 채 방치하여 경막하뇌출혈 및 뇌좌상으로 사망케한 사건[55]에서,

『피고는 진료계약에 따라 그 진료를 위임받았으면 선량한 관리자의 주의의무를 다하여 진료를 하였어야 할 터인데, 처음부터 그 의무를 해태하여 그 채무의 본지에 좇은 이행을 하지 않았을 뿐더러, 의료과오로 말미암아 환자를 사망케한 불법행위를 저질렀음이 명백하므로 그 채무의 본지에 따른 이행을 하지 아니한 피고에게 치료비 청구권이 발생하였다고 볼 수 없다.』

고 판시하고 있다.

즉 진료계약은 위임계약의 성격의 계약이고, 위임자는 선량한 관리자의 주의의무가 있으며, 이를 해태하고, 채무의 본지에 따른 이행을 하지 않으면 치료비 청구권이 없으므로 환자측에 치료비 청구를 할 수 없다는 판결이다.

같은 취지의 대법원 판결[56]로,

『의사가 환자에게 부담하는 진료채무는 질병의 치료와 같은 결과를 반드시 달성해야 할 결과채무가 아니라 환자의 치유를 위하여 선량한 관리자의 주의의무를 가지고 현재의 의학수준에 비추어 필요하고 적절한 진료조치를 다해야 할 채무 즉 수단채무라고 보아야 할 것이므로, 위와 같은 주의의무를 다하였는데도 그 진료결과 질병이 치료되지 아니하였다 하더라도 그 치료비 청구는 할 수 있다 할 것이다. 그러나 원심이 확정한 사실에 의하면 원고 홍○○에 대한 기초적인 검사를 거쳐 수술을 함에 있어 담당의사가 위와 같은 선량한 관리자의 주의의무를 다하지 아니한 탓으로 오히려 환자의 신체기능이 회복불가능하게 손상되었다는 것이고, 또 기록에 의하면 위 손상이후에는 그 후유증세의 치유 또는 더 이상의 악화를 방지하는 정도의 치료만이 계속되어 온 것뿐임을 알 수 있으므로 위 권○○의 치료행위는 진료채무의 본지에 따른 것이 되지 못하거나 손해전보의 일환으로 행하여진 것에 불과하여 병원측으로서는 환자에 대하여 그 수술비 내지 치료비의 지급을 청구할 수 없는 것이라고 보아야 할 것이다.』

라고 판시하고 있다.

위의 대법원의 판결은 같은 취지로서 진료계약을 위임계약 성격의 계약으로 보아 의료진에게 선량한 관리자의 주의의무를 부과하고, 이를 위반한 진료행위에 대하여 그 진료계약의 본지에 따른 채무의 이행이 아니므로 진료비 지급청구권이 없다는 것

55) 대법원 1985. 12. 10. 선고 84가합1378 판결.

56) 대법원 1993. 7. 27. 선고 92다15031 판결.

을 밝히고 있다.

(3) 원고의 일부승소와 진료비 청구의 문제

(가) 병원의 책임제한 비율에 따른 진료비 청구의 문제

의료사고를 원인으로 하는 손해배상청구 소송의 경우 의료진의 과실이 인정된다고 하더라도 일부승소가 대부분이다. 왜냐하면 원고의 경우 청구할 수 있는 최대한을 청구할 수 밖에 없고, 재판부가 청구하지 않는 부분에 대하여는 판단하여 주지 않으므로 일단은 최대한 청구하는 것이 소송의 실무이다.

그렇다면 당연히 의료진의 과실이 인정된다고 하더라도 인용되는 손해배상금이 청구액의 일부일 수 밖에 없으므로 일부승소가 대부분이 된다.

그렇다면 이 일부승소의 경우 인정받지 못한 부분의 진료비에 대하여 병원측에서 비율에 따른 진료비 청구소송을 하여 진료비를 받아 낼 수 있을까?

즉 병원의 책임제한 비율이 50% 범위내에서 책임이 있다고 판결이 선고된 경우 병원에서의 진료비가 5,000만 원이 미납된 상태로 있을 때 병원측에서 50%만 자신들이 잘못이니, 진료비중 50%에 해당하는 2,500만 원에 대하여 진료비 청구할 수 있는지가 문제가 된다.

이런 문제는 대형 병원의 입장에서는 매우 큰 문제로 그 비용이 만만치 않을 것이다. 그래서 이런 법 해석의 문제에 대하여 이 진료비를 지급받고자 청구한 판례가 있다.

(나) 일부 인용과 치료비 전액 청구의 청구권 없음

실제 우리나라에서 제일 큰 병원인 서울 송파구 소재 대형병원에서 의료사고로 인한 손해배상 청구 소송과 관련하여 자신들의 책임비율이 50%로 판결선고되자, 환자측 요인으로 50%를 고려하여 진료비중 50%를 지급하라고 청구한 사건[57]에서,

> 『원고는 총 진료비 중 적어도 손해배상소송에서 손해액을 산정함에 있어 피고측의 요인으로 고려된 50%에 해당하는 진료비에 관하여는 피고들이 이를 지급할 의무가 있다고 주장하므로 살피건대, 피고들과 원고 사이의 위 손해배상소송에서 손해액을 산정함에 있어 피고측의 요인을 고려하여 원고의 손해배상책임을 50%로 제한한 것은 이○○의 귀책사유의 유무와는 무관하게 공평의 원칙상 이○○의 병력 또는 질병의 위험도 등을 고려한 것에 지나지 아니하고, 원고 병원 소속 의사들의 진료행위가 진료채무의 본지에 따른 것이 되지 못한 이상 환자에 대하여 진료계약상의 진료비청구권을 행사할 수 없으므로 손해배상소송에서 손해액을 산정함에 있어 피고측

57) 서울동부지방법원 2003가합2312 진료비.

요인으로 고려된 부분이 있다고 하더라도 이에 해당하는 진료비 역시 청구할 수는 없다고 할 것이어서 원고의 위 주장도 이유 없다.』

고 판시하고 있다.

즉 원고의 손해배상의 범위를 50%로 제한하였다고 하더라도, 이는 공평의 원칙상 병력, 질병의 위험도 등을 고려한 것이지, 의료진이 진료채무의 본지에 따른 의무를 이행하지 않아 발생된 진료비는 전액 지급할 의무가 없다는 것이 위 판례의 태도이다.

(다) 상급병실 사용에 대한 병실료에 대한 판단

1인실이나 2인실의 상급병실을 사용하게 될 경우 그 병실료에 대한 부분도 문제될 수 있으나, 이는 인과관계와 관련된 문제이다. 의료과오로 인하여 환자가 상급병실을 반드시 사용하여야 하는 경우 이는 의료과오와 상급병실의 사용 사이에 인과관계가 있으므로 그 상급병실료에 대하여는 청구할 수 없으나, 단지 환자의 편의를 위하여 사용하는 경우에는 그 상급병실료는 당연히 환자측에서 부담하게 될 것이다.

이런 상급병실료와 관련하여 위 서울동부지방법원 2003가합2312 판결문에 드문 판시가 있어 소개하면,

『이○○은 이△△ 등의 신청에 의하여 1인실 또는 2인실의 상급 병실을 사용한 사실을 인정할 수 있으나, 한편 이○○이 사지마비 외에 호흡곤란 증상을 보여 인공호흡기를 부착하여야 했고, 호흡곤란 증세로 무기폐, 흉막유출 등의 소견이 나타나 호흡기내과 치료를 받았으며, 그 밖에 심근내막하 경색과 우울증 증세 등으로 심장내과 및 정신과적 치료도 함께 받았던 사실은 앞서 본 바와 같은 바, 이에 비추어 보면 이○○이 다인실을 사용하기에 부적합하였던 것으로 보여 이○○이 상급병실을 사용한 것이 원고의 과실과 상당인과관계가 없다고 단정할 수 없으므로, 원고의 위 주장은 이유 없다.』

고 판시하고 있다.

즉 의료진의 의료과실과 인과관계가 있어 상급병실을 사용하였다면 병원에서 상급병실료 청구를 할 수 없다고 판시한 것이다.

제3장 자연과학적 인과관계와 법률적 인과관계

제1절 인과관계

제2절 손해배상법에서의 인과관계

제3절 성립요건으로서의 인과관계에 대한 판례의 태도

제 3 장 자연과학적 인과관계와 법률적 인과관계

제 1 절 인과관계

1. 인과관계의 의의

위에서 가해자의 불법행위에 의하여 손해가 발생하였을 경우 손해배상을 청구하기 위하여는 4가지 요건이 있어야 한다고 하였다. 즉 (1) 가해자가 고의나 과실이 있어야 하며, (2) 가해행위가 위법하여야 하고, (3) 손해가 발생하여야 하며, (4) 가해행위와 손해 사이에 인과관계가 있어야 한다.

의료사고에서 의사에게 불법행위에 의한 손해배상을 청구하기 위하여는 의료진의 위법한 가해행위와 악결과 사이에 인과관계가 있어야 한다.

인과관계란 원인과 결과라는 말인데, 어떤 원인이 있으며 어떤 결과가 필연적으로 있다는 의미이다.

2. 의료사고 소송에서 다루는 인과관계는 법률적 인과관계이다.

가. 종합적인 고려

인과관계라는 말은 다양한 학문분야에서 많이 사용되는 용어이나 의료사고에서 다루는 인과관계는 가치판단의 문제이다. 의료진의 가해행위와 악결과인 손해 사이에 자연과학적 인과관계를 입증하라고 한다면 이는 입증을 못하게 방해하는 것이나 마찬가지이다.

따라서 실제 의료사고 소송에서 인과관계의 존부여부를 다루는 것은 순수하게 기계적, 몰가치적, 자연과학적 인과관계를 다루는 것이 아니라, 악결과의 발생가능성, 그 악결과를 예측할 수 있는 가능성, 악결과를 피할 수 있는 가능성, 당해 의료행위의 목적 내지 기능, 악결과의 정도 내지 지속가능성 등도 종합적으로 고려하여 손해의 공평분담이라는 손해배상제도의 취지를 살펴서 구체적으로 인과관계를 판단하게 된다.

이에 관하여 대법원 2005. 9. 30. 선고 2004다52576 판결에서 인과관계에 관한 입증책임의 완화에 대하여 밝히고 있다.

『의료행위에 있어서 주의의무 위반으로 인한 불법행위 또는 채무불이행으로 인한 책임이 있다고 하기 위해서는 의료행위상 주의의무 위반, 손해의 발생 및 주의의무의 위반과 손해발생과의 사이에 인과관계가 존재하여야 함은 물론이나, 의료행위가 고도의 전문적 지식을 필요로 하는 분야이고 그 의료의 과정은 대개의 경우 환자 본인이 그 일부를 알 수 있는 외에 의사만이 알 수 있을 뿐이며, 치료의 결과를 달성하기 위한 의료기법은 의사의 재량에 달려 있기 때문에, 손해배상의 직접적인 원인이 의료상의 과실로 말미암은 것인지 여부는 전문가인 의사가 아닌 보통인으로서는 도저히 밝혀낼 수 없는 특수성이 있어서 환자측이 의사의 의료행위상의 주의의무 위반과 손해발생과 사이의 인과관계를 의학적으로 완벽하게 입증한다는 것은 극히 어려운 일이므로, 의료사고가 발생한 경우 피해자측에서 일련의 의료행위 과정에 있어서 저질러진 일반인의 상식에 바탕을 둔 의료상의 과실이 있는 행위를 입증하고 그 결과와 사이에 일련의 의료행위 외에 다른 원인이 개재될 수 없다는 점, 이를 테면 환자에게 의료행위 이전에 그러한 결과의 원인이 될 만한 건강상의 결함이 없었다는 사정을 증명한 경우에 있어서는, 의료행위를 한 측이 그 결과가 의료상의 과실로 인한 것이 아니라 전혀 다른 원인에 의한 것이라는 입증을 하지 아니하는 이상, 의료상 과실과 결과 사이의 인과관계를 추정하여 손해배상책임을 지울 수 있도록 입증책임을 완화하는 것이 손해의 공평·타당한 부담을 그 지도원리로 하는 손해배상제도의 이상에 맞는다.』

고 판시하고 있다.

나. 규범적 판단의 문제

(1) 재판관의 가치관의 반영

인과관계를 이렇게 자연과학적, 기계적으로 적용하지 않음으로 인해서 결국 재판관의 가치관, 도덕적 태도 등이 개입하게 되고, 의료사고의 경우 인과관계의 문제도 규범적 판단의 문제로 귀결되게 된다.

(2) 소송 실제에서의 적용문제

실제 재판에서 의료감정을 해보면 유도신문에 의하여 "이러한 치료행위가 최선의 조치였는지요?" "치료행위가 적절하였는지요?" 라고 질의를 하고, 감정을 하는 의사도 "적절하였다" "최선을 다하였다"라고 회신을 한다.

이렇게 질의를 하지 않고 사실관계만을 질의를 하였음에도 친절하게도(?) 의사가 "과실이 없다" "적절하였다"라고 회신하기도 한다.

헌법에 의하여 재판권은 법관에게 있으며, 모든 국민은 법관으로부터 재판을 받을 권리가 있다. 따라서 재판권이 있는 재판관이 과실여부 등을 판단하는 것이지 감정하는 의사가 판단하는 것이 아니다.

단지 의사는 법관의 보조인에 불과하다. 경험이 많지 않거나 의료사고에 대한 재판이 미숙한 법관의 경우는 이런 의사의 단정적인 규범적 판단을 그대로 받아들여 "의사가 잘못이 없다"고 하니 과실이 없다고 판단하는 경우도 있다.

이는 재판관이 스스로의 재판권을 포기하는 것이고, 감정인이 재판관이 되는 것이다. 감정인의 감정결과는 재판이나 수사에서 참고자료에 불과함을 잊어서는 안된다. 감정인은 먼저 진료규범을 특정하고, 이 진료규범을 의사가 어떤 부분에서 어떻게 치료하였는지 사실확인만 하면 되는 것이지, 규범적인 판단을 하여 '적절하였다', '최선을 다하였다'는 판단을 하면 안되는 것이다.

재판에 관한 인류의 보편적 원칙에는 자기재판금지의 원칙이 있다. 의료인이 동료의료인에 대한 진료기록감정절차에서 규범적인 판단까지 하게 되면 이는 사실상의 자기재판을 하는 것이 된다.

3. 인과관계 추정을 위한 간접사실들

가. 간접사실이 가지는 증명력에 의한 입증

의료행위의 특성에 의하여 의료진의 과실과 악결과를 직접적으로 입증하기 매우 어렵다. 따라서 의료사고의 경우 많은 판례에서 간접사실이 가지는 증명력에 의해서 인과관계를 추정하게 된다.

따라서 어떤 간접사실이 있고, 이 간접사실이 어느 정도 증명이 될 때 인과관계가 인정될 것인가가 중요하다. 그러나 그 증상 발생에 관하여 의료상의 과실 이외에 다른 원인이 있다고 보기 어려운 간접사실들을 입증함으로써 그와 같은 증상이 의료상의 과실에 기한 것이라고 추정하는 것도 가능하다고 하겠으나(다른 원인의 개제가능성 배제), 그 경우에도 의사의 과실로 인한 결과 발생을 추정할 수 있을 정도의 개연성이 담보되지 않는 사정들을 가지고 막연하게 중한 결과에서 의사의 과실과 인과관

계를 추정함으로써 결과적으로 의사에게 무과실의 입증책임을 지우는 것까지 허용되는 것은 아니다.[58]

나. 최근의 경향

(1) 그러나 최근의 판례의 경향을 보면 인과관계를 추정하는 판례도 보이나 많은 판례가 인과관계를 추정하는 것이 아니고 직접 인과관계를 인정하고 있다.[59] 최근의 판례를 보면서 왜 이런 경향이 나타나는지 생각하였는데, 아마 이는 인터넷 등을 통한 의료의 보편적 지식이 재판부 등에 그대로 전달되어 인과관계를 추정하지 않고도 직접 인과관계를 인정하는데 자신감을 가지는 것으로 보인다.

(2) 2000년 이전만 하더라도 대부분의 진료기록부가 수기로 작성되어 있었고, 심지어 대학병원의 챠트도 수기로 기재되어 있었으며, 또한 진료기록부를 환자나 그 가족에게 사본하여 주거나 보여주지도 않게 되어 있었다.

이런 환경에서 의료사고에 대한 재판이 이루어지다보니 판단을 하는 재판관도 의료진의 과실과 악결과 사이의 인과관계를 직접적으로 인정하는 것에 심적인 부담이 많이 있어서 인과관계를 직접 인정하는 것이 드문 판례의 경향이었고, 인과관계를 추정하는 것이 보편적이었다.

(3) 그러나 최근의 판례를 보면 인과관계를 직접적으로 인정하고, 의료진의 과실도 직접적으로 인정하고 있다. 이는 인터넷을 통한 의료지식이 보편화되고, 외국의 문헌이나 동영상을 통한 의료시술과정 등을 바로 눈으로 시현할 수 있어서 재판관이 의료과실이나 인과관계에 자신감이 있어서 이런 직접적 의료과실의 판시와 직접적 인과관계를 인정하는 것으로 보인다.

이런 경향은 교통사고 사건에서도 보이고 있는데, 이전의 판례에서는 대부분이 가해차량과 피해차량 충돌시 과실상계 비율을 애매하게 판단하는 경향이 있었는데, 차량용 블랙박스 등에 의하여 눈으로 사고 상황을 그대로 볼 수 있으므로 과감하게 가해차량과 피해차량의 과실상계 비율을 판단하고 있다.

58) 대법원 2004. 10. 28. 선고 2002다45185 판결.
59) 서울동부지방법원 2003가합576 판결.

제 2 절 손해배상법에서의 인과관계

손해배상법에서 다루는 인과관계에는 손해배상책임 성립요건으로서의 인과관계와 성립한 손해배상청구권의 범위에 관한 인과관계로 나눈다.

즉 위에서 보는 바와 같이 의료진의 과실이 있고, 그 과실로 인하여 악결과가 나타날 때의 요건에 관한 것이 성립요건으로서의 인과관계, 사실적 인과관계라고 한다. 이 사실적 인과관계가 인정이 되었다면 그 악결과에 얼마만큼 영향을 미쳐서 배상의 범위를 얼마만큼 할것인지가 책임충족의 인과관계 내지 법률적 인과관계로 구분한다.

이를 잘 보여주는 판례가 있어 소개하면, 서울남부지방법원 2012. 6. 19. 선고 2010가합6469 판결에서,

> 『민사상 불법행위 책임을 인정하기 위하여는 과실행위와 손해 사이에 상당인과관계가 있다고 인정되면 충분하다고 할 것인 바, 과실행위가 손해발생의 원인이 된 이상 기타 다른 원인과 경합이 있더라도 그 다른 원인의 기여도 만큼 손해배상책임이 경감될 수 있을 뿐 인과관계가 부정되지 아니하고, 또한 과실행위로 인하여 손해가 발생한 것이 아니라도 그로 인하여 손해가 확대된 경우(가령 피해자의 기왕증을 악화시킨 경우 등) 그 기여도를 평가하여 책임이 경감될 수 있을 뿐 그 확대된 손해에 대해서도 인과관계가 인정된다고 할 것이다.』

고 판시하여 책임충족의 인과관계 내지 법률적 인과관계에 대하여 판시하고 있다. 여기서 다루는 인과관계의 문제는 성립요건으로서의 인과관계, 즉 사실적 인과관계이다. 인과관계의 인정에는 통설, 판례가 상당인과관계설[60][61][62]에 따르고 있다.

---

60) 서울동부지방법원 2003가합576 판결.
'상당인과관계 유무'로 항목을 나누어 판단하여 상당인관계에 따라 피고병원의 과실책임을 묻고 있음을 보여주고 있다.

61) 서울고등법원 2007가합24406 판결.
두개골절과 뇌출혈이 있는 환자를 의식이 있다고 귀가시킨후 다시 쓰러져 병원으로 갔다가 사망한 사건에서 『망인에 대한 진단이 지연되어 적절한 치료기회를 상실한 것이 망인이 사망에 이르게 된 한 원인이 되었던 것으로 봄이 상당하고』고 판시하여 상당인과관계설을 따르고 있음을 보여준다.

62) 서울고등법원 2013나63198 판결.
흉통이 있어 내원한 환자를 심전도상 정상이라고 귀가시킨 후 심정지 상태에서 내원한 후 사망한 사건에서 『급성심근경색의 진단을 하지 못하고 흉통이 남아 있는 망인을 퇴원하도록 한 잘못이 있고, 급성심근경색증의 병원 내 생존율 등을 고려할 때, 피고 윤○○이 급성심근경색의 진단을 내려 관상동맥중재술 등의 치료를 하였다면 망인이 사망하는 결과를 피할 수 있었

제 3 절 성립요건으로서의 인과관계에 대한 판례의 태도

판례에서 인과관계를 추정하는 경우, 재판부는 여러 가지 간접사실을 입증하여 사실상의 추정방법에 따라 인과관계의 존부를 판단하게 된다. 우리판례에서 인과관계를 추정하기 위한 요소로서 들고 있는 간접사실에는 의료행위의 준칙위반, 시간적 근접성, 치료부위와 악결과 부위의 일치성, 일반적·통계적 인과관계, 다른 원인의 개재가능성 배제를 들 수 있다.63)

1. 의료행위의 준칙 위반

의료행위의 준칙 위반이란 손해배상의 원인이 되는 의료행위가 의학상식 내지는 의

다고 보이므로 피고 윤○○의 진단상의 잘못과 망인의 사망 사이에 상당한 인과관계가 있다』고 판시한다.

63) 서울남부지방법원 2014. 6. 3. 선고 2012가합8469 판결.
척추간협착증 수술후 배변 및 배뇨장해가 발생된 사건에서 『이 사건 수술을 시행하는 과정에서 마미신경에 손상을 가하여 원고에게 마미증후군을 발현시킨 것으로 봄이 상당하고… 달리 반증이 없다.
가) 이 사건 수술 부위는 4번 및 5번 요추 부근으로, 배변 및 배뇨를 관장하는 제2, 3, 4, 천추 신경근이 통과하는 척추관 부근이다. 그리고 피고 고○○은 이 사건 수술 과정에서 드릴로 제4번 요추후궁을 제거하였고, 제4, 5요추의 신경근을 당기면서 추간판 제거술을 시행하고 추체간 유합구조물을 삽입하였다.
나) 제3절 성립요건으로서의 인과관계에 대한 판례의 태도는 원고의 배변 및 배뇨장애는 이 사건 수술 직후 곧바로 나타나 뚜렷한 증상의 호전 없이 현재까지 이르고 있는 것으로 보인다…
라) 이 사건 수술 직전인 2011. 3. 10.경 실시된 원고에 대한 요추 MRI검사 결과로도 요추간협착증 외에 마미증후군을 야기할 수 있는 추간판 탈출증은 나타나지 않았고, 위 협착증 자체만으로는 자연경과에 의하여 마미증후군이 초래될 정도의 중증에 해당하지도 않았다. 따라서 이 사건 수술과 무관하게 원고가 기왕에 가지고 있던 증상이 발전하여 수술 직후 위와 같은 후유장해가 초래되었을 가능성은 낮다.
마) 요추부 수술 후 종전에 없던 배변 및 배뇨장애가 나타날 경우 수술중 또는 그 이후의 신경손상이 원인일 수 있는데, 피고들의 주장에 의하더라도 이 사건 수술 직후 혈종이나 감염, 추간판 탈출 등 수술 부위의 이상 소견은 발견되지 아니하였다는 것이므로 앞서 본 마미증후군의 여러 원인들 중 수술 중 신경근을 견인하거나 구조물을 설치하는 과정에서 초래된 신경손상의 가능성만이 남게 된다고 할 것인데, 이 사건 수술 직전 실시된 MRI 검사 결과나 앞서 본 원고의 기왕치료력만으로는 이 사건 수술 당시 통상적인 신경 조작만으로도 손상이 발생할 정도로 원고의 신경관 협착이 중증에 이르렀다고 보기 어렵다』고 판시하여, 간접사실에 대한 입증을 통하여 과실과 인과관계를 인정하고 있다.

료원칙에 반하는 것을 말한다. 그러나 이는 과실의 개념과는 다른 의미로, 의료행위에 무엇인가 불만족한 점이 있다는 것이다.

법적 평가를 받기 전의 의료원칙을 위반한 것으로, 판례에서는 이를 '일반인의 상식에 바탕을 둔 의료상의 과실 있는 행위'라고 표현한다.[64]

영유아에 대한 정맥주사시 과도한 자극으로 수유물 역류로 인한 심정지가 발생하여 뇌손상이 된 사건[65]에서 『이와 같이 위 병원 의료진의 과실이 인정되는 이상 피고가 원고 조○○의 호흡정지와 뇌손상이 의료상의 과실로 말미암은 것이 아니라 전혀 다른 원인으로 인한 것이라는 입증을 하지 아니하는 이상 위 병원 의료진의 과실과 결과 사이에 인과관계도 추정된다고 할 것이다』고 판시하여 의료행위 준칙위반 외에 다른 원인이 입증되지 못하면 그 준칙위반된 의료행위가 악결과와 인과관계가 있다고 판시하고 있다.[66]

2. 시간적 근접성

의료진의 의료행위와 악결과라는 손해의 발생 사이에 시간적으로 매우 근접한 것을 말한다. 예컨대, 주사를 놓은 후 5분 안에 쇼크 증상을 보였다거나, 수술도중에 출혈

---

64) 대법원 1995. 2. 10. 선고 93다52402 판결, 대법원 2007. 5. 31. 선고 2005다41863 판결.
『의료행위에 있어서 주의의무 위반으로 인한 불법행위책임이 있다고 하기 위해서는 다른 경우와 마찬가지로 의료행위상의 주의의무 위반, 손해의 발생, 그리고 주의의무 위반과 손해의 발생 사이에 인과관계의 존재가 전제되어야 한다. 그런데 의료행위가 고도의 전문적 지식을 필요로 하는 분야이고, 그 의료의 과정은 대개의 경우 환자 본인이 그 일부를 알 수 있는 외에 의사만이 알 수 있을 뿐이며, 치료의 결과를 달성하기 위한 의료기법은 의사의 재량에 달려 있기 때문에 손해발생의 직접적인 원인이 의료상의 과실로 말미암은 것인지 전문가인 의사가 아닌 보통사람으로서는 도저히 밝혀낼 수 없는 특수성이 있어서 환자 측이 의사의 의료행위상의 주의의무 위반과 손해의 발생 사이의 인과관계를 의학적으로 완벽하게 입증한다는 것은 극히 어려우므로, 이 사건에 있어서와 같이 환자가 치료 이후에 극히 위중한 상태에 빠지고 결국 사망한 경우에 있어서는 피해자측에서 일련의 의료행위 과정에 있어서 저질러진 일반인의 상식에 바탕을 둔 의료상의 과실 있는 행위를 입증하고 그 결과 사이에 일련의 의료행위 외에 다른 원인이 개재될 수 없다는 점, 이를테면 환자에게 의료행위 이전에 그러한 결과의 원인이 될 만한 건강상의 결함이 없었다는 사정을 증명한 경우에 있어서는, 의료행위를 한 측이 그 결과가 의료상의 과실로 말미암은 것이 아니라 전혀 다른 원인으로 말미암은 것이라는 입증을 하지 아니하는 이상, 의료상의 과실과 결과 사이에 인과관계를 추정하여 손해배상책임을 지울 수 있도록 입증책임을 완화하는 것이 손해의 공평・타당한 부담을 그 지도 원리로 하는 손해배상제도의 이상에 맞는다고 하지 않을 수 없다.』

65) 광주지방법원 2011. 2. 17. 선고 2009가합8897 판결, 광주고등법원 2011나1803 조정.

66) 대법원 2003. 1. 24. 선고 2002다3822 판결.

이 발생하여 의식이 회복되지 못하였다거나, 척추추간판 탈출증 수술후 바로 신경마비 증상을 보였다거나 하는 것은 시간적 근접성의 예이다. 서울북부지방법원 2004. 9. 24. 선고 2003가합923 판결에서,

『살피건대, 일반적으로 의료행위에 있어서 그 주의의무 위반으로 인한 불법행위 또는 채무불이행으로 인한 책임이 있다고 하기 위하여는 일반적인 경우와 마찬가지로 의료행위상의 주의의무 위반, 손해의 발생 및 주의의무 위반과 손해의 발생과의 사이의 인과관계의 존재가 전제되어야 하고 이는 이를 주장하는 환자측에서 입증하여야 할 것이지만, 의료행위가 고도의 전문적 지식을 필요로 하는 분야이고, 그 의료의 과정은 대개의 경우 환자 본인이 그 일부를 알 수 있는 외에 의사만이 알 수 있을 뿐이며, 치료의 결과를 달성하기 위한 의료 기법은 의사의 과실로 말미암은 것인지 여부는 전문가인 의사가 아닌 보통인으로서는 도저히 밝혀낼 수 없는 특수성이 있어서 환자측이 의사의 의료행위상의 주의의무 위반과 손해의 발생과 사이의 인과관계를 의학적으로 완벽하게 입증한다는 것은 극히 어려우므로, 환자가 치료 도중에 하반신 완전마비 등 사지부전마비 증상이 발생한 경우에 있어서는 환자측에서 일응 일련의 의료 행위 과정에서 저질러진 일반인의 상식에 바탕을 둔 의료상의 과실 있는 행위를 입증하고 그 결과와 사이에 일련의 의료행위 외에 다른 원인이 개재될 수 없다는 점, 이를테면 환자에게 의료행위 이전에 그러한 결과의 원인이 될 만한 건강상의 과실로 말미암은 것이 아니라 전혀 다른 원인으로 말미암은 것이라는 입증을 하지 아니하는 이상, 의료상 과실과 결과 사이의 인과관계를 추정하여 손해배상책임을 지울 수 있도록 입증책임을 완화하는 것이 손해의 공평·타당한 부담을 그 지도 원리로 하는 손해배상제도의 이상에 맞는다 할 것이다… 현재 원고에게 신경손상으로 인한 감각소실이 발생한 제5흉추 이하의 부위가 제1차 수술의 대상이 된 부위와 일치하고, 더구나, P37/N45 전위가 사라진 시점에 위 석○○ 등이 시행한 후방척추절제술이 제4, 7흉추에 행하여지고 있었고, 원고가 감각을 잃은 부위가 제5흉추 이하 부분인 점, 비록 원고가 제1, 2차 수술을 받을 당시 척추 결핵의 후유증으로 인하여 진행성 하지마비를 동반한 척추 후만증으로 강직성 보행, 배뇨장애, 심부건 반사의 항진 등의 증상을 보이고 있었으나, 계단오르기, 달리기, 슬관절 근력, 전경근 근력, 장족지 근력 평가에서는 모두 정상으로 평가를 받았으며, 다만 고관절 근력에 관하여는 좌측 하지의 근력이 4단계에 머물렀을 뿐이나, 이 역시 일상생활에는 큰 무리가 되지 않을 정도의 근력을 가지고 있는 것으로 볼 수 있는 등 원고에게 제1차 수술 전후를 통하여 척추손상으로 인한 급격한 양하지의 마비를 초래할 만한 특별한 원인이나 증상이 관찰되지도 아니한 점에 비추어 볼 때 1차 수술 중 원고에게 나타난 완전하지마비 등의 증세는 석○○ 등 피고병원의 의사들이 시술과정에서 주의를 게을리하여 직접 척수신경을 일부 손상시켰거나, 또는 직접 손상에 이르지는 않았다 하더라도 척수를

무리하게 견인하는 등의 잘못으로 인하여 초래되었다고 추정할 수밖에 없다. 따라서 피고 법인은 원고의 현증세가 수술상의 잘못으로 인한 것이 아니라 전혀 다른 원인으로 인한 것이라는 입증을 다하지 못하는 이상, 피고병원 의사들의 사용자로서 위와 같은 피고 병원 의사들의 진료상의 과실로 인하여 원고가 입게 된 재산적, 정신적 손해를 배상할 의무가 있다.』

고 판단하여, 수술후 급격한 증세의 악화를 인과관계를 추정하는 요소로 들고 있다.

3. 치료부위와 악결과 부위의 일치성

치료한 부위와 악결과가 발생한 부위가 일치하거나 그 부근인 경우를 말하는데, 주사로 인하여 염증이 발생한 경우 주사부위와 염증이 발생한 부위가 일치하였거나, 뇌동맥류 수술을 한 부위와 뇌출혈부위가 일치하는 경우 등을 예로 들 수 있다.

척추측만증 수술을 하면서 과도하게 금속봉을 연장하여 하반신마비가 발생된 사건인 서울중앙지방법원 2015. 10. 6. 선고 2013가합555720 판결, 서울고등법원 2015나2063389 결정 사건에서,

『신경섬유종 척추측만증 중 특히 원고와 같은 이영양성 만곡의 경우, 척추의 변형이나 종양에 의한 척수 침범으로 인한 하반신 마비의 위험이 있으나, 원고에게 이 사건 제2차 수술직후 하룻밤 사이에 위 수술과 상관없이 급격하게 그 증상이 나타날 개연성은 매우 낮고, 손상된 신경이 이 사건 제2차 수술 부위와 일치한다.』

고 판시하여 시간적 근접성과 치료부위와 악결과 부위의 일치성을 인과관계 인정의 중요한 근거로 들고 있다.

4. 통계적 인과관계

의료진의 의료행위와 악결과 사이에 일반적으로 통계상 인정될 수 있는 가능성이 있어야 한다. 의료진의 의료행위와 악결과 사이에 일어날 가능성이 없다면 인과관계는 부인이 될 것인데, 예컨대, 환자가 고관절 치환 수술을 받은 뒤 며칠 후에 뇌출혈이 발생한 경우 등이다.

통계적 인과관계와 관련된 판례로는 산부인과 관련 의료사고중 대표적인 뇌성마비 사건 판례에서 잘 보여주고 있다. 대법원 2005. 10. 28. 선고 2004다13045 판결에서,

『뇌성마비는 대부분의 경우 그 원인을 밝혀내기 어렵고 분만 중의 원인은 6~8%에 불과하다고 할지라도 뇌성마비의 가능한 원인 중 하나가 될 수 있는 분만 도중 발생

한 저산소성-허혈성 뇌손상을 표상하는 간접사실들이 인정되는 반면 선천적 또는 후천적 다른 요인들의 존재를 추인하게 할 만한 사정은 발견되지 않는다면, 뇌성마비가 분만 중 저산소성 허혈성 뇌손상으로 인하여 발생하였다고 추정함이 상당하다.』

고 판시한다.

5. 다른 원인의 개재가능성 배제

일련의 의료행위 외에 다른 원인에 의하여 악결과가 발생될 가능성이 없는 경우[67][68]를 말한다. 예컨대 척추압박골절 수술후 하반신이 마비된 경우 하반신 마비가 될만한 다른 원인이 없다면 하반신 마비는 척추압박골절에 대한 수술후에 발생되었다고 추정하는 경우 등이다.

가. 전주지방법원 2016. 2. 17. 선고 2013가합2695 판결

견갑부 임파선 종창을 양성종양으로 오진하여 종양절제술을 하다 좌측부신경을 손상시킨 사례인데, 이 판결에서 다른 원인의 개재가능성을 배제함으로써 인과관계를 인정하고 있다.

『① 이 사건 수술 전에 원고에게는 척추부신경 손상의 증상이 없었던 점, ② 피고병원 의료진은 이 사건 종괴를 양성 종양으로 오진한 후 이 사건 수술을 시행하였는데, 이 사건 수술이후에 원고가 척추부신경 손상의 진단을 받은 점, ③ 이 사건 종괴는 임파선 종창으로 수술적 방법이 아닌 감염의 원인에 대한 치료가 필요했던 점, ④ 피고병원 의료진이 이 사건 종괴에 대한 감별진단의 내용 및 국소적 혹은 전신적인 세균성 감염 혹은 바이러스성 감염으로 인해 발생하는 임파선 종창의 진단은 생체 검사로 가능하다는 사실과 특별히 후경부 삼각부위에 발생한 종괴의 수술 시에는 척추부신경의 손상이 발생할 수 있다는 사실 등에 관하여 충분히 설명하였다면 원고는 이 사건 수술을 받지 않았을 것으로 보이는 점 등에 비추어 보면, 이 사건 척추

67) 서울북부지방법원 2009. 9. 3. 선고 2008가합8557 판결.

68) 대법원 1993. 7. 27. 선고 92다15031 판결, 대법원 2000. 7. 7. 선고 99다66328 판결.
『의료행위는 고도의 전문적 지식을 필요로 하는 분야이고, 그 의료의 과정은 대개의 경우 환자 본인이 그 일부를 알 수 있는 외에 의사만이 알 수 있을 뿐이며, 치료의 결과를 달성하기 위한 의료기법은 의사의 재량에 달려있기 때문에 전문가가 아닌 보통인으로는 의사의 의료행위의 과정에 주의의무 위반이 있는지 여부나 그 주의의무 위반과 손해발생 사이에 인과관계가 있는지 여부는 이를 밝혀내기가 극히 어려운 특수성이 있으므로, 수술후 환자에게 종전에 없던 후유장해가 발생한 경우에는 그 증상 발생에 관하여 의료상의 주의의무 위반행위를 제외한 다른 원인이 있다고 보기 어려운 여러 간접사실들을 입증함으로써 그와 같은 증상이 의료상의 주의의무 위반행위에 기한 것이라고 추정하는 것도 가능하다고 할 것이다.』

부신경 손상은 피고 병원 의료진의 과실로 인하여 초래된 것이라고 봄이 상당하다.』 고 판시하고 있다.

나. 서울남부지방법원 2013. 6. 11. 선고 2011가합17725 판결, 서울고등법원 2015. 6. 25. 선고 2013나2013182 판결

전립선 수술을 위해 항응고제 투여중단후 수술뒤 항응고제 투여 미뤄 혈전에 의한 급성뇌경색이 발생한 사건에서도,

『피고 병원 의료진에게는 원고 노○○에 대한 항응고제 투여의 적기를 놓친 과실이 있고, 그 후 원고 노○○에게 이 사건 장애가 발생한 바, 원고 노○○의 과거 병력을 고려한다 하더라도, 달리 다른 원인이 개재되어 피고 병원 의료진의 과실과 무관하게 이 사건 장애가 발생하였다고 보기는 어려우므로 피고 병원 의료진의 과실과 원고 노○○의 이 사건 장애 발생 사이에 인과관계가 인정된다.』

고 판시하여 다른 원인의 개제 가능성이 없다면 의료과오로 인한 인과관계를 인정한다.

다. 수원지방법원 2009. 7. 9. 선고 2007가합21378 판결

같은 취지의 판결에서,

『자연분만 도중에 응급 제왕절개수술을 시행할 것인지는 전적으로 당시 환자의 상태를 토대로 임상경험과 의학적 지식에 기초하여 판단하는 의사의 재량영역에 속해있다고 하더라도, 태아가 아두골반 불균형으로 인하여 분만정착이라고 판단될 정도로 장시간 동안 산모의 골반에 낀 상태로 있으면서 계속적으로 다양성 태아심박동감속의 소견을 보이는 경우에는 장기간의 질식상태로 인한 저산소성 뇌손상의 우려가 있으므로 신속히 제왕절개술을 통해 분만을 시도하여야 하는 것이 상당하다고 할 것인바, 이 사건에 앞서 본 사실관계에 의하면, 당시 분만을 담당했던 피고 최○○, 이○○는 산전진찰을 통해 아두골반 불균형으로 분만의 어려움이 있을 것을 예상하고 있었고, 실제로 태아하강도 +3/3의 상태에서 아두골반 불균형으로 2시간 이상 분만정착의 상태가 계속되었으며, 이에 더하여 다양성 태아심박동감속의 증상이 장시간 나타나는 상황에서도 신속히 제왕절개술을 시행하지 않은 과실이 있고, 나아가 위와 같은 상황에서의 제왕절개술의 지연 외에 전혀 다른 원인으로 원고의 뇌성마비가 발생하였다는 점에 대한 입증이 없는 이상, 원고의 뇌성마비는 피고 최○○, 이○○의 위 의료상 과실로 인하여 발생하였다고 봄이 상당하므로, 피고 최○○, 이○○는 담당 의료진으로서, 또한 피고 김○○, 김○○, 양○○, 유○○, 이○○는 피고 병원의 공동운영자들로서 각각 위와 같은 의료상의 과실로 인하여 원고가 입은 손해를 배상할 책임이 있다.』

고 판시하고 있다.

라. 수원지방법원 2013. 2. 7. 선고 2011가합26394 판결 및 서울고등법원 2014. 2. 6. 선고 2013나2004942 판결

자궁근종 수술후 과다출혈로 사망한 사건에서

『피고 병원 의료진이 적절한 술기로 이 사건 수술을 시행하였고, 수술이후 망인을 면밀히 관찰하고 망인의 이상증상을 발견한 후에 적절한 조치를 취하였더라도 망인의 사망을 피할 수 없었다거나 망인이 피고측의 과실이 아닌 전혀 다른 원인으로 사망하였다는 점을 입증하지 못하는 이상, 피고 병원 의료진의 술기상의 과실과 경과관찰 해태로 인한 응급처치 및 전원 지연의 과실과 망인의 사망 사이에 인과관계가 추정된다고 할 것이다.』

고 판시하고 있다.

마. 춘천지방법원 원주지원 2015. 1. 29. 선고 2012가합1784 판결

대퇴골 골절에 대한 내고정술후 골수염이 발생하여 하지가 13㎝ 단축되고 관절강직이 남은 사건에서,

『나아가 원고가 골수염과 우측하지 단축, 고관절과 슬관절 부분강직과 운동제한 장애 등에 이른 것이 피고 병원의 위와 같은 감염예방조치 미흡 및 감염부위 사후 관리 소홀히 아닌 다른 원인으로 말미암은 것이라는 입증이 제대로 없으므로, 피고 병원의 이와 같은 과실과 원고의 현장애 사이에는 상당인과관계가 있다고 추정된다.』

고 판시하여, 현장애에 대하여 피고 병원에서 다른 원인의 개재를 입증하지 못하는 한 피고의 과실과 장애 사이에 상당인과관계가 있음을 판시하고 있다.

제 4 장 실전 의료사고 소송

제 1 절 진찰 및 검사 단계에서의 의료분쟁 사례

제 2 절 진단과 관련된 단계에서의 의료분쟁 사례

제 3 절 치료 단계에서의 의료분쟁 사례

제 4 절 경과관찰 단계에서의 의료분쟁 사례

제4장 실전 의료사고 소송

실제 의료사고가 접수되어 진료기록부와 환자측의 사건경위서를 토대로 사건이 time flow에 따라 어떻게 정리되며, 이 정리된 자료를 가지고 소장상 의료진의 과실을 구체적으로 어떻게 적시하고, 사실조회, 진료기록감정을 통하여 문제의 쟁점이 어떻게 부각되며, 재판장을 설득하기 위한 의학적인 자료와 PPT 자료는 어떻게 준비되는지를 실제 사용된 자료 그대로를 공개한다. **≪사건 개요≫**는 환자측에서 가지고 오는 진료기록부와 환자측에서 작성하는 사건경위서를 토대로 time flow에 따라서 event 위주로 기록하게 된다. 이 사건 개요는 소송이 진행하는 동안 항상 펼쳐보고 고민하며 어떻게 입증시킬 것인지를 생각하면서, main stream를 만들게 된다. 즉 피고측을 공격하게 되는 주된 줄거리를 만드는 작업을 하는 토대가 된다. 환자측의 주된 이야기가 재판부에 어떻게 설득시킬 것인가의 핵심자료인 것이다. 이 사건경위에 따라 소장이 작성되고, **≪소장에서 주장하는 피고의 과실≫**이 주된 환자측의 공격방향이 되게 된다. 그런 후 이 소장상의 피고의 과실과 인과관계를 입증활동을 통해 입증하여, 재판부의 심정을 형성하게 하는데, 여기에 대표적인 것이 사실조회촉탁신청과 진료기록감정, 방사선 필름감정, 사인감정 등이 있으며, 이 입증활동의 결과를 정리한 것이 **≪관련 의학지식을 통한 입증활동≫**이다. 여기에 시각적 효과를 통하여 재판부를 더 설득하고 심정형성을 돕기 위하여 PPT를 통하여 보강하기도 한다. 이런 입증활동의 결과 환자측과 의사측의 쟁점이 부각되게 되고, 이 부각된 쟁점을 **≪원·피고 주요쟁점≫**으로 정리하여 놓았으며, 부각된 쟁점을 재판부는 어떻게 판단하였는지에 대하여 **≪1심 판결≫**의 결과로 정리하였다. 1심 판결의 결과 중에서 과실부분과 의미있게 판결한 인과관계 부분을 정리하여 올려놓았으며, 당해 사건과 관계되는 판례를 찾아서 재판부에 제출한 판례를 **≪관련 판례≫**로 말미에 게재하였고, 참고가 되는 관련 논문이나, 독자들이 보지 못한 부검감정서 등의 샘플을 올려놓았다.

제 1 절 진찰 및 검사 단계에서의 의료분쟁 사례

1. 교통사고로 늑골 골절을 당한 후 가슴 답답한 증세 있는 환자에게 바륨 주사 후 사망한 사건[69)]

≪사건 개요≫

• 원고 김○○(남, 51세) / 피고 이○○정형외과의원

※ 사건 경과

1. 이○○ 정형외과의원

(1) 2002. 10. 10. 18:05경 교통사고로 이○○ 정형외과의원에 후송되어 내원함.

(2) 10. 10.경 촬영한 흉부 방사선검사결과 좌측 5번, 6번, 8번 늑골 골절됨.

(3) 10. 10. 19:50경 입원실로 옮김(의사는 같은 날 19:30경 집으로 귀가함).

(4) 입원실에 도착한 후 망 김○○은 팔, 다리가 저리고 가슴이 답답하다고 호소함. 망 김○○은 계속 가슴이 답답하고 숨을 쉬기가 힘들다고 성명불상 간호사에게 호소함.

(5) 성명불상 간호사는 망 김○○을 병실에 방치하다가 같은 날 23:20경 심전도를 촬영하고, 23:30경 신경안정제(발륨)를 주사로 투약함.

(6) 23:50경 망 김○○ 심폐정지 상황 발생하여 심전도 다시 측정함. 산소공급하면서 응급소생술 시행함.

(7) 같은 달 11. 00:15~00:25동안 기관내삽관, 앰브배깅, 응급약물(에피네프린) 투입한 후 같은 날 00:40경 동부○○병원으로 후송함.

2. 동부○○병원

(1) 같은 날 01:06경 동부○○병원 응급실로 후송됨(도착당시 이미 사망한 상태: DOA).

(2) 응급처치 시행(산소공급, 앰브배깅, 흉부관삽입, 중심정맥관삽입, 응급약물 투

69) 서울동부지방법원 2005. 10. 12. 선고 2003가합576 판결.

약 등).

(3) 흉부방사선촬영 3회 실시함(진단 : 긴장성 기흉).

시 간	상 태	처 치
02. 10. 10. 18:06	교통사고로 이○○정형외과로 후송됨.	흉부방사선 촬영 → 좌측 늑골골절 확인 골반 촬영 → 골반골절 확인 혈압측정(100/80), 신체검진
19:50~	입원실로 옮김 가슴 답답, 붕대 풀어달라고 함 '계속 가슴 답답, 숨쉬기 힘들다' 호소 <입원 지시>－의사 오더 ① 활력징후 측정(15분마다×2회, 30분마다×2회, 2시간마다 측정－활력 징후 안정될 때까지) ② 금식 ③ 흉부보조기 착용－침상 안정	<간호사> 붕대 약간 느슨하게 풀어줌 처음이라 조금 지나면 괜찮을거라 하고 방치함(의사에게 보고하지 않음) 20:05 혈압(115/60), 맥박측정(80)(호흡측정 안함) 21:25 혈압(100/60), 맥박측정(80)(호흡측정 안함) 23:00 심전도→양측 심방의 비대, 불완전한 번들(bundle)가지 전도 차단, 우측QRS 축 편위 23:25 혈압(90/60), 맥박(100), 호흡(32회/분) 측정
23:20	"계속 가슴 답답, 숨쉬기 힘들다" 호소 "가슴 답답, 아파서 자고 싶다" 호소 23:30 혈압 90/60, 맥박 100	<간호사> 심전도 측정 <간호사> 환자 원한다고 발륨 투약 (의사에게 보고하지 않음) 23:25 혈압, 맥박, 호흡(32회/분) 측정
23:55	심폐정지 응급상황	재차 심전도 측정(우심방 세동) → 산소 투여, 심폐소생술 시행(간호사)
10. 11. 00:15 ~00:26		(의사 시행) 기관내삽관 시행, 앰브배깅, 에피네프린 투약
00:40		동부○○병원으로 후송
01:06	도착시 사망 상태	동부○○병원 도착 → 심폐소생술 시행 (활력징후 전혀 없음. 동공 완전이완, 심전도 연속모니터링, 앰브배깅, 심폐소생술 시행, 응급약물 투약→흉부방사선 촬영함(기흉 발견)→흉곽천자 시행(공기 800cc 나옴)→계속 심폐소생술 시행→흉부방사선 촬영함(흉관 삽입, 배액 유지)→계속 앰브배깅, 중심정맥관 삽입→흉부방사선 촬영함(진단명 : 긴장성 기흉).

3. 피고의 과실점

(1) 망 김○○이 입원 후 계속 가슴이 답답하고 호흡하기 힘들다고 호소하였음에도

① 의사의 활력징후 측정과 관련한 입원지시를 시행하지 않음.

(호흡수와 깊이, 빈도 등을 전혀 측정하지 않아 망 김○○을 방치함－입원한지 4시간 후 호흡 처음 측정했으나 빈호흡이었음→이를 무시하고 의사에게 보고하지 않았음)

② 망 김○○의 빈호흡 발생에도 이를 무시→간호사는 자의로 심전도를 촬영한 후 의사에게 보고하지 않고 지시없이 자의로 신경안정제(발륨)을 투약함→심폐정지 상황발생→뒤늦게 의사에게 보고함→20분 후 의사의 응급처치(흉곽천자제외) 시행됨.

(2) 간호사의 지시 불이행과 이상증상 발생(23:20경 심전도상 심장변위 판독됨)시에도 보고하지 않아 외상성 기흉의 조기진단(흉부X선 촬영 등)과 조기치료(흉곽천자)가 이루어지지 못함.

(3) 즉각적인 응급처치(흉곽천자)가 이루어지지 않음(심폐정지상황 발생 20분후 의사가 기관내삽관과 앰브배깅 시행, 에피네프린이 투여되었음).

≪소장에서 주장하는 피고의 과실≫

피고는 위 망인과 같은 교통사고 환자에게는 이 건과 같이 외상으로 인한 긴장성 기흉이 발생될 개연성이 높으므로 주기적으로 촉진·청진·시진·타진 등 이학적 검사와 방사선촬영·초음파검사를 시행하고, 환자 곁에서 집중밀착감시를 하면서 혈압·맥박·호흡·체온과 통증도 등 임상증상의 변화를 살펴 기흉의 발생 및 확대정도를 잘 살펴야 할 주의의무가 있습니다.

특히 흉부의 통증을 호소할 경우 즉시 흉부에 대한 초음파 검사, X-선 검사 등을 통하여 복부 출혈, 장기손상 여부를 검진하여야 할 주의의무가 있음에도 불구하고, 이를 게을리 한 채 단순히 첫 임상검사로 이상이 없다고 속단하고 이후에는 활력징후조차 제대로 측정하지 않는 등 사실상 망인을 방치하여 사망에 이르게 한 과실이 있습니다.

≪관련 의학지식을 통한 입증≫

1. 정상적인 경우에는 다음 [그림 1]과 같이 폐포에 공기가 들어가 폐가 팽창하게 되면서 충분한 산소가 공급됩니다.

[그림 1] 정상적 폐

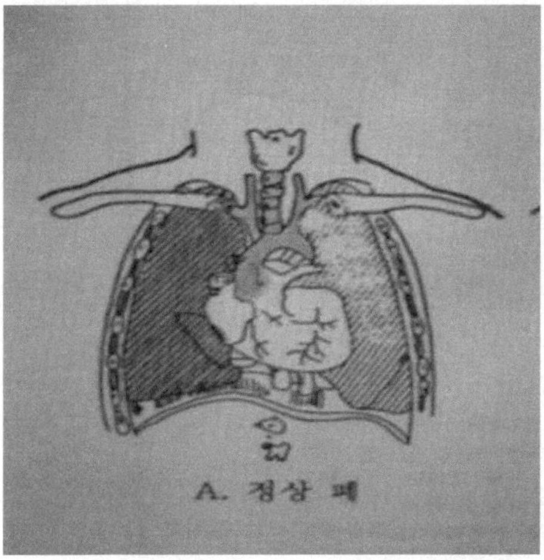

(1) 그러나 기흉이 생기면 다음 [그림 2]와 같이 폐로 들어간 공기가 늑막강내로 들어가면서 폐포가 넓어질 수 있는 공간이 그만큼 축소되고, 결국 충분한 산소공급이 불가능하게 됩니다.

[그림 2] 기흉발생 초기

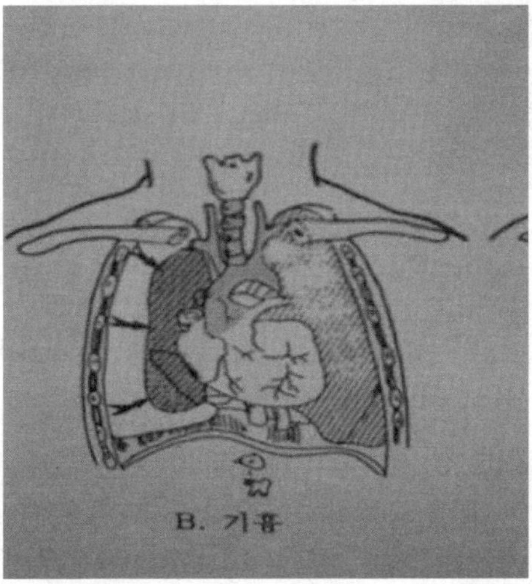

(2) 그러나 이 단계에서 치료하지 않으면, 기흉이 심해지면서 다음 [그림 3]과 같이 종격동(전방을 흉골, 후방을 흉추, 좌우를 흉막으로 경계가 지어지는 영역, 위쪽은 경부에 이어지고 아래쪽은 횡격막으로 이어짐. 즉 심장・상행대동맥・상대정맥・하대정맥・폐동맥・폐정맥, 기관 분기부・기관지, 기관・식도 등이 포함됨) 변위가 일어나게 됩니다. 이는 외부에서 유입된 공기의 압력(양압)이 반대측으로 밀리게 되면서 심장으로 혈액의 환류가 저하되어 심박출량이 감소되므로 매우 치명적입니다.

(3) 기흉은 숨쉴 때마다 늑막강내에 포획되는 공기의 양은 늘어나서 압력이 계속 증가하게 됩니다. 만일, 즉시 치료하지 않으면 늑막강내압과 긴장이 증가하고 침범 받은 쪽 폐는 허탈(풍선이 터져 쪼그라들 듯이 폐가 쪼그라드는 현상)되고, 초기에는 종격동이 침해받지 않습니다. 그러나 이를 계속 방치하면 종격동이 침해받지 않은 쪽으로 변위되면서 다른 쪽 폐를 누르고 큰 혈관은 꼬이게 되며 심장으로 돌아오고 나가는 혈액량이 감소하게 되면서 심장이 정지하게 됩니다.

[그림 3] 종격동 변위까지 발생한 기흉말기

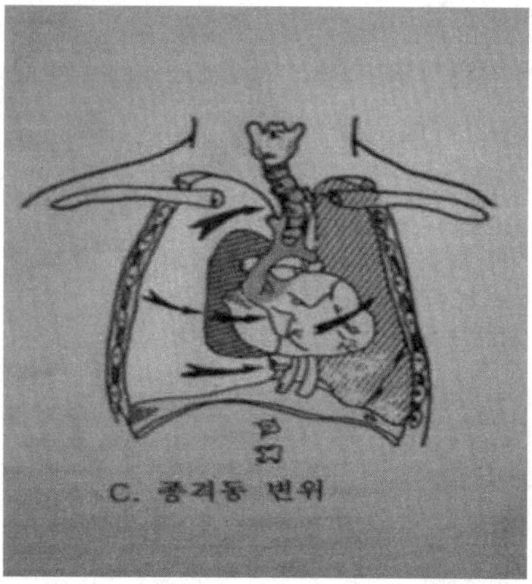

2. 예 후

긴장성 기흉은 심각한 순환 및 폐 손상을 유발하게 되어 신속하게 치료하지 않는 한 생명을 잃게 됩니다. 이 증상은 위 망인처럼 심한 호흡곤란・피하기종・청색증・급성흉부동통・기관의 변위・타진시 고음(북치는 소리 tympany)・높은 공명음・침범부위의 호흡음 감소 또는 소실・맥박과 호흡증가・흉부압박감・흡기시 침범받은 부위의 운동감소 등의 임상증상이 나타납니다.

이어서 종격동 변위까지 되면 청색증·심한 호흡곤란·후두와 기관의 변위 및 PMI (point of maxium impulse, 심첨박동부–심장수축시에 심장에서 박동을 측정할 수 있는 부위)의 위치변화 등의 임상증상이 발생합니다. 아주 심한 종격동 변위 환자에서는 심장으로 돌아오는 피가 적으므로 심박출량이 줄어 혈압을 잴 수조차 없게 됩니다.

3. 진 단

진찰하여 한쪽 흉곽이 증대되고 호흡음이 들리지 않으면 종격동 변위를 의심하게 되는데, X-선 검사를 시행하면 진단할 수 있습니다. 또한 후두와 기관의 변위가 있을 때에는 부드럽게 촉진하면 진단될 수 있습니다.

특히 응급심폐소생술 중에 환기시키기 어려울 경우 긴장성 기흉을 강력히 의심할 수 있습니다.

4. 치 료

긴장성 기흉은 응급으로 치료하여야 합니다. 긴장성 기흉은 흉막내 긴장이 해소되지 않으면 환자는 심박출량 저하 또는 심한 저산소증으로 사망하게 됩니다.

긴장성 기흉의 치료는 늑막강 내에서 공기가 빠져 나가도록 개방성 기흉을 만들어 주면 쉽고 빠르게 치료됩니다. 즉 굵은 바늘로 전흉부의 두 번째 늑간을 뚫으면(천자) 고여 있던 다량의 공기가 배출되면서 폐가 원래 크기로 다시 팽창하게 됩니다. 바늘은 흉관삽입 때까지 유지하게 됩니다.

따라서 흉곽천자를 할 수 있다면 이것이 생명을 구할 수 있는 신속한 치료가 됩니다.

≪원·피고 주요쟁점≫

원 고	피 고
*교통사고 환자로 긴장성 기흉이 예측 가능하였음에도 이를 발견하지 못해 긴장성 기흉에 의한 심정지로 사망함. 1. 긴장성 기흉의 예측 가능성 – 교통사고 환자의 경우 늑골 골절로 긴장성 기흉이 발생할 가능성이 높아짐. 2. 경과관찰을 소홀히 하였음. – 긴장성 기흉은 내과적 응급상황임. – 집중적인 경과관찰을 실시하여 이상소	*입원 당시 긴장성 기흉이 없었기 때문에 심정지 발생 후 긴장성 기흉을 의심하고 처치하는 것은 불가능함. 1. 교통사고로 입원하였을 당시 긴장성 기흉 없었음. 2. 지속적인 경과관찰 시행하였고, 경과관찰상 기흉 소견 없었음.

견시 기흉을 조기 진단 및 처치하여 야 함. -5시간 동안 활력징후 4번 측정 -23:20경 심전도상 심장 위치 변했을 가능성 있다는 소견 있었으나 별다른 처치 없음.	
3. 부적절한 응급처치 -심정지의 원인을 알아보려는 노력 없었음. -심정지 발생 후 흉곽천자 등의 처치 없이 심폐소생술만 실시했음.	3. 심폐정지시 긴장성 기흉을 의심하는 것은 불가능하며 적절한 응급처치를 시행하였음.

≪1심 판결≫

1. 피고의 과실

『망 김○○에게 심폐정지 상황이 발생한 23:50경 이전에 행해진 2차 심전도 검사(23:20경)와 활력증후 측정(23:25경)시 '긴장성 기흉'의 전형적인 임상증상인 "빈맥과 빈호흡, 저혈압 양상과 함께 심장위치 변화가능성"이 있는 것으로 나타났고, 당시 망 김○○은 단순한 늑골골절로 인한 증후라고 보기 어려운 심각한 호흡곤란을 호소하였는 바, 정형외과 전문의로서 응급환자를 주로 진단·치료하는 피고로서는, 망 김○○이 당초 '긴장성 기흉'의 원인이 될 수 있는 늑골골절 등으로 피고 의원에 내원하였고, 피고가 자신의 의원에서 퇴근하기 전에 망 김○○에게 늑골 골절로 인한 기흉의 발생가능성이 있음을 알고 망 김○○과 원고 김○○에게 이를 설명까지 하였기 때문에, 망 김○○에게 심폐정지 상황이 발생하기 전에 위와 같은 '긴장성 기흉'의 전형적인 임상증상이 나타났다는 사정을 알았더라면, 망 김○○에게 '긴장성 기흉'이 발생한 것으로 진단내려 그에게 적절한 응급조치를 함으로써 그 사망의 결과를 막을 수 있었을 것으로 판단된다.

그러나 피고는, ① 야간에 응급환자가 발생할 수 있는 정형외과 의원에 간호조무사(의료인이 아님)에 불과한 김○○만을 남겨둔 채 퇴근하면서도, 입원환자에게 응급상황이 발생할 경우 피고가 곧바로 대처할 수 있도록 김○○으로 하여금 입원환자들의 상태를 유심히 관찰하고 이상 징후가 발견될 경우 즉시 피고에게 이를 보고하도록 철저히 지시·감독할 의무를 소홀히 하여, 망 김○○에게 '긴장성 기흉'의 전형적인 증상이 발현된 23:20경 내지 23:25경 김○○으로부터 이러한 응급상황이 발생한 사실을 적시에 보고받지 못함으로써 그 즉시 피고가 피고 의원으로 출발한다든가 또는 위 김○○ 등으로 하여금 망 김○○을 인근의 다른 병원으로 전원조치하도록 하는 등 적절한 조치를 취할 기회를 놓친 잘못이 있는데다가…
② 뒤늦게 피고 의원에 도착한 후에라도, 김○○이 시행하고 있던 심폐소생술 등이 여의치 않았던 상황이었다면 막연히 이를 이어받아 피고가 직접 이를 시행할 것이 아니라, 먼저 2, 3차 심전도 검사결과, 심폐정지 전 망 김○○의 활력증후 변화 양상 및 그가 심폐정지 전에 호소했던 증상 등을 보고받아 이를 토대로 망 김○○에게 '긴장성 기흉'이 발생한 사실을 알아내어 그에 필요한 흉강천자와 흉곽삽입 등의 응급조치를 취하였어야 함에도, 위와 같은 검사결과나 임상증상을 제대로 파악하지도 않은 채 만연히 일반적인 응급조치만을 취한 잘못이 있다 할 것이고…
이러한 피고의 잘못은 정형외과 전문의에게 일반적으로 요구되는 주의의무를 위반한 것으로 판단되므로, 피고가 망 김○○에게 발생한 '긴장성 기흉'을 적시에 진단하지 못하고, 그에 따라 필요한 응급조치를 취하지 못한 데에 진료상 과실이 있다 할 것이다.』

2. 인과관계

『피고의 과실과 망 김○○의 사망 사이에 상당인과관계가 있는지에 관하여 보면, '긴장성 기흉'은 내과적 초응급 질환이나, 흉강천자와 흉곽삽입 등의 응급처치로 사망의 결과를 막을 수 있는 질병인 사실, 피고는 망 김○○이 동부○○병원으로 전원된 10. 11. 01:06 이후 '긴장성 기흉'으로 밝혀지자 그 즉시 망 김○○에 대하여 흉강천자와 흉곽삽입을 직접 시행한 사실, 위와 같은 피고의 응급처치 후 망 김○○의 심장이 다시 자발적으로 뛰게 된 사실 등은 위 1.항에서 본 바와 같으므로, 피고가 김○○으로부터 제 때에 망 김○○의 임상증상을 보고를 받았더라면, ① 망 김○○을 인근의 종합병원 등에 전원시켜 적절한 처치를 받게 할 수 있었을 뿐더러, ② 그렇지 않더라도 피고가 자신의 의원에 도착할 수 있었던 10. 10. 23:50경 무렵이나(망 김○○에게 심폐정지가 발생한 시간이다), 늦어도 실제로 피고 의원에 도착한 다음날 00:15경 직후에 '긴장성 기흉'을 진단하였더라면, 그 즉시 망 김○○에게 흉강천자술과 흉관삽입술을 시행함으로써 망 김○○의 사망 결과를 막을 수 있었던 것으로 보인다. 따라서 피고의 위와 같은 과실과 망 김○○의 사망 사이에 상당인과관계 또한 인정된다 할 것이다.』

3. 인용금액 : 8천 2백만 원

4. 피고의 책임비율 : 50%

2. 심근효소 수치가 증가함에도 진통제만 투여하다 늦은 대처로 대동맥박리로 사망한 사건[70)]

≪사건 개요≫

• 원고 최○○(여, 48세) / 피고 안양○○병원

※ 사건 경과

(1) 2010. 8. 23. 02:40경 허리 통증, 좌측 하지 통증으로 안양○○병원에 입원조치
08:10경 허리 MRI 촬영

(2) 2010. 8. 24.경 금일 실시한 검사 결과 정상으로 설명(간호기록지)

(3) 2010. 8. 25. 08:05경 명치부분 불편감 호소
09:48경 심전도 및 흉부 방사선 확인
11:15경 CPK 비정상 수치 의사에게 알림.
21:37경 응급센터로 이송(약국 앞에서 쓰러짐) 후 심폐소생술
23:59경 사망(사인 : 미상, 부검결과 : 대동맥 파열)

시 간(2010)		증 상	검사 및 처치	비 고
8. 23.	00:59	허리통증, 좌측 하지 허약감 150/100	응급실 내원 심전도 : T wave inversion	
	02:40	통증	입원 조치(신경외과) 의증 : 요추 염좌, 의증 추간판 탈출증	
	08:10		허리 MRI : 요추4~5번 annular 부위 찢어져 있음. 압박 소견 없음(특이 소견 없음).	
8. 25.	08:05	명치부위(배꼽) 불편감(더부룩함) 호소 150/100		
	08:25		심전도 : 좌측 심실 비대, 비정상	
	09:48		흉부 방사선검사 결과 확인	검사 결과 없음.

70) 수원지방법원 안산지원 2011. 11. 17. 선고 2010가합8003 판결.

	10:49	CK-MB : 3.06(정상) Tro I : 0.530(정상)		
	11:12	CPK : 746		
	11:15		CPK 비정상 수치 의사에게 알림.	
	21:37		응급센터로 이송(약국 앞에서 쓰러짐) 후 심폐소생술	
8. 25.	22:46	CPK : 612		
	23:27	CK-MB : 2.21(정상) Tro I : 0.686(정상) myglobin : 120.23		
	23:37	Hb : 10.2, Hct : 31.9		(대동맥파열? 헤모글로빈 유지?)
	23:59	사망함(사인 : 미상, 부검결과 : 대동맥 파열).		

≪소장에서 주장하는 피고의 과실≫

2010. 8. 25. 08:05경 망인은 명치끝 부위의 더부룩한 불편감 및 통증 등을 호소하였으며, 심전도 검사 결과상에서도 비정상적인 결과가 확인되었습니다. 이와 함께 망인의 심장 효소 검사인 CPK 역시 정상수치보다 4배 이상 상승된 상태였으며, 피고병원 의료진 역시 위와 같은 망인의 비정상적인 검사 결과 및 이상증상에 대해서 이상하게 생각하였습니다. 그러나 피고병원 의료진은 망인의 정확한 상태를 확인하기 위한 추가적 진단적 검사 및 상태 변화를 확인하기 위한 검사도 시행하지 않은 채 망인을 방치한 과실이 있습니다. 결국 망인은 피고병원의 진단적 검사 미실시 과실로 인하여 진단 및 처치도 시행받지 못한 채 사망하였습니다. 또한 피고병원 의료진은 망인 및 원고들에게 망인의 비정상적 검사 결과 등에 대해서 전혀 설명도 하지 않았으며, 심근효수 수치 및 심전도의 비정상 결과 등을 바탕으로 의심되는 상황 및 절대안정 등의 필요성 등에 대해서도 단 한마디도 설명하지 않아, 망인은 원고들도 없이 혼자 피고병원 약국 앞에서 통화하다가 심정지가 발생되어 쓰러져 사망하게 된 것입니다.

≪관련의학지식을 통한 입증≫

1. 진단적 검사 미실시

(1) 망인의 사망원인

망인의 사망원인은 대동맥박리 파열로 인한 혈심낭과 심장눌림증이었습니다.

피고병원은 망인이 피고병원에 내원할 당시부터 사망에 이르기까지 망인에게 척추 및 디스크 질환이 없음이 확인되었음에도 허리통증 및 좌측하지 저린감을 심하게 표현하였고, 심전도 검사상 T파 전위의 이상소견과 심근효소검사인 CPK 검사결과 정상수치보다 4배 이상 상승된 이상소견이 있었습니다.

따라서 피고병원은 망인이 피고병원에 내원할 당시부터 사망에 이르기까지 망인이 표현하는 증상이나 심전도, 활력징후, 혈액검사 등에서 망인에게 대동맥박리가 발생 가능함을 충분히 확인할 수 있었으나, 이에 대해 진단적 검사 및 처치를 전혀 시행하지 않았습니다.

▶ 사실조회 회신문

〔문〕 대동맥박리증의 경우, 발생 가능한 증상에는 무엇이 있는지요.

〔답〕 …박리 당시에 발생하는 흉통이 가장 일반적이고, 박리된 혈관에 의해 뇌로 가는 혈관이 막히면 하반신 통증이 동반되는 등 매우 다양하다(사실조회 회신문 라항 참조).

▶ 사실조회 회신문

〔문〕 심전도상 T-wave inversion을 동반한 좌심실 비대, 명치부위 불쾌감, CPK 증가 소견이 보일 경우에 일반적으로 어떻게 설명이 되는지요.

〔답〕 급성 심근경색증의 경우에도 질문에 언급한 소견을 다 보일 수 있으며, 만일 평소에 고혈압으로 좌심실 비대 소견을 갖고 있던 환자에서 일어난 대동맥 박리증이라면, 대동맥박리증의 박리된 부위가 내장으로 가는 혈관을 막고 장의 손상을 일으켜 명치부위의 통증과 CPK 증가소견을 보일 수 있으므로, 역시 질문에 언급한 소견을 다 설명할 수 있다(사실조회 회신문 마항 참조).

위에서와 같이 망인에게 발생한 대동맥박리증은 대동맥벽 내막이 찢어지면서 대동맥 안에 있던 혈액이 찢어진 부분을 통하여 대동맥벽으로 들어가면서 대동맥의 장축을 따라 혈관벽을 박리시킵니다. 즉, 대동맥박리가 전체적으로 발생할 경우 이로 인해 사망에 이르게 될 확률이 급격하게 증가하기 때문에 조기진단이 매우 중요하다고 볼 수 있습니다.

(2) 피고병원의 과실

피고병원은 망인이 피고병원에 내원하였을 당시, 망인의 주호소는 요통과 좌측하지 저린감 증상이었으므로 이에 요추 MRI 검사를 시행하여 이상이 없었음을 확인하였기 때문에 더 이상의 추가 검사는 불필요했다고 주장합니다.

그러나 망인은 피고병원에서 요추 MRI 결과를 확인한 후에도 계속되는 허리통증, 좌측하지 허약감, 명치부위 불편감 및 통증을 호소하는 등 검사결과와 상이한 이상증상을 호소하였고, 나아가 명치부위의 불편감 및 심전도 검사상 T파 전위의 이상소견, 심근효소검사인 CPK의 비정상 상승소견 등이 나타났습니다.

그렇다면 피고병원은 망인의 위와 같은 이상증상 호소에 대하여 정밀한 감별진단을 위해 추가적인 검사를 실시하여 망인에게 빠른 진단 및 응급수술 등의 처치를 시행하였어야만 합니다.

▶ 원고측 진료기록감정 회신문

〔문〕 2010. 8. 23. 시행한 MRI 검사와 관련하여 당시 시행한 MRI 검사는 어떠하였는지요.

〔답〕 MRI 검사결과는 요추의 추간판이 퇴행성 변화가 와 있고 부어있는 소견은 있으나 추간판 탈출증이나 척추관 협착증 소견은 보이지 않는다(원고측 진료기록감정 회신문 1)-가)항 참조).

▶ 원고측 진료기록감정 회신문

〔문〕 2010. 8. 23.경 시행한 심전도 검사 결과는

〔답〕 동서맥과 비특이적 ST-T파의 변화(원고측 진료기록감정 회신문 2)-가)항 참조).

▶ 사실조회 회신문

〔문〕 CPK 검사가 의미하는 바는 무엇이며 정상범위는?

〔답〕 …에너지 소모가 많은 조직인 골격근이나 평활근, 뇌 등에 주로 분포하여 이외에도 다양한 조직에 소량으로 존재한다. 따라서 혈액속의 CPK 또는 CK가 증가되면 앞서 언급한 장기의 세포들이 손상되어 세포내 효소가 혈액내로 흘러나온 것을 의미한다. 정상범위는 남자가 24-204U/L, 여자가 24-173U/L이다(사실조회 회신문 나-1항 참조).

2010. 8. 23.경 망인은 극심한 허리통증 및 좌측 하지 통증을 호소하여 이에 피고병원은 망인에게 MRI검사를 실시하였고, 검사결과 망인의 요추부에는 극심한 통증을 유발시킬 만한 소견이 없었습니다.

그러나 망인의 통증호소는 지속되었고, 2010. 8. 23.경 망인의 혈압은 150/100mmHg, 같은 달 25. 08:05경 혈압 또한 150/100mmHg으로 높게 측정되고, 심전도검사상에서도 동서맥과 비특이적 ST-T파의 변화가 보이고, 혈액검사 중 심근효소검사인 CPK

검사결과 또한 746U/L으로 높게 측정되는 등 이상 소견들 또한 나타났습니다.

▶ 사실조회 회신문

〔문〕 혈압이 150/100mmHg, 심전도 결과상 좌심실 비대, T wave inversion이 보일 때 의심되는 질환과 감별하기 위해 시행되는 검사는 무엇인지요?

〔답〕 …T wave inversion이 좌심실비대가 아닌 허혈성 심질환 등에서도 나타날 수 있고, 고혈압은 허혈성 심질환의 위험인자 가운데 하나이므로 감별진단이 필요하다. 감별진단하는 방법으로는 우선 심초음파 검사를 시행하여 심장벽의 두께나 심실의 크기 등을 측정하여, 심전도상 나타난 좌심실비대 소견이 위양성 소견이 아닌가를 확인하고, 허혈성 심질환 때 보이는 심초음파 검사소견, 즉 심장벽이 운동이 떨어져 있지 않은지를 봐야 한다. 그리고 심장에 대한 운동부하검사나 약물부하검사를 시행하여 허혈성 심질환 유무를 판단할수도 있다(사실조회 회신문 가항 참조).

▶ 사실조회 회신문

〔문〕 혈압이 150/100mmHg, 심전도상 T-wave inversion을 동반한 좌심실비대, 명치부위 불쾌감, CPK 증가 소견이 보일 경우, 위와 같은 이상 증상 및 검사결과는 무엇을 의미하는지요.

〔답〕 CPK의 상승이 다른 이유가 없다면, 근육의 손상을 동반한 질환 가능성이 있음을 시사한다. 더구나 고혈압 환자가 명치부위의 통증이 있고, 심전도의 T파 전위가 있으므로 급성 심근경색의 가능성이 있다고 할 수 있다(사실조회 회신문 다-1항 참조).

〔문〕 증상의 원인감별을 위하여 어떠한 진단적 검사가 시행되어야 하는지요.

〔답〕 우선 심전도가 변화하는가를 보기 위하여 주기적으로 심전도를 찍고, CPK가 지속적으로 상승하는지 추적검사, CPK-MB검사, 심초음파 검사 등을 시행하여야 한다(사실조회 회신문 다-2항 참조).

〔문〕 감별진단 및 조기진단이 시행되어야 하는 이유는 무엇인지요.

〔답〕 급성 심근경색증이나 장손상 등은 신속한 치료가 필요하다(사실조회 회신문 다-3항 참조).

그렇다면 피고병원은 위에서 보는 바와 같이, 망인의 이상증상 및 비정상적인 검사결과 등을 바탕으로 망인의 상태에 대한 진료방법선택에 앞서 확진을 위한 모든 사정을 고려하여 최선의 주의를 기울여, 그에 따라 요구되는 모든 검사 및 절차를 이행했어야 합니다.

▶ 원고측 진료기록감정 회신문

〔문〕 고혈압과 심전도 및 CPK 상승 등에 대해 추가 검사가 시행되었는지요.

〔답〕 추가검사는 시행된 바 없고, 검사를 못할 특별한 이유는 발견할 수 없음(원고측

진료기록감정 회신문 11)항 참조}.

▶ 피고측 진료기록감정 회신문

〔문〕 2010. 8. 23. 검사 및 시행한 처치 내용은 무엇이며 증상이나 검사결과에 비추어 추가적인 검사가 필요하였는지요.

〔답〕 …환자의 심한 통증이 CT나 MRI 결과로 설명될 수 있다면 추가적인 검사가 필요하지 않으나, 그렇지 않다면 원인을 밝히려는 노력이 응당 필요하리라 생각됨{피고측 진료기록감정 회신문 5)항 참조}.

그러나 피고병원은 위에서 보는 바와 같이 어떠한 추가검사도 실시하지 않았는 바, 피고병원은 현재 현대임상수준 하에 요구되는 의료행위를 다 하지 않은 과실이 있다 할 것입니다.

첫째, 망인은 150/100mmHg으로 측정되는 높은 혈압, 심전도 상 좌심실 비대 및 T wave inversion 소견이 있었으므로 심장질환의 감별진단이 필요한 상태였습니다. 이에 대한 감별진단 방법으로는 우선 심전도의 변화를 확인하기 위한 주기적인 심전도 검사 및 심초음파, 운동부하검사, 약물부하검사 등을 통한 심장질환의 추적검사 등이 있습니다.

그러나 피고병원은 2010. 8. 25. 08:05경 망인이 명치부위의 불편감 및 통증을 호소하자, 단한번 심전도 검사 및 혈액검사를 실시 한 후, 이상 검사결과가 확인됐음에도 그 어떠한 추가적인 확진 및 경과관찰을 위한 노력은 없었습니다.

▶ 진료기록감정 회신문

〔문〕 망인에게 시행한 심근효소 검사 결과

〔답〕 CPK가 증가되었음{피고측 진료기록감정 회신문 8)-가)-1)항 참조}.

〔문〕 위와 같은 결과로 대동맥박리 진단을 의심 가능한지요

〔답〕 통증을 호소하고, 다른 이유가 없이 CPK가 증가하였다면 가능성이 있음{피고측 진료기록감정 회신문 8)-가)-2)항 참조}.

〔문〕 CPK 수치 상승이 발생하는 경우

〔답〕 …acute dissection of aorta(급성 대동맥 박리){피고측 진료기록감정 회신문 8)-나)항 참조}.

둘째, 2010. 8. 25.경 망인은 명치부위의 불편감 및 통증을 심장효소검사인 CPK 역시 정상수치보다 4배 이상 상승된 746U/L으로 측정되었습니다. CPK의 증가 소견은 에너지 소모가 많은 조직 및 장기의 세포들이 손상되어 세포내 효소가 혈액내로 흘러

나온 것을 의미하므로 피고병원은 망인에게 심장효소검사의 이상소견의 원인을 파악하기 위해 좀 더 정밀한 검사 및 주기적인 CPK 수치 확인 등을 시행하였어야 합니다.

그러나 피고병원은 망인이 명치부위의 불편감 및 통증을 호소하여 같은 날 11:12경 단한번의 혈액검사를 실시 한 이후 망인이 쓰러지기 직전까지 어떠한 추가검사 및 경과관찰을 위한 노력은 없었습니다.

결과적으로 망인은 최대한 빠른 시간안에 빠른 조치를 취하여야 함에도 대동맥박리 증상으로 인한 심각한 이상증상들이 나타나고 있었음에도 피고병원의 적절한 처치를 받지 못하여 사망에 이르게 된 것이라 할 것입니다.

2. 망인의 상태에 대한 경과관찰 해태

망인이 2010. 8. 23.경 피고병원 내원시 허리 통증, 좌측 하지 허약감을 심하게 호소하였고, 같은 달 25.경에는 명치부위의 불편감 및 통증까지 호소하였으나 피고병원은 망인에게 적절한 경과관찰을 시행하지 않은 채 망인을 방치하였습니다.

망인에게 시행되어진 부검의 결과, 망인의 대동맥 전체(오름대동맥, 대동맥활, 내림대동맥, 가슴대동맥, 배대동맥)및 분지동맥(왼온목동맥, 왼빗장밑동맥, 왼온엉덩동맥)에 걸쳐 광범위하게 형성된 대동맥박리 및 동맥경화, 대동맥 기시부위 근처에서 박리된 혈관벽의 찢김과 파열로 인한 심낭막안으로의 출혈과 심장눌림증 소견이 나타났습니다.

피고병원은 망인의 이렇듯 광범위한 범위에 동맥의 박리가 일어남으로 인해 사망하기 전에 망인이 호소하는 증상이나 이상소견의 검사결과 등을 바탕으로 망인의 이상증상의 원인을 찾기 위해 적절한 처치를 시행하였어야 하고, 망인의 대동맥박리증상을 조기에 발견하기 위해 집중감시가 시행되었어야 합니다.

▶ 피고측 진료기록감정 회신문

〔문〕 대동맥 박리를 진단을 하였다면, 완치가 가능하여 사망에 이르지 않았을 것으로 보는지요.

〔답〕 수술을 하더라도 완치는 불가능하겠지만, 생존 가능성은 높일 수 있었다고 생각됨{피고측 진료기록감정 회신문 10)항 참조}.

위에서 보는 바와 같이 만약 피고병원에서 망인에게 적절한 검사 및 처치를 시행하여 망인의 대동맥박리 증상을 조기에 발견, 치료를 시행하였다면 망인은 사망에까지 이르지는 않았을 것입니다.

▶ 사실조회 회신문

〔문〕 혈압이 150/100mmHg, 심전도상 T wave inversion을 동반한 좌심실 비대, 명치부위의 불쾌감, CPK 증가 소견이 보일 경우, 위 환자에서 어떠한 경과관찰 및 처치가 필요한지요.

〔답〕 침상안정, 산소공급, 통증조절 등을 시행하고 진단적 검사를 수행한다(사실조회 회신문 다-4항 참조).

위에서 보는 바와 같이 망인에게 침상안정이 필수적이었고, 산소공급 및 통증조절을 위한 경과관찰 및 진단검사를 시행하였어야 합니다.

그러나 피고병원은 어떠한 처치도 시행하지 않은 채 망인에게 침상안정 지도는 커녕 망인을 방치하여 2008. 8. 25. 21:37경 피고병원의 약국 앞에서 망인이 쓰러진 채 발견되게 하는 등 망인의 상태를 주의 깊게 관찰하지 아니하였습니다.

≪원·피고 주요쟁점≫

쟁 점	원 고	피 고
1. 진단적 검사 미실시 과실	CPK가 4배 이상 상승하였음에도, 진단을 위한 검사 미실시	– CK-MB, troponin T의 수치가 정상범위로서, 심장질환 의심할만한 상황 아니었음 (심전도 : 정상, 흉부방사선 : 심비대 및 좌측하단의 늑막삼출 소견만 보였음). – 명치부위 불편감은 위장질환을 먼저 의심하고, 수시간 경과 관찰하는 중이었음.
2. 설명의 무위반	CPK의 비정상적 검사 결과 및 이를 바탕으로 한 의심질환, 절대안정 등의 필요성에 대해서 설명하지 않음.	

≪1심 판결≫

1. 피고의 과실

『피고병원 의료진으로서는 요추부 CT나 MRI 결과로 설명되지 아니하는 망인의 통증 원인을 밝히려는 노력을 추가적으로 하였어야 하고, 특히 명치부위와 그 아랫부위의 통증, 혈압상승, 흉부 방사선상 심비대 및 좌측 늑막 삼출, 높은 CPK 수치 등을 종합적으로 고려하여 침상안정 등을 시행하고, 급사위험이 높은 심장질환 등을 판별하기 위하여 망인에 대하여 추가검사와 지속적인 추적, 관찰을 함으로써 망인의 증상

이 어느 질환에 의하여 발생한 것인지를 조기 진단하여 망인에게 적절한 치료를 하였어야 함에도,
① 2010. 8. 25. 11:15경 망인에게 위장약인 가스터 주사를 투여하고 같은 날 15:40경 활력징후를 측정한 것 이외에 망인에 대한 별다른 조치나 진찰 없이 망인을 방치하고,
② 고혈압, 심비대, 늑막삼출, CPK상승 등에 대하여 어떠한 추가검사도 시행하지 아니한 과실이 있다 할 것이고, 아울러 위와 같은 비정상적인 검사결과와 의심되는 질환, 추가적인 진단검사의 필요성 및 이를 위한 절대적인 침상안정 등에 대하여 망인에게 사전에 설명하였어야 함에도 이를 전혀 설명하지 아니한 과실 또한 있다 할 것이며, 이 사건 사고는 의사 이○○을 비롯한 피고병원 소속 의료진의 위와 같은 과실로 말미암아 망인이 조기진단 및 응급치료의 기회를 상실함으로써 발생하게 되었다 할 것이므로, 피고 병원은 의사 이○○을 비롯한 의료진들의 사용자로서 이 사건 사고로 인해 망인 및 원고들이 입은 손해를 배상할 책임이 있다.』

2. 인과관계

인과관계에 대하여 판단하지 않음.
당연히 의료진의 과실로 인하여 사망한 것을 전제로 판결함.

3. 인용금액 : 7천 700백만 원

3. 피고의 책임비율 : 30%

『망인은 피고 병원에 내원할 당시 대동맥박리의 일반적인 증상이라 할 가슴부위의 극심한 통증을 호소하지 않았던 점, 망인은 48세 여성으로 고혈압 등의 기왕력은 없었던 것으로 보이고, 근육주사나 가스터 주사 등에 일부 증상이 호전되는 양상을 보여 대동맥박리를 의심하는 것이 쉽지 않았을 것으로 보이는 점, 대동맥박리의 경우 일반적으로 적절히 치료되지 않으면 증상이 나타나지 않으면 첫 24시간 내에 20% 이상이 사망하고, 일주일 내에 40% 이상이 사망하며, 한달내에 50% 이상이 사망하는 등 그 치사율이 매우 높은 위험한 질병인 점 등을 인정할 수 있는 바, 손해의 공평부담의 원칙상 위와 같은 제반 사정을 참작하여 이 사건 사고로 인한 피고 병원의 손해배상책임을 전체의 30%로 제한하기로 한다.』

≪2심 판결≫

원・피고 항소 모두 기각되어, 1심의 판결이 그대로 유지됨.[71)]

71) 서울고등법원 2012나640 판결.

3. 외상성 경막하출혈이 있는 환자에 대하여 뇌출혈에 대한 늦은 검진으로 사망한 사건72)

≪사건 개요≫

• 원고 송○○(남, 52세) / 피고 ○○대학병원

※ 사건 경과
외상성 경막하출혈 → 두개절제술 및 감압술 → 경막하출혈 → 개두술 및 혈종제거술 → 의식 혼수상태

날짜 (2011)	시간	증상 및 상태	검사 및 처치	비고
10. 1.	22:09	빌라 203호 계단서 굴러 떨어짐. 누군가 신고로 112 출동 현장 확인		쿵쿵거리는 소리를 들음.
	22:38	119 신고 접수	피고병원으로 응급후송	
	23:09	119 응급실 도착, 머리 부딪히는 사고로 의식상태 기면, 동공반응 : 움직임 느림, 혈압 130/90mmHg, 맥박 78회/분, 체온 36.5도	응급실 내원 검진 : 아래쪽 입술부위 2㎝ 가량 열상, 두개내 열린 상처 부위 없음.	기록지상 내원 당시 알콜 섭취 상태로 불안정한 모습으로 기재됨.
	23:37	혈당 301mg/dl	정맥주사 시작(포도당 수액 제거하고 생리식염수 수액으로 교체함)	
10. 2.	02:09	혈압 120/80mmHg 의식상태 기면	수액 투여중임.	
	03:30	혈압 120/80mmHg 의식상태 기면 협조되지 않는 모습	수액 투여중임.	
	05:20	의식상태 반혼수 좌측 동공 산대 및 반응 없음(7㎜)	응급의학과 의사에게 보고	

72) 인천지방법원 2015. 11. 3. 선고 2012가합6864 판결.

	05:33		뇌 CT 검사 : 좌측 뇌반구부위 큰 경막하출혈, 우측 전두정골 정수리부위 경막외출혈, 좌측 전두엽 및 측두엽 부위 외상성 출혈, 양측 뇌반구부위 지주막하 출혈소견	
	05:42	혈압 119/69mmHg, 산소포화도 90%	산소모니터링 적용	
	05:45		앰브배깅 시행	
	05:46		기관내삽관 시도중임.	
	05:47		↓ESR 29mm/hr↑(정상범위 : 1~10m/hr), K 3.3mEq/L↓(정상범위 : 3.5~5.5mEq/L), PT 23.4sec↑(정상범위 : 11.0~15.0sec), INR 2.08 INR↑(정상범위 : 0.85~1.30INR), aPTT 47.8sec↑(정상범위 : 29.0~44.0sec), Hb 12.1g/dl↓(정상범위 : 13.1~17.5g/dl) CK 383IU/L↑(정상범위 : 56~244IU/L), LDH 444IU/L↑(정상범위 106~211IU/L)	
	05:51	구강내 삼출액 혈액성분 다량 양상		
	05:54	혈압 168/112mmHg		
	06:01		기관내삽관 시행함.	
	06:02		인공호흡기 적용	
	06:05	혈압 162/102mmHg, 맥박 112회/분	수액으로 혈압강하제 투여	Labesin
	06:07	혈압 172/120mmHg, 맥박 110회/분		
	06:08	혈압 123/79mmHg, 맥박 108회/분	수액으로 혈압강하제 투여	Perdipine
	06:12		수액으로 지혈제 투여	tranexamic acid
	06:24	혈압 88/64mmHg, 맥박 97회/분		

	06:29		흉부 방사선검사 : 기관내 삽관 상태, 중등도 심비대	
	06:30	혈압 97/69mmHg, 맥박 110회/분		
	06:40	혈압 97/69mmHg, 맥박 101회/분	수술방으로 이송조치	앰브배깅
	06:46 ~ 10:00	급성 외상성 경막하출혈	좌측 두개절제술 및 감압술 시행 : 경막하출혈 제거 후 뇌부종 진행소견	전신마취, 배액관 1개 적용
	10:16		중환자실 입실조치	
	13:05	수축기 혈압 170~180 mmHg, 맥박 100~105회/분, 산소포화도 91~92%, 의식상태 혼미	진정제 투여하여 진정상태 유도함.	vascam
	19:00	체온 38도	해열제 투여	타이레놀
10. 4.	09:00		뇌 CT검사 : 좌측 두개골절술 상태, 좌측 전두엽 및 측두엽 부위 외상성 출혈 증가된 상태	
10. 5.		소변량 감소상태	흉부 방사선검사 : 심비대, 양측 흉수 및 폐울혈 소견	
10. 7.		의식상태 혼미	진정제 투여 중지함.	
10. 12.			흉부 방사선검사 : 양측 폐 음영소견 보임.	
10. 13.		수술부위 새는 양상	봉합술 재시행	
10. 18.			뇌 CT검사 : 술후 상태, 좌측전두엽 및 측두엽부위 외상성 출혈소견 감소, 양측 뇌반구 지주막하 출혈소견 감소 상태	
10. 19.			기관내 발관 시행	
10. 20.		의식 회복되지 않고, 흉부 방사선 검사상 폐 악화소견		
10. 21.	15:00	좌측 동공 8mm로 산대, 머리 수술부위 출혈소견으로 새는 양상, 수축기 혈압 140~150mmHg		
	16:17		뇌 CT검사 : 경막하출혈	

	16:54		기관내삽관 시행	
	17:17 ~ 22:20		전신마취 하, 개두술을 통한 혈종제거술 시행	
10. 25.			뇌 CT(조영제)검사 : 좌측 전두엽 및 두정엽 부위 두개내압 상승 및 좌측 뇌부종 악화소견	
10. 29.	09:00	혈압 107/66mmHg, 맥박 52회/분, 체온 36도, 의식상태 반혼수		
11. 3.			기관절개술 시행	
11. 4.		기관절개술 부위 출혈소견	이비인후과 협진 의뢰	
11. 5.			기관절개술 부위 지혈술	
11. 8.		의식상태 혼미		
11. 13.		기관절개술 부위 출혈	지혈술 시행	
11. 17.			뇌부종 악화소견 다소 있으나, 좌측 전두엽 및 두정엽 부위 두개내압 상승호전 소견, 우측 경막하 출혈 감소 및 뇌실 증가된 소견 기관내발관 시행	
11. 23.		의식 혼수상태	전원조치	

*2011. 11. 23.경 소외 ○○병원으로 전원 조치되어 보존적 치료 시행중임.

≪소장에서 주장하는 피고의 과실≫

1. 진단지연 과실

원고는 2011. 10. 1. 23:09경 머리를 부딪치는 사고로 의식이 저하된 상태로 119 구급차에 실려 피고병원 응급실에 내원하였습니다. 내원당시 원고는 동공반응 움직임이 느리고, 의식이 기면 상태로 저하되어 있었습니다. 그렇다면 피고병원은 원고에게 외상성 뇌손상을 의심하여 즉각적으로 뇌 CT 및 MRI 검사 등을 시행하여 뇌출혈 등을 확인해야 할 주의의무가 있습니다.

그러나 피고병원은 응급실에서 의식이 회복하지 못하는 원고를 방치한 채 수액 투여처치만 시행하였습니다. 이에 다음날인 같은 달 05:20경 피고병원은 원고의 의식이 더욱 저하되어 반혼수 상태로 악화되었고 좌측 동공이 7㎜까지 산대되면서 동공반사 반응까지 없는 상황이 돼서야 같은 날 05:33경 원고에게 뇌 CT검사를 시행하였습니다. 원고는 뇌 CT검사결과상 좌측 뇌반구 부위 큰 경막하출혈, 우측 전두정골 정수리 부위 경막외출혈, 좌측 전두엽 및 측두엽 부위 외상성 출혈, 양측 뇌반구 부위 지주막하 출혈 등이 확인되었습니다.

피고병원은 응급실 내원당시 외상성 뇌손상 상태로 의식이 저하되어 있던 원고에게 즉각적으로 우선순위 질환 감별진단을 위한 진단적 검사를 시행하지 않았습니다. 피고병원은 응급실에 내원한지 약 6시간 30분이 지나고 원고의 의식이 반혼수 상태로 저하되고 나서야 원고에게 뇌 CT검사를 시행하였습니다. 따라서 피고병원은 이미 경막하 및 경막외, 지주막하 등 뇌 전반적인 부위의 출혈로 악화된 상태에서야 원고에게 외상성 뇌출혈을 진단한 과실이 있습니다.

2. 응급수술지연 과실

2011. 10. 1. 23:09경 피고병원은 머리를 부딪치는 사고로 응급실에 내원한 원고에게 즉각적으로 진단적 검사인 뇌 CT 및 MRI 검사 등을 시행하여 원고의 뇌손상 부위를 확인하고 뇌손상 부위 악화 및 확대 방지를 위하여 조속히 응급 뇌수술을 시행해야 할 주의의무가 있음에도 불구하고 이를 시행하지 않았습니다.

같은 달 2. 05:53경 피고병원은 원고에게 뇌 CT검사를 시행하여 원고의 뇌 전반적인 부위(경막하, 경막외, 지주막하 부위)의 외상성 뇌출혈소견을 확인하였습니다. 더욱이 피고병원은 응급실에 내원한지 약 6시간 30분이 지난 후에야 원고에게 외상으로 악화된 뇌출혈소견을 확인하였는 바, 그렇다면 신속히 응급수술을 시행하여 출혈을 제거하여 뇌허혈 및 뇌손상을 최소화해야 할 주의의무가 있습니다. 그러나 피고병원은 원고에게 뇌출혈을 진단하고 나서도 즉각적으로 응급수술을 시행하지 않은 채 약 1시간이 지나서인 같은 날 06:46경이 돼서야 두개절제술 및 감압술을 시행하였습니다.

따라서 피고병원은 원고의 악화된 뇌출혈 상태를 조속히 확인하여 응급수술을 시행하지 않았고, 전반적인 뇌부위 외상성 출혈소견을 확인하고 나서도 즉각적으로 응급수술을 시행하지 않아 원고의 뇌손상을 악화시킨 과실이 있습니다.

3. 술기상 과실

2011. 10. 2. 06:46경부터 같은 날 10:00경까지 피고병원은 원고의 급성 외상성 뇌

출혈 상태에 관하여 원고에게 좌측 두개절제술 및 감압술(이하, '1차 수술'이라 칭함)을 시행하였습니다.

원고는 1차 수술 후 중환자실로 입실 조치되었는 바, 수축기 혈압이 170~180mmHg(정상범위 : 120mmHg)로 매우 높게 측정되고, 맥박이 100~105회/분(정상범위 : 60~80회/분)으로 빈맥상태로 나타나고, 산소포화도는 91~92%(정상범위 : 98~100%)로 낮게 측정되고, 의식이 혼미한 상태로 회복하지 못하였습니다. 원고는 이건 1차 수술 후 의식이 지속적으로 혼미한 상태였고(수술직후 투여한 진정제를 중지한 후에도 원고는 의식을 회복하지 못하였습니다), 같은 달 5.경에는 소변량도 감소하면서 흉부 방사선검사를 시행한 결과 심비대 소견과 더불어 양측 흉수 및 폐울혈 소견으로 상태가 지속적으로 악화되었습니다.

이에 원고는 1차 수술 후 수술부위 출혈소견이 발현되어 같은 달 13.경 재봉합술을 시행 받았습니다. 즉, 피고병원은 원고에게 1차 수술을 시행함에 있어서 봉합을 제대로 시행하지 않아 원고의 수술부위가 제대로 아물지 않고 출혈되어 재봉합술을 시행받도록 한 과실이 있습니다.

같은 달 18.경 원고는 1차 수술부위 재봉합술을 시행 받은 이후에도 의식이 회복되지 않고 흉부 방사선 검사결과상 악화된 폐부위 소견이 발견되는 등 지속적으로 상태가 악화되었습니다. 결국 같은 달 21. 15:00경 원고는 수축기 혈압이 140~150mmHg로 높게 측정되고, 좌측 동공이 8mm까지 산대되고 1차 수술부위에 재출혈 소견이 확인되었는 바, 이에 같은 날 17:17경 피고병원은 원고에게 전신마취 하, 개두술을 통한 혈종제거술(2차 수술)을 시행하였습니다.

원고는 피고병원으로부터 1차 수술, 재봉합술 2차 수술인 혈종제거술 등을 시행 받았음에도 불구하고 의식이 회복되지 않은 상태로 같은 해 11. 23.경 소외 ○○병원으로 전원 조치되었습니다. 원고는 현재 중환자실에서 보존적인 치료를 시행 받고 있으나 이미 손상된 뇌부위는 회복하지 못하고 있는 상태입니다.

따라서 피고병원은 원고의 뇌출혈 부위에 관한 수술을 시행함에 있어서 출혈을 완전히 제거하고 수술부위를 제대로 봉합하여 재출혈되지 않도록 해야 할 주의의무가 있음에도 이를 소홀히 한 과실이 있습니다.

≪관련 의학지식을 통한 입증≫

[뇌탈출 사진]

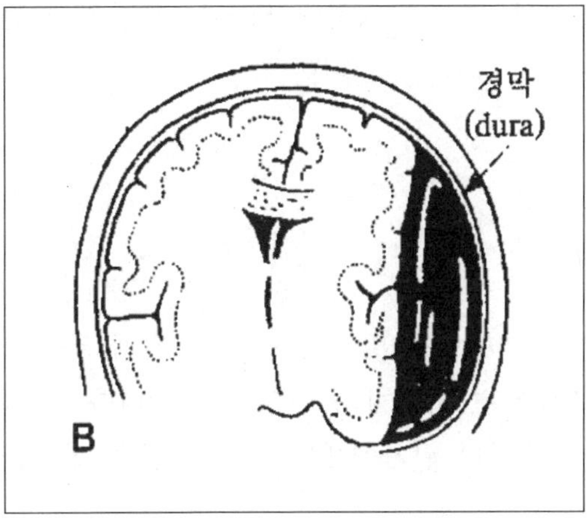

<경막하 혈종 사진>

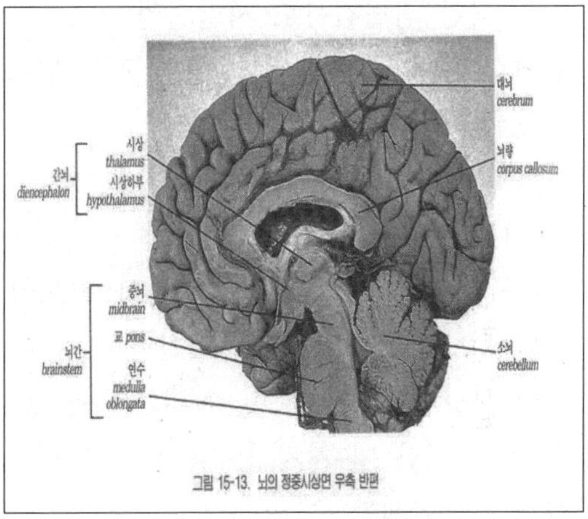

<뇌교 사진>

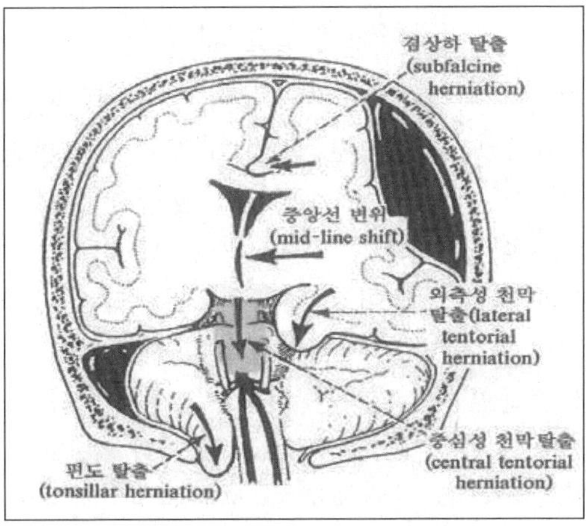

<뇌탈출 사진>

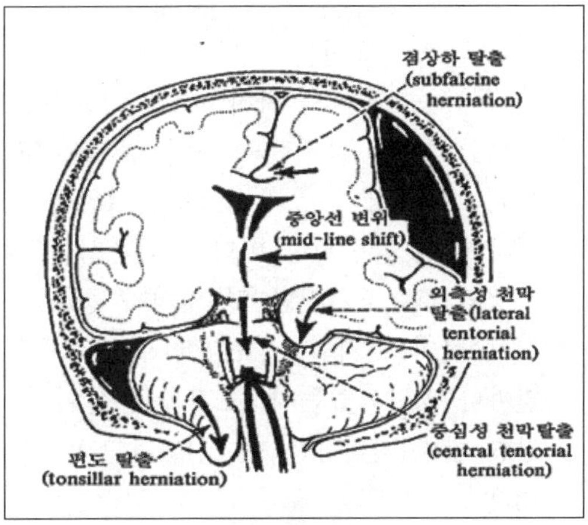

<뇌탈출 사진>

1. 피고의 구체적 과실

가. 결과예견의무 위반

두부외상 후 뇌출혈이 발생할 수 있으며, 뇌출혈은 영구적 손상이 발생하기 전 조기 진단을 하고 치료를 하는 것이 환자의 예후에 큰 영향을 미친다는 것은 의학계 공지의 사실입니다.

때문에 의사는 두부외상이 의심되는 환자가 내원한 경우 조기에 출혈유무를 확인하는 혈액검사, CT검사 등을 시행하여야 합니다.

그러나 피고병원은 두부외상 후 뇌출혈 발생을 예견하지 못하고 망인이 내원한 초기에 어떤 감별검사도 시행하지 않고 경과관찰도 없이 방치하여 망인이 외상성 뇌출혈에 대하여 조기에 진단 받고 치료 받을 기회를 상실시켰습니다.

나. 악결과회피의무 위반

(1) 초기 진단 검사 미실시

(가) 낙상 환자 초기 진단 검사 필요성

낙상으로 인한 두부손상 환자는 뇌출혈이 발생할 수 있으며, 이는 초기에 급속히 진행되므로 조기진단 및 처치가 무엇보다 중요함은 의학계 공지의 사실입니다. 이러한 조기 진단 및 처치가 지연될수록 예후가 나빠지며 환자에게는 사망과 같은 심각한 합병증이 발생할 수 있습니다.

이는 이 건 감정의도 같은 의견을 말하고 있습니다.

▶ 사실조회 회신문

〔문〕 두부손상을 당하고 조기에 진단 및 처치가 시행되어야 하는 사유는 무엇인지요.

〔답〕 두부손상으로 혈종이 생기고 또는 일차적 뇌 손상으로 인해 뇌 부종이 유발되는 등 두개강내 종괴 효과로 뇌압을 상승시키게 되는 경우 손상부를 포함한 주위로 뇌 전체에 광범위한 미만성 뇌손상을 일으키고 이는 수상 후 12~24시간 내에 급속히 진행되므로 조기진단 및 처치가 중요…진단과 치료가 늦어질 경우 뇌 전체의 비가역적 손상이 야기되어 사망에 이를 수 있는 중대한 합병증과 위험성을 가진다. 진단이 얼마나 지연되었는지, 초기 뇌손상이 얼마나 컸는지, 그 위치는 어떠했는지에 따라 다양한 합병증을 남길 수 있다{서울○○병원 신경외과 안○○ 부교수 작성 사실조회 회신문 가-3)항}.

또한 이 건과 유사한 두부외상 후 뇌출혈로 인하여 사망한 사건에서의 감정의도 외상환자의 조기진단의 중요성에 대하여 같은 의견을 말하고 있습니다.

[그림 1] 조기진단 중요성

② 급성 외상 환자에서 가장 중요한 문제는 치료가 가능한 병소를 가능한 빠른 시간에 발견하는 것이다. 이런 이유로 영상을 얻는 시간이 MRI 에 비해 상대적으로 짧은 CT가 첫째 영상 진단법으로 선택된다.

즉, 이 건 망인과 같이 낙상으로 두부외상을 의심할 수 있는 환자에게는 '최대한 빨리' 조기진단 및 치료를 시행해야 한다는 것입니다.

▶ 사실조회 회신문

〔문〕 위와 같이 조기 진단하여 적절한 치료가 시행될 경우, 예후는 어떠한지요.

〔답〕 두부 외상 환자에 대한 조기 진단의 원칙은 되도록 최대한 빨리 시행되어져야 하며 적절한 약물/수술적 치료 역시 최대한 빨리 필요한 경우 제공되어야 한다{서울○○병원 신경외과 안○○ 부교수 작성 사실조회 회신문 가-4)항}.

(나) 초기검사 종류(혈액검사, 뇌 CT 등)

조기 진단 및 치료를 위해서는 내원 초기에 적절한 검사를 시행하여야하는데 망인과 같이 두부외상이 의심되는 환자에게는 뇌출혈여부를 확인하기 위하여 혈액검사, 뇌 CT검사 등을 시행하여야 합니다.

▶ 사실조회 회신문

〔문〕 급성 경막하출혈이 의심되는 환자에게 시간대별로 어떠한 검사 및 처치가 시행되어야 하는지요.

〔답〕 환자의 의식 수준 및 활력징후를 평가하고, 기본 피검사, 가슴흉부사진, 심전도 등의 기본 평가와 더불어 빠른 시간 내에 뇌 CT검사를 시행한다… 활력징후 및 의식 수준을 자주 체크하며 환자의 신경학적 변화가 있을 때에는 CT를 다시 시행하고, 없더라도 환자 상태를 고려해 의사 지시에 따라 적당한 시간 내에 다시 검사를 권유한다{서울○○병원 신경외과 안○○ 부교수 작성 사실조회 회신문 나-3)항}.

망인과 같이 내원시 음주상태로 정확한 신경학적 검사가 어려운 경우에도 뇌 CT는 필수적입니다.

▶ 사실조회 회신문

〔문〕 두부외상이 의심되는 환자에게 진단을 위한 응급 CT의 적응대상은 무엇인지요.

〔답〕 …모든 환자에게 CT는 권유되며… 환자가 술이나 마약 등에 취해 신경학적 검사가 어렵다고 느껴질 때 나아가 손상의 사고 정도가 중할 때 등 광범위한 적응증에 두부 CT는 진행된다{서울○○병원 신경외과 안○○ 부교수 작성 사실조회 회신문 가-2)항}.

(다) 초기 검사 미시행

① 혈액검사 미시행

그러나 피고병원은 망인을 단순 주취자로 여기고 뇌 CT는 물론 일반혈액검사(빈혈수치, 혈소판 수치 등) 등을 시행하지 않았습니다.

② 초기 뇌 CT검사 미시행

또한 뇌 CT 역시 내원 즉시 시행하지 않고 망인이 내원하고 약 6시간이 경과 후 외상성 뇌출혈이 악화되어 심한 뇌부종으로 의식이 반혼수로 저하되고 동공이 확대되자 그때서야 뇌 CT를 검사하여 뇌출혈을 진단하였습니다.

▶ 진료기록감정 회신문

〔문〕 병원은 환자가 내원한 후 어느 정도의 시간이 경과한 후에 뇌 CT검사를 시행하였는지요.

〔답〕 환자가 응급실에 내원한 후 약 6시간 경과 후 두부 CT촬영을 시행함{배상의학회 작성 진료기록감정 회신문 나-1)-바)항}.

▶ 진료기록감정 회신문

〔문〕 지연된 뇌 CT검사 등의 진단은 그에 대한 수술적 처치까지 지연시킬 수 있는 것인지요.

〔답〕 본 환자의 경우 응급실 내원 후 두부 CT촬영까지 약 6시간이 경과하였고, CT촬영 후 뇌출혈의 진단으로 약 1시간 후에 수술이 시행된 것으로 보면 지연된 두부 CT촬영이 수술의 지연에 영향을 준 것으로 볼 수 있음{배상의학회 작성 진료기록감정 회신문 나-1)-사)항}.

(라) 소 결

피고병원이 망인이 내원한 즉시 적절한 검사를 시행하였다면 망인은 조기에 뇌출혈을 진단 받을 수 있었을 것입니다.

망인은 내원당시에는 혈압이 약간 높고 동공반응이 느린 것 이외 다른 활력징후 및 의식상태는 정상으로 뇌출혈 초기 상태였던 것으로 추정되는 바, 조기에 검사하여 진단 받고 적절한 처치를 시행 받았다면 사망에는 이르지 않았을 것입니다. 피고병원은 초기검사를 시행하지 않아 망인의 조기진단 및 치료의 기회를 상실시킨 과실이 있다 할 것입니다.

▶ 진료기록감정 회신문

〔문〕 환자가 병원에 내원한 당시 그 증상은 어떠하였는지요.

〔답〕 …혈압은 수축기혈압 130mmHg, 확장기혈압 90mmHg 였고, 맥박은 78회, 체온은 36.5도 였고 아랫입술에 2cm의 열상이 있었음{배상의학회 작성 진료기록감정 회신문 나-1)-나)항}.

(2) 경과관찰 해태

(가) 밀착감시의무

망인과 같이 낙상으로 두부외상이 의심되는 환자의 경우 뇌출혈 발생, 급격한 악화가 발생할 수 있는 바, 전복 및 악화 방지를 위하여 중환자 감시를 받을 수 있도록 하는 것이 원칙입니다.

▶ 사실조회 회신문 가-1)

1) 두부외상이 의심되는 환자의 일차평가와 응급조치는 무엇인지요 (특히, 신경학적 검사상)

- 두부 외상 뿐만이 아니라 모든 신체 중증 외상에 대해서는 우선 환자의 생체 징후를 유지시키고, 이어서 근본적인 회복을 위하고 악화를 방지하는 의료와 중환자 감시를 받을 수 있도록 하는 것이 원칙이며 이를 일차 평가(primary survey)라고 한다. 일차 평가는 시간적 순서를

중환자 감시란 다음 [그림 2]와 같이 활력징후 및 심전도를 실시간으로 모니터링할 수 있는 기계를 부착하여 실시간 감시 및 신경학적 이상증상 유무를 확인하는 의식, 동공, 움직임 등 확인하는 검진을 적어도 1시간 간격으로 측정하여 경과관찰하는 것을 말합니다.

더욱이 망인은 음주상태로 스스로 의사표현이 부족하여 이상증상이 발생한다 하더라도 먼저 표현하는데 어려움이 있었을 것인 바, 더욱 면밀히 경과관찰했어야 합니다.

[그림 2] 모니터링 장비

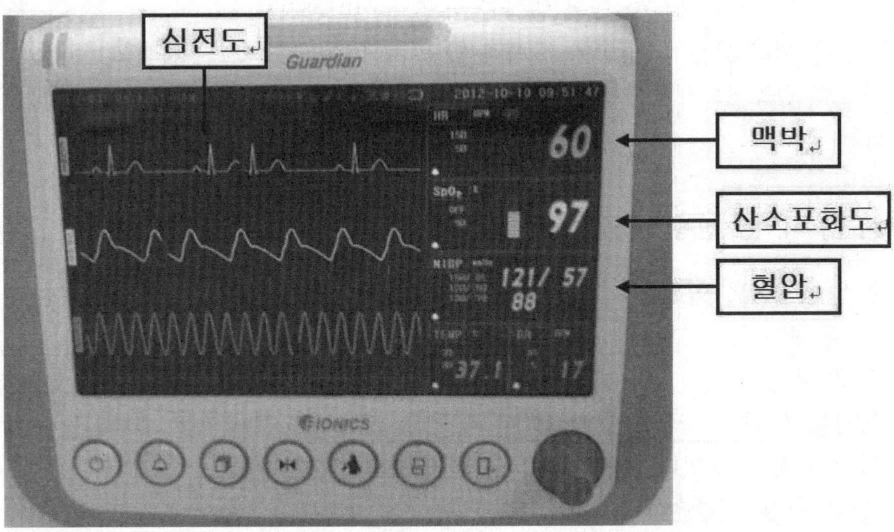

(나) 경과관찰 해태

망인은 낙상시 두부외상 발생이 있었던 바, 피고병원은 적절한 초기 검사와 함께 위와 같은 중환자 감시를 시행했어야 합니다.

그러나 피고병원은 다음 [표 1]과 같이 단순히 활력징후만 몇 차례 확인하였을 뿐입니다.

[표 1] 피고병원 측정 내역

<table>
<tr><th>날 짜
(2011)</th><th>시 간</th><th>의식 확인</th><th>동공 확인</th><th>움직임 확인</th><th>활력징후
측정</th></tr>
<tr><td rowspan="2">10.1.</td><td rowspan="2">23:09</td><td colspan="4">119구급차로 응급실 이송됨.</td></tr>
<tr><td>명료</td><td>(5/5)㎜
빛반응 느림</td><td>정상</td><td>시행</td></tr>
<tr><td rowspan="3">10.2.</td><td>02:09</td><td>기면</td><td>×</td><td>×</td><td>○</td></tr>
<tr><td>03:30</td><td>기면</td><td>×</td><td>×</td><td>○</td></tr>
<tr><td>05:20</td><td>반혼수</td><td>(4/7)㎜
빛 반응 없음</td><td></td><td>○</td></tr>
</table>

피고병원이 임상의학적수준에 맞춰 적절하게 경과관찰을 하였다면 반혼수, 동공 산대와 같은 심각한 상태가 되기 이전에 뇌출혈을 조기에 진단하여 치료받을 수 있었을 것입니다.

▶ 사실조회 회신문

〔문〕 진단적 조치가 늦어져 두개내압 상승이 극심해지고 뇌의 비가역 손상이 지속되면서 나타날 수 있는 증상과 예후는 어떠한지요.

〔답〕 뇌간압박, 뇌 탈출이 발생하여, 환자 의식변화 및 신경학적 변화 외 급격한 활력징후 변동 등이 발생할 수 있다{서울○○병원 신경외과 안○○ 부교수 작성 사실조회 회신문 다-3)항}.

[그림 3] 뇌부종 진행 증상

3. 임상증상의 변화는

출혈 확대와 뇌부종의 진행으로 두개강내압에 따른 증상이 나타난다. 대표적인 것으로 두통, 구토, 유두부종, 뇌신경마비, 이명 및 현기증, 의식장애, 호흡장애 등을 동반한다. 혼수, 서맥, 혈압상승은 위중한 상태이다. 이런 증상은 뇌탈출에 의한 뇌간의 위치 이동이나 뒤틀림 때문으로 생각되어지고 있다.

(참고 문헌: 신경손상학 2판 p19)

(3) 감별검사 미실시

(가) 의식변화 발생

망인은 응급실 입원 후 초기에 적절한 검사를 받지 못한 상태로 방치되던 중 의식정도가 「명료 → 기면」으로 의식이 감소되고 있었습니다.

▶ 진료기록감정 회신문

〔문〕 병원은 환자에게 어떠한 조치를 시행하였는지요.

〔답〕 2011. 10. 1. 23:09에 응급실에 내원하였고, 내원당시 의식은 명료한 상태였고, 2011. 10. 2. 02:09 의식상태는 기면상태였고, 05:20 의식상태는 반혼수 상태였으며 좌측 동공이 확대되고 대광반사가 소실되고 고정된 상태였음. 05:33 두부 CT를 촬영함{배상의학회 작성 진료기록감정 회신문 나-1)-라)항}.

(나) 뇌 CT검사 필요성

의식변화는 뇌부종으로 인한 두개내압상승으로 뇌 탈출 등 뇌손상이 발생하고 있다는 의미인 바, 이때라도 뇌 CT검사를 시행하여 뇌출혈을 진단하였어야 합니다.

(다) 검사 미실시

그러나 피고병원은 2011. 10. 2. 02:09경 의식변화를 관찰하고 나서도 아무런 검사도 시행하지 않았습니다. 이때라도 피고병원이 검사를 시행하여 뇌출혈을 진단하였다면 심한 뇌손상으로 회복에 이르지 못하고 사망에 이르지는 않았을 것입니다.

(4) 뇌출혈 치료 미흡

(가) 뇌부종 완화 약물 투약 필요성

피고병원이 뒤늦게 망인의 뇌출혈을 진단하였다면, 그때부터라도 적절한 치료를 시행했어야 합니다.

특히 뇌출혈은 뇌부종을 야기하여 두개내압상승을 발생시켜 뇌손상을 일으키는 바, 진단 즉시 뇌부종을 완화시켜 뇌압 강하 효과가 있는 약물을 투약하여야 합니다.

▶ 사실조회 회신문

〔문〕 두개내압 상승시 어떠한 조치를 하여야 하는지요.

〔답〕 …뇌압 강하 효과가 있는 이뇨제를 포함한 약물 투여와 고삼투압성 수액치료, 두부거상, 과호흡, 저체온 유지 등… {서울○○병원 신경외과 안○○ 부교수 작성 사실조회 회신문 다-2)항}.

[그림 4] 뇌부종완화 약물 투약 필요성

특히 두개강내 긴박한 상황이 임박했다는 증거: 뇌탈출 징후(심한 두통 호소, 혈압이 갑자기 오르면서 맥막이 느려지는 경우(서맥), 의식 수준의 저하와 동공 변화 등을 보인 경우) 소견이 있으며 먼저 빠르게 만니톨을 투약 하면서 뇌 CT 검사를 하여 두개강내 병변 상황을 확인하여 수술 여부 등을 결정한다.
(참고 문헌: 신경손상학 2판 p194)

이러한 뇌압을 낮추는 약물은 다음 [그림 5]와 같이 삼투성 제제(만니톨, 글리세롤), 이뇨제 등이 있습니다.

[그림 5] 뇌부종완화 약물

2. 뇌부종:
1) 삼투성 제제
만니톨 : 1gm/kg을 급속 투여 후 0.25gm/kg을 6시간마다 20분 이상 급속 정주한다.
글리세롤 : 10%의 용액을 사용하며 1gm/kg을 분당 5㎖ 이하의 속도로 투여한다.
장점 ; 높은 열량 효과와 정맥 내 투여 이외에도 구강이나 비위관을 통해 투여 할 수 있다. 신속히 두개강내압을 감소시키는 효과는 만니톨 보다 못하다
2) 이뇨제
lasix는 만니톨과 같이 사용 시 두개강내압을 감소시키는 상승작용이 있다.

(나) 뇌부종 완화약물 미투약

그러나 피고병원은 뒤늦게 망인의 뇌출혈을 진단하고 나서도 뇌압강하제는 투약하지 않아 뇌부종으로 뇌손상이 더욱 악화되게 하였습니다.

2. 인과관계의 요약

이 건 인과관계를 도표화하면 다음 [그림]과 같습니다.

[그림] 인과관계 도표

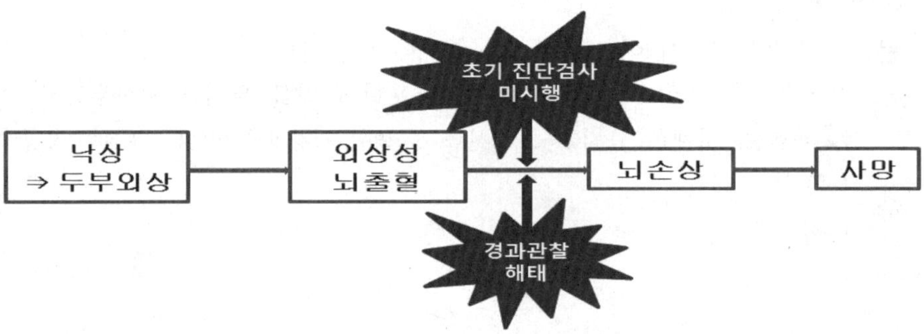

피고병원은 낙상으로 인한 두부외상으로 입원한 망인에게 초기 검사를 시행하지 않아 조기에 뇌출혈을 진단 받고 치료받을 기회를 상실시키고 뒤늦은 뇌출혈 진단 및 수술치료로 망인이 회복에 이르지 못하고 사망에 이르게 한 바, 피고병원의 과실 있는 행위와 망인의 사망 사이의 인과관계는 인정되어야 할 것입니다.

≪원 · 피고 주요쟁점≫

과실	원 고	피 고
1. 진단 지연 과실	응급실 내원 당시 외상성 뇌손상으로 의식이 저하된 상태였음에도 불구하고 즉각적으로 뇌 CT 및 MRI 검사 등을 시행하지 않아 뇌출혈 진단이 지연된 과실	- 내원 당시 아래 입술 열상만 있었고, 만취한 상태일 뿐 의식 저하되지 않았고, 뇌 CT검사 권유하였으나 보호자들이 열상 치료만 받겠다고 함. - 경과관찰 중 의식저하 확인하고 즉시 뇌 CT검사 시행함.
2. 응급 수술 지연 과실	응급실에 내원한지 약 6시간 30분 후에 시행한 뇌 CT검사결과상 외상성 뇌출혈이 확인되었음에도 불구하고 검사한 지 약 1시간 뒤에야 응급수술을 시행하여 뇌손상을 악화 및 확대 시킨 과실	뇌 CT검사 후 원고의 상태가 급격히 악화되어 기본적인 활력징후 유지를 위한 기관내삽관 및 중심정맥관 삽입 등의 응급처치를 시행하였고, 마취에 필요한 사항 등 수술준비 시행함.
3. 술기상 과실	급성 외상성 뇌출혈에 관하여 좌측 두개절제술 및 감압술을 시행함에 있어서 출혈을 완전히 제거하고 수술부위를 제대로 봉합하지 않은 과실	수술을 통해 좌측 뇌경막하 출혈 제거 및 감압을 적절히 시행하였고, 수술부위를 제대로 봉합하였으나 불가항력적인 뇌부종 및 출혈 발생하여 재봉합술 및 혈종제거술 시행함.
4. 설명 의무 위반	외상으로 인한 뇌출혈 가능성, 뇌출혈 부위, 출혈제거 방법, 수술과정 및 질병의 진행경과에 관하여 설명하지 않아 조기치료기회를 상실케한 과실	뇌손상이 심해 의식회복이 어렵다는 설명, 뇌출혈에 의한 뇌손상과 수술 등 진행경과에 대해 충분히 설명하였고, 수술 후 중환자실 치료를 시행하면서 수시로 상태에 관해 설명

≪1심 판결≫

1. 피고의 과실

가. 응급처치단계에서의 의료과실 존부73)

『피고병원 의료진은 망인 등에 대하여 망인의 부상부위 등을 충분히 문진하여 망인에게 두부 외상에 의한 뇌손상의 가능성을 인식하고, 이후 망인 또는 망인의 보호자

73) 피고병원의 각 의료행위의 구별 편의상 이 사건에서는 망인이 피고병원에 후송된 때로부터 망인의 동공반응에 이상이 생긴 2011. 10. 2. 05:20경까지를 응급조치 단계라고 칭하기로 한다.

에게 뇌 CT촬영 등을 적극적으로 권유하며, 망인의 상태를 계속 관찰하는 방법으로 망인의 뇌출혈 여부를 확인할 주의의무가 있었음에도 이를 게을리한 의료상 과실이 있다고 봄이 타당하다.

① 망인이 계단 밑에서 쓰러진 채로 발견되어 119구급대에 의하여 응급후송되었고, 망인의 입 주위에 열상이 있어 피를 흘리고 있었으며, 또한 망인의 의식상태에 변화가 있었는데, 이러한 망인의 상태가 낙상에 의한 것이라는 사실을 인식하고 있었던 피고병원 의료진으로서는 망인이 두부 외상에 의한 뇌손상을 입었을 가능성을 배제할 수 없었다고 판단된다.

② 그러한 경우 피고병원 의료진으로서는 뇌손상으로 인한 망인의 의식상태 등의 변화를 음주로 인한 것으로 오인하는 일이 없도록 망인 또는 망인을 피고병원으로 후송한 구급대원 등에게 망인이 부상을 입은 상황, 부상을 입을 당시의 의식상태 및 그 후의 의식상태의 변화, 기타 증상의 변화 유무 등에 관하여 문진을 하고, 망인의 보호자에게 망인의 음주량, 음주시각, 섭취한 술의 종류 등 충분한 정보를 문진할 주의의무가 있다. 그럼에도 피고병원 의료진은 위와 같은 문진상의 주의의무를 게을리한 잘못이 있다.

③ 망인과 같은 음주환자의 경우 의사의 문진에 의하여도 환자의 의식상태의 변화 등이 음주로 인한 것인지 신경학적 이상에 기인한 것인지를 정확히 구별하기 곤란한 경우도 있고, 나아가 뇌손상에 따른 신경학적 이상은 시간이 지나면서 비로소 드러나는 경우도 있으며, 또 그에 의하여 단기간 내에 환자의 생명에 위험이 초래될 가능성이 매우 크므로, 망인과 같이 두부 외상에 의한 뇌손상의 가능성을 배제할 수 없는 경우에는 피고병원 의료진으로서는 적어도 망인 또는 망인의 보호자에게 위와 같은 두부 손상에 의한 뇌손상의 가능성 및 이에 따른 검사의 필요성을 충분히 주지시키고, 망인에 대한 뇌 CT촬영 등을 적극적으로 권유할 주의의무가 있다. 그럼에도 피고병원 의료진은 망인 및 망인의 보호자에게 위와 같은 망인의 뇌손상의 가능성이나 뇌 CT촬영 등의 필요성을 충분히 주지시키지 아니하였고, 2011. 10. 2. 05:20경 망인의 좌측 동공이 산대되어 빛에 반응하지 아니한 상태가 되어서야 망인의 보호자에게 뇌 CT촬영을 권유한 잘못이 있다.

④ 위와 같이 두부 외상으로 인한 망인의 뇌손상 가능성을 배제할 수 없는 이상 피고병원으로서는 망인의 신경학적 이상증상 유무를 확인하기 위하여 동공반응 및 움직임 등을 확인하는 등의 방법으로 망인의 상태를 더욱 면밀히 관찰할 주의의무가 있었음에도, 피고병원 의료진은 응급조치 단계에서 약 1~2시간 간격으로 망인의 활력징후와 의식상태만을 측정하고, 그 사이에 동공반응 및 움직임 등의 확인을 하지 아니하여 망인에 대한 경과관찰을 소홀히 한 잘못이 있다.』

나. 1, 2차 각 수술단계에서의 의료과실 존부

수술상의 과실은 인정하지 않고 있음.

2. 인과관계

피고병원 의료진의 위와 같은 응급조치단계에서의 의료상 과실로 인하여 망인이 사망에 이르게 되었다고 판시하여, 인과관계의 추정없이 직접적으로 의료진의 과실과 악결과인 사망 사이에 인과관계를 인정하고 있다.

3. 인용금액 : 4천 3백만 원

4. 피고의 책임비율 : 15%

망인이 피고병원의 응급실에 후송된 직후에는 의식이 있어 의사소통을 할 수 있는 상태였는데 피고병원 의료진에게 부상의 경위 및 증상을 정확하게 이야기하지 아니한 점, 응급조치단계에서는 망인의 뇌출혈 증상이 명백히 나타나지 아니하는 바람에 망인의 상태를 단순한 만취상태와 구별하기 어려웠던 점, 망인은 만취상태로 피고병원 의료진의 지시에 대한 협조를 제대로 이행하지 아니하는 바람에 피고병원 의료진의 진료가 사실상 어려웠던 점, 망인의 당시 상태에 비추어 볼 때, 피고병원에서 즉시 뇌CT촬영을 하고 뇌출혈 등을 진단하여 수술을 하였더라도 쉽게 회복될 수 있었으리라고 단정하기 어려운 점 등을 종합하여 … 피고의 배상책임의 범위를 15%로 제한하기로 한다.

≪관련 판례≫

1. 광주지방법원 2010. 8. 26. 선고 2010가합349 판결

『… 망인이 술에 취한 상태에서 1층에서 지하로 이어지는 계단에서 굴러 넘어진 후 쓰러진 채 발견되어 119구급대에 의하여 피고병원으로 호송되었고, 119구급대원은 망인을 피고병원 의료진에게 인계하면서 망인의 위와 같은 사고 경위 등을 피고 ○○○○에게 고지한 사실은 앞에서 본 바와 같다. … 망인이 피고병원에 호송될 당시 망인은 동공반사가 느리고, 동공이 확대되어 있었으며, 두피종창이 나타나 있었던 사실, 피고병원 의료진은 망인을 ○○대학교병원으로 전원 조치할 때까지 망인의 동공반사 및 의식상태 등과같은 신경학적 증상을 관찰한 뒤 그 결과를 의무기록에 작성한 바 없는 사실, 피고병원 의료진은 망인이 피고병원에 호송된 지 7시간가량이 지난 후에야 비로소 두부CT 촬영을 시행한 뒤, 경막하혈종 등을 발견하여 곧바

로 망인을 ○○대학교병원으로 전원조치한 사실을 인정할 수 있다. 위 인정사실을 종합하면 망인이 술에 취한 상태에서 계단에서 넘어져 피고병원으로 호송되었고, 그 당시 망인의 동공이 확대되고 반응속도가 느리며, 두피종창이 나타나 있었다면, 119 구급대원으로부터 위와 같은 사고 경위를 청취하고 망인을 인계받은 피고병원 의료진으로서는 망인이 두부 외상에 의하여 뇌손상을 입었을 가능성을 충분히 의심할 수 있었던 것으로 판단된다. 나아가 망인과 같은 음주환자의 경우 문진에 의하여 위와 같은 증상이 음주로 인한 것인지 신경학적 이상에 기한 것인지 구별하기 곤란하고, 두부손상에 따른 신경학적 이상은 시간이 지나면서 비로소 드러나는 경우가 있으며, 또 그에 의하여 단시간 내에 환자의 생명에 위험이 초래될 가능성이 있으므로, 피고병원 의료진은 혈압 및 체온, 맥박수의 변화 등 활력징후와 신경학적 변화를 지속적으로 관찰함과 동시에 두부손상이 의심된다면 두부 CT촬영 등으로 뇌 손상 여부 등을 확인할 의무가 있다. 그럼에도, 피고병원 의료진은 망인을 단순히 음주상태에 있는 것으로 속단한 결과, 두부 CT촬영 등 더 이상의 검사에 나아가거나, 뇌 손상을 고려하여 신경학적 증상에 관한 경과관찰을 하지 아니하다가 그로부터 7시간 가량이 경과한 후 ○○○이 망인의 이상 증세를 발견하고서야 비로소 두부 CT촬영을 시행하여 뇌 손상을 확인한 후 ○○대학교병원으로 전원시킨 잘못이 있다…』

고 판시하여 외상성 뇌출혈 조기진단지연 과실을 인정한 바 있습니다.

2. 서울고등법원 2008. 8. 19. 선고 2007나24406 판결

『… 망인이 음식점 화장실 바닥에 쓰러진 상태로 발견되어 119구급차로 후송되었고, 발견 당시 의식이 없었으며, 후송되는 119구급차 내에서도 얼굴이 창백하고 거동이 힘든 상태였고, 피고병원에 도착해서도 동공 반응은 정상이었으나 의식이 흐릿하였음은 앞서 본 바와 같다. … 피고병원 내원 당시 망인의 언어반응은 말을 못하고 묻는 말에 고개를 끄덕이는 정도의 상태였던 사실을 인정할 수 있다. 그리고 망인의 당일 음주량은 망인의 평소 주량에 비추어 그다지 많은 것이라고 볼 수 없는 등 그 음주 상황으로 보면 망인이 과음한 것으로도 보이지 않는다. 이와 같은 사정에 비추어 보면, 피고병원 의료진이 망인의 회사동료들과 119구조대원들에게 망인의 내원 경위나 이송 중의 증상 등을 자세히 물어보았더라면 비록 내원 당시 망인의 상태가 일반인의 관점에서 음주로 인한 것처럼 보였다 하더라도 의료전문가인 피고병원 의료진으로서는 뇌손상 등의 가능성을 충분히 의심할 수 있었을 것으로 판단한다. 또한 망인은 피고병원 내원 후에도 구토를 계속하였을 뿐 아니라 혈압하강제의 투여에도 불구하고 퇴원시까지 고혈압이 지속되고 있었으며, 퇴원시까지 언어반응을 비롯한 신체상태도 제대로 회복하지 않았던 것으로 보인다. 그러므로, 내원 당시부터 뇌손상의 가능성을 시사하는 증상들을 보인데다가 내원 후에도 위와 같은 증상들을 보인 망인

에 대해서는 계속적인 경과관찰도 필요하였다 할 것이다. 나아가 피고병원 의료진으로서는 망인을 퇴원시킴에 있어서도 과연 망인이 퇴원해도 되는 상태인지를 면밀히 살피고, 일행에게는 망인에게 의심되는 질병에 관하여 설명하고 망인의 경과를 관찰하도록 하여 만약 이상증세가 나타나면 신속한 후송조치를 취하도록 주지시켰어야 할 것이다. 그럼에도 불구하고, 앞서 본 각 증거에 변론 전체의 취지를 종합하면, 피고 ○○○ 등 피고병원 의료진은 위와 같은 자세한 문진을 하지 않고 망인을 단순히 음주상태에 있는 것으로 속단한 결과 방사선촬영이나 CT검사 등 더 이상의 검사에 나아가거나 뇌손상의 가능성을 고려한 자세한 경과관찰을 하지 않음은 물론, 위와 같은 퇴원시의 검진, 설명의무 등도 제대로 이행하지 않은 채 망인을 귀가시킨 사실을 인정할 수 있는 바, 이는 응급실 내원 환자에 대한 진단이나 처치에 의료상의 과실이 있는 경우에 해당한다 할 것이다…』

고 판시하여 의식저하를 동반한 뇌손상에 관하여 진단적 검사 미실시, 경과관찰 해태, 설명의무위반 과실을 인정한 바 있습니다.

3. 의정부지방법원 고양지원 2007. 11. 21. 선고 2005가합5362 판결

『… 위 인정사실에 의하면, 위와 같이 망인이 만취상태에서 넘어져 두부에 찰과상을 입은 상태로 ○○○○한방병원으로 호송되었다면, 신경외과 전문의가 아니더라도 피고 ○○○○으로서는 망인에 대한 두부손상의 가능성을 의심할 수 있었던 것으로 판단되고, 나아가 두부손상에 따른 신경학적 이상은 시간이 지나면서 비로소 드러나는 경우가 있고 또 그에 의하면 단시간 내에 환자의 생명에 위험이 초래될 가능성이 있으므로, 피고 ○○○○은 이학적 검사를 포함한 뇌 전산화단층촬영(CT) 등을 시행하여야 하고, 망인의 비협조로 위 검사들이 어렵다고 판단된다면, 신경학적 관찰이 가능한 의료진에 의해 두뇌손상이 없음이 확인될 때까지 입원가료를 지시하여야 할 것인데, 피고 ○○○○은 망인에 대한 뇌 전산화단층촬영(CT) 등을 시행하지 않은 상태에서 피고 ○○○○로 하여금 망인을 퇴원시킬 것을 지시하였으니, 피고 ○○○○에게 망인에 대한 주의의무를 소홀히 한 잘못이 있다 할 것이다. 피고 의료재단은 피고 ○○○○의 사용자로서 피고 ○○○○의 위와 같은 잘못으로 인해 원고들이 입은 손해를 배상할 책임이 있다…』

고 판시하여 음주 후 외상성 뇌손상 상태에 관한 진단적 검사 미실시, 경과관찰해태 과실을 인정한 바 있습니다.

4. 두개골 골절과 뇌출혈이 있는 환자를 의식이 있다고 귀가시킨 후 다시 쓰러져 병원으로 갔으나 사망한 사건[74]

≪사건 개요≫

• 원고 김○○(32세, 남) / 피고 ○○병원

※ 사건 경과

(1) 망인은 2005. 1. 6.경 경기도 안양시에 소재한 ○○천국이라는 음식점(이하 '식당'이라 함)에서 회사동료들과 회식을 하던 중 1. 6. 22:00경 직장동료 강○○이 망인이 식당 화장실에서 의식을 잃고 쓰러진 상태를 발견.

(2) 같은 날 22:10경 도착한 119구급대에 의해 경기도 안양시에 소재한 ○○병원 응급실로 이송됨(당시 직장동료 김○○, 김○○, 강○○, 이○○, 강○○ 동행).

(3) 응급실에 도착당시 망인은 의식은 명료하였으나 토혈, 혈압 170/110으로 측정되었으나 응급실장 유○○이 '만취, 미주신경성 실신'으로 진단하고, 혈압하강제(니페디핀 10mg)를 투여함(23:00경 혈압도 170/100).

(4) 피고병원 응급실에 있는 동안 2차례에 걸쳐 철제트레이 2개정도 분량의 토혈을 하면서 심하게 뒤척이자 간호사가 링겔줄을 제거하였고, 1. 7. 00:00경 이○○, 강○○, 강○○은 귀가하고 망인은 잠이 들어 있는데, 간호사가 김○○를 깨우면서 집으로 데려가라고 강요하여 같은 날 01:00경 퇴원함.

— 4~5시간 지켜보자고 하였으나, 남자 보호자가 수액을 제거를 요구하였고 이후 망인이 술이 깨면서 스스로 화장실을 다녀오는 등 상태가 호전되어 귀가함.

(5) 같은 날 01:30경 회사동료 김○○와 함께 회사 기숙사에 도착하여 잠이 들었고, 같은 날 08:30경 회사 기숙사 화장실에서 또다시 쓰러진 채로 발견되어 같은 날 09:50경 광명○○병원을 방문함.

— 야간 당직자와 원무과장이 07:20경 및 09:10경 망인의 휴대폰으로 전화하였는데, 어떤 여자가 잠을 잘 자고 있다고 대답하였음.

(6) 광명○○병원에서 뇌전산화단층 촬영을 실시한 결과 두개골골절을 동반한 전뇌엽 부위의 뇌출혈이 있는 것이 발견되어 ○○대학교병원으로 전원됨.

---

74) 수원지방법원 2006. 12. 12. 선고 2005가합6825 판결 - 원고 패소, 서울고등법원 2008. 8. 19. 선고 2007나24406 판결 - 원고 승소.

(7) ○○대학교병원에서 같은 날 16:00경 우측 전두엽과 좌측 측두엽 혈종제거술을 위한 개두술 시행하였으나 같은 달 9. 07:52경 중증 뇌부종에 의한 뇌간마비로 인해 사망함.

≪소장에서 주장하는 피고의 과실≫

두부외상 치료의 첫번째 목적은 환자의 생명과 신경학적인 기능의 보존에 있습니다. 두부외상환자에게 최적의 치료를 하기 위해서는 외상 초기에 정확한 진단이 선행되어야 합니다.

두부손상을 정확하게 진단하기 위하여 통상적으로 실시하는 검사는 뇌 CT촬영입니다. 뇌 CT촬영을 행한 후 이를 토대로 뇌출혈을 진단하고 출혈이 있다면 즉시 치료에 들어가야 합니다. 이건 당시 망인은 회식 도중 화장실에서 쓰러진 채로 발견되었는 바, 이와 같은 경우 망인이 쓰러지면서 두부 및 다른 부위에 골절을 입었을 가능성에 대하여 충분히 의심을 해 볼 수 있는 상황이었습니다. 그렇다면 피고는 119구급차에 실려 온 망인에 대하여 이학적 검사를 포함하여 뇌 CT를 실시하여 신체·신경학적 상태를 파악했어야 합니다. 그러나 피고는 망인을 단순히 술 취한 사람이라고 간주해 버리고 진단을 하려는 노력조차하지 않았습니다.

만약 피고가 망인의 상태에 조금이라도 주의를 기울이고 임상의료 원칙대로 진단을 위한 검사를 실시하였다면 망인은 조기에 수술을 받고 회복될 수 있었을 것이며, 그렇다면 현재와같은 악결과는 발생하지 않았을 것입니다.

≪원·피고 주요쟁점≫

번호	쟁 점	원 고(항소인)	피 고(피항소인)
1	뇌출혈 진단검사 실시	· 망인이 의식 혼미, 구토, 토혈, 혈압상승 등의 증상을 보이고 화장실에서 뒷통수를 아래로 하여 쓰러져 있는 상태에서 이송되었다는 사실을 알고 있었기 때문에 당연히 뇌손상가능성을 염두하고 뇌출혈 진단검사를 실시하였어야 함. · 미주신경성 실신은 갑자기 혈압이 저하되며 발생하는 것으로써 피고병원 내원 당시 망인의 혈압은 170	· 두피외상이 없고 동공반응도 정상(기록 없음)이었으며 뇌내출혈을 의심할만한 증상이 없이 응급실 바깥까지 혼자 갔다오는 등 의식회복상태를 보였기 때문에 뇌출혈진단검사를 할 적응증이 아님. · 망인은 미주신경성 실신이었음.

		/110mmHg이었고 혈압강하제 투여 후에도 170/100mmHg이었음.	
2	뇌출혈 발생시점 및 뇌손상 부위	· 급성경막하출혈은 외상에 의해 발생하고 정맥출혈이므로 증상은 몇 시간에 걸쳐 점차 진행(경막하출혈 → 뇌부종 → 뇌팽윤 → 뇌압 상승 → 뇌간 압박 → 뇌교부위혈관 파열)되며 고유증상이 없음. 의식상태는 명료에서 혼수상태에 이르기까지 어느 상태도 보일 수 있음. · 경막하출혈 중 급성은 수상 후 48~72시간 이내에 발생하는 것으로 망인이 횟집 화장실에서 쓰러지고 광명○○병원에서 CT를 찍기까지 약 12시간이 경과한 뒤이므로 급성이라 진단될 수 있음. · 피고병원 이송 전 뇌출혈이 발생하여 의식 혼미, 구토, 토혈, 혈압 상승 등의 증상이 나타났고 잠시 의식이 명료해지기도 한 것임.	· 수술소견, CT소견 등을 봤을 때 아주 심한 상태였으므로 장기적인 과정을 거치는 케이스가 아님. · CT검사결과 경막하출혈이 급성이었다고 기록되어 있으므로 진행이 서서히 진행되는 것이 아님. · 피고병원 방문 시 뇌압 상승증상, 혈종, 두통, 두피외상 등이 없었고 피고병원에서 귀가할 때에는 의식이 명료해지는 등 상태가 좋아졌으므로 피고병원에서 귀가한 후 뇌출혈 발생한 것임.
		· 후두부에서 전두골까지 선상골절이 있고 후두부 부위에서 피하출혈 소견이 있다는 부검의 소견에 따라 뒷통수가 아래쪽을 향하고 누워있었던 횟집 화장실에서 쓰러졌을 때 뇌출혈 발생한 것임. · 뒷통수가 아래로 향한 채 쓰러졌지만 원격접촉손상에 의해 전두엽 부위에 손상이 가해질 수 있음.	· CT검사 결과 우측 전두엽, 좌측 두정엽에 외상성 뇌출혈 존재, 양측 전두엽에 출혈성 뇌좌상 존재, 좌측 전두엽과 측두엽에 급성 경막하 출혈 존재, 양측 전두부에 두개골 골절이 있으므로 뒤로 쓰러진 상태에서 발견되었을 당시 뇌출혈이 발생된 것이 아님.
3	설명의무 위반	· 두부외상 환자에게는 지연성 뇌출혈 가능성이 충분히 있기 때문에 퇴원당시 주의사항, 추후에 뇌출혈 및 뇌압상승증상에 관한 교육과 증상 발현시 대처방법 등에 대한 교육을 하였어야 함.	· 약 6시간 정도 안정을 취하면서 1000cc 링거액을 다 맞고 귀가하도록 하였으나 상태가 좋아져 자의로 귀가함. 상태가 좋아졌기 때문에 설명해줄 내용이 없었음.

≪2심 판결≫

1. 피고의 과실

『피고병원 의료진이 망인의 회사동료들과 119구급대원들에게 망인의 내원 경위나 이송 중의 증상 등을 자세히 물어보았더라면 비록 내원 당시 망인의 상태가 일반인의 관점에서 음주로 인한 것처럼 보였다고 하더라도 의료전문가인 피고병원 의료진으로서는 뇌손상 등의 가능성을 충분히 의심할 수 있었을 것으로 판단된다.
또한 망인은 피고병원 내원 후에도 구토를 계속하였을 뿐만 아니라 혈압강하제의 투여에도 불구하고 퇴원시까지 고혈압이 지속되고 있었으며, 퇴원시까지 언어반응을 비롯한 신체상태도 제대로 회복되지 않았던 것으로 보인다. 그러므로, 내원 당시부터 뇌손상의 가능성을 시사하는 증상들을 보인 데다가 내원후에도 위와 같은 증상들을 보인 망인에 대해서는 계속적인 경과관찰도 필요하였다 할 것이다.
나아가 피고병원 의료진으로서는 망인을 퇴원시킴에 있어서도 과연 망인이 퇴원해도 되는 상태인지를 면밀히 살피고, 일행에게는 망인에게 의심되는 질병에 관하여 설명하고 망인의 경과를 관찰하도록 하여 만약 이상증세가 나타나면 신속한 후송조치를 취하도록 할 것이다. … 피고병원 의료진은 위와 같은 자세한 문진을 하지 않고 망인을 단순히 음주상태에 있는 것으로 속단한 결과 방사선촬영이나 CT검사 등 더 이상의 검사에 나아가거나 뇌손상의 가능성을 고려한 자세한 경과관찰을 하지 않음은 물론, 위과 같은 퇴원시의 검진, 설명의무 등도 제대로 이행하지 않은 채 망인을 귀가시킨 사실을 인정할 수 있는 바, 이는 응급실 내원 환자에 대한 진단이나 처치에 의료상의 과실이 있는 경우에 해당한다 할 것이다.』

고 판시하여 과실을 직접적으로 인정하고 있다.

2. 인과관계

『망인에 대한 진단이 지연되어 적절한 치료기회를 상실한 것이 망인이 사망에 이르게 된 한 원인이 되었던 것으로 봄이 상당하고, 피고병원에서 퇴원한 후 회사동료들에 의한 망인의 보호·관찰이 제대로 이루어지지 않고, 광명○○병원이나 ○○대학병원에서 망인에 대한 수술이 지연된 사정이 있다고 하더라도 그로 인하여 위와 같은 인과관계가 단절된다고 할 수 없다.』

고 판시하여, 피고병원 의료진의 과실과 사망의 악결과 사이에 상당한 인과관계가 있음을 밝히고 있다(상당인과관계설).

3. 인용금액 : 8천 3백만 원

4. 피고의 책임비율 : 20%

제 2 절 진단과 관련된 단계에서의 의료분쟁 사례

1. 흉통이 있어 내원한 환자를 심전도상 정상이라고 귀가시킨 후 심정지 상태에서 내원한 후 사망한 사건[75)]

≪사건 개요≫

• 원고 망 김○○(여, 59세) / 피고 ○○병원

※ 사건 경과

흉통 → 심전도 정상 → 귀가조치 → 심정지상태로 내원 → 심폐소생

날짜(2012)		증상 및 상태	검사처치	비고
6.22.	04:47	평소 기저질환 없이 새벽 4시부터 흉통, 요통, 구토로 응급실 내원, 혈압 120/80 맥박 62 활력징후 내원 당시 1회 측정 이후 측정사실 없음. 산소포화도 의식 기록 없음. 심전도, 산소포화도 모니터 사실 없음. 단순방사선, MRI검사 결과 없음. 위장방사선, 초음파, 위내시경 검사 사실 없음. 내원 당시 검사 외에 추가검사 및 치료계획 없음.	심전도 : 정상리듬/혈액검사 – 정상. 특이소견 보이지 않고 심인성 문제 가능성 설명, 퇴원 후 증상 지속시 재방문 설명.	
	04:48	진통제 처방 후에도 증상이 개선되지 않음. 여전히 구토를 하는 것으로 보아 구토증상은 소염진통제로는 조절되지 않는 통증에 해당. 관상동맥조영술을 시행하지 못할 사유는 없는 것으로 보임.	진통제 킨포인 근육주사	
	05:20	지속적 산소포화도 모니터를 시행한 사실은 없음.	심전도 – 정상	

75) 서울북부지방법원 2013. 8. 22. 선고 2012가합7759 판결, 서울고등법원 2013나63198 판결.

6.22.	06:13	심장효소검사 – 정상범위내 CK-MB 4.4/ Troponin-I 0.7 허혈성 심질환의 치료를 위하여 약물을 투여한 기록은 없음.	혈액검사 – 심장효소검사, 심근효소검사가 정상으로 나타나 심근경색의 가능성을 배제한 것으로 보임. 간수치검사 정상임.	
	06:14	증상호전 없고 구토증상 동반 맥페란 투여 후에도 구토증세 동반되어 아직도 증상 호전 없음. 맥페란, 부스코판, 타이레놀 등은 허혈성심질환의 치료목적으로는 사용되지 않음. 그럼에도 추가검사 사실 없음.	소화성 용제 진토제 맥페란주사	
	07:40	흉통이 아직 소멸되지 아니함. 심질환을 진단하기 위한 검사 계획에 대한 언급은 없음.	환자에게 cardiologic problem 가능성 설명. 급성관동맥증후군, 불안정성 협심증, 심근경색의 가능성에 대해서 설명한 것으로 보임.	
	07:47	퇴원함. 내원시 호소증상 호전되었으나 아직 남아있다 표현함. 심근경색 발병의 위험성에 대해서 설명한 기록은 없음. 퇴원시 활력징후의 기록은 없음. 맥페란 – 진토제 부스코판 – 위경련 타이레놀 – 진통제 허혈성심질환의 치료목적으로 사용되지는 않음. 귀가 당시 심근경색 발병의 위험성, 대처방법, 사망가능성에 대한 설명 없음. 퇴원시 활력징후 기록 없음.	의사 윤○○ 보호자 남편에게 검사결과 설명 후 귀가조치함.	
	07:55	귀가함		
6.24.	00:14	12시경 보호자에게 발견되어 청색증, 무호흡, 심정지상태로 구급차 타고 응급실 내원 활력징후 측정 안됨. 의식 : 혼수 / 동공 완전확장	심폐소생술 시작 혈액검사 혈액화학검사 심근효소검사 기관내 삽관시행 과환기 적용 – 앰브배깅	6.25. 부검 의뢰
	00:20	혈당 296	응급약 에피네프린 1@주사	
	00:23		에피네프린 1@주사	
	00:25		비본 2@ 주사	
	00:26		에피네프린 1@주사	
	00:27	활력징후 측정 안됨.		
	00:28		동맥혈 천자	

	00:29		에피네프린 1@주사	
	00:32		에피네프린 1@주사	
	00:35		에피네프린 1@주사	
	00:36	상태 변화 없음.	심폐소생술 지속	
	00:38		에피네프린 1@주사	
	00:41		에피네프린 1@주사	
	00:44		에피네프린 1@주사	
	00:45	심전도 변화 없이 심정지 상태		
	00:46		의사 김○○ 보호자에게 심폐소생술시행에도 환자 반응 없음 설명 후 보호자 동의하에 사망선언함.	
	00:55		영안실로 이동	

* 2012. 6. 25. 부검상 급성 심근경색증에 의한 심장파열로 사망한 것으로 밝혀짐.

－육안 및 조직학적 검사상 내강이 90%가량 막힌 석회화된 고도의 심관상동맥경화로 인해 급성 심근경색증이 발생되고 심근경색에 의한 심근의 괴사로 좌심실 뒷면이 파열되어 심장내에 약 200cc가량의 응혈이 혼재된 출혈이 발생한 소견.

≪소장에서 주장하는 피고의 과실≫

1. 진단검사상 주의의무의 위반

피고는 망인이 가슴부위의 통증을 호소하고 구토를 하는 등 전형적인 심근경색의 소견을 보임에도 불구하고, 심인성 문제가 있을 수 있다는 진단만을 하고 심근경색 여부에 대하여 면밀한 진단을 시행하지 아니하였습니다. 이 건과 같이 오심, 구토, 등쪽으로부터의 통증, 방사통, 흉통 등 전형적인 심질환증상이 있었으나, 임상에서는 간혹 위장질환과의 구별이 어려운 경우가 많이 있습니다. 이를 감별진단하기 위해 최소한 위장질환이 아니라는 점을 확진하였어야 합니다. 그러나 피고는 오히려 심질환을 배제진단하지 아니한 채 만연히 위장질환으로 오진하여 '부스코판, 맥페란' 등 소화제만을 처방하였습니다.

피고병원의 치료에도 환자의 증상은 개선되지 않았습니다. 퇴원지시를 받은 후에도 간호사가 내준 비닐봉지에 구토하기도 할 정도로 증세가 나빴습니다. 최초 심전도소견이 정상이라는 피고병원의 진료기록은 팻치를 제대로 붙여 검사한 것인지, 의사가 제대로 판독한 것인지 등에 의문이 있을 뿐 아니라, 가사 최초는 정상이라고 하더러도 망인과 같이 최소한 3시간 이상 흉통이 지속되었다면(피고병원 간호기록상 07:40경 '아직은 증상이 남아있다 함'이라고 기록되어 있음), 함부로 급성 심근경색증을 배제하여서는 안 됩니다. 교과서상 20분 이상 지속되는 흉통이 있다면 수시로 심전도 검사를 반복하도록 권고하고 있습니다. 그러나 피고병원은 망인이 퇴원 직전까지도 구토를 하고 똑바로 눕기도 힘들어 하는 등 이상증세가 전혀 호전되지 않았음에도 불구하고 심근경색을 진단하지 못하였습니다.

게다가 부검결과 90%의 관상동맥이 폐쇄되었다면 심전도 및 심장효소 검사결과가 정상수치가 나올 수가 없을 것입니다. 이는 피고 2의 검사결과가 제대로 이루어지지 않았음을 시사하는 것입니다.

2. 오진 후 퇴원시킨 과실

이에 피고병원은 망인에게 별다른 문제가 없다고 진단, 단순 귀가 조치시켜 망인이 바로 다음 날 사망에 이르게 하였습니다. 망인은 퇴원 직전까지도 통증이 개선되지 않았고 똑바로 눕기도 힘든 상태였으며 구토를 하는 상태였습니다. 이와 같이 전형적인 심근경색의 소견을 보이는 환자가 증상의 개선이 없다면 입원을 시켜서 경과관찰을 하던지 추가 검사를 하였어야 할 것입니다.

서울중앙지방법원 2012. 7. 3. 선고 2010가합70167 판결은 조기진단되었다면 치료될 가능성이 있었음에 오진한 사건에 관하여,

> 『…피고 의사의 전원조치의무를 게을리 한 과실로 망인은 위암에 대한 조기 진단을 받을 기회를 상실하였고, 망인이 피고 의원에 내원할 당시 나이가 만 41세로 비교적 젊은 나이인 점 등을 고려했을 때 망인의 위암에 대한 조기 진단이 이루어졌을 경우 근치적 절제술이 가능하여 사망에 이르지 아니하였을 가능성이 있으므로 피고 의사의 과실과 망인의 사망 사이에 인과관계가 있다.』

고 하여 전손해배상책임을 인정한 바 있습니다.

≪관련 의학지식을 통한 입증≫

1. 심질환환자의 응급진료 프로토콜

지금까지의 변론에서 밝힌 바와 같이 심근경색은 발병하면 두 시간 이내에 사망하는 경우가 많은 정도의 초응급질환이므로 증상이 나타나면 빨리 병원을 찾아 심장마비가 오지 않도록 검사와 처치를 하여야 하며 혈전용해제로 혈전을 빨리 녹여주고 발

병 4시간 이내에 부정맥을 치료하여야 합니다.

그러므로 심질환환자의 응급진료에 있어서는 일정한 정해진 프로토콜이 마련되어 있으며 특별한 사정이 없는 한 심질환으로 응급으로 내원한 환자에 대하여 위 프로토콜조차 지켜지지 않았다면 이는 합리적인 재량의 범위를 벗어난 것이라 할 것으로 이에 대한 결과의 책임에서 결코 자유로울 수 없다 할 것입니다.

일단 심근경색 의심환자가 내원을 하게 되면 활력징후를 확인하고 심전도를 촬영하게 됩니다. 그리고 심장효소검사, 혈액응고검사, 일반혈액검사, 응급화학검사 등의 필수 혈액검사를 시행하고 심장내과 담당의가 10분 이내에 추가 심전도 촬영을 하게 됩니다.

[표] 심근경색의 응급의료체계

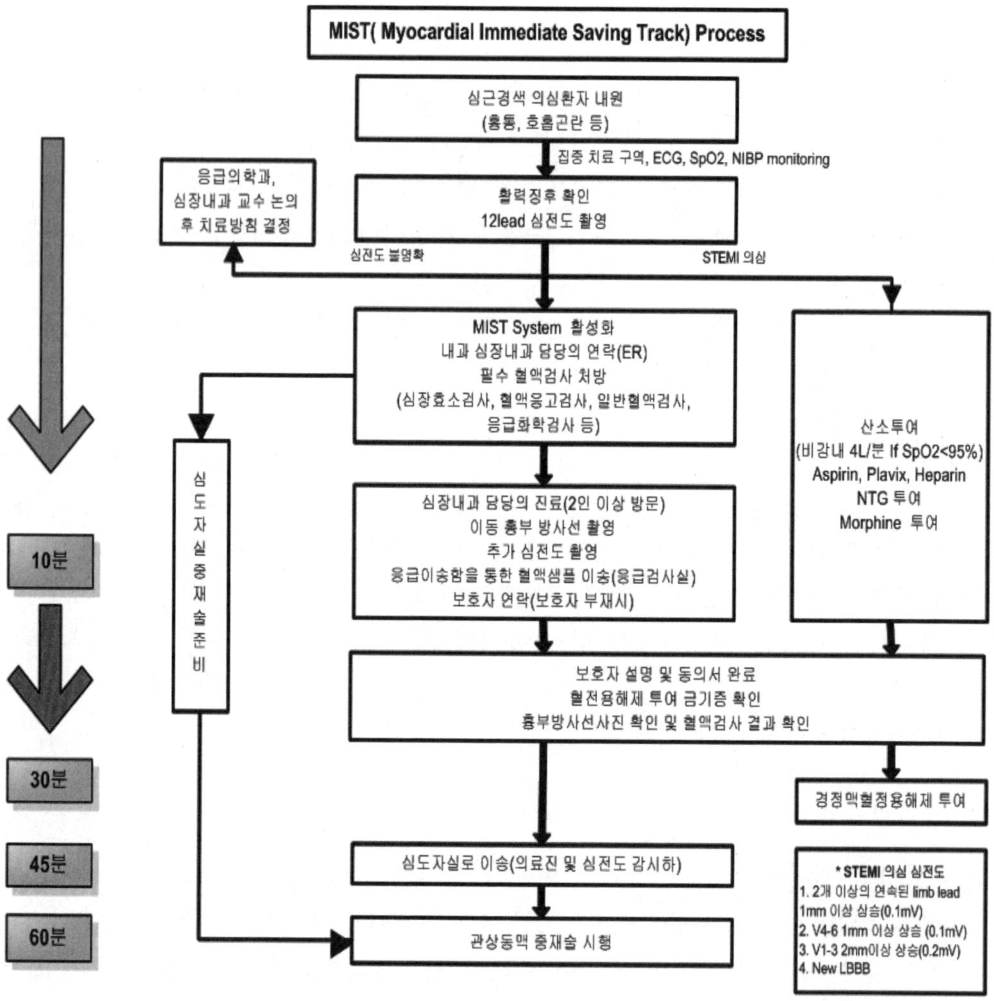

그리고 30분 이내에 혈전용해제를 투여할 금기증이 없는지를 확인하고 혈액검사결과를 확인하여 심도자실로 이동, 60분 이내에 관상동맥중재술을 시행하여야 합니다. 결국 응급으로 내원하는 심질환환자에 대한 응급처치는 1시간 이내에 이루어지는 것이 응급에서의 진료지침이라 할 것입니다.

2. 본건에서의 피고병원의 처치

가. 응급실 내원 후 40분 경과 후 심전도 검사 실시 1회

이와 같이 피고병원은 심질환으로 응급실에 내원한 망인에 대하여 응급실 내원 후 40분이 경과한 시점에서 심전도 검사를 실시하였습니다.

[갑 제6호증의3 응급실처방전]

	sig IM Once Injec 1Day [일수: 1日]				
505 05:20	EKG 기록및 판독	Y	X 0 회	A	윤형식
506 06:13	CBC & diff & ESR (8종) *검체→Blood(W)	Y	X 1	E	윤형식
507 06:13	Electrolyte P. (24 - 26) *검체→Blood(S)	Y	X 1	E	윤형식

05:20 심전도 기록 및 판독
06:13 혈액검사

나. 응급실 내원 후 1시간 20분 경과 후 심장효소검사 실시 1회

그리고 응급실 내원 후 1시간 20분이 경과한 시점에서야 혈액검사를 통한 심장효소검사를 시행하였습니다.

다. 이후 추가검사 미실시

심근경색은 매우 위중한 질환이므로 흉통의 원인으로 심근경색이 의심되는 경우라면 심전도검사와 심근효소 검사를 30분에서 1시간 간격으로 반복적으로 시행하여야 합니다.

▶ 사실조회 회신문

〔문〕 가. 감별진단에 관하여

2) 허혈성 심질환이 가장 의심될 경우 관상동맥질환의 여부, 정도 등을 평가하는 방법과 허혈성 심질환의 진단을 확진하거나 배제할 수 있는 검사 및 진찰방법은 무엇이 있는지요(각 검사는 몇 시간을 두고 반복 시행하여 상태변화를 보아야 하는지요).

〔답〕 허혈성 심질환이 의심되는 경우는 심전도와 심근효소 검사를 반드시 시행하여야 합니다. …중략… 검사결과가 정상이라 하더라도 흉통이 지속되는 경우에는 30분 또는 1시간 간격으로 반복적으로 시행하면서 변화 여부를 관찰해야 합니다(사실조회 회신문 가. 2) 참조).

▶ 사실조회 회신문

〔문〕 가. 3) 추정진단에 따라 환자에게 혈・뇨검사, 소화기내과에서의 내시경검사, 방사선검사, 심장내과에서의 심전도, 심초음파, 조영술 등의 반복검사의 필요성, 치료받지 않을 경우의 예후 등 설명해주어야 내용으로는 무엇이 있는지요.

〔답〕 심근경색은 매우 위중한 질환이므로 흉통의 원인으로 심근경색이 의심되는 경우 심전도와 심근효소 검사를 반복해야 하며 필요한 경우 관상동맥 CT를 촬영해볼 수 있습니다(사실조회 회신문 가. 3) 참조).

심근경색이 의심되는 경우라면 심전도와 심근효소검사를 반복하여야 합니다. 피고병원은 망인의 내원 당시에 심질환을 의심하고 있었습니다.

▶ 진료기록감정 회신문

〔문〕 Ⅱ. 2012. 6. 24. 경 기록과 관련하여

3) 환자가 갑작스럽게 악화된 원인은 무엇이고, 병원에서 환자에게 심장질환을 의심하고 이와 관련된 검사 및 처치를 시작한 적이 있는지요.

〔답〕 부검기록에 미루어볼 때 악화된 원인은 급성 심근경색에 의한 심정지로 생각됩니다. 내원 당시 심근효소검사를 처방한 것으로 보아 이를 염두에 두고 있었던 것으로 보이며 …후략…(진료기록감정 회신문 Ⅱ-3) 참조)

그렇다면 심전도 및 심근효소 검사를 1회에 그칠 것이 아니라 추가적・반복적으로 시행하여야 함에도 불구하고 추가적인 심전도 검사를 시행하지 아니하였습니다.

▶ 진료기록감정 회신문

〔문〕 Ⅰ. 1) 나) 지속적 심전도 및 산소포화도 모니터를 시행하였는지요

〔답〕 기록상으로는 시행하지 않은 것으로 판단됩니다(진료기록감정 회신문 I. 1) 나)항 참조).

라. 심장혈관조영술 미실시

뿐만 아니라 당시 망인에게는 심장혈관조영술을 시행하여서는 안되는 금기증이 없음에도 불구하고 이를 시행하지 않고 만연히 퇴원시켰습니다.

심근경색을 진단하기 위해서는 이와 같은 심전도, 심근효소 검사 외에도 흉부 엑스레이검사, 관상동맥CT를 해볼 수 있으며 이 중에서 가장 정확한 것은 심장혈관조영술이라고 할 수 있습니다.

▶ 사실조회 회신문

〔문〕 나. 허혈성 심질환과 관련하여

2) 다) 혈액검사나 심전도검사결과 이상이 없는 환자 중 심질환자가 많아 방사선검사(CHEST X-ray 및 CT 등), 심초음파검사, 심장조영술 등을 시행하거나 혈액검사 등을 반복시행하여 조기확진을 하여야 하는바,

(2) 심초음파검사, 심장조영술, 심장운동부하검사 중 가장 정확도가 높은 검사방법은 어느 것이며, 각각의 정확도는 몇%인가요(심전도검사상 정상범위내의 환자에 대하여 추가로 실시할 경우 심질환이 진단되는 경우는 몇 %정도라고 보고되어 있는지요).

〔답〕 가장 정확한 것은 심장혈관 조영술이며 이는 심장혈관의 병변을 확진하는 방법입니다. …중략… 불안정성 협심증의 경우 심초음파에서는 이상 소견이 관찰되지 않을 수도 있습니다(사실조회 회신문 나. 2) 다) (2) 참조).

▶ 사실조회 회신문

〔문〕 나. 허혈성 심질환과 관련하여

2) 다) 혈액검사나 심전도검사결과 이상이 없는 환자 중 심질환자가 많아 방사선검사(CHEST X-ray 및 CT 등), 심초음파검사, 심장조영술 등을 시행하거나 혈액검사 등을 반복시행하여 조기확진을 하여야 하는바,

(3) 심비대, 심장중량, 관상동맥협착정도 등을 알 수 있는 검사법으로는 무엇이 있는지요.

〔답〕 …관상동맥 협착 정도는 관상동맥 조영술로 진단합니다(사실조회 회신문 나. 2) 다) (3) 참조).

마. 본건의 경우

그러나 본건의 경우 피고병원은 한 번의 심전도, 심근효소 검사 외에는 하지 않았고 심장혈관조영술을 하지 못할 사정이 없음에도 불구하고 심장혈관조영술을 시행한 바 없어 관상동맥의 90% 이상이 협착된 사실을 간과하고 망인을 퇴원시켰습니다.

▶ 진료기록감정 회신문

〔문〕 I . 2012. 6. 22.경 기록에 관하여

4) 04:55~07:55경 사이에 관상동맥조영술을 하지 못할 제한사유가 있었는지요

(금기증이 있었는지요).

〔답〕 관상동맥조영술을 못할 만한 사유는 없는 것으로 판단됩니다(진료기록감정 회신문 I. 4) 참조).

바. 오진 후 퇴원시킨 과실

(1) 심전도검사, 심장효소 검사 1회 시행 후 퇴원 조치

피고병원은 단 한 차례의 심전도검사, 심장효소 검사를 시행한 이후 어떠한 추가검사도 시행하지 아니하고 만연히 망인을 퇴원조치하였습니다.

▶ 진료기록감정 회신문

〔문〕 I. 5) 다) 1차 Kinpoinn 처방 후에도 '증상의 호전이 없고 구토증상이 동반됨을 호소함' 증상이 지속되어, 06:15경 2차로 진토제 맥페란을 주사한 바,

다른 질환을 감별진단하기 위하여 어떤 추가검사 및 치료계획을 세웠는지요(심장내과 협의진료의뢰, ABGA, 흉부방사선 단순촬영, 산소공급 등을 시도하였는지요, 허혈성 심질환 진단을 확진하거나 배제할 수 있도록 흉통에 관한 증상완화를 위하여 NTG투약을 고려하거나, 심초음파나 심혈관조형술 등을 계획하였는지요).

〔답〕 처음 내원 당시 시행한 검사 이외에 추가검사 및 치료계획은 없었던 것으로 판단됩니다(진료기록감정 회신문 I. 5) 다) 참조).

(2) 심장질환을 의심하였음에도 이에 대한 추적검사계획 미비

뿐만 아니라 피고병원은 퇴원 당시에 심장성 질환의 가능성을 의심하고 이를 환자 및 보호자에게 설명하였음에도 불구하고 심질환을 진단하기 위한 검사, 추적검사 등의 계획은 전혀 세우지 않았으며 허혈성 심장질환을 치료하기 위한 약물도 투여하지 아니하고 망인을 퇴원시켰습니다.

▶ 진료기록감정 회신문

〔문〕 I. 2012. 6. 22.경 기록에 관련하여

6) 07:40경 경과기록지상 「chest pain. r/o acute angina」, 「환자 및 보호자(남편)에게 cardiologic problem 가능성을 설명하였으나 현재상태로는 특이한 소견을 보이지 않음」이라 기록되어 있고, 간호기록지상 「내원시 호소했던 증상 아직은 증상 남아 있다함」이라 기록되어 있는 바,

가) 1차 진통제, 2차 진토제 투여 후에도 급사의 위험성이 있는 흉통이 있고, 급성협심증(cardiologic problem)을 의심하였다고 기록되어 있는 바, 의료진은 위 증상호소에 관하여 어떤 처치를 하였고, 허혈성심질환을 배제할 만한 검사

를 하였는지요.

〔답〕 …중략… 허혈성 심질환을 치료하기 위한 약물을 투여한 기록은 없습니다(진료기록감정 회신문 I. 6) 가) 참조).

▶ 진료기록감정 회신문

〔문〕 I. 2012. 6. 22.경 기록에 관련하여

나) 심장성 질환의 가능성을 설명하였다고 기록되어 있는 바,

(2) 구체적 진단을 위해 어떤 검사를 언제 어떻게 하여야 한다고 설명하였는지요.

〔답〕 심질환을 진단하기 위한 검사계획에 대한 언급은 없습니다(진료기록감정 회신문 I. 6) 나) (2) 참조).

▶ 진료기록감정 회신문

〔문〕 I. 2012. 6. 22.경 기록과 관련하여

나) 심장성 질환의 가능성을 설명하였다고 기록되어 있는 바,

(3) 추적검사계획이나 차회 외래진료예약은 하였는지요.

〔답〕 추적검사계획에 대한 언급은 없으며…(진료기록감정 회신문 I. 6) 나) (3) 참조).

≪원 · 피고 주요쟁점≫

	원 고	피 고
오 진	– 전형적인 심근경색의 증상에도 별다른 문제가 없다고 판단 – 3시간 이상 흉통이 지속되었는데도 위장질환과 감별진단하지 않음 – 심인성문제가 있을 수 있다고는 의심	퇴원당시에는 불편한 느낌이 남아있는 정도 귀가해서도 별다른 이상을 보이지 않음.
설명의무 위반	심장질환과 관련된 설명듣지 못함.	심장질환 가능성 설명하고 귀가 후에도 증상이 나타날 경우에는 병원에 방문할 것 설명

≪1심 판결≫[76]

1. 피고의 과실

76) 고등법원의 판결도 1심 판결과 차이 없이 그대로 과실과 인과관계를 인정하고 있으므로 1심 판결문을 중심으로 과실판단과 인과관계를 살펴보기로 한다.

『망인이 흉통 등 급성심근경색의 증상을 보이고 있었고, 소염·진통제와 위장운동조절·진경제의 투약에도 불구하고 가슴통증이 계속 남아있어 심근경색을 의심할 수 있는 증세가 계속되었으며, 심근효소는 심근경색 발생 후 상당한 시간이 지나서 혈중 농도가 증가하기 시작하는 등의 이유로 심근경색 초기에는 심전도 및 심근효소검사 결과가 정상이라 하더라도 흉통이 지속되는 경우에는 곧바로 심근경색의 가능성을 배제할 수 없고 30분 내지 1시간의 간격을 두고 반복적으로 검사를 시행하여 변화 여부를 살펴야 함에도 망인의 내원 후 1~2시간 이내에 이루어진 한 차례씩의 심전도 및 심근효소검사 결과만으로 소견을 내린 결과 급성심근경색의 진단을 하지 못하고 흉통이 남아 있는 망인을 퇴원하도록 한 잘못이 있고, 급성심근경색증의 병원 내 생존율 등을 고려할 때, 피고 윤○○이 급성심근경색의 진단을 내려 관상동맥중재술 등의 치료를 하였다면 망인이 사망하는 결과를 피할 수 있었다고 보이므로 피고 윤○○의 진단상의 잘못과 망인의 사망 사이에 상당한 인과관계가 있다.』

라고 판시하고 있다.

2. 인과관계

과실판단과 인과관계 판단을 같이하여, 진단상의 과실과 망인의 사망 사이에 상당한 인과관계가 있다고 판시하고 있다.

3. 인용금액 : 5,000만 원

4. 피고의 책임비율 : 50%

2. 자궁외 임신을 급성 골반염으로 오진하여 난관파열에 의한 대량출혈로 사망한 사건[77)]

≪사건 개요≫

• 원고 망 구○○(29세, 여) / 피고 ○○산부인과의원, 대구○○병원

※ 사건 경과
자연유산 → 자궁내막폴립으로 소파술 시행 → 생리 불규칙 → 가상임신 → 자궁외 임신으로 인한 난관파열 → 사망

날 짜	증 상	검 사 처 치
김○○산부인과		
2013. 6. 15.	마지막 생리기간 : 4/28 소변검사 양성 4일 전, 5~6주, 임신낭 2개 보임.	
6. 22.	6~7주 사이 임신낭 2개 보임.	
6. 28.	계류유산(자연유산으로)	계류유산 수술
7. 1.	급성 질염	오엔지 질연질캡슐 처방
7. 3.	질염 치료 유지	
10. 25.	생리 후 계속 핏물 비치다 갑자기 출혈	초음파 : 추정진단 다낭성 난소 자궁내막 두꺼움(17㎝) - 소파술 조직검사 예정
10. 26.	상세 불명 이상 자궁 및 질 출혈 자궁내막 폴립 자궁내막증식증	소파술 시행
10. 29. 11. 1.	경과 관찰, 질염 치료	
12. 27.	마지막 생리 11/19 소변검사 양성 2일 전 소변검사 위양성 가상 임신이라고 들었다고 함.	질염 약 처방 1주 기다려 보기로 - 진단명 : 희발월경
대구○○병원		
2014. 1. 29.	내원 2주 전 : 생리하면서 평소보다 양 많음, 생리 끝남. 내원 4일 전 : 다시 생리 시작 금일 물설사 2회, 아래 복부 통증	

77) 대전지방법원 2016. 3. 30. 선고 2014가합101020 판결.

		구급차에서 spo2 94%, 빈혈증상 있어 보여 마스크 10L 쓰며 내원. 추정진단 : 급성 골반 염증성 질환	
	16:09	내원함.	90/50-98/20-36.8-산소포화도 94%
	19:15	CT 찍으려 했으나 숨차 바로 눕지 못하겠다고 함.	활력징후 측정기록 없음.
	19:40	CT 찍으려 했으나 숨차 못 누우겠다고 함.	산소포화도 100%
	20:26	CT 찍음－심한 복강내 출혈 오른쪽 자궁 부속기에 3.7cm 과혈관벽을 가진 낭종이 보이고 주위에 최근 발생한 대혈전 관찰됨. 추정진단－자궁외 임신으로 인한 파열	
	20:50	두통 호소함.	
	21:00	환자 coma 상태	기관 삽관
	21:02	EKG 심정지	심폐소생술 시행함.
	21:23		수혈－적혈구 3p, 신선동결혈장 5p
	21:30		보호자에게 복강내 출혈로 위중하다고 설명하고, 사망 가능성 설명함.
	21:50		수혈－적혈구 3p
	22:11	EKG 106회	심폐소생술 stop
	22:22	수술장 이동함 -수술동의서 못 받음.	수혈－적혈구4p
	22:40～23:40	수술 시행함. 오른쪽 난관- 자궁외 임신으로 인한 파열 자궁－푸른 빛	
2014. 1. 30.	00:08	수술장에서 옴. coma 상태, spo2 55%	O2 full 기관내 삽관 튜브로 앰브배깅 중임.
	00:15		보호자 남편에게 현상태 설명
	01:17	심전도 늘어지면서 49회까지 확인됨.	심폐소생술 시작
	01:20		보호자 남편에게 현상태 설명
	01:30	자발순환 돌아옴.	
	02:25		심폐소생술 다시 시작함.
	02:32		보호자 남편에게 현상태 설명
	02:43	자발순환 돌아옴.	
	03:00		심폐소생술 다시 시작함.
	03:25		보호자 남편에게 현상태 설명
	03:31		보호자에게 현상태 및 소생 가능성 없음을 재차 설명함.
	03:45		보호자 원하여 CPR stop함. 사망 선언함.

≪소장에서 주장하는 피고의 과실≫

1. 진단상 과실

망인은 피고 2 병원 의료진에게 내원 2주전 생리하면서 평소보다 양이 많았다는 점, 생리가 끝난 후 내원 4일전 다시 생리를 시작하였다는 점, 내원시 하복부 통증과 산소투여를 받으며 내원하였다는 점 등에 비추어 보면 이에 대한 정확한 진단을 하기 위해 소변검사, 초음파검사 등을 즉각적으로 시행하여 망인의 증상이 자궁외 임신일 가능성을 의심하고 이에 대한 진단상 검사를 실시하여 결과발생을 예견하여야 할 주의의무가 있습니다. 그럼에도 불구하고 자궁외 임신가능성을 진단할 수 있는 간단한 소변검사, 초음파검사 등을 실시하지 아니하였고, 내원한지 4시간 20분여가 지난 같은 날 20:26경에야 비로소 CT 검사를 실시하여 자궁외 임신을 확인하였습니다.

[그림] CT 판독 결과

Abdomen & Pelvis CT :

Clinical information : Abdominal pain.

Findings :
Massive hemoperitoneum.
Right adnexal region에 3.7cm 크기의 hypervascular wall을 가진 cystic lesion이 보여지고 주위에 large recent blood clot이 보여짐.

CONCLUSION : Massive hemoperitoneum with some large recent blood clot around right adenxa and uterus.
R/O rupture of the right ectopic pregnancy.

복부&골반 CT :
임상정보 : 복부통증
판독 :
대량 복강내 출혈
오른쪽 자궁부속지 근방에 3.7cm 크기의 과혈관벽을 가진 낭종이 보여지고 주위에 최근 발생한 다량의 혈전 보여짐.
결론 : 오른쪽 자궁 부속기와 자궁 주위 최근 발생한 다량의 혈전을 동반한 대량 복강내출혈

[그림]의 CT 판독 결과를 살펴보면, 무려 3.7cm의 크기의 낭종이 보인다고 하였습니다. 이는 난관의 정상직경[78]과 비교하였을 때 가장 넓은 부위라 하더라도 난관의 4~6배 정도보다 큰 크기로서 난관 파열을 시킨 직접적인 원인이라는 것을 알 수 있

78) 난관의 직경은 자궁관 잘룩부분이 2~3㎜로 가장 좁고, 팽대부는 약 6~8㎜ 정도입니다.

습니다.

또한 최근 발생한 다량의 혈전으로 보아 혈전이 발생한 것은 CT를 찍은 시간으로부터 얼마 지나지 않은 것을 알 수 있습니다. 피고 2 병원 의료진이 조금만 빨리 처치를 하였다면 망인의 대량 출혈의 발생을 막을 수 있었을 것입니다.

피고 2 병원은 자궁외 임신가능성을 의심하고 이에 대한 진단적 검사를 실시했어야 함에도 이를 하지 못한 과실로 인하여 결국 망인을 사망에 이르게 한 책임이 있습니다.

2. 검사 지연 및 경과관찰상 과실

망인은 피고 2 병원 응급실에 내원한 이후 지속적으로 상태가 악화되고 있었습니다. 2014. 1. 29. 19:15경 CT를 찍으려 했으나 숨차다며 바로 눕지 못하는 등 호흡곤란과 함께 심한 복통 증상을 호소하였습니다.

피고 2 병원이 위와 같은 증상에 대해 진통제로의 복통 조절, 호흡곤란을 완화하는 산소 투여로 신속한 CT검사가 이루어 졌다면, 망인에 대한 진단이 더 빨리 이루어졌을 것입니다. 또한 자궁외 임신을 감별할 수 있는 중요한 검사 중 하나인 소변검사 결과 또한 CT를 찍은 시간인 같은날 20:30경에 확인하였습니다.

소변검사와 CT검사 등에 대해 빠른 조치가 이루어 졌더라면 자궁외 임신의 진단이 빨리 이루어졌을 것입니다. 그리하여 자궁외 임신에 대한 조치를 취하여 난관 파열을 막아 망인이 사망에 이르지는 아니하였을 것입니다.

또한, 피고 2 병원은 망인에 대한 기본적인 활력징후조차 측정하지 않고 방치하였습니다.

즉, 피고 2 병원은 자궁외 임신 등 다른 질환을 의심하여 망인의 상태를 면밀하게 관찰하여야 할 의무가 있음에도 불구하고 체온, 맥박, 혈압 등의 기본적인 활력징후조차 측정하지 않았고, 극심한 복부 통증으로 인해 CT를 찍지 못할 정도의 통증을 호소함에도 불구하고 심각성을 인지하지 못한채 아무런 조치를 취하지 않다가 뒤늦게 소변검사, CT검사를 실시하는 등 망인의 상태를 면밀하게 관찰하지 아니한 과실이 있습니다.

≪관련 의학지식을 통한 입증≫ PPT 자료를 통한 변론

차례

1. 사건개요
2. 의학적 관련지식 및 규범적 주의의무
3. 인과관계
4. 과실
5. 설명의무위반
6. 결론

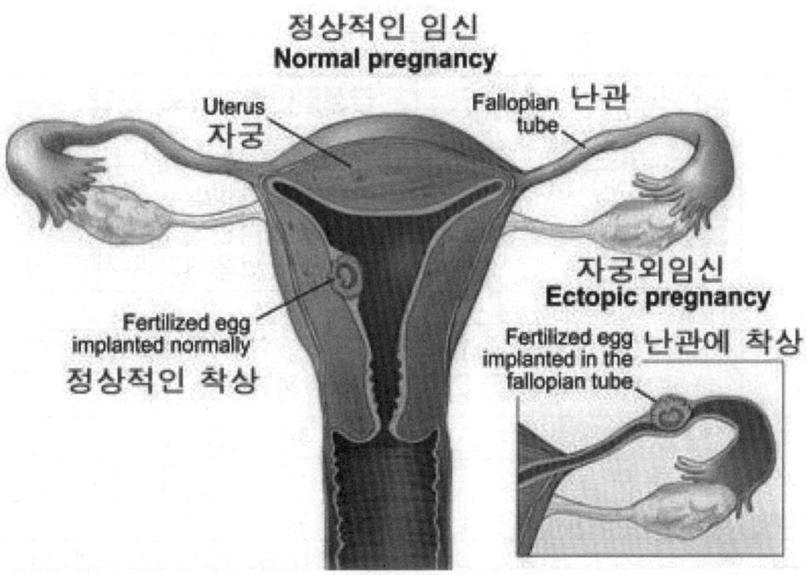

1. 사건개요

가. 피고 1(김ㅅ ㄹ 산부인과)

날짜	증상	처치
2013. 6. 28.	계류유산 진단	소파술(계류유산 수술)
10. 25.	생리 후 비정상적인 질출혈	
10. 26.		자궁내막 선증식증으로 소파술
12. 26.	소변검사용 임신테스트기 상 양성	
12. 27.	피고1 의원 내원	**'가성임신' 으로 진단**

오진 및 설명의무위반!!!
요양지도의무위반!!!!

1달 간 자궁외임신 간과, 방치로 난관파열 유발시킨 과실과 사망사이에 직접적인 인과관계 존재

피고2 의료진에게 임신이 아니라는 잘못된 정보를 제공, 자궁외 임신 조기 진단 및 치료 지연으로 사망케 한 인과관계 존재

나. 피고 2(대구ㅍE 병원)

날짜	증상	처치
2014. 1. 29. 16:09	의식명료, 복부통증, 호흡곤란, 비정상적인 질출혈, 얼굴 창백함 → 119로 응급실 내원	**'급성골반염' 으로 진단**
	x-ray 촬영 위하여 대기, 혈액검사 후 대기, 호흡곤란 및 복부 통증 더 심해짐 → 보호자 요청하여 CT촬영 예정, 보호자 요청하여 산소 제공	
19:1		후 측정 않함
19:40		징후 X
20:26	CT촬영 마침	**CT결과 확인 안함**
20:50	극심한 두통 호소	**의사 call 했으나 즉시 오지 않음**
21:00	환자 쇼크(의식소실), 심정지	심폐소생술 시작
21:30		**뒤늦게 CT판독, 복강내 출혈 지연확인**
2014. 1. 30.	**03:45 사망**	

5시간반

오진!!!!!
명백한 출혈 소견이
있었음에도 무시

자궁외 임신 진단 지연으로 '사망' 이라는 악결과를 유발한 직접적인 인과관계

2. 의학적 지식 및 규범적 주의의무

가. 파열 전 자궁외 임신 조기 진단 의무

수정란(태아)이 자궁이 아닌 다른곳에 착상하는 것

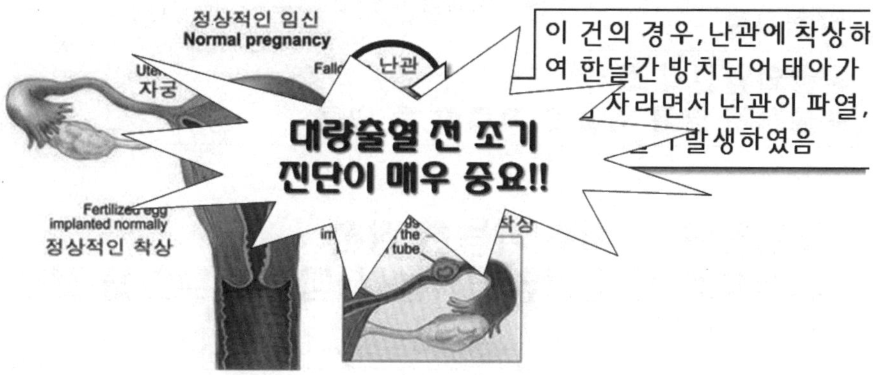

2) 조기 진단 방법

가) 병력 청취 및 이학적 검사 (문진, 시진, 촉진)

정밀검사 필수(∵ 정확도 50%에도 못 미치기 때문)

나) hCG호르몬의 측정

열액검사 & 소변검사 가능, 소변으로 검사 시 1~2분내 확인
(∵ 자궁 외 임신의 경우 호르몬이 많이 증가되기 때문)

다) 자궁 내 초음파

hCG호르몬이 증가되어 있으나 착상태아가 보이지 않는 상태

나. 파열 전 자궁외임신의 치료

〈그림. 자궁외 임신의 수술적 치료〉

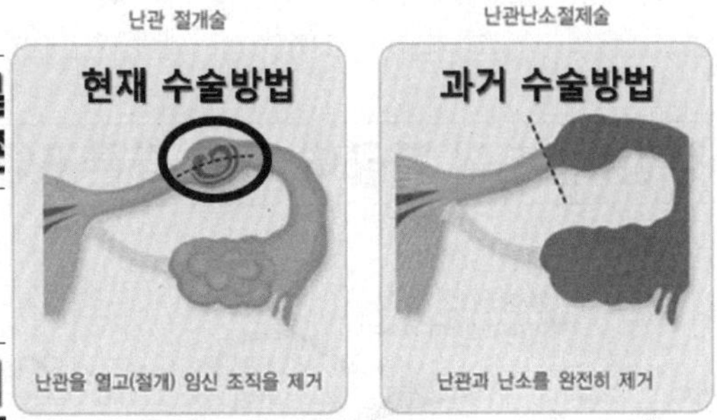

1) 수술적 치료

최근 수술기술의 발
난관과 난소를 보존

2) 약물치료

자궁외임신의 조기
수술하지 않고 약물로 치료할 수 있음

⇨ **조기진단 시 치료 가능한 질환**
조기치료 시 정상임신가능(사망하지 않았을 것!)

다. 파열 후라도 사후확대방지가능성
- 빠른 개복수술

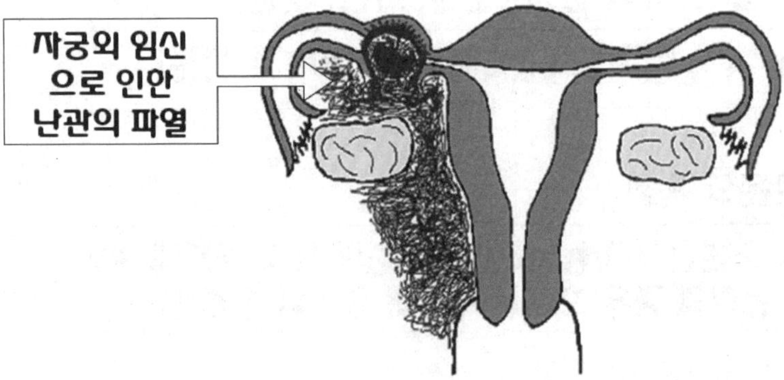

⇨ **복강 내 출혈로 저혈량성 쇼크에 빠질 수 있음**
빠른 진단 후 빠른 개복 수술 필수!!!

3. 인과관계

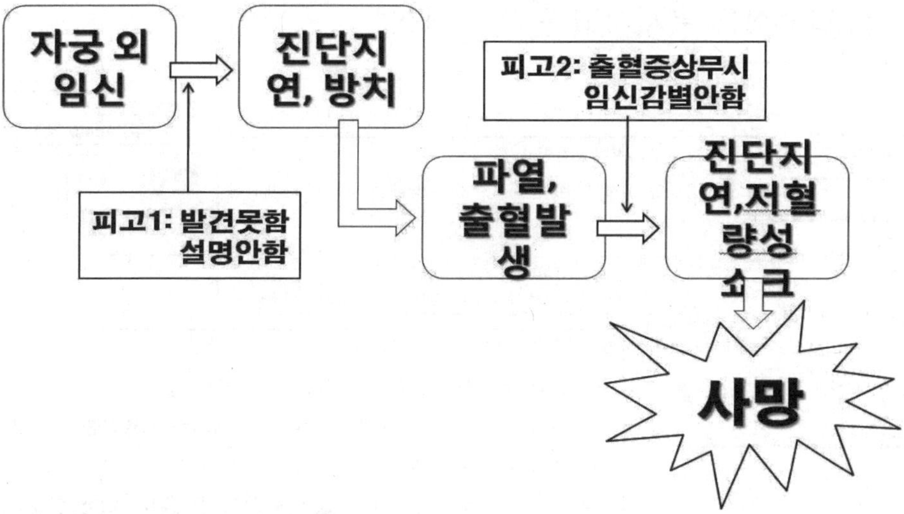

4. 과실

가. 피고1의 과실 – 가성임신으로 오진

<12월27일 진료기록부>

<< C.C >>

LMP:11/19, u-hcg(+)2틀전.욜초음파, 5+3wk Rt:cor Lt:n-s EM:as like mole uhcg(-+?) 1wk wait

<< Diagnosis >>

(N915) 상세불명의 희발월경

(N760) 급성 질염

<< Examine >>

초음파검사(원내)

요침사현미경검사(WetSmear(DirectSmear))(원내)

임신소변(원내)

<< Treatment >>

오엔지질연질캡슐(외용)(원내) 1 1 1

나. 피고2의 과실

-출혈 증상 무시, 자궁외임신 진단지연

1) 출혈증상을 무시하고 오진한 과실

응급실 기록

220 F/29y11m
구 EM
840 -2****** 병실 : ER

진료기간 : [ER:2014/01

[주호소]
1. Lower abdominal p
[통증]
Pain Scale : NRS
[현병력]
PI : Prev no kno
평소 건강하게 지내시던
규칙적인 생리 주기 보이시며 건강하게 지내실.

2013.7 자연유산 되셨고 이후 3개월째 생리양이
척해졌다함.
이후 tolerable하게 지내다가
내원 2주전 생리하면서 평소보다 조금 많이 있었
이후 생리 끝났으나 내원 4일전 다시 생리 시작되
내원 당일 09시 기상 후부터 watery diarrhea #2,
통증 지속되어 119 신고하여 ER visit.
*구급대에 따르면 anemic하였고 손발 차고 SpO2

[추정진단]
1. (주) Acute PID

오진
(급성골반염)

▶ 원고측 진료기록감정회신

문] 급성골반염 외에 다른 질환으로는 무엇을 의심하고 배제진단을 하였는지요

답] ...전신상태로 보아서 출혈을 의심하여야 하지만 이 점에 대하여는 기록이 없습니다(원고측 진료기록감정회신 2)-가)-(3)항 참조).

▶ 원고측 진료기록감정회신

문] 활력증후, 혈액 및 방사선검사결과는 무엇인지요

답] ...혈압과 맥박수로 보아서 빈혈이나 **출혈의 가능성**을 의심할 수 있습니다. 구급대의 말로는 일어서면 어지럽고 창백하고 손발이 차다고 하였는데 이는 **출혈에 의한 전신적인 허혈 증세**를 의미합니다...(원고측 진료기록감정회신 2)-가)-(1)항 참조).

2) 자궁외임신 진단지연

→ 응급개복, 지혈처치 지

가) 소변검사 지연 – 임신여부를

■ 망인의 상태 : 복강 내 출
복부 통증

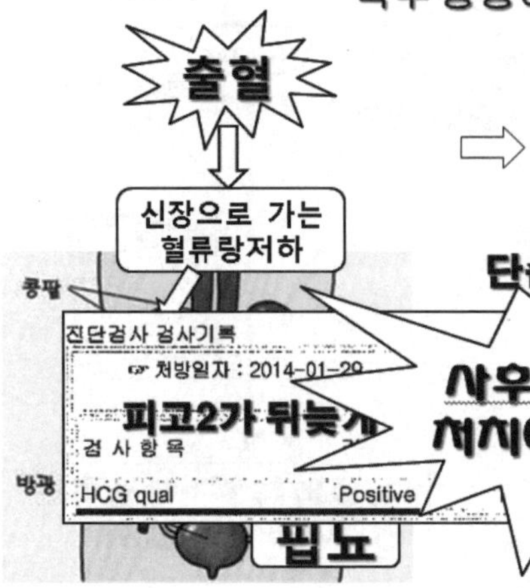

▶ 원고측 진료기록감정회신

문] 1. 29. 16:24경 응급의학과전문의 홍 의사가 hcg검사를 지시한 이유는 무엇을 감별진단하기 위한 것이고, 5시간 16분이 지난 21:40경 시행된 이유는 무엇이고, 그 결과는 어떠하였는지요

답] 비정상적인 질출혈이 있어서 임신반응 검사를 하였을 것으로 추정합니다. 임신반응 양성입니다. 환자의 소변이 나오지 않아 검사를 바로 못하였을 것으로 추정합니다. 출혈로 전신적인 빈혈이 오면 뇌와 심장 등 중요한 기관으로 혈액을 우선 공급하고 **신장 등의 장기로는 혈액량이 감소하여서 소변량이 적어 집니다.** 소변 검사의 필요성에 대한 설명의 기록이 없습니다. 21:02에 심장정지가 되어 심폐소생술을 시작하였습니다. 기록에는 없으나 이 **이후에 뇨도에 뇨관 카테터를 삽입하여 소변을 받지 않았나 추정**합니다(원고측 진료기록감정회신 2)-나)항 참조).

답] 소변검사의 경우 환자가 소변을 보게 하는 검사를 합니다. 10분 안에는 결과를 볼 수 있습니다. **소변을 못 보는 경우에는 도뇨관으로 소변을 받아내어 검사**를 할 수 있습니다(원고측 사실조회회신 2)-나)-(2)항 참조).

2014-01-29 21:40 2014-01-29 21:44

나) CT검사 지연 – 복강내

■ 망인의 상태 : 복강 니 호흡곤

▶ 원고측 진료기록감정회신

문] 19:40경에도 19:15경과 같이 CT찍으려 하였으나, 숨차서 바로 눕지 못하였는바, 지속적으로 숨차서 못눕겠다고 하는 이유는 무엇 때문인지요

답] 복강내에는 다량의 출혈이 있어서 **누운 자세에는 횡경막을 밀어올리기 때문에 숨이 찹니다.** 앉은 자세에는 횡경막 압박이 덜하므로 숨이 차는 증세는 완화될 수 있습니다(원고측 진료기록감정회신 2)-사)-(3)항 참조).

▶ 피고2측 응급의학과 진료기록감정회신

답] 2014. 1. 29. 19:15에 "CT 찍으려 가려 했으나 환자 숨차다며 바로 눕지 못하겠다함을 이진 의사에게 보 한 바 때의 **숨찬 원인에 대하여 좀 더 적극적** 사료된다(피고측 응급의학과 진료

▶ 피고2측 응급의학과 진료기록감정

답] **숨이 차서 눕지 못하는 원인에 대한** **져야 한다고 판단되며,** ...산부인과 협진을 통 초음파 사 또는 휴대용 초음파를 이용한 검사가 먼저 이루 졌어야 한다고 사료된다(피고측 응급의학과 진료기록감정회신 8.항 참조).

기록부>

려 가려했으나 환자 숨차다며 바로 눕지 못 한걸 notify함

CT 찍으러 갈수 있을지 여부 확인했으 상 여전하다며 못 누우시겠다함 dr 이진

으로 확인했어야 함

!!!!!

명백한 과실!!

5. 설명의무위반

가. 피고1

자궁 외 임신 가능성, 진단 및 치료방법, 의심할 수 있는 임상증상, 증상발현시 대처방법, 치료지연시 사망 등 예후에 대한 설명의무(요양방법 지도의무 포함) 위반으로 망인의 자기결정권 침해!!!!!!

나. 피고2

급성골반염증성 질환만 의심, 다른 질환(자궁외 임신)의 가능성에 대한 감별진단, 수술적 치료의 필수성, 사망 등 예후에 관한 설명의무위반으로 망인의 자기결정권 침해!!!

6. 결론

1. 피고1과 관련하여
- 초기 자궁외 임신을 진단하지 못함
- 추적검사 하지 않음

2. 피고2와 관련하여
- 초기 출혈 증상 무시(자궁외임신 진단지연)
- 응급개복술 미실시
- 호흡곤란, 복통에 대한 감별진단 하지 않음

3. 설명의무위반

전손해배상 !!!

≪원 · 피고 주요쟁점≫

쟁 점		원 고	피 고
인과관계		김○○ 산부인과 －자궁외 임신 조기진단 못하고, 경과 관찰 안하여 4주 후 난관 파열	－포상기태, 자궁외 임신 설명하고 1주뒤 내원하도록 설명하였으나 원고가 오지 않음.
		대구○○병원 －자궁외 임신 진단하지 못하고, 늦은 처치로 난관 파열, 사망	감별진단이 어려운 질환, 문진으로 가능성 낮아짐.
	결과예견	김○○ 산부인과 －u-hcg(소변검사 : 사람융모성 성선자극호르몬) 양성, 병원 검사상으로도 위양성이 나왔으면, 자궁외 임신 의심해 보아야 함.	－포상기태, 소변검사 애매하여 자궁외 임신 가능성 설명하고 1주뒤 내원하도록 설명하였으나 망인이 오지 않음.
		대구○○병원 －불규칙한 생리 주기를 질출혈로 의심해 보았어야함.	－감별진단이 어려운 질환, 문진으로 가능성 낮아짐.

과실			- 심한 복부통증으로 숨쉬기 곤란하기까지 했다면, 자궁외 임신가능성도 감별해야 했음(열이 없었으며, WBC는 출혈이 있을 때에도 올라갈 수 있는 수치임).	
	결과회피	사전회피의무	김○○ 산부인과 - 소변검사 위양성 나왔으면 정밀검사 시행했었어야 함. - 경과관찰하면서 u-hcg와 초음파를 f/u 했어야 함.	- 초음파 정밀 검사 시행, 기록 남아 있음. - 망인이 오지 않음.
			대구○○병원 - u-hcg검사 빨리 시행하지 않음(검사 결과 push해서라도). - CT 검사 빨리 시행하지 않음(내원 시로부터 4시간 20분 지연). - 활력징후 측정하지 않음(산소포화도 측정 결과만 있음).	- 망인의 의식 명료, 스스로 소변받아 주겠다고 하여 검체를 얻지 않음. - 활력징후 측정기록 있음. - CT검사 크레아티닌 수치 높아서 전처치로 인해 시간 지체
		사후피해확대방지	김○○ 산부인과 - 자궁외 임신 일찍 발견하였다면, 약물치료 요법 혹은 상급병원 전원이 가능하여 치료받았을 것임.	- 망인이 내원하지 않음.
설명의무 위반			김○○ 산부인과 - 자궁외 임신 가능성에 대한 설명 없음(증상과 향후 관리 및 경과관찰에 대한 설명 없음). <자궁외 임신 가능성을 염두해 두었다면 반복되는 생리주기(○○○병원 내원 2주, 4일전 생리주기 있었음)라면 질출혈일 수도 있으니 병원에 내원해야 한다는 설명 없음>	- 유산, 자궁외 임신 가능성, 포상기태 임신의 가능성을 설명함.
			대구○○병원 - 급성골반염증성 질환 및 다른 감별진단할 수 있음에 대하여 설명하지 않음.	-자기결정권의 문제 아니므로 설명의무 없음.

≪1심 판결≫

1. 피고의 과실 —— 피고 2. 대구○○병원의 과실만 인정

『피고 2 병원 의료진은 망인이 충분한 출혈소견을 보이고 있는 상태에서, 조기에 HCG검사 등을 실시하였다면 자궁외 임신 가능성을 진단할 수 있었다고 보이므로,

피고 2 병원 의료진은 진단상 주의의무를 위반하여 망인의 자궁외 임신으로 인한 난관파열을 조기에 발견하지 못하였고, 이에 따라 혈액량 감소성 쇼크를 막기 위하여 순환혈액량 보충과 출혈 소인 제거를 위한 수술 등의 처치를 신속히 시행하지 못한 과실이 있다.

① 망인은 피고병원에 내원 당시부터 산소포화도가 낮아져 산소마스크로 산소를 공급받고 있었던 상태에 있었고, 16:09경 혈압과 맥박수로 보아 빈혈이나 출혈의 가능성이 의심되었으며, 구급대원은 망인에 대한 관찰결과 망인이 일어서면 어지럽고 얼굴이 창백하고 손발이 차다고 하였으므로, 망인은 출혈에 의한 전신적인 허혈증세를 나타내고 있었다.

② 피고 2 병원 응급실 기록에도 망인의 결막이 창백하다고 기록되어 있었고, 망인의 산소포화도가 정상이었던 것은 응급실로 후송되는 과정에서 산소마스크로 산소를 공급받았기 때문이며 이는 응급구조일지에도 기록되어 있다.

③ 2013. 12. 27. 16:26경 망인으로부터 채취한 혈액검사에서 헤모글로빈(혈색소)수치는 10.1g/dL이고, 헤마토크릿(적혈구 용적율)이 29.8%로 감소되었는데 이것은 빈혈을 의미하고 빈혈의 원인으로 출혈을 의심할 수 있다.

④ 피고 2 병원 의료진은 망인이 가임기 여성으로서 내원 당시 하복부 복통을 호소하고, 2주전 생리를 한 뒤 4일전 또 생리를 한다고 부정출혈 등이 의심되는 대답을 하였으므로, 임신가능성을 배제하지 아니하고 임신여부를 확인하였어야 하는데 급성골반염으로 추정진단하고, 출혈소견과 함께 혈액량 감소에 동반되는 소변량 감소 소견까지 보였으므로 망인이 스스로 소변검체를 내지 않는다는 이유로 간편한 임신여부 검사 방법인 HCG호르몬 검사조차 시행하지 아니하였다. 망인이 응급실에 후송되어 문진시 냉의 양과 냄새 변화는 없었다고 기재되어 있으므로 질염의 가능성이 낮은데, 급성골반염을 진단하였을 뿐 망인의 전신상태로 보아 의심되는 출혈에 대한 진단기록은 기재하지 아니하였다. 또한 산부인과 협진을 통하여 초기에 초음파 검사를 통한 진단도 하지 않았다.

⑤ 의사 홍○○는 망인이 소변을 자의로 제출하지 않았다는 이유로 만연히 HCG호르몬 검사와 상관없이 다른 검사부터 진행할 것을 다시 지시하였고, 소변채취는 망인의 상황이 급격히 악화된 21:30경까지 이루어지지 않았다. 소변검사를 통하여 적혈구 및 백혈구 개수를 알 수 있는데, 현재 생리중인 환자의 경우에는 단순도뇨관을 통한 소변 검체를 채취하는 것이 합당하였던 것으로 보인다.

⑥ 복강내에 다량의 출혈이 있으면 누운 자세에서는 횡격막을 밀어 올리기 때문에 숨이 차고, 앉은 자세에서는 횡격막 압박이 덜하므로 숨이 차는 증세는 완화될 수 있는데, 망인은 이미 CT검사를 시행하기 전 위와 같은 증상을 보이며 수차례 CT검사를 거부하였다. 피고 2 병원 의료진은 망인이 숨차다고 CT를 찍는 것을 못하겠다고 했을 때 숨이 찬 원인에 대하여 적극적인 대처를 하지 않았다.』

고 판시하여, 피고 2 병원의 직접 과실을 인정하고 있다.

2. 인과관계

『과실과 사망 사이에 인과관계가 있는지를 보건대, 다음의 이유로 인과관계가 인정된다.

① 파열된 자궁외 임신의 경우 전신 상태가 좋지 않거나 혈액의 양이 많으면 즉시 개복수술하여 난관을 절제하고 복강 내 혈종을 제거하여야 하고 개복수술이 늦어질 경우 파열된 자궁외 임신은 다량의 출혈이 복강 내로 고여 허혈성 쇼크에 빠지게 되고 전신적인 혈액응고장애, 뇌손상, 심정지, 심하면 사망에 이르게 된다

② 망인은 위와 같은 피고 병원 의료진의 과실로 인하여 내원 당시부터 출혈소견이 있었음에도 4시간 30여분 동안 출혈에 대한 적절한 응급조치를 받지 못하여 과다출혈이 계속 진행되고 있었다.

③ 망인이 피고 2 병원으로 후송되었을 당시 의식이 명료하였고, 망인의 헤모글로빈 수치는 16:26경 정상수치보다 약간 낮은 10.1g/dL 이었으나, 21:37경에는 4.1g/dL로 피고 2 병원에 있었던 5시간동안 출혈증세가 악화되었던 것으로 보인다.

④ 만약 HCG검사가 빨리 확인되었다면 CT검사 이전이라도 망인이 내원 7시간 전부터 하복통이 시작되었고, 월경의 이상 소견, 저혈압과 빈맥, 결막의 빈혈 소견과 함께 자궁외 임신 가능성을 조기 진단하여 출혈 부분에 대한 조치가 신속히 이루어 질 수 있었을 것으로 보인다.』

라고 판시하여 인과관계를 직접 인정하고 있다.

3. 인용금액 : 2억 4천만 원

4. 피고의 책임비율 : 60%

3. 급성 심근염을 간염으로 오진하여 늦은 처치로 사망한 사건79)

≪사건 개요≫

• 원고 망 정○○(여, 42세) / 피고 의료법인○○의료재단

※ 사건 경과

(1) 2009. 8. 31. 설사와 오심, 구토로 ○○병원 내원함.
→ 장염, 상기도감염, 혈관성 두통 (의증)하에 소화기내과에서 치료함.

(2) 8. 31. 두통증상있어 신경과 협진조치함(뇌 MRI검사결과 이상 없음).
흉통, 트로포닌-I 5.4로 증가된 수치보여 급성심근경색증 의증하여 심장내과 협진조치함(심초음파상 좌심실 비대, 심내막의 삼출, 좌측관상 동맥의 허혈소견있었으나 심혈관조영술 시행결과는 이상 없음).
→ 심장내과로 전과됨.

(3) 9.1 복부 초음파상 담낭염 의증 소견보여 외과 협진함.
(담낭벽의 부종소견은 담낭염보다는 이차적인 변화로 간염 등의 간병증에 대한 추가 검사 필요함).

(4) 9. 2. 복부 CT시행 → 담낭염보다는 심장의 문제로 인해 담낭벽이 굳은 것으로 추정됨. 복부 전체에 복수소견.
추후에 초음파 검사할 것, 위내시경 및 장내시경, AFP, CEA, CA19-9 같은 암표지자 검사 확인할 것을 추천함.

(5) 9. 3. 질출혈로 산부인과 협진함(다발성 자궁근종).
급성간염의증(AST/ALT 4397/2101), 환자가 전원 원하여 ○○대병원으로 전원시킴.

(6) 9. 3. 15:10경 ○○대병원 응급실 내원함.
내원당시 혈압 70/50으로 심근염, 패혈증 의증하에 19:15경 심장 중환자실로 입원조치함.

(7) 9. 4. 07:10 호흡정지로 심폐소생술 시행하였으나 지속적인 심실세동으로 제세동 7차례 시행에도 회복되지 않음.
08:17 급성 심근염으로 사망함.

---

79) 부산지방법원 2009가합26230 결정.

시 간 (2009)		증 상	검사 및 처치	비고
8.31.		○○병원 소화기내과 외래 내원 "가슴이 아프다" 발열, 설사, 오심 호소	소화기 내과 병원 입원 조치	
	11:00	병동 입원함. 체온 37.2		
	11:38	양측 관자놀이 부분 두통	신경과 협진 의뢰	
	13:08	CK 681 CK-MB 55		
	13:18	트로포닌-I 5.43		
	14:03		심장내과 협진 의뢰	
	14:20		심장내과 전과 혈관조영술 시행 설명	
	15:10		혈관조영실 도착 (검사결과－정상)	
	16:00	체온 38.7	레오마 1앰플 근육주사	
	16:37	CK 659 CK-MB 44		
	16:40		신경과 회신 -혈관성 두통 의증하에 MRI 및 뇌파검사 추천	
	16:48	트로포닌-I 7.25		
9. 1.	06:50	트로포닌-I 9.28		
	06:57	CK 973 CK-MB 77		
	08:29		복부골반 초음파 검사 시행 －지방 침윤이 있는 간질환 담낭벽의 굳음증 →급성 담낭염	
	10:30		뇌파검사 시행 -정상소견	
	11:33		초음파상 담낭염 의심 외과 협진 의뢰	
	12:00		외과 회신 －담낭벽의 굳음은 담낭염보다는 이차적 변화로 오는 담낭벽의 부종 간염 등의 간병증이 있는 경우 담낭벽의 부종이 오는 경우가 많음. 이에 대한 검사 시행 필요	

	14:00	간간히 심계항진 증상 호소		
	16:00		복부, 골반-장 CT 시행 담낭의 굳음증은 담낭염이 원인이라기보다 심장문제가 원인일 가능성 있음. 복부 전체에 복수 있음. －추후 초음파, 위・장내시경, 암 표지자 검사 확인할 것.	
9. 2.	07:09	트로포닌-I 8.89		
	14:00	몸 붓고 배 갑갑한 느낌 지속된다 함.		
	18:00		심장내과에서 소화기내과로 전과됨.	
	20:00	갑갑함 여전함		
9. 3.	00:00	115/70-120-20-37.4		
	06:00	배 갑갑한 느낌 지속됨.		
	07:20	트로포닌-I 10. 19		
	07:43	AST 4397 ALT 2101		
	09:17		질출혈증상으로 산부인과 협진 의뢰	
	12:00		산부인과 회신 －다발성 자궁근종	
	14:00	호흡 곤란 호소 산소포화도 98%	산소 1ℓ/분 흡인	
	14:30		퇴원	
	15:10		○○대병원 응급실 내원	

≪소장에서 주장하는 피고의 과실≫

피고병원 입원 동안 망인은 가슴부위 통증을 호소하였고 퇴원시까지 혈액검사상의 심근효소수치가 지속적인 상승상태에 있었으며 2009. 9. 2. 시행한 복부 CT상에도 담낭벽이 굳은 것은 심장에 문제에 기인하였다는 소견이었던 바, 피고병원은 망인에게 심근염 및 심장문제를 우선 순위에 두고 적절한 치료를 시행해야했습니다. 하지만 피고병원은 망인의 심근염을 진단하지 못한 채 치료에 있어 최우선순위였던 심근염에 대한 적절한 치료를 시행하지 않아 망인을 사망에 이르게 한 과실이 있습니다.

≪관련 의학지식을 통한 입증≫

1. 인과관계

가. 피고병원 내원 및 입원조치

망인은 피고병원 내원 당시부터 심장부위와 더불어 전반적인 이상증상을 호소하였습니다.

2009. 8. 31.경 망인은 몇 일전부터 지속된 발열, 설사, 오심 및 구토증상과 더불어 흉통 증상까지 발현되어 피고병원 소화기내과 외래에 내원하였는 바, 같은 날 11:00경 병동으로 입원 조치되었습니다. 즉 망인은 피고병원 내원 당시부터 심장부위의 통증을 호소하였으며, 내원 몇 일전부터 지속되는 발열과 이로 인하여 빈맥 증상이 발현되는 등 객관적인 지표인 활력징후까지 불안정하였습니다.

▶ 원고측 진료기록감정 회신문

: 입원전 발열이 수일간 있었으며 또한 흉통도 있었으며 입원하는 날 메스꺼움과 구토가 있어서 내원하였습니다{원고측 진료기록감정 회신문 1)-가)항 참조}.

▶ 원고측 진료기록감정 회신문

: 체온은 38도로 발열이 있었으며 … 맥박수는 분당 109회로 상승되어있었으며 … {원고측 진료기록감정 회신문 1)-나)항 참조}.

▶ 피고측 사실조회 회신문

: 내원당시 발열에 의한 빈맥 소견 … 발열과 설사, 구토 등의 증상 … (피고측 사실조회 회신문 4-나항 참조).

나. 심장부위의 지속적인 이상증상 발현 및 악화된 망인의 상태

망인은 입원조치 이후에도 지속적으로 심장부위의 이상증상이 발현되었으며 피고병원에서 시행한 각종 심장부위 검사를 통하여 망인의 심장부위 이상증상을 확인하였습니다.

피고병원은 망인에게 시행한 심초음파 검사결과 우측관상동맥 부위에 허혈성 소견을 확인하였으며, 좌심방 확장, 좌심실 비대 및 심낭부위에 비정상적인 삼출액인 심낭삼출 소견까지 확인하였습니다. 이와 같은 심장의 허혈성 소견은 심장의 관류가 원활하게 이루어지지 않은 상태를 의미하며, 심장의 이상증상으로 심근염과 같은 심장질

환이 발생하였을 경우 유발됩니다.

▶ 원고측 진료기록감정 회신문

: …우측 관상동맥의 영역에 해당되는 허혈성 소견이 있었으며 좌심방 확장, 좌심실 비대… 심낭삼출 소견이 있었습니다.… 심근염에서도 허혈성 소견과 유사한 심초음파 소견…{원고측 진료기록감정 회신문 1)-가)항 참조}.

▶ 피고측 사실조회 회신문

: … 입원 당일 오후 2시경 심근효소수치 상승 소견을 확인하였고 2시 20분에 심장초음파 검사를 시행하였으며 심장초음파상 심근 하벽부위의 부분적인 벽운동 이상 소견을 보여 3시 10분에 관상동맥 조영을 시행…(피고측 사실조회 회신문 4-다항 참조).

또한 입원조치 이후 2009. 9. 1.경 망인은 피고병원에서 시행한 혈액검사 결과상 심근효소수치인 troponin-I 9.28μg/L, CK 9.73μg/L, CK-MB 77iu/L로 모두 상승되어 있었으며, 다음날인 9. 2.경 시행한 혈액검사 결과상 심근효소수치인 troponin-I 8.89μg/L도 지속적으로 상승되어 있었습니다.

▶ 원고측 진료기록감정 회신문

: 2009. 9. 1. 시행한 troponin-I는 9.28μg/L로 상승되어 있었고, CK는 9.73μg/L로 상승되어 있었고, CK-MB는 77iu/L로 상승되어 있었으며 9. 2. 시행한 troponin-I는 8.89μg/L로 상승되어 있었습니다{원고측 진료기록감정 회신문 1)-다)-④항 참조}.

더욱이 망인은 입원조치 이후 시행한 심전도 검사 결과상 모두 동성빈맥, 완전우각블록 및 비특이적인 ST절과 T파의 변화 등 이상소견이 확인되었습니다. 즉, 망인은 심장질환이 발현되었을 경우 유발되는 지속적인 심근효소수치 상승 및 심전도 이상소견이 발현되는 등 상태가 악화되어 있었습니다.

▶ 원고측 진료기록감정 회신문

: 심전도… 그 소견은 모두 동성빈맥, 완전우각블록 및 비특이적인 st절과 t파의 변화가 있는 소견이었습니다{원고측 진료기록감정 회신문 1)-다)-⑤항 참조}.

다. 소외 상급병원으로 전원조치 및 심근염으로 사망

2009. 9. 2.경 피고병원은 망인에게 시행한 복부 CT검사 결과상 심장문제로 유발된 담낭의 전반적인 비후가 있는 소견과 복부에 복수가 있는 이상소견을 확인하였습니다. 이와 같이 망인은 심장문제로 인하여 복수 및 담낭비대의 소견까지 발현되는 등

상태가 더욱 악화되었는 바, 이에 원고들은 피고병원에게 망인을 소외 상급병원으로 전원시켜 줄 것을 요구하였습니다.

▶ 원고측 진료기록감정 회신문
: 심장문제로 발생했다고 의심되는 담낭의 전반적인 비후가 있는 소견과 복부에 복수가 있는 소견입니다{원고측 진료기록감정 회신문 1)-다)-③항 참조}.

▶ 피고측 사실조회 회신문
: 심근효소수치(troponin-I, CK-MB)의 지속적인 상승소견을 보이고 CT상 복수와 담낭벽이 굳어진 소견 … (피고측 사실조회 회신문 4-가항 참조).

즉, 망인은 피고병원에 입원 조치된 이후 4일이나 경과한 뒤에야 상태가 급격히 악화되어 상급병원인 소외 ○○대병원으로 전원 조치되었습니다.

▶ 원고측 진료기록감정 회신문
: … 4일 후 환자 상태가 급격히 악화되었으며 전원된 ○○대병원에서는 심근염을 의심하였습니다{원고측 진료기록감정 회신문 1)-라)-②항 참조}.

그러나 망인은 상급병원인 소외 ○○대병원으로 전원 조치되었으나 이미 망인의 상태는 심근염으로 인한 좌심실 부전까지 유발되는 등 더욱 악화되어 있었습니다.

▶ 원고측 진료기록감정 회신문
: 혈압은 70/50mmHg로 저혈압이었으며 맥박수는 분당 122회로 상승되어 있었고 … troponin-I는 22.78μg/L로 상승되었습니다. 또한 심장 초음파상 좌심실 기능이 심하게 저하되어 있었고 좌심실 운동이 전반적으로 저하되어 있었습니다 … 심근염으로 인한 좌심실 부전으로 추정할 수 있습니다{원고측 진료기록감정 회신문 2)-다)항 참조}.

라. 이 건의 인과관계 존재

2009. 9. 4. 08:17경 이 건 망인은 심한 좌심실 부전증 및 저혈압 증상이 발현되는 등 상태가 악화되어 급성 심근염으로 사망하였습니다.

▶ 원고측 진료기록감정 회신문
: 심한 좌심실 부전증 및 저혈압 등으로 추정되며 그 원인은 심한 급성 심근염으로 추정 … {원고측 진료기록감정 회신문 2)-라)-①항 참조}.

이 건 망인은 심장질환인 심근염의 지속적인 증상을 호소하였고 이에 관한 적극적인 의료적 처치가 필요하였음에도 불구하고 피고병원의 진단과 검사에 관한 주의의무 위반으로 적절한 치료시기를 놓쳐 허혈성 심질환 및 심근염으로 사망하였습니다. 따라서 망인의 사망과 피고병원의 의료과실 사이에 인과관계가 존재한다고 하겠습니다.

2. 피고의 과실에 대하여

가. 진단 및 검사상 과실

대법원은,

『진단은 문진·시진·촉진·청진 및 각종 임상검사 등의 결과에 터 잡아 질병여부를 감별하고 그 종류, 성질 및 진행정도 등을 밝혀내는 임상의학의 출발점으로서 이에 따라 치료법이 선택되는 중요한 의료행위이므로 진단상의 과실 유무를 판단함에 있어서는 그 과정에 있어서 비록 완전무결한 임상진단의 실시는 불가능하다고 하더라도 적어도 임상의학분야에서 실천되고 있는 진단수준의 범위 내에서 그 의사가 전문직업인으로서 요구되는 의료상의 윤리와 의학지식 및 경험에 터 잡아 신중히 환자를 진찰하고 정확히 진단함으로써 위험한 결과발생을 예견하고 그 결과 발생을 회피하는 데에 필요한 최선의 주의의무를 다하였는지 여부를 따져 보아야 하고, 진료상의 과실 여부는 그 의사가 환자의 상태에 충분히 주의하고 진료 당시의 의학적 지식에 입각하여 환자에게 발생 가능한 위험을 방지하기 위하여 최선의 주의를 기울여 진료를 실시하였는가 여부에 따라 판단되어야 한다.』

고 수차례 판시한 바 있습니다.[80]

망인은 피고병원 내원당시 발열, 설사, 두통, 흉통의 증상을 주호소로 내원하였으며 피고병원에서 실시한 심초음파검사 및 심전도 검사결과상 허혈성 심장질환 및 심근염을 의심할 만한 소견이 확인되었습니다. 더욱이 피고병원은 망인에게 시행한 복부 CT검사 결과상 심장질환에 기인하여 발생한 담낭벽이 굳어진 소견 및 복수 등을 확인하였음에도 불구하고 망인의 심장질환 및 심근염을 진단하지 못하였습니다. 이와 같은 망인의 악화된 심장질환에 대하여 피고병원은 망인의 증상을 면밀히 경과관찰하여 진단적 검사를 통하여 원인을 감별하여 조기진단 및 적절한 치료를 시행하여야 함에도 불구하고 이를 실패하였습니다.

(1) 증상 간과 및 원인 감별을 위한 검사 해태

피고병원은 망인이 호소한 발열, 설사, 두통, 흉통의 증상을 간과하고 원인을 감별하기 위한 심근조직검사 등을 시행한 바 없습니다.

---

80) 대법원 1995. 4. 14. 선고 94다29218 판결, 대법원 1998. 2. 27. 선고 97다38442 판결 등.

▶ 원고측 진료기록감정 회신문

: 발열, 설사, 두통, 흉통의 증상으로 내원… {원고측 진료기록감정 회신문 1)-라)-①항 참조}.

▶ 원고측 진료기록감정 회신문

: 심근조직생검은 시행한 바 없습니다{원고측 진료기록감정 회신문 1)-다)-②항 참조}.

▶ 원고측 진료기록감정 회신문

: 심근염의 임상진단을 생각하였다면 심근조직 검사도 시행… {원고측 진료기록감정 회신문 1)-라)-④항 참조}.

▶ 피고측 사실조회 회신문

: …심근염(엄밀하게 말하면 심근의 염증을 초래할 수 있는 질환)이었다면 심근생검이 확진의 도구… (피고측 사실조회 회신문 5-나항 참조).

(2) 유병무진의 오진

망인이 만약 피고병원에서 심장질환에 대한 심근조직검사를 시행 받았다면 조기에 심근염의 확진을 통하여 즉각적으로 심장질환에 대한 치료, 즉, 급격히 저하된 좌심실 기능을 향상시키는 심부전 치료를 조기에 시행 받을 수 있었을 것입니다. 결국 망인은 급성 심근염으로 사망에 이르렀는 바, 따라서 피고병원은 망인의 악화된 심장질환에 대하여 심근조직검사를 시행하지 않는 등 경과관찰을 해태한 과실이 있습니다. 이는 병상이 있음에도 불구하고 병상을 진단하지 못한 경우(有病無診, Missed diagnosis)에 해당하는 오진이며, 피고병원의 오진으로 인하여 망인은 회생의 기회를 놓치고 만 것입니다.

▶ 원고측 진료기록감정 회신문

: … 그러나 진단이 빨리 되어 급격히 저하된 좌심실 기능을 향상시키는 심부전 치료가 조기에 이루어졌다면 환자의 예후가 달라졌을 가능성… {원고측 진료기록감정 회신문 2)-라)-②항 참조}.

나. 경과관찰 해태 및 전원의무 위반 과실

피고병원은 망인의 상태가 심각하게 악화되고 나서야 망인을 전원 조치하였습니다. 더욱이 피고병원은 망인의 각종 심장질환 검사결과상 이상증상이 지속적으로 확인되었음에도 불구하고, 즉시 전원조치하지 않은 채, 입원조치한지 4일이 경과한 후 게다가 원고들이 상급병원으로 전원 조치하도록 요구해서야 피고병원은 망인을 소외 ○

○대병원으로 전원 조치하였습니다.

▶ 원고측 진료기록감정 회신문
: …보호자가 원해서 ○○대병원으로 전원한다고 기록되어 있습니다(원고측 진료기록감정 회신문 2)-가)항 참조).

▶ 원고측 진료기록감정 회신문
: 환자와 보호자가 전원을 원하여 전원된 것으로 기록되어 있습니다(원고측 진료기록감정 회신문 2)-나)항 참조).

앞서 살펴본 바와 같이 망인은 소외 ○○대병원에 도착할 당시 이미 심한 저혈압 및 좌심실 부전으로 상태가 악화되어 있었으며, 소외 ○○대병원에 전원 조치되어 24시간도 채 되지 않아 급성 심근염으로 사망하였습니다. 따라서 피고병원은 망인의 악화된 심장질환 상태에 대하여 조속히 상급병원으로 전원 조치하지 않은 과실이 있습니다.

≪원 · 피고 주요쟁점≫

쟁점	원 고	피 고
1. 인과관계	심근염 진단을 조기에 하지 못하고 조기에 전원도 하지 않아 치료기회가 박탈됨으로써 사망에 이름.	– 진단을 위한 검사를 적절하게 시행하였고 전원도 하였기에 망인의 사망과 피고병원과는 인과관계 없음.
2. 전원의무위반	– 입원 초기에 전원하지 않았으며 4일이나 지난 후에 전원한 것은 원고들의 요구에 의한 것임(피고병원은 입원기간 내내 전원을 고려하지 않음).	– 각종 검사에도 망인이 호전되지 않아 전원조치하였음.
3. 경과관찰해태	– 심근염 확진을 위한 조직생검을 시행하지 않음.	– 심근효소검사, 심전도검사, 심장초음파 및 심혈관 촬영술을 시행하였으나 이상소견 없었음.
4. 설명의무위반		

≪1심 화해권고결정≫

급성 심근염의 경우 진단의 어려움과 예후가 좋지 못하여 많은 사례에서 패소를 하였다. 그러나 이 건의 경우 심장조직 생검을 하지 않은 과실과 치료의 기회 상실을 이유로 하여 병원측의 과실을 인정하여 재판부의 화해권고 결정으로 종결되었다.

급성 심근염 오진 사건에서 환자측에서 패소만하는 것이 아님을 알리고, 다른 승소한 판례도 같이 소개하기로 한다.

≪관련 판례≫

• 서울지방법원 2002. 12. 11. 선고 99가합84116 판결

심전도 및 흉부방사선 검사상 심이상에 따른 이상소견을 볼 수 있었으나 추가검사를 시행하지 않아 산모로 하여금 심근염으로 사망에 이른 이 건에 대해 법원은 추적검사를 시행하지 않은 병원측의 과실을 인정하였습니다.

[사건 개요]

김○○(원고 정○○은 그의 남편이고, 원고 이○○은 그의 어머니이다)은 1999. 4. 22. 임신 여부를 확인하기 위하여 ○○산부인과의원에 내원하여 검사를 받다가 우연히 골반내에서 주먹 크기의 종괴가 발견되어, 5. 4. 피고가 운영하는 ○○대학교 부속 ○○병원(이하 피고병원이라 한다)에 내원하였다. 내원 당일 혈액검사 결과 헤모글로빈(Hb) 수치가 9.2(정상은 12-16)로 측정되어 빈혈 소견이 있었고, 5. 6. 골반초음파검사에서 약 12㎝ 크기의 골반내 종양(pelvic mass)이 관찰되었으며, 5. 11. 정밀검사를 위하여 MRI촬영검사를 받은 결과 12×10×9㎝ 크기의 자궁근종(uterine myoma)으로 진단되어, 자궁근종 절제술을 시행받기로 하였습니다.

이에 따라 김○○은 5. 20. 피고병원에서 수술전 검사를 받았는데, 심전도검사에서 맥박수 분당 110회(정상은 80회 내외)의 빈맥 소견과 함께 심장이 왼쪽으로 약간 치우친 소견이 있었고, 흉부 방사선검사에서는 폐렴성 소견(의증)이 있었으며, 혈액검사에서는 백혈구 수치 9,260/㎣(정상은 4,000～10,000), 헤모글로빈 수치 9.4로 측정되어 여전히 빈혈 소견이 있었고, 6. 15. 재시행한 혈액검사에서는 백혈구 수치 8,470/㎣, 헤모글로빈 수치 10.5로 측정되었습니다.

그 후, 김○○은 6. 20. 16:30경 피고병원에 입원하여(입원 당시 혈압 120/70㎜Hg, 맥박수 분당 92회, 호흡수 분당 20회, 체온 37.6도) 다음날인 6. 21. 11:30부터 12:30까지 사이에 피고병원 의사 이○○의 집도 아래 전신마취하 자궁근종절제술(이하 이 사건 수술이라 한다)을 시행 받았고, 그날 20:07 혈액검사상 백혈구 수치는 16,830/㎣

로 증가되어 있었습니다.

김○○은 수술 다음날인 6. 22. 06:00 혈압 130/80㎜Hg, 맥박수 분당 70회, 호흡수 분당 15회, 체온 36.8도로 측정되어 활력징후는 비교적 양호하였으나 하복부 통증을 호소하였고, 그날 20:00경에는 체온 37.6도, 6. 23. 06:00경에는 체온 37.2도로 체온이 약간 상승된 소견을 보였습니다.

김○○은 6. 24. 약간의 복부 통증과 기침을 호소하였고, 그날 20:00경에는 2회에 걸쳐 소량의 설사를 하였으며, 6. 25. 14:00에는 한기를 느끼다가 가라앉았는데 체온이 38.5도로 올라가 있고 다시 설사 및 기침 증세가 있었으며, 20:00에는 체온이 36.7도로 내려가고 호흡곤란증도 없었으나 가슴답답함을 호소하기 시작하였고, 21:20 가슴답답함을 계속 호소하였다. 간호사로부터 이를 보고받은 산부인과 전공의 3년차인 당직의사 조○○은 21:30경 병실을 방문하여(당시 주호소는 우측 늑골 횡경막 부위 통증) 이학적 검사, 혈액검사, 동맥혈가스분석검사, 흉부 방사선검사, 심전도검사 등을 실시하였는데, 그 결과 흉부 방사선검사상 미약한 폐울혈이 의심되었으며, 심전도검사상 1도 심방심실전도차단 및 전측 흉부 T 전위소견(1st degree AV block, T inversion in V1-V4)이 나타나는 등 비정상적인 소견이 있었고, 이에 의사 조○○은 21:45경 전화로 흉부외과 의사인 김○○에게 자문을 구하여 자세한 심장 평가를 위한 심근 효소검사, 심초음파 검사 및 통증시 심전도검사를 계획하는 한편, 동맥혈가스분석검사상 산증 소견이 있어 산염기 교정을 위하여 비본 3앰플을 처방하였습니다.

그런데 피고병원의 간호사 오○○는 23:00 의사 조○○의 처방을 받아 김○○에게 비본 3앰플을 주사한 후 23:05경 연락을 받고 병실로 달려가 보니, 김○○의 온몸이 창백하고 호흡이 미약한 것을 발견하고 당직의사인 조○○에게 곧바로 연락하였고, 의사 조○○은 즉시 병실을 방문하여 환자를 살펴본 결과 호흡곤란, 심정지 소견을 보여 기도삽관, 심폐소생술을 시행하는 등 응급처치를 하였으나, 김○○은 회복하지 못하고 6. 26. 00:20 사망하였습니다.

한편, ○○대학교 의과대학 법의학교실의 부검 결과에 의하면, 심장근육에 만성 염증 세포의 침윤이 일어나 있고 이에 동반되어 심근세포의 변성과 괴사가 있으며 심내막에도 염증세포의 파급이 관찰되어 급성 심근염으로 사망한 것으로 추정되었습니다.

4. 세균성 수막염을 기관지염, 급성 위장염으로 오진하여 치료시기를 놓쳐 사망한 사건[81)]

≪사건 개요≫

• 원고 망 정○○(남, 6개월) / 피고 ○○병원

※ 사건 경과

세균성 수막염에 대한 진단 및 처치 지연으로 사망

<table>
<tr><th>날짜</th><th colspan="2">증 상</th><th>처치 및 시술</th><th>기 타</th></tr>
<tr><td></td><td colspan="2">내원 5일 전부터 기침, 가래, 콧물
내원 2일 전부터 발열, 구토, 설사</td><td></td><td></td></tr>
<tr><td>11. 11.</td><td colspan="2">미열</td><td>local 소아과
기관지염-항생제</td><td></td></tr>
<tr><td rowspan="9">11. 12.</td><td>06:00</td><td>칭얼거리고 열이 있어서 해열제 먹이고 재우려는데 구토</td><td></td><td></td></tr>
<tr><td>11:30</td><td>구토</td><td></td><td rowspan="8"></td></tr>
<tr><td>14:00</td><td>○○병원 내원</td><td></td></tr>
<tr><td>16:30</td><td>37.9</td><td>옷 벗긴 상태 격려</td></tr>
<tr><td>15:00</td><td>입원</td><td></td></tr>
<tr><td>18:00</td><td>해열제
구토
37.8</td><td></td></tr>
<tr><td>19:30</td><td>38.1</td><td></td></tr>
<tr><td>저녁
늦은 시간</td><td>구토</td><td></td></tr>
<tr><td colspan="2">기침, 발열, 설사 증상으로 ○○병원 내원
진단명 : 기관지염, 급성위장염
CBC : 13000-10.3-406K Seg. : 72</td><td>항생제(amoxacillin, sulbactam)
혈액 배양검사 : 균 없음
소변배양검사 : 그람양성 구균
대변배양검사
완전혈구 계산</td></tr>
</table>

81) 서울서부지방법원 2013. 5. 30. 선고 2011가합7413 판결, 서울고등법원 2014. 5. 29. 선고 2013나2013526 판결.

<table>
<tr><td rowspan="2">11. 12.</td><td colspan="2" rowspan="2">WBC 정상
혈소판 정상
헤모글로빈 정상
CRP(염증) 1.81(정상 1.0 이하)</td><td>화학검사
대변검사
소변검사
알레르기검사
복부 X레이
흉부 X레이</td><td rowspan="2"></td></tr>
<tr><td>정맥 : 수액, 항생제, 진해거담제, 항히스타민제
경구 : 진해거담제, 정장제, 지사제, 항구토제
피부연고</td></tr>
<tr><td rowspan="4">11. 14.</td><td>08:00</td><td>고막38.1
구토
머리가 닿으면 자지러지게 울었음.</td><td rowspan="4"></td><td rowspan="4"></td></tr>
<tr><td>08:40</td><td>액와 38.3</td></tr>
<tr><td>15:25</td><td>47.6</td></tr>
<tr><td>23:15</td><td>고막 38.3</td></tr>
<tr><td rowspan="2">11. 15.</td><td>08:00</td><td>37.5
오전 회진 때
기관지염인데 너무 울고 충격에도 울고 구토하고 배에서 이상한 소리가 난다고 하니 이상 없다고 함.</td><td rowspan="2">혈액검사
Na
K
Cl 정상</td><td rowspan="2"></td></tr>
<tr><td>27:10</td><td>38.5</td></tr>
<tr><td rowspan="4">11. 16.</td><td>03:00</td><td>고막 38.2
액와 37.8</td><td rowspan="4"></td><td rowspan="4"></td></tr>
<tr><td>14:30</td><td>37.6
오후에 기관지염이 이렇게 머리가 바닥에 닿으면 우는지 문의</td></tr>
<tr><td>16:20</td><td>37.5</td></tr>
<tr><td>20:00</td><td>37.8</td></tr>
<tr><td rowspan="3">11. 17.
퇴원전날</td><td>05:00</td><td>고막 37.9
액와 37.1</td><td></td><td rowspan="3"></td></tr>
<tr><td>06:30</td><td>고막 38
액와 37.8</td><td>미온수 마사지</td></tr>
<tr><td>07:30</td><td>37.8
오전 주치의 회진때 이상하다고 함.</td><td></td></tr>
</table>

<table>
<tr><td></td><td></td><td>발열되고 있어서 옷을 벗고 있는데도 귀와 액와 온도 차이가 너무 심함.</td><td></td><td></td></tr>
<tr><td rowspan="3"></td><td>10:00</td><td>고막체온 37.7</td><td>이후 해열제 사용하지 않음.</td><td rowspan="3"></td></tr>
<tr><td>12:00</td><td>고막체온 37.7
액와체온 36.5</td><td></td></tr>
<tr><td>14:00</td><td>(37.4로서 고막체온과 2.3도 차이남)
증상이 호전되었음에도 발열이 계속된다면 이상증세를 의심하여야 할 것.</td><td>오후부터는 해열제를 쓰지 않고도 열이 없었다.
설사, 중이염 증상도 호전</td></tr>
<tr><td>11. 18.</td><td colspan="2">퇴원</td><td>입원기간 중 발열증상 지속됨.
18:00경 체온 37.1도
전반적인 상태가 호전되어 퇴원
뇌수막염을 의심할 증상이 없어서 퇴원을 한 것이고 보호자 역시 동의함.</td><td>혈액추적검사 시행 안함.
발열 증상 완전 호전되지 않은 채 퇴원 조치</td></tr>
<tr><td rowspan="2">11. 19.
피고 2
○○소아
청소년과</td><td colspan="2">17:00 38도가 넘어서 입원했던 병원으로 문의하였으나 병실이 없다고 함.</td><td rowspan="2">중이염, 급성기관지염, 갖고 있는 약 복용하라 함.
열의 원인 중에서 뇌수막염이 있을 수 있다는 점에 대해서 설명하였음.
그러나 당시 뇌수막염의 특이소견인 고열, 처짐, 구토 증상이 없었고 이상소견이 나타나지 않았음.
경부 경직도 없었음.</td><td rowspan="2">발열 증상있어 ○○병원에 전화했으나 입원실없다함.</td></tr>
<tr><td colspan="2">개인병원인 ○○소아과 내원 당시 의사가 사경이 있다고 이야기 함.
38도
뇌수막염 진단을 하지 못하고 전원을 하지도 않음.</td></tr>
<tr><td>11. 20.</td><td colspan="2">아이가 칭얼거렸으나 약을 먹임.</td><td></td><td>○○병원 전화하였지만 병실없다함.</td></tr>
<tr><td rowspan="3">11. 21.
피고 3
○○대
병원</td><td>오전</td><td></td><td rowspan="2">투약(갖고 있는 약)적용, 환아 지속적으로 처지는 모습 보일 때 재방문 교육</td><td rowspan="3">신체검진 기록있으나 신경학적 검진 기록 없음.</td></tr>
<tr><td>11:00</td><td>발열이 있어서 ○○병원에 전화하였으나 병실이 없다고 함.</td></tr>
<tr><td>오후
3시경</td><td>환아 늘어진 듯하여 ○○대학교 병원 응급실 내원하였으나 이상 없다고 퇴원하라고 함.
39도</td><td>당시에 체온이 39.3, 발열, 기침, 콧물, 인두 충혈
의식점수 정상
별다른 증상없었고 자려고만 한다고 했으나 의식상태가 명료했다.</td></tr>
</table>

		뇌수막염을 진단하지 못한 과실	혈당에도 문제가 없었음. 뇌수막염의 구토, 경련 등의 중추신경 징후는 나타나지 않았음.	
11. 22. ○○ 병원	10:24	○○병원 내원 뇌염이 의심되는 상황 WBC 00 그람세균 양성 배양검사 세균성 뇌수막염	의식 변화, 체온 38도, 안면 청색증, 좌측 동공 확장	
	11:00	체온 38도	뇌척수액 검사 박테리아 항원 양성소견	혈액 배양검사 결과(11. 26.) 페니실린에 감수성 없는 S.pneumonia
	11:15	맥박240회	암피실린, 설박탐, 세포탁심 정맥주사	뇌 CT : 정상(?) 흉부방사선 : 급성 기관지염
	12:30	구토 지속함, 산소포화도 89%	기관내 삽관 실패	
	12:45	산소포화도 100%	기관내 삽관	흉부방사선 : 양측 폐에 희미한 폐렴(혹은 흡인)
	13:05	○○병원으로 전원		
11. 22. ○○ 병원	○○병원 도착 의식상태 : 혼미(stuporous), 폐 수포음, 복부 팽만, 세균성-뇌수막염 진단		세균성 수막염, 패혈증 흡인성 폐렴, 파종성 혈관내 응고증 진행된 상태 중환자실 입원 기계호흡 신부전 소견 하에 지속적 신대체요법 적용 항생제(반코마이신, 항진균제, clagoran)	
11. 25.			뇌파검사 : 중증 미만성뇌병증	
11. 28.			뇌 CT : 뇌내 출혈(진행된 뇌염 소견으로 인해 유발되었을 것으로 판단됨)	수술 도중 사망 가능성 높아 수술 진행하지 않음.
12. 1.	소생술 포기 동의서 작성 더 이상 치료 진행 없이 경과관찰			
12. 4.	백혈구 : 222240 혈색소 : 13 혈소판 : 199000			
1. 8.	사망(세균성 수막염, 뇌내출혈)			

≪소장에서 주장하는 피고의 과실≫

1. 피고 1 병원의 과실 —— 경과관찰 해태 및 검사 미실시

세균성 뇌수막염의 경우 조기 진단과 조기치료가 그 예후에 있어 결정적인 역할을 하기 때문에 영아에게 지속된 발열, 식욕부진, 상기도 감염증상, 두통 및 구토 등의 증상을 보일 경우 임상 경과를 잘 살펴 뇌수막염과 다른 질환과의 감별이 반드시 필요합니다. 따라서 감기와 유사한 증상으로 치료중이라도 비특이적 증상에 대해 주의 깊게 관찰하고 뇌수막염이 의심될 경우 혈액검사, 혈액배양검사, 소변배양검사, 뇌척수액 검사 등의 감별을 위한 추가적인 검사를 즉각적으로 시행하여 이에 대한 적절한 치료가 조기에 시행되어야 합니다.

망아는 피고 1 병원에 기관지염, 급성위장염 진단 하에 입원치료중이었으나 38.0℃ 이상의 고열과 구토 증상이 지속되었습니다. 그러나 피고 1 병원은 망아에게 고열이 발생할 때마다 해열제만을 투여하였을 뿐 발열에 대한 원인을 찾기 위해 어떠한 검사도 시행하지 않은 채 망아를 방치하였습니다. 또한 피고 1 병원은 뇌수막염을 의심한 원고 2의 요청에도 불구하고 망아의 뇌수막염 가능성에 대해 전혀 고려하지 않았으며 망아의 증상을 간과한 채 증상이 호전되지 않았음에도 퇴원조치하였습니다.

따라서 피고 1 병원은 망아의 증상에 대해 주의 깊게 관찰하여 치료에도 증상이 호전되지 않을 경우 뇌수막염 등의 타질환을 의심하여 검사를 시행하여야 할 주의의무가 있으나, 망아에게 발열, 구토증상이 호전되지 않았음에도 불구하고 퇴원시까지 추적검사를 시행하지 않았고, 뇌수막염에 대해 전혀 고려하지 않은 채 감별검사를 시행하지 않아 망아의 세균성 뇌수막염에 대한 조기진단을 해태하였고, 망아의 조기 치료 기회를 박탈하여 사망에 이르게 한 과실이 있습니다.

2. 피고 2의 과실

2010. 11. 19.경 원고 2가 망아를 데리고 피고 2 의원에 내원하였을 당시 망아에게 고열과 구토, 자주 칭얼거리고 보채는 증상이 지속되었기 때문에 이러한 망아에 대해 충분한 병력 청취와 면밀한 신체검진을 통해 뇌수막염을 조기에 진단, 치료를 받을 수 있도록 하여야 할 주의의무가 있습니다. 그러나 피고 2는 망아의 증상을 급성 기관지염, 중이염으로만 진단한 채 신경학적 검진 등의 처치를 시행하지 않았으며, 3차 병원으로 전원조치도 취하지 않았습니다.

또한 원고들에게 망아에게 뇌수막염에 대한 가능성에 대해 설명하고 이상증상이 발

생하였을 경우 즉시 3차병원 응급실로 내원할 것에 대해 설명하였어야 하나 이러한 설명 없이 망아를 지켜보자고만 하는 등 원고 2에게 요양지도방법에 대한 설명의무를 이행하지 않아 망아로 하여금 조기 치료기회를 상실토록 한 과실이 있습니다.

3. 피고 3의 과실

2010. 11. 21.경 망아의 발열증상이 지속되었고 계속 자려고 하는 모습을 보여 이를 이상히 여긴 원고 2는 망아를 데리고 피고 3 병원 응급실을 찾았습니다. 원고 2는 망아의 그간의 치료과정에 대해 피고 3 병원에 모두 알렸습니다. 피고 3 병원은 이러한 망아의 병력을 바탕으로 망아의 발열, 구토 상태가 지속되었고, 밤 사이 망아의 상태가 변하여 계속 자려고 하는 듯한 모습을 보였으므로 망아의 상태에 대해 면밀히 살피고, 의식 변화에 대해 뇌수막염의 가능성을 고려하여 철저한 신경학적 검진을 시행하여 뇌수막염에 대해 조기 진단하여야 할 주의의무가 있습니다. 그러나 피고 3 병원은 이러한 신경학적 검사나 혈액검사 등의 기본적인 처치도 시행하지 않은 채 특별한 문제가 없다며 망아를 퇴원조치하여 망아의 뇌수막염을 조기에 진단하지 못하여 조기 치료가 중요한 세균성 뇌수막염에 대한 치료시기를 놓치게 하여 망아를 사망에 이르게 한 과실이 있습니다.

≪관련 의학지식을 통한 입증≫

1. 피고들의 과실과 관련하여

가. 피고 1의 검사미실시 및 경과관찰 해태

수막염이란 뇌와 척수를 싸고있는 수막에 바이러스, 세균 등에 침입하여 생긴 염증으로 흔히 10세 이하의 소아에게 많이 발생합니다.

뇌는 단단한 두개골 안에 위치해 보호를 받고 두개골과 뇌 사이에는 다시 몇 개의 막이 있어 뇌를 보호하고 있는데 이것을 뇌막이라고 합니다.

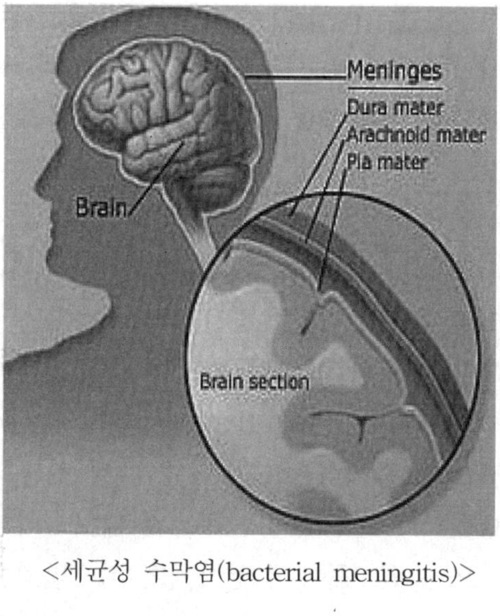

<세균성 수막염(bacterial meningitis)>

수막염이란 바로 이 뇌막에서 일어나는 염증을 가리키는 것으로 바이러스, 세균, 곰

팡이류, 원충류 등 모두가 원인일 수 있지만, 크게는 세균성수막염과 바이러스수막염, 결핵성수막염으로 나뉩니다.

(1) 피고 1 병원 내원 당시, 망인은 수막염을 의심할 만한 명백한 소견이 있었습니다.

의사가 환자를 진료함에 있어서는 치료과정 중 상태의 호전 또는 악화소견에 따라 그 치료방법에 변화를 주어야 합니다. 이를 위해서는 먼저, 주의 깊은 경과관찰 중 주기적인 검사에 의한 추적관찰을 통해 질병의 악화소견의 발생을 미리 막거나 최소화하여야 할 주의의무가 있습니다.

망아의 사인인 세균성 뇌수막염의 초기 증상은 감기와 비슷하지만 세균성수막염의 경우 사망까지 이를 수 있기 때문에 초기 감별진단이 매우 중요합니다.

수막염의 증상으로는 비특이적인 소견으로 발열(90~95%), 오심, 구토, 식욕부진과 불충분한 식이, 상기도 감염증상, 근육통, 관절통, 빈맥, 저혈압과 자반, 점상출혈 또는 홍반성 발진과 같은 다양한 피부 징후가 나타날 수 있습니다. 뇌막 자극으로 경부강직, 요통, kernig징후와 Brudzinski징후가 나타날 수 있지만, 12~18개월 이하의 소아에서는 이런 징후가 나타나지 않을 수 있습니다.

[표 1] 갑 제8호증 '소아과학' 중

[증 상] 비특이적인 소견은 발열(90~95%), 식욕 부진과 불충분한 식이, 상기도 감염 증상, 근육통, 관절통, 빈맥, 저혈압과 자반, 점상 출혈 또는 홍반성 발진과 같은 다양한 피부 징후를 포함한다. 뇌막 자극은 경부 강직, 요통, Kernig 징후와 Brudzinski 징후로 나타난다. 12~18개월 이하의 소아에서는 이런 징후가 나타나지 않을 수 있다.

[표 2] 갑 제9호증 '급성세균성 수막염의 원인균, 임상 양상과 예후 분석' 중

4. 수막염의 임상증상 원외 감염환자 84예(성인 41예, 소아 43예)에서의 임상 양상은 Table 3과 같다. 원외 수막염에서 소아의 경우 41예(95.3%)에서 발열을 보였으며, 오심/구토는 30예(69.8%), 발작은 16예(37.2%), 의식변화는 21예(48.8%)였다. 모든 환자에서 발열과 의식변화와 오심/구토 중 적어도 한가지는 있었다. 소아의 경우 다른 증상들의

이와 관련하여 피고 1 병원에 입원 조치되었을 당시, 망아의 주호소는 '지속되는 고열, 기침, 가래, 콧물 등의 상기도감염증상, 구토 증상'이었습니다.

▶ 원고측 진료기록감정 회신문

〔문〕 망아는 2010. 11. 12.경 어떠한 증상으로 피고병원에 입원조치되었는지요.

〔답〕 2010. 11. 12.에 기록된 소아청소년과 외래 기록지에 의하면 내원 5일전부터 기침, 가래, 콧물, 2일전부터의 발열, 구토, 설사 때문에 입원하였습니다{원고측 진료기록감정 회신문 I -1)항 참조}.

이러한 망아의 이상소견, 특히 고열소견은 호전소견이 보이지 않았고, 이후에도 지속되었습니다.

▶ 원고측 진료기록감정 회신문

〔문〕 입원시부터 퇴원시까지 체온의 37.5도 이상인 때는 각각 언제이며 이때의 처치는 무엇인지요.

〔답〕 간호기록지에 의하면,

2010. 11. 12. PM4:30 체온 37.9도
2010. 11. 12. PM6:10 체온 37.8도
2010. 11. 12. PM7:30 체온 38.1도
2010. 11. 12. PM8:30 체온 38.1도
2010. 11. 12. PM10:30 체온 37.9도
2010. 11. 13. AM0:30 체온 37.5도
2010. 11. 13. AM2:00 체온 37.8도
2010. 11. 13. PM12:40 체온 37.8도
2010. 11. 13. PM6:30 고막체온 37.5도
2010. 11. 14. AM2:00 체온 39.3도
2010. 11. 14. AM8:00 고막체온 38.1도
2010. 11. 14. AM8:40 액와체온 38.3도
2010. 11. 14. PM3:25 체온 37.6도
2010. 11. 14. PM11:15 고막체온 38.3도
2010. 11. 15. AM8:00 체온 37.5도
2010. 11. 15. PM5:10 체온 38.5도
2010. 11. 16. AM3:00 액와체온 37.8도, 고막체온 38.2도
2010. 11. 16. PM2:30 체온 37.6도
2010. 11. 16. PM4:20 체온 37.5도

2010. 11. 16. PM8:00 체온 37.8도
2010. 11. 17. AM5:00 액와체온 37.1도, 고막체온 37.9도
2010. 11. 17. AM6:30 액와체온 37.8도, 고막체온 38도
2010. 11. 17. AM10:00 액와체온 37.7도
2010. 11. 17. PM12:00 고막체온 37.7도, 액와체온 36.5도{원고측 진료기록감정 회신문 I -5)항 참조}.

위에서 보는 바와 같이 망아는 피고 1 병원에 입원조치된 후 정규 해열제투약 및 급격한 고열 소견시 추가 해열제투약에도 비정상적인 고열 소견이 지속되었습니다.

(2) 따라서 망아에게는 이상소견의 확인을 위한 감별검사 및 경과관찰이 반드시 필요하였으나, 피고 1 병원은 망아의 감별진단을 위한 검사를 시행하지 않았습니다.

망아의 세균성 수막염은 증상이 발생한 후 조기에 발견하여 적절한 치료를 시행한다면, 양호한 예후를 기대할 수 있는 질환이기 때문에 초기 치료는 매우 중요합니다.

이에 피고 1 병원은 망아의 이상소견의 감별검사를 위해 뇌척수액 검사를 시행하였어야 하고, 자주 혈액배양검사를 시행하였어야 합니다.

▶ 피고 1측 사실조회 회신문

: 뇌수막염의 진단 시 가장 중요한 것은 환자의 증상을 통해 뇌수막염을 의심하고, 이를 하기 위해 뇌척수액 검사를 하는 것입니다{피고 1측 사실조회 회신문 3.항 참조}.

망아의 세균성 뇌수막을 처음에 놓쳤다 할지라도, 발열증상이 지속됨이 경과관찰 중 확인된다면, 전문인인 의료진으로서는 새로운 시각으로 신중하게 진단적 접근을 시도하고 다른 질환의 가능성을 고려하여 적극적으로 감별검사를 시행하여야 할 주의의무가 있습니다.

특히나 퇴원 시에는 퇴원조치를 할만한 근거가 있어야 합니다. 그러나 피고 1 병원은 매너리즘에 빠져 가장 기본적인 검사인 혈액배양검사도 시행하지 않고 망아를 퇴원조치시켰습니다(피고 1 병원은 입원시 일반혈액검사를 단 한차례 시행하였고, 3일째는 전해질검사만 시행한 채 망아를 방치하였습니다).

▶ 원고측 진료기록감정 회신문

〔문〕 입원시부터 퇴원시까지 일반혈액검사는 각각 언제 시행되었는지요.

〔답〕 혈액검사는 입원시와 입원 3일에 시행하였습니다{원고측 진료기록감정 회신문 I -3)항 참조}.

망아는 퇴원시에도 평소 활발했던 모습과는 달리 어딘지 모르게 힘들어하고 쳐져 있었으나, 피고 1 병원 의료진은 괜찮아 졌다고만 하면서 퇴원을 권유하였고, 망아의 부모인 원고들은 며칠동안 고열에 시달려 지쳐있고 집에 가면 괜찮아 질 것이라는 피고 1 병원 의료진의 말만 믿고 귀가할 수밖에 없었습니다.

▶ 피고 1측 사실조회 회신문

: …통상적으로 발열, 구토, 기침을 주소로 입원한 환아의 퇴원은 입원치료후 증상이 호전되어 아프기 전의 평상시 활동을 할 수 있고, 활력징후가 정상적으로 안정되어 있을 때 고려합니다. 물론 혈액검사가 호전되고 배양검사가 정상이어야 합니다. 환아의 경우 입원 시 호소한 발열, 구토, 기침 등은 세균성 뇌수막염의 초기에 나타날 수 있는 비특이적 증상이었을 가능성이 있어 이러한 증상만이 없어졌다고 하여 퇴원이 가능한지에 대하여는 답변하기가 곤란합니다(피고측 사실조회 회신문 2.항 참조).

▶ 피고 1측 사실조회 회신문

〔문〕 퇴원 당시 환아에 대하여 어떠한 추가 검사가 필요하였으며, 그 검사와 환아의 사망과 사이에 어떤 관련이 있다고 볼 수 있는지요.

〔답〕 활력징후가 안정화되어 있지 않고 변화가 있으면서, 환아의 상태가 아프기 전의 평상시와 다른 모습을 보인다면 원인을 찾기 위하여 여러검사(혈액배양검사, 혈액검사, 흉부X선사지, 소변검사, 뇌척수액 검사 등)를 시행할 수 있습니다(피고 1측 사실조회 회신문 4.항 참조).

▶ 원고측 진료기록감정 회신문

: …입원 시 환아가 가지고 있던 증상이 좋아졌는데도 불구하고 발열이 지속될 경우 진단된 병명 외에 감염 등에 의한 다른 질환이 있지 않나를 의심해 보아야 함으로 감염 등의 이상소견이 없었다고 단정할 수는 없습니다(원고측 진료기록감정 회신문 I -6)항 참조).

위에서 보는 바와 같이, 피고 1 병원은 망아를 퇴원시키기로 결정하였다면, 지속적으로 정상체온이 유지되는지, 혈액검사가 호전되고 배양검사가 정상인지를 확인하였어야하나, 퇴원시까지도 망아의 수막염가능성을 전혀 고려치 않고 망아의 증상을 간과한 채 막연히 퇴원조치하였습니다.

피고 1은 망아가 퇴원 당일 36.7도의 체온이 측정되었다는 이유로 퇴원당시 망아가 정상이었다는 주장을 합니다. 위 회신결과와 같이 퇴원 전날까지 고열소견이 보였던 망아가 퇴원 당일 단순히 한차례의 정상소견이 확인되었다고 이를 두고 정상이었다고 판단할 수 있는지가 의문입니다.

백번 양보하여, 망아의 고열소견이 점차 호전되는 양상이었다고 할지라도 이는 망아에 대한 치료가 성공적이었다는 것이 아니라, 세균성 수막염의 진행양상이 그러하기 때문인 바, 이러한 임상소견을 근거로 망아의 증상이 나아졌다고 판단하는 자체가 의사로서의 주위위무를 위반한 것입니다.

[표 3] 갑 제8호증 '소아과학' 중

세균성 수막염과 관계된 발열은 보통 치료 시작 5~7일 내에 사라진다. 10일 이상의 지속성 발열은 환자의 약 10%에서 나타나며, 보통 병발성의 바이러스 감염, 원내

결론적으로 피고 1 병원이 망아의 지속적인 고열 등의 이상소견에도 단순 해열제만을 투약하며 동일한 처치만을 반복한 것에 그친 것은 의사로서의 주의의무를 다하지 못한 것이고, 이와 같은 피고 1 병원의 부주의로 망아는 제때 치료를 받을 수 있는 시기를 놓쳐 사망에까지 이르게 된 것은 피고 1 병원의 크나큰 과실이 아니라 할 수 없습니다.

나. 피고 2의 검사 미실시 및 전원조치 위반 과실

2010. 11. 18.경 퇴원하여 귀가한 망아는 여전히 칭얼거리면서 힘들어 하였고, 다음날(같은달 19.경)열을 재보니 38도가 넘었습니다. 이에 원고 2는 피고 1 병원의 입원하였던 병동으로 전화하여 망아의 상태를 설명하였더니 "병실이 없다. 응급실로 와도 병실이 없어 소용없다"고 하였고, 다급한 마음에 원고 2는 "1인실도 없냐"고 물었으나 "방법이 없다"고 강력히 얘기를 하였습니다.

이에 원고 2는 급한 마음에 피고 2 의원에 방문하였습니다.

피고 2는 망아를 보자마자 "아이가 왜 6시 5분이죠?"라는 질문을 하였고, 원고 2는 그 말뜻을 잘 알아듣지 못하자, 망아의 고개가 약간 삐딱하다는 뜻이라 하였습니다.

고개가 돌아갔다는 소견은 결국 망아는 세균성 뇌수막염의 진행된 결과, 국소 신경증상까지 나타났다는 것이고, 이는 세균성 뇌막염 환아의 일부에서만 보이는 신경징후가 망아에게 발생하였다고 보이는 바, 이를 통해 피고 2는 망아의 수막염 가능성을 충분히 예견할 수 있는 상황이었다고 보입니다.

[표 4] 갑 제9호증 '급성세균성 수막염의 원인균, 임상 양상과 예후 분석' 중

수 있다. 전체적으로 세균성 수막염 환아의 약 10~20%는 국소 신경 징후를 가지고 있다.

더하여 원고 2는 피고 2 의원 내원하기 전날 망아가 고열로 입원치료 중이었다는 설명까지 다하였으나 피고 2는 갖고 있는 약을 먹이라고만 할 뿐, 별다른 검사도, 처치도 하지 않았습니다.

개인의원이었던 피고 2 의원은 망아에게 자세한 감별검사를 시행할 수 없는 상황이었다면, 망아의 이상증상이 심각성을 예견하여 상급병원으로의 전원조치를 하였어야 합니다.

결론적으로, 피고 2는 고열 및 고개가 돌아가는 신경학적 이상 소견이 발현된 망아에게 신경학적 검진, 혈액배양검사들을 시행하였어야하고, 망아에게 나타나는 소견들을 바탕으로 적극적인 치료가 필요함을 판단하여 상급병원으로의 전원조치를 하였어야하나, 검사미실시 및 전원조치 위반의 과실을 범하였다 할 것입니다.

[표 5] 피고 2 의원의 진료기록부

<내원내역>
내원일자 : 2010-11-19 진료과목 : 진료실
보험유형 : 국민건강보험 사업체기호 : 00000000000 증번호 : 71208232647
접수시간 : 16시50분 진료완료시간 : 17시15분

<증상>

2010-11-19 열이 난다 - 오늘 / 기관지염으로 입원치료함 / 중이염 - 약 복용/ 갖고 있는 약 복용하세요

<상병내용>
2010-11-19(주상병) H669 상세불명의 중이염
J209 상세불명의 급성 기관지염

다. 피고 3의 검사 미실시 및 전원조치 위반 과실

원고 2는 망아가 고열 및 보채는 소견으로 장기간 입원치료를 하고 개인병원 치료까지 하였으나 증상의 호전소견이 보이지 않고 자꾸 칭얼거리자 걱정이 되었습니다.

그러던 중 2010. 11. 21. 오전경 평소 혼자서도 잘 놀던 망아가 자꾸 자려고만 하자 이상하다는 생각이 들었습니다. 이후 망아는 같은날 11:00경 고열 증상이 나타났고, 원고 2는 피고 1 병원에 재차 전화로 문의하자 병실이 없다는 답변뿐이었습니다.

이에 원고 2는 고열의 망아를 안고 피고 3 병원 응급실로 다급히 방문하였습니다.

피고 3 병원 방문당시 망아는 발열, 칭얼대고 잠을 설치는 증상 등이 있었습니다. 그렇다면 망아에게는 의식변화 소견까지 발현되었다는 것이고, 이는 수막염시 나타날

수 있는 명백한 소견인 바, 피고 3 병원으로서는 즉시 신경학적 검진을 시행하고 의식상태를 확인하여 망아의 수막염을 충분히 의심하여야 하고 이에 따른 응급처치들을 시행하였어야 합니다.

▶ 원고측 진료기록감정 회신문

〔문〕 2010. 11. 21.경 ○○대병원에서의 치료와 관련하여, 응급실 내원 당시 망아의 상태는 어떠하였는지요.

〔답〕 응급실 기록에 의하면 환아는 내원 전일부터 발열이 있었고 칭얼대며 잠을 설치고 내원일에는 계속 자려고만하고 놀지 않는 상태라고 하였으며, 체계별 문진에서 기침, 콧물, 발열, 설사가 있었고 신체검사에서는 인두 발적이 있었습니다. 그러나 의식상태에 대한 기록은 없어 알 수가 없습니다(원고측 진료기록감정 회신문 Ⅲ-1)항 참조).

그러나 피고 3 병원은 의식상태 확인도 신경학적 검사도 시행하지 않았고, 이미 갖고 있는 약을 먹으면 된다는 말만하였고, 병원에 있어도 집에서 하는 것과 다를 게 없다며 귀가조치시켰습니다.

▶ 원고측 진료기록감정 회신문

〔문〕 위 증상들을 바탕으로 어떠한 검사 및 처치를 시행하였는지요.

〔답〕 응급실 입원 초진기록지에는 의식상태에 대한 기록과 신경학적 검사기록이 없습니다. 시행한 검사로는 혈당 검사 외에는 다른 검사기록을 발견할 수 없고, 투약을 지속하기로 하였는데 무슨 약인지도 알 수가 없습니다(원고측 진료기록감정 회신문 Ⅲ-2)항 참조).

▶ 원고측 진료기록감정 회신문

〔문〕 위 병원에서 망아는 어떠한 근거를 바탕으로 귀가 조치되었는지요.

〔답〕 입원초진기록만으로 귀가 조치의 근거를 알기는 어려우나 중증 질환의 환자는 아닌 것으로 판단한 것 같습니다(원고측 진료기록감정 회신문 Ⅲ-3)항 참조).

위에서 보는 바와 같이 피고 3 병원은 세균성 뇌수막염의 진행된 결과, 의식의 변화까지 나타난 망아에게 별다른 검사나 처치도 없이, 퇴원의 근거도 없이 막연히 귀가 조치시켜 망아의 세균성뇌수막염은 더욱 악화되었습니다.

라. 피고 1, 2, 3의 과실로 인한 망아의 사망

망아는 고열, 구토, 상기도 감염증상, 신경학적이상, 의식이상 등 세균성뇌수막염시 나타나는 전형적인 증상이 있었습니다.

이에 망아는 2010. 11. 12.경 피고 1 병원에 방문하여 같은달 18.경 퇴원조치되었고, 같은달 19.경 피고 2 의원에 방문하여 진료를 받았고, 같은달 21.경 피고 3 병원에 방문하여 진료를 받았으나 이 과정 중 피고들은 망아의 수막염을 모두 놓쳤습니다.

이러한 피고들의 과실로 인하여 2010. 11. 22.경 피고 1 병원 응급실로 내원하였을 당시, 망아는 자극에 반응이 떨어지는 등의 의식변화, 비정상적인 동공반사 등이 나타나는 등 세균성 수막염으로 인한 심각한 상태였습니다.

▶ 원고측 진료기록감정 회신문

〔문〕 2010. 11. 22.경 ○○병원에서의 경과와 관련하여, 응급실 방문 당시 망아의 상태는 어떠하였는지요.

〔답〕 2010. 11. 22. 외래기록지에 의하면 환아는 잠만 자려하고, 처져있고, 동공반사가 양쪽이 달랐고 자극에 대한 반응이 떨어져 있어 외래에서 응급처치를 위해 응급실로 갔습니다… 의식이 저하되었을 것으로 추측되며 뇌염이 의심되는 상태입니다{원고측 진료기록감정 회신문 Ⅳ-1)항 참조}.

망아가 이렇듯 심각한 상태로까지 빠지자 그때서야 뒤늦은 뇌척수액 검사를 시행하였고, 검사결과 세균성 수막염이 확인되었습니다.

▶ 원고측 진료기록감정 회신문

〔문〕 이때 시행한 뇌척수액 검사결과는 어떠하며 이러한 검사결과는 무엇을 의미하는지요.

〔답〕 뇌척수액에서 WBC 99/mL, Gram stain : 양성, 배양검사에서 Steptococcus pneumonia가 배양되었습니다. 이는 환자에게 세균성 뇌수막염이 발병한 것으로 진단됩니다{원고측 진료기록감정 회신문 Ⅳ-3)항 참조}.

이에 피고 1 병원은 망아에게 부랴부랴 기관내삽관을 시행하였고, 소외 ○○병원으로 전원조치하였습니다.

소외 ○○병원 도착 당시 망아는 세균성 뇌수막염, 패혈증, 흡인성 폐렴, 파종성혈관내응고증 등 소생 불가능한 상태에 빠져 있었고, 심한 뇌의 염증으로 이후 뇌부종과 뇌출혈까지 나타나 사망에까지 이르렀습니다.

▶ 원고측 진료기록감정 회신문

〔문〕 2010. 11. 22.경부터 사망시까지 ○○병원에서의 경과와 관련하여, 위 병원 내원 당시 망아의 상태는 어떠하였는지요.

〔답〕 정신상태는 혼미하였고, 폐에서 수포음이 들렸으며, 복부는 팽만되어 있었습니

다. 세균성 뇌수막염, 패혈증, 흡인성 폐렴, 파종성혈관내응고증 등으로 진단되었고, 주 진단명은 세균성 뇌수막염인것 같습니다{원고측 진료기록감정 회신문 Ⅴ-1)항 참조}.

▶ 원고측 진료기록감정 회신문

〔문〕 위와 같은 망아의 상태가 세균성 뇌수막염의 진행된 결과와 관련성이 있다고 판단되어지는지요.

〔답〕 세균성 뇌수막염의 진행과 관련이 있다고 생각됩니다{원고측 진료기록감정 회신문 Ⅴ-2)항 참조}.

▶ 원고측 진료기록감정 회신문

〔문〕 2010. 11. 28.경 시행한 뇌 CT결과는 어떠하며 이러한 검사결과가 의미하는 바는 무엇인지요.

〔답〕 뇌 전체에 미만성 뇌부종이 있으면서, 우측 대뇌반구와 좌측 전두엽에 부종을 동반한 다발국소적 광범위한 뇌내출혈이 있고, 뇌의 정중선이 좌측으로 이동되어 있다고 기록되어 있습니다. 이는 뇌의 염증이 심해 뇌부종과 뇌출혈이 일어났으며, 이로 인하여 뇌의 정중선의 좌측으로 밀린 것 같습니다{원고측 진료기록감정 회신문 Ⅴ-3)항 참조}.

▶ 원고측 진료기록감정 회신문

〔문〕 망아가 사망에 이르게 된 전반적인 기전은 무엇인지요.

〔답〕 세균성 수막염으로 인하여 뇌에 심한 염증, 부종, 출혈이 생겼고, 이로 인하여 뇌에 핼액이 순환되지 않는 허혈 상태가 발생하여 뇌신경 세포의 사멸을 초래하게 됨으로써 사망하게 된 것으로 보입니다{원고측 진료기록감정 회신문 Ⅴ-4)항 참조}.

≪원・피고 주요쟁점≫

피고 1의 과실쟁점			원　　고	피　　고
○○병원	피고 1의 과실	경과관찰 해태 및 검사 미실시	뇌수막염 의심증상이 있었으나 감별진단 및 추적검사를 실시하지 않아 망아의 세균성 뇌수막염에 대한 조기진단을 해태하였고, 망아의 조기 치료기회를 박탈한 과실	
		설명의무 위반	망아의 증상에 대해 뇌수막염의 가능성을 고려하여 퇴원 후 요양 지도방법에 대해 설명하지 않은 과실	
		전원조치 위반	이상증상을 호소하는 망아를 3차 병원으로 전원조치하지 않은 과실	이상소견이 없었기 때문에 전원조치가 필요치 않았음.

○○ 소아과	피고 2의 과실	검사 미실시	망아의 증상을 급성기관지염, 중이염으로만 진단한 채 신경학적 검진 등의 처치를 시행하지 않은 과실	중추신경징후들에 대한 검사를 실시하였음.
		설명의무 위반	이상증상이 발생하였을 경우 즉시 3차병원으로 전원할 것과 귀가 후 요양지도방법을 설명하지 않은 과실	열의 원인과 이에 따른 증상을 설명하면서 뇌수막염과 관련된 설명을 하였음.
○○ 대 병원	피고 3의 과실	검사 미실시	의식변화 등에 대해 신경학적 검사나 혈액검사 등을 통해 망아를 세균성 뇌수막염을 조기 진단하지 못한 과실	중추신경징후가 나타나지 않았기 때문에 검사 필요 없었음.

≪1심 판결≫

1. 피고의 과실

『○○공단의 경우, 위 인정과 같이 망아는 입원 후 5일이 지난 2010. 11. 17.까지 37℃~39℃ 사이의 발열 증상을 보였고, 4일이 지난 2010. 11. 16.까지는 지속적으로 해열제를 투여하였음에도 위와 같은 발열 증상이 유지되었으므로, 담당 의료진으로서는 망아의 병명이 당초 진단한 기관지염, 장관염 또는 중이염이 아니라 뇌막염이 아닌지 의심하고 이를 확진하기 위한 뇌척수액검사를 시행하여야 할 주의의무 및 의료계약상의 의무가 있었다고 할 것이다. 그럼에도 담당 의료진은 2010. 11. 17.에 해열제를 투여하지 않고도 망인의 체온이 37℃~38℃ 사이로 유지되고, 2010. 11. 18. 08:00경 망아의 체온이 정상범위인 36.7℃로 측정되었으며, 망아의 기침, 설사, 중이염 등의 증상이 회복된 것으로 보인다는 이유로 원고들이 뇌수막염의 가능성을 제기하였음에도 위와 같은 검사를 시행하지 아니한 채 망아를 퇴원시킨 과실이 있다.
한편 ○○의료진은 망아에 대한 치료방법과 치료과정을 원고들에게 상세히 설명하고, 망아를 퇴원시킴에 있어서 퇴원후에도 발열, 구토 등의 증상이 계속될 경우 다시 치료를 받도록 퇴원 후의 요양방법을 충분히 설명할 의무가 있다고 할 것이나, 이러한 설명의무를 이행하였다고 인정할 증거가 없다.
결국 ○○병원 의료진이 망아에 대하여 뇌척수액 검사를 시행하지 아니하고 원고들에게 퇴원 후 망아의 요양지도방법에 관한 충분한 설명을 하지 아니한 과실로 인하여 망아는 세균성 뇌수막염의 조기진단 및 치료의 적기를 놓쳤고, 이후 세균성 뇌수막염이 매우 심한 상태로 악화됨으로써 결국 그 후유증으로 병발한 패혈증으로 인하여 사망하였다고 봄이 상당하다. 따라서 피고 ○○공단은 원고들과 망아에 관한 의료계약을 체결한 당사자이자 망아를 담당한 ○○병원 의사의 사용자로서, 망아가 사망함으로써 망아 및 그 부모인 원고들이 입은 손해를 배상할 책임이 있다.
다음으로 ○○병원의 경우, ○○공단산하 ○○병원에서 기관지염 및 중이염으로 1주일간 입원치료를 받았음에도 발열 증상이 지속되었다는 설명을 들었는데, 망아는 내원 당시 39.3℃의 고열과 처진 모습을 보였고, 혈당 검사 결과 저혈당으로 인하여 처진 모습을 보이는 것이 아닌 것으로 밝혀졌으므로, 3차 의료기관인 ○○병원의 담당의사로서는 망아의 병명이 ○○공단 ○○병원에서 진단하였다는 기관지염 또는 중이염이 아니라 뇌수막염일 가능성은 없는지 의심하고 이를 확진하기 위한 뇌척수액 검사를 시행하여야 할 주의의무 및 의료계약상의 의무가 있었다고 할 것이다. 그럼에도 담당 의사는 망아에 대하여 해열 조치를 실시한 결과 30분 내에 체온인 37.3℃로 내려갔다는 이유로 위와 같은 검사를 시행하지 아니한 채 그대로 망아를 귀가시킨 과실이 있고, 망아는 그로 인하여 세균성 뇌수막염의 조기진단 및 치료의 적기를 놓쳐 세균성 뇌수막염이 매우 심한 상태로 악화됨으로써 결국 그 후유증으로 병발한 패혈증으로 인하여 사망하였다고 봄이 상당하다.』

라고 피고병원들의 과실을 인정하고 있다.

2. 인과관계

피고병원의 과실과 같이 조기진단 및 치료의 적기를 놓쳐 세균성 뇌수막염이 악화되어 사망하였다고 봄이 상당하다고 판시하고 있음.

3. 인용금액 : 1억 8천만 원

4. 피고의 책임비율 : 70%

≪2심 판결≫

원고에게 약간의 배상액이 더 지급된 것 외에 원판결 그대로 유지됨.

≪관련 판례≫

1. 수원지방법원 2006. 8. 22. 선고 2004가합5740 판결

위 사건에서 법원은,

『…망 ○○○의 고열 및 구토의 원인이 폐렴 등 때문이라고 쉽게 단정하여서는 아니되고, 세균성 뇌수막염으로 인한 것이 아닌지를 의심하고 이를 조기에 진단하기 위하여 요추천자를 통한 뇌척수액 검사를 실시하였어야 할 주의의무가 있음에도 불구

하고, 망 ○○○에게 세균성 뇌수막염이 발병하였는지 여부를 심각하게 고려하지 아니한 채 만연히 요추천자를 실시하지 아니하고 있다가, 2003. 12. 30. 14:00경에 이르러서야 뒤늦게 요추천자를 실시한 과실로 인하여 망 ○○○는 세균성 뇌수막염의 조기 진단 및 치료의 적기를 놓쳐 세균성 뇌수막염이 매우 심한 상태로 악화됨으로써 결국 그 후유증으로 병발한 수두증으로 인하여 사망하였다고 봄이 상당하다고 할 것이므로, 피고는 △△△ 등의 사용자로서 망 ○○○가 사망함으로써 망 ○○○ 및 그의 부모인 원고들이 입은 손해를 배상할 책임이 있다고 할 것이다.』

며 세균성 뇌수막염에 대한 검사 지연으로 인한 조기진단 과실을 인정한 바 있습니다.

2. 서울중앙지방법원 2006. 1. 11. 선고 2002가합28468 판결

위 사건에서 법원은,

『…세균성 뇌수막염은 조기 진단 및 조기 치료가 그 예후에 있어 결정적이고, 조기 진단 및 치료가 지연될 경우에는 청각장애를 비롯한 신경학적 후유증이 발생하게 되는, 소아에서는 나이가 어릴수록 특징적인 증세가 나타나지 않는 경우가 많아 진단이 어려울 수 있는 반면, 세균성 뇌수막염에 걸릴 확률이 높은 점(따라서 3개월 이하의 영아인 경우는 고열이 있을 때 반드시 요추천자를 하도록 권고되고 있다) 등을 종합하면, 2001. 6. 1. 1차 내원당시 생후 14개월 정도의 영아인 원고 ○○○에게 고열 및 구토 증상이 있었고, 고열 및 구토의 원인을 감별하기 위한 기본적인 진단을 하였음에도 그 원인이 불분명한 경우 피고병원 의료진으로서는 위 원고의 고열 및 구토의 원인을 막바로 바이러스성 감염으로 단정하여서는 아니되고, 당해 고열이 뇌막염으로 인한 것이 아닌지를 의심하여 ① 환아의 보호자에게 환아가 내원 이전에 경부의 통증 및 경직, 혼미, 혼수 등의 의식상태의 변화, 경련 및 국소적인 신경학적 결손 등의 중추신경계 징후를 보였는지에 관하여 구체적으로 문진을 하거나, ② 경부 강직이나 부르진스키 징후 또는 커니그 징후 증상이 있는지 검사하거나, ③ 혈액검사 또는 일정시간 환아를 관찰하는 등 발열의 원인을 진단하기 위한 적절한 방법을 강구하여 뇌막염을 발열의 원인에서 배제할 수 있는지 여부를 확인할 주의의무가 있었음에도 이를 게을리한 과실이 있고, 세균성 뇌막염이 귀 부분에 전이되어 와우를 감염시켜 미로 또는 청신경에 직접적으로 염증을 일으켜 청력손실을 유발하는 점 및 피고병원에 내원하기 전에 원고 ○○○의 청력에는 별다른 이상이 없었다는 점 등에 비추어 보면, 위 과실로 인하여 원고 ○○○는 뇌막염을 조기에 진단 및 치료받지 못함으로써 그 후유증으로 청력손실의 장애를 입게 되었다고 봄이 상당하므로, 피고는 피고병원 의료진의 사용자로서 그로 인하여 원고들에게 발생한 손해를 배상할 책임이 있다.』

며 과실을 인정한 바 있습니다.

5. 상장간막동맥색전에 대한 진단지체 및 후유증으로 사망한 사건[82)]

≪사건 개요≫

• 원고 망 이○○(남, 58세) / 피고 ○○병원

※ 사건 경과

상장간막동맥색전에 대한 진단지체 및 그로 인한 후유증으로 사망

(1) 망 이○○(남, 58)는 2005. 6. 8. 09:11경 복통, 설사, 구토, 압통을 주호소로 응급실 내원 급성 위염진단 하 약물투여 후 귀가

(2) 같은날 20:00경 지속된 복통으로 응급실 내원하여 급성 충수염 진단 하 같은 달 9. 01:18경 충수절제술 시행받음.

(3) 수술 후 진단은 허혈성 장병변임.

(4) 이후 수술부위 통증, 복부팽만감, 복부답답함 호소하여 같은달 15. 복부 및 골반CT상 상장간막동맥혈전증, 소장폐쇄증, 회장 괴사소견, 충수절제술로 인한 우측 복부에 체액응집, 전체적인 부종과 대량의 복수 확인됨.

(5) 이후 복통 호소하였으나 진통제 투여하다 같은달 16.경 상장간막동맥혈전증에 대한 수술의 필요성에 대해 망인 및 가족들에게 설명함.

(6) 가족들의 서울○○병원으로의 전원 및 수술 요청으로 같은날 17:00경 서울○○병원으로 전원조치함.

(7) 같은달 22:50경 응급개복술을 통해 괴사된 광범위한 장절제술을 시행하였으나 이후 단소장증후군 등에 의한 합병증으로 2006. 5. 29.경 사망에 이름

날짜/시간	상 태	처 치
2005. 6. 8. 09:11	피고병원 응급실 내원 주호소 : 복통(1일 전부터 지속), 설사, 구토, 압통 과거력 : 10년 전 위궤양으로 입원치료, 3년 전 고혈압으로 약물치료 중, 2005년부터 갑상선기능저하증으로 약물치료 중	

82) 수원지방법원 여주지원 2006가합1809 판결, 서울고등법원 2009나52412 결정.

09:26 09:31		심전도×2회 ⇒ 동성부정맥, 비특이적 심실내 블록 ⇒ 심장내과 협진 요망, 홀터모니터링, 심장초음파 권고
09:35		진단 : 급성 위염 약물 투여(수액, 항구토제 투여), 심전도
10:35		핫백 적용(복부)
10:40		진통제 투여
11:45	귀가 조치	
20:00	응급실 재내원 주호소 : 복통 지속 체온 37.8, 맥박 90회, 호흡 20회	
		심전도검사 : 심비대증, 수액투여, 금식
6. 9. 01:15		수술동의서 작성
01:18		수술실 이동
		수술 전 진단 : 급성 충수염 수술명 : 충수절제술 수술 후 진단 : 허혈성 장병변 조직검사상 : 림프 과증식증
05:00	병실로 이동	수술부위 통증에 대한 진통제 투여
12:30		복통 호소해 진통제 투여
17:00		수술부위 통증에 대한 진통제 투여
21:00		수술부위 통증, 요통에 대한 진통제 투여.
6. 10. 08:00		수술부위통증에 대한 진통제 투여
13:30		복부 방사선검사 : 장폐쇄
21:00		수술부위 통증에 대한 진통제(데메롤; 마약성 진통제) 투여
6. 11. 11:00		수술부위 통증에 대한 진통제 투여
24:00		수술부위 통증에 대한 진통제 투여
6. 12. 13:00	오전 중 7차례 배변(묽은 설사)	
17:00	음낭, 음경이 붓고 소변색 : 검은색	
6. 13. 06:30		복부 방사선검사 : 특이 소견 없음.

08:00	복부 팽만감, 복부 답답함.	위관 삽입 흡인하여 흑갈색 1000cc 배액 핫백 적용
13:30		흡인시 700cc 흑갈색 배액
23:00		복부 불편감 호소
6. 14.	01:00 복부 팽만 03:00 복부 팽만 09:00 복부 팽만 15:00 복부 팽만	* 음낭에 대한 초음파 : 양쪽 음낭 피하 조직에 심각한 부종 → 복부 및 골반 CT검사 권고(부종의 원인을 찾고자) * 07:00 복부 X선검사 : 장폐쇄 소견 ⇒ 판독, 보고는 6. 23.경
6. 15. 00:10	수술부위 통증 호소	진통제 투여
07:00		복부 방사선검사
16:00		통증호소로 진통제 투여
19:50		* 복부 및 골반 CT검사 – 상장간막동맥 혈전증 – 소장 폐쇄증, 회장 괴사소견 – 충수절제술로 인한 우측 복부에 체액이 응집 – 전체적인 부종과 대량의 복수 확인
21:00	늘어지고 잠만 자려고 함(기면상태로 의식 저하).	지켜보기로 함.
23:40	복통 호소	진통제 투여
6. 16. 02:00	복통 호소	진통제 투여 의사 안○○에게 알림.
02:40	복통 심해짐	진통제 투여 의사 안○○에게 알림.
04:00	복통 호소	진통제 투여
06:30		복부방사선 검사
12:00	심한 복통 호소 "배가 끊어질 듯이 아파요, 칼로 자르는 것 같아요"	진통제 투여 의사 류○○에게 알림
		복부 및 골반 CT검사 판독, 보고 * 이때 피고 2는 원고에게 상장간막동맥 혈전증 및 수술 필요성에 대해 설명
17:00	가족들 요청에 의해 서울○○병원으로 이송	

22:50		응급 개복술 * 수술소견 공장 상부 약 30~40cm만 남기고 상행 결장까지 모두 괴사
6. 17.		우측 결장반절제술, 공장절제술, 소장절제술, 문합술 시행
6. 27.		세척술 및 배액술 시행
9. 7.	퇴원	
	이후 가정치료 : 단소장증후군, 상부위장관 출혈	
2006. 5. 29. 13:06	사망	

≪소장에서 주장하는 피고의 과실≫

망인이 피고병원 최초 내원 전부터 쥐어짜는 듯한 복통, 오심, 구토, 설사, 장음감소, 압통 등의 증세와 더불어 백혈구 수치의 상승 등의 감염소견을 보였음에도 피고병원은 추가적인 초음파검사, 복부 CT검사 등 정밀검사를 시행하지 아니한 채 단순한 위염으로 진단하여 진통제, 소화제를 투여하고 귀가시켜 망인의 상태를 악화시킨 과실이 있습니다.

또한 같은 날 피고병원에 재내원하여 응급개복술을 시행한 당시 피고 2는 집도의로써 광범위한 허혈성 장병변을 확인하였음에도 그 원인을 판단하기 위한 추가 정밀검사를 시행하지 않은 채 망인을 방치하였으며, 이후 장괴사, 복막염 소견이 진행되어 음낭, 음경 부종이 심각해지자 그때서야 초음파검사, 복부 CT검사를 시행하였습니다. 나아가 복부 CT검사결과도 그 다음 날에야 확인하여 상장간막동맥의 혈전증에 따른 장괴사 소견을 뒤늦게 진단하였고, 이에 대한 시험적개복술 혹은 응급수술(혈전제거술이나 우회로 수술 등)을 시행하지 않아 장괴사의 확대를 막지도 않았습니다. 오히려 응급치료보다는 추가정밀검사가 필요하다면서 시간을 지체하여 망인으로 하여금 장괴사 진행을 확대시켜 대부분의 장기를 절제할 수밖에 없는 상태로 악화시킨 과실이 있습니다.

원고 1은 망인을 서울○○병원으로 후송하여 1차 수술 후 수술소견, 즉 장괴사가 심각해서 거의 모든 소장과 상행결장 등에 괴사가 너무 심각하게 진행되어서 사망할 가능성이 높으니까 맘의 준비를 하라는 설명을 집도의 위 한○○의사로부터 듣고 너무나 황망하고 정신적 충격으로 한동안 멍하니 있다가 그 다음날인 2005. 6. 17. 11:15경에 피고 2에게 직접 전화를 걸었습니다.

원고 1이 피고 2에게 "그런데 어떻게 그렇게 조금도 안 남기게 다 상할 정도로까지 도대체 뭐를 하신거예요?"라고 묻자 피고 2는 "그렇지만 CT상에서는, 저희 방사선과 선생님이 보시기에는 CT상에서는 그 1.5미터 지점은 좀 상할 수는 있지만 앞쪽은 비교적 혈액공급이 잘 유지된다고 하셨거든요. 당시 CT소견에서는 그랬어요. 그런데 시간이 지나고 나서 그게 급격하게 괴사가 진행이 됐는지는 모르겠는데."라고 대답했습니다(갑 제11호증 녹취록 내용 참조). 이에 원고 1이 "그런데 여기서는 딱 보자마자 100%가 불가능하다고 그랬거든요. 그거 CT를 보자마자"라고 하자, 피고 2는 "그거는 이제 경고를 심하게 보통은 그렇게 하죠. 환자가 거기다가 또 다른병원에서도 오시고 하셨기 때문에 그렇게, 워딩은 그렇게 하셨을 텐데"라고 애매한 대답을 했습니다(갑 제11호증 녹취록 내용 참조).

원고들로서는 같은 CT필름을 보고서 피고 1 병원과 위 서울○○병원이 망인의 상태에 대한 경중을 전혀 다르게 판단하고, 위 서울○○병원은 응급개복술을 시행하는데 반해 피고 1 병원은 혈관조영술을 해보자는 등 전혀 다른 치료계획을 세운 것을 전혀 이해할 수가 없었습니다. 만약, 원고들이 피고 2가 권하는 대로 피고 1 병원에서 혈관 조영술을 시행하였다면 조영제가 이미 괴사된 장 밖으로 흘러나와 순식간에 복막염, 패혈증에 이르러 사망에 이르렀을 것이라는 생각을 하게 되면 아직도 자다가도 벌떡벌떡 일어나서 가슴을 쓰러내립니다.

또한 피고 2가 응급개복술 당시 발견한 허혈성 장병변에 대하여 정밀검사로 CT검사를 시행하여 상장간막동맥의 혈전증을 조기에 진단하여 혈전제거술을 시행하였다면, 장괴사는 진행되지 않았을 뿐 아니라 단소장증후군 및 후유증에 따른 사망을 피할 수 있었을 것입니다.

≪관련 의학지식을 통한 입증≫

1. 의학용어

원고들은 귀원의 석명에 따라 이 건에서 언급되고 있는 의학용어에 대하여 다음과 같이 정리합니다.

- 상장간막동맥폐색 : 상장간막동맥은 심장에서 나오는 복부대동맥의 큰 가지 중 하나로 여기에서 횡행결장동맥, 우결장동맥, 횡결장동맥, 회장동맥, 공장동맥 순으로 분지가 나가게 되며 상장간막동맥이 폐색되면 이를 통해 혈액을 공급받는 부위에서는 허혈성 괴사가 진행되는데 폐색된 혈관부위에 따라 괴사가 진행하게 되는 질환
- 위염 : 위내시경 또는 위장 점막에서 염증이 증명된 상태
- 부정맥 : 심장에서 전기 자극이 잘 만들어지지 못하거나 자극의 전달이 제대로 이루어지지 않으면 규칙적인 수축이 계속되지 못하여 심장 박동이 비정상적으로 빨라지거나 늦어지거나 혹은 불규칙해지는데, 이를 부정맥이라고 함.
- 반사압통 : 아픈 부위를 손으로 눌렀을 때 누를 때보다는 떼는 순간 통증을 심하게 느끼는 것.
- 멕버니 사인(Mcburney sign) : 배꼽과 전상장 골극(anterior superior iliac spine)을 연결하는 선의 외 1/3에 위치하는 압통점
- 허혈성 장병변 : 장의 혈류 장애에 의한 장의 병변
- 데메롤(Demerol) : 마약성 진통제
- 복부팽만감 : 배 부위의 팽만감
- 장폐쇄 : 장 폐색은 장, 특히 소장이 부분적으로 또는 완전히 막혀 음식물, 소화액, 가스 등의 장내용물이 통과하지 못하는 질환
- 회장괴사 : 회장 부위가 썩은 상태
- 급성충수염 : 맹장 끝에 6~9㎝ 길이로 달린 충수돌기에 염증이 발생하는 것.
- 충수절제술 : 염증이 발생된 충수돌기를 절제하는 수술
- 복부CT : CT 스캐너를 이용한 컴퓨터단층촬영(斷層撮影)법으로, 엑스선이나 초음파를 여러 각도에서 인체에 투영하고 이를 컴퓨터로 재구성하여 인체 내부 단면의 모습을 화상으로 처리하는 검사방법
- 기면상태 : 자극에 대한 반응이 느려지고 불안정한 상태
- 상행결장괴사 : 대장에서 상행결장 부위에 장이 썩은 상태
- 결장반절제술, 공장절제술, 소장절제술 : 장의 일부를 절제하여 제거하는 수술
- 문합술 : 몸속의 장기(위와 장, 장과 장, 혈관과 혈관 사이)들을 맞물려 잇는 수술

2. 피고병원의 과실 —— 상장간막동맥폐색에 대한 진단 및 처치 지연의 점

피고병원에게는 망인의 상장간막동맥폐색에 대한 진단 및 처치를 지연한 과실이 있

습니다.

가. 상장간막동맥폐색의 조기진단 및 조기치료의 중요성

상장간막동맥색전증의 경우 수술이 가장 성공률이 높은 치료방법이고 시험적 개복은 신속한 진단을 확인시켜주기 때문에 조기진단 및 조기치료로 향상된 예후를 기대할 수 있습니다.

▶ 사비스톤 외과학

'급성 장간막 동맥폐쇄

…수술이 가장 성공률이 높다. 시험적 개복은 신속한 진단을 확인시켜, 다른 질환을 배제할 수 있다.'(갑 제15호증 사비스톤 외과학 1860쪽 참조).

▶ 진료기록감정 회신문

'…장괴사 전에 빠른 진단과 상장간막 동맥 색전증에 대한 적절한 수술이 신속하게 시행되었다면 비교적 좋은 예후를 기대할 수도 있습니다.'{진료기록감정 회신문Ⅱ-(9)항 참조}.

▶ 사실조회 회신문

'다른 질병과의 감별 및 조기진단이 가장 중요합니다'{사실조회 회신문 나-(3)항 참조}.

'상장간막동맥색전증의 경우 … 조기 진단을 통해 광범위한 장의 허혈을 막고 이러한 부분에 대한 수술을 통해 성공률을 높일 수가 있습니다'{사실조회 회신문 다-(1)항 참조}.

"…조기처치(수술 등)이 이루어진다면 보다 나은 예후를 기대할 수는 있다"{사실조회 회신문 다-(2)항 참조}.

나. 2005. 6. 9. 충수절제술 당시 광범위한 허혈성 장병변이 진단되었음에도 피고병원은 허혈성 장병변의 원인진단을 위한 추적정밀검사를 이행하지 아니하였습니다.

피고병원은 복통을 주호소로 내원한 망인에 대해 급성 충수돌기염을 진단하고 2005. 6. 9.경 충수절제술을 시행하였습니다. 그런데 수술소견상 충수돌기염의 병변은 경미하고 오히려 광범위한 허혈성 장병변을 확인할 수 있습니다. 그럼에도 피고병원은 광범위한 허혈성 장병변의 원인진단을 위한 추적정밀검사를 이행하지 아니하였습니다.

(1) 광범위한 허혈성 장병변의 경우 급성 상장간막동맥 색전·혈전·비폐쇄성 장간막 허혈에 의한 급성 장간막 허혈 등을 의심해야 하며 단순복부촬영, 복부CT, 혈관조영술 등을 통해 감별진단을 해야 합니다.

▶ 사실조회 회신문

〔문〕 급성 복통 환자에 대하여 급성 충수염을 추정진단하여 응급충수절제술을 시행하였는데, 수술 후 진단명이 광범위한 허혈성 장병변이라면 어떠한 질환을 의심(추정)할 수 있는지요?

〔답〕 급성장간막 허혈 : 급성 상장간막동맥 색전, 혈전, 비폐쇄성 장간막 허혈…{사실조회 회신문 가-(9)-(가)항 참조}.

〔문〕 그 원인을 밝히고 치료를 시행하기 위하여 추가로 시행되어야 할 감별진단검사 및 처치(치료방법)에는 무엇이 있는지요?

〔답〕 …단순 복부 촬영을 통해 장천공 등의 뚜렷한 복통의 원인을 배제하고, 상장간막동맥의 색전이 CT 등의 검사에서 진단된 경우 즉시 혈관조영술을 시행하여야 합니다{사실조회 회신문 가-(9)-(나)항 참조}.

(2) 그러나 피고병원은 광범위한 허혈성 장병변의 원인진단을 위한 추적정밀검사를 이행하지 아니하였습니다.

2005. 6. 9. 충수절제술에 대한 수술기록에 의하면 피고병원은 망인에 대해 허혈성 장병변을 확인하였음에도 수술직후 광범위한 허혈성 장변변의 원인진단을 위한 추적정밀검사를 시행하지 아니하였습니다{진료기록감정 회신문 Ⅰ-(3)-(가), (나), (다), (라)항 참조}.

(3) 더욱이, 망인의 경우 피고병원 응급실 내원 당시 시행한 심전도상 부정맥 등 심장질환이 의심되었는 바, 급성상장간막동맥색전증을 우선적으로 의심해야 합니다.

상장간막동맥 색전증의 가장 흔한 발병원소는 심장으로 알려져 있습니다. 따라서 심부정맥, 심장벽 혈전 등이 있는 환자에서 급성 복통이 유발된다면 급성 상장간막동맥색전증이 감별진단에서 우선순위여야 합니다.

이 건 망인은 2005. 6. 8. 피고병원 응급실 내원 당시 2회에 걸쳐 심전도검사를 시행받았고 검사상 부정맥 소견이 관찰되었으며 판독의사는 심장초음파, 홀터 모니터링 등의 심장정밀검사와 심장내과의 협진를 권고하였으나 피고병원은 차후 이에 대한 아무런 조치도 이행하지 않았습니다.

살펴본 바, 망인의 경우와 같이 부정맥 등의 환자가 복통을 호소할 경우 급성 상장간막동맥색전증에 대한 감별진단이 우선적으로 시행되어야 하나 피고병원은 이를 간과하여 상장간막동맥폐쇄를 의심조차 하지 아니하였습니다.

다. 피고병원은 충수절제술 후 망인의 장폐쇄, 지속적이고 반복적인 복통, 복부팽만 호소를 간과하였습니다.

망인은 충수돌기염 진단하 충수절제술을 시행받았음에도 수술 후 지속적이고 반복적인 복통, 복부팽만, 장폐쇄 소견을 보였습니다.

그럼에도 피고병원은 그때마다 단순히 핫백을 적용하고 진통제만을 투여하여 통증만 조절하려고 하였을 뿐 충수절제술 당시 관찰된 광범위한 허혈성 장병변 전제하 상장간막동맥폐쇄 등의 원인질환을 의심하지도 않았을 뿐 아니라 감별진단을 위한 검사도 고려하지 않았습니다{진료기록감정 회신문 Ⅰ-(4)-(가)항 참조}.

당시 피고병원은 상장간막동맥폐쇄의 가능성에 대해서는 0.01%도 의심하지 않았습니다.

라. 2005. 6. 15. 19:50경 복부 및 골반 CT상 상장간막동맥 혈전증이 진단되었음에도 즉각적인 수술적 처치를 이행하지 아니하였습니다.

(1) 피고병원은 상장간막동맥혈전증이 진단되었음에도 즉시 수술적 치료를 시행하지 않았습니다.

상장간막동맥폐색은 진단 즉시 수술적 치료가 원칙입니다.

그럼에도 피고병원은 2005. 6. 15. 19:50경 복부 및 골반 CT상 상장간막동맥 혈전증이 진단되었음에도 개복술을 통한 수술적 치료를 즉시 이행하지 않았습니다(피고는 2007. 1. 22.자 제출 준비서면 4~5쪽에서 2005. 6. 16.경 복부 및 골반 CT검사를 하였다고 기재하고 12쪽에서는 2005. 6. 15.경 복부 및 골반 CT검사를 하였다고 기재하고 있는 바, 4~5쪽에서의 2005. 6. 16.기재는 오기로 보여집니다). 적어도 이때 피고병원은 응급 수술을 시행했어야 합니다.

▶진료기록감정 회신문

〔문〕 2005. 6. 15. 19:50경 시행한 복부-골반 CT 검사와 관련하여 판독결과는 어떠한지요(어떠한 이상소견이 확인되었으며, 환자의 임상경과를 고려하였을 때 어떠한 치료가 시급히 필요하였는지 여부 포함).

〔답〕 상장간막 동맥 색전증, 소장 폐쇄를 동반한 소장 폐색이 의심됨. 응급 수술로 색전 제거술 혹은 혈관 우회술, 혈관 촬영술을 통하여 혈전 용해술 시도, 소장 괴사시 응급 수술 등의 치료를 계획할 수 있음{진료기록감정 회신문Ⅰ-(4)-(하)항, 필름감정 회신문 (8)-(나)항 참조 참조}.

(2) 오히려, 피고병원은 상장간막동맥폐쇄 진단 다음날이 되어서야 망인의 가족들에게 수술적 치료의 필요성을 설명하였습니다.

피고병원은 복부 및 골반 CT상 상장간막동맥혈전증이 진단되었음에도 진단 즉시 망인의 가족들에게 그 결과를 고지하지 않은 채 다음날이 되어서야 가족들에게 상장간막동맥혈전증의 진단 및 수술적 치료의 필요성을 설명해 주었습니다.

(3) 소외 서울○○병원에서 전원 당일 즉시 응급개복술을 시행한 것에 비추어, 피고병원이 얼마나 만연히 대처하였는지 잘 알 수 있습니다.

2005. 6. 16. 망인의 가족들은 피고병원으로부터 수술적 치료가 필요함을 고지받았으나 더 이상 피고병원 의료진을 신뢰할 수 없어 위 서울○○병원으로 전원하게 되었는데 위 서울○○병원 의료진은 복부 및 골반 CT상 상장간막동맥혈전증, 회장 괴사 등 소견을 확인하자마자 그 즉시 응급 수술을 시행하였습니다{진료기록감정 회신문 Ⅱ-(3)항 참조}. 이와 관련하여 피고병원은 복부 및 골반 CT상 비가역적인 변화가 발생했는지 판단하기 어렵다는 애매모호한 설명을 하였으나 위 서울○○병원에서는 복부 및 골반 CT를 보자마자 그 자리에서 장의 대부분이 괴사되었다고 설명해 주었습니다. 피고병원은 제대로 된 판독조차하지 못하였던 것입니다.

(4) 더구나 망인의 가족들은 2005. 6. 13.경 복부팽만이 지속되어 피고병원에게 복부 CT검사를 의뢰하였으나 피고병원은 배에 가스가 차서 검사가 힘들다는 어처구니없는 답변만 들은 사실도 있습니다.

마. 피고병원의 상장간막동맥폐쇄에 대한 진단 및 처치 지연은 병변의 진행을 더욱 악화시켰으며 결국 사망이라는 결과를 초래하였습니다.

피고병원은 2005. 6. 8.경 복통을 주호소로 내원한 망인에 대하여 충수돌기염으로 진단하고 충수절제술을 시행하였고, 수술소견상 광범위한 허혈성 장병변이 확인되었음에도 상장간막동맥색전 등에 대한 추적감별진단검사를 시행하지 않았으며, 이후 지속된 복통, 복부팽만 증상을 간과한 채 단순히 진통제만을 투여하였고, 복부 및 골반 CT상 상장간막동맥혈전증이 진단되었음에도 다음날이 되어서야 이를 확인하고 수술적 치료를 계획하였습니다.

피고병원의 진단 및 처치지연의 점은 위 서울○○병원에서 시행된 응급개복술 소견에서 확인할 수 있습니다. 2005. 6. 16. 시행된 응급개복술에 의하면 상부 공장 약 30~40cm를 제외하고는 모든 소장과 상행 결장까지 장이 괴사된 소견을 보이고 있습니다{진료기록감정 회신문Ⅱ-(2), (4)항 참조}. 이는 상장간막동맥폐쇄로 인한 병변이 상당부분 진행되었음을 의미합니다. 더구나 위 서울○○병원에서는 이틀만 일찍 왔더라도 생존에는 지장이 없었을 것이라고 하며 소장이 최소 1m 정도는 남아야 생존가능성이 높은데 망인의 소장은 거의 괴사되어 살릴 수 있는 부분은 70cm 밖에 남지 않았다고 하였습니다.

≪원·피고 주요쟁점≫

쟁점	원고		피고	
	주 장	입 증	주 장	입 증
1. 진단 처치 지연의 점	① 2005. 6. 9. 충수절제술 당시 광범위한 허혈성 장병변이 진단되었음에도 원인질환 진단을 위한 추적 정밀검사를 이행하지 아니함.	2007. 5. 10. 사실조회 가-(9)-(가), (나) 2008. 5. 1. 진료기록감정 Ⅰ-(3)-(가), (나), (다), (라). Ⅰ-(4)-(가)		
	② 지속적으로 호소한 복통, 복부팽만증상을 간과하였음.	2008. 5. 1. 진료기록감정 Ⅰ-(4)-(가)	진통제 투여 등으로 증세의 호전을 보였음.	
	③ 2005. 6. 15. 19:50경 복부 및 골반 CT상 상장간막동맥혈전증이 진단되었고 위 질환은 신속한 수술로 좋은 예후를 기대할 수 있음에도 즉각적 수술적 처치를 시행하지 아니함. ⇒ 상장간막동맥폐색에 대한 진단 및 처치지연은 상태의 악화 및 사망이라는 악결과를 초래함.	갑 제15호증 2007. 5. 10. 사실조회 다-(1), (2) 2008. 5. 1. 진료기록감정 Ⅱ-(2), (4), (9) 2008. 5. 14. 필름감정 (8)-(나)	복부 CT의 경우 방사선과 전문의의 판독이 절대적으로 필요하여 6. 15. 검사 후 6. 16.경 방사선과전문의와 상의하고 치료계획을 세웠으나 망인과 보호자의 요구로 서울○○병원으로 전원조치할 수밖에 없었음.	2008. 12. 4. 사실조회 5-(2)
2. 설명의무 위반의 점	치료기간 중 설명의무를 성실히 이행하지 아니하였고 특히, 복부 및 골반 CT상 결과에 대해 추가로 혈관조영술을 시행하자는 설명만 하였을 뿐 장괴사 정도, 중증도 등에 대한 상세한 설명을 이행하지 아니함.		상태변화, 검사결과 등에 대해 치료과정, 상태, 치료계획 등에 대해 자세히 설명하였음.	

≪1심 판결≫

1. 피고의 과실

『(2) 수술 당시 허혈성 장병변을 확인하고도 정밀검사를 이행하지 아니한 과실 유무
급성 상장간막동맥 혈전증의 발생 가능성을 염두에 두고 복부 CT검사를 즉시 시행하여 상장간막동맥 혈전증을 좀 더 빨리 진단하고 곧바로 혈관조영술 내지는 수술적인 치료를 할 주의의무가 있음에도 단순히 경과를 지켜보면서 수술 후 6일이 경과하도록 망인에 대한 보존적 조치만 취한 과실이 명백히 인정될 뿐 아니라… 주치의로서는 지속적인 복통의 원인을 찾아내기 위하여 추가적으로 복부 CT검사 등의 정밀검사를 시행할 주의의무가 있음에도 이를 다하지 않았다고 평가하지 않을 수 없다.
(3) 복부골반 CT검사 후 판독을 지연하는 등 신속한 조치를 취하지 아니한 과실 유무 및 설명의무 위반 여부
피고 박○○는 망인에 대한 CT검사 후 위와 같은 결과를 확인하였다면, 망인의 상태가 수술을 견딜 수 있는지 여부를 확인한 후 지체없이 응급개복술을 시행하였어야 함에도 불구하고 신속한 결정을 하지 못하고 상장간막동맥 혈전증에 대한 처치를 지연하다가 CT검사 다음날이 되어서야 비로소 망인의 가족들에게 수술적 치료가능성을 설명하는 등 망인으로 하여금 제때에 적절한 치료를 받지 못하여 장 괴사가 악화되도록 방치하고 설명의무도 게을리 한 과실이 있다 할 것이다.』

2. 인과관계 : 과실과 함께 인과관계를 판단함.

3. 인용금액 : 2억 6천만 원

4. 피고의 책임비율 : 50%

≪2심 결정≫

재판부의 화해권고 결정에 의하여 종결됨.

≪관련 판례≫

• 대전고등법원 2008. 4. 24. 선고 2007나1621 판결

상장간동맥 폐색증에 의한 패혈증으로 사망에 이른 사건에 대해,
『…상장간동맥 폐색증은 신속한 진단하에 응급개복술을 시행하는 것이 가장 성공률

이 높은 질환으로서, ○○○병원 의사들이 망인에 대한 지속적인 복통의 원인을 찾아내기 위하여 초기에 계획하였던 2003. 12. 6. 13:40경 복부전산화단층촬영을 계획대로 시행하였거나 적어도 그 다음날 09:00에 계획하였던 복부방사선검사 등을 제때에 시행하고 시행 직후 그 결과를 확인하였더라면 상장간막동맥폐색증을 좀더 빨리 진단할 수 있었고 장천공으로 인한 복막염 증세에 신속히 수술적 치료로 대처함으로써 생존률을 높힐 수 있었을 것으로 보인다. 그런데, 위 의사들은 망인이 응급실을 통하여 내원한 날부터 계속 심한 복통을 호소하였음에도 불구하고 그 정확한 병명을 진단하기 위한 검사들을 신속히 시행하지 아니하고 그 결과 확인마저 지체하였으며 그에 따라 응급으로 실시되어야 할 수술적 처치까지 지연되었는 바, 이는 의사로서 환자의 상태에 충분히 주의하고 위험방지를 위하여 필요한 최선의 주의를 기울여야 할 의무를 위반한 것으로서, 그와 같은 과실로 망인이 사망에 이르렀다고 판단된다.』

라고 하여 의료진에게 손해배상책임이 있다고 판시하였습니다.

6. 뇌동맥류 파열을 긴장성 두통으로 오진하여 사망한 사건83)

≪사건 개요≫

• 원고 이○○(여, 64세) / 피고 양천○○의원, 신촌○○병원

※ 사건 경과

두통 – 긴장성두통 오진 – 뇌동맥류 파열 – 사망

병원	날 짜	증 상	검사 및 처치	비 고
○○ 신경 외과	2010. 8. 18.	머리 아프고 어지럽고 속이 미슥미슥거리고 머리가 터질듯	긴장성 두통, 전정기관신경염, 뇌졸중(의증) ⇒진통제 투약	
	2010. 8. 20.	약 먹고 조절 지금은 너무 안 좋다	<○○영상의학과> brain MRI 작은 혈관이 막힌 소견?	
	8. 23.	진료의뢰서	진료의뢰서 1. 긴장성 두통 2. 전정기관신경염 3. 뇌졸중 뇌경색 4. 노인성 뇌	
신촌 ○○ 병원	8. 23. 12:53	특이과거력 없는 분으로 내원 1주일 전부터 두통 심하여 개인병원에서 뇌 MRI까지 촬영한 후 통증 너무 심하여 응급실 내원함.	신경과 외래 내원하였으나 예약이 금요일에 잡혀 빠른 진료 원해 응급센터 내원 현재 응급처치 필요한 상황 아님 설명 후 익일 아침 신경과 진료 가능함 확인 후 보호자에게 설명하였고 이에 동의하여 귀가함.	
	8. 24.		외래 MRI상 뇌경색 소견 없음.	
한강 ○○ 병원	8. 27. 07:00	신촌○○병원에서 특별한 소견 없었다고 함. 내원 당일 오전 7:00경 갑자기 두통 호소하고 속이 답답함 호소하다가 의식 졸림으로 전환 있어 응급실 통해 입원함.	CT 지주막하 출혈 동맥류 2개 뇌동맥류 파열에 의한 지주막하 출혈	

83) 서울남부지방법원 2014. 10. 7. 선고 2013가합14775 판결.

	12:54		뇌동맥류 시술	
	8. 28. 02:33		환자, 보호자 중환자실 도착하여 CT 설명함. 우측 측두엽, 후두엽, 마루엽으로 뇌경색이 더 진행되었음.	
	9. 3.	사망		

≪소장에서 주장하는 피고의 과실≫

1. 피고 1의 과실

가. 악결과 예견 가능성

진료행위는 진찰・검사단계, 진단을 내리는 단계, 그리고 투약, 주사, 수술 등을 시행하는 치료의 단계, 최후로 예후판정, 재활치료(Rehabilition)의 단계라는 순서로 진행되는 바, 이 건은 망인에 대한 진료의 모든 단계에서 잘못하였습니다.

이 건 망인의 경우에서와 같이 뇌동맥류 파열이 발생할 경우, 소량의 출혈 시에는 머리가 쪼개지는 것처럼 아프고 때로 메스꺼움, 구토 등이 나타납니다.

따라서 피고 1은 망인이 최초 내원하였을 당시부터 3차례에 걸쳐 외래진료를 받았을 당시, 이전에는 경험하지 못한 터질 듯한 극심함 두통과 오심 증상을 호소하였는바, 이는 뇌혈관질환 특히, 뇌동맥류 파열과 같은 상황이 발생하였을 가능성이 있음은 충분히 예견가능한 상황이었습니다.

나. 악결과 회피의무 위반

(1) 진찰・검사상과실

따라서, 피고 1은 2010. 8. 18.경 망인이 병원에 방문할 당시, 이전에는 경험하지 못한 터질 듯한 극심함 두통과 오심증상을 호소한 점을 바탕으로 문진, 시진, 촉진, 청진, 타진 등을 통해 초기 사정을 충분히하고 필요한 검사를 시행하여 정확하고 신속한 진단을 내려야 합니다.

피고 1은 망인의 지속적 두통과 오심증상에 대하여 "언제부터 두통이 왔는지? 통증 정도가 얼마나 되는지? 더 악화되고 있는지? 가족력이나 과거력은 어떠한지?" 등을 자세히 문진하여 상태를 파악하고, 청진, 시진, 촉진, 타진 등 이학적 검사를 시행하였어야 합니다.

그러나 피고 1은 2010. 8. 18.경 방문한 망인에게 위 각각의 검사는 전혀 시행한 바 없고, 근거도 없이 망인의 이상소견을 '긴장성 두통, 전정기관 신경염, 뇌졸중 의증'이라고만 오진하여 단순 진통제를 투약하였고, 이로 인하여 망인은 소량의 뇌동맥류 출혈이 점점 악화되어만 갔습니다.

(2) 진단상 과실

피고 1은 망인의 뇌동맥류 및 뇌동맥류 파열의 진단을 지연하여 조기에 수술을 받을 수 있는 기회를 박탈하였습니다.

수차례 피고 1의 진료를 받을 당시 망인 뇌 속의 시한폭탄이라는 불리는 뇌동맥류가 있었고 이에 대한 미세파열로 심각한 두통 및 오심증상이 발현되었을 가능성이 아주 큰 상황이었는 바, 이는 시간이 곧 생명과 직결되는 응급질환으로 1분 1초가 시급함에도 불구하고, 피고 1은 긴장성 두통, 전정기관신경염, 뇌졸중 의증으로 오진하였습니다.

진단단계에서는 오진(誤診)의 유형은 다음과 같이 6가지로 나눌 수 있습니다.[84] ① 소인미진(素因未診 ; Missed predisposition), ② 유병무진(有病無診 ; Missed diagnosis), ③ 다병소진(多病小診 ; Skipped diagnosis), ④ 특병타진(特病他診 ; Wrong diagnosis), ⑤ 특병과진(特病寡診 ; Underdiagnosis), ⑥ 무병유진(無病有診 ; Presumed diagnosis) 등입니다.

이 건은 전형적인 ④ 특병타진입니다.

피고 1은 망인의 터질듯한 두통과 미슥거리는 증상이라는 뇌동맥류 파열의 전형적인 증상인 뇌혈관질환을 배제한 채, 아무런 근거나 진단없이 단순히 긴장성 두통으로 오진하였습니다.

다. 요양방법지도의무 위반

(1) 의의 및 입법취지

의료법상 의료인은 환자 또는 그 보호자에 대하여 요양의 방법 기타 건강관리에 필요한 사항을 지도하여야 합니다.

이는 공법상의 의무로서 의료인에게는 병상에 대한 진료뿐만이 아니라 환자 및 그 보호자에 대하여도 보건교육의 의무가 있다는 것을 강조한 것입니다.

의료란 본래 의사와 환자 사이의 협동관계에 있는 것이고, 환자측의 협력 없이는 유효한 치료효과를 거둘 수 없기 때문에 의학·의료의 전문가인 의사가 환자나 그 보호자에 대해서 질병관리에 관한 요양방법 등을 지도할 의무를 부여한 것입니다.

---

84) 윤중진·강신몽, 법의부검과 오진, 대한법의학회지 1991. 10. 통권 제15권 제2호 49쪽 참조.

(2) 법적 성질

의사가 진료 및 수술 등 치료를 행한 때에는 치료상의 주의사항 등을 설명·지도해야 하는 것은 당연하고, 따라서 요양방법 등의 지도의무는 치료행위의 내용입니다.

지도의무는 의사의 설명의무의 일환으로 논하여지고 있습니다. 다만 학설이나 판례상 의료침습을 수반하는 치료행위 등에 대한 설명의무와는 구별하고 있기는 합니다. 설명의무는 환자의 자기결정권을 보장하기 위한 것이기 때문에 의사의 설명에 대한 환자의 동의여부는 자유이지만, 요양방법에 관한 설명에 대하여는 선택의 자유는 없고 치료방법의 지도에 대하여 환자가 이에 따를 것이 예정되어 있습니다.

이 의무는 행정법상의 의무이고, 이것도 의료행위를 적정하게 행하기 위하여 의사에게 과한 의무입니다. 이 의무를 게을리하거나 이행하지 않아 환자의 증상이 악화되거나 사망이라는 악결과(惡結果)가 발생한 경우에는 민사상 불법행위(민법 제750조) 또는 채무불이행(민법 제390조)으로서 손해배상책임을 지게 됩니다.[85]

대법원 1991. 2. 12. 선고 90도2547 업무상과실치상 판결은, 연탄가스 중독환자가 퇴원시 자신의 병명을 물었으나 환자를 그 병명으로 진단, 치료한 의사가 아무런 요양방법을 지도하여 주지 아니하여 병명을 알지 못한 환자가 퇴원 즉시 처음 사고가 난 방에서 다시 자다가 재차 연탄가스에 중독된 사고에 관하여,

> 『자기집 안방에서 취침하다가 일산화탄소(연탄가스) 중독으로 의료기관 응급실에 후송되어 온 환자를 진단하여 일산화탄소 중독으로 판명하고 치료한 담당의사에게 회복된 환자가 이튿날 퇴원할 당시 자신의 병명을 문의하였는데도 의사가 아무런 요양방법을 지도하여 주지 아니하여, 환자가 일산화탄소에 중독되었던 사실을 모르고 퇴원 즉시 사고 난 자기 집 안방에서 다시 취침하다 전신피부파열 등 일산화탄소 중독을 입은 것이라면, 위 의사에게는 그 원인 사실을 모르고 병명을 문의하는 환자에게 그 병명을 알려주고 이에 대한 주의사항인 피해 장소인 방의 수선이나 환자에 대한 요양의 방법 기타 건강관리에 필요한 사항을 지도하여 줄 요양방법의 지도의무가 있는 것이므로 이를 태만히 한 것으로서 의사로서의 업무상과실이 있고, 이 과실과 재차의 일산화탄소 중독과의 사이에 인과관계가 있다고 보아야 한다.』

라고 하여 요양방법지도의무를 다하지 아니한 의사에게 유죄를 선고한 바 있습니다.

(3) 이 건에서의 인과관계 및 손해배상의 범위

이 건에서 피고 1이 망인에게 긴장성 두통, 전정기관신경염, 뇌졸중 의증으로 오진

85) 공법상 요양방법의 지도의무가 불법행위법상의 주의의무 또는 업무상과실치사상죄(형법 제268조)에 있어서의 주의의무와 반드시 일치하는 것은 아니지만, 사안에 따라서는 요양방법의 지도의무위반이 형사상 업무상과실치상죄로 처벌된 판례가 있습니다.

하였더라도 귀가조치할 당시, 망인의 심각 두통 및 오심증상은 단순 두통이나 전정기관신경염이 아닐 가능성이 크고, 약 복용 후에도 두통이 완화되지 않으면 곧바로 상급병원의 치료를 받아야 한다는 내용들을 포함한 요양방법지도를 제대로 하였다면 망인은 좀 더 조기에 뇌동맥류 관련 치료를 받을 수 있을 것이고 나아가 사망에까지는 이르지 않았을 것입니다. 피고 1의 요양방법지도의무를 다하지 아니한 과실과 망인의 이건 사고 사이에는 상당인과관계가 있습니다.

대법원 1994. 4. 15. 선고 93다60953 판결은,

『…발생이 예상되는 위험 등에 관하여 위험성을 충분히 설명할 의무가 있고, 이를 위반하여 악결과가 발생한 경우에 있어서 위자료만을 청구하는 경우에는 의사의 설명결여 내지 부족으로 선택의 기회를 상실하였다는 사실만을 입증함으로써 족하고, 모든 손해를 청구하는 경우에는 그 중대한 결과와 의사의 설명의무 위반 내지 승낙취득과정에서의 잘못과의 사이에 상당인과관계가 존재하여야 하며, 그 경우 의사의 설명의무의 위반은 환자의 자기결정권 내지 치료행위에 대한 선택의 기회를 보호하기 위한 점에 비추어 환자의 생명 신체에 대한 의료적 침습 과정에서 요구되는 의사의 주의의무 위반과 동일시 할 정도의 것이어야 한다.』

라고 판시한 바 있습니다.

이건에서 피고의 요양방법지도의무 해태는 의료과정에서 요구되는 주의의무위반과 동일시 될 정도로 중한 과실입니다.

2. 피고 2의 과실

피고 2는 영상의학과 의사로서 피고 1이 의뢰한 망인의 영상의학검사를 진행하는 과정 중, 영상을 직접 보면서 그 결과를 전문적으로 판단하면서 질병을 정확히 진단하고, 검사결과 불확실한 소견이 있다면 추가검사를 시행할 수 있도록 결정적인 역할을 하여야 하는 주의의무가 있습니다.

그러나 피고 2는 2010. 8. 20.경 망인의 뇌 MRI검사를 판독함에 있어 뇌동맥류를 발견하지 못함은 물론이고, 급성으로 뇌혈관질환이 진행되고 있음을 전혀 알지 못한 채 단지 작은 혈관들이 막힌 것 같다며 오진하였습니다.

3. 피고 3의 과실

가. 악결과 예견 가능성

망인은 피고 1에서의 3차례의 진료를 받고도 두통은 나아지지 않고 견딜 수 없을 만큼 점점 심해져 2010. 8. 23.경 곧바로 피고 3 병원을 방문하였습니다.

그렇다면 피고 1 병원보다 상급병원이었던 3차의료기관인 피고 3 병원으로서는 병원 내원당시 망인의 주호소인 참을 수 없는 심각한 통증과 오심, 구토 증상을 확인하였다면 망인의 이상소견은 뇌혈관질환으로 인한 것이고, 이는 적극적인 치료를 시행하여야 하는 상황임을 예견하여 다음 진료과정을 진행하여야 합니다.

나. 악결과 회피의무 위반

피고 3 병원은 망인의 이상소견을 의심하고 감별검사를 정확하게 시행하여 망인의 뇌동맥류를 조기에 진단하여 치료하였어야 함에도 불구하고 망인을 치료하는 의료진들은 매너리즘에 빠져 지속적으로 망인을 방치하였습니다.

망인은 2010. 8. 23. 오전경 피고 1이 발급해준 진료의뢰서까지 지참하고 피고 3 병원 신경과 외래를 방문하였으나, 예약을 하지 않았다는 이유로 진료해 주지 않았습니다.

이에 망인은 당일 진료를 받기 위하여 곧바로 피고 3 병원 응급실 접수를 하였으나 피고 3 병원은 망인에게 단순 검사조차 시행하지 않고 응급처치가 필요하지 않으니 금요일 외래 진료 또는 다음날 일반강사 진료를 예약하고 내원하라고만 하며 귀가조치 시켰습니다.

이후 망인은 2010. 8. 24.경 피고 3 병원 외래 예약을 하여 진료를 보았으나, 이때 역시 피고 3 병원은 외래강사 소외 김○○은 어떠한 진단검사도 시행한 바 없습니다.

결국 피고 3 병원이 '신경과 외래 → 응급실 → 신경과 외래' 순대로 진료요청을 하였으나 결국 단 한차례의 감별검사조차 시행하지 않고 망인을 지속적으로 방치한 사실은 일반인의 상식에 비추어보더라도 납득하기 어렵다 할 것입니다.

다. 악결과 회피의무 위반

이 건에서 피고 3 병원 역시 망인의 진료행위 과정 중 망인을 귀가조치할 당시, 망인의 심각 두통 및 오심증상은 단순 두통이나 전정기관신경염이 아닐 가능성이 크고, 약 복용 후에도 두통이 완화되지 않으면 곧바로 재방문을 하여 적극적인 치료를 받아야 한다는 내용들을 포함한 요양방법지도를 제대로 하였다면 망인은 좀 더 조기에 뇌동맥류 관련 치료를 받을 수 있을 것이고 나아가 사망에까지는 이르지 않았을 것입니다. 따라서 피고 3 병원의 요양방법지도의무를 다하지 아니한 과실과 망인의 이 건 사고 사이에는 상당인과관계가 있습니다.

≪관련 의학지식을 통한 입증≫

1. 피고 3 병원 도착당시 망인의 상태

피고 3 병원은 망인이 피고 3 병원에서 진료를 받을 당시, 뇌혈관질환을 의심할만한 소견이 없었기 때문에 귀가 조치한 점은 과실이 아니라는 주장을 하나, 이는 사실이 아닙니다. 망인이 호소하였던 극심한 두통은 뇌동맥류 파열의 가장 흔한 증상이고, 뇌동맥류 파열시 나타날 수 있는 오심증상까지 있었습니다.

[표 1] 갑 제15호증 '인터넷 기사(SBS 뉴스)' 중

극심한 두통이 뇌동맥류 파열의 가장 흔한 증상입니다.

[표 2] 갑 제16호증 '뇌동맥류란?' 중-1

뇌동맥류란?

뇌동맥
지면서
대개는
갖는 경
뇌동맥
게 파열
이 지러
이 갑지

뇌동맥류 파열 순간 매우 심한 두통이

[표 3] 갑 제16호증 '뇌동맥류란?' 중-2

뇌동맥류의 증상은?

파열된 동맥류

머리가 터질 듯 한 두통이 발생하며 두통은 갑자기 발생하고 머리 전체가 아프거나 어느 부분에 국한되며 뒷목이 뻣뻣해지는 증상을 보이기도 합니다. 두통의 정도는 평소에 느꼈던 편두통 정도가 아니라 이전에 경험해보지 못했을 정도의 아주 심한 두통입니다. 혼수상태가 될 수도 있고 오심과 구토, 마비, 간질발작 등의 증상이 다양하게 나타날 수 있습니다.

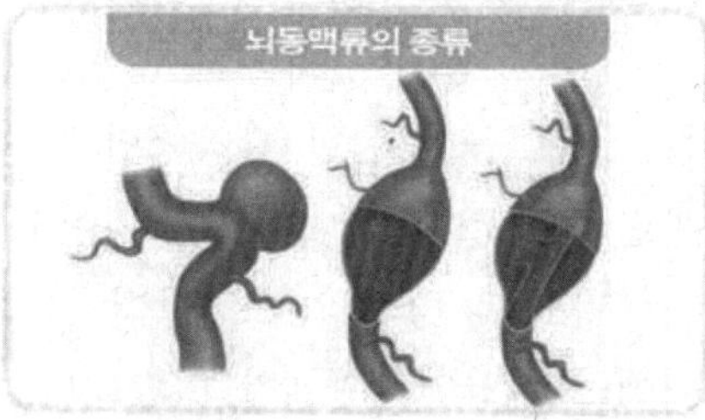

증상 극심한 두통, 목이 뻣뻣해짐, 오심과 구토, 마비, 의식저하 등

또한 망인의 두통정도는 통증사정 척도 상, 6점[86]으로 참을 수 없을 정도의 통증과 경계가 되는 심한 통증이 있음을 피고 3 병원 의료진도 인지하고 있음을 알 수 있습니다.

[표 4] 통증사정척도 표

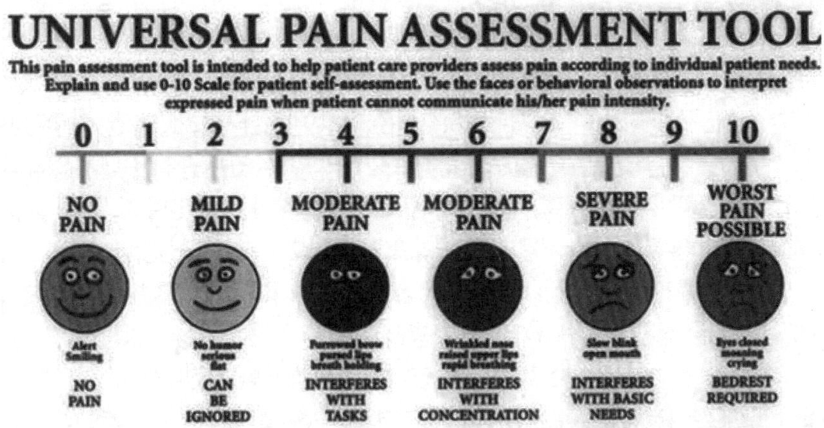

결국 피고 3 병원은 망인 스스로 '터질듯하다'고 표현하는 심각한 두통 및 수일동안 지속되고 있었다는 점을 알고도 뇌질환이 있을 것이라는 의심도 없이 망인을 퇴원조치하였습니다.

2010. 8. 23.경, 「신경과 외래 → 응급실, 같은달 24.경 신경과외래」 진료를 진행하는 과정 중, 단 한번이라도 망인의 뇌동맥류 파열을 의심하여 이를 진단할 후 있는 관련 검사를 시행하였다면 뇌동맥류 파열로 인한 회복 불가능할 정도의 지주막하출혈이 발생하는 것을 미연에 예방할 수 있었을 것입니다.

[표 5] 갑 제16호증 '뇌동맥류란?' 중-3

> 가능성도 여전히 높습니다. 최근에는 MRI, CT 등 새로운 진단법이 발달하여 뇌동맥류가 파열되기 전에 발견되는 경우도 많아 미리 치료하여 뇌출혈(지주막하출혈)발생을 미연에 막을 수 있게 되었습니다.

86) 갑 제8호증의1 응급진료기록지 상, 10점 만점에 6점임이 확인됩니다.
pain scale(Numerical Pain Intensity scale) 6 /10

뇌동맥류란?

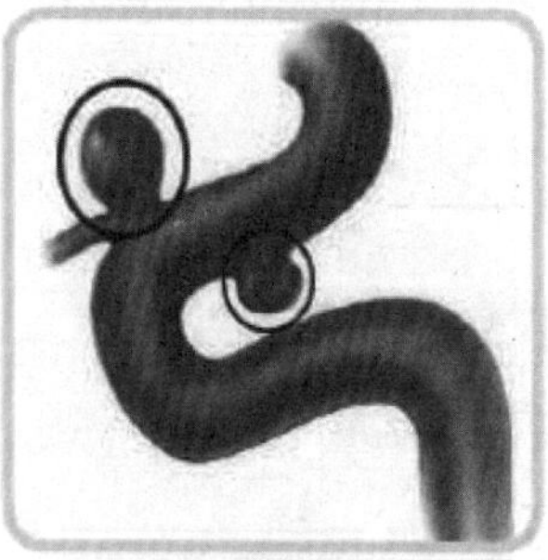

뇌동맥류란 뇌에 혈액을 공급하는 중요한 혈관의 일부가 약해지면서 풍선처럼 비정상적으로 팽창하는 것을 말합니다.
대개는 풍선이 부푼 듯 한 모양을 가지게 되며 특이한 형태를 갖는 경우도 있습니다.
뇌동맥류는 혈관 벽이 부풀어 매우 약한 구조를 가지고 있어 쉽게 파열될 수 있으며 파열되면 뇌출혈(지주막하출혈)이 됩니다.
이 지주막하출혈은 매우 위험한 병으로, 보통 아무런 예고 없이 갑자기 터지므로 미리 알 수 있는 증상은 대개 없습니다.
뇌동맥류 파열 순간 매우 심한 두통이 발생하며, 대개 뒤통수가 아픈 경우가 많습니다. 두통의 정도는 "이렇게 심한 두통은 난생 처음 겪었다"라고 말할 정도로 매우 극심합니다.
파열 직후 바로 의식을 잃고 혼수상태로 빠지는 환자도 많습니다. 예전에 발표된 병의 경과는 파열된 환자들 중 1/3은 병원에 도착하기 전에 사망하고, 절반 이상이 출혈이 발생한 후 30일 이내에 사망합니다. 일부 환자에서는 치료하더라도 심각한 후유증이 남게 됩니다.
현재 의학의 발전으로 요즘에는 이보다는 더 좋은 결과를 보이고 있지만 뇌동맥류가 일단 출혈하면 여전히 매우 위험하여 사망 가능성이 높고, 살아서 치료를 받는 다해도 심각한 장애가 남을 가능성도 여전히 높습니다. 최근에는 MRI, CT 등 새로운 진단법이 발달하여 뇌동맥류가 파열되기 전에 발견되는 경우도 많아 미리 치료하여 뇌출혈(지주막하출혈)발생을 미연에 막을 수 있게 되었습니다.

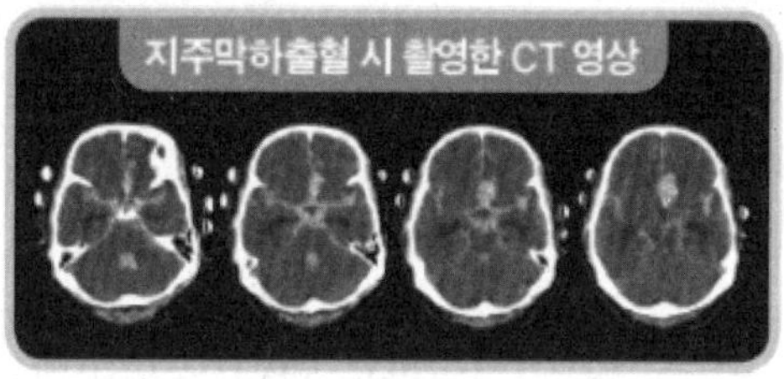

뇌동맥류의 진단방법

뇌 전산화 촬영(CT) 및 전산화단층 혈관조영술(CTA)

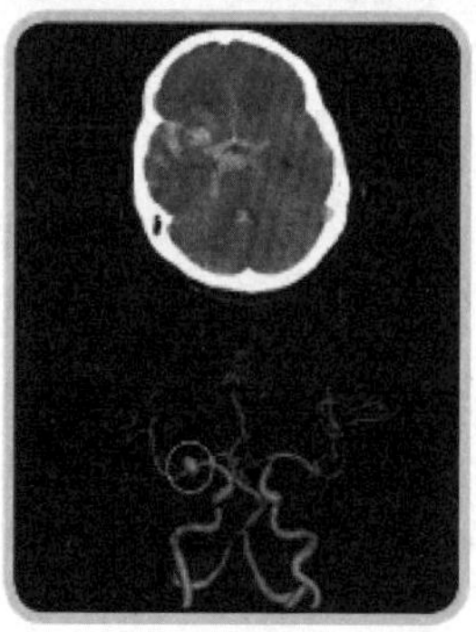

CT는 지주막하출혈을 진단하는데 가장 먼저 선택하는 진단방법입니다. 지주막하출혈 뿐만 아니라 동반되는 뇌내혈종, 뇌경색 및 수두증 같은 합병증도 볼 수 있는 검사입니다.
지주막하출혈의 원인 감별을 위한 추가적인 검사는 대부분 혈관에 대한 검사로 전산화단층 혈관조영술이 있습니다. 전산화단층 혈관조영술은 비침습적인 검사법으로 지주막하출혈의 원인을 감별할 수는 있지만 치료계획을 세우기 위해서는 뇌혈관조영술(TFCA)이 필요합니다.

뇌자기공명영상(MRI) 및 자기공명 혈관조영술(MRA)

요즘은 건강검진에서 흔히 시행되는 검사이나 다른 검사들에 비해 고가이고 검사시간이 약간 길다는 단점이 있습니다. 뇌동맥류는 물론 각종 뇌질환을 진단할 수 있으나 치료 계획을 세우기 위해서는 역시 혈관조영술(TFCA)이 대부분 필요합니다. 지주막하출혈 후 혈관연축 및 뇌손상의 정도를 확인하기 위해 시행하기도 합니다.

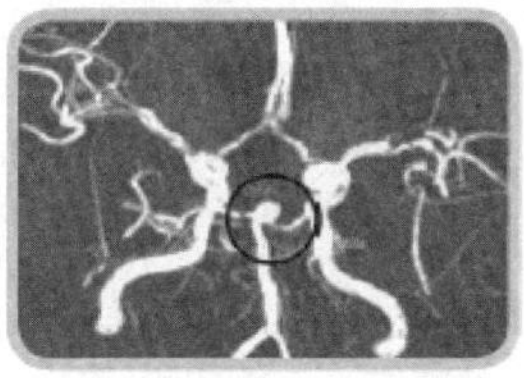

뇌혈관조영술(TFCA)

각종 뇌혈관질환 및 뇌동맥류의 가장 정확한 진단방법입니다. 검사가 침습적으로 진행되기 때문에 입원을 해야 하는 단점이 있으나 뇌동맥류의 발생 부위와 크기, 방향, 주변 뇌혈관의 상태 등을 자세히 볼 수 있어 치료계획을 세우고 치료 결과를 판정하는 가장 중요한 검사입니다.

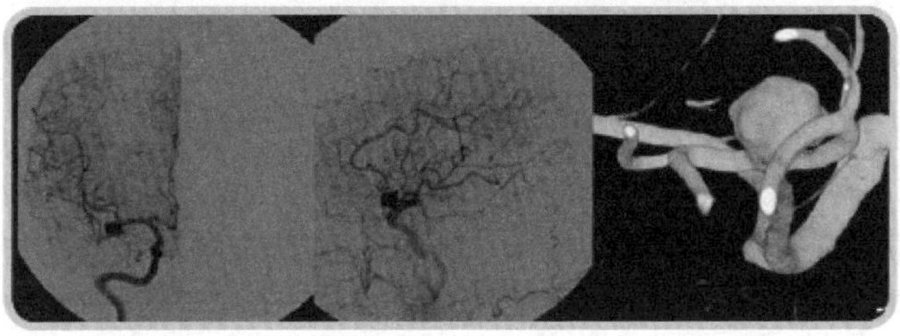

뇌동맥류의 증상은?

파열된 동맥류

머리가 터질 듯 한 두통이 발생하며 두통은 갑자기 발생하고 머리 전체가 아프거나 어느 부분에 국한되며 뒷목이 뻣뻣해지는 증상을 보이기도 합니다. 두통의 정도는 평소에 느꼈던 편두통 정도가 아니라 이전에 경험해보지 못했을 정도의 아주 심한 두통입니다. 혼수상태가 될 수도 있고 오심과 구토, 마비, 간질발작 등의 증상이 다양하게 나타날 수 있습니다.

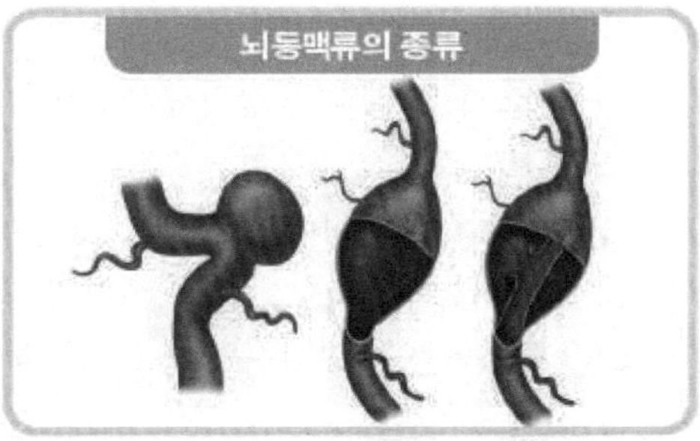

증상 극심한 두통, 목이 뻣뻣해짐, 오심과 구토, 마비, 의식저하 등

미파열된 동맥류

동맥류의 위치나 크기에 따라 증상이 있는 경우도 있지만 대부분은 증상을 나타내지 않고, 3차원 CT 및 자기공명영상 혈관촬영술(MRA)상 미파열성 동맥류를 우연히 발견하게 됩니다.

증상 거의 증상 없음.

치료방법

뇌동맥류를 진단받게 되면 혈관조영술(TFCA)을 시행하여 뇌동맥류의 정확한 위치, 크기, 다른 혈관과의 관계 등을 확인한 후 치료가 필요한 지, 치료하지 않고 추적검사를 시행하면서 경과를 관찰해야 하는 지 등을 결정하게 됩니다. 치료가 필요하다고 판단되는 뇌동맥류는 외과적 수술법을 이용하여 치료하거나, 혈관내수술법을 이용하여 혈관 안쪽에서 치료를 진행할 수 있습니다. 이 두 가지 방법 중 선택은 여러 가지 요소에 의해 결정되며 입원 시 혈관조영술을 시행하여 뇌동맥류의 크기-위치-정상혈관의 모양 등 여러 가지를 확인하고, 환자 및 보호자와 치료 방법에 대해 상의하여 결정합니다.
뇌출혈이 발생한 파열된 뇌동맥류는 환자 상태와 관계없이 대개 응급으로 치료하게 되며 파열하지 않은 뇌동맥류는 조금 더 시간 여유를 갖고 치료하게 됩니다.

≪1심 판결≫

1. 피고의 과실

『피고 3 병원 소속 의사들의 진료상 과실 유무
…① 망인이 같은 증상을 원인으로 피고 1 병원에서 2회에 걸쳐 치료를 받고도 증세의 호전이 없어 내원한 이상, 상급병원인 피고 3 병원의 의료진으로서는 피고 1 병원에서 이미 시행한 일반적, 대증적인 치료 이상의 진료를 실시할 필요가 있었다고 할 것인 점,
② 피고 양○○이 작성한 진료의뢰서에 의하더라도 "뇌졸증(뇌경색)" 등 뇌혈관 이상을 시사하는 기재가 포함되어 있었던 점,
③ 피고 3 병원의 응급진료기록지에 기록된 통증 지수는 6점으로 그리 심한 두통으로는 보이지 않으나, 이는 "통증이 너무 심하여 응급실에 내원"하였다는 망인의 진술과 배치될 뿐 아니라 외래 진료를 예약한 환자가 예약 당일 응급실에 내원하여 진료를 요구하는 것은 상당히 이례적인 일이므로, 실제로 망인이 호소하였던 두통이 피고 ○○대병원의 주장과같이 "정수리 부위의 경미한 두통" 정도에 불과하였다고 보이지 않는 점,
④ 위 ③항과 같은 주장의 근거가 된 피고 3 병원의 외래초진기록지에 의하더라도 망인이 "머리 정수리부분이 많이 아팠다. 우측 정수리쪽 두피가 아프다"라고 하였을 뿐 경미한 두통이라고는 하지 아니한 점,
⑤ 일반적으로 긴장성 두통은 진통제를 복용하거나 충분한 휴식 또는 수면을 취함으로써 증상이 호전되는데, 망인의 두통은 지속적인 진통제 복용에도 불구하고 2010. 8. 17.부터 근 1주일간 지속되고 있었으므로 피고 3 병원에 내원할 당시 망인의 증상을 단순히 긴장성 두통으로 보기는 어려웠던 점,

⑥ 망인에게 경부 강직이나 복시 등 다른 전구증상이 발견되지 아니하였더라도 뇌동맥류의 가장 주된 전구 증상인 두통이 위와 같이 지속적으로 나타나고 있었을 뿐 아니라 2010. 8. 24. 내원한 망인의 진술에 의하더라도 "메슥거리는 정도"라고 하여 오심 증상도 함께 나타나고 있었던 것으로 보이므로, 망인에게 그와 같은 증상의 원인이 될 만한 특이한 과거력 내지 기저 질환이 없는 상태에서 망인을 진료하는 의사로서는 뇌혈관 이상여부를 확인할 필요성이 있었다고 보이는 점,

⑦ 김○○은 피고 채○○이 실시한 MRI검사 결과를 그대로 진료기록부에 기재하였고 이를 신뢰하여 망인의 증상을 긴장성 두통으로 진단한 것으로 보이는데 뇌 MRI 검사의 경우 어느 정도 크기 이하의 뇌동맥류를 발견하는 데 있어 민감도가 떨어지므로, 뇌혈관 이상이 의심되는 환자에 대하여는 MRA검사 등 상급병원에서 실시 가능한 추가적인 검사를 실시할 필요가 있었다고 보이는 점 등을 종합하여 보면, 2010. 8. 28. 또는 같은 달 24. 망인을 진료한 피고 3 병원 의료진이 망인에게 발생한 투동 등 증상원인을 발견하기 위한 정밀검사를 시행할 의무가 있었음에도 이를 해태한 과실이 있다고 봄이 상당하고….』

라고 판시하여 피고 3 병원이 뇌동맥류에 대한 정밀진단을 시행하지 않은 과실책임을 묻고 있다.

2. 인과관계

『망인의 경우 피고 3 병원에 내원할 당시 아직 뇌동맥류 파열에는 이르지 않아 응급수술을 요하지는 아니하였더라도 피고 3 병원 의료진이 망인에게 뇌혈관질환의 이상이 있는지 여부를 의심하여 혈관조영술 등을 실시하였더라면 뇌동맥류를 조기에 검진하여 예방적인 수술을 시행할 수는 있었을 것으로 보이므로, 피고 3 병원 의료진의 앞서 본 진료상의 과실과 망인의 사망이라는 결과 사이의 인과관계 또한 인정된다 할 것이다.』

라고 판시하여, 의료진의 과실과 사망 사이에 인과관계를 직접 인정하고 있다.

3. 인용금액 : 3천 5백만 원

4. 피고의 책임비율 : 40%

≪관련 판례≫

• 서울고등법원 2013. 4. 4. 선고 2012나93680 판결

『망인이 호소한 흉통은 심질환의 경우 나타나는 주된 증상인 바 피고병원 의료진은

심질환의 가능성을 주의 깊게 고려하여 흉통의 원인을 감별하기 위한 진단적 검사를 시행해야 할 주의의무가 있음에도, 여러 날에 걸쳐 지속적으로 흉통을 호소하며 늑막 삼출 소견과 높은 hs-CRP 수치를 나타내는 망인을 호산구성 폐렴으로 오진하여 대동맥박리를 확인할 수 있는 심초음파, CT 내지 MRI 등의 추가 검사를 실시하지 않아 결국 망인으로 하여금 대동맥박리를 진단받아 그에 대한 치료를 받을 기회를 상실케 한 과실이 있다는 원고의 주장에 대하여,

…피고병원 의료진은 흉부 및 늑골 방사선 검사, 일반혈액검사, 심근효소검사, 소변검사, 심전도 검사 등을 통해 망인의 흉통의 정확한 원인을 찾지 못하였음에도 망인이 계속하여 흉통을 호소하였다면, 위 검사로 확인할 수 없는 질환인 대동맥박리 등에 대한 감별 진단을 위해 심초음파 내지 혈관 CT, MRI 등의 추가 검사를 실시할 주의의무가 있다. 그럼에도 불구하고 피고병원 의료진은 만연히 망인을 증상에 부합하지 않는 호산구성 폐렴으로 진단하고 이에 대한 대증적 치료만을 시행하고 흉통 등 증상의 원인을 밝히기 위한 추가적인 검사를 시행하지 않음으로써, 망인으로 하여금 추가적 진단검사를 통해 대동맥박리를 진단받고 이에 대한 적절한 치료를 받을 기회를 상실하게 하였으며, 위와 같은 피고병원 의료진의 과실로 인해 망인이 사망에 이르렀다고 할 것이므로 피고병원은 이로 인해 망인과 원고들이 입은 손해를 배상할 책임이 있다.』

7. 폐암에 대한 조직검사 없이 폐엽절제술을 시행하는 도중 폐충혈 발생하여 개흉술 시행하였으나 사망한 사건[87)]

≪사건 개요≫

• 원고 망 원○○(여, 26세) / 피고 서울○○병원

※ 사건 경과

(1) 2008. 5. 26.경 객혈을 주호소로 내원 : 흉부방사선, 흉부 CT, 수면기관지내시경(세포액 : 기관지폐포세포암 진단), 폐기능검사, 심전도 시행

(2) 5. 29.경 흉부외과 전과

(3) 5. 30. 18:00～5. 31. 01:00 폐엽절제술 시행 : 수술도중 폐충혈이 발생하면서 폐고혈압 발생하며 심정지 나타남

(4) 5. 31. 07:00～11:10 개흉술 : 혈종 제거 및 출혈 조절

(5) 5. 31 18:30～19:15 구획증후군으로 근막절제술 시행

(6) 6. 3. 사망

날 짜		상 태	처 치
5. 26.		객혈	폐포세척액 세포검사 : atypical cell, 기관지폐포세포암 의증
5. 27.			wedge resection 위해 흉부외과 협진, 보호자에게 병리조직 소견 설명
5. 28.			수술동의서 －보호자는 간단한 조직검사로 설명 들음. 폐엽절제술을 알았다면 동의하지 않았을 것임. －수술당일 수간호사를 통하여 폐엽절제술 이야기를 듣고 수술을 중지하여 달라고 요청하였다고 함.
5. 29.		흉부외과 전과	
	18:00 ～	수술(단일폐엽절제술) －수술 전 Hb/Hct 13.7/40.9 －폐동맥 처치중 갑자기 좌상엽 충혈 있으면서 폐동맥 올라감, 혈압이 떨	ECMO 적용하고 소변배출 없어 CRRT 적용하고 중환자실로 이송

87) 서울중앙지방법원 2011. 9. 21. 선고 2009가합110793 판결, 서울고등법원 2013. 9. 5. 선고 2011나85422 판결, 대법원 2013. 12. 12. 선고 2013다74387 판결.

5. 30.	5. 31. 01:00	어지면서 기도삽관 뷰트로 500cc 정도 출혈 있음. – 병리보고서(6/3) : 폐출혈의 원인은 혈관 이상 및 혈관염의 가능성이 높으며, 교원혈관성 질환이 의심.	
	01:20	중환자실 도착	
	04:00	흉관배액관에서 출혈 계속	수혈
	07:00	120/60-120	환자 회복상태 지켜보다가 재수술
	07:00 ~ 11:10	수술(진단적 개흉 후 출혈 조절) – 2차 수술 당시 Hb/Hct 5.2/15.9 – 대량의 혈종소견 – inf pul ligament dissection 부위의 clot이 떨어져 있으면서 조그마한 폐포에서 출혈	혈종 제거 및 세척 출혈 조절 ECMO 제거
	11:00	중환자실 도착 110/60-114 배액관에서 활동성 출혈 없음.	
	18:00	양측 다리 부종, 피부색 변화	
	18:30 ~ 19:15	수술(근막절제술)	
	19:10	중환자실 도착	
6. 1.	02:00	흉부 불편감 호소	
	10:40	irritable 하면서 혀로 삽관 밀어냄.	
	10:42		발관 및 산소 공급
	12:30	의식 저하	재삽관
6. 2.	04:00	산소포화도 측정되지 않음. 배액관으로 활동성 출혈 양상	
6. 3. 12:00		사망(특발성 폐고혈압 → 심장부정맥, 폐출혈 → 다발성 장기부전)	

≪소장에서 주장하는 피고의 과실≫

망인은 피고병원에서의 진단적 검사 등을 시행받고 폐암의 확진을 위하여 조직검사를 위한 흉강경하 폐생검술을 시행받게 되었습니다.

그러나 망인이 사망한 이후 진료기록부를 확인한 결과 망인의 폐생검술 결과는 폐암이 아니라 혈관염 소견이었으며 수술범위도 조직검사가 아닌 폐절제술이었음을 알게 되었습니다.

피고병원의 경우 수술전 망인 및 가족들에게 폐암의 가능성으로 인하여 조직검사를 시행하겠다고 설명하고 폐의 일부를 떼어내는 광범위한 수술을 시행하였습니다. 이는 피고병원의 진단상의 과실이 분명하다고 하겠습니다.

또한 피고병원은 망인에 대한 수술적 처치에 있어서도 주의의무를 다하지 못하여 결국 수술과정에서 폐출혈을 야기시켰습니다. 이로 인하여 망인은 수술과정에서의 폐고혈압이 발생하여 심정지까지 이르게 되었고, 이후 출혈이 조절되지 않아 개흉술까지 시행받았으나 결국 사망에 이르게 되었는 바, 이는 피고병원의 수술적 처치상의 과실이라고 하겠습니다.

더불어 피고병원은 망인과의 진료계약에 따라 망인의 검사결과에 대한 구체적이고 자세하게 설명하여야 하는데, 단순히 조직검사라고 설명하고 실제로 폐엽절제술까지 시행하였는 바, 이에 대한 설명의무위반 책임도 있습니다.

≪관련 의학지식을 통한 입증≫

1. 조직검사를 하지 않고 폐엽절제술을 실시한 과실

피고병원은 쐐기절제술 등의 조직검사를 실시하여 망인의 좌상엽에 폐포암이 있는지 여부를 검사하지 않고 폐엽절제술을 시행한 과실이 있습니다.

가. 폐엽절제술의 비적응증

망인은 폐엽절제술의 적응증에 해당되지 않았습니다.

폐엽절제술은 암병기를 진단받은 뒤에 시행하는 수술입니다. 그러나 피고병원은 미세침흡인법이나 쐐기절제술로 암병기를 진단하지 않은 채 폐엽절제술을 시행하는 과실을 범하였습니다.

▶ ○○서울병원 흉부외과 사실조회 회신문

일반적으로 암병기를 진단받지 않은 환자에서 폐엽절제술을 일차적으로 시행하지는 않습니다(○○서울병원 흉부외과 사실조회 회신문 다-3)항 참조).

모든 암의 확진은 조직검사를 통해 이루어지는 바, 세포도말검사로 암을 확진하였다는 피고의 주장은 진단상의 주의의무를 다하지 않았다는 반증이 됩니다. 망인은 암이 확진된 것이 아니라 의심되는 상태였기 때문에 암을 확진하기 위해서 흉부외과로 전과되었던 것입니다.

▶ 2011. 8. 31.경 김○○ 증인신문조서
망인이 전과된 것은 조직검사를 의뢰하기 위해서이다(2011. 8. 31.경 김○○ 증인신문조서 2-가항 참조).

원심에서도 망인에 대하여 쐐기절제술 등의 조직검사를 실시하여 망인의 좌상엽에 폐포암이 있는지 여부를 검사한 다음 폐엽절제술을 실시해야 할 주의의무가 있음에도 불구하고 조직검사를 실시하지 아니하고 바로 폐엽절제술을 실시한 과실을 인정한 바 있습니다.

나. 폐엽절제술 수술준비 미비

가사 폐엽절제술이 적응증에 해당되었다 할지라도 피고병원은 수술 전 처치를 충분히 하지 않은 채 폐엽절제술을 진행한 과실이 있습니다.

폐엽절제술을 시행하기 위해서는 흉부 CT촬영, 양성자방출단층촬영(PET), 기관지내시경, 경피적 미세침흡인술 등을 시행하여야 합니다.

▶ ○○서울병원 흉부외과 사실조회 회신문
우선 폐암을 진단하고 또 폐암의 병기를 결정하기 위해 흉부 CT촬영, 양성자방출단층촬영, 기관지내시경, 경피적 미세침흡인술 등을 시행합니다{○○서울병원 흉부외과 사실조회 회신문 다-6)항 참조}.

그러나 피고는 PET, 경피적 미세침흡인술 등을 시행하지 않았습니다.

또한 수술의 위험성을 확인한 다음 안전하고 정확한 확인을 위해서 다학제간 협의진료를 시행하여야 하나 피고병원은 폐엽절제수술을 위해 협의진료를 의뢰한 사실이 없습니다.

▶ ○○병원 진료기록감정 회신문
〔문〕 폐엽절제술 시행을 위하여 협의진단한 기록이 있는지요.
〔답〕 폐엽절제술을 시행하기 위해 협의진단한 기록은 없음{○○병원 진료기록감정 회신문{상계○병원 진료기록감정 회신문 2)-마)-(2)항 참조}.

게다가 피고병원은 의료진조차 폐엽절제술을 시행한다는 것을 모르고, 수술을 준비, 진행하였습니다.

▶ 2011. 8. 31.경 김○○ 증인신문조서

망인이 폐엽절제술을 하게 될 것이라는 정보는 없었고, 흉강경을 통해서 폐 일부를 절제하는 것으로 알고 수술 준비하고 그렇게 했습니다(2011. 8. 31.경 김○○ 증인신문조서 2-가항 참조).

다. 소 결

따라서 피고병원은 암 병기의 확진과 폐엽절제수술 준비를 하지 않은 상태에서, 비적응증에 해당하는 폐엽절제술을 시행한 과실이 있다 할 것입니다.

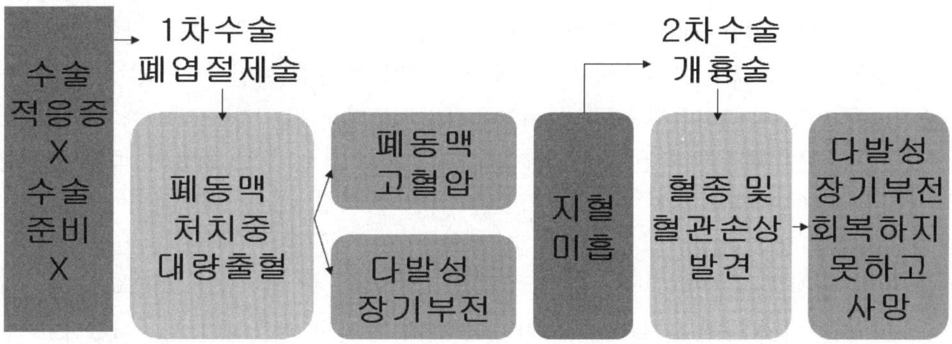

≪원 · 피고 주요쟁점≫

쟁점	원 고	피 고
1. 진단상의 과실	조직검사를 시행하겠다고 설명하고 폐의 일부를 떼어내는 광범위한 수술을 시행하였으나, 폐조직 검사상 폐암이 아니라 혈관염이었고 수술범위도 조직검사가 아닌 폐절제술이었음.	– 폐암으로 확진하고 폐조직검사를 시행한 것이 아니라, 방사선검사 및 기관지내시경검사상 폐암 의심소견을 보며 정확한 진단을 위해 폐조직검사를 시행함. – 폐엽절제술은 출혈로 인한 불가피한 선택이었음.
2. 수술상의 과실	수술적 처치에 있어 주의의무를 다하지 못하여 결국 수술과정에서 폐출혈을 야기함.	– 수술 후 갑자기 폐동맥압이 올라갔고 그로 인해 출혈이 발생하고 혈압이 저하되어 폐엽절제술을 시행함. – 폐조직검사 결과 폐출혈의 원인은 혈관 이상 및 혈관염의 가능성이 높으며 교원혈관병이 의심됨.
3. 설명의무위반	검사결과에 대한 구체적이고 자세하게 설명해야 함에도 불구하고 단순히 조직검사라고 설명하고 실제로 폐엽절제술을 시행함.	– 폐조직검사가 필요한 이유, 방법, 발생 가능한 합병증, 수술 중 폐엽 절제술의 가능성을 설명함.

≪1심 판결≫

1. 피고의 과실

『피고병원 호흡기내과 의료진은 망인의 기관지폐포암을 확진하기 위해 흉부외과에 쐐기절제술을 의뢰한 사실, 피고병원 의료진은 2008. 5. 28. 망인과 원고들에게 쐐기절제술을 실시한 후 필요에 따라 폐엽절제술을 실시하겠다고 설명하였고, 쐐기절제술을 실시하여 채취한 조직을 통해 암을 확진한 후 폐엽절제술로 나아가는 것은 폐암의 진단 및 치료를 위해 일반적으로 시행하는 방법인 사실, 쐐기절제술은 암병변이 작은 경우 등에서 치료의 목적으로 시행하거나 미세침 흡입검사가 적합하지 않은 경우 조직검사를 위한 채취를 위하여 시행하기도 하는데 폐엽절제술과 달리 혈관의 분리·결찰을 요하지 않으며 짧은 시간에 조직검사 결과를 확인할 수 있는 사실, 폐엽절제술은 암병변이 의심되는 특정 폐엽을 모두 분리해내는 것이므로 쐐기절제술보다 더 침습적이며 폐암이 확진되거나 강하게 의심되는 경우 주로 치료의 목적으로 행하는 사실, 망인에게 기관지 폐포암 확진을 위한 쐐기절제술을 시행하기 어렵다고 볼만한 사정이 없는 사실, 결국 망인의 병변은 기관지 폐포암이 아닌 것으로 확인된 사실 등을 인정할 수 있고, 이러한 인정사실에 의하여 알 수 있는 다음과 같은 사정 즉, 이 사건 1차 수술을 실시하기 전 망인에게 기관지 폐포암이 확진되었다고 보기 어려운 점, 피고병원 호흡기 내과 의료진 역시 이러한 사정을 고려하여 쐐기절제술을 통한 조직검사로 이를 확진하려고 하였던 것으로 보이는 점, 폐엽절제술은 쐐기절제술에 비해 폐의 손실정도가 많고 위험성이 높으므로 환자에 대한 침습의 정도를 최소화하기 위해 특별한 사정이 없는 한 쐐기절제술을 통해 암을 확진한 후 폐엽절제술로 나아가는 것이 타당한 것으로 보이는 점 등을 종합하여 보면, 피고병원 의료진은 쇄기절제술로 나아가야 할 주의의무가 있음에도 불구하고, 그러한 주의의무에 반하여 기관지폐포암에 대한 확진없이 폐엽절제술을 실시한 과실이 있다고 봄이 상당하다.』

라고 판시하고 있다.

2. 인과관계

『피고가 쐐기절제술을 실시하여 망인의 폐병변이 기관지폐포암이 아니라는 사실을 확인하였다면, 피고병원 의료진이 망인에게 폐엽절제술을 시행하지 않았을 것으로 봄이 상당하므로, 피고병원 의료진의 위 과실과 망인의 사망 사이에 상당인과관계가 인정된다.』

라고 판시하여, 의료진의 과실과 악결과 사이의 상당한 인과관계가 있음을 판시하고 있다.

3. 인용금액 : 1억 3천 6백만 원

4. 피고의 책임비율 : 30%

≪2심 판결≫

원심과 원・피고의 손해배상금이 약간 조정되는 외에는 변화 없음.

≪3심 판결≫

상고기각되어 원고 승소 확정됨.

≪관련 판례≫

- 의정부지방법원 고양지원 2009. 4. 24. 선고 2007가합5298 판결

위암 수술 후 가성동맥류 출혈로 인하여 저산소성 뇌손상에 이르게 된 사건에 대하여,

『…1차 수술 시행 전 실시된 CT검사 결과 비장동맥 가성동맥류가 발견되었음을 인정할 만한 아무런 자료도 나타나 있지 아니한 점, A가 1차 수술을 시행하면서 림프절을 제거한 점, 1차 수술 이전에는 비장동맥 가성 동맥류 발생 및 파열의 원인이 될 만한 다른 사정이 없었던 점 등을 종합해 볼 때 위 원고의 비장동맥 가성동맥류 형성 및 파열은 1차 수술에 의하여 발생한 것으로 추정되고, 뒤에서 보는 바와 같이 피고병원의 의료진이 위 증상에 대한 진단 및 처치를 적기에 시행하여야 할 주의의무를 위반한 결과 위 원고가 저혈량성 쇼크에 의한 심정지 및 저산소성 뇌손상에 이르렀다 할 것이다….』

라고 판단하며 피고병원의 술기상 과실 및 진단 및 처치지연의 과실을 인정한 바 있습니다.

≪위 사건과 관련된 부검감정서≫

부 검 감 정 서

의 뢰 관 서 : 서울, 경찰서

변 사 자 :

2008

국 립 과 학 수 사 연 구 소

부 검 감 정 서

국 과 수	법의학과 -	호	접수 2008-	호	(2008년	)
의 뢰 관 서	서울 경찰서		형사과-4		(2008년	)
입 회 자	검사 고					
부 검 장 소	국립과학수사연구소					

성 명 : 원 (여자/26세)

감정의뢰사항 : 사 인(死 因)

사건개요(事件槪要)

변사자는 강남 병원에서 폐암 의심으로 2008. 5. 26. 경 입원을 하게 되었고, 동월 30. 16:00경 조직검사 수술을 하다가 의식 불명이 되어 중환자실에서 투병 중 사망한 것임(2008년 월 일 경찰서장 발행 부검의뢰서 참조).

주요부검소견(主要剖檢所見)

1. 외표검사(外表檢査)

가. 키는 178cm, 몸무게는 82kg임. 시체경직(屍體硬直)은 소실되어 있고, 시반(屍斑; 사망 후 중력 방향으로 혈액이 침하되는 현상)은 적자색으로 신체 뒷면에 중등도(中等度)로 형성되어 있으며, 안검결막(眼瞼結膜)에서 소수의 일혈점(溢血點)을 봄(사진 제1, 2, 6호 참조).

나. 신체의 표면을 검사하니 양쪽 눈 주위와 입 주위에서 부분적인 피부의 건조(반창고 등을 붙였던 부위로 추정) 소견을 보고, 가슴 앞면에서 심폐소생술흔을 보며, 가슴 왼쪽 바깥면(길이 10.5cm)에서 봉합된 수술흔, 흉관을 삽입하였던 부위로 사료되는 봉합된 피부절개흔 및 수술흔 주위에 피부의 발적이 동반된 소견을 보며, 왼쪽 쇄골하부위와 양쪽 서혜부에서 봉합된 피부절개흔을 보고, 엉덩이에서 부분적으로 피부에 수포가 형성된 소견을 보며, 양쪽 쇄골하부, 양쪽 팔오금, 양쪽 아래팔, 양쪽 손목 및 양쪽 손등에서 주사침흔을 보고, 왼쪽 종아리의 근막을 절개한 후 피부의 일부를 봉합해 놓고 절개 부위가 외부로 노출되어 있는 소견을 보는 바, 왼쪽 종아리를 절개하여보니 피하출혈 및 근육간 출혈이 동반된 소견을 봄(사진 제3-10호 참조).

2. 내경검사(內景檢査)

가. 두피하(頭皮下)에서 후두부의 울혈 및 부종 양상의 소견을 보나 두개골골절(頭蓋骨骨折)은 보지 못하고, 양식에 따라 두개골을 거단하니 뇌(腦)에서 특기할 병변이나 손상 소견을 보지 못하며, 뇌저부 동맥에서 특기할 소견을 보지 못하고, 뇌의 단면 소견상 특기할 소견은 보지 못함(사진 제11-16호 참조).

나. 경부 장기에서 특기할 소견을 보지 못하고, 기도내(氣道內)에서 부분적인 점막의 울혈 외 특기할 소견을 보지 못하며, 양쪽 경동맥에서 특기할 소견은 보지 못함(사진 제17-19호 참조).

다. 흉복강을 개대하니 가슴 왼쪽 바깥면에서 갈비뼈 일부가 절제된 소견(수술흔)을 보고, 기타 갈비뼈 및 내부장기에서 특기할 손상을 보지 못하며, 왼쪽 흉강 내를 검사하니 특기할 손상이나 혈액 등이 고여 있는 소견을 보지 못하고, 복강 내에 소량의 혈성액이 고여 있는 소견을 봄(사진 제20-24호 참조).

라. 심장(心臟)의 중량은 445g으로 정상인(성인 여자의 정상치는 250-300g 정도임)에 비해 심비대(心肥大) 소견을 보고, 관상동맥경화는 보지 못하며, 심장을 절개하니 좌심실벽이 전반적으로 비후된 소견과 부분적인 심내막하 출혈 소견을 보며, 심장근육의 단면 소견상 부분적으로 섬유화가 진행된 소견을 봄. 조직학적 검사상 심장근육에서 심근 배열의 이상, 심근세포의 비후 및 부분적인 위축과 간질의 섬유화 등을 보는 바 비후성 심근병증을 시사하는 소견을 보고, 심전도계의 조직학적 검사상 동방결절과 방실결절의 결절 동맥의 중막이 비후된 소견을 봄(법의학과 권태정의 감정에 의함). 심혈은 암적색 유동성(暗赤色 流動性)임(사진 제25-29호 참조).

마. 오른쪽 폐(肺)에서 울혈 및 부종 외 특기할 소견을 보지 못하고, 폐 기관지에서 특기할 소견을 보지 못함(사진 제30, 31호 참조).

바. 왼쪽 폐는 상엽이 절제되고 하엽만 남아 있는 상태이고, 절제된 부위에서 혈관 등이 봉합되어 있는 소견을 보나, 봉합된 부위의 기계적 손상(봉합 부위의 파열, 혈종의 형성 등)은 보지 못하고, 남아 있는 왼쪽 폐의 단면 소견상 울혈 외 특기할 소견을 보지 못함(사진 제32-35호 참조).

사. 간(肝)의 조직학적 검사상 아광역성 간괴사(submassive)가 동반된 소견을 보고, 신장(腎臟)에서 피질의 부분적인 허혈성 괴사가 동반된 소견을 보며, 기타 실질장기(實質臟器)에서 특기할 소견을 보지 못함(사진 제36, 37호 참조).

아. 자궁의 외표 및 내경 검사상 특기할 소견을 보지 못하고, 난소에서 부분적인 피질의 출혈을 보는 외 특기할 소견을 보지 못함(사진 제38-40호 참조).

자. 소장은 전반적으로 울혈상이고, 소장 점막에서 고도로 울혈이 진행된 소견을 보며, 장간막 동맥 및 대퇴 동맥에서 특기할 소견은 보지 못함(사진 제41-43호 참조).

차. 부검을 실시한 후 별도로 제출된 절제된 왼쪽 폐조직은 고정액에 담긴 상태로 의뢰되었고, 단면

소견상 심한 울혈상이며, 조직학적 검사상 폐고혈압증(grade Ⅳ), 큰 혈관에서 내막의 섬유혈관성 비후와 혈관 내강이 좁아져서 거의 막힌 소견(2차적 변화로 추정), 미만성 폐출혈 및 다초점성의 출혈성 폐경색이 동반된 소견을 봄(법의학과 권태정의 감정에 의함).

검사소견(檢査所見)

1. 혈액에서 아트로핀이 검출되고, 혈액 및 위내용물에서 기타 특기할 약물 및 독물 성분이 검출되지 않음(약독물과 이재신의 시험에 의함).

* 참고 : 아트로핀은 위장관의 경련성 동통, 담관, 요관의 산통, 방실전도 장애, 미주신경성 서맥, 마취 전 투약 등에 사용하는 약물이며, 응급처치 시에도 사용한다고 알려져 있음.

2. 변사자의 혈액은 'B'형으로 반응하였음(유전자분석과 서지석, 김순희의 시험에 의함).

3. 부검 후 별도로 의뢰된 변사자의 절제된 폐조직과 변사자의 혈액에 대한 유전자 검사 결과상 동일한 유전자형이 인정되므로, 절제된 폐조직은 변사자의 것으로 판단됨(유전자분석과 이양한, 정종민의 시험에 의함).

설 명(說 明)

본 변사자의 사인(死因)을 설명함에 있어,

1. 절제된 왼쪽 폐의 상엽에 대한 조직학적 검사상 폐고혈압증(grade Ⅳ), 큰 혈관에서 내막의 섬유혈관성 비후와 혈관 내강이 좁아져서 거의 막힌 소견(2차적 변화로 추정), 미만성 폐출혈 및 다초점성의 출혈성 폐경색이 동반된 소견을 보는 점,

2. 심장에서 비후성 심근병증을 시사하는 소견을 보고, 심전도계의 조직학적 검사상 방실결절과 동방결절 결절 동맥의 중막이 비후된 소견을 보는 점,

3. ~~시체의 표면에서 수술을 비롯한 병원에서의 처치와 관련된 소견(근막 절개술흔, 수술흔, 피부절개흔, 주사침흔, 심폐소생술흔)을 보나 사인과 연관지어 고려하기 어려운 점,~~

4. 간에서 아광역성 간괴사 소견을 보고, 신장에서 피질의 허혈성 괴사 소견을 보며, 심장에서 심내막하 출혈 소견을 보고, 복강 내에 혈성액이 고여 있는 소견을 보나, 이러한 소견은 사인과 관련된 소견이라기보다는 폐의 출혈 등과 관련되어 본 변사자의 상태가 악화되면서 쇼크 등에 빠지면서 동반된 소견으로 사료되는 점,

5. 왼쪽 흉강 내에서 폐를 절제한 소견을 보나, 절제한 부위에서 특기할 소견(봉합 부위의 파열, 혈종의 형성을 비롯한 활동성 출혈 소견 등)을 보지 못하는 상태이므로 수술과 직접적으로 관련된 기계적 손상으로 인한 사망의 가능성을 우선적을 고려하기는 어려운 점,

6. 기타 직접적인 사인으로 고려할 만한 특기할 손상 및 질병을 보지 못하는 점,

7. 검사 소견상 아트로핀이 검출되나, 이는 병원 처치 중 투여되었을 것으로 사료되는 바, 사인과 연관 지어 고려하기 어려우며, 기타 특기할 독물 및 약물 성분이 검출되지 않는 점,

8. 사건 개요

9. 본 변사자의 임상 양상 요약(진료 기록 및 진료소견 진술서 참조)

1) 2008. 5. 22. 객혈 증상이 있고 방사선 검사상 이상 소견이 있어 개인의원 거쳐 강남성모병원 호흡기내과에 내원하여 입원을 권유받고 동년 5. 26. 입원함.

2) 입원하여 검사상 흉부 전산화단층 촬영 검사상 폐출혈, 폐염 소견을 보였고, 기관지내시경 검사에서 채취한 세포진 검사(BAL)에서 기관지폐포암(bronchioloalveolar carcinoma)가 의심되는 비정형세포(atypical cell)이 보여 수술을 필요성 설명 후 동년 5. 28. 흉부외과에 폐수술에 의한 폐조직검사를 의뢰함.

3) 동년 5. 30. 폐암 가능성과 수술 후 계속되는 폐출혈 가능성이 높아 폐엽절제술로 수술계획을 변경하겠다고 보호자에게 설명하고, 동일 오후 4시경 개흉하여 폐병변을 노출하였고, 폐병변의 크기가 전산화단층촬영 소견보다 커서 폐엽절제술을 위한 절차를 진행하던 중 마취과 의사로부터 폐출혈이 계속된다고 하였고 수술 중 폐출혈이 진행된 것으로 생각하여 신속히 폐엽절제술을 시행한 후 수술 중 발생한 저혈압은 강심제 투여로 호전되었고, 폐동맥고혈압증(정상은 25이하인데 환자는 80-90mmHg)이 진단되어 폐동맥압을 낮추는 약제와 강심제를 투여하면서 정상 체위로 바꾸고 관찰 중 부정맥이 발생하여 전기 제세동기로 치료하였으나 계속 부정맥이 발생하여 수술실 밖에 대기한 보호자에게 그 동안 환자 상태, 수술내용, 절제한 폐엽을 보여 주면서 환자의 상태를 안정된 상태로 만들기 위한 심폐보조장치치료 및 과정 합병증에 대하여 설명함.

4) 처치를 진행하던 중 출혈이 심하여 다음 날인 5. 31. 7시경 개흉하여 작은 혈관에서 출혈하여 지혈하였고 중환자실로 이송하여 처치 중 대퇴 동맥에 카뉴라를 삽입하였던 왼쪽 하지 혈관의 맥박 소실을 보여 정형외과에 의뢰하여 근막절개술(구획증후군 방지를 위한 수술)을 한 후 다시 중환자실로 이송됨.

5) 다음 날이 6. 1. 복부팽만, 간기능 저하 전신 부종, 여러 장기 기능 감소 등을 보였고 6. 3. 새벽 2차례의 심실부정맥이 발생하여 소생술을 시행하여 잠시 안정되었으나 다시 심장마비가 발생하여 4시간 동안 소생술 실시하였으나 동일 12:00경 사망함.

등을 종합할 때, 본 변사자는 왼쪽 폐의 병변(폐고혈압증 등)으로 인해 왼쪽 폐 상엽의 생검을 시행하려다가 임상적인 판단하에 폐엽절제술로 변경하여 시술을 시행하던 중 출혈이 발생하여 쇼크 등의 상태에 빠지면서 집중적인 처치를 시행하였으나 결국 회복하지 못하고 사망한 것으로 사료됨. 한편 부검 소견상 심장병변(비후성 심근병증을 시사하는 소견 및 심전도계의 병변)을 보는 바, 이러한 심장병변이 있는 경우 부정맥 등의 기능적인 이상 등이 초래되어 의식을 잃거나 사망할 수도 있다는 점이 알려져 있는 바, 임상적으로 쇼크 등의 상태에 빠졌던 상황에서 이러한 심장 병변 또한 본 변사자의 사망에 어느 정도 기여하였을 가능성을 고려하여야 할 것으로 사료됨.

사 인(死 因)

왼쪽 폐의 병변(폐고혈압증 등)으로 인해 폐엽절제술을 시행하던 중 쇼크 등의 상태에 빠지면서 회복하지 못하고 사망한 것으로 사료됨(설명란 및 참고사항란 참조).

참고사항(參考事項)

1. 본 건에 대한 법의학적 견해

가. 일단 본 변사자의 경우 내원하기 전 객혈 증상이 보였고 기관지 내시경 검사상 암종을 의심할 수 있는 비정형세포가 관찰되어 이후에 폐의 전산화단층촬영을 거쳐 생검 등의 적극적인 처치를 시행하였던 점에 대해서는 통상적인 의료행위의 흐름에 비추어 볼 때 크게 어긋나는 점이 있다고 보기는 어려울 것으로 사료됨.

나. 본 건에 있어서 주안점이 되는 것은 절제된 폐에 대한 검사 소견상 악성 종양이 관찰되지 않고 폐고혈압증 등의 병변만이 관찰되는 점인데 기관지 내시경 검사와 더불어 실시한 세포진 검사(BAL)에서 비정형세포가 관찰되었다는 점과 방사선 촬영 검사상 왼쪽 폐에서 병변이 관찰되어 이후 생검 등의 적극적인 처치를 고려하여야 했던 상황에 대해서 임상적인 측면에서의 검토가 이루어져야 하는 바, 여기에는 1) 기관지 내시경 검사를 시행한 후 생검 등의 침습적인 진료 행위를 계획하고 시행하는데 있어서의 적응증을 제대로 임상적으로 적용하였는지 여부, 2) 생검을 비롯한 검사 시기의 선택에 있어서의 적절성 여부, 폐엽절제술 등의 수술을 시행하는데 있어서 임상적으로 문제점이 없었는지 여부, 3) 최초 기관지 내시경 검사와 더불어 실시한 세포진 검사에서의 비정형성 세포를 진단하는 것과 방사선 촬영 검사상 왼쪽 폐의 병변을 방사선학적으로 진단하는데 있어서 임상적으로 얼마만큼의 난이도가 있고 이를 감안하여 추후 임상적인 처치를 진행하였어야 하는지 등에 대한 내용이 포함되어야 할 것임. 그러나 이러한 사항들은 본 감정인이 판단하여 논단할 영역을 넘는 것으로 사료되는 바, 대한의사협회 등의 유관기관에 임상적인 자문을 구하여야 할 것으로 사료됨.

다. 부검 당시 유족 측에서 제기한 절제된 폐조직이 다른 사람의 것과 바뀌었을 가능성에 대해서는 유전자 검사 결과상 변사자의 혈액과 절제된 폐조직의 유전자형이 일치하는 것이 확인되었으므로 이에 대한 가능성을 고려하기 어려움을 추후 수사상 참고하기 바람.

20 년 월 일

국 립 과 학 수 사 연 구 소

법의학부 법의학과

감정인:

8. 견갑부 임파선 종창을 양성종양으로 오진하여 종양절제술을 하다 좌측 부신경을 손상시킨 사건[88)]

≪사건 개요≫

• 원고 김○○(남, 38) / 피고 ○○병원

※ 사건 경과
좌측 경부, 견갑부의 임파선 종창을 양성종양으로 오진 → 종양제거수술 → 수술시 좌측부신경 손상

날 짜 (2012)	증상 및 상태	검사 및 처치	비고
	○○병원		
9. 4.	좌측 경부 및 어깨 통증 호소	피부양성종양제거술(부위 : 견갑부, 경부) 조직 검사 : 반응성 림프구 증식 메디카코리아, 록펜(항생제, 진통제) 처방	수술의 강○○
9. 5.		단순 처치, 아미카신 처방	진료의 김○○
9. 6.		단순 처치 아미카신, 리카신(항생제, 진통제) 처방	
9. 12.		단순 처치 아미카신, 세파클러, 록소드펜(항생제, 진통제) 처방	
9. 15.		단순 처치 봉합사 제거	
9. 17.		아미카신, 세파클러, 록소드(항생제 진통제) 처방 냉동치료	
9. 18.		아미카신 타이레놀(항생제 진통제) 처방 냉동치료	
		초음파검사 시행함(타병원 ○○영상의학과) : : 좌측 경부의 피하지방 조직에 약 0.65 X1.76cm 크기의 국소 염증이 남아있음.	

88) 전주지방법원 2016. 2. 17. 선고 2013가합2695 판결.

9. 19.		진단서 : 좌측 경부 작은 종양(0.65×1.75 cm) 0.5×0.2cm 크기 림프구 적출 뒤 계속적인 통증과 부종 및 종양의 상태가 지속되어 ○○대병원 의뢰	
	○○대병원		
9. 20.	좌측 경부 촉지되는 종양, 통증, 부종, 압통 주호소 종양 촉지 (1cm)	일반외과 진료 : 진단-수술 후 염증 의증 진통제 처방	
9. 25.	특이사항 없음 약 2cm종양(염증성 낭종 상태)	유방갑상선외과 진료 : 국소 적출술 계획(환자 사정상 중단)	
10. 26.	수술 후 흉벽 불편감, 좌측 어깨, 흉벽 불편감 등부위 압통 고정된 종양 약 5cm	초음파 : 특이 소견 없음. 종양 병변의 소견 없음. 김○○에게 추적검사 의뢰	
10. 30.	좌측 견갑부 통증 감각 손상 없음. 측면 팔에 저린감. 견갑부위 중간 압통(종양 부위)	정형외과 진료 : 어깨 x-ray : (기록 없음) 추적진료하기로 함.	
11. 1.		정형외과 진료 물리치료 시행 근전도 : 좌측 척수 부신경 손상 진단서 : (기록 없음)	
11. 2.	좌측 어깨 통증	근전도검사 : 좌측 척수부신경 손상 중증도 3~6개월 이내 추적검사	
11. 8.		정형외과 진료 : 진단서-좌측 척추 부신경의 손상	
11. 9.		혈액검사 : CRP:12.21mg/L(정상5mg/L)	

<진료기록에 없는 기록>

- 환자 수술 이후에도 통증 지속적으로 호소하였으나 기록하지 않음.
- x-ray촬영 원하였으나 촬영 안함.
- 경부의 종양이 잘 안 보여 1시간 이상 소요(30분 걸린다고 설명)
- 수술 후 신경손상의 증상(감각저하, 운동장애)에 대한 평가기록 없음.

<인과관계>

―― 수술 후 신경손상발생 → 직접 손상 혹은 수술 후 염증 및 출혈로 인한 간접 손상가능성

―― 수술기록지(직접 손상 증거나 출혈이 있었는지 검토 필요합니다), 간호기록지(수술 직후 환자에게 감각이상 극심한 통증, 운동능력저하 등 증상 변화가 있었는지 확인해야 함) 검토가 필요합니다.

<과 실>

위 인과관계만 검토된다면 의무기록이 부실하여 경과관찰 해태하였다고 주장할 수 있습니다(수술 전 처치 미흡, 수술 후 환자 통증관리, 신경학적 증상관찰, 염증관리 등 경과관찰 해태 등이 포함됨).

≪소장에서 주장하는 피고의 과실≫

1. 악결과예견가능성 ―― 피부 양성종양제거수술상 과실

목에는 많은 혈관, 신경, 림프절, 근육들이 좁은 공간에 위치하고 있으므로 신생물의 수술적 제거를 고려하기 전에 영상소견으로 신생물의 정확한 크기, 위치 그리고 깊이를 파악하는 것이 중요합니다.

따라서 환자의 과거력 및 신체검진을 통해 목주변에 발생된 종양이 악성인지 양성인지 감별진단을 하여야 하고, 신생물이 나타나게 된 기간, 크기의 변화, 최근에 감염성 질환을 앓은 과거력 등을 파악하고 영상학적검사를 통해 신생물의 정확한 크기, 위치, 깊이 등을 파악하여 수술 중 다른 구조물들이 손상 받지 않도록 주의를 기울여야 합니다. 이러한 사항들이 파악되지 않은 상태에서 수술적 제거를 시행할 경우 다른 구조물들의 손상이 매우 쉽게 발생될 수 있습니다.

2. 악결과발생회피의무 위반

가. 악결과발생 사전회피의무 위반

피고병원은 2012. 9. 4. 원고에 대한 피부 양성종양제거술에 임하였는 바, 이러한 경우 일반외과 의사로서는 정확하고 안전하게 종양 부위를 완전히 제거하여야 하고 주변의 신경이 손상을 입지 않도록 최대한의 주의를 기울여야 할 업무상 주의의무가 있음에도 불구하고, 위 주의의무를 위반하여 ① 과거력, 신체검진, 조직학적 소견 등을 통해 수술의 필요성 및 가능성 여부를 판단하지 않은 점 ② 수술 전 영상학적 검

사를 시행하지 않아 신생물의 정확한 크기, 위치 및 깊이를 파악하지 못한 점, ③ 종양을 전부 제거하지 못하였을 뿐만 아니라 수술 과정 신경을 손상시킨 점 등의 과실로 원고에게 신경손상으로 인한 상지운동 및 지각의 부전마비라는 악결과를 발생하게 한 것입니다.

나. 사후 피해확대방지의무 위반――경과관찰해태

피고병원은 수술 후 발생한 신경손상에 대하여 신경학적 검진 및 영상의학적 검진을 통한 진단 및 치료를 게을리하여 장애가 고착되는 악결과를 회피하고, 그 피해가 확대 고착되지 않게 하기위해 적절한 조치를 취할 주의의무를 위반하였습니다.

원고는 수술 이후 통증과 운동장애를 지속적으로 호소하였으나 피고는 원인을 감별하기 위해서 초음파, X선 검사, CT, MRI 등의 촬영을 시행하지 않았습니다. 또한 운동장애가 있는데도 불구하여 운동능력정도 감각이상검사, 신경전도검사, 근전도검사 등의 신경학적 검진도 시행하지 않았습니다. 원고는 보름이 지나서야 현대 영상의학과에 의뢰하여 초음파 검사를 시행하였고, 염증소견이 발견되었음에도 불구하고 배액술, 균배양술, 항생제변경 등의 처치를 시행하지 않아 염증의 정도도 악화시켰습니다. 피고는 신경이 손상되었다는 사실은 전원조치할 때까지 알지 못해 신경손상에 관한 처치는 시행하지 않았습니다.

≪관련 의학지식을 통한 입증≫

1. 임파선 종창치료상 과실과 척수부신경 손상과의 인과관계――'임파선 종창'을 '지방종'으로 오진, 척수부신경 손상

원고에게 척수부신경 손상이 발생하게 된 원인은,

① 임파선 종창을 지방종으로 오진하였고,

② 외과수술이 불필요함에도 종양절제술을 진행하였고,

③ 정상이던 척수부신경이 수술 중 가해진 외과적 힘에 의해 손상을 입었고,

④ 척수부신경 손상후 방치하여 영구적인 장애로 고착시킨 잘못으로 인한 것입니다.

원고에게는 이 건 수술 전 없던 척수부신경 손상이 수술중 발생, 악화되었는 바, 진료기록감정의도 역시 이를 인정하고 있습니다.

첫째, 수술전에 척수부신경 손상은 없었습니다.

▶ 원고측 진료기록감정 회신문

〔답〕 당시 척수부신경 손상은 진단되지 않았습니다(원고측 진료기록감정 회신문 가-1)-

나)항 참조}.

둘째, 수술을 할 이유가 없었습니다.

▶ 원고측 진료기록감정 회신문

〔문〕 당시 환자의 진단명은 무엇이고, 수술을 결정하게 된 근거는 구체적으로 무엇인지요.

〔답〕 좌측 경부의 작은 종괴(mass, 크기 0.65×1.75㎝)였고, 병원측이 위 수술을 결정하게 된 근거에 관한 기록은 진료기록부에 없습니다{원고측 진료기록감정 회신문 가-1)-나)항 참조}.

이 건 좌측 경부의 종괴는 지방종이 아니라 임파선 종창이었습니다. 이는 양성 혹은 악성 종양과는 달리 수술적 절제술을 시행하지 않습니다. 국소적 혹은 전신적인 세균성 감염 혹은 바이러스성 감염에 대한 원인치료를 시행한다는 것은 의학계 공지의 사실입니다.

▶ 피고측 진료기록감정 회신문

〔답〕 …임파선 종창의 경우에는 경부에 발생하는 여러 가지 양성 종양 혹은 악성 종양과는 달리 수술적 절제술을 시행하지 않고, 임파선 종창의 생검을 시행합니다. 반응성 림프구 증식으로 진단된 경우에는 국소적 혹은 전신적인 세균성 감염 혹은 바이러스성 감염에 대한 원인 치료를 합니다{피고측 진료기록감정 회신문 가-(2)항 참조}.

셋째, 수술후 척수부신경 손상이 처음으로 발생하였습니다.

▶ 원고측 진료기록감정 회신문

〔답〕 원고에게 발생한 좌측 척추부신경의 불완전 손상은 2012년 9월 4일경 시행한 좌측 경부에 위치한 종괴 제거술 수술 중에 발생한 것으로 판단됩니다{원고측 진료기록감정 회신문 다-1)항 참조}.

피고병원이 '임파선 종창'을 지방종으로 오진하고 불필요한 수술을 시행하여 척수부신경 손상이 발생한 것입니다. 만일 피고병원이 원고의 경부에 발생한 종괴가 임파선 종창이라고 진단 내렸더라면 이 건 수술을 시행하지 않았을 것이고, 원고의 척수부신경이 손상되는 일은 발생하지 않았을 것입니다.

따라서 피고병원의 종양절제술과 원고의 현 장애에는 인과관계가 있다고 할 수 있을 것입니다.

2. 임파선 종창과 관련된 의학지식 및 규범적 주의의무

가. 임파선 종창의 발생 원인

임파선은 [그림 1]과 같이 전신에 퍼져있으면서 우리 몸의 면역체계를 담당합니다.

평상시 건강한 상태에서는 있는지도 모르고 지내지만, 염증, 감염 등이 발생하면 활성화되어 [그림 2]와 같이 크기가 커지고, 통증을 동반하게 되는데 이를 임파선 종창이라고 합니다.

[그림 1] 임파선의 분포

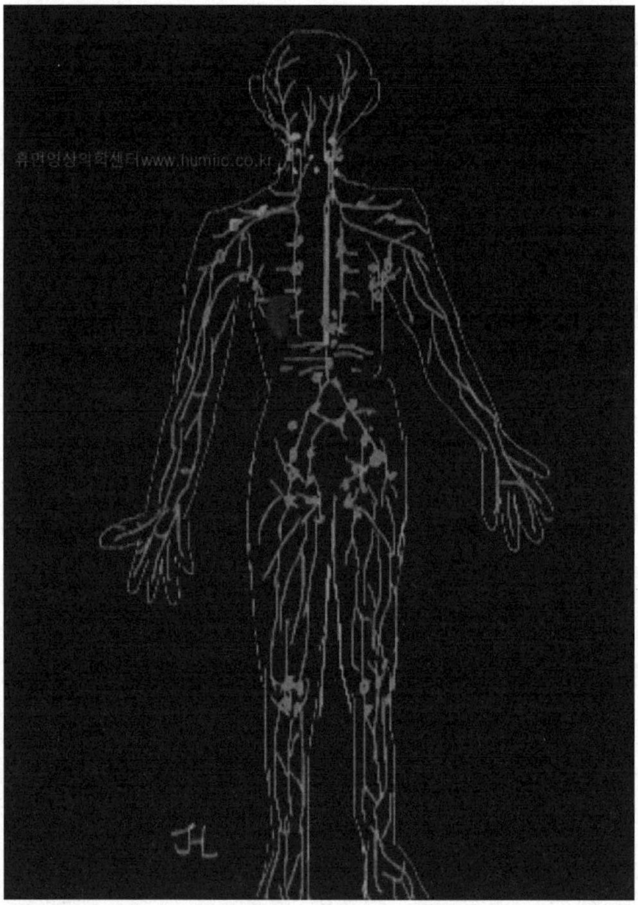

[그림 2] 경부에 발생한 임파선 종창

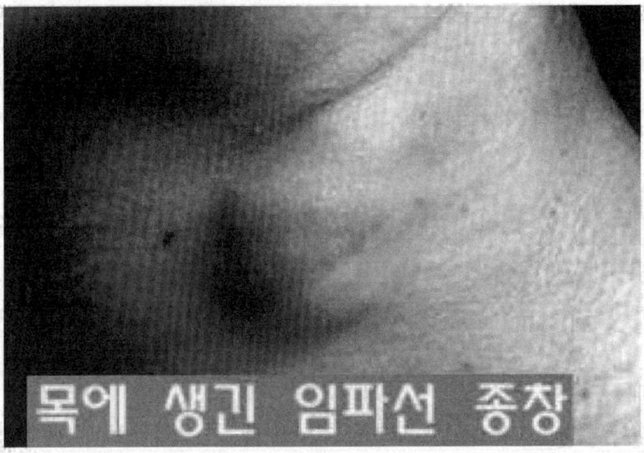

나. 경부에 발생한 임파선 종창의 오진 위험성

경부에 종괴가 확인되는 경우, 추정 가능한 진단으로는 양성종양, 악성종양, 임파선 종창 등이 있습니다. 특히 육안으로는 구분이 어렵기 때문에 이를 감별하기 위하여 초음파, 경부 CT 및 MRI 검사가 시행될 수 있으며, 조직검사를 하면 쉽게 감별진단 할 수 있습니다.

경부는 [그림 3]과 같이 좁은 부위에 혈관, 신경, 림프절, 근육 등 많은 조직이 밀집되어 있기 때문에 수술이 반드시 필요한 질환인지를 명확하게 확진한 후 치료하여야 합니다.

[그림 3] 복잡한 경부의 해부학적 구조

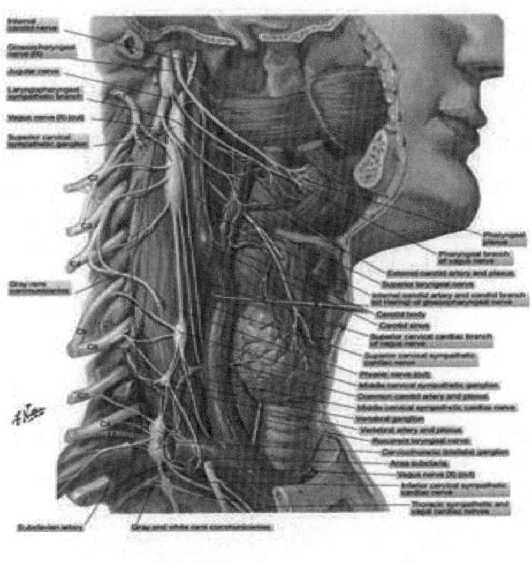

경부종괴는 대량출혈과 같이 응급으로 외과수술을 하여야 할 치료의 긴습성이 없고, 가사 외과수술을 하여야 한다고 하여도 각종 신경과 혈관이 밀집해 있어 – 예를 들어 이 건과 같은 척수부신경 손상의 발생 위험이 높기 때문에 – 해부학적 구조를 숙지하여 신경손상이 발생하지 않도록 주의를 기울여야 합니다.

다. 임파선 종창의 치료 및 예후 —— 비외과수술적 치료

임파선 종창은 주로 염증, 감염 등에 의하여 발생하게 되므로, 이에 대한 원인 치료를 시행하면 정상 상태로 호전됩니다. 즉, 수술적 치료는 적응대상이 되지 않으며, 염증 및 감염의 원인이 되는 세균, 바이러스 등의 약물을 투여하여 국소적 혹은 전신적 감염의 치료를 하게 됩니다.

오히려 수술적 치료로 임파선을 제거하게 된다면, 수술 후 감염으로 인하여 수술부위 주변에 염증이나 부종이 발생할 수도 있고, 수술 시 척수부신경과 같은 주변조직을 손상시킬 수 있으므로 시행하지 않는 것이 일반적입니다.

가사 백보를 양보하더라도 소장기재 '3. 의학적 관련지식'과 같이 신경박리를 제대로 하면서 신경손상을 방지하여야 합니다.

3. 피고병원의 과실에 대하여

가. 진단상의 과실

(1) 감별을 위한 진단검사 미실시

피고병원은 원고의 경부에 발생한 종괴를 임파선 종창이 아닌 지방종으로 오진한 과실이 있습니다.

경부에 종괴가 발생한 경우, ① 양성 혹은 악성종양, 임파선 종창 등의 진단이 가능하고, ② 종양인지, 임파선 종창인지에 따라 치료방법이 달라지고(수술적 치료, 보존적 치료 등), ③ 경부는 해부학적으로 복잡하기 때문에 수술적 치료를 시행할 경우 척수부신경 손상이 발생할 위험이 높다는 점 등을 고려한다면, 종괴가 발생한 원인이 무엇인지 정확하게 감별진단하고, 적합한 치료방법을 시행해야만 척수부신경 손상을 예방할 수 있습니다.

즉, 경부에 발생한 종괴를 수술로 제거하기 전에 수술적 치료의 필요성, 다른 종양과의 진단감별, 정확한 크기, 주변 조직과의 관계 등을 평가하기 위하여 초음파, CT, MRI, 조직검사 등을 시행하여 정확한 진단을 내리고, 적합한 치료를 시행할 수 있습니다.

▶ 사실조회 회신문

〔문〕 좌측 경부에 발생한 종괴를 수술로 제거하기 전에 다른 종양과의 감별, 정확한 크기, 주변조직과의 관계를 평가하기 위해 수술전에 어떤 검사를 통하여 이를 확인하는지요.

〔답〕 경부에 발생한 종괴는 초음파, CT, MRI의 촬영과 생검으로 각종 양성 혹은 악성종양과 임파선 종창(비후)과의 감별진단을 하게 됩니다(사실조회 회신문 가-2)항 참조).

원고에게 발생한 종괴는 당장 제거술을 시행하지 않으면 생명에 위협을 가하는 응급질환이 아니었습니다. 따라서 피고병원은 당장 종양제거술을 시행하기 보다는 원고의 종괴를 감별진단하기 위한 검사를 시행하고, 정확한 진단을 내리기 위하여 최선의 주의를 기울였어야 합니다.

하지만 피고병원의 소외 강○○는 원고에게 내원 당일 진료하면서 "바로 수술을 시행하자"고 하였습니다. 당황한 원고가 "목 부분의 X-ray검사라도 해야 하는 것 아니냐?"며, 외과수술을 거부하려고 하였으나, 위 강○○는 "간단한 수술이니 걱정하지 말라, 이 수술은 30분이면 끝난다."라고 하며 감별검사는 물론 동의조차 받지 않고 그 자리에서 수술을 시행하였습니다.

▶ 원고측 진료기록감정 회신문

〔문〕 위 수술 전 다른 종양과의 감별, 정확한 크기, 주변 조직과의 관계를 평가하기 위하여 어떠한 검사를 하였는지요(초음파, CT, MRI, 조직검사 등을 포함하여, 시행하지 않았다면 금기사항은 무엇인지요).

〔답〕 진료기록부상에는 위 수술 전 다른 종양과의 감별진단, 정확한 크기, 주변조직과의 관계를 평가하기 위하여 어떠한 검사도 시행하지 않았습니다(원고측 진료기록감정 회신문 가-1)-다)항 참조).

대법원 2010. 7. 8. 선고 2007다55866 판결은,

『의사가 진찰·치료 등의 의료행위를 함에 있어서는 사람의 생명·신체·건강을 관리하는 업무의 성질에 비추어 환자의 구체적인 증상이나 상황에 따라 위험을 방지하기 위하여 요구되는 최선의 조치를 취하여야 할 주의의무가 있고, 의사의 이와 같은 주의의무는 의료행위를 할 당시 의료기관 등 임상의학 분야에서 실천되고 있는 의료행위의 수준을 기준으로 삼되, 그 의료수준은 통상의 의사에게 의료행위 당시 일반적으로 알려져 있고 또 시인되고 있는 이른바 의학상식을 뜻하므로 진료환경 및 조건, 의료행위의 특수성 등을 고려하여 규범적인 수준으로 파악되어야 하며, 또한 진단은 문진·시진·촉진·청진 및 각종 임상검사 등의 결과에 터잡아 질병 여부를 감별하

고 그 종류, 성질 및 진행 정도 등을 밝혀내는 임상의학의 출발점으로서 이에 따라 치료법이 선택되는 중요한 의료행위이므로, 진단상의 과실 유무를 판단함에 있어서는 그 과정에 있어서 비록 완전무결한 임상진단의 실시는 불가능하다고 할지라도 적어도 임상의학 분야에서 실천되고 있는 진단수준의 범위 내에서 그 의사가 전문직업인으로서 요구되는 의료상의 윤리와 의학지식 및 경험에 터잡아 신중히 환자를 진찰하고 정확히 진단함으로써 위험한 결과발생을 예견하고 그 결과발생을 회피하는 데에 필요한 최선의 주의의무를 다하였는지 여부를 따져 보아야 한다.』

라고 하였습니다.

하지만 위 강○○는 원고의 경부에 발생한 종괴의 감별진단을 위한 어떠한 검사도 시행하지 않은 채 무리한 수술을 진행하였습니다.

(2) 임파선 종창을 양성종양(지방종)으로 오진

이 건 종괴는 단지 임파선이 부어있는 임파선 종창이었습니다.

그럼에도 위 강○○는 지방종(양성종양)으로 오진하여 외과수술을 시행하였습니다.

▶ 피고측 진료기록감정 회신문

〔문〕 좌측 경부종괴 적출물 조직병리검사 결과보고서에 의하면, 병리학적 진단명은 림프절, 경부, 절제 : 반응성 림프구 증식이라는 것이었는데(무엇을 의미하는가요?).

〔답〕 병리조직학적으로 임파선의 반응성 림프구 증식은 임파선의 면역반응으로 발생하는 임파선 종창(비후)을 말합니다{피고측 진료기록감정 회신문 가-(1)항 참조}.

위 강○○는 수술 이후 조직검사를 시행한 결과, 반응성 림프구 증식(Reactive lymphoid hyperplasia)으로 확인된 바, 이러한 검사를 수술전에 시행하였어야 합니다. 그렇다면 임파선 종창으로 확인되어 이 건과 같은 외과수술은 하지 않았고, 신경손상을 입히지도 않았을 것입니다.

(3) 소 결

피고병원의 위 강○○는 ① 원고의 경부에 발생한 종괴가 무엇인지 감별하고 주변조직과의 관계, 크기 등을 파악할 수 있는 초음파, CT, MRI 등의 검사를 시행하지 않았고, ② 종괴가 양성 혹은 악성 종양인지 임파선 종창인지에 따라서 치료방법이 달라지고(임파선 종창의 경우 수술적 치료의 대상이 아니고), ③ 경부는 해부학적으로 복잡하여, 혈관, 신경, 근육 등이 좁은 부위에 모여있기 때문에, 수술 시 척수부신경의 손상 위험이 높다는 점을 고려하였어야 합니다.

하지만 위 강○○는 이를 시행하지 않은 채 만연히 양성종양(지방종)으로 오진하였고, 결국 불필요한 수술을 시행하여 원고의 척수부신경 손상을 발생시킨 바, 이에 대한 책임이 있다고 할 것입니다.

나. 치료방법 선택상의 과실

피고병원은 원고의 경부에 발생한 임파선 종창을 양성종양(지방종)으로 오진하였고, 이를 제거하기 위해 종양제거술을 시행하였습니다. 하지만 임파선 종창은 수술적 치료의 대상이 되지 않는다는 점을 고려한다면, 피고병원은 불필요한 수술을 시행한 과실이 있다고 할 것입니다.

위 강○○는 원고의 경부에 발생한 종괴를 지방종으로 오진하고, 이를 제거하는 수술 및 조직검사를 시행하였는데, 조직검사 상 [그림 4]와 같이 원고의 종괴는 임파선 종창이었습니다.

[그림 4] 조직검사 결과 및 번역

Pathological Diagnosis

Lymph node, neck, excision :
Reactive lymphoid hyperplasia

번역)
병리학적 진단
림프절, 경부, 절제 :
반응성 림프구 증식상태

피고병원은 원고의 임파선 종창은 만성 염증에 의한 것으로 수술적 치료의 고려대상이 된다고 주장하나 이는 사실이 아닙니다. 임파선 종창은 수술적 치료의 대상이 아니며, 임파선 종창의 원인이 되는 국소적 혹은 전신적인 세균성 감염 혹은 바이러스성 감염에 대한 원인 치료를 해야 합니다.

▶ 사실조회 회신문

〔문〕 좌측 경부에 발생한 종괴의 치료방법은 무엇이고, 각각의 적응증 및 장단점은 어떠한지요(즉시 수술하지 않고 경과관찰을 시행하면서 변화를 보는 케이스는 무엇이고, 반드시 수술적 치료를 통해 절제하여야 하는 적응증은 무엇인지요, 크기 자체 및 크기의 증가 여부를 포함하여).

〔답〕 경부에 발생하는 종괴에는 양성종양과 악성종양이 있으며, 국소적 혹은 전신적인 세균성 감염 혹은 바이러스성 감염으로 인해 발생하는 임파선종창(비후)이 있습니다. 양성 혹은 악성종양은 수술적으로 절제되어야 하나, 임파선 종창은 국소적 혹은 전신적인 세균성 감염 혹은 바이러스성 감염의 원인치료를 합니다{사실조회 회신문 가-1)항 참조}.

▶ 사실조회 회신문

〔문〕 임파선 종창이 발생하게 되는 원인은 무엇이며, 보존적 치료 및 수술적 치료 등 각각의 적응증은 무엇인지요.

〔답〕 국소적 혹은 전신적인 세균성 감염 혹은 바이러스성 감염이 임파선 종창의 원인이 됩니다. 임파선 종창은 수술적 치료의 적응증이 되지 않습니다. 임파선 종창의 원인이 되는 감염에 대한 치료가 필요합니다{사실조회 회신문 가-2)항 참조}.

피고측 진료기록감정 회신문에서도 외과수술은 하지 않는다고 합니다.

▶ 피고측 진료기록감정 회신문

〔문〕 …위와 같은 진단의 경우 근본적 치료방법은 무엇인지.

〔답〕 임파선 종창의 경우에는 경부에 발생하는 여러 가지 양성종양 혹은 악성종양과는 달리 수술적 절제술을 시행하지 않고, 임파선 종창의 생검을 시행합니다. 반응성 림프구 증식으로 진단된 경우에는 국소적 혹은 전신적인 세균성 감염 혹은 바이러스성 감염에 대한 원인치료를 합니다{피고측 진료기록감정 회신문 가-(1)항 참조}.

원고는 애초에 수술적 치료가 불필요한 상태였으며, 피고병원의 오진으로 인하여 종양제거술을 받게 되었고, 수술 시 좌측 부신경이 손상되어 영구적인 장해를 입게 된 바, 피고병원은 수술적 치료를 선택한 과실이 있다고 할 것입니다.

다. 술기상의 과실

피고병원은 원고에서 종양제거술을 시행하며 정확하고 안전하게 제거하고, 주변의 신경이 손상을 입지 않도록 최선의 주의의무를 기울여야 할 업무상의 주의의무가 있음에도 불구하고 이를 위반하여 원고의 척수부신경 손상을 발생시킨 과실이 있습니다.

경부는 해부학적으로 매우 복잡하며, 혈관, 신경, 근육 등의 조직이 좁은 장소에 모여있어 무분별하게 수술을 시행할 경우, 조직 손상의 위험이 높습니다.

특히 원고와 같이 후경부삼각부위에 발생한 종괴를 수술하는 경우, 척수부신경이 인접해 있어 손상의 위험이 높습니다. 따라서 수술 전에 후경부삼각부위에 위치하고 있는 척수부신경의 해부학적 위치 및 주변조직과의 관계를 초음파, CT, MRI 등의 검사를 시행하여 숙지하여야 하고, 수술 중 척수부 신경에 손상을 주지 않도록 주의를 기울여야 합니다.

▶ 사실조회 회신문

〔문〕 좌측 경부에 0.65×1.75cm크기의 종괴를 적출하는 제거술을 받을 때 척수부신경을 손상시키지 않기 위해 주의할 점은 어떠한 것들이 있고, 수술 후 종괴가 완전히 제거되었음을 확인하기 위한 검사방법에는 어떠한 것들이 있는지요.

〔답〕 경부에 발생한 종괴의 수술 시에는 특별히 후경부삼각부위에 발생한 종괴의 수술 중에는 척수부신경 손상이 발생할 위험이 크기 때문에 수술 중 척수부신경에 손상을 주지 않도록 집도의는 수술 전에 후경부삼각부위에 위치하고 있는 척수부신경의 해부에 숙지하여야 합니다{사실조회 회신문 가-3)항 참조}.

하지만 피고병원은 수술 전 감별진단 및 주변조직의 관계를 파악하기 위한 어떠한 검사도 시행하지 않았습니다. 뿐만 아니라 수술 중에도 좌측 경부에 위치한 종괴의 모양, 척수부신경과 근접도, 척수부신경의 확인 등 척수부신경을 손상시키지 않기 위해 주의를 기울이지 않았습니다.

▶ 원고측 진료기록감정 회신문

〔문〕 수술 소견 상, 좌측 경부에 위치한 종괴의 모양(불규칙정도), 신경과 얽혀있는 정도 등은 구체적으로 어떠하다 기재되어 있었으며, 수술 과정 중 척수부신경을 어떻게 확인하고, 척수부신경을 어떻게 피하면서 종괴를 제거하였다고 기록되어 있는지요(종괴를 적출하는 과정에서 척수부신경을 손상시키지 않기 위해 어떠한 주의를 기울였다고 기재되어 있는지요).

〔답〕 수술기록부가 첨부되지 않아 수술 과정과 수술 소견에 대한 답변은 할 수 없습니다[89]{원고측 진료기록감정 회신문 가-1)-다라항 참조}.

결국 피고병원은 원고에게 종양제거술을 시행하는 도중 척수부신경 손상을 발생시켰고 이는 영구적인 장해로 남게 되었습니다.

▶ 원고측 진료기록감정 회신문

89) 원고는 피고측에 진료기록감정을 위하여 수술기록부를 제출하도록 요청하였으나, 2014. 8. 20.자 피고측 준비서면에 따르면 이에 대한 기록을 시행하지 않았으며 진료기록부는 없다고 답변한 바 있습니다.

원고에게 발생한 좌측 척수부신경의 불완전 손상은 2012년 9월 4일경 시행한 좌측경부에 위치한 종괴 제거술 수술 중에 발생한 것으로 판단됩니다{원고측 진료기록감정 회신문 다-1)항 참조}.

따라서 피고병원이 종양제거술을 시행하며 척수부신경 손상이라는 악결과를 발생시킨 바, 이에 대한 책임이 있다고 할 것입니다.

라. 경과관찰 해태

피고병원은 수술 후 원고에게 발생한 신경손상에 대하여 신경학적 검진 및 영상의학적 검진을 시행하지 않은 채 원고를 방치하였고, 결국 원고의 신경손상이 고착되어 영구적인 장해로 남게 되었습니다.

원고는 수술 직후부터 지속적인 통증이 발생하였고, 이후 좌측 팔을 잘 들어 올릴 수 없는 등 이상소견이 발생하여 신경손상이 의심되는 상태였습니다.

▶ 사실조회 회신문

〔문〕 위의 환자가 수술 직후부터 어깨통증이 심하고, 어깨를 들어올릴 수 없다고 호소하고, 항생제, 진통제, 냉동치료를 받았음에도 환자의 통증 및 운동 제한 상태가 개선되지 않을 경우 외상성 손상, 감염성 손상 등 원인감별을 위하여 어떤 검사와 신경손상여부 및 정도를 진단하여야 하는지요.

〔답〕 환자가 수술직후부터 어깨통증이 심하고, 어깨를 들어올릴 수 없다고 호소하고, 항생제, 진통제, 냉동치료를 받았음에도 환자의 통증 및 좌측 상지의 운동제한 상태가 개선되지 않았고, 좌측 경부의 종괴수술부위가 후경부삼각부위이면, 종괴 수술 중 척수부신경에 손상을 주지 않았나 의심을 하고 즉시 근전도 검사를 시행한 후 척수부신경 손상을 진단해야 합니다{사실조회 회신문 다-3)항 참조}.

또한 척수부신경 손상 여부를 확인하기 위한 어떠한 추적검사도 시행하지 않은 채 원고를 방치하였습니다.

▶ 원고측 진료기록감정 회신문

〔문〕 위 기간 중 혈액검사, 균배양검사, 제거수술부위에 대한 방사선검사 등은 각각 몇 차례 시행하였고, 그 결과는 어떠하였는지요(혈액검사, 균배양검사, 단순 X-ray검사 등 방사선 검사를 하지 않았다면 시행 못할 금기사항이 있었는지요).

〔답〕 첨부된 ○○병원 진료기록부에는 상기한 각종 검사를 시행한 기록이 없습니다{원고측 진료기록감정 회신문 가-2)-나)항 참조}.

▶ 원고측 진료기록감정 회신문

〔문〕 제거술 후 척수부신경손상여부를 확인하기 위하여 감각저하, 운동장애 등 신경손상여부에 대하여 어떤 추적검사를 하였고, 환자에게 외상성 내지 감염성 척수부신경 손상으로 인한 피해확대방지를 위하여 어떤 요양방법지도를 하였는지요.

〔답〕 진료기록부상에는 좌측 경부의 작은 종괴를 단순 적출하였고, 수술 후에는 일반적인 수술 후 처치를 한 것으로 기록되어 있습니다. 종괴 제거술 후 척수부신경손상여부를 확인하기 위하여 추적검사를 시행하였다는 기록은 없습니다… {원고측 진료기록감정 회신문 가-1)-마)항 참조}.

결국 원고는 소외 ○○대학교병원으로 전원되고 나서야 원고에게 발생한 통증, 운동 제한 등의 원인이 수술로 인하여 발생한 척수부신경으로 인한 것임을 알게 되었습니다.

▶ 원고측 진료기록감정 회신문

〔문〕 11. 2.경 근전도검사결과 좌측척수부신경 중증도 손상으로 진단된 바, 신경손상원인은 무엇으로 파악하고 어떤 치료를 하였는지요(진단 및 치료 후 환자의 신경손상증은 개선되었는지요).

〔답〕 첨부된 ○○대병원 진료기록지에는 2012년 11월 2일 좌측 상지 근전도 검사를 시행하여 좌측 척수부신경손상, 고도로 진단하였습니다… {원고측 진료기록감정 회신문 나-라항 참조}.

즉, 피고병원은 ○○대학교병원으로 원고가 전원될 때까지 신경손상여부에 대하여 인지하지 못하였고, 신경손상에 대한 처치를 시행하지 않았습니다. 결국 원고는 척수부신경 손상을 조기에 진단받아, 치료받을 기회를 상실한 바, 피고병원은 경과관찰해태의 책임이 있다고 할 것입니다.

≪원·피고 주요쟁점≫

		원 고	피 고
	인과관계	2012. 9. 4.경 피부양성종양 수술 후 좌측 척수부신경 손상	수술에 의해 발생한 장애가 아님.
	결과예견 의무	목 주변에는 혈관, 림프, 신경들이 지나가서 수술 중 신경 손상될 수 있다는 것 예상할 수 있었음.	의학수준에 맞는 치료 방법이었음.

<table>
<tr><td rowspan="2">의술상 과실</td><td rowspan="2">과실</td><td rowspan="2">결과회피의무</td><td>사전회피의무</td><td>수술 전 검사로 병소의 위치, 신경위치 등을 파악하지 않고 수술 중 주의의무를 다하지 않아 척수부신경 손상</td><td>이학적 검진만으로 진찰이 가능했음. 불필요한 검사를 시행하는 것은 과잉 진료임.</td></tr>
<tr><td>사후피해확대방지의무</td><td>신경 손상 빨리 발견하고 치료하였어야 하나 방치, 염증도 생겨 손상 더욱 악화됨.</td><td>원고에게 항생제, 드레싱을 위해 정기적인 통원 치료 권유했으나 원고가 바쁘다는 이유로 통원 치료 게을리 함.</td></tr>
<tr><td colspan="4">설명의무 위반</td><td>경부피부종양 수술 중 신경 손상이 발생될 가능성, 합병증 발생시 치료방법, 예후 등을 설명하지 않음.</td><td>모두 설명함.</td></tr>
</table>

≪1심 판결≫

1. 피고의 과실

『1) 진단상 과실

피고병원 의료진은 이 사건 수술을 실시하기 전에 이 사건 종괴에 대하여 초음파, CT, MRI, 조직생검 등의 감별진단 검사를 제대로 실시하지 않은 채 이 사건 종괴를 양성종양으로 진단한 사실이 인정된다. 위 인정사실에 의하면, 피고병원의 의료진은 이 사건 종괴를 감별하기 위한 진단 검사를 시행하였어야 함에도 이를 실시하지 않아 이 사건 종괴에 대하여 양성종양으로 오진한 과실이 인정된다.

2) 치료방법상의 과실

… 양성 혹은 악성종양은 일반적으로 수술을 통해 절제하지만, 임파선 종창은 보통 생체검사를 시행하여 반응성 림프구 증식으로 진단된 경우 국소적 혹은 전신적인 세균성 감염 혹은 바이러스성 감염의 원인에 대한 치료를 하여야 하는 사실이 인정된다. 위 인정사실에 의하면, 이 사건 종괴는 임파선 종창으로서 감염의 원인에 대한 치료를 하여야 함에도 피고병원 의료진은 이 사건 종괴를 양성 종양으로 오진하고 불필요한 수술적 방법을 실시한 과실이 인정된다.

3) 수술상의 과실

…경부에 특별히 후경부 삼각부위에 발생한 종괴를 수술하는 도중에는 척추부신경 손상이 발생할 위험이 크기 때문에 척추부신경에 손상을 주지 않도록 수술을 하는 의사는 수술 전에 후경부 삼각부위에 위치하고 있는 척추부신경의 위치를 정확하게 파악하여야 하는 사실이 인정되는데, 그럼에도 피고병원 의료진은 이 사건 수술전에 척추부신경의 위치를 확인하거나 그 손상을 대비하기 위한 조치를 취하였다고 볼 증거가 없다.』

고 판시하여, 피고병원에서는 병을 오진하였을 뿐만 아니라, 오진된 병명을 기초로 불필요한 수술까지 하였고, 수술을 실시하면서는 척추부신경 손상까지 입히게 된 사실을 인정하고 있다.

2. 인과관계

『① 이 사건 수술 전에 원고에게는 척추부신경 손상의 증상이 없었던 점, ② 피고병원 의료진은 이 사건 종괴를 양성 종양으로 오진한 후 이 사건 수술을 시행하였는데, 이 사건 수술이후에 원고가 척추부신경 손상의 진단을 받은 점, ③ 이 사건 종괴는 임파선 종창으로 수술적 방법이 아닌 감염의 원인에 대한 치료가 필요했던 점, ④ 피고병원 의료진이 이 사건 종괴에 대한 감별진단의 내용 및 국소적 혹은 전신적인 세균성 감염 혹은 바이러스성 감염으로 인해 발생하는 임파선 종창의 진단은 생체 검사로 가능하다는 사실과 특별히 후경부 삼각부위에 발생한 종괴의 수술 시에는 척추부신경의 손상이 발생할 수 있다는 사실 등에 관하여 충분히 설명하였다면 원고는 이 사건 수술을 받지 않았을 것으로 보이는 점 등에 비추어 보면, 이 사건 척추부신경 손상은 피고병원 의료진의 과실로 인하여 초래된 것이라고 봄이 상당하다.』

고 판시하고 있다.

3. 인용금액 : 3천 7백만 원

4. 피고의 책임비율 : 90%

9. 뇌수막염을 급성 위장염 등으로 오진하여 치료시기가 늦어져 뇌병변 1급 장애아가 된 사건[90]

≪사건 개요≫

• 원고 임○○(여, 사고당시 9세, 현재 19세) / 피고 ○○의원, ○○대병원

※ 사건 경과
오심, 구토, 복통, 열 → 급성 위장염 오진 → 뇌수막염 → 검사 해태 및 처치 지연 → 악화 → 뇌병변, 지체장애 1급(과거력, 없음)

1. 쟁 점

감별 검사 : 혈액검사, 혈액배양검사, 소변배양검사, 뇌척수액 검사 등의 감별을 위한 추가적인 검사를 즉각적으로 시행하여야함.

(1) ○○의원, ○○가정의원은 환자의 증상만을 토대로 감별 검사를 시행하지 않고 오진을 한 과실

(2) ○○대병원은 검사 해태 및 처치 지연으로 인한 뇌수막염 악화를 시킨 과실

2. 의학적 지식

(1) 뇌수막염 : 뇌수막염은 일반적으로 거미막과 연질막 사이에 존재하는 거미막밑 공간(subarachnoid space, 거미막하공간)에 염증이 발생하는 다양한 질환을 의미한다. 염증이 발생하는 가장 흔한 원인은 거미막밑공간에 바이러스나 세균이 침투하여 발생하는 수막염이지만, 특정 화학 물질에 의한 염증, 암세포의 뇌척수액공간으로의 파종에 의해 발생하는 염증 등이 있을 수 있다.

(2) 증 상 : 세균성 뇌수막염의 임상증상으로는 발열(90~95%), 식욕부진과 불충분한 식이, 상기도 감염증상, 두통, 근육통 등이 있으며, 중추신경계 증상으로 경부 통증 및 강직, 요통, Brudzinski 징후(목을 앞으로 굴곡시켰을 때 둔부와 무릎의 굴곡이 나타나는 증상)와 Kernig 징후(목을 앞으로 굴곡시켰을 때 다리를 완전히 뻗지 못하는 증상)가 발생합니다.

90) 전주지방법원 2015. 2. 11. 선고 2013가합4158 판결, 광주고등법원 2016. 7. 21. 선고 2015나100421 판결.

(3) 진 단 : 세균성 뇌수막염은 소아 연령에서 드물지 않게 발견되는 질환으로서 치료하지 않는 경우 매우 치명적이기 때문에 조기진단을 하고 조기에 치료하는 것이 그 예후에 결정적인 역할을 합니다. 뇌수막염의 초기에는 발열, 식욕부진, 상기도 감염증상 등과 같은 비특이적 소견을 보이기 때문에 감기와의 감별이 어려울 수 있으나, 발열과 두통, 구토 증상이 시간이 경과하여도 더 심해지고 중추신경징후가 나타나면 뇌수막염을 반드시 의심하여야 합니다. 세균성 뇌수막염을 진단하기 위해 전혈검사, 전해질검사, 혈액배양검사, 소변배양검사, 뇌척수액 검사, 뇌전산화 단층촬영 등이 있으나, 가장 확실하게 진단할 수 있는 방법은 요추천자를 이용한 뇌척수액 검사로 이를 통하여 뇌수막염을 확진하게 됩니다. 뇌수막염이 의심되는 모든 자에게 혈액배양검사를 시행하여야 하며 특히 소아의 경우 증상이 비특이적인 경우가 많기 때문에 뇌수막염이 의심되는 즉시 뇌척수액검사를 실시하여야 합니다.

(4) 치료 및 예후 : 세균성 뇌수막염의 예후는 연령이 어릴수록 또는 치료가 늦어졌거나 부적당하였을 때 나쁘게 나타납니다. 따라서 뇌수막염이 의심되는 경우 항생제의 초기 선택은 인플루엔자균, 폐구균과 수막구균의 항생제 감수성에 근거하여야 합니다. 페니실린에 감수성이 있는 폐구균에는 페니실린을 사용하나 내성균이 증가하고 있으므로 세균성 뇌수막염이 의심되는 경우에는 경험적으로 3세대 cephalosporin 중 하나인 cefotaxime 또는 ceftriaxone과 vancomycin을 병합해서 사용하는 것이 좋습니다. 신속한 항생제 치료와 보조요법이 시행되었을 때 신생아기 이후 세균성 수막염의 사망률은 1~8%에 불과하고 조기진단 및 조기치료가 시행될수록 신경학적 후유증이 낮아지는 등 세균성뇌수막염에 있어 조기진단은 예후를 결정하는 중요한 요소가 됩니다.

≪소장에서 주장하는 피고의 과실≫

1. 피고들 병원의 오진 및 감별 검사의 해태

위의 의학적 관련지식에서 살펴본 바와 같이 세균성 뇌수막염의 예후는 연령이 어릴수록 또는 치료가 늦어졌거나 부적당하였을 때 그 예후는 환자에게 지속적인 신경계 손상을 남깁니다.

가. 피고 1 병원의 감별 검사의 해태로 인한 오진 및 전원의무 위반

피고 1 병원은 원고의 증상만을 토대로 원고의 증상 발현시기가 일반적으로 뇌염이

제일 많이 발병되는 시기에 환자가 호소한 증상만을 토대로 기본적인 활력증상, 체온, 일반 방사선 검사 등의 검사도 하지 않았으며 뇌수막염을 감별하기 위한 추가적인 검사 즉, 뇌척수액검사 등을 즉각적으로 시행하였어야 하고 이를 시행하지 못한다면 즉시 상급병원으로 전원시켰어야 하나 피고 1 병원은 이를 간과하였습니다.

나. 피고 2 병원의 감별 검사의 해태로 인한 오진 및 전원의무 위반

피고 2 병원은 피고 1 병원을 내원, 소화기계 치료로 처치하였으나 치료효과가 없었다는 것을 인지하였으나, 기본적인 환자의 활력증상, 체온, 일반방사선 검사 등 일반적인 검사도 없고, 소화기계 치료가 효과가 없었다는 것을 근거로 추가 뇌수막염의 감별진단도 내리고 감별 검사를 시행하였어야 했고 뇌수막염을 감별하기 위한 추가적인 검사 즉, 뇌척수액검사 등을 즉각적으로 시행하였어야 하고 이를 시행하지 못한다면 즉시 상급병원으로 전원시켰어야 하나 피고 2 병원 또한 이를 간과하였습니다.

다. 피고 3 병원의 감별 검사의 해태 및 주의의무 소홀

피고 3 병원은 원고가 2003. 7. 12. 17:20경 반혼수상태로 같은 달 11.경 피고 1 병원 내원하여 소화기계 진단을 받고 처방되었던 내복약 및 주사제 처방 사실과 피고 3 병원 응급실을 내원한 같은 날 오전 경 피고 2 병원을 내원하여 같은 소화기계 진단을 받고 처방되었던 내복약 및 주사제 처방 사실을 알고 있었습니다.

하지만, 피고 3 병원은 일반혈액검사, 일반선별검사, 크레아틴키나제, 마그네슘, 정맥혈가스분석 등의 검사(전부 정상)만을 하였고 뇌 MRI, 뇌 CT, 뇌척수액검사 등을 시행하지 않은 채 소화계 치료 주사제를 과다 투여하여 발생한 추체 외로 증후군을 주 진단으로 수막염 및 급성 파종성 뇌척수염을 의증으로 진단하고는 감별검사도 시행없이 원고가 같은 날 17:20경 원고의 같은 날 13:00경 발생한 증상 등 신경계증상과 함께 체온이 38도에 이르는 고열(전형적인 뇌수막염 증상)임에도 단순히 범피린(해열제) 1.16cc를 정맥주사하였고, 바리움(안정제) 1.8cc와 오구멘틴(항균제)을 정맥주사하여 같은 날 21:00경 체온은 36.8도로 정상으로 떨어졌고 피고 3 병원은 원고에게 바리움(안정제) 1.8cc를 한번 더 정맥주사하고는 2003. 7. 12.경 피고 3 병원 응급실에서의 모든 진단검사 및 치료를 마쳤습니다.

위 의학적 관련지식에 의한 뇌수막염 진단, 치료 및 예후를 살펴 보면 원고와 같은 신경계 증상(상황에 맞지 않는 말과 행동)이 있으면서 지속적인 두통, 그로 인한 오심, 구토, 발열 등의 증상이 있으면 필수적으로 뇌척수액검사를 하고 검사 결과가 나

오기전부터 항진균제 및 항바이러스제를 투여하였어야 하나 피고 3 병원의 소외 성명불상의 의료진은 만연히 원고의 부모에게 "곧 깨어날 거다"라며 안심을 시키는 등 치료가 더 늦어져 피고 3 병원 응급실을 방문한 2003. 7. 12. 17:20경부터 다음날인 같은 달 13. 07:59경 뇌척수액검사 시행까지 14시간 39분까지 뇌수막염 감별 검사시 정확한 진단을 할 수 있는 뇌척수액검사를 시행하지 않고 단순히 해열제, 안정제, 항진균제만을 시행하여 원고의 상태를 더욱더 악화시켰습니다.

2. 경과관찰 해태

피고 3 병원은 원고의 의식변화, 동공, 운동능력, 등 신경학적 검사를 3시간 간격으로 시행하지 않고, 배액양상 및 혈종량 추적검사를 시행하지 않은 과실이 있습니다.

피고병원은 원고의 상태변화를 지속적, 반복적으로 경과 관찰하지 않아 원고의 상태를 악화시켰습니다.

2003. 7. 12. 17:20경 피고 3 병원의 응급실 방문시부터 2003. 7. 13. 07:59경까지 원고는 14시간 39분의 시간동안 의식없는 상태로 있었으나 피고 3 병원은 원고의 상태를 확인하지 않았습니다.

따라서, 피고 3 병원이 경과관찰을 잘 시행했다면, 원고가 2003. 7. 12. 13:00경 발생된 증상 즉, '누워서 혼자 웃으며 상황에 맞지 않는 말을 하고 구음장애가 있으면서 눈 마주침 안되며 의식변화 있고 힘없이 축 늘어지는 증상'에서 반혼수 상태 유지 및 발열이 있을 경우, 시행하였던 경과관찰과 그에 따른 당시 임상의학에 따른 올바른 진단 및 처치, 검사를 시행한 기록을 제시하여야 할 것입니다.

≪관련 의학지식을 통한 입증≫ PPT 자료를 통한 입증

1-1. 사건개요

날짜(2003)		증상 및 상태	검사 및 처치
7.11.	07:50 피고1	전날부터 오심, 상복부 통증, 두통 →이른 아침 내원	날문연축증 오진(뇌염감별진단, 요양방법지도 안함)→소화제 처방만 함
7.12. (토요일)	08:33 피고2	fever(℃ 기록없음), 복통, 구토, 3일전 통닭, 다른 병원(피고1 수진사실 사전인지, 과거력 未확인)	비감염성 위장염, 대장염, 급성 기관지염진단→금기약 트리민 투약(맥페란 미 투약)
	13:00 재택	누워서 혼자 웃고 울음, 횡설수설(상황에 맞지 않는 말), 구음장애, 눈 마주침 안됨, 힘없이 늘어짐)	
	15:00	피고2 진료종료로 피고3 후송 권유 → 피고3에게 전화	피고3은 "피고2가 맥페란 과다투여 하였다는 내용 기재 →피고2는 부인)

1-2. 사건개요

날짜(2003)		증상 및 상태	검사 및 처치
7. 12. (토요일)	17:20 피고3 응급실	반혼수상태 → 발열, 구토	추체외로증후군, **뇌수막염**, 급성파종성**뇌척수염**의증 (15:00 피고2 맥페란과다투여 확인하였다고 기재 →피고2는 부인)
	19:00	**고열(38.[illegible]**	[illegible]제진단 未실시(고[illegible] 원고 자기결정
	19:10		[illegible]진정제) [illegible]피린([illegible]열제) 오구멘틴(항균제)정맥주사
	22:30	**경련발작아니면서 몸떠는 증상발현**	바리움(진정제) 정맥주사

뇌질환 의심증상에도
감별진단 없이
추체외로증후군으로
오진, 단순 처치

1-3. 사건개요

날짜(2003)		증상 및 상태	검사 및 처치
7. 13. (일요일)	07:00	고열(39.0℃)	해열제(범피린) 정맥주사
	07:20	시트에 대량방뇨	
	07:59		응급뇌척수액검사 시행
	08:00	체온	트프리악손)투여
	09:30		이러스제(조비락스) 투여
	17:15		MRI: 다발성경화 또는 감염 후 뇌척수염
7.14.		뇌파 사:중등도의 비정상 뇌파	

뇌염 감별진단
(뇌MRI, 뇌척수액검사)
뒤늦게 시행
항생제, 항바이러스제
死後藥方文격 투여

1-4. 사건개요

날짜(2003)	증상 및 상태	검사 및 처치
7.21.	서울대학교 병원	뇌MRI: 감염후 뇌척수염의 후유증 또는 잔존 병변(만성단계)
8.16.		뇌M 수염 과 유증의 가능
9.4.		, 경직 치료
현재	애 1급	

<사건 전>

<현재>

		원고(환자)주장	피고들(병원)주장
인과관계		뇌 수막염 진단/치치/전원지연 →장애	피고1-날문연축증 / 피고2-위장 대장염,급성기관지염
의술상 과실	결과 예견 의무	피고 - 2C - 임	...증,두통 ...가 위장관 ...이지 증상(→신경학정
		피고2 -피고1 치료 효과 없을 시 다른 질환 의심 의무 -향정신성약 투약시 증상 미발현 위험성 예견의무	구역,구토는 소화기계 증상, 신경학적 증상 없음(→신경학적 증상 중 하나, 초기시 목 경직 안 나타날수 있음)

광주광역시 동구보건소 2003년 8월 발간자료

□ 31주 현재 뇌 수막염 환자 증가추세 뚜렷(아래 도표, 뒷면 표 참조)

2012년 감염병 감시연보, 질병관리본부

구분	2001년	2002년	2003년	2004년	2005년	2006년	2007년	2008년	2009년	2010년	2011년
보고수(건)	11	27	38	8	7	11	4	1	3	12	7
발생률(10만명당)	0.02	0.06	0.08	0.02	0.01	0.02	0.01	0.00	0.01	0.02	0.01

			원고(환자)주장	피고들(병원)주장
의술상 과실	결과회피의무	사전회피의무	피고1- 이학적 검사, 감별진단 미시행, 진료기록 부실기재	감별진단 불필요 보호자에게 전화 (→결과 예견했다는 자백)
			피고2- 피고1 진료인지 시 감별진단목적의 문진, V/S측정(발열원인), X선, 혈액검사목적 전원의무 권유해태, 진료기록 부실기재	소화기계증상 (척수천자불필요)
		사후피해확대방지의무	피고1- 소화제 처방 후 경과관찰, 요양방법지도 의무위반	큰 병원가서 자세한 검사받으라고 설명(→기록없음)
			피고2- 단순이학적검사로 장염진단, 금기약 투약, 약효가 증상숨기는 것에 대비하여 밀착감시해태, 전원권고의무위반, 전원선 고지의무위반(피고3에 정보전달 미흡)	피고3 전화해주었다 (→ 단순 안부만 확인하는 전화건 듯, 기록없음)
설명의무위반			요양방법,경과관찰,전원권유의무위반	설명의무이행(→기록없음, 입증책임 미이행)

			원고(환자)주장	피고들(병원)주장
인과관계			뇌수막염 진단 및 처치지연 →장애	추체외로증후군
의술상 과실	결과예견의무		뇌질환 의심증상(발열,구토) 소화기 배제가능(복부정상) 2개 기관 치료에도 개선없을 시 타질환(뇌수막염,뇌척수염 의심) 맥페란 투약 제대로 확인 못함(트리민을 잘못들은 것으로 추정)	졸린 듯한 증상, 위장약물 복용, 멕페란 과다복용으로 추체외로 증후군 진단 적법
	결과회피의무	사전회피의무	뇌질환 의심(반혼수상태,구토,고열,비경련성 이상증상)→우선치료의무위반 → 배제검사(뇌MRI,뇌척수액검사 미실시) 협진의무 불성실 이행(피고2,허위정보)	바리움, 해열제(범피린), 항균제(오구멘틴)
		사후피해확대방지의무	추체외로증후군 증상개선 없음→ 뇌질환 감별진단 897분 지연시행	경과관찰 하던중 대량방뇨 후 뇌척수액검사/뇌MRI 항바이러스제(조비락스) 서울대전원
설명의무위반			뇌질환추정진단하고도 설명의무 미시행 → 자기결정권 침해	합리적 진료방법시행중이어서 추가감별검사설명의무 없음

3. 인과관계

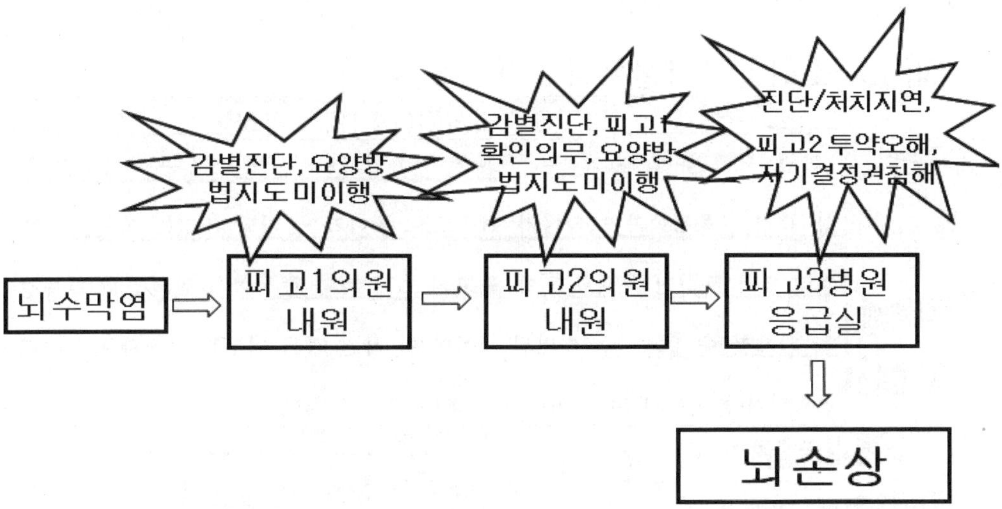

4-1. 피고1,2 과실

가. 악결과예견가능성

2) 이학적 감별진단 미시행

▶원고측 진료기록감정회신 피고2의원

문] 내원 당시 환아의 활력징후 및 신체사정 결과는 어떠하였다고 기재되어 있는지요 (특히 Brudzinski sign, Kernig sign 및 neck stiffness 유무에 대해 어떻게 기재되어 있는지요)

답] 신체사정상 상세불명의 비감염성 위장염 ... 지염, 구역 및 구토 등을 의심하였음 ... 회신 다.-2))

사정기록없음

4-2. 피고1,2과실

나. 악결과회피의무 위반

-피고2 소아금기약물투여

피고3 준비서면(14.12.15일자)

한편, 트리민이라는 약물은 『유·소아(특히 14세 이하)에서는 추체외로 증상 특히 운동장애가 나타나기 쉬우므로 투여가 금기되어 있는 약물』인데, 피고 2.의 트리민 투여로 인해 원고의 초기 뇌염 증상이 교란되었을 가능성을 배제할 수 없는 바, 이러한 사실이 이 사건 과실 여부를 판단하는데 있어 참작되어야 되어야 할 것임은 명백하다 할 것입니다.

유.소아에서는 ...

<< Treatment

범피린에스...				...(내복)(원외)	2	2	2
디메렌캅셀 (내복)(원외)	2	2	2	트리민당의정4mg (내복)(원외)	1	2	2
폰스텔정500mg (내복)(원외)	2	2	2	뉴벤틀정(원외)	2	2	2

4-3. 피고3 과실

가. 결과예견 및 결과회피의무

1) 뇌염의 조기진단 및 치료의 필요성

갑제10호증 뇌염-네이버건강(서울대학교병원)

치료

치료는 감염성 뇌염의 경우 관련 감염균에 따라 항생제, 항바이러스제, 항결핵제 등을 사용할 수 있으며 경우에

경우는 스테로이

써 생존율과 후유

▶사실조회회신

문] 환아에게서 내원 전부터 간간이 몸부림을 치거나 내원 후 손을 떠는 증상이 관찰되었다면 상급종합병원에서는 통상적으로 어떤 검사를 시행하여 뇌염 여부를 감별진단하여야 하는지요

답] ... 뇌염을 의심하는 경우에는 뇌척수액검사와 뇌영상검사를 통하여 감별진단할 수 있다 {사실조회회신 다.-2)}

4-3. 피고3과실

나. 악결과회피의무 위반

1) 임상증상변화 감시 및 평가 해태

-의식저하증상무시

present illness)

상기 9세 여아는 2일전 새벽 배가 아프다고 하여local clinic에서 acute gastroenteritis 로 치료받다가 금일 1시경 이유없이 웃고 울면서 dysarthria 보이고 mental change 보여 본원 ER 로 내원함

갑제6호증의 2 퇴원 요약지(피고3병원)

상기 여아는 2일전 새벽에 배가 아프다고 하여 일반의원에서 급성위염으로 치료받다가 금일 1시경 **이유 없이 웃고 울면서 구음장애 보이고 의식변화** 보여 본원 응급실로 내원함

4-3. 과실

나. 악결과회피의무위반

2) 중증질환 우선 감별진단 및 처치 의무위반
-뇌염과 추체외로증후군 감별하지 않은 과실

▶원고측 진료기록감정회신

문] 같은 날 22:30경 간호일지상 "손을 약간 떨[...] [...]강직 있는 바, 이에 대해 위 병원은 어떠한 진단[...] 제하기 위하여 어떠한 감별검사를 하였으며, 그러[...] 하였다면 그럴만한 금기사항이 있었는지 여부) 이어[...] 처치를 하였고, 그러한 처치 후 환아의 상태[...] 되어 있는지요

답] 추체외로에 의한 경련발작을 의심하고 발륨 처방을 하였음 산소 2리터를 흡입시킴... (원고측 진료기록감정회신 라.-1)-라))

추체외로증후군에 의한 경련여부 의학적 근거 없이 단순 추정, 처치함

4-3. 과실

나. 악결과회피의무위반

3) 추적반복검사 아니한 과실

가) 근거없이 추체외로증후군 진단한 과실

▶피고2 진료기록감[정]회신

문] 추체외로증상이란 [...] 말하는 것인지요

답] 추체외로증상이란[...] 병과 같은 이상불수의 운[...] 증상은 마치 무도병[...] 나는 경련성으로 나타남. 이들의[...] 럼 보이지만 불수의적으로 일어[...] 신경X애를 수반하는 것임. 이런[...] 경직, 좌불안석증 및 근긴장이[...] 는 후굴성사경(목 뒤로[...] 변축증, 얼굴찡그림, 하[...] 히 급성적인 근긴장이[...] 임 (피고2 진료기록감정회신 하.)

Sel[...] 2[...]
갑제 6-[...]

추체외로[...]
불면증 등의[...]
원고에게는 해[...]

[...]음
[...]내용이

맥페란 투여했더라도 추체외로증후군과 뇌염은 증상 유사하므로 반드시 감별진단 필요!!
(경련,근육경직,근긴장증 없음)

4-3. 과실

나. 악결과회피의무위반

3) 추적반복검사 아니한 과실

나) 발열증상 무시

갑제6호증의 5 경과일지

병 력

내원 당시부터 발열증상

▶원고측 진료기록감정회신 ... 의원

문] 오후 7시경 환아의 활력징후는 ... 에 대하여 위 병원 응급실 의료진은 어떠 ... SR 등)를 통해 어떠한 진단을 내렸으며 ... 요 (뇌염은 ... 2한 어떠한 기준을 통해 감별진단에서 배제 ...

내원 당일 19:00경
발열(38℃)
있음에도 무시

답] 체온 38도, 맥박 120회, 호흡 30회 ... 열이 있었으며 7시 10분에 해열제를 주사하고 항생제를 투여함 (원고측 진료기록감정회신 라.-1)-다))

4-3. 과실

나. 악결과회피의무위반

4) 뒤늦은 MRI, 뇌척수액 검사

		갑제6호증의 5 경과일지- 시행 X
①이학적 검사	⟹	Neck stiffness(+/-), Brudzinski sign(+/-), Kernig sign(+/-)
②뇌MRI 검사	⟹	7.13. 17:15경 시행
③뇌척수액검사	⟹	7.13. 07:59경 시행

4-3. 과실

나. 악결과회피의무위반

5) 치료 지연

진단 지연으로 치료도 지연됨

뇌염 발생

▶원고측 진료기록감정회신

문] 위 진단에 따라 병원은 어떠한 처치를 시행하였으며, 후

환아의 상태가 호전되었다고 기록되어 있는지

회복불능상태

답] 만니톨, 면역글로불린, 덱사메타손,

환아의 상태는 호전되지 않았음 (원고측 -2)-4))

5-1. 피고1주장에 대한 반론

가. 주장요지

- 내원 당시 구역질, 상복부 통증, 경미한 두통 등을 호소하였기 때문에 소화기계 질환으로 진단

나. 반론

1) 의료기술상 주의 의무 위반

가) 이학적 검사 의무 위반 - 뇌수막염 문진의무 불이행

나) 오심, 두통 등 뇌수막염 임상 증상 무시

다) 부실진료 추정 - 진단명, 처방내역만 있음

라) 수임사무경과보고의무이행청구

2) 설명의무 위반

가) 당시 유행하는 뇌수막염 관련 설명 아니 함

나) 설명했다는 증거 부재

다) 전손해배상

5-2. 피고2주장에 대한 반론

가. 주장요지
- 뇌막염은 흔히 발생하는 질환이 아님
- 원고의 진술을 토대로 소화계질환으로 진단
- 특이 증상이 나타나지도 않은 환자에게 추가검사 및 전원의무 없음
- 위장염에 대해 충분히 설명함(요양방법 지도 의무 이행)
- 피고3 병원에 진료를 부탁함(주의의무 이행)

나. 반론

1) 뇌막염 임상증상 및 유행성 전염병 – 2003년도 뇌수막염 유행
2) 과거치료력, 뇌수막염 관련 문진 않함
3) 브르지스키,커니그검사 등 뇌수막염 배제검사의무 위반
4) 금기약물투여로 진단 못하게 함
5) 설명의무, 전원선고지의무 위반 – 뇌수막염 가능성 설명 필요
6) 부실진료추정 및 수임사무경과보고의무 이행

5-3. 피고3주장에 대한 반론

가. 주장요지
- 신경학적으로 별다른 이상증상을 보이지 않음, 맥페란 과다복용이라는 피고2의 진술을 신뢰, 뇌수막염 의심 후 곧바로 적절한 처치함, 추체외로증후군에 합당한 소견, 설명의무위반이 아님
- 피고2의 트리민 투여로 원고의 최기 뇌염증상 교란되었을가능성 있음

나. 반론

1) 뇌수막염 전형적 증상인 신경학적 이상(semi coma) 발열, 구토 등 인지
2) 추체외로증후군인 경련, 정신이상, 근육경직, 급성 근긴장이상반응 등 부재
 - 맥페란 미투여(피고2는 부인, 객관적 근거 부재)
3) 임상의학실천당시의 검사 능력 보유
 - 중증질환인 뇌수막염 추정했으면 우선 응급처치원칙
4) 뇌수막염, 척수염 추정진단하였으면 설명하여 자기결정행사 기회부여의무
5) 과실평가는 법원의 전권사항
6) 피고2의 금기약물 투약과실은 피고2, 3 내부 문제

6. 결론

피고1,2

→ 오진, 미 처치, 설명의무위반

피고3

→ 추정진단하고도 감별진단 879분 지연검사, 처치 지연, 확진검사에 대한 자기결정권 침해(설명의무위반)

피고들은 이에 대한 전 손해를 배상하여야 합니다.

≪원 · 피고 주요쟁점≫

1. 피고 1, 2 관련

<table>
<tr><th colspan="4"></th><th colspan="2">원 고</th><th>피 고</th></tr>
<tr><td rowspan="8">의술상 과실</td><td colspan="3" rowspan="2">인과관계</td><td colspan="2" rowspan="2">뇌수막염 진단 및 처치 지연</td><td>피고 1-날문연축증</td></tr>
<tr><td>피고 2-위장염, 대장염, 급성기관지염</td></tr>
<tr><td rowspan="6">과실</td><td colspan="2" rowspan="2">결과 예견 의무</td><td>피고1</td><td>2003년 당시 뇌수막염 유행
임상증상(오심, 구토, 두통)상 뇌질환 예견 의무
신경학적 검사 안함.</td><td>구역질, 상복부통증, 두통 등 뇌수막염보다 위장관염 의심 증상(→신경학적 증상중 하나임)</td></tr>
<tr><td>피고2</td><td>2003년 당시 뇌수막염 유행
- 피고 1 치료 효과 없을 시 다른 질환 의심 의무
- 향정신성약 투약시 증상 미발현 위험성 예견의무</td><td>구역, 구토는 소화기계 증상
신경학적 증상 없음(→신경학적 증상중 하나, 초기시 목경직 안 나타날 수 있음).</td></tr>
<tr><td rowspan="4">결과 회피 의무</td><td rowspan="2">사전 회피 의무</td><td>피고1</td><td>이학적 검사, V/S측정, 방사선, 혈액검사, 감별진단 미시행.
진료기록 부실 기재</td><td>감별진단 불필요
보호자에게 전화(→결과 예견했다는 자백)</td></tr>
<tr><td>피고2</td><td>피고 1 진료 인지시 감별진단목적 문진, V/S측정, 방사선, 혈액검사 등 시행의무, 고열의 정도 및 원인 추적 해태
대학병원 적극적 고지의무
진료기록 부실 기재</td><td>소화기계 증상 발현자백(척수천자 필요)</td></tr>
<tr><td rowspan="2">사후 피해 확대 방지 의무</td><td>피고1</td><td>소화제 처방후 경과관찰, 요양방법지도의무 위반</td><td>큰 병원가서 자세한 검사받으라고 설명함(→기록 없음, 입증책임은 피고).</td></tr>
<tr><td>피고2</td><td>근거 없이 장염 진단,
금기약 투약 금지,
투약 시 증상이 숨는 것에 대비하여 밀착감시의무
전원권고의무 위반(전원의뢰서 미작성, 피고 3 부실답변)</td><td>피고 3 전화 해주었다(→단순히 전화만 걸었다 함, 기록 없음).</td></tr>
<tr><td colspan="4">설명의무 위반</td><td colspan="2">요양방법, 경과관찰, 전원권유의무 위반</td><td>설명의무 이행
(→기록 없음, 입증책임은 피고)</td></tr>
</table>

2. 피고 3 관련

<table>
<tr><td colspan="4"></td><td>원 고</td><td>피 고</td></tr>
<tr><td rowspan="4">의술상 과실</td><td colspan="3">인과관계</td><td>뇌수막염 진단 및 처치 지연</td><td>추체외로증후군</td></tr>
<tr><td rowspan="3">과실</td><td colspan="2">결과예견의무</td><td>뇌질환 의심 증상(발열, 구토)
소화기 배제가능(복부 정상)
2개 기관 치료에도 개선 없을 시 타질환(뇌수막염, 뇌척수염 의심)
맥페란 투약 제대로 확인 못함(트리민을 잘못들은 것으로 추정).</td><td>졸린 듯한 증상, 위장약물 복용, 맥페란 과다복용으로 추체외로증후군 진단 적법</td></tr>
<tr><td rowspan="2">결과회피의무</td><td>사전회피의무</td><td>뇌질환 의심(반혼수상태/구토/고열/비경련성 이상 증상)→배제검사(뇌 MRI, 뇌척수액검사) 미실시
협진의무 불성실 이행(피고 2, 허위정보)</td><td>바리움, 해열제(범피린), 항균제(오구멘틴)</td></tr>
<tr><td>사후피해확대방지의무</td><td>추체외로증후군 증상 개선 없음.
→ 타질환 감별진단 879분 지연 시행</td><td>경과관찰
시트 다량 방뇨후 뇌척수액검사/뇌 MRI
항바이러스제(조비락스)
○○대 전원</td></tr>
<tr><td colspan="4">설명의무 위반</td><td>설명의무 미시행으로 자기결정권 침해</td><td>합리적 진료방법 시행중이어서 추가감별검사 설명의무 없음.</td></tr>
</table>

≪2심 판결≫

1심에서 패소 후 2심에서 승소하였으므로 2심 사건 판결문을 인용합니다.

1. 피고 3의 과실

『비록 진단상의 과실 유무를 판단함에 있어서 완전무결한 임상진단의 실시는 불가능하다고 하더라도 피고 ○○대병원 의료진이 당시 3차 의료기관으로서 임상의학 분야에서 실천되고 있는 진단 수준의 범위내에서 요구되는 의료상의 윤리와 의학지식 및 경험에 터잡아 신중하고 정확하게 원고를 진찰하고 진단함으로써 위험한 결과 발생을 예견하고 그 결과 발생을 회피하는 데에 필요한 최선의 주의의무를 다하였다면 원고의 뇌염을 조기에 진단하여 치료할 수 있었을 것임에도 그와 같은 주의의무를 다하지 아니한 과실이 있는 것으로 보이고, 그와 같은 피고 ○○대병원 의료진의 과실로 인하여 원고의 뇌염에 대한 진단 및 치료가 지연됨에 따라 뇌염으로 인한 원고의 뇌병변의 후유증이 이 사건 장애의 정도에 이를 정도로 심화되었다고 봄이 상당하다…
불법행위로 인한 손해배상청구권은 피해자나 그 법정대리인이 그 손해 및 가해자를 안 날로부터 3년간 이를 행사하지 아니하면 시효로 인하여 소멸하는데(민법 제766조 제1항), 원고 또는 원고의 당시 법정대리인 원고의 부모는 앞서 살펴 본 바와 같이 원고가 2003. 7. 13. 뇌염의증, 급성 파종성 뇌척수염 의증으로 진단받고, 2003. 7. 21. ○○대학교병원으로 전원하는 등 과정에서 손해 및 가해자를 알게 되었을 것으로 봄이 상당하므로 앞서 인정한 피고 ○○대병원에 대한 청구원인 중 불법행위에 관한 부분은 시효로 소멸하였다 할 것이다. 그러나 진료계약상 채무불이행으로 인한 손해배상청구권은 10년의 소멸시효기간이 적용되고 위 규정의 단기소멸시효기간이 적용되지 아니하는데, 이 사건 소 제기일인 2013. 6. 18.은 피고 ○○대병원이 진료계약상 주의의무를 위반한 2003. 7. 12.로부터 10년이 경과되지 아니한 시기임이 명백하므로 진료계약상 채무불이행으로 인한 손해배상청구권은 시효로 소멸하였다고 볼 수 없다. 따라서 피고 ○○대병원의 소멸시효 항변은 위 인정범위내에서 이유 있고, 피고 ○○대병원은 원고에게 진료계약상 채무불이행으로 인한 손해배상금을 지급할 책임이 있다.』

2. 인과관계

피고의 과실과 인과관계를 같이 판단하고 있음.

3. 인용금액 : 3억 3천만 원(10년의 이자까지 감안하면 5억이 넘는 배상액이 됨)

4. 피고의 책임비율 : 35%(소멸시효기간이 거의 임박하여 소제기된 것과 악화되어 내원한 경위 등을 감안하여 피고의 책임비율을 낮춤)

≪관련 판례≫

1. 수원지방법원 2006. 8. 22. 선고 2004가합5740 판결

위 사건에서 법원은,

『…망○○○의 고열 및 구토의 원인이 폐렴 등 때문이라고 쉽게 단정하여서는 아니되고, 세균성 뇌수막염으로 인한 것이 아닌지를 의심하고 이를 조기에 진단하기 위하여 요추천자를 통한 뇌척수액 검사를 실시하였어야 할 주의의무가 있음에도 불구하고, 망○○○에게 세균성 뇌수막염이 발병하였는지 여부를 심각하게 고려하지 아니한 채 만연히 요추천자를 실시하지 아니하고 있다가, 2003. 12. 30. 14:00경에 이르러서야 뒤늦게 요추천자를 실시한 과실로 인하여 망○○○는 세균성 뇌수막염의 조기진단 및 치료의 적기를 놓쳐 세균성 뇌수막염이 매우 심한 상태로 악화됨으로써 결

국 그 후유증으로 병발한 수두증으로 인하여 사망하였다고 봄이 상당하다고 할 것이므로, 피고는 △△△등의 사용자로서 망○○○가 사망함으로써 망○○○ 및 그의 부모인 원고들이 입은 손해를 배상할 책임이 있다고 할 것이다.』

며 세균성 뇌수막염에 대한 검사 지연으로 인한 조기진단 과실을 인정한 바 있습니다.

2. 서울중앙지방법원 2006. 1. 11. 선고 2002가합28468 판결

위 사건에서 법원은,

『…세균성 뇌수막염은 조기 진단 및 조기 치료가 그 예후에 있어 결정적이고, 조기 진단 및 치료가 지연될 경우에는 청각장애를 비롯한 신경학적 후유증이 발생하게 되는, 소아에서는 나이가 어릴수록 특징적인 증세가 나타나지 않는 경우가 많아 진단이 어려울 수 있는 반면, 세균성 뇌수막염에 걸릴 확률이 높은 점(따라서 3개월 이하의 영아인 경우는 고열이 있을 때 반드시 요추천자를 하도록 권고되고 있다) 등을 종합하면, 2001. 6. 1. 1차 내원당시 생후 14개월 정도의 영아인 원고 ○○○에게 고열 및 구토 증상이 있었고, 고열 및 구토의 원인을 감별하기 위한 기본적인 진단을 하였음에도 그 원인이 불분명한 경우 피고병원 의료진으로서는 위 원고의 고열 및 구토의 원인을 막바로 바이러스성 감염으로 단정하여서는 아니 되고, 당해 고열이 뇌막염으로 인한 것이 아닌지를 의심하여 ① 환아의 보호자에게 환아가 내원 이전에 경부의 통증 및 경직, 혼미, 혼수 등의 의식상태의 변화, 경련 및 국소적인 신경학적 결손 등의 중추신경계 징후를 보였는지에 관하여 구체적으로 문진을 하거나, ② 경부 강직이나 부르진스키 징후 또는 커니그 징후 증상이 있는지 검사하거나, ③ 혈액검사 또는 일정시간 환아를 관찰하는 등 발열의 원인을 진단하기 위한 적절한 방법을 강구하여 뇌막염을 발열의 원인에서 배제할 수 있는지 여부를 확인할 주의의무가 있었음에도 이를 게을리한 과실이 있고, 세균성 뇌막염이 귀 부분에 전이되어 와우를 감염시켜 미로 또는 청신경에 직접적으로 염증을 일으켜 청력손실을 유발하는 점 및 피고병원에 내원하기 전에 원고 ○○○의 청력에는 별다른 이상이 없었다는 점 등에 비추어 보면, 위 과실로 인하여 원고 ○○○는 뇌막염을 조기에 진단 및 치료받지 못함으로써 그 후유증으로 청력손실의 장애를 입게 되었다고 봄이 상당하므로, 피고는 피고병원 의료진의 사용자로서 그로 인하여 원고들에게 발생한 손해를 배상할 책임이 있다.』

며 과실을 인정한 바 있습니다.

10. 긴장성 기흉에 대하여 즉시 흉강천자술이나 흉관삽입술을 시행하지 않아 사망한 사건[91)]

≪사건 개요≫

• 원고 망 지○○(여, 만6세) / 피고 부천○○병원

※ 사건 경과
고열, 기침, 후두통으로 입원→3/2 페니라민 2mg 투여→3/3 발작, 자가호흡상실, 의식저하 등으로 기관삽관, 심폐소생술→급성호흡곤란증후군으로 사망.

날 짜 (2013)		증상 및 상태	검사 및 처치	비 고
2. 28.		소아과에서 혈뇨 보인다고 들음.		
3. 1.	오전	열, 기침, 후두통증, 콧물, 오한	<부천○○병원> 감기 증상으로 부천○○병원 진료, 약 처방 받음.	경위서 내용
	16:40	열, 두통, 구토, 혈뇨 1회 (체온 39.4)	부천○○병원 응급실 통해 입원 요로감염으로 진단 수액, 해열진통제(케토신) 항생제(세프트리악손나트륨, 황산네틸마이신) 투약 활력징후 8시간마다 측정 흉부 X-ray 검사, 요 일반검사, 혈액검사 시행 혈액, 소변 세균배양검사 시행 → 혈액검사상 no growth 소변검사상 그람양성균(+)	
	17:25	체온 39.7	서스펜 좌약 투약	
	18:50	체온 38.0	지켜봄.	
	20:00	체온 36.5		
3. 2.	03:00	체온 38.3, 오한	해열진통제(케토신) 투여 (처방추가) 페니라민 2mg 투여	
	06:00	체온 36.7		
	08:30	체온 38.3	해열진통제(케토신) 투여	

91) 인천지방법원 부천지원 2017. 2. 17. 선고 2013가합9474 손해배상(의) 판결.

	19:40	체온 38.4	해열진통제(케토신) 투여	
3. 3.	04:30	체온 39.3	해열진통제(케토신) 투여	
	09:30	체온 36.3 체온 재려고 귀 부위 자극하자 깨려고 고갯짓하다 다시 잠.		
	10:30	얼굴에 청색증 동공반사 3p/3p 자가호흡 없음. 자극에 거의 반응 없으며 사지 축 늘어짐.	응급실 당직의 호출	응급실 CCTV상 10:37에 누가 와서 응급실 의사 데려감.
	10:32		심장 마사지 산소마스크 통해 10L/min 적용 → 자가호흡(18/min) 확인됨. 산소포화도 96%, 심박 86~98회 흉부 X-ray 촬영 → 기흉소견 없었다고 주장(피고) 동맥혈가스분석 등 혈액검사 시행	
	10:35		주치의에게 전화 보고	
	10:50	응급실로 이동 도중 경련 30초 가량 함. 양쪽 눈 뜬 상태로 눈동자 한쪽으로 돌아감	응급실로 이동 (10:58 응급실 입실, 환자 모니터링 시작)	
	11:00~11:10		뇌 CT 촬영 → 이상 없다고 들음.	
	11:13	3분 가량 경련		CCTV상 11:18~11:22로 보임. 11:16 응급실 의사, 흉부 X-ray 확인
	11:27		진정제(디아제팜) 정맥주사	
	11:40		주치의 환자 직접 봄.	
	11:50	자가호흡있으나 강직 증세 보이며 팔, 다리 뒤틂.	병원장 도착, 환자 직접 봄.	98 →
	11:54		진정제(디아제팜) 재투약 산소포화도 99	CCTV상 11:56
	12:00	의식 혼미함. 동공반사 3+/3+ 자가호흡 16~18회	산소포화도 30~40% 기관삽관함. 산소 최대용량 적용	

	12:02		산소포화도 98%	
	12:04		산소포화도 50%	
	12:07	얼굴 청색증 보임.	산소포화도 20% 기관 재삽관함. 흉부 X-ray 촬영 → 기흉 확인됨. ⇒ 산소포화도 88∼96%	CCTV상 12:10
	12:12		사설 구급차 도착	
	12:22		사설 구급차 통해 ○○병원으로 전원	
	12:28	흉벽 전면부에 청색증 보임.	<○○병원> 기관 삽관된 상태로 전원 삽관된 기관 고정되지 않은 상태로 삽관 깊이 ○○병원 의료진도 모름.	
	12:36		흉부 X-ray 시행 ⇒ 전체 폐 영역 혼탁함(폐부종 또는 폐렴). 긴장성 기흉 소견 → 흉관 삽입	
	13:25	심폐소생술 1시간 가량 시행 긴장성 기흉으로 인한 급성 호흡곤란 증후군으로 사망		
	부검상 눈 유리 체액의 BUN 12.5mg/dL, 크레아티닌 0.4mg/dL. 포도당 15Pmg/dL, K+15.0mEq/L,Cl- 113mEq/L 방광, 신장, 혈액 세균배양검사상 세균 검출되지 않음.			

날짜	WBC (4.0∼10.8)	CRP (0∼0.5)
3. 1.	4.5	0.3
3. 2.		
3. 3.	7.8	0.5

※ 페니라민

– 효능 / 효과 :

코감기에 의한 재채기 · 콧물 · 기침, 혈관운동성 부종, 곤충자상

– 사용상 주의사항

1. 다음 환자에는 투여하지 말 것.

(1) 이 약 또는 유사 화합물에 과민증의 병력이 있는 환자

(2) 녹내장 환자(항콜린 작용에 의해 안압이 상승되어 녹내장이 악화될 수 있다)

(3) 전립선비대 등 하부요로폐색성 질환 환자
(4) 미숙아 및 신생아
(5) MAO 저해제 투여중인 환자

2. 부작용

(1) 쇼크가 나타날 수 있으므로 충분히 관찰을 하고 청색증, 호흡곤란, 흉부불쾌감, 혈압저하 등이 나타나는 경우에는 투여를 중지하고 적절한 처치를 한다.

(2) 경련, 착란이 나타날 수 있으므로 관찰을 충분히 하고 이상이 나타나면 감량 또는 휴약 등 적절한 처치를 한다.

3. 소아에 대한 투여

유아 및 소아에 과량 투여하면 환각, 흥분, 경련, 사망을 일으킬 수 있으므로 특히 주의한다.

※ 긴장성 기흉
3월 3일 오전 10시 32분 흉부 X-ray를 시행하였음에도 불구하고 긴장성 기흉을 진단해내지 못함.
응급처치하지 못하고 12시 28분까지 긴장성 기흉에 대한 응급처치 없었음.

≪소장에서 주장하는 피고의 과실≫

1. 진단상 과실

진료행위는 진찰・검사단계, 진단을 내리는 단계, 그리고 투약, 주사, 수술 등을 시행하는 치료의 단계, 최후로 예후판정, 재활치료(Rehabilition)의 단계라는 순서로 진행되는 바, 이 건은 망아에 대한 진료의 모든 단계에서 잘못하였습니다.

그런데, 피고병원 의료진은 2013. 3. 3. 10:32경 흉부 X-ray촬영을 하였음에도 불구하고 이에 대하여 정확한 진단을 하지 못하고, 망아를 방치하였습니다.

한편, 같은 날 12:00경 산소포화도가 30-40%로 떨어지고 의식이 혼미하여 기관삽관술을 실시하였으나, 12:04경 다시 산소포화도가 50%로 떨어진 경우라면 이는 긴장성 기흉을 시사하는 소견으로 12:07경 재차 기관삽관술을 시행하는 것이 아니라 즉시 흉관삽입술을 시행하였어야 할 것입니다. 이는 피고병원 의료진이 긴장성 기흉에 대한 진단을 하지 못하였음을 반증하는 것입니다.

2. 응급처치상 과실

긴장성 기흉이 발생한 경우에는 초응급질환으로 즉시 흉관삽입술을 시행하여야 합니다. 그런데, 2013. 3. 3. 10:30경 원고에게 청색증이 발생하고, 자가호흡이 없는 상태에서 흉부X-ray 검사를 통해 긴장성 기흉을 확인하였다면 즉시 흉관삽입술을 시행하였어야 하나, 산소를 주입하기만 하고 아무런 조치를 취하지 않고 방치하였습니다.

특히, 같은 날 12:00경 산소포화도가 30~40%로 떨어지고 의식이 혼미하여 기관삽관술을 실시하였으나, 12:04경 다시 산소포화도가 50%로 떨어진 경우라면 이는 긴장성 기흉을 시사하는 소견이므로 그 즉시 흉관삽입술을 시행하였어야 할 것이나, 오히려 기관재삽관술만을 시행하여 망아의 상태를 더욱 악화시켰고, 결국 사망에 이르게 한 과실이 있다고 할 것입니다.

≪원 · 피고 주요쟁점≫

쟁 점			원 고	피 고
인과관계			응급흉관삽관술을 통한 긴장성 기흉치료하지 않아 사망	전원 전 피고병원에서는 일반 기흉이었음.
과실	결과예견		긴장성 기흉은 응급상황으로 쇼크 및 사망을 유발할 수 있음.	긴장성 기흉이 아닌 일반 기흉이었기 때문에 신속히 전원하여 흉관삽입술 시행하는 것이 좋다고 판단
과실	결과회피	사전회피의무	－진단상 과실 10:32, 12:07 기흉 관찰되었음에도 빠르게 진단하지 못함.	－10:32경은 기흉소견이 아니었음. －12:00경 원인 불명의 경련, 호흡곤란 이외 긴장성 기흉 진단할 수 없었음. －12:09 X-ray상 기흉 관찰, 검사 직후 영상 바로 확인할 수 없었음.
과실	결과회피	사후피해확대방지	－응급처치상 과실 산소 주입, 기관삽관술만 시행, 흉관삽관술하지 않음.	－산소 공급에도 산소포화 저하시 저산소성뇌손상 발생 → 기관삽관 시행 －기관삽관 재시행 시 산소포화도 88~96% 호전 －흉관삽입술 시행하였다 하더라도 결정하고 준비하기까지 더 많은 시간 소요되므로 망아의 예후는 크게 달라지지 않음.
설명의무위반			－망아의 상태 악화(경련, 산소포화도저하) 시 상황 설명하지 않음. －보호자들 전원 요청, 상태 악화되었음에도 전원에 대해 설명 없었음.	－생명과 심신에 중대한 위험이 있는 경우 설명의무 이행할 필요없음. －망아의 현상태, 응급처치내용, 예후 등에 대해 설명, 정밀검사 및 치료 위해 상급병원 전원 필요성 설명

≪1심 판결≫

1. 피고의 과실

『① 망아와 같은 소아의 경우 흉벽과 갈비뼈의 탄력이 좋아 기관삽관 및 양압환기 과정에서 긴장성 기흉이 발생할 위험이 높고 망아의 경우 이미 10:30경 심폐소생술에 의한 가습압박이 있었으므로, 피고병원 의료진은 기관삽관 및 양압환기 과정에서 망아에게 긴장성 기흉이 발생할 수도 있음을 충분히 예견할 수 있었다고 보이는 점, ② 실제 피고병원 의료진이 12:00경 망아에 대하여 기관삽관 및 양압환기를 시행하던중 망아에게서 긴장성 기흉이 발생한 점, ③ 긴장성 기흉은 응급질환으로 치료가 조금만 늦더라도 치명적인 결과가 초래될 수 있고 진단이 의심되면 즉시 흉강천자술을 시행하고 이후 흉관삽입술 등의 조치를 취해야 하는점, ④ 그러나 피고병원 의료진은 12:09경 흉부 X-Ray촬영 결과를 통하여 긴장성 기흉 발생을 확인하였고 당시 망아의 상태가 매우 불안정하였음에도 즉시 흉강천자술이나 흉관삽입술 등의 응급조치없이 12:22경 망아를 인근의 ○○병원으로 전원시킨 점, ⑤ 당시 피고병원의 진료환경 및 조건이 피고병원 의료진에게 위와 같은 응급조치를 기대할 수 없는 상황이었다고 보이지 않는 점, ⑥ 망아는 12:28경 ○○병원 응급실에 도착하였는데, 당시에는 이미 의식이 전혀 없었고 맥박도 뛰지 않는 상태였던 점, ⑦ ○○병원 의료진은 즉시 망아에 대하여 흉강천자술과 흉관삽입술을 시행하였으나 망아는 별다른 호전없이 긴장성 기흉으로 인한 급성 호흡곤란 증후군으로 사망한 점 등을 종합하면, 피고병원 의료진에게 망아의 긴장성 기흉에 대하여 즉시 흉강천자술이나 흉관삽입술을 시행하지 아니한 응급처치상의 과실을 인정할 수 있다.』

2. 인과관계

『긴장성 기흉은 지체없이 즉각적인 치료가 요구되는 응급질환인데, 피고병원 의료진은 망아의 긴장성 기흉에 대하여 흉강천자술이나 흉관삽입술 등의 응급조치를 취하지 않았고, 망아는 결국 긴장성 기흉으로 인한 급성호흡곤란증후군을 직접 사인으로 하여 사망하였는 바, 망아에 대하여 제때에 흉강천자술이나 흉관삽입술 등의 응급조치가 취해졌다면 망아가 긴장성 기흉으로 인한 급성호흡곤란 증후군으로 사망하지 않았을 것이고 망아에게 당초 발생하였던 호흡곤란과 경련 등에 대한 치료도 이루어질 수 있었다고 보이므로, 피고병원의 긴장성 기흉에 관한 응급처치상의 과실과 망아의 사망 사이에 상당인과관계가 인정된다.』

3. 인용금액 : 1억 5천 6백만 원

4. 피고의 책임비율 : 40%

제 3 절 치료 단계에서의 의료분쟁 사례

Ⅰ. 주사 관련 의료사고 사건

1. 영유아에 대한 정맥주사시 과도한 자극으로 수유물 역류로 인한 호흡정지가 발생하여 뇌손상이 된 사건[92)]

≪사건 개요≫

• 원고 조○○ 외 2 / 피고 ○○병원

※ 사건 경과

정맥주사 → 울음 유발 → 호흡정지 발작 → 저산소성뇌손상

(1) 2006. 6. 6. 08:31경 3.92kg, 아프가 점수 1분, 5분, 10분 각 10점으로 출생함.

(2) 태변착색 발견되어 흉부방사선 검사, CRP 검사 시행하면서 겐타마이신 약물 사용

(3) 2006. 6. 9. 06:00경 분유 60cc 먹음.
06:05경 기존 수액 제거함.
06:10경 다시 수액 주사하자 원고 울다가 갑자기 호흡정지 및 청색증 발생하여 기관내삽관 등의 응급처치 시행 후 ○○대병원으로 전원 조치

(4) ○○대병원 내원 당시 원고는 자발호흡이 없고, 심박동수 20회, 산소포화도 17%, 동공반사 없으며, 저산소혈증 증상 보였음.

(5) 이후 뇌초음파 검사 결과 상 저산소성 뇌병증 확인됨.

날 짜(2006)		상 태	검사 및 처치
6. 5.	20:30	38주 3일 양수파막, 경관개대 2cm 진통있음.	입원

92) 광주지방법원 2011. 2. 17. 선고 2009가합8897 판결, 광주고등법원 2011나1803 조정.

	23:40	태아심박수 139회/분	혈액검사, 소변검사, 관장
6. 6.	02:05	혈압 110/80, 태아심박수 179회/분	무통약(부비카인 20cc + 펜타닐 2앰플) 연속주입기 연결
	03:00	태아심박수 151회/분	무통약 추가(부비카인 4cc)
	04:00	경관개대 4cm, 태아심박수 150/회분, 태변 착색 상태	
	08:00	태아심박수 152회	
	08:25	태아심박수 130회/분	분만실로 이동
	08:31	3.82kg 아프가 점수(1'/10, 5'/10, 10'/10)	질식분만
	08:40	체온 37.5, 맥박 130, 호흡수 49, 산소포화도 95%	
	08:50	산소포화도 98%	
	17:00		흉부방사선 촬영-태변 흡인성 폐렴 혈액검사-C 반응성 단백질 : 0.2 겐타마이신 0.23cc(하루 두번), 박타신 0.5cc(하루 세번)
	18:30	체온 36.6, 맥박 122, 호흡수 53, 산소포화도 98%	분유 20cc
6. 8.	07:40	체온 36.9, 맥박 139, 호흡수 49, 산소포화도 98%	
	08:00		혈액검사-C 반응성 단백질 : 0.5
	09:00		흉부 방사선검사 – 폐렴 확장되지 않음.
	18:00	체온 37, 맥박 140, 호흡수 43	겐타마이신 0.23cc, 박타신 0.5cc, 분유 60cc
6. 9.	02:00	체온 37.3, 맥박 142, 호흡수 43	박타신 0.5cc
	03:00		분유 60cc
	06:00		겐타마이신 0.23cc, 분유 60cc
	06:05	수액 맞은 부위 부종	수액 제거
	06:10	수액 다시 연결 울다가 청색증 나타남 – 자극에도 반응 없음.	보고 후 구강흡인 실시 산소 10L, 기관내 삽관, 심폐소생술 실시, 에피네프린(1:10000) 1cc를 기관내 삽관으로 주입
	06:15		에피네프린 1cc 기관내 삽관으로 주입, 심폐소생술
	06:20		에피네프린 1cc 기관내 삽관으로 주입, 심폐소생술

	06:25	맥박 확인 불가	에피네프린 1cc 기관내 삽관으로 주입, 심폐소생술
	06:30		의사와 간호사 동행하여 ○○대병원 신생아실로 전원조치
6. 9. ○○대병원		맥박 20회, 호흡 없음. 동공 빛 반사 없음. 산소포화도 17%, 경련 증상 혈액점액성 대변	심폐소생술 뇌 MRI－뇌출혈, 뇌경색 좌측 쇄골 골절 동맥혈검사－6.813/86.8(이산화탄소 농도)/20.7(산소 농도)/13.1/20.2%(산소포화도)
현 재		기립 불가능	뇌병변 장애로 보행 및 일상생활 불가능한 상태

≪관련 의학지식을 통한 입증≫

1. 경과관찰 해태

(1) 호흡기계의 영, 유아와 성인과의 차이점

영유아는 성인에 비해 기도의 안지름이 좁아 기관지 감염과 이물 심지어는 가래 등으로도 기도 폐쇄가 쉽게 발생하고, 심한 호흡곤란을 유발합니다(갑 제10호증의2 소아과학 617쪽 참조).

▶ 소아과학

"…기도 저항은 기도 반지름의 4제곱에 반비례하기 때문에 전반적인 기도 안지름이 작은 소아에서는 어떠한 원인에 의해 작은 폭의 감소라도 기도 저항은 매우 심각하게 나타난다. 영, 유아는 기관지 감염과 이물 심지어는 가래만으로도 기도 폐쇄가 쉽게 발생하고 또 심한 호흡 곤란을 일으키기도 한다. 말초 기도의 저항 자체도 많이 증가되어 있다."

더욱이 영유아는 큰 아이들이나 어른들에 비하여 공기를 폐로 인도하는 기도가 좁아서 환기 장애가 일어나기 쉽고, 폐포 표면적이 좁으므로 확산 장애를 초래하기 쉽기 때문에 호흡곤란 장애가 쉽게 발생 가능합니다(갑 제10호증의2 소아과학 617쪽 참조).

▶ 소아과학

"…코, 인두, 후두, 폐와 상기도에 존재하는 여러 가지 수용체들은 팽창, 온도, 자극물질, 기타 여러 자극에 민감하게 반응하여 재채기, 기침, 기관지 경련, 무호흡 등의 호흡기 증상뿐만 아니라 서맥 등의 순환기 증상도 일으킨다. 신생아와 어린 영아는 이러한 반응이 심하게 나타나 상기도의 자극만으로도 쉽게 기관지 경련 또는 무호흡이 일어날 수 있다.”

(2) 영유아의 호흡기 질환 진료시 주의의무

영유아기의 호흡기계 환자에게는 자세한 병력과 철저한 이학적 검사의 시행이 무엇보다 중요합니다.

위에서 살펴본 바와 같이, 영유아는 성인과 큰 아이들에 비해 호흡기계통이 미숙하여 적절한 치료를 받지 못하는 경우, 성인과 다르게 쉽게 기도 폐색 등으로 인한 호흡곤란이 발생하기 때문에 영유아의 호흡기 질환을 다루는 의사들은 이런 특징을 잘 이해하고 세심한 이학적 검사를 통해 호흡곤란의 정도를 정확히 파악하고 적절한 경과관찰 및 치료를 시행해야 합니다.

더욱이 영유아는 자신의 증상에 대한 말로의 의사표현이 불가능하기 때문에 상세한 이학적 검사 등의 중요성이 강조되는 것입니다.

주의 깊은 이학적 검사 결과상 영유아에게 호흡 장애가 동반되거나, 처방된 약물치료에도 증상이 완화되지 않고 지속되는 경우, 의료진은 영유아의 상태를 정확하게 확인하기 위한 진단적 검사를 시행해야 하며, 작은 자극에도 발생할 수 있는 기도 폐색 및 호흡곤란 등에 대한 경과관찰 및 조기치료를 시행해야 합니다.

이 건 역시 원고 조○○은 태변 흡인성 폐렴이 있는 신생아로 호흡기계 또한 성인에 비해 위와 같은 취약점을 갖고 있기 때문에 피고는 원고의 폐 상태 및 호흡곤란의 정도를 확인하기 위해 기침, 호흡음, 호흡곤란의 심한 정도, 성격, 특징 등에 유의하여 이학적 검사 및 정확한 진단을 위한 진단적 검사 등을 시행하여 이에 맞는 처치를 시행할 주의의무가 있습니다. 그러나 피고는 항생제를 투여하는 것 외에는 특별한 조치를 취하지 않았습니다. 결국 태어났을 당시인 2006. 6. 6.경 0.2mg/dl로 측정되었던 CRP수치가 2일 후인 같은 달 8.경 0.5mg/dl로 증가되는 결과가 초래되었습니다. 또한 피고는 호흡기 질환이 있는 신생아인 원고의 산소포화도 및 동맥혈 검사도 지속적으로 확인하지 않는 등의 경과관찰의 의무를 다하지 않은 과실이 있다 할 것입니다.

2. 정맥주사 행위와 관련된 주의의무 위반

의료진은 소아 환자에 대한 침습적 처치를 시행할 시에, 생명유지의 문제가 되는 급박한 상황이 아닌 이상 처치시 소아가 먹은 음식물이 위를 통과할 정도의 시간이 지난 후 시행해야할 주의의무가 있습니다. 이는 수유 전·후에 아기를 심하게 울리는 등의 정서적인 불쾌 자극 요인을 주게 되면, 소아의 호흡정지발작이 일어날 수 있으며, 더욱이 구토를 유발하여 구토물에 의한 기관 내 흡입을 발생시킬 수 있기 때문입니다.

따라서 위급한 상황이 아니라면 수유 시간을 고려하여 처치를 시행해야 하는 바, 수유 후 10분 정도 지난 신생아에게 울음을 유발하여 고통과 흥분으로 여러 가지 부작용이 유발될 가능성이 있음에도 불구하고 정맥주사 행위를 강행하여 원고 조○○으로 하여금 호흡곤란을 일으킨 과실이 있습니다.

3. 응급처치상 과실

2006. 6. 9. 6:10경 피고병원 간호사가 정맥주사를 하던 중 울던 원고 조○○에게 청색증이 나타나며 호흡정지가 발생되었습니다. 그러자 피고병원의 의료진은 원고 조○○에게 자극을 주고 산소를 공급하는 등 당시 의료 수준에 비추어 최선의 응급처치를 시행하였다고 주장하나, 이와 같은 피고의 주장은 사실이 아니라 할 것입니다.

의료진은 환자의 호흡이 멈추면 산소를 투여하는 등의 응급처치를 시행하면서 효과적으로 처치가 시행되는지의 여부를 알기 위해서 환자에 대한 혈압 및 맥박, 산소포화도의 측정 등을 시행해야 합니다. 이는 가장 기본적인 의료행위임에도 불구하고 피고는 호흡정지가 발생된 원고 조○○에게 기관 삽관을 한 후, 기관 삽관이 제대로 이루어졌는지에 대해 확인할 수 있는 가장 기본적인 처치인 산소포화도 조차도 측정하지 않았습니다.

결국 피고는 투입 중인 산소가 원고 조○○에게 효과적으로 투입되고 있는지 알지도 못한 채, 산소를 투여하고 심장 마사지를 시행한 것입니다. 만약 피고가 산소포화도에 따라 적절하게 처치를 시행하였다면, ○○대학교 병원에 도착했을 당시 측정된 원고 조○○의 산소포화도가 17%로 측정되지는 않았을 것입니다. 피고는 적절한 응급처치를 하지 못하여 원고 조○○으로 하여금 상급병원에서의 치료기회를 박탈한 것입니다. 더욱이 피고는 아트로핀 등 심폐소생술시 필수적인 약물의 정맥 투여 없이 심폐소생술을 시작하면서 기관 삽관 내로 에피네프린만을 주입하였습니다. 그리하여 지속적인 에피네프린의 기관 삽관 내 투여 및 심장 압박에도 불구하고 원고 조○○은 쉽게 회복되지 못하였던 것입니다. 이처럼 환자에게 적절한 심폐소생술의 효과 여부를 확인하지도 않은 채, 이러한 처치를 했다는 행위만을 두고 최선의 처치를 시행했다고 볼 수 없습니다.

≪1심 판결≫

1. 피고의 과실

『2) 정맥주사상의 과실
… ① 신생아는 기도 내경이 매우 작아 역류된 우유나 미세한 자극으로도 기도폐쇄가 발생하여 호흡곤란 증상이 나타날 수 있고, 신생아는 위식도 괄약근이 약하여 쉽게 위 내용물이 역류될 수 있는 점,
② 신생아의 경우 수유 직후 주사를 실시할 경우 주사시 통증으로 인한 수유물 역류 등으로 호흡곤란 증상을 야기할 수 있으므로 응급상황이 아닌 한 수유 후 30분 정도 지난 이후에 시행하는 것이 바람직한 점,
③ 2006. 6. 9. 02:00경 원고 조○○의 생체활력지수가 정상이었으므로 그로부터 4시간이 지난 같은 날 06:10경에도 달리 신속히 처치를 하여야 할 위급한 상황이 발생하였다고 볼 수 없는 점,
④ 그럼에도 위 병원의 간호사가 태어난 지 3일도 안 된 원고 조○○에게 분유를 먹인 지 10분도 지나지 않아 정맥주사를 실시하여 통증을 유발한 점,
⑤ 원고 조○○이 정맥주사 직후 심하게 울다가 자가 호흡이 없어지고 산소공급의 부족으로 청색증의 증상을 보였으며, 위 병원의 의료진이 원고 조○○에게 구강흡입을 실시한 점에 비추어 구토로 인한 분비물이 있었던 것이 아닌지 의심되는 점,
⑥ ○○대학교병원 의사 박○○는 원고 조○○이 이 사건 사고로 저산소증으로 인한 뇌손상을 입은 것으로 추정된다고 의견을 표시한 점 등을 종합할 때, 위 병원의 의료진은 원고 조○○에게 정맥주사를 실시함에 있어서 수유물이 위장을 통과할 만한 상당한 시간이 지나기를 기다려 안전하게 주사를 시행할 주의의무가 있음에도 이를 게을리 한 과실로 수유 직후 주사를 놓아 통증을 가하였고, 이로 인하여 원고 조○○이 심하게 울던 중 수유물이 역류하면서 청색증 및 호흡곤란 증세를 유발하였다고 할 것이다.』

2. 인과관계

『이와 같이 위 병원 의료진의 과실이 인정되는 이상 피고가 원고 조○○의 호흡정지와 뇌손상이 의료상의 과실로 말미암은 것이 아니라 전혀 다른 원인으로 인한 것이라는 입증을 하지 아니하는 이상 위 병원 의료진의 과실과 결과 사이에 인과관계도 추정된다고 할 것이다.』

라고 판시하여, 인과관계를 인정하고 있다.

3. 인용금액 : 3억 3천 7백만 원

4. 피고의 책임비율 : 40%

"…수유 직후 정맥주사를 하는 경우에도 실제로 신생아에게 호흡곤란 등의 증상이

발생하는 비율이 그리 높지 아니하고, 그로 인하여 신경학적 후유증을 나타내는 경우는 더욱 드문 것으로 보이는 점, 원고 조○○이 호흡곤란 증상을 보인 직후 위 병원 의료진이 신속하게 응급조치를 취하였음에도 원고 조○○에게 장애가 발생한 점…" 을 이유로 피고의 배상책임의 범위를 40%로 제한함.

≪2심 조정≫

재판부의 조정에 의하여 원・피고 조정하여 사건이 종결됨.

≪관련 판례≫

1. 서울지방법원 서부지원 2003. 7. 25. 선고 2002가단6121 판결

『손해배상책임의 발생
가. 위 제1항의 인정사실을 종합하여 보면, 간호사 이○○, 김○○은 원고와 같은 영아에게 정맥주사를 놓을 경우에는 그 보호자에게 수유 여부를 확인하여 보고, 긴급한 경우가 아닌 한 수유 후 상당시간이 경과한 후 공복상태에서 안전하게 주사를 놓아야 할 주의의무가 있음에도 불구하고, 이를 게을리하여 원고가 외출하였다가 귀원한지 불과 3분만에 원고의 모인 김○○에게 원고의 수유 여부를 확인하지 않은 채 정맥주사를 놓은 과실이 있다 할 것이고, 소아과과장 한○○는 이 사건과 같이 간호사가 영아에게 정맥주사를 놓을 경우에는 간호사의 위와 같은 과실을 방지하기 위하여 사전에 주의사항을 충분히 알리거나 직접 참여할 주의의무가 있음에도 불구하고, 이를 게을리한 과실이 있다 할 것인데, 위 주사 직후 원고에게 발생한 이 사건 호흡정지 및 이에 따른 뇌손상 등의 증상은 달리 다른 원인을 찾아볼 수 없는 이 사건에 있어서 위 이○○, 김○○, 한○○의 과실로 인한 것으로 추정된다 할 것이므로(앞서 본바와 같이 응급조치 도중 지속적으로 우유를 흡인하였다는 사실은 위 호흡정지의 원인이 수유내용물의 역류에 의한 기도폐색이라는 추정을 가능하게 한다), 피고는 위 이○○, 김○○, 한○○의 사용자로서 원고가 이 사건으로 인하여 입은 모든 손해를 배상할 의무가 있다.
나. 이에 대하여 피고는, 이 사건과 같은 위식도 역류는 1세 미만의 영아들에게서 흔히 나타나는 증상인데 폐렴 등의 질환이 있는 경우에는 더 잘 나타날 수 있으며, 간호사 이○○와 김○○은 원고에게 정맥주사를 놓을 당시 한번 만에 손등에 주사바늘을 꽂아 약 2cc의 혈액을 채혈하였고, 이에 걸린 시간은 2분에 불과하고, 위식도 역류 및 호흡정지발작은 원고의 특이체질이나 오랜 시간의 기침과 열, 탈진 등 다른

원인에 의하여 발생할 수도 있으므로, 원고의 이 사건 증상과 정맥주사행위 사이에는 인과관계가 없다고 주장하므로 살피건대, 을 제5호증의 1, 2, 을 제7호증, 을 제8호증, 을 제11호증, 이 법원의 ○○대학교 의과대학 부속 원장에 대한 사실조회결과에 의하면, 위식도 역류 및 호흡정지발작은 다른 원인에 의하여도 발생할 수 있으나, 한편 영아가 수유 직후 심하게 울 경우에는 복압이 상승하여 위식도 역류가 일어날 수 있고, 이러한 위식도 역류는 호흡정지발작 또는 청색증을 야기할 수 있음은 앞서 인정한 바와 같으므로, 가사 이○○, 김○○이 짧은 시간 안에 정맥주사를 놓았다고 하더라도 이와 같은 주사행위는 영아에게 과도한 자극을 주는 행위임에는 분명하므로, 원고의 이 사건 증상과 정맥주사행위 사이에 인과관계가 없다고 볼 수는 없다.

다음으로, 피고는, 원고가 입원하기 전인 2001. 11. 20. 11:00경 원고의 모인 김○○에게 문진을 실시한 결과, 김○○은 원고가 거의 먹지 못하고 있다고 대답하여 위와 같이 정맥주사를 놓은 것이므로, 김○○은 원고의 보호자로서 수유 여부에 대하여 위 간호사에게 알려줄 주의의무가 있음에도 이를 이행하지 아니하였고, 또한 정맥주사 직전에 원고에게 수유를 하였는지 여부도 확실하지 않고, 당시 원고는 며칠 동안의 기침, 발열증상으로 인하여 상태가 좋지 않아 긴급하게 수액을 공급할 필요가 있었으므로 이○○, 김○○, 한○○에게 과실이 없다고 주장하므로 살피건대, 을 제1호증의1 내지 을 제2호증의2, 을 제4호증의1, 2, 이 법원의 ○○대학교 부속 병원장에 대한 사실조회결과에 의하면, 원고의 모인 김○○은 간호사로부터 문진을 받을 때 원고가 구강섭취를 잘못하는 상태라고 말한 사실, 원고가 입원할 당시 며칠 동안의 기침, 발열증상으로 인하여 폐렴이 의심되는 상태였다는 사실은 인정되나, 한편 앞서 인정한 바와 같이 피고병원에서의 응급조치 당시 지속적으로 우유흡인을 한 사실과 김○○이 원고를 데리고 외출까지 하였다가 2001. 11. 20. 13:30경 귀원한 사실 등에 비추어 보면 피고의 위 주장사실만으로는 앞서 본바와 같은 이○○, 김○○, 한○○의 과실인정을 뒤집기에 부족하다.』

인용금액 : 5억 3천만 원 인정

2. 대구지방법원 2006. 4. 4. 선고 2004가합6355 판결

『판단

(2) 이 사건에 관하여 보면, 위 인정사실에 의하여 인정되는 다음과 같은 사정들 즉 ① 원고는 건강하게 출생하였고, 상부 비뇨기염의 초기증상으로 피고 병원에 입원하기 전까지 특별한 질병은 없었던 점, ② 원고는 입원 전 열이 있었으나 이 사건 사고 발생일에는 정상체온이었던 점, ③ 원고의 혈액검사, 소변검사 등에서 백혈구 수가 약간 적은 것을 제외하고 정상이었던 점, ④ 이 사건 호흡정지발작은 정맥주사한 직후 내지 그 과정에서 나타난 점, ⑤ 비위관삽입시 우유가 검출된 점, ⑥ 입원

당시 정상이던 폐가 흡인성 폐렴으로 악화된 점 등을 종합하면, 원고에게 발생한 이 사건 사고는 원고가 계속 울고 있음에도 정맥주사를 강행한 행위, 즉 일반인의 상식에 바탕을 둔 의료상의 과실 있는 행위로 초래된 것이라고 추정함이 상당하다.

(3) 피고가 주장하는 열성경련 등은 호흡정지의 원인이 될 수 있는 상정 가능한 일반적 원인을 나열한 것에 불과하고 그러한 것들이 이 사건에 있어 원고의 위 호흡정지의 원인이 되었다고 인정할 자료는 없으며, 달리 위와 같은 호흡정지에 다른 원인이 개재하였을 가능성 등 피고의 과실 추정을 번복할 만한 입증이 없는 한, 피고는 피고병원 의료진의 사용자로서 원고가 입은 손해를 배상할 책임이 있다 할 것이다.』

인용금액 : 4억 원

2. 척추관협착증 환자에 대한 신경차단술 직후 심정지 발생하여 저산소성 뇌손상 발생된 사건[93)]

≪사건 개요≫

• 원고 김○○(남, 57세) / 피고 ○○정형외과

※ 사건 경과

요추부 척추관 협착증 → 신경차단술 → 심정지 → 저산소성 뇌손상

날 짜 (2011)		증 상	검 사 및 처 치
9. 26.		좌측으로 방사통 동반한 요통	요추 방사선검사 및 MRI 진단 : 요추부 척추관 협착증(요추 4~5번 부위)
9. 29.	10:01		일반 혈액검사 : 특이사항 부재
	10:13		흉부 방사선검사
	10:30	활력 징후 120/80-80-36도	
			심전도 : 우각차단, 좌측 편위
	12:00?		C-arm 요추부위 확인 후 신경차단술(epidural block)(0.2% ropivacaine 5cc) 수술실 소모품 – 20% 리도케인, 부피바카인 0.5%, 조영제
			시술 종료
	12:05~12:10	오심 구토 호소	호흡 및 심정지 발생 – 에피 1/2앰플 및 덱사 2앰플 투여 – 에피 1앰플 및 아트로핀 1앰플 투여
			마스크를 이용한 환기
	12:30~12:40		내과과장 기관내 삽관(5~10분 이상 소요) – labetalol, ephedrine, propofol, 바스캄 투여
		사지강직증 양상(○○의료원 기록에 있음) 의식 상태 호전되는 양상 매우 느림.	
	16:08		뇌CT
			○○의료원 전원 조치

93) 서울중앙지방법원 2011가합125088 판결, 서울고등법원 2013나49475 조정결정.

	16:50	172/75-142-100% 의식 : 혼미상태 제뇌 강직증	○○의료원 내원 의증 저산소성 뇌손상 의증 약물 독성
	17:03	동맥혈 검사 : 7.435-106.8-27.8	혈액 및 전해질 검사 : 간수치 상승
	21:00	양측 팔 강직증 호전 양측 하지 강직증(+) 발열 37.8	
9. 30.		제뇌 강직 없음.	뇌파 : 의증 광범위 뇌손상
10. 4.			뇌 MRI : 비정상적 소견 부재
10. 7.			뇌 MRI : 비정상적 소견 없음.
10. 10.			뇌파 : 의증 광범위 뇌손상

* 아네세이트, amexate 0.5mg 5mL

≪소장에서 주장하는 피고의 과실≫

1. 진단적 검사 및 처치 미실시 과실 : 추가 정밀검사 해태

2011. 9. 29.경 원고는 요추부위 척추관 협착증으로 인한 요통에 대하여 요추부위 신경차단술을 시행받기 위하여 피고병원에 내원하였습니다. 내원당시 피고병원은 망인에게 혈액검사, 흉부방사선검사 및 심전도검사 등을 시행하였으며, 심전도검사 결과상 우각차단 및 좌측 편위 소견 등의 이상 소견이 확인되었습니다.

위에서 살펴본 바와 같이 원고에게 시술시 사용한 국소마취제는 심혈관계 독성으로 인하여 저혈압, 서맥, 부정맥 및 심정지가 발생가능하며, 원고가 시행 받은 경막외 마취의 일종인 신경차단술 또한 저혈압 및 서맥이 흔히 발생 가능하므로, 피고들은 원고의 심전도 검사 결과 상 이상소견이 확인되었다면 이에 대한 추가 정밀검사를 시행할 주의의무가 있습니다.

그러나 피고들은 원고에게 국소마취제의 일종인 부피바카인(Bupivacaine)을 이용한 신경차단술을 시행하기 전 전신 이상 여부를 확인하기 위하여 위와 같은 검사를 시행하였으며, 원고의 심전도검사 결과에서 우각차단 및 좌측 편위 소견을 확인하였음에도 불구하고, 이상 소견에 대한 내과 협진, 홀터검사 및 심초음파검사 등의 추가 정밀검사를 시행하지 않은 채 바로 요추부위 신경차단술을 시행한 과실이 있습니다.

결국 피고들은 원고의 심전도검사결과를 제대로 파악하지 않았고, 특별한 문제가 없다고 가볍게 판단하고는 추가적인 검사도 시행하지 않은 채 별다른 진단적 검사 없

이 국소마취제를 이용한 신경차단술을 시행하여 원고에게 심정지, 이로 인한 저산소성 뇌손상에 이르게 하였습니다.

2. 시술상 과실

국소마취제는 적절한 해부학적 위치에 알맞은 용량을 사용하면 거의 부작용이 나타나지 않으나, 국소마취제가 혈관 내지 지주막하에 주사된 경우 또는 과다한 용량이 투여된 경우에는 통상 독성 반응이 나타나기 때문에, 이를 투여할 때에는 환자에게 이명, 어지러움 등의 감각 이상이 있는지 여부를 질문하면서 약물을 천천히, 간헐적으로 주입하여야 하고, 자주 흡인 검사를 통하여 혈관 및 지주막하강의 유출 여부를 관찰하는 등 주의 깊게 국소마취제를 이용한 신경차단술을 시행할 주의의무가 있습니다.

피고 1은 국소마취제로 인한 전신 독성 증상이 발현되는지 주의 깊게 관찰하고 국소마취제가 투여하는 부위가 정확한 위치인지를 확인하면서 천천히 주입하는 등 국소마취제를 이용한 신경차단술 당시 부작용이 발생하지 않도록 용량 및 투입에 관하여 철저한 주의의무를 시행했어야 합니다. 그러나 피고 1은 원고의 신경차단술 시행에 있어 원고 상태에 대한 감시 없이 국소마취제인 부피바카인을 잘못된 부위에 짧은 시간 내 빠르게 원고에게 투여한 과실이 있습니다.

이와 같이 피고 1은 국소마취시 지켜야 할 주의의무를 시행하지 않아 국소마취제를 이용한 신경차단술이 종료된 후 원고에게 심정지 및 호흡정지가 나타나게 된 것입니다.

3. 경과관찰 해태

가사 피고 1은 국소마취제 및 신경차단술의 위험성을 감수하고 요추부위 신경차단술을 시행하였다면, 심전도 결과 상 우각차단 및 좌측편위 등의 이상 소견이 있었던 원고의 경과를 밀착감시하여 혈압, 맥박, 산소포화도 및 호흡 유지여부 등이 정상적으로 유지되는지 세밀하게 관찰하여야함에도 불구하고 이러한 경과관찰을 제대로 시행하지 않았습니다.

특히 국소마취제로 인한 전신 독성 여부 및 신경차단술로 인하여 저혈압, 서맥, 부정맥 및 심정지가 발생 가능함과 동시에 국소마취제가 혈관으로 주입될 경우 혈압 및 맥박 등의 상승을 야기합니다. 그러므로 피고들은 시술 중 원고의 활력징후, 산소포화도 및 전신 상태 등에 주의 깊은 경과관찰을 시행함으로써 약물 및 시술로 인한 합병증 예방 등의 주의의무가 있음에도 불구하고 원고의 맥박, 호흡 수, 혈압, 산소 포화도 등을 모니터 하지 않은 채 국소마취제를 이용한 신경차단술을 시행한 과실이 있습니다.

더욱이 원고에게 신경차단술 직후 호흡정지 및 심정지가 발생되었음에도 불구하고, 피고 1은 원고의 심정지 상태에 대한 응급처치 시행 중·후 및 전원 조치되기 이전 4시간동안 원고의 기본적인 혈압, 맥박 및 호흡수 등에 대한 집중 경과관찰도 시행하지 않은 채 원고를 방치하였습니다.

4. 응급처치상 과실

호흡 곤란 및 심정지 발생 후 적절한 처치가 이루어지지 않을 경우 발생하는 합병증은 심근경색, 간손상, 신장 손상 등의 저산소증에 의한 모든 기관과 조직에 손상이 발생합니다. 그중 가장 먼저 생각해야 할 것은 저산소증에 의한 뇌손상입니다. 뇌는 우리 신체 중에서 가장 많이 산소를 소비하고 필요로 하는 장기이기 때문에 심정지가 발생하여 산소공급이 3~4분 이내에 이루어지지 않을 경우 가장 심각하고 우선적으로 손상을 받게 됩니다.

이 건에서 원고는 요추부위 신경차단술을 시행 받은 직후인 2011. 9. 29. 12:05경에 호흡정지 및 심정지가 발생하였습니다. 그럼에도 불구하고 피고 1은 즉시 원고에게 기관내 삽관 등을 시행하지 않은 채 더욱이, 원고의 산소포화도 및 호흡수가 어떠한지 경과관찰도 하지 않으면서 같은 날 12:30경까지 원고를 방치하였습니다. 피고 1은 원고의 심정지 발생 후 20분 동안 응급 약물만 투여한 채 원고의 저산소증 상태에 대하여 적극적 처치를 시행하지 않고 있다가 같은 날 12:30경이 되어서야 피고병원 내과과장을 호출하여 뒤늦게 원고에게 기관내 삽관을 시행하는 등 적극적 응급처치를 지연시킨 과실이 있습니다.

또한 피고병원은 2011. 9. 29. 12:30경 원고에게 기관내삽관을 시행하는 과정 중, 원고의 심정지 발생 상황을 고려한다면 투여할 수 없는 약물인 라베신(혈압강하제) 및 프로포폴(전신마취제)을 원고에게 투여하는 등 부적절한 응급처치를 시행한 과실 역시 있습니다. 국소마취제 및 신경차단술로 인한 심정지 발생 후 의식이 돌아오지 않은 원고에게 서맥, 저혈압 및 심장 블록을 유발하면서 고혈압 환자에게 적용되는 약물인 라베신과 무의식을 유도하는 전신마취제인 프로포폴을 투여한 피고병원의 처치는 결국 피고병원이 원고의 상태를 정확하게 파악하지 못함으로써 부적절한 응급처치를 시행한 것이라 할 것입니다.

원고에게 국소마취제 및 신경차단술로 인한 부작용이 발생되었을 때 피고들이 적절한 응급처치를 하였다면 원고는 저산소성 뇌손상을 받지 않았을 것입니다. 그러나 피고들은 원고에 대하여 응급처치를 지연시켰으며, 적절한 시기에 전원 조치를 취하지 않아 원고의 상태를 더욱 악화시킨 과실이 있습니다.

≪관련 의학지식을 통한 입증≫

1. 시술상 과실

(1) 예견가능성

로피바케인은 시술 중 실수로 혈관내에 투여되거나 약물이 빠르게 확산되면 독성반응으로 호흡정지 심정지가 발생할 수 있습니다.

▶ 진료기록감정 회신문

국소마취제 전신 흡수로 인한(경막외로 투여된 약이 예상보다 빠르게 확산되거나 실수로 혈관내 투여되어) 독성 반응일 가능성이 가장 높아 보입니다{진료기록감정 회신문 Ⅰ-3-마-3)항 참조}.

▶ 진료기록감정 회신문

환자가 받은 시술은 경막외로 국소마취제가 주입되는 시술로 국소마취제로 인한 독성반응이나 전 척추 마취와 같은 문제는 항상 발생할 수 있으며 이로 인해 의식저하와 호흡정지, 심정지와 같은 합병증이 발생할 수 있습니다{진료기록감정 회신문 진료과정에 대한 의견 참조}.

따라서 시술시행자는 약물이 정확한 위치에 투여되도록 하여야 하고, 시술 후 약물독성이 발생되지 않는지 주의깊게 관찰하여야 합니다.

(2) 주의의무 위반

그러나 피고는 이러한 주의의무를 다하지 않았습니다.

피고병원은 시술 중 리거지를 하여 정확한 위치에 약물이 투여되는 지 확인하거나 시술 중 심전도감시와 혈압측정 등의 처치를 시행하지 않았습니다.

▶ 진료기록감정 회신문

약제 주입 전 리거지(흡인하여 척수액이나 혈액이 흘러나오지 않는지 확인하는 것) 해보는 것과, 시술 중 심전도 감시와 혈압 감시를 지속하는 것이겠으나 시술 기록지가 없어 확인할 수 없습니다{진료기록감정 회신문 Ⅰ-2-마-1)항 참조}.

▶ 진료기록감정 회신문

시술에 대한 자세한 설명이 없어서 시술 전이나 중에 어떠한 주의를 기울였다고 기록되어 있지는 않지만 … {진료기록감정 회신문 Ⅰ-2-마-1) 참조}.

따라서 피고병원은 시술 전, 중 마취약을 투여함에 있어서 어떠한 주의의무를 기울이지 않아 원고에게 마취약 독성 반응 및 심정지를 유발시킨 과실이 있다 할 것입니다.

2. 경과관찰 및 응급처치 상 과실

(1) 예견가능성

약물독성이 발생한 뒤 이상 소견을 빨리 발견하고 대처해야만 영구적인 손상을 방지할 수 있습니다.

▶ 진료기록감정 회신문

합병증 발생 가능성을 충분히 주지하고 시술 전, 중, 후 환자의 활력징후를 지속적으로 감시해야 합니다. 이상 소견을 빨리 발견하여 신속히 처치해야 영구적인 손상을 방지할 수 있습니다{진료기록감정 회신문 진료 과정에 대한 의견 참조}.

(2) 주의의무 위반

그러나 피고병원은 경과관찰 및 응급처치에 대한 주의의무를 다하지 않았습니다.

▶ 진료기록감정 회신문

이러한 합병증에 대한 교육과 경험이 충분하지 않은 정형외과 전문의에 의한 진료과정에서 합병증의 예견, 발견 및 처치가 미흡했을 가능성을 배제할 수 없겠습니다{진료기록감정 회신문 진료 과정에 대한 의견 참조}.

▶ 진료기록감정 회신문

〔문〕 'epidural block'시술 중 환자의 활력징후 및 산소포화도는 몇분 간격으로 체크하여 기록하였는지요.

〔답〕 시술 기록지가 없어 알 수 없습니다{진료기록감정 회신문 Ⅰ-2-마-4)항 참조}.

▶ 진료기록감정 회신문

활력징후와 산소포화도 등 기록되어 있지 않습니다(진료기록감정 회신문 Ⅰ-3-나항 참조).

▶ 진료기록감정 회신문

시술 중 환자 활력 징후를 감시한 기록이 없습니다{진료기록감정 회신문 진료 과정에 대한 의견 참조}.

피고병원은 마취약을 사용하면서 마취통증의학과 의사와 협의진료하여 시술을 진행하지 않았으며, 환자의 경과관찰을 시행하고 마취기록을 작성하지도 않았습니다.

▶ 진료기록감정 회신문
마취통증의학과 의사 참여 기록은 없습니다(진료기록감정 회신문 Ⅰ-2-바-3)항 참조).

▶ 진료기록감정 회신문
마취기록지 없습니다(진료기록감정 회신문 Ⅰ-2-바-3)항 참조).

결국 원고는 심정지가 발생하였으나 심정지 이후에도 피고병원의 대처는 미흡하였습니다.

▶ 진료기록감정 회신문
호흡정지, 심정지 발생 후 호흡보조하고 투약한 내용에 대해서는 기록이 정확하지는 않으나 … {진료기록감정 회신문 진료 과정에 대한 의견 참조}.

▶ 진료기록감정 회신문
〔문〕 호흡 및 심정지가 발생된 후, 환자의 의식사정, 산소 포화도, 활력징후는 몇 분 간격으로 시행되었고, 상태변화는 어떠하였다고 기록되어 있는지요.
〔답〕 기록이 없습니다{진료기록감정 회신문 Ⅰ-3-다-4) 참조}.

따라서 원고에게 발생한 영구적인 뇌손상은 피고병원의 경과관찰 및 응급처치상 과실로 인해 발생하였다 할 것입니다.

3. 전원의무 위반

피고병원은 원고에게 이상소견이 발생하면 즉시 응급처치를 하고, 상급병원으로 전원하여 적절한 처치를 받을 수 있도록 하여야 하나 이상소견이 발생한 지 4시간만에 전원하는 등 전원을 지연하였습니다.

▶ 진료기록감정 회신문
전원 결정시간 기록되어 있지 않습니다{진료기록감정 회신문 Ⅰ-3-다-4) 참조}.

▶ 진료기록감정 회신문
국립의료원으로 옮겨진 것은 당일 오후 5시였다고 기록되어 있으므로 응급상황 발생 뒤 약 4시간 후 입니다{진료기록감정 회신문 Ⅲ-라항 참조}.

결국 원고는 피고병원의 전원의무 위반으로 인해 현 장애가 고착되었다 할 것입니다.

≪1심 판결≫

1. 피고의 과실

『시술 과정에서의 과실 유무
피고 황○○가 이 사건 시술 과정에서 원고에 대한 경과관찰을 제대로 하지 않은 채로피바케인을 짧은 시간 안에 빠르게 투여하였거나, 주사과정에서 흡인검사 등을 제대로 시행하지 않은 채로 주사기를 잘못 조작하여 혈관 내지 척수강 내에 직접 로피바케인을 주사하는 등의 과실이 있었고, 이로 인하여 국소마취제가 예상보다 빠르게 전신으로 흡수되면서 독성 반응을 일으킨 결과 발생하였다고 봄이 상당하고, 피고 황○○의 위와 같은 과실과 원고의 악결과 사이의 인과관계는 추정된다 할 것이다.』

2. 인과관계

피고 황○○의 위와 같은 과실과 원고의 악결과 사이의 인과관계는 추정된다.

3. 인용금액 : 3억 1천 8백만 원

4. 피고의 책임비율 : 60%

≪2심 조정≫

재판부의 조정결정에 대하여 원・피고가 받아들여 사건 종결됨.

≪관련 판례≫

1. 서울서부지방법원 2011. 10. 7. 선고 2009가합12696 판결

『1) 로피바카인을 과다투여한 과실에 관하여
원고들은, 피고병원이 환아에게 12세 미만에게 사용이 금지되는 로피바카인을 투여하였고, 통상적으로 로피바카인은 0.2% 농도로 희석되어 사용되는데 피고병원에서는 0.75% 농도의 로피바카인 40ml에 식염수 60ml를 혼합하여 0.3%의 농도로 희석된 로피바카인을 환아에게 투여하였으므로, 위와 같이 과다하게 투여된 로피바카인의 독성에 의하여 환아에게 하지 마비 등의 장애결과를 초래하였다고 주장한다.

살피건대, 앞서 채택한 각 증거에 변론 전체의 취지를 종합하여 인정되는 다음과 같은 사정, 즉 ① 로피바카인은 다른 마취제에 비하여 그 독성이 적은 것으로 평가되고 있어서 12세 미만인 자에게도 흔히 사용되는 약물인 점, ② 환아에게 사용된 자가통증조절기는 AM-3200이라는 종류의 기계이고, 이 기계에 사용되는 약물주머니의 용량은 100ml와 275ml가 있는데 피고병원에서는 275ml 용량의 약물주머니를 사용하여 0.75% 농도의 로피바카인 40ml에 식염수 160ml를 혼합하여 0.15% 농도로 희석된 로피바카인을 환아에게 투여한 것으로 보이는 점, ③ 로피바카인의 독성에 의해서 하지 마비 등의 증상이 나타나는 경우도 있을 수 있으나 그 경우에는 로피바카인의 투여를 중단하면 대부분 회복이 되므로 환아의 경우와 같이 영구적인 하지 마비 등의 장애가 발생한 것이 로피바카인의 독성에 의한 것이라고 보기 어려운 점 등에 비추어 보면, 원고들의 위 주장은 이유 없다.』

피고의 책임범위를 40%로 제한

2. 서울서부지방법원 2011. 6. 10. 선고 2009가합9546 판결

『망인은 2009. 4. 10. 자궁근종절제술을 받기 위하여 피고병원에 입원하였고, 같은 날 16:00경 요추 3번과 4번 사이에 2% 리도카인(lidocaine) 120mg를 주입하여 경막외마취를, 0.5% 부피바카인(bupivacaine) 10mg을 주입하여 척추마취를 각 받은 후, 같은 날 16:15경부터 17:35경까지 자궁근종절제술(진단과 달리 6cm, 4cm, 3cm 크기의 자궁근종 3개가 발견되어, 이를 모두 절제하였다)을 받았으며, 같은 날 17:37경 입원실로 이동되었다.』

3. 서울중앙지방법원 2010. 12. 10. 선고 2009고단6568 업무상과실치사 판결

양악교정술을 위한 전신마취 과정 중 기관지연축이 발생하여 사망한 사건에 대하여,

『…피고인으로부터 수술 전 마취안정성 검사를 의뢰받아 검사를 시행한 ○○내과의원 전문의는 심전도상 피해자의 심장에 좌측변위(-48°)가 있으므로 심전도추적검사를 요한다는 소견을 내었다. 따라서 전신마취를 하고 수술을 하려는 피고인으로서는 수술 전 마취안전성 검사 결과를 특별히 신뢰하지 못할 특별한 사정이 없는 한, 위 소견에 따라 다시 심전도 추적검사를 시행하여야 함에도 이를 무시하고 심전도 추적검사를 행하지 아니하였고, 또한 이 심전도검사 결과 및 피해자가 어지럼증을 호소한 내용을 마취를 담당한 피고인 ◇◇◇에게 당연히 알려 이를 마취 여부에 관한 결정에 반영하도록 하여야 함에도 이를 알리지 아니한 과실이 있다 할 것이고, 피고인 ◇◇◇은 진료챠트에서 심전도 추적검사 요한다는 내용을 보고도 이에 관한 새로운 조치가 있는지 확인하지 아니하고, 간호기록지에 피해자가 어지럼증을 호소하였다는 내용의 기재가 있음에도 이조차 알지 못한 채 피해자에 대한 문진만을 하고 전신마

취로 들어간 이상, 피고인들에게는 마취 전 조치의무를 위반한 과실이 있다 할 것이다.』

고 하면서 피고인들의 과실을 인정한 바 있습니다.

4. 서울중앙지방법원 2007. 10. 30. 선고 2006가합56508 손해배상(의) 사건

『…전신마취 회복 과정의 환자는 호흡 또는 순환기능이 불안정한 상태에 있어… 원고 ○○가 마취에서 완전히 회복될 때까지 경과를 관찰하면서, 필요한 경우 기관 내 삽관 등을 통하여 기도를 확보하고, 앰부 등으로 보조호흡을 할 의무가 있다 할 것인데, …원고 ○○에 대한 경과관찰 및 처치를 소홀히 한 과실이 있다'고 판단하였고, '…원고 ○○는 위 수술 전에는 특별한 건강상 문제가 없다가 수술 후 명료하게 의식이 회복되지 않던 중 2005. 7. 26. 11:50경 경련 등 뇌의 산소부족 또는 뇌손상 소견을 보였고, ○○이 피고 의원에 도착하여 기관 내 삽관을 시행할 당시인 같은 날 12:30경 원고 ○○는 이미 자발호흡이나 의식이 없고, 대광반사가 느려진 상태였으며, 그 후 ○○ 및 피고 ○○에 의한 기관 내 삽관, 보조호흡의 시행 및 마취회복을 위한 약물 투여 등 회복을 위한 치료에도 불구하고 계속하여 의식을 회복하지 못하였으므로, 원고 ○○는 ○○에 의하여 기관 내 삽관 등이 이루어지기 전에 이미 호흡부전으로 인한 뇌손상을 입었을 것으로 보이고, 피고 ○○과 ○○의 위와 같은 호흡기 관리상 과실이 없었더라면 원고 ○○의 경우에도 아무런 후유증 없이 마취에서 회복되었을 것으로 보이므로, 피고들의 위와 같은 과실과 원고 ○○의 뇌손상 사이에 인과관계도 인정된다….』

고 하여 병원 과실을 인정한 바 있습니다.

Ⅱ. 약물 관련 의료사고 사건

1. 류마티스 관절염약인 MTX를 과다투여하여 혈소판감소증 등이 발생하여 사망한 사건[94]

≪사건 개요≫

• 원고 신○○(여, 82세) / 피고 ○○대병원

※ 사건 경과

우측대퇴골절 → 수술후 퇴원고려 중 MTX(류마티스관절염치료제) 과도한 용량 투여 → 혈소판감소증, 고열 → 폐렴, 섬망, 치매 증상 → 사망(기왕력 : 고혈압, 류마티스 관절염, 심방세동 및 심부전)

날 짜	증상 및 상태	검사 및 처치	비 고
2012. 8. 3.	집에서 넘어져 우측 대퇴골절		
8. 8.	우측 둔부 통증 지속됨.	<○○대병원> 골반 CT상 전자간 골절소견	
8. 10.		전신마취 하 항회전 근위 대퇴 골수정 이용한 폐쇄 정복 및 내부 고절술 시행함. 154/48 - 맥박 60회 - 20회 - 36.0℃ - 산소포화도 98%	PLT 276K (정상 130~450 K) WBC 16.8 (정상 4~10)
8. 11.	약간의 통증 호소함.	진통제, 항생제 치료 및 소독 수술부위 이상 없음. 160/50 - 맥박 46회 - 22회 - 36.7℃ - 산소포화도 97%	WBC 12.1 PLT170K
8. 12.		보존적 요법	WBC 11.5 PLT 202K
8. 13.		140/55-맥박 60회-20회	WBC 13.5 PLT 158K
8. 14.			WBC 11.9 PLT 158K
8. 15.			WBC 8.8 PLT 180K

94) 서울남부지방법원 2013가합106216 결정.

8. 16.			WBC 7.3 PLT 172K
8. 20.			WBC 6.0 PLT 213K
8. 22.		정형외과에서 재활의학과로 전과됨.	
8. 23.			WBC 6.6 PLT 343K
8. 24.			WBC 6.4 PLT 276K
8. 26.			WBC 6.3 PLT 272K
8. 27.		120/80 - 맥박 78회 - 20회 - 36.3℃	
8. 28.		MTX 복용(7.5mg) 시작함. 100/60 - 맥박 76회 - 18회 - 36.9℃	
8. 29.		MTX 복용(7.5mg) 110/80 - 맥박 78회 - 20회 - 36.1℃	
8. 30.		MTX 복용(7.5mg) 100/70 - 맥박 72회 - 20회 - 36.9℃	WBC 4.6 PLT 238K
8. 31.		MTX 복용(7.5mg)	
9. 1.		MTX 복용(7.5mg)	
9. 2.		MTX 복용(7.5mg)	
9. 3.	가슴, 등, 입술에 피부 병변 관찰됨.	MTX 복용함 → WBC 감소 → MTX 복용 중단함.	WBC 3.4 PLT 164K
9. 7.		백혈구 1700, 혈소판 50K로 혈액 종양내과 협진	WBC 1.7 PLT 50K
9. 8.	입술에서 출혈됨.	호중구 감소증, 범혈구 감소증	WBC 1.2 PLT 32K
9. 9.	입술에서 출혈 심함.	백혈구 0.6, 혈소판 21K로 감소되어 수혈받음. 감염내과로 전과함. 110/70 - 맥박 84회 - 20 - 38.5℃	WBC 0.6 PLT 21K
9. 10.		110/80 - 맥박 96회 - 20회 - 38.6℃ 해열진통제 투여 및 금식	WBC 0.3 PLT 97K
9. 11.		37.8℃(03:31) → 36.6(23:03)	
9. 12.		100/60 - 맥박 112회 - 28 - 37.8℃	
9. 13.		110/70 - 맥박 98회 - 20 - 37.7℃	
9. 14.		110/70 - 맥박 82회 - 24 - 37.4℃	
9. 15.		폐렴, 폐부종 진행되어 중환자실 전실 120/70-맥박 94회-28-37.2℃	

9. 16.		150/57 - 맥박 78회 - 29 - 37.5℃	
9. 17.	이산화탄소 저류 심해지고 호흡곤란 호소함.	인공기관지 삽관함. 163/117 - 맥박 103회 - 27 - 38.4℃	WBC 13.8 PLT 71K
9. 18.	고열지속	수혈후 갑자기 혈압 쇼크 승압제 용량 증량 리네졸리드 중단 후 타이코플라닌 재시작 124-42 - 맥박 98회 - 30 - 38.3℃	
9. 19.		146/55 - 맥박 94회 - 30 - 36.5℃	WBC 24.3 PLT 168K
9. 20.	심박동수 40대 감소함.	레미펜타닐 중단 통증 조절 위해 몰핀 투여 시작함. 121/52 - 맥박 70회 - 25 - 37.3℃	WBC 28.8 PLT 217K
9. 21.	객담에서 스테노트로포마스 말토필라 배양	목시플라사이신 투여시작 진정제 투여 중단함. 132/52 - 맥박 66회 - 36 - 37.0℃	WBC 32.0 PLT 328K
9. 22.		스테로이드 15mg으로 증량 148/60 - 맥박 88회 - 30 - 37.2℃	MTX는 2~3달 후 재투여하기로 함.
9. 23.		123/63 - 맥박 95회 - 38 - 37.9℃	
9. 24.		의식 또렷함. 151/60 - 맥박 118회 - 33 - 37.4℃	WBC 33.1 PLT 298K
9. 25.		117/40 - 맥박 91회 - 30 - 37.6℃	WBC 32.9 PLT 367K
9. 26.			WBC 26.5 PLT 324K
9. 27.	객담에서 MRSA	콜리스틴 네블라이저 시작함.	
9. 28.	고열 지속	기관지 내시경 및 복부 CT촬영하였으나 이상 없음. 양측 늑막 삼출액으로 양쪽 늑막 배액관 삽입함. 120/60 - 맥박 62회	WBC 29.6 PLT 327K
9. 29.			WBC 21.3 PLT 249K
9. 30.			WBC 19.4 PLT 352K
10. 1.			WBC 19.7 PLT 275K
10. 2		108/46 - 맥박 79회 - 22 - 36.7℃	WBC 20.5 PLT 331K

10. 3.	객담에서 MRSA	테이코 투여 재시작 123/49－맥박 86회－33－38.5℃	WBC 27.4 PLT 341K
10. 4.	기관지 내시경검사에서 시행한 세포병리에서 바이러스성 함유물 있음.	간시클로비아 투여 시작함 122/63－맥박 90회－33－37.6℃	WBC 22.2 PLT 274K
10. 5.		114/37－맥박 78회－25－36.6℃	WBC 23.7 PLT 246K
10. 6.		104/38－맥박 75회－23－36.3℃	WBC 15.7 PLT 212K
10. 7.		96/47－맥박 82회－22－36.2℃	WBC 16.1 PLT 290K
10. 8.		1124/47－맥박 71회－18－37.3℃	WBC 14.3 PLT 238K
10. 9.		다른 항생제 중단하고 ITAPI투여 시작함. 인공호흡기 시작함. 98/31－맥박 51회－20회－36.9℃	WBC 12.9 PLT 211K
현상태		24시간 거의 병상에 누워 지내고, 섬망과 치매증상 나타남.	

※ 과 실

약물투여상 과실 : MTX의 과도한 투여용량으로 인하여 폐렴, 출혈(혈소판감소증), 호흡곤란, 치매 등 부작용 유발함.

MTX 성인용량 : 1주 1회 7.5～20mg(1주에 20mg을 넘지 않아야 함).

≪소장에서 주장하는 피고의 과실≫

MTX의 대표적 부작용은 구토, 오심, 탈모, 골수기능저하(빈혈, 백혈구감소증 등), 폐질환, 난소기능저하, 불임, 구강궤양, 간손상, 신장손상 등이 있습니다. MTX의 부작용 및 합병증을 고려하여 반드시 초기검사와 모니터링이 필요하며, 특히 고령자에게 투여하는 경우에는 이들은 엽산 저장량이 적고 간 및 신기능이 저하되어 있으므로 저용량을 투여하여야 하고 독성의 초기표시에 대하여 자세히 모니터링하여야 합니다. 한편 부주의하여 과량 투여된 경우 로이코보린에 의해 중화되고 독성이 감소될 수 있으므로 로이보코린을 즉시 주사하여야 하며, 환자에 대하여 주의 깊게 관찰하여 수혈,

신장투석, 가역적 장벽 간호 등의 보조요법을 실시하여야 합니다.

MTX는 비교적 부작용이 적고 효과가 좋아 류마티스 관절염의 초기치료제로서 전 세계적으로 가장 많이 사용하고 있는 약제이나 심각한 부작용도 있을 수 있으므로 이에 대한 세심한 주의가 필요합니다.

외국의 발표자료에 의하면 MTX의 최초 용량은 최소한 15mg/week이 되어야 하고 1달 간격으로 5mg/week씩 증량하여 25~30mg/week까지 사용하는 것으로 권고되고 있으나, 경험적으로는 한국인에게는 너무 많은 용량으로 평가받고 있습니다. 따라서 MTX투약용량은 1주 1회 7.5~20mg을 경구투약하며, 1주 총용량은 20mg을 넘어서는 안 됩니다.

≪관련 의학지식을 통한 입증≫

1. 사실확정

가. MTX 관련 의학지식

(1) MTX 적용상 주의의무관련 판례

MTX는 부작용이 심한 약물이므로 가능하면 투약하지 않고, 투약하더라도 최소 용량을 적용하여 부작용발현을 줄여야 하고, 부작용발생시 중화제 투약 등 악결과회피를 하여야 할 업무상 주의의무가 있다는 것이 대법원의 입장입니다.

(2) 부작용 발생의 위험성

이 건 MTX는 백혈구 감소증, 혈소판감소증, 빈혈, 폐렴, 가려움, 발진, 발열, 간조직 괴사, 신부전, 마비, 혼수, 돌연사망 등의 부작용이 발생할 수 있다는 점은 의학계에는 공지의 사실입니다.[95]

때문에 MTX를 투약하기 전 환자 및 보호자에게 약물투여와 관련하여 투약의 이유, 약물의 작용, 발생 가능한 합병증 등을 면밀히 설명하고 동의를 얻어 치료를 진행해야합니다.

(3) 적정용량 투약의 필요성

MTX는 위와 같이 심각한 부작용이 발생할 수 있으며 과량 투약시에는 부작용이 더욱 심하게 발생할 수 있는 바, 투약 전 환자를 면밀히 검토하여 투약여부를 결정하고 환자에게 맞는 적정한 용량을 투약해야합니다.

MTX 투약용량은 1주 1회 7.5~20mg을 경구투약하며, 1주 총용량은 20mg을 넘어

95) 귀원 2015. 1. 22.자 접수 대한약사회 사실조회 회신문 3)항 참조.

서는 안 됩니다.

▶ 사실조회 회신문[96]

○ 류마티스 관절염

- 성인 : 치료 1주일 전 1회 이 약으로서 5~10 mg의 시험용량을 경구투여하여 특이체질의 이상반응 시험을 권장한다. 1주 1회 7.5~20 mg을 경구투여하거나 12시간 간격으로 3회에 2.5 mg씩 나누어 경구투여한다. 스케줄은 최적 반응에 도달하기 위해 점차 증량할 수 있지만 1주 총 용량은 20 mg을 넘지 않아야 한다. 반응이 성취되면, 스케줄은 가능한 최소용량으로 감량한다.

또한 고령의 경우는 부작용 발생위험이 더욱 높아 최소용량으로 감량하여 투약해야 합니다.

▶ 사실조회 회신문[97]

○ 고령자에 대한 투여

- 고령자에 대한 임상 약리는 연구되지 않았으며 이들은 엽산 저장량이 적고 간 및 신기능이 저하되어 있으므로 비교적 저용량을 투여하고 독성의 초기 표시에 대하여 자세히 모니터링 한다. (첨부1. 식약처 허가사항 참조)

○ 노인의 경우 면역능 저하, 대사기능 저하, 신기능 저하, 병존하는 질환 및 병용약물과의 상호작용 등의 가능성이 있으므로 저용량으로 치료를 시작한다.

그리고 MTX는 적정용량을 투약하는 경우에도 부작용이 발생할 수 있는 바, MTX를 투약하는 경우 환자를 반복 검진, 반복 혈액검사 등을 통하여 밀착감시하여 부작용 발생 유무를 확인해야 합니다.

4) 과량투약시 중화제 투약

환자에게 MTX투약 후 부작용이 발생하였거나 과량 투약한 경우에는 그 즉시 중화제(길항제)인 로이코보린(Leucovorin)을 투약하여 MTX의 독성을 감소시켜야 합니다.

96) 귀원 2015. 1. 22.자 접수 대한약사회 사실조회 회신문 6) 항 참조.

97) 귀원 2015. 1. 22.자 접수 대한약사회 사실조회 회신문 6) 항 참조.

▶ 사실조회 회신문[98]

8) MTX 과량 투여되었을 때, 길항제 약물은 어떠하며 길항작용의 기전은 어떠한지요

☞ **답변**

O 부주의하여 과량투여된 메토트렉세이트는 로이코보린에 의해 중화되고 독성이 감소될 수 있으므로 로이코보린을 즉시 투여한다. (첨부1. 식약처 허가사항 참조)

나. 실제투약된 MTX 용량에 관하여

(1) 6일간 45mg투약 —— 2.25배 투약

원고에게 투약되어야 할 최대 용량은 1주일에 20mg 이내입니다.

그러나 원고는 무려 2.25배의 '45mg/6일'을 투약받았습니다. 즉, MTX약물을 1일 7.5mg씩 6일간(2012. 8. 28.~9. 2.) 총 45mg(=7.5mg×6일)을 투약받았습니다.

(2) 감정인의 투약날짜 오해

이 건 진료기록감정의인 ○○대학교 서울병원 류마티스내과 김○○교수는 다음과 같이 6일(45mg)간 투여일수를 4일(총 30mg)로 오해하고 회신하였습니다(4일간의 투여양만으로도 적정용량을 넘어서도 있습니다).

▶ 피고 류마티스내과 진료기록감정 회신문[99]

나. 2012년 8월 28일-9월 3일 MTX 복용 기간중 진료 기록에 관하여

: 상기 MTX약제 처방일이 의사지시서를 보면 9월 1일과 2일 오더 취소로 기록되어 있으며 9월1일 류마티스내과로의 재협진 기록이 있는 것으로 보아 MTX는 3T (7.5 mg) 씩 8월 28-31일 4일동안만 처방된것으로 보임

: 9월 3일 퇴원 처방에도 MTX는 없음

그러나 환자에게 실행되는(Practice) 기록은 경과기록지인 바, 다음 항에서 살피는 바와 같이 원고에게는 6일간 투여되었습니다.

(3) 피고병원 의료진 MTX 6일간 사용으로 기록

또한 원고의 진료를 직접한 피고병원 재활의학과 의료진 및 내과 의료진은 다음 [그림 1, 2]에서 확인할 수 있듯이 경과기록상 원고에게 MTX가 6일간 투약되었다고 기재하고 있습니다.

98) 귀원 2015. 1. 22.자 접수 대한약사회 사실조회 회신문 8) 항 참조.

99) 귀원 2014. 8. 21.자 접수 피고 진료기록감정 회신문 2-나.항 참조.

[그림 1] 2012. 9. 5. 재활의학과 경과기록지[100)]

MTX 6일간 사용 후 환자 side effect 보여 stop 하고 observation 시행

[그림 2] 2012. 9. 15. 내과 경과기록지[101)]

8월 10일 CRIF c PFNa 시행 후 conservative Tx.
후 재활의학과로 전과하여 포괄적 재활치료 하던 중 반복적인 UTI 로 anti 사용하였었고 류마티스 내과 협진 후 MTX 6일 apply 하면서 발생한 pancytopenia, fever 로 본과로 전과되었음 당시 oral bleeding 심해 금식 하면서 경과 관찰하였고 수혈 진행하였으나
이 후 pneumonia 발생하면서 meropenem+teico planin 유지, PCD insertion 하여
Rt pleural effusion drain 하게 되었음

(4) 피고의 답변 —— MTX 2012. 9. 3. 중단하였다고 진술

피고 역시 2014. 1. 15.자 준비서면에서 2012. 9. 3.경 MTX를 중단하였다고 진술하고 있습니다.

[그림 3] 피고 준비서면[102)]

혈액검사결과 백혈구는 3,400, 혈소판은 164K, 헤모글로빈은 12.1g/dl로 백혈구만 약간 감소한 상태였으나, 피고는 원고의 피부발진 증상이 MTX의 약물 부작용일 수 있다고 판단되어, 2012. 9. 3. MTX의 투약을 중단하였습니다. 그리고 MTX의

MTX의 투약은 2012. 8. 28. 점심약부터 같은 해 9. 3. 아침까지 투여되어, 총 45mg이 투약되었습니다. 그리고 MTX 복용시 중화제인 엽산을 같이 처방하였으

다. 소 결

피고는 6일간 2.25배에 해당되는 과다용량을 투약하였습니다. 원고를 직접 진료한

100) 을 제1호증의5 피고병원 진료기록부 중 경과기록지 15쪽 참조.
101) 을 제1호증의6 피고병원 진료기록부 중 경과기록지 6쪽 참조.
102) 귀원 2014. 1. 15.자 접수 피고 준비서면 4쪽, 11쪽 참조.

피고병원 의료진이 MTX가 총 6일 적용되었다고 기재하고 있고 이러한 사실을 바탕으로 처치를 진행한 바, 감정의는 MTX의 투약일수를 오인하였고 피고병원 의료진은 고령인 원고에게 허용 용량의 2.25배의 MTX를 투약(45mg)했다 할 것입니다.

백보를 양보하여 감정의 회신처럼 원고에게 MTX가 4일(30mg)간 투약되었다고 하더라도 1주일 동안 최대로 투약될 수 있는 MTX는 20mg임에 비추어, 과량 투약되었음을 알 수 있습니다.

2. 인과관계

가. MTX 투약 전 보행가능, 백혈구 및 혈소판 정상

(1) 보조기 이용 보행 가능한 상태

원고는 피고병원 의료진이 MTX를 과량투약하기 이전에는 2012. 8. 10.경 우측 대퇴골 골절에 관한 수술 이후 보조기를 이용하여 걸을 수 있을 정도로 근력에 문제가 없었습니다.

▶ 원고 감염내과 진료기록감정 회신문

〔문〕 8. 22.경 정형외과에서 재활의학과로 전과되었던 바, 당시 환자의 운동능력, 의식상태, 전반적인 컨디션은 어떠하였는지요.

〔답〕 의사경과기록지를 근거로 볼 때 보행장애가 있었고 근력은 고관절을 제외하고는 대부분 G/G grade였다고 기록되어있습니다. 의식저하에 대한 기술은 없었습니다… {○○대학교 서울병원 감염내과 원고 진료기록감정 회신문 1)-나)항}.

▶ 피고 류마티스내과 진료기록감정 회신문

〔문〕 환자가 피고병원에 내원한 이후 류마티스 관절염 치료를 위한 재활치료 등을 시행한 이력이 있는지요.

〔답〕 …경과기록상 류마티스 관절염으로 인한 관절의 변형이 다발성으로 심하고 8월 25일 워커로 보행훈련 중 명시, 8월 25일 종이접어 무릎에 두는 손관절 운동, 도움으로 서거나 고정 가능하고 추후 재활운동 계획 기록됨{○○대학교 서울병원 류마티스내과 피고 진료기록감정 회신문 2-가-(5)항}.

(2) 백혈구 및 혈소판 감소증 없음

또한 원고는 혈액검사결과, 백혈구 감소증 및 혈소판 감소증과 같은 이상소견은 없었습니다.

▶ 피고 류마티스내과 진료기록감정 회신문

〔문〕 2012. 8. 8.~8. 28. 혈액검사 결과가 있다면 백혈구 혈소판 수치는 어떠한지요.

〔답〕 …8/20일 검사에서 백혈구 6000/uL, 혈소판 123K로 모두 정상범위임. 8/8~28일 내내 수술 후 다소 백혈구 증가증을 보이는 것 이외에 감소증은 없었음{○○대학교 서울병원 류마티스내과 피고 진료기록감정 회신문 2-가-(1)항}.

나. MTX 과량 투약

피고병원 의료진은 원고의 류마티스관절염 치료를 목적으로 MTX투약을 결정하였습니다. 그렇다면 피고병원 의료진은 원고에게 7.5~20mg의 용량의 MTX를 1주일에 1번 투약했어야 합니다.

그러나 피고병원 의료진은 고령인 원고에게 1주일에 1번 투약해야할 약물을 2012. 8. 28.부터 매일 6일 동안 투약(감정의는 4일 투약하였다고 오인하였습니다)하여 총 45mg(감정의는 30mg으로 오인하였습니다)으로 과량 투약하였습니다.

▶ 피고 류마티스내과 진료기록감정 회신문

〔문〕 2012. 8. 28.부터 환자가 MTX를 복용하였던 바 투약기간 및 용량은 어떠한지요.

〔답〕 …본 환자의 경우 고령이므로 통상 성인기준(4~8T)보다 저용량인 MTX 3T(7.5 mg)을 엽산제와 같이 투여함을 권고한 것을 타당합니다. 그러나 MTX는 위 기술에서 혈액학적 독성이 매일 복용과 주 1회 복용에서 차이가 없다 해도 통상 구강의 염증이나 점막의 염증과 같은 부작용을 줄이기 위해 1주에 1번 투여가 권고됩니다. 본 환자는 MTX 3T가 4일간 투여되었으므로 총 12T(30mg)이 투여되었습니다{○○대학교 서울병원 류마티스내과 피고 진료기록감정 회신문 2-나-(1)항}.

▶ 피고 류마티스내과 진료기록감정 회신문

〔문〕 MTX와 엽산 투여 결정 당시 환자의 과거력, 연령, 상태, 증상, 복약 순응도를 고려할 때 정상적인 투약 용법에서 벗어난 것이 있는지요.

〔답〕 …MTX 3T의 용법은 주 1회 처방이 바람직할 것으로 사료됨. MTX의 부작용을 줄이기 위한 엽산제는 매일 투여되었음에도 매일 3T가 4일간 투여되었으므로 12T가 투여됨은 주당 통상 투여용량보다 과량이 투여되었음{○○대학교 서울병원 류마티스내과 피고 진료기록감정 회신문 2-나-(3)항}.

다. 부작용(가려움, 출혈, 백혈구 및 혈소판 감소증) 발생

(1) 가려움증 발생 —— 2012. 9. 2.

원고는 피고병원 의료진이 시키는 대로 약물을 복용하였고 2012. 9. 2.경부터 가려

움증과 같은 부작용이 발생하였습니다.

[그림 4] 간호기록지[103]

20120902	18:42	목주위 가려움 호소하여 의사 이남재에게 알림 (답변: 페니라민,아드반탄연고주세요)	전윤정

그러나 피고병원 의료진은 MTX 부작용임을 인지하지 못하고 단순 증상완화를 위한 처방만을 시행하였습니다.

(2) 발적 발생 —— 2012. 9. 3.

원고는 2012. 9. 3.경부터는 입술과 몸에 발적이 발생하기 시작하였습니다.

[그림 5] 간호기록지[104]

20120903	09:00	입술주변, 가슴, 배부위 발적감 있는 상태로 피부과 의뢰됨	민영미

3) 백혈구 및 혈소판 감소증

또한 원고는 혈액검사결과 백혈구와 혈소판이 점점 감소되어 2012. 9. 7.경에는 혈소판이 정상에 절반도 미치지 못하는 수치까지 감소하였고 이후 점점 더 악화되었습니다.

[표 1] 백혈구 및 혈소판 수치 변화

날 짜(2012)	백혈구(정상4～10×10³/㎕)	혈소판(130～450×10³/㎕)
8. 26.	6.3	272
8. 28.	MTX 투약시작	
8. 30.(MTX 투약 3일째)	4.6	238
9. 3.	3.4	164
9. 7.	1.7	50
9. 8.	1.2	32

103) 을 제1호증의9 간호기록지 24쪽 참조.

104) 을 제1호증의9 간호기록지 24쪽 참조.

▶ 원고 감염내과 진료기록감정 회신문

〔문〕 MTX약물 투여 전인 8. 26.경 환자에게 시행한 혈액검사상 WBC 6.3×103, PLT : 272K였던 바 MTX투여 후 시행한 혈액검사의 WBC 및 PLT는 어떻게 변화하였는지요.

〔답〕 …환자의 혈구감소증은 9.3~9.7 사이에 발생하였고 MTX와 연관성이 있지만 … {○○대학교 서울병원 감염내과 원고 진료기록감정 회신문 2)-바)항}.

▶ 피고 류마티스내과 진료기록감정 회신문

〔문〕 2012. 9. 3. 환자의 배, 가슴, 입술 부위에 피부 발진이 발생하고 인후통이 발생하였는데…

〔답〕 …9. 3. 당시 백혈구, 혈소판의 수치는 백혈구 3,400개 혈소판 164K로 백혈구는 정상보다 다소 감소되고 혈소판은 정상범위이나 이전보다는 감소됨{○○대학교 서울병원 류마티스내과 피고 진료기록감정 회신문 2-나-(5)항}.

라. 중화제 미투약으로 부작용 악화

(1) 로이코보린(중화제) 미투약

원고는 2012. 9. 2.경부터 부작용증상을 보이기 시작하였습니다. 그렇다면 피고병원 의료진은 MTX 부작용임을 인지하고 원인을 감별하기 위한 검사를 시행하고 MTX의 독성을 중화시킬 수 있는 로이코보린을 즉시 투약했어야 합니다.

▶ 원고 감염내과 진료기록감정 회신문

〔문〕 9. 3.경 MTX의 투약을 중지하였던 바, MTX약효의 중화와 WBC, PLT 수치 교정을 위하여 어떠한 처치를 시행하였는지요(로이코보린을 투약하거나 투약을 고려한 기록이 있는지요).

〔답〕 MTX중단한 후 엽산은 보충한 것을 확인하였으나 leukovorin처방은 찾아보지 못했습니다{○○대학교 서울병원 감염내과 원고 진료기록감정 회신문 2)-아)항}.

그러나 피고병원 의료진은 MTX 부작용을 인지하지 못하고 있다가 같은 달 3.경 MTX가 과량투약되었음을 뒤늦게 인지하고도 약물복용을 중단만하고 중화제는 투약하지 않았습니다.

(2) 부작용 악화로 폐렴 등 발생

중화제가 투약되지 않아 원고의 체내에 남아있던 MTX가 부작용을 더욱 악화시켰습니다.

▶ 원고 감염내과 진료기록감정 회신문 3)-가)

가) 투약 중단 후에도 지속적인 혈구감소증

→ 중단 후에도 한동안 몸에 남은 약물에 의해서 혈구감소증이 한동안 지속되거나 악화되는 일은 비교적 흔한 상황입니다.

원고의 혈구감소증은 점점 더 악화되었고 이로인하여 원고의 감염위험성이 증가되고 전신상태가 악화되면서 MTX로 인한 약제 유발성 폐렴에까지 이르게 되었습니다.

▶ 피고 류마티스내과 진료기록감정 회신문[105)]

(10)폐렴이나 폐부종이 MTX 투약으로 인해 발생한 것으로 볼 수 있는지 환자의 기왕력, 나이, 연령 등의 요인에 의해 발생할 가능성이 있는지

→ MTX 4일간 매일 투여로 인한 혈구 감소증은 감염의 위험성을 증가 시킬 수 있어서 이로 인한 폐렴의 발생과 악화는 가능함.

▶ 원고 감염내과 진료기록감정 회신문

〔문〕 9. 15.경 악화된 폐렴 및 폐부종으로 중환자실로 전실하였던 바, 당시 환자에게 발생한 면역력저하, 감염증, 출혈로 인한 전신상태가 악화되어 폐렴 및 폐부종이 발병된 것이 맞는지요.

〔답〕 맞습니다{○○대학교 서울병원 감염내과 원고 진료기록감정 회신문 4)-가)항}.

▶ 사실조회 회신문

〔답〕 MTX투여 후 폐렴, 탈모, 구강출혈, 호흡곤란 등이 발생 … MTX에 의하여 약제유발성 폐렴이 유발될 수 있는데 … 약제유발성 폐질환이 발생할 경우 그 증상으로 호흡곤란이 발생함 … {대한약사회 사실조회 회신문 5)항}.

원고는 폐렴, 전신상태 악화 등으로 기관삽관을 하고 인공호흡치료를 받아야 하는 상태까지 이르렀습니다.

▶ 원고 감염내과 진료기록감정 회신문

105) 귀원 2014. 8. 21.자 접수 ○○대학교 서울병원 피고측 진료기록감정 회신문 2-다-(10)항 참조.

〔문〕 9. 17.경 기관삽관을 시행한 이유는 무엇이며, 삽관 당시 환자 상태는 어떠하였는지요(산소분압, 이산화탄소분압, 산소포화도 등을 포함하여).

〔답〕 의식이 없어서 호흡자체가 도움이 필요하거나 자기 호흡만으로 호흡이 충분하지 못할 때(저산소증) 기계호흡을 받기 위한 수단입니다. 9. 17. 동맥혈가스검사 결과에 따르면 아직은 저산소증이 없으나 과호흡을 한 것으로 보아 폐환기에 문제가 생긴 것으로 추정합니다 … {○○대학교 서울병원 감염내과 원고 진료기록감정 회신문 4)-나)항}.

이후 기관삽관을 발관하였지만 MTX과량 투약 후 전신쇠약, 장기간 침상안정으로 인한 근력약화, 인지기능장애 등의 새로운 합병증이 발생하였습니다.

▶ 원고 감염내과 진료기록감정 회신문

〔문〕 위 환자의 경우 MTX 과량투여로 인하여 면역력이 저하되면 폐렴 및 호흡부전이 발생하였던 바, 폐렴이 완치되었다 할지라도 이에 대한 후유증으로 인한 전신쇠약, 보행장애, 인지기능저하 등의 발생가능성을 배제할 수 있는지요.

〔답〕 언급하신 전신쇠약, 보행장애, 인지기능저하 등의 신경학적인 합병증 가능성도 있습니다 … {○○대학교 서울병원 감염내과 원고 진료기록감정 회신문 4)-마)항}.

≪1심 결정≫

8,000만 원에 조정결정됨.

≪관련 판례≫

대법원 2004. 12. 24. 선고 2003다38238 판결

『사망 시까지 독한 약물인 MTX에 중독된 전형적인 증상을 뚜렷이 보인 사건에 대하여, MTX 약물 사용상 주의사항을 위반하여, 과다 사용하거나, 면역력이 극도로 저하된 입원 환자의 관리를 소홀히 하여 감염의 위험에 노출시킨 과실책임이 있다.』

고 판시한 바 있다.

2. 항결핵약 투여 후 급성간부전에 의하여 사망한 사건106)

≪사건 개요≫

• 원고 망 김○○(여, 25세) / 피고 ○○의료재단○○병원

※ 사건 경과

호흡곤란, 흉통 → 입원 → 결핵 의증 → 항결핵약 약물치료(10일)후 약물치료 중단 → 급성 간부전 → 사망

날 짜 (2009)	증 상	검 사 및 처 치	간기능 검사
7. 10.	호흡 곤란, 고열, 흉통으로 응급실 내원	심낭삼출 소견 입원조치 암모니아수치 : 32(정상)	수치 → : 19/9 정상수치 (0–40)
7. 11.	고 열	– 투시경 하 심장막천자 (심막카테터 삽입, 심낭배액 시작) – 심초음파 : 다량 흉막삼출물 – 흉부컴퓨터단층촬영 : 심낭삼출의 많은 양 및 양측 흉막 삼출의 극소량 양측 액와 다발 결절 비대 – Tb PCR : 음성 – ANA(항핵항체) : 양성	
7. 13.		– 심초음파(추적진료) : 심낭 삼출 미량 남아 있으나 기질화된 파편 동반한 흉막삼출의 보통에서 많은 양 보고 – 좌측 흉강천자(황색 삼출액 230cc) 심낭삼출액 30cc 배액되어 심막카테터 제거 – Tb PCR : 음성	수치 : 19/8
7. 14.	유주성 흉막통증 호소	결핵성 심낭 삼출액 의증(아데노신 디아미네이즈 상승 : 75) 결핵 약물 치료 시작 (유한짓정, 마이암부톨제피정, 리팜핀캅셀, 유한피라진아미드정)	
7. 15.		– 전신마취 하 액와 림프절 조직검사	
7. 16.			수치 : 22/5

106) 대구지방법원 포항지원 2013. 11. 22. 선고 2011가합936 판결, 대구고등법원 2013나6545 결정.

7. 17.		Tb PCR : 음성	
7. 20.		7. 15.일 시행한 조직검사결과 : 반응성 증식 소견 외에 결핵 소견 드러나지 않음.	수치 : 46/9
7. 21.	고열(39.2도) 좌측 동통	항생제 변경: 세프피란 → 이미페넴 – 전후면 컴퓨터 단층촬영 : 양측 신장 소수의 작은 단순 낭종 소장 루프의 경미한 확장 다발성 융기 대동맥 주위 림프절 → 결핵의증, 폐렴 소견 – ANA(항핵항체) : 양성	
7. 22.	좌하 복부 통증, 고열(38.2)	– 식도, 위, 십이지장 내시경 : 만성 홍반성 만성 위염	
7. 23.	지속적 발열과 복통	급성 간기능 악화소견 : (3일만에 OT/PT 46/9→8260/1050) 암모니아수치 : 415 전신성 홍반성 루푸스[장막염(흉막, 심장막) + 신장(단백뇨 + 과립원주) + 림프구감소증 + 아데노신탈아마이드효소] → 중환자실로 전실 후 스테로이드 대용량 치료 시행 급격한 간기능 악화소견(간부전) 항결핵제 증상 호전 없어 결핵약 중단	수치 : 8260 /1050
7. 24.	복통, 의식 경미한 혼미, 현기증 호소	– 초음파 : 간부전의 제2의 변화의증, 신장의 의학적 병증, 염증 변화의증 젖산산증, 간부전, 간성 뇌병증, 전신성홍반성루푸스, 루푸스 신염, 루푸스 폐렴으로 ○○대 병원으로 전원	수치 : 8157 /1306
7. 24. 16:00		○○대병원 중환자실 입원, 모니터링 시행	
7. 24. 17:00	저혈당증상(혈당 : 21)	포도당 주입	
19:00 -20:00	산소포화도 낮음 (87%) 의식변화 관찰됨.	산소 6리터 → 15리터로 증량 기도삽관 시행 후 기계환기 시작 진정제 투약	
21:00 -23:00	혈압 저하, 빈호흡	수축제(혈압상승제) 투약	
7. 25. 00:16	저혈당 증상(혈당 : 36)	포도당 주입	
7. 25. 01:00	활력 징후 계속 비정상		
7. 25. 05:20	심전도 직선	심폐소생술 시행하였으나 반응 없음. 사망 선언	

		================================== 국립과학수사연구소 감정결과 -사망원인 : 급격한 간부전 -급격한 간부전은 입원중 사용된 치료 약물이 관련되었을 것으로 판단되며, 10여일간 투여된 결핵치료약물이 원인이 되었을 가능성이 많아 보임.	

※ ADA 아데노신 디아미네이즈(adenosine deaminase) 효소

: 흉막액내의 ADA수치는 결핵성 흉막염의 진단에 매우 유용

흉막액내 ADA수치가 70 U/L 이상이면 대부분이 결핵이고 40 U/L 미만이면서 결핵인 경우는 없음.

≪소장에서 주장하는 피고의 과실≫

1. 진단 및 처치상 과실

피고병원 내원당시 망인은 심낭삼출 소견으로 입원 조치되었습니다. 이러한 심막삼출액의 원인으로는 심부전, 결핵성 심막염, 암성 심막염, 자가면역성 질환 등 여러 가지가 있을 수 있어 환자가 심낭삼출의 소견을 보일 때는 그 원인을 감별하기 위한 진단적 검사를 시행할 주의의무가 있습니다.

특히 심낭삼출의 원인 중 결핵성 심막염으로 확진하기 위해서는 결핵균에 대한 진단적 검사가 시행되어야 하며, 심낭조직검사 등의 진단적 검사를 통하여 결핵균 또는 건락괴사 소견을 확인한 이후 항결핵화학요법을 시행하여야만 합니다.

그러나 피고병원은 망인의 임파선 조직검사 결과 상 결핵 소견이 확인되지 않았음에도 불구하고, 확진을 위한 추가적 검사도 시행하지 않은 채 망인에게 항결핵약을 투약하였습니다. 결국 피고병원은 근거 없이 망인에게 필요 없는 결핵약을 복용시켰으며, 이로 인하여 망인을 사망에 이르게 한 과실이 있습니다.

2. 경과관찰 해태

간 독성이 있는 약물은 환자에게 투약함에 있어 간손상 등의 부작용과 위험성 등을 사전에 염두해 두고 투약 중에도 주기적인 검사에 의한 추적관찰을 통하여 간손상 등 부작용의 발생을 미리 막거나 최소화하여야 할 주의의무가 있습니다.

그러나 피고병원은 이 건 망인에게 항결핵약을 투약함에 있어 투약 시작하는 날에

도 간기능 검사를 사행하지 않았고, 지속적으로 상승하고 있는 간수치에 대해서 모니터 하지 않은 채 지속적으로 항결핵약을 투약하였습니다.

그로 인해 망인의 간기능 수치인 OT/PT의 결과는 항결핵약 투약 후 8260/1050으로 급격한 증가하는 소견을 보였습니다. 그럼에도 불구하고 피고병원은 망인의 간부전에 대한 추가적인 검사를 시행하지 않고, 이에 대하여 적극적으로 처치를 시행하지 않음으로써, 다음날 망인의 간기능 수치는 8157/1306으로 더욱 상승하였으며, 암모니아는 415㎍/dL까지 축적시켜 망인에게 간성혼수까지 유발시킨 과실이 있습니다.

≪관련 의학지식을 통한 입증≫

1. 진단상 과실 —— 결핵으로 오진

피고병원은 심장을 싸고 있는 막에 체액이 고이는 증상인 심낭삼출 소견으로 내원한 망인에게 삼출액의 성분도 모른채 섣불리 결핵성 흉막염이라고 진단하여 결핵약을 투약하였고, 그 결과 망인은 결핵약의 부작용으로 사망에까지 이르렀습니다.

(1) 심낭삼출

망인은 2009. 7. 10.경 심낭삼출 소견으로 피고병원에 입원조치되었습니다.

▶ 진료기록감정 회신문

〔문〕 응급실로 내원한 환자를 입원조치시켰는 바, 어떠한 기준을 바탕으로 입원조치하였는지요.

〔답〕 심한 심낭삼출이 있어 입원조치하였습니다(진료기록감정 회신문 3)항 참조).

이 때의 심낭삼출의 원인은 감염성, 비감염성, 과민성 반응 또는 자가면역성 질환일 때 등 매우 다양합니다.

▶ 사실조회 회신문

: 심낭염이 발생한 경우 심낭삼출이 발생할 수 있으며, 심낭염의 원인으로는 아래와 같습니다.

- 감염성 : 바이러스, 세균성, 결핵, 곰팡이 등 관련
- 비감염성 : 급성심근경색 요독증, 종양(원발성, 전이성), 점액수종, 외상후, 대동맥박리, 방사선 조사 후, 유육종증, 원인불명 등
- 과민성 반응 또는 자가면역성 질환 : 류머티즘열, 결체성 혈관질환(전신성 홍반성 낭창, 류마티스 관절염, 강직성 척추염, 경피증, 베게너육아종증), 약물관련(프로카인아마이드, 히드랄라진, 페니토인, 이소니아지드, 미녹시딜, 항응고제), 심장손상

후 등(사실조회 회신문 1.항 참조).

따라서 심낭삼출을 주호소로 내원한 망인을 치료함에 있어 그 원인을 파악하기 위하여 적절한 진단적 검사를 시행하였어야 하고, 이때의 검사는 삼출액을 천자하여 삼출액 분석을 통해 진단하게 됩니다.

▶ 사실조회 회신문

〔문〕 심낭삼출 증상이 나타날 때 그 정확한 원인을 감별하기 위해 시행되어져야 할 진단적 검사는 어떠한 것들이 있는지요.

〔답〕 심장초음파를 확인하여 심낭삼출의 유무와 심장기능을 확인하는 것이 우선이며, 심장이 눌려 있어 심장기능이 떨어져 있는 경우는 이를 개선시키기 위해 심낭천자를 시행하며, 심낭천자를 시행한 경우 감염성 질환을 감별하기 위해 삼출액 분석, 심낭조직검사 등이 시행될 수 있습니다… (사실조회 회신문 2.항 참조).

(2) 결핵의 진단

결핵을 진단하기 위해서는 일반적으로 아래와 같은 순서로 검사를 시행하여 결핵을 진단하게 됩니다.

- 의학적 병력의 확인
- 진찰
- Mantoux 투베르쿨린 피부반응검사
- 흉부방사선 촬영
- 미생물학적으로 결핵균의 확인
- 확인된 결핵균의 약제 내성 검사

▶ 사실조회 회신문

〔문〕 결핵의 확진을 위하여 시행되어야 할 검사는 어떠한 것들이 있는지요.

〔답〕 확진은 결핵균을 직접 확인하는 것이며, 이 방법에는 결핵의 증상이 있으면 객담이나 흉수액, 심낭삼출의 경우 심낭액에서 결핵균을 항산균 염색을 통해 현미경으로 확인하거나 결핵균 배양을 통해 확인이 가능하며, 조직검사를 통해 건락성 괴사를 동반한 육아종이 확인되면 확진이 가능합니다{사실조회 회신문 4-1)항 참조}.

(3) 오 진

다음 [그림 7]과 같이 이 건에서 망인의 심낭삼출액이 결핵성 흉막염의 결과라는 사실은 어떠한 검사결과에서도 확인되지 않았습니다.

▶ 진료기록감정 회신문

〔문〕 환자에게 Tb PCR검사는 각각 언제 시행되었으며 그 검사결과는 각각 어떠한지요.

〔답〕 Tb PCR검사는 2009. 7. 11.과 7. 13., 7. 17.에 시행되었으며 그 검사결과는 모두 음성이었습니다{진료기록감정 회신문 4)항 참조}.

▶ 진료기록감정 회신문

: 흉부 CT에서 액와 림프절이 많이 커져 있어 그 원인을 알기 위해 조직검사를 시행하였는데, 검사소견은 '반응성 비후'라고 다른 원인에 의해 림프절이 커지는 현상만 확인할 수 있어서 특별한 원인을 찾을 수 없었습니다{진료기록감정 회신문 5)항 참조}.

[그림 7] 결핵진단검사

결핵의 진단 검사	병원에서의 처치 및 검사결과
투베르쿨린 피부반응검사	검사 시행 안함
흉부방사선검사	심낭삼출소견과 국소량의 흉막삼출액 - 결핵이라 볼 수 없음
미생물학적인 결핵균 확인 (Tb PCR 검사)	2009. 7. 11. 음성 2009. 7. 13. 음성 2009. 7. 17. 음성
림프절 조직검사	반응성 증식소견 외에 결핵소견 드러나지 않음

▶ 진료기록감정 회신문

: 심낭에서 뽑은 물(심낭액)과 가슴에서 뽑은 물(흉수)에서 결핵균 도말검사와 배양검사를 시행하였는데, 도말검사는 음성 … {진료기록감정 회신문 6)항 참조}.

망인은 단순 심낭삼출 소견이었고, 심장막천자를 통해 체액을 배액시킨 후에는 호흡곤란 소견이 완화되는 시급히 결핵으로 진단하고 결핵약을 당장 복용시켜야하는 단계가 아니었습니다.

그럼에도 불구하고 피고병원은 계속적인 추적·관찰을 통해 망인의 증상이 어느 질환에 의한 증상인지를 판별하여 적절한 치료방향을 정하기 보다는 너무나도 막연히 망인의 단순 심낭삼출을 결핵성 흉막염이라 진단하고는 결핵으로 오진하고 결핵약을 복용시켜 약물부작용으로 사망에 이르게 하였습니다.

2. 경과관찰 해태

의사가 환자를 진료함에 있어서는 치료과정 중 상태의 호전 또는 악화소견에 따라 그 치료방법의 변화를 주어야 합니다. 이를 위해서는 먼저, 주의 깊은 경과관찰 중 주기적인 검사에 의한 추적관찰을 통해 질병의 악화소견의 발생을 미리 막거나 최소화하여야 합니다. 그 과정 중, 환자에게 이상 징조가 보이면 즉시 원인을 찾기 위한 검사 및 경과관찰을 시행하여야 하고, 이상 증상의 원인이 확인되면, 즉시 후속처치를 취함에 있어 최선의 주의의무를 다해야 합니다.

그러나 피고병원은 결핵치료를 한 번도 받아본 적 없는 망인에게 결핵약을 투약시키고도 그 상태변화 확인을 위한 검사 및 경과관찰을 소홀히 하여 망인이 간부전으로 사망에까지 이르게 하였습니다.

(1) 악결과예견가능성

결핵약은 여러 종류의 약제를 동시에 투약하므로 부작용이 발생하기 쉬울 뿐 아니라, [그림 8]과 같이 그 부작용은 심각한 간독성 및 간손상을 유발할 수 있습니다.

[그림 8] 부검감정서 중 결핵약 부작용

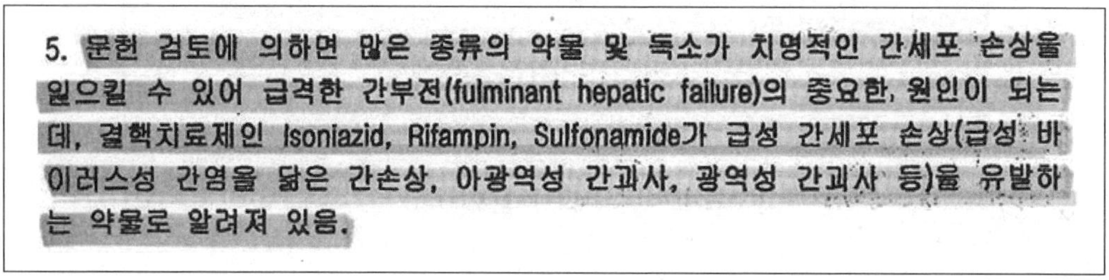
5. 문헌 검토에 의하면 많은 종류의 약물 및 독소가 치명적인 간세포 손상을 일으킬 수 있어 급격한 간부전(fulminant hepatic failure)의 중요한 원인이 되는데, 결핵치료제인 Isoniazid, Rifampin, Sulfonamide가 급성 간세포 손상(급성 바이러스성 간염을 닮은 간손상, 아광역성 간괴사, 광역성 간괴사 등)을 유발하는 약물로 알려져 있음.

특히 망인이 투약받은 이소니아지드, 리팜핀, 에탐부톨, 피라진아미드는 [그림 9]와 같이 약물 부작용으로 간독성이 발생할 수 있음은 충분히 예견가능하였습니다.

따라서, 피고병원은 망인에게 결핵이라 진단하고 결핵약을 최초로 투약하였다면, 초기치료가 적절히 되고 있는지, 아니면 오히려 약물 부작용으로 심각한 악결과가 발생하는지 주의깊게 확인하였어야 함에도 불구하고, 의료진으로서 요구되는 그 업무상 주의의무를 다하지 않았습니다.

[그림 9] 갑 제11호증 결핵진료지침 중 일부

표 2. [illegible]

결핵약	용량 (최대 용량)	부작용
이소니아지드	5 mg/kg (300 mg) qd	간독성, 말초신경염, 피부과민반응
리팜핀	10 mg/kg (600 mg) qd 450 mg (<50 kg) qd, 600 mg (>50 kg) qd	간독성, 독감양 증후구(flu-like syndrome), 피부과민반응, 혈소판 감소증
에탐부톨	800 mg (<60 kg)qd 1,200 mg (60–80kg) 1,600 mg (>80 kg)	시신경염(시력 및 색각의 변화), 시력측정이 불가능한 5세 미만의 소아에서는 금기
피라진아미드	1,000 mg (<50 kg) qd 1,500 mg (50–70 kg)qd 2,000 mg (>70kg) qd	간독성, 관절통, 위장장애
카나마이신 아미카신 스트렙토마이신	50세 미만: 15 mg/kg (1.0 g) IM or IV 50세 이상: 10 mg/kg (750 mg)	이독성, 신독성, 입주위 저린 증상
레보플록사신	500–1,000 mg qd	위장장애, 두통, 어지러움, 관절통
목시플록사신	400 mg qd	위장장애, 두통, 어지러움, 관절통
시클로세린	250 mg bid	우울증, 정신장애
프로치온아미드	250 mg bid	위장 장애, 간독성
파스	10 g/d (3.3 g tid) (12 g)	식욕부진, 오심, 구토, 복부불쾌감, 간독성
리파부틴	5 mg/kg (300 mg) qd	간독성, 호중구 감소증

(2) 악결과발생회피의무 —— 반복검사 미실시

피고병원은 2009. 7. 14.경 망인에게 결핵약을 투약하기 시작하였으나, [그림 10]과 같이 간독성 유무의 확인을 위한 간기능 검사는 같은날 시행하기조차 않았고, 약물 투약 후 3일째, 7일째 시행하였고, 이 때 점점 상승되는 간기능 수치가 확인되었음에도 이후 이틀간 추가검사는 시행하지 않았습니다.

이러한 방치의 결과, [그림 11]과 같이 망인은 2009. 7. 23.경 매우 심각한 간기능 부전상태에 빠지고서야 간기능 부전이 발견되었고, 그 수치는 8260/1050이라는 상상조차 할 수 없는 수치였습니다.

결국 피고병원이 망인의 간기능 변화를 확인하기 위해 시행한 검사는 [그림 12]와 같이 매우 미흡합니다. 결핵약을 투약하고 좀 더 면밀히 검사 및 경과관찰을 시행하였다면 망인은 이렇듯 심각한 간기능 부전에 빠지기 전 제때 약물 부작용을 발견하였고, 적절한 응급치료를 받아, 사망에까지 이르지는 않았을 것입니다.

[그림 10] 결핵약투여에 따른 간기능 이상

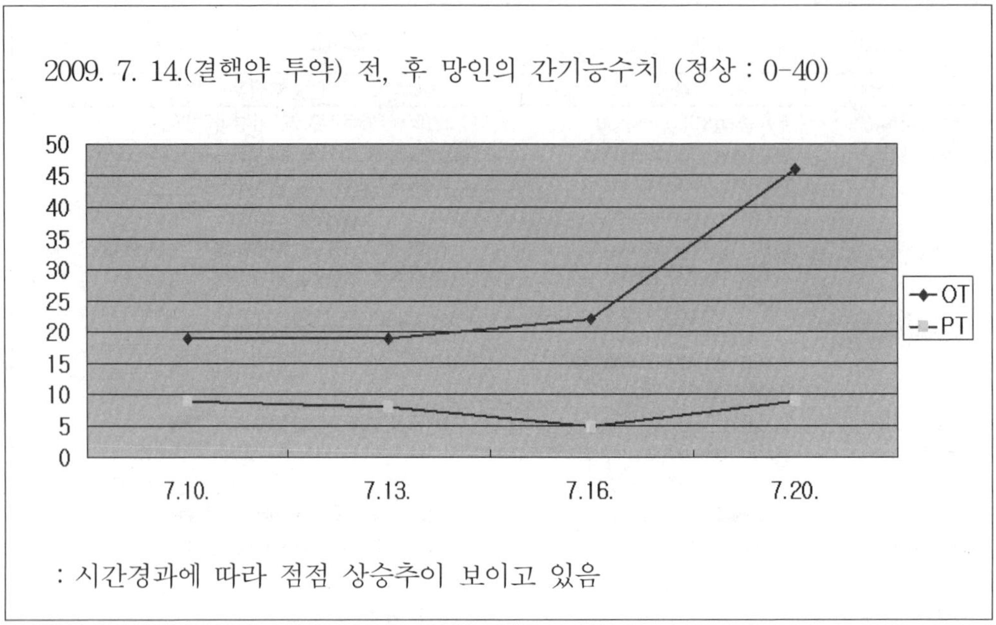

[그림 11] 결핵약투여에 따른 전격성 간부전 악화경과

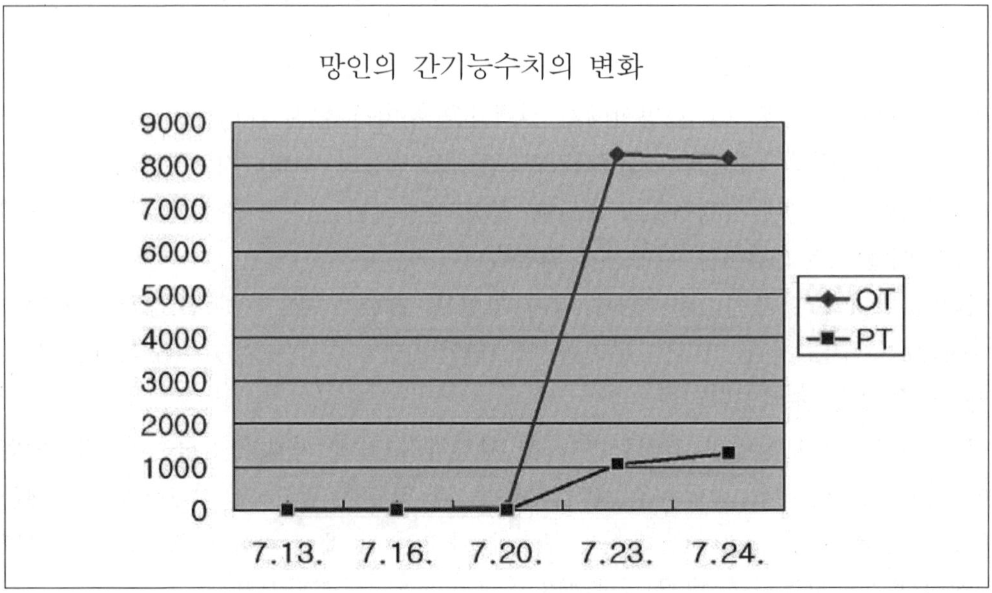

[그림 12] 간기능검사 해태와 전격성 간부전과정

피고병원에서의 간기능검사 시행일

날짜	간기능 검사 시행 및 결과 정상수치:0~40/0~40
2009. 7. 14.	검사안함
2009. 7. 15.	검사안함
2009. 7. 16.	22/5
2009. 7. 17.	검사안함
2009. 7. 18.	검사안함
2009. 7. 19.	검사안함
2009. 7. 20.	46/9
2009. 7. 21.	검사안함
2009. 7. 22.	검사안함
2009. 7. 23.	8260/1050
2009. 7. 24.	8157/1306

≪원 · 피고 주요쟁점≫

<table>
<tr><th></th><th colspan="2"></th><th colspan="2">원 고</th><th>피 고</th></tr>
<tr><td rowspan="4">의술
상
과실</td><td colspan="2">인과관계</td><td colspan="2">결핵오진－결핵약복용－간부전－사망</td><td></td></tr>
<tr><td rowspan="3">과실</td><td>오진</td><td colspan="2">단순 심낭삼출 소견을 결핵이라 오진함.</td><td>ADA수치 상승으로 결핵성 심낭염소견 있었음.</td></tr>
<tr><td rowspan="2">경과
관찰
해태</td><td>악결과
예견
가능</td><td>결핵약의 간독성 부작용은 예견가능</td><td rowspan="2">7. 20. 이후 7. 23.경 검사함.
(간부전 확인은 7. 23.임)
통상 3~4일에 한번씩 함.</td></tr>
<tr><td>악결과
회피
의무</td><td>간기능 확인을 위한 반복검사 미실시</td></tr>
<tr><td>설명
의무
위반</td><td colspan="4">결핵 진단과 치료과정에 대한 설명 안함.</td><td></td></tr>
</table>

≪1심 판결≫

1. 피고의 과실

『진단 및 치료 상의 과실 유무

① 결핵을 확진하는 검사방법으로는 조직검사를 통해 건락성 괴사를 동반한 육아종의 확인, 결핵균 배양검사(6주 정도 소요) 및 도말검사가 있고, 추정진단 방법으로는 ADA의 상승 및 Tb PCR검사 등이 있는데, ㉮ 망인에 대한 겨드랑이 임파선 조직검사 결과 결핵소견이 관찰되지 아니하였고, ㉯ 세차례에 걸쳐 시행된 심낭삼출액 및 흉수에 대한 도말검사 및 Tb PCR검사 결과는 모두 음성소견이었으며, ㉰ 망인이 입원한 다음날인 2009. 7. 11.경 측정된 ADA 수치는 75.0U/L로서 결핵을 의심할만한 수치였으나, 2009. 7. 13.경 결핵약을 투여하지 아니하였음에도 그 수치가 44.0U/L로 크게 감소하였고, 결핵약을 투여한 4일째인 2009. 7. 17.경 그 수치는 38.3U/L로서 그 감소폭이 크지 아니하였는 바, 그럼에도 불구하고 ADA수치 상승만으로 결핵이라고 추정 진단한 점, ② 심낭염이 발생한 경우 심낭삼출이 있을 수 있고, 심낭염의 원인으로는 전신성 홍반 루프스, 류마티스 관절염, 결핵 등이 있는데 ㉮ 망인은 입원 당일 과거 자가면역질환의 일종인 류마티스 관절염 진단을 받은 사실이 있음을 알렸고, ㉯ 망인에 대한 결핵 진단을 위한 검사에서는 계속적으로 결핵 소견이 관찰되지 아니한 반면 두 차례에 걸쳐 시행한 ANA검사 결과는 양성소견이었으며, ㉰ 피고 한○○는 입원 당일 망인에 대하여 전신성 홍반선 루프스 의증으로 진단하였고, 망인이 입원한지 14일째인 2009. 9. 23.경에는 위 질환이라는 확진을 하였는 바, 피고 한○○ 등은 망인이 류마티스 관절염이나 전신성 홍반성 루프스로 인하여 심낭삼출 소견을 보이는 것은 아닌지 적극적, 계속적으로 의심하고, 그에 관한 추가적인 확인 또는 검사를 하였어야 함에도 이를 게을리한 채 만연히 그 원인이 결핵이라고 추정 진단한 점, ③ 결핵약의 가장 흔한 부작용으로는 간독성이 있고 그로 인하여 간부전으로 인한 사망에 이를 수도 있는데, 망인은 결핵약을 투여한지 열흘 만에 간기능이 급격하게 악화되어 간부전으로 사망한 점 등을 종합하여 보면, 피고 한○○ 등은 망인에 대하여 섣불리 결핵으로 진단한 후 간독성의 부작용이 있는 결핵약을 투여한 과실이 있다.

경과관찰 해태 및 과실 유무

결핵약은 그 투여로 간독성 등의 부작용을 일으킬 수 있으므로 환자에게 약제를 투여할 경우 주기적으로 혈액검사를 시행하여 간기능 이상여부를 관찰할 것이 요구된다… 망인에 대하여 결핵약 투여를 시작한 때인 2009. 7. 14.경부터 간기능이 급격히 악화된 것을 발견한 2009. 7. 23.경까지 간기능 검사는 2009. 7. 16., 같은 달 20., 같은 달 23., 단 세 차례밖에 이루어지지 않았고, 특히 2009. 7. 20.경 검사 결과 그 이전까지 정상범위 내에 있던 GOT 수치가 경미하지만 다소 상승한 소견을 보였으므로 그 이후부터는 그 이전보다 더 주의를 기울여 간기능검사를 함으로써 간기능 악화여부를 관찰하였어야 함에도 종전과 동일한 3일 간격으로 그 검사를 함으로써, 2009. 7. 23.경 간기능이 급격하게 악화된 이후에야 이를 발견한 과실이 있다.』

2. 인과관계

『피고 한○○ 등은 망인 및 보호자에게 결핵의 진단 근거, 그 치료방법 및 결핵약 투여시 발생할 수 있는 부작용 등에 관하여 충분한 설명을 하지 아니한 채 결핵으로 오진하고 결핵약을 투여한 과실과 그 치료 기간 중 간기능검사를 제대로 하였다면 간기능이 악화된 즉시 그에 대한 적절한 대응을 통하여 망인의 사망을 막을 수 있었음에도 이를 게을리한 과실로 망인으로 하여금 결핵약의 부작용으로 인한 급격한 간부전으로 사망에 이르게 하였으므로, 위 과실과 망인의 사망 사이에 인과관계가 있다.』

3. 인용금액 : 1억 8백만 원

4. 피고의 책임비율 : 50%

≪2심 판결≫

법원의 화해권고결정에 의하여 사건이 종결됨.

≪관련 판례≫

1. 서울중앙지방법원 2001가합70608 판결

(1) 사실관계

망인은 ○○병원에서 2000. 2. 22.부터 같은 달 24.까지 세 차례에 걸쳐 고열 또는 이통을 호소하며 피고병원 응급실로 내원하였고, 이러한 부작용은 결핵약을 먹고 나면 발생하는 것 같다고 호소하여 피고 ○○○은 망인에게 고열 증상만을 염두에 두고 발열 원인 약제를 감별하기 위해 2000. 2. 28.부터 리팜핀을 재투여하여 항결핵약 부작용인 심한 간독성과 신부전 증상인 다발성 장기부전으로 사망한 사건이다.

(2) 법원의 판단

위 사건에서 법원은,

『피고 ○○○에게는 망인의 발열증상이 리팜핀에 의한 부작용임을 예견하지 못하여 만연히 리팜핀을 재투약한 과실이 있고, 그 후 결핵약을 복용하기 전에는 고혈압, 열, 기침, 가래 등의 증상 외에 사망의 결과를 초래할 만한 심각한 증상이 없었던 망인이 리팜핀에 의한 과민반응으로서 급성신부전, 간독성 및 폐렴 등의 증상이 나타나 결국 폐손상에 의한 호흡곤란과 다장기 부전으로 사망하게 된 점이 인정되므로, 특별한 사정이 없는 한 피고 ○○○과 그 사용자인 피고 의료법인 ○○의료재단은 연대하여 망인과 그 가족들인 원고들이 입은 손해를 배상할 책임이 있다.』

라고 판시하였다.

2. 서울중앙지방법원 2002가합58537 판결

(1) 사실관계

망인은 2005. 3. 2. 부산 ○○보건소에서 재검사를 받은 결과 폐결핵 진단을 받고 결핵약 복용 전 실시한 간기능 검사, 시력검사, 색신검사 등을 실시한 후 이상이 없자 피고 보건소는 아이나{Isoniazid(INH), 통상 '이소니아지드'라고 한다}, 리팜핀{Rifampin (RFP)}, 피라진아마이드{Pyrazinamide(PZA)}, 에탐부톨{Ethambutol(EMB)}의 4가지 약제로 구성된 결핵약 1개월분을 처방하였고, 2005. 3. 31. 다시 원고에게 위 결핵약 1개월분을 처방하였다. 위 결핵약 복용중 원고는 2005. 5. 4. 아침 갑자기 눈이 흐려지는 이상 증세가 나타났고, 같은 달 6. ○○○○결핵의원에 내원하였을 때 위와 같은 시력 이상 증세에 대하여 이야기하였는데, 위 ○○○○결핵의원은 별다른 이상이 아니고 곧 회복될 것이라는 말만 하고 에탐부톨을 뺀 결핵약 3일분을 다시 처방하였다. 원고는 위 ○○○가 처방한 결핵약을 모두 복용한 후 같은 달 9.부터는 다시 위 ○○○○결핵의원이 처방한 결핵약을 복용하였는데 다리 마비 등의 증세가 심했던 관계로 격일로 복용하다가 2005. 5. 9. ○○대학교병원 신경과에 내원하여 치료를 받던 중 담당의사로부터 에탐부톨이 시력 이상을 초래할 수 있다는 말을 들었고, 같은 달 16. 다시 결핵협회에서 시력 이상이 에탐부톨의 부작용이라는 사실을 확인하고 에탐부톨의 복용을 중단하였다. 원고의 시력 이상은 에탐부톨의 부작용으로 발생한 것인데, 원고는 2005. 5. 23경 ○○대학교병원 안과에서 양안 시신경병증 등의 진단을 받았고, 2006. 7. 무렵 양안의 시력은 모두 0.02에 불과하였으며, 현재 양안 모두 회복불능의 시각 장해가 된 사건이다.

(2) 법원의 판단

위 사건에서 법원은,

『에탐부톨 복용 이후 원고에게 발생한 시력 약화 및 시신경염과 같은 증상은 에탐부톨 복용에 따른 전형적이고 대표적인 부작용으로 의료계에 널리 알려져 있을 뿐만 아니라 그 부작용의 내용 및 발생빈도에 비추어 이를 무시할 수 있을 만큼 경미하다거나 희소하다고 보기 어려운 이상 원고에 대한 위 투약업무를 담당한 위 보건소 의료진들로서는 그 투약에 즈음하여 위와 같은 부작용의 발생 가능성 및 구체적 증상과 대처방안을 설명하여 줄 의료상의 주의의무가 존재한다고 보아야 할 것이고, 나아가 이러한 설명을 함에 있어서는 원고가 위 부작용의 증세를 자각하는 즉시 복용을 중단하고 상담하는 조치를 취할 수 있도록 구체적으로 이루어져야지 그와 달리 막연하고 추상적인 설명을 하거나 약품에 첨부된 제약회사의 약품설명서에 그 부작용에 관한 일반적 주의사항이 기재되어 있다는 사정만으로는 필요한 설명을 다하였다고 할 수 없다고 할 것인데, 위와 같은 설명의무를 다하였는지에 관하여 보건대, 달리 이를 인정할 증거가 없으며, 위 인정사실에서 보는 바와 같이 원고가 2005. 5. 4.경 시력 이상 증세가 나타났는데도 즉시 위 보건소나 위 ○○○○결핵의원에 연락을 취하지 않았고 같은 달 6.경 ○○○○결핵의원에서 진찰을 받을 때 위와 같은 증세를 말하였으나 그 후에도 계속하여 에탐부톨을 복용하여 온 사정 등은 위와 같은 주의사항의 설명이 제대로 이루어지지 않았음을 반증한다고 보아야 할 것이다. 따라서, 위 보건소 의료진들은 위와 같은 지도설명의무를 다하지 아니한 과실이 있다고 할 것이므로 그 사용자인 피고는 이로 인하여 발생한 원고의 손해를 배상할 책임이 있다.』

라고 판시하였다.

3. 배란유도제 투여 후 뇌경색 발생 사건[107]

≪사건 개요≫

• 원고 노○○(여, 32세) / 피고 강남○○병원

※ 사건 경과

Ⅰ. 강남피고병원 내원

날 짜	경 과	검 사 · 처 치	비고 /입증
2005. 3. 7.	외래 내원 주호소 : 불임여부 확인 위해	배란유도제 투여받아 인공수정 시도 계획	
3. 9.~ 3. 19.		퍼고날 주사	
3. 17.~ 4. 1.		프로게스트 주사	
3. 21.		인공수정	
3. 28.	복수	복수천자 : 2100cc	
4. 1.	복수	복수천자 : 2200cc	
4. 2. 07:00	아침에 눈을 떠 물을 마신 후 갑자기 몸에 힘이 빠지며 쓰러짐. → 강남피고병원으로 출발		
08:30	강남피고병원 도착		
09:25	사지 강직소견		
10:05	분당피고병원으로 출발		

Ⅱ. 분당피고병원

날 짜	경 과	검 사 · 처 치	비고 /입증
2005. 4. 2. 10:40	응급실 도착 의진 : 우측 중대뇌동맥 경색 혈압 100/70, 맥박 88회/분, 호흡 16회/분, 체온 36도		

107) 수원지방법원 성남지원 2009. 4. 30. 선고 2006가합7798 판결, 서울고등법원 2009나46813 결정.

10:50		혈액검사, 동맥혈가스분석검사, 심전도	
11:40		뇌 CT촬영	
11:50		혈액배양검사, 뇨검사	
14:00		뇌 MRI검사	
15:00		두부 MRI angio	
15:45		헤파린 투여	
16:00	영동○○○○병원으로 전원조치		

Ⅲ. 영동○○○○병원

날 짜	경 과	검 사 · 처 치	비고 /입증
2005. 4. 2. 16:10	응급실 내원 주호소 : 좌측 안면마비 및 감각변화, 언어 및 이해력 부분적 손상 혈압 118/73, 맥박 84회/분, 호흡 18회/분, 체온 36도 의식 : 명료~약간의 기면상태 의진 : 뇌경색, 뇌내출혈		
20:40		CT촬영	
20:35		흉막천자(700cc, 혈액성)	
4. 4.		심초음파검사 : 이상소견 없음 CT 및 MRI : 소뇌경색 및 약간의 출혈	
4. 5.		흉막천자(400cc), 복수천자(100cc)	
4. 7.		뇌 CT	
4. 9.		우울증으로 정신과 상담	
4. 15.		흉막천자	
4. 17.		헤파린에서 와파린으로 변경	
4. 22.	산부인과 초음파상 임신 진단		
4. 25.		임신 중절수술	
6. 7.	퇴원함.		

※ 쟁 점

1. 설명의무 위반의 점(강남○○병원)

   배란유도제 투여시 복수 및 뇌경색발생에 대한 설명 듣지 못하였다.

2. 뇌경색 치료시 주의의무 위반(강남○○병원)

—— 배란유도제 투여후 2차 복수제거시 구토 등의 증상호소에도 입원조치하지 아니하고 귀가조치함.

――신경학적 이상이 의심되는 상황에서 아무런 조치도 취하지 않은 채 내원한지 1시간 30분 지체 후 분당○○병원으로 전원조치함.
――강남○○병원 근처에 영동○○병원, 강남○○병원 등 인접해 있음에도 불구하고 굳이 멀리 위치한 분당○○병원으로 전원조치함.
――분당○○병원 내원 후 뇌 CT, 뇌 MRI를 통해 뇌경색이 진단되었음에도 불구하고 영동○○병원 전원 직전에 항응고제인 헤파린 투여를 시작하는 등 뇌경색에 대한 진단 및 치료 지체의 점이 있음.

≪소장에서 주장하는 피고의 과실≫

1. 설명의무 위반――강남피고병원

배란유도제에는 클로미드와 같은 경구용 배란유도제와 이 건 원고에게 투여된 퍼고날(pergonal)과 같은 주사용 배란유도제가 있습니다. 주사용 배란유도제는 경구용 배란유도제에 비해 효과가 좋은 만큼 그 부작용도 큰 것으로 알려져 있습니다. 배란유도제는 난소를 자극하는 호르몬과 같은 작용을 하여 난소에 직접 작용하고 난포의 발육을 촉진시키는 작용을 합니다. 주사용 배란유도제는 작용이 강해 사용하는 양이나 환자의 상태, 약에 대한 민감성에 따라서 난소과잉자극증후군(OHSS)이라는 부작용이 일어나는 경우가 있으며 때때로 배에 물이 차거나 탈수증상을 보여 입원치료가 필요한 경우도 있으며 최악의 경우 배나 가슴에 물이 찬 결과 혈액이 농축되어 뇌경색에 이르는 경우도 있습니다. 따라서 배란유도제 투여시에는 이에 대한 충분한 주의를 필요로 하고 의료진은 환자에게 시술의 효과, 부작용 등에 대해 충분히 설명을 해 주어야 합니다.

그러나 원고는 강남피고병원에서 배란유도제 투여 등 시술과정과 관련하여 이 건과 같이 배나 가슴에 물이 차 혈액이 농축되어 뇌경색에 이르게 될 수 있다는 설명을 전혀 듣지 못하였습니다. 당시 원고는 임신을 원하는 정상인이었을 뿐 반드시 배란유도제를 투여해야 하는 응급환자도 아니었습니다. 만일 원고와 그 가족들이 배란유도제로 인한 뇌경색의 발생가능성 등 그 후유증에 대해 상세히 설명을 들었다면 그 위험을 무릅쓰고 배란유도제를 투여받지 않았을 것이고 현장애에도 이르지 않았을 것입니다.

2. 뇌경색 치료시 주의의무 위반

가. 강남피고병원

원고는 강남피고병원에 2005. 3. 7.경 첫 내원하여 배란유도제를 맞기 시작한뒤 복수가 차기 시작하여 같은달 28.경 복수천자시술을 1차로 받고 같은해 4. 1.경 2차로 받게 되었는 바, 2차 복수천자시술 당시 원고는 "복수가 차고 체하고 토하는 현상이 생겼습니다."라고 문의하였으나 강남피고병원 산부인과 조○○의사는 대수롭지 않다는 듯 대답도 해 주지 않았습니다.

그러자 결국 의사소통이 불가하고 몸을 움직이지 못하여 같은달 2. 08:30경 강남피고병원을 방문하게 되었으나 이와 같은 신경학적 이상소견에도 불구하고 강남○○병원은 신경학적 검사로 가장 기본이 되는 뇌 CT, 뇌 MRI검사조차 시행하지 아니하고 게다가 신경과적 치료가 가능한 병원으로 전원조치도 아니한 채 1시간 30분가량이나 지체하다 원고를 분당피고병원으로 전원조치한 잘못을 범하였습니다.

나. 분당피고병원

뇌경색은 임상병력, 신경학적 검사 및 진단과정을 통해 일단 진단되면 즉시 치료가 시작되어야 합니다. 왜냐하면 뇌세포의 손상은 비가역적으로 치료시기를 실기하면 마비 등의 영구장애가 남기 때문입니다. 뇌경색의 치료목표는 현증세의 진행을 막고, 급성기의 합병증을 방지하고, 향후 증상의 발생을 예방하며, 환자의 재활치료를 실시하는 것입니다. 이에 일반적 치료로 수분, 산소공급, 혈압유지 등을 시행하고 전문적 치료로 부종치료, 항응고제요법, 혈전용해제, 혈액점도의 하강, 미세순환증대를 위한 약품투여 등을 시행하게 됩니다.

그러나 분당피고병원은 원고의 뇌경색에 대한 치료시 조기진단 및 조기치료의 주의의무를 이행하지 않았습니다.

분당피고병원은 내원 당시 좌측 허약감을 주호소로 우측 중대뇌동맥의 경색이 의심되는 상황에서 내원한 원고에 대해 뇌 CT, 뇌 MRI 등을 검사한 후 뇌경색을 확진하였음에도 불구하고 소외 영동○○병원 전원 직전 뒤늦게 항응고제인 헤파린투여를 시작하였습니다. 내원당시 이미 좌측 허약감에 의한 신경학적 이상소견을 보였고 우측 중대뇌동맥이 의심되는 상황이었고 뇌경색의 경우 치료의 창내에 혈전용해제 등의 투여로 정상으로의 회복 내지 후유증의 최소화를 목표를 하고 있는 바, 우측 중대뇌동맥 경색 치료에 임함에 있어 질환의 진행방지를 치료의 최우선 목표로 삼아 정밀검사 및 항혈소판제제 등의 적극적인 약물투여를 보다 조기에 시행했어야 함에도 만연히 방치하다 뒤늦게 원고를 소외 영동○○병원으로 전원조치한 잘못을 범하였습니다.

결국, 뇌경색에 대한 조기진단 및 조기치료의 실패는 원고로 하여금 그 후유증으로 현장애에 이르게 하였다 할 것입니다.

≪관련 의학지식을 통한 입증≫

1. 원고의 주장사실의 요지

가. 난소과자극증후군에 대한 처치상 주의의무 위반

(1) 난소 과자극 증후군에 대한 처치상 주의의무

경도의 난소 과자극 증후군인 경우는 ① 외래를 통하여 아스피린 등을 복용하게 하고, ② 병의 진행을 면밀히 관찰하여야 하며, ③ 중증일 경우는 입원하여 혈류역학 상태와 호흡계 상태를 파악하여, ④ 적절한 수액요법으로 혈액량을 유지시키고, ⑤ 혈전색전증 방지를 위하여 항응고제나 아스피린을 사용하여야 합니다.

(2) 강남피고병원은 원고에게 중증의 난소과자극증후군이 진단되었음에도 입원조치는 커녕 혈전색전증 방지 등의 처치상 주의의무를 다 하지 아니하였습니다.

원고는 강남피고병원으로부터 배란유도제를 투여받은 후 2100cc 및 2200cc의 복수가 차 복수천자를 해야 할 정도로 매우 심각한 중증의 난소과자극증후군 상태에 있었습니다.

이러한 중증의 난소과자극증후군의 경우에는 환자를 입원조치하여 적절한 수액요법과 혈전색전증 방지를 위한 항응고제 투여 등의 조치를 취하여야 함에도 강남피고병원은 원고가 단시간에 복수가 많이 차고 체하고 토하는 현상이 있다고 문의하였음에도 대수롭지 않다는 듯 별다른 대답을 해주지 아니하였고 입원도 권유하지 아니하였습니다.

▶ 지○○ 증인신문조서

'입원까지 해야되느냐 라고 물었더니 의사가 원고의 반응을 보고 안 하셔도 상관없다라고 하였다고 들었습니다.'{피고 복대리 5-나-(1)항 참조}.

〔문〕 주치의가 증상이 악화되면 즉시 입원하여야 한다고 말한 적이 있는지.

〔답〕 그런 말을 한 적이 없다고 들었습니다{피고 복대리 5-나-(2)항 참조}.

(3) 당시 원고는 중증의 난소과자극증후군 상태로 입원을 통해 적절한 수액요법과 항응고제 투여 등의 약물요법이 필요한 상황이었다 하겠습니다.

2. 뇌경색에 대한 진단 및 처치 지연

가. 뇌경색 처치상 주의의무

난소과자극증후군에 의해 혈전 색전증이 발생하였다면 빠른 진단 후 신속하게 혈전

용해제를 투여해야 합니다.

2009. 1. 15.자 원고 제출 준비서면에서 제시한 증례에서도 뇌경색 발생 1시간 30분 만에 혈전용해제를 투여하여 뇌경색에 대한 후유증 없이 완치된 것을 확인할 수 있습니다{갑 제31호증 논문(중증 난소과자극증후군 환자에서 뇌경색 및 심장 내 혈전증의 성공적 치료 1예) 참조}.

급성 뇌경색에 대한 조기진단 및 조기치료의 중요성은 여러 논문에서도 확인되고 있는데 ○○대학병원 응급의학과, 동수원병원 응급의학과 김동필 외 7은 급성 뇌경색 환자의 치료는 폐쇄된 뇌 혈류를 재개시켜, 가역적인 부위의 신경세포 기능을 빠른 시간내에 회복하고 허혈로 인한 신경세포의 파괴를 방지하는 것이 중요하다고 전제하고 효과적인 치료를 위하여 급성 뇌경색 환자의 치료 우선 순위를 급성 심근경색 환자와 동일하게 하여 증상 발현 후 신속히 병원으로 이송하여 조기 재관류 요법, tPA를 투여할 수 있는 기회를 넓혀, 급성 뇌경색 환자의 손실과 장애를 최소화할 수 있도록 하여야 한다고 강조하였고, ○○의대 영동○○병원 가정의학과, ○○의대 가정의학과, ○○의대 가정의학과 김○○ 외 5는 1996년 혈전용해단백질은 급성 뇌경색의 급성기 치료로 매우 시간 의존적인 것으로 발병 3시간 이내에 투여되어야만 최대의 효과를 기대할 수 있다고 하였습니다{갑 제35호증 논문(응급센터로 방문한 급성 뇌경색 환자의 임상적 고찰), 갑 제34호증 논문(급성 뇌경색 환자의 병원 도착 지연의 이유) 참조}.

나. 강남피고병원과 분당피고병원은 발생된 뇌경색에 대한 진단 및 처치를 지연하여 원고로 하여금 좌측사지마비 등의 영구장애에 이르게 하였습니다.

(1) 뇌경색의 발생시점

이 건 원고의 뇌경색의 발병시점은 신경학적 이상이 확인된 약 07:00 직후로 보아야 합니다. 뇌경색은 혈관이 막혀서 생기는 병이기 때문에 증상이 갑자기 나타나는 것이 특징입니다(갑 제33호증 뇌경색이란 참조). 따라서 07:00경 이미 뇌경색이 발병된 상태라면 물을 달라고 말을 할 수도 없고 물을 마실 수도 없었을 것입니다. 뇌경색이 이미 발생된 상태라면 07:00경 원고가 물을 마신 점은 의학적으로 설명이 되지 않습니다.

▶ 지○○ 증인신문조서

〔문〕 2005. 4. 2. 이 사건 사고가 발생하였는데, 전날인 2005. 4. 1.에 원고에게 신체적인 이상이 있었나요.

〔답〕 없었습니다(원고복대리 3항 참조).

"잠에서 깬 07:00경에 큰 이상은 없었습니다"(원고복대리 4항 참조).

(2) 강남피고병원에서의 처치

2005. 4. 2. 강남피고병원 내원 당시 뇌경색이 의심되는 상황이었는 바, 당시 강남피고병원은 원고에 대해 즉각 뇌 CT, 뇌 MRI 등을 시행하고 혈전용해제 투여 등의 치료를 시행했어야 합니다.

그러나 강남피고병원은 원고에 대해 뇌경색을 의심하기는 커녕 가장 기본적인 신경학적 검사조차 시행하지 않았으며 단순히 혈액검사만 시행하였을 뿐입니다(2007. 10. 10.자 접수 진료기록감정 회신문 I -3-다항 참조).

▶ 지○○ 증인신문조서

'병원에 갔을 때 조치가 즉시 이루어지지는 않았습니다'(피고 복대리 15항 참조).

나아가, 강남피고병원은 뇌경색에 대한 치료자체가 불가하였다면 1시간 35분 동안 지체하지 말고 뇌경색치료가 가능한 병원으로 즉각 전원조치했어야 합니다.

(3) 분당피고병원에서의 처치

설상가상 분당피고병원은 2005. 4. 2. 10:40경 내원한 원고에 대해 뇌경색을 의심하였음에도 즉각적으로 진단검사 및 치료를 이행하지 아니한 채 뇌 CT, 뇌 MR angio 검사에서 헤파린 투여시까지 너무 많은 시간을 소요, 지체하였습니다.

2005. 4. 2. 10:40경 분당피고병원 응급실 도착 후 원고에 대한 뇌 CT검사는 같은 날 11:40경 시행되었습니다. 검사에 무려 1시간이 지체되었습니다. 더구나 뇌 CT상 우측중대뇌동맥뇌경색이 진단되었음에도 어떤 이유에서인지 혈전용해제의 투여없이 같은날 14:00경 뇌 MR angio검사가 추가로 시행되었습니다. 뇌 CT검사상 우측 중대뇌동맥뇌경색이 진단된 응급상황에서 추가검사를 위해 시간을 지체할 이유가 없었습니다.

(4) 뇌경색 진단 및 처치지연에 의한 영구장애의 고착

피고병원의 원고에 대한 뇌경색의 진단 및 처치지연은 좌측 편마비 등의 현장애를 고착시키는 결과를 초래하였습니다.

3. 설명의무 위반

(1) 배란유도제 투여시에는 이에 대한 충분한 주의를 필요로 하고 의료진은 환자에게 시술의 효과, 부작용 등에 대해 충분히 설명을 해주어야 합니다.

(2) 원고는 강남피고병원에서 배란유도제 투여 등 시술과정과 관련하여 이 건과 같이 배나 가슴에 물이 차 혈액이 농축되어 뇌경색에 이르게 될 수 있다는 설명을 전

혀 듣지 못하였습니다.

▶ 지○○ 증인신문조서

〔문〕 원고측이 2003년부터 임신을 계획하여 불임치료를 계속해서 받아왔으므로 불임치료에 대하여 어느 정도 지식이 있어 보이는데, 어떠한가요.

〔답〕 아닙니다. 2003이 아닌 2005초입니다. 불임치료에 대한 큰 지식은 없었고 원고가 병원에 다니면서 의사한테 들은 이야기 정도를 알고 있었습니다(피고복대리 3-다항 참조).

"주사로 하는 것이 낫고, 일반적으로 한다 라고 이야기하였기 때문에 동의하였지만 그에 따른 부작용에 대해서는 전혀 이야기하지 않았습니다"(피고복대리 3-라항 참조).

"증인은 사고 이후에 인터넷을 통해서 투여할 때 뇌경색이 발생할 확률이 높다는 것을 알게 되었는데 당시에 위험할 수 있다는 것을 알았다면 더 신중하게 고려하였을 것입니다"(피고복대리 3-마항 참조).

〔문〕 …증인과 원고는 주치의에게 복수가 차는 이유에 대하여 물어보지 않았다는 것인가요.

〔답〕 물어보았지만, 설명을 명확하게 하지 않았다고 원고가 이야기하는 것을 들었습니다(피고복대리 6항 참조).

"분당○○병원에서는 듣지 못하였고, 나중에 인터넷으로나 영동○○병원 응급실에 처음 왔을 때 의사가 복수에 물이 차면 결국 사람 몸에서 수분이 빠져나가는 것이고 혈액에서 수분이 부족할 수 있기 때문에 뇌경색이 발생할 수 있다고 들었습니다."(피고복대리 20항 참조).

(3) 당시 원고는 임신을 원하는 정상인이었을 뿐 반드시 배란유도제 투여해야 하는 응급환자도 아니었습니다. 만일 원고와 그 가족들이 배란유도제로 인한 뇌경색의 발생가능성 등 그 후유증에 대해 상세히 설명을 들었다면 그 위험을 무릅쓰고 배란유도제를 투여 받지 않았을 것이고 현장애에도 이르지 않았을 것입니다.

▶ 지○○ 증인신문조서

〔문〕 부작용에 대한 설명을 들었다면 배란유도제를 투여하지 않았을 것이었지요.

〔답〕 예(원고복대리 2항 참조).

〔문〕 피고병원으로부터 뇌경색이라든지 부작용에 대한 설명을 들었고, 2005. 4. 1.에 원고의 몸 상태가 좋지 않았다고 가정한다면, 부작용에 대한 내용을 알고 있었기 때문에 2005. 4. 1.에 즉시 병원을 찾아갔을 것이지요.

〔답〕 예(원고 복대리 1항 참조).

≪관련 논문≫

Korean Journal of Obstetrics and Gynecology
Vol. 50 No. 11 November 2007

중증 난소 과자극 증후군 환자에서 발생한 뇌경색 및 심장 내 혈전증의 성공적 치료 1예

울산대학교 의과대학 서울아산병원 산부인과학교실

김소라 · 김유진 · 김지선 · 구윤희
김성훈 · 채희동 · 김정훈 · 강병문

A case of successful treatment of stroke with intracardiac thrombi in a patient with severe ovarian hyperstimulation syndrome

So-Ra Kim, M.D., Eu-Jin Kim, M.D., Ji-Sun Kim, M.D., Yun-Hee Koo, M.D., Sung-Hoon Kim, M.D., Heedong Chae, M.D., Chung-Hoon Kim, M.D., Byung-Moon Kang, M.D.

Department of Obstetrics and Gynecology, College of Medicine, University of Ulsan, Asan Medical Center, Seoul, Korea

Thromboembolism is a rare complication of ovarian hyperstimulation syndrom (OHSS). According to the numerous reports, it most commonly occurs in upper extremities, head, and neck vein. It is also well known that acute cerebral infarction, once occurred, is mainly caused by the occlusion of large arteries, especially middle cerebral artery (MCA) in most cases. Administration of heparin has been considered as the best treatment option, but many studies have been reporting successful treatment results from administrating thrombolytics in patients with cerebral infarction. Although administration of thrombolytics is invasive and has some potential side effects including bleeding or hematoma, it still has been used for treating patients with cerebral infarction. We report a case of patient with intracardiac thrombi and manifested symptoms of acute cerebral infarction originally caused by OHSS followed by the occlusion of MCA. We administered thrombolytics within one and half hours of showing left hemiparesis caused by the occlusion of right MCA, and identified reperfusion of MCA. There was no evidence of complications associated with the administration of thrombolytics on CT scan, which was taken 24 hours later. Thrombi in IVC, right atrium, and right ventricle were found on chest CT with pleural effusion, but soon were disappeared after administrating heparin anticoagulation. We report this case to show that thrombolytics and anticoagulation can be safely used to treat a patient with cerebral infarction and thrombi caused by OHSS without any side effects or complications.

Key Words: Ovarian hyperstimulation syndrome, Stroke, Thrombolytics, Intracardiac thrombus

보조 생식술 (assisted reproductive technology, ART)에서 배란 유도 및 과배란 유도를 시행할 때 발생할 수 있는 부작용 중 가장 중증의 부작용이 난소 과자극 증후군이다.[1] 난소 과자극 증후군의 임상증상으로 오심, 구토, 복수와 흉수의 생성, 난소의 크기 증가 등이 있는데, 이는 혈관 내에서 제 3강 (the third space)으로 대량의 체액이 이동됨으로써 생긴 결과이다. 심한 경우 호흡 곤란 증후군, 신부전, 간부전이 올 수 있으며 혈액의 점성이 증가되어 동맥

접수일 : 2007. 5. 25.
채택일 : 2007. 10. 17.
교신저자 : 채희동
E-mail : hdchae@amc.seoul.kr

대한산부회지 제50권 제11호, 2007

과 정맥의 폐색을 일으켜 혈전 색전증이 발생하여 사망에까지 이를 수 있다.[2] 혈전 색전증은 빈도가 0.04% 정도로 드물게 나타나며 그 중에서도 대부분은 정맥혈전증으로 동맥에 발생한 혈전색전증에 의한 뇌경색은 극히 드물다.[3]

저자들은 난소 과자극 증후군에서 심장 내 혈전과 함께 뇌 혈관 혈전 색전증에 의한 뇌경색이 발생한 후 혈전용해제를 신속히 투여하여 완치된 예를 경험하였기에 간단한 문헌 고찰과 함께 보고하는 바이다.

증 례

환 자: 서 ○ 경, 31세

주 소: 내원 40분전에 발생한 좌측 근력 약화

산과력: 1 - 0 - 0 - 1

월경력: 초경은 14세이고, 평소 월경주기는 1개월에서 1년으로 불규칙하였으며 월경량은 소량이었고 최종 월경일의 시작은 2005년 3월 14일이었다.

과거력: 다낭성 난소 증후군으로 2001년 clomiphene citrate를 이용한 배란 유도를 시행 받고 임신하여 2002년 자연분만 하였다.

현병력: 배란 유도를 위해 타 병원에서 월경주기 3일째부터 유전자 재조합 난포자극 호르몬 (recombinant follicular stimulation hormone, rFSH; Gonal-F, Serono, Switzerland)을 150 IU씩 2일간 투여 후 다음 날부터 75 IU씩 투여하였다. 월경주기 8일째 초음파 검사 상 최대 난포의 직경이 14 mm로 측정되어 생식샘 자극호르몬 분비호르몬 길항제 (gonadotropin releasing hormone antagonist, GnRH antagonist)인 Cetrorelix (Cetrotide, Serono) 0.25 mg을 Gonal-F 75 IU과 함께 5일 동안 투여하였다. 월경 주기 12일 째 초음파상 최대 난포의 평균 직경이 19 mm에 도달하고 15 mm 이상인 난포가 7개로 측정되어 사람 융모성 생식샘 자극호르몬 (human chorionic gonadotropin, hCG; Pregnyl, Organon, Oss, Netherlands) 10,000 IU를 근육 주사한 후 2일 뒤 성관계를 갖도록 하였다. 월경 주기 22일째 하복부 통증과 함께 복부팽만이 발생하여 시행한 초음파 검사 상 복수가 관찰되어 입원을 권유하였으나 환자가 거절하였다. 이틀 후 환자는 복부팽만의 증가로 인한 호흡곤란 증상을 보였으며, 입원하여 시행한 검사에서는 혈색소 17.6 g/dl, 적혈구 용적 52.3%, 백혈구 33,800/mm^3, 혈소판 514,000/mm^{3}으로 혈액 농축 및 응고 항진 상태였다. 입원 당일부터 예방적으로 헤파린 5,000 IU를 하루 2회 투여하기 시작하였다. 입원 치료 3일째 오전 6시경 좌측 부전 마비 (left hemiparesis)가 발생하여 본원 응급실로 전원 되었다.

진찰소견: 본원 응급실에 내원한 당시 환자의 전신상태 및 영양 상태는 양호하였고, 의식은 명료하였으며, 환자의 신장은 158 cm, 체중은 48 kg이었다. 환자의 활력징후는 혈압 114/75 mmHg, 맥박 98회/분, 호흡 20회/분, 체온 36.1도, 그리고 산소 포화도 98%였다.

신경학적 진찰 소견 상 좌측 근력이 3 정도로 감소되어 있었고, 좌측 안면 마비를 보이고 있었다. 좌측 감각도 약간 감소된 소견을 보였고 NIHSS (National Institutes of Health Stroke Scale)상 6점이었다. 전신 진찰 소견에서는 복부 팽만이 있었고, 복위가 83 cm로 측정되었으며, 타진에서는 탁음이 들렸다. 흉부 청진상 이상소견 보이지 않았다.

검사소견: 혈액 검사 상 혈색소 16.5 g/dl, 적혈구 용적이 48.1%로 증가되어 있었고, 백혈구 24,400/mm^3, 혈소판 444,000/mm^{3}이었다. 혈액 응고 검사는 정상 범위였고 혈청 검사상 총 단백 4.4 g/dl, 알부민 2.2 g/dl였다. Fibrinogen degradation products (FDP)는 정상 범위에 있었지만 D-dimer는 7.53 μg/ml로 증가되어 있었고, antithrombin III는 70%로 감소되어 있었다. 혈액응고 인자 VII, VIII, IX는 147%, 381%, 181%로 증가되어 있었고, Lupus anticoagulant test는 음성이었다. β-HCG는 58.0 mIU/ml로 측정되어 임신이 추정되었으나 적극적 치료를 위해 보호자와 상의하여 임신에 대해서는 고려하지 않기로 하였다.

방사선학적 검사소견: 흉부 X-선 검사는 정상 소견이었으며, 응급실에서 시행한 뇌 자기공명 영상 (brain MRI)과 뇌 자기공명 혈관 촬영 (MR angiography)상 우측 중대뇌동맥 (right middle cerebral artery, MCA)의 폐색으로 인하여 우측 중대뇌동맥 영역의 후 측 (right posterior MCA territory)에 급성 뇌경색 소견을 보였다 (Fig. 1).

초음파 검사 상 자궁 내에 임신 낭은 보이지 않았으며, 우측 난소는 6.3×5.5 cm, 좌측 난소는 5.4×4.0 cm 크기

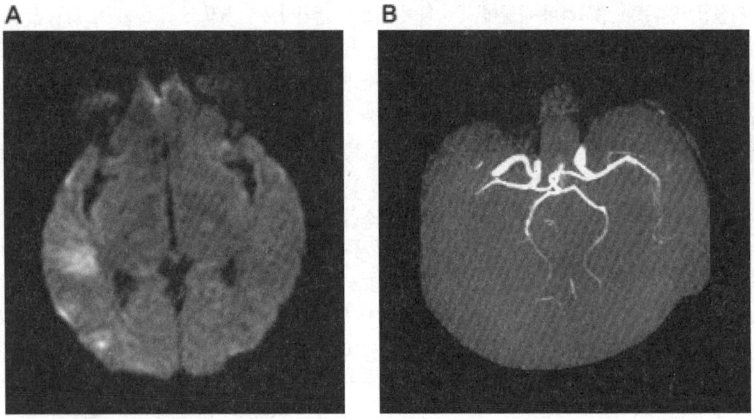

Fig. 1. (A) Brain MR diffusion weighted image shows acute right middle cerebral artery infarct. (B) Brain MR angiography shows right middle cerebral artery occlusion.

였고 간 아래쪽까지 차있는 복수가 관찰되었다. 응급실에서 심장 초음파를 시행하였으나 복수 때문에 심장 내 혈전의 유무는 정확히 알 수 없었고, 그 외 이상 소견은 보이지 않았다.

입원 경과: 뇌 자기공명 검사를 마치고 나오면서 좌측 부전 마비가 약간 호전되어 근력 정도가 4로 측정되었다. 즉시 혈전 용해제 (recombinant tissue plasminogen activator, r-tPA; Actilyse, alteplase, Boehringer ingelheim, KG) 0.9 mg/kg을 정맥 주입하기 시작하였고 이것은 증상 발생한지 1시간 30분이 지난 시점이었다. 혈전용해제 치료가 끝난 후 추적 신경학적 진찰 상 좌측 근력이 정상인 5로 돌아왔으며 좌측 팔과 다리가 무도증 (chorea) 증상을 보이고 있어 우측 중대뇌동맥의 재관류가 되었음을 추정할 수 있었다.

입원 후 생리 식염수를 시간당 80 ml로 정주하면서 20% 알부민 200 ml과 혈장 증량제 (hydroxyethyl starch; voluven, Fresenius-kabi, Korea) 500 ml를 함께 정주하였다. 소변은 시간당 30 ml 정도로 유지되었으며, 입원 2일째부터는 경구로 수분을 섭취하면서 알부민을 보충하였다.

입원 1일째 오후에 시행한 뇌혈관 도플러 검사 상 뇌혈관에 색전은 없는 것으로 판정되었다. 혈전 용해제 치료가 끝난 후 뇌출혈 여부를 확인하기 위해 시행한 뇌 컴퓨터 단층 촬영 상 뇌출혈이나 뇌혈종은 관찰되지 않아 입원 2일째부터 헤파린을 시간 당 600 IU으로 정맥주입하기 시작하였다.

입원 2일째에는 1일째 보이던 무도증 증상은 없어졌고, 신경학적 진찰 상 의식은 명료하였으며 양쪽 근력은 5 정도로 측정되었고 좌측 감각은 약간 감소된 상태였다. 복부 팽만과 호흡 곤란이 심하여 복수천자 2,000 ml를 시행하였고 그 후 호흡 곤란은 다소 호전되었다. 입원 4일째에 복부 팽만이 더욱 심해지고 복위가 83 cm에서 86 cm로 증가하였다. 체중은 입원 시와 비교하여 3 kg 증가하였으며, 흉부 X-선 검사 상 좌측 흉수의 증가와 함께 폐 부종 소견을 보였다. 입원 5일째 시행한 흉부 전산 단층 촬영에서 하대정맥, 우측 심방, 우측 심실 내 혈전이 의심되었고 양측에 다량의 흉수가 관찰되었다 (Fig. 2). 경식도 심장 초음파에서도 우측 심방에 여러 개의 혈전이 관찰되어 (Fig. 3), 헤파린을 지속적으로 투여하였고, 치료적 유산을 시행하였다.

입원 6일째 뇌 자기공명영상과 뇌 자기공명혈관 촬영 추적 검사 상 우측 중대뇌동맥 영역의 뇌경색의 정도가 증가하였지만 폐색되어 있던 우측 중대뇌동맥은 재 관류가 된 소견을 보였다. 헤파린을 사용하는 동안 입원 7일째 시행한 혈액 검사에서 혈색소 8.4 g/dl, 적혈구 용적 25.4%로 감소하였는데, 이는 혈액 희석에 의한 빈혈로 판단하고 지켜보기로 하였다. 백혈구와 혈소판은 11,400/mm^3, 277,000/mm^{3}로 측정되었다. 입원 9일째 추적 검사한 흉

대한산부회지 제50권 제11호, 2007

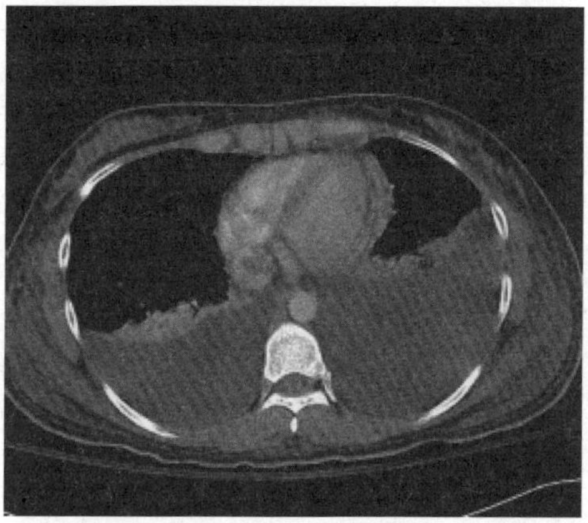

Fig. 2. Axial contrast CT of chest shows tubular filling defects in IVC, right atrium and right ventricle and large amount of pleural effusion.

부 컴퓨터 단층 촬영과 심장 초음파 검사 상 심장 내 혈전이 소실된 소견을 보였다. 입원 11일째 와파린 (warfarin sodium, Daehwa, Korea) 5 mg을 복용하기 시작하였고, 흉부 X-선 검사 상 복수와 흉수는 감소되어 호전된 소견을 보였으며 β-HCG는 1.0 mIU/ml 미만으로 측정되었다. 입원 17일째 PT INR이 1.76으로 측정되어 헤파린을 중단하였고, 입원 18일째 후유증 없이 무증상인 상태로, 와파린 2.5 mg을 복용하기로 하고 퇴원하였다.

고 찰

중증의 난소 과자극 증후군 환자에서 혈전 색전증은 적절한 치료를 시행함에도 불구하고 발생할 수 있으며 예측이 어렵고 이로 인하여 사망까지 이를 수 있거나 후유증이 남는 경우가 많아 난소과자극 증후군의 가장 위험한 합병증으로 인식된다.[4] 이러한 혈전 색전증은 보조생식술을 시행받은 환자 중에서는 0.04% 정도로 적은 발생률을 보이지만 중증 난소 과자극 증후군 환자에서는 2.4%에서 많게는 10%까지 나타나기도 한다.[5]

난소 과자극 증후군에서 혈전 색전증은 고에스트로겐 혈증의 상태와 혈액 농축으로 인한 과다응고 상태로 인해 발생하게 된다. 첫번째로 고에스트로겐 혈증의 상태에서는

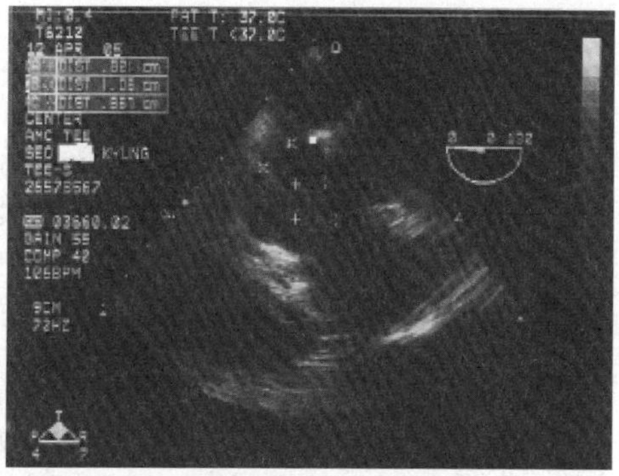

Fig. 3. Transesophageal echocardiogram demonstrates multiple echogenic masses in right atrium. The diameters of each mass were 26 mm, 8 mm, and 10 mm respectively.

혈소판, 섬유소원 (fibrinogen), von willebrand factor의 혈중 농도가 증가하고 antithrombin III의 수치는 감소하여 혈액을 과다응고 상태로 만들 수 있다. 임신 자체만으로도 에스트로겐의 혈중 농도가 증가하는데, 배란유도로 인한 고에스트로겐 혈증은 혈전 색전증의 위험도를 더욱 증가시킬 수 있다.[6] Stewart 등은 혈전 색전증이 발생한 환자 중 54%에서 혈중 에스트라디올 (estradiol) 농도가 3,000 pg/ml까지 증가되어 있었다고 보고하였다.[7] 두 번째로 혈액 농축은 혈액의 점성을 증가시키고, 혈액 응고 인자의 농도를 증가시키므로 혈전 색전증의 발생 가능성이 증가한다. 난소 과자극 증후군 환자에서 혈관 투과성의 증가와 동맥 혈관의 이완으로 혈관 내에서 제 3강으로 대량의 체액이 이동됨으로써 혈액 농축이 발생하는 것을 관찰할 수 있고,[4,8] Ou 등의 보고에 의하면 난소 과자극 증후군 환자에서 발생한 혈전 색전증 53예 중 33예에서 적혈구 용적이 42% 이상으로 증가되어 있었다고 한다.[9] 고에스트로겐 혈증과 혈액 농축 외에 혈전 성향증 (thrombophilia) 환자, 즉 antithrombin III 결핍증, protein C 결핍증, protein S 결핍증, 그리고 항 인지질항체 증후군 (anti-phospholipid antibody syndrome) 환자에서 난소 과자극 증후군이 발생하면 혈전 색전증 발생 확률이 증가하며,[9] 특히 대뇌혈관의 혈전증 발생률이 증가하는 것으로 보고된 바 있다.[10] 또한 심부정맥 혈전의 과거력이 있는 환자,[11] 정맥염을 앓고 있는 환자에서도 혈전 색전증이 발생한 증례

를 볼 수 있다.[12]

난소 과자극 증후군은 임신이 동반되면 더더욱 치료가 어려울 뿐만 아니라 대부분의 치료는 보존 요법을 상용하게 된다. 경도일 경우는 외래를 통하여 aspirin 등을 복용하게 하고 병의 진행을 면밀히 관찰하여야 하며, 중증일 경우는 입원하여 혈류역학 상태와 호흡계 상태를 파악하여 적절한 수액요법으로 혈액량을 유지시키고, 혈전색전증 방지를 위하여 항응고제나 aspirin을 사용하여야한다.[13] 수액요법은 과도하지 않아야 하며, 24시간 동안 500~1,000 ml 정도의 양으로 전해질 용액과 혈장증량제를 투여하면서 혈중 저 알부민증이 있으면 알부민 용액을 보충해주어야 한다.[14] 유효 혈액량 감소로 대부분 핍뇨가 발생하지만 이뇨제는 더욱 심한 혈액량의 감소를 일으키므로 투여하지 않아야 한다.[15] 보존적 치료뿐이므로 난소 과자극 증후군의 발생을 예측하고 이를 예방하는 것이 무엇보다 중요하다. 초음파상 관찰되는 난포의 수가 매우 많아 난소 과자극 증후군의 발생이 예상되는 경우 hCG를 적은 용량으로 투여하거나, hCG를 투여하기 전에 혈중 에스트라디올 농도를 측정하여 농도가 높다면 에스트라디올 혈중 농도가 일정한 수준을 유지하거나 감소할 때까지 난포 자극호르몬을 투여하지 않고 기다렸다가 hCG를 투여하여야 하며,[9,16] 황체기에는 hCG 대신 프로게스테론 (progesterone)을 사용하여 황체기 보강을 하여야 하고 때로는 주기를 완전히 취소하거나 체외수정시술 일 경우 배아를 모두 동결하여야 난소 과자극 증후군을 예방할 수 있다.[16,17] 배란 유도시 혈전 성향증이 있는 환자를 선별하여야 하며, 과거 병력을 조사하여 심부정맥 혈전증의 과거력이 있었거나 정맥염을 앓았던 여성은 더욱 더 조심하여야 할 것이다. 만약 이런 고위험군 환자에서 배란 유도를 시행 할 경우에는 압박 스타킹을 착용한다거나 헤파린을 예방적으로 투여하여 혈전 색전증을 예방하여야 한다는 보고도 있다.[7]

Ou 등은 배란 유도와 관련하여 발생한 혈전 색전증 65명의 증례를 정리하여 보고하였는데, 10명이 하지에, 19명이 목에, 18명이 머리에, 8명이 이외의 다른 곳인 심장, 신장, 폐 등에 발생하였다고 한다.[9] Stewart 등도 54예를 발표하였는데, 대부분은 상지, 머리, 목의 정맥에 발생한다고 하였고 난소 과자극 증후군에서 발생한 뇌경색의 대부분은 중대뇌동맥에서 발생한다고 하였다.[7]

대뇌혈관의 혈전 색전증이 발생하면 갑자기 두통이 생기고, 구토를 할 수 있으며 경련 및 의식 소실, 행동 이상 등을 보일 수 있으며 진단은 뇌 자기공명영상과 뇌 자기공명혈관 촬영으로 할 수 있다.[9] 진단이 되었다면 항응고제인 헤파린을 투여하며, 특히 대뇌혈관의 동맥에 발생하여 뇌경색이 야기되었다면 증상 발생 후 3시간 이내에 혈전 용해제를 투여해 볼 수 있다. 혈전 용해제 투여 후 대뇌출혈이나 혈종이 발생할 수 있기 때문에, 투여 24시간 후 뇌 컴퓨터 단층 촬영을 시행해서 이에 대한 평가를 해야 한다.

Gubitz 등은 1960년부터 2002년까지 보고된 난소 과자극 증후군으로 인한 뇌경색이 발생한 14예 중에서 6예는 후유증이 없거나 경도의 증상이 남는 정도로 회복되었고, 6예는 좌측 반 부전마비 (hemiparesis)가 남았고, 2예는 사망하였다고 보고하였다. 전체 14예 중 6예에서 중대뇌동맥의 폐색을 보였으며, 6예에서는 헤파린으로 치료하였지만 혈전 용해제를 사용한 예는 없었다.[18]

Elford 등이 2002년에 발표한 증례에서는 중대뇌동맥에 뇌경색 발생 4시간 후 동맥 내로 혈전 용해제를 투여하였고 중대뇌동맥의 재관류가 되었지만 뇌 전산 단층 촬영상 3 cm의 혈종이 발생하여 치료 3개월 후 환자는 사분맹 (quadrantanopia), 보행 시 회전 보행 (circumduction)의 후유증이 남았다고 한다.[19] 뇌경색 급성기에 항응고제의 단독 치료는 큰 효과가 없고, 정맥 또는 동맥 혈전 용해제의 주입이 필요하다고 하며,[18] Wardlaw에 의하면, 혈전 용해제 치료 후 뇌 내출혈이 대략 10% 정도에서 발생한다고 보고하였지만, 뇌 내출혈이 발생하더라도 임상적으로 확연히 호전된 결과를 얻을 수 있다고 하였다.[20]

본 예에서는 난포자극호르몬 투여 후 중증의 난소 과자극 증후군이 발생하였고 중대뇌동맥 혈전 색전증 및 심장 내 혈전이 발생하였다. 중대뇌동맥 혈전 색전증이 발생하고 이에 대한 증상 발생 후 1시간 30분만에 혈전 용해제를 정맥으로 투여하였으며, 투여 후 중대뇌동맥의 재관류가 되었다. 24시간 후 뇌 내출혈이나 혈종이 발생하였는지 평가하기 위해 뇌 전산 단층 촬영을 시행하였지만 출혈이나 혈종은 관찰되지 않았다. 심장 내 혈전은 우측 심방과 하대정맥에 발생하였으며 헤파린 투여로 혈전이 완전히 소실되는 결과를 얻었다. 심장 내 혈전이 우측 심방과 하대 정맥에 발생한 것으로 보아 이 혈전이 뇌경색의 원인이 될 수

대한산부회지 제50권 제11호, 2007

없으며 동시 다발적으로 대뇌혈관과 심장 내에 발생하였음을 알 수 있었다. 퇴원 시 환자는 신경학적으로 후유증 없이 완치되었음을 관찰하였다. 국내에서도 중대뇌동맥의 색전증으로 인한 뇌경색 1예와 내경정맥의 색전증 1예가 보고되었지만, 본 증례는 혈전용해제를 투여하였고, 후유증 없이 완치되었기에 의미가 있다고 보여진다.[21,22]

난소 과자극 증후군은 예측과 예방이 우선되어야 하겠고, 중증 난소 과자극 증후군이 발생하면 혈전 발생 위험도가 높은 환자에서는 헤파린을 예방적으로 투여하면서 면밀한 관찰을 해야 할 것이다. 또한 혈전 색전증이 발생하였다면 빠른 진단 후 신속하게 혈전 용해제 투여를 시도해 보는 것이 가능할 것으로 생각된다.

참고문헌

1. Smitz J, Camus M, Devroey P, Erard P, Wisanto P. Incidence of severe ovarian hyperstimulation syndrome after GnRH/HMG superovulation for IVF. Hum Reprod 1990; 5: 933-7.
2. Worrell GA, Wijdicks EF, Eggers SDZ, Phan T, Damatio MA, Mullany CJ. Ovarian hyperstimulation syndrome with ischemic stroke due to intracardiac thrombosis. Neurology 2001; 57: 1342-4.
3. Arya R, Shehata HA, Patel RK, Sahu S, Rajusingam D, Harrington KF, et al. Internal Jugular vein thrombosis after assited conception therapy. Br J Haematol 2001; 115: 153-5.
4. Marie M, Alejandro C, Falcone T. Ovarian hyperstimulation syndrome. Crit Care Me 2005; 33: S301-6.
5. Serour GI, Aboulghar M, Mansour R, Sattar MA, Amin Y, Aboulghar H. Complications of medically assisted conception in 3,500 cycles. Fertil Steril 1998; 70: 638-42.
6. Km HC, Kemmann E, Shelden R. Response of blood coagulation parameters to elevated endogenous 17β-estradiol levels induced by human menopausal gonadotrophins. Am J Obstet Gynecol 1981; 140: 807-9.
7. Stewart JA, Hamilton PJ, Murdoch AP. Thromboembolic disease associated with ovarian stimulation and assisted conception techniques. Hum Reprod 1997; 12: 2167-73.
8. Enskog A, Henriksson M, Unander M, Nilsson L, Biannstrom M. Prospective study of the clinical and laboratory parameters of patients in whom ovarian hyperstimulation for in vitro fertilization. Fertil Steril 1999; 71: 808-14.
9. Ou YC, Kao YL, Lai SL, Kung FT, Huang FJ, Chan SY, et al. Thromboembolism after ovarian stimulation: Successful management of a woman with superior sagittal sinus thrombosis after IVF and embryo transfer. Hum Reprod 2003; 18: 2375-81.
10. Rad NAK and Hemerhorst FM. OHSS and cerebrovascular thrombosis. Hum Reprod 1999; 14: 1138.
11. Aurousseau MH, Samama MM, Belhassen A, Herve F, Hugues JN. Risk of thromboembolism in relation to an in-vitro fertilization programe: Three case reports. Hum Reprod 1995; 10: 94-7.
12. Stewart JA, Hamilton PJ, Murdoch AP. Upper limb thrombosis associated with assisted conception treatment. Hum Reprod 1997; 12: 2174-5.
13. Delvigne A, Rozenberg S. Epidemiology and prevention of ovarian hyperstimulation syndrome. Human Reproduction update 2002; 8: 559-77.
14. Schenker JG, Weinstein T. Ovarian hyperstimulation syndrome : a current survey. Fertil Steril 1978; 30: 255-68.
15. Shapiro AG, Thomas T, Epstein M. Management of hyperstimulation syndrome. Fertil Steril 1977; 28: 237-9.
16. The Practice Committee of the American Society for Reproductive Medicine. Ovarian hyperstimulation syndrome. Fertil Steril 2004; 82: S81-6.
17. Kol S. Luteolysis induced by a gonadotropin releasing hormone agonist is the key to prevention of ovarian hyperstimulation syndrome. Fertil Steril 2004; 81: 1-5.
18. Gubitz G, Counsell C, Sandercock P, Signorini D. Anticoagulants for acute ischaemic stroke. Cochrane Database Syst Rev. 2004; 3: CD000024.
19. Elford K, Leader A, Wee R, Stys PK. Stroke in ovarian hyperstimulation syndrome in early pregnancy treated with intra-arterial rt-PA. Neurology 2002; 59: 1270-2.
20. Wardlaw J. Overview of Cochrane thrombosis meta-analysis. Neurology 2001; 57: S69-76.
21. 심종욱, 구자남, 기숙현, 서창석, 김석현, 문신용 등. 중증 난소 과자극증후군 환자에서 발생한 뇌혈관 혈전색전증 1예. 대한산부회지 38: 1686-90.
22. 지병철, 김진아, 구승엽, 서창석, 김석현, 최영민 등. 내경정맥 혈전증을 동반한 중증 난소과자극증후군 1예. 대한산부회지 47: 1251-4.

≪원 · 피고 주요쟁점≫

쟁점	원 고	피 고
난소과자극증후군 처치상 주의의무 위반	원고는 중증의 난소과자극증후군이었는바, 입원, 수액요법, 항응고제 및 아스피린투여 등의 조치가 필요하였으나 피고는 입원을 권고하기는 커녕 아무런 조치도 취하지 아니하였음.	원고는 중등도의 난소과자극증후군이었는 바, 이온음료, 안정의 조치도 가능한 상태였고 설사 헤파린을 투여하였더라고 뇌경색의 발생을 방지하기 어려웠음.
뇌경색의 진단 및 처치지연의 점	강남피고병원 및 분당피고병원은 원고의 뇌경색에 대한 조기진단 및 처치(혈전용해제를 치료의 창내에 투여하지 아니함)를 지연하여 원고로 하여금 좌측 편마비 등 영구장애에 이르게 하였음.	입원 당시 원고에 대해 뇌경색을 의심하고 뇌 CT, 뇌 MRI를 계획하고, 위 순서에 따라 뇌경색 치료를 진행하였으며 이미 치료의 창내의 시간이 지나 혈전용해제 사용은 불가능하였음.
설명의무 위반의 점	강남피고병원은 원고에 대한 배란유도제 투여와 관련하여 뇌경색의 발생가능성에 대한 아무런 설명을 이행하지 아니하였음.	배란유도제에 의한 난소과자극증후군의 발생가능성 및 후유증에 대한 설명을 다 하였음.
진료기록 조작의 점	두 번에 걸쳐 발부받은 강남피고병원 진료기록지는 서로 상이한 바, 이는 이건 사실 은폐를 위해 진료기록을 조작한 것임.	이 사건 이후 추가작성한 진료기록은 당시 상황을 좀 더 정확히 묘사하고 시간을 정확하게 기입하여 이해하기 쉽도록 작성하였을 뿐 내용은 동일함.

≪1심 판결≫

위자료 2천만 원만 인정받음.

≪2심 결정≫

항소심에서는 진료기록부 위변조 등이 입증되고, 1심에서의 주장이 입증되어 3억 원의 화해권고 결정에 의하여 조정이 성립됨.[108]

108) 서울고등법원 2009나46813 조정.

4. 수술 위해 항응고제 투여중단 후, 전립선 수술을 받은 다음 항응고제 투여 미뤄 혈전에 의한 급성 뇌경색 발생한 사건[109]

≪사건 개요≫

• 원고 노○○(남, 67세) / 피고 강동○○병원

※ 사건 경과

대뇌 허혈발작으로 와파린 투여 중 수술 위해 중단 → 전립선 결석 제거 및 경요도 전립선 절제술 시행 → 수술 후 혈전용해제 미투여 → 급성 뇌경색증(우측 마비)

과거력 : 고혈압(05년), 협심증(05년), 조기 대장암(05년), 심방세동, 일과성 대뇌허혈발작, 말초동맥협착

—— 1999. 5. 6.부터 강동○○병원에서 심장내과에서 진료 지속적으로 받음.

—— 2006. 5. 24.경 관상동맥조영술 시행

심장내과에서 한 달 간격으로 INR 지속적으로 추적 관찰함(INR : 1.29～2.62).

날 짜	증 상	검사 및 처치	비 고	법원 판단
		1997. 전립선절제술 2005. 심방세동 협심증 아스피린 와파린 2006. 전립선비대증 외래 진료		
7. 8.	1년 전부터 배뇨 어려움 전립성비대증 증상	타병원에서 대장내시경 시행 후 아스피린과 실로스타졸은 중단, 와파린만 투약중.		
7. 13.		혈액검사 ⑤ 13일에 이미 노○○과 보호자에게 설명을 함.	aPTT ---초 (정상 : 22.5-35.3) PT ---% (정상 : 77-120%) 전립선절제술 권유	

109) 서울남부지방법원 2013. 6. 11. 선고 2011가합17725 판결, 서울고등법원 2015. 6. 25. 선고 2013나2013182 판결.

7. 14.		심장내과에서 비뇨기과 수술 받는 것 알고 있음. INR 0.97		
7. 15.		수술 위해 입원 마취통증의학과에 협진	순환기내과 협진의뢰 아스피린은 7일 전에 끊고 와파린은 저분자량 헤파린으로 바꿔서 12시간 중단 후 수술 가능	
7. 16.	① 수술 전에 1일 2회 크렉산 투여해야 함에도 1회만 투여한 과실	① 크렉산 투여 (와파린 대신 크렉산 60mg으로 교체) 순환기내과에서 1회 투여 권유해서 그에 따른 것임.		① 크렉산은 환자의 연령, 상태 등을 고려하여 투여 회수를 조절할 수 있음. 크렉산 약품정보에 따르면 1일 1회 40mg투여하도록 되어 있음.
7. 17.	20:07 INR 0.9	② 크렉산 투여		
7. 18.	18:11	③ 크렉산 투여	aPTT 20.5초 PT 129.2% INR 0.9 (정상 : 0.9-1.14)	이 정도라면 수술하는데 출혈의 위험성은 없는 것으로 보이며 약물교체도 필요하지 않았던 것으로 보임.
	혈뇨 약간 Hb 13.3 ② 혈전·색전의 위험이 있는 환자의 경우에는 INR을 2-3으로 올려야 함에도 수술 전날 INR이 0.9임에도 수술 강행 ③ 혈액응고농도를 관찰하여야 함에도 18일 이후에 25일까지 혈액응고검사를 하지 않음. ⑤ 항응고제 투약 중단	- 모든 항응고제 약물 중단 - 전립선 결석의 제거 및 경요도적 전립선 절제술 - 혈뇨 증상으로 방광 세척함. 수술 이후 항응고제 투여 사실 없음. INR 검사 미실시 ③ 항응고제 투여가 중단된 상태에서 혈액응고검사는 할 필요가 없다.	절대 침상 안정	② 일반적으로 와파린 복용환자에게 목표 INR수치는 2-3이 맞기는 한데 전립선 수술은 소변 때문에 지혈이 쉽지 않아서 위험성을 최소화할 필요가 있음. ③ 항응고제를 투여하고 있지

7. 19.	하면 색전증이 발생해서 뇌경색 등이 발생할 수 있다는 점에 대해서 설명하지 않음.			않은 상태에서는 혈액응고검사를 할 필요가 없음. 수술 전 한번 정도는 출혈위험성이 없는지 확인은 해봐야 할 것으로 보임. 수술 직전 혈액응고지수는 알 수 없음.
	④ 심장내과 의료진과 협진의무가 있음에도 협진을 하지 않음. ⑤ 수술 후에 항응고제를 투여하였어야 함에도 와파린이나 크렉산을 투여하지 않음.	수술 후 상태 Hb 13.3 혈뇨 요도 주변의 출혈 있음. 복부 팽만시 주치의 연락 다른 특이불편사항 없음. ④ 원고는 수술 후 혈뇨 때문에 항응고제를 투여할 수 없어서 순환기내과 협진을 할 필요가 없었음.	50cc 풍선 주입 소변줄 당김 상태	④ 수술 후에는 신경과에 협진해서 안정성에 대해서 물어봐야 하는 점. 23일에는 혈뇨가 없었는데도 항응고제 복용 중단 유지한 점. ⑤ 환자 본인에게 설명하지 않은 점.
7. 20.	수술 후와 비교하여 혈뇨(+), 호전 중	Hb 13.1 혈소판 119000 혈뇨 있음. 요도 통증		수술 후 항응고제 미투여한 것은 신경과 등에 협진을 했어야 함. 재투여에 대해서 협진했는지는 자료 없음.
7. 21.	약한 혈뇨	혈뇨		
7. 22.	혈뇨	Hb 12.7 운동저하 없음. 호흡곤란 없음.		
7. 23.	혈뇨(−)		침상 안정	심장과 협진에 의한 것은 문서상으로 확인할 수 없음. 그러나 수술 전 협진기록에서 관리에 대한 전문가 의견을 알고 있는 상황으로 판단됨.

7. 24.			-소변줄 제거함(2번 소변 본 후 퇴원 예정) -방광 스캔 검사	혈전 위험 있음→항혈전제는 혈뇨 양상에 따라 고려(기록상)	
7. 25.	11:43	컨디션 양호			수술 후 25일까지 INR검사를 하지 않았으나 와파린을 사용하지 않는다면 INR검사를 할 필요는 없을 것으로 판단됨.
	14:30	깨웠으나 눈만 뜨고 전혀 대답 못하고 지남력 장애 있음. 우측 신체부위의 움직임 쇠약 120/80-60-20-36.7	신경과 연락		
	15:00	뇌경색 의증	뇌CT : 외상성 타박상(왼쪽 전두-두정엽 영역) 진행, 새로 발견된 병변 없음.		
	15:44		중환자실로 전실 혈압 하강제 라베신 투약함. 소변줄과 위장관 튜브 삽입함.		
	15:52			aPTT 20.8초 PT 93.5% INR 1.04	
	15:54	우측 운동성 : 0~1점 180/100-75-16-36.3 산소포화도 : 94%			
	15:59		조직 플라스미노센 활성제 정맥주사 시작	(허혈성 뇌졸중의 혈괴 파괴)	
	16:03		정맥혈전증 예방 위해 스타킹 신음		
	16:17		리피토 80mg 투약		
	16:47	기면(고개만 끄덕임)			

	16:55	혈뇨 증상 있음.			
	21:21	혈뇨 지속됨.	21:55 방광세척 후 깨끗해짐. 뇌졸중 척도 20점		

※ 영상 CD 없는 상태

≪소장에서 주장하는 피고의 과실≫

1. 약물 투여상 과실

원고 1은 일과성 대뇌허혈발작, 협심증 및 심방세동(Atrial Fibrillation)으로 인하여 항혈소판제인 아스피린과 실로스타졸, 항응고제인 와파린을 복용 중이었습니다. 이와 같은 대뇌허혈발작에 심방세동이 동반되어 있는 경우에는 혈전 색전증에 의한 뇌경색이 발병될 가능성이 매우 높아 평생 동안 와파린 등의 항응고제 투여가 필수적이며, 수술을 위해 항응고제인 와파린 투여를 중단해야 할 부득이한 경우에는 통상 수술 3~5일 전에 투여를 중단하고 수술 후에는 다시 항응고제를 투여하여 혈전 색전증 발생을 예방해야 합니다.

피고병원은 원고 1의 전립선 절제술 시행을 위하여 항응고제인 와파린 및 항혈소판제 약물을 모두 중단하였으며, 수술 전날인 2010. 7. 18.경까지 약물 작용시간이 짧은 크렉산을 대체 투여하였습니다. 그러나 피고병원은 전립선 절제술 시행 이후 원고 1에게 혈전이 생기는 것을 막는 약제인 와파린을 다시 처방하지 않았으며, 대체약물인 크렉산 조차 투여하지 않은 채 원고 1을 방치하였습니다.

결국 피고병원은 수술을 위해 중단하였던 항응고제인 와파린을 수술 후에 다시 원고 1에게 복용을 시키지 않았으며, 이로 인하여 원고 1에게 뇌경색을 유발시킨 과실이 있습니다.

2. 경과관찰 해태

원고 1이 수술 전 복용하였던 항응고제인 와파린은 혈액응고를 억제하여 혈전 생성을 예방하는 약물로서 혈중 내 약물 농도가 적절하게 유지되지 않을 경우, 혈전 또는 역으로 출혈의 위험성이 있기 때문에 필수적으로 PT나 INR 등의 혈액응고검사를 통하여 혈중응고농도가 일정하게 유지되도록 해야 합니다.

피고병원은 전립선 절제술을 위하여 원고 1이 복용하고 있던 와파린 및 아스피린 등의 약물을 중단하였으며, 수술 전날까지 와파린 대신에 작용시간이 짧은 크렉산을 투여하였습니다. 이와 같이 수술을 위하여 항응고제 등의 약물을 중단할 경우, 피고병원은 위에서 살펴 본 바와 같이 PT나 INR 등의 혈액응고검사를 시행하여 혈중 내 응고농도를 주의 깊게 경과관찰을 시행할 주의의무가 있습니다. 더욱이 수술 전 날인 2010. 7. 18.경 당시 원고 1의 INR은 0.9(정상범위 : 0.9~1.14, 와파린 복용 환자 INR의 경우 : 2.0~3.0 유지)로 측정되었는 바, 원고 1은 혈전 발생 위험성이 높은 상태였습니다. 그럼에도 불구하고 피고병원은 원고 1에게 전립선 절제술을 시행하기 전 날인 2010. 7. 18.경 혈액응고검사를 시행한 이후 원고 1에게 뇌경색이 발생한 시점인 같은 달 25.경까지 단 한 번도 혈액응고검사를 시행하지 않은 과실이 있습니다.

결국 피고병원은 수술 후 원고 1에게 항응고제 약물을 다시 복용도 시키지 않았으면서, 이에 대한 경과관찰도 전혀 하지 않은 채 원고 1을 방치하였다 할 것입니다.

3. 협진 의무에 관한 처치상 과실

원고 1은 협심증, 심방세동 및 일과성 대뇌허혈발작으로 피고병원 심장내과에서 지속적인 외래 진료, 검사 및 약물 처방을 받았습니다. 원고 1은 피고병원 심장내과 의료진의 처방대로 항응고제인 와파린을 지속적으로 복용하고 있었는 바, 피고병원 비뇨기과 의료진은 원고 1의 전립선 절제술 시행 전 및 후에 약물 중단 및 재처방 시점, 혈중 혈액응고농도 유지 범위 등에 대하여 피고병원 심장내과 의료진과 협의 진료를 시행하여야 할 주의의무가 있습니다. 그러나 피고병원 비뇨기과 의료진은 심장내과 의료진과 단 한 차례도 원고 1의 상태에 대하여 협의진료를 의뢰하지 않았고, 결국 원고 1의 항응고제 약물 재복용 시기 및 혈중 혈액응고농도 유지를 위한 검사시기를 놓쳐 원고 1에게 뇌경색이라는 악결과가 발생케 한 과실이 있습니다.

≪관련 의학지식을 통한 입증≫

1. 약물투여상 과실

(1) 수술 전 약물투여상 과실

원고 1은 혈전색전 위험도가 고위험군에 속하는 환자로 비뇨기과 수술처럼 중증도 출혈위험 수술시 혈전색전을 예방하기 위해서 저분자량 헤파린 연결치료가 필요하였으나 피고병원은 이를 시행하지 않았습니다.

혈전색전 고위험군인 환자는 심장수술과 같이 출혈이 높은 수술을 하는 경우에도 헤파린을 정맥 혹은 피하주사를 하더라도, 수술 전날 혹은 수술 4~5시간 전에 약물 투여를 중단한 후 수술을 시행합니다(갑 제8호증 진료기록감정 회신문).

▶ 갑 제8호증 진료기록감정 회신문

〔문〕 혈전 색전의 고위험군인 경우에는 수술 전 와파린을 끊고 헤파린을 정맥주사 혹은 피하주사 하는 방법으로 유지하다가 수술 전날 혹은 4~5시간 전에 중단 후 수술을 시행하는지요.

〔답〕 일반적으로 그렇습니다(진료기록감정 회신문 2항 참조).

피고병원도 이러한 사실을 인지하고 있었음을 [그림 1]과 같이 협의 기록지를 통해 확인할 수 있습니다.

[그림 1] 을 제1호증의5 협의기록지

-> cardio cons상 ASA/cilos는 7일 중단, warf는 바로 중단하면 안되 고 3일전 low molecular heparin으로 대체하고 LMWH을 12시간 중단후 수술.

<번역>

→ 심장내과 협진상 아스피린, 실로스타졸 7일 중단, 와파린은 바로 중단하면 안되고 3일 전 저분자량 헤파린으로 대체하고 저분자량 헤파린을 12시간 중단 후 수술

그러나 피고병원은 심장내과의 협의진료 회신을 따르지 않았습니다. 을 제1호증의13 의사지시 및 투약기록지를 통해 피고병원이 저분자량 헤파린을 처방한 내역을 정리해 보면 [표 1]과 같습니다.

[표 1] 수술 전 저분자량 헤파린 처방 내역

	저분자량 헤파린 처방 내역	처방시간	수술절개시간
7. 15.	크렉산 60mg 1회	20:55	
7. 16.	크렉산 60mg 1회	20:07	
7. 17.	처방없음.		
7. 18.	크렉산 60mg 1회	18:11	
7. 19.	처방없음.		08:50

크렉산은 작용시간이 짧기 때문에 하루 2번 투여하여야합니다.

▶ 진료기록감정 회신문
: 통상 1일 2회를 권유하는 것이 일반적이나… {진료기록감정 회신문 1)-다)항 참조}.

그러나 피고병원은 크렉산을 하루에 한번밖에 투여하지 않았으며, 7. 17.경은 처방조차하지 않았습니다. 원고 1은 항혈소판제제인 아스피린과 실로스타졸을 수술 10일전부터 복용하고 있지 않았기 때문에 저분자 헤파린 연결치료는 혈전색전으로 인한 경색을 예방하기 위해 중요하였습니다. 원고 1에게 약의 적정용량을 투여하면 안되는 금기증은 없었는데도 불구하고 피고병원은 권고되고 있는 약의 투여 방법을 지키지 않았습니다.

▶ 진료기록감정 회신문
: …피감정인에게 1일 1회 투여한 이유는 감정자료에 없어 정확한 이유는 모르는 상태입니다{진료기록감정 회신문 1)-다)항 참조}.

결국 수술 전 헤파린연결치료를 제대로 시행하지 않아 7. 18.경 원고의 INR수치(수술 전 치료수치 1.5~2.5)는 치료수치의 한참 아래인 0.9까지 떨어져, 뇌경색의 발병 위험도가 증가하게 되었습니다.

(2) 수술 후 약물투여상 과실

수술 전 뇌경색의 발생 위험도가 높은 상태가 되었는데도 불구하고 피고병원은 수술 후 혈전색전을 예방하기 위한 약물처치(항혈소판제제, 항응고제 투여)를 시행하지 않았습니다.

혈전색전증으로 인한 뇌경색을 예방하기 위해서는 아스피린, 실로스타졸과 같은 항혈소판제제와 와파린같은 항응고제를 투여하여야 합니다.

▶ 진료기록감정 회신문
〔문〕 환자가 항혈소판제제인 아스피린, 실로스타졸과 항응고제인 와파린 복용이유
〔답〕 동맥경화에 의한 심장혈관 협착에 의한 협심증 혹은 심근경색예방과 심방세동에 의한 이차적인 심장성 색전증(뇌경색) 예방을 위한 치료입니다{진료기록감정 회신문 1)-가항 참조}.

▶ 사실조회 회신문
〔문〕 심인성 색전혈전증을 제외한 경색을 예방하기 위해 아스피린과 실로스타졸을 사용하는 이유는 혈소판 활성화를 막기 위해서인지요.
〔답〕 혈관이 막히는 위험성 즉 혈소한 응집으로 혈관이 폐쇄되는 현상을 막기위함입니다(진료기록감정 회신문 마항 참조).

항혈소판제와 항응고제를 투여하지 않을 경우 혈전색전증이 발생할 위험도가 매우

높아지기 때문입니다.

▶ 진료기록감정 회신문
항응고제 중단의 경우 심방세동에 의한 혈전 색전증 발병할 위험도는 매우 높다고 인정되나 … {진료기록감정 회신문 7)-나)항 참조}.

▶ 진료기록감정 회신문
고위험군의 뇌졸중 및 심근경색 발병위험이 매우 큰 경우라 생각되며 항응고제와 아스피린 등 모든 약물 중단시는 더 큰 위험비율이 있는 분이라 판단됩니다{진료기록감정 회신문 2)-바)항 참조}.

그러나 피고병원은 뇌경색이 발생한 7. 25.경까지 항혈소판제제(아스피린, 실로스타졸)나 항응고제를 투여하지 않았습니다.

▶ 진료기록감정 회신문
수술 후 항응고제 투여는 없는 것으로 보여지며 … {진료기록감정 회신문 4)-라)항 참조}.

▶ 사실조회 회신문
… 2010년 7월 26일부터 아스피린 100mg처방이 기록되어 있고 …
7월 31일부터 실로스타졸 처방이 추가된 기록이 있습니다{사실조회 회신문 2)-바)항 참조}.

따라서 피고병원은 혈소판제제와 항응고증의 금기가 없었는데도 불구하고, 예상 가능한 악결과를 막기 위해 항혈소판제제나 항응고제를 투여하지 않은 과실이 있다 할 것입니다.

(3) 원고 1의 INR수치

피고는 INR이 치료목표에 이르지 않으면 혈전색전의 위험이 높아진다는 것을 알고 있었음에도 불구하고, 원고를 혈전색전의 발생위험이 높은 상태로 방치하였습니다.

INR수치란 혈액응고시간은 국제적으로 표준화한 단위입니다. INR수치가 낮으면 혈액응고가 빨리되는 것이고 수치가 높으면 응고되는데 걸리는 시간이 오래 걸리는 것을 의미합니다. 일반인의 INR수치는 0.9~1.14정도인데, 혈전·색전의 위험이 있는 환자에겐 치료목적으로 약물을 투여하여 이 수치를 2~3으로 상승시켜 핏덩어리 발생을 예방합니다. [그림 1]처럼 원고 1과 같이 수술을 앞둔 환자는 INR을 1.5~2.5정도로 유지하여야 합니다.

[그림 2] 수술을 앞둔 환자 일반적인 INR수치 치료범위

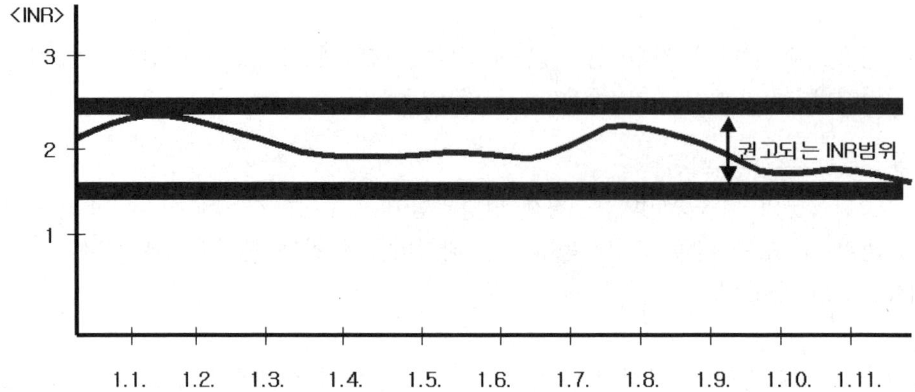

피고병원에 입원한 날부터 뇌경색 발생시까지 원고의 INR수치를 확인해보면 [그림 2]와 같습니다.

[그림 3]에서 확인할 수 있듯이 피고병원은 수술 전 저분자량 헤파린을 투여할 때도 적절한 치료범위로 투여되고 있는지 확인하지 않았습니다. 수술 전날인 2010. 7. 18.경 시행된 INR수치는 0.9로 치료범위에 이르지도 못하였으며, 이후 약물은 투여되지 않았으므로 INR이 치료범위에 이르지 못한 것은 당연하며, 결국 피고는 입원일부터 10일 동안 원고 1을 혈전·색전이 발생될 수 있는 위험상태에 노출되도록 방치한 것입니다.

[그림 3] 뇌경색 발생시까지 원고 1의 INR수치

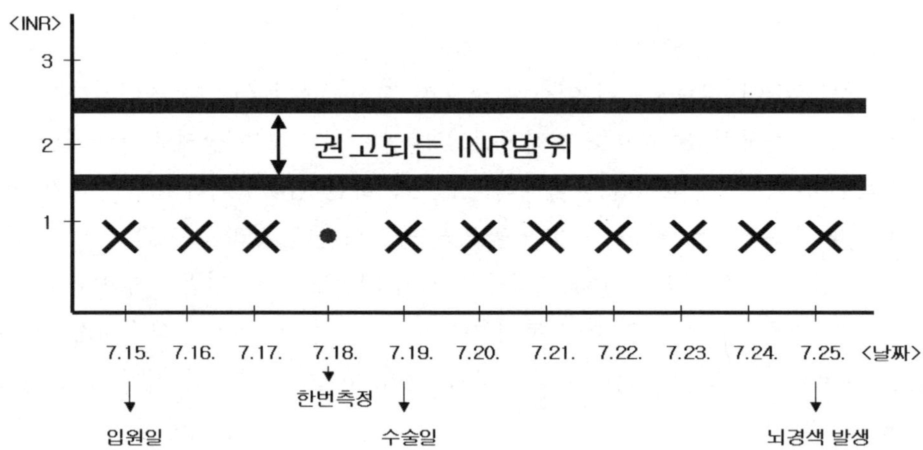

2. 경과관찰 해태

원고 1과 같이 혈전색전 고위험 환자의 경우 수술 후 혈전예방조치는 필수적입니다. 따라서 출혈 위험성과 뇌졸중 발생 위험성을 종합적으로 고려해서 투약을 결정할 주의의무가 있습니다.

▶ 진료기록감정 회신문

수술 후 혈전 예방조치는 당연히 필요하나 수술에 따른 출혈 위험성과 뇌졸중 발생 위험성 등 여러 가지를 종합적으로 고려하여 결정할 필요가 있다고 판단됩니다{진료기록감정 회신문 1)-다항 참조}.

(1) 출혈양상 미확인

그러나 피고병원은 원고 1의 혈액검사결과상 출혈위험도, 멍, 혈뇨, 객혈 등과 같은 출혈양상 사정을 소홀히 하였습니다.

첫째, 수술 전후 혈액응고검사를 시행하지 않았습니다.

▶ 진료기록감정 회신문

: …7월 15일~7월 17일 의사기록지에서 INR을 측정하라는 order는 있으나 자세한 PT결과지가 없어 정확한 확인은 불가능합니다{진료기록감정 회신문 1)-다)항 참조}.

둘째, 수술 후 원고 1이 혈뇨를 보았다면, 육안으로 확인할 수 있는 양인지, 소변의 색과 양상을 평가하고 소변변사를 시행했어야 하나 이를 시행하지 않았습니다.

피고병원은 원고 1이 혈뇨증상을 나타내어 출혈 위험성 때문에 약물투여를 하지 않았다고 하나 이는 사실이 아닙니다. 원고 1은 수술이후 혈뇨를 본적이 없습니다. 원고는 밝은 호박색의 정상 소변을 보았고, 양호하게 회복중이였기 때문에 피고병원도 [그림 4]와 같이 7. 24.경 퇴원을 계획했던 것입니다.

[그림 4] 을 제1호증의4 2010. 7. 24.경 경과기록지

금일 퇴원예정이었느

[그림 5]와 같이 원고 1은 수술 중 총 출혈량이 15cc밖에 되지 않았으며, 수술 후 이상 혈뇨를 보인다는 소견 또한 없었습니다.

[그림 5] 을 제1호증의14 마취간호기록지

EBL | 15

<번역>

총출혈량 15

▶ 진료기록감정 회신문

〔문〕 수술 후 혈뇨의 증상이 일반적인 범위를 벗어났다는 기록이 있는지요.

〔답〕 정확히 알 수 없습니다(진료기록감정 회신문 1)-다항 참조).

피고의 주장대로 혈뇨가 있다거나 육안으로 보지 않아도 잠혈이 의심된다면 소변검사를 통해 적혈구량을 확인했어야 하나 피고병원은 수술 후 잠혈을 확인하기 위한 소변검사를 시행한 적이 없습니다. 또한 '혈뇨가 의심되니 검사가 필요하다.', '혈전색전 예방을 위한 약물을 투여할 수 없다.'는 이야기를 원고들에게 단 한 번도 한 적이 없습니다.

따라서 피고측이 혈뇨 때문에 약을 투여할 수 없다는 주장은 사실이 아닌 바, 받아들일 수 없으나 백번을 양보하여 피고병원 경과기록지에 기재된 것과 같은 임상증상이 있었다 하더라도 피고병원은 항혈소판제제, 항응고제를 늦게 투여한 과실이 있습니다.

[그림 6]~[그림 8]과 같이 7. 21.경부터 혈뇨증상이 호전되고 있었고 7. 23.경에는 소변에 혈뇨증상이 보이지 않고 깨끗하다고 기록되어 있습니다.

[그림 6] 2010. 7. 21.경 경과기록지

혈뇨 증상
hematuria sign 있으나 이전보다 약간 호전양상보임

[그림 7] 2010. 7. 22.경 경과기록지

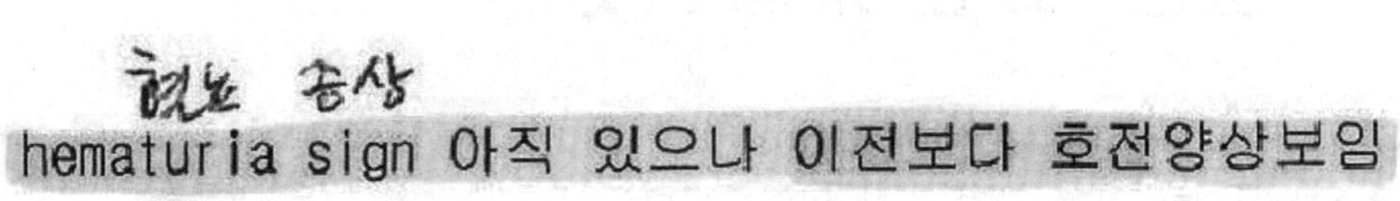
혈뇨 증상
hematuria sign 아직 있으나 이전보다 호전양상보임

[그림 8] 2010. 7. 23.경 경과기록지

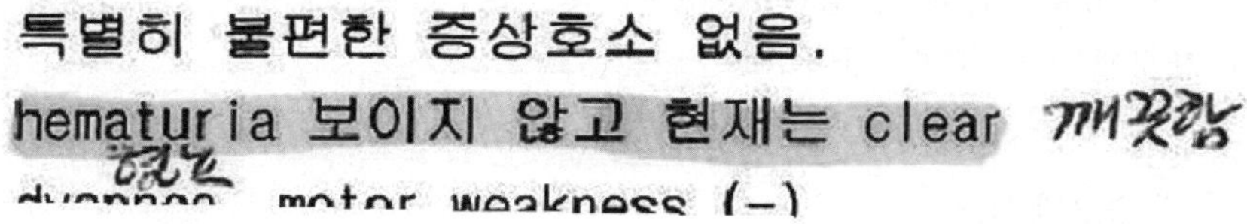
특별히 불편한 증상호소 없음.
hematuria 보이지 않고 현재는 clear 깨끗함
혈뇨
dyspnea, motor weakness (-)

피고는 혈뇨 때문에 약을 투여하지 못했다고 하면서 원고 1에게 뇌경색이 발생되었을 때는 출혈위험이 더 높은 조직 플라스미노겐 활성제를 투여하였습니다. 만약 피고 말대로 원고 1이 출혈경향이 높은상태였다면 조직 플라스미노겐 활성제 투여의 금기증에 해당하여 약을 사용하지 못했을 것입니다. 그러나 원고 1은 금기증에 해당하지 않았습니다.

따라서 혈뇨 때문에 약을 투여하지 못했다는 피고의 주장은 이유없다 할 것입니다.

(2) 협의진료미실시

피고병원은 전립선 절제술 후 항혈소판제제와 항응고제의 재투여를 위해 심장내과나 신경내과 등 전문분야에 협진을 의뢰하지 않은 과실이 있습니다.

▶ 진료기록감정 회신문

: …뇌졸중 재발 우려로 심장내과나 신경과에 협진하여 안전성 유무에 대해 전문적인 의견을 구하는 것이 원칙이라 생각됩니다. 피감정인의 경우 전문적 협진을 시행했는지는 자료에서 확인할 수 없는 상태입니다{진료기록감정 회신문 4)-가)항 참조}.

▶ 진료기록감정 회신문

수술 전 심장내과 협진기록만 있으며 재투여에 관한 협진기록은 감정자료로 확인할 수 없습니다{진료기록감정 회신문 1)-나)항 참조}.

▶ 진료기록감정 회신문

수술 후에는 심장내과 협진에 의한 것은 문서상으로는 확인안됩니다{진료기록감정 회신문 1)-다)항 참조}.

▶ 진료기록감정 회신문

감정자료에는 수술 후 심장내과 협진기록은 없으며 … {진료기록감정 회신문 6)-나)항 참조}.

수술 전 심장내과에 협진의뢰한 사실은 있으나 앞서 밝힌 바와 같이 심장내과의 권고사항을 무시한 채 비뇨기과만의 단독판단으로 회신내용을 이행하지 않았습니다.

따라서 피고병원 비뇨기과만의 단독판단으로 소변검사도 시행하지 않고 혈뇨가 있다고 판단하여, 항혈소판제제, 항응고제투여 및 혈액응고검사 등을 시행하지 않아 원고 1이 현 장애에 이르게 된 것입니다.

≪원 · 피고 주요쟁점≫

쟁 점 안	원 고	피 고
약물 투여상 과실	– 수술을 위해 중단하였던 항응고제인 와파린을 수술 후에 다시 복용시키지 않아 뇌경색 유발시킴.	– 혈전이 없는 심방 세동은 수술 후 즉각적인 와파린 치료가 필요 없음. – 혈뇨가 보여 지혈이 필요한 상태였음(출혈 위험성 저하되면 후 치료 재개하려 함).
경과관찰 해태	– 와파린 투여환자는 혈중 내 응고농도를 주의 깊게 관찰해야 하나, 전립선 절제술을 시행하기 전날 2010. 7. 18.경부터 뇌경색이 발생한 같은 달 25.경부터 혈액응고 검사를 시행하지 않음.	– INR수치는 항응고 치료가 재개되지 않은 상태에서는 의미 없음. – 색전의 위험성과 PT, INR 등의 추적관찰과는 의학적으로 관련 없음.
협진 의무에 관한 처치상 과실	– 전립선 절제술 시행 전후에 약물중단 및 재처방 시점, 혈중 혈액응고농도 유지 범위 등에 심장내과 의료진과 단 한례도 협진진료 의뢰하지 않아, 약물 재복용 시기 및 혈중 혈액 응고농도 유지를 위한 검사 시기를 놓침.	– 비뇨기과적으로 항응고제 재투여를 고려할 상황이 아닌 것으로 판단되어 순환기내과에 대한 협진의뢰는 필요하지 않음.
설명의무 위반	– 항응고제 투약 중단 시 혈전 색전증이 발생되어 뇌경색 등의 합병증이 발생될 수 있다는 위험성에 대한 설명 시행하지 않음.	– 항응고 유지요법 중단 시 위험성에 대해 순환기내과 확인 및 설명이 필요하다고 설명함. – 내원 전 자의로 항응고 치료를 중단한 사실이 있어서 의사 지시없이 자의로 중단하지 않도록 교육하고(심방 세동에 의한 혈전가능성, 뇌경색, 심근경색 가능성에 대해도 설명함) 수술전후 처치에 관하여 순환기내과에 협진 의뢰함.

≪1심 판결≫

1. 피고의 과실

『이 사건 수술후 과실에 관한 주장

피고병원 비뇨기과 의료진은 이 사건 수술 시행 후 항응고제 재투여, 혈액응고 유지범위 등에 관하여 피고병원 심장내과 의료진과 협진을 시행하여야 할 주의의무가 있음에도 협진을 하지 않았을 뿐 아니라 이 사건 수술 후에 항응고제 등을 투여하여야 함에도 항응고제인 와파린이나 대체약물인 크렉산을 투여하지 않았다…

이 사건 수술후 과실 및 설명의무 위반에 관한 주장

원고 노○○은 심방세동, 전신 동맥경화에 의한 혈관 손상의 질환을 갖고 있던 환자였고, 이 사건 수술전부터 와파린 등의 복용을 중단하고 있어 뇌경색 등의 발생위험이 높았던 점, 일반적으로 출혈 위험성이 크지 않은 수술의 경우 항응고제 복용환자에게 수술 후 항응고제를 재투여하는 것이 원칙이고 출혈 위험성이 있는 수술후에는 항응고제 재투여가 출혈 악화우려로 즉각 재투여가 어려운 반면 뇌졸중 등의 발생우려 또한 있으므로 신경과 등에 협진하여 안정성 유무에 대한 전문적 의견을 구하는 것이 요구되는 점, 원고 노○○의 경우 이 사건 수술후 2010. 7. 22.경까지는 혈뇨증상이 있었으나 2010. 7. 23.경에는 혈뇨가 발견되지 않았는데, 피고병원 비뇨기과 의료진은 신경과 등에 협진을 의뢰하는 등 적극적인 조치를 취하지 않은 채 만연히 혈뇨로 악화될 가능성이 있으므로 항응고제 복용 중단을 계속 유지한 점, 진료기록을 감정한 ○○대학교 신경과 전문의 역시 심장과나 신경과에 협진하여 안정성 유무에 대해 전문적인 의견을 구하는 것이 원칙이라는 의견을 개진한 점, 피고병원 의료진은 원고 노○○이 이 사건 수술 당시 판단능력을 가지고 있었음에도 원고 노○○의 처인 원고 윤○○으로부터 이 사건 수술에 대한 동의를 받았는 바, 의사의 설명은 환자의 승낙에 대한 전제조건이고 그 상대방은 환자이므로 친족의 승낙으로써 원고의 승낙에 갈음하는 것은 허용되지 않으며(대법원 1997. 7. 22. 선고 96다37682 판결), 피고병원 의료진으로서는 원고 노○○이 와파린을 장기간 복용하여 복용 중단시 색전증의 위험이 높아지리라는 점을 알고 있었다고 할지라도 이 사건 수술의 출혈경향을 사전에 설명함으로써 이 사건 수술 후 항응고제를 바로 복용하는 것이 어려울 수도 있음을 설명함으로써 환자로 하여금 수술에 응할 것인가를 스스로 결정하도록 하여야 했음에도 위 설명의무를 충분히 이행하였다고 보기 어려운 점 등에 비추어 보면, 피고병원 비뇨기과 의료진은 원고 노○○에 대하여 혈뇨가 발견되지 않았을 무렵 신경과 등에 협진을 의뢰하여 항응고제 투여여부를 결정하는 등 적극적인 조치를 취하여야 함에도 만연히 위와 같은 조치를 시행하지 아니한 과실이 있고, 침습적 의료행위인 이 사건 수술을 하면서 수술에 응할 것인가를 결정하기 위한 중요한 사항에 관하여 설명의무를 다하지 아니한 과실이 있다.』

라고 판시하여 의료과실과 설명의무 위반을 인정하고 있다.

2. 인과관계

『피고병원 의료진에게는 원고 노○○에 대한 항응고제 투여의 적기를 놓친 과실이 있고, 그 후 원고 노○○에게 이 사건 장애가 발생한 바, 원고 노○○의 과거 병력을 고려한다 하더라도, 달리 다른 원인이 개재되어 피고병원 의료진의 과실과 무관하게 이 사건 장애가 발생하였다고 보기는 어려우므로 피고병원 의료진의 과실과 원고 노○○의 이 사건 장애 발생 사이에 인과관계가 인정된다.』

라고 판시하고 있다.

3. 인용금액 : 1억 원

4. 피고의 책임비율 : 30%

≪2심 판결≫

원·피고 항소 모두 기각되어 1심 판결 확정.

≪관련 판례≫

1. 서울남부지방법원 2011. 7. 12. 선고 2009가합23437 판결

『…① 심방세동 환자의 혈전 색전증 위험성은 평균적으로 연간 4~6%이고, 원고와 같이 심방세동이 동반된 승모판 협착증 환자의 경우에는 혈전 색전증에 의한 뇌경색 발병 가능성이 더 높아지는 반면에, 뇌동맥류의 파열 위험성은 평균적으로 연간 2%로 알려져 있고, 원고에게 발견된 것과 같은 작은 뇌동맥류의 경우 그 가능성은 더욱 낮아지는 점, …등을 종합하여 볼 때 피고는 적어도 원고가 피고병원에 입원한 후인 2007. 12. 12.경부터는 헤파린과 같이 작용시간이 짧은 항응고제를 수술 전날까지 투여하여 혈전 색전증을 예방하였어야 한다고 할 것인데, 단지 원고에게 뇌동맥류 파열 가능성이 있다는 이유만으로 원고에게 수술 10일 전에 와파린의 복용을 중단시키고도 그 이후 아무런 대체 항응고제를 투여하지 아니한 잘못으로 원고로 하여금 혈전 색전증에 의한 뇌경색으로 인한 사지마비 등의 장애를 입게끔하였다.』

고 하여 병원 과실을 인정한 바 있다.

2. 서울중앙지법 2012. 6. 19. 선고 2010가합93870 판결

혈전 발생 위험도가 높은 원고의 INR수치를 2에서 3 사이로 조절하는 혈전예방조치를 다하지 않아 원고는 뇌손상을 입게 되었으므로 피고에게 446,355,666원의 손해배상 의무가 있다고 인정한 판례

5. 뇌동맥류 수술 기왕력이 있는 환자에 대한 안이한 혈압관리로 뇌출혈이 발생된 사건[110)]

≪사건 개요≫

• 원고 강태숙(여, 55세) / 피고 ○○병원

※ 사건 경과

1. 부산○○병원 1차 내원

(1) 1997. 7. 12.경부터 고혈압 진단 하에 외래 내원해옴.
(2) 2001. 7. 27. 10:40경 갑자기 쓰러져 응급실 통해 내원함.
(3) 뇌 CT 및 Angiogram상 SAH, R/o Aneurysm rupture(PCA, MCA)진단받은 후 입원함.
(4) 2001. 7. 31. craniotomy(개두술) & clipping(뇌동맥류 결찰술) 시행함.
(5) 2001. 8. 21. 골형성술 & 뇌동맥류결찰술 시행
(6) 상태 호전되어 2001. 9. 13. 퇴원함.

2. 가천○○병원

(1) 2001. 10. 10.경 신경외과 외래 내원함.
(2) 이후 2001. 11. 8. / 2001. 12. 7. / 2002. 1. 4. 보호자만 내원하여 약 처방 받아감.

3. 부산○○병원 2차 내원

(1) 2002. 1. 5.경 등산 다녀온 후 22:00경 구토 후 의식 잃고 쓰러져 창녕○○병원 내원하여 뇌 CT 후 ICH(뇌내출혈) 소견보여 2002. 1. 6.경 ○○병원 응급실 내원함.
(2) 뇌 CT촬영 후 S-ICH 진단하에 1. 6. craniotomy(개두술) & removal of hematoma(혈종제거술) & EVD keep(뇌실배액관) 시술받음.

110) 인천지방법원 2005. 1. 12. 선고 2003가합3153 판결－원고 패소, 서울고등법원 2005. 10. 11. 선고 2005나13204 판결－원고 승소, 대법원 2006. 1. 26. 선고 2005다65296 판결－확정.

(3) 수술 후 뇌 CT상 뇌실 확대 및 후두하의 fluid collection보여 1. 17.경 V-P shunt(뇌실복강 단락술) 시행

(4) 이후 상태 다소 호전되었고 한방병원으로 전원위해 2002. 3. 22.경 퇴원조치 됨.

(5) 현재 좌측 운동력 약화 상태로 입원 치료 중에 있음.

<부산○○병원 2001. 7. 7.－2001. 9. 13.>

날짜/시간	상　　태	처　　치
2001. 7. 27. 11:15	10:40경 갑자기 두통, 현기능, 구토, 땀나면서 쓰러져 응급실 통해 신경외과 입원. → 의식 명료 → 운동 및 감각(정상)	뇌 CT 및 angiogram → SAH(뇌지주막하 출혈) R/o Aneurysm rupture(PCA, MCA) 진단
7. 30.		수술동의서 작성 설　명 : 김○○ 서명자 : 최○○(아들)
7. 31.		craniotomy(개두술) & clipping(뇌동맥류결찰술) 시행 → 시술자 : 이○○, 김○○, 김○○
8. 1.	→ 의식 기면 → 운동 및 감각(정상)	
8. 2.	의식 명료	
8. 18.		뇌 CT → 수술 부위에 뇌척수액 collection
8. 20.		수술동의서 작성 설　명 : 김○○ 서명자 : 최○○(아들)
8. 21.		골형성술 & 뇌동맥류결찰술 시행 → 시술자 : 이○○, 김○○
9. 12.	혈압 140/80	
2001. 9. 13.	퇴원	

<○○병원>

날짜/시간	상 태	처 치
2001. 10. 10.	신경외과 외래 내원(환자와 함께) → 혈압체크 안함.	약물 처방(30일치) → 데파킨크로노(항경련제) 베스자임(소화제) 카니틸(정신부활약) 이연니모디핀(순환개선제)
11. 8.	보호자만 내원	약물 처방(30일치) → 데파킨크로노(항경련제) 베스자임(소화제) 카니틸(정신부활약) 이연니모디핀(순환개선제) 푸로작캅셀(우울증치료제)
12. 7.	보호자만 내원	약물 처방(30일치) → 데파킨크로노(항경련제) 베스자임(소화제) 카니틸(정신부활약) 이연니모디핀(순환개선제) 푸로작캅셀(우울증치료제)
2002. 1. 4.	보호자만 내원	테놀민 추가(베타차단제; 고혈압치료제)

<부산○○병원 2002. 1. 6.－2002. 3. 22.>

날짜/시간	상 태	처 치
2002. 1. 6. 00:20	1/5경 등산 다녀온 후 22:00경 구토 후 의식 잃고 쓰러져 ○○병원 내원 후 뇌 CT체크 후 뇌내출혈 소견 보여 응급실 경유 내원 혈압 160/100	뇌 CT → S-ICH 진단
00:50	혈압 190/120	
		수술동의서 작성 성 명 : ? 서명자 : 노○○(제부)
03:35		craniotomy(개두술) & removal of hematoma(혈종제거술) & EVD keep(뇌실배액관) 시술 받음. 시술자 : 김○○, 이○○, 김○○

1. 17.	뇌 CT상 뇌실 확대 및 후두 하의 fluid collection 보여	V-P shunt(뇌실 복강 단락술) 시행
3. 21.	혈압 130/70	
3. 22.		상태 다소 호전되었고 한방병원으로 전원 위해 2002. 3. 22.경 퇴원 조치됨.

≪소장에서 주장하는 피고의 과실≫

1. 결과예견가능성 및 악결과회피가능성

고혈압이 있는 환자는 고혈압으로 인해 뇌출혈이 발생할 위험성이 높습니다.

더욱이 원고는 고혈압에 의해 뇌출혈이 발생하여 개두술 및 뇌동맥류 결찰술을 시행받은 바 있습니다. 따라서 원고는 고혈압이 적절히 조절되지 않을 경우 이로 인해 뇌출혈이 발생할 위험성이 매우 높기 때문에 정기적인 혈압체크 및 항고혈압제제 복용으로 적정 혈압을 유지하여야 합니다.

2001. 10. 10.경, 11. 8.경, 12. 7.경 각 피고병원 외래 내원시 원고 및 위 최○○, 최○○은 원고의 상태에 대하여 자세히 이야기하며 적정진료를 요구하였으나, 위 유○○은 이를 무시하였습니다. 피고병원에서는 원고에게 항경련제, 소화제, 정신부활약, 순환개선제, 우울증 치료제 등으로 혈압을 내리는 약은 없었습니다. 재출혈하기 하루 전에서야 테놀민(항고혈압제제)을 처방하여 주었습니다.

그러나 고혈압약은 하루이틀 먹는다고 효과가 있는 것이 아닙니다.

피고병원의 방치로 인하여 위와 같은 과실로 인해 원고는 두 번째 개두술을 받는 고통을 겪어야만 했고 결국 현장애에 이르게 되었다 할 것입니다.

≪관련 의학지식을 통한 입증≫

1. 고혈압에 관하여

이 건 원고는 고혈압에 대한 치료를 제대로 받지 못하여 뇌출혈이 발생한 것입니다.

다음에서 고혈압의 정의, 진단 방법, 합병증 등에 대해 살펴본 후 피고병원의 과실을 살펴보도록 하겠습니다(갑 제9호증 임상 심장학 참조).

가. 정 의

고혈압의 기준 및 분류는 다음과 같습니다.

미국 JNC-VI 분류(1997)	
	수축기/이완기 혈압(mmHg)
이상적인 혈압	<120/80
정 상	<130/85
경계정상	130～139/85～89
고혈압	
1단계(경증)	140～159/90-99
2단계(중등도)	160～179/100～109
3단계(중증)	≥180/110

※ JNC-VI : 미국 제6차 합동위원회

수축기혈압과 이완기혈압이 서로 다른 단계에 속할 때는 높은 단계로 분류한다.

나. 진단 방법

혈압을 측정하는 것만이 유일하게 고혈압을 조기진단하고, 효과적으로 치료할 수 있는 방법입니다. 따라서 적정의 방법과 원칙에 의해 혈압을 측정하고 진단하는 것이 매우 중요합니다.

(1) 올바른 혈압 측정법

혈압은 낮과 밤, 육체적 활동, 감정변화 등에 따라 변동이 심하므로 한 순간의 혈압으로 그 사람의 혈압을 대표할 수 없는 바, 적정의 혈압 측정방법은 다음과 같습니다.

· 30분 이내 흡연 및 카페인의 섭취를 금한다.
· 5분 이상 편안히 앉은 자세에서 팔을 심장위치에 둔다.
· 적절한 크기의 압박대를 선택한다.
· 수은혈압기가 가장 좋다.
· 수축기, 이완기 혈압 모두를 측정하고, 처음 소리가 들릴때를 수축기혈압, 소리가 완전히 사라질 때를 이완기혈압이라고 정의한다.
· 낭대는 맥박이 사라질 때의 수치보다 30mmHg 이상 빠른 속도로 팽창시키고, 풀 때는 천천히 약 초당 2mmHg의 속도로 떨어뜨린다.
· 재차 측정할 때에는 2분 이상의 간격을 두고 측정한다.
· 의사와 환자가 대면 후 약 10분 이상 지난 다음 혈압을 측정하는 것이 좋다.

(2) 고혈압의 증명

고혈압은 다음의 원칙에 따라 진단하여야 합니다.

- 혈압을 여러 번 측정하여야 한다(가능한 4~6주 동안 관찰해야 한다).
- 한번 높게 측정된 혈압도 무시할 수 없다.
- 수축기혈압과 이완기혈압 모두 중요하다.
- 가성고혈압의 가능성도 생각해야 합니다.
- 자세에 따른 혈압 변화를 유심히 관찰해야 한다.

다. 뇌출혈발생의 고위험인자

고혈압은 심혈관계, 뇌, 신장 등 여러 장기에 치명적인 합병증을 유발시키는데 특히, 고혈압은 원고의 뇌 내출혈(ICH)를 포함하여 뇌출혈발생의 고위험 인자 중 하나입니다.

고혈압의 경우 출혈이 발생되는 원인은 소혈관 벽의 유리질화로 미세동맥류가 형성되기 때문인 것으로 설명되고 있습니다(갑 제10호증 임상신경학 448쪽 참조).

(1) 문헌 I

'뇌내출혈(INTRACEREBRAL HAEMORRHAGE) 원인(CAUSES)

- 고혈압(hypertension)
- 뇌동맥류(aneurysm)
- 동정맥기형(artiovenous malformation)
- 외상(trauma)
- 혈액 질환(blood dyscrasias)
- 혈관염(vasculitis)
- 항응고제 치료(anticoagulant therapy)
- 약물중독(drug abuse)
  코카인(cocaine) 등
- 원인 미상(idiopathic)

(갑 제10호증 임상신경학 448쪽 참조)

(2) 문헌Ⅱ

"뇌내출혈의 위험인자는 연령분포에 따라 달라서 청년층에서는 동정맥기형이 높은 비율을 차지하는 반면 장, 노년층에서는 고혈압과 뇌종양에 의한 출혈이 대부분이다."(갑 제11호증 신경외과학 298쪽 참조).

(3) 문헌Ⅲ

"혈압이 높아서 생기는 합병증으로는 진행성-악성 고혈압, 출혈성 뇌졸중, 심부전, 신경화, 대동맥 박리증 등이 있고"(갑 제9호증 임상심장학 483쪽 참조).

"이완기 혈압이 5 혹은 10mmHg 지속적으로 증가하면 뇌졸중이 34%, 56% 그리고 관상동맥질환이 21%, 37% 각각 증가하는 것을 의미한다"(갑 제9호증 임상심장학 476쪽 참조).

"고혈압 특히 수축기혈압은 뇌졸중과 일과성뇌허혈 발작을 유발하는 중요한 위험인자이다"(갑 제9호증 임상심장학 485쪽 참조).

라. 치료

(1) 치료의 필요성

고혈압은 치명적인 합병증 발생으로 사망에 이를 수 있는 질환으로 적극적인 치료를 요합니다.

따라서 고혈압의 발생을 줄이기 위해 예방을 시행해야 하고, 이미 고혈압이 있는 환자들에서는 조기에 진단을 내려 치료하여 합병증 발생을 줄여야 합니다.

(2) 치료의 이득

고혈압 치료는 단순히 혈압을 떨어뜨리는 것이 아니라 동반하여 발생하는 심혈관계 질환 등의 예방에 두어야 합니다.

특히, 고혈압에 의한 뇌출혈의 발생은 현저히 감소시킬 수 있습니다.

(가) 문헌 I

"고혈압을 치료하면 혈압 자체의 상승에 의한 합병증인 뇌졸중은 약 40%의 감소를 보이나"(갑 제9호증 임상심장학 489쪽 참조).

(나) 문헌 II

"고혈압을 치료하면 뇌출혈이 눈에 띄게 감소하고 뇌경색과 허혈성 심장질환도 약간 감소한다는 것은 잘 알려진 사실이다."

"SHEP연구는 4,736명의 수축기 고혈압 환자를 대상으로 약물투여군과 대조군으로 나누어 5년간 효과를 추시한 것으로 … 뇌졸중은 43% 감소하였고,"

"MRC연구는 … 이뇨제 투여군에서 대조군에 비하여 뇌졸중이 31%, 관동맥질환이 44%, 전체 심혈관계질환이 35% 감소하였다는 것을 밝힌 연구이다."

"Syst-Eur연구는 … 위약군과 nitrndipine/enalapril/hydrochlorothiazide를 비교한 연구이다 … 뇌졸중이 44% 감소되어,"

"Syst-China연구는 … 칼슘차단제, 이뇨제, ACE억제제 등을 투여하고 … 뇌혈관질환은 38%, 전체 심혈관 질환은 37%감소되어 통계적으로 유의한 감소를 보였다고 보고하였다."

"STONE연구는 단순 맹검연구로 nifedipine을 사용하여 뇌혈관질환이 57% 감소되고"(갑 제12호증 내과학 645쪽 참조).

(3) 치료 방법

치료는 크게 약물요법과 비약물 요법으로 나누어 구분할 수 있습니다.

가장 좋은 치료 방법은 약물요법과 비약물 요법을 같이 실시하는 것인데, 이 경우 혈압강하 효과의 증가, 부작용 감소, 삶의 질 향상 등의 좋은 효과를 볼 수 있습니다(갑 제9호증 임상심장학 499쪽 참조).

(가) 비약물요법(생활요법; life style modification)

비약물 요법인 생활습관의 개선은 혈압을 떨어뜨리는데 효과가 좋은 것으로 알려져 있는 바, 소금섭취량감량, 체중감소, 규칙적인 운동, 적당량의 음주 등을 함께 시행하면 혈압강하의 효과를 볼 수 있습니다.

(나) 약물요법

현재까지 가장 쉽고 확실한 치료법은 약물투여에 의한 것입니다.

고혈압 약물로는 이뇨제, 아드레날린 억제제, 혈관확장제 등이 선택되어지는데, 단독 또는 병용하여 투여됩니다.

① 이뇨제

이뇨제는 원위곡 세뇨관에서 소듐(sodium)의 흡수를 억제하여 소듐의 배설을 증가시켜서 혈장량을 줄이고 심박출량을 감소시킵니다.

② 아드레날린 억제제

중추신경계의 혈관운동센터에서의 활동증대, 말초 뉴우론에서의 카테콜라민의 분비억제 및 알파/베타 아드레날린 수용체의 차단 등에 작용하여 교감신경을 억제하여 혈압을 떨어뜨리게 됩니다.

③ 혈관확장제

혈관확장으로 혈압을 떨어뜨리게 되는데 직접혈관확장제, 칼슘통로길항제, 안지오텐신전환효소억제제, 알파차단제 등이 있습니다.

2. 피고병원의 과실

가. 예견가능성 및 악결과회피가능성

원고의 뇌출혈은 예견되었습니다.

고혈압은 뇌출혈의 고위험인자입니다. 그러나 고혈압환자라고 하여 모두 뇌출혈이 발생하지 않습니다. 위에서 살펴본 바, 고혈압에 의한 뇌출혈은 적정의 치료로 충분히 예방이 가능합니다. 당시 원고가 피고병원으로부터 적정의 고혈압 치료를 받았더라면 원고는 재출혈로 현 장애에 이르지 않았을 것입니다.

그러나 피고병원은 고혈압에 대해 아무런 치료도 하지 않았습니다.

다음에서 살펴보겠습니다.

나. 고혈압에 대한 주의의무 위반

(1) 원고의 고혈압 고지

(가) 구두 고지

2001. 10. 10. 피고병원 첫 내원 당시 원고와 원고의 아들인 최○○은 피고병원 신경외과 의사 소외 유○○에게 부산○○병원에서 발생한 소견서와 ○○병원 퇴원약을 보여주며 고혈압 조절이 적절히 되지 않으면 다시 뇌출혈이 발생할 위험이 높다고 들었으니 고혈압 치료에 신경 써 줄 것을 명백히 고지하였습니다.

(나) 전원 소견서

○○병원 소견서에도 'Phx: HT(+)' → 병력 : 고혈압(+) 즉, 고혈압 병력이 있다'라고 분명히 기재되어 있습니다(을 제1호증 소견서 참조).

(2) 고혈압 방치

당시 피고병원은 원고의 고혈압에 대한 아무런 진단, 처치도 시행하지 않았습니다.

위에서 살펴 본 바, 고혈압의 진단은 몇 가지 원칙이 있으며, 그 원칙에 따라 진단을 하여야 정확한 혈압을 측정할 수 있고 차후 치료계획을 제대로 세울 수 있습니다.

그러나 피고병원은 가장 기본적인 혈압도 체크하지 않고, 진단을 위한 검사도 시행하지 않고, 차후 치료계획도 세우지 않았습니다.

심지어 2002. 1. 4.경 항고혈압제제인 테놀민 처방시 원고의 혈압도 측정해 보지 않고, 혈압이 180mmHg 이상 측정되었다는 위 최○○의 말만 듣고 처방해 주었습니다.

진료에 있어 의사는 반드시 환자를 직접 대면하여 문진, 시진, 청진, 촉진, 타진을 통해 환자의 상태를 파악하여야 하고 그에 따라 처방이 이루어져야 합니다. 그러나 위 유○○은 원고의 상태도 살피지 아니하고 특히, 혈압도 측정해 보지 않은 채, 항고혈압제제를 처방해 주었던 것입니다.

최소한 순환기내과에 협진 의뢰하여 원고가 제대로 된 고혈압 치료를 받을 수 있도록 하였어야 합니다. 그러나 피고병원은 그러한 기회마저 주지 않았습니다.

(3) 요양방법 지도의 미실시

당시 피고병원은 원고의 고혈압에 대한 향후 치료, 요양방법 등에 대해 아무런 지도도 하지 않았습니다.

≪원 · 피고 주요쟁점≫

원　　고	피　　고
외래 내원시 고혈압에 의한 뇌출혈(소견서 첨부하여) 발생 사실에 대해 고지하고 고혈압 치료해줄 것을 요구하였으나 이에 대한 처치 시행되지 않아 재출혈 발생하였고 이로 인해 현장애 이름.	– 환자는 최초 외래 방문시에만 내원하였고 이후 내원하지 않았다. – 고혈압에 의한 뇌출혈 고지받은 사실 없다. – 고혈압 치료제가 처방되었다(니모탑).

≪1심 판결≫

원고의 청구 기각.

≪2심 판결≫

1. 피고의 과실

『고혈압이 뇌동맥류 파열의 중요한 위험인자로 알려져 있는데 원고는 뇌동맥파열에 의한 지주막하출혈로 수술을 받은 후 ○○병원의 진료소견서를 갖고 피고병원 신경외과에 내원한 점, 위 진료소견서에는 원고가 고혈압 증세가 있음이 나타나 있었던 점, 원고와 최○○이 유○○에게 고혈압이 있음을 이야기하고, ○○병원에서 처방받은 1회분 약 봉지를 유○○에게 교부하기까지 하였음에도 불구하고, 유○○은 원고가 내원하였을 때 혈압을 측정하지 아니하고 뇌동맥경화증 개선을 목적으로 한 니모톱 등의 약만을 처방하여 준 점, 원고는 피고병원으로부터 고혈압에 대한 적극적인 치료제를 처방받지 못하고 있다가 2002. 1. 4.에야 원고의 아들이 피고병원에서 혈압강하제인 테놀민을 처방받았으나 이를 복용하지 못한 채 2002. 1. 5. 소뇌출혈을 일으킨 점, 위 소뇌출혈의 주된 원인은 고혈압으로 추정되는 점 등에 비추어 볼 때, 신경외과 의사 유○○은 2001. 10. 10. 원고가 내원하였을 때 위 진료소견서 및 원고와 그의 아들의 이야기를 통하여 원고의 고혈압에 대한 고지를 받았고, 당시 원고로부터 그가 ○○병원으로부터 처방받은 항고혈압제인 아프로벨이 들어있는 약봉지를 교부받았음에도 불구하고, 원고의 혈압도 측정하지 아니하고 항고혈압제제를 처방하여 주지도 않은 과실이 있고, 이로 인하여 결국 원고에게 소뇌출혈이 발생하게 된 것이라고 할 것이다.』

2. 인과관계

특별히 인과관계 판단하지 않음.

3. 인용금액 : 1억 3천 2백만 원

4. 피고의 책임비율 : 60%

『원고로서도 1997년경 고혈압 진단을 받았고 2001. 7. 27. 뇌동맥류파열에 의한 지주막하출혈이 있었으므로, 스스로 혈압의 측정 및 그 치료에 주의를 기울여야 함에도 불구하고, 2001. 10. 10. 한 차례 피고병원에 방문하여 한 달분 약을 처방받은 이후에는 피고병원에 내원하지 않아 혈압 측정 및 이에 대한 치료에 협조하지 않았고, 원고의 아들이 2002. 1. 4. 혈압강하제인 테놀민을 처방받았으나 원고가 당시 경남 창녕의 동생 집에 거주하고 있어서 이를 복용하지도 못한 점, 원고의 현 장애에는 2001. 7. 27.경 뇌동맥류파열의 병인이 함께 영향을 미치고 있는 것으로 판단되는 점 등을 알 수 있는 바, 이러한 원고의 과실 등을 피고가 배상하여야 할 손해액을 산정함에 있어 참작하여 피고의 책임범위를 60%로 제한한다.』

≪3심 판결≫

피고의 상고를 기각하여, 원심의 판결 확정됨.

Ⅲ. 마취 관련 의료사고 사건

1. 프로포폴에 의한 수면내시경 도중 청색증 발생 뒤 기도삽관 실패 후 앰브배깅 후 전원하였으나 뇌손상 발생된 사건[111)]

≪사건 개요≫

• 원고 임○○(여, 62세) / 피고 김○○내과의원

※ 사건 경과

(1) 고혈압, 당뇨로 투약중인 환자로 2008. 1. 17. 09:30경 김○○내과에서 수면내시경 시행받음.

(2) 09:40경 내시경을 빼던 중 산소포화도 60%저하되고 얼굴 청색증 발생하여 산소공급 및 앰브배깅 시행

(3) 119호출 및 기도삽관 시도하였으나 2회 실패

(4) 119도착하여 기도삽관 다시 시도하였으나 실패하여 앰브배깅하면서 ○○대병원으로 전원

(5) ○○대병원 도착당시 반혼수, 바빈스키반사 양성, 70/40mmHg, 호흡체크 안됨.

(6) 저산소성 뇌손상 확인

(7) 2008. 1. 24. 김○○내과에서 환자에 대한 모든 책임을 지겠다는 확인서 작성

(8) 같은 해 2. 25. 좌측 내경동맥 경색 발생

장소	시 간		상 태	처 치	증 거
김○○내과	2008. 1. 3.		오목가슴 통증	당뇨병, 고혈압, C형 간염, 위-식도 역류질환, 소화성 궤양 진단	갑 제6호증
	1. 4.		기침, 객담, 설사	결장경 및 위내시경 권유	갑 제6호증
	1. 7.			결장경 및 위내시경 시행	갑 제6호증
	1.17.	09:30	수면내시경 －nasal pring으로 산소 10L 공급하면서 희석된 프로포폴 20mg/분 정주, 수면유도되지 않아 같은	수면 유도 후 내시경 시행	갑 제6호증

111) 서울북부지방법원 2009. 9. 3. 선고 2008가합8557 판결, 서울고등법원 2009나93727 결정.

			양으로 20mg/분+20mg /분 투여		
김 ○○ 내과	1.17.	09:33		내시경 삽입	을 제4호증
		09:34	내시경 중 산소포화도 저하		을 제4호증
		09:40	내시경 빼던 중 산소포화도 60%, 안면청색증	산소 full 유지 후 의식 깨움 앰브배깅 및 마사지 시행 에피네프린 3A 정주 119호출 및 기도삽관 → 실패 앰브 후 2번째 기도삽관시 자발호흡 및 심박동 회복 119도착함. 기도삽관해야 한다고 말해서 다시 시도 중 구강내 출혈로 실패 응급차로 주소로 연결 후 ○○의료원 도착시까지 앰브배깅 → 기도삽관 실패로 5분 이상 산소공급 중단	갑 제6호증 갑 제7호증
119		09:41	119 신고접수		갑 제9호증
		09:45	119 현장도착		갑 제9호증
○○대 의료원		10:07	70/40-142, 52% 무호흡 ABGA 6.99-87-44-52%	내시경 도중 질식 양상으로 숨 못쉬는 양상 보여 기도삽관하였으나 2차례 실패 후 내원	원고 진감Ⅱ-가-(3), (6)
		10:08		기도삽관 시행	갑 제8호증
		10:15	99%		갑 제8호증
		10:20	146/100-124, 100%		
		10:25		입 열상 있는 상태로 내원하여 봉합술 시행	갑 제8호증
		10:55	중환자실 이송		

≪소장에서 주장하는 피고의 과실≫

1. 피고 1, 2의 과실

가. 수면내시경 시행의 부적절성

원고는 당뇨와 고혈압을 가지고 있는 환자로서 이 건 프로포폴 등 약물부작용에 심각한 손상을 입을 위험이 높았습니다. 때문에 피고들로서는 일반내시경을 하여 약물부작용으로부터 환자를 보호할 필요가 있었음에도 불구하고, 만연히 수면내시경으로 검사를 하였습니다.

이 건 마취약제는 프로포폴입니다. 프로포폴은 환자의 호흡 기능을 떨어뜨리기 때문에 원고와 같이 고혈압, 당뇨, 심장질환자, 심한 호흡기 질환자, 폐기능 장애가 있는 환자들에게는 가급적 투여를 피해야 합니다.

나. 경과관찰 해태

가사 수면내시경을 유도하였다면, 특히 고위험군 환자인 원고의 경과를 밀착감시하여 산소포화도 및 호흡 유지여부, 맥박 등이 정상적으로 유지되는지 세밀하게 관찰하여야함에도 불구하고 이러한 경과관찰을 제대로 시행하지 않았습니다.

원고가 청색증이 발생한 후에야 비로소 발견하였는 바, 청색증이 발생할 정도라면 상당한 시간 이전부터 저산소상태에 빠져있었다는 것을 알 수 있습니다.

다. 부적절한 응급처치

뒤늦게나마 청색증을 발견하였다면 즉시 기도삽관을 하였어야 하나 실패하고 말았습니다. 결국 원고는 피고 3 병원 응급실에서 기관삽관을 받을 때까지 산소공급을 제대로 받지 못해 불가역적 뇌손상에 이르게 된 것입니다.

이에 대해 피고 1 및 피고 2는 환자의 상태에 대해 모든 책임을 지겠다는 확인서를 다음 [사진 1]과 같이 작성한 바 있습니다(갑 제7호증 참조).

라. 설명의무 위반

피고들은 원고에게 수면내시경을 시행함에 앞서 수면내시경 시행시 나타날 수 있는 부작용과 합병증에 대하여 위험성을 고지하였어야 하나, 이에 대한 설명을 전혀 시행하지 않았습니다.

2. 피고 3 병원의 과실에 대하여

피고 3 병원 의료진은 원고의 입원 치료 도중 원고에게 뇌경색을 발생시켰습니다.

원고가 피고 3 병원 응급실로 전원되었을 당시 원고에게는 저산소성 뇌손상은 발생한 상태였지만, 뇌경색은 발생하지 않은 상태였습니다. 그렇다면 피고 3 병원은 원고의 이러한 증상에 대하여 적절한 처치를 시행하여 더 이상의 피해가 확대되지 않도록 해야 할 주의의무가 있음에도 불구하고 이를 제대로 이행하지 않아 원고로 하여금 뇌경색이라는 장해까지 입게 한 과실이 있습니다.

피고 1, 2는 위에서 본 바와 같이 이 건 저산소성 뇌손상에 대하여 모든 책임을 지겠다고 확인서를 작성하였고, 이를 근거로 원고가 손해배상청구를 하자, 피고 3 병원에서의 치료가 잘못되어 뇌경색이 발생하였다면서 현장애에 대한 책임을 피고 3에게 미루고 있습니다.

[사진 1] 확인서

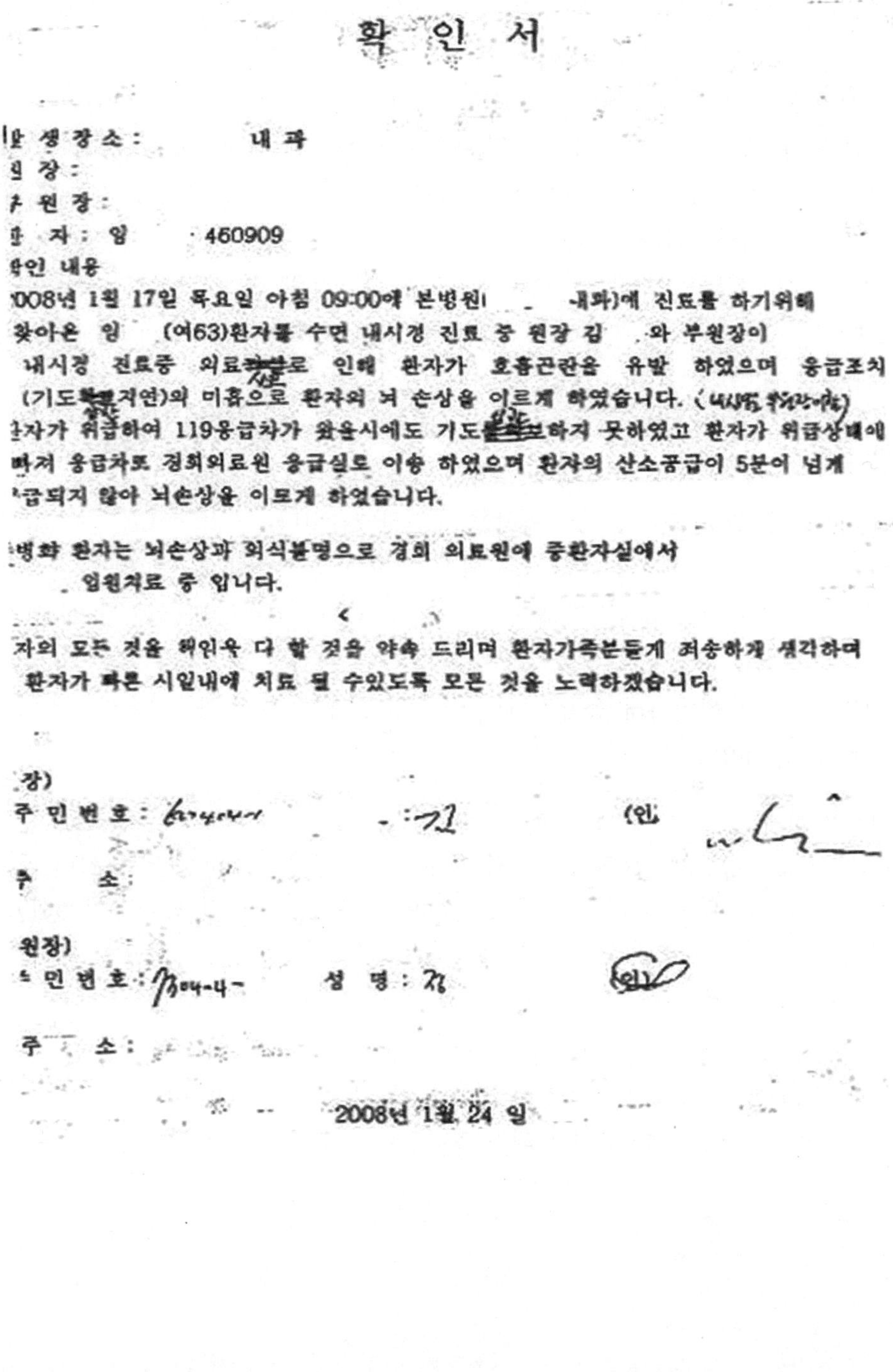

확 인 서

발 생 장 소 : 내 과

원 장 :

부 원 장 :

환 자 : 임 · 460909

확인 내용

2008년 1월 17일 목요일 아침 09:00에 본병원(내과)에 진료를 하기위해 찾아온 임 (여63)환자를 수면 내시경 진료 중 원장 김 . 와 부원장이 내시경 진료중 의료과실로 인해 환자가 호흡곤란을 유발 하였으며 응급조치 (기도확보지연)의 미흡으로 환자의 뇌 손상을 이르게 하였습니다.

환자가 위급하여 119응급차가 왔을시에도 기도확보하지 못하였고 환자가 위급상태에 빠져 응급차로 경희의료원 응급실로 이송 하였으며 환자의 산소공급이 5분이 넘게 공급되지 않아 뇌손상을 이르게 하였습니다.

현병화 환자는 뇌손상과 의식불명으로 경희 의료원에 중환자실에서 입원치료 중 입니다.

환자의 모든 것을 책임을 다 할 것을 약속 드리며 환자가족분들게 죄송하게 생각하며 환자가 빠른 시일내에 치료 될 수있도록 모든 것을 노력하겠습니다.

(원장)

주 민 번 호 : - 김 (인)

주 소 :

(부원장)

주 민 번 호 : 성 명 : 김 (인)

주 소 :

2008년 1월 24 일

≪관련 의학지식을 통한 입증≫

1. 인과관계

가. 내원 당시 호흡곤란, 뇌손상 등은 없었습니다.

원고가 수면내시경을 시행받기 위하여 2008. 1. 7. 피고의원에 내원하였을 당시 원고에게 호흡곤란이나 뇌손상으로 인한 의식의 변화, 신경학적 이상소견은 없었습니다.

나. 수면내시경 도중 호흡억제가 발생하였습니다.

원고는 같은 날 09:30경 수면을 유도하기 위하여 프로포폴 약 60mg을 투여받고 같은 날 09:33경 내시경을 삽입하여 시행받던 중 같은 날 09:34경 산소포화도 저하(60%)와 안면청색증이 발생하였습니다.

원고와 같이 산소포화도 저하와 청색증이 발생하는 경우, 즉각적인 기도유지 및 응급심폐소생술을 시행하여 더 이상의 저산소증을 예방하여야 하는 주의의무가 있다고 하겠습니다.

다. 응급처치가 지연되면서 뇌손상이 발생하였습니다.

그러나 피고들은 원고에 대한 응급처치를 지연하였습니다.

원고가 소외 ○○의료원에 도착하였을 당시 원고의 산소포화도는 52%에 불과하였고, 무호흡상태였으며 동맥혈가스검사 결과 환기부전으로 인한 저산소증이 심한 상태였습니다.

결국 원고는 피고의원에서의 응급처치 지연으로 인하여 저산소성 뇌손상을 입고 현 상태에 이르게 된 것입니다.

▶ 신체감정 회신문

"…2008. 1. 30. ○○대의료원에서 시행한 뇌 자기공명영상 검사상 뇌 겉질에 전반적인 위축이 관찰되는 바, 이는 무산소성 뇌손상 이후에 나타나는 뇌 변화에 합당한 소견이며, 2008. 1. 17. 상해 이후 나타난 운동, 감각, 인지, 언어, 삼킴 기능 등의 손상은 무산소성 뇌손상에 기인하는 것으로 판단됨 …"{신체감정 회신문 다-(1)항 참조}.

▶ 원고 신청 진료기록감정 회신문 나-Ⅱ-가-(8)항

〔문〕 위 환자에게 저산소성 뇌손상이 발생한 이유는 무엇인지요.

〔답〕 호흡마비와 함께 기도유지가 되지 않았던 것으로 추정되고 있습니다.

2. 피고병원의 구체적 과실

가. 과도한 약물의 투여로 인한 호흡억제 발생

(1) 수면유도용량 초과한 과용량의 프로포폴을 투여하였습니다.

프로포폴은 마취약제로 치사량과 효과량 사이의 폭이 좁아 수면효과를 관찰하면서 주입하게 되어 있으며 전신마취유도 용량과 진정만을 목적으로 주입되는 경우, 그 용량은 다르게 투여되어야 합니다.

▶ 전문심리위원 정○○

〔문〕 내시경검사를 위한 수면유도용량 및 투여속도는 어떤가요.

〔답〕 내시경을 위해서 한다고 하면 유도용량은 체중 당 0.5~1mg입니다.

▶ 사실조회 회신문

내시경 검사를 위한 초회 투입량은 3~5분에 걸쳐 0.5mg/kg입니다(2009. 1. 22.자 사실조회 회신문 나-2항 참조).

그러나 피고의원은 원고에 대한 위내시경을 시행함에 있어 과도한 용량의 프로포폴을 투여하였습니다.

[그림 1. 갑 제6호증 김○○내과의원 외래진료기록부 참조]

2008-01-17 rec gastro 일반
wanted 수면 - 설명했지만 지나번에도 했는데 수면으로 하겠다고함
9시 30분경 생리식염수로 IV line 연결. nasal prong 으로 산소 10L
연결. 희석된 포폴 20mg/분씩 정주. 수면유도되지않아 같은양으로
20mg/min + 20mg/min 씩 투여함. 수면유도 되어 내시경 삽입후 내시경시행함.

(9시 30분경 희석된 포폴 20mg/분씩 정주. 수면유도되지 않아 같은 양으로 20mg/분 +20mg/분씩 투여함)

피고 1, 2의 경우 09:30경 프로포폴을 정맥주사하고 같은 날 09:33경부터 내시경을 시행하였던 바, 약 2~3분 동안에 총 60mg 용량의 프로포폴을 투여하였습니다.

이 건 원고의 경우 약 60kg의 몸무게였던 바, 내시경을 위한 적정 사용량은 약 30mg이며 이를 3~5분에 걸쳐 천천히 투여하였어야 하나, 피고의원은 약 2~3분 동안의 짧은 시간에 적정용량의 무려 두 배에 달하는 용량의 프로포폴을 주입한 과실이 있다

고 하겠습니다.

(2) 과용량 및 급속투여가 호흡억제를 일으켰습니다.

프로포폴의 제일 흔한 부작용이 호흡억제와 저혈압입니다. 그렇기 때문에 심장의 예비력이 약한 노인환자나 저혈량증 환자나 혹은 상기도에 이상이 예상되는 환자의 경우에 있어서는 부작용 발생에 대비하여 조심하여 투여하여야 합니다. 이는 프로포폴이 전신혈관저항을 떨어뜨리고 심근수축력과 전하부하(electric charge, electric loads)를 떨어뜨리기 때문에 혈압이 떨어질 수 있기 때문입니다.

뿐만 아니라 프로포폴 용량이 증가함에 따라 무호흡의 지속기간이 유의하게 길어졌으며(갑 제19호증 Propofol의 정주용량에 따른 무호흡의 빈도 및 기간과 의식소실의 빈도 187쪽 참조), 저혈압의 발생 빈도 역시 프로포폴 투여량과 주입속도에 비례하는 것으로 나타났습니다(갑 제18호증 상부위장관 내시경 전처치로서의 propofol의 효과 719쪽 참조). 따라서 프로포폴 일회 투여량의 증가에 따라 무호흡의 빈도 수가 증가하기 때문에 진정 유도단계에서 진정–마취 상태에 도달하기 위하여 더 많은 용량의 프로포폴 투여는 불필요합니다(갑 제17호증 대장내시경 검사시 수면유도제로 Propofol의 효과에 관한 연구 35쪽 참조).

▶ 전문심리위원 정○○

〔문〕 이러한 부작용이 투여용량 및 투여속도와는 관계가 있지요.

〔답〕 예, 관계가 있습니다.

그럼에도 불구하고 피고의원은 아무런 주의도 없이 적정용량의 2배에 달하는 과량의 프로포폴을 2~3분 이내의 빠른 시간내에 투여하였고, 이로 인하여 원고에게 무호흡이라는 치명적 부작용을 발생시킨 과실이 있다고 하겠습니다.

▶ 전문심리위원 정○○

〔문〕 이 건 환자에게 발생한 호흡억제는 결국 프로포폴의 대표적인 부작용 중의 하나는 맞지요.

〔답〕 예.

나. 수면내시경 시행시 주의의무 위반

(1) 프로포폴의 경우 응급심폐소생술을 대비한 물품 및 인력이 구비된 상태에서 투여되어야 합니다.

Drug index에 의하면 이 약을 투여함에 있어 마취 및 중환자 치료에 숙련된 의사에 의해 투여되어야 하며 투여로부터 환자가 완전히 각성될 때까지 환자의 상태를 잘

관찰하여야 하며 마취 전에 산소호흡기, 흡인기구, 삽관기구 등 인공호흡에 필요한 기구를 즉시 사용할 수 있도록 준비하여야 한다고 적시되어 있습니다(갑 제22호증 Drug index 213쪽 참조).

▶ 전문심리위원 정○○

"… 마취에 준해서 혈압이라든가 호흡, 심전도, 산소포화도를 측정하는 맥박산소측정기라든지 측정하고 있습니다 …"

이는 프로포폴의 경우 현재까지 알려진 길항제는 없어 약제 사용 후 생길 수 있는 부작용들인 저혈압, 주사부위 동통, 저산소혈증, 무호흡에 대해서는 보존적 치료(약물투여중지, 산소공급, 수액투여, 인공호흡, 승압제 투여 등)가 필요하기 때문입니다(갑 제22호증 상부위장관 내시경 검사시 전처치로서의 propofol의 효과 169쪽 및 갑 제18호증 상부위장관 내시경 전처치로서의 propofol의 효과 719쪽 참조).

이에 미국과 영국 내시경학회에서 진정 목적의 전처치로 발생할 수 있는 심폐사고 방지를 위하여 다음과 같은 기준을 마련하였습니다(갑 제22호증 상부위장관 내시경 검사시 전처치로서의 propofol의 효과 168쪽 참조).

첫째, 환자에 대한 내과적 병력에 대한 자세한 문진, 둘째, 시술시 혈관을 확보해두어야 하며, 셋째, 전처치 약물은 가능한 최소량을 쓰고 전처치 약물에 대한 길항제를 확보해 두어야 하며, 넷째, 맥박과 동맥혈산소포화도, 심전도를 시술 중에 계속 주의관찰하고, 다섯째, 산소와 응급소생술에 대한 적절한 훈련이 있어야 한다고 하였습니다(갑 제22호증 상부위장관 내시경 검사시 전처치로서의 propofol의 효과 168쪽 참조).

(2) 국내 연구에서도 응급상황에 대한 철저한 준비와 숙련된 의료진의 필요성을 강조한 바 있습니다.

나○○ 등의 연구에서는 환자에 따라 진정제의 투여 및 용량의 선택에 주의가 필요한 것으로 생각되고 특히 심폐기능에 이상이 있거나 고령인 환자에서는 진정제 투여 용량의 조절이 필요하며 무호흡 등의 응급상황에 대한 철저한 준비가 필요할 것이라고 언급하였습니다(갑 제22호증 상부위장관 내시경 검사시 전처치로서의 propofol의 효과 169쪽 참조).

조○○ 등의 연구에서도 비마취과의사가 프로포폴을 다루는 것에 대하여는 논란의 여지가 있으나 최근의 연구들에서 심폐소생술을 시행할 수 있는 숙련된 내시경의사와 간호사들이 팀을 이루어 환자들을 감시한다면 프로포폴을 사용한 수면내시경을 안전하게 시행할 수 있다고 언급하였습니다(갑 제17호증 대장내시경 검사시 수면유도제로 Propofol

의 효과에 관한 연구 35쪽 참조).

마지막으로 길○○ 등은 논문을 통하여 마취과 의사에 의한 철저한 감시장비의 사용과 환자 상태의 관측은 이제까지 국내에서 내과의사 위주로 행해진 약물이 일시 주입 후 진정 내시경 방법보다 환자의 안전성 면에서 권장되어야 할 방법이라고 제시한 바 있습니다(갑 제20호증 상부위장관 내시경을 위한 Propofol의 지속정주 109쪽 참조).

▶ 전문심리위원 정○○

〔문〕 프로포폴 등 마취약제가 지니고 있는 호흡억제나 저혈압의 위험성 때문에 타과, 즉 이 건 같은 소화기내과나 산부인과에서 마취통증의학과 전문의 없이 마취를 진행할 경우 기도삽관 등 응급상황에 대처하기 어려운 것이 현실이지요.

〔답〕 어려울 수도 있습니다.

위에서 살펴본 바와 같이 고령자에게 있어 과량의 프로포폴을 단시간에 주입하는 경우 무호흡 등의 부작용 발생 위험이 높아지게 됩니다.

따라서 피고의원은 원고에게 과량의 프로포폴을 단시간내에 주입하였다면, 이러한 부작용 발생 가능성을 인지하고 즉각적인 심폐소생술이 가능하도록 인력 및 기구를 배치하여 생명을 구해야 하는 의무가 있다고 하겠습니다. 그러나 피고의원은 원고에 대한 수면유도내시경을 시행함에 있어 다양한 종류의 기도삽관 튜브도 구비하지 않았을 뿐만 아니라, 평소 응급상황에 대비하여 기도삽관이나 기관절개 등에 대하여 교육·수련한 바도 없었습니다. 이에 대해서 다음에서 살펴보도록 하겠습니다.

다. 응급처치 지연

(1) 응급처치 지연으로 산소공급이 이루어지지 않으면, 저산소성 뇌손상이 발생하게 됩니다.

수면내시경 시행 도중 호흡곤란이 발생하였다고 하여 모두 저산소성뇌손상에 이르게 되지는 않으나, 응급처치가 지연되어 산소공급이 이루어지지 않는 경우 저산소성 뇌손상이 발생하게 됩니다.

▶ 원고 신청 진료기록감정 회신문 나-Ⅰ-(5)항

〔문〕 환자에서 위와 같은 청색증 및 호흡곤란 증상이 나타났을 경우 가장 먼저 취하여야 할 조치는 무엇인지요.

〔답〕 기도유지 및 기관내 삽관이 가장 먼저 선행되어야 합니다. 이는 산소공급이 되지 않으면 뇌 및 여러 장기에 허혈성 손상이 초래할 수 있기 때문입니다.

▶ 전문심리위원 정○○

〔문〕 위와 같은 환자(청색증 및 호흡곤란)에게는 원활한 산소공급이 이루어지지 않는 경우에 뇌 및 장기에 허혈성 손상을 입게 되는 것은 맞지요.

〔답〕 예.

(2) 응급처치의 기본은 기도유지 즉, 환기입니다.

응급처치의 기본은 기도유지를 하여 산소가 통할 수 있는 길을 만들어 주는 것입니다.

▶ 전문심리위원 정○○

〔문〕 청색증 및 호흡곤란 등 증상이 있는 환자에게 있어 가장 기본적이며 중요한 처치는 기도유지이지요.

〔답〕 예

▶ 전문심리위원 정○○

"… 호흡보다는 정확하게 표현하면 환기입니다. 외부에 있는 공기가 폐 내로 들어오는 것이기 때문에 그 길을 열어주고 거기에서 공기가 들어갈 수 있게 밀어 넣어 주는 것입니다 …"

(3) 기도확보지연으로 인하여 환기가 이루어지지 않았습니다.

원고에게는 09:34경 산소포화도 저하 및 청색증이 발생하였습니다.

이후 피고의원이 119를 호출한 시간은 09:41경이었으며(갑 제9호증 참조), 당시 기도삽관이 시도되었으나 실패하였습니다.

위 피고의원의 기재사실에 의하여도 피고의원은 산소포화도 및 청색증 발생 7분여가 지나서야 기도삽관을 최초 시도하였고 이마저도 실패하였습니다.

이후 피고의원은 09:45경 119가 도착한 이후 기도삽관을 재시도하였으나 앞서 2차례의 기도삽관 과정에서 구강 열상을 일으켜 이로 인한 구강내 출혈로 또 다시 기도삽관은 실패한 상태로 원고를 전원조치하였습니다.

이에 대하여 피고측은 앰브배깅으로 인공호흡을 하게 되면 기도삽관과 동일한 효과의 산소를 환자의 폐로 전달할 수 있으며, 원고에게 갑작스런 호흡저하가 발생하였을 때 앰브배깅으로 산소를 공급하였기 때문에 원고에게 산소는 제대로 공급되었고 원고의 경우 피고의원에서 심박동 및 자발호흡이 회복되었다고 주장합니다.

그러나 이러한 피고의원의 주장을 뒷받침할 수 있는 증거는 그 어디에도 없습니다.

▶ 전문심리의원 정○○

"… 기도삽관이 이루어질 때까지 혈압이나 산소포화도에 대한 기록이 없으므로 그 33분간의 환기상태에 대해서는 확인하기가 어렵습니다 …"

"… (앰브배깅) 효과에 있어서는 말씀드리기 곤란합니다. 이것이 잘 이루어졌는지 안 이루어졌는지는 산소포화도를 감시한다든가 환기가 잘 유지돼서 갔는지 기록이 없기 때문에 조처는 할 수 있지만 효과에 대해서는 말씀 드리기 곤란합니다 …"

원고의 경우 소외 ○○의료원 도착 당시 혈압은 수축기혈압은 70㎜Hg였으며, 이완기 혈압은 40㎜Hg로 저하되어 있었으며, 맥박은 분당 142회로 매우 증가되어 있었음, 호흡은 앰브배깅으로 유지하고 있었으나, 산소는 52%에 불과한 상태였으며 동맥혈가스검사 결과 심한 산성혈(Ph 6.966), 산소분압감소(PaO2 44), 이산화탄소분압 증가(PaCO2 87), 산소포화도 52%였습니다{원고 신청 진료기록감정 회신문 나-Ⅱ-가-(3), (6)항 참조}.

위와 같은 상태에 대하여 전문심리위원 정○○은 "… 환기부전으로 인한 저산소증을 동반한 동맥혈내 이산화탄소가 축적되어 그렇습니다 …"라고 답변하였습니다.

결국 원고는 피고의원에서의 기도유지 지연으로 인한 환기부전이 발생하여 저산소성 뇌손상을 입게 된 것입니다.

(4) 기도삽관이 어려운 경우, 다른 기도유지방법을 시도하였어야 하나 이마저 시행되지 않았습니다.

환자의 체질적 소인, 부종, 출혈 등에 의해 기관내삽관이 적절히 이루어질 수 없는 상황이라면 다른 방법으로 기도유지를 위한 방법을 고려하거나 애초 응급상황의 가능성에 대비하여 대학병원급에서의 진단적 검사의 의뢰 등을 시행했어야 합니다.

▶ 원고 신청 진료기록감정 회신문 나-Ⅰ-(9)-(가)항

〔문〕 기도부종 등의 이유로 기관내삽관이 실패한 경우 기관절개술을 고려해야 한다고 하는바, 사실인지요.

〔답〕 사실입니다.

▶ 원고 신청 진료기록감정 회신문 나-Ⅰ-(9)-(나)항

〔문〕 기관절개술로 얻고자 하는 이득은 무엇인지요.

〔답〕 기관절개술의 적응증은 경구기관 또는 경비비관 기도 확보가 불가능한 경우입니다.

▶ 피고 1, 2 신청 진료기록감정 회신문 Ⅰ-1-나.항

〔문〕 수면내시경 도중 갑작스런 호흡저하가 나타나 기도삽관을 시도하였으나 실패하였을 때, 적절한 인공호흡방법은 무엇인지.

〔답〕 호흡저하가 있는 경우로 기도삽관에 실패한 경우, 여러 다양한 술기법의 고려가 필요하며, 여기에는 '경비 기관내 삽관법'으로 입 대신 코로 튜브를 넣는 방법과, 구부릴 수 있는 광섬유 후두경 또는 기관지경을 이용하여 시각적으로 성대를 확인하면서 기도삽관을 시도하는 '섬유 광원법'과, 외과적인 수술로 기관절개술을 시행하는 '윤상갑상 열골(연골의 오타로 보입니다) 절개술' 등이 있을 수 있습니다.

그럼에도 불구하고 피고의원은 기도유지조차 제대로 되지 않은 원고에게 만연히 앰브배깅만을 시행하여 저산소성뇌손상에 이르게 하였던 것입니다.

(5) 피고의원은 호흡억제를 유발할 수 있는 약제를 투여하는 진단적 검사를 시행하면서도 기도삽관이나 기관절재술에 대해서는 교육, 수련한 바도 없었습니다.

위와 같은 기도유지 방법은 의사자격증을 취득한 의사라면 누구나 시행할 수 있는 기본적인 처치 방법입니다.

▶ 전문심리위원 조○○

〔문〕 통상적으로 일반적인 전문의가 기관절개술을 시술하는 것이 불가능한 것인가요.

〔답〕 불가능하지 않습니다. 다 가르치고 있습니다.

〔문〕 전문의 자격을 취득하기 전에 전공의 과정이나 수련의 과정에서 기관절개술에 대해 습득을 하나요.

〔답〕 예, 수업시간에 합니다.

그러나 피고 2의 경우 피고의원에 근무하는 동안 기도삽관이나 기관절재술 등을 시행한 경험조차 없었으며 이에 대한 교육, 수련도 시행한 바 없었습니다.

▶ 피고 정○○ 본인신문조서

〔문〕 피고 본인은 김○○ 내과에 근무하면서 1년에 몇 차례 정도 실제 환자에 대하여 기도삽관을 시행해 보았나요.

〔답〕 없었습니다.

〔문〕 피고 본인은 기관절개술을 몇 번 해보았나요.

〔답〕 기관절개술도 해 본 적 없습니다.

▶ 피고 정○○ 본인신문조서(재판장 판사 6항)

〔문〕 피고 본인은 기관절개술을 한 경험이 없다고 하였는데, 전공의나 수련의 과정을 거치면서도 이런 시술을 한 적은 없었나요.

〔답〕 예, 피고 본인은 없었습니다.

≪원・피고 주요쟁점≫

쟁 점	원 고		피 고		1심 법원 판단
	주 장	입 증	주 장	입증	
1. 인과관계	・현장에는 기도유지 지연으로 인한 저산소성 뇌손상임. ・1월 30일자 뇌 MRI상 무산소성 뇌손상 소견	・원고 진감 나-Ⅱ-가-(4)항 -호흡마비 및 저산소성 뇌손상이 원인 ・원고 진감 나-Ⅱ-가-(8)항 -호흡마비와 함께 기도유지가 되지 않아 저산소성 뇌손상 발생 ・신감 다-(1)항 -뇌자기공명영상 검사상 뇌전반적인 위축이 관찰되는 바, 이는 무산소성 뇌손상 이후 뇌변화 소견	・현 장애는 당뇨와 고혈압으로 인한 뇌경색 발생으로 인한 것임. ・2. 25. MRI상 좌측 뇌동맥의 뇌경색 소견		
2. 과도한 약물의 투여	・프로포폴은 마취약제로 치사량과 효과 사이의 폭이 아주 좁아 용량 투여에 있어 주의를 요구하며 위험한 부작용은 호흡억제임. ・내시경검사를 위한 프로포폴은 초회 3-5분에 걸쳐 0.5mg/kg ・프로포폴은 저혈압과 호흡억제 작용이 있는 약제임. ・투여량 및 주입속도에 비례하여 부작용 빈도수 상승되므로 진정을 위한 더 많은 용량의 투여는 불필요 ・진료기록지상 09:30경 프로포폴 첫 주입 후 09:33경 내시경이 삽입되었으므로 약 3분에 걸쳐 60mg의 프로포폴이 투여됨(내시경을 위한 적정사용량은 3~5분에 걸쳐 30mg으로 추정할 수 있음).	・갑 제17호증 논문 31쪽 ・사조 나-2항 -내시경검사를 위한 초회 투입량은 3~5분에 걸쳐 0.5mg/kg ・갑 제18호증 논문 719쪽 ・갑 제18호증 논문 719쪽 및 갑 제19호증 논문 187쪽, 갑 제17호증 논문 35쪽 ・사조 나-1항 -나이가 많은 경우 실제 감수성이 높아 빠른 속도로 투여할 경우 호흡억제를 유발, 길항제는 없다. ・갑 제6호증 김○○내과 진료기록부 ・을 제4호증의 1 내시경 사진	・09:15경 프로포폴을 첫 주입 후 반복 주입하였음. ・몸무게가 60kg이었던 바, 첫 용량으로 20mg은 적절하였고 이후 수면이 유도되지 않아 2회 반복 투여하였음. ⇒ 호흡억제는 수면내시경 도중 혈전에 의한 뇌동맥 폐쇄로 인한 것임.		

	⇒결국 고령의 노인에게 과량투여 및 급속투여하여 호흡억제를 발생시킴.				
3. 주의의무 위반	· 프로포폴은 마취 및 중환자 치료에 숙련된 의사에 의해 투여되어야 하며 마취 전 산소호흡기, 흡인기구, 삽관기구 등 인공호흡에 필요한 기구를 준비해야 함. · 프로포폴의 경우 길항제가 없어 부작용에 대한 보존적 치료 준비는 필수적임. · 국내 다수의 논문에서도 응급상황에 대한 철저한 준비 필요성 강조(심폐소생술을 시행할 수 있는 의료진, 마취과 의사에 의한 철저한 감시 등)	· 갑 제22호증 약전 213쪽 · 갑 제22호증 논문 169쪽, 갑 제18호증 논문 719쪽 · 갑 제22호증 논문 169쪽, 갑 제17호증 논문 35쪽, 갑 제20호증 논문 109쪽	· 수면내시경의 적응증이었고, 수면내시경 동안 지속적인 산소포화도 및 심박동 모니터링을 시행하였음. · 수면내시경 동안 10L 산소를 공급하였음.		
4. 부적절한 응급처치	· 기도삽관의 실패(33분) · 앰브배깅의 경우에도 기도유지가 먼저 선행되어야 함. · 가사, 기관내삽관이 적절히 이루어질 수 없는 상황인 경우 경비기관내 삽관법이나 절개술 등이 필요하나 처치가 없었음. · ○○대 응급실 도착 당시 혈압은 70/40, 무호흡, 산소포화도 52%, 동공 고정 및 바빈스키 양성 소견으로 이미 저산소성 뇌손상의 임상증상을 보였음. · 피고의 자인	· 원고 진감 나-I-(5)항 - 청색증 및 호흡곤란 증상의 경우 기도유지 및 기관내 삽관이 가장 먼저 선행되어야 함. 산소공급이 되지 않으면 뇌 및 장기에 허혈성 손상 초래 · 갑 제8호증 진료기록부 및 원고 진감 나-I-(7)항 · 원고 진감 나-I-(6)항 - 기도부종이나 출혈로 기도유지가 제대로 되지 않았다면, 앰브배깅을 시행하였을 경우에도 원활한 산소공급 기대할 수 없음. · 원고 진감 나-I-(8), (9)-(가), (나) 및 피고 진감 I-1-나항 - 기도삽관에 실패한 경	· 09:34경 산소포화도가 저하되어 앰브배깅 및 인공호흡을 시행하고 에피네프린을 투여하여 심박동을 회복함. · 이후 심박동과 자발호흡은 회복되었음. · 기도삽관시도 과정에서 구강내 출혈로 실패하였음. · 개인의원에서 기도절개술 등은 무리며 즉각적인 전원이 최선의 처치임. · 확인서는 신체		

		우 경비기관내 삽관법, 섬유광원법, 기관절개술 등을 시행 · 갑 제7호증 확인서 – 응급조치(기도확보) 지연으로 산소공급이 5분 넘게 공급되지 않아 뇌손상에 이르게 됨.	를 위협받는 상황에서 어쩔 수 없이 작성해줌.		
5. 설명의무 위반	· 수면내시경 시행에 앞서 부작용과 합병증에 대한 위험성 고지가 없었음.		· 수면내시경 위험성을 구두로 설명하고 시행하였음에도 불구하고 원고가 강력히 요구하여 시행하였음.		

≪1심 판결≫

1. 피고의 과실

『프로포폴은 저혈압, 호흡억제 등을 유발할 수 있으나 이에 대한 길항제가 없어서 이를 이용한 수면 내시경검사는 기도유지와 심폐소생술을 할 수 있는 장비를 갖춘 상태에서 심폐소생술에 대해 전문 식견을 가진 의사에 의하여 이루어져야 하고, 갑작스러운 호흡정지로 인한 저산소증으로 뇌손상 등을 야기할 수 있어서 신속하게 호흡저하에 대한 응급조치를 하여야 함은 위에서 인정한 바와 같고… 피고 정○○은 제2차 내시경검사 당시에 원고에게 혈당 138㎎/dl의 합병증이 없는 인슐린–비의존성 당뇨병, 본태성(원발성) 고혈압 등이 있음을 확인한 점, 외관상으로 환자의 목이 짧고 굵어 기도가 잘 보이지 않을 수 있는 해부학적 특성이 있으면 이로 인하여 기도유지 또는 환기유지가 어려울 수 있음을 예상할 수 있었던 점, 프로포폴의 호흡억제 등 부작용, 위 약제의 특성 등으로 인하여 내시경검사 중 호흡 저하 내지 무호흡 증상이 발생할 수 있으므로, 이러한 경우에 대비하여 환자의 신체적 특성 등을 고려한 신속한 심폐소생술, 기도삽관술 등 응급조치를 취할 수 있는 기구와 장비를 미리 갖추어야 함에도 불구하고 원고에게 적합한 기도삽관을 위한 튜브 등을 확보하지 않은 채 내시경 검사를 시행한 점, 피고들이 원고에게 호흡 저하 등이 발생한 후 여러 차례 기도삽관을 시도하였으나 실패함으로써 약 34분 동안 원고의 기도가 제대로 유지되지 못하고, 이로 인하여 저산소성 뇌손상에 이르게 된 점, 원고의 경우 목이 짧고 굵으며 경직된 상태였으나, ○○의료원 응급실에서는 도착 즉시 원고에게 기도삽관이 이루어진 사정 등에 비추어보면 오직 원고의 해부학적인 요인 때문에 기도삽관을 시행하지 못하였다고 단정하기 어려운 점, 원고에 대한 기도삽관의 실패로 장시간 기도가 유지되지 못하고 있음에도 기관절개술 등을 비롯한 다른 응급처치에 대한 준비나 시행을 하지 못한 점, 그 밖에 피고들의 응급처치가 이루어진 과정 등을 종합하여 보면, 피고들로서는 원고에게 호흡저하 증상이 나타날 것을 예견하고, 미리 원고에게 적합한 튜브 등 심폐소생술에 필요한 장비를 준비하고, 원고에게 호흡 저하 증상이 나타난 경우에는 이에 대하여 기도 삽관 등 적절한 응급처치를 하여야 함에도 불구하고, 피고들의 기도삽관에 관한 술기부족 내지는 응급처치에 대한 준비부족으로 인하여 계속하여 기도삽관에 실패한 과실로 인하여 원고에게 저산소성 뇌손상 등을 입게 하였다고 할 것이다.』

2. 인과관계

『피고들로부터 수면내시경 검사 및 응급처치를 받기 직전에 원고에게 뇌손상 등 신경학적인 이상소견이 발견되지 않았던 점, 피고들의 제2차 내시경 검사 및 응급처치 과정에서 원고에게 약 34분간 호흡부족 증상이 나타난 점, 원고는 이 사건 사고가 발생한 이후부터 중환자실 등에서 치료를 받아온 점, 원고의 현재 신경학적 결함은 저산소성 뇌손상으로 인한 것과 뇌경색으로 인한 것이 모두 존재하고 이를 구분하는 것은 불가능하며, 위의 두가지 원인 모두 현재 상태에 직접적으로 영향을 미친 점, 그 밖에 이 사건 응급처치의 경과와 전후의 제반사정에 비추어 보면, 위에서 인정한 바와 같은 피고들의 응급조치상 과실과 원고의 뇌병변 사이에는 다른 원인이 게재되었다고 할 수 없으므로, 특별한 사정이 없는 한, 피고들의 위와 같은 응급처치상 잘못 등과 원고의 뇌병변 장애 사이에는 상당한 인과관계가 추정된다.』

3. 인용금액 : 9천 2백만 원

4. 피고의 책임비율 : 25%

『…원고는 목이 짧고 굵으며, 경직되어 있는 등 그 해부학적 구조상 기도삽관술의 시행이 어려웠을 수도 있었던 점 … 프로포폴 약제의 경우 길항제는 없으나 제1차 내시경 검사 과정에서도 원고에게 사용되었으나 별다른 부작용이 나타나지 않았던 점, 종합병원과 달리 일반내과의원의 경우 무호흡 발생환자에 대한 완전한 응급조치 장비의 완비 등에 한계가 있을 수 있는 점, 원고는 1차 내시경 검사 당시 별다른 이상증상이 없었고, 원고의 건강상태에 비추어 볼 때 지속적인 호흡저하 등 증상이 나타날 것을 쉽게 예측하지 어려웠을 것으로 보이는 점 … 원고는 이 사건 사고로 인한 저산소성－허혈성 뇌병증 이외에, 전부터 앓고 있던 당뇨병, 고혈압에 의한 동맥경화증으로 좌측 뇌동맥 상부가지가 폐색되어 병발한 좌측 중대뇌동맥 뇌경색의 원인이 경합하여 현재 뇌병변 장애 1급으로 일상생활에 필요한 활동을 할 수 없는 상태에 이른 점… 위 사실관계에 비추어 보면 피고들의 책임비율을 25%로 제한함이 상당하다.』

≪2심 판결≫

재판부의 화해권고결정에 의하여 종결됨.

≪관련 판례≫

1. 대전지방법원 2007. 12. 12. 선고 2006가합7574 판결

가. 사건 개요

원고는 2006. 4. 18.경 2일전부터 열, 3일전부터 기침, 당일 흉분성이 증가하여 피고병원의 소아과 외래 내원하여 세기관지염 및 폐렴을 진단받은 뒤 입원을 권유 받았습니다.

이에 같은 날 10:20경부터 피고병원의 응급실내 입원대기실에서 기다리다가 같은 날 14:10경 분유 수유 후 잠이 들었고, 같은 날 14:13경 원고에게 갑자기 청색증이 발견되고, 심박동 62회, 산소포화도 78% 체크되었습니다.

피고병원의 의료진은 10분이 지난 같은 날 14:23경 기도삽관 및 응급심폐소생술 시행하였으나, 원고에게는 저산소성 뇌손상이 발생하였습니다.

이후 원고는 의식은 있으나 소리 나는 쪽을 쳐다보지 못하고 눈도 맞추지 못하는 등 양측 시신경로 및 우측 청각신경로에 이상이 있고, 기거나 몸을 뒤집지 못하며 앉는 자세를 유지할 수 없는 등 사지 및 목 근육에 강직이 있고, 음식물을 삼키는 것도 제대로 되지 않아 경관 투여를 해야 하는 장애를 입게 되었습니다.

나. 법원의 판단

대전지방법원은,

『① 원고는 해열제 복용 후 발생한 구토 증상으로 인하여 이물질이 기도를 폐쇄함으로써 저산소증으로 인한 청색증의 현상이 일어났던 것으로 판단되고, ② 이 경우 피고병원 의료진들로서는 원고에게 즉시 산소를 공급하여야 하며, 그럼에도 불구하고 산소포화도가 90% 이상으로 올라가지 않는다면, 불과 몇 분이라는 짧은 시간의 경과로도 생명을 잃거나 중대한 장애를 일으킬 수 있으므로 이를 급박한 응급상태로 단정하여 지체 없이 기본 소생술인 가슴압박을 시행하고, 앰브배깅을 통한 인공호흡 및

기관삽관을 시도하였어야 함에도 불구하고, 처음 이를 발견한 간호사들이 소아과 의사를 호출하는 것 외에 심폐소생술을 위한 어떠한 조치도 취하지 아니한 채 10분 가까이 방치하여 필요한 처치가 지연된 잘못이 있다.』

고 하여 피고병원은 원고의 손해에 대해 배상할 책임이 있다고 판시하였습니다.

2. 일본 판례

마취, 프로포폴, 사망, 판례시보 No 2039 PP12～13

<전신마취와 국소마취의 병용에 의한 수술 중에 생긴 마취에 의한 심정지가 원인으로 환자가 사망한 경우에, 마취의에게 각 마취약의 투여량을 조정해야할 주의의무를 게을리한 과실이 있고, 위 과실행위와 사망과의 사이에 상당인과관계가 있다고 한 사례>

*[손해배상청구사건, 最高裁 平 19(受)783호, 平 21. 3. 27. 二小法廷판결, 파기환송, 裁判集民事 230号 등재예정 : 1審 東京地裁 平 11(ワ)22713호, 平 17. 10. 19. 판결, 2심 東京高裁 平 17(ネ)5782호, 平 19. 1. 31. 판결]

가. 사건 개요 및 판지

(1) 이 건은 좌대퇴골골절상을 입은 환자 A(65세, 여)가 Y가 개설한 병원에서 전신마취와 국소마취를 병용하여 인공 고관절치환술을 받던 중 혈압이 급격하게 떨어지면서 심정지가 발생, 사망한 사건이다.

환자의 상속인인 X들이 담당의사들에게는 마취약의 과잉투여, 심장마사지의 개시지연 등의 과실이 있고, A는 그들의 과실에 의하여 심정지로 사망하기에 이르렀다고 주장하여, Y에 대하여 불법행위에 기초한 손해배상을 청구한 사안이다.

X들의 주장에 대하여 Y는 마취약의 과잉투여가 아니고, A의 심정지원인은 지방색전증이라고 항변하였다. 즉, 골수내 수술에 의하여 척수내 지방덩어리가 정맥을 통하여 혈관내에 유입하고, 폐혈관이 폐색하여 곧바로 심부전을 일으키는 전격성 지방색전증으로 생각된다고 주장하였다.

A에 대해서 시행된 마취는 프로포폴, 염산 케타민, 소기(笑氣)에 의한 전신마취와 염산 메피배케인(mepivacaine hydrochloride)에 의한 국소마취를 병용한다고 하는 것이다.

(2) 1심은 각 마취약의 투여량은 각각의 설명서에 기재된 투여량 등에 비추어서 과잉이었다고까지는 인정되지 않고, A의 심정지의 원인을 전격성 지방색전증이라고 단정할 수는 없지만 마취에 의한 것이라고 인정되지 않는다고 하여, X들의 청구를 기각하였다.

이에 대하여 토쿄고법은, A의 심정지는 국소 마취약인 염산 메피배케인의 작용이 프로포폴을 주체로 하는 전신마취의 병용에 의한 영향이 고도로 나타나서 발생한 것이라고 하는 것을 인정한 다음, 담당마취의에게는 전신마취와 국소마취를 병용한다고 하는 사정이나 A의 연령 등의 개별사정 등이 있다고 하였으나, 가령 담당마취의로서 약의 용량의 가감을 검토하여 염산 메피배케인의 투여량을 감량하였다고 하더라도, 그 정도는 담당마취의의 재량에 속하는 것이며, 그 감량에 의하여 본건 심정지 및 사망의 결과를 회피할 수가 있었다고 할 수 있는 자료 등도 없으므로, A의 사망을 회피하기에 족한 구체적 주의의무의 내용, 즉 사망과 인과관계를 갖는 과실의 구체적 내용을 확정할 수가 없다고 하여, A의 사망에 대한 Y의 불법행위책임을 부정하였다.

그런 다음 원심은 약량을 가감하여 염산 메피배케인의 투여량을 어느 정도 감량하였더라면, 심정지를 회피하여 연명할 가능성이 상당할 정도로 있다고 인정되므로, Y는 A가 그 가능성을 침해된 것에 의하여 입은 손해를 배상해야할 책임을 진다고 하여, 연명 가능이익의 침해에 의한 손해액 1300만 엔과 변호사 비용 130만 엔의 한도에서 인용해야 할 것이라고 하였다.

(3) X들로부터 상고수리의 신청이 있어, 제2 소법정은 이것을 수리하여, 원심의 상기 판단 중, 사망과 인과관계를 갖는 과실의 구체적 내용을 확정할 수가 없다고 하여 A의 사망에 대한 Y의 불법행위책임을 부정한 점을 시인할 수가 없다고 하였다. 즉, 원심이 확정한 사실관계에 의하면, 담당마취의에게는 A의 연령이나 전신상태에 즉응하여 프로포폴과 염산 메피배케인의 투여량을 조정해야할 주의의무를 게을리한 과실이 있고, 이 과실과 A의 사망과의 사이에 상당인과관계가 있다고 해야 할 것이며, Y는 A의 사망에 의하여 생긴 손해를 배상해야 할 불법행위책임을 진다고 해야 할 것이라고 하였다.

따라서 A의 사망에 의하여 생긴 손해의 점에 대하여 다시 심리를 다하게 하기 위하여, X들의 패소부분에 대하여 본건을 원심으로 환송하였다.

(4) 이 건에서는 1심 이래 A의 사인이 마취의에 의한 것인가 여부가 주요한 쟁점으로 되고 있었으나, 원심은 A의 사인을 마취에 의한 것이라고 인정하고 있고, 본 판결은 그 인정사실이 전제로 되고 있다.

본 판결은 담당마취의가 A에게 투여한 마취약의 양이 A의 연령이나 전신마취와 국소마취를 병용한다고 하는 사정을 고려하면 과잉이고 심정지 등이 생길 가능성이 있다는 것을 충분히 예견할 있었던 것이며, 이것을 회피하기 위하여 각 마취약의 투여량을 조정해야 할 것이었다고 하고, 담당마취의가 이것을 게을리하여 과량 투여된 마취약의 영향에 의하여 A는 사망하기에 이른 것이므로, 담당마취의는 위 의무를 태만히 한 과실이 있고, 그 과실과 A의 사망과의 사이에 상당인과관계가 있다고 한 것이다.

원심은 담당마취의의 마취약 투여에서의 과실의 유무에 대하여, 전신마취와 국소마취를 병용한다고 하는 사정이나 A의 연령 등의 개별사정에 즉응하여 약량을 배려하지 않은 과실이 있다고 인정하면서, 마취약의 감량에 의하여 A의 심정지를 회피할 수가 있다고 할 수 있는 자료가 없고, 사망을 회피하기에 족한 구체적 주의의무의 내용을 확정할 수 없다고 하여, A의 사망에 대한 Y의 불법행위책임을 부정하고 있고, 이것은 마취약의 투여량을 어느 정도까지 감량하였다면 A에게 심정지는 생기지 않았는지를 확정할 수가 없기 때문에, 가사 본건 수술에서 담당마취의가 A에 대하여 투여하는 것의 허용된 양의 마취약을 투여하고 있었더라도, A의 심정지가 발생하였을 가능성이 있다고 하는 것이 되고, 결과회피가능성을 긍정할 수 없으므로, 담당마취의에게 A의 사망에 대하여 책임을 지워야 할 과실이 있다고 인정할 수가 없다고 판단한 것이라고 해석된다.

그러나 본건에서 사용된 각 마취약의 병용투여 자체가 위험하고 허용되지 않는다는 것은 아니고, 이들의 마취약을 병용 투여하는 경우에 있어서도, 투여량을 조종하여 환자의 연령이나 전신상태에 즉응한 양을 투여하고 있었다면, 통상이라면 환자에게 심정지가 생겨서 사망할 정도의 중대한 부작용이 발생하는 일은 없다고 할 수 있으므로, 이들을 조정하고 있었다고 하더라도 역시 환자의 사망을 회피할 수가 없었다고 하는 것과 같은 사정이 엿보이지 않는 이상, 결과회피가능성을 긍정하는 것은 가능하다고 생각된다.

임상에서도 개별 증례에서, 특히 상승효과가 있는 마취약을 복수병용하고 있는 경우에, 환자의 사망을 회피할 수가 있었던 각 마취약의 투여량의 한계를 구체적으로 확정하는 것은 대단히 곤란하고, 그 입증을 환자측에 시행시키는 것은 가혹하다고 할 수 있다.

본 판결에서 담당마취의가 각 마취약의 투여량을 적절하게 조정하였다고 하더라도 A의 사망이라는 결과를 회피할 수 없었다고 할 만한 사정은 엿볼 수 없기 때문에, 각 마취약의 투여량을 어느 정도 감량하느냐에 대해서 담당마취의의 재량에 위임된 부분이 있다고 하더라도, 또 어느 정도 감량하면 A의 사망의 결과를 회피할 수가 있었다고 할 수 있느냐가 확정할 수 없다고 하여도, 위 판단을 좌우하지 않는다는 취지를 판시한 것은, 이와 같은 사고에 의한 것이라고 생각된다.

(5) 본 판결은 어디까지나 사례판례이지만, 마취약의 과량투여에 의한 환자의 사

망이라는 비교적 많이 보이는 사안에서의 의사의 주의의무의 내용, 의사의 과실과 환자의 사망과의 상당인과관계에 대하여 최고재의 판단을 제시한 것으로서, 실무적으로 참고가 되는 것이라고 생각한다.

나. 판 례 <참조조문> 민법 709조(PP16~17)

일본 최고재판소는,

『…(2) (1)의 사실에 의하면, 본건 수술에서의 마취담당의사인 테이하라(丁原:テイハラ)의사는, 프로포폴과 염산 메피배케인을 병용하는 경우에는, 프로포폴의 투여속도를 통상보다도 천천히 주입하고, 염산 메피배케인의 투여량을 통상보다도 적게 하는 등 투여량조정을 하지 않으면, 65세 연령의 하나코(花子;ハナコ)에게는 프로포폴이나 염산(鹽酸) 메피바카인<メピパカイン>의 작용이 지나치게 강하여, 혈압저하, 심정지, 사망이라는 기서를 밟았을 가능성이 충분히 있다는 것을 예견할 수 있다고 해야 할 것이며, 그와 같은 기서를 밟지 않도록 투여량을 조절해야 할 의무가 있었다고 해야 할 것이다.

그런데 위 사실관계에 의하면, 테이하라의사는 전신마취에 의하여 취면(就眠)을 얻은 하나코에 대하여 2% 염산 메피배케인 주사액을 그 설명서에 기재된 성인에 대한 통상 용량의 최고한도인 20㎖ 투여한 다음, 프로포폴을 통상 성인에 있어서 적절한 마취심도(深度)를 얻을 수 있다고 알려진 투여속도에 상당하는 7.5㎎/㎏/시의 속도로, 오후 1시 35분부터 오후 2시 15분 지날 때까지 40분 이상 동안 지속 투여하고, 그 동안 하나코의 혈압이 경막외 마취의 효과가 제고됨에 수반하여 저하하고, 집도가 개시된 오후 1시 55분 이후는 소량의 승압제로는 혈압이 회복되지 않는 상태로 되고 있었음에도 불구하고, 투여속도를 감량하지 않고, 그 속도가 설명서에 기재되어있는 성인에 대한 통상의 사용례가 넘는 것으로 되어 있었다라고 하는 것이다. 그래서 그 결과 오후 2시 15분 지나서 하나코의 혈압이 급격히 떨어지는 사태가 발생되고, 그에 이어서 심정지, 나아가 사망이라는 기서를 밟았다고 하는 것이므로, 테이하라의사에게는 하나코의 사망이라는 결과를 회피하기 위한 프로포폴과 염산 메피배케인의 투여량을 조정해야 할 것이었는데 이것을 게을리한 과실이 있고, 이 과실과 하나코의 사망 사이에는 상당인과관계가 있다고 해야 할 것이다.

본건에서 테이하라 의사가 프로포폴과 염산 메피배케인의 투여량을 적절하게 조정하였다고 하더라도 사망이라는 결과를 회피할 수 없었다고 하는 것 같은 사정은 엿보이지 않으므로, 프로포폴과 염산 메피배케인의 투여량을 어느 정도 감량하느냐에 대하여 테이하라의사의 재량에 위임된 부분이 있다고 하더라도, 그것이 위와 같은 결론이 좌우되는 것은 아니다.

원심은 염산 메피배케인의 투여량을 감량하였다고 하더라도, 그 정도는 마취담당의의 재량에 속하는 것이며, 그 감량에 의하여 본건 심정지 및 사망의 결과를 회피할 수 있었다고 할 수 있는 자료도 없으므로, 사망과 인과관계를 갖는 과실의 구체적 내용을 확정할 수는 없다고 하지만, 위와 같이 본건의 개별사정에 즉응, 약량의 배려를 하지 않고, 고도의 마취효과를 발생시켜, 이것에 의하여 심정지가 생겨, 사망의 원인으로 되었다는 것이 확정할 수 있는 이상, 이것을 가지고, 사망의 원인으로 된 과실이라고 하는데 부족은 없다. 염산 메피배케인을 어느 정도 감량하면 심정지 및 사망의 결과를 회피할 수가 있었다고 할 수 있느냐하는 것을 확정할 수 없다고 하더라도, 단지 그것을 가지고 사망의 원인으로 된 과실이 없다고 할 수는 없다.』

…… (중략) ……

p17

그와 같은 입증책임을 피해자측에 부과하는 것은,

『소송상의 인과관계의 입증은, 한 점의 의문도 허용되지 않는 자연과학적 입증은 아니고, 경험칙에 비추어서 전 증거를 종합 검토하여, 특정사실이 특정결과를 초래한 관계를 시인할 수 있는 고도의 개연성을 증명하는 것이며, 그 판정은 통상인이 의문을 개입시키지 않을 정도로 진실성의 확신을 가질 수 있는 것이 필요로 하고, 또한 그것으로 족하다』(最高裁判例, 소화 50. 10. 24. 제2소법정)

라고 한 최고재판소의 판례에도 명백히 위반하고 있다.

…… (중략) ……

p19

『심정지 후, 응급 시행해야 할 심장 마사지의 개시를 수술창의 봉합이나 기관삽관 등을 선행시킴으로써 시간을 소비한 결과 심정지로부터 5분 이상 경과하여 개시한 것도 인정할 수밖에 없다」(항소심 17쪽), 「심정지 후 즉각 이에 즉응한 심장 마사지가 개시되지 않았던 것도 과실이라고 평가할 수가 있다」(항소심 17쪽)』.

라고 판시하였다고 하는 것은 의사의 과실과 사망과의 인과관계는 100% 존재하고 있다고 하는 심증을 얻었다는 것에 다름 아니다.

…… 이하 생략 ……

3. 서울중앙지방법원 2009. 5. 19. 선고 2008가합112396 판결

가. 사건 개요

(1) 망인은 2008. 7. 25. 18:00경 15년전 발생한 복합 치핵으로 인하여 항문에서 피가 나오고 통증이 심해지자 피고병원에 내원하여 수술적 치료가 필요하다는 피고의 권유에 따라 수술을 받기로 결정하였습니다.

(2) 피고는 2008. 7. 26. 13:45경 원고에게 마취 전 투약으로 항생제인 일코마이신을 정맥주사하고 진통제인 펜타조신과 진정제인 디아제팜을 각 근육주사하였습니다.

(3) 망인은 같은 날 14:00경 수술실에 입실하였고, 피고는 마취전문의 참여 없이 피고병원 소속 간호사 3인과 함께 망인에게 맥박산소포화도측정기만을 부착한 채 이 사건 수술을 시행하면서 간호사로 하여금 망인(체중 60kg)에게 정맥마취제인 포폴 18ml(180mg) 링거세트사이드를 통해 투약하도록 하여 망인을 수면마취하였고, 이어 수술부위인 외치핵 부위를 리도카인 2ml로 국소마취하였습니다.

(4) 피고는 레이저로 직장부위에 있던 3군데의 정맥류와 항문외부에 있던 3군데의 외치핵 등을 차례로 제거한 후 수술부위를 소독하는 등으로 수술을 마무리하였고, 수술을 마친 직후 망인의 상태를 살펴보았는데, 그때 망인은 이미 호흡정지 및 심정지 상태에 빠져있었습니다.

(5) 이에 피고는 망인에 대하여 흉곽압박과 구강대구강 인공호흡 방법으로 심폐소생술을 시도하였으나, 망인의 상태는 회복되지 않았습니다.

나. 전제사실

위 사건에 대하여 재판부는,

『…(2) 수면마취의 개념, 정맥마취제 포폴의 용량과 부작용

수면마취는 비교적 소수술의 경우 시행하는 마취방법으로 본래적 의미의 전신마취와 달리 근이완제의 사용이나 기도삽관 등을 하지 않고 환자가 자발적인 호흡을 유지하는 상태에서 최면밑 용량의 정맥마취제를 사용하여 환자의 진정, 불안해소, 기억상실과 편안함을 가져오기 위해 사용하는 마취방법이고, 최적의 수면마취는 수술 중에는 호흡억제, 혈압하강, 오심, 구토와 같은 부작용을 일으키지 않고 적절한 진정상태를 유지하며, 수술 후에는 의식이 빨리 돌아올 수 있도록 하는 것으로 약제의 용량을 적절하게 조절하여야 한다. 이때에도 환자 상태에 대한 지속적인 감시는 필요하고, 수면마취도 넓은 의미에서는 전신마취의 한 방법이다.

정맥마취제인 포폴의 적정투여량은 전신마취의 유도 용량으로는 1~2.5mg/kg을 사용하고, 마취 유지용량으로는 50~200㎍/kg/분을 투여하며, 수면마취와 같이 진정목적으로 사용할 때는 25~100㎍/kg/분을 투여한다. 60kg인 환자에 대한 수면마취시 적절한 포폴의 투여량은 1.5~5mg/분(90~360mg/시간)으로서, 포폴 180mg 정도의 양은 1시간에 걸쳐 투여되었다면 적정한 투여량이다. 그런데 포폴은 호흡억제 작용과 심혈관 억제작용을 가지고 있으므로 사용허용량 범위 내에서 가능한 적은 양을 사용하는 것이 안전하고, 환자의 전신상태, 다른 진정제, 진통제 겸용여부에 따라 환자마다 반응이 다르므로 사용시 환자상태에 지속적인 관찰은 반드시 필요하다.

(3) 마취시 주의사항

전신마취 중에는 환자의 순환상태, 호흡상태, 체온, 소변량 등 생체활력징후를 주의깊게 관찰하여야 한다. ① 순환상태의 관찰을 위해서는 혈압, 맥박을 측정하고, 심전도를 이용하여 심리듬과 심박수를 관찰한다. ② 호흡상태의 관찰을 위해서는 환자가 자발적 호흡을 할 경우에는 항상 흉곽의 움직임, 호흡음 등을 관찰하여 호흡의 충분한 정도를 확인하여야 하고, 기도내삽관을 하고 인공호흡을 시행할 경우에는 호흡기의 1회의 호흡량, 분시호흡량, 호흡횟수를 관찰하고 필요할 경우 이산화탄소분압측정기(capnometer)를 이용하여 호기말 이산화탄소분압을 측정한다. ③ 보조감시장치로는 사용이 간편하고 장비가격이 비교적 비싸지 않은 맥박산소포화도 측정기(pulse oximeter)를 사용하여 말초혈액 내 산소포화도를 측정함으로써 순환과 호흡 상태를 관찰할 수 있으나, 저혈압, 저체온, 주위의 과도한 빛, 환자의 움직임, 심한 빈혈 등의 경우에는 산소포화도의 정확도가 떨어지는 단점으로 인해 다른 감시기구들(심전도, 혈압기 등)과 함께 사용할 때 환자의 안전을 더 확보할 수 있다. ④ 필요한 경우(큰 수술이거나 수술시간이 오래 걸릴 경우)에는 체온과 소변량을 측정하기도 한다.

전신마취 하의 환자상태는 순간적으로 변화할 수 있기 때문에 마취기록의 작성시 생체활력징후(혈압, 맥박 등)의 변화는 보통 5분 단위로 기록하는 것이 원칙이다. 마취와 수술 중 주요 처치(마취약제, 수액, 혈액성분제제 투여, 자세변화 등)가 이루어질 때마다 곧바로 처치내용을 기록하여야 한다.

(4) 전신마취 환자의 무호흡상태 발생시 대응요령

전신마취환자의 경우 항상 환자의 호흡과 순환상태 변화를 관찰하고, 무호흡 발생시에는 즉시 산소마스크를 부착하여 인위적으로 환기를 시켜주어 환자가 저산소증에 빠지지 않도록 하여야 한다. 환자가 의식소실 정도가 얕아 자극에 쉽게 반응할 경우(눈을 뜨라면 눈을 뜨는 등)에는 자발적 호흡이 돌아오는 경우도 있으나, 마취유도 목적으로 다량의 마취약제를 투여한 후 무호흡이 발생한 경우 보조환기 및 조절환기가 반드시 필요하다고 판단된다.

환자에게 심정지나 호흡정지가 발생한 후 얼마나 빨리 심(호흡)정지 상태를 발견하였는지가 환자의 소생여부에 중요한 영향을 미친다. 효과적인 심폐소생술을 위해서는 호흡과 심정지가 발생하였을 때는 빨리 기도내삽관을 하거나, 안면마스크(face mask)를 사용하여 100% 산소로 인공환기를 시행하여 환자에게 충분한 산소를 공급하고, 심장마사지, 혈압상승제(epinephrine 등) 및 심폐소생술 약제의 투여, 심실제세동기(defibrillator)의 사용 등이 원칙이다 …』

라고 전제사실을 확정한 후, 다음과 같이 판단하였습니다.

다. 판 단

재판부는,

『…① 이 사건 수술이전에 실시한 각종 검사결과에 의하면, 망인은 수술 대상인 치질증상 이외에 이 사건 수술에 지장을 줄 만한 특별한 이상증세는 없었던 점, ② 피고가 망인에게 투여한 정맥마취제인 포폴은 그 자체로 호흡억제의 부작용이 있어 사용허용량의 범위 내에서 가능한 적은 량을 투여하여야 하고, 더욱이 마취 전에 마약성 진통제와 벤조디아제핀계 진정제를 함께 투여하였을 경우 호흡억제의 부작용이 더욱 가중될 수 있는데, 피고는 마취 전 망인에게 마약성 진통제인 펜타조신(pentazocine)과 벤조디아제핀계 진정제인 디아제팜(diasepam)를 함께 투여하였고, 당시 체중 60kg이었던 망인에게 20분 정도 수면마취시 포폴의 적정사용량이 30~120mg인데, 그 범위를 초과하여 180mg을 한꺼번에 투여하였던 점, ③ 위와 같이 마취 전 펜타조신과 디아제팜을 투여한 후 여기에 적정사용량을 초과하는 양의 포폴을 한꺼번에 투여하는 경우에는 그 부작용으로 환자에게 일시적인 무호흡상태가 발생할 가능성이 높아지는 점, ④ 환자에게 심정지나 호흡정지가 발생하였을 때에는 얼마나 빨리 심(호흡)정지 상태를 발견하였는지가 환자의 소생여부에 중요한 영향을 미치는데, 피고가 수술을 마친 후 망인의 상태를 확인하였을 때 망인은 이미 호흡정지 및 심정지 상태에 빠져 있어 적절한 응급처치의 시기를 놓친 것으로 보이는 점 등에 비추어 보면, 피고로서는 마취 전 망인에게 마약성 진통제인 펜타조신과 벤조디아제핀계 진정제인 디아제팜을 함께 투여하였고, 여기에 정맥마취제인 포폴을 적정사용량을 초과하여 투여함으로써 무호흡상태가 발생할 위험성이 가중되어 있었으므로, 마취 중 망인의 호흡상태과 순환상태 등 생체활력징후를 지속적으로 주의 깊게 관찰하고, 이상증상이 발견되었을 때에는 그에 대한 적절한 조치를 취할 주의의무가 있음에도 불구하고, 이를 게을리하여 망인에게 다소 정확도가 떨어지는 맥박산소포화도 측정기만을 부착한 채 수술을 시행하면서, 수술 중 망인의 호흡과 순환 상태를 지속적으로 관찰하지 아니한 과실이 있고, 정맥마취제인 포폴 등의 부작용으로 나타날 수 있는 망인의 호흡정지 상태를 신속하게 발견하지 못하여 적절한 응급조치시기까지 놓쳐서, 이로 인하여 망인은 이 사건 수술 중 호흡정지 및 심정지 상태에 빠졌다가 그대로 사망에 이르게 되었다 할 것이므로, 피고는 위와 같은 과실로 말미암아 망인과 원고들이 입은 모든 손해를 배상할 책임이 있다…』

고 판단하며 피고의 과실을 인정한 바 있습니다.

라. 인용금액 : 1억 3천 7백만 원

마. 피고의 책임비율 : 65%

2. 계류유산 수술 후 잔류태반으로 재수술 받은 후 마취에 대한 경과관찰을 해태하여 사망한 사건[112]

≪사건 개요≫

• 원고 박○○(여, 31세) / 피고 강남○○병원

※ 사건 경과
계류유산으로 소파술함 → 잔류태반으로 재수술함 → 수술 후 의식 소실 → 사망

날 짜 (2010)		증 상	검 사 및 처 치	비 고
기왕증 : 07년(오른쪽), 09년(왼쪽), 자궁외(난관)임신으로 일본에서 수술함.				
4. 24.		일본에서 체외수정 및 배아이식 시행함.		
6. 9.		계류유산	일본에서 소파술 시행함.	
6. 29.			일본병원에서 초음파검사함.	
7. 11.			요양 위해 일본에서 한국으로 귀국함.	
7. 11. 19:30		다량의 선홍색 질 출혈(2시간 동안 중형패드 3개)		
7. 11. 21:00		120/70-88-20-37.0	강남○○병원 응급실 도착 초음파검사 : 잔류태반 의증 다음날 외래 방문하여 재소파술 필요함을 설명하고 귀가시킴.	
7. 12.		소파술 위해 외래 방문		
7. 12.	14:15		= 마취 시작 펜타닐 100㎍, 프로포폴 130mg 항생제 Tobramycin 80mg	
	14:20		수술 시작	
	14:35	혈압 : 130/90 맥박 70회/분 산소포화도 98% 의식 명료	수술 종료	

112) 서울중앙지방법원 2013. 2. 13. 선고 2011가합107721 판결, 서울고등법원 2013. 12. 5. 선고 2013나2005181 판결, 대법원 2014. 4. 10. 선고 2014다200084 판결.

	15:00	130/100-80 맥박 90/분 호흡 18회/1분 환자 고개 끄덕임.	수술 끝남을 말하자 환자 고객 끄덕임.	
	16:05	계속 수면중임. 깨웠더니 반응 없음. 혈압체크 안됨. 산소포화도 : 47%. 의식 : 혼수 동공팽창－약한 반응	바로 수술실로 옮김. 즉시 기관내삽관 및 심폐소생술 시행함.	
	16:10	혈압 90/35 맥박 125	흡입 시행 에피네프린, 아트로핀 투여	
	16:15	혈압 85/25 맥박 125 산소포화도 83%	제세동 시행 에피네프린, 아트로핀 투여	
	16:25	혈압 115/40 맥박 105 산소포화도 82%		
	16:30	혈압 100/40 맥박 79 산소포화도 83%		
	16:40	혈압 80/30 맥박 110 산소포화도 58%		
	16:45	혈압 85/60 맥박 115 산소포화도 50%	혈액검사	
	16:55	혈압 60/30 맥박 85 산소포화도 51%		
	17:15	맥박 85	앰브배깅하면서 분당○○병원으로 전원	
	17:44 ~	혈압, 맥박, 체온, 호흡 체크 안됨.	분당○○병원 응급실로 심폐소생술 시행하면서 전원됨. ※ 분당○○ 도착당시 혈액검사 결과지 없음. 이후 1시간 13분정도 심폐소생술 시행했으나 의식 돌아오지 않음.	
	17:55		동맥혈 검사상 pH 체크 안됨.	
	18:57		사망선언	

부검

사인 : 해부학적으로 불명임.

(1. 자궁내강에서 소량의 혈종을 보고, 이 외에 자궁 및 부속기에서 특기할 손상을 보지 못하는 점, 2. 병리조직검사 결과 자궁근내막염이 보이나 사인으로 고려하기 어려운 점, 3. 심폐소생술로 인한 늑골의 골절 외 특기할 손상을 보지 못하는 점, 뇌실질의 부종 및 울혈 소견 관찰 4. 사인으로 고려할 만한 병변을 보지 못하는 점)

= 뇌실질의 부종소견을 감안할 때 마취과정에서 사용된 프로포폴과 관련하여 호흡억제와 같은 부작용이 발생하였을 가능성을 고려해 볼 수 있음.

= 수술전 시행한 혈액검사 결과와 분당○○병원으로 후송된 후 시행한 혈액검사 결과를 비교했을 때 혈소판이 245000-105000(130000-400000)으로 감소된 원인에 대해서도 검토가 이루어져야 할 듯.

≪소장에서 주장하는 피고의 과실≫

1. 마취제 선택상 과실

피고병원은 망인의 수면마취 시 적절하지 못한 마취제를 선택, 투약하였습니다.

일반적으로 마취의 목적은 환자의 생명에 영향을 주지 않고 통증 없이 수술을 할 수 있는 가장 좋은 상태를 유지하도록 하는 것입니다. 생명에 영향이 없도록 하기 위해서는 마취 과정 중 마취상태의 환자 상태 변화를 면밀히 관찰하고, 수술 후 주의 깊은 환자상태의 평가와 처치 등이 필요합니다.

피고병원에서 망인에게 투약한 프로포폴은 심각한 심혈관계나 호흡기계의 기능저하 등의 치명적인 부작용이 발생할 수 있으므로 사용하는데 있어 각별한 주의를 요하는 약물입니다.

따라서 피고병원은 망인의 마취 시 그 약물을 선택함에 있어 마취 전 철저한 병력청취 및 사전 검사 등을 통하여, 망인에게 마취 시 발생가능한 부작용이 최소한이 될 수 있는 그 약제를 선택했어야 합니다. 그러나 피고병원은 망인의 수면마취 시 여러 약물을 염두해 두지 않고 심각한 부작용이 발생 가능한 프로포폴이라는 약물을 어떠한 고민도 없이 투약하여 망인을 사망에 이르게 한 과실이 있습니다.

2. 경과관찰 해태

피고병원은 망인에게 수면마취 후 소파술 시행 후 의식이 회복될 때까지 그 경과관찰을 게을리하였습니다.

피고병원은 망인에게 프로포폴 투약 후 수면마취 하 소파술을 시행하였다면, 프로포폴은 호흡억제작용과 심혈관억제작용이 있으므로 수술 종료 후 망인의 의식이 명료해 질 때까지 주의 깊은 경과관찰을 시행하였어야 합니다.

즉, 수술 후 망인의 의식이 명료해질 때까지 망인의 순환상태, 호흡상태, 체온, 소변량 등 생체 활력징후를 주의 깊게 관찰하여야 합니다.

순환상태의 관찰을 위해서는 혈압, 맥박을 측정하고, 심전도를 이용하여 심리듬과 심박수를 관찰하고, 호흡상태의 관찰을 위해서는 망인이 자발적 호흡을 하고 있음을 확인한 후 흉곽의 움직임, 호흡음 등을 관찰하여 호흡의 충분한 정도를 확인하여야 합니다. 그리고 보조감시장치로는 맥박산소포화도 측정기를 사용하여 말초혈액 내 산소포화도를 측정함으로써 순환과 호흡 상태를 관찰하여야 합니다.

또한 수면마취 하 소파술을 시행받은 망인의 경과는 순간적으로 변화할 수 있기 때문에 수시로 관찰하여야 하고, 상태의 변화가 있을 시 즉각적으로 그에 따른 처치를 시행하여야 합니다.

그러나 피고병원은 2010. 7. 12. 14:35경 망인에게 소파술을 종료하고 같은 날 15:00경 망인의 혈압체크만 단 한차례 시행한 후 같은 날 16:05경까지 무려 한시간 5분이 경과할 때까지 단 한 차례도 망인의 상태변화를 체크하지 않았습니다.

즉, 피고병원은 망인의 수술 종료 후 의식이 명료해질 때까지 망인의 산소포화도 및 호흡 유지 여부, 맥박 등이 정상적으로 유지되는지 세밀하게 관찰하여야함에도 불구하고 이러한 경과관찰을 제대로 시행하지 않은 과실을 범하여 망인이 피고병원 회복실에서 피고병원의 방치로 인하여 사망에 이르게 하였다 할 것입니다.

3. 부적절한 응급처치

피고병원은 혼수상태였던 망인의 기관내삽관 및 심폐소생술 시행 시 적절한 응급처치를 시행하지 않았습니다.

망인은 2010. 7. 12. 16:05경 피고병원에서 소파술을 시행받은 후 의식혼수의 상태로 혈압은 체크되지 않고 산소포화도가 47%까지 떨어지고 호흡곤란 증상이 나타났습니다. 이에 피고병원은 망인을 수술실로 옮긴 후 기관내삽관 및 심폐소생술을 시행하였습니다.

이 때 만약 피고병원이 망인에게 적절히 기관내삽관을 시행하였다면 망인의 산소포화도는 정상에 가깝게 유지되었어야 하고, 반대로 기관내삽관후에도 산소포화도가 회복되지 않을 시 즉시 발관 후 재삽관을 하였어야 합니다.

그러나 망인의 경우 2009. 7. 12. 16:05경 피고병원에서의 기관내삽관 이후에도 같은 날 16:25경 산소포화도는 82%, 같은 날 16:40경 산소포화도는 58%, 같은 날 16:45경 산소포화도는 50% 밖에 측정되지 않았음에도 피고병원은 이를 간과하고 의미없는 심폐소생술만 시행하는 과실을 범하였습니다.

나아가 피고병원은 망인이 심폐소생술을 받을 당시 망인의 혈압관리 또한 적절하게 하지 못했습니다.

피고병원은 망인에게 2010. 7. 12. 16:05경 기관내삽관 및 심폐소생술을 시행하기 시작한 후 같은 날 16:10경과 같은 날 16:15경 망인의 혈압상승을 위해 승압 및 강심제인 에피네프린과 아트로핀을 한차례씩 투여하였으나 망인의 혈압은 지속적으로 비정상 수치를 보였음에도 그 후 어떠한 추가 약물투여도 하지 않은 과실을 범하였습니다.

이에 망인의 혈압은 같은 날 16:40경 80/30mmHg, 같은 날 16:55경 60/30mmHg으로 측정되는 등 지속적 하락소견이 나타났고 심지어 피고병원은 같은 날 16:55부터 소외 분당차병원으로의 전원시까지 약 20분가량동안 망인의 활력징후의 측정조차하지 않았습니다.

4. 전원조치 위반

전원의 요건으로는 첫째, 환자가 전원에 견딜만한 상태에 있을 것, 둘째, 상급병원에서 다른 치료를 받을 방법이 있을 것, 셋째, 지리적·환경적 요인으로 환자의 병상과의 관련하여 전송 가능한 지역 내에 적절한 설비 및 전문의를 배치한 의료기관이 있어야 할 것 등을 요건으로 합니다.

앞서 살핀 바와 같이 망인은 이미 사망에 가까운 단계에 있었고, 전원도중 사망상태였습니다. 다른 병원에 가도 산소공급과 혈압상승제 투여 등 강남○○병원에서 하는 방법 이외에 별다른 치료방법이 없습니다.

사정이 이와 같다면 일반인의 상식에 비추어보더라도 기관내삽관 및 심폐소생술까지 지속 중이었던 망인의 그와 같은 전원시간을 감내할 수 있다고 보기 어렵습니다. 가사 상급병원에서의 치료가 급히 필요하였다면 강남○○병원에서 약 2.5km가 떨어진 소외 연세대학교 부속 강남○○병원이 있습니다. 그럼에도 강남○○병원에서 무려 20.4km나 떨어진 분당○○병원으로 망인을 이송하면서 약 30분이나 응급치료가 지연됨으로써, 그나마 치료받을 시간과 기회를 놓치게 하였습니다.

결국 이와 같은 피고병원의 전원조치위반의 과실로 인하여, 장시간의 이송과정 중 망인은 적절한 응급처치를 받지 못했고, 그 결과 망인은 소외 분당○○병원 도착 당시 혈압, 맥박, 체온, 호흡의 체크조차 되지 않는 상태에 빠져 적절한 조기치료의 기회를 상실하게 된 것입니다.

≪관련 의학지식을 통한 입증≫

1. 피고병원의 과실

가. 경과관찰 해태

의사는 환자를 치료함에 있어, 특히 마취 하 환자에게 수술을 시행하고 진행하는 경우, 마취에서 깨어 의식이 명료해져서 안전하게 퇴원할 때까지 주의 깊은 경과관찰을 하여야 하고, 경과관찰 중 이상증상이 나타나면 그 원인을 찾아 즉시 후속처치를 취하여야 합니다. 이러한 과정을 통해 환자의 이상증상으로 인한 질병의 악화소견의 발생을 미리 막거나 최소화하여야 할 주의의무가 있습니다.

그러나 피고병원은 수면마취 후 소파술을 시행한 망인을 치료함에 있어, 마취 회복 과정 중인 망인의 증상 변화를 주의 깊게 경과관찰하지 않은 채 망인을 방치하였고, 이에 망인은 호흡곤란 시 필요한 응급처치를 즉각 받지 못한 채 사망에까지 이르게 되었습니다.

(1) 프로포폴과 관련하여

피고병원은 망인의 잔류태반 제거술을 시행함에 있어 마취를 위하여 프로포폴이라는 약물을 투약하였습니다.

망인이 투약받은 프로포폴은 약물 투약 후 사망에 이르는 사례가 최근 이와 관련된 자극적인 뉴스가 홍수처럼 쏟아져 나오고 있습니다.

수년 전부터 부작용 문제가 거론되어온 이 프로포폴은 수술이나 내시경 시 쓰이는 정맥주사용 수면마취제이지만 부작용으로 무호흡과 혈압저하 현상을 비롯하여 두통, 어지러움, 기관지연축, 흥분, 착란 증상 등이 일어날 수 있고, 심하면 사망에까지 이를 수 있어(국정감사시 언급된 국립수사연구원 자료를 보면, 프로포폴 관련 사망자가 8년간 44명이라는 통계입니다), 2011년부터는 항정신성의약품(마약류)로 지정해서 관리해오고 있지만 프로포폴 투약 후 사망이라는 논란은 끊이지 않고 여전히 세간의 이목을 끌고 있습니다.

프로포폴은 약물투약과 동시에 중추신경을 빠르게 억제하여 진정시키기 때문에 약물 투약 후 이상반응으로 지연성경련, 근긴장이상 등의 정신신경계 부작용, 호흡곤란, 호흡부전, 저산소증, 기관지경련 등의 호흡기계 부작용 등이 발생할 수 있습니다.

따라서 프로포폴은 수술시행자나 진단자가 아닌, 마취과 의사에 의해 투약되어야 하고, 이 때에는 환자의 기도유지를 위한 장치, 인공호흡 산소공급을 위한 시설과 즉각적인 심폐소생술이 가능한 시설이 준비되어 있는 상황에서 투약하여야 합니다.

또한 투약의 모든 과정 중에는 환자에게 저혈압, 무호흡, 기도폐쇄, 저산소증이 있는지 지속적으로 관찰하여야 하고, 마취 후 완전한 회복을 확실할 때까지 환자의 퇴원을 결정하기에 앞서, 주의깊은 경과관찰은 반드시 필요합니다.

[표 1] 갑 제6호증 중 —— 프로포폴의 부작용

4. 이상 반응

가장 흔하게 보고되는 약물이상반응은 저혈압과 같은 마취제에서 약리학적으로 예상 가능한 부작용들이다. 마취제와 중환자의 특성을 고려하면, 비록 마취제 및 집중 치료와 관련이 있다고 보고되었을 지라도 시행한 시술 또는 환자의 상태와도 인과관계가 있을 수 있다.

(매우 흔하게: >1/10, 흔하게: >1/100, <1/10, 흔하지 않게: >1/1000, <1/100, 드물게: <1/1000, <1/1000, 매우 드물게: <1/10000)

1) 심장 : 흔하게 서맥 (중대한 사례는 드물다. 무수축으로 진행된 사례가 보고된바 있다), 매우 드물게 폐부종이 나타날 수 있다.

2) 혈관계 : 흔하게 저혈압 (때때로 정맥투여 수액 및 이 약 투여 속도의 감소가 필요할 수 있다), 고혈압, 드물게 빈맥, 조기심실수축, 조기심방수축, 실신, ECG 이상, ST Segment Depression등이 나타날 수 있다. 흔하지 않게 혈전증 및 정맥염이 나타날 수 있다.

3) 정신신경계 : 운동, 급성 경련, 지연형 경련, 흔하게 회복기 동안 두통, 어지러움, 연축, 간대성·근간대성운동, bucking/jerking/thrashing, 드물게 무도병, 경면, 긴장항진, 근긴장이상, 지각이상, 진전, 흥분, 착란, 섬망, 다행증, 피로, 신음, 강직, 식욕이상, 매우 드물게 수술 후 무의식 등이 나타날 수 있다.

4) 위장관계 : 흔하게 회복기 동안 구역, 구토, 때때로 복부경련, 드물게 타액분비과다, 구갈, 연하증, 매우 드물게 췌장염이 나타날 수 있다.

5) 호흡기계 : 때때로 기침, 딸국질, 흔하게 유도하는 동안 일시적인 무호흡, 드물게 상기도폐색, 호흡곤란, 천식음, 호흡부전, 인후열작감, 재채기, 빈호흡, 과도호흡, 저산소증이 나타날 수 있다.

기관지경련 : 기관지경련을 일으킬 수 있으므로 이 약을 사용할 때에는 긴급한 상황에 대응할 준비를 하고 본제 투여중 관찰을 충분히 하고 위의 증상이 발견되면 적절한 조치를 취할 것.

[표 2] 갑 제6호증 중 —— 사용상 주의사항(경고)

사용상 주의사항

<분류번호 111> [허가사항 변경지시(안전성 정보처리) (의약품관리과-7144호, 2009.07.17)]

1. 경고

1) 이 약은 마취과에서 수련 받은 사람에 의해 투여되어야 하며 환자의 기도유지를 위한 장치, 인공호흡, 산소공급을 위한 시설과 즉각적인 심혈관계 소생술의 실시가 가능한 시설이 준비되어야 한다.

2) 이 약은 진단자나 수술시행자에 의해 투여 되어서는 안된다.

3) 수술 및 진단시 의식하 진정 목적으로 투여할 때 환자에게 저혈압, 무호흡, 기도폐쇄, 산소불포화가 있는지 지속적으로 관찰되어야 한다. 이러한 심·호흡계 영향은 특히 노인, 허약환자, 또는 ASA-PS Ⅲ 또는 Ⅳ 환자에게 이 약을 빠르게 정맥주사할 때 나타나기 쉽다.

4) 사고 또는 중환자실에서 인공호흡중인 환자의 경우 이 약은 중증의 환자를 다루는데 능숙하거나 심혈관계 소생술에 숙련된 의사에

[표 3] 갑 제6호증 중 —— 주의사항

4) 환자는 전신마취 후 당분간 기계조작이나 운전과 같은 숙련된 일을 수행하는 데 있어서 주의한다.

5) 전신마취 후 완전한 회복을 확신할 때까지 환자의 퇴원에 앞서 충분한 시간을 요한다. 매우 드물게 근육 긴장의 증가가 동반되는 수술 후 무의식이 이 약 투여로 발생할 수도 있다. 이는 각성기로 진행되거나 또는 진행되지 않을 수 있다. 비록 회복은 자발적으로 이루

(2) 결과예견가능성 및 결과회피의무 위반

상황이 이와 같다면, 망인은 심각한 호흡기계 부작용을 유발할 수 있는 프로포폴이라는 마취제를 투약받았는 바, 피고병원은 마취제를 투약한 의료진으로 망인에게 위에서 언급하는 부작용 증상이 나타날 수 있음은 충분히 예견가능하였다 할 것입니다.

따라서 피고병원은 망인이 마취 후 회복과정 중 급격한 호흡곤란 증상이 발생할 수 있음을 미리 예견하여 주의 깊게 밀착감시하여 호흡곤란 증상이 발생하였을 당시 즉각 응급처치를 취하여 사망에까지는 이르지 않도록 하였어야 함에도 불구하고, 의료진으로서 요구되는 그 업무상 주의의무를 다하지 않았습니다.

(가) 마취 전 망인의 상태

피고병원은 망인에게 2010. 7. 12. 14:15경 프로포폴을 투약하여 마취를 시작하였습니다.

마취 전 망인의 의식은 명료하고 안정적인 활력징후를 보였습니다.

▶ 원고측 진료기록감정 회신문

〔문〕 잔류태반제거술전 환자의 상태와 관련하여, 환자의 의식상태, 호흡수, 체온, 맥박, 혈압, 산소포화도 등 어떠하다고 기재되어 있는지요.

〔답〕 의식은 명료하였으며, 호흡수 18회/분, 맥박수 70회/분, 혈압 130/90mmHg, 산소포화도 98%로 기록되어 있으며, 체온은 기록을 찾을 수 없습니다{원고측 진료기록감정 회신문 가-2)항 참조}.

(나) 마취 후 경과관찰 중 방치

이후 망인은 마취상태에서 약 15분 동안 잔류태반제거술을 시행받았습니다.

▶ 원고측 진료기록감정 회신문

〔문〕 잔류태반 제거술은 언제부터 언제까지 시행되어졌는지요.

〔답〕 수술은 14:20~35분까지 시행되었습니다{원고측 진료기록감정 회신문 나-1)항 참조}.

▶ 원고측 진료기록감정 회신문

〔문〕 수술종료 직후인 14:35경 환자의 혈압, 맥박, 호흡, 체온, 산소포화도는 각각 어떠하였는지요.

〔답〕 혈압 120/90mmHg, 맥박 80회/분, 산소포화도 98%이었습니다{원고측 진료기록감정 회신문 나-2)항 참조}.

따라서 피고병원은, 망인이 투약받은 프로포폴은 심장박동수 변화 등을 일으킬 수 있기 때문에 주기적으로 혈압, 맥박수, 호흡수, 산소포화도의 변화 등을 잘 관찰하였어야 하고, 그 관찰은 최소한 15~30분 간격으로 시행하여야 합니다.

▶ 피고측 진료기록감정 회신문

: …프로포폴이 심장박동수 감소, 혈압저하를 일으킬 수 있으므로 잘 관찰하여야 합니다{피고측 진료기록감정 회신문 나-(6)항 참조}.

▶ 피고측 진료기록감정 회신문

〔문〕 …수술후 경과관찰은 어떠한 방법으로 시행하는지요.

〔답〕 …수술후에는 환자의 상태에 따라 주기적으로 혈압, 맥박수, 호흡수, 산소포화도를 관찰합니다{피고측 진료기록감정 회신문 다-(1)항 참조}.

▶ 피고측 진료기록감정 회신문

〔문〕 소파수술후 경과관찰은 얼마 간격으로 시행하게 되는지, 또한 경과관찰 중 주의해서 관찰해야 할 사항은 무엇인지요.

〔답〕 소파수술 직후에는 약 15~30분 간격으로 관찰하며, 의식회복 여부, 혈압, 맥박수, 호흡수, 산소포화도를 관찰합니다{피고측 진료기록감정 회신문 다-(1)항 참조}.

그러나 피고병원은 소파술 시행직후 단 한차례의 활력징후만을 측정한 후(그 한차례의 측정시에도 호흡양상을 살피기 위한 호흡양상은 측정하지도 않았습니다), 망인을 방치하기 시작하였습니다. 이 때는 망인이 프로포폴을 투약받고 수술을 종료한지 채 약 25분정도 밖에 지나지 않은 시점이었습니다.

이후에도 피고병원은 프로포폴 투약 후 수면 중인 망인을 1시간 이상 동안이나 방치한 채 살피지 않았습니다.

▶ 원고측 진료기록감정 회신문

〔문〕 수술 종료 후 15:00-16:00경까지 사이에 환자에게 혈압, 맥박, 호흡, 체온, 산소포화도 측정은 몇 차례 측정되었으며 그 결과는 어떠한지요.

〔답〕 측정하지 않았습니다{원고측 진료기록감정 회신문 나-5)항 참조}.

위와 같이 망인은 진료실 옆에 있는 비좁은 침대에서 의식을 잃은 채 죽어가는 동안 매너리즘에 빠진 피고병원 의료진은 근거도 없이 막연히 망인을 수면중으로만 판단하고 망인을 방치하다가, 같은 날 16:05경에야 심각한 혼수상태에 빠져있는 망인을 확인하였습니다.

▶ 원고측 진료기록감정 회신문

〔문〕 16:05경 환자의 상태는 어떠한지요(의식, 혈압, 동공반응, 산소포화도).

〔답〕 환자가 계속 수면상태이어서 깨웠더니 반응이 없었던 것으로 보아 의식은 없었으며, 혈압은 측정되지 않았고, 산소포화도는 47%이었습니다. 동공반응에 대한 기록은 없습니다{원고측 진료기록감정 회신문 나-6)항 참조}.

호흡저하 및 의식저하로 뒤늦게 발견된 망인은 발견 후 수술실로 이송되어 심폐소생술 등을 받았으나, 수술실로 이송한 당시부터 이미 심폐기능이 회복되기 어려울 만큼 손상되어 있어 회복하지 못하고 사망하였습니다.

▶ 원고측 진료기록감정 회신문

〔문〕 환자의 피부색, 움직임 등 전반적인 상태는 어떻다고 기록되어 있는지요.

〔답〕 피부색, 움직임은 기록을 찾을 수 없으며, 환자의 의식상태는 혼수, 동공은 열렸으며, 약하게 빛에 반응한다고 기록되어 있습니다{원고측 진료기록감정 회신문 다-4)-(다)항 참조}.

▶ 원고측 진료기록감정 회신문

〔문〕 산소포화도 저하와 관련하여, 산소포화도가 16:30경 83%→16:40경 58%→16:45경 50%로 저하되었는지요.

〔답〕 그렇습니다{원고측 진료기록감정 회신문 다-5)-가)항 참조}.

▶ 원고측 진료기록감정 회신문

〔문〕 저하된 원인은 무엇으로 진단하였는지요.

〔답〕 심폐기능이 약하여 조직에 산소를 공급하지 못하였기 때문입니다{원고측 진료기록감정 회신문 다-5)-나)항 참조}.

▶ 원고측 진료기록감정 회신문

〔문〕 위 처치 후 환자의 상태는 회복되었는지요.

〔답〕 회복되지 않았습니다. 그 이유는 심폐기능 부전으로 판단합니다{원고측 진료기록감정 회신문 다-5)-라)항 참조}.

▶ 피고측 진료기록감정 회신문

〔문〕 기관내삽관 및 심폐소생술에도 불구하고 환자의 산소포화도가 회복되지 못한 이유는 무엇인지요.

〔답〕 …이미 심장과 뇌의 기능이 정상적으로 활동할 수 없을 정도로 손상되었음을 의미합니다(피고측 진료기록감정 회신문 라-(5)항 참조).

▶ 원고측 진료기록감정 회신문

〔문〕 수술실로 이송한 후 처치와 관련하여, 혈압의 변화와 관련하여, 병원은 에피네프린, 아트로핀을 투약하였는 바, 투약 후 회복되지 않은 이유는 무엇인지요.

〔답〕 이미 심폐기능이 회복되기 어려울 만큼 손상되었기 때문입니다(원고측 진료기록감정 회신문 다-3)-나)항 참조).

결론적으로, 망인은 프로포폴을 투약받고 회복단계에서 급격히 호흡곤란 증상이 발생하여 저산소증에 빠지는 등 상황이 악화되고 있었으나, 피고병원은 매너리즘에 빠져 침대위에 망인을 살펴보지 않은 채 방치하였습니다.

이와 같이 피고병원의 방치 속에 망인은 시간이 지남에 따라 저산소증이 악화되어 의식 혼미 상태로까지 빠져 뒤늦게 발견되고 결국 사망에까지 이르게 되었다 할 것입니다.

피고병원이 망인을 치료함에 있어, 주의 깊은 경과관찰 중 호흡곤란 및 저산소증을 조기에 적절히 확인하고 즉각적인 응급약물투약, 응급심폐소생술 등의 처치를 시행하였다면, 망인은 사망에 까지는 이르지 않았을 것인 바, 결국 피고병원이 망인을 지속적으로 방치한 사실은 일반인의 상식에 비추어보더라도 납득하기 어렵다 할 것입니다.

나. 약물 투약과 관련한 과실

위에서 살펴본 바와 같이 프로포폴은 호흡중추를 억제하여 호흡정지까지 야기할 수 있는 위험한 마취제입니다.

따라서 피고병원은 망인의 마취약제를 선택함에 있어 약물에 대한 알러지 유무 등을 확인하여 망인에게 가장 적절한 약물을 선택하였어야 하고, 투약은 숙련된 마취과 의료진이 투약하고 경과관찰하였어야 합니다.

그러나 피고병원은 망인에게 다른 대체 가능한 약물이 있음을 고려하지도 않고 프로포폴만을 결정하여 투약한 과실이 있습니다.

▶ 피고측 진료기록감정 회신문

〔문〕 소파수술 전 마취약제를 선택함에 있어 환자에게 먼저 확인해야 할 사항은 무엇이고, 이에 따라 마취약제는 어떠한 방법으로 선택하게 되는지요.

〔답〕 수술시간과 종류에 따라 적절한 마취약제를 선택하고, 선택된 마취약제에 대한 금기증 또는 부작용이 동반될 수 있는 약물을 복용하는지 여부를 확인하고 최종적으로 마취약을 선택합니다{피고측 진료기록감정 회신문 가-(5)항 참조}.

▶ 피고측 진료기록감정 회신문

: …프로포폴에 대한 알러지, 콩제품에 대한 알러지, 계란에 대한 알러지가 있으면 투여할 때 주의해야 합니다. 또한 다른 종류의 호흡을 억제할 수 있는 마취제를 같이 투여할 때는 특별히 주의해야 합니다. 프로포폴은 다른 마취제와 같이 호흡중추를 억제하므로 숙련된 의료인에 의해 투여되어야 하며, 응급상황에 대비하여 기관삽관, 산소투여가 가능한 곳에서 사용하여야 합니다. 그 외에 신장기능과 간기능 장애가 있으면 주의해야 합니다{피고측 진료기록감정 회신문 가-(6)항 참조}.

다. 전원조치 위반

위에서 보는 바와 같이 피고병원에서 심폐소생술을 받을 당시 이미 사망에 가까운 상태였습니다.

분당○○병원 도착 당시, 이미 동공은 커져 있고 활력징후 측정이 안되는 상태로 피고병원에서와 같이 한 시간 넘게 심폐소생술만 지속하였으나 정지된 심폐기능은 회복되지 못하였습니다.

▶ 원고측 진료기록감정 회신문

〔문〕 분당○○병원 도착당시 환자의 전반적인 상태는 어떠한지요.

〔답〕 기관삽관과 앰브백을 이용하여 산소를 폐에 공급하며 심장마사지를 하면서 병원에 도착하였습니다. 도착 당시 동공은 커져 있었으며, 혈압, 맥박, 체온은 측정할 수 없었습니다{원고측 진료기록감정 회신문 라-3)항 참조}.

▶ 피고측 진료기록감정 회신문

〔문〕 2010. 7. 12. 17:44경 분당○○병원 내원당시 환자의 상태는 어떠하였는지요.

〔답〕 환자는 의식이 없는 상태에서 기관삽관을 하고 심폐소생술을 하면서 전원되었습니다. 도착 당시 혈압, 맥박, 체온은 측정할 수 없었으며, 동공도 완전히 개대되었습니다{피고측 진료기록감정 회신문 3-가.항 참조}.

▶ 원고측 진료기록감정 회신문

〔문〕 분당○○병원에서는 환자에게 어떠한 처치들을 시행하였는지요.

〔답〕 한 시간 13분정도 심폐소생술을 하였습니다{원고측 진료기록감정 회신문 라-4)항

참조}.

▶ 원고측 진료기록감정 회신문
〔문〕 위에서의 처치들을 시행하였음에도 환자가 사망한 이유는 무엇인지요.
〔답〕 심폐기능이 정지되었기 때문입니다{원고측 진료기록감정 회신문 라-5)항 참조}.

전원조치로 인하여 상급병원에서 다른 치료를 받을 수 있고, 그 치료로 인하여 회복의 가능성이 있는 상태가 아니었는 바, 전원의 요건이 아니었다 할 수 있습니다.

≪1심 판결≫

1. 피고의 과실

『프로포폴은 마취약제이므로 약물 투여후 무호흡, 호흡저하, 저산소증, 저혈압 등이 발생할 위험이 있으므로, 프로포폴을 사용하여 환자를 마취하는 의사는 약물 투여후 작용이 지속되는 동안 환자의 혈압, 맥박, 산소포화도, 호흡여부 등을 관찰해야 하고, 수술이 끝난 다음에는 환자가 마취에서 완전히 회복되지 않을 가능성이 크고 수술자극이 사라짐에 따라 잔존 마취 효과가 크게 나타날 수 있으므로 적어도 수술후 30분 정도는 환자를 집중관찰해야 하는 사실, 특히 다른 종류의 호흡을 억제할 수 있는 마취제를 같이 투여할 때는 마취의 효과가 커지고 지속시간도 연장될 수 있으며 수술자극이 없어진 상태에서는 어느 정도 깨워서 자극이 이루어지더라도 다시 의식저하가 발생할 가능성이 있기 때문에 의료진은 환자의 의식상태, 호흡상태 등을 지속적으로 확인해야 하는 사실, 심정지가 발생할 경우 15초 이내에 의식이 소실되고, 30 내지 60초 사이에는 무호흡과 동공확대가 발생하며, 4-5분 정도의 시간이 경과하면 영구적인 뇌손상이 발생할 수 있는 사실, 피고병원의 의료진은 두가지 마취제 펜타닐(Fentanyl) 100㎍, 프로포폴(Profopol) 130㎎을 사용하여 망인을 마취한 사실, 피고병원의 의료진은 15:00경부터 16:05경까지 망인의 활력징후를 측정하지 않았으며, 피고병원의 의료진은 16:05경 망인이 의식이 없고 혈압이 측정되지 않으며 산소포화도가 47%라는 사실을 발견하고 응급처치를 실시하였으나 회복되지 않았으며 이는 심폐기능이 이미 회복되기 어려운 만큼 손상되었기 때문인 사실 등은 당사자 사이에 다툼이 없거나… 인정될 수 있다.
위 인정사실을 종합하면, 피고병원 의료진은 펜타닐과 프로포롤을 함께 사용하여 망인을 마취하였으므로 마취제의 작용지속 시간이 연장되고 수술자극이 없어지면 깨우는 등의 자극이 있더라도 다시 의식저하가 발생할 수 있다는 점을 고려하여 망인의 의식회복이 완전히 회복될 때까지 망인의 활력징후를 관찰했다가 심폐기능의 저하가 발생하면 즉각적으로 응급처치를 실시할 주의의무가 있었음에도 불구하고, 망인의 의식이 완전히 회복되지 않은 15:00경 이후 망인의 활력징후를 관찰하지 않은 과실이 있다고 인정된다.』

2. 인과관계

『망인의 사인은 마취제 투약 후 경과관찰을 소홀히 한 과실은 망인의 사망과 인과관계가 있다고 봄이 상당하다.』

라고 판시하여, 과실과 사망 사이의 직접적인 인과관계를 인정한다.

3. 인용금액 : 1억 2천만 원

4. 피고의 책임비율 : 30%

≪관련 판례≫

1. 서울고등법원 2010. 5. 13. 선고 2009나17587 판결

원고에게 국소마취 시 리도카인 부작용으로 중추신경계 독성에 의한 저산소성 뇌손상이 발생된 사건에 대하여 의료과오로 인한 손해배상책임을 인정한 바 있다.

(1) 사건 개요

원고는 종아리 퇴축술 시술을 위해 2007. 9. 20. 17:30경 피고의원에 내원하였다.

이에 원고는 같은 날 18:00경 수술실에 입실하여 케타민 이용한 수면마취 및 리도케인 이용한 국소마취를 시행받았다.

그러나 원고는 국소 마취 후 주기적인 경련이 발생하여 피고의원은 원고에게 산소공급 시행하였으나, 이후에도 원고에게는 지속적인 경련 증상 나타났으며, 이에 마취과 의사가 내원하여 기관내삽관을 바꿨다.

이후 망인은 구급차로 소외 ○○○대학병원 응급실로 전원조치되어 같은 날 20:20경 도착하였다.

○○○대학교병원 내원 당시 망인의 의식은 3~4점으로 반혼수 상태, 동맥혈 검사결과상 산소 분압은 48.7mmHg, 심전도 검사 결과상 저산소성 뇌손상에 의한 2차적 심근손상 소견 나타났다.

(2) 법원의 판지

—— 원고의 현 장해의 원인

원고는 수술 이전에 특별한 건강 이상이나 약물에 대한 과민반응이 없었는데, 이

사건 수술과정에서 국소마취제인 리도케인 투여 직후부터 경련 증상, 심박동수 증가, 산소포화도 저하 등 국소마취제 투약 후 나타날 수 있는 중추신경계의 독성 증상을 보이기 시작한 바, 피고가 원고의 위와 같은 증상이 다른 원인으로 발생한 것이라는 사실을 입증하지 못하고 있는 바, 원고의 위와 같은 증상은 국소마취제의 투약에 의한 중추신경계 독성반응으로 보는 것이 상당하다.

—— 국소마취제 투여 과정의 적정성 여부

피고가 작성한 진료기록지에는 원고에게 투여한 리도카인의 총량만이 기재되어 있을 뿐, 약물을 투여할 것인지 여부를 결정하는데 필요할 원고의 기왕력 등에 관한 사항, 약물투여량을 결정하는데 필요한 원고의 체중 등의 사항, 리도카인 투여를 시작한 시간이나 총투여시간, 마취 전 마취 당시 원고의 혈압, 호흡, 맥박 등의 활력징후 등이 제대로 기재되어 있지 않은 바, 피고가 이 사건 수술 과정에서 원고에 대한 사전 조사 내지 경과관찰을 제대로 하지 않은 채 짧은 시간 안에 과량의 리도카인을 투약하였거나 흡인검사 등을 제대로 시행하지 않아 혈관 내지 지주막하에 직접 리도카인을 주사하는 등의 과실로 원고에게 중추신경계 독성을 유발시켰다고 보는 것이 상당하다.

—— 사후조치의 적정성

피고는 원고에게 항경련제를 투약하는 등의 조치를 취하지 않은 사실, 진료기록지에는 부작용이 발생하고 응급조치가 이루어진 시간, 그 과정에서 원고의 혈압, 맥박수, 심박동수 등 활력징후의 변화가 제대로 기재되어 있지 않은 사실, 기관내삽관 후 산소포화도가 경련 발생시 60~70%까지 떨어지는 등 증상의 호전을 보이지 못하였으며, 마취과 전문의가 피고가 삽관한 관을 더 큰 것으로 교체한 사실, ○○○대학교병원 내원 당시 이미 저산소성 뇌손상 상태에 있었던 사실 등 피고는 원고에게 리도카인 부작용으로 중추신경계 독성에 의한 경련, 호흡부전 등이 발생하였음에도 적절한 시기에 적절한 방법으로 환기를 시키지 못하거나, 만연히 기도삽관을 통해 산소만을 공급하면서 변화하는 활력징후에 적절히 대응하지 못하고 경련에 의한 2차 손상을 방지하기 위한 항경련제를 투약하지도 않은 과실이 있다 할 것이고 원고는 피고의 위와 같은 과실로 저산소성 뇌손상이 심해지게 된 것이라 할 것이다.

2. 부산고등법원 1995. 7. 27. 선고 94나3872 판결

전신마취 후 수술 중 심정지가 발생하여 뇌손상으로 전신마비와 구음장애, 정신질환 등의 증세를 보이는 파킨슨씨증후군을 초래한 의료사고에서 의료기관에 의료과오로 인한 손해배상책임을 인정한 바 있다.

(1) 사건 개요

피고 의료원은 1988. 10. 7. 원고 1의 왼쪽 목 뒷부분에 생긴 혹에 대하여 진찰한 결과 이를 단순한 지방종으로 진단하고 절제수술을 시행하기 위하여 같은 달 11. 위 원고를 입원하게 하였다.

이후 원고 1의 수술 시 전신마취를 하기로 결정하고 마취제는 이산화질소, 산소 및 할로탄(Halothane) 혼합가스를 사용하기로 하였다.

위 수술팀은 같은 날 10:05경 수술 전 처치로서 아트로핀 0.4mg을 근육주사한 다음 10:15경 위 원고를 수술실로 옮겨 위 수술전검사 결과지를 조사한 결과 심전도검사를 하지 않았음을 발견하였으나 위 소외 ○○○이 청진기로 심음을 청진하여 부정맥 및 잡음이 없음이 확인되자 바로 마취를 시작하여, 10:30경 마취유도제인 펜토탈(Pentothal) 250mg을 정맥주사하여 환자가 잠들게 한 다음 근육이완제인 석시닐콜린(Succinylcholine) 100mg을 정맥주사함과 동시에 마취기의 산소를 분당 5ℓ로 조절하여 마스크를 통해 호흡낭으로 강압조절하여 기관내 삽관을 하고 근육이완제 마이오블럭(Mioblock) 4mg을 정맥주사하고 마취기를 통해 산소 분당 2ℓ, 이산화질소 분당 2ℓ, 할로탄 2.0%로 조절하여 인공호흡식으로 전신 흡입마취를 시행하였다.

그런데, 수술을 하던 중 마취 시작 약 20분 후, 수술 시작 약 10분 후인 10:50경 환자의 혈압이 갑자기 떨어지기 시작하더니 곧 이어 혈압이 측정이 불가능할 정도로 떨어지면서 원인불명의 심정지가 발생하였다. 위 수술팀은 위 심정지가 발생하자 수술 및 마취제 투여를 중단하고 100% 산소로 강압조절 호흡시킴과 동시에 심장마사지를 시행하였으나 반응이 없었고, 이어 승압 및 강심제인 에피네프린(Epinephrine) 1mg을 정맥주사하고 계속 심장마사지를 하자 비로소 혈압이 정상으로 돌아오게 되었다. 이에 위 원심 피고와 소외 ○○○은 서로 협의하여 환자의 혈압이 정상으로 돌아왔고 이미 수술을 시작한 터이므로 다시 수술을 계속하여 끝마치기로 결정하고 별다른 후속조치 없이 다시 마취 및 수술을 계속하여 11:20경 수술을 종료하였다.

위 수술팀은 수술이 끝난 직후 위 원고를 중환자실로 옮겼으나 환자는 의식을 회복하지 못한 상태에서 혈압과 호흡이 계속 불안정하였고 이에 수술팀은 환자의 혈압조절을 위한 약물을 투여하고 기관내 관을 삽관하여 보조호흡을 실시하는 등의 조치를 취하면서 계속 관찰하였으나 환자는 혼수상태에서 회복되지 못하였고, 수술 5일 후인 같은 달 17. 피고 의료원 내과에서 뇌저산소증 및 뇌위축이라는 추정진단을 하고 환자를 계속 관찰하던 중 같은 달 20. 뇌파검사상 전반적인 뇌기능저하로 판명되자 피고 의료진은 같은 달 24. 위 원고를 ○○대학병원으로 후송하여 계속 치료케 하였으나 호전되지 못하고 위 원고는 현재 뇌손상으로 전신마비와 구음장애, 정신질환 등의 증세를 보이는 파킨슨씨증후군에 이르게 되었다.

(2) 법원의 판지

『위 원고 ○○○은 이 사건 마취 및 수술 직후부터 혼수상태에 빠져 파킨슨씨증후군에 이른 것이므로 위 의료사고는 위 원심 피고가 시술한 마취과정에서 발생한 것임이 분명한 바, 위 원고가 마취제나 마취유도제의 사용시 주의를 요하는 호흡기 계통의 질환을 앓은 병력이 있고 이 사건 수술부위도 목부위인 점 등에 비추어 환자에 대한 심전도검사는 필수적인 것으로 여겨지고, 나아가 전신마취의 경우 사전에 충분한 조사를 거쳐 건강한 사람으로 판명된 경우에도 알 수 없는 원인으로 심정지가 오고 그 후유증으로 뇌손상을 일으키는 경우가 전혀 없는 것은 아니나, 그 비율이 0.1% 이하로 극히 낮은 점과 위 원고에 대한 마취 도중 심정지가 발생하고 응급조치로 혈압이 정상으로 돌아온 후에도 상당한 시간 동안 마취제가 투여되고 수술이 계속되었던 점 등에 비추어, 위 원심 피고나 소외 ○○○이 마취나 집도수술을 제때에 중단하고 적절한 대응조치를 취하지 않은 과실은 원고 ○○○의 위 발병 및 증상의 확대에 원인이 되었던 것으로 추정되고, 따라서 피고로서는 위와 같은 과실 없이 수술의 전 과정을 통하여 최선의 조치를 다하였다고 하더라도 이 사건 사고가 발생하였으리라는 점에 대한 반증을 제시하지 못하는 한 이 사건 사고발생으로 인한 손해배상책임을 면할 수 없다 할 것이다.』

라고 피고 의료원에게 책임을 물었다.

≪관련 논문≫

PA-6 전석훈 · 양경무 · 김유희 · 이상용

의료행위 중 프로포폴(propofol) 투여와 관련되어 사망한 사건의 부검 예 - 4예 보고 -

전석훈 · 양경무 · 김유희 · 이상용
국립과학수사연구소 법의학과

The death after intravenous injection of propofol during medical practice - Report of 4 cases-

Seok-Hoon Jeon, Kyung-Moo Yang, Yu-Hee Kim, Sang-Yong Lee
Department of Forensic Medicine, National Institute of Scientific Investigation

프로포폴(propofol)은 1980년대 후반부터 임상적으로 사용되기 시작한 정맥 마취제이다. 마취유도 및 대사가 신속하고, 지속적으로 투여하여도 축적 효과가 거의 없으므로 마취 종료시 각성이 신속하며, 오심 및 구토와 같은 부작용의 발생이 낮다는 장점이 있어 최근에 마취 유도 및 외래환자 수술 등에 널리 사용되는 약물이다. 하지만 심각한 심혈관계나 호흡기계의 기능저하 등의 치명적인 부작용이 발생할 수 있으므로 사용하는데 있어서 각별한 주의가 요망된다고 알려져 있다.

본 연구소에서는 최근에 의료행위 중 프로포폴 투여와 관련되어 사망한 사건 4예의 부검을 시행하였는데, 2예는 각각 64세, 66세 남자로 수면 위내시경 과정동안에 프로포폴을 투여하였고 위내시경 검사를 시행한 직후 사망한 예였고, 1예는 39세 여자로 프로포폴과 케타민을 투여하고 요실금근치 수술 및 질 성형수술을 시행하던 중 사망한 예였으며, 1예는 27세 여자로 프로포폴을 투여하고 임신중절수술을 시행한 직후 사망한 예였다. 4예 모두 개인의원에서 의료행위가 시행되었는데 의료행위를 시행하는 중에 마취과 의사는 없었으며, 담당의사가 간호사만 입회시킨 상태에서 의료행위를 하다가 사망한 예들이었다. 따라서, 프로포폴은 위에 기술한 장점 때문에 개인의원에서 여러 가지 처치를 시행하면서 널리 사용되고 있으나, 치명적인 부작용이 발생하여 사망할 수 있다는 사실에 대한 경각심을 일깨우고자 본 부검 예들을 보고하게 되었다.

전석훈 · 양경무 · 김유희 · 이상용 PA-6

Propofol is a new intravenous anesthetic agent chemically unrelated to barbiturate, steroid, imidazole, or eugenol agent. The benefits of propofol are follows. Induction time is short with propofol and comparable to other agent. The recovery aspects of propofol, characterized by rapid emergence and minimal postoperative confusion. The incidence of nausea and/or emesis after administraion of propofol ranged from 0% to 17%, therefore, some authors attribute an antiemetic action to propofol. However, serious side effects of propofol including hypotension, respiratory depression, bradycardia, perhaps leading to cardiac arrest on induction have also been reported in case reports and in a few formal studies. We experienced 4 cases of the death after intravenous injection of propofol during medical practice. Two cases occurred during gastrofiberoptic studies (64 and 66-year-old man, respectively), one case during endometrial curettage for abortion (27-year-old woman) and one case during operation for correction of urinary incontinence (39-year-old woman) in outpatient clinic. Because of the serious side effects of propofol, it must be used cautiously during madical pratice.

Keywords : propofol, intravenous anesthetic agent, death, medical practice

Ⅳ. 분만 관련 의료사고 사건

1. 분만처치상의 과실로 태아곤란증이 유발되었고 신속한 조치가 취해지지 않아 뇌성마비가 된 사건[113)]

≪사건 개요≫

• 원고 홍○○(여, 신생아) / 피고 ○○산부인과

※ 사건 경과

분만 지체 → 저산소성 뇌손상(산전 진찰소견 : 정상)

<table>
<tr><th>시 간</th><th>상 태</th><th>검사 및 처치</th></tr>
<tr><td>2009.
10. 14.</td><td>임신 5주 6일 진단</td><td></td></tr>
<tr><td>2010.
1. 4.</td><td>태아검사－이상 없음.</td><td></td></tr>
<tr><td>5. 28.</td><td>자궁경부 1횡지 개대
골반 좁음.</td><td>38주 1일</td></tr>
<tr><td>6. 7.</td><td>자궁경부 : 1~2cm 가량 열림.
소실 없음.</td><td>39주 5일
출산 전 내진
→ 태아 체중 : 3.544kg</td></tr>
<tr><td>6. 9.</td><td>자궁경부 2cm 개대, 경부 부드러움</td><td>홍○○/미래○○산부인과
※분만 지체 → 저산소성 뇌손상
※산전진찰소견 : 정상
<table>
<tr><th>시 간</th><th>상 태</th><th>검사 및 처치</th></tr>
<tr><td>2009.
10. 14.</td><td>임신 5주 6일 진단</td><td></td></tr>
<tr><td>2010.
1. 4.</td><td>태아검사－
이상 없음.</td><td></td></tr>
<tr><td>5. 28.</td><td>자궁경부 1횡지 개대
골반 좁음.</td><td>38주 1일</td></tr>
<tr><td>6. 7.</td><td>자궁경부 :
1~2cm 가량 열림.
소실 없음.</td><td>39주 5일
출산전 내진
→태아체중 3.54kg</td></tr>
</table></td></tr>
</table>

113) 서울중앙지방법원 2016. 4. 19. 선고 2013가합555959 판결.

날짜	시간	태아하강도	아기심박수	자궁경관개대	상태 및 처치
6. 9.		자궁경부 2cm 개대, 경부 부드러움			39주 6일 새벽 오로, 진통 시작 오후 3시 30분경 분만센터로 이동
		상태			
		태아하강도	아기심박수	자궁경관개대	상태 및 처치
6. 9.	16:00		140	2cm	
	16:40				옥시토신 5gtt로 투약 시작
	17:20				옥시토신 10gtt로 증량
	17:45	-2		3cm/85%	옥시토신 15gtt로 증량 무통주사
	18:20	-1		5cm/90%	옥시토신 20gtt로 증량
	19:15	0		8cm/90%	옥시토신 25gtt로 증량
	19:45	0		100%	분만실로 이동
	20:35				3.64kg 여아 출생 흡인분만 시행(금속흡인기 사용) 아프가 점수 1분 5점, 5분 9점 active crying 없음 태변 흡입 의심됨 → 구강 내 suction, ambu bagging
	20:50				ambu bagging 지속 기관삽관 시행 →산소포화도 99%로 산소 적용하지 않음 ○○대 병원으로 전원

	21:05	신생아 체온 37.2 맥박 130회 호흡 40회 울음 약함. 산류, 두혈종 있음. 각막 출혈 있음. 호흡곤란 증상 (chest retraction 있음, 호흡음 거침) 경련 유사한 움직임 있으며 경련시 청색증 나타남. 동공반사 3p/3p 흡입 반사 없음.	<○○대병원> 흉부 x-ray 촬영 안과 협진 뇌파검사 및 뇌 MRI 촬영 ⇒저산소성 허혈성 뇌병증 의증 (경과기록지상) (2~3 단계) 인공호흡기 적용 페노바비탈 투약
6. 12.		경련 유사한 움직임 없음.	페노바비탈 중단
6. 13.		기관 배출물 많음. 호흡음 삑삑거리고 가글거림, 동공반사 2p/2p	
6. 14.		자가호흡 있음.	인공호흡기 제거 산소 nasal prong으로 2L 적용
6. 15.		뇌파 검사상 경련상 뇌파 나타남.	페노바비탈 유지 용량 투약
6. 23.		각막 출혈 사라짐.	
6. 29.		흡입 반사 약함.	위관 통해 섭취
7. 6.			퇴원
현상태		강직형 사지마비형 뇌성마비 1급 장애 목 가누지 못함, 생후 3~4개월 가량의 발달상태	

					<미래○○ 산부인과 과실> －출산 하루 전까지 자궁경부 개대가 1~2cm이고 골반이 좁은 상태이므로 자연분만보다는 제왕절개를 하는 것이 안전하며, 산모와 보호자 역시 제왕절개를 하지 않아도 되는 것인지 우려했음에도 무리하게 자연분만을 시도하여, 난산으로 인한 신생아 뇌병변을 야기함. Oxytocin(pitocin syntocinon) ※ 선행조건－아두 골반 불균형이 아닐 것. －태위이상 아닐 것(둔위, 횡위). －경부 거상이 시작되었을 것. －태아의 생존력이 있을 것. ③ 간호－태아 감시기를 이용해 태아 상태 사정, 태아심음 청진(태아 저산소증, 태변 배출 등의 태아질식 징후) → 징후 발견 시 즉시 주입 중단, 산부를 좌측위로 눕게 하며, 마스크를 통하여 산소를 주입 －옥시토신의 항이뇨 작용 사정(섭취량/배설량 체크) : 소변량 감소 시 의사에게 보고 ④ 부작용 －일반적인 S/E: 오심, 구토 －심각한 S/E: 심장 운동장애, 고혈압, 서맥, 수분중독증, 자궁 파열, 태아 가사 9주 6일 새벽 오로, 진통 시작 오후 3시 30분경 분만센터로 이동
		상 태			상 태 및 처 치
		태아하강도	아기심박수	자궁경관 개대	
6. 9.	16:00		140	2cm	
	16:40				옥시토신 5gtt로 투약 시작
	17:20				옥시토신 10gtt로 증량
	17:45	-2		3cm/85%	옥시토신 15gtt로 증량 무통주사
	18:20	-1		5cm/90%	옥시토신 20gtt로 증량
	19:15	0		8cm/90%	옥시토신 25gtt로 증량
	19:45	0		100%	분만실로 이동
	20:35				3.64kg 여아 출생 흡인분만 시행 (금속흡인기 사용) 아프가 점수 1분 5점, 5분 9점 active crying 없음. 태변 흡입 의심됨. →구강 내 suction, ambu bagging

	20:50		ambu bagging 지속 기관삽관 시행 → 산소포화도 99%로 산소 적용 하지 않음. ○○대 병원으로 전원
	21:05	신생아 체온 37.2 맥박 130회 호흡 40회 울음 약함. 산류, 두혈종 있음. 각막 출혈 있음. 호흡곤란 증상 (chest retraction 있음, 호흡음 거침) 경련 유사한 움직임 있으며 경련 시 청색증 나타남. 동공반사 3p/3p 흡입반사 없음.	<○○대병원> 흉부 X-ray 촬영 안과 협진 뇌파검사 및 뇌 MRI 촬영 ⇒저산소성 허혈성 뇌병증 의증(경과기록 지상) (2~3단계) 인공호흡기 적용 페노바비탈 투약
6. 12.		경련 유사한 움직임 없음.	페노바비탈 중단
6. 13.		기관 배출물 많음. 호흡음 빽빽거리고 가글거림. 동공반사 2p/2p	
6. 14.		자가호흡 있음.	인공호흡기 제거 산소 nasal prong으로 2L 적용
6. 15.		뇌파 검사상 경련상 뇌파 나타남.	페노바비탈 유지 용량 투약
6. 23.		각막 출혈 사라짐.	
6. 29.		흡입 반사 약함.	위관 통해 섭취
7. 6			퇴원
현상태		강직형 사지마비형 뇌성마비 1급 장애 목 가누지 못함, 생후 3~4개월 가량의 발달상태	

<미래○○산부인과 과실>

—— 출산 하루 전까지 자궁경부 개대가 1~2cm이고 골반이 좁은 상태이므로 자연분만보다는 제왕절개를 하는 것이 안전하며, 산모와 보호자 역시 제왕절개를 하지 않아도 되는 것인지 우려했음에도 무리하게 자연분만을 시도하여, 난산으로 인한 신생아 뇌병변을 야기함.

※ Oxytocin(pitocin syntocinon) 적용

선행조건 – 아두골반불균형이 아닐 것.

- 태위이상 아닐 것(둔위, 횡위)
- 경부 거상이 시작 되었을 것.
- 태아의 생존력이 있을 것. ③ 간호 - 태아 감시기를 이용해 태아 상태 사정, 태아심음 청진(태아 저산소증, 태변 배출 등의 태아질식 징후)
  → 징후 발견 시 즉시 주입 중단, 산부를 좌측위로 눕게 하며, 마스크를 통하여 산소를 주입
- 옥시토신의 항이뇨 작용 사정(섭취량/배설량 체크)
  : 소변량 감소 시 의사에게 보고 ④ 부작용
- 일반적인 S/E : 오심, 구토
- 심각한 S/E : 심장 운동장애, 고혈압, 서맥, 수분중독증, 자궁파열, 태아 가사

≪소장에서 주장하는 피고의 과실≫

1. 인과관계

(1) 분만손상 기준 —— 미국산부인과 · 미국소아과학회의 기준

2003년 미국산부인과학회 및 미국소아과학회[114]는 분만시 태아 저산소증으로 인한 뇌성마비의 기준으로 다음과 같은 조건을 충족할 것을 제시한 바 있습니다.

[도표] 2003년 미국산부인과학회 및 미국소아과학회 기준[115]

---

114) 서울고등법원 2009. 7. 9. 선고 2008나47949 판결, 1991년 기준은 미국에서 분만사고에 대한 소송이 다수 발생하자, 산부인과학회에서 다분히 정치적 색채를 띠고 - 의학적 근거 부족 - 산부인과 자신의 이익을 위해 만들어 면책주장용으로 활용하여 오다가, 의학적, 윤리적 비판에 직면한 산부인과는 소아과와 협의하여 모여 논의한 끝에 2003년에 완화된 기준을 만들어 적용하기에 이르렀습니다.

115) Williams Obstetrics 22판, 2005년, p.655, Although there is no doubt that some cases of cerebal palsy arise from intrapartum hypoxic-ischemic events, accumulated data indicate that 70% of all cases of neonatal encephalopathy result from an event that occurred prior to the onset of labor. To address this the Task Force developed four essential criteria that, if all are present, define an acute intarapatum event sufficient to cause palsy(비록 뇌성마비의 일부가 분만진통 중의 저산소성-허혈성 사건에 의해 발생하지만, 많은 축적된 보고들에 의하면 전체 신생아 뇌병변의 70%는 분만진통 시작 전에 발생한 문제에 기인한다. 이를 명확히 하기 위해 대책위원회에서는 만약 모두가 나타나는 경우 급성 분만진통 중 사건에 의해 뇌성마비가 유발되기에 충분하다고 정의하는 4가지의 중요한 기준을 만들었다).

① 대사산증(제대동맥) · ph 〈7.00 & 염기부족도 ≥12mmol/L ② 신생아뇌병증 · 출생초기 발생 · 중등도 이상 · 34주 또는 그 이후 출생아 ③ 강직성 사지마비 또는 운동이상성 뇌성마비 ④ 다른 원인 배제 · 외상, 혈액응고장애, 감염, 유전요인

(2) 전형적인 뇌성마비의 기준에 해당

위 기준은 원고에게 모두 적용되고 있습니다.

원고는 다음에서 살피는 것과 같이 원고는 ①~④의 기준에 그대로 적용됩니다.

① 원고는 대사성 산증상태에 있었다고 추정되는 점[116]

② 원고의 뇌병증이

㉠ 출생 초기에 발생하였다는 점

㉡ 가장 중한 상태라는 점[117]

㉢ 임신 39주+6일로서 정상임신상태에서 발생하였다는 점

③ 강직성 사지마비 또는 운동이상성 뇌성마비증세가 심하다는 점

④ 분만 후 검사에서 외상이나 혈액응고장애, 태내 감염, 기타 유전요인 등 다른 원인이 없었다는 점 등에 비추어 이 건은 2003년 분만손상기준에 전형적으로 들어맞는 분만사고로서 분만과정에서 저산소성 뇌손상으로 인하여 발생하였다고 봄이 상당

---

1. Evidence of metabolic acidosis in fetal umbilical arterial blood obtained at delivery : pH of less than 7.0 and base deficit of at least 12mmol/L
2. Early onset of severe of moderate neonatal encephalopathy in infants born at 34 or more weeks
3. Cerebral palsy of spastic quadriplegic or dyskinetic type
4. Exclusion of other possible etiologies such as trauma, coagulation disorders, infections, or genetic disorders

116) 분만직후 제대혈을 채취하지 않아 ph와 염기부족도를 측정하지 않음으로써 원고의 입증을 방해하였지만, 출생 직후 자발호흡 및 울음이 없고, 축 늘어진 상태로 1분 아프가 점수 5점의 가사상태였다는 점에 비추어 당시 제대혈을 측정하였다면 ph 〈7.00 & 염기부족도≥12mmol/L로 측정되었을 것이 명백합니다.

117) 원고는 출생 직후 ○○대학교병원에서 치료받을 당시 2010. 6. 9.부터 계속하여 신경학적 후유증을 보인 점 및 2010. 6. 9. 실시된 MRI검사에서 저산소성 허혈성 뇌병증이 보였던 점을 고려할 때 중한 상태였습니다.

하다고 할 것입니다.[118)]

(3) 피고의 반증책임

그렇다면 피고는 원고가 위 기준에 벗어났다는 점(조건이 충족되지 않았다는 점)을 변소하여야 면책된다 할 것입니다.

즉, 원고가,

① ph 〈7.00 & 염기부족도 ≥12mmol/L(제대동맥혈 채혈결과 대사산증임)에 해당되지 않았다는 점(ph〉 7.00 이상이고, 염기부족도 ≤12mmol/L이었다는 점)

② 신생아뇌병증이

㉠ 출생초기에 발생하지 않았다는 점

㉡ 경증이라는 점(중등도 이상이 아니라는 점)

㉢ 미숙아여서 선천적으로 발생할 수 있다는 점

③ 강직성 사지마비 또는 운동이상성 뇌성마비증세가 없다는 점

④ 외상, 혈액응고장애, 감염, 유전요인 등 다른 원인이 있었다는 점

에 대하여 주장입증이 되어야 할 것이나, 피고는 전혀 그 입증을 하지 못하고 있습니다.

2. 과 실

(1) 관련 의학지식

(가) 5분 단위 분만감시의무 —— 태아곤란증의 정의와 진단 방법

태아곤란증이란 저산소증과 산증을 포함한 신진대사의 장애로 태아에게 뇌의 영구적 손상이나 사망을 초래할 수 있는 경우를 말합니다.

태아곤란증이 잘 생기는 산과적 문제는 지연임신, 임신중독증, 태반조기박리 등입니다. 진단은 분만 1기는 30분~1시간, 분만 2기는 5분 단위로 태아심음, 태아하강도, 자궁경부개대도, 자궁경부소실도, 산모활력징후 등 감시의무를 소홀히 하지 않고 반복적으로 측정하여 진단합니다.

특히 전자태아감시장치 결과에서 태아의 정상심박수(120~160회/분)를 벗어난 경우 태아곤란증을 의심하여야 하고, 1분 단위로 전자태아감시장치 재측정, 산모에겐 산소투여, 체위변경을 시행하며 소아과와의 협진을 준비하고 응급제왕절개술을 시행하여

118) 원고는 분만손상기준인 4가지를 모두 충족하고 있는 바, 전형적인 의료과오사건입니다. 피고 의원은 출생 직후 원고가 자발호흡이 없고, 울음이 없고, 축 늘어진 상태로 1분 아프가 점수가 5점인 상태였음에도 불구하고 대사성 산증을 확인하기 위한 동맥혈액검사도 시행하지 않았습니다. 또한 원고는 선천성 이상이나 감염 등의 저산소성 뇌손상을 유발시킬 만한 다른 이유가 없었습니다.

야 합니다.

(나) 태아심박동수 측정

태아심박동수는 청진기나 기타 도플러기기 또는 비수축검사인 전자태아감시(태아심박동－자궁수축)장치로 확인할 수 있습니다. 대부분의 경우 태아곤란증을 보이는 태아심박동수의 변화는 자궁수축 직후에 있으므로 자궁수축 직후에 태아심박동수를 확인하는 것이 좋습니다.

산모의 배에 태아전자감시장치를 부착하여 자궁의 수축정도와 태아심박동수를 실시간으로 모니터하여야 하는데 임상의학적으로 적어도 분만 1기에는 정상산모의 경우 30분 간격, 고위험산모의 경우 15분 간격, 분만 2기에는 정상산모의 경우 15분 간격, 고위험 산모의 경우 5분 간격으로 측정하는 것이 권장되고 있습니다.

[그림 1] 태아전자감시장치를 통한 자궁수축도 및 태아심박수 측정

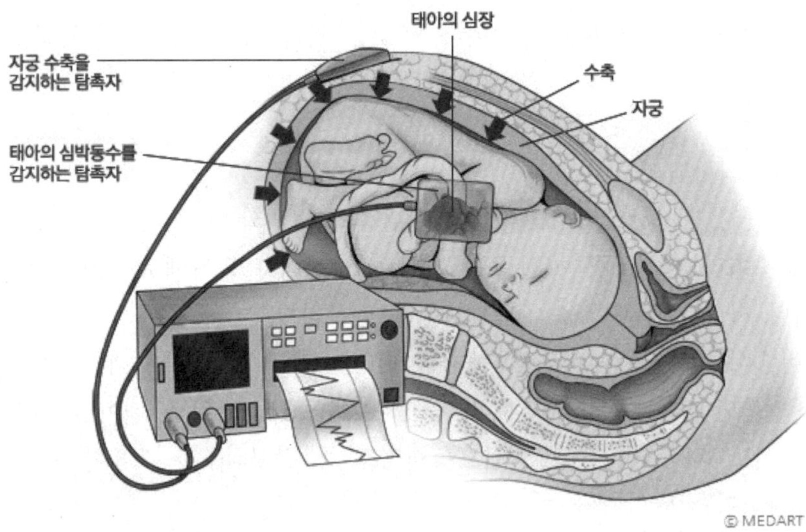

(2) 분만방식과 분만시기 선택상 과실

출산직전 산모의 골반이 좁은 상태였는데 반해 태아의 몸무게가 3.64kg 이르는 등 태아의 크기가 커 자연분만이 사실상 어렵고, 제왕절개를 우선적으로 고려하여야 하는 상황이었습니다. 따라서 피고의원은 매시간 활력징후를 측정하고 분만진통 경과를 수시로 확인하면서 자궁 수축 및 태아심박동수를 모니터하여야 하며, 필요한 경우에는 제왕절개술을 시행할 수 있도록 준비하여야 합니다.

그러나 피고의원은 산모의 활력징후, 분만진통 경과, 자궁수축 정도, 태아심박동수 등을 확인하지 않은 채, 같은날 16:40경부터 자궁수축제(옥시토신)를 투입하기 시작하였습니다. 특히 태아심박동이 감소하는 경우 즉시 옥시토신 투여를 중단하고 수액 투여를 증가시키면서, 산모의 자세를 좌측와위로 변경하고 산소를 투여하는 등의 응급조치를 취하여야 함에도 불구하고 태아심박동, 자궁경부소실도, 산모활력징후, 자궁수축 등에 대한 측정을 게을리한 채 만연히 자연분만만을 고집한 과실이 있습니다.

판례[119]는 분만방식선택상의 과실로 장애를 일으킨 사건에 대하여,

『…아두만출이 중등도 이상으로 곤란한 경우에는, 겸자분만방법을 채용할 주의의무가 있는 바, 본건 만출의 경과와 X가 제2도 가사의 상태로 출생한 사실마저도 고려하면, X의 두부의 만출은 중등도 이상으로 곤란한 상태에 있고, 겸자분만을 적용해야 할 경우였음에도 불구하고, I의사의 위 행위는, 주의의무를 위반하고 불법행위를 구성한다고 해야 할 것이며, Y도 이것을 용인하고, 간호부의 개조를 지시하고 있으므로, I와 뜻을 통하여 동 방법을 강행한 것이라고 해야 할 것이며, Y도 위의 불법행위의 책임을 면할 수는 없다.』

고 분만진행상황에 따라 임기응변적으로 적절한 분만방식을 선택하여 장애가 남지 않도록 할 주의의무가 있다고 판시한 바 있습니다.

(3) 경과관찰 해태한 과실

2013. 6. 9.경 산모는 자궁 경부가 1~2㎝가량 열린 상태였고, 골반이 좁은 반면 태아의 크기가 큰 편이라 자연분만보다는 제왕절개를 우선으로 고려하여야 할 상황이었습니다. 또한 피고의원이 같은날 16:40경부터 19:15까지 자궁수축제를 계속하여 투입하였음에도 불구하고, 19:15경 태아하강도 0에 불과하여 아직 태아가 골반 내로 진입하지 않아 자연분만이 어려운 상태였습니다. 따라서 피고의원은 태아심박동수, 태아하강도, 자궁경부개대도, 자궁경부소실도, 산모활력징후 등을 반복측정하여 진단하여야 하며, 발생가능한 이상상황에 대처하여야 할 주의의무가 있습니다.

그런데 피고의원은 같은날 16:00경에 태아심박동수를 한번 측정한 외에 원고가 출산하기 전까지 태아심박동수를 단 한 차례도 측정하지 않았으며, 산모활력징후, 자궁수축정도 등에 대한 감시의무도 소홀히 하였습니다. 태아심박동수, 태아하강도, 산모활력징후, 자궁수축정도에 따라 즉각 태아곤란증을 의심하여 이에 대한 적절한 처치를 하여야 할 주의의무가 있음에도 불구하고 무리하게 자연분만만을 고집하다가 분만이 지연되자 그제서야 흡입분만을 시행하였습니다.

---

119) 일본 東京高裁 소화 60. 1. 30. 판결(判例時報 1149호 112면), 東京高裁 소화 61. 3. 27. 판결(判例時報 1189호 53면).

그렇다면 피고의원은 태아의 상태를 면밀히 관찰하고 태아곤란증을 사전에 진단하여 이에 대한 적절한 처치를 하여야 할 주의의무가 있음에도 불구하고 이를 게을리한 과실이 있다고 할 것입니다.

(4) 전원의무 위반

의사는 당해 의료기관의 설비 및 지리적 요인 기타 여러 가지 사정으로 인하여 진단에 필요한 검사를 실시할 수 없는 경우에는 특단의 사정이 없는한 당해 환자로 하여금 그 검사를 받을 수 있도록 해당 의료기관에 전원을 권고할 의무가 있습니다(대법원 1998. 2. 27. 선고 97다38442 판결 참조).

원고는 출생당시 태변흡입을 하였고, 울음이 없었으며 신생아 아프가 점수가 5점으로 낮았습니다. 피고의원은 즉시 태아의 기도에 튜브를 넣어 호흡을 유지하면서 폐로 넘어간 태변을 제거하여야 하고, 기도를 삽관하여 산소를 충분히 공급한 뒤, 곧바로 원고의 상태를 면밀히 검사하고 진단할 수 있는 인적·물적시설을 갖춘 상급병원으로 즉시 전원해야 할 주의의무가 있다고 할 것입니다.

그런데 피고의원은 원고가 20:35경에 출생하였음에도 응급처치조차 제대로 시행하지 않은채 15분이나 경과한 20:50경에야 상급의원으로의 전원을 결정하였는 바 전원을 지연시킨 과실이 있다고 할 것입니다.

≪관련 의학지식을 통한 입증≫

1. 의료상 과실[120]

가. 분만 전 산모 및 태아에 대한 경과관찰 해태

(1) 산모 및 태아에 대한 감시의무 소홀

(가) 협착골반

산모는 협착골반 상태였습니다.

---

120) 대법원은 의료상 과실의 주의의무 기준에 관하여『인간의 생명과 건강을 담당하는 의사에게는 그 업무의 성질에 비추어 보아 위험방지를 위하여 필요한 최선의 주의의무가 요구되고, 따라서 의사로서는 환자의 상태에 충분히 주의하고 진료 당시의 의학적 지식에 입각하여 그 치료방법의 효과와 부작용 등 모든 사정을 고려하여 최선의 주의를 기울여 그 치료를 실시하여야 하며, 이러한 주의의무의 기준은 진료 당시의 이른바 임상의학의 실천에 의한 의료수준에 의하여 결정되어야 하나, 그 의료수준은 규범적으로 요구되는 수준으로 파악되어야 하고, 당해 의사나 의료기관의 구체적 상황에 따라 고려되어서는 안 된다』고 판시한 바 있습니다(대법원 2002. 4. 26. 선고 2000다16237 판결).

▶ 원고 신청 진료기록감정 회신문(산부인과) Ⅰ-나

〔문〕 30주 1일 진찰상 "골반이 좁다(pelvic narrow)"라고 표기되어 있는지요.

〔답〕 임상적으로 협착골반(contracted pelvis)입니다.

(나) 옥시토신 투여 등 주의의무 위반

골반이 좁은 산모에 대한 분만을 시행하는 경우 임신 주수, 태아의 크기와 태위, 자궁경부 상태 검사, 자궁수축 상태, 태아심박동 등 산모와 태아의 상태 검사를 보다 면밀히 자주 시행하여야 합니다.

'과체중'의 태아를 출산하려는 '협착골반'의 고위험군 산모에게 '옥시토신'을 투여하는 경우 태아곤란증 등의 부작용이 발생할 위험성이 높아집니다. 태아곤란증으로 인한 이 건 피해를 방지하기 위해서는 태아심음, 자궁압, 자궁경부개대, 태아하강도, 자궁경부소실도 등은 5분마다 확인하는 것이 필요합니다.

고위험군 산모가 아니라고 하더라도 15분마다 태아심박동수 등을 관찰하여야 합니다.

▶ 원고 신청 진료기록감정 회신문(산부인과) Ⅰ-라항

라. 산전진찰 상 태아가 과체중, 협골반, 자궁경부개대 2cm 인 상태에서 무통주사, 옥시토신의 병용 투여시 자궁파열, 분만진행정착, 태아곤란증 등을 예방하기 위하여 태아심음, 자궁압, 자궁경부개대, 태아하강도, 자궁경부소실도 등은 얼마의 간격으로 체크하여야 하는지요

답변: 진통중인 모든 산모는 비정상 진통에 대한 위험 가능성을 가지고 있습니다. 특정 검사를 자주 한다고 해서 비정상 진통을 예방할 수는 없지만 적절한 검사와 주의 깊은 평가를 통해 적절한 시기에 비정상 진통에 대한 평가를 내리고 수술을 결정하여 가능한 건강한 태아를 분만시키도록 하는 것이 중요합니다. 일반적인 검사 방법은 진통중인 산모의 경우 진통 제1기에는 자궁 경부 상태 및 태아 하강정도와 위치를 확인하기 위해 2-3시간마다 내진을 시행하도록 권하고 있습니다. 진통 제2기에는 위험성이 적은 임신부에서는 적어도 매 15분마다, 고위험성인 경우 5분마다 태아심박동수를 청진하는 것을 권하고 있습니다.

(다) 태아심음, 자궁압 등 진찰 미실시

① 검사필요성

피고의원 의료진은 산모에게 옥시토신을 투약한 2010. 6. 9. 16:40경부터 산모 및 태아에 대한 면밀한 검사를 자주 시행하여야 함에도 불구하고, 위 기준에 따라 초음파검사, 태아심박동수의 변화 검사, 자궁수축 정도와 태아심음 검사, 하복부통증 검사, 질출혈 여부 등과 같은 검사를 시행한 사실이 없습니다.

▶ 원고 신청 진료기록감정 회신문(산부인과) Ⅱ-2)-나)항

나) 16:40경 초음파 검사, 자궁압검사, 태아심박동수의 변화검사, 자궁수축정도와 태아심음의 상관관계, 하복부통증검사, 질출혈 여부 및 정도 등의 검사결과는 어떠하였는지요

답변: 2010. 6. 9. 에 상기 검사를 시행한 내용과 검사 결과등에 대해서 기재되어 있는 의무기록지가 없어 알 수 없습니다.

▶ 원고 신청 진료기록감정 회신문(산부인과) Ⅱ-2)-다)-(1)항

(1) 옥시토신을 16:40경 5gtt -> 17:20경 10gtt -> 17:45경 15gtt -> 18:20경 20gtt ->19:15경 25gtt로 각 증량하였는바, 그 이유는 무엇이고, 3시간동안 산모의 자궁압과 태아심음, 산모의 활력증후는 각각 언제 측정하였고, 그 결과는 어떠하였는지요(태아심박동수, 태아하강도, 자궁경관개대도, 혈압 등을 시간 순서대로 답변하여 주십시오)

진통기록지에는 4:00PM, 5:45PM, 6:30PM, 7:15PM, 7:45PM 에 자궁경관개대 정도, 소실상태 및 태아하강도가 측정되어 있습니다. 4:00PM 2cm(개대), soft(소실도), 5:45PM에 3cm(개대), 85%(소실도), -2(태아하강도), 양막파수, 6:30PM에 5cm(개대), 90%(소실도), -1(태아하강도), 7:15PM에 8cm(개대)90%(소실도), 0(태아하강도), 7:45PM에 full(개대) 이라고 기재되어 있습니다.
산모의 자궁압, 태아심음, 산모의 활력증후에 대한 내용은 기재되어 있지 않아 확인할 수 없습니다.

② 태아심음과 자궁압 변화에 따른 태아곤란증의 상관관계

아래 [그림]의 NST태아심음 모니터링 그래프를 보면, 동 시간에 산모의 자궁수축 정도에 따른 태아심음의 변화가 나타납니다.

[그림] 자궁수축정도와 태아심음변화의 관계 —— 1

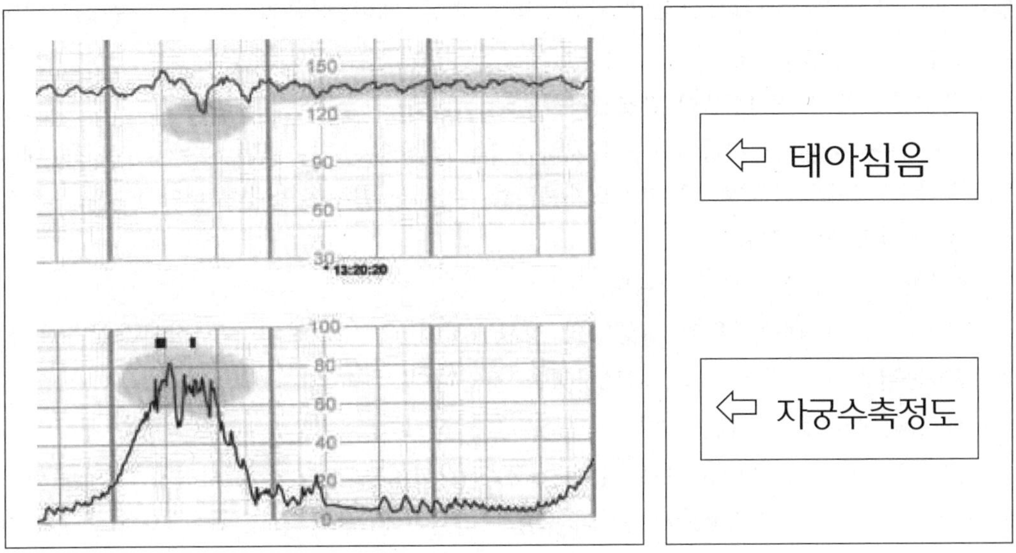

[그림] 자궁수축정도와 태아심음변화의 관계 —— 2

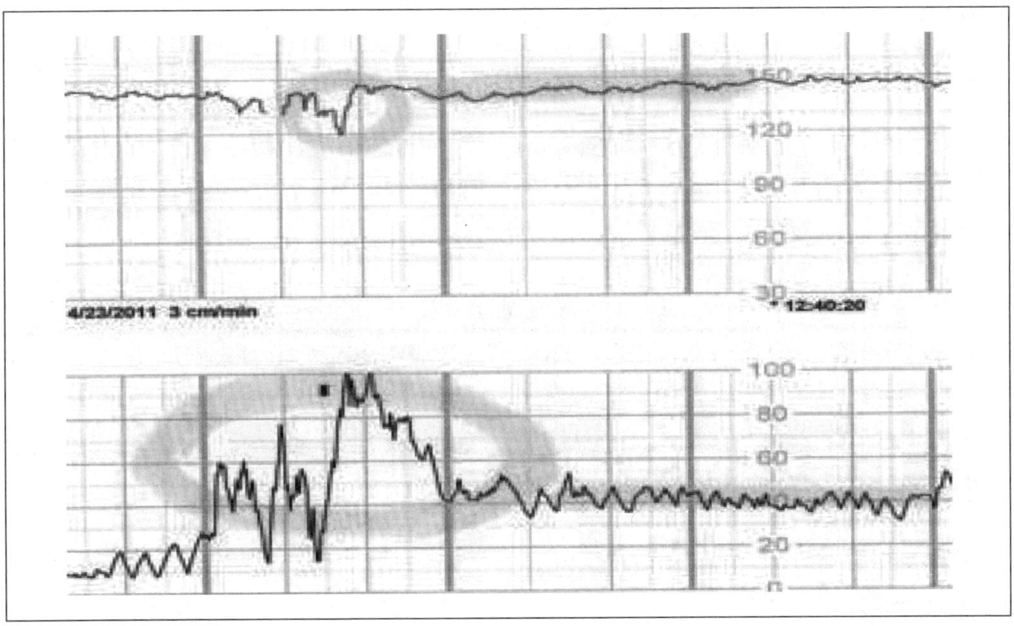

표시부분을 보면 단순 태아심음은 120회/분 이하로 비정상소견이라 판단될 수도 있지만, 이 때의 120회/분은 산모의 자궁이 수축되었을 때임을 알 수 있고, 산모의 자궁

이 이완되었을 때는 태아심음이 정상으로 변화하므로 일시적인 태아심음변화는 정상임을 확인할 수 있습니다(산모의 자궁수축에 따른 태아 심음의 평가는 도플러측정방법으로는 불가능합니다).

서울고등법원 2008나47949 판결도,

『…비수축검사 중 태아심박수의 저하가 1분 이상으로 지속되는 경우 우려되는 태아심박수 패턴으로 진통 중 제왕절개분만을 할 가능성뿐만 아니라 태아사망의 위험성도 현저히 증가한다.』

고 판시한 이유가 여기에 있습니다.

따라서 피고가 태아심음과 자궁압의 상관관계에 대한 추적검사를 실시하였다면 이건 태아곤란증을 조기에 진단, 치료하였을 것입니다.

(라) 활력징후 등 경과관찰 미실시

피고의원 의료진은 2010. 6. 9. 19:45~20:35경까지도 산모의 활력징후, 산소포화도 및 태아심음에 대하여 검사한 사실이 없습니다. 이에 대해 진료기록감정의는 온정적인 태도로 특별한 이상이 없었기 때문에 산모와 원고의 소견에 대하여 기재가 없었다고 추측하나, 정상 소견이라도 경과관찰을 하였다면 기록으로 남기는 진료기록의 특성상 이는 타당하지 않은 의견입니다.

▶ 원고 신청 진료기록감정 회신문(산부인과) Ⅱ-2)-라)-(1)항

(1) 위 시간동안 산모의 활력증후, 산소포화도 및 태아심음은 언제 몇 차례 검사하였고, 각 검사결과 등 전반적인 상태는 어떠하였는지요(태아하강도, 자궁경관개대, 자궁경관소실율 등 분만진행정도 포함)

답변: 의무기록지에는 상기 질문 내용에 대해 자세히 기재되어 있지 않아 알 수 없습니다.
진통기록지에는 4:00PM, 5:45PM, 6:30PM, 7:15PM, 7:45PM 에 자궁경관개대 정도, 소실 상태 및 태아하강도가 측정되어 있습니다.
그러나 특별한 이상 소견에 대한 기재가 없는 것으로 보아 산모와 태아의 상태, 분만 진행 과정은 이상이 없었을 것이라고 추측됩니다.

(2) 태아감시의무 위반

(가) 태아감시의 필요성

분만 과정에서 태아곤란증을 진단할 수 있는 검사방법으로는 전자태아감시장치 부착이 있습니다. 태아곤란증은 태아심장박동수의 변화를 초래하여, 진통 중에 예기치 못한 태아심장박동수 이상소견을 발생시킬 수 있으므로 지속적으로 전자태아감시장치

에 의한 감시가 필요합니다.

▶ 원고 신청 진료기록감정 회신문(산부인과) Ⅰ-마항

마. 분만과정에서 태아심박동수를 측정하지 않고, 태아곤란증을 진단할 수 있는 감시방법은 무엇이 있고, 태아곤란증을 방치할 경우 태아에게 발생될 수 있는 합병증, 후유장애는 무엇이 있는지요(통상 분만목적으로 입원 시 태아심음은 어떤 방법으로 몇분간의 간격으로 측정하는지요)

제할 수 없기 때문에 임상의들은 많은 경험과 주의가 필요하다고 언급하고 있습니다. 이런 태아심장박동수 양상을 진단하기 위해 일반적으로 전자태아감시장치를 사용하고 있습니다. Dellinger와 Boehme은(2000년) 신생아의 예후를 예측하기 위한 전자태아감시장치 소견을 명확히 정의하고자 하였고, 898명의 진통중인 임신부를 대상으로 태아심장박동수유형을 분류하여 예후를 조사하였습니다. 그 분류 기준은 정상 심장박동수 유형, 태아스트레스 유형(nonreassuring에 준하는), 그리고 태아곤란증(fetal distress)입니다.

'태아곤란증'을 흔히 의미하는 진통 중 태아저산소증이나 만성 태반기능부전에 의한 태아저산소증은 태아심장박동수의 변화를 초래하고, 진통 중에 전혀 예기치 못했던 태아심장박동수 이상소견이 일어날 수 있어 지속적인 전자태아감시가 의의가 있습니다. 산소부족이 개선되지 않아 지속적인 저산소증상태가 되면 대사성 산증으로 발전, 주산기 이환율 및 태아사망이 증가하게 됩니다.

그러나 피고의원 의료진은 산모 및 태아에 대하여 전자태아감시장치에 의한 관찰을 시행하지 않았습니다. 그 결과 피고의원 의료진은 원고에게 발생한 태아곤란증을 발견하지 못하였습니다.

(나) 태아심음

1818년에 Francois Major가 최초로 임신부의 복벽을 통해 그의 귀로 태아심음을 청취한 후, 태아심음청취는 진통 중 태아의 건강상태에서 필수적인 요소가 되어 왔습니다(서울고등법원 2009. 7. 9. 선고 2008나47949 판결).

일반적으로 만삭임부의 정상 심박동수 범위는 120~160회/분입니다.

[그림] 정상태아심박수

2) 임상 현장에서 분당 태아심박동수를 정상으로 보는 범위는 얼마이며,그 근거는 무엇인지

답) 여러 관찰적 연구 보고가 근거가 되며 태아심박동수는 임신 16주경 평균 분당 160회이며 이후 만삭의 경우 평균 분당 140회 정도입니다. 일반적으로 만삭의 정상 심박동수 범위는 분당 120회에서 160회 사이입니다.

분만감시소홀로 저산소성 허혈성 뇌손상을 입어 사망에 이른 사고에 관하여 법원은,

『자궁수축 이후에 태아심박동수가 분당 120회 미만으로 반복하여 감소하면 태아곤란증이 의심되고, 만일 자궁수축 이후 1분에 100회 미만의 심박동이 있었다면 다음 수축 전에 120~160회로 회복되더라도 태아곤란증이 확실하다.』

고 판시하였습니다(서울고등법원 2011. 3. 8. 선고 2010나17040 판결).

(다) 태아곤란증의 진단

가사란 호흡 및 순환부전을 주요 소견으로 하는 증후군으로, 출생 전, 출생과정 또는 출생 후에 동반되는 다양한 원인에 의하여 태아 또는 신생아에서 산소 공급과 혈액 관류의 부족으로 초래되는 일련의 장애현상을 말하는데, 태아기 가사를 태아곤란증이라고 하고 출생 후 가사를 신생아가사라도 하며, 이 모두를 주산기가사라고 합니다.

태아곤란증에 대한 명확한 정의는 아직 확립되지 않고 있으나, 태아 심박동 검사를 이용해서 정의하는 것이 일반적인데, 산과의사가 태아의 상태에 대한 신뢰를 잃거나 의심을 배제할 수 없을 때 대부분 태아곤란증으로 진단하게 됩니다.

이런 경우 태아심박동검사에서는 반복적으로 심한 태아심박 하강이 보이며 변동성이 완전히 소실된 형태로 나타납니다.

(라) 판례상 NST의 미실시, 관찰해태상 과실인정

① 우리나라 판례

대구지방법원 2007. 8. 21. 선고 2005가합5533 판결

『…원고는 임신기간, 최초로 옥시토신이 투여될 13:00경 원고의 자궁경관개대등에 비추어 보면, 원고는 옥시토신을 투여할 일반적인 조건이 충분히 갖추어진 상태는 아니었다. 따라서 담당의로서는 비록 다른 여러상황에 비추어 보아 원고가 진성진통단계에 접어든 것으로 판단하여 옥시토신을 투여할 수는 있었다고 하더라도 원고의 제반상태를 살피고, 태아전자감시장치로 지속적으로 자궁수축정도(빈도, 간격, 강도), 태아와 산모의 심박수 등을 감시하여야 할 필요성이 더욱 큰 상태였다. 그럼에도 담당의인 피고는 옥시토신을 투여한 이후에 태아전자감시장치를 통한 감시는 하지 않고 30분 간격으로 도플러에 의한 태아심박수 확인만하다가, 원고가 강한 진통을 호소하자 15:34경부터 16:16경까지만 1회 태아전자감시장치를 통한 감시를 하였을 뿐이며, 그 결과 아무런 감시가 없는 상태에서 원고의 자궁이 파열되기에 이르렀다. 이는 피고의 옥시토신 투여 후 산모의 상태에 대한 필요한 감시조치를 다하지 못한 것이라고 볼 수밖에 없다.』

② 일본 판례

일본 横濱地裁 평성 18. 7. 6. 선고 평15(ワ)3041호 판결

『…子宮收縮의 開始에 의한 胎內 低酸素狀態가 일정기간 지속한 것에 의하여 태아에 腦性痲痺를 원인으로 하는 四肢痲痺 등의 장애가 생긴 경우에, 의사가 적정한 시기에 帝王切開에 의하여 태아를 娩出해야 할 주의의무를 태만히 한 과실이 있다.』

는 것 등으로 손해배상책임을 인정하였습니다(判時 1957호 91면).

이때 법원은,

『…원고 春子에게 오전 10시 13분, 17분, 및 35분경 遲發 一過性 徐脈이 출현하고 있으며, 오전 10시 57분부터 오전 11시 18분에 결쳐서, 연속 7회의 비교적 명료한 遲發 一過性 徐脈)이 출현하고 있는 것, 일반적으로 지발성 일과성 서맥이 3회 이상 또는 15분 이상 연속하여 출현하는 경우에는 태아가사의 소견이 있다고 알려져 있는 것, 태아가 안심할 수 있는 상태라는 것을 표시하는 일과성 서맥은, 모니터의 개시 당시부터 한번도 출현하고 있지 않았으며, 오전 10시 23분에 VAST가 시행되었음에도 불구하고, 모니터상의 장기 세변동은 소실하고 있다고는 할 수는 없지만, 전체로서 감소경향에 있었던 것, 태아는 아직 분만 제1기에 있고, 자궁경관개대도 3cm로, 신속하게 자연분만이 될 수 있는 상황은 아니었다는 것 등의 제 사정을 종합하면, 乙山의사에게는, 늦어도 본건 출산일 오전 11시 05분경까지에는, 원고 花子에 대하여 제왕절개를 실시하는 취지의 결정을 해야 할 주의의무가 있었다고 해야 할 것이다.' 라고 설명하면서 일반적으로, 지발 일과성 서맥이 3회 이상 또는 15분 이상 연속하여 출현하는 경우에는 태아가사의 소견이다.』

라고 정의하였습니다.

위 일본 판례에서와 같이, 태아심박동수의 서맥 횟수 및 시간을 판단하기 위해서는 지속적인 태아심음의 확인은 필수적이라 할 것이고, 확인을 위해서는 NST검사는 이를 판단할 수 있는 기본적이고 유용한 검사라 볼 수 있습니다.

(마) 비자극검사(NST)의 원리 및 의학적 유효성

① 검사방법

NST 전자태아감시장치는 태아에 스트레스가 없는 상태에서 태아심박동수를 조사함으로써 태아의 상태(태아기능부전이나 태아기능저하의 유무 등)를 판정하는 방법으로서 분만을 진행하는 산모에게 일반적으로 시행하여야 하는 검사입니다.

[그림] NST 전자태아감시기-1

NST는 산모의 복부에 자궁압탐촉자와 태아심음 탐촉자를 부착하여 실시간으로 자궁압, 태동, 태아의 심박수 변화를 측정, 태아 곤란증, 과진통 등 전자적 방법으로 간편하고, 지속적으로 태아안녕검사를 합니다. 실시간으로 모니터에 태아심음과 자궁압이 측정되어 나타나 이상 여부를 즉시 알 수 있고, 측정치가 그래프로 인쇄되어 나와 실시간 모니터링을 하지 않고 있어도 사후적으로 태아안녕 여부를 진단할 수 있는 장점이 있습니다.

② 필수성

NST는 산부인과 교과서에 산전 태아안녕을 확인하는 전자감시기술로서 개발되어, 1970년대부터 필수적으로 적용하도록 권장되고 있고, 현재도 임상에서 가장 유용한 객관적인 태아감시방법으로 시행하고 있습니다.

[그림] 전자태아감시의 지속적 측정

9) 태아의 안녕상태를 모니터링 하는 방법에는 어떠한 것들이 있는지요

: 진통 중의 산모에서 태아상태를 평가하는 방법은 태아심장 박동수를 주기적으로 혹은 지속적으로 측정하며, 일반적으로 전자태아심음감치를 이용하여 지속적으로 측정합니다.

실제로 우리나라 산모들 중에서 NST검사를 받지 않고 분만하는 경우는 없다고 하여도 과언이 아닌 바, 이는 산부인과에서 가장 유용하게 실시하는 검사라는 점을 반증할 수 있습니다.

③ 유용성 및 정확성

태아안녕검사를 시행하는 방법으로는 NST기계를 이용한 방법 외에도 도플러 측정 방법이 있지만, 이는 의료인이 매번 산모의 복부에 측정기를 대고 수동적으로 검사하여야 하기 때문에 지속적인 감시가 어렵고, 그 수치 또한 주관적으로 판단하여야 하기 때문에 오류의 위험성이 높아, 산과에서는 1차적 검사로 NST를 가장 널리 이용되고 있습니다.

④ 제대혈 검사 미시행

서울고등법원 2009. 7. 9. 선고 2008나47949 판결은 2003년 미국 산부인과학회 및 미국 소아과학회는 분만시의 태아저산소증으로 인한 뇌성마비의 판단기준으로서, '대사산증(제대동맥) · ph 〈7.00 & 염기부족도 ≥12mmol/L'을 첫 번째 기준으로 제시하고 있습니다.

피고는 민법 제683조 수임사무경과보고의무에 따라 원고의 장애원인에 대하여 제대혈검사를 통하여 밝히고 이를 보고할 법적 의무가 있습니다. 즉, 저산소성 뇌손상 여부를 판단하기 위한 진단과 저산소성 뇌손상에 대한 신속한 응급조치 시행을 위해서는 제대혈 검사를 시행하는 것이 중요합니다.

제대혈 검사는 신생아의 건강을 나타내는 객관적 자료이며, 신생아의 분만 직전 자궁 내 태아의 상태를 가장 유사하게 반영하는 지표이기 때문입니다. 또한 제대혈 검사를 실시하면 신생아의 낮은 아프가 점수가 저산소증에 의한 것인지 또는 다른 원인에 의하여 발생한 것인지를 구분할 수 있다는 장점도 있습니다.

▶ 원고 신청 진료기록감정 회신문(산부인과) Ⅰ-사항

사. 저산소성 뇌손상여부를 감별진단과 응급처치를 위하여 제대혈 검사가 가장 정확한 이유는 무엇이고, 기타 시행하여야 할 이화적 검사, 임상병리검사, 방사선검사 등으로는 무엇이 있는지요.

답변: 제대혈 산도(pH) 및 산-염기 상태는 신생아의 건강을 나타내는 객관적 자료이며 신생아의 분만 직전 자궁 내 태아의 대사 상태를 가장 유사하게 반영하는 지표입니다. 또한

혈증이 없을 때는 분만 중 가사가 없는 것으로 판단될 수 있으므로 출생아가 낮은 아프가 점수를 보인 경우에 제대혈 가스 분석을 실시하면 낮은 아프가 점수가 저산소증에 의한 것인지 혹은 다른 원인에 의하여 발생한 것인지 구분할 수 있습니다. 일반적으로 신생아의 제

그러나 피고의원 의료진은 제대혈 검사를 시행하지 않아 원고에게 발생한 저산소성 뇌손상 등 이상 소견을 발견하지 못한 잘못이 있습니다.

⑤ 협착골반 시 보다 면밀히 경과관찰하여야 한다는 점

골반이 좁은 산모에 대한 분만을 시행하는 경우 임신 주수, 태아의 크기와 태위, 자궁경부 상태 검사, 자궁수축 상태, 태아심박동 등 산모와 태아의 상태 검사를 보다 면밀히 자주 시행하여야 합니다.

▶ 원고 신청 진료기록감정 회신문(산부인과) Ⅰ-나항

나. 39주 1일 진찰상 "골반이 좁다(pelvic narrow)"라고 표기되었는바, 이런 진단을 내리는 기준은 무엇이며, 이러한 상태에서 옥시토신을 투여하여 자연분만을 시도하는 경우 산모와 태아에게 발생할 수 있는 합병증 및 부작용을 막기 위하여 분만 시 주의하여야 할 점은 무엇인지요(옥시토신 투여 시 산모와 태아에 대하여 자궁파열, 태아곤란증 여부 등을 진찰하기 위하여 어떤 검사를 어떻게 하여야 하는지요)

답변: "협골반 진단"이라는 진단명은 없습니다. 협골반이라는 표기는 주관적인 명칭으로 객관적인 진단명으로 보기는 어렵습니다. 골반의 크기를 정할 때 내진을 통해 골반입구가 주관적으로 작다고 판단되는 경우 임상적으로 협착골반(contracted pelvis)이라는 명칭은 사용할 수 있습니다. 이는 출산앞뒤지름이 짧아진 경우로 임상적으로는 빗앞뒤지름을 평가한 후 이보다 1.5-2cm 작은 값으로 추정하게 됩니다. 내진 방법으로 측정을 하나 이 방법으로 골반이 좁고 적절한지를 정확히 가늠할 수는 없습니다. 분만 전에 내진으로 협착골반이 의심된다고 해서 자연분만이 불가능 하지는 않습니다. 전문의의 경험에 의해 평가되기는 하나 절대적으로 분만 가능성을 예측하는 요인은 아닙니다.
옥시토신을 사용하여 유도분만을 하는 경우 일반적인 유도분만의 방법과 주의사항은 다르지 않으나 유도분만 시는 임산부와 태아의 상태를 보다 더 철저히 검사해야 합니다. 임신 주수, 태아의 크기와 태위, 자궁경부상태 검사, 자궁수축 상태, 태아심박동 등을 자주 시행해야 합니다. 유도분만을 시행할 때에는 임신부와 태아 상태를 철저히 검사해야 하며, 유도분만 시술과 합병증에 경험이 있어야 하며 자궁수축제가 투여되는 임신부에게는 자궁 수축 및 태아 심박동수 감시가 자주 시행되어야 합니다.

산모는 분만 당시까지도 협착골반 상태가 해소되지 않았습니다.

▶ 원고 신청 진료기록감정 회신문(산부인과) Ⅱ-2)-가)항

가) 입원시 협골반(pelvic narrow)상태가 해소되었다고 진단되었는지요

답변: 협골반이라는 용어는 정확하지 않습니다. 산부인과 의사의 주관적인 내진 소견이지 객관적인 근거에 의한 의학용어로 사용하지는 않습니다. 또한 협골반이 내심 시기에 따라 해소되는 경우는 없습니다.

그런데 위에서 살펴본 바와 같이 피고의원 의료진은 산모에 대한 관찰을 소홀히 한 잘못이 있습니다.

⑥ 유사 판결

이와 유사한 사건인 서울서부지방법원 2009. 11. 6. 선고 2008가합5301 판결은,

『일반적으로 분만을 담당하는 의사에게는 태아심박동수, 자궁경관개대 및 소실 정도, 태아하강도 등을 자주 측정함으로써 분만의 진행 상황을 정확히 평가하고, 이에 따른 적절한 조치를 취함으로써 산모와 태아의 안전을 확보하기 위한 최선의 주의를 다하여야 할 의무가 있다.』

고 판시한 바 있습니다.

⑦ 소 결

피고의원 의료진은 분만 전 산모 및 태아에 대한 경과를 제대로 관찰하지 않았으며, 또한 전자태아감시장치를 부착하지 않고, 제대혈 검사를 시행하지 않아 원고에게 발생한 이상 소견을 제대로 발견하지 못한 잘못이 있습니다.

나. 분만방법 선택 및 분만과정상 과실

(1) 적절한 분만방법 선택 및 분만과정의 중요성

분만시에 발생할 수 있는 문제를 최소화하려면, 적절한 분만 방법을 선택하는 것이 중요하며, 이를 위해서는 현재 태아 상태를 정확히 파악해야 합니다. 그래서 분만 전 태아의 크기, 위치, 태아 상태 등과 산모의 건강상태, 위험요인 등을 면밀히 검토하여 비정상적인 분만 가능성 여부에 대하여 판단하여야 합니다. 이에 따라 적합한 분만을 진행하여야 합니다.

▶ 원고 신청 진료기록감정 회신문(산부인과) Ⅰ-가항

가. 산전진찰시 골반의 크기, 태아의 몸무게, 태아의 두정위, 자궁경부개대 정도, 태아심음, 그 외 산모 및 태아의 상태를 종합하여 분만방식과 시기를 결정하는 이유는 무엇이며, 산모에게 자기결정권을 행사하기 위하여 설명해주어야 할 내용은 무엇이 있는지요(이때 기록하여야 하는 진단결과는 어떤 것이 있는지요)

답변: 분만 과정은 정상적으로 진행되는 경우가 많으나 비정상적인 진통 과정으로 인해 분만이 정상적으로 일어나지 않는 경우도 많습니다. 산전 진찰을 통해 태아의 크기, 위치, 태

아 상태 등과 산모의 건강상태, 위험요인 등을 면밀히 검토하여 비정상 진통과 분만 가능성을 판단하여야 합니다. 분만예정일이 다가오면 산모의 자궁경부상태, 골반에 대한 예측, 산모의 건강 상태 등을 종합적으로 판단하여야 정상적인 진통 과정과 분만이 성공적으로 됩니다. 산모의 자기결정권이 어느선까지 인지에 대해서는 답변이 어렵습니다. 다만 산부인과 전문의로서 산모와 태아의 건강을 가장 중요한 우선순위로 두고 분만 방법을 결정하고 산모에게 설명하고 알려주는 것이 일반적입니다.

(2) 태아곤란증임에도 유도분만방법을 선택한 잘못

일반적으로 산모와 태아가 건강한 상태라면 자연진통이 시작될 때까지 기다린 후 자연분만을 하는 것이 원칙입니다. 그리고 분만 과정이 산모나 태아에게 위험할 수 있는 경우에는 유도분만을 시행하여서는 아니 됩니다. 특히 태아곤란증이 있는 경우 유도분만은 금기시됩니다.

▶ 원고 신청 진료기록감정 회신문(산부인과) Ⅰ-다항

다. 산전에 분만방식의 종류 및 장단점, 옥시토신의 부작용, 분만지체 등에 관하여 산모에게 어떠한 설명을 하고, 자기결정을 받아야 하는지요.

답변: 일반적으로 태아와 산모가 건강한 상태라면 자연진통이 시작될 때까지 기다린 후 자연분만을 하는 것이 원칙입니다. 자연진통이 오기 전에 자궁수축제를 사용하여 유도분만을 하는 경우는 다음과 같습니다. 양막이 파열되었는데 진통이 오지 않는 경우, 임신부의 고혈압, 태아의 상태가 안심할 수 없는 경우(Nonreassuring fetal status), 지연임신(postterm pregnancy), 임신부가 당뇨병이 있는 경우, 융모양막염(chorioamnionitis), 태아발육지연(Fetal growth restriction), 동종면역(isoimmunization), 자궁내태아사망(intrauterine fetal demise) 등입니다. 유도분만의 일반적인 금기증은 분만과 진통 과정이 임신부나 태아에게 위험할 수 있는 경우입니다. 전치태반 또는 전치 혈관, 제대 탈출, 태아수두증, 횡위 등의 비정상 태위, 태아곤란증이나 자궁경부암, 활동성 생식기 헤르페스 감염 등의 경우가 금기증에 해당됩니다. 옥시토신을 이용한 분만의 유도 시 생길 수 있는 부작용은 자궁의 과자극(hyperstimulation of uterus)과 빈수축(tachysystole), 저나트륨혈증(hyponatremia), 저혈압(hypotension), 유도분만 실패 등입니다. 진통과정과 분만은 태아와 산모가 건강하다는 전제하에서 실제 병원에서 시행되는 통상적인 범위내의 의료행위를 합니다.

그런데 피고의원 의료진은 태아곤란증임에도 불구하고 만연히 유도분만을 시행한 잘못이 있습니다.

또한 산모는 분만 전 협착골반임에 비해 원고는 3.54kg이었던 바, 피고의원 의료진은 이를 알면서도 유도분만을 선택한 것은 잘못입니다. 더욱이 피고의원 의료진은 분만 직전인 19:45～20:35까지도 흡입분만이나 제왕절개분만을 고려조차 하지 않았습니다.

▶ 원고 신청 진료기록감정 회신문(산부인과) Ⅱ-2)-라)-(2)

(2) 흡입분만이나 제왕절개분만을 고려한 기록이 있는지요

답변: 흡입분만이나 제왕절개분만을 고려한 내용은 기재되어 있지 않습니다.

판례[121)]는 분만손상사건에 대하여,

『분만방식을 결정할 때 모체와 태아의 상태를 충분히 파악하여, 단지 분만이 가능한가 여부라는 관점에서뿐만 아니라, 모자쌍방의 예후를 포함하여, 이들 장애에 이르게 된 경우의 위험 등에 대해서 비교검토할 의무가 있는데, 이것을 충분히 고려하지 않고, 장애를 입히게 된 것으로서, 그 선택의 근거로 되는 합리적 이유가 설명되어야 마땅할 것임에도 불구하고 이유가 명확하게 주장입증되지 않는 한 과실책임이 있다.』

고 판시한 바 있습니다.

(3) 난산 및 흡입분만상 과실로 인한 저산소증 발생

뒤늦은 20:35경이 되어서야 피고의원 의료진은 흡입분만을 실시하였습니다.

흡입분만의 경우 신생아에게 두피혈종, 두혈종, 두개내출혈 등의 합병증이 발생할 수 있습니다. 특히 이 사건의 경우 원고에게 발생한 저산소성 허혈성 뇌병변은 흡입분만 과정에서 태아심박동 이상으로 인한 저산소증으로 인한 결과로 보여 집니다.

▶ 피고 신청 진료기록감정 회신문(산부인과) (5)항

(5) 원고가 태어날 때 산모의 밀어내기 힘이 부족하여 분만의 마지막 과정에서 흡입기를 이용해 분만에 도움을 주었는데 이러한 분만 방식(vaccum delivery)이 저산소성 허혈성 뇌병변의 직접적인 원인이 될 수 있는지요?

답변: 흡입분만으로 인한 태아의 신생아 합병증은 두피혈종, 좌상, 두혈종, 두개내출혈, 신생아황달, 견갑난산, Erb마비, 망막출혈, 태아사망 등 다양합니다. 흡입분만 자체가 저산소성 허혈성 뇌병변의 직접적인 원인으로 볼 수는 없고, 분만 진통 과정 중이나 흡입분만과정 중의 태아 심박동 이상으로 인한 저산소증으로 인한 결과로 보는 것이 타당합니다.

121) 일본 東京高裁 소화 60. 1. 30. 판결(判時 1149호 112면).

원고는 출생 이후 호흡곤란, 경련 등이 발생하였는데, 위 호흡곤란, 경련은 저산소증으로 인한 것이고, 위 저산소증은 난산으로 발생하였습니다.

그렇다면 피고의원 의료진이 흡입분만을 시행하였다는 것은 반대로 이 사건 분만이 난산에 해당한다는 점을 시사하는 바, 결국 피고의원 의료진의 잘못된 유도분만방법 선택 및 난산과 그로 인한 흡입분만 등으로 원고에게 저산소증에 기한 호흡곤란, 경련 등이 발생한 것으로 볼 수 있습니다.

▶ 원고 신청 진료기록감정 회신문(산부인과) Ⅰ-바항

바. 만출된 신생아에게 산류, 두혈종, 망막출혈, 흉부함몰, 호흡곤란, 경련 등이 나타난 경우 그 이유 및 기전은 무엇으로 추정할 수 있으며(산도에 태아머리가 끼면서 진행정지으로 인한 증상으로 볼 수 있는지요), 이러한 신생아에게 시행되어야 할 응급조치로는 무엇이 있는지요

두혈종은 발생부위 두개골의 골막부에 국한되어 피가 모여있는 것을 말하며, 대부분은 임상적으로 의미가 없습니다. 이외 난산의 경우 저산소증이 심한 경우 다양한 합병증으로 망막출혈, 호흡곤란, 경련 등이 발생할 수도 있습니다. 그러나 다양한 원인에 의해 호흡곤란, 경

(4) 관련 판례

대법원[122]은,

『질식분만의 시도 중 태아곤란증을 뚜렷하게 시사하는 만기심박동감소 양상이 발생한 경우는 물론, 다양성심박동감소와 같이 그것만으로는 태아곤란증이라고 보기는 어렵더라도 이와 더불어 태아의 심박동수가 시간의 경과에 따라 정상수치보다 훨씬 낮아지고 그 빈도 및 정도가 악화되는 등 태아의 병적인 상태에 대한 의심을 배제할 수 없는 상황이 발생하였다면 분만을 담당하는 의사로서는 즉시 내진을 하여 제대탈출 여부를 확인하고 임신부의 체위변경, 산소 및 수액공급 등의 조치를 취하여야 하고, 만약 그 후에도 태아의 심박동 측정결과가 개선되지 않고 태아곤란증을 시사하는 양상이 나타날 때에는 제왕절개술을 통한 즉각적인 분만을 시도하는 등 산모와 태아의 안전을 위하여 필요한 조치를 신속히 취하여야 할 주의의무가 있는 바, 태아의 심박동 측정 결과가 다양성심박동감소 양상을 나타내면서 그 최저점이 정상수치의 절반에도 미치지 못하는 등의 상태가 점점 악화되었음에도 불구하고 피고가 이를 태아의 안전에 별다른 영향이 없는 조기심박동감소로만 판단하여 집중적인 관찰과 처치를 소홀히 하고 나아가 제왕절개술을 결정하고서도 2시간이 넘어서야 시술을 함으로써 필요한 조치를 지체한 과실이 있다.』

---

122) 대법원 2006. 10. 27. 선고 2004다2342 판결.

고 판시한 바 있습니다.

(5) 소 결

태아곤란증임에도 피고의원 의료진은 만연히 유도분만방법을 선택한 잘못이 있으며, 또한 난산 및 흡입분만 과정에서의 과실로 원고에게 저산소증 및 이로 인한 호흡곤란, 경련 등이 발생하였는 바, 결국 피고의원 의료진은 분만방법 선택 및 분만과정상 잘못이 있다 할 것입니다.

다. 분만 후 신생아에 대한 진단 및 검사 해태

(1) 원고 상태에 대한 정확한 진단 소홀

피고의원 의료진은 2010. 6. 9. 20:35경 분만 당시 원고에게 이상소견이 있었다는 점은 추정되나, 태변흡인의 정도, 신생아인 원고의 산류상태, 두혈종, 흉부함몰, 호흡곤란, 경련 등 이상소견에 대한 정확한 진단을 소홀히 하였습니다.

▶ 원고 신청 진료기록감정 회신문(소아청소년과) Ⅰ-2)항

2) 20:35경 분만 시 태변흡인 증후군 및 active crying이 없다고 진단된 바, 태변흡입의 중등도, 신생아에 대한 산류 상태, 모양, 두혈종, 흉부함몰, 호흡곤란, 경련 등에 대하여 어떠하다고 관찰 기록되어 있는지요.

태변흡인의 정도, 신생아의 산류상태, 두혈종, 흉부 함몰, 호흡곤란, 경련 등이 대한 언급은 없습니다.
산모신생아 정보지에 의하면 1분 아프가 5점, 5분 아프가 점수 9로 기록되어 있습니다.

(2) 원고 이상소견에 대한 원인 검사 미시행

또한 산류, 두혈종, 흉부함몰, 호흡곤란, 경련 등 원고의 이상소견에 대한 원인 검사를 시행하지 않았습니다.

▶ 원고 신청 진료기록감정 회신문(산부인과) Ⅱ-2)-(마)-(2)항

(2) 산류, 두혈종, 망막출혈, 흉부함몰, 호흡곤란, 경련 등에 대하여 체크(진단)되었고, 분만 1분 및 5분의 맥박, 호흡양상, 근육긴장도, 자극반응, 피부색 등 5가지 평가항목의 각 점수는 구체적으로 몇 점으로 평가되었는지요(5분 후 아프가점수가 9점으로 평가되었는바, 5항목 중 어떤 부분에서 개선되었는지요)

답변: 의무기록지에는 아프가점수 1분과 5분 점수만 기재되어 있고 구체적인 아프가점수 평가항목에 대한 내용은 없어 평가하였는지에 대해 알 수 없습니다. 산류, 두혈종, 망막출혈, 흉부함몰, 호흡곤란, 경련 등에 대한 검사가 시행되었는지에 대해서도 기재되어 있지 않아 알 수 없습니다.

(3) 산소포화도 미측정

원고가 출생한 직후 피고의원 의료진은 원고에 대해 수동산소공급을 시행하였음에도 불구하고 산소포화도 측정을 제대로 하지 않았습니다.

▶ 원고 신청 진료기록감정 회신문(산부인과) Ⅱ-2)-(마)-(4)항

(4) 20:35-20:49경 사이 수동산소공급을 시행한 바, 신생아의 산소포화도는 몇차례 측정하였는지요

답변: 의무기록지에 자세한 기록이 없어 확인 할 수 없습니다.

(4) 소 결

피고의원 의료진은 원고가 태어난 직후 원고에게 이상증상이 있는지 여부를 면밀히 진단하지 않았고, 원고의 이상소견에 대한 검사도 제대로 하지 않았습니다. 또한 호흡곤란을 겪는 원고에 대하여 산소포화도가 제대로 측정하지 않은 잘못이 있습니다.

라. 전원의무 위반

(1) 전원조치상 주의의무

대법원[123]은,

『즉각적인 응급수술을 받아야 할 환자임에도 불구하고 환자의 상태를 잘못 판단하여 즉각적인 응급수술이 불가능한 병원으로 전원시키고, 또한 전원과정에서 환자의 초기 상황과 시행된 처치에 대한 정보를 제공하지 아니한 결과 환자에 대한 즉각적인 응

123) 대법원 2005. 6. 24. 선고 2005다16713 판결.

급수술의 실시가 지연됨으로써 환자가 사망에 이르게 된 것.』
으로 보아 병원측의 전원상의 과실과 환자의 사망 사이의 인과관계를 인정한 원심의 판단을 수긍한 바 있습니다.

(2) 상급병원에 원고의 상태, 의료상 처치 등을 제대로 고지하지 않은 잘못

피고의원 의료진은 원고를 ○○대병원으로 전원시키면서도 원고에 대하여 어떠한 처치를 시행하였으며, 원고의 활력징후 및 의식 등 상태가 어떻는지 등에 대하여 제대로 알려주지 않았습니다. 이로 인하여 ○○대병원에서는 원고에 대한 응급조치 등에 차질을 빚었을 것임은 추정 가능한 바, 피고의원 의료진의 전원조치상 과실로 인하여 원고의 현 장애에 악영향을 미쳤습니다.

▶ 원고 신청 진료기록감정 회신문(소아청소년과) Ⅰ-7)-가)항

가) 전원 당시 앰블런스에서 신생아에 대한 처치는 무엇을 하였으며, 환자의 활력징후, 의식 상태는 어떠하였다고 기록되어 있는지요(이에 대한 전원 의뢰서가 작성되었는지요)

앰블런스 이송 과정에 대한 기록이 없어 확인할 수 없습니다. 전원의뢰서는 첨부된 의무기록지에 없어서 작성 유무를 알 수 없으며, 입원 기록에 첨부되지 않을 수 있어 이에 대한 확인이 필요합니다. 그러나 통상적으로 신생아 중환자실로 이송이 필요한 경우 전원 할 병원과 환자의 상태와 상황 등을 설명하고 입원을 할 병상이 있는지 또는 전문의가 가능한지 등을 확인 후 전원하는 것이 절차입니다.

▶ 원고 신청 진료기록감정 회신문(소아청소년과) Ⅰ-7)-나)항

나) 한양대병원 의료진에게 환아의 상태나 사고 경위 등에 대한 어떤 점을 설명하고 환아를 인계하였는지요(전원의뢰서 작성 여부 포함)

의료진에게 어떤 설명을 하였는지에 대한 기록이나 전원 의뢰서가 없어 알 수 없으나, 한양대 기록지에 의하면 환아의 출생 시 아프가 점수 등이 기록되어 있어 일정 정보를 주었을 것으로 추정됩니다.

(3) 소 결

피고의원 의료진은 전원조치상 주의의무를 위반한 잘못이 있습니다.

2. 인과관계

가. 인과관계의 인정이론 충족

환자측에서는 일응의 증명이론에 따라 인과관계를 인정받기 위해서는 ① 의료행위의 미숙, ② 의료행위와 결과와의 시간적 근접성, ③ 장소적·부위적 근접성, ④ 일반적 통계적 인과관계, 의료행위의 양과 결과발생률, 의료행위의 내용과 결과발생률, ⑤ 자해행위 등 타 원인의 불개입 등을 주장·입증하면 일응 의사의 과실이 증명된 것으로 간주된다는 것이 판례 및 통설의 입장입니다.[124] 이때 의사인 피고는 일응의 추정을 번복할 수 있는 반증을 제출하여야 면책이 됩니다.

영미법에 있어서 일응의 증명이론,[125] 독일법에 있어서 표현증명이론[126] 등이 있습니다.

의료사건에서 ① 그 사태가 누군가의 과실이 없다면 통상 일어나지 않고, ② 그것이 의사인 피고가 전적으로 지배하는 곳에서 생긴 것이고, ③ 그것이 환자측의 행위에 의한 것이 아니라는 것이 입증된 경우에 인과관계를 추정하고 있습니다.

피고는

① 분만감시, 분만후처치, 설명의무 등 통상적으로 하여야 하는 진료행위를 어처구니 없다고 할 정도로 하지 않았고(의료행위의 미숙),

② 산전진찰상 정상이던 태아가 분만 직후 저산소성 뇌손상진단을 받았고(의료행위와 결과와의 시간적 근접성),

③ 태아곤란증과 응급처치 미숙시 뇌손상을 입게 되고(장소적·부위적 근접성),

④ 이 건과 같은 분만유도상 과실로 난산과 후처치 미숙시 뇌를 다칠 수 있다는 점은 의학계의 공지의 사실이고(일반적 통계적 인과관계, 의료행위의 양과 결과발생률, 의료행위의 내용과 결과발생률),

⑤ 이 건 장애는 원고의 자해행위 등 타 원인이 개입되지 않은 점(타원인의 불개입) 등에 비추어 피고의 과실행위로 발생한 것입니다.

나. 원고측 귀책사유 부존재

이 건은 난산과 응급처치지연으로 인한 전형적인 분만사고입니다.

원고는 이 사건 분만일인 2010. 6. 9.경 이전에는 산전 진찰 결과상 이상소견이 없었고, 산모와 태아 양측의 귀책사유가 없습니다. 산모에게 귀책사유를 삼을 수 있는 '산모의 약물사용, 감염, 당뇨, 조산' 등 사유가 없습니다. 태아에게 귀책사유를 삼을

124) 唄 孝一·宇都木 伸·平林 勝政 編, 醫療事故判例百選 237면 有斐閣, 1989.

125) res ipsa loquitur : 존재하는 그 자체가 증명한다는 이론.

126) Anscheinsbeweis.

수 있는 '선천성 심질환, 폐동맥고혈압, 패혈증, 중증 폐질환, 빈혈, 출혈' 등 사유가 없습니다.

▶ 원고 신청 진료기록감정 회신문(산부인과) Ⅱ-1)-가)항

1) 2009. 10. 14경 - 2010. 6. 7.경 산전진찰에 관하여

가) 2010. 1. 4.경 염색체이상 및 신경관결손 검진상 결과는 어떠하며, 당시 산모와 태아의 몸무게, 태위, 태동 등에 특별한 이상 징후가 있었는지요

답변: 의무기록지에 의하면, 2010. 1. 4. 시행한 염색체이상 및 신경관결손 검진 보고서 결과는 저위험군으로 더 이상의 정밀검사가 필요하지 않다고 기재 되어 있습니다.
진료기록지에 기재된 2010. 1. 2. 일자 산전진찰 소견은 특이 사항 없습니다.

▶ 원고 신청 진료기록감정 회신문(산부인과) Ⅱ-1)-나)항

나) 2010. 5. 28.경 산전진찰상 협골반진단 이외에 태아의 몸무게, 태위, 태동 등에 특별한 이상이 있었는지요

답변: 의무기록지에는 특별한 이상 소견에 대하여 기재되어 있지 않습니다.

또한 원고가 출생하기 전 산모 소외 신○○[127]은 약물을 사용하거나 감염, 당뇨병 등 태아곤란증을 유발할 만한 원인이 없었습니다.

▶ 피고 신청 진료기록감정 회신문(소아청소년과) (2)항

(2) 한양대병원의 기록에서 주산기 곤란증(perinatal distress)이라는 언급이 있는데 분만 과정(intrapartum)에 문제가 없는 경우 분만 전(antepartum) 혹은 분만 후(postpartum)의 주산기 곤란증의 원인에는 어떤 것들이 있는지요.

분만과정에 문제가 없다는 전제 하에 출생 전의 경우 대개 산모와 관련되어 발생하는 경우가 많은데, 산모의 약물 사용이나 감염, 당뇨병, 조산 등의 원인이 그것이며, 태아의 선천성 기형도 관련되는 것으로 알려져 있습니다. 출생 후의 경우 선천성 심질환, 신생아 지속성 폐고혈압증, 패혈증, 중증 폐질환, 중증 빈혈 또는 출혈 등이 원인이 될 수 있습니다.

127) 이하 '산모'라 합니다.

그런데 원고는 피고의원[128]에서 이 사건 분만을 거쳐 소외 ○○대병원으로 전원되었는 바, 위 ○○대병원에서는 원고에게서 산류, 두혈종, 망막출혈, 흉부함몰, 호흡곤란, 경련, 청색증, 흡입반사 없음 등이 진단되었으며, 이는 태아곤란증에 의한 것으로 추정됩니다.

▶ 원고 신청 진료기록감정 회신문(소아청소년과) Ⅱ-1)항

1) 한양대병원에서 산류, 두혈종, 망막출혈, 흉부함몰, 호흡곤란, 경련, 청색증, 흡입반사 없음 등 진단된바, 그 원인은 무엇으로 추정하고, 어떤 처치를 하였고, 그 결과 신생아의 상태는 어떻게 변하였는지요(인공호흡기 적용한 이유는 무엇인지요)
의무기록에도 언급되었듯이 이러한 증상들은 분만 후 활발한 울음이 없었고 앰부배깅과 산소 투여가 필요하였던 상황으로 신생아 곤란증 (perinal distress)이 의심됩니다.

원고는 피고의원에서 분만 과정을 거치면서 상태가 급격히 악화된 상태로 출생하였는 바, 이는 피고의원 의료진의 의료상 과실로 인하여 원고에게 악결과가 발생하였다는 점은 충분히 추정 가능합니다.

▶ 신체감정 회신문(소아청소년과) 라항

라. 현재의 병적 증상이 위 일자의 사고로 인한 것인지 여부

환자는 태아기에 특별한 이상 증상이나 병적 증상을 초래할 만한 사건 및 사고가 없었습니다.
분만 후 환자가 울지 않았으며, 앰부배깅을 하면서 한양대병원 응급실로 전원하였으며, 신생아 중환자실에 입원하여 응급처치를 하였으나 울음이 약하고 흉곽함몰이 나타나는 등의 호흡곤란 증상이 있었고, 출생 다음날에 경련이 발생하는 등의 일련의 증상이 발생하였으며, 이 후 언어 및 발달지연의 소견이 발생하고 뇌성마비 상태로 있는 현재 병적 증상은 위 일자의 분만으로 발생한 것으로 사료됩니다.

대법원[129]은,

『손해 발생의 직접적인 원인이 의료상의 과실로 말미암은 것인지 여부는 전문가인 의사가 아닌 보통인으로서는 도저히 밝혀 낼 수 없는 특수성이 있어서 환자측이 의

128) 피고들이 운영하는 ○○산부인과의원을 칭합니다.
129) 대법원 1999. 2. 12. 선고 98다10472 판결.

사의 의료행위상의 주의의무 위반과 손해의 발생과 사이의 인과관계를 의학적으로 완벽하게 입증한다는 것은 극히 어려우므로, 환자가 치료 도중에 사망한 경우에 있어서는 피해자측에서 일련의 의료행위 과정에 있어서 저질러진 일반인의 상식에 바탕을 둔 의료상의 과실 있는 행위를 입증하고 그 결과와 사이에 일련의 의료행위 외에 다른 원인이 개재될 수 없다는 점을 증명한 경우에 있어서는 의료행위를 한 측이 그 결과가 의료상의 과실로 말미암은 것이 아니라 전혀 다른 원인으로 말미암은 것이라는 입증을 하지 아니하는 이상, 의료상 과실과 그 결과 사이의 인과관계를 추정하여 손해배상책임을 지울 수 있도록 입증책임을 완화한다.』

고 판시한 바 있습니다.

다. ○○대병원의 과실이 개입되더라도 피고의원 의료진의 과실과 원고의 현 장애 사이에 인과관계가 단절되지 않는다는 점

원고는 2010. 6. 10. ○○대병원에서 시행한 뇌파검사 및 뇌 MRI검사 결과 전반적인 뇌기능의 저하 소견이 나타났습니다.

▶ 원고 신청 진료기록감정 회신문(소아청소년과) Ⅱ-2)항

2) 뇌파 검사 및 뇌 MRI 검사 결과는 어떠하였는지요.

6월 10일 시행한 뇌 MRI검사에서는 출혈이나 수두증 소견은 없으며, 급성 신호변화는 없으며, 정상 수초화를 보인다고 기록하고 있습니다.
뇌파 검사상 배경파의 억제가 전반적으로 있고, burst-suppression pattern이 있습니다. 이는 전반적으로 뇌기능의 저하를 의미하는 소견입니다.

이에 대해 피고는 원고의 현 장애가 피고의원의 의료상 처치와 무관하다거나 ○○대병원의 의료상 과실로 인한 것이라는 취지로 주장합니다. 그러면서 피고는 원고가 피고의원에서는 별 문제가 없었다거나 또는 ○○대병원에서 사용한 항경련제가 원고의 뇌손상을 유발하였을 가능성에 대하여 의심하나 피고의 주장은 사실과 다릅니다.

먼저 원고의 출생 직후 아프가 점수,[130] 원고가 2010. 6. 10. ○○대병원에서 시행받은 뇌 MRI검사 및 뇌 초음파검사 결과 특별한 이상소견이 보이지 않는다는 점만으로는 태아곤란증이 없다고 단정할 수 없습니다.

130) 특히 원고의 출생 직후 1분 아프가 점수 5점은 정상 소견이 아닙니다.

▶ 피고 신청 진료기록감정 회신문(소아청소년과) (3)항

(3) 미래와 희망의 기록에서 1분 아프가 점수 5점, 5분 아프가 점수 9점이라는 언급이 있고, 한양대 병원에서 6월 10일 시행한 뇌 MRI 검사와 뇌 초음파 검사상 특별한 이상 소견이 보이지 않으며, ABGA 에서 pH가 7.3으로 측정되었는데, 이러한 소견을 보일 경우 분만 과정에서의 문제로 주산기 곤란증이 생겼다고 단정할 수 있는지요.

1분 아프가 점수 5점은 정상 점수는 아니며, 초기 MRI 검사상 이상 소견은 나타나지 않을 수 있습니다. 또한 분만 직후 처치 없이 시행한 ABGA 결과가 아니므로 주산기 곤란증이 없다고 단정할 수 없습니다. 이 결과와 분만 전반에 걸친 과정을 함께 해석

또한 ○○대병원에서 원고에게 처방한 항경련제 phenobarbital은 원고의 뇌손상에 영향을 주지 않는 약물입니다. 따라서 피고의원에서 발생한 원고의 태아곤란증이 원고의 현 장애에 직접적인 원인으로 보는 것이 타당합니다.

▶ 피고 신청 진료기록감정 회신문(소아청소년과) (7)항

(7) 한양대병원 기록에서 초기에 경련에 대한 치료 중 항경련제를 사용했는지요? 만약 사용하였다면 약물이 신생아의 뇌손상을 유발할 가능성이 있을 수 있는지요?

신생아 경련에서 가장 먼저 사용하고 많이 사용되는 phenobarbital 을 사용하였습니다. 경련을 막기 위해 오히려 뇌손상을 유발하는 약제를 사용하는 소아청소년과는 없습니다. 또한 phenobarbital은 급성기에 허혈이 동반된 뇌 부위에 혈행을 증가시켜 혈액을 공급을 원활하게 하는데 도움을 주어 산소 공급에 도움이 되는 것으로 알려져 있습니다.

특히 대법원[131]은,

『피해자가 다른 병원으로 전원하여 진료를 받던 중 사망하였다는 사실 때문에 피고인의 진료상의 과실과 피해자의 사망과의 사이의 인과관계가 단절된다고 볼 수는 없다.』

고 판단하였는 바, 이 사건의 경우 아래와 같이 피고의원 의료진의 과실이 인정되는 한, 가사 ○○대병원의 과실이 있다고 하더라도 피고에게 책임이 없다고 할 수 없습니다.

131) 대법원 1996. 9. 24. 선고 95도245 판결.

≪원·피고 주요쟁점≫

<table>
<tr><th colspan="3">쟁 점</th><th>원 고</th><th>피 고</th></tr>
<tr><td colspan="3">인 과 관 계</td><td>분만 지체 → 저산소성 뇌손상</td><td>분만방식, 시기 선택상 과실 없음.</td></tr>
<tr><td rowspan="3">과실</td><td colspan="2">결과 예견</td><td>– 태아 몸무게 3.54kg, 산도(골반) 좁음을 알면서도 무리한 자연분만 시도</td><td>– 몸무게가 크다고 해서 모두 제왕절개 적응증이 되는 것은 아님.</td></tr>
<tr><td rowspan="2">결과
회피</td><td>사전
회피
의무</td><td>– 분만 1기 옥시토신 주입과정상 태아심음 관찰 안함.
– 태아 하강이 완전히 되지 않은 상태에서 분만 시도
– 분만 2기의 지연으로 태아 곤란증 유발
– 무리한 흡입분만으로 손상 유발</td><td>– '잠복기 연장장애(자궁경부 3cm 열릴 때까지 20시간 이상)'가 없었기 때문에 분만 1기에는 문제가 없었음.
– 분만 2기는 2~3시간일 때 지연장애로 진단
– 흡인분만이 태아 손상시킨다는 연구결과는 없음.</td></tr>
<tr><td>사후
피해
확대
방지</td><td>– 즉시 기관내삽관(기도확보)하지 않음.
– 환아가 태변흡입 등의 징후로 상태 좋지 않은데도 즉시 전원조치 하지 않음.</td><td>– ○○대병원 ABGA 소견상 정상으로 태어난 직후 측정시에도 동일하였을 것으로 추정(아프가 점수 5 → 9점)
– 울음소리 비활동적으로 적절한 산소공급(앰브배깅)
– 기관내삽관 시행
– ○○대병원 전원 직후 MRI상 허혈성 변화, 뇌경색 소견 없었음.</td></tr>
<tr><td colspan="3">설 명 의 무
위 반</td><td>– 흡입분만과 관련된 손상, 합병증, 후유증 등에 대하여 설명하지 않고, 동의 구하지 않음.</td><td></td></tr>
</table>

≪1심 판결≫

1. 피고의 과실

『흡입분만 등 이 사건 분만 과정에서의 처치상 과실로 원고에게 태아곤란증이 유발되었거나, 적어도 원고의 상태에 대한 충분한 관찰이 이루어지지 않아 태아곤란증에 대한 신속한 조치가 취해지지 않았고, 그로 인해 원고에게 이 사건 장애가 발생하였다고 봄이 상당하므로, 원고의 이 부분 주장은 이유 있다.

(1) 산전 검사시까지 원고나 신○○에게 특별한 문제는 발견되지 않았는데, 분만 직후 원고의 상태는 1분 아프가 점수 5점에 활발한 울음이 없는 등 정상적이지 않은

상태였고, 피고병원 의료진은 앰브배깅을 하고 기도삽관을 하여 곧바로 ○○대병원으로 전원하였다.

(2) ○○대병원 도착 당시 원고의 상태는 위 인정사실에서 본 바와 같이 망막출혈, 흉곽함몰, 경련 등이 있었고, ○○대병원 의료진은 주산기 가사로 추정진단하였는바, 분만 직후 전원시까지의 시간적 간격 등에 비추어 보면, 원고의 분만 직후 상태는 전원시 상태와 동일하였을 것으로 보이고, 이와 같은 상태변화는 분만 과정에서 발생하였을 것으로 추정할 수 있다.

(3) …경련증상은 저산소성 허혈성 뇌증 환자의 30~69%에서 관찰되고 뇌손상에 따른 이차적 증상으로도 알려져 있는 점, 저산소성 허혈성 뇌병변의 위치, 크기, 정도에 따라 뇌병변이 발생했어도 확산강조 자기공명영상에서 24시간 이내(심지어 1주일 이후에도) 확인되지 않는 경우가 있는 점, …이는 저산소성 허혈성 뇌병증이 분만 과정과 무관하게 발생한 것이라는 피고의 주장은 받아들이기 어렵다.

(4) 태아 저산소증은 태아심장박동수의 변화를 초래하기 때문에 심장박동에 대한 관찰이 중요하고, 이를 위해 전자태아감시장치가 사용된다. 미국 산부인과학회 및 소아과학회에서는 정상임산부의 경우 진통 1기에 최소 30분 간격, 진통 2기에 최소 15분 간격, 고위험군 임산부의 경우 진통 1기에 15분 간격, 진통 2기에 5분 간격으로 측정이 필요하다고 권유하고 있으며, 특히 옥시토신을 사용하는 경우 자궁 수축 및 태아 심박동수 감시가 더 자주 시행되어야 한다. 이 사건 의무기록에는 2010. 6. 9. 16시경 입원시 태아에 대한 비수축검사(NST)를 실시하였다는 기록만 있고, 일부 기록지가 제출된 것 외에는 분만 전 과정에서 태아 및 산모에게 어떤한 검사를 실시하였는지, 검사의 결과는 어떠한지, 특히 태아심박동수의 양상이 어떠한지 등에 대한 기록이 전혀 남아 있지 않고, 흡입분만을 실시한 이유, 흡입기 사용횟수 및 간격 등에 대해서도 전혀 기록되어 있지 않다.

(5) 저산소성 허혈성 뇌손상을 일으킬 수 있는 혈액응고장애, 모태에서의 감염 등 원고와 신○○의 기왕력은 발견되지 않았다.』

2. 인과관계

과실판단과 인과관계 판단을 같이 하였다. 즉, 분만처치상의 과실로 태아곤란증이 유발되었고 신속한 조치가 취해지지 않아 장해가 발생되었다는 것이 상당하다고 판시함.

3. 인용금액 : 2억 9천 5백만 원

4. 피고의 책임비율 : 30%

≪관련 판례≫

1. 수원지방법원 2009. 7. 9. 선고 2007가합21378 판결

원고와 같이 분만손상으로 좌측 뇌경색으로 우측 편부전마비가 된 사건에 대하여 과실책임을 물었습니다.

즉, 분만진행정착으로 태아곤란증에 이른 사건에 대하여 급속분만을 지체한 과실로, 좌측 뇌기저핵 경색・좌측 뇌연화증・뇌실질위축・우측 편부전마비・우측 상지 및 하지의 심부건반사 항진 등 영구장애를 입은 사건에 대하여 법원은,

『…분만정착이라고 판단될 정도로 장시간 동안 계속적으로 다양성 태아심박동감속의 소견을 보이는 경우에는 장기간의 질식상태로 인한 저산소성 뇌손상의 우려가 있으므로 신속히 제왕절개술을 통해 분만을 시도하여야 하는 것이 상당하다.』

고 하여 과실책임을 인정한 바 있습니다.

2. 대법원 2006. 10. 27. 선고 2004다2342 판결

질식분만을 시도하다가 제왕절개술을 시술하였으나 신생아가 출생 후 12시간여 만에 사망한 사안에서 법원은,

『…질식분만의 시도 중 태아곤란증을 뚜렷하게 시사하는 만기심박동감소 양상이 발생한 경우는 물론, 다양성심박동감소와 같이 그것만으로는 태아곤란증이라고 보기는 어렵더라도 이와 더불어 태아의 심박동수가 시간의 경과에 따라 정상수치보다 훨씬 낮아지고 그 빈도 및 정도가 악화되는 등 태아의 병적인 상태에 대한 의심을 배제할 수 없는 상황이 발생하였다면 분만을 담당하는 의사로서는 즉시 내진을 하여 제대탈출 여부를 확인하고 임신부의 체위 변경, 산소 및 수액공급 등의 조치를 취하여야 하고, 만약 그 후에도 태아의 심박동 측정 결과가 개선되지 않고 태아곤란증을 시사하는 양상이 나타날 때에는 제왕절개술을 통한 즉각적인 분만을 시도하는 등 산모와 태아의 안전을 위하여 필요한 조치를 신속히 취하여야 할 것이다.』

고 하여 과실책임을 인정한 바 있습니다.

3. 대법원 2005. 10. 28. 선고 2004다13045 판결

대법원은 반복된 태아심음감소 소견에도 불구하고 이를 방치한 과실로 뇌성마비에 이르게 한 의사에게 손해배상책임을 인정한 바 있습니다.

대법원은, 전자태아감시장치상 태아심박동수가 80회/분으로 태아곤란증 소견이 나타난 사실, 분만이 지연된 사실, 태변흡입증후군 및 저산소성 허혈성 뇌손상으로 인한

뇌성마비의 진단을 받았으며 현재 노동능력의 100%를 상실한 사실에 비추어, 제왕절개술은 분만이 지연되면 태아나 임산부에 심각한 손상을 주거나 질식분만이 안전하게 진행될 것을 기대하기 어려운 때 시행하는 것으로서 분만담당의사가 그 시술 여부를 결정하여야 하는 것이지만, 분만담당의사는 만기 태아심박동 감소 등 태아곤란증을 의심할 만한 상황이 생기면 즉시 산모에 대한 산소공급 등 필요한 조치를 취하여 태아의 상태가 호전되는지 여부를 관찰하면서 태아상태가 호전되지 않을 경우에는 응급제왕절개술 등 조기에 태아를 만출시킬 수 있도록 적절한 조치를 취하고 산소공급으로 일시적으로 태아심박동 감소 상태가 호전되었다고 할지라도 지속적으로 태아심박동수 등을 주의 깊게 관찰하면서 만일의 사태에 대비하고 즉시 질식분만을 시행할 수 없다면 태아의 저산소증으로 인하여 발생이 우려되는 뇌손상 등 치명적인 위험을 피하기 위하여 제왕절개수술에 의한 분만을 시도하는 등으로 적극적인 대처를 하여야 함에도 태아의 상태를 정확히 확인하지 않은 채로 몇 시간 동안 무리하게 자연분만을 시행하여 태아가사 상태를 유발한 과실을 인정한 바 있습니다.

2. 아두골반불균형에 의한 분만지체에 의하여 뇌성마비가 된 사건에서 진료기록부를 부실기재 · 사후에 기재할 시 과실판단의 참작사유가 된 사건[132)]

≪사건 개요≫

• 원고 이○○(28세, 초산부) / 피고 ○○여성크리닉

※ 사건 경과

<○○여성크리닉>

2001. 7. 28. 임신 6주 4일에 임신 진단(예정일 3/20)
8. 13. 산전 검사 : 풍진, 기본적인 검사 시행, 칸디다질염 있어 드레싱함.
9. 8. 12주 4일 정기검진
10. 6. 16주 3일 칸디다증 심해짐 – 소독, 기형아 검사 시행
10.13. 질 소독
11. 3. 태아에게 맥락총낭종 있음을 의심함. 초음파상 신장 등 각 장기 확인, 질 소독
12. 8. 재태기간에 비해 저체중아 의심하고 태아 머리 체크 → 별 이상 없음.
2002. 3. 9. 정기 검진
3. 16. 정기 검진 : 초음파검사, 내진상으로 태아하강도-3, 경관개대 1cm 열림.
3. 24. 임신 40주 3일 자궁은 2cm로 열렸으나 진입은 하지 않음.
23:35 남아 출생, 3240g
출생시 아프가스코어 3 → 2점
심한 태변 착색
신생아 신체검진 – 응급상황이라 검진 못함(갑 제5호증의7).
기도삽관하고 앰브배깅하면서 전원

132) 서울서부지방법원 2005. 7. 22. 선고 2002가합2188 판결, 서울고등법원 2006. 10. 24. 선고 2005나70597 판결, 대법원 2006다79650 판결.

시간	자궁개대	태아하강도	태 아 심 음
10:00	3	-3	143
11:30	4	-3	140
13:00	4	-3	140
15:00	4	-2	이후 기록 없음.
16:00	4.5	-2	
17:00	5	-1	옥시토신 투여 시작
18:00	5	-1	
19:00	6	-1	
20:00	7	0	보통 +2정도가 되어야 함.
21:00	8	0	
22:00	8.5	+1	
22:30	10	+2	
23:00	10	+3	옥시토신 중지, 분만실로 감.

<○○아동병원>

3. 25. 00:10 신생아실로 연락없이 옴.
신생아 늘어져 있으며 자가호흡 없음.
심박동 20회 정도, 산소포화도 모니터링 30%에서 곧 떨어져 측정 안됨.
움직임 전혀없으며 자극에 대한 반응 없음.
머리에 몰딩 심하며 심하게 부어있음.

00:15 기관지삽관 실시, 인공호흡기 치료시작

00:25 심박동수 60, 호흡수 10, 혈압측정 안됨, 산소포화도 40%, 자가호흡 매우 약함.

00:30 산소포화도 40% 이상 올라가지 않음.
ABGA 6.42-112-21.7-6.6%

04:30 사망
진단－직접 : 신생아가사에 의한 심폐기능 저하
－선행 : 태변흡입증후군(갑 제4호증)

<쟁 점>

* ○○병원기록상 아프가스코어가 3-2점이나 ○○병원 간호기록지상엔 0-0임.
→ 기도삽관 바로 실시하였으나 자가호흡 없었고 심박동도 듣지 못했다고 함.

* 태아하강도 지체
* 자궁경부소실도 및 자궁압 측정 안됨.
* 태아심음 체크가 안됨.
* 진한 태변착색, 머리에 심한 몰딩과 부종→신생아가사
* 연락없이 전원함.
* 양수가 언제 터졌는지 알수 없음.
* ○○병원에서 측정한 ABGA와 모니터링상 심한 저산소증 보임.

≪소장에서 주장하는 피고의 과실≫

피고들은 위 이○○를 제대로 관찰하지 않았습니다.

우선 분만기록지를 거의 작성하지 않아, 태변착색여부, 자궁경관개대도・태아하강도・자궁경부소실도・자궁압・태아심음 등을 통한 분만지체 및 태아곤란증 발생여부에 대한 평가를 할 수 없을 정도입니다. 분만기록지를 작성하는 목적은,

> 『…의료법 제21조 제1항에 의하여 … 진료를 담당하는 의사 자신으로 하여금 환자의 상태와 치료의 경과에 관한 정보를 빠뜨리지 않고 정확하게 기록하여 이를 그 이후의 계속되는 환자치료에 이용하도록 함과 아울러 다른 관련 의료종사자에게도 그 정보를 제공하여 환자로 하여금 적정한 의료를 제공받을 수 있도록 하고, 의료행위가 종료된 이후에는 그 의료행위의 적정성을 판단하는 자료로 사용할 수 있도록 하고자 함…』

에 있습니다(대법원 1997. 11. 14. 선고 97도2156 판결 참조). 진료기록의 부실기재는 진료의 부실을 추정할 수 있다는 것이 판례의 기본입장입니다. 일본 宮岐地裁 소화 47. 3. 31. 판결(判時 682호 64쪽)은,

> 『환자의 챠트에는 병명과 진료비 계산 이외에 입원 중의 증상에 대하여는 아무런 기재가 없고, 환자의 모의 체온측정표란에 첨부된 출생당시의 체중, 주사약, 구토증상의 기재 정도만 남아 있을 뿐이고 이로 미루어 보더라도 의사가 환자의 증상에 대하여 상세한 관찰을 다하지 아니하였음이 추정된다.』

고 한 바 있습니다.

피고들로서는 분만과정을 잘 살펴, 태아가사로 인한 뇌손상을 막았어야 하고, 전원시 전원선에 미리 연락하여 사전준비를 시킨 후 전원하였어야 함에도 이를 게을리 채 만연히 분만 및 전원에 임한 과실로 신성한 생명을 잃게 하였습니다.

≪관련 의학지식을 통한 입증≫

1. 의료과실

출생 후 망인의 상태는 다음과 같았습니다.

가. 무호흡 및 무울음

전원된 ○○병원의 기록지에 의하면,

『…태어날 때 태아곤란증이 있는 상태에서 엄마 자연분만함, 태어나서 아프가스코어 0점으로 5분 후에도 전혀 돌아오지 않아서 … 심박동 들어보지도 못했다고 함…』

라고 기록되어져 있습니다(갑 제6호증의5 입원간호기록지 참조).

아프가스코어가 0점이라 함은 분만 전부터의 심박동이 거의 정지하였다는 것을 의미합니다(갑 제10호증의2 소아과학 314쪽 참조). 이는 망인이 분만시 심한 스트레스로 태아곤란증을 겪었다는 증거입니다.

나. 심한 태변착색 · 태변흡입

만삭아 및 과숙아에서 자궁내 또는 분만 중 저산소증에 노출될 경우 장운동의 항진과 항문 괄약근의 이완으로 태변이 양수 내로 배출되고 태아의 헐떡 호흡(gasping respiration)에 의하여 기도 내로 흡입되면 기도 폐쇄에 의한 호흡 곤란, 즉 태변 흡인 증후군이 발생합니다(갑 제10호의2 소아과학 326쪽 참조). 이 건은 「스트레스로 인한 저산소성 증상 → 장허혈운동 → 항문이완 → 태변배설 → 헐떡(gasping) 호흡 → 태변흡입증후군(태변기도 · 폐흡입) → 주산기가사(저산소성 뇌손상) → 뇌출혈 → 무호흡 → 사망」 등으로 전개된 전형적인 증상입니다.

다. 난 산 —— 심한 몰딩(molding, 소형) · 부종

몰딩이 발생하였다는 것은 그만큼 난산이었다는 증거입니다.

우선 몰딩이란 분만시 태아머리가 산도에 눌려 변형되는 현상입니다. 아두가 산모의 골반을 빠져 나오다보면 어느 정도의 몰딩현상은 발생하게 되나, 이 건처럼 심한 몰딩과 부종이 있었다는 것은 그만큼 태아가 산모의 골반을 빠져 나올 때 심한 압박을 받았다는 것을 의미합니다.

몰딩은 아두와 골반크기가 정상관계가 아닐 때(태아 머리와 산모의 골반 사이에 심한 불균형이 있을 때) 발생합니다. 심한 불균형일 때 난산에 이르는 것은 당연한 바, 망인이 난산으로 스트레스를 받았다는 증거입니다. 분만과정에서 망인이 몰딩되고, 태

변흡입증후군 등 주산기가사에 빠졌음에도 태아심음의 변화나 자궁압 등 전반적인 분만과정을 관찰하지 않았습니다. 이 때문에 사망에 가까운 상태에 이른 것을 발견하지 못하였습니다.

라. 심한 저산소증 —— 대사성 산증, 고탄산혈증

전원 직후 망인에게 실시된 동맥혈가스검사 결과 pH 6.42(정상 7.35~7.45), 이산화탄소분압 112(정상 35~45), 산소분압 21.7(정상 95~100), 산소포화도 6.6%(정상 95~99)로 측정되었습니다(갑 제6호증의6 혈액검사결과지 참조).

신생아가사에 이르게 되면 산소가 부족하여 저산소증, 대사성 산증(pH농도가 7.35 이하), 고탄산혈증 등이 나타납니다(갑 제10호증의2 소아과학 310쪽 참조). 치료가능한 pH 농도는 6.8~7.8 사이입니다. 서울고등법원 2002나10501사건에서 대한의사협회장은 '인간이 생존할 pH농도가 얼마인가?' 라는 사실조회촉탁에 대하여 '치료가능한 대사성 산혈증은 pH 6.8~7.8 사이이며, pH 6.8 이하는 사람이 살 수 없는 수치이다'라고 회신하고 있습니다(첨부된 사실조회 회신문 참조).

망인은 pH 6.42였는 바, 이는 인간의 생존범위를 넘어선 고농도의 산증에 빠졌다는 것으로 출생당시 이미 불가역적 상태였다는 것을 알 수 있고, 게다가 저산소증과 고탄산혈증 등이 모두 동반된 중증의 태아곤란증 상태를 보여주고 있습니다.

2. 진료기록부실기재에 의한 과실추정 · 입증 방해

가. 조작된 진료기록부

피고는 위와 같이 전형적인 과실에 달리 변명할 방법이 없자, 진료기록을 위조하기에 이르렀습니다.

(1) 확인서 작성(갑 제12호증)

피고는 원고 유○○에게 갑 제5호증으로 제출된 진료기록을 복사하여 주면서

Name : 이○○
No : 10295
상기진료챠트는
원본과 동일함을 확인합니다.
－총 18매－
○○산부인과
원장 서○○
별첨 : 더 이상의 진료기록은 없습니다.

라는 확인서를 직접 자필서명 날인하였습니다.

피고는 이에 대하여 "원본대조필의 확인서명을 요구하였는데 피고는 별 생각 없이 확인서명을 하여 주었습니다."라고 진술하고 있습니다(답변서 6쪽 상단 참조). 원본과 동일하다는 것은 복사기가 발달되어 별다른 의미를 갖지 않습니다. 몇 장이냐가 중요합니다. 피고는 원고에게 복사해준 후 직접 18장을 세어 본 후 '-총18매-'라고 기재한 것입니다. 원고는 원고가 진료기록을 작성한 것이 아니므로 10장이든 100장이든 아무 상관이 없습니다.

(2) 제소 후 다른 진료기록 제출

피고는 원고가 본건 제소 후 지금에서야 갑작스럽게 경과기록지를 제출하며 원고 유○○이 고의로 진료기록지를 누락시키고 복사·제출하였다는 억지 주장을 하고 있습니다.

원고 유○○은 의료인이 아닙니다. 어느 기록이 있는지도 모르고, 피고에게 "있는 진료기록을 모두 복사해 달라"고 요구한 후 '진료기록사본이 원본을 모두 복사한 것이다'라는 확인까지 받았는데 마치 원고가 그 내용을 다 이해하고 자신에게 불리한 것은 모두 감추고 유리한 것만 제출한 것으로 주장하고 있습니다.

그런데 피고가 다시 작성하여 제출한 분만기록지(을 제1호증의1~5)를 보면 아주 교과서적으로 작성하여 놓은 것입니다. 아주 자연스러운 분만진행을 하고 있는 것처럼 만들어 놓았습니다. 자궁경관개대 정도와 태아하강도, 태아심박동수를 15~30분 간격으로 측정한 것으로 되어있습니다.

그러나 불행하게도 망인은 전형적으로 주산기가사증후군으로 태어났습니다. 망인이 분만중에는 아무 이상이 없다는 진료기록을 제출한다고 하여 주산기가사 상태로 태어난 것을 숨길 수는 없습니다. 이렇게 확인서까지 써주고서도 분만기록을 위조하여 제출한 것은 피고 스스로 "분만감시를 하지 않은 경우에는 의료과실이 틀림없다"라는 자백을 하고 있는 것입니다. 과실을 숨기려니 하지 않은 감시를 하였다고 억지 주장을 할 수밖에 없게 된 심정은 이해하나, 진실을 왜곡하기는 쉽지 않을 것입니다.

(3) ○○병원진료기록과 모순

진료기록부상 앞뒤 맞지 않는 기재가 되어 있습니다.

피고는 진료기록지상에는 아프가 점수가 3점, 2점으로 기록되어져 있습니다. 그러나 전원을 간 ○○병원의 기록지 상에는 0점으로 기록되어져 있습니다. 또한 피고병원 진료기록부상에는 "출생시 심박동수가 80회'라고 적혀 있으나, ○○병원의 기록으로는 '출생시부터 심박동을 들어 본적이 없다"고 기술되어 있습니다.

(4) 시간대 등의 모순

망인의 출생 당시는 응급상황이었습니다. 갑 제5호증의7 신생아기록지를 살펴보면 응급상황으로 검진하지 못했다고 기록되어져 있습니다. 단지 ○·×로 표시만하는 신체검진도 기록하지 못하는 상황에서 새로이 제출된 진료기록지에는 분만 상황이 교과서적으로 깨끗한 글씨로 정서되어 있습니다.

또한 을 제1호증의5 11:37경 진료기록지를 보면 '5분 아프가스코어가 2점임을 원장님에게 설명드렸다'고 기록되어있습니다. 그러나 망인의 출생시간은 11:35경입니다. 출생 후 2분밖에 지나지 않은 상황에서 5분 아프가스코어를 측정한 다음, 이를 원장에게 전화하여 연락하였다는 모순된 주장은 후에 조작하다 보니 앞뒤 모순되게 된 것입니다.

≪원·피고 주요쟁점≫

원 고	피 고
주장 : 분만지연에 대한 부적절한 처치 및 분만직후 대처 미흡, 전원의무 위반으로 신생아 가사로 인한 사망에 이름	주장 : 태변흡입증후군으로 인한 불가항력적인 사고로 사망에 이름
<인과관계> 1. 산전진찰 상 산모, 태아 모두 정상이었음. → 분만직후 심각한 주산기 가사 상태로 태어남(초기 울음 및 호흡, 심박도 없고, 태변착색, 몰딩, 부종, 대사성 산증·고탄산혈증, 아프가 점수 3/2점, ○○병원기록 0/0).	1) 분만진행 과정상 이상증상 없었고 2) 분만후 처치 적절하였음. 몰딩과 태변착색은 분만 시 흔히 발생할 수 있음.
<과 실> 1) 분만진행상의 과실 - 분만지연 방치 : 분만 1기 13시간(정상 7시간), 11:30 ~15:00 경관개대 4cm으로 고정되는 등 분만지연이 있었으나 옥시토신 증량 및 제왕절개에 대한 처치 없이 분만지연 상태 방치. - 분만감시 소홀 : 태아심박동수 측정이 없음(13:00시 이후), 양막 파열시기 없음, 자궁수축 양상에 대한 기록 없음. 2) 분만 후 부적절한 처치 - 기도 내 태변 제거하지 않은 채 삽관	3) 전원의무 → ○○병원 연락 후 119연락하여 전원하였음(근거는?). 4) 입증방해와 관련하여 → 진료기록부는 충실히 작성하였으나 원고가 고의로 누락시킴. → 사후 기록에 의존하여 기록을 작성하다 보면 작성자에 따라 약간의 시간상의 차이가 날 수 있음.

및 처치 실시하여 폐관류 확립되지 않음. - 아프가 점수가 1분보다 5분 점수가 더 낮음. 3) 전원의무 위반 ○○아동병원 기록상 "본원 신생아실로 연락없이 바로 옴…"(갑 제6호증의4 간호기록지) 4) 입증방해(진료기록부 조작) - 제소 후 다른 진료기록부(경과기록지) 제출 - 확인서상 18매, 의료인이 아니므로 진료기록부를 읽을 수 없음. - ○○병원 기록과 모순됨, 기재의 충실성에서 차이가 많이 남.	

≪1심 판결≫

1심에서는 원고가 패소함.

≪2심 판결≫

1. 피고의 과실

『위와 같은 피고병원 진료기록부의 기재는 피고병원의 의료행위의 적정성을 판단하는 자료로 사용할 수 있도록 한 취지에 합당한 만큼 의료행위에 관한 사항과 소견이 상세하고 성실하게 기록되어 있지 않다 할 것이다(따라서 이러한 피고병원의 진료기록부의 기재로는 원고 이○○와 망아에 대한 의료행위가 적정하였다고 보기 어렵다고 할 것이다).

(2) 피고측의 과실 및 인과관계

…원고 이○○의 분만 1기는 평균시간 보다 훨씬 긴 12시간이 걸렸고, 11:30경부터 15:00까지 자궁경관의 개대가 진척되지 않아 분만이 지연된 상태였고, 피고 권○○이 자궁수축력 증강을 위해 옥시토신을 1분에 4방울의 속도로 주입하기 시작한 15:00 이후에도 별다른 진전이 없었는 바, 위 원고과 같이 임신 40주가 넘은 만삭의 경우 태변흡입증후군에 노출될 가능성이 높고, 분만이 지연되면 태아곤란증에 빠져 저산소증에 노출될 가능성이 높아지므로, 이런 위험을 발견할 수 있도록 파막된 양수의 양

상, 자궁수축 양상, 태아의 심박동수(특히 태아가사상태를 암시하는 만기심박동 감소) 등에 대하여 정밀하게 감시를 하여야 하고, 그 결과에 따라 제왕절개수술을 신속하게 실시하여야 하는지 여부를 확인하여야 함에도 불구하고, 피고 권○○은 양막 파열 및 양상, 자궁 수축 양상, 15:00 이후의 태아 심박동수에 대하여 관찰을 하지 않았거나 제대로 관찰하지 아니하는 등 분만감시에 소홀히 한 채 무리하게 질식분만을 감행함으로써(앞서 본바와 같이 피고들이 진료기록부를 부실하게 작성함으로써 위 피고가 분만 감시를 제대로 하였는지 여부에 대하여 이를 인정할 자료가 없고, 후의 망아의 상태로 보아 피고 측이 분만 감시를 게을리한 사실이 추인된다고 볼 수 있다) 망아로 하여금 태변흡입에 의하여 중증 신생아 가사에 의한 심폐기능 저하로 사망에 이르게 하였다고 볼 수밖에 없다.』

2. 인과관계

과실과 함께 인과관계 판단함.

3. 인용금액 : 1억 1천만 원

4. 피고의 책임비율 30%

3. 아두골반불균형에 의한 분만지연으로 뇌성마비가 된 사건[133)]

≪사건 개요≫

• 원고 신○○ / 피고 김○○ 외 8

※ 사건 경과

1. 2006. 5. 4. 41주 2일

   08:00 -2, 6cm, 80%,
   08:50 -1, 8cm, 80%,
   10:10 -1, 8cm, 80%,
   10:40 -1, 9cm,
   11:08 -1/0,nfull,
   11:30 full
   12:00 +1
   12:30 -3, 120
   12:50경 머리부분 0.5cm 나타남-수술 가능성 설명함.
   13:40경 위치 비슷한 상태이며, 심박동 수 80회까지 떨어짐.
   14:15경 머리 부분 나타남[주형(molding)된 부분만 내려옴].
   14:45경 수술 동의
   15:15경 아두골반불균형으로 제왕절개술 시행받음.

2. 같은 달 5.

   17:30경 자는 중에 청색증 발생(산소 포화도 80~85%)
   18:45경 청색증 및 무호흡증 발생(산소 포화도 80%)
   19:15경 청색증 및 무호흡증 보이며, 움직임 저하됨. 자극 주어도 울지 않음.
   20:15경 ○○병원으로 전원 조치됨.

3. ○○병원으로 전원 조치되어 6.경 경련 증상과 함께 무호흡증 발생

---

133) 수원지방법원 2009. 7. 9. 선고 2007가합21378 판결.

4. 같은 달 6.경 CT 시행. 뇌출혈, 뇌경색 같은 달 16.경 MRI 결과 상 뇌경색 소견 관찰

※ 아두골반불균형 → 분만 지연으로 인한 태변 흡입 → 뇌출혈, 뇌경색 발생

시 간	상 태	처 치	비 고
2006. 5. 4.	41주 2일		
08:00	-2, 6cm, 80%		
08:50	-1, 8cm, 80%		
09:55		의사 이○○에게 알림.	(오지 않음)
10:10	-1, 8cm, 80%		
10:40	-1, 9cm		
11:08	-1/0, full		
11:30	full	도뇨관	
12:00	+1	산소 5L 공급	
12:30	+3, appearing 0.5cm		
12:40		의사 이○○에게 full, appearing 0.5cm 알림.	뒤 늦게 알림.
12:50	appearing 1cm	의사 이○○ 방문하여 진료 : 힘주기 더하기로 결정, station 더 내려오지 않으면 수술 가능성 설명	
14:15	appearing 1.5cm	의사 이○○ : 20분 힘주기 더한 후 정상분만 또는 수술 결정하기로 함.	임부 정상분만 원한다는 기록 있음.
14:30		의사 최○○에게 알림.	
14:40		의사 최○○ 와서 수술해야 함을 설명함.	임부 정상분만하기를 원한다는 기록 있음.
14:45	수술 동의		
14:55		수술방으로 이동	
15:00~15:55		제왕절개술 시행	15:13 3,590g 남아 탄생

전자태아심박동 —— 자궁수축 감시장치 모니터링

07:47~08:07 120~150회

08:31~09:10 120~150회

10:18～11:50 120회 이하로 여러 차례 떨어짐(불안정 상태).
11:55～14:49 120회 이하로 여러 차례 떨어짐(수축 이후, 매우 불안정 상태).

≪소장에서 주장하는 피고의 과실≫

피고들은 분만 중 검사상 과실, 보고 미실시 및 방치, 분만방식과 분만 시기 선택상 과실, 태아곤란증에 대한 응급처치 해태, 출산 후 치료상 과실 등 업무상 주의의무를 제대로 행하지 않은 전형적인 잘못을 저질렀습니다. 이로 인해 원고로 하여금 태변흡인증후군, 신생아 가사, 허혈성 뇌손상에 이르게 하였고, 결국 현 장애를 발생시킨 과실이 있습니다.

피고들은 원고에 대하여 아두골반 불균형 상태라는 점을 산전 진찰 중 알고 있음에도 불구하고, 분만 당시 10:54경부터 태아의 심박동수가 지속적으로 분당 120회 이하로 측정됨으로써 태아곤란증이 지속되었음에도 불구하고, 이에 대한 어떠한 조치와 검사도 시행하지 아니하였습니다.

또한 태아곤란증과 함께 원고 머리가 0.5cm 나온 상태에서 자궁목에 걸려 더 이상의 진전이 없음에도 불구하고, 재빠른 조치인 제왕절개술을 시행하지 않은 과실이 있다 하겠습니다.

결국, 피고들은 원고에 대해 부주의한 증상 관찰과 검사 시행, 태아 곤란증이 지속됨에도 불구하고 원고를 방치하여 뇌출혈과 뇌경색에 이르게 한 잘못을 범하였다 할 것이고 원고의 현장애에 책임을 져야 마땅하다 할 것입니다(원고는 향후 사실조회 및 진료기록감정을 통해 피고병원의 주의의무위반의 점에 대해 입증하도록 하겠습니다).

≪관련 의학지식을 통한 입증≫ PPT를 통한 입증

1-1. 임상경과

시간(2006)		증상 및 경과	처치
4. 10.		산모 골반출구 좁음	골반 및 아두 계측 미실시
5. 2.		산모 골반출구 작음	골반 및 아두 계측 미실시
5. 4.	07:40	규칙적 진통	피고의원 내원
	08:00	자궁경부 80% 소실, 자궁목 6cm 열림, 태아하강도 -1	
	10:24	태아심박동 수 80~90회	
	11:08	자궁목 완전 개대, 태아하강도 -1/0	
	12:30	태아하강도 +3, 머리부분 0.5cm 보임	
	12:50	태아머리 1cm 보임	피고의원 의사 첫 방문

1-2. 임상경과

시간		증상 및 경과	처치
5. 4.	14:15	태아머리 1.5cm 보임	
	14:40		산모에게 제왕절개술에 대해서 설명
	15:00 ~ 15:55		제왕절개술 15:13경 3,590g 원고 출생 아프가 점수: 1분 6점(중등도 가사)
5. 5.	5. 5. 17:30	원고에게 청색증 발생 산소포화도 80~85%	
	18:45	청색증 및 무호흡증 산소포화도 80%	
	19:15	청색증 및 무호흡증, 움직임 저하 자극주어도 울지 않음	
	20:15		성빈센트병원 전원조치
5. 6.		경련, 무호흡증	뇌CT 및 MRI 촬영: 뇌출혈 및 뇌경색

2. 쟁 점 안

쟁점		원고측 주장
인과관계		아두골반불균형→ 무리한 질식분만→ 태아에 대한 지속적인 압박 및 태변흡입 → 뇌출혈 및 뇌경색 → 뇌성마비
과실	1. 검사 미실시	아두골반불균형 상태 알면서도 질식분만 가능여부 확인 위한 검사 미실시 하여 무리한 질식분만 시도함
	2. 제왕절개술 지연	분만과정 지연(태아하강도 진행 안 됨) 및 태아에게 이상소견 나타났음에도 불구하고 제왕절개술 지연
	3. 의사 경과관찰 의무해태	아두골반불균형으로 인한 난산의 위험성 및 분만지연 상태였음에도 불구하고 피고들은 산모의 상태를 보러 뒤늦게 옴아두골반불균형으로
	4. 설명의무위반	인한 분만지연의 위험성, 분만방법, 부작용 및 예후 등에 대해 설명 실시하지 않음

3. 인과관계

가. 아두골반불균형 (cephalopelvic disproportion, CPD)

정의

- 태아의 머리조건과 산모의 골반크기 및 모양이 서로 맞지 않아 질식분만이 힘든 상태

원인

- 태아의 머리가 너무 큰 경우
- 산모의 골반이 너무 작은 경우

처치 필요성

- 질식분만시 아두하강 어려움
- 아두하강시 태아 안전하게 통과하기 어려움

3. 인과관계

나. 아두골반불균형 예견

: 2006. 4. 10.경 및 같은 해 5. 2.경 산전진찰 과정 중 산모의 골반출구가 좁다는 사실, 즉 아두골반불균형 상태라는 점 알고 있었음

▶ 원고측 진료기록감정회신문 (1)-10)항 참조

문	산전진찰 결과, 임신기간 동안 태아의 크기 및 성장도, 양수의 양, 태아심박수, 초음파 소견, 기형아 검사 등은 정상이었는지요
답	2006년 5월 2일 임신41주 1일째…골반출구가 좁다.

다. 분만지체-무리한 질식분만 시행

: 지체된 분만과정

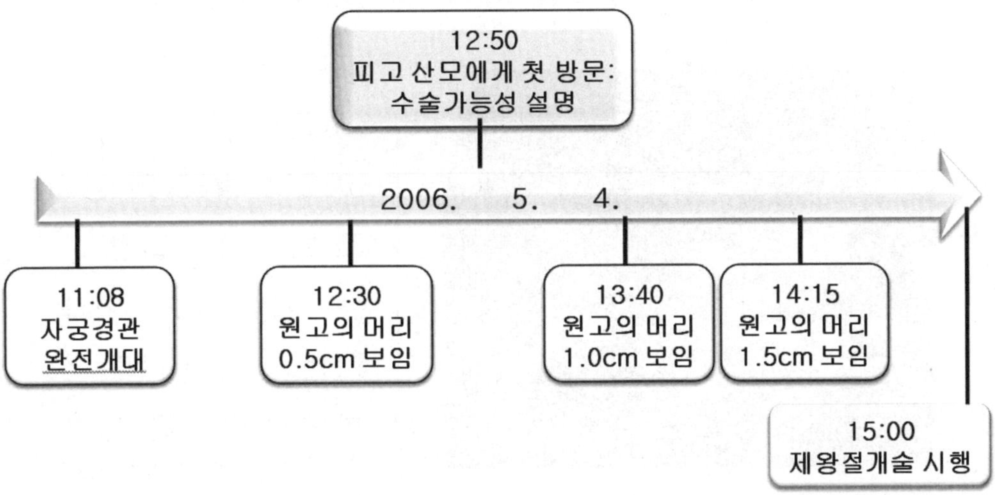

라. 태아의 뇌에 지속적 압박-뇌경색 및 뇌출혈 발생

(1) 2006. 5. 4. 12:30~15:00경(2시간 30분 동안)
-원고의 머리는 산모의 좁은 골반에 낀 채 갇혀있었음

-태아하강도 +3에서 지속되는 분만지체-

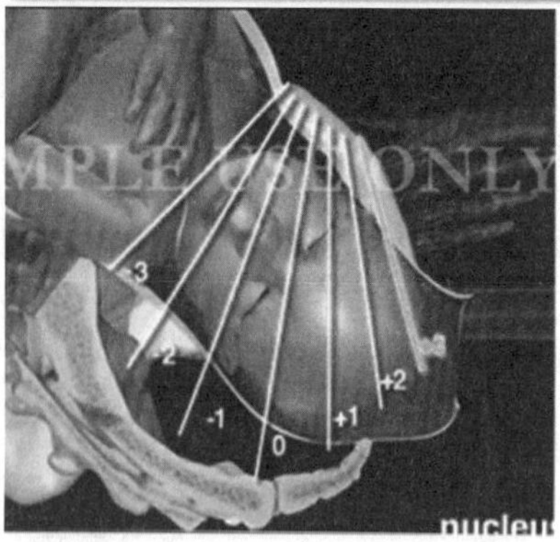

2시간 30분

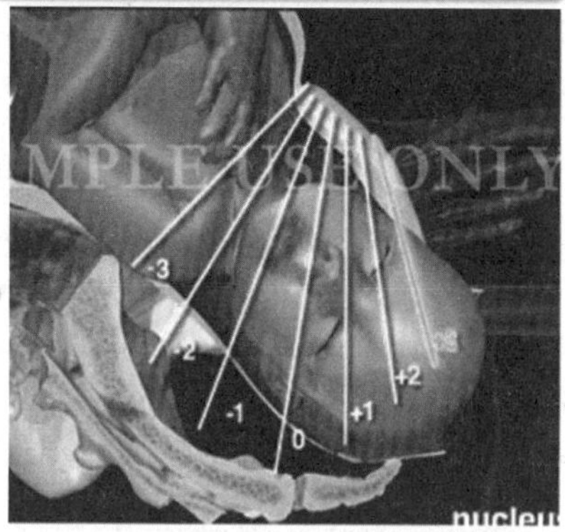

(2) 뇌출혈 및 뇌경색 발생

무리한 질식분만 → 아두에 지속적 압박 → 뇌경색 및 뇌출혈

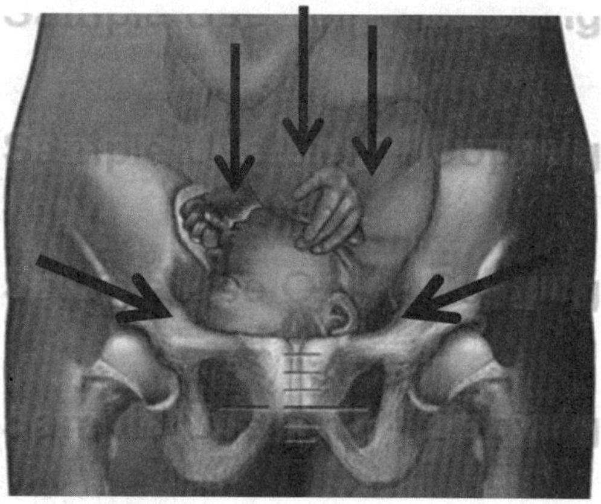

.시간이 갈수록
.자궁수축력: 더 강하고 빈번하게 발생
.원고의 머리에 가해지는 압력의 강도: 심하면서 더 자주 발생

3. 인과관계

아두골반불균형 예상(검사 미실시)

↓

무리한 질식분만

↓

분만지체

↓

아두에 지속적인 충격 및 압박

↓

뇌경색 및뇌출혈

4. 아두골반불균형에 대한 검사 미실시

가. 아두골반불균형 예견

: 2006. 4. 10.경 및 같은 해 5. 2.경 산전진찰 과정 중

아두골반불균형 상태라는 점 알고 있었음

▶ 을제1호증의 1 '경과기록지' 참조

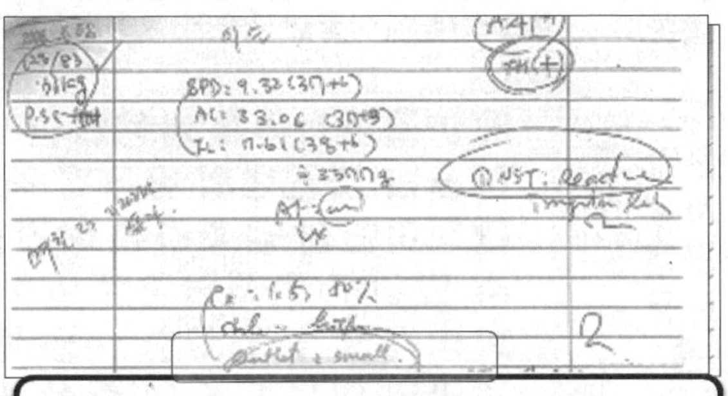

번역: 2006. 5. 2. 골반출구 작음

나. 아두골반불균형에 대한 검사 미실시

(1) 아두골반불균형에 대한 주의의무

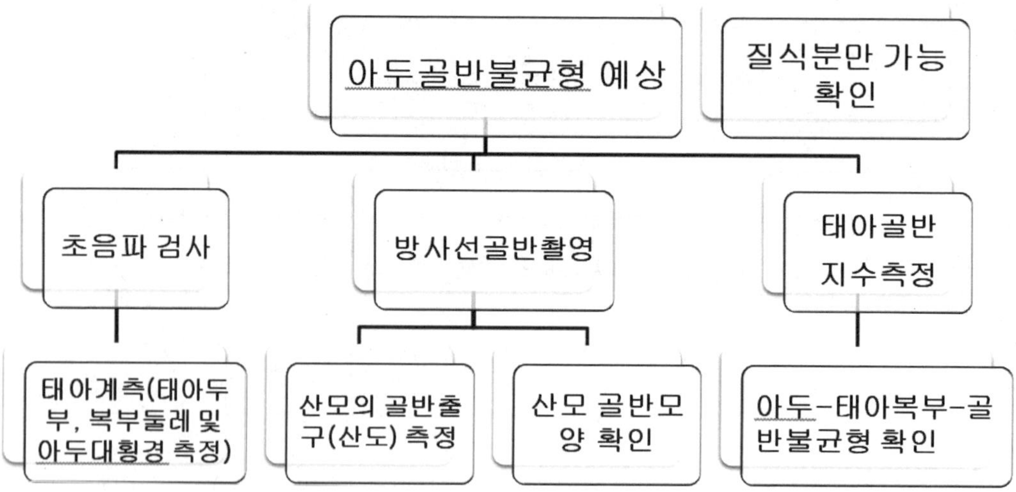

나. 아두골반불균형에 대한 검사 미실시

(2) 피고들의 과실

:아두골반불균형 예견 및 인지하고 있었음에도 불구하고 질식분만 가능 여부 확인 위한 검사 미실시

▶ 갑 제26호증 '태아골반불균형의 예측 지표로서 태아골반지수의 효용성' 참조

> **진통지연으로 인해 분만이 지연**되면 **태아나 산모에게 해로운 결과**를 초래함은 널리 알려진 사실이다. …따라서 **태아골반 불균형을 미리 예견**하는 것은 순조로운 분만을 위하여, 더 나아가 **진통지연으로 인한 산과적 합병증을 예방하기 위하여 매우 중요한 일**

▶ 갑제26호증 '태아골반불균형의 예측 지표로서 태아골반지수의 효용성' 참조

> **태아골반지수를 사용하면 태아골반 불균형의 유무를 객관적이면서 정확하게 예견할** 수 있어 진통지연으로 인한 합병증 및 불필요한 수술적 분만의 빈도를 줄여 **주산기 유병율 및 사망률 등을 감소**

5. 제왕절개술 지연

가. 제왕절개술의 필요성

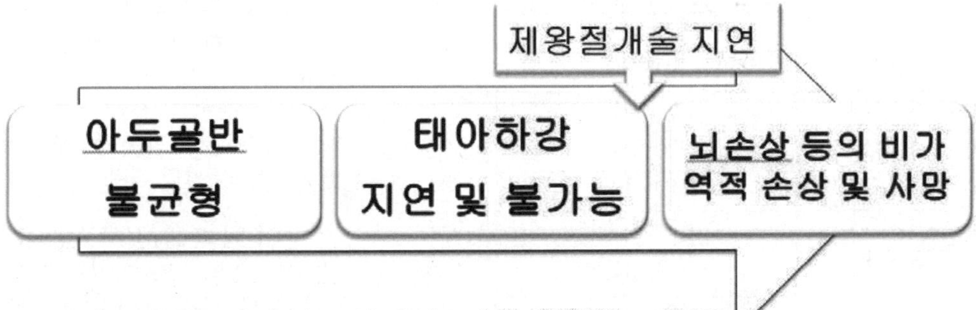

▶ 갑제25호증 '사실조회회신문 다-(5)항' 참조

아두골반불균형의 경우 적절한 분만진통이 지속됨에도 더 이상 태아하강이 진행되지 않게 되므로, 이러한 상황의 지속이 산모 및 태아 건강에 위험을 줄 가능성이 있다고 판단되면 **응급제왕절개술**을 시행하게 된다.

나. 분만지연

:2시간 30분 동안 태아하강도 +3에서 분만진행 되지 않음 (아두 골반에 낀 상태)

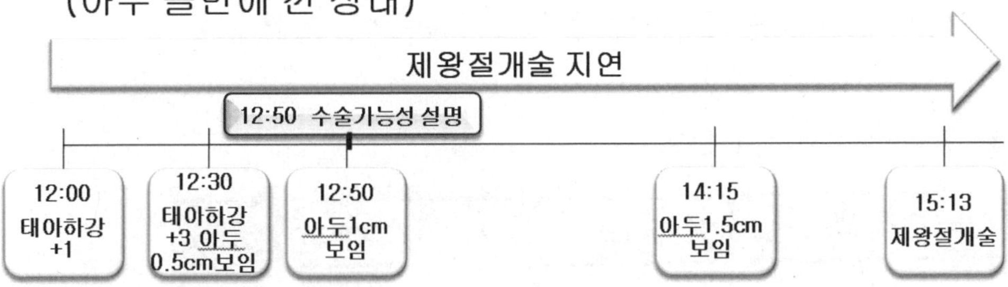

▶ 아주대 진료기록감정회신문 2-(4)-(라)항 참조

문 **태아의 머리가 보이기 시작한 시간**은 언제이며, **제왕절개술**을 시행한 시간..

답 진통기록지에 의하면 오후 12시30분으로…제왕절개술은 15시13분경 시행

다. 태아 이상증상 발현

(1) 태아서맥(정상: 120~160회/분)

시간	태아심음
10:24	80~90
11:30	90~100
12:00	90~100
12:30	100~110
12:50	85~100
13:36	100~120
14:15	90~100
14:30	100~110
14:40	100~110

의의

▶ 아주대 진료기록감정회신문 2-(5)-(라)항 참조

…다양성 태아심장박동감소 보임

▶ 아주대 진료기록감정회신문 2-(4)-(마)항 참조

분만이 임박해진 시기는 5월4일 오후 12시30분 경이며, 당시 태아심작동양상은 태아심박동수 분당90~150회로 경증의 다양성 태아심장박동수감속의 소견…

▶ 갑제11호증 사실조회회신문 (1)-(마)항 참조

…태아에서 지속적인 서맥이 있는 경우 에는 태아저산소증의 위험성이 크다.

(2) 태변배출 및 착색

: 출생시 태변배출 및 태변착색, 태아곤란증소견 보임

▶ 을제2호증의 1,4 참조

태변착색 :(2+), Urine(+ -) meconium(+)

▶ 신체기록감정회신문 가항 참조

출생시 신생아 태변착색 관찰되고 태아곤란증으로 소생술(ambu bagging) 시행함

(3) 중증신생아 가사

: 출생당시 아프가 점수: 6점-중증도신생아 가사

▶ 을제2호증의4 참조

출생직후 신생아 처치

Apgar 점수

항목	0점	1점	2점	1분
심박수	없음	100회 / 분이하	100회 / 분 이상	
호흡상태	없음	느리고 불규칙	잘 울음	
근긴장도	늘어짐	사지를 약간 구부림	잘 움직임	
자극반응	없음	얼굴을 찡그림	기침, 재채기	
피부색	청색 또는 창백	사지청색, 몸통분홍	완전분홍	
총 점				

▶ 갑제6호증 참조

1분, 5분 아프가 점수	신생아 가사
0 - 3점	중증 신생아 가사
4 - 6점	중등도, 경증 신생아 가사
7점 이상	정상, 가사 없음

: 출생 후 신생아 경련 및 무호흡증 발생

6. 의사의 경과관찰해태

서울중앙지방법원 2005. 11. 24. 선고 2004고단 6030 업무상과실치사
"…피해자의 호흡곤란 증세가 더욱 더 악화되어 가고 있는 상태였으므로 이러한 경우 환자의 상태를 주의 깊게 관찰하여 호흡곤란 등의 증세가 심해질 경우 이에 즉시 대응할 태세를 갖추어야 하고 특히 네블라이져 흡입요법으로 호흡곤란이 호전되지 않고 중등도 발작단계에 이르렀다고 판단될 경우 즉시 동맥혈가스분석을 실시하여 호흡곤란의 정도를 확인한 후 산소포화도를 95% 이상 유지되도록 하는 조치를 취하여야 하고 그와 같은 조치를 취하는 것이 어려울 경우 즉시 피해자를 중환자실로 옮겨 강제호흡법인 기도삽관술 또는 기계적 환기요법인 인공호흡기 치료법을 실시하여 호흡곤란을 해소하여 산소부족 등을 원인으로 한 심폐정지 등 합병증을 막아야 할 업무상 주의의무가 있고,…이를 게을리 한 채 피해자가 네블라이져 치료법에 대한 거부반응으로 동 치료법이 호흡곤란 해소에 효과가 없다는 사실을 잘 알고 있음에도 간호사에게 피해자를 맡겨놓고 별다른 조치를 취하지 않은 채 당직실에서 잠을 자는 등 휴식을 취하면서 06:00경까지 방치하였다."고 하여 유죄로 판단 받음.

7. 설명의무위반

(가) 산전 진찰 중 예견한 산모의 골반출구가 좁아서 발생할 수 있는 위험성, 즉, 아두골반불균형으로 인한 태아 뇌경색 및 뇌출혈, 태아의 뇌성마비의 발생가능성 등에 대하여는 전혀 고지하고 설명하지 아니함.

(나) 아두골반불균형으로 인하여 원고의 머리가 산모의 골반에 끼어서 수시간 있는 동안에도 자연분만이 가능하니 힘을 주라는 말만 언급하면서 구체적인 심각성과 위험성에 관한 설명 없이 자연분만을 강행.

8. 결 론

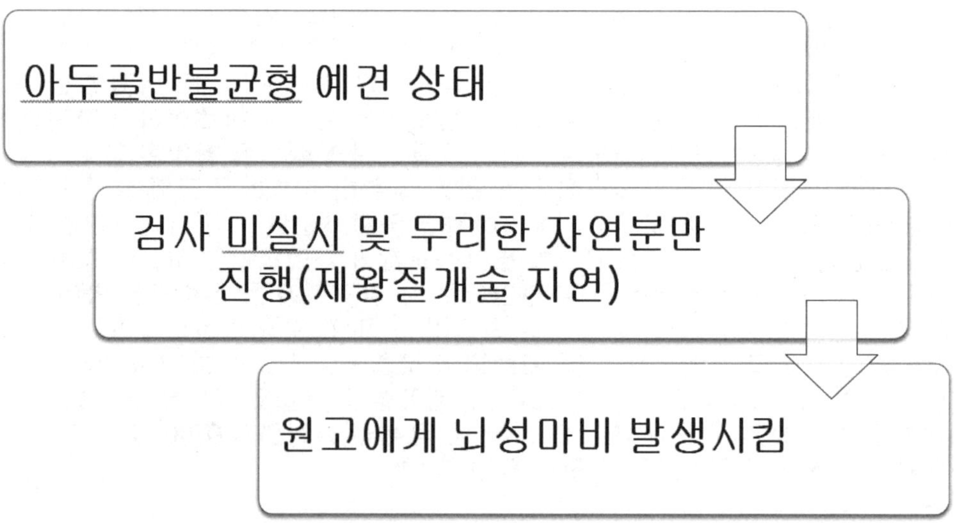

≪원 · 피고 주요쟁점≫

	원 고	피 고
인과관계	분만 중 태아곤란증→뇌성마비 발생 －산전 진찰 : 아두골반 불균형상태 －10:54경 이후 : 태아 심박동수 분당 120회 이하로 측정됨. －태아곤란증 발생	1. 피고 의료행위와 무관 : 신생아 뇌졸중(주산기 허혈성 뇌졸중) perinatal arterial ischemic stroke : 태아 혈액의 높은 점도와 임신으로 인한 전반적인 항응고체계의 억제 상태 및 태반의 낮은 혈류 속도로 인하여 혈전이 잘 형성되는 조건이기 때문, 산모의 혈전성향증은 태반 형성과정에 영향을 미치고 태반의 혈관 손상을 일으키며 태아 혈관에서 혈액응고를 초래(신생아의 뇌졸중의 원인은 특발성임). 2. 태아곤란증 없었음. －지속적인 태아 심박동 감소 소견 없었음. －저산소성허혈성 뇌손상의 경우, 첫 24시간 내에 간질 증상이 발현되나, 원고는 24시간 내에 간질 증상 없었음. －양측성(저산소성 뇌손상)이 아닌 편측성 뇌손상(신생아 뇌졸중)임.
주의의무 위반(제왕절개술 지연)	－머리 0.5cm 나온 상태에서 자궁목에 걸려 진전이 없는 상태: 제왕절개술 지연	제왕절개술 적용여부 －개인요소에 따라 분만진행시간이 다양해 질 수 있음(초산부 50분이나).
설명의무 위반	아두골반불균형으로 인한 분만 지연의 위험성, 분만 방법, 부작용, 예후 등에 대해 설명 실시하지 않음.	

≪1심 판결≫

1. 피고의 과실

『자연분만 도중에 응급 제왕절개수술을 시행할 것인지는 전적으로 당시 환자의 상태를 토대로 임상경험과 의학적 지식에 기초하여 판단하는 의사의 재량영역에 속해있다고 하더라도, 태아가 아두골반불균형으로 인하여 분만정착이라고 판단될 정도로 장시간 동안 산모의 골반에 낀 상태로 있으면서 계속적으로 다양성 태아심박동감속의 소견을 보이는 경우에는 장기간의 질식상태로 인한 저산소성 뇌손상의 우려가 있으므로 신속히 제왕절개술을 통해 분만을 시도하여야 하는 것이 상당하다고 할 것인 바, 이 사건에 앞서 본 사실관계에 의하면, 당시 분만을 담당했던 피고 최○○, 이○○는 산전진찰을 통해 아두골반불균형으로 분만의 어려움이 있을 것을 예상하고 있었고, 실제로 태아하강도 +3/3의 상태에서 아두골반불균형으로 2시간 이상 분만정착의 상태가 계속되었으며, 이에 더하여 다양성 태아심박동감속의 증상이 장시간 나타나는 상황에서도 신속히 제왕절개술을 시행하지 않은 과실이 있고, 나아가 위와 같은 상황에서의 제왕절개술의 지연 외에 전혀 다른 원인으로 원고의 뇌성마비가 발생하였다는 점에 대한 입증이 없는 이상, 원고의 뇌성마비는 피고 최○○, 이○○의 위 의료상 과실로 인하여 발생하였다고 봄이 상당하므로, 피고 최○○, 이○○는 담당 의료진으로서, 또한 피고 김○○, 김○○, 양○○, 유○○, 이○○는 피고병원의 공동운영자들로서 각각 위와 같은 의료상의 과실로 인하여 원고가 입은 손해를 배상할 책임이 있다.』

2. 인과관계

『제왕절개술의 지연 외에 전혀 다른 원인으로 원고의 뇌성마비가 발생하였다는 점에 대한 입증이 없는 이상, 원고의 뇌성마비는 피고 최○○, 이○○의 위 의료상 과실로 인하여 발생하였다고 봄이 상당하다.』

고 판시하여 다른 원인의 개제가능성 배제로 인과관계를 인정하고 있다.

3. 인용금액 : 9천 6백만 원

4. 피고의 책임비율 : 25%

≪관련 판례≫

1. 서울고등법원 2004. 1. 15. 선고 2001나10559 판결

위 서울고등법원은 태아에 대한 감시를 전혀 하지 않고 태변착색에 따른 산모의 체위변동이나 산소공급 등의 조치도 하지 않은 채 만연히 자연분만을 강행한 과실(분만과정상의 태아감시의무 해태), 출생 후 부적절한 처치, 전원의무 해태 등에 대한 과실을 인정하여 금114,090,831원을 배상하라고 판단하였습니다.

2. 서울지방법원 2001. 8. 8. 선고 99가합67609 판결

위 서울지방법원은 적절한 제왕절개수술시기를 놓쳐 신생아가 뇌저산소증으로 자궁내에서 많은 양의 태변을 흡입함으로써 태변흡입증후군으로 사망한 것이라고 하여 피

고병원의 과실책임을 인정하였습니다.

3. 서울지방법원 2000. 7. 26. 선고 98가합72031 판결

위 서울지방법원은 태아곤란증을 뒤늦게 발견하여 결국 신생아로 하여금 사망에 이르게 한 피고의 과실을 인정하였습니다.

4. 아두골반불균형 산모에 대한 흡입분만 후 제왕절개술로 분만하였으나 저산소성 뇌손상과 두개골 골절발생 사건[134)]

≪사건 개요≫

• 원고 진○○(남, 신생아) / 피고 ○○산부인과

※ 사건 경과

출산 → 아두골발불균형 → 흡인분만시도 → 제왕절개 → 저산소성뇌병변 및 두개골 골절 → 뇌성마비

	날 짜		산 모 상 태	검 사 처 치	태 아
○○ 산부인과	2007. 12. 3.		5주+3 51kg		
	12. 15.		6-7주		
	12. 19.		7주	산전 풍진검사	
	2008. 1. 19.		11주+3 52.6kg	기형검사	
	2. 16.		16주	안정	
	3. 15.		20주	공복시 혈당 81	
	4. 12.		24주 두위		
	5. 10.		28주		
	5. 24.		30주, 배 뭉침현상 태아하강 : 2.4cm	1차 조산증세 입원조치 절대안정. 박타신 항생제 주사	1500-1600g 태아심음 150회
	5. 31.		자궁수축증상 간헐적으로 보이며 배 뭉침 현상	퇴원함.	태아심음 150회
	6. 7.		32주 64.5kg	2차 조산증세로 입원 박타신 항생제 주사 라보파주사(조산방지제)	
	6. 8.		자궁수축 1-2번 간헐적임, 배 뭉침	라보파 주사	태아심음 150회
	6. 9.		자궁수축간격 더 잦아짐.	라보파 7gtt → 12gtt	태아심음 145회

134) 서울동부지방법원 2014. 1. 21. 선고 2011가합403 판결.

	6. 12.			주궁수축억제제 유토파주사	태아심음 151회
	6. 14.			퇴원함.	
	6. 21.		35주 66.1kg 태아하강도 : 1F 자궁경부소멸 : 80%		2200-2300g
	7. 5.		36주 67.9kg 태아하강도 : 2F		
	7. 14.		37+2 68.7kg 태아하강도 : 2F		
	7. 19.		38주 69.1kg 태아하강도 : 2F		3200-3300g
○○ 산부 인과	7. 22.	14:50	조기양막 파열 태아하강도 : 2F	출산 위해 입원조치	입원시, 진통중 태아 심음 150~170 정확한 시간 나와 있지 않아 알 수 없음.
		15:35	혈압 139/88 맥박 86 호흡 20 체온 36.5°C 재태기간 38주+2	자궁수축촉진제(부작용 심하여 잘 사용안함) 싸이토텍 1/4투여	
		16:00	태아하강 -2 경관개대 2cm		
		17:20	태아하강 -2 경관개대 2cm		
		18:30	태아하강 -1.5 경관개대 3cm		
		21:00	태아하강 0 경관개대 6cm		
		22:00	태아하강 +1 경관개대 10cm		태아심음 90~ 100회
		22:15	태아하강 +2 경관개대 10cm	자연분만시도 후 실패 회전/외회전(V/E) 3-4회 실시 아두골반불균형으로 전신 마취하 제왕절개 결정	
		22:27		신생아 출산 3.3KG 기관삽관하여 산소공급 자가호흡 돌아와 기관발관 후 아기 쳐짐.	아프가1/5분 : 3-4점/6점

				저산소성 뇌병변을 주소로 119를 이용하여 ○○대학교 병원으로 전원	
○○대학교병원	7. 23.	00:27		아기 아빠와 ○○산부인과 직원과 함께 ○○대학교 신생아 중환자실 입실 산소 2L/min 적용하며 가래 흡인시 혈액섞여 다량 나옴. * 진단 : 신생아의 저산소성 허혈성 뇌병증/신생아 경련/출산손상으로 인한 두개 혈종/안면신경의 출산손상	신생아 맥박 156 호흡 72 빈호흡 피부벗겨짐, 홍반 좌측눈만 뜬 상태로 얼굴 비대칭관찰
		8:30			후두부, 두정위 부종 우측 두개혈종 관찰
		1:58		항경련제 루미날 주사	경련 3초~1분간
		20:00		항경련제 페니토인	사지경직 보임.
	7. 24.	14:00		뇌 CT : 두정골 골절(폐쇄성) 확인	
	7. 29.		산모 ○○산부인과 퇴원	뇌초음파 – 양측기저핵, 시상하부의 이상소견 관찰	
	7. 31.			일반병실 전실	
	8. 7.			뇌초음파 – 양측기저핵, 시상하부의 이상소견 관찰	
	8. 8.				신생아 퇴원
	8. 14.			신생아 저산소성 허혈성뇌병증으로 양측 상하지의 경직성 마비에 관한 재활치료 요함.	

※ 서울○○병원

2008. 8. 30~9. 4. 서울○○병원 입원 치료

신생아 경련에 대해 페노바비탈 항경련제 투여 지속

2008. 9. 3.경 뇌 MRI 기저핵 뒷부분 증가된 음영 보임.

2008. 12. 9.경 뇌 MRI 상기 소견 사라짐.

※ 향후 발달 및 경련조절에 대해서는 정기적인 추적검사 평가 필요

현재 저산소성 뇌손상으로 인한 뇌성마비로 사지의 이상긴장이 동반되어 자세의 이상과 운동발달의 지연, 의도적인 동작을 하고자 할 때 특히 경직이 있으므로 재활치료 필요함.

≪관련 의학지식을 통한 입증≫ PPT 자료를 통한 입증

차 례

1. 사건개요
2. 의학적 사실
3. 쟁점안
4. 손해배상책임 (인과관계,과실,설명의무위반)
5. 결론

1. 사건개요-1

1. 2008. 5. 24.(임신 30주) 1차 조산증세로 1주일 입원치료 후 퇴원

2. 6. 7.(임신 32주) 2차 조산증세로 1주일 입원치료 후 퇴원

☆3. 7. 22.경 조기양막파열로 출산 위해 입원.

자연분만실패 → 흡입분만 → 아두골반불균형진단

→ 지연된 제왕절개술

아프가점수: 1분/5분 → 3~4점(중증가사)/6점(10점만점)

(현재) 저산소성 뇌손상으로 인한 뇌성마비

1. 사건개요 -2

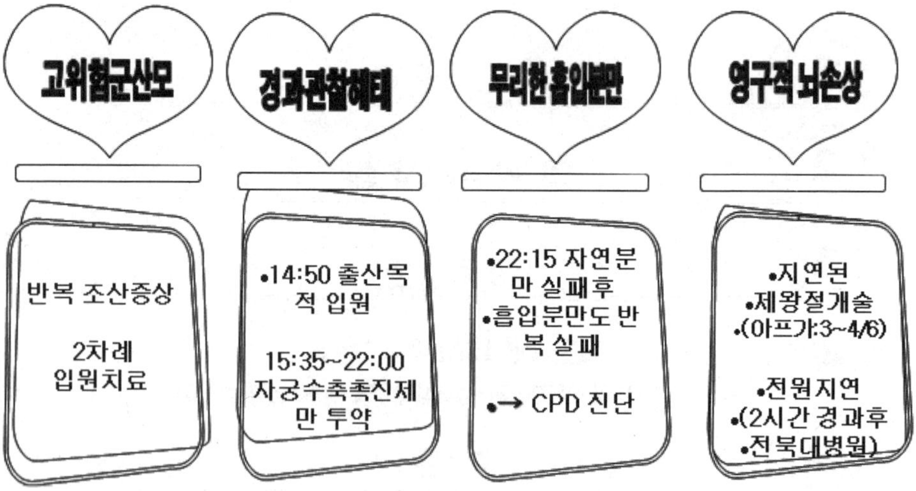

2. 의학적 규범

가. 태아심음 필요성

- 태아곤란증 조기진단목적

[표1] 사실조회회신문 중 일부

> 2) 임상 현장에서 분당 태아심박동수를 정상으로 보는 범위는 얼마이며,그 근거는 무엇인지
> 답) 여러 관찰적 연구 보고가 근거가 되며 태아심박동수는 임신 16주경 평균 분당 160회이며 이후 만삭의 경우 평균 분당 140회 정도입니다. 일반적으로 만삭의 정상 심박동수 범위는 분당 120회에서 160회 사이입니다.

- 태아심음청취는 진통 중 태아의 건강상태에서 필수적인 요소가 되어 왔음(서울고법 2009. 7. 9.선고 2008나47949)

- 일반적으로 만삭임부의 정상 심박동수는 120~160회/분

2. 의학적 규범

나. 태아곤란증의 기전 및 위험성

- 산소부족으로 인한 뇌손상

분만감시소홀로 저산소성 허혈성 뇌손상을 입어 사망에 이른 사고에 관하여, 법원은 '자궁수축 이후에 태아심박동수가 분당 120회 미만으로 반복하여 감소하면 태아곤란증이 의심되고, 만일 자궁수축 이후 1분에 100회 미만의 심박동이 있었다면 다음 수축 전에 120~160회로 회복되더라도 태아곤란증이 확실하다'고 판시하였습니다(서울고법 2011. 3. 8.선고 2010나17040판결).

2. 의학적 규범

다. 태아심음방법

1) 도플러

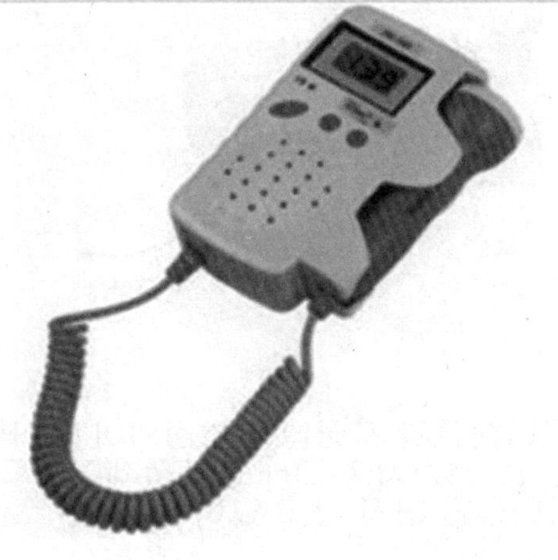

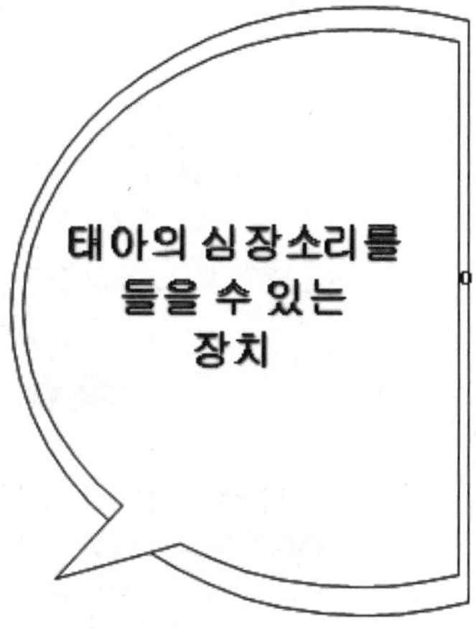

2. 의학적 규범
다. 태아심음방법

2) 비자극검사(NST)의 원리

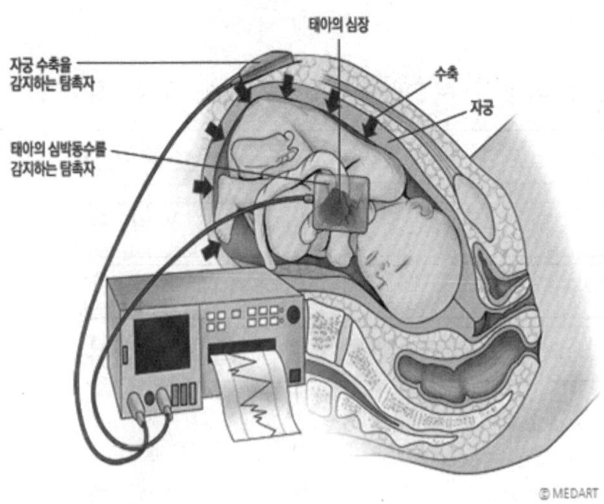

산모의 복부에
자궁압 탐촉자와
태아심음 탐촉자를
부착하여
실시간으로
자궁압, 태동,
태아의 심박수 변화를
측정,
태아곤란증 등을
확인하는 태아안녕검사

2. 의학적 규범
다. 태아심음방법

3) 비자극검사(NST)의 방법

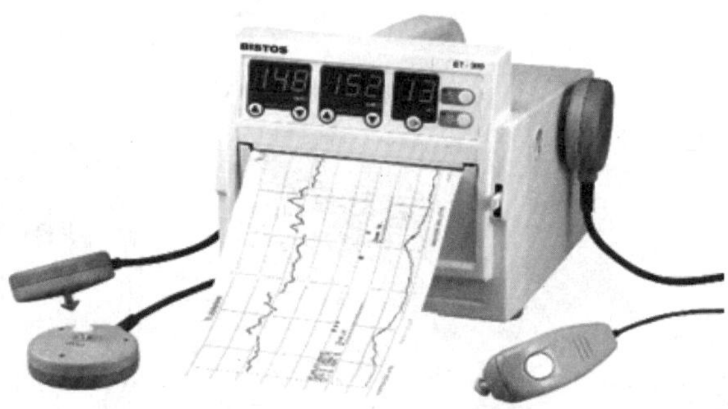

실시간으로 모니터에 태아심음과 자궁압이 측정되어 나타나
이상여부를 즉시 알 수 있고, 측정치가 그래프로 인쇄되어 나와
실시간 모니터링을 하지 않고 있어도
사후적으로 태아안녕여부를 진단할 수 있음

2. 의학적 규범

4) 비자극검사(NST)의 진단기준

가) 정상범위 내 그래프(120~160회/분)

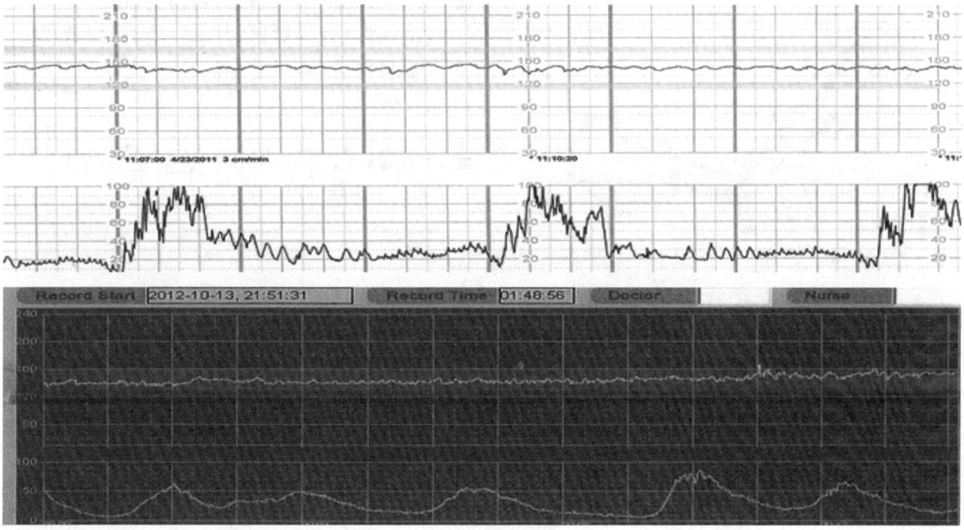

2. 의학적 규범

라. 비자극검사(NST)의 진단기준

나) 비정상범위 내 그래프(120회 이하, 160회 이상, 변통성 심함)

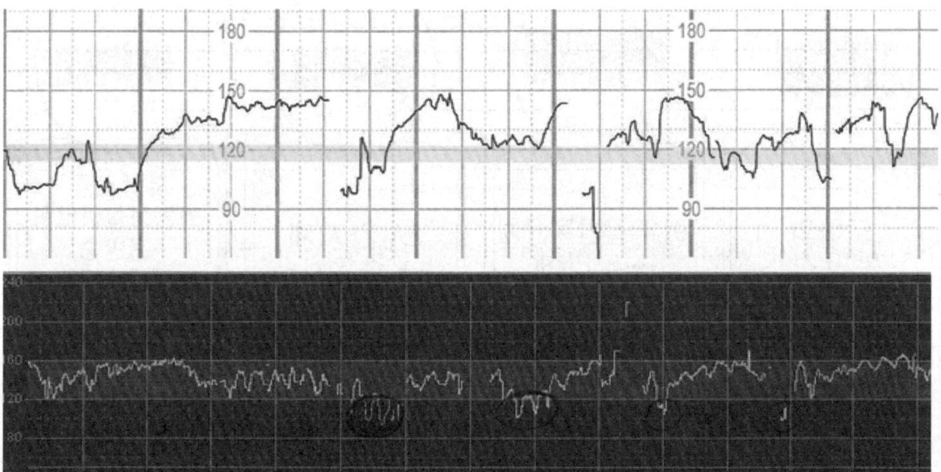

2. 의학적 규범

마. 흡입분만의 적응증 및 무리한 시술에 따른 위험성

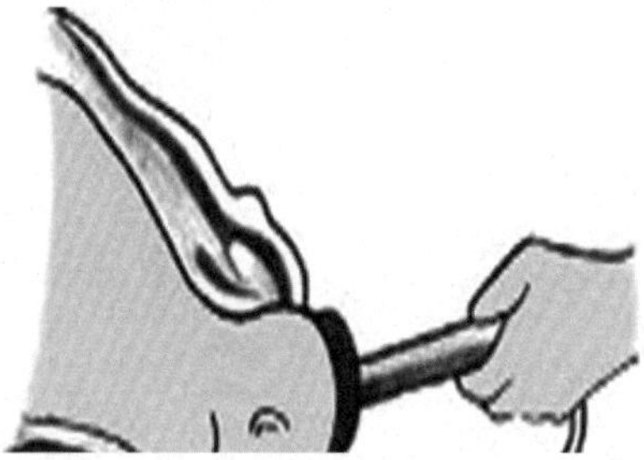

- 흡입컵을 태아머리에 부착해서 아기머리를 잡아당겨 분만하는 방법
- 태아의 머리가 산모골반으로 내려와 있거나

▶ 원고측 진료기록감정회신문-산부인과

문] 아두골반불균형으로 진단되는 경우 자연분만, 흡입분만, 제왕절개술 등을 선택할 수 있는 각각의 기준은 무엇이며, 장단점으로는 어떠한 것들이 있는지요

답] 명백한 **아두골반불균형으로 진단되는 경우 제왕절개술을 한다**(원고측 진료기록감정회신문-산부인과 (5)-2)항 참조).

3. 쟁점안

경과관찰상과실	분만방법선택상 과실	전원의무위반	설명의무위반
모아의 분만 전 감시소홀로 이상증상 조기발견 못함	아두골반불균형 → 무리한 흡입시도 → 태아가사/두개골 골절	2시간 지체 → 승용차+의사 부동승 **→전북대 전원** (2.78km거리에 불과)	-분만전 저산소증 가능성설명않함 -분만중: 흡입분만 동의없이 함 -출생 후: 가사상태 및 전원필요성 설명없음

3. 인과관계

환자측에서는 일응의 증명이론에 따라 인과관계를 인정받기 위해서는 ① 의료행위의 미숙, ② 의료행위와 결과와의 시간적 근접성, ③ 장소적 · 부위적 근접성, ④ 일반적 통계적 인과관계, 의료행위의 양과 결과발생률, 의료행위의 내용과 결과발생률, ⑤ 자해행위 등 타 원인의 불개입 등을 주장 · 입증하면 일응 의사의 과실이 증명된 것으로 간주된다는 것이 판례 및 통설입장임.

4. 과실

가. 경과관찰상 과실 1
- 지속적인 산모 상태 및 태아하강도 확인의 주의의무

야 합니다. 미국 산부인과협회에 따르면, 분만 중 간헐적 태아 심음 청취는 저위험 산모 군에서 분만1기(자궁 수축이 시작되어 완정 자궁경부 개대가 완료될 때까지)에는 30분 간격, 분만2기(완전 자궁경부개대로부터 태아의 분만까지)에는 15분 간격으로 자궁수축이 사라진 후에 시행하고, 고위험 산모군에서는 각각 15분, 5분 간격으로 시행하는 것을 권장하고 있습니다(서울서부지방법원 2009. 11. 6.선고 2008가합 5301판결 참조).

가. 경과관찰상 과실2

– 이 건에서의 경과관찰 해태

시간	자궁경부 소실	자궁경관 개대	태아 하강도
입원 *분만1기 1450	X	손가락2개 정도 열림	X
1505		X	X
1520		X	X
1535		X	X
1550		X	X
1605 (1600시행)		2cm	-2
1620		X	X
1635		X	X
1650		X	X
1705		X	X
1720		2cm	-2
1735		X	X
1750		X	X
1805		X	X
1820		X	X
1835 (1830시행)	X	3cm	-1.5

측정한적 없음

135분

80분

70분

가. 경과관찰상 과실4

– 지속적인 태아심박동수 확인의 주의의무

- 남부지법 2012. 11. 13.선고2010가합25477

따라서, 분만경과 관찰 중에는 자궁 내 태아가 저산소증 및 산증에 빠졌는지 확인하기 위해서는 지속적으로 태아심박동수를 확인하여야 하고, 이 때의 확인은 구체적으로 태아의 심박동수의 양상과 산모의 자궁수축의 정도를 주의깊게 관찰하여 태아곤란증 상황을 신속하게 인식하고 그 원인을 제거하기 위한 처치를 시행하여야 합니다(서울남

가. 경과관찰상 과실5
– 이 건에서

▶ 원고측 진료기록감정회신문--산부인과

: 본 의무기록에 첨부된 NST기록지에는 시간이 정확히 기록되어 있지 않아 알 수 없다(원고측 진료기록감정회신문--산부인과 (4)-5)항 참조).

1535	X	1950	X
1550	X	2005	X
1605	X	2020	X
1620	X	2035	X
1635	X	2050	X
1650	X	2105	X
1705	X	2120	X
1720	X	2135	X
1735	X	2150	X
1750	X	*분만2기 2205	90~100
1805	X	2210	X
1820	X	2215	X
1835	X	2220	X
1850	X	2225	X

4. 과실

나.분만방법 선택상 과실1
– 무리한 흡입분만

- 청주지방법원 2013. 11. 27.선고2013가합1485

그런데 아두골반불균형, 자궁기능부전으로 인한 만출력 이상 등으로 분만의 진행이 정착상태에 빠지면 태아는 두부의 지속적 압박, 과도한 자궁수축 등에 의해 모체로부터의 산소공급이 감소되어 저산소증에 빠지게 되어, 뇌로의 산소공급이 부족해져 뇌실 및 모세혈관의 혈류량이 증가함에 따라 뇌출혈이 야기될 수 있고, 나아가 뇌에 손상을 입어 뇌성마비나 사망에 이를 수 있으므로, 자연적인 질식분만이 진행정착에 빠져 위와 같은 태아곤란증이 초래될 염려가 있을 때에는 신속히 제왕절개술을 시행하여야 한다.

나. 분만방법 선택상 과실2
- 무리한 흡입분만

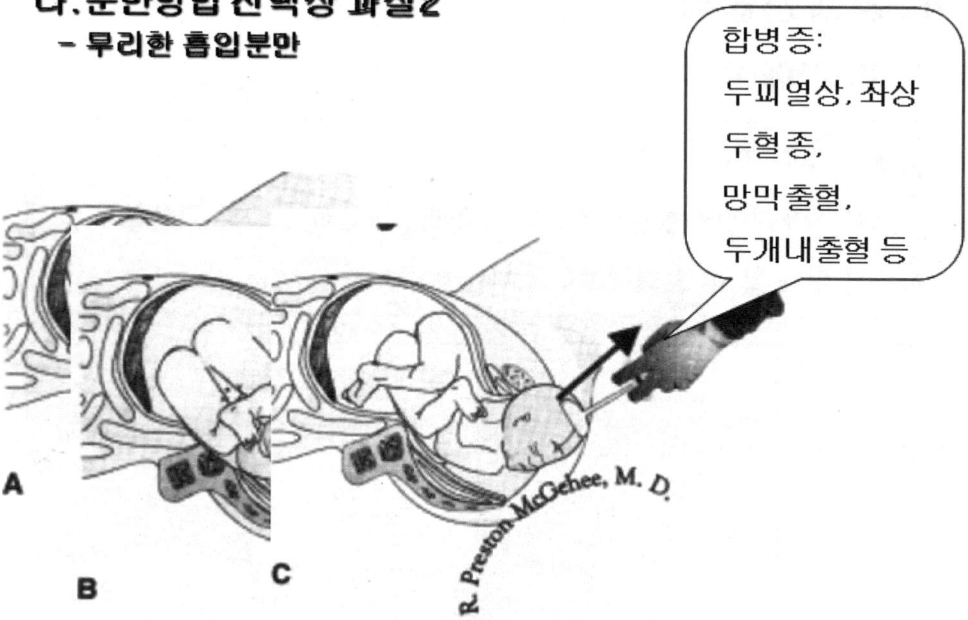

나. 분만방법 선택상 과실3
- 무리한 흡입분만

■ 전북대병원 소견서 중

상기 병증으로 2008. 8. 14. 내원하여 현재 양측 상하지의 경직성 마비에 대한 재활치료를 실시하고 있으며 향후로도 지속적인 재활치료가 필요한 상태임.

2008년 7월 24일 실시한 뇌전산화단층촬영상 두개골 골절이 확인되며 2008년 7월 29일과 동년 8월 7일 실시한 뇌초음파검사상 양측 기저핵과 시상부의 이상 소견이 관찰됨. 2009년 10월 20일 실시한 뇌자기공명영상검사에서 뇌실주위의 백질의 이상 관찰됨.

4. 과실

다. 전원의무위반 1

<아프가 점수 Apger score>

징후/점수	0	1	2
심박동수	없음	<100	>100
호흡노력	없음	느리거나 불규칙	양호하고 잘울
자극에 대한 반응	없음	얼굴을 찡그림	기침, 재채기
근력	늘어져있음	사지 약간 굴곡	활발한 움직임
피부색	청색 또는 창백	몸통 분홍, 손발 청색	전신이 분홍색

- 출생 1분과 5분에 평가하며 영아 상태가 안정 될 될 때까지 반복.

- 총 10점 만점
- 8~10점 : 양호
- 5~7점 : 경증 신생아가사
- 0~4점 : 중증 신생아가사

- 이 건 원고의 아프가 점수 3~4점/1분 ⇒ 6점 /5분

- 즉시 조기 응급치료를 받아야 하는 중증, 경증의 가사 상태였으므로 전원필요

다. 전원의무위반 3

- 이 건에서

- 2008. 7. 22. 22:27경 출생 (아프가점수 1분/5분→ 3~4점/6점)
- 출생 후 전북대병원으로 전원하기로 보호자들에게 설명함

2시간

- 전북대병원 도착: 2008. 7. 23. 00:27

다. 전원의무위반 4

■ 전북대병원 중환자실 간호기록지 중 일부

진 산부인과에서 추정진단 저산소증으로
1분아프가 점수: 4점, 5분아프가 점수:6~7점이며 처짐을 주소로 전원됨.
아빠와 진산부인과 직원과 함께 아기 안고옴.
도착 시 심박동수 156회/분, 호흡수 72회/분으로 빈호흡 보이며 흉곽 상승 보여 산소 2L 후드내로 공급함.
산소포하도 첫 측정시 100% 확인됨.
머리지체(head lag) 심하게 관찰되며, 산류(출산머리 부종)과 함께 피부 발한, 벗겨져 보임. 오른쪽으로 얼굴 기울어지면서 왼쪽 얼굴 편마비 처럼 왼쪽 눈만 뜬 상태로 입 움직임. 얼굴 비대칭 적임.
이물질 다량 배출, 혈액 섞여서 끈적하게 다량 배출되어 수차례 흡인 시행, 오른쪽 유두 옆으로 피부연성섬유종 관찰되며 이마 양쪽으로 둔탁하게 긁힌 자국 있음.
다리 뻣뻣하게 만져지면서 눈을 왼쪽으로 치켜뜨는 양상임. 최지혜의사 아가 상태 확인함. 인큐베이터 치료 하기로 함.
눈주위로 약간 청색증 보임. 도착시 소변과 태변 본 상태임.

6. 입증방해

– 의료법 22조 1항

…의료행위에 관한 사항과 의견을 상세히 기록하고 서명하여야 한다.

– 의료법 88조

22조 1항 위반시 3년이하의 징역, 1천만원 이하의 벌금에 처한다.

6. 입증방해

- 진료기록부실기재는 과실추정

: 일본 宮岐地裁 昭和 47. 3. 31.판결(判時 682호 64쪽) '환자의 기록에 대하여 보면 환자의 챠트에는 병명과 진료비 계산 이외에 입원 중의 증상에 대하여는 아무런 기재가 없고, 환자의 母의 체온측정표란에 첨부된 출생당시의 체중, 주사약, 구토증상의 기재 정도만 남아 있을 뿐이고 이로 미루어 보더라도 의사가 환자의 증상에 대하여 상세한 관찰을 다하지 아니하였음이 추정된다'

진료기록의 부실기재는 결국 의사의 진찰과실을 추정된다고 함

7. 분만의료행위에 대한 가산보상과 주의의무 가중

가. 분만사고가 많은 이유

1. 분만과정에서 악결과가 발생한 경우 쉽게 인과관계를 추정할 수 있음

2. 건강한 산모와 건강한 태아 2명의 생명을 다루기 때문

7. 분만의료행위에 대한 가산보상과 주의의무 가중

■ 나. 분만의료행위에 대한 추가보상

- 행위의 난이도및 위험도 등을 반영한 수가 가산제도

구분		내용
장애인	치과 진찰료 및 처치·수술료	○ 뇌병변장애인, 지적장애인, 정신장애인, 자폐성 장애인 - 치과 진찰료에 630원(의원급)가산 및 치석제거 등 15개 항목 기본수가의 100% 가산 적용
	자연분만	○ 장애인으로 등록된 산모 - 자연분만 및 분만 전·후 처치 기본 수가의 50% 가산
신생아		○ 마취료 및 한방 침술 기본 수가의 60% 가산
소아		○ 만 6세 미만, 만 8세 미만 소아의 경우 … 항목별 기준 상이 - 검사료, 영상진단 및 방사선치료, 정맥주사료, 투약 및 조제료, 조혈모세포 수집·주입료, 마취료, 치과처치 및 수술료, 한방 시술·처치료 등 항목별 기본 수가의 10~30% 가산
만 70세 이상 노인		○ 마취료 기본수가의 30% 가산
고령산모 분만가산		○ 만 35세 이상 고령산모의 자연분만 - 분만 기본수가의 50% 가산

7. 분만의료행위에 대한 가산보상과 주의의무 가중

■ 다. 분만의료행위에 대한 주의의무 가중

- 난이도 및 위험도 등을 고려하여 가산점을 부여하고 더 많은 진료비 및 Risk Fee를 주고 있다는 것은 분만의료과정상 주의의무를 인정하고, 그에 대한 대가를 지급하고 있다는 점

- 즉, 분만의료행위를 할 때 더 주의하라는 것-주의의무의 가중-을 의미

- 사회가 높은 진료비를 지급하는 것은 그만큼 위험한 행위에 대한 반대급부

- 분만행위가 위험한 행위이고 예측이 어려우니 면책시켜달라는 것은 옳지 않음

8. 결론

산전진찰상 정상

분만 위한 입원 후 분만과정 중 경과관찰 못 받았음

흡입분만 시도로 지연된 제왕절개술 후 출생

현재 저산소성 허혈성 뇌손상, 양측 상하지의 경직성 마비

피고는 이에대한 전 손해를 배상하여야 합니다.

≪원 · 피고 주요쟁점≫

과실	원 고	피 고
1. 분만 진행경과 관찰해태	– 조산증상으로 입원치료 병력으로 고위험 산모 해당함. 분만과정중 이상소견발생가능 예견가능 – 조기 양수파열로 내원후 분만과정중 태아와 원고 3의 감시 소홀히 하여 이상증상을 조기에 발견하지 못함.	태아전자감시를 이용하여 지속적으로 감시하였고 갑작스럽게 태아심박수가 90~100회로 감소하자 제왕절개술 결정
2. 분만 방법선택상 과실	– 급속분만결정 및 실시 지연 : 원고들의 아두골반불균형상태를 미리 예측하지 못하여 유도분만을 고집하여 태아분만지체시킴. – 분만방법선택의 과실 : 응급제왕절개술을 조기에 하지 않고 무리한 흡입분만(3~4회)을 시행하여 태아가사상태 및 두개골 골절증상 유발시킴.	– 분만 직전까지 정상체중의 태아와 태아심박동 정상으로 제왕절개술을 시행해야 할 이유 없었음. – 분만 직전 태아심박수가 갑작스럽게 감소하였고 태아두위가 산도에 진입한 상태로 응급제왕절개보다는 흡입분만이 더 효과적이라 판단 – 임상의학분야에서 실천되고 있는 술기에 따라 3회의 흡입분만시도후 실패후 응급제왕절개술 실시
3. 설명 의무위반	– 아두골반불균형으로 인하여 분만이 지연되어 악화가능성 설명하지 않음. – 분만진행과정, 흡입분만계획, 제왕절개수술 결정, 시행함에 있어 설명하지 않음.	

≪1심 판결≫

1. 피고의 과실

『가. 이 사건 분만과정에서 경과관찰을 해태한 과실
분만 중 간헐적 태아 심음 청취는 저위험 산모 군에서 분만 1기에는 30분 간격, 분만 2기에는 15분 간격으로 자궁수축이 사라진 후에 시행하고, 고위험 산모 군에서는 각각 15분, 5분 간격으로 시행하여야 함에도 불구하고, 피고는 이 사건 분만 과정에서 태아의 심박수를 전혀 측정하지 않고, 나아가 자궁경부소실 여부 역시 전혀 측정하지 않았으며, 자궁경관개대 및 태아하강도 역시 매우 간헐적으로 측정하는 등 태아 및 산모에 대한 경과관찰을 소홀히 하여 태아곤란증을 제때 진단하지 못함으로써 이 사건 장해를 초래하였다 …(중략) …
피고가 흡입분만[135]의 시행 과정에서 주의의무를 위반하였는지 여부에 관하여…
① 2008. 7. 23. ○○대학교 병원으로 전원된 원고 진○○에게 두피혈종이 발견되었고, 2008. 7. 24. 실시한 뇌 CT촬영에서 두피혈종과 함께 두개골이 골절이 발견되어, 위 병원으로부터 저산소성 허혈성 뇌병증, 신생아 경련, 출산손상으로 인한 두개혈종, 두개골의 골절, 안면 신경의 출산 손상 의증 진단을 받은 점, ② 피고는, 통상적인 방법에 따라 3회에 걸쳐 흡입분만을 시행하였고 흡입분만을 과도하고 무리하게 시행하지 않았다고 주장하나, 을 제1호증의4, 제4호증의1의 각 기재만으로는 위 주장을 인정하기 부족하고 달리 이를 인정할 증거가 없는 점, ③ 이 법원의 ○○ 및 ○○병원에 대한 진료기록감정촉탁결과에서도 위 각 병원의 의료진이 원고 진○○의 두개골 골절이 분만과정 중에 생긴 것으로 추정된다는 소견을 밝힌 점 등 이 사건 변론과정에 나타난 흡입분만의 과정이나 그 결과에 비추어 보면, 피고 등이 흡입분만을 하는 과정에서 과도하고 무리한 힘을 가하여 흡입분만을 함으로써 원○○에게 두피혈종 및 두개골 골절 등의 상해를 야기하였고, 이와 같은 과도하고 무리한 흡입분만은 의사의 재량이나 의료수준에 의하여 허용된 범위를 벗어난 것으로 흡입분만을 시

---

135) 대법원 1997. 2. 11. 선고 96다5933 판결.
흡입분만은 분만 2기가 지연되거나 태아곤란증이 발생하여 태아를 신속히 분만하여야 할 때 시도되는 분만방법이기는 하나, 태아의 머리에 손상을 가할 위험이 있기 때문에 보통 5 내지 6회에 걸쳐 15분간 컵을 잡아 당겨 시행하는 것을 원칙으로 하되 컵이 태아의 머리에 30분 이상 머물러 있어서는 안되며, 3, 4회 잡아당겨 보아 태아가 전혀 따라나오지 않으면 아두골반불균형이 의심되므로 더 이상의 흡입분만을 고집하고 보다 안전한 제왕절개분만을 선택하여야만 하고, 위와 같은 기준은 실제 임상 상태에 따라 적절하게 적용하여야 하므로 흡입분만을 시행하는 의사는 상당한 경험이 있어야 하고 태아의 상태를 살펴가면서 매우 부드럽게 컵을 잡아당겨 태아가 끌려나오는 정도를 살펴야 하며, 컵의 사용방법, 컵을 사용함에 있어서 요구되는 주의사항을 잘 준수하여 부적절한 컵의 사용으로 태아의 머리에 손상을 가하는 일이 없도록 주의하여야 한다.

도하는 의사에게 있어서 요구되는 주의의무를 위반한 정도라고 보아야 할 것이다.』

2. 인과관계

『피고의 과실로 발생한 두개골 골절 및 저산소성 뇌손상 등으로 인하여 원고 진○○이 이 사건 장해를 입었다고 봄이 상당하고, 이 사건 장해가 피고 등의 과실로 인한 것이 아니라 전혀 다른 원인으로 발생하였다는 점을 피고가 입증하지 못하는 한 피고의 위와 같은 과실와 원고 진○○의 이 사건 장해 사이에 인과관계가 있다고 할 것이다 …(중략) …
피고가 원고 진○○의 심장박동수 측정 등 이 사건 분만과정에서 태아에 대한 경과관찰을 해태하는 과실로 적절한 대응을 하지 못하여 원고 진○○에게 저산소성 허혈성 뇌손상을 일으켰을 뿐만 아니라 나아가 흡입분만 과정에서 과도하고 무리한 흡입분만을 실시한 과실로 원고 진○○으로 하여금 두피혈종 및 두개골 골절을 일으키게 하는 바람에 원고 진○○이 이 사건 장해로 인한 원고들의 손해를 배상할 책임이 있다.』

라고 판시하고 있다.

3. 인용금액 : 4억 9천 3백만 원

4. 피고의 책임비율 : 50%

≪2심 판결, 3심 판결≫

모두 원고의 승소로 확정됨.

≪관련 판례≫

• 대법원 2003. 1. 24. 선고 2002다3822 판결
(원심판결 : 서울고법 2001. 11. 29. 선고 2000나36455 판결)

법원은,

『…원고 2에 대한 피고의 산전진찰 및 분만과정 등을 종합하여 보면, 비록 견갑난산을 분만 전에 정확하게 진단하는 것이 불가능하고, 견갑난산이 발생할 위험요인으로 여러 가지가 있어 그것들이 다인적 요인으로 영향을 주며 단일 요인에 의하여 견갑난산이 발생한다고 판단할 수는 없다 할지라도, 임산부가 경산부이거나 임산부에게

당뇨가 있는 경우에 거대아를 임신할 가능성이 높고, 특히 당뇨가 있는 임산부의 경우에는 불균형하게 복부와 어깨가 큰 거대아를 임신할 가능성이 높아 견갑난산이 발생할 가능성이 일반적인 경우보다 높으므로, 산부인과 전문의인 피고로서는 일단 위 원고에게 당뇨의 증상이 있으면 그에 따른 견갑난산의 발생가능성을 예측하여 질식분만이 아닌 제왕절개술에 의한 분만도 고려하였어야 할 것인데, 1993. 12. 3. 실시한 산전진찰에서 위 원고에게 요당에 약양성의 반응이 있었으며 실제로 출산 후 당뇨증세가 있었으므로, 피고는 산전에 위 원고에게 당뇨증세가 있는지 여부를 확진하기 위하여 기왕력이나 가족력을 조사하고 임신성 당뇨검사를 실시하였어야 함에도 이를 게을리한 과실이 있다.

또한, 산전진찰 과정에서 별다른 이상이 발견되지 않고 있던 원고 1에게 이 사건 분만 직후에 나타난 상완신경총 마비증세는 분만 도중 견갑난산에 처하자 피고가 위 원고의 어깨를 만출시키는 과정에서 미숙한 솜씨로 무리하게 견인함으로써 발생하였다고밖에 볼 수 없고, 따라서 위 원고의 그 증세가 산전진찰상의 과실 및 분만시술상의 과실로 인한 것이 아니라 전혀 다른 원인으로 말미암은 것이라는 점을 입증하지 못하는 이상, 피고는 불법행위로 인한 손해배상의 책임이 있다.

…그리고 이 사건의 경우 앞에서 본 피고의 주의의무 위반, 즉 과실과 원고 1의 상완신경총 손상으로 인한 후유장해와의 인과관계는, ① 피고가 원고 2가 임신성 당뇨상태에 있게 된 것을 진단해 내지 못하였고, ② 위 원고의 임신성 당뇨로 인해(적어도 다른 원인들과 함께) 거대아를 출산하게 되었고, 이로 인해(적어도 다른 원인들과 함께) 견갑난산이 되었으며, ③ 피고가 거대아 출산과 견갑난산을 예견하지 못함으로써 제왕절개술이 아닌 질식분만 방법을 택하게 되었고, ④ 그 견갑난산 과정에서 피고의 분만시술상의 과실이 더하여지거나 또는 불가피하게 상완신경총 손상이 발생한 것인 바, 이와 같은 인과관계는 원고들이 입증하여야 하는 것이 아니라 피고에게 입증책임이 전환되어 있으므로, 피고는 적어도 그 인과관계를 이루는 사실들 중 어느 하나의 부존재를 입증하여야만 그 책임을 면하게 된다.

우선 피고는, 원고 2가 출산 당시까지 임신성 당뇨 상태에 있었다고 볼 증거가 없다(또는 위 원고의 출산 후 당뇨 증세가 임신성 당뇨에 의하여 진행된 것인지 여부가 불분명하다)거나, 나아가 출산 당일 실시한 소변검사 결과가 약양성(+/−)으로 나왔다는 점을 근거로 오히려 임신성 당뇨 상태가 아니었다고 주장하고 있으나, 위 원고가 임신기간 중에 임신성 당뇨 상태에 있었다는 점은 원고들이 입증할 사항이라고 보기 어렵고(원고 2를 임신기간 동안 계속 진단한 피고 스스로 필요한 혈당치 검사를 실시하지 않고는 이제 와서 원고들이 그 입증을 하지 못하였다고 주장하는 것도 부당하다), 한편 소변검사 결과가 약양성으로 나온 것을 두고 곧바로 임신성 당뇨라고 할 수 없지만, 반대로 이 점이 임신성 당뇨가 아니라는 것을 확실하게 입증한다고 할 수도 없다.

> 피고는 또, 원심이 거대아 출산 가능성이 높아지는 '과다한 혈당'이 어느 정도인지 등을 심리하지 않은 잘못이 있다고 주장하나, 이는 피고 자신에게 그 입증책임이 있는 사항에 대해 심리미진을 주장하는 것에 불과하다(거대아 출산 가능성이 높아지는 '과다한 혈당'이 어느 정도인지를 심리한다고 하더라도, 원고 2의 임신기간 중의 혈당치를 이제 와서 밝힐 수도 없는 이상 그 의미가 없고, 임신기간 중 계속해서 위 원고를 진단해 온 피고가 혈당측정을 실시하지 않고서 이러한 주장을 하는 것 또한 사리에 맞지 않는다).
>
> 한편, 임신성 당뇨의 경우 7% 정도에서 견갑난산이 발생한다는 것인 바, 이와 관련하여 피고가 원고 2의 임신성 당뇨를 진단해 내고, 이 점을 위 원고에게 설명하였다고 하더라도, 위 원고가 그와 같은 위험을 감수하면서 굳이 제왕절개술이 아닌 질식분만을 원하였을 것이라는 점을 인정할 자료가 없을 뿐 아니라, 위 원고는 이미 본 바와 같이 제왕절개의 방식을 희망하였음에도 피고가 이를 듣지 아니하였다는 것이다.
>
> 그리고 비록, 피고 주장과 같이 피고에게 분만시술상의 과실이 없었다고 하더라도, 즉 견갑난산 과정에서 원고 1에게 상완신경총 손상이 발생한 것이 불가피한 것이었다고 하더라도, 앞에서 본 인과관계가 단절된다고 할 수도 없다(기록상 원심의 판시와 같이 '피고가 위 원고의 어깨를 만출시키는 과정에서 미숙한 솜씨로 무리하게 견인함으로써 발생하였다.'고 인정하거나 추정할 만한 사유는 없는 것으로 보이므로, 이러한 원심의 사실인정 내지 판단은 부적절한 것으로 보이나, 그 결론에는 영향이 없다).
>
> 따라서, 원심판결의 이유 설시는 다소 부적절하거나 미흡하지만, 피고에게 손해배상책임이 있다고 판단한 결론은 옳은 것으로 수긍이 가고, 거기에 심리미진이나 채증법칙 위배로 사실을 오인하거나, 의료과실에 관한 법리를 오해한 위법이 있다고 할 수 없다.』

며 피고의 과실을 인정하였습니다.

결론적으로 법원은 산모가 전 소변검사 결과 요당 약양성 반응을 보이는 등의 사정이 있었는데 이에 대해 별다른 조치를 취하지 않은 채 질식분만 방식으로 분만을 유도하던 중 태아가 거대아인 관계로 견갑난산을 하게 되어 태아에게 상완신경총 손상이 발생한 경우, 산부인과 의사에게 손해배상책임을 인정한 것입니다.

5. 분만 후 유착태반에 의한 대량출혈로 야기된 범발성 혈액응고장애로 산모가 사망한 사건[136)]

≪사건 개요≫

• 원고 김○○[산모 망 이○○(여, 34세)] / 피고 강남○○병원

※ 사건 경과

(1) 산모는 1976년생의 여환임.

(2) 2007. 4. 15.경 1st 자연분만한 분만력 있음.

(3) 2008. 8. 8.경 임신 9주 3일에 2nd 임신 진단하 산전진찰 받아옴.

(4) 2009. 2. 22. 04:25경 임신 37주 4일에 조기파수로 강남○○병원 입원함.

날 짜	상 태	처 치
2009. 2. 22. 04:25	임신 37주 4일에 조기파수로 입원 혈색소 9.3(12-16) 헤마토크릿 29.8%(36-48) 혈소판 287천(130-400천)	
04:35	경관개대 2/경부숙성 soft/하강 -3 태아심음 152	
09:00	질 점적 출혈 경관개대 3/경부숙성 70%/하강 -3 태아심음 148	의사 김○○ 질경으로 검진
09:43	태아감시장치 적용중 심박동수 안정적임	
12:40	경관개대 3.5/경부숙성 65%/하강 -3 태아심음 156	
16:20	경관개대 5/경부숙성 60%/하강 -3 태아심음 145	
17:20	경관개대 5/경부숙성 60/하강 -3 태아심음 156	
19:10	경관개대 5/경부숙성 60/하강 -3 태아심음 150	

136) 서울남부지방법원 2009가합8667 결정.

20:20	경관개대 6/경부숙성 60/하강 -3 태아심음 140	
21:25	경관개대 7/하강 -2/-1 태아심음 152	
22:02	경관개대 7-8/하강 -1 태아심음 139	
22:30	경관개대 10 태아심음 150	
22:37	자연분만으로 분만	
22:50	유착 태반으로 태반을 수기로 제거 → 잔여 태반 50% 정도	잔여 태반으로 산후출혈 지속시 응급 자궁적출술의 가능성 설명
23:00		수혈을 위한 교차 시험
23:05		의사 성○○가 산모, 보호자에게 현 상태, 자궁적출술 가능성, 응급수혈 설명함.
23:00		의사 김○○이 응급수혈 동의서 받음 (의뢰인은 그 당시 김○○은 본 적도 없었다 하며 사실관계 아니라함).
23:11	혈압 100/69, 맥박 110, 호흡 20, 체온 37.2 혈압 90/60, 맥박 113, 호흡 20, 체온 37.2	1년차 김○○에게 보고
23:20	수혈전 - 혈압 101/69, 맥박 110, 호흡 20, 체온 37.2 수혈 15분후 - 혈압 90/50, 맥박 118, 호흡 20, 체온 37.4	농축적혈구 2파인트 동시에 수혈 시작
2. 23. 00:00		1년차 김○○ 산모 진찰함.
00:27	혈압 90/50, 맥박 118, 호흡 26, 체온 36.6 패트 카운트 80cc 수혈 15분 후 - 혈압 80/40, 맥박 116, 호흡 26, 체온 37.2	2. 22. 23:20 시작한 수혈 종료 후 농축적혈구 1파인트 추가로 수혈 1년차에게 보고 : 자궁수축 단단하고 출혈 심하지 않아 집중관찰 결정
00:45	질 응집된 출혈양상으로 300cc 혈압 85/64, 맥박 117, 호흡 26, 체온 37.2	1년차 : "출혈 심하지 않으니 관찰하자"
01:15	어지러움 호소 혈압 86/58, 맥박 120	1년차 : "출혈심하지 않으니 관찰하자"
01:40	어지러움증 및 양하지 마비증상 호소 혈압 90/50, 맥박 108 패트 카운트 300cc 과다호흡 의증	1년차 : 양하지감각(+/+)체크하고 관찰하자고함. 깊은 호흡 교육함.
02:45		00:27경 시작한 농축적혈구 1파인트 수혈 종료함.

03:20	흉부 불쾌감 호소 산소포화도 93%	1년차 : 산소 4리터 적용하고 깊은 호흡 교육
03:35	산소포화도 85%	1년차에게 보고
03:40	졸리운 듯한 의식상태	1년차 산모상태 관찰 산모 의식없음을 확인하고 혈압↓, 맥박 체크되지 않아 교수에게 보고
03:42		송○○ 교수 및 수련의 3년차 신○○ 방문함. → 수혈하고 수술에서 기관내삽관 하자고 함.
03:45	수술실로 산모 이송함.	
03:50	활력징후 측정 불가능 상태	기관내삽관 시행, 심폐소생술 시행 농축적혈구 1파인트 수혈 시작 (이후 15분 간격으로 수혈하여 06:15경까지 총 농축적혈구 7파인트, 신선동결혈장 3파인트, 혈소판 5파인트 수혈함)
04:13	혈색소 6.1, 혈소판 199천	
05:46	혈색소 9.9	
06:00	혈압 110/60, 맥박 100회	
06:25	혈색소 11.0, 혈소판 115천	
06:30	앰브배깅하면서 분당○○병원으로 전원	
07:05	분당○○병원 도착 : 의식 변화 및 질출혈 지속되어 색전술 및 F/E위해 전원 혈압 109/50, 맥박 100, 산소포화도 100% 복부팽만, 양안 동공반사 느림. 흉부 : 폐부종 및 심장비대 의증	
08:00	의식 : 혼미 혈압 108/55, 맥박 108, 호흡 16, 산소포화도 99% 경부 삼출물 분비(++)	
08:20	심실성 빈맥(208회) 산소포화도 99%	심전도 모니터링 유지 심장내과 협진의뢰 문○○ 교수에게 연락 수액 및 수혈요법
09:35	혈압 150/98, 맥박 105, 호흡 16, 산소포화도 99%	자궁동맥색전술 시행(by 이○○) 뇌 CT촬영

11:00	의식 : 혼미 혈압 133/83, 맥박 122, 호흡 20, 산소포화도 100% 추적진단 : 태반유착 의증, 잔여한 태반 인공호흡기 적용중	심장초음파 : 특이소견 없음. 비위관 삽입 섭취량 및 배출량 체크 신선냉장혈장 10U 수혈 동맥혈가스분석검사
2. 24. 15:30	뇌 CT상 뇌실내 출혈 소견보여 신경외과 전과	뇌실 외배액관 삽입
18:30		색전술 시행
3. 9. 12:12	사망 직접사인 : 다발성 장기부전 중간선행사인 : 뇌실내 출혈 선행사인 : 미만성 혈관내 응고장애 선행사인의 원인 : 유착태반으로 인한 분만 후 출혈 수술 주요 소견 : 뇌실내 출혈	

≪소장에서 주장하는 피고의 과실≫

유착태반은 일반적으로 태반이 자궁벽에 비정상적으로 단단히 유착되어 있는 것을 의미하며 기저탈락막의 전부나 일부가 없거나 유섬유소층의 발달이 불완전하여 태반 융모가 자궁근층에 붙어 있는 경우를 유착태반이라고 합니다.

용수박리술은 태반의 자연태출이 지연되거나 태반배출 이전에 급격한 자궁출혈이 있으면 분만과정을 단축하기 위하여 시도될 수 있는 방법입니다.

분만과정에서 태반이 박리되면서 태반과 혈액을 주고받는 자궁혈관들이 찢어져 출혈이 발생하게 되는데 그 원인으로는 생식기관의 손상, 태반착상부위에서의 출혈(저기능성 자궁근종－자궁기능저하, 잔류태반조직 등), 응고장애 등이 있으며 수액요법, 수혈요법, 약물요법 등의 처치를 하다 반응하지 않는 경우에는 자궁충전술, 자궁동맥결찰술, 내장골 동맥결찰술, 자궁적출술 등의 수술적 방법을 시행하게 됩니다. 특히, 분만 후 출혈의 원인을 근본적으로 제거하기 위하여 일련의 보조적인 처치 후에도 출혈량 감소가 없으며 환자의 상태가 악화되는 과정으로 간다고 예측될 때 자궁적출술을 시행해야 합니다.

그러나 피고병원은 자연분만 후 유착태반으로 50%의 태반이 잔류한 상태에서 질출혈이 지속되고, 혈압이 86/58mmHg로 떨어지며 어지러움증 및 양하지 마비 증상 등 과다출혈에 의한 이상소견을 보인 망인에 대해 단순히 농축적혈구의 수혈처치 이외에 별다른 조치를 취하지 아니하다 망인이 의식을 잃고 혈압이 떨어져 맥박이 체크되지 아니하는 급박한 상황에 이르러서야 기관내삽관 등의 조치를 취하였습니다.

결국, 이와 같은 뒤늦은 처치로 망인은 위 ○○병원으로 이송되어 2회의 자궁동맥 색전술을 시행받았으나 범발성혈액응고장애로 진행되어 뇌출혈마저 발생하게 된 지경에 이르게 되었습니다.

당시 망인은 이번 분만으로 자녀가 두 명째이며 더 이상의 분만이 예정된 상황도 아니었는 바, 자궁을 반드시 보존해야만 하는 상황도 아니었습니다. 그럼에도 피고병원은 자연분만 후 자정이 넘어 새벽의 시간을 경과하며 아무런 조치도 시행하지 않은 채 방치하였습니다.

≪관련 의학지식을 통한 입증≫

1. 피고병원의 과실에 대하여

가. 출혈 증상 간과

(1) 이상 증상의 발현

분만 후 망인은 패드에 30분 동안 300cc정도의 실혈 소견이 지속되며 어지러움과 하지 마비 증상까지 호소하였으며 활력징후 상 출혈의 징후인 저혈압 증상까지 나타났습니다(갑 제8호증의9 경과기록지, 갑 제8호증의14 간호기록지 참조).

▶ 피고신청 진료기록감정 회신문

〔문〕 망인이 2009. 2. 23. 01:40경 산모 어지러움 증상과 양쪽 다리 마비증세를 호소하였는 바, 그 원인이 무엇인지?

〔답〕 실혈에 의한 조직 산소 부족 증상일 수 있다(피고신청 진료기록감정 회신문 9.항 참조).

위와 같이 망인의 상태는 실혈로 인한 조직 산소 부족으로 점점 악화되는 소견을 보였기에 출혈로 인한 악결과를 예방하기 위해서는 즉각적으로 응급수술(자궁적출술) 조치가 필요하였습니다. 하지만 피고병원은 이러한 객관적인 자료에도 불구하고 망인을 단순 과호흡으로 판단하고 심호흡만을 교육하며 망인을 방치한 채 적극적인 조치를 아무 것도 취한 바 없습니다.

[그림 1] 패드 카운트를 통한 망인의 시간대별 실혈량(갑 제8호증의9 경과기록지 참조)

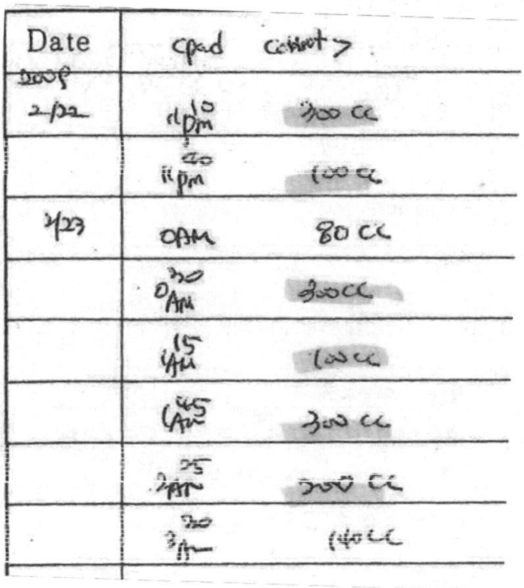

Date	cpad	count>
2009 2/22	11pm 10	300 cc
	11pm 40	100cc
2/23	0AM	80 cc
	0AM 30	200cc
	1AM 15	100cc
	1AM 45	300 cc
	2AM 25	200 cc
	3AM 30	140cc

[그림 2] 실혈에 따른 망인의 증상 호소 및 활력징후(갑 제8호증의14 간호기록지 참조)

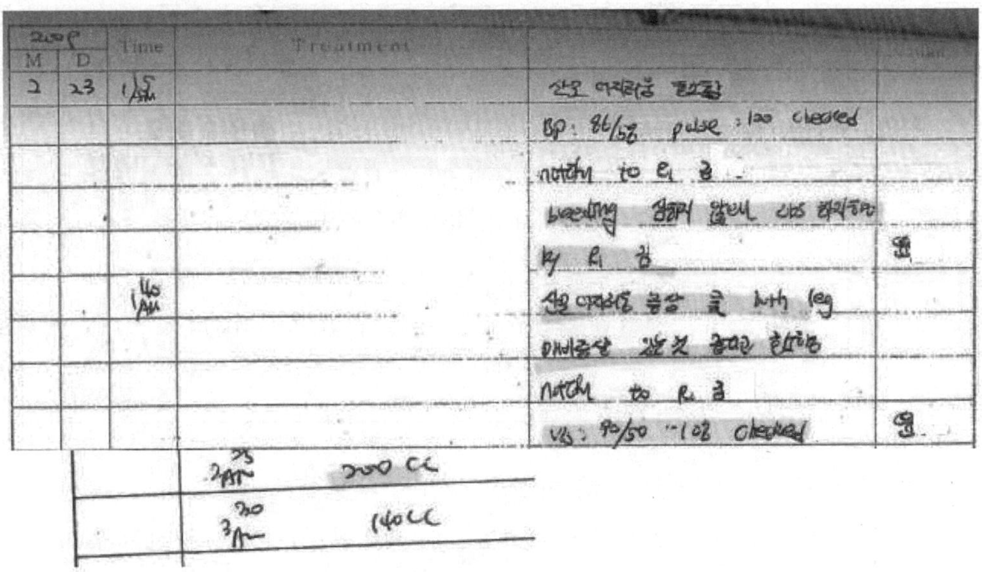

2009 M	D	Time	Treatment		Sign
2	23	1AM 15		BP: 86/52 pulse: 100 checked	
		1AM 40			
				VS: 90/50 - 102 checked	
		2AM 25	200 cc		
		3AM 30	140cc		

2. 23. 01:15 산모 어지러움 호소함. 혈압 86/58 맥박 100회 의사 김○○에게 보고함. 의사 김○○ 출혈 심하지 않으나 관찰 하자함. 01:40 산모 어지러움 증상 및 양측 하지 마비 증상 있는 것 같다고 호소함. 의사 김○○에게 보고함. 혈압 90/50 맥박 108회

[그림 3] 하지 마비에 대한 피고병원의 처치(갑 제8호증의9 경과기록지 참조)

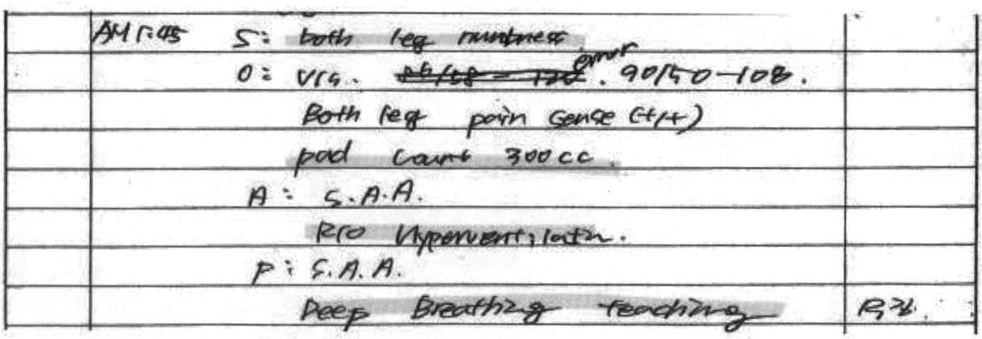
AM 1:45 S: both leg numbness
O: V/S. ~~86/58 - 100~~ error. 90/50-108.
Both leg pain sense (+/+)
pad count 300cc.
A: S.A.A.
R/O Hyperventilation.
P: S.A.A.
Deep Breathing teaching

2. 23. 01:45 주관적 자료: 양하지 무감각 객관적 자료: 혈압 90/50, 맥박 108 양하지 통증 감각(+/+) 패드 300cc 측정 사정 : 위와 같음. (잔여 태반, 유착태반, 산후 출혈) 과호흡 의증 계획 : 위와 같음. (활력징후 집중 관찰, 수혈 및 수액요법 옥시토신 정맥주사, 패드 측정) 심호흡 교육

(2) 증상 및 호소 무시로 인해 악결과 발현

위와 같은 망인의 출혈 증상에도 피고병원은 적절한 처치를 시행하지 않아 망인은 2009. 2. 23. 03:35경에는 산소포화도가 85%로 저하되었고 같은 날 03:40경에는 의식까지 소실되는 상태에 이르게 되었습니다(갑 제8호증의14 간호기록지 참조).

나. 자궁적출술 미실시

출혈 당시 망인은 피고병원의 처치에도 회복되지 않았기에 이 건 진료기록감정의사도 당시 망인에게 보다 적극적인 처치(자궁적출술)의 필요성을 인정하고 있습니다.

▶ 피고신청 진료기록감정 회신문

〔문〕 분만 후 출혈이 있을 경우 일반적으로 시행할 수 있는 조치는 무엇인지

〔답〕 위와 같은 조치에 반응하지 않으면 자궁압박을 하면서 수술적인 조치(자궁절제, 자궁동맥 결찰 등)를 시행하게 된다(진료기록감정 회신문 5.항 참조).

▶ 피고신청 진료기록감정 회신문

〔문〕 피고병원의 위와 같은 조치로 망인의 상태가 호전되었는지 여부

〔답〕 호전되지 않았다{진료기록감정 회신문 5.-(1)항 참조}.

▶ 피고신청 진료기록감정 회신문

〔문〕 분만 후 산모에게 자궁적출술이 필요한 경우…

〔답〕 위와 같은 일반적인 일차 조치가 효과가 없이 산후출혈이 지속될 때 자궁적출술이 필요하다(진료기록감정 회신문 6.항 참조).

▶ 피고신청 진료기록감정 회신문

〔문〕 피고병원 의료진이 태반 만출을 위하여 시행한 조치는 무엇이고 위 조치가 의학적으로 임상의학 분야에서 실천되고 있는 의료행위 수준에 비추어 어떠한지, 잘못이 있는지

〔답〕 결과적으로 볼 때 보다 적극적인 조치(자궁절제 등)가 필요했었을 수도 있었다고 여겨진다(진료기록감정 회신문 4.항 참조).

다. 전원의무 위반

(1) 마취기록지상 2009. 2. 23. 03:50~06:40경 수술실에서의 망인의 상태 및 처치에 대해 의문점이 남습니다.

피고병원은 망인이 의식이 없어지자 2009. 2. 23. 03:45경 망인을 병실에서 수술실로 이동하였습니다. 마취기록지 상 활력징후와 처치기록이 존재하긴 하지만 전원 전인 06:40경까지 약 3시간에 이르는 동안 수술(자궁적출술)도 시행하지 않고 심폐소생술만을 시행하며 시간이 경과하였다는 것은 이해가 되지 않습니다(갑 제8호증의11 마취기록지 참조).

(2) 과실을 은폐하기 위해 상급병원인 3차 의료기관이 아닌 분당○○병원으로 전원하였습니다.

분만 당시 망인은 2차병원인 피고 재단의 강남○○병원에 입원해있었습니다. 환자의 상태가 위중하다고 판단이 되면 상급병원으로 전원하는 것이 일반적입니다. 망인은 출혈로 인해 수술 및 중환자실 집중치료가 필요한 상황이었기에 3차 의료기관의 치료가 필요한 상황이었다고 사료됩니다.

하지만 피고병원은 망인을 거리상으로도 인접하여 차량으로 5~10분 내에 도달할 수 있는 3차 의료기관인 강남○○병원이나 서울○○병원이 아닌 이동시 무려 30분 전후나 소요되는 피고 재단의 분당○○병원으로 전원 조치하였습니다.

이는 출혈에 대하여 피고병원이 망인의 구명을 위하여 시간을 다투는 상황임을 인지하면서도 망인을 위한 입장에서 전원을 행하지 아니하고 오로지 피고병원과 같은 재단 하의 병원에 이송함으로써 피고병원의 의료상 과실을 은폐하고자 하였습니다.

따라서 피고병원은 망인의 사망으로 인한 전 손해에 대한 책임이 있다고 할 것입니다.

≪원·피고 주요쟁점≫

쟁 점	원 고		피 고	
	주 장	입 증	주 장	
1. 인과관계	·분만후 잔여태반에 대한 자궁적출술 미실시로 사망에 이른 것임.	-사인의 선행사인 : 미만성 혈관내 응고장애, 선행사인의 원인 : 유착태반으로 인한 분만후 출혈{진료기록감정 회신문 Ⅱ-(10)항}. -유착태반의 2/3 가량에서는 대량 출혈로 인해 자궁적출술이 불가피함(사실조회 회신문 가.항). -분만후에도 잔여 태반이 50% 남아 있게 되는 경우 자궁내 태반 유착부위에서 출혈이 있을 수 있음{진료기록감정 회신문 Ⅰ-(4)-(라)항}. -잔여태반 → 과다출혈 → 범발성혈액응고장애에 대한 치료방법; 유착태반이 의심되면 자궁적출술{사실조회 회신문 라-(6)항 참조} -분만 후 출혈이 있을 경우 자궁압박을 하면서 수술적 조치(자궁절제, 자궁동맥 결찰)를 시행(피고신청 진료기록감정 회	·출혈량이 많지 않을 경우 자궁적출술을 시행하는 것은 산모에게 더 위험함. -망인의 활력징후는 대체로 안정적으로 지속되었음.	-유착태반등 출혈이 있다 하여 반드시 보존적인 요법을 거치지도 않고 곧바로 자궁적출술부터 시행할 주의의무가 있다고 보기 어려움(대법원 2004다46991 판결). -자궁적출술을 시행하기로 결정하기는 쉽지 않았을 것으로 여겨짐{원고측 진료기록감정 회신문 Ⅱ-(11)항}. -분당○○병원에서 간수치와 크레아틴 수치가 높고 혈액응고수치도 비정상적이어서 전신마취로 인한 수술에 대한 위험성이 많아 자궁적출술을

		신문 5.항 참조) －잔여태반에 의한 과다출혈 지속에 대한 자궁적출술의 지체는 범발성혈액응고장애에 의한 사망이라는 악결과를 초래할 수 있음{사실조회 회신문 라-(10)항}. －조기에 자궁적출술을 시행했다면 향상된 예후를 기대{진료기록감정 회신문 Ⅱ-(14)-(가)항}. －결과적으로 볼때 보다 적극적인 조치(자궁절제 등)가 필요했었을 수도 있었다고 여겨짐{피고 신청 진료기록감정 회신문 5-(1)항 참조}. －출혈에 대한 피고병원의 조치로 망인의 상태는 호전되지 않았으며 이처럼 일반적인 일차조치가 효과가 없이 출혈이 지속될 때 자궁적출술이 필요함(피고신청 진료기록감정 회신문 5, 6.항 참조). －2009. 2. 22. 23:11경 산모의 혈압 90/60mmHg,맥박 113회/분의 소견은 태반 유착 출혈로 인한 저혈량 상태임{진료기록감정 회신문 Ⅰ-(5)항}. －2009. 2. 23. 00:45경 혈압 85/64mmHg, 맥박 117회/분－혈압이 떨어지고, 빈맥이 회복되지 않아 저혈량 상태{진료기록감정 회신문 Ⅰ-(7)항}. －2009. 2. 23. 01:15경 어지러움증 호소, 혈압 86/58mmHg, 맥박 120회/분－저혈량 상태가 회복되지 않았을 가능성{진료기록감정 회신문 Ⅰ-(8)항}. －2009. 2. 22 04:25경 ○○병원 내원 당시 혈색소, 헤마토크릿, 혈소판 수치－혈색소는 9.3g/dl, 헤마토크릿은 29.8%로 경한 정도의 빈혈, 혈소판은 287,000/uL로 정상 범위{진료기록감정 회신문 Ⅰ-(2)-(나)항}.		하지 못하고 자궁동맥색전술을 시행한 것임. －자궁적출술의 위험성은 수술 자체로 실혈과 당시 상황으로 미루어 마취를 시행하기 어려웠을 것으로 여겨짐{피고측 진료기록감정 회신문 13-(1)}. －자궁적출술을 시행하기에는 간기능이 저하되었고, 크레아틴 수치도 높으며 혈액응고수치도 비정상적이어서 수술에 대한 위험이 크다고 판단되어 다시 자궁동맥색전술을 시행하였을 것으로 여겨짐{원고측 진료기록감정 회신문 Ⅱ-(5)항}.

2. 경과 관찰 해태	·의식소실을 보이며 악화될 때까지 출혈에 대한 관찰 미실시	–분만후 혈색소가 6. 1.로 떨어진 것은 분만중 또는 분만후 출혈이 원인{진료기록감정 회신문 I -(14)-(가)항} –2009. 2. 23. 04:13 검사상 혈색소 6.1, 혈소판 199,000 측정되었는 바, 검사수치에 비추어 추정되는 실혈량은–헤마토 크릿수치로 계산해 봤을때 분만전 29.8%에서 19.4%로 적혈구용량으로는 1200cc정도 전혈량으로 2400cc 정도의 실혈이 있었을 것으로 추정{진료기록감정 회신문 I -(14)-(가)항 참조} –분만 후 2009. 2. 23. 03:30까지 확인된 패드의 출혈량의 총합; 1520cc(갑 제8호증의9 경과기록지) –잔여태반이 제거되지 않아 출혈이 계속될 경우 환자의 의식상태, 활력징후 특히 혈압과 맥박, 그리고 소변량을 주의 깊게 관찰해야 함{사실조회 회신문 I -라-(3)항}. –2009. 2. 23. 01:40경 어지러움 증상과 양쪽 다리 마비증세 호소는 실혈에 의한 조직 산소부족 증상임(피고신청 진료기록감정 회신문 9.항). –2009. 2. 23. 01:40경 실혈에 대해 시행된 진단적 검사결과가 없음{진료기록감정 회신문 I -(9)-(나)항}. –소변량 체크한 기록 없음(갑 제8호증의14 간호기록지).	·분만 후 적절한 경과관찰 및 즉각적인 보고 및 전원조치 하였음.	–수혈 및 수액 요법 지속하였고 2009. 2. 23. 03:40경 망인이 의식상태 불안정하고 혈압이 저하되자 의사 신○○과 성○○에게 보고하여 03:45경 수술실 도착함(갑 제8호증의9 내지14). –실혈량 300cc는 유착태반을 감안하면 많은 양은 아니라고 볼 수 있음{원고측 진료기록감정 (9)-(가)항}. –기도삽관과 심폐소생술에도 망인의 상태가 불안정하여 두부 단층전산 촬영과 신경외과 협진을 위해 분당○○병원으로 전원조치함.
3. 전원 의무 위반	·응급상황임에도 신속한 전원하지 않음.	–2009. 2. 23. 03:50-06:40경의 3시간에 이르는 시간동안 수술도 시행하지 않고 수술실에서 심폐소생술만하며 신속한 전원을 하지 않음(갑 제8호증의11 마취기록지 참조). –실제로 수술실에서 어떤 일이 있었는지에 대해서도 의문점이 남음.	·심폐소생술을 시행한 것임.	–03:50-06:40동안 수술실에서 심폐소생술을 시행하여 활력징후를 회복시켰다는 주장만 함.
	·과실을 은폐하기 위해 상급병원(3차)이 아닌 동급	–차량으로 5-10분 거리에 있는 3차 의료기관(강남○○병원, 서울○○병원)으로 전원하지 않고 30분 정도 걸리는 피고 재단의 병원으로 전원한 점은 과	·전원은 적절하였음.	–3차병원으로 전원하기 위해서는 연락 및 준비에 시간이 소요되는 시간을 고려하여 협력

	(2차)의 피고재단 병원으로 전원함.	실을 은폐하기 위한 것이라고 밖에는 생각되지 않음.		체계가 잘되어 있는 분당○○병원으로 전원한 것임.
4. 설명의무 위반	· 태반 미제거에 대한 설명 미실시 · 태반 미제거로 인한 위험성 및 합병증에 대한 설명 미실시	- 분만 후 태반이 남아있다는 말만했을 뿐 합병증 및 위험성에 대한 설명은 없었으며 이후 회복실 간호사가 태반은 제거된 상태라고 설명함(녹취록). - 분당○○병원으로 전원된 후에야 태반이 남아있다는 설명을 들었음(녹취록).	· 망인의 증상이나 치료내용, 방법에 대하여 자세히 설명함.	- 망인의 현재상태 및 산후 출혈이 심해지거나 상황이 위험해 지면 자궁적출술을 해야 할 가능성에 대하여 설명하고 응급 수혈에 대한 동의서를 받고 수혈시행함(갑제8호증의9 경과기록지, 14 간호기록지).

≪1심 판결≫

재판부의 2억 원의 배상결정에 의하여 종결됨.

≪관련 판례≫

• 서울동부지방법원 2007. 8. 17. 선고 2005가합433 손해배상(의) 판결

법원은 감입태반으로 용수박리술 후 과다출혈로 산모가 사망에 이른 사건에 대해,

『…반복제왕절개시 유착태반이 있고 분만후 출혈이 발생한 점, 망인의 피고의원에서 출혈량이 1,500~2,000cc로 많은 점, 피고병원 도착 당시 출혈 후 55분 경과된 점, 혈압이 낮았던 점, 자궁내 카테터 삽입 압박법 시행후에도 850cc의 추가 질출혈이 있었던 점, 다음날 01:00경 출혈이 멈춘 점, 다량출혈로 인한 심폐정지로 사망하게 된 점, 망인의 나이 39세에 자녀가 세 명이 있다는 점 등에 비추어 보면, 비록 자궁적출술은 산모가 다시는 임신을 할 수 없게 하는 것이고 산모의 정신적 상실감이 굉장히 큰 수술 방법인 점을 감안하더라도 당시에는 망인에게 즉각적이고 지체 없는 자궁적출술이 요구되는 긴급한 상황이었다 할 것이다. 그럼에도 불구하고 피고병원은 자궁내 카테터 삽입 압박법만을 시행하고 출혈의 원인이 되는 자궁을 적출하지 아니한 과실이 있고, 위와같은 피고병원의 과실로 인하여 망인이 사망하기에 이르렀다고 할 것이므로 … 손해를 배상할 책임이 있다.』

라고 판시하였습니다.

6. 분만과정의 무리한 만출로 신생아가 상완신경총 손상을 입은 사건137)

≪사건 개요≫

• 원고 권○○(M, 신생아) / 피고 ○○여성병원

※ 사건 경과
거대아 4.68kg → 유도분만, 흡입분만 시행 → 상완신경총 손상

날 짜 (2010)		증상 및 상태	검사 및 처치
7. 27.		배가 뭉치고 밑이 빠질 것같은 증상 호소	절대 침상 안정, 산전 진찰 중이던 병원 바로 가서 자궁수축상태 확인하도록
8. 11.		임신 36주 3일 태아체중 : 3.4kg	
8. 17.	00:10	임신 37주 2일, 진통 호소 태아심박동수 : 142~146회/min	입원조치
	01:00	자궁경부개대 : 4cm, 자궁경부소실 : 65%, 태아하강도 : ↑ 태아심박동수 : 137~140회/min	
	03:00	자궁경부개대 : 4cm, 자궁경부소실 : 70%, 태아하강도 : ↑ 태아심박동수 : 128~139회/min	
	04:50	자궁경부개대 : 4~5cm, 자궁경부소실 : 70%, 태아하강도 : ↑ 태아심박동수 : 141~150회/min	
	06:35	자궁경부개대 : 4~5cm, 자궁경부소실 : 70%, 태아하강도 : ↑ 태아심박동수 : 132~140회/min	
	07:20	태아심박동수 : 142~147회/min	5D/S + 옥시토신 5u 투여 시작
	08:30	태아심박동수 : 133~135회/min	
	08:50	자궁경부개대 : 5cm, 자궁경부소실 : 80%, 태아하강도 : ↑ 태아심박동수 : 132~135회/min	의사 최○○ 회진

137) 서울북부지방법원 2012가합17 결정.

	10:00	자궁경부개대 : 5cm, 자궁경부소실 : 70%, 태아하강도 : ↑ 태아심박동수 : 124~126회/min	자가배뇨 시행
	13:15	자궁경부개대 : 6~7cm, 자궁경부소실 : 80%, 태아심박동수 : 138~142회/min	자연양막파수
	14:30		5D/S+옥시토신 5u 투여
	14:50		날부핀(진통제) 1A 근육주사
	15:40	자궁경부개대 : 8cm, 자궁경부소실 : 90%, 태아심박동수 : 90~100회/min	산소 3L 투여
	16:15	자궁경부개대 : 9cm, 자궁경부소실 : 90%, 태아하강도 : -3 태아심박동수 : 90~100회/min	의사 최○○에게 분만진행 및 태아심음에 관하여 보고 의사 최○○ 회진, 힘주기 시도함.
	17:00	태아심박동수 : 130~136회/min에서 88~100회/min로 감소 태아심박동수 : 124~130회/min로 회복, 태아하강도 : -2~-3	태아심박동수 감소 심하진 않으나 회복 느려서 옥시토신 중단함. 태아심박동수 모니터링하면서 힘주기 계속 시도함.
	17:55	태아심박동수 : 114~121회/min	휠체어 통해 분만실로 이송 조치
	18:00	태아심박동수 : 104~110회/min	
	18:10	태아심박동수 : 100~110회/min	
	18:14	난산(+++)	흡입분만 시행 아기 머리 나옴, 어깨 나오지 않음. 의사 한○○ 호출, 원장님 호출
	18:21	체중 : 4.68kg, 아프가 점수 : 2점, 울음 : 없음, 호흡 : 심하게 약함, 심박동수 : 60회/min에서 100회/min 이상으로 회복	의사 한○○ 아기머리 회전하여 분만함. 심장마사지 및 앰브배깅 시행 기관내삽관 시행
	18:27	아프가 점수 5점	
	18:36 ~ 18:37	아기 울음(+), 피부색: 분홍색, 심박동수 : 160회/min, 아프가 점수 : 8점, 산소포화도 97~100%, 좌측 팔 근긴장도 : 매우 허약(+), 우측 팔 및 양측 하지 근긴장도 : 정상	보호자에게 현재 아기와 산모의 상태에 대해 설명함. 전원조치하기로 결정
	19:20		인큐베이터로 산소 5l 투여하며 소외 ○○대병원 신생아 중환자실로 전원조치

※ 2009. 12. 30.경~2010. 8. 11.경 소외 시화○○산부인과 산전진찰 시행 (당뇨, 과체중아 진단) —— 진료의뢰서

※ 2010. 8. 17.경~2010. 9. 8.경 소외 ○○의료원 입원 조치

: 신생아 호흡곤란, 출산 손상으로 인한 좌측 쇄골 골절 및 팔신경얼기 손상으로 입원기간 동안 치료 시행받았으나, 좌측 팔 운동성 및 감각성 호전되지 못하고 퇴원 조치

－산모 2010. 8. 22. 11:00경 퇴원 조치

≪소장에서 주장하는 피고의 과실≫

1. 진단상 과실

일반적으로 거대아의 예측은 초음파검사, 골반계측검사, 자궁저부측정 등의 방법으로 측정합니다. 그 중 초음파검사 방법은 무해하고 비침투적인 방법으로서 고주파 음파를 방출하여 실물 크기의 즉석 현장사진을 찍는 원리를 이용한 검사방법으로서, 약간의 오차는 있지만 태아의 두위, 복위, 흉위, 대퇴골 길이를 측정하여 거대아인지 여부를 비교적 정확하게 측정할 수 있고 현재 가장 많이 사용되는 거대아 예측 검사 방법입니다.

따라서 피고병원은 진통을 호소하며 분만을 위해 내원한 유○○에게 초음파검사를 정확히 시행하여 원고의 거대아 상태를 진단해야 할 주의의무가 있습니다. 그러나 피고병원은 외래내원 당시 유○○에게 초음파 검사를 제대로 시행하여 원고의 거대아 상태 측정을 시행하지 않았고, 이 사건 분만 당일에도 산전검사를 통하여 위와 같은 측정을 하지 아니하여 원고가 거대아인 점에 관하여 전혀 예측하지 못하고, 진단하지 못한 과실이 있습니다.

2. 분만방법상 과실

피고병원은 산전진찰시 유○○에게 초음파 검사를 시행하여 원고의 거대아 상태를 진단하고, 산모인 유○○의 골반 크기에 대한 검사를 시행하여 견갑난산으로 인한 상완신경총 손상이 유발되지 않도록 해야 할 주의의무가 있습니다. 그러나 피고병원은 원고의 거대아 상태를 진단하지 못하고, 산모인 유○○에 대한 골반 크기를 측정하여 미리 예측하지 못함으로 인하여 제왕절개수술과 같은 안전한 출산방법을 선택하지 않은 과실이 있습니다.

더욱이 피고병원은 유○○에게 자연분만을 시행하면서 유도분만을 시행하였으나 자궁이 확장됨에도 불구하고 원고가 떠있는 상태로 분만을 위해 아래로 하강하지 않아

분만이 지연되었습니다. 이와 더불어 원고는 분만촉진제인 옥시토신을 투여 받고 분만이 지체되면서 태아심박동수가 저하되었고, 산모인 유○○ 역시 힘들어하며 산소까지 투여 받아야 할 정도로 원고 및 유○○의 상태가 악화되었습니다. 그러나 피고병원은 원고에게 안전한 제왕절개술 분만방법을 시행하지 않고, 무리하게 흡입분만을 시행하여 원고의 머리만 나온 채 어깨가 골반 및 자궁입구에 껴서 만출되지 못하고 분만을 지체한 과실이 있습니다.

≪관련 의학지식을 통한 입증≫

1. 인과관계

가. 인과관계 인정법리

환자측에서는 일응의 증명이론에 따라 인과관계를 인정받기 위해서는 ① 의료행위의 미숙, ② 의료행위와 결과와의 시간적 근접성, ③ 장소적· 부위적 근접성, ④ 일반적 통계적 인과관계, 의료행위의 양과 결과발생률, 의료행위의 내용과 결과발생률, ⑤ 자해행위 등 타 원인의 불개입 등을 주장·입증하면 일응 의사의 과실이 증명된 것으로 간주받게 됩니다.[138] 이때 의사인 피고는 일응의 추정을 번복할 수 있는 반증을 제출하여야 면책이 됩니다.

영미법에 있어서 일응의 증명이론(res ipsa loquitur : 존재하는 그 자체가 증명한다), 독일법에 있어서 표현증명이론(Anscheinsbeweis) 등이 있습니다.

의료사건에서 ① 그 사태가 누군가의 과실이 없다면 통상 일어나지 않고, ② 그것이 의사인 피고가 전적(專的)으로 지배하는 곳에서 생긴 것이고, ③ 그것이 환자측의 행위에 의한 것이 아니라는 것이 입증된 경우에 인과관계를 추정하고 있습니다.

나. 이 건의 적용

원고는 임신 36주 3일경 시행 받은 산전초음파검사결과 예상체중이 해당주수의 50~90백분위수(percentile)[139]에 속하는 정도로 크기가 큰 상태임이 확인되었습니다.

그럼에도 불구하고 피고병원은 원고가 거대아임을 미리 진단하지 못하고 무리한 자연분만(유도분만 및 흡입분만)을 시도하여 상완신경총 손상이 발생하였습니다.

---

138) 唄 孝一·宇都木 伸·平林 勝政 編, 醫療事故判例百選 237면, 有斐閣, 1989.

139) 백분위수란 임신주수에 따른 출생체중에 통계치로서, 50이 넘으면 평균체중보다 높다는 의미입니다.

① 거대아임에도 진단하지 못하여 무리하게 자연분만을 시도하였고(의료행위의 미숙), ② 상완신경총마비는 분만직후 발생하고(의료행위와 결과와의 시간적 근접성), ③ 이 건 장애는 견갑난산으로 태아의 경추 5~6번 신경이 손상을 입으면서 발생하고(장소적・부위적 근접성), ④ 거대아는 질식분만시 상완신경총마비 등의 부상을 입힐 가능성 높다는 것은 의학계에서 공지의 사실이고(일반적 통계적 인과관계, 의료행위의 양과 결과발생률, 의료행위의 내용과 결과발생률, 의료행위와 생체반응의 생물학적 관련), ⑤ 이 건 장애가 원고의 자해행위 등 타원인으로 인하여 발생된 것이 아닙니다.

영미법상 이론에 의하더라고 역시 인정됩니다.

① 이 건 장애는 피고의 견갑난산에 제대로 대처하였다면 일어나지 않고, ② 그것이 산부인과전문의인 피고가 전적으로 지배하는 분만장에서 생긴 것이고, ③ 마지막으로 환자의 행위에 의한 것도 아닙니다.

서울지방법원 북부지원[140]은 유사사건에서,

『분만일 당일까지의 산전검사결과에 의하더라도 별다른 증상이 발견되지 않았던 원고에게 분만 이후 우측 상완신경총 손상이 발생하였던 바, 피고가 원고의 우측 상완신경총 손상 및 이로 인한 후유장애의 발생이 피고의 위와 같은 의료상의 과실로 말미암은 것이 아니라 전혀 다른 원인으로 말미암은 것이라는 점을 입증하지 못하는 이상 피고의 위와 같은 의료상의 과실과 원고의 우측 상완신경총 손상으로 인한 후유장애와의 인과관계가 추정된다.』

고 판시한 바 있습니다.

그렇다면 원고의 현 장애는 피고병원이 거대아를 진단하지 못하여 질식분만을 시도하는 과정에서 무리하게 경추를 견인 내지 회전시켜 발생한 것으로 추정할 수 있습니다.

김○○ 교수도 거대아에서 분만손상으로 인하여 외상성 상완신경총손상이 발생하였다고 회신하고 있습니다.

▶ 사실조회 회신문

; 견인에 의한 신전 손상이 가장 흔하며, 과체중아에서 둔위태위의 두부 분만시 어깨의 지나친 견인, 두부 태위의 어깨 분만시 두경부의 측견인으로 신경총이 신전되어 발생되는 경우가 대표적임{원고측 사실조회 회신문 2-2)항 참조}.

140) 서울지방법원 북부지원 2009. 8. 20. 선고 2007가합11129 판결.

다음 [그림 1]은 질식분만시 태아를 만출시키면서 목을 과도하게 견인하는 장면을 그래픽화한 것입니다.

[그림 1] 태아 경추신경의 과도한 견인

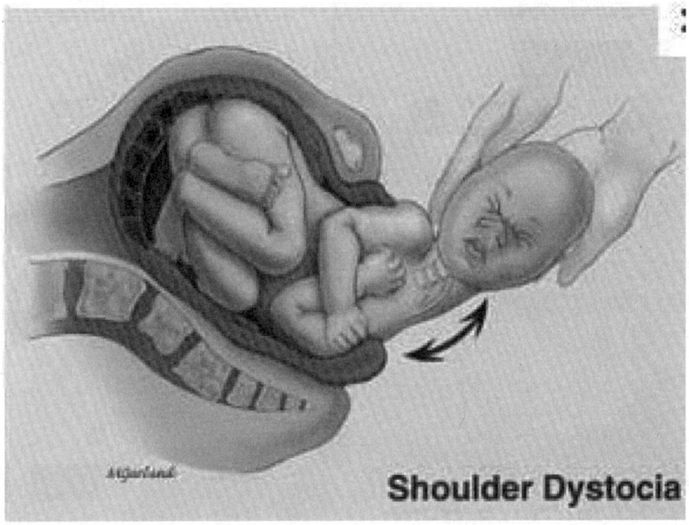

▶ 사실조회 회신문

; 상완신경총손상은 첨부된 아래 그림에 언급된 바 처럼 목에서 나와 상지를 지배하는 신경근 다발인 상완신경총 즉, 제5경추신경근에서부터 제1흉추신경근으로 구성된 신경근 다발이 어떤 원인으로든 일부 또는 전부 손상으로 인해 상지의 근력과 감각이 저하되는 질환임, 그 중에서 Erb씨 마비(Erb's palsy)가 가장 대표적이고 흔한 종류라 할 수 있음: 상완신경총을 구성하는 신경중에서도 위쪽인 제 5~6번 경추 신경근에서 유래되는 신경이 손상을 흔히 Erb씨 마비라 하며, 출생과 관련된 상완신경총 손상의 대표적이고 흔한 종류라 할 수 있음.

위 [그림 1]과 같이 과도하게 견인하면 [그림 2]와 같이 경추 5~6번 신경이 과신전되면서 [그림 3]과 같이 상완신경총이 손상을 입게 됩니다.

[그림 2] 경추 5~6번 신경부위

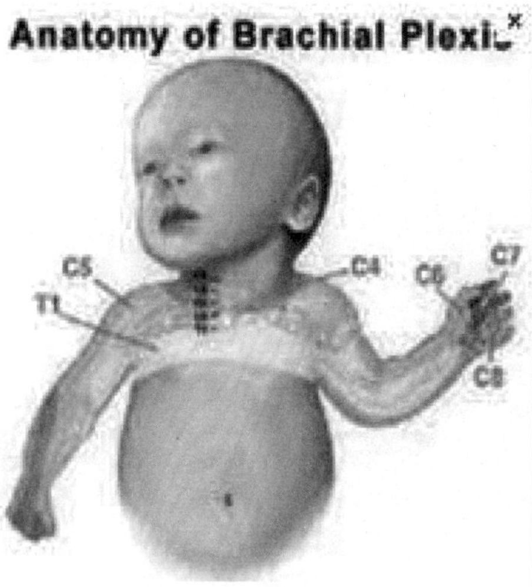

[그림 3] 상완신경부위

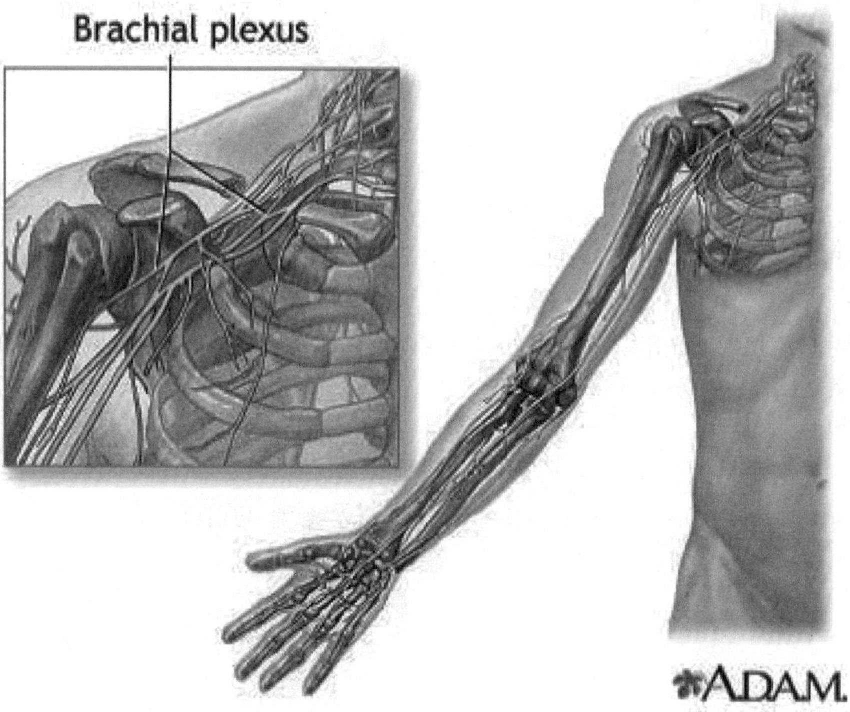

▶ 사실조회 회신문
; 과체중아에서 둔위태위의 두부 분만시 좁은 산도를 나오는 과정에서 과체중아의 어깨에 지나친 견인으로 상완신경총이 신전되어 발생될 가능성이 있다고 판단됨{원고측 사실조회 회신문 6)항 참조}.

▶ 사실조회 회신문
; 출산관련 상완신경총 손상은 미국의 경우 신생아 1,000명당 1~2명으로 대표적 위험요인은 과체중 신생아, 다산 출산모, 견갑난산 임{원고측 사실조회 회신문 8)항 참조}.

청주지방법원 충주지원[141]은 이 건과 같은 견갑난산의 원인에 대하여,

『…견갑난산의 위험인자로는 거대아(견갑난산을 초래하는 가장 중요한 위험인자 중 하나로서 대체로 체중 4kg 또는 4.5kg 이상의 태아를 가리킨다)와 당뇨병(임신성 당뇨가 있는 산모의 경우 비당뇨 산모보다 견갑난산이 2 내지 6배 증가한다고 한다.)이 알려져 있으며, 그 외에도 비만, 과숙임신, 남아, 노령, 기왕 견갑난산, 분만 2기[142]의 지연, 유도분만, 수술적 질식분만(흡입분만이 겸자분만보다 견갑난산이 더 많이 발생한다고 한다.) 등이 위험인자로 제시되고 있다. 그러나 거대아가 아니라도 견갑난산이 발생할 수 있으며, 실제 견갑난산으로 태어난 신생아의 절반은 4kg 이하이다.』

고 하여 거대아가 견갑난산의 원인중 하나라고 판시하고 있습니다.

서울서부지방법원[143]은 거대아가 견갑난산으로 인한 상완신경마비사건에 대하여,

『출생 전후로 우측상완신경총마비증의 원인이 될 만한 특별한 사정이 발견되지 않은 점, 상완신경총마비증은 주로 어깨와 머리 사이의 비정상적인 견인에 의하여 발생하는 점 등에 비추어 볼 때 원고의 우측상완신경총마비증은 피고 김○○가 분만과정에서 무리한 힘을 가하여 분만을 시도함으로 인하여 발생한 것으로 추정된다.』

고 하여 인과관계를 추정한 바 있습니다.

2. 과 실

가. 결과예견의무

신생아의 체중이 4.0kg 이상은 고출생체중아(거대아)로 분류되는바, 거대아는 난산을 일으키기 쉽고, 아두골반불균형에 이어질 확률이 높습니다.

이를 예방하기 위하여 피고병원은 원고 3에게 외래 내원 당시와 분만 당일에 초음파검사, 골반계측검사, 자궁저부측정 등의 검사법을 통하여 원고 1이 거대아 상태임을

---

141) 청주지방법원 충주지원 2007. 8. 10. 선고 2006가합289 판결.
142) 자궁경부의 완전개대로부터 태아분만시까지의 시기.
143) 서울서부지방법원 2010. 10. 15. 선고 2010가합8037 판결.

충분히 예견할 수 있으므로, 제왕절개수술과 같은 안전한 출산방법을 선택하여 상완신경총 손상이 유발되지 않도록 주의하여야 할 의무가 있습니다.

만약 거대아가 질식 정상분만으로 출산할 경우 이 건처럼 신생아에게 상완신경총마비 등의 부상이 발생하여 운동 및 감각장애가 회복되지 않고 영구장애로 확대될 가능성이 있습니다.

수원지방법원[144]은 견갑난산의 합병증에 관하여,

『견갑난산 중 약 25%에서 태아 손상이 있다고 알려져 있는데, 그 중 가장 흔한 합병증은 상완신경총 손상이고(손상의 약 2/3), 그 외에 쇄골골절(38%), 상완골절(17%), 저산소성 허혈성 뇌손상, 사망(연구에 따라 1000명 중 21명에서 290명) 등이 있다.』

고 하여 견갑난산시 상완신경마비의 악결과예견가능성이 매우 높다는 점을 인정하고 있습니다.

김○○ 교수도 심각한 신경손상으로 수술적 치료 등이 적극 필요하다고 회신하고 있습니다.

▶ 사실조회 회신문

; 손상초기의 치료는 보존적 치료로 마비로 인한 근 수축과 경직을 예방하는 것으로 동반되는 손상이 없으면 간헐적인 고정이나 적합한 자세를 잡아주며, 발병후 2주부터 팔꿈치, 손목, 어깨, 손가락을 포함한 상지의 관절가동운동, 부목이나 보조기(손목하수/관절구축치료), 테이핑, 물리치료, 작업치료, 전기자극치료, 이식형 전기자극치료, 신경수술 등이 있음{원고측 사실조회 회신문 3)항의 '치료방법' 참조}.

▶ 사실조회 회신문

; 회복정도는 초기 신경손상의 정도에 비례하지만 상완신경총손상 영아의 50~90%에서 자연적으로 회복이 된다고 하며 일부 심각한 신경손상으로 3개월 또는 6개월 이상 호전이 되지 않는 경우 추후에 수술적 치료 등을 시도하게 됨. 신경재생의 판단은 3~6개월간격의 추적검사가 중요하다고 함. 다만, 초기 신경손상의 정도가 예후와 직접 연관되어 신경의 완전파열인 경우 보존적 치료의 효과를 기대하기 어려워 생후 6개월 시점에도 주관절 굴곡근력이 중력에 비해 작은 정도면 적극 수술적 치료를 고려하게 된다{원고측 사실조회 회신문 4)항 참조}.

▶ 사실조회 회신문

; 후유증은 이환된 상지에 근육 위축, 관절구축, 성장지연과 관절탈구, 익상견갑, 사경, 통증 등임{원고측 사실조회 회신문 5)항 참조}.

---

144) 수원지방법원 2008. 11. 20. 선고 2007가합15878 판결.

대법원[145]은 거대아로 인한 상완신경마비사건에 대하여,

『…비록 견갑난산을 분만 전에 정확하게 진단하는 것이 불가능하고, 견갑난산이 발생할 위험요인으로 여러 가지가 있어 그것들이 다인적 요인으로 영향을 주며 단일요인에 의하여 견갑난산이 발생한다고 판단할 수는 없다 할지라도, …큰 거대아를 임신할 가능성이 높아 견갑난산이 발생할 가능성이 일반적인 경우보다 높으므로, 산부인과 전문의인 피고로서는… 견갑난산의 발생가능성을 예측하여 질식분만이 아닌 제왕절개술에 의한 분만도 고려하였어야 할 것이다.』

고 인정하였습니다.

나. 결과회피의무

(1) 사전회피의무

(가) 제왕절개술에 관한 설명의무 위반 및 제왕절개술을 선택하지 않은 과실

위 서울북부지방법원 판결에서도,

『이 사건 분만 당시 피고는 산모에게 제왕절개술의 실시여부에 대하여 전혀 설명한 바가 없고, 분만촉진제를 투여하여 질식분만으로 태아를 분만하게 하였던 점 등을 종합하여 보면, …거대아의 출산 가능성, 견갑난산의 위험성 등을 염두에 두고 정밀한 검사, 측정을 통하여 태아의 크기와 상태 등을 확인하여 이를 적극적으로 검토하고 그에 따른 분만방법을 선택하여야 할 것임에도 불구하고, 이를 게을리하여 정확도가 낮은 초음파검사 결과만을 신뢰한 채 이 사건 분만에 있어 거대아의 출산, 견갑난산의 위험성 등을 제대로 인식하지 못하고, 제왕절개술에 의한 분만 및 이에 대한 산모의 선택기회를 배제한 채 질식분만의 방법으로 이 사건 분만을 시도한 과실이 있다.』

고 하여 분만방식 선택상 자기결정권 침해 및 분만방식 선택상의 의료과실책임을 인정하였습니다.

전주지방법원[146]도 몸무게 4.3kg로 견갑난산에 의한 상완신경마비사건에 대하여, 산부인과의사가,

『현대의학수준으로는 견갑난산을 예측할 수 없고, 제왕절개수술은 감염・과다한 출열・마취사고・협심증・비뇨생식기계통의 손상 등 여러 부작용이 있어 그 시술은 가급적 회피하여야 하고, 위 시술은 두부가 이미 자궁경부를 지나 체외로 만출된 상태에서는 불가능한 바, 태아의 경우 두부는 원만하게 만출되었으나 견갑부가 자궁경부를 통과하는데 어려움이 있었고 위와같은 견갑부의 상태는 사전에 측정수단이 없어

---

145) 대법원 2003. 1. 24. 선고 2002다3822 판결(원심판결 : 서울고법 2001. 11. 29. 선고 2000나36455 판결).

146) 전주지방법원 1995. 11. 22. 선고 94가합7798 판결.

예측할 수 없으므로 피고가 제왕절개수술을 시행하지 않았다 하여 과실이 있었다고 할 수 없다는 항변을 기각하고, …피고가 산모 및 태아에 대한 산전검사(특히, 거대아를 측정할 수 있는 초음파검사·골반계측검사·자궁저부측정 등)를 철저히 하였더라면 태아의 체중·크기는 정확히 알지 못할지라도 거대아(내지 아두골반불균형 상태)라는 사실을 알 수 있었음에도 피고가 이러한 검사의무를 게을리하여 거대아분만의 적절한 시술방법인 제왕절개수술을 택하지 않은 과실이 있다. 또한 피고가 견인술을 이용하여 태아의 두부·어깨부분을 잡아당기는 과정에서 태아의 신경조직이 외부의 압력에 손상되지 않도록 주의하여 시행할 의무가 있음에도 불구하고 과도하게 두부를 돌리고 어깨부분을 견인하다 태아의 경추신경을 건드려 우상완신경총마비의 상해를 입게 한 과실이 있다.』

고 판시하였습니다. 즉 제왕절개수술을 선택하지 않은 과실과 질식분만시 과다신전한 과실을 모두 인정하였습니다.

(나) 견갑난산에 대비할 의무

피고병원은 견갑난산에 이르렀다면 다음과 같은 방법으로 무리하지 않게 분만을 유도할 주의의무가 있었습니다.

2002년 미국산부인과학회(ACOG)에서 견갑난산 발생시,

① 보조자, 마취과 의사, 소아과 의사를 준비시키는 등 주위의 도움을 요청한다.

② 회음부위를 충분히 절개함으로써 후방에 공간을 만들어 준다.

③ 의사가 태아의 머리를 부드럽게 하방으로 잡아당기는 동안 한 명의 보조자가 손바닥이나 주먹으로 산모의 치골상부를 압박한다{치골상부 압박법(Suprapubic Pressure)}. 이 방법은 대부분의 의사들에 의해 시행되는데 시술이 단순한 장점이 있으며 경한 견갑난산에 매우 유용하다.[147]

④ 맥로버트 수기법(McRoberts Maneuver)을 시행한다. 이 방법은 두 명의 보조자가 필요한데, 각각의 보조자는 산모의 다리를 잡고 복부 쪽으로 강하게 잡아당긴다.

⑤ 이러한 방법들로 대부분의 견갑난산이 해결되지만 만약 실패했을 경우에는 우드 나사 수기법,[148] 전방 쇄골이나 상완골의 고의적인 골절, 자바넬리(Zavanelli) 수기법[149]을 사용할 수 있다는 기준을 제시한 바,[150] 피고는 이를 다하지 아니한 과실로

147) 그러나 이 방법은 강한 압력과 견인시에는 심한 태아 손상의 위험이 있다.

148) 태아의 뒤쪽 어깨를 시계방향으로 점차적으로 180° 회전시킴으로써 꽉 끼인 앞쪽 어깨를 푸는 방법.

149) 태아의 머리를 전방 후두위나 후방 후두위 위치로 돌린 후 머리를 구부려서 질 내로 천천히 밀어넣은 후 제왕절개술을 실시하는 방법.

150) 위 충주지원 판결 참조.

이 건 상완신경마비에 이른 것입니다.

(2) 무리한 신전을 하지 말아야 할 의무

가사 사전에 피고병원이 사전에 거대아임을 진단하지 못하였다고 하더라도 분만 1기 및 분만 2기의 진행과정중 원고 1에게 심박동수 감소, 하강도지연, 분만시간 지체 등이 발생하였으므로 그 원인이 거대아상태로 인한 난산임을 진단하였어야 합니다.

더욱이 피고병원은 원고 3이 산소까지 투여받아야 할 정도로 상태가 악화되고 있음에도 불구하고 안전한 제왕절개술 분만방법을 시행하지 않고, 옥시토신을 투여하고 무리하게 흡입분만을 시도하였습니다. 결국 원고 1이 머리만 나온 채 어깨가 골반과 자궁입구에 걸리자 무리하게 목과 어깨를 잡아 돌려 좌측 팔이 골절되고 상완신경마비를 발생시킨 과실이 있습니다.

위 충주지원판결은 견갑난산시 상완마비상해에 관하여,

『…분만 당시 의사가 무리하게 태아를 견인하였는지 또는 숙달된 솜씨로 조심스럽게 견인하였는지는 사실상 당사자인 의사만이 알 수 있는 것으로서, 이에 관하여 원고에게 엄격한 입증책임을 지우는 것은 의료사고의 잠재적 피해자에 대한 사법적 구제를 사실상 포기하는 것이며, 손해의 공평·타당한 부담을 지도원리로 하는 손해배상제도의 이상에도 맞는다고 할 수 없다. 분만 당시 태아의 견갑난산 상태가 너무 심하여 쉽게 해결될 수 없었던 상황이었는지 여부,[151] 분만 당시 의료진들이 취한 수기법과 그 순서 및 압박과 견인의 정도[152]와 이에 관한 진료기록의 정확한 기재 여부, 관련 의료진들의 숙련도, 태아가 입은 손상의 증상과 견갑난산에 처했을 경우의 그 발생빈도 및 증세의 심각성 등을 종합하여 의사의 과실 여부를 판정함이 상당하다.'고 전제하고, '.…견갑난산시 요구되는 처치방법을 적정하게 사용하였다고 볼 자료가 없는 점, 피고 역시 상당히 강하게 태아를 견인한 것으로 추정되는 점, 원고는 우측 상완신경총에 심한 손상을 입은 상태로 출생하였던 점, 견갑난산시 상완신경총이 손상될 확률은 약 16.7%[153]에 달하지만, 원고와 같이 지속적인 상완신경총 손상을 입을 확률은 약 1.4%(=4명/285명)에 불과한 점 등을 종합하여 보면, 이 사건 분만 당시 견갑난산의 상황에 처하자 피고가 무리하게 힘을 주어 태아를 견인하였고, 그 과정에서 원고의 우측 상완신경총이 신전(伸展)되어 손상을 입힌 과실이 인정된다.』

고 판시하였습니다.

---

151) 견갑난산의 상태가 너무 심하여 다소 무리한 방법을 사용해서라도 태아를 만출시킬 수밖에 없는 상황이었는지 여부.

152) 태아에 대한 견인의 정도는 사실상 의사만이 알 수 있는 것이므로, 산모에 대한 압박의 정도가 강했다면 이에 수반되는 의사의 견인 정도도 강했다고 추정할 수밖에 없다.

153) 견갑난산시 태아가 손상을 입을 확률(25%×2/3), 쇄골이 골절될 확률은 약 9.5%(=견갑난산시 태아가 손상을 입을 확률(25%×38%)).

≪원 · 피고 주요쟁점≫

과실	원 고	피 고
1. 진단상 과실	산전 진찰 및 분만을 위해 내원 당시 초음파검사, 골반계측검사, 자궁저부측정 등의 진단적 검사를 제대로 또는 시행하지 않아 거대아를 진단하지 못한 과실	4kg 이상의 거대아인 경우 심초음파검사시 임신 후반기로 갈수록 예측오차(25~30%)가 커지는 바, 산전진찰 당시 2차례의 초음파검사 결과 태아 예측체중 3.4kg으로 이상소견 없었음.
2. 분만 방법상 과실	태아가 거대아임에도 불구하고 견갑난산으로 인한 상완신경총 손상이 발생하지 않도록 안전하게 제왕절개수술을 시행하지 않고 무리하게 유도분만 및 흡입분만을 시행한 과실	산전진찰 및 분만을 위해 내원할 당시 초음파검사 결과상 태아 예측체중이 3.4kg이었고, 제왕절개술로 분만하여도 상완신경총 손상이 발생할 수 있음.
3. 설명 의무 위반	거대아 상태, 거대아를 출산할 경우 안전한 분만방법, 자연분만인 유도분만 및 흡입분만으로 인해 발생 가능한 합병증 등에 관해 설명하지 않은 과실	적절한 산전검사를 시행하였음에도 불구하고 태아의 거대아 상태를 진단할 수 없었는 바, 예견 및 회피 불가능하였으므로 설명의무 없음.

≪1심 판결≫

재판부의 화해권고결정으로 1억 3천 5백만 원 배상결정됨.

≪관련 판례≫

• 대법원 1999. 6. 11. 선고 99다3709 손해배상(의) 판결

가. 항소심 판단

『…원고 ○○○은 1991. 1. 4. 피고 경영의 산부인과의원(이하 피고의원이라 한다)에서 첫아이인 원고 ○○○(당시 3.7kg)를 질식 정상분만의 방법으로 출산한 바 있는 경산부로서, 둘째 아이를 임신하여 1992. 11. 7. 다시 피고의원을 방문한 결과 임신사실을 확인하였으며, 그 분만예정일이 1993. 8. 14.이라고 진단받은 이래 매월 1회 피고의원에 찾아가 정기진찰을 받았는데, 산모나 태아 모두 특이소견 없이 정상 상태라는 진단을 받아 온 사실, 원고 ○○○은 1993. 8. 15. 03:00경 진통이 시작되어 같은 날 08:50경 피고의원에 내원하였는데, 그 당시 피고의원 간호사로부터 태아심음측정과 자궁경부의 개대정도 등을 검사받은 결과 태아의 심음은 정상이었고, 이미 양막이

파막되었으며 자궁경관이 소실되고 자궁경부가 4㎝ 정도 개대된 상태임을 확인받게 되자 같은 날 08:55경 분만대기실로 옮겨져 5 내지 6분 간격의 진통을 겪으며 출산 대기 중에 있다가 같은 날 09:45경 진통간격이 2 내지 3분 간격으로 잦아지고 자궁경부가 약 8㎝ 정도 개대된 상태에 이르자 출산을 위하여 분만실로 옮겨진 사실, 분만 과정에서는 간호사 등 2, 3명이 위 원고의 복부를 누르는 푸싱(pushing, 분만을 유도 촉진하기 위하여 산모의 자궁저부를 산도 쪽으로 누르며 미는 동작)을 실시하였고, 이에 위 원고가 숨을 쉬기 곤란하니 그만두라고 말하였음에도 불구하고, 간호사들은 계속하여 위 원고의 복부를 누르는 푸싱을 실시하여 같은 날 09:59경 원고 ○○○이 분만된 사실, 분만 직후 원고 ○○○의 체중은 약 4.2kg, 신장 52㎝에 이르는 거대아로 판명되었는데, 진찰 결과 좌측 상지의 마비를 보이는 좌상완신경총마비(좌상지분만마비) 및 황달과 심장병이 있는 것으로 진단된 사실, 좌상완신경총마비 증세는 별다른 호전이 없어 1995. 8. 22. 현재도 근전도검사상 좌상완근의 신경재생은 거의 이루어져 있는 상태이나 이학적 검사상 견갑관절 거상 및 신전 능동적 운동이 정상보다 일부 감소된 상태의 장애를 나타내고 있는 사실, 일반적으로 거대아의 경우는 산모의 골반이 조금만 협소하여도 난산을 일으키기 쉽고, 아두골반불균형(산모의 골반 크기에 비하여 태아의 머리 크기가 상대적으로 너무 커서 정상분만이 힘든 상태)에 이어질 확률이 높아 질식 정상분만시 신생아에게 상완신경총마비 등의 부상을 입힐 가능성이 높고 제왕절개술이나 견인술에 의한 분만을 하여야 하는 경우가 많은 사실, 거대아의 예측은 초음파검사, 골반계측검사, 자궁저부측정 등의 방법으로 측정하는데, 초음파검사 방법은 무해하고 비침투적인 방법으로서 고주파 음파를 방출하여 실물 크기의 즉석 현장사진을 찍는 원리를 이용한 검사 방법으로서, 약간의 오차는 있지만 태아의 두위, 복위, 흉위, 대퇴골 길이를 측정하여 거대아인지 여부를 비교적 정확하게 측정할 수 있고 현재 가장 많이 사용되는 거대아 예측 검사 방법인 사실, 이로 인하여 위 원고의 분만의(정기진찰시의 담당 진료의와는 다른 의사이다.)인 소외 ○○○ 역시 분만 직전에 산모인 원고 ○○○ 및 태아인 원고 ○○○에 대하여 거대아의 예측을 위한 초음파검사, 골반계측검사, 자궁저부측정을 따로이 실시하지 아니하였으며, 한편 피고의원의 담당 진료의나 분만의는 원고 ○○○의 골반 크기에 대하여는 전혀 검사를 실시하지 아니한 사실, 분만 직전까지 산모인 원고 ○○○이나 태아인 원고 ○○○ 모두가 특이소견 없이 정상 상태였음에도 불구하고 분만 직후 원고 ○○○에게서 좌상완신경총마비 증세가 발생하였으며, 그러한 결과가 피고의 과실로 말미암은 것이 아니라 전혀 다른 원인에 기인하는 것임을 피고 스스로 주장·입증하지 못하는 이상, 피고의원 소속 담당 진료의 및 분만의가 정기진찰 당시 및 산전검사를 통하여 원고 ○○○이 거대아인 점과 산모인 원고 ○○○에 대한 골반 크기에 관하여 전혀 예측하지 못하여 제왕절개수술을 실시하여 출산하는 방법을 택하지 아니하고 간호사로 하여금 원고 ○○○이 숨쉬기 곤란하다고 호소할 정도의 과격한 푸싱을 실시하게 하여 거대아인 원고 ○○○을 무리하게 출산하도록 한 과실로 인하여 원고 ○○○으로 하여금 거대아의 분만시 완신경총의 손상을 받을 경우 발생하기 쉬운 좌상완신경총마비를 일으키게 한 것으로 추정된다….』

고 판단하여 피고의 진단상 과실 및 분만방법 선택상 과실을 인정하였습니다.

나. 상고심 판단

『…이 사건 담당 진료의가 분만 1주일 전까지 매월 1회 정기진찰 당시 초음파검사를 실시하여 태아인 원고 ○○○의 두위가 정상임을 확인하였으나 거대아 여부의 측정을 세밀히 하지 아니하였고 이 사건 분만 당일에 분만의도 산전검사를 통하여 위와 같은 측정을 하지 아니하여 원고 ○○○이 거대아인 점에 관하여 전혀 예측하지 못하였고 아울러 원고 ○○○이 거대아인 점이 밝혀졌다면 위 정기 진찰이나 산전검사 당시 실시하였을 것으로 예상되는 산모인 원고 ○○○의 골반 크기에 대한 검사도 전혀 실시하지 않은 채 제왕절개수술에 대한 고려나 설명이 이루어지지 아니하고 질식 정상분만을 실시하여 출산하는 방법을 택한 사실을 알아볼 수 있고, 여기에 분만시 신생아에게 나타나는 완신경총마비 증세는 거대아가 아닌 정상체중의 신생아의 질식 정상분만시에도 발생하는데 질식 분만의 경우 일빈적으로 위 증상이 발생할 확률은 약 0.26%이지만 거대아 중에서 위 증상이 발생할 확률은 약 30%에 이르는 점, 초음파검사 방법이나 자궁저부측정방법에 의하면 완벽하지는 않지만 상당히 정확하게 태아의 거대아 여부를 측정할 수 있고 산모와 태아에 대한 통상적인 정기진찰이나 산전검사시 위와 같은 방법에 의하여 거대아 여부의 측정이 이루어지고 있는 점을 보태어 보면, 결국 위와 같은 좌상완신경총마비 증세가 발생하게 된 원인으로 피고의원의 담당 진료의나 분만의가 원고 ○○○의 거대아 여부의 측정을 제대로 하지 아니하여 그가 거대아임을 예측하지 못한 과실을 인정한 조치는 옳다고 여겨지고, 거기에 상고이유의 주장과 같은 판결에 영향을 미친 채증법칙 위배로 인한 사실오인의 위법, 의료과실에 관한 법리오해, 이유모순이나 이유불비 등의 위법이 있다고 할 수 없다… 이 사건 분만 직전까지 산모인 원고 ○○○이나 태아인 원고 ○○○ 모두 특이소견 없이 정상 상태이었음에도 불구하고 분만 직후 원고 ○○○에게서 좌상완신경총마비 증세가 발생한 점, 위에서 본 바와 같이 질식 분만에 의한 거대아 출산의 경우 완신경총마비 증세가 나타날 확률은 질식 분만에 의한 정상체중의 신생아 출산의 경우보다 훨씬 높은 점, 위 증세 발생에 다른 원인이 개재되었을 구체적인 가능성은 찾아볼 수 없는 점 등을 참작하여 보면, 정상출생아의 정상분만의 경우에도 완신경총마비 증세가 나타나고 거대아라고 하여 모두 제왕절개수술을 하는 것은 아니며 원고 ○○○이 1991. 1. 4.경 원고 ○○○를 3.7kg 체중으로 질식 분만에 의하여 출산한 경험이 있는 경산부라는 점을 감안하더라도 결국 원고 ○○○의 위 증세는 피고의원의 담당 진료의나 분만의가 정기진찰 당시 및 산전검사를 통하여 원고 ○○○이 거대아인 점과 산모인 원고 ○○○에 대한 골반 크기에 관하여 예측하고 그 결과에 따라 제왕절개수술 등 적절한 대비책을 강구하지 못한 과실로 인하여 발생하였다고 추정할 수밖에 없다고 할 것이므로 같은 취지의 원심의 판단은 옳다고 여겨지고 거기에 상고이유의 주장과 같은 위법이 있다고 할 수 없다….』

고 판단하여 항소심과 같이 피고의 거대아 진단상 주의의무 위반 및 분만방법 선택상 과실을 인정한 바 있습니다.

7. 무리한 질식분만으로 산모가 직장-질 누공과 항문 4도 열상입은 사건[154]

≪사건 개요≫

• 원고 공○○(여, 25) / 피고 ○○산부인과

※ 사건 경과

정상분만 → 질-직장누공, 항문 4도 열상 → 봉합수술 → 변실금, 치질

날 짜(2012)		증상 및 상태	검사 및 처치	비고
2. 15.			<○○산부인과 입원> 5DW 1L+옥시토신 10단위 정맥주사	
2. 16.	00:00	태아심박동수 134회 129/75-87-36.8 질검진 : -3, 60~70%, 4cm		
	01:20	태아심박동수 140회 질검진 : -3, 5~6cm 양막 파수(+)	가족 분만실로 이동함.	
	02:00	태아심박동수 134회 질검진 : -3, 70~80%, 6cm		
	03:00	태아심박동수 128회 질검진 : 7~8cm		
	03:20	태아심박동수 130회 질검진 : 8cm		
	03:40	질검진 : 9cm		
	04:00	태아심박동수 145회 질검진 : 최대		
	04:12	정산자연질분만 (태아 3.34kg) 아프가 점수 : 8/9 혈압 144/69 맥박 99회 항문 4도 열상 7~8mm 직장-질 누공있음.	회음부 봉합술+소변유치도뇨관 5DW 1L+옥시토신 10단위 정맥주사	Hb : 10.7 측정되었으나 몇시에 한 것인지 불명(∵분만후 8.4로 떨어짐).
	05:00	자궁 수축, 질출혈 보통임.		
	06:30		5DW 1L+옥시토신 10단위 정맥주사	

154) 서울중앙지방법원 2016. 4. 20. 선고 2013가합28693 판결.

	09:00	질 출혈없고 자궁수축 양호		
	12:00	128/81 맥박 76회 37.8℃		
	17:00	118/69, 맥박 75회 37.3℃ 자궁수축양호, 질 출혈없음.		
	21:00	117/74 맥박 77회 37.0℃ 자연배뇨중 자궁수축, 질출혈 정상임.		
	23:00	체온 36.7℃		
2. 17.		회음부 통증 105/62 맥박 71회 36℃ 설사약 복용함.		
	08:20	자궁수축, 질출혈 정상임.		
	09:30		회음부 소독함. 유치도뇨 제거함.	
	11:00	Hb : 8.4		
	12:00	100/57 맥박 84회 36.9℃ 자궁수축 양호 질 출혈없음.		
	14:00	대변을 봤는지 소변을 봤는지 모르겠다.	물 더 마시도록 함.	
	15:00	소변 잘 봄. 질 출혈 없음. 116/65 맥박 76회 36.8℃		
	20:00	자궁수축, 질 출혈 정상임. 자가배뇨 좋음.		
2. 18.	05:00	99/77, 맥박 85회, 36.7		
	08:40	자궁수축, 질출혈 정상임, 환자 상태 안정적임.		
	09:30		질 소독함.	
	11:00		퇴원후 산후조리원 입소	
2. 20.		Hb 8.5,	수혈거부, 항생제, 진통제 투여	
2. 21.		변실금－하루 5회	마그밀 투여 중단	
2. 22.			회음부 소독, 항생제 투여	
2. 23.		변실금, 앉아있기 불편함.	회음부 소독, 항생제 투여	
2. 24.		항문부위 통증, 변실금, 앉아있기 불편함.	<○○병원> 입원 상태 : 항문 4도 열상 약 7~8㎜ 직장－질 누공있음.	
2. 25.		변실금, 앉아있기 불편함.	항생제 및 소독	
2. 29.		변실금, 앉아있기 불편함.	대장항문외과 협진진료 신청함.	

3. 5.	변실금, 앉아있기 불편함.	수술 : 일차적봉합, 직장 점막 피판술	
3. 6~3. 12		항생제 및 수술후 보존적 치료	
3. 13.		퇴원	
현 상태		변실금있어 기저귀차고 생활하고 있음. 치질발생(사고전 치질없었음)하여 회음부 불편감 지속되고 보행곤란 있음.	

※ 과 실

시술상과실 : 분만시 질－직장 누공발생시킴.

설명의무위반 : 질－직장 누공발생하였고 수술처치 필요하다는 설명하지 않음.

≪소장에서 주장하는 피고의 과실≫

※ 시술상 과실

1. 결과예견가능성

분만 시 회음부절개술을 시행할 때에 정중절개법으로 과도하게 절개할 경우 직장까지 열상을 일으키고 직장－질 누공을 일으킬 수 있습니다. 그럼에도 불구하고 피고 3은 내외측절개법이 아니라 정중절개법으로 과도하게 절개를 시행하여 원고에게 이 건 장애를 일으킨 과실이 있습니다.

회음절개를 통상적으로 실시하는 시술로 간주해서는 안됩니다. 특히 캐나다 및 영국학자들은 회음절개의 '통상적 시술금지'를 근거중심의학 차원으로 접근하고 있습니다. 따라서 회음절개술의 적응증은 견갑난산, 둔위분만, 후방후두위분만, 또한 겸자분만 및 흡입분만을 시도할 때와 분만시 회음부파열이 예상되는 경우들로 한정해야 합니다(갑 제9호증 산과학 회음절개의 목적 321~322쪽 참조).

피고 3은 원고가 정상적인 두위분만으로 회음절개의 적응증이 아님에도 불구하고 정중회음절개법을 사용하여 항문 4도 열상과 직장－질 누공을 일으킨 책임이 있습니다.

2. 결과회피가능성

가. 사전회피의무

일반적으로 정중회음절개는 항문열상과 직장－질 누공을 일으킬 가능성이 있기 때문에 꼭 필요한 경우에만 시술합니다.

원고는 정상두위분만의 산모로 정중회음절개술의 적응증이 아니었습니다. 그럼에도 불구하고 피고 3은 원고에게 정중회음절개술을 시행하여 과도절개한 책임이 있습니다.

나. 사후피해확대방지의무

일반적으로 합병증을 최소하기 위해서는 초기 사정을 하고 필요한 검사를 시행한 후, 정확하고 신속한 진단을 통해 필요한 수술을 시행하여야 합니다.

그러나 피고 3은 원고가 회음부절개술을 받은 후부터 지속적인 회음부통증과 대변실금의 증상을 보였음에도 불구하고 대변완화제 처방만 내렸을 뿐, 회음부 상처부위가 치유되고 있는지 항문 근육의 손상이 없는지 등을 반복적으로 검사하지 않았습니다.

피고 3은 원고가 회음부절개술 후 다량출혈과 회음부통증, 변실금 등의 직장-질누공의 특징적인 소견을 보였음에도 불구하고 이를 진단하지 않았을 뿐만 아니라, 원고를 전원조치하여 조기수술 받을 수 있는 기회를 박탈하였습니다.

≪관련 의학지식을 통한 입증≫

1. 인과관계에 관하여

가. 피고의 주장

피고는 2013. 6. 21.자 준비서면 5쪽에서 "피고병원이 중앙회음부절개술법 하에 이 사건 자연질식분만을 시행한 후에 원고에게 4도 열상이 발생한 것은 사실입니다"고 마치 인과관계를 자백하는 것처럼 주장하고 있습니다.

그리고 열상 발생후 "열상 발생 및 누공가능성에 대하여 설명한 후 꼼꼼히 봉합하였다"고 하면서 할 수 있는 모든 조치를 다한 것처럼 주장하고 있습니다(위 준비서면 2쪽 참조).

나. 인과관계인정법리

이 건에서,

① 피고가 중앙절개를 하였고, 이때도 너무 깊게 메스로 절개한 것이고(의료행위의 미숙), ② 분만직후에 비로소 대변이 질로 새는 직장열상이 발생하였고(의료행위와 결과와의 시간적 근접성), ③ 메스를 댄 부위와 찢어진 부위가 붙어있고(장소적·부위적 근접성), ④ 중앙절개법은 '항문괄약근 및 직장손상이 증가'한다는 의학적 부작용 보고가 교과서에 실려 있고(일반적 통계적 인과관계, 의료행위의 양과 결과발생률, 의

료행위의 내용과 결과발생률), ⑤ 원고의 자해행위가 없었습니다(타 원인의 불개입).

영미법에 있어서 일응의 증명이론,[155] 독일법에 있어서 표현증명이론(Anscheinsbeweis) 등이 있습니다. 의료사건에서 ① 그 사태가 누군가의 과실이 없다면 통상 일어나지 않고, ② 그것이 의사인 피고가 전적으로 지배하는 곳에서 생긴 것이고, ③ 그것이 환자측의 행위에 의한 것이 아니라는 것이 입증된 경우에 인과관계를 추정하고 있는 바, 이 건은 피고의 과실이 없으면 일어나지 않았고, 피고의원에서 발생하였고, 원고의 자해행위가 아니라는 점에 비추어 일응의 증명이 되었다고 볼 수 있습니다.

따라서 피고의 행위와 원고의 장애 사이에는 인과관계가 있습니다.

다. 열상발생시기에 관하여

이 건 4도 열상은 처음 중앙회음부 절개시 과도하게 절개하였을 가능성이 제일 높습니다.

(1) 거대아 등 요건 불비

피고도 시인하는 바와 같이, '중앙절개술은 태아가 클 경우, 후방후두위 경우, 중위겸자 사용시, 둔위분만시 등'에서 높아지는데, 원고의 경우 '신생아는 3.34kg으로 정상체중이었고, 후방후두위 경우, 중위겸자 사용시, 둔위분만 등 어느 경우에도 해당되지 않습니다.

이런 위험요소가 없으면서도 찢어졌다면 이는 분만직전 회음부절개시 과도하게 메스를 대서 직장까지 터지게 한 것 이외에 다른 원인이 없습니다.

(2) 급속분만 등 비해당

피고는 자궁경부 4cm부터 만출시까지 4시간 만에 나왔으므로 급속분만과정에서 찢어진 것같다는 비의학적 주장을 합니다.

분만은 자궁경부가 0cm부터 완전개대되는 10cm까지를 분만 1기, 그후 만출시까지를 분만 2기로 나눕니다. 피고가 주장하는 4cm부터 만출시까지를 분만기[156]라고 하면서 4시간 걸렸으니 급속분만이라고 주장하는 것은 근거가 없습니다.

1972년 Hughes는 진통 시작 후 3시간 이내에 분만이 완료되는 것을 급속분만이라고 정의하였습니다.

원고의 분만 시간은 4시간으로 급속분만에 해당하지 않으며 원고에게 발생한 열상은 피고의원이 정중회음절개법을 무리하게 시행하였기 때문에 발생한 것입니다.

---

155) res ipsa loquitur : 존재하는 그 자체가 증명한다.

156) 피고는 4시간 만에 분만 1,2기가 종료되어 급속 분만이 발생하였다는 주장도 하고 있습니다.

그렇다면 처음 절개시부터 과도하게 절개한 것 이외에 급속분만으로 4도 열상이 발생하였다는 주장은 제외시킬 수 있습니다.

라. 분만손상이라고 가정할 때

가사 피고가 자백하는 바와 같이 분만과정에서 너무 많이 찢어졌다고 하여도 역시 피고의 과실행위와 직장열상 사이에는 인과관계가 있습니다. 피고도 '4도 열상이란 3도 열상이 확대되어 직장점막을 손상하여 직장강이 노출되는 경우를 말한다'고 합니다(위 준비서면 4쪽).

(1) 절개방식 선택시기 —— 분만 직전

피고는 "분만 2기가 시작되어 중앙회음부절개법 하에 자연분만을 시행"하였다고 합니다(위 준비서면 2쪽 상단 참조). 즉, 분만 직전[157]에 회음부절개술을 시술하였다는 것입니다.

급속분만이나 아두골반불균형(CPD)은 사전에 미리 진단하기 어렵습니다. 통상은 분만진행과정에서 자궁경관개대도, 자궁경부소실도, 태아하강도 등을 5~30분 단위로 주기적 측정을 하면서 임상증상으로 진단하게 됩니다.

만약 피고주장대로 급속분만상태에 이르렀다면 중앙절개법을 시술하여서는 아니됩니다. 5시나 7시 방향으로 '내외측 회음절개법'을 선택하였어야 합니다. 급속분만으로 인하여 중앙부위와 괄약근, 직장이 찢어질 것이 명백히 예견됨에도 분만직전에 중앙절개를 하였다는 것은 중상해죄에 해당되는 범죄의 자백입니다.

(2) 급속분만이라고 가정할 때 —— 옥시토신 과도투여

급속분만은 피고의 과실행위로 발생한 것입니다.

백보를 양보하여 진행이 빠르게 되었다면 분만촉진제(옥시토신)를 끊고 천천히 분만될 수 있도록 처치하였어야 합니다.

피고는 다음 [그림 2~3]과 같이 원고가 입원한 2. 15.부터 '옥시토신 10단위'를 계속 투여하였고, 분만후인 2. 16. 06:30경에도 옥시토신 투여가 지속되었을 정도로 과도하게 투여하였습니다(갑 제4호증의2, 6 참조).

157) 중앙절개술은 분만직전 태아머리가 보일 때 메스로 중앙 혹은 내외측(통상 5시 혹은 7시방향) 절개를 합니다.

[그림 2] 2. 16. 04:12경 옥시토신투여기록

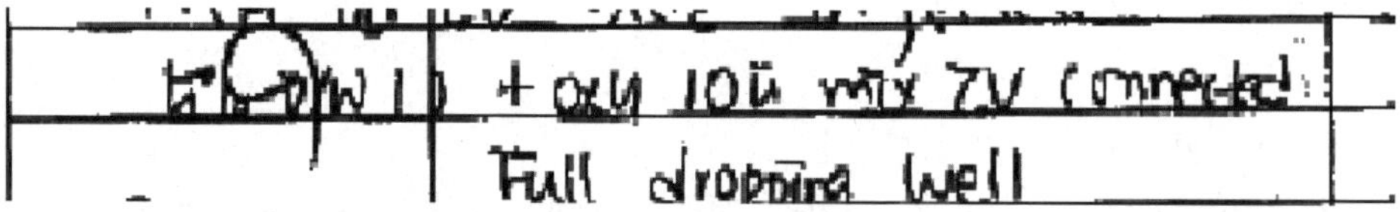
+ oxy 10u mix IV connected
Full dropping well

[그림 3] 2. 16. 06:30경 옥시토신투여기록

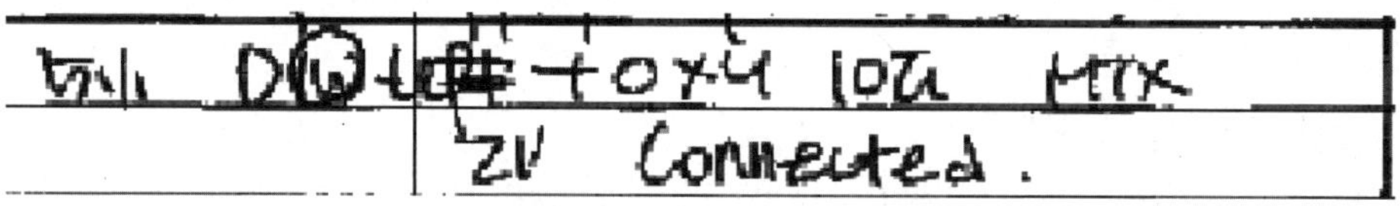
+ oxy 10u mix
IV Connected.

피고가 분만감시를 하면서 급속분만이 우려되었다면 처음 입원하면서부터 옥시토신을 주사하지 않거나, 최소한 2011. 2. 16. 00:00경부터는 옥시토신을 끊었어야 합니다.

그럼에도 급속분만 때문에 직장 열상이 발생하였다고 주장하는 것은 '피고가 옥시토신을 과도하게 투여하였고, 급속분만이 시작되는 것도 모르고 옥시토신투약을 중지하지 아니하여 급속분만이 더욱 가속되었다. 이로 인하여 중앙절개부분이 찢어지면서 괄약근과 직장이 찢어지게 되었다'는 인과관계와 과실의 자백이라고 보여집니다.

2. 과실에 관하여

가. 결과예견의 자백

피고는 정중절개법이 직장손상의 위험성이 높다는 사실을 알고 있었습니다. 그렇다면 원고의 건강상태는 물론 원고의 분만진행속도 등을 살펴 그 가능성을 줄이고자 노력할 주의의무가 있었습니다.

내외측회음절개법이 정중회음절개법의 항문괄약근 손상을 피하기 위하여 개발된 방법으로 항문 방향에서 벗어난 외측 사선 방향으로 절개함으로써 항문 괄약근 손상을 피할 수 있음에도 불구하고 잘못된 정중회음절개법을 시술하여 항문 4도 열상, 직장-질 누공을 일으킨 책임이 있습니다.

피고의원은 정중회음절개법의 경우 4도 열상과 누공의 부작용이 있다고 알고 있음에도 불구하고 무리하게 이 시술방법을 선택한 것은 명백한 과실입니다.

나. 사전결과회피의무 불이행

피고는 봉합이 쉽다는 이유로 중앙절개술을 취한 것입니다.

그렇다고 하더라도 산도열상을 막는 수준에서 최소한의 절개에 그쳤어야 함에도 이를 무시하고 깊게 절개하여 직장까지 찢는 과실을 범했습니다.

더욱이 피고는 스스로 급속분만이라고 진단하였다면 태아머리가 보일 때, 즉 분만직전에 시행하는 절개시 급속분만시 직장열상의 위험이 명백한 중앙절개술을 취했다고 하는 것은 단순히 업무상 과실행위가 아니라 '중상해' 등 고의범에 해당되는 것입니다.

분만전 Hb 10.7에서 이 건 항문파열 이후 Hb 8.4로 저하되었는 바, 출혈량이 700ml 정도 쏟아졌다는 것을 추정할 수있습니다.[158] 이는 정중절개로 항문, 직장파열이 되었기 때문입니다.

다. 상급병원 전원조치에 관하여

피고의원이 원고에게 잘못된 정중회음절개법을 시행하여 항문 4도 열상, 직장－질 누공을 일으킨 다음 바로 상급병원으로 전원조치를 시행하지 않아 조기에 수술 받을 기회를 박탈하였습니다.

≪원 · 피고 주요쟁점≫

<table>
<tr><th></th><th colspan="3"></th><th>원 고</th><th>피 고</th></tr>
<tr><td rowspan="4">의술상 과실</td><td colspan="3">인과관계</td><td>정중회음절개술의 시술상 과실로 항문열상, 직장－질 누공을 발생시킴.</td><td>자연질식분만후 정중회음절개술 후 4도 열상발생함.</td></tr>
<tr><td rowspan="3">과실</td><td colspan="2">결과예견</td><td>정중절개법으로 과도하게 절개할 경우 직장열상, 직장－질 누공을 일으킬 수 있음.</td><td>절개부위의 봉합이 용이하고 치유가 빠름, 수술 후 통증 경감, 실혈량 감소, 성교통의 속박감소 등의 장점이 있기 때문에 선택하여 시행함.</td></tr>
<tr><td rowspan="2">결과 회피</td><td>사전 회피 의무</td><td>정상두위분만의 경우 정중회음절개술의 적응증이 아니므로 시행해서는 안됨.</td><td>정상분만으로 위험요인이 전혀 없기 때문에 정중회음절개술을 시행하여도 문제될 여지가 없어서 시행함.</td></tr>
<tr><td>사후 피해 확대 방지</td><td>항문열상, 직장－질 누공의 합병증 발견시 항문 근육의 손상여부에 관하여 반복적으로 검사하고 전원조치하여 조기 수술받도록 하여야 함.</td><td>열상발생 확인 후 봉합, 항생제 투여, 소독 치료시행함.</td></tr>
</table>

158) 300ml가 출혈될 때마다 Hb 1이 떨어집니다.

설명의무위반	1. 정중회음절개술시 항문열상과 직장-질 누공의 합병증이 발생할 수 있고 발생시 치료방법과 예후에 대하여 설명하지 않음. 2. 회음절개술의 필요성과 그 방법의 선택에 대해서 설명하여 내외측절개법을 선택할 수 있는 기회를 박탈함.	태반 만출 후 회음절개 부위를 봉합하는 과정에서 4도 열상을 확인하고 열상발생 및 누공 가능성에 대하여 설명함.

≪1심 판결≫

1. 피고의 과실

『① 회음절개술에는 중앙 회음절개술과 내외측회음절개술이 있는데, 중앙 회음절개술을 시행할 경우 회음부에 3도 및 4도의 열상이 발생할 위험이 있고, 중앙 회음절개술 후 절개부위가 확장되어 항문, 직장 주변의 근육이 파열될 수 있으며, 항문괄약근 및 직장손상의 가능성이 내외측 회음절개술에 비해 높은 점, ② 회음부열상은 적절하지 못한 회음절개 시기 또는 적절하지 않은 방법의 회음절개를 실시한 경우(의학적 인자), 거대 태아이거나 태아의 후방 후두위나 둔위 분만, 견갑 난산의 경우(태아측 인자), 산모의 골반이 협소하거나 골반 내 구조물의 이상 또는 산모의 협조 불능의 경우(모체측 인자)에 발생할 수 있는데, 이 사건의 경우 태아는 정상위로 임신한 상태에서 3.34kg의 정상체중으로 출생한데다가 분만 전 원고에게 자궁골반 협착이나 둔위 등 이상증상은 없었고, 분만 과정에 원고가 과도하게 힘주기를 지속하였다는 등의 기록도 없는데 비추어 분만 과정에 특별한 문제는 없었을 뿐 아니라 피고의원 의료진은 원고에게 분만촉진제인 옥시토신을 지속적으로 투여하면서 분만을 진행했을 뿐 급속분만이 진행된 사정도 보이지 않는 바, 원고에게 발생한 회음부열상은 피고의원 의료진이 적절하지 않은 방법으로 회음절개를 실시하는 등의 의학적 인자로 인하여 발생한 것으로 봄이 상당한 점, ③ 피고들의 주장과 같이 원고에게 발생한 현 장애가 질식분만시 태아가 하강하면서 음부신경 및 골반근육을 직접 손상시켰기 때문에 불가피하게 발생한 것이라고 볼 만한 증거는 없는 점, ④ 질식분만후 4도의 열상이 확인된 경우 직장점막의 창상면을 접합하여 봉합한 후에 그 위로 근막을 덮고 마지막으로 항문괄약근을 분리 접합하고(이때 항문괄약근은 단속봉합이 3~4회 요구된다) 그 뒤의 봉합은 일반적인 회음절개의 봉합법과 동일하게 봉합하게 되는데, 이 사건의 경우 회음부 봉합이 어떤 방식으로 진행되었는지 확인할 기록은 없으나 일차단순봉합(장 점막 봉합과 질 점막 봉합)을 시행한 것으로 추정되는 점, ⑤ 4도 열상의 경우 합병증으로 질과 직장 사이가 대변에 의해 오염이 되어 아물지 않고 구멍이 생기는 직장-질 누공이 발생할 수 있고, 실제로 피고의원 의료진이 2012. 2. 21.

경 원고에게 누공의 발생가능성에 대하여 설명하는 등 피고의원 의료진으로서도 원고에게 누공이 발생할 가능성을 예상할 수 있었음에도 피고의원 의료진은 2012. 2. 18.경 원고에 대한 질 소독 후 퇴원토록 하였고, 그 후 원고에 대하여 외래진료를 통하여 소독치료와 항생제치료를 지속하다가 퇴원 후 6일이 지난 2012. 2. 24.경에야 원고에게 직장-질 누공이 발생한 것을 인지한 점, ⑥ 빈혈로 인하여 회음부열상의 회복이 지연되어 산모의 봉합부위가 잘 치유되지 않거나 직장-질 누공이 발생하는 등 합병증이 발생할 가능성도 배제할 수 없다 할 것인데, 원고의 경우 분만 다음날인 2012. 2. 17.경 헤모글로빈 수치가 8.4g/dL로 낮아져 있었고 이에 피고의원 의료진이 빈혈치료를 위해 철분제를 투여하기는 하였으나, 철분제 투여의 효과는 몸 안에서 적혈구 생성이 활성화되면서 천천히(일주일 가량 시간소요) 나타나게 되고 이에 퇴원 후인 2012. 2. 20.경에도 원고의 헤모글로빈 수치는 여전히 참고치 이하인 8.5g/dL으로 유지되고 있었는 바, 비록 피고들의 주장과 같이 원고의 아버지가 수혈을 원하지 않았던 것이 사실이라 하더라도 그러한 사정만으로 피고의원 의료진이 수혈 등 빈혈치료를 적극적으로 진행하지 않은 것이 정당화될 수는 없는 점, ⑦ 비록 원고가 2012. 2. 24.경 ○○대병원에 내원하였을 때에는 헤모글로빈 수치가 10.2g/dL로 상승해있기는 하였으나, 이는 철분제 복용의 효과가 뒤늦게 나타난 것으로 보이고 이러한 사정만으로 피고의원 의료진이 분만 후 초기에 원고에 대한 빈혈치료를 제대로 시행한 것이라고 보기도 어려운 점, ⑧ 원고의 경우 분만을 위하여 피고의원에 입원할 당시 직장 열상, 괄약근 손상, 변실금 등의 증상은 없었고, 활력징후도 모두 정상범위에 있는 등 분만 전 원고의 상태는 양호했을 것으로 추정되는 점 등에 비추어 보면, 원고에게 나타난 현 장애는 피고의원 의료진이 분만을 진행하는 과정에 회음부를 과도하게 절개하여 원고에게 열상을 발생시키고 이에 대하여 봉합술을 제대로 시행하지 않는 등의 과실로 인하여 초래된 것이라고 봄이 상당하다.』

2. 인과관계

『원고에게 나타난 현 장애는 피고의원 의료진이 분만을 진행하는 과정에 회음부를 과도하게 절개하여 원고에게 열상을 발생시키고 이에 대하여 봉합술을 제대로 시행하지 않는 등의 과실로 인하여 초래된 것이라고 봄이 상당하다.』

3. 인용금액 : 2천 5백만 원

4. 피고의 책임비율 : 70%

≪관련 판례≫

• 서울북부지방법원 2009. 5. 6. 선고 2007가단71940 판결(정중회음절개술로 인한 회음부열상 및 괄약근 손상사건)

(1) 인정사실

(가) 초산모인 원고는 2004. 7. 18. 16:30경 잠에서 깨어나 침대가 흥건히 젖어 있는 것을 발견하고 급히 피고가 운영하는 ○○산부인과의원("이 사건 병원")에 전화를 했더니 전화를 받은 상대방이 양수가 터진 것 같으니 병원으로 오라고 하여 07:00경 이 사건 병원을 찾았는데, 성명불상의 간호사가 원고의 자궁을 검사하고는 자궁 문이 열렸다면서 분만촉진제를 놓았고, 13:00경 태아의 머리가 보인다고 하면서 원고를 분만실로 옮겼다.

(나) 원고는 분만실로 옮긴 후 바로 출산을 하게 되었는데 피고는 원고에게 분만시 회음절개의 필요성 회음절개의 내용, 회음절개의 위험성을 설명하지 않은 채 정중회음절개 방식의 질식분만으로 회음부를 절개한 후 3,440g의 태아를 꺼냈으며, 원고는 2004. 7. 20.경 이 사건 병원에서 퇴원했다.

(다) 원고는 정중회음절개로 4도 회음열상을 입었다.

(라) 원고는 퇴원 후 산후 조리를 하는 과정에서 검은 피의 하혈과 절제되지 않는 방귀가 나오고 자신도 모르는 사이에 변이 내의에 묻어나왔고 출산 후 3개월이 경과했음에도 여전히 검은 하혈과 절제되지 않은 방귀, 변실금 증세 등이 있어 2004. 11. 5.경 이 사건 병원을 찾아가 검진을 받았으나, 이 사건 병원에서는 분만에 개인차가 있다고 하면서 자연분만후 항문괄약근 기능의 일시적인 감소로 판단하고 원고에게 항문괄약근 운동을 열심히 하라고 이야기를 할 뿐이었다.

(마) 원고는 2005. 3. 서울동대문구 휘경동 서울○○병원 외과에서 진단을 받았는데, 위 병원에서는 "괄약근이 50% 정도 손상되어 있고 손상된 부분이 자궁과 일직선으로 회음부 절개 방향과 일치하고, 출산 전에 없던 피부조직이 항문과 근접한 위치에 있으므로 회음부 절개 시 절개를 항문까지 했다"는 의심이 간다고 이야기했다.

(바) 원고는 2005. 8. 2.과 2006. 7. 11. 인천 중구에 있는 ○○병원에서 회음부 열상 및 괄약근 손상으로 인한 회음벽 복원 및 괄약근 복원수술을 받았으나, 현재 정중회음절개로 인한 변실금 증상이 남아 있다.

(2) 법원의 판시

법원은,

『…(사) 한번 손상된 괄약근은 수술을 해도 100% 완전하게 복구되기는 어렵다.
위 인정사실에 의하면, '피고는 회음부 절개시 항문괄약근 등이 손상되지 않도록 주의를 다할 의무가 있음에도 이에 대한 주의의무를 다하지 못하고, 4도 열상은 피고의 정중 회음절개로 발생했고, 정중 회음절개의 경우 열상이 발생할 가능성이 있고 이에 대한 전문가로서 피고는 충분히 열상의 발생가능성을 예견하고, 봉합하는 과정에서 직장과 항문괄약근의 손상 여부를 확인하고 항문괄약근의 손상을 확인한 경우에는 후유증이 발생하지 않도록 적절한 조치를 취할 의무가 있음에도 아무런 조치를 취하지 않아 원고에게 회음부 4도 열상의 상해를 가했으므로, 피고는 이로 인하여 원고가 입은 손해를 배상할 의무가 있다. 또한 피고가 회음절개술에 관하여 원고의 동의도 없고 아무런 설명도 하지 않은 채 시술했다.』

고 하면서 회음부열상 및 괄약근 손상에 대하여 과실책임을 인정한 바 있습니다.

8. 태아곤란증이 있는 태아에 대한 제왕절개수술 지연으로 태변흡입증후군에 의한 뇌손상이 발생한 사건159)

≪사건 개요≫

• 원고 김○○(남, 0세) / 피고 ○○병원

※ 사건 경과
태아곤란증 → 제왕절개 → 태변 흡입 증후군 및 좌측 뇌경색 → 우측 편마비

시 간 (2011)		상 태			검 사 및 처 치
		자궁경부개대 & 소실	태아 심박동	태아 하강도	
10. 8.	03:15	1FB, 60%	140-146	떠있음.	과거력 : 무 임신주수 : 39주 2일, 양수 터짐. 입원
	05:26		90		
	06:00	1FB, 60%		떠있음.	옥시토신 주입 시작
	06:47		80		
	06:52		50		
	06:55		87-92		산소 3L 공급 옥시토신 중단
	07:00		70		
	07:33	2FB, 60%	90	떠있음.	
	08:00		114-126		
	08:36		70		
	08:40		137-140		옥시토신 재주입 시작
	08:57~09:00		90-95		
	09:10~09:13		50-100		
	09:15		95-100		태아심박수 조기 감소 계속되어 수술 결정함. 옥시토신 중단

159) 서울북부지방법원 2016. 8. 25. 선고 2013가합5026 판결.

	09:40		제왕절개 수술 시작
	09:43	신생아 출산 2.94kg, 청색증 → 분홍빛, 태변착색, 탯줄 목에 4회 감음. 울지 않음 → 울음	신생아 기관내삽관, 흡인 → 자발적 호흡있어 발관
	09:44	신생아 아프가 4점	
	09:48	신생아 아프가 6점	산소마스크 1.5L 공급
	09:53	신생아 아프가 9점 심박수 140, 호흡수 60, 36.8도	가슴 X-ray상(심장 모양 이상하여 전원 결정) 이후 특별한 처치 없음.
	12:00		<여의도○○병원> 전원
	13:00	여의도○○병원 신생아 중환자실에 입원. 울음 약하고 움직임 없이 늘어져 있음. 피부색 창백	진단 : 태변 흡인 증후군
	14:00		흡입시 태변과 오래된 혈액 다량 나옴.
10. 9.	05:00		흡인시 오래된 혈액 다량 나옴.
10. 10.		엑스레이상 심장이상 없어 보이며 심잡음 없음.	
	11:00		흡인시 태변과 오래된 혈액양상
10. 11.			MRI : 주로 좌 중대뇌동맥 영역에 넓게 뇌경색
10. 13.			경동맥 초음파 : 내경동맥 심각하게 좁아져 있음.
11. 5.		퇴원	
현 재		진단서(13. 5. 31. ○○재활병원) : 강직성 편마비성 뇌성마비, 철결핍빈혈, 뇌경색증, 지연된 이정표 입원치료중, 발달지연 관찰, 현재 물리, 작업, 인지, 언어 치료중으로 지속적인 재활치료 필요할 것으로 사료	

≪소장에서 주장하는 피고의 과실≫

1. 경과관찰 및 진단상 과실

자궁수축 이후 태아심박동수가 분당 110회 미만으로 반복하여 감소하면 태아심박동을 면밀히 감시하여야 하고, 만일 자궁수축 이후 1분에 100회 미만의 심박동이 있었다면 다음 수축 전에 120 내지 160회로 회복되더라도 태아곤란증을 의심할 수 있습니다. 한편, 만삭아 및 과숙아는 자궁 내 또는 분만 중 저산소증에 노출될 경우 장운동의 항진과 항문괄약근의 이완으로 태변이 양수 내로 배출되어 태변이 착색될 수 있으므로 면밀한 경과관찰을 하여야 합니다.

이 사건 태아심박동수를 정리하면 아래와 같습니다.

시각(10/8)	태아심박수(회/분, 정상범위 120-160)
03:15	입원, 140-146
05:26	90
06:47	80
06:55	87-92
07:33	90
08:00	114-126
08:36	70
08:40	137-140
08:57	90
09:13	90
09:15	95-100
09:43	분만

위 표에서 보는 바와 같이 태아심박동수는 05:26을 기점으로 지속·반복적으로 이상소견을 나타내고 있습니다. 설령 일시적으로 태아의 상태가 호전되었다고 할지라도 지속적으로 태아의 심박동에 이상이 있는지 여부 등을 주의 깊게 관찰함으로써 발생 가능한 이상상황에 대처하여야 할 주의의무가 있습니다.

그런데 피고병원은 06:55경 옥시토신을 중단하고 산소를 공급하였으나 태아의 상태가 호전되지 않았을 경우에는 즉각 태아곤란증을 의심하여 이에 대한 적절한 처치를 하여야 할 주의의무가 있음에도 불구하고 이를 방치하다가 08:40경 옥시토신 재차 투입한 후 태아의 상태가 악화되자 그제서야 제왕절개수술을 결정하였습니다.

그렇다면 피고병원은 태아의 상태를 면밀히 관찰하고 태아곤란증을 사전에 진단하여 이에 대한 적절한 처치를 하여야 할 주의의무가 있음에도 불구하고 이를 게을리 한 과실이 있다고 할 것입니다.

2. 분만방식 및 시기 선택상 과실

가. 분만방식에 관하여

태아곤란증의 종류와 정도, 분만 진행 상태 등에 따라 차이가 있습니다. 만성 태아곤란증의 경우 빠른 시간 안에 정상 분만이 되지 않을 상태라면 대부분은 외래에서 발견되거나 분만까지 시간이 많이 남은 산모이기 때문에 제왕절개가 선택됩니다.

갑자기 생기는 지속성 맥박 감소증이나 변동적 맥박 감소증의 관리에서 주의점은 너무 서두르지 않는 것입니다. 대개는 급성 태아 곤란증이기 때문에 좋아집니다. 이런 상태에서 빨리 분만 시키는 것이 좋다고 여겨 무리하게 기계 분만을 시키거나 산모에게 오랫동안 힘을 주게 하는 것은 오히려 위험합니다.

회복이 가능하다고 판단되거나 회복되는 과정에 있으면 분만을 시키더라도 태아 맥박이 다시 정상으로 되고 몇 분은 지나서 태아가 힘이 있을 때 분만을 하는 것이 좋습니다. 그래야 태아가 스스로 목과 기관지에 남아 있는 양수나 분비물을 모두 밖으로 뱉어내고 폐에 공기를 넣어서 보존하는 모든 일을 감당할 수 있기 때문입니다.

나. 분만방식 시기 선택상 주의의무 위반

위에서 살펴본 바와 같이 태아심박동수는 2011. 10. 8. 05:26을 정점으로 지속적으로 이상소견을 나타내었습니다. 그렇다면 피고병원으로서는 옥시토신을 중단하고 산소를 공급하였음에도 불구하고 태아상태가 호전되지 않을 경우에는 응급제왕절개술 등 조기에 태아를 만출시킬 수 있도록 적절한 조치를 취하여야 할 주의의무가 있습니다.

그런데 피고병원은 2010. 10. 8. 06:55경 태아의 상태가 악화되어 옥시토신을 중단하고 산소를 공급하였음에도 태아의 상태가 호전되지 않았다는 사실을 인지하였음에도 불구하고 만연히 질식분만을 고집하다가 08:40경 다시 옥시토신을 재주입하였고, 이에 태아의 상태가 급격히 악화되자 그제서야 제왕절개수술을 결정하여 09:40경 제왕절개수술을 시행하였습니다.

그렇다면 피고병원은 응급제왕절개술을 적시에 실시해야할 주의의무를 위반하여 시기를 놓친 채 09:40경에야 제왕절개수술을 시행한 과실이 있다고 할 것입니다.

3. 태변흡입에 대한 응급처치상 과실

원고는 청색증을 보이고, 분홍빛, 태변착색, 탯줄을 목에 4회 감은 상태로 출생하였습니다. 원고가 태변착색이 보이면 출생 직후 태아의 기도에 튜브를 넣어 호흡을 유지하면서 폐로 넘어간 태변을 제거해야 하고, 태변착색을 일으킨 신생아의 경우에는 주의해서 관찰하고 호흡 상태가 좋지 않으면 즉시 치료해야 함에도 불구하고 이에 대한 처치를 하지 않았습니다.

이는 이후 전원한 여의도○○병원에서 태변흡입증후군을 진단하고 같은 날 14:00 흡입시 태변과 오래된 혈액이 다량으로 나온 것을 보면 당시 피고병원에서 적절한 응급처치를 다하지 아니하였다는 점을 반증하는 것이라 할 것입니다.

4. 전원의무 위반

의사는 당해 의료기관의 설비 및 지리적 요인 기타 여러 가지 사정으로 인하여 진단에 필요한 검사를 실시할 수 없는 경우에는 특단의 사정이 없는 한 당해 환자로 하여금 그 검사를 받을 수 있도록 해당 의료기관에 전원을 권고할 의무가 있습니다(대법원 1998. 2. 27. 선고 97다38442 판결 참조).

원고는 청색증을 보이고, 분홍빛, 태변착색, 탯줄을 목에 4회 감은 상태로 출생하였습니다. 출생 당시 원고는 울지 않았고, 신생아 아프가 점수 4점으로 낮았습니다. 이에 피고병원은 산소를 공급하고 X-Ray 검사상 심장모양의 이상소견이 있었습니다. 그렇다면, 피고병원으로서는 원고의 상태를 면밀히 검사하고 진단할 수 있는 인적·물적시설을 갖춘 상급병원으로 즉시 전원해야 할 주의의무가 있다고 할 것입니다.

그런데 피고병원은 09:53경 전원을 결정하였다고 기록하고 있음에도 불구하고 2시간여가 지난 12:00경에야 상급병원인 여의도○○병원으로 전원함으로써 전원을 지연시킨 과실이 있다고 할 것입니다.

≪관련 의학지식을 통한 입증≫ PPT 자료를 통한 입증

	0	1	2
심박수	없음	느림(100이하)	100이상
호흡	없음	느림, 불규칙	좋음, 울음
움직임	축늘어진,탄력없는	사지구부림	활발한 움직임
반사정도	반응없음	찡그린표정	격렬한 울음
피부색	창백, 청색증	몸은분홍,사지청색증	거의 분홍

1분
5분
1분,5분 공통

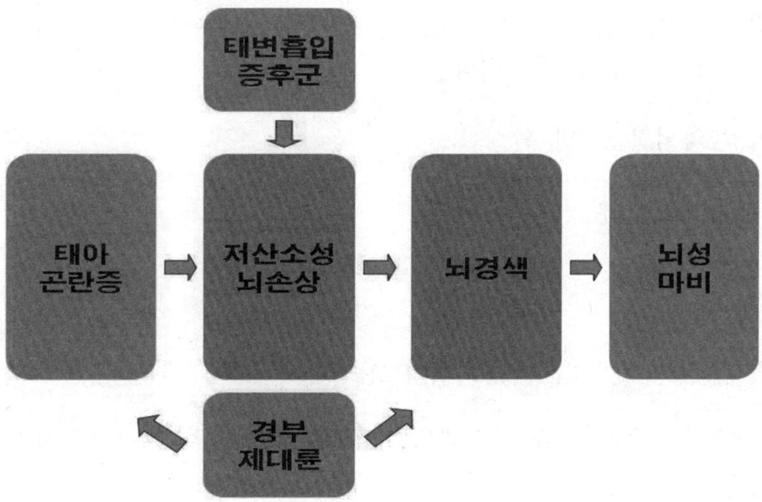

≪1심 판결≫

1. 피고의 과실

『피고 최○○에게는 태아곤란증을 의심할 수 있는 징후가 있는 상황에서 태아의 저산소증으로 인한 뇌손상 등 치명적인 위험을 피하기 위하여 주치의인 김○○에게 연락을 하고, 옥시토신의 재투약을 하지 않고 신속히 제왕절개수술을 시행하여 빨리 분만할 수 있는 방법을 선택하지 아니하는 등 태아곤란증에 대한 처치를 지연한 과실이 있고, 피고 김○○에게는 원고 출생 즉시 기도 삽관을 통해 폐속에 들어가 있는 양수와 태변을 흡인 제거하고, 그러한 조치를 반복적으로 시행하면서 흡인된 태변의 상태를 관찰하고, 발관한 이후에도 지속적으로 원고의 활력징후를 측정하는 등 그 상태를 모니터링 함으로써 태변흡입증후군으로 인한 신생아의 저산소성 허혈성 뇌손상을 예방 또는 완화시킬 의무가 있음에도 이를 게을리하고 만연히 전원결정만을 하고 원고의 태변흡입증후군에 대한 응급처치를 제대로 시행하지 아니한 과실이 있다고 판단된다.』

2. 인과관계

『피고들이 이 사건 의료사고가 전혀 다른 원인으로 말미암은 것이라는 입증을 하지 아니하는 이상, 피고 최○○의 분만 방법 선택과 제왕절개 수술의 지연, 피고 김○○의 응급처치 미흡 등의 과실이 한 원인이 되어 원고에게 태아곤란증 및 태변흡입증후군이 발생하였고, 그로 인하여 저산소성-허혈성 뇌손상에 따른 뇌성마비 증세가 초래된 것으로 추정된다 할 것이다.』

3. 인용금액 : 7억 4천 3백만 원

4. 피고의 책임비율 : 70%

≪관련 판례≫

1. 수원지법 2009. 7. 9. 선고 2007가합21378 판결

원고와 같이 분만손상으로 좌측 뇌경색으로 우측 편부전마비[160]가 된 사건에 대하여 과실 책임을 물었습니다.

즉, 분만진행정착으로 태아곤란증에 이른 사건에 대하여 급속분만을 지체한 과실로, 좌측 뇌기저핵 경색·좌측 뇌연화증·뇌실질위축·우측 편부전마비·우측 상지 및

160) 원고 신○○ 대한○○대학교 신체감정서 참조.

하지의 심부건반사 항진 등 영구장애를 입은 사건에 대하여 법원은,

『…분만정착이라고 판단될 정도로 장시간 동안 계속적으로 다양성 태아심박동감속의 소견을 보이는 경우에는 장기간의 질식상태로 인한 저산소성 뇌손상의 우려가 있으므로 신속히 제왕절개술을 통해 분만을 시도하여야 하는 것이 상당하다.』

고 하여 과실책임을 인정한 바 있습니다.

2. 대법원 2005. 10. 28. 선고 2004다13045 판결

대법원은 반복된 태아심음감소소견에도 불구하고 이를 방치한 과실로 뇌성마비에 이르게 한 의사에게 손해배상책임을 인정한 바 있습니다.

대법원은, 전자태아감시장치상 태아심박동수가 80회/분으로 태아곤란증 소견이 나타난 사실, 분만이 지연된 사실, 태변흡입증후군 및 저산소성-허혈성 뇌손상으로 인한 뇌성마비의 진단을 받았으며 현재 노동능력의 100%를 상실한 사실에 비추어, 제왕절개술은 분만이 지연되면 태아나 임산부에 심각한 손상을 주거나 질식분만이 안전하게 진행될 것을 기대하기 어려운 때 시행하는 것으로서 분만담당의사가 그 시술 여부를 결정하여야 하는 것이지만, 분만담당의사는 만기태아 심박동감소 등 태아곤란증을 의심할 만한 상황이 생기면 즉시 산모에 대한 산소공급 등 필요한 조치를 취하여 태아의 상태가 호전되는지 여부를 관찰하면서 태아상태가 호전되지 않을 경우에는 응급제왕절개술 등 조기에 태아를 만출시킬 수 있도록 적절한 조치를 취하고 산소공급으로 일시적으로 태아심박동감소 상태가 호전되었다고 할지라도 지속적으로 태아심박동수 등을 주의 깊게 관찰하면서 만일의 사태에 대비하고 즉시 질식분만을 시행할 수 없다면 태아의 저산소증으로 인하여 발생이 우려되는 뇌손상 등 치명적인 위험을 피하기 위하여 제왕절개수술에 의한 분만을 시도하는 등으로 적극적인 대처를 하여야 함에도 태아의 상태를 정확히 확인하지 않은 채로 몇 시간 동안 무리하게 자연분만을 시행하여 태아가사 상태를 유발한 과실을 인정한 바 있습니다.

V. 수술 관련 의료사고 사건

1. 척추측만증 수술을 하면서 과도하게 금속봉을 연장하여 하반신이 마비된 사건[161]

≪사건 개요≫

• 원고 명○○(여, 7세) / 피고 강남○○병원

※ 사건 경과
척추측만증으로 2차 교정수술 → 하반신 마비

날 짜	시 간	증 상	검사 및 처치	비 고
과거력 : 2011년 사시 교정술, 2012. 3. 20. 척추측만증으로 교정수술(1차)				
12. 9. 20.	다음날 수술 위해 걸어서 입원함. 수술전 처치 시행함.			
12. 9. 21.	12:00		척추측만증 교정수술(2㎝) 시행함.	수술 후 척추엑스레이상 특이 소견 없음.
	16:00	수술 후 병동 도착	간호사 양쪽 상하지 움직임, 감각, 순환 확인 → 정상	
	22:00	금일 16:00 이후 소변 배출량 없음.	간호사 의사에게 알림 → 경과관찰	
	23:10	소변보고 싶은 느낌있으나 자연배뇨 못함.	단순도뇨 시행 → 소변 300 cc 나옴. 체온 38.2도 → 얼음주머니 적용	
12. 9. 22.	04:20/ 09:53	자연배뇨 못함.	단순도뇨 시행 → (300cc/ 300cc)	
	11:30		주치의 회진 → 신체검진 후 흉추 7번 이하 감각저하 및 하지 마비증상 발견 → 응급수술 결정	
	12:25		전일 시행한 2cm 교정에서 로드각 줄임 → 수술 후 상태확인시에도 하지마비 여전함.	

161) 서울중앙지방법원 2015. 10. 6. 선고 2013가합555720 판결, 서울고등법원 2015나2063389 결정.

	16:00	양쪽 하지 감각 없고 마비 여전함.	고용량스테로이드 요법 시작함.	
	16:05	자연배뇨 못함.	유치도뇨관 삽입	
	19:05	체온 37.6도		
12. 9. 23.	의사 검진상 하지마비 여전함.			
현재상태 – 하반신 마비				

≪소장에서 주장하는 피고의 과실≫

1. 인과관계

의료행위상 주의의무 위반으로 인한 손해배상청구에서 피해자 측이 일련의 의료행위 과정에서 저질러진 일반인의 상식에 바탕을 둔 의료상 과실 있는 행위를 증명하고 행위와 결과 사이에 일련의 의료행위 외에 다른 원인이 개재될 수 없다는 점을 증명한 경우에는 의료상 과실과 결과 사이의 인과관계를 추정하여 손해배상책임을 지울 수 있도록 증명책임을 완화하여야 한다는 것이 대법원의 일관된 입장입니다(대법원 2012. 1. 27. 선고 2009다82275 판결 등 다수).

환자측에서는 일응의 증명이론에 따라 인과관계를 인정받기 위해서는 ① 의료행위의 미숙, ② 의료행위와 결과와의 시간적 근접성, ③ 장소적 · 부위적 근접성, ④ 일반적 통계적 인과관계, 의료행위의 양과 결과발생률, 의료행위의 내용과 결과발생률, ⑤ 자해행위 등 타 원인의 불개입 등을 주장 · 입증하면 일응 의사의 과실이 증명된 것으로 간주된다는 것이 판례 및 통설 입장입니다.[162] 이때 의사인 피고는 일응의 추정을 번복할 수 있는 반증을 제출하여야 면책이 됩니다.

이 건에서 원고의 경우,

① 피고 2는 원고의 척추측만증 교정 수술 중 치명적인 척수신경손상을 발생시켰다는 점(의료행위의 미숙), ② 원고의 하반신 마비는 이 사건 척추측만증 수술 직후 발생하였다는 점(시간적 근접성), ③ 원고의 하반신 마비는 이 사건 척추측만증 교정 수술부위인 흉추 7 이하 부위라는 점(장소적 · 부위적 근접성), ④ 일반적으로 척추수술 중의 신경손상이 발생할 수 있다는 점은 충분히 예견가능하다는 점(일반적 통계적 인과관계), ⑤ 원고는 이 사건 수술 이전에 하반신 마비가 발생할만한 기왕증이 없었다는 점(타 원인의 불개입) 등을 종합적으로 고려하면, 이 사건 피고병원의 과실있는 행위와 원고의 현장애 사이의 인과관계는 충분히 추정가능합니다.

162) 唄 孝一 · 宇都木 伸 · 平林 勝政 編, 醫療事故判例百選 237면, 有斐閣, 1989.

2. 과 실

피고 2는 척추교정술이 척수신경손상의 위험이 있으며 발생기에는 치명적인 척수신경손상을 가져올 수 있으므로 신경손상의 위험을 피하기 위해 수술 중 척수의 민감한 감시와 수술 중 면밀한 주의를 기울여야함에도 불구하고, 이러한 주의의무를 다하지 않고 수술 술기상의 과실로 인해 원고의 척수를 손상시켜 영구적인 장해를 유발한 과실이 있다 할 것입니다.

(1) 악결과예견가능성

척추수술은 수술 자체만으로도 발생 가능한 합병증들이 있고, 척추에는 [그림 2]에서와 같이 척수에서 뻗어나오는 신경다발이 있어 척추수술 및 시술로 인하여 주위신경이 손상될 가능성이 있습니다.

더욱이 이 건 원고에서와 같이 척추측만증이 있을 경우, 척추교정술은 척수신경손상의 위험이 있는데, 척추신경손상 발생시에는 치명적인 악결과가 발생합니다.

따라서 피고병원으로서는 원고에게 척추수술을 시행하는 과정 중 척수신경이 다발로 분포해 있는 척추에 내부고정장치를 고정하여 휘어진 척추각을 한꺼번에 늘렸는바, 이상의 사실을 통해서는 척추수술 후 신경손상이 발생할 수 있음은 충분히 예견할 수 있는 상황이었습니다.

[그림 2] 척수신경

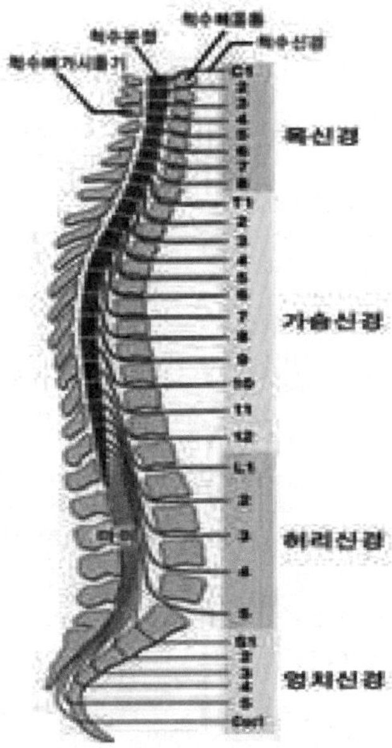

(2) 악결과회피의무 위반

(가) 신경의 손상은 주로 기계적 원인이나 허혈에 의하여 발생하고, 신경학적 손상이 초래되었을 때 삽입물의 신속한 제거가 척수 신경 회복을 위한 최선의 방법이므로 신경손상의 위험을 피하려면 수술 중 척수의 민감한 감시가 필요합니다.

수술 중 신경손상의 감시로는 ① 각성검사(wake up test), ② 체성감각 유발전위, ③ 운동유발 전위감시 등이 있습니다.

유발전위반응은 신경계에 일정한 시간간격으로 외부에서 반복자극하여 얻어지는 신경조직의 전기 생리학적인 반응을 말하며 이를 이용한 척추수술 중 신경감시방법으로 체성감각유발전위와 운동유발전위 감시를 들 수 있습니다.

체성감각 유발전위 검사는 척추수술시 척수의 손상과 허혈을 예방하는 감시장치로서 이 방법은 주로 감각신경계의 이상유무를 확인하는 검사입니다.

운동 유발전위 검사는 운동로의 이상을 감시하는데 체성감각 유발전위 감시보다 예민하여 척추수술 중 척수전주 및 측주에 대한 감시방법으로 유용합니다. 해당검사는 경추에서 요추에 이르기까지 척추부위별로 실시간 감시가 가능하고 위음성이 적은 장점이 있고, 또한 근육에 거치된 바늘 전극을 통해 자발적인 근전도 활동을 동시에 감시할 수 있습니다. 따라서 수술적 조작에 의해 신경근이 눌리거나 당겨지는 등의 자극을 받게 되면 그 신경이 분포한 근육에서 근전도상 활동전위가 증가되어 나타나므로 신경근의 손상을 방지할 수 있습니다.

따라서 피고병원으로서는 원고의 척추측만증의 교정 중 신경손상의 감시장치를 시행하면서 신경손상의 유무를 확인하면서 수술을 진행하였어야 하고, 신호소실의 이상소견이 확인되자마자 즉시 로드를 해체하여 만곡을 원상복귀시키는 등의 응급조치를 취하였어야 하나, 이 사건 원고의 척추수술 시 어떠한 감시장치도 없이 무작정 한꺼번에 2cm나 만곡을 교정하였고, 그 결과 원고의 척수신경이 손상되어 원고의 하반신이 완전마비 되게 하였습니다.

(나) 나아가, 원고의 하반신 마비가 발생한 원인은 수술 중의 기계적 손상(외상성 손상)입니다.

원고는 현재 가슴 아래의 하지완전마비 증상이 남은 상태로 2012. 9. 21.경 이 사건 수술당시 만곡된 척추를 과도하게 교정한 결과입니다.

이 사건 이전 1차 수술당시(2012. 3. 1.경) 피고병원은 만곡된 척추를 내부교정장치를 이용하여 1cm교정한 후 이상소견없이 퇴원조치 시켰고, 같은해 9. 21.경 동일한 방법으로 이 사건 수술을 진행하였지만 한번에 2cm를 교정하였습니다.

결국 피고병원은 원고의 이 사건 척추교정술 중 감시장치도 하지 않은 채 어떠한 근거도 없이 2cm 로드각 교정을 하여 척수신경을 손상시켰고, 신경이 손상된 이후 만 하루가 지남에도 감각 및 운동신경의 손상유무를 파악하지 않고 방치하였고, 그 결과 원고는 척수신경이 손상되고도 하루가 지나서 재수술을 받게되어 영구적인 장애가 남게 된 사실은 일반인의 상식에 비추어보더라도 납득하기 어렵다 할 것입니다.

[그림 3] 척수손상 위치에 따른 마비부위

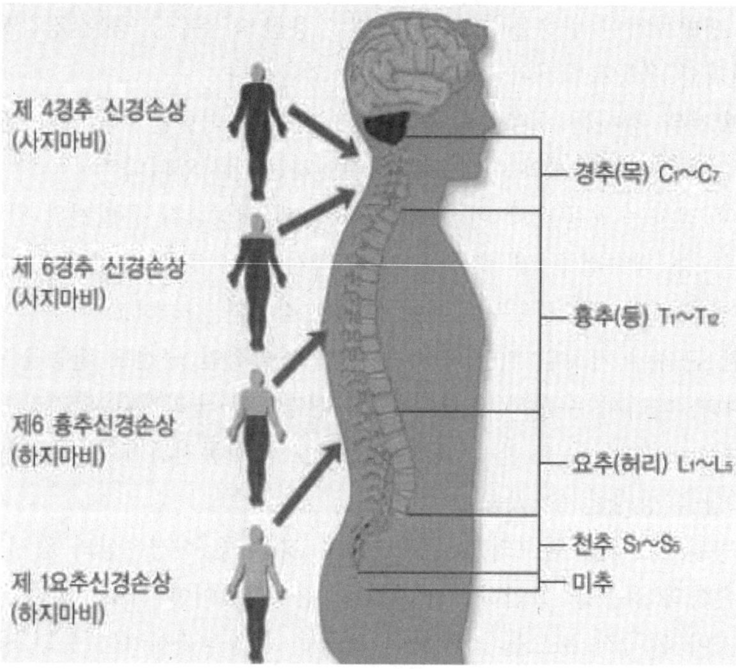

≪관련 의학지식을 통한 입증≫

1. 피고병원의 과실

가. 술기상 과실

(1) 과도한 교정각 설정

원고는 척추측만증 교정을 위하여 2012. 3. 1.경 1차 수술을 통해 1cm 교정술을 시행한 뒤, 같은 해 9. 20.경 2차 수술을 위해 입원하였습니다. 2차 수술 또한 원고의 척추측만증을 교정하기 위한 수술로, 피고병원 의료진은 원고의 부모에게 1차 수술과 비슷하니 걱정하지 말라면서 구체적인 수술방법 등에 대하여 설명하지 않았습니다.

같은 달 21. 12:00경부터 16:00경까지 원고는 성장형 금속봉 연장술[163]을 받게 되었고, 피고병원 의료진은 한번에 2cm나 과도하게 연장을 하였습니다.

이 건 감정의는 첫 수술 이후 통상적으로 6개월 단위로 연장술을 시행하며, 연장길이에 대한 제시된 명확한 기준이 없지만 수술 후 척추의 성장속도는 11.7mm/년에서 17.6mm/년까지 다양하게 보고되고 있다고 회신하였습니다.

▶ 피고측 진료기록감정 회신문

〔문〕 일반적으로 성장형 금속봉 연장술의 시행간격 및 연장길이…

〔답〕 …6개월마다 시행하는 것이 보편적 … 수술 후 척추의 성장 속도는 11.7mm/년, 12.1mm/년, 14.6mm/년, 17.6mm/년 등으로 보고 … {피고측 진료기록감정 회신문 2-나-(3)항 참조}.

그렇다면 원고는 1차 수술에서 이미 1cm의 연장수술을 하고 6개월 이후 2차 수술에서 2cm의 연장수술을 하였던 바, 평균적인 수술 후 척추의 속도가 1년에 1.1~1.7cm임을 감안하면 6개월 동안 3cm의 연장은 과도하다고 추정가능합니다.

(2) 수술 중 신경손상 감시 해태

(가) 수술 중 신경생리학적 검사의 필요성

피고병원 의료진은 상급종합병원으로 이 건과 같은 수술 중 신경손상 여부의 감시를 위한 체성감각유발전위 검사 및 운동유발전위 검사 등을 실행할 수 있는 여건을 충분히 갖추고 있으며, 1차 수술 중에는 운동유발전위 검사를 시행하였습니다.

더하여 1차 수술 중 일부 운동유발전위의 감소가 확인되었기 때문에 2차 수술 시에도 수술 중 검사가 필요하였습니다.

▶ 피고측 진료기록감정 회신문

〔문〕 피고병원은 1차 수술 당시 … 감시조치를 시행하였고, 그 결과는 어떠하였는지…

〔답〕 …수술 중 일부 운동유발전위의 감소가 확인 … {피고측 진료기록감정 회신문 3-나-(6)항 참조}.

원고의 경우처럼 첫 번째 수술(1차)시 유발전위검사의 변화가 있었던 경우, 연장술(2차)시에도 변화를 보이는 경우가 있기 때문입니다.

▶ 피고측 진료기록감정 회신문

〔문〕 …성장형 금속봉 연장술을 시행하는 경우 유발전위 검사를 …

---

163) 이하 '2차 수술'이라 칭하겠습니다.

〔답〕 …처음 수술 시 유발전위 검사의 변화가 있던 환자에서 연장술 시에 마찬가지로 변화하였다고 보고… {피고측 진료기록감정 회신문 2-나-(7)항 참조}.

그렇기에 2차 수술 또한 수술 중 신경생리학적 검사를 통하여 수술 중 신경손상 여부를 파악할 필요성이 있었습니다.

▶ 원고측 진료기록감정 회신문

〔문〕 …수술 중 어떠한 방법으로 신경감시를…

〔답〕 수술 중 신경생리학적 검사를 시행하면 수술 중 신경손상 여부와 관련된 정보를 얻을 수 있습니다… {원고측 진료기록감정 회신문 1-2)항 참조}.

▶ 피고측 진료기록감정 회신문

〔문〕 …예방조치를 시행한다면…

〔답〕 …수술 중에는 운동유발전위 검사와 체성감각유발전위 검사를 통하여 신경손상을 감시… {피고측 진료기록감정 회신문 2-가-(11)항 참조}.

그럼에도 피고병원 의료진들은 이 건 수술 당시 수술 중 신경손상 등을 감시하기 위한 운동유발전위 검사 및 체성감각유발전위 검사 등의 신경생리학적 검사를 적용하지 않은 채 수술을 진행하였습니다.

(나) 이 건의 높은 신경손상 발생위험성

원고의 경우와 같은 신경섬유종 척추측만증 환자에게서는 외과적 수술 과정에서 마비 등의 신경학적 증상과 호흡기능 저하 등의 합병증 발생위험성이 일반적인 척추측만증 환자 수술에서보다 높아, 수술 중의 감시가 더욱이 필요합니다.

▶ 피고측 진료기록감정 회신문

〔문〕 일반적인 척추측만증 수술에 비하여 신경섬유종 척추측만증 환자…

〔답〕 …마비 등의 신경학적 증상이 많이 발생…{피고측 진료기록감정 회신문 2-가-(12)항 참조}.

이처럼 원고는 신경학적 이상증상의 발생위험성이 일반적인 척추측만증 환자보다 훨씬 높은 바, 피고병원 의료진들은 위 사실을 인식하고 수술 중 감시를 신중하게 실시할 필요성이 가중된다고 할 것입니다. 그리고 만약 이 건 수술 당시 위 검사들을 적용하면서 수술을 진행하였다면, 수술 중 신경손상의 발생 여부를 즉시 확인할 수 있었을 것이며, 적절한 응급조치를 취할 수 있었을 것입니다.

▶ 피고측 진료기록감정 회신문

〔답〕 …2차 수술과정에서 금속봉의 연장으로 신경이 손상되었다면 수술 중 유발전위 검사에서 이상소견이 관찰되었 … {피고측 진료기록감정 회신문 3-마-(1)항 참조}.

나. 경과관찰상 과실

1) 수술 후 신경학적 이상증상 파악미비

원고는 신경섬유종 척추측만증 환자로 이 건 수술 시 마비 등의 신경학적 이상증상의 발생위험성이 매우 높은 상태였습니다. 그렇기에 수술 중은 물론 수술 직후부터 신경학적 이상증상 여부에 대하여 면밀한 사정과 평가가 중요합니다.

이 건 진료기록 감정의사는 또한 수술 후 신경손상의 여부를 파악하기 위해 의료진 중에서도 주치의가 하루 1~2회 이상 이학적 검사를 시행하는 것이 필요하다고 회신하였습니다.

▶ 원고측 진료기록감정 회신문

〔문〕 …수술 후 신경손상 여부를 파악하기 위하여…

〔답〕 …주치의는 하루 1-2회 정도 이학적 검사를 시행 … {원고측 진료기록감정 회신문 1-3)항 참조}.

그렇다면 피고병원 의료진 중에서도 주치의 즉 의사가 이 건 수술 후 원고의 신경손상 여부를 언제, 어떻게, 얼마나 적절하게 사정 및 평가하였는지가 중요하겠습니다. 그럼에도 아래 [그림 1]의 이 건 수술 즉 2차 수술 이후 의사의 환자상태 평가기록을 살펴보면 원고의 신경학적 이상증상 여부에 대하여 사정하거나 평가한 기록은 살펴볼 수 없습니다.

[그림 1] 2차 수술 후 환자상태 평가기록지

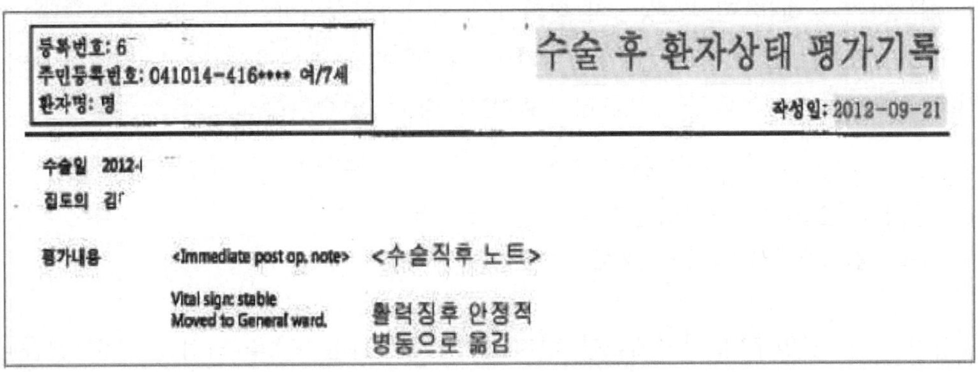

등록번호: 6
주민등록번호: 041014-416**** 여/7세
환자명: 명

수술 후 환자상태 평가기록

작성일: 2012-09-21

수술일 2012-
집도의 김

평가내용 <Immediate post op. note> <수술직후 노트>

Vital sign: stable
Moved to General ward.

활력징후 안정적
병동으로 옮김

단순히 활력징후가 안정적이니 병동으로 옮기겠다는 내용만이 확인될 뿐입니다. 그리고 이어 작성된 2차 수술 이후의 경과기록지에도 마비 등의 발생위험성이 높은 수술을 끝낸 환자에 대하여 신경학적 이상증상 여부에 대해 면밀히 사정한 내용이 전혀 없고, 수술 상처에 대하여 평가한 기록 또한 없습니다. 아래 [그림 2]의 기록은 환자를 직접 관찰하고 사정하지 않고도 작성할 수 있는 정도의 기록에 해당되며, 의사 본인이 직접 관찰, 사정하거나 평가한 내용은 전혀 없습니다.

[그림 2] 2차 수술 후 경과기록지

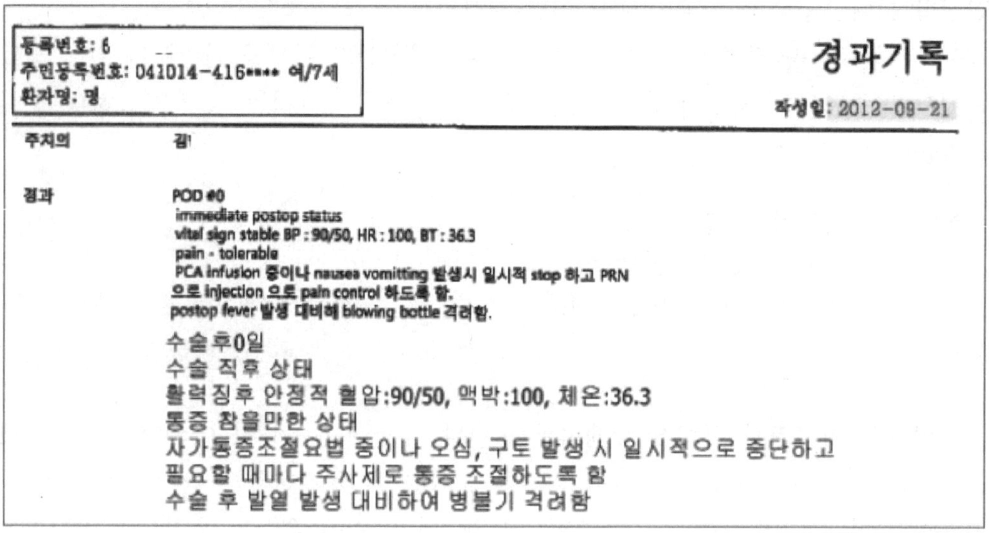

등록번호: 6 --
주민등록번호: 041014-416**** 여/7세
환자명: 명

경과기록

작성일: 2012-09-21

주치의 김

경과

POD #0
immediate postop status
vital sign stable BP : 90/50, HR : 100, BT : 36.3
pain - tolerable
PCA infusion 중이나 nausea vomitting 발생시 일시적 stop 하고 PRN
으로 injection 으로 pain control 하도록 함.
postop fever 발생 대비해 blowing bottle 격려함.

수술후0일
수술 직후 상태
활력징후 안정적 혈압:90/50, 맥박:100, 체온:36.3
통증 참을만한 상태
자가통증조절요법 중이나 오심, 구토 발생 시 일시적으로 중단하고
필요할 때마다 주사제로 통증 조절하도록 함
수술 후 발열 발생 대비하여 병불기 격려함

(2) 신경이상 의심증상 지속

피고병원 의료진은 이 건 수술 이후 원고의 수술상처는 물론 신경학적 이상증상 발생여부 등에 대하여 면밀히 경과관찰하지 않고 방치하였습니다. 그리고 원고가 스스로 배뇨하지 못하는 이상증상까지 발생하기 시작하였습니다.

원고는 9. 21. 22:00경 수술 후 6시간이 지났음에도 배뇨를 하지 못하여 요관을 삽입하여 소변을 빼내야 했고, 300ml의 소변이 배출되었습니다.

▶ 원고측 진료기록감정 회신문

〔문〕 …당일부터 자가배뇨를 하지 못하였다면 그 원인은…

〔답〕 신경손상을 의심 … {원고측 진료기록감정 회신문 1-4)-가)항 참조}.

척추 수술 당일부터 자가배뇨를 하지 못한다면 신경손상을 의심해볼 수 있습니다.

그렇기에 피고병원 의료진은 스스로 배뇨를 하지 못하는 이상증상이 발생되면, 신경손상의 가능성을 의심하면서 감각, 운동감각 등을 재차 사정할 필요성이 있습니다. 더하여 원고의 배뇨곤란 증상은 한차례의 이상증상이 아니고 수술 이후부터 그 다음날까지 18시간 이상 계속되었습니다. 그럼에도 피고병원 의료진은 단순히 소변을 물리적으로 체외로 빼주기만 하였을 뿐 신경손상 가능성을 의심하면서 원고의 감각이나 운동증상이 어떠한지 다시 사정하거나 평가한 기록이 전혀 없습니다.

(3) 방치로 뒤늦은 신경이상증상 발견

피고병원 의료진은 수술 이후 원고의 신경학적 이상증상에 대하여 면밀히 평가할 필요성이 있음에도 이를 다하지 않고 방치하였습니다. 원고는 당시 만 7세의 어린이로 양 하지의 감각, 운동가능여부 등에 대하여 피고병원 의료진들은 아이의 눈높이에 맞춰 설명하고 질문을 하고, 움직여 보게 하는 등의 상호작용을 통해 사정 및 평가를 내렸어야 하지만 원고가 직접 호소하지 않았다는 사실만으로 이상이 없는 것이라고 간주하고 방치하였을 뿐입니다. 그리고 2차 수술 후 23시간 30분이 지난 시점에서 회진을 하면서 수술 후 처음으로 원고에게 다리의 감각이 어떤지, 움직일 수 있는지 등에 대하여 사정을 하였고 원고가 흉추 7번 이하 하지마비 및 감각저하 여부를 확인할 수 있었습니다.

즉, 원고의 하지마비 및 감각저하 증상은 수술직후부터 계속되었지만, 피고병원 의료진 중 어느 누구도 원고에게 관심을 기울이지 않아 23시간 30분이 지난 후에야 발견하게 되었던 것입니다.

다. 하지마비로 인한 3차 수술

(1) 하지마비 발생의 원인

피고병원 의료진은 2차 수술 이후 23시간 30분이 지난 11:30경에야 원고의 하지마비 및 감각저하 증상을 발견하였고, 서둘러 응급수술을 준비하여 같은 날 12:25경 3차 수술인 성장형 금속봉 단축술을 통하여 로드각을 줄이는 수술을 시행하게 되었습니다.

▶ 원고측 진료기록감정 회신문

〔문〕 …응급수술시 원고의 신경학적 상태, 수술의 목적…

〔답〕 …성장막대 신연으로 인한 척수손상이 하지마비의 원인으로 판단… {○○대학교병원 진료기록감정 회신문 Ⅱ-9)항 참조}.

이를 통해 원고의 하지마비 및 감각저하 증상은 2차 수술에서의 과도한 로드 늘이기로 발생한 것임을 추정가능합니다.

▶ 피고측 진료기록감정 회신문

〔문〕 …피고병원이 이 사건 수술 중 성장형 금속봉을 과도하게 연장함으로써 신경이 손상되어 발생한 것인지…

〔답〕 …과도한 금속봉 신연 등이 원인 … {○○대학교병원 진료기록감정 회신문 3-마)-(1)항 참조}.

이 건 진료기록감정의는 2차 수술으로 인하여 신경손상이 발생할 수 있지만, 신경증상이 수술 후 20시간 경과된 시점에 발견되었기 때문에 수술 중에 직접적인 신경손상이 발생하였다고 판단하기 어렵다고 회신하였습니다.

▶ 피고측 진료기록감정 회신문

〔문〕 …원고에게 신경손상 및 그로인한 증상이 발생한 원인은 무엇인지

〔답〕 …신경증상이 발생된 시점이 수술 후 20시간 경과된 시점이라는 것을 고려하면 … {○○대학교병원 진료기록감정 회신문 3-마)-(10)항 참조}.

그렇다면 이는 만약 원고에게 신경손상 증상이 20시간 이전에 발견되었더라면, 2차 수술 중의 술기상 과실로 인하여 발생하였을 가능성이 충분히 있다고도 해석이 가능한 바, 피고가 2차 수술 후 20시간 동안 원고에 대한 신경학적 이상증상 여부를 매 시간마다 사정한 기록 등을 통하여 원고의 신경학적 이상증상이 수술 20시간 후에야 처음 나타났다는 주장을 입증하지 않는 이상, 피고의 2차 수술시 술기상 과실 및 경과관찰상 과실이 원고의 하지마비 증상을 초래하였다는 의학적 가능성을 배제하여서는 아니 될 것입니다.

(2) 3차 수술의 응급성

피고병원 의료진은 원고에게 이상증상을 발견하자마자, 1시간이 채 지나지 않은 시점에 응급수술을 시행하였던 바, 당시 원고의 상태가 얼마나 위급하였는지 알 수 있습니다.

그리고 이는 피고병원 의료진이 원고에게 이와 같이 신속한 조치를 취할 수 있는 능력이 충분하다는 것을 의미하며, 만약 피고병원 의료진이 수술직후부터 줄곧 원고의 상태를 면밀히 사정하여 하지마비 등의 이상증상을 빨리 발견하였다면, 그 즉시 응급수술을 통하여 로드각을 조절하였을 것임을 추정할 수 있는 바, 피고병원의 술기

상 및 경과관찰상 과실이 원고를 현 장해에 이르게 하였다고 볼 수 있습니다.

(3) 3차 수술 이후 하지마비 지속

피고병원의 술기상 및 경과관찰상 과실로 인하여 2차 수술 23시간 후에야 원고의 하지마비 증상을 발견하게 되었고, 그로인해 3차 수술을 감행하게 되었습니다.

▶ 피고측 진료기록감정 회신문

〔문〕 3차 수술 후 원고의 경과는…

〔답〕 …흉추 7번 이하 감각과 운동 모두 마비 상태 … {○○대학교병원 진료기록감정 회신문 3-마)-(6)항 참조}.

▶ 원고측 진료기록감정 회신문

〔문〕 …응급수술 이후 원고의 신경학적 상태…

〔답〕 하지마비 상태가 호전되지 않고 지속 … {○○대학교병원 진료기록감정 회신문 Ⅱ-11)항 참조}.

▶ 피고측 진료기록감정 회신문

〔문〕 3차 수술을 시행하였음에도…

〔답〕 …감각과 운동이 모두 마비된 것으로 볼 때 완전마비 … 척수 손상의 회복을 기대하기는 어렵다 … {○○대학교병원 진료기록감정 회신문 3-마)-(7)항 참조}.

하지만 원고는 3차 수술 이후에도 흉추 7번 이하의 감각 및 운동이 모두 마비된 상태가 지속되었고, 이는 완전마비로 더 이상의 회복을 기대하기 어려운 상태입니다.

라. 소 결

원고는 피고병원 의료진의 2차 수술 당시 과도한 로드각 설정으로 인하여 흉추 7번 이하의 손상을 받게 되었습니다. 그리고 수술 이후로도 피고병원 의료진은 신경손상 등을 염두에 두고 면밀한 경과관찰을 할 주의의무가 있으나, 이를 다하지 않았으며, 배뇨장애 등의 신경손상이 의심되는 증상이 발생하였음에도 이를 방치하였습니다.

결국 2차 수술 23시간 이후에야 뒤늦게 원고의 하지마비 증상을 발견하였고 서둘러 3차 수술을 진행하였지만, 이미 원고의 신경손상은 고착화되어 버렸던 것입니다.

≪1심 판결≫

1. 피고의 과실

『피고 김○○은 이 사건 제2차 수술 과정에서 이 사건 제1차 수술이후의 척추 성장속도 등을 고려하여 적절한 범위 내에서 원고의 척추에 고정된 성장형 금속봉을 연장해야 할 주의의무가 있음에도, 이를 위반하여 지나치게 과도하게 위 금속봉을 연장한 잘못이 있고, 이로 인하여 원고의 척수신경이 손상됨으로써 원고가 현재 장애상태에 이르렀다고 판단된다.』

2. 인과관계

과실과 같이 인과관계를 판단함.

3. 인용금액

전체 배상금은 4억으로 하되, 이미 지급받은 2억 5천만 원을 제외한 1억 5천만 원 지급하기로 고등법원에서 조정결정됨.

4. 피고의 책임비율 : 60%

2. 척추간협착증 수술 후 배변 및 배뇨장해가 발생된 사건[164)]

≪사건 개요≫

• 원고 정○○(여, 56세) / 피고 ○○병원

※ 사건 경과
요추 4-5번 협착증 → 후방추체간 유합술 → 배변 및 배뇨장애 발생

날 짜 (2011)	시간	증상 및 상태	검사 및 처치	비 고
3. 10.		좌측 다리통증 (2~3년 전부터 발생하여 허리주사치료 1년 시행받음)	신경외과 외래내원 요추 방사선검사 : 요추 4-5번 불안정한 상태 요추 MRI검사 : 요추 4-5번 중증 협착상태	
3. 21.	17:00	요통 및 좌측 엉덩이 부위 통증 혈압 100/60mmHg	입원조치	
3. 22.	16:00	혈압 100/70mmHg	수술실로 이송조치	
			전신마취 하, 후방추체간 유합술 시행	
	20:00	혈압 100/60mmHg	병실로 돌아옴. 산소 2L, 수술부위 헤모박 적용중임.	
3. 23.	06:00	헤모박 140cc 배출		
	09:00	혈압 90/60mmHg		
	16:00	혈압 80/60mmHg		
	18:00	가스배출(+)		
	20:00	혈압 80/50mmHg	생리식염수 300cc 정맥 투여	
3. 24.	06:00	변비호소	하제(magmil) 투여	
	07:00		유치도뇨관 제거함. 마약성진통제(Mypol) 투여시작: 1일 3회 경구투여	
	10:00		수술부위 소독 시행 헤모박 제거함.	
	16:00	자가 배뇨함.		
	20:00		자가통증조절기 제거	

164) 서울남부지방법원 2014. 6. 3. 선고 2012가합8469 판결.

	23:00	수술부위 통증	진통제(tridol) 투여	
3. 25.	04:20	수술부위 통증	진통제(tridol) 투여	
	06:00	변비호소	하제(magmil) 투여	
	10:00	빈뇨 및 잔뇨감 호소, 자가 배뇨 소량(측정 못함), 복부팽만	도뇨관 삽입 : 잔뇨량 1300cc	
	11:00		유치도뇨관 재삽입	
	11:30	수술부위 및 양측 엉덩이부위 심각한 통증호소	좌측 가슴부위 마약성진통제(D-patch 12mcg/h) 적용	
	16:00	양측 엉덩이부위 통증 증가함.		
	20:50	수술부위 통증	진통제(tridol) 투여	
3. 26.	07:00	변비호소	하제(magmil) 투여	
	09:00	우측 다리 저린감 및 감각저하 증상 엉덩이부위 통증 우측이 좌측보다 심함. 배변못한 상태	혈류개선제(오팔몬) 추가투여	
	16:00	우측 다리 저린감 및 감각저하 지속		
3. 27.	07:00	변비 호소	하제(magmil) 투여	
	09:00	배변 못함.	변비완화제(듀파락시럽) 투여	
3. 28.		우측 엉덩이부터 뒤쪽 허벅지까지 중등도 감각저하 지속		
3. 30.		뇨의 있으나 자가 배뇨 못함.	유치도뇨관 제거	
3. 31.		양측 엉덩이부위 감각저하, 자가 배뇨 못함.	유치도뇨관 재삽입함.	
4. 6.		양측 엉덩이부위 감각저하 지속됨. 자가 배뇨 150cc 시행하였으나 잔뇨량 500cc	유치도뇨관 제거	
4. 8.		자가 배뇨 100~200cc 잔뇨량 300~500cc	골격근이완제(mytonin) 투여 시작	
4. 12.		자가 배뇨 300cc 잔뇨량 200cc		
4. 14.		자가 배뇨 400~500cc 잔뇨량 50~100cc		
4. 15. 및 19.		자가 배뇨 400~500cc 잔뇨량 50~100cc		

4. 25.		자가 배뇨 300cc 잔뇨량 50cc	골격근이완제(mytonin) 감량 투여	
5. 8.	15:00	변비 호소	변비완화제(듀파락시럽) 투여	
	18:00	하복부팽만(+)	좌약(Dulcolax) 투여	
	19:40	복부 불편감	관장 시행	
5. 12.	12:00		퇴원조치	

≪소장에서 주장하는 피고의 과실≫

1. 술기상 과실

2011. 3. 22.경 피고병원은 요추 4~5번간 중증 협착상태인 원고에게 전신마취하 후방추체간 유합술을 시행하였습니다. 원고의 수술부위인 요추 4~5번은 신경근의 집합을 말하는 마미 부위로서 이 부위의 손상은 방광과 내장 기능에 장애를 유발할 수 있으므로 술기상 주의 깊게 시행하여야 합니다.

그러나 피고병원은 원고에게 이 건 후방추체간 유합술을 시행함에 있어서 수술도구를 이용하여 정확한 위치에 수술을 시행하지 않아 원고의 마미신경을 손상시켜 현 장애인 배변 및 배뇨장애를 유발하였습니다. 따라서 피고병원은 원고에게 수술 중 마미신경을 손상시킨 술기상 과실이 있습니다.

2. 진단적 검사 및 처치 미실시 과실

2011. 3. 22.경 원고는 요추 4~5번 후방추체간 유합술을 시행 받은 이후부터 변비를 호소하고, 자가 배뇨를 제대로 시행하지 못하고, 우측 다리 및 양측 엉덩이부위 통증 및 감각저하 등의 신경학적 이상증상이 발현되었습니다. 그렇다면 피고병원은 원고의 이상증상에 관하여 즉각적으로 요추 MRI검사 및 근전도 검사 등의 진단적 검사를 시행하여 마미신경손상 여부를 확인하고 적극적인 처치를 시행해야 할 주의의무가 있습니다.

그럼에도 불구하고 피고병원은 입원기간동안 원고에게 발현된 배변 및 배뇨장애, 하지감각 저하를 포함한 신경학적 이상증상에 관하여 하제투여, 관장, 반복적인 유치도뇨관 삽입 및 제거 등 보존적인 처치만 시행한 채 원고를 방치하였습니다. 이로 인하여 원고는 현재 배변 및 배뇨를 자가로 시행하지 못하는 현 장애가 유발되어 고통받고 있는 바, 따라서 피고병원은 원고에게 발현된 신경학적 이상증상에 관하여 즉각적으로 진단적 검사 및 처치를 시행하지 않은 과실이 있습니다.

≪관련 의학지식을 통한 입증≫

1. 인과관계

가. 인과관계 인정법리

원고인 환자측에서는 일응의 증명이론에 따라 인과관계를 인정받기 위해서는 ① 의료행위의 미숙, ② 의료행위와 결과와의 시간적 근접성, ③ 일반적 통계적 인과관계, ④ 의료행위의 양과 결과발생률, ⑤ 의료행위의 내용과 결과발생률, ⑥ 의료행위와 생체반응의 생물학적 관련, ⑦ 환자의 특이성, ⑧ 타 원인의 개입, ⑨ 불가항력 등의 여러 요소를 주장·입증하면 일응 의사의 과실이 증명된 것으로 간주받게 됩니다(唄 孝一·宇都木 伸. 平林 勝政 編, 醫療事故判例百選 237면, 有斐閣, 1989) 이때 의사인 피고는 일응의 추정을 번복할 수 있는 반증을 제출하여야 면책이 됩니다.

영미법에 있어서 일응의 증명이론(res ipsa loquitur : 존재하는 그 자체가 증명한다), 독일법에 있어서 표현증명이론(Anscheinsbeweis) 등이 있습니다. 의료사건에서 ① 그 사태가 누군가의 과실이 없다면 통상 일어나지 않고, ② 그것이 의사인 피고가 전적으로 지배하는 곳에서 생긴 것이고, ③ 그것이 환자측의 행위에 의한 것이 아니라는 것이 입증된 경우에 인과관계를 추정하고 있습니다.

나. 인과관계 추정

1) 수술전 정상

원고는 이 건 수술전 배변 및 배뇨 장애가 없었습니다.

▶ 진료기록감정 회신문

: 2001. 3. 21. 입원당시 입원기록상 양측 하지 직거상 검사 모두 음성(정상)이며, 하지의 감각, 견인력, 배굴력, 굴곡력 등은 정상인 것으로 기록되어 있음{진료기록감정 회신문 Ⅰ-1-가)항 참조}.

▶ 진료기록감정 회신문

: 2011. 3. 21. 입원 당시 입원기록상 활력징후에 이상이 없으며 2011. 3. 18.경 시행한 혈액검사상 일반혈액, 혈액응고 검사 모두 정상범위에 있어 특이소견 없음{진료기록감정 회신문 Ⅰ-1-나)항 참조}.

▶ 진료기록감정 회신문

: 2011. 3. 21. 입원당시 입원기록상 비뇨기계에 관련한 특이한 소견이 없는 것으로 기록되어 있음{진료기록감정 회신문 Ⅰ-1-라)항 참조}.

▶ 진료기록감정 회신문

: 혈액검사(정상, 특이소견 없음), 혈액응고검사(정상, 특이소견 없음), 뇨검사(정상, 특이소견 없음), 심전도검사(정상, 특이소견 없음), 폐기능검사(정상, 특이소견 없음), 심장초음파 검사(심박출량 67%, 그 외 특이소견 없음), 흉부 X-ray(정상, 특이소견 없음), 두부 CT(정상, 특이소견 없음), 하지 초음파(정상, 특이소견 없음) 등임{진료기록감정 회신문 Ⅰ-2-가)항 참조}.

2) 수술 후 마비

그러나 원고는 다음에서 살피는 것처럼 이 건 장애는 시술직후에 발생하였고(의료행위와 결과와의 시간적 근접성), 이 건 시술로 배뇨·배변장애, 하지감각저하 등이 나타날 위험성이 높은 바(일반적 통계적 인과관계, 의료행위의 양과 결과발생률, 의료행위의 내용과 결과발생률, 의료행위와 생체반응의 생물학적 관련), 이 건 수술과 장애 사이에 인과관계가 추정된다고 할 수 있습니다.

원고는 피고병원에서 요추 4~5번 협착증을 진단받고 후방추체간 유합술을 받았습니다. 피고병원은 원고에게 후방추체간 유합술을 시행할 때 제3요추후궁의 일부분과 제4요추후궁의 전부분에 고속 드릴과 펀치를 이용하여 제거할 때에 정확한 위치에 수술을 시행하지 않아 마미신경을 손상시켜 배변 및 배뇨장애 등의 영구장애를 일으켰습니다.

▶ 진료기록감정 회신문

: 요추부 수술 후 수술 전에는 없었던 배변배뇨장애가 나타날 경우, 수술 중 신경 손상이 원인일 것으로 짐작됨. 그 원인으로는 수술 중 겸자나 드릴 등에 의한 신경 손상, 수술 후 혈종에 의한 신경 압박 등이 원인일 수 있으나, 수술 전 신경관협착이 중증인 경우 보통의 일상적인 수술 중 신경 조작 과정만으로도 유사한 신경손상이 발생할 수 있음{진료기록감정 회신문 Ⅲ)항 참조}.

수술직후에 발생하였을 뿐 아니라, ① 이 건 장애는 의사의 과실이 없다면 통상 일어나지 않고, ② 그것이 피고가 전적으로 지배하는 수술실에서 생긴 것이고, ③ 이 건 장애가 발생하는데 원고가 자해행위 등 기여한 바 없으므로 일응 인과관계가 추정된다고 하겠습니다.

2. 과 실

가. 결과예견가능성

이 건과 같은 요추부신경 수술을 잘못하면 외상성, 혈종, 감염 등으로 신경손상이 일어날 수 있고, 만약 신경손상이 되면 배변, 배뇨장애의 위험성이 높으므로, 이를 회피하도록 사전, 사후 주의의무를 다하여야 합니다.

진료기록감정의도 같은 취지의 회신을 하고 있습니다(진료기록감정 회신문 Ⅲ)항 참조).

나. 결과회피가능성

(1) 사전회피의무 —— 시술상 과실

피고병원은 원고에게 후방추체간 유합술을 할 당시 고속드릴, 펀치 등을 미숙하게 사용하였고, 무리하게 완전감압술을 시도하는 과정에서 마미신경을 손상시켜 배변 및 배뇨장애를 유발한 과실이 있습니다.

원고가 이 건 시술로 요천추 신경근이 여러 곳 손상을 입은 사실이 밝혀졌는 바, 이는 외상성 손상을 의미하고, 시술중 신경을 손상시켰다는 것을 알 수 있습니다.

▶ 진료기록감정 회신문

〔문〕 근전도 검사결과는 어떠하였고, 임상적 의의는 어떠한지요.

〔답〕 결과는 다발성 요천추부 신경근병증이며, 요천추부 신경근들이 다발성으로 손상된 것을 의미함(진료기록감정 회신문 Ⅱ-2-가)항 참조).

이로 인해 원고는 배뇨배변장애가 발생하여, 배뇨관을 삽입하여야 소변을 볼 수 있는 장애를 입게 되었습니다.

▶ 진료기록감정 회신문

〔문〕 10:00경 환자에게 도뇨관을 삽입한 이유는 무엇이고, 그 결과 잔뇨량은 어떠하였고, 이것이 의미하는바가 무엇인지요.

〔답〕 간호 기록상 유치 도뇨관 제거 후 환자가 자가배뇨에 어려움이 있어 도뇨관을 삽입하였고 잔뇨량은 1300cc였다고 기록되어 있음. 환자가 자가배뇨에 어려움이 있었던 것을 의미합니다(진료기록감정 회신문 Ⅰ-5-나)항 참조).

▶ 진료기록감정 회신문

〔문〕 11:00경 환자에게 도뇨관을 삽입한 이유는 무엇이고, 그 결과 잔뇨량은 어떠하였고, 이것이 의미하는바가 무엇인지요.

〔답〕 경과기록 및 간호기록상 유치도뇨관을 재삽입한 것으로 기록되어 있으며, 이유에 관한 기록은 없으나, 환자의 자가배뇨에 어려움이 있다고 판단하여 유치도뇨관을 재삽입한 것으로 사료됨{진료기록감정 회신문 Ⅰ-5-다)항 참조}.

▶ 진료기록감정 회신문

〔문〕 같은 해 4. 6.경 유치도뇨관 제거 당시에 자가배뇨후 잔뇨량은 얼마였는지요.

〔답〕 경과기록상 자가 배뇨 후 잔료량은 500cc였던 것으로 기록되어 있음{진료기록감정 회신문 Ⅰ-11-가)항 참조}.

나아가 대변까지도 마음대로 눌 수없는 배변장애까지 발생하였습니다.

▶ 진료기록감정 회신문

: 간호기록상 변비를 호소하였으며 변비완화제인 듀파락 시럽을 투여함{진료기록감정 회신문 1-12-가)항 참조}.

▶ 진료기록감정 회신문

: 배변량 부족으로 하복부 팽만이 지속된 것으로 기록되어 있음{진료기록감정 회신문 1-12-나)항 참조}.

▶ 진료기록감정 회신문

: 복부 x-ray상 장내 대변이 차 있는 것으로 추정하여 관장을 시행한 것으로 기록되어 있음{진료기록감정 회신문 1-12-다)항 참조}.

▶ 진료기록감정 회신문

〔문〕 같은 달 27일 07:00경 하제를 투여하였음에도 불구하고 같은 날 09:00경 변비완화제인 듀파락 시럽까지 투여된 이유와 원인은 무엇인지요.

〔답〕 간호기록상 하제 투여 후에도 대변을 보지 못한 것으로 기록되어 있으며 이를 개선하고자 투여된 것으로 기록되어 있음{진료기록감정 회신문 1-7)항 참조}.

▶ 진료기록감정 회신문

〔문〕 같은 달 31.경 유치도뇨관을 재삽입할 당시 환자의 상태는 어떠하였는지요(특히, 배변 및 배뇨 감각상태에 관하여).

〔답〕 간호기록상 유치도뇨관 제거 후 자가배뇨에 어려움이 있고 방광 팽만이 있고 도뇨관으로 배뇨시 잔뇨가 390cc에서 1100cc였던 것으로 기록되어 있음. 배변을 하지 못한 것으로 기록되어 있음{진료기록감정 회신문 1-10)항 참조}.

이와 함께 하지감각마비증세도 발생하였습니다.

▶ 진료기록감정 회신문

〔문〕 같은 달 28.경 환자의 감각저하 및 통증소견은 호전되었는지요.

〔답〕 간호기록상 수술창 통증이 경하게 지속되고, 우측 하지 감각저하도 경하게 지속되는 상태라고 기록되어 있음{진료기록감정 회신문 Ⅰ-8)항 참조}.

▶ 진료기록감정 회신문

〔문〕 양측 엉덩이 부위 감각저하 상태가 호전되었는지요(아니라면, 그 이유는 무엇으로 판단되는지요).

〔답〕 양측 엉덩이 부위 감각저하가 있는 것으로 기록되어 있으며 그 이유는 분명하지 않음. 신경손상에 의한 것일 수도 있으나 수술 전 신경압박이 오래된 경우, 수술에 의한 신경 감압 후에도 감각 이상이 지속되는 경우는 흔한 경우임{진료기록감정 회신문 Ⅰ-11-나)항 참조}.

▶ 진료기록감정 회신문

〔문〕 같은 달 12.경 퇴원 조치당시 환자의 감각저하 상태는 호전되었는지요.

〔답〕 좌측 엉덩이 미추부의 감각저하가 잔존하는 것으로 기록되어 있음{진료기록감정 회신문 Ⅰ-13)항 참조}.

(2) 사후피해확대방지의무 해태 —— 진단적 검사 및 처치 비실시

피고병원은 이 건 수술후 신경손상여부를 확인하기 위하여 신경학적 검사와 이학적 추적검사 등을 시행하여, 신경손상의 위험성이 있으면 즉시 재수술이나 약물투여 등을 통하여 영구장애에 이르지 않도록 하였어야 합니다.

그럼에도 피고는 수술 후 배변 및 배뇨장애, 신경학적 이상 증상을 보였지만 즉각적인 진단적 검사 및 처치를 시행하지 않고 방치한 과실이 있습니다.

▶ 진료기록감정 회신문

〔문〕 07:00경 유치도뇨관 제거 전 방광훈련을 시행하였고, 감각이 있는지 확인되었는지요.

〔답〕 간호기록상 유치도뇨관을 제거하고 4시간 후 자가배뇨가 가능한지 확인 후 자가배뇨에 어려움이 있을 경우 간호사에게 알리라고 기록되어 있음. 유치도뇨관 제거 전 방광훈련을 시행하였고 감각이 있는지 확인 유무는 기록되어 있지 않음{진료기록감정 회신문 Ⅰ-4)-나)항 참조}.

▶ 진료기록감정 회신문

: 경과기록과 간호기록상 환자의 상태에 따라 배변 배뇨감각 저하가 있는 것으로 추정하고 그에 따른 보존적 치료를 시행한 것으로 기록되어 있으며 신경학적 검사나 이학적 검사를 시행한 기록은 없음{진료기록감정 회신문 Ⅰ-14)-나)항 참조}.

▶ 진료기록감정 회신문

〔문〕 하제투여, 관장시행, 유치도뇨관 제거 및 재삽입 등의 보존적인 처치 외에 적극적인 처치를 시행하지 않은 이유는 무엇인지요.

〔답〕 하제투여, 관장시행, 유치도뇨관 제거 및 재삽입 등의 보존적인 처치 외에 적극적인 처치는 비뇨기과에서 시행하는 역동학적 배뇨검사, 항문기능을 평가하는 외과적 검사, 신경학적으로는 MRI, CT 등의 척추부 영상 검사 등이 있으며 진료 기록 및 영상 기록상 이에 관련한 기록은 없음. 시행하지 않은 이유에 대하여는 판단하기 어려움 {진료기록감정 회신문 Ⅰ-14)-다)항 참조}.

피고병원은 원고에게 즉각적으로 요추 MRI검사 및 근전도 검사 등의 진단적 검사를 시행하여 마미신경손상 여부를 확인하고 적극적인 처치를 시행하지 않았습니다.

≪원・피고 주요쟁점≫

과 실	원 고	피 고
1. 술기상 과실	요추 4~5번간 후방추체간 유합술 시행당시 부주의로 마미신경을 손상시켜 현 장애인 배변 및 배뇨장애를 유발한 과실	수술당시 현재 임상의학적으로 널리 쓰이는 방법을 통해 정확한 술기로 시행함.
2. 진단적 검사 및 처치 미실시	이 건 수술 후 변비, 자가 배뇨 미실시, 우측 다리 및 양측 엉덩이 부위 통증 저하 등의 신경학적 이상증상이 발현되었음에도 불구하고 마미신경 손상여부 확인을 위한 진단적 검사 및 처치를 시행하지 않은 과실	수술 후 2일이 지나서 배변 어려움을 호소하였고, 간헐적으로 배뇨 어려움을 호소하였는 바, 이에 따라 하제투여 및 자기 도뇨 시행 등의 처치(보존적)를 시행함.
3. 설명의무 위반	수술 전 마미신경 손상이 발생할 가능성 및 이상증상 발현에 따른 대처방안 및 치료방법에 관하여 설명하지 않은 과실	수술 전 신경손상, 신경손상에 의한 마비 등을 포함한 발생 가능한 합병증 및 위험성에 관하여 충분히 설명함.

≪1심 판결≫

1. 피고의 과실

『이 사건 수술을 시행하는 과정에서 마미신경에 손상을 가하여 원고에게 마미증후군을 발현시킨 것으로 봄이 상당하고 … 달리 반증이 없다.

가) 이 사건 수술 부위는 4번 및 5번 요추 부근으로, 배변 및 배뇨를 관장하는 제2, 3, 4, 천추신경근이 통과하는 척추관 부근이다. 그리고 피고 고○○은 이 사건 수술 과정에서 드릴로 제4번 요추후궁을 제거하였고, 제4, 5요추의 신경근을 당기면서 추간판 제거술을 시행하고 추체간 유합구조물을 삽입하였다.

나) …원고의 배변 및 배뇨장애는 이 사건 수술 직후 곧바로 나타나 뚜렷한 증상의 호전 없이 현재까지 이르고 있는 것으로 보인다…

라) 이 사건 수술 직전인 2011. 3. 10.경 실시된 원고에 대한 요추 MRI검사 결과로도 요추간 협착증 외에 마미증후군을 야기할 수 있는 추간판 탈출증은 나타나지 않았고, 위 협착증 자체만으로는 자연경과에 의하여 마미증후군이 초래될 정도의 중증에 해당하지도 않았다. 따라서 이 사건 수술과 무관하게 원고가 기왕에 가지고 있던 증상이 발전하여 수술 직후 위와같은 후유장해가 초래되었을 가능성은 낮다.

마) 요추부 수술 후 종전에 없던 배변 및 배뇨장애가 나타날 경우 수술 중 또는 그 이후의 신경손상이 원인일 수 있는데, 피고들의 주장에 의하더라도 이 사건 수술 직후 혈종이나 감염, 추간판 탈출 등 수술 부위의 이상 소견은 발견되지 아니하였다는 것이므로 앞서 본 마미증후군의 여러 원인들 중 수술 중 신경근을 견인하거나 구조물을 설치하는 과정에서 초래된 신경 손상의 가능성만이 남게 된다고 할 것인데, 이 사건 수술 직전 실시된 MRI검사 결과나 앞서 본 원고의 기왕치료 치료력만으로는 이 사건 수술 당시 통상적인 신경 조작만으로도 손상이 발생할 정도로 원고의 신경관 협착이 중증에 이르렀다고 보기 어렵다.』

고 판시하여, 간접사실에 대한 입증을 통하여 과실과 인과관계를 인정하고 있다.

2. 인과관계

간접사실에 대한 입증으로 의료과실과 악결과 사이에 인과관계가 있다고 판시함.

3. 인용금액 : 8천 8백만 원

4. 피고의 책임비율 : 60%

≪관련 판례≫

• 서울북부지방법원 2003가합923 판결

○○병원이 척추후만증환자에 대하여 후방척추절제술(제4, 7흉추), 후방유합술(제2, 3, 8, 9흉추), 골절제술, MESH 삽입(제4, 7흉추), 골이식 수술(이하 '제1차 수술'이라

고 한다)을 시행하였으나, 수술 후 환자가 제5흉추 이하 감각소실 및 하지의 운동신경이 완전히 마비되어 있고, 항문 주위에 감각이 없으며, 요의를 느끼지 못하고 배뇨를 못하는 영구적 신체장애를 입게 된 사안에서,

『…① 체성감각 유발전위검사결과 P37/N45 전위가 피고병원의 의사인 △△△ 등이 11:15경 후방척추절제술(제4, 7흉추)을 시행하는 도중에 사라졌으며, 제1차 수술 직후 원고가 완전하지마비 및 제5흉추 이하 부분의 감각을 잃은 사실이 확인된 점에서 원고의 완전하지마비 및 제5흉추 이하 부분의 감각소실은 제1차 수술 중에 발생한 것으로 보이는 점, ② 현재 원고에게 신경손상으로 인한 감각소실이 발생한 제5흉추 이하의 부위가 제1차 수술의 대상이 된 부위와 일치하고, 더구나 P37/N45 전위가 사라진 시점에 위 석○○ 등이 시행한 후방척추절제술이 제4, 7흉추에 행하여지고 있었고, 원고가 감각을 잃은 부위가 제5흉추 이하 부분인 점, ③ 비록 원고가 제1, 2차 수술을 받을 당시 척추 결핵의 후유증으로 인하여 진행성 하지마비를 동반한 척추로 강직성 보행, 배뇨장애, 심부건 반사의 항진 등의 증상을 보이고 있었으나, 계단오르기, 달리기, 슬관절 근력, 전경근 근력, 장족지 근력 평가에서는 모두 정상으로 평가를 받았으며, 다만, 고관절 근력에 관하여 좌측하지의 근력이 4단계에 머물렀을 뿐이나, 이 역시 일상 생활에는 큰 무리가 되지 않을 정도의 근력을 가지고 있는 것으로 볼 수 있는 등 원고에게 제1차 수술 전후를 통하여 척추손상으로 인한 급격한 양하지의 마비를 초래할만한 특별한 원인이나 증상이 관찰되지도 아니한 점에 비추어 볼 때 1차 수술 중 원고에게 나타난 완전하지마비 등의 증세는 석○○ 등 피고병원의 의사들이 시술과정에서 주의를 게을리하여 직접 척수신경을 일부 손상시켰거나, 또는 직접 손상에 이르지는 않았다 하더라도 척수를 무리하게 견인하는 등의 잘못으로 인하여 초래되었다고 추정할 수밖에 없다. 따라서 피고법인은 원고의 현증세가 수술상의 잘못으로 인한 것이 아니라 전혀 다른 원인으로 인한 것이라는 입증을 다하지 못하는 이상, 피고병원 의사들의 사용자로서 위와 같은 피고병원 의사들의 진료상의 과실로 인하여 원고가 입게 된 재산적, 정신적 손해를 배상할 의무가 있다.』

라고 판시한 바 있습니다.

3. 항결핵 약제 복용으로 합병증이 발생하여 항결핵제 복용을 중단한 후 속립성 결핵 및 긴장성 기흉 발생하였으나 늦은 흉관삽관으로 뇌손상 발생된 사건[165]

≪사건 개요≫

• 원고 남○○(여, 63) / 피고 ○○대학교병원

※ 사건 경과

결핵 척추염 → 후방 감압술 및 유합술 → 결핵치료 중단 → 속립성 결핵 → 담낭염, 패혈증 → 저산소증으로 인한 중증 뇌손상, 경련 → 의식 돌아오지 않음.

날 짜	증 상	검사 및 처치	비 고
2011. 10. 27.	10년전, 요통 시작하여 2009.경 교통사고 후 심한 통증	<○○대학교의료원> 요추 5번 전이, 감염성 척추염으로 외래 다니며 항생제 치료받음.	
2012. 7. 4.		입원	
7. 5.		가래 결핵배양검사 : 음성	
7. 9.	요통 재발	척추주위 농양 동반된 요추 4~5번, 요추 5~천추 1번의 감염성 척추염으로 후방 감압술 및 요추 4~5번, 요추 5~천추 1의 후측방 유합술 및 경막외 농양 제거술받았음. 당시 요추 5번 부위 생검 조직 병리 검사(AFB resection)에서 만성육아종성 염증과 결핵 양성나옴(7. 13. 7. 16. 두번 보고됨).	
7. 20.	간기능, 신장기능 정상임.	항결핵 약물 복용 시작함. (4제요법 : Myambutol, Yuhan-Zid, Pyrazinamide, rifodexs)	
7. 23.	오심, 구토, 구강점막염 등의 항결핵 약물부작용 심해짐.	부작용으로 호흡기내과 의뢰 결과는 항결핵제 당분간 중단한 뒤, 간, 신장 기능 검사하여 다시 의뢰하라고 함.	
7. 29.		항결핵제 복용 중단함. CRP 8.61(정상 : 0~0.5) ESR 120(정상 : 0~30)	

165) 부산지방법원 2014. 2. 19. 선고 2013가합3579 판결.

<table>
<tr><td>7. 30.</td><td colspan="2">항결핵 약물 중단 후 38도의 발열</td><td>감염내과로 진료 의뢰 결과는 결핵은 열이 빨리 떨어지지 않으므로 항결핵치료 지속하고 혈액검사, 염증수치, 간, 신장, 균 검사하고 수술부위(요추)에 대해 호전과 악화 등을 기술해 의뢰하라고 함.</td><td>7.29.부터 항결핵약물 중단후 재개하지 않고 이번 사건 발생후 내과협진요청함.</td></tr>
<tr><td>8. 5.</td><td colspan="2"></td><td>CRP 5.39(정상 : 0～0.5)
ESR 120(정상 : 0～30)</td><td></td></tr>
<tr><td>8. 6.
～8. 16
(18:00)</td><td colspan="4"><table><tr><th>8. 6.</th><th>8. 11.</th><th>8. 12.</th><th>8. 14.</th><th>8. 16.</th></tr><tr><td>39.2℃
CRP 5.39
(정상: 0～0.5),
ESR 120
(정상: 0～30)</td><td>38.6℃</td><td>38.8℃
CRP2.91
ESR 76</td><td>39.4℃</td><td>38.8℃,
CRP 2.50
ESR 115</td></tr></table>감염내과와 호흡기내과와 협진 안함.</td></tr>
<tr><td>8. 17.</td><td colspan="2">퇴원</td><td>39℃ 이상의 고열 발생 및 염증 수치 등 검사 결과 비정상임에도 불구하고 퇴원시킴.</td><td></td></tr>
<tr><td rowspan="4">8. 24.</td><td>13:50</td><td>36.2℃
아랫복부
통증 호소함.
촉진시 단단함.</td><td>CRP 21(정상: 0～0.5), ESR 90(정상: 0～30) 등 감염 징후 지속되어 정형외과 재입원함.
요추 MRI 촬영결과 이전 수술 부위 감염은 심하지 않음.</td><td></td></tr>
<tr><td>19:00</td><td>37.9℃</td><td>저녁경 발열 시작됨(결핵시사).</td><td></td></tr>
<tr><td>21:00</td><td>38.4℃</td><td>해열, 진통소염제인 디크놀 주사 맞음.</td><td></td></tr>
<tr><td>23:00</td><td>36.0℃</td><td>항생제(타짐과 네틸마이신) 치료만 하고 항결핵약물 복용하지 않음.</td><td></td></tr>
<tr><td>8. 25.</td><td>09:30</td><td>아랫복부
통증 호소함.
촉진시 단단함.</td><td>1. 복부 골반 CT결과는 급성 간병증 및 반응성 담낭벽 부종과 그 주변 다발성 반응 림프절 비대(급성 담낭염을 시사함), 좌측 신장의 작은 신낭종, 소량의 복수가 관찰됨.
2. 흉부 CT결과 양측 폐에 무작위 분포된 다수의 미세한 결절은 좁쌀 결핵을 시사하고 우측폐우중엽 부위에는 경미한 기관지 확장성 변화 동반된 섬유성 상처가 있음.</td><td></td></tr>
<tr><td rowspan="2">8. 27.</td><td>02:00</td><td>전신 소양감
배뇨 곤란</td><td>소양감에 대한 주사 맞고 약간 호전됨.</td><td></td></tr>
<tr><td>08:42</td><td>아랫복부
통증 호소함.
촉진시 단단함.</td><td>외과 회신: 급성 담관염(담관벽 부종) 추정진단 및 항생제와 통증 조절 충분히(마약진통제 데메롤)하고 금식(물만섭취)후 증상 호전시 식사 재개하기
소화기내과: 결핵성 복막염으로 추정되고 결핵약물 복용 시작하기?</td><td></td></tr>
</table>

	10:19	아랫복부 통증 호소함. 촉진시 단단함.	소화기내과 : 급성 담관염에 대해서는 현재 항생제 유지 및 ursa 약물 추가와 간기능 검사, 빌리루빈 수치 검사, 복부 초음파 확인, 아랫부 복부 통증은 대장내시경 고려하기	
	10:30	전반적 허약감과 의식 떨어지기 시작함.	복부팽만으로 일반외과 협진 후 금식(물 축이는 정도만 허용)	
	12:28	전반적 허약감과 의식 떨어지기 시작함.	8/29 회신옴 신경과 : 결핵 뇌수막염 감별은 늑막천자(혈소판 : 26K)는 금기이고 대사성 산증에 의한 뇌증으로 사료됨.	
	12:32	혈소판 32K로 급격하게 감소	혈액종양내과 : 신체검진상 복부 팽만, 대장염으로 인한 전복부 단단함, 혈소판 감소증, 프로트롬빈 시간 연장, 저섬유소원혈증으로 파종성혈액응고증으로 진행 가능성 높기 때문에 금식시행하고 대장염은 광범위항생제 필요하며 네틸마이신은 신수치 상승으로 중단하고 항생제 다시 적용하기, 혈소판감소증에 대해서는 혈소판 수혈하여 50K 이상 유지하고 매일 혈액검사(CBC, PT, PTT, fibrinogen)하기	
	14:12	혈소판 감소증	진단검사의학과로 말초혈액 도말 검사의뢰함. 혈액검사 : – 간기능 AST 173(정상 10~35), ALT 121(정상 0~35), GGT 184(정상 8~35) – 신장기능 BUN 58(정상 8~26), Cr 3.6 (정상 0.7~1) – CRP 17(정상 0~0.5) – 전해질검사, 간염바이러스검사, 암표식자 검사 정상범주	
	15:30~16:20	상기증상 심해짐.	8. 24. 혈소판수치가 111000이었으나 8. 27. 32000로(간호기록상) 혈소판 10단위 수혈받음.	8.25~26 혈액검사 결과 없음.
8. 28.			혈액검사 : – 간기능 AST 154→158→163→245, ALT 106 → 111 → 112 → 121, GGT 170→193 – 신장기능 BUN 55 → 55 → 56 → 57, Cr 3.6 → 3.9 → 4.0 → 4.4 – 젖산(lactate) 51.8 → 126.4(정상 4.5~19.8) – 소변검사 : Cr 34.4(정상 0.7~1) – BNP(심부전검사) 130.4→175.8(정상 0~64) – 암모니아 99(정상 10~47) – 전해질 정상범주	

<table>
<tr><td rowspan="13">8. 28.</td><td>00:00</td><td>120/80-
36.5℃-132
회-호흡 24
회-산소 포
화도 83%
복부 전체
압통</td><td>산소 7L/min을 마스크로 공급한 뒤 산소포화도 95%까지 측정됨.
심전도 관찰 시작함(동성 빈맥 관찰됨).</td><td></td></tr>
<tr><td>01:12</td><td>크리아틴
3.6상승
(급성신부전),
락틴산 51</td><td>신장내과의뢰 : 감염으로 인한 패혈증 진행, 급성 담관염(속립성 결핵으로 인함), 속립성 결핵으로 인한 급성 신부전, 감염으로 인해서 락틴산은 상승함.
호흡수 30회 이상이므로 기관내삽관 필요함. PaCO2는 25 이하로 유지(락틴산증 악화예방가능함). 빌리루빈 증가로 인해 혈소판 감소증로 인한 출혈 위험 높으므로 혈소판 수혈 후 PTGB(담낭에 관삽입) 필요성은 소화기내과와 상의하기</td><td></td></tr>
<tr><td>01:20</td><td>120/80-
36.6℃ -128
회-산소포화
도 92%
소변 없음.</td><td>이뇨제인 라식스 40mg 투여후 소변 250ml 나옴.</td><td></td></tr>
<tr><td colspan="4">
<table>
<tr><th>시 간</th><th>혈 압</th><th>체 온</th><th>맥 박</th><th>호흡수</th><th>산소포화도</th></tr>
<tr><td>02:20</td><td>110/70</td><td>36.5℃</td><td>124회</td><td>호흡 30회</td><td>-</td></tr>
<tr><td>03:30</td><td>100/60</td><td>36.4℃</td><td>124회</td><td>호흡 29회</td><td>91%</td></tr>
<tr><td>04:30</td><td>100/60</td><td>36.8℃</td><td>130회</td><td>호흡 34회</td><td>90%</td></tr>
</table>
경과 관찰함.
04:30경부터 환자 마스크 벗으려는 등 협조 안됨.</td></tr>
<tr><td>08:00</td><td>90/50-
36.9℃-136
회-호흡 40
회-산소포화
도 78 %</td><td>산소 full적용 후 산소포화도 95% 회복됨.</td><td></td></tr>
<tr><td>08:30</td><td colspan="2">정형외과 주치의 윤○○과 신장내과 교수 안○○ 신체검진</td><td></td></tr>
<tr><td>09:00</td><td colspan="2">90/50 - 37.2℃ - 130회 - 호흡 44회 - 산소포화도 94%</td><td></td></tr>
<tr><td>09:05</td><td></td><td>마취과에서 기관 내 인공기도삽관 1차 실패</td><td></td></tr>
<tr><td>09:20</td><td>산소포화도
92%</td><td>기관 내 인공기도 두 번째 시도 후 삽관 성공함.</td><td></td></tr>
<tr><td>09:40</td><td></td><td>정형외과에서 좌측 중심정맥관 삽입</td><td>기흉 발생시킴.</td></tr>
<tr><td>09:55</td><td colspan="2">120/80 - 37℃ - 136회 - 호흡 20회 - 산소포화도 92%
호흡기내과로 전과되어 인공호흡기 치료 시작함.</td><td>호흡기내과</td></tr>
</table>

날짜	시간	상태	내용	비고
8. 28.	11:00	90/60 – 36.4℃ – 120회 – 호흡 40회 – 산소포화도 91%		
	11:35	심정지 양쪽 동공 모두 4mm로 빛 반사에 반응 없음.	긴장성 기흉으로 인한 심정지로 심폐소생술 시행함. (에피네프린, 아트로핀 1앰플씩 주사됨)	
	11:40	맥박 돌아오고 수축기혈압 80mmHg	심폐소생술 5분만에 회복됨.	
	12:00		응급의학과 의사 신체 검진함. 긴장성 기흉 및 폐기종 관찰됨.	
	12:50		좌측에 흉관 삽입후 공기 배액 관찰됨.	
	14:30	120/80 – 36.4℃ – 136회 – 호흡 40회 – 산소포화도 98% 양쪽 동공 3mm으로 빛반사 ±		
	15:10	소변없음.	이뇨제(라식스) 80mg 후 소변 10cc 나옴, 지속적으로 정맥 주입 시작함.	
	16:45		중환자실 전실	

8. 29. ~ 10. 24.

<중환자실로 전실>
1. 의식 상태 : deep stuporous mentality
2. 저산소증으로 뇌사 상태
3. 기관지 절개관 수술함(9. 26.).

중환자실 치료 요약

증 상	치 료	타과 협진 결과
1. 간, 담도계 문제: 황달, 지속적 혈소판 감소와 출혈	거의 매일 혈소판, 신선동결혈장 수혈 받음.	1. 소화기내과 : (담낭) : 담도 감염에 대한 증거는 부족하고 간경병증(독성 및 저산소증) (간학) 허혈성에 의한 간손상에 의한 담관염으로 인하여 빌리루빈 증가로 강간제와 우루사 사용해도 호전은 더디고 패혈성 상태 지속시 호전되지 않을 수 있다. 2. 복부 초음파상 급성 간병증, 담낭찌꺼기, 양쪽 신장 실질 질환 의증 및 복수 양은 좀 더 증가한 상태(9. 12.).
2. 저산소증으로 인한 급성 신부전	지속적 정맥 신대체 요법 받고 회복됨.	

비고: 신선동결 혈장에는 모든 혈액응고인자와 혈장단백이 포함된다.

8. 29. ~ 10. 24.	3. 전신적 간대성 근경련간질 중첩증 - 양상 : 9. 8. 경 얼굴, 어깨 까딱거림으로 시작된 후 9. 21.경 사지경직, 떨림, 눈알 편위되는 양상으로 5분간 지속 경련	항경련제, 뇌전도 검사, MRI, CT	신경과 구두 회신 : 1개월 가량 의식 돌아오지 않으면 지속될 가능성 높고 현재 간대성근경련 보이고 있으며 이는 허혈성 손상일 때 잘 나타나는 것이며 만약 의식이 돌아올 가능성이 있으면 경련 조절을 더 확실히 해볼 수 있음(9. 20.). MRI(9. 21.)상 자발성 뇌내출혈 있었으나 9. 28. 뇌 CT상 저절로 흡수되었고 다발성 뇌연화성 병변있으나 경과 관찰하면 됨.	
	4. 요로, 인공기도관, 중심정맥관 및 신대치 요법 위한 카테터와 말초혈관 통해 칸디다, MRSA, 반코마이신 내성 장구균 등의 감염 빈번함.	메로페넴, 크라비트, 반코마이신 항생제와 항진균제 치료	속립성 결핵 지속 및 폐렴, 요로 감염 발생함.	
현재	- 일반 병실(순환기내과)로 전실되어 병원성 감염, 욕창, 경련 지속되고 있고 의식 돌아올 가능성 희박한 상태임. - 급성기 지났고 요양병원 전원 필요한 상태임.			

<과 실>

1. 감염관리 해태 —— 결핵 치료하지 않음.

① 항결핵 약물 복용으로 인한 부작용 발생하자 약물 복용 중단시킴. 이는 복용 과정에서 발생할 수 있는 부작용임에도 불구하고 약물 변경이나 추가 치료 안함.

② 고열, 염증 수치 증가 등 결핵 증상 지속되나 호흡기, 감염내과와 지속적으로 협진하여 치료하지 않음.

③ 감염 지속되는 등 비정상적인 상태임에도 불구하고 퇴원시켜 일주일 만에 재입원시킴.

2. 응급처치상 과실

산소포화도와 의식저하 동반되자 인공기도 삽관 과정에서 1회 실패 후 15분 만에 인공기도 삽관함, 5분 이상 응급처치 지연될 때 비가역적 뇌손상 일으킴.

3. 시술상 과실

중심 정맥관 삽입 시 긴장성 기흉 발생 시켜 심정지 일으킴. 기흉 발견 후 흉관 삽입까지 1시간 15분 걸림, 저산소증으로 인한 회복 불가능한 뇌사 상태 빠뜨림.

≪소장에서 주장하는 피고의 과실≫

1. 인과관계

의료행위와 악결과 사이에 인과관계가 추정되는 요건으로는 ① 의료행위의 미숙, ② 의료행위와 결과와의 시간적 근접성, ③ 일반적 통계적 인과관계, ④ 의료행위의 양과 결과발생률, ⑤ 의료행위의 내용과 결과발생률 등입니다.

이 건의 경우 결핵성 척추염은 조기 발견후 항결핵제 복용으로 조기치료가 가능하나, 투약을 중지하였고, 그로 인해 결핵균이 혈액을 타고 다른 장기로 전파되어 속립성 폐결핵, 급성 간병증 및 담낭염으로 발전되었고, 전신악화로 재입원하여 호흡곤란이 반복되었음에도 9시간 가량 방치시켜 조직 내 저산소증 유발시켰고, 저산소상태를 발견하였음에도 술기상 미숙으로 1차 삽관에 실패하여 저산소상태를 악화시켰고, 중심정맥관삽입시 폐를 찔러 외상성 기흉 발생시켜 심정지를 일으켜 지속적 식물인간상태에 이르게 하였는 바, 이는 시간 및 장소적 근접성, 의학적 개연성 등에 비추어 피고병원의 치료상 미숙과 원고 1의 뇌장애 사이에 인과관계를 충분히 추정할 수 있다 할 것입니다.

2. 과 실

진료행위는 진찰・검사단계, 진단을 내리는 단계, 그리고 투약, 주사, 수술 등을 시행하는 치료의 단계, 최후로 예후판정, 재활치료(Rehabilition)의 단계라는 순서로 진행되는 바, 이 건은 망인에 대한 진료의 모든 단계에서 잘못하였습니다.

(1) 진찰·검사상 과실

(가) 전신사정 미실시

일반적으로 머리부터 발끝까지 환자의 주호소를 바탕으로 시진, 문진, 촉진, 타진 등을 통해 초기 사정을 하고 필요한 검사를 시행 후 정확하고 신속한 진단을 내려야 합니다.

그러나 위 윤○○은 원고 1이 결핵으로 인한 지속적인 발열과 전신적 허약감을 호소하였음에도 불구하고 적절한 검사를 통해 결핵치료를 하지 않고 퇴원 시켜 다른 장기로 결핵균을 전파 시킨 책임이 있습니다.

(나) 반복검사 미실시

위 윤○○은 원고 1이 결핵으로 인한 발열이 지속됨에도 불구하고 결핵균이 처음 발견된 요추 부위 이외의 다른 장기(폐, 간, 담낭 등)에는 추적 검사를 시행하지 않았습니다.

그리고 항결핵제로 인한 부작용이 나타났을 때 어떤 약물이 부작용을 일으키는 가에 대해서도 판별하지 않았습니다.

따라서 위 윤○○은 원고의 고열에 대해서 결핵균의 다른 장기로의 전파 여부를 밝히기 위한 추가적인 검사를 시행하지 않아 속립성 폐결핵과 급성 담낭염을 지연발견한 책임이 있습니다.

2) 진단상 과실

원고 1은 피고병원이 급성신부전, 후두부압박소견을 뒤늦게 진단, 발견하여 초기에 치료를 받을 기회를 상실하였습니다.

피고병원은 원고 1이 백혈구상승을 보인 후 약 일주일동안 경과 관찰을 하지 않아 지속적인 고열에도 불구하고 퇴원시켜 퇴원 일주일 만에 재입원하고, 결핵균이 결국 전신으로 퍼져 나가 속립성결핵, 급성간병증 및 급성담낭염이 발생하도록 방치한 책임이 있습니다.

진단단계에서는 오진(誤診)의 유형은 다음과 같이 6가지로 나눌 수 있습니다.[166] ① 소인미진(素因未診 ; Missed predisposition), ② 유병무진(有病無診 ; Missed diagnosis), ③ 다병소진(多病小診 ; Skipped diagnosis), ④ 특병타진(特病他診 ; Wrong diagnosis), ⑤ 특병과진(特病寡診 ; Underdiagnosis), ⑥ 무병유진(無病有診 ; Presumed diagnosis) 등입니다.

---

166) 윤중진·강신몽, 법의부검과 오진, 대한법의학회지 1991. 10. 통권 제15권 제2호 49쪽 참조.

이 건은 전형적인 ⑤ 유병무진입니다. 결핵균은 혈액을 통해 신체 내 어느 장기에서도 감염을 일으킬 수 있다는 사실을 충분히 진단할 수 있었음에도 불구하고, 허리 수술한 부위의 상태가 호전되었다는 판단아래 나머지 결핵의 중증도를 진단하지 못하여 약물투여를 중단함으로써, 조기치료의 기회를 상실, 주요 장기 부위에 결핵균을 전파시킨 책임이 있습니다.

(3) 치료·수술상 과실

(가) 결핵 치료 중단

피고병원은 결핵약투여 중단을 한 과실이 있습니다.

원고 1에게 항결핵제 복용을 통한 지속적인 치료와 그 가족들에게 결핵검사를 받도록 하지 않았습니다.

원고 1은 약 9일 동안 항결핵제 복용을 했을 뿐, 부작용이 의심된다는 이유로 결핵약투여를 중지해버렸습니다.

결핵성 척추염으로 진단된 모든 환자에서 수술 후 18개월간 항결핵 화학 요법을 병행하여(INH 6mg/kg/d, RFP 15mg/kg/d, EMB 15mg/kg/d, PZA 25mg/kg/d) 좋은 결과를 얻었습니다.

대부분의 학자들은 ESR가 치료 전 수치의 2/3 이하로 감소되면 치료가 성공적임을 의미하고 항생제 투여의 종료 시기를 ESR, CRP의 정상화 시점으로 합니다(갑 제9호증 논문 '수술 치료를 받은 원발성 척추염 환자의 임상적 고찰' 1167쪽 참조).

피고병원에서는 위 약물(INH 6mg/kg/d, RFP 15mg/kg/d, EMB 15mg/kg/d, PZA 25mg/kg/d)을 원고에게 단 9일 동안 복용시킨 후 ESR, CRP가 비정상임에도 불구하고 약물 복용을 중단시켰습니다.

원고 1이 항결핵제 복용으로 나타낸 부작용(오심,구토, 구강 점막염)은 경증으로, 이는 대증 치료요법을 받으며 항결핵제 복용은 지속되었어야 합니다.

왜냐하면 항결핵제에 의해서 부작용이 발생했을 때 경한 과민성 반응의 경우 저절로 사라지기도 하며 증상적 치료가 도움이 될 수 있는 것으로 알려져 있으나, 부작용 증상이 심하여 적극적인 치료가 필요한 경우는 우선 증상이 사라질 때까지 약을 중단하고, 그 후 약을 하나씩 시험 투여하여 원인 약제를 알아내어 가능한 빨리 적절한 처방으로 다시 결정해주어야 합니다.

그 약제가 꼭 필요한 경우는 적은 용량부터 순차적으로 시도하는 탈감작요법을 시행하는 경우가 있습니다(갑 제10호증 결핵성 임파선염 환자에서 rifampin 재투여로 인한 치명적 과민성 반응 1예 참조).

또한 약물 부작용시 약물 중단의 기준은 증상의 유무와 관계없이 간효소 수치가 정상 상한치의 5배 이상 증가했거나 간염의 증상이 동반되면서 정상 상한치의 3배 이상 증가한 경우에는 즉시 간독성이 의심되는 항결핵제들을 중단해야 합니다(갑 제11호 2012 국가결핵관리지침 '결핵 치료 중 부작용의 발생시 대처방법' 참조).

그러나 원고 1이 항결핵제를 복용할 당시 간수치는 정상이었습니다(갑 제5호증11호 2012. 7. 23.~2012. 8. 15.경 자동화 검사 참조).

만약에 부작용이 나타났을 경우에는 부작용 증상이 결핵약제에 의한 것인지를 확인하고, 결핵약제의 의한 증상일 경우 4가지 약제를 한 가지씩 재투여하여 원인이 되는 약제를 찾고, 나머지 약제로 항결핵약제로 치료를 지속할 것을 권고하고 있습니다.

하지만 피고병원은 이를 시행하지 않고, 4가지 약물을 모두 중단하여 원고 1의 상태를 악화시켰습니다.

더욱이 위 윤○○은 피고병원 소외 감염내과 의사 이○○으로부터 "결핵은 질병 특징상 열이 빨리 떨어지지 않으므로 결핵 치료를 지속하고, 혈액검사, 염증수치, 균동정검사, 간과 신장 기능, 요추 수술부위에 상태에 대한 호전과 악화를 상세히 기술해서 다시 의뢰 요청하라"는 회신을 받았지만, 이를 따르지도 않았습니다.

결국 위 윤○○은 원고 1에게 항결핵제 복용중단기준의 미충족, 결핵치료를 지속하라는 감염내과의 회신 등에도 불구하고, 원고 1에게 결핵균이 혈액을 통해 폐와 담낭으로 전파시킨 책임이 크다 할 수 있습니다.

참고로 ○○병원에서 결핵치료를 받던 24세의 젊은 환자가 항결핵제 부작용(고열)이 발생하였지만 제4요법 중 1개의 약물을 빼면서 지속적으로 투약치료를 하였습니다.

○○병원은 고열을 일으키는 약물을 찾기 위해 복용중인 모든 결핵 약제를 중단한 뒤 INH→RFP의 순서로 1가지씩 복용을 시키며 고열을 일으키는 원인 약물을 찾아내는 등 결핵 치료를 지속한 사례가 있어 제시합니다.

아래에 ○○병원 진료기록 사본을 첨부하였습니다.

```
problem list.))
# fever d/t r/o drug-fever (such as rifampin)
            r/o F.U.O
            r/o viral infection
1. LMC 에서 pul. Tbc imp. 으로 Tb medication 시행하면서 fever 및 rash 발생.
   drug fever 가능성으로 현재 Tb medication stop 추, hydration 중에 있습니다.
=> TB 약제 모두 끊은 다음 한 가지 약제씩 try 해보도록 하겠습니다.
```

[진료기록 사본]

입원 : 4 일

<S & O>
환자 본인 증상에 대해 걱정하는 모습 보임.
특별하게 호소하는 증상은 없음

<A & P>
INH 투여 후 5~6시간 경과 후 fever 40'c check 됨
과장님께 보고 드린 후 denogan 사용
이후 fever 떨어진 상태로 유지됨

입원 : 6 일

<S & O>
환자 rifampin 투여 후 1시간 정도 지나면서 severe headache 및
양측 다리에 numbness 호소
fever 40'c check 되었으며 general ache 호소

<A & P>
12시경 환자에게 rifampin 투여
1~2시간 후 이상 반응 보임 ⇒ 환자 headache 및 다리쪽이 저린 느낌 호소
; ATRA, DEXA, peniramin 처방

○○병원에서는 10일간의 항결핵제 복용 후 고열과 피부발진으로 입원한 ○○에게 항결핵제의 부작용으로 인한 고열 가능성을 염두에 두고 일단 모든 항결핵제를 중단하였습니다. 그리고 입원 4일후부터는 4가지 항결핵제 중 한 가지씩 약제를 투여하면서 고열을 일으키는 약물을 찾는 등 결핵치료를 중단하지 않고 지속하였습니다.

입원 4일째 INH 투여후에 40℃에 오르는 고열이 발생하자 약물을 중단하고, 입원 6일째 다른 항결핵제인 rifampin을 투여한 뒤 1～2시간 후 두통, 다리쪽이 저린 느낌의 부작용을 발견하였습니다(갑 제18호증 파티마병원 외래 초진기록 및 경과기록 참조).

한편 피고병원은 원고 1의 가족들에게 결핵이 호흡기를 통해 급속히 전염되는 법정 3군 전염병임에도 불구하고, 결핵 감염 유무에 대한 검사를 받도록 조치를 취하지 않아 요양방법지도의무를 다하지 아니하였습니다.

(나) 심한 호흡곤란에 대한 지연처치로 저산소증 유발

피고병원은 원고 1의 심한 호흡곤란에 대해서 9시간이나 방치한 뒤 뒤늦게 인공호흡기 치료를 시작하여 저산소증을 유발한 책임이 있습니다.

원고 1은 8. 28.경 자정부터 호흡수 24회, 산소포화도 83%, 맥박 128회 등 호흡곤란을 호소하기 시작한 후 인공호흡기 치료를 받을 때 까지 호흡수가 30～40회에 이르렀습니다.

피고병원은 동맥혈 가스분석검사를 원고 1이 호흡곤란을 보일 때 1번 시행하고(같은 달 28. 00:33경), 이후에 호흡곤란 증상이 있는 내내 단 한 차례 검사도 하지 않고 방치해 두었다가, 인공기도관 삽관 후 두 번째 검사를 시행하였습니다(같은 날 09:33경).

이는 약 9시간에 걸쳐 산소 공급만 했을 뿐, 원고 1이 대사증산증으로의 상태 악화를 예견하지 못했다는 것을 의미합니다.

따라서 피고병원은 동맥혈 가스분석을 통해 원고 1에게 인공호흡기 치료가 필요한지 조기 판단하여 적절한 조치를 취해야 하나, 원고 1이 심한 호흡곤란으로 인한 공포감과 모든 체력이 소모되어 지칠 때 까지 방치하였습니다(갑 제5호증13호 응급화학검사지 2012. 8. 28. 00:05, 09:33 검사 참조).

(다) 응급처치상 과실——기관지 삽관 한번 실패 후 인공호흡기 치료까지 시간 지체함.

피고병원은 원고 1에게 인공호흡기 치료가 필요함을 인식하고 이를 위해 기관지내 인공기도관 삽관을 시행하였으나 1번 실패 후에 2번째에 성공하였습니다.

같은 날 09:05경에 기관지 삽관을 시작하여 15분이나 지연 후 같은 날 09:20경에 인공기도관을 삽관, 인공호흡기치료는 같은 날 09:55경에 시작하였습니다.

이같이 피고병원은 약 50분간 원고 1의 저산소증에 대한 응급처치를 지연한 잘못이 있습니다.

(라) 시술상 과실——중심정맥관 삽입 시 외상성 기흉발생

피고병원은 원고 1에게 다량의 수액 치료를 위해서 좌측 중심정맥관을 삽입하다가 외상성기흉(09:40경)을 발생시켰습니다.

하지만 피고병원은 이 사실을 인지하지 못하고, 같은 날 11:35경 심정지가 발생한 후에야 이를 알게 되었습니다.

원고 1은 동공이 고정되고 심정지 상태에서 심폐소생술 5분 후 맥박이 돌아왔습니다. 기흉에 대한 처치인 흉관삽입도 3시간 10분이나 지나서 시행하였습니다.

그러나 이미 원고 1은 저산소증으로 인한 급성신손상을 받았고, 저산소증 뇌병변으로 인해서 간대성근경련이 지속되며 추후 의식 돌아올 가능성이 희박한 상태에 이르렀습니다.

(4) 간호 · 경과관찰 해태

피고병원은 원고 1이 항결핵제 복용을 중단한 뒤 부작용 증상이 사라졌는지에 대해

서 경과관찰을 게을리하고, 근본적 치료인 항결핵제 치료를 다시 시작하지 않았습니다.

피고병원은 원고 1이 한 달여간 고열 증상으로 힘들어 할 때도 원인 감별을 통해 근본적인 치료를 하기보다는 미온수 마사지나 해열제 복용 등의 미온적 처치만을 반복하여 원고 1을 점점 지치게 만들었습니다.

더욱이 원고 1이 한 달 여간의 입원 동안에 적절한 치료를 받지 못해 퇴원을 요구하자, 피고병원은 38.8℃에 이르는 고열(퇴원 전날 밤), CRP가 2.50mg/dL, ESR 113mm/hr로 비정상적임에도 불구하고 퇴원 조치하여 이후에 속립성 결핵과 급성 담낭염 및 간경변에 이르도록 방치한 과실이 있습니다(갑 제5호증11호 2012. 8. 15 08:15경 자동화검사 중 CRP, 갑 제5호증12호 2012. 8. 15. 08:15경 일반혈액검사 중 ESR 참조).

≪관련 의학지식을 통한 입증≫

1. 인과관계

원고 1에 대한 결핵성 척추염을 제대로 치료하지 않아 담낭염과 패혈성 쇼크, 그로 인한 저산소성 뇌손상을 입게 되었다는 점에 대하여는 지난 준비서면에서 진술하였습니다.

진료기록감정의는 속립성 결핵 → 급성 담낭염 → 패혈성 쇼크 → 심정지 → 삽관실패 + 기흉 → 뇌손상에 이르게 되었다고 하여 속립성 결핵치료해태와 뇌손상 사이에 인과관계를 인정하고 있습니다.

가. 진료기록감정 결과

진료기록감정의는 원고 1이 항결핵제 중단으로 급성 담낭염 등에 의한 패혈성 쇼크에 이르렀다고 회신하였습니다.

▶ 진료기록감정 회신문

: …항결핵제 부작용으로 중단하였고, 급성 담낭염 또는 간질환에 의한 패혈증… 기흉으로 저산소성 뇌손상이 발생한 것으로 판단됩니다. 속립성 폐결핵이 … CT에서 보일 정도 … 급성 담낭염이 환자의 패혈증 및 경과에 심각한 영향{진료기록감정 회신문 8)항 참조}.

원고 1이 앓고 있던 속립성 폐결핵과 담낭염은 약물복용이나 수술로 치료 가능하다고 합니다.

▶ 진료기록감정 회신문

: 속립성 폐결핵 … 급성 간병증 및 담낭염은 … 항결핵제 치료 및 항생제 치료를 병행하는 것이 일반적 치료{진료기록감정 회신문 7)-라)항 참조}.

만약 원고 1이 항결핵제를 복용하였다면 이 건과 같은 패혈성 쇼크나 심정지를 막을 수 있었는데 복용중단시켜 패혈성 쇼크와 심정지 등에 이르렀다고 합니다.

▶ 진료기록감정 회신문

: …지속적인 항결핵제 복용을 하였다면 현재와 같은 상황이 발생하였을 가능성이 낮아질 수 있다{진료기록감정 회신문 7)-다)항 참조}.

심정지 후에도 응급처치로서 기관삽관과 중심정맥삽관술만이라도 제대로 했더라면 이 건과 같은 중증의 뇌손상은 막을 수있었다고 합니다.

▶ 진료기록감정 회신문

: 심정지발생후 5분이면 뇌손상 … 심정지가 발생하면 저산소혈증에 의한 저산소성 뇌손상이 발생{진료기록감정 회신문 6)-마)항 참조}.

▶ 진료기록감정 회신문

〔문〕 인공삽관 실패한 이유는?

〔답〕 식도에 더 많이 들어갈 수있다{진료기록감정 회신문 6)-다)항 참조}.

▶ 진료기록감정 회신문

: 도관이 혈관에 들어가지 않고 폐장에 들어가면 기흉이 발생할 수 있다{진료기록감정 회신문 6)-라)항 참조}.

나. 피고의 자백

피고병원은 2013. 8. 23.자 피고 준비서면 결론부분에서 "속립성 결핵과 급성 간병증, 담낭염이 발병에서 기인한 것이므로…"라고 인과관계를 자백하고 있습니다.

2. 과 실

가. 과실일반론

진료는 문진, 청진, 시진, 촉진, 타진 등에서부터 시작하여 필요한 임상검사 등을 행하는 진찰, 검사 → 진단 → 투약 → 경과관찰 → 진찰, 검사 → 투약 → 경과관찰 → 진찰, 검사 등을 반복하면서 완치를 위해 노력하는 절차입니다.

나. 타장기 전이 배제 진단의무 위반

원고 1의 속립성 결핵은 타장기로의 전이, 특히 혈류공급이 풍부한 간과 담관으로의 전이가 자주됩니다.

따라서 피고병원은 원고 1에 대한 주기적 반복적 진찰과 검사를 통하여 결핵성 척추염의 완치여부, 타 장기로의 결핵전이 여부를 확인하고 치료하여야 할 의무가 있음에도 이를 게을리하였습니다.

(1) 감염성 척수염 치료 실패

피고병원은 2011. 10. 27.~2012. 7. 3.경 사이에 원고 1에 대한 요추 5번치료를 하였으나, 단순 통증에서 감염성 척수염으로 오히려 악화시켰습니다.

이는 피고병원에서 원고 1에 대한 수술과 약물투여가 실패하였다는 추정이 가능합니다.

(2) 결핵성 척수염 감염

원고 1은 결핵성 척수염에 감염되었습니다.

피고병원은 항생제치료에도 불구하고, 원고 1이 반복적으로 허리통증이 재발되는 것을 보고는 결핵을 의심하고 추적검사를 하였습니다.

(가) 객담검사 후 병리검사로 확진

1차로 2012. 7. 5.경 결핵진단을 위해 가래를 채취하여 배양검사를 실시하였습니다. 당시 균배양검사결과 음성으로 나왔는 바, 균배양검사에서 균이 동정되는 확률은 50%가 채 되지 않기 때문에 음성으로 나왔다는 것이 감염되지 않았다는 증거는 아닙니다.

이 때문에 피고병원이 1주일 후 정밀결핵검사를 2차례나 추가로 한 이유도 여기에 있습니다. 피고병원은 같은달 12.경 요추부위에서 농양을 직접 채취하여 병리검사를 하여 결핵을 확인하였습니다. 같은달 16.경 시행한 검사에서도 결핵균을 확인하고 결핵성 척수염으로 확진하였습니다.

▶ 진료기록감정 회신문

: …수술후 병리검사결과 확진되었음{진료기록감정 회신문 2)-다)-(3)항 참조}.

진료기록감정의는 "2012. 7. 5. 결핵도말검사 음성으로 확인됨. 흉부영상에서 이상이 없다면 결핵도말검사를 하는 것은 타당하지 않음[167] …병력청취에서 의심할 만한

167) '타당하지 않다'는 감정적인 표현은 진료기록감정의 공정성을 의심할 수 있는 표현입니다. 인간의 생명을 구하는데 타당하지 않은 검사는 없습니다. 특히 결핵을 확진하기 위하여 단순히

내용이 없음"이라고 하여, 7. 5. 직후부터 투베르쿨린반응검사나 척수감염부위 결핵검사를 할 필요가 없다는 뉘앙스의 감정회신을 하고 있습니다.

그러나 이는 전제가 잘못된 회신입니다.

첫째, 투베루쿨린검사는 객담도말검사와 방법과 확진률이 다르기 때문에 임상에서는 별도로 시행하고 있습니다.

둘째, 피고병원에서는 원고 1에 대한 병력청취에서 의심할만한 호소[168]와 임상증상이 있었기 때문에 병리검사까지 하게 된 것입니다.

(2) 속립성 결핵으로 전이예견의무 위반——속립성 결핵 배제진단 하지 않은 과실

피고병원은 2012. 7. 4.~7. 19.경 사이에 경막외 농양제거를 한 후 결개부위를 봉합하는 치료만 하였습니다{진료기록감정 회신문 2)-가)항 참조}.

척수부위에 결핵균이 발견되었다면 뇌, 폐, 심장, 간, 신장, 관절부위 등에 결핵균이 돌면서 감염증을 일으킬 위험성이 매우 높다는 것은 의학계의 공지의 사실입니다.

입원초기인 위 기간중 진료기록감정의는 항결핵제를 투여하면서 다른 부위에 전이되었는지를 추적관찰하고, 타장기로의 전이를 막도록 노력하여야 하나, 이런 검사와 치료를 게을리하였다고 합니다.

▶ 진료기록감정 회신문

〔문〕 폐, 간, 담낭, 신장 등 타장기의 감염여부를 감별진단하기 위하여 흉부 X-ray, 흉부, 복부 및 골반 CT검사를 실시하였는지요.

〔답〕 검사하지 않았음{진료기록감정 회신문 2)-다)-(2)항 참조}.

▶ 진료기록감정 회신문

〔문〕 적혈구 침강속도, CRP상승의 원인 감별을 위하여 어떤 진단적 검사가 시행되었는지요.

〔답〕 검사하지 않았음[169]{진료기록감정 회신문 2)-다)-(4)항 참조}.

진료기록감정의는 "…병력 및 타장기의 이상이 없다면 이상부위에 대한 검사를 하고 교정하여 주면 됨. 이 환자에서는 원인되는 병변이 있으므로 더 이상의 검사는 무

객담도말검사만을 시행하였다가 음성이면 다른 검사를 하지 않는다는 것은 임상치료지침에 맞지 않는 독단적인 판단이라고 생각합니다.

168) 원고 1에게 요통과 요추부위감염이 항생제치료에도 불구하고 반복하여 발생하는 임상증상.

169) 감정의는 "문진 및 진찰을 하였으며 일반적인 혈액검사 및 방사선검사를 하였음. 요추 MRI 검사를 한 것으로 기록되어 있음"이라고 회신한 바, 이는 위와 같은 검사를 하지 않았다는 우회적 표현입니다.

의미할 것으로 판단됨."이라고 회신하였습니다. 이는 진료기록감정의도 피고병원의 과실을 우회적으로 지적하고 있는 것입니다. 그 이유는 다음과 같습니다.

첫째, '타장기의 이상이 없다면' 이라고 한 바, 원고 1은 속립성 폐결핵으로 「폐부위에 이상」이 있었기 때문에, 진료기록감정회신대로 '이상부위[170]에 대한 검사를 하고 교정'하여야 할 주의의무가 있다 할 것입니다.

둘째, '원인되는 병변[171]이 있으므로'라고 한 바, 이 건에서는 척추감염부위 외에 폐부위도 결핵에 감염되어 있었기 때문에, 「더 이상의 추가검사가 의미있다」할 것입니다. 피고병원은 척추결핵 외에 폐결핵에 대하여 배제진단을 하지 않았습니다.

▶ 진료기록감정 회신문

〔문〕 속립성 폐결핵을 배제진단하였는지요.

〔답〕 배제하지 않았음{진료기록감정 회신문 2)-다)-(5)항 참조}.

▶ 진료기록감정 회신문

〔문〕 폐, 간, 담낭, 신장 등에 결핵균이 감염될 개연성을 고려하여 어떤 치료계획을 세웠는지요.

〔답〕 치료계획세우지 않았음[172]{진료기록감정 회신문 2)-라)항 참조}.

원고 1에게 결핵이 확산되고 있는 시기인 2012. 7. 20.~8. 5. 사이에도 폐결핵, 급성간병증, 담낭염 등을 배제하기 위한 어떤 검사도 하지 아니하였습니다.

▶ 진료기록감정 회신문

〔문〕 폐결핵, 급성간병증, 급성담낭염감염 여부를 배제진단하기 위하여 어떤 검사를 며칠단위로 반복하여 시행하였는지요.

〔답〕 배제진단을 위한 병력청취, 진찰 및 혈액검사의 소견은 없음{진료기록감정 회신문 3)-다)항 참조}.

원고 1은 제대로 된 결핵치료를 받지 못하여 결핵약 투약이 중단된 2012. 7. 29. 이

---

170) 폐결핵부위.

171) 원인되는 병변은 최소한 척추 및 폐인 바, 피고병원은 이른바 다병소진(多病小診 ; Skipped diagnosis)의 한 형태입니다.

172) 진료기록감정의는 "결핵을 의심할 만한 증거가 없다면 항결핵치료를 하면 됨. 환자에게서 타장기에 결핵이 전파되었다고 판단할 근거는 검사소견에서 없음"이라는 회신한 바, 이는 전제가 잘못되었습니다. 타장기에 결핵이 전파되었는지에 대하여 추적검사와 확진검사를 하지 않았기 때문에 오히려 전파되지 않았다는 증거가 없습니다. 결과론적으로는 원고 1에게 이미 폐결핵과 간, 담도결핵으로 전이되어 있었습니다.

후 CRP(염증수치)와 ESR(백혈구 침강속도)은 다음 [도표]와 같이 정상범위를 넘어서 지속되었고, 고열이 내리지 않았습니다.[173]

[도표] 염증수치증가

7. 29.	항결핵제 복용 중단함.	CRP 8.61(정상 : 0~0.5) ESR 120(정상 : 0~30)
8. 5.		CRP 5.39, ESR 120
8. 6.		체온 39.2℃ CRP 5.39, ESR 120
8. 12.		체온 38.8℃ CRP2.91, ESR 76
8. 16.		체온 38.8℃ CRP 2.50, ESR 115

이 때문에 진료기록감정의도 2012. 8. 17.경 퇴원시까지 발열이 있었으므로 감별검사가 필요하였다고 회신하고 있습니다.

▶ 진료기록감정 회신문

…2012. 8. 17.경 퇴원시까지 발열이 있었으므로 감별검사가 필요하였다{진료기록감정 회신문 3)-다)항 참조}.

8. 24. 재입원시는 속립성 결핵으로의 전이는 물론, 간부위와 담관부위까지의 전이도 의심하고 적극적인 치료를 하였어야 합니다.

다. 1차 입원중 결핵치료상 항결핵제 약물투여중단과실 - 2102. 7. 4.~8. 17.

(1) 결핵약 중단하고, 경과관찰 조차하지 아니한 과실

결핵제의 부작용이 나타날 경우에는 무조건 중단하여서는 아니 됩니다.

원고 1에게는 항결핵제 투약이 반드시 필요하였습니다.

▶ 진료기록감정 회신문

…결핵의 치료는 항결핵제 및 보존적 치료입니다… 수술 또는 항생제 치료가 필요합니다… 항결핵제 치료 및 항생제 치료를 병행하는 것이 일반적인 치료입니다{진료기록감정 회신문 7)-라)항 참조}.

173) 진료기록감정의는 CRP(염증수치)가 2.50~8.61, ESR(백혈구 침강속도)이 76~120으로 비정상이었음에도, '염증수치가 개선되고 있음'이라는 감정을 하고 있는 바, 그렇다면 결핵약 재투여를 하지 않은 피고의 과실은 더 큽니다.

▶ 진료기록감정 회신문
…가능하면 항결핵제 유지를 하는 것이 좋(다){진료기록감정 회신문 7)-마)항 참조}.

가사 중단하더라도 환자상태에 대한 밀착감시를 통하여 척추결핵균이 타 장기로 전이되는 것을 조기에 막아야 합니다.

특히 속립성 결핵은 타장기로의 전이, 특히 혈류공급이 풍부한 간과 담관으로의 전이가 자주 됩니다.

피고병원은 이 건 결핵약투약 중단후 원고 1에 대한 추적관찰이나 검사를 전혀 하지 않았습니다.

▶ 진료기록감정 회신문
〔문〕 7. 29.경부터 약물 부작용으로 항결핵제 복용이 중단된 후 어떤 검사와 치료를 시행하였는지요.
〔답〕 항결핵제 중단후 특별한 치료를 하지 않았음{진료기록감정 회신문 3)-라)항 참조}.
다만 진료기록감정의는 항결핵제 중단이후 특별한 치료는 필요없다라고 하는 바, 이는 앞서 '증상이 호전되면 부작용이 낮은 약부터 단계적으로 투여'하여야 한다는 회신과 정반대 회신을 하고 있습니다{진료기록감정 회신문 3)-가) 및 라)항 각 비교}.

(2) 증상악화 방치 및 검사 미실시

항결핵제를 중단받은 후 원고 1은 상태가 악화되어 가고 있었습니다.

▶ 진료기록감정 회신문
〔문〕 구강점막염, 오심, 구토 등의 증상은 항결핵제 복용 중단 후 증상개선이 되었는지요.
〔답〕 확인할 수 없음{진료기록감정 회신문 3)-마)항 참조}.

2012. 8. 6.~퇴원시까지도 항결핵제 중단이 되면서 더욱 악화되었습니다.

▶ 진료기록감정 회신문
〔문〕 약물 중단 후 환자의 상태는 어떠하였는지요.
〔답〕 발열 지속, 힘이 없어 보임{진료기록감정 회신문 4)-가)항 참조}.

그러나 아무런 추적검사도 하지 아니하였습니다.

▶ 진료기록감정 회신문

〔문〕 약물중단 후 고열, 적혈구침강속도, CRP 상승이 지속되었는데, 그 원인 감별을 위해 어떤 검사를 시행하였는지요.

〔답〕 없음{진료기록감정 회신문 4)-다)항 참조}.

▶ 진료기록감정 회신문

〔문〕 결핵균이 다른 장기인 폐, 간, 급성담낭 등의 전파 여부에 대하여 어떤 검사를 하였고, 진단이 되었는지요.

〔답〕 없음{진료기록감정 회신문 4)-라)항 참조}.

▶ 진료기록감정 회신문

〔문〕 항결핵제 복용 중단 후 결핵균이 다른 장기로의 전파여부 확인을 위한 흉부 엑스레이, 흉부, 복부-골반 CT검사를 시행하였는지요.

〔답〕 없음{진료기록감정 회신문 4)-마)항 참조}.

▶ 진료기록감정 회신문

〔문〕 퇴원당시 결핵의 타장기 전파 여부에 대한 어떤 검사를 통해 환자의 상태를 확인한 후, 퇴원조치를 시행하였는지요.

〔답〕 없었음{진료기록감정 회신문 4)-바)항 참조}.

결국 원고 1은 퇴원 이후 재입원시까지 검사나 치료를 받지 못했습니다.

▶ 진료기록감정 회신문

〔문〕 퇴원 후 집에서 환자의 상태는 어떻게 악화되었는지요.

〔답〕 전신쇠약감, 발한, 발열, 염증소견이 높아서 입원하였음{진료기록감정 회신문 6)-가)항 참조}.

(3) 탈감작처방하지 아니한 과실

원고 1의 경우 오심, 구토, 구강점막염 등의 부작용으로 쇼크를 일으키거나 생명을 잃을 정도가 아니었습니다. 그렇다면 중단보다는 감작처분을 하였어야 합니다.

피고병원 감염내과에서 '결핵치료를 계속하라'고 컨설팅하였음에도 피고병원 정형외과에서는 이를 무시하였습니다.

▶ 진료기록감정 회신문

〔문〕 감염내과에서 결핵치료를 지속하라는 회신(2012. 7. 31.경 타과의뢰서)에도 불구하고 결핵제를 재투여하지 않은 이유는 무엇인지요.

〔답〕 확인할 수 없음{진료기록감정 회신문 3)-바)항 참조}.

진료기록 감정의는 환자의 상태를 살펴 부작용의 가능성이 가장 낮은 약제부터 단계적으로 투약하여야 하나, 피고병원 정형외과는 중단 후 내과의 의견도 무시한 채 아예 재투약을 하지 않았습니다.

▶ 진료기록감정 회신문

…증상이 호전되면 조심스럽게 발현된 부작용의 가능성이 가장 낮은 약부터 단계적으로 투약함{진료기록감정 회신문 3)-가)항 참조}.

진료기록감정의는 '염증수치가 개선되고 있음'이라는 감정을 하고 있는 바, 그렇다면 피고병원은 결핵약을 재투여하였어야 합니다.

▶ 진료기록감정 회신문

…염증수치가 개선되고 있음{진료기록감정 회신문 3)-나)항 참조}.

탈감작방법은 다음과 같습니다.

4가지 항결핵약 중 하나의 약제를 상용량의 1/3~1/4에서 시작하여 매일 2배로 늘려가면서 과민반응을 살피는 것이나, 입원환자의 경우에는 시간을 절약하기 위하여 다음 [도표]와 같이 1/10씩을 매시간 투여하여, 간격을 8~12시간으로 줄여 부작용을 살피고 있습니다(갑 제15호증 결핵약제의 부작용 및 대처방안 30쪽 이하 참조).

따라서 입원환자는 2일이면 어느 약제의 부작용이 있는지를 파악하고, 당해 약물을 감량하거나 제외하여 투약하면 1주일정도면 고부작용약물을 찾을 수 있습니다.

피고병원은 7. 29.부터 2일마다 4가지 약제에 대한 탈감작법으로 부작용을 파악하고, 원인약물을 찾았다면 8월초에는 충분히 항결핵약제를 투약할 수 있었습니다.

진료기록감정의는 탈감작법은 한가지 약제중 1알씩 처방하여 수일 경과 후 추가하는 방법으로 부작용약제를 찾아 투약방법을 결정한다고 한 이유도 여기에 있습니다.

▶ 진료기록감정 회신문

…한 가지 약제씩 또는 한가지 약제중 1알씩 처방하여 수일 경과 후 증상이 발생하지 않으면 추가하는 방법으로 약제의 부작용이 발생하면 중단 후 증상이 소실되면 다시 투약{진료기록감정 회신문 7)-다)항 참조}.

[도표] 탈감작요법 시행방법

표 4. Rapid oral desensitization to rifampin

	Time	Dose, mg
AM		
	7:00	0.1
	7:15	0.5
	7:30	1
	7:45	2
	8:00	4
	8:15	8
	8:30	16
	8:45	32
	9:15	50
	10:15	75
PM		
	12:15	100
	4:15	150
AM		
	12:15	300
	Continue 300 mg every 12 hours.	

Chest 1990 ; 98:1518-19

라. 퇴원후 재택치료상 과실 —— 2102. 8. 17.~8. 24.

앞서 살핀 2013. 8. 23.자 피고준비서면 결론부분에서 "…퇴원하여 적절한 치료를 받지 못한 결과로 속립성 결핵과 급성 간병증, 담낭염이 발병"하였다고 주장하고 있습니다.

피고 스스로 적절한 치료를 받았다면 이 건과 같은 장애는 막을 수있었다(악결과회피가능성)는 과실을 선행자백하고 있습니다.

퇴원시 속립성 결핵에 대한 투약의 필요성, 미투여시 악화과정 등에 관하여 어떠한 설명이나 요양방법지도를 하지 아니하였습니다.

▶ 진료기록감정 회신문

〔문〕 퇴원 후 요양방법지도는 누가 어떻게 설명하였는지요.

〔답〕 요양방법지도에 대한 기술은 없음{진료기록감정 회신문 6)-나)항 참조}.

마. 재입원시 치료상 과실 —— 2102. 8. 24. 이후

(가) 진찰 및 검사의무 해태

피고병원 정형외과는 원고 1이 퇴원후 1주일간 아무런 치료를 받지 아니한 과정에서 지속적으로 열이나고 기운이 없어 재입원하였고, 감염수치가 상당히 높게 나왔음에도 불구하고, 활력징후나 산소포화도 등 기본적으로 시행하여야 할 검사조차 하지 아니하였습니다.

▶ 진료기록감정 회신문

〔문〕 2012. 8. 17.경 퇴원당시와 (같은달 24.경 재입원~ 같은 달 28.경 사이) 비교해서 환자의 상태는 어떻게 악화되었는지요.

〔답〕 입원당일 활력징후는 알 수 없음, 산소포화도는 알 수 없음{진료기록감정 회신문 7)-가)항 참조}.

▶ 진료기록감정 회신문

〔문〕 전신허약감, 발열을 호소하며 재입원하였을 당시 환자에게 시행된 진단방사선검사 및 혈액검사는 무엇이고, 언제, 몇 회에 걸쳐서 시행되었는지요.

〔답〕 입원당일 CRP검사하고, 흉복부 CT검사하였음{진료기록감정 회신문 7)-나)항 참조}.

진료기록감정의는 진료기록감정 회신문 7)-나)항에서 검사결과는 회신하지 않았으나, 모든 검사결과가 속립성 폐결핵, 급성간병증, 급성담낭염을 확진할 수 있었습니다.

우선 CRP 21, ESR 90으로 전형적인 감염증세를 보였습니다.

다음, 흉부 CT결과 양측 폐에 무작위 분포된 다수의 미세한 결절은 좁쌀 결핵을 시사하고 우측폐 우중엽 부위에는 경미한 기관지 확장성 변화 동반된 섬유성 상처가 있어 속립성 결핵을 진단할 수 있었습니다.

마지막으로 복부 골반 CT결과는 급성 간병증 및 반응성 담낭벽 부종과 그 주변 다발성 반응 림프절 비대,[174] 좌측 신장의 작은 신낭종, 소량의 복수가 관찰되어 급성담낭염과 급성 간병증을 진단할 수 있었습니다.

(나) 항결핵제를 투여하지 않은 과실

원고 1이 속립성 결핵으로 전이되었다면, 항결핵제를 즉시 투여하여 악화를 방지하였어야 함에도 이를 하지 않았습니다.

진료기록감정의도 속립성 폐결핵과 담낭염증이 진단되었다면 빠른 시간내에 항결핵제와 항생제가 투여되어야 한다고 회신하고 있습니다.

---

174) 급성담낭염을 시사함.

▶ 진료기록감정 회신문

〔문〕 속립성 폐결핵, 급성 간병증 및 담낭염 진단 후 치료계획은 무엇이며 어떤 치료가 시행되었는지요.

〔답〕 속립성 폐결핵의 치료는 항결핵제 및 보존적 치료입니다… 수술 또는 항생제 치료가 필요합니다… 항결핵제 치료 및 항생제 치료를 병행하는 것이 일반적인 치료입니다{진료기록감정 회신문 7)-라)항 참조}.

▶ 진료기록감정 회신문

〔문〕 결핵균이 다른 장기 전파 이후에도 항결핵제 복용치료를 하지 않은 이유는 무엇인지요.

〔답〕 가능하면 항결핵제 유지를 하는 것이 좋(다){진료기록감정 회신문 7)-마)항 참조}.

항결핵제와 항생제투여가 되지 않아 결핵이 급격히 전신에 퍼졌습니다.

▶ 진료기록감정 회신문

〔문〕 척추에서 발생한 결핵균이 속립성폐결핵, 급성간병증 및 담낭염이 급속하게 발전한 상태였는 바, 결핵약물 투여중단이 환자의 상태에 미친 영향은 무엇인지요.

〔답〕 지속적인 항결핵제복용을 하였다면 현재와 같은 상황이 발생하였을 가능성이 낮을 수있(다){진료기록감정 회신문 7)-다)항 참조}.

진료기록감정의는 2차 입원시 만을 언급하며 "…항결핵제의 부작용이 소실되는 것이 약 1~2주는 최소한 필요하며, 한 가지 약제씩 또는 한 가지 약제 중 1알씩 처방하여 수일 경과 후 (추가하는 방법으로 투약하면), 이러한 방법으로 재입원날까지도 제대로 복용하지 못하였을 가능성이 높았다"는 의학적 근거없는 회신을 하고 있습니다.

앞서 언급한 바와 같이 7. 29.경 투약중단된 날부터 8. 24.경 재입원시까지 항결핵제가 투여되지 않은 기간은 무려 4주 가량됩니다. 진료기록감정의사의 말대로 하더라도 7. 29.부터 항결핵제 부작용이 소실된 8월 초순부터는 탈감작요법을 통하여 1차 퇴원시인 8. 17. 이전까지 부작용약제를 파악할 수 있는 충분한 시간이 있었음에도 아무런 검사나 탈감작요법을 시행하지 아니하였고, 퇴원시나 2차 입원시 항결핵제와 항생제를 병용투약하여 이 건 사고를 막았어야 했습니다(갑 제15호증 30쪽 이하 참조).

그러나 피고병원은 속립성 폐결핵, 급성 간병증 및 담낭염 진단 후도 별다른 치료를 하지 아니하였습니다.[175)]

175) 진료기록감정의는 "속립성 폐결핵, 급성 간병증 및 담낭염 진단 후 치료계획은 무엇이며 어떤 치료가 시행되었는지요"라는 질문에 "아무런 치료를 하지 않았다"는 취지로 답변하고 있습니다{진료기록감정 회신문 7)-라)항 참조}.

진료기록감정의도 생명유지가 가장 중요하다고 회신하고 있습니다.

▶ 진료기록감정 회신문
가장 중요한 것은 환자의 생명유지가 중요합니다{진료기록감정 회신문 7)-마)항 참조}.

이 건에서 생명유지는 결핵균을 잡고, 염증을 제거하는 것입니다. 원고 1에게 나타난 부작용인 오심, 구토, 구강점막염 등은 생명유지에 전혀 지장이 없는 증상에 불과합니다.[176]

그렇다면 생명유지를 위해서는 항결핵제와 항생제를 투약하였어야 합니다.

바. 응급처치상 과실

피고병원은 2012. 8. 28. 심정지 당시에 적절한 응급처치를 하지 않은 과실이 있습니다.

(1) 패혈증의 예견가능성

원고 1은 8. 28경 감염에 의한 패혈증이 명백하게 발현되었습니다.

▶ 진료기록감정 회신문
〔문〕 같은 달 28.경 호흡곤란, 산소포화도 저하가 발생하였는 바, 그 이유는 무엇인지요.
〔답〕 전신쇄약감, 발열, 발한, 복통, 의식의 저하, 전신소양증, 혈액검사에서 혈소판의 현저한 감소, CRP증가, 황달발생, 간효소수치의 증가, 신장기능의 저하, 젖산의 증가, 담낭의 부종 및 급성 담낭염의심의 정황을 보아 급성 담낭염 또는 간질환에 의한 패혈증이 의심됩니다{진료기록감정 회신문 6)-가)항 참조}.

(2) 악결과 회피의무 위반

패혈증은 항결핵제, 항생제투여, 산소공급 등 적절한 치료를 하지 않으면 패혈성 쇼크로 악화될 수 있습니다. 패혈성 쇼크로 악화되면 치사율이 50% 이상 될 정도로 매우 위험하게 되므로 그 전에 이를 막아야 하나, 피고병원은 방치하여 패혈성 쇼크에 이르게 하였습니다.

(가) 사전회피의무 위반

176) 구강점막염도 악화되어 이 건과 같이 패혈성 쇼크로 진행된다면 생명이 위험합니다만 구강점막염이 패혈증으로 갈 확률보다는 속립성 폐결핵과 급성담낭염이 패혈증으로 갈 확률이 수천배나 높습니다. 이 때문에 진료기록감정의도 급성담낭염이 패혈성 쇼크를 일으키는 한 원인이 되었다고 감정한 바 있습니다.

피고병원은 패혈증이 패혈성 쇼크로 악화되기 전에 타과와 협진하고, 각종 검사를 하여 적절한 치료를 하였어야 함에도 10시간 가까이 방치하였습니다.

진료기록감정의도 패혈증 초기증상이 보일 때부터 9시간 30분 동안 아무런 치료를 하지 않았다고 회신하고 있습니다.

▶ 진료기록감정 회신문

〔문〕 2012. 8. 28.경 호흡곤란이 발생하여 인공기도삽관시까지 약 9시간 30분 동안 어떤 검사와 처치가 시행되었는지요.

〔답〕 …상세한 내용은 없습니다{진료기록감정 회신문 6)-나)항 참조}.

(나) 사후피해확대방지의무 위반

(1) 인공삽관 실패

패혈성 쇼크 발생 이후 인공삽관은 5분 이내에 실시하여야 뇌손상을 막을 수 있으나, 피고병원은 09:05경 기도삽관을 못하고, 식도에 삽관하는 미숙함을 보였습니다.

그 즉시 재시도를 하지 못하고, 무려 15분이나 지난 09:20경에야 2차 삽관시도를 하는 바람에 원고 1의 상태는 매우 악화되었습니다.

▶ 진료기록감정 회신문

〔문〕 인공기도삽관... 당시 1회 실패한 이유는 무엇으로 추정되는지요.

〔답〕 …식도에 더 많이 들어갈 수 있(다){진료기록감정 회신문 6)-다)항 참조}.

(2) 기흉 발생

나아가 중심정맥삽관시 카테타를 무리하게 삽관하는 과정에서 중심정맥을 뚫고 폐로 집어넣어 기흉을 일으키는 중대한 과실을 범했습니다.

▶ 진료기록감정 회신문

〔문〕 중심정맥관삽관 과정은 어떠하였고, 삽관 후 흉부방사선 검사결과 기흉발생이 확인되었는 바, 그 이유는 무엇으로 추정되는지요.

〔답〕 …도관이 혈관에 들어가지 않고 폐장에 들어가면 기흉이 발생할 수 있습니다{진료기록감정 회신문 6)-라)항 참조}.

(3) 응급심폐소생술 실패

원고 1과 같이 전신상태가 불량한 노약자는 4분 이상 심정지가 되면 뇌손상을 입게 됩니다.

피고병원은 원고 1이 심정지가 된 후 5분 이상 경과한 후에야 소생시켜, 저산소성 뇌손상을 입게 하였습니다.

진료기록감정의도 응급심폐소생술이 늦어 뇌손상이 발생하였다고 회신하고 있습니다.

▶ 진료기록감정 회신문

〔문〕 심정지 후 5분뒤 회복되었음에도 간대성근경련, 뇌장애, 급성신부전으로 환자의 상태가 악화된 이유는 무엇인지요.

〔답〕 심정지 발생후 5분이 지나면 뇌손상이 올 수 있(다). 환자의 경우 이미 저산소혈증 및 전신상태가 불량한 상태에서는 심정지가 발생하면 정상인보다는 더 많은 저산소혈증에 의한 저산소성 뇌손상이 발생할 수 있다{진료기록감정 회신문 6)-마)항 참조}.

(4) 누공발생

피고병원은 결핵치료 실패로 기관지출혈과 대동맥누공을 일으켰습니다.

≪원 · 피고 주요쟁점≫

쟁 점		원 고	피 고
인과관계		결핵성척추염을 치료하지 않아 속립성결핵, 급성담낭염 및 간염, 대동맥누공 발생함.	원고의 현장에는 피고병원의 과실이 아니라 기왕증(척추결핵)에서 비롯된 것임.
과실	결과예견	1. 결핵치료하지 않았을 경우 결핵균이 다른 장기로 전파됨. 2. 중심정맥관삽입시 기흉발생은 심정지 유발할 수 있음.	
	결과회피	1. 항결핵제 부작용 발견시 탈감작요법 시행하여 원인 약제 알아내야함. 원인약물 제외 후 결핵치료 지속해야 함. 2. 중심정맥관 삽입시 다른 신체조직으로 카테터가 삽입되는 경우가 없도록 신중한 조작이 필요함.	
설명의무		감염성척추염의 원인이 결핵균이고 치료하지 않았을 경우 신체내 다른 장기로 전파될 수 있으므로 항결핵제 약물복용지도 등 요양방법 지도하여야 하나 하지 않음.	

≪1심 판결≫

1. 피고의 과실

『긴장성 기흉에 대한 치료를 지연한 과실이 있는지 여부에 관하여 보건대, ① 긴장성 기흉이 발생한 경우 조기에 치료하지 않으면 환자의 상태가 급격히 나빠지면서 사망에 이를 수 있고, 임상적으로 긴장성 기흉이 의심되는 경우에는 즉시 흉강감압술을 시행한 후 흉관 삽관을 시행하여야 하는 점, ② 그런데 피고병원 의료진은 원고 남○○에게 중심정맥관을 삽입한 때로부터 약 3시간이 경과하고 심정지가 발생한 때로부터 1시간 15분이 경과한 후 비로소 흉관 삽관을 시행한 점, ③ 감정의 김○○은 신체 진찰을 통해 긴장성 기흉이 의심되면 흉부 X선 검사를 통해 기흉을 확인하고 나서 응급의학과에 의뢰하여 흉관 삽관을 시행한 것은 부적절한 조치로 보이며, 흉관 삽관이 지연되는 동안 저산소증이 지속되어 원고 남○○에게 뇌손상이 발생한 것으로 보인다는 소견을 밝힌 점 등에 비추어 보면, 피고병원 의료진에게는 긴장성 기흉에 대한 필요한 조치를 지연한 과실이 있다고 봄이 상당하다.』

2. 인과관계

『항결핵제 복용을 중단함으로써 원고 남○○에게 속립성 결핵과 급성 간질환 및 담낭염이 발생하였을 가능성이 크고, 원고 남○○는 속립성 결핵의 진행 또는 급성 담낭염 등 전신상태 악화에 따른 패혈증에다 긴장성 기흉으로 인한 심장압박 등이 원인이 되어 심정지가 발생하였고, 이로 인해 저산소성 뇌손상이 초래된 것으로 보이므로, 피고병원 의료진의 위와 같은 과실과 원고의 뇌손상 사이에 인과관계 역시 인정된다.』

3. 인용금액 : 9천 3백만 원

4. 피고의 책임비율 : 20%

4. 고관절 수술 중 과다출혈로 사망한 사건[177)]

≪사건 개요≫

• 원고 박○○(22세, 여) / 피고 여수○○병원 및 ○○대병원

※ 사건 경과

고관절탈구 → 인공관절삽입술 → 고관절 탈구 및 염증 → 고관절 수술 중 과다출혈(여수○○병원) → 지혈조치(○○대병원) → 출혈 지속 → 응급개복술 → 과다출혈 → 사망

(1) 기왕증 : 출생시부터 고관절 탈구있었음(출생 이후 6차례 수술받음)
(2) 2009. 4. 6. 여수○○병원에 입원조치
(3) 2009. 4. 7. 우측고관절 탈구에 대한 인공관절술 삽입술 시행
2009. 4. 11. 체온 : 37.6도
2009. 4. 27. CRP : 75.9, ESR : 55
2009. 4. 28. 19:14 흡입조치(120cc)
21:06 출혈 심함 —— 재드레싱
2009. 4. 29. CRP : 114.3, ESR : 52
2009. 5. 4. 10:38 흡입조치(200cc)
14:22 CRP : 61.8, ESR : 52
2009. 5. 5. 18:45 기운 없고, 가슴 두근두근거림
혈압 : 90/60
5. 6. 방사선 검사: 우측 고관절 빠져 있는 상태
5. 7. 10:45 관절 빠져서 재수술 필요성 설명
(4) 2009. 5. 8. 우측 고관절 정복 시도 —— 실패
혈종 및 약 200cc 발생
장골 뒤쪽에서 출혈 발생 —— 출혈 잡지 못한 채 거즈패킹 시도
○○대병원으로 전원 —— 수술부위 초음파(우측 장골동맥과 정맥이 골반 혈종으로 눌려서 보이지 않음).
CT혈관조영술 상 우측 장골동맥부터 조영이 되지 않음.

177) 전주지방법원 2009가합9743 조정.

21:05～03:45 개복술 : 우측 외장골 동맥 손상 의심 소견 관찰됨. 거즈 제거하자마자 출혈 심해짐(다발성 동맥 혈관 손상으로 인한 출혈 지속).

5. 9. Hb : 7.1

5. 10. 02:00 Hb : 6.8

11:30 CT 의증 : 혈종과 관련된 우측 장골동맥의 가성동맥류

5. 12. 혈관조영술 : 아방외장골동맥 혈관손상 및 출혈 확인(지혈시도 실패)

응급개복술(복강내 1000cc 가량 혈액 고여 있음) —— 좌측 장골동맥에 laceration 발견됨 —— 이후 지혈 위해 겸자하였음에도 불구하고 혈관 파열 및 절단 됨.

15:30 사망

≪소장에서 주장하는 피고의 과실≫

1. 피고 1 병원의 과실

(가) 흡입시술과정상의 주의의무 해태 —— 흡입과정상 수술부위에 감염 발생

망인은 피고 1 병원으로부터 인공관절 삽입술 및 출혈에 대한 흡입처치 시술을 받기 전 둔부통증 및 감염 증상이 없었으나, 피고 1 병원의 인공관절 삽입술 및 흡입시술을 받은 이후부터 염증지수인 ESR이 50 이상으로 측정되었으며, CRP 역시 60 이상으로 측정되는 등 감염 소견이 나타났습니다. 이와 같은 망인의 감염 발생에 대해서는 부검결과 상에서도 나타났습니다. 즉, 시술 부위인 우측 대퇴부 안쪽에서 화농성 삼출액을 동반하는 광범위한 근육 및 근막의 염증 및 괴사 소견이 보였으며, 조직학적 검사상 만성 염증과 섬유화, 조직의 괴사 등을 확인할 수 있었습니다(갑 제6호증 부검감정서 참조).

결과적으로 피고 1 병원은 침습적 처치로 인한 감염을 예방하기 위하여 침습부위를 철저히 소독하고 침습적 처치시에는 시술부위와 시술기구를 철저히 소독하고 의료진의 무균 상태 유지해야 하며, 철저한 무균법을 이용하여 침습적 처치를 시행해야 할 주의의무가 있습니다. 이러한 주의의무에도 불구하고 피고 1 병원은 침습적 처치과정 중 감염을 예방하기 위한 무균술 및 무균처치를 소홀히 시행하여 망인에게 감염을 유발시키게 한 과실이 있습니다.

(나) 감염에 대한 진단 및 치료 소홀

의료진은 수술 및 흡입 등과 같은 침습적 처치 후 시술부위의 감염이 발생되었는지 주의깊게 경과관찰하고, 감염소견이 보일 경우 활력징후, 감염부위 이상소견 지속적 관찰, 감염여부 혈액검사, 감염부위 분비물 및 혈액배양검사 등을 통하여 감염여부 및 감염균의 종류를 조기 진단하여 민감성이 뛰어난 항생제를 선택하여 투여하고, 균이 혈액 및 골조직을 손상시킬 정도로 배양되기 전에 창상부위세척술, 변연절제술, 삽입물 제거술 등을 시행하여 더 이상의 균 감염을 예방하여야 하는 주의의무가 있다고 하겠습니다.

그러나 피고 1 병원은 망인의 염증수치인 ESR이 50 이상으로 측정되었으며, CRP 역시 60 이상으로 측정되는 등 감염의 소견이 있음에도 불구하고 피고 1 병원은 망인의 감염소견에 대하여 위와 같은 활력징후, 감염부위 이상소견 지속적 관찰, 감염여부 혈액검사, 감염부위 분비물 및 혈액배양검사 등을 통하여 감염 원인에 대하여 적극적으로 조기진단하지 않고 망인을 방치하였습니다. 피고 1 병원은 망인의 감염사실을 간과하여 망인에게 화농성 관절염 및 혈관염 등으로 더욱더 악화시킨 과실이 있습니다.

(다) 술기상 과실

망인의 우측 고관절 정복술시 외과의사로서는 수술기구나 장치 등에 의하여 다른 신체부위가 손상되지 않도록 하여야 하며, 특히 수술부위에는 많은 혈관 및 신경이 지나가므로 이러한 혈관·신경 등이 손상되지 않도록 세심한 주의를 하여야 하고, 수술도중 출혈과 이로 인한 혈종, 뼈조각 등으로 인한 신경손상, 기타 여러 가지 의료과실에 의한 혈관손상을 방지하여야 할 업무상 주의의무가 있음에도 불구하고, 피고 1 병원은 이를 게을리한 채 만연히 치료한 과실로 인하여 망인의 혈관을 손상시킴으로서 출혈을 유발시키게 하였습니다.

(라) 설명의무의 위반

한편 피고 1 병원은 망인과의 진료계약에 의하여 망인의 고관절 정복술 방법 및 정복술로 인하여 발생가능한 합병증 등에 대하여 구체적이고 자세하게 설명할 주의의무가 있음에도 불구하고, 피고 1 병원은 망인에게 위와 같은 부분에 대해서 어떠한 설명도 하지 않은 설명의무 위반의 책임이 있습니다.

(마) 관련 판례

▶ 주사시술상 감염유발 발생에 관한 판례

『원고 1의 척수지주막염(요추 4번~척추 1번간 : cauda equlna syndrome)으로 인한 하반신 마비 및 신경인성 방광, 발기저하, 잔뇨감 등의 증상은 이 사건 수술 직후에 발생하였고, 이 법원의 대한의사협회장에 대한 2005. 5. 4.자 진료기록보완감정촉탁 결과에 의하면, 척추마취시 주사바늘로 인한 감염으로 척수지주막염 등의 질병이 발생될 수 있다는 사실이 인정되고, 감염을 방지하기 위하여 통상 마취시에는 마취용 주사바늘을 소독된 것으로 사용하고 시술자는 소독된 장갑을 끼며 환자의 천자부위도 소독한 다음 소독포를 덮고 천자를 시행하는 등 감염에 대비한 조치를 철저히 시행하여야 한다고 하는데, 이 사건 수술 외에 위 원고에게 상기 증상을 유발할 만한 다른 원인은 없었으므로, 원고 1이 입은 위 장애는 위 척추마취 시술시 마취의인 피고 2, 3이 마취용 주사바늘 등의 소독에 소홀히 하는 등의 부주의로 지주막을 손상한 것에 기인하였다고 추정할 수밖에 없다.』(인천지방법원 2006. 11. 1. 선고 2005가합15235 판결).

▶ 설명의무 위반에 관한 판례

『일반적으로, 의사는 환자에게 수술을 시행하는 과정 및 그 후에 나쁜 결과가 발생할 개연성이 있는 의료행위를 하는 경우에 있어서는, 응급환자의 경우나 그 밖의 특별한 사정이 없는 한, 진료계약상의 의무로서 또는 수술에 대한 승낙을 얻기 위한 전제로서, 당해 환자나 법정대리인에게 질병의 증상, 치료방법의 내용 및 필요성, 발생이 예상되는 위험 등에 관하여 당시의 의료수준에 비추어, 상당하다고 생각되는 사항을 설명하여 당해 환자가 그 필요성이나 위험성을 충분히 비교해 보고 그 의료행위를 받을 것인가의 여부를 선택할 수 있도록 하여야 할 의무가 있을 뿐만 아니라, 그 진료 목적의 달성을 위하여 환자 또는 그 보호자에 대하여 요양의 방법 기타 건강관리에 필요한 사항을 상세히 설명하여 후유증 등에 대비하도록 할 의무가 있다.』(대법원 1997. 7. 22. 선고 95다49608 판결).

2. 피고 2 병원의 과실 —— 술기상 과실

2009. 5. 12.경 피고 2 병원은 시술과정 중 망인의 좌측 장골동맥을 손상시킨 과실이 있습니다.

위에서 살펴본 바와 같이 피고 2 병원은 시술 중 혈관이 손상되지 않도록 세심한 주의를 함으로써 시술 도중 출혈과 이로 인한 혈종, 특히 과다출혈 등이 발생되지 않도록 할 주의의무가 있음에도 불구하고 피고 2 병원은 망인의 좌측 장골동맥 등을 손상시킴으로서 과다출혈을 유발시킨 과실이 있습니다.

≪관련 의학지식을 통한 입증≫

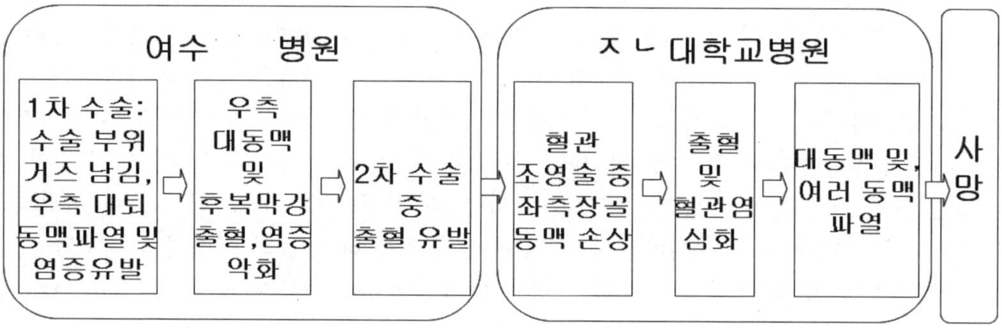

1. 피고 1 병원의 과실

가. 인공고관절 삽입술상 술기상 과실

(1) 인공고관절 삽입술 중 혈관 손상을 유발한 과실

피고 1 병원은 망인이 선천성 고관절 탈구환자라는 점을 숙지하고 이 건 우측 인공고관절 삽입술을 시행하였습니다.

인공고관절 삽입술 시 혈관의 손상을 막기 위하여는 인공고관절 삽입술시 비구에 비구컵을 삽입하고 고정하기 위해서 나사못을 삽입할 때 비구면 안쪽으로 주행하는 혈관이 손상되지 않게 주의하여야 합니다{사실조회 회신문 가.(1).(가-나)항 참조}.

▶ 사실조회 회신문 가.(1).(가-나)항 참조.

〔문〕 가. 인공고관절 삽입술에 관하여

(1) 인공고관절 삽입술 과정 중,

(가-나) 인공고관절 삽입술 시, 시술과정은 어떠한지요. 혈관손상을 입히지 않기 위한 주의의무는 무엇인지요.

〔답〕 …비구에 비구컵을 삽입하고 고정하기 위해서 나사못을 삽입할 때 비구면 안쪽으로 혈관이 주행을 하므로 혈관이 손상되지 않게 주의를 하여야 합니다.

그런데 이 건의 경우 수술을 시행한 우측 고관절 부위에 혈관 손상으로 인하여 망인에게 출혈과 혈종, 그리고 우측 장골동맥 가성동맥류가 발생하였는 바, 이는 피고 1 병원의 인공고관절 삽입술 시 혈관손상 방지를 위한 주의의무를 다하지 못한 것에 기인한 것이라 하겠습니다{사실조회 회신문 나.(1)항, 진료기록감정 회신문 Ⅰ.8).가).나)항 및 Ⅱ.2).나-라)항, Ⅱ.4).라)항 참조}.

▶ 사실조회 회신문 나-(1)항 참조.

〔문〕 가성동맥류 발생 원인으로 추정되는 것에는 무엇이 있는지요.

〔답〕 가성동맥류가 생긴 혈관이 골반 내부에 위치한 혈관임을 고려할 때 가성동맥류가 발생한 것은 인공고관절 수술시 비구컵에 나사못을 삽입하는 과정에서 혈관 손상의 위험이 있으므로 이 때 발생하였을 가능성이 있는 것으로 추정됩니다.

▶ 진료기록감정 회신문 Ⅰ-8)-가),나)항 참조.

〔문〕 2009. 5. 4.경 또다시 수술부위에 2차 흡입조치가 시행되었는 바, 2차 흡입조치가 시행된 이유로는 무엇이 추정되는지요. 수술부위에 출혈이 지속되었는바 출혈이 되는 원인으로는 무엇이 추정되(는지요).

〔답〕 2차 흡입시 응집된 혈액 200cc가 흡입되었던 것으로 미루어 수술 부위에 출혈이 있었던 것으로 추정됩니다.

▶ 진료기록감정 회신문 Ⅱ-2)-나～라)항 참조.

〔문〕 2009. 5. 8.(전원된 피고 2 병원의) 응급개복술과 관련하여 수술과정은 어떻게 진행이 되었는지요, 수술장 소견은 어떠하였는지요, 일부 동맥이 딱딱하게 촉지되었다고 하는 바, 동맥이 이와 같이 촉지되는 이유로 추정되는 것에는 무엇이 있는지요.

〔답〕 …복부 중앙을 개복하여 우측 외측부 장골동맥을 확인하였으며, 이 동맥에 손상 의심 소견 관찰된다고 하였습니다. …추가로 기술된 수술기록에는 고관절 수술부위 주위 근육에서 전반적인 출혈이 보였고, 내측부 장골동맥의 가지로 보이는 곳에 출혈이 있어 손상부위를 봉합하였습니다. …내측부 장골동맥이 딱딱하게 촉지되었다고 하는 것은 외측부 장골동맥이 혈종으로 인해 동맥이 막혀 있는 상태이었기 때문에 내측부 장골동맥으로만 혈액이 이동하였던 것이 원인인 것으로 추정됩니다.

▶ 진료기록감정 회신문 Ⅱ-4)-라)항 참조.

〔문〕 수술 후 가성 동맥류가 발생되는 원인으로는 무엇이 있는지요.

〔답〕 가성 동맥류는 혈관이 손상되어 형성된 혈종이 손상된 혈관 벽을 통해서 혈관의 내부 공간과 연결되어 발생하는 것입니다. 따라서 수술 후에 가성 동맥류가 발생되었다면 이는 수술 시 혈관 외벽에 손상이 가해지는 경우나 혈관을 봉합한 부위에서 혈액이 유출되는 경우에 발생할 수 있습니다.

(2) 출혈에 대한 처치의무 위반

한편 피고 1 병원은 망인에게 인공고관절 삽입술 후 발생한 출혈에 대하여 그 제거를 위해 주사기를 삽입하여 혈액을 흡입하였는 바, 이 과정을 통하여 혈관 손상 및 감염을 악화시켰을 가능성이 높습니다{사실조회 회신문 가-(6)-(가).(나)항}.

▶ 사실조회 회신문 가-(6)-(가).(나)항 참조.

〔문〕 인공고관절 부위의 출혈을 제거하기 위하여 주사기를 삽입하여 혈액을 흡입하는 조치를 취할 경우 위 처치로 발생 가능한 합병증은 무엇이 있는지요, 위 처치로 인한 감염 및 혈관 손상을 막기 위한 주의의무로는 무엇이 있는지요.

〔답〕 감염증이 발생할 수 있습니다. …따라서 감염을 방지하기 위하여 주사기 삽입할 부위를 잘 소독하는 것이 필요합니다.

나. 수술부위 감염에 대한 과실

(1) 수술로 인한 감염 야기

이러한 인공고관절 삽입술 후에 발생 가능한 합병증 중 수술 직후 비교적 이른 시기에 발생할 수 있는 것 중 이 건 망인에게 발생한 수술 부위 감염과 혈관 손상이 있습니다{사실조회 회신문 가-(2)항 참조}.

▶ 사실조회 회신문 가-(2)항 참조.

〔문〕 인공고관절 삽입술 후 발생 가능한 합병증에는 무엇이 있는지요.

〔답〕 …수술 직후 비교적 이른 시기에 발생할 수 있는 합병증에는 하지 정맥에 발생하는 혈전증과 이로… 수술 부위 감염, 인공 고관절의 탈구, …혈관 또는 신경 손상…

망인의 경우 피고 1 병원으로부터 인공관절 삽입술 및 출혈에 대한 흡입처치 시술을 받기 전 둔부통증 및 감염 증상이 없었으나, 피고 1 병원의 인공관절 삽입술 및 흡입시술을 받은 이후부터 염증지수인 ESR이 50 이상으로 측정되었으며, CRP 역시 60~70이상으로 측정되는 등 감염 소견이 나타났는 바{갑 제6호증 부검감정서, 사실조회 회신문 가-(4)-(가)항, 진료기록감정 회신문 Ⅰ-7)-가),나)항 참조}, 이는 수술부위의 감염으로 인한 것이었습니다.

▶ 사실조회 회신문 가-(4)-(가)항 참조.

〔문〕 인공고관절수술 후 CRP 70 이상 및 ESR 역시 50으로 상승하였는 바, 위와 같은 수치들이 상승하는 원인으로는 무엇이 있는지요.

〔답〕 CRP, ESR 수치는 감염을 확인하는 혈액검사로 이런 수치가 상승하였다는 것은 감염이 되었을 가능성이 높다는 뜻입니다. …본 건 환자의 경우 수술 부위에 감염이 되었을 가능성이 높은 것으로 생각됩니다.

▶ 진료기록감정 회신문 Ⅰ-7)-가),나)항 참조.

〔문〕 2009. 4. 29.경 혈액검사 결과 상 ESR 및 CRP 결과와 관련하여 위 검사 결과는 어떠하였는지요, 상승된 원인은 무엇인지요.

〔답〕 ESR 및 CRP 결과는 정상보다 상승하였으며, 이는 체내에 염증이 있다는 것을 의미합니다.

그렇다면 이 건의 경우 피고 1 병원이 망인에 대한 인공고관절 삽입술이라는 침습적 처치로 인하여 수술 부위에 발생 가능한 감염을 예방하기 위한 침습부위 소독, 시술부위와 시술기구의 소독, 의료진의 무균상태 유지, 철저한 무균법 등에 관한 주의의무의 해태로 인하여 망인에게 수술부위 감염을 야기시켰다고 하겠습니다.

(2) 감염 후 진단 및 경과관찰 해태

위와 같이 망인에게 수술부위 감염이 의심될 경우 피고 1 병원으로서는 활력징후, 감염부위 이상소견 지속적 관찰, 초음파검사를 통한 인공고관절 부위의 감염 여부 확인, 흡인술 등을 통한 세균배양검사를 통한 감염여부 및 감염균의 종류를 조기 진단하여 민감성이 뛰어난 항생제를 선택하여 투여하고, 폐 내지 방광, 요도 등 다른 부위의 이환을 고려한 방사선 촬영 검사, 소변검사 등이 필요합니다. 이를 통하여 균이 혈액 및 골조직을 손상시킬 정도로 배양되기 전에 창상부위세척술, 변연절제술, 삽입물제거술 등을 시행하여 균 감염의 악화를 방지하여야만 합니다{사실조회 회신문 가-(4)-(나).항 및 (다)항 참조}.

▶ 사실조회 회신문 가-(4)-(나)항 참조.

〔문〕 위 수치 상승 원인을 정확하게 확인하기 위하여 어떠한 검사를 시행하는지요.

〔답〕 …초음파 검사를 통해서 인공고관절 주위에 액체가 증가된 것을 확인하는 것이 인공고관절 수술 후 감염여부를 확인 판정하는데 도움이 되고, 인공고관절 수술 부위의 감염을 확진하기 위해서는 초음파 검사 유도하에 흡인술을 시행하여 세균배양검사를 하면 감염 여부를 확인할 수 있습니다. 또한 인공고관절 수술 이후 감염수치가 증가하였을 때 수술 부위 감염 이외에 감염 수치를 증가시킬 수 있는 원인을 찾는 것이 필요한데 폐 방사선사진을 통하여 폐렴 여부를 확인하여야 하고, 소변검사를 하여 방광 또는 요도염이 발생하였는지 여부를 확인하는 것이 필요합니다.

▶ 사실조회 회신문 가-(4)-(다)항 참조.

〔문〕 위 검사 후 어떠한 경과관찰 및 처치를 시행하는지요.

〔답〕 적절한 항생제 투여를 하여야 하고, 인공고관절 수술 부위에 감염증이 확인되었고, 농이 고여 있는 경우에는 재수술을 통해 농을 배출하는 것이 필요하게 됩니다.

그러나 피고 1 병원은 망인에게 수술부위 감염소견이 발생하였음에도 불구하고 위와 같은 활력징후, 감염부위 이상소견 지속적 관찰, 감염여부에 관한 초음파검사, 세균배양검사, 방사선 촬영 검사, 소변검사 등 통한 감염부위 및 감염 원인의 파악을 위한 검사를 시행하지 않아 조기진단에 실패하였고{진료기록감정 회신문 Ⅰ-7)-다)항}, 망인에게 화농성 관절염 및 혈관염 등으로 이환시키게 하였는 바, 이 역시 과실이라 하겠습니다.

▶ 진료기록감정 회신문 Ⅰ-7)-다)항 참조.
〔문〕 원인을 정확하게 알기 위하여 시행된 검사는 무엇이었고, 그 결과는 어떠하였는지요.
〔답〕 의무기록상 혈액검사 외에 원인을 알기 위해 시행된 검사는 없었습니다.

다. 설명의무의 위반

피고 1 병원은 망인과의 진료계약에 의하여 망인의 고관절 삽입술로 인하여 발생가능한 혈관손상, 출혈, 감염, 가성동맥류, 사망 등의 합병증과 불량한 예후 등에 대하여 구체적이고 자세하게 설명할 주의의무가 있음에도 불구하고, 피고 1 병원은 망인에 대하여 생명과 신체에 중대한 위험성이 초래되는 이 건 수술에 대한 설명을 하고 수술동의서를 징구받지 아니하였습니다. 이로 인하여 망인의 자기결정권이 침해된 채 수술이 시행되었고, 결국 수술로 인하여 사망에 이르렀는 바, 이는 명백한 설명의무위반이라 하겠습니다.

2. 피고 2 병원의 과실—— 혈관조영술 시행시 좌측 장골동맥 손상

피고 1 병원으로부터 망인을 전원 받은 피고 2 병원은 망인에 대하여 우측 가성동맥류의 확인을 위한 혈관조영술을 시행함에 있어 망인의 우측 동맥의 불량한 상태 때문에 좌측 동맥을 통하여 혈관조영술을 시행하였다면, 혈관이 손상되지 않도록 고도의 주의를 기울여야 하였음에도 불구하고, 이를 해태하여 결국 망인의 좌측 장골동맥까지 손상시킨 과실이 있습니다.

▶ 진료기록감정 회신문 Ⅱ.라)항 참조.
〔문〕 수술 소견상, 좌측 장골 동맥에 laceration이 발견되었는바, laceration이 발생된 추정원인으로는 무엇이 있는지요.
〔답〕 …혈관 조영술을 좌측 동맥을 통하여 시행하였으므로 혈관조영술과 관련이 있을 것으로 추정됨.

따라서 이는 피고 2 병원의 술기상 과실이라 하겠습니다.

≪1심 판결≫

8,000만 원에 조정조서 마무리됨.

5. 협심증 환자에 대한 스텐트 삽입술 도중 와이어 손상되어 사망한 사건[178]

≪사건 개요≫

• 원고 윤○○(남, 65세) / 피고 서울○○병원

※ 사건 경과

협심증 → 관상동맥 스탠트 삽입술 중 와이어 망가짐 → 사망

심혈관조영술 : 원위 좌측주동맥 - 30% 협착/좌전하행동맥 - 기시부 70% 10mm 이하 궤양성 플라그, 근위좌전하행동맥 70% 10mm 이상 협착/좌회선동맥 - 기시부 30% 협착, 형성부전과 관련/우관상동맥 - 형성부전 협착 혈전 없음.

날 짜		증상 및 상태	검사 및 처치	비 고
2006년부터 흉통, 어지럼증 뇌졸중 의증으로 신경과 진료받았음. 2007. 2. 13.경 관상동맥 조영CT : 좌전하행지 원위부 경도 협착, 좌회전지 입구 경도 협착 - 치료안받음.				
2012.				
6. 20.		흉통	순환기내과 내원 아스피린(항응고제) 복용시작	
6. 22.			홀터 검사	
6. 27.			운동부하검사 : 협심증 양성	
7. 9.			순환기내과 추적진료중 운동부하 검사상 강한 양성 나와 관상동맥 조영술 위해 내원	
7. 10.	11:25		검사실 도착	
	11:32	혈압 : 132/81, 맥박 : 54		
	11:32		우측요골동맥 천자하고 도관삽입 헤파린 3000단위 정맥주사, 좌측 관상동맥조영술 시작	INR, PT, APTT 결과?
	11:39		우측 관상동맥조영술 시작	
	12:19		좌전하행동맥에 가이드 와이어 삽입 → 1	

178) 서울중앙지방법원 2014. 10. 15. 선고 2012가합84719 판결.

	12:20		혈관내 초음파 확인함(좌전하행동맥).	황○○ 판독
	12:24		좌회선동맥에 가이드 와이어삽입 → 2	
	12:39		헤파린 3000단위 정맥주사	혈전발생(진감회신)
	12:44		근위좌회선지 풍선 팽창 6기압 4초	
	12:46		근위좌회선지 부위 풍선팽창 10기압 6초 클로티냅 투여 2가이드와이어 망가져서 나옴.	
	12:49		에피네프린 1mg 정맥주사, 아트로핀 0.5mg 정맥주사 1가이드와이어 망가져서 choice PT나옴.	
7. 10.	12:50		대퇴로 변경함. 근위좌회선동맥 부위에 스탠트삽입-12기압 10초 좌전하행동맥에 가이드와이어 통과함. 리도카인 80mg 정맥주사함.	
	12:51		에피네프린 2mg 정맥주사 심전도 : 심실성 빈맥 확인 200줄 심율동전환술	
	12:53		근위 좌회선동맥에 스탠트 삽입－12기압 6초 아트로핀투여	
	12:55		심폐소생술 시행함.	
	12:56		기관내 삽관 시행함.	
	12:57		아트로핀 1mg 투여	
	12:58		1가이드와이어 망가져서 나옴. 2나옴. 좌회선동맥에 관상동맥확장술 가이딩와이어 통과함-16기압 8초	
	13:00		에피네프린 1mg 투여 200줄 심율동전환술	
	13:01		에피네프린 2mg 투여	
	13:02		에피네프린 2mg 투여 우측대퇴동맥천자함.	
	13:03		도파민 투여	
	13:04		에피네프린 4mg 투여	

	13:06		좌측관상동맥에 가이드 카테터 관상동맥내 삽입	
	13:09		클로시탭 20mg 투여	
	13:10		비본 40mEq 투여	
	13:12		클로시탭 20mg	
	13:16		200J 심율동전환술	
	13:17		스탠트 ballooning- 14기압 10초 (좌회선동맥) 14기압 12초 (근위부좌전하행동맥)	
	13:18	혈압 73/47 맥박 91회/min 산소포화도 (기록 없음)	200J 심율동전환술	
	13:19		에피네프린 2mg 투여 스탠트 16기압 12초 (좌측주동맥)	
7. 10.	13:20		DNEP10J 30mg 10cc투여 200J 심율동전환술 스탠트 삽입함 16기압 12초 (좌측주동맥부위) 200J 심율동전환술 망가져서 fider XT 나옴.	
	13:22		가이드와이어 좌전하행동맥 통과함. 200J 심율동전환술 anocor 150mg 정맥 투여	
	13:28		팽창-16기압 12초(좌측주동맥부위)	
	13:30		팽창-16기압 8초(좌측주동맥부위) anocor 900mg 30cc 정맥 투여 시작	
	13:39	혈압 115/67 맥박 123회 산소포화도 (기록 없음)	좌측대퇴동맥 천자한 sheat 8fr 삽입함.	
	13:40		좌측 대퇴동맥에 대동맥내풍선펌프 삽입	
	13:43	혈압 148/32 맥박 138회 산소포화도 (기록 없음)		

	13:45		도파민 10cc투여 시작	
	13:48		DNEP 10J 30mg 투여 중지	
	13:50		비본 40mg 정맥주사	
	13:57		혈압유지되어 대동맥내 풍선펌프 제거함.	
	13:58	혈압 61/38 맥박 108회 산소포화도 (기록 없음)		
	14:00		비본 투여	
	14:05	혈압 60/40 맥박 138회 산소포화도 (기록 없음)		
7. 10.	14:08		도파민 30cc 투여	
	14:10		에피네프린 1mg 투여 대동맥내 풍선펌프 재삽입	
	14:17	혈압 63/41 맥박 138회 산소포화도 (기록 없음)		
	14:30		기관삽관, 대동맥내 풍선펌프 삽입한 채로 중환자실 치료	방사선 촬영시간 63분 조영제 사용량 -350ml (iomeron)
		소변배출 감소	지속적 신대체요법 시작함. 인공심폐기 사용	
7. 12.		혈압 유지되지 않음.	인공호흡기, 지속적 신대체요법 유지 대동맥내 풍선펌프 유지, 강심제 증량	
7. 13		혈압 유지되지 않는 상태 지속		
7. 14.	12:16		심전도 – 심실세동 심폐소생술	
	13:01		사망(협심증 – 급성심근경색 – 심인성 쇼크)	

≪소장에서 주장하는 피고의 과실≫

1. 시술상 과실

피고병원은 경피적 관상동맥중재술 시 가이드와이어를 삽입하여 관상동맥촬영을 하던 중 미숙하고 과도한 조작으로 망인에게 부정맥을 유발시켜 사망하게 하였습니다.

지나친 도관자극은 심실빈맥이나 심실세동을 발생시킬 수 있습니다(갑 제5호증 참조). 따라서 관상동맥중재술을 시행함에 있어서 시술도구를 안전하게 삽입해야하는 주의의무가 있습니다. 그러나 피고병원에서는 망 윤○○의 관상동맥이 완전폐색된 상태가 아니기 때문에 시술하기 어렵지 않았음에도 불구하고 가이드 와이어가 4번이나 망가져서 나올 정도로 지나친 물리적 자극을 가하였습니다.

피고병원 의료진은 도관으로 지나치게 혈관벽을 자극한 결과 혈전을 터트려 망인에게 혈전성 폐색까지 발생되었습니다([그림 5] 참조).

[그림 5] 갑 제4호증의7 심혈관 시술기록

4. IVUS 시행 후 thrombotic occlusion in dLM to LAD OS
번역> 혈관내 초음파 시행 후 원위부 좌측주동맥과, 좌전하행동맥 기시부에 혈전성 폐색

혈관이 막혀 심장에 혈액이 공급되지 않자 부정맥이 발생하였고, 결국 심정지에 이르러 심폐소생술을 시행하였습니다([그림 6] 참조).

[그림 6] 갑 제4호증의5 진료의뢰서

#1. 관련 순환기내과 입원하 금일 CAG c PCI 시행 도중 환자 arrhythmia 발생하며 CPR 시행함.
번역> 관련 순환기내과 입원하 금일 관상동맥조영술과 경피적관상동맥중재술 시행도중 환자 부정맥 발생하여 심폐소생술 시행함.

따라서 피고병원은 시술상 주의의무를 소홀히 하여 망 윤○○가 사망에 이르게 한

과실이 있다 할 것입니다.

2. 응급처치 및 경과관찰상 과실

혈전성 폐색과 부정맥이 발생하였다면 혈전성 폐색부위를 확인하여 치료하고, 심정지와 호흡부전으로 저산소성손상이 발생되지 않도록 활력징후와 산소포화도를 지속 모니터하여 정상범위를 유지하도록 하여야 합니다. 그러나 피고는 이러한 주의의무를 위반하였습니다.

(가) 악결과 확대방지의무 위반

혈전이 터져서 폐색을 유발하였다면 폐색된 부위를 찾아 중재하고, 부정맥을 완화시키기 위한 처치를 하여야 합니다. 그러나 기록상 병소부위와, 처치, 처치 후, 환자의 상태에 대한 기록이 부재합니다. 단지 부정맥까지 발생되고 있는데도 불구하고 지속적으로 과도한 도관삽입을 하였다는 내용밖에 없습니다. 부실기재는 부실진료와 동일한 바, 피고병원은 혈전이 터졌을 때, 적극적인 조치를 시행하지 않았다 할 수 있습니다. 이러한 주의의무 위반은 부정맥으로 발전하여 심정지를 발생시킨 것입니다.

(나) 응급처치상 과실

신경과에서는 망인이 저관류로 인한 뇌손상이 의심된다고 하였습니다([그림 7] 참조).

[그림 7] 갑 제4호증의5 진료의뢰서

환자 hypoperfusion or cardioembolic cerebral infarction 의심되는 상황입니다. V/S unstable 하여 ecmo 시행중으로, 귀과적 치료 우선

번역>

환자 저관류나 심장색전에 의한 뇌경색 의심되는 상황입니다.

이는 부정맥이 발생되었을 때 응급처치를 제대로 하지 않아 발생된 것입니다. 뇌는 산소공급이 차단된 상태에서 5분 이상이 경과하게 되면 심각한 손상을 입게 됩니다. 그러나 피고병원은 산소공급이 차단되었을 때 적절한 응급처치를 시행하지 않아 뇌손상이 발생하였고, 다른 장기의 기능도 상실되어 인공호흡기, 대동맥내 풍선펌프, 지속적 신대체요법, 인공심폐기 등의 처치를 시행하여야 하는 상황에 이르렀습니다.

[그림 8]을 보면 산소포화도에 대한 내용이 기록되지 않았음을 확인할 수 있습니다.

[그림 8] 갑 제4호증의7 심혈관 시술기록

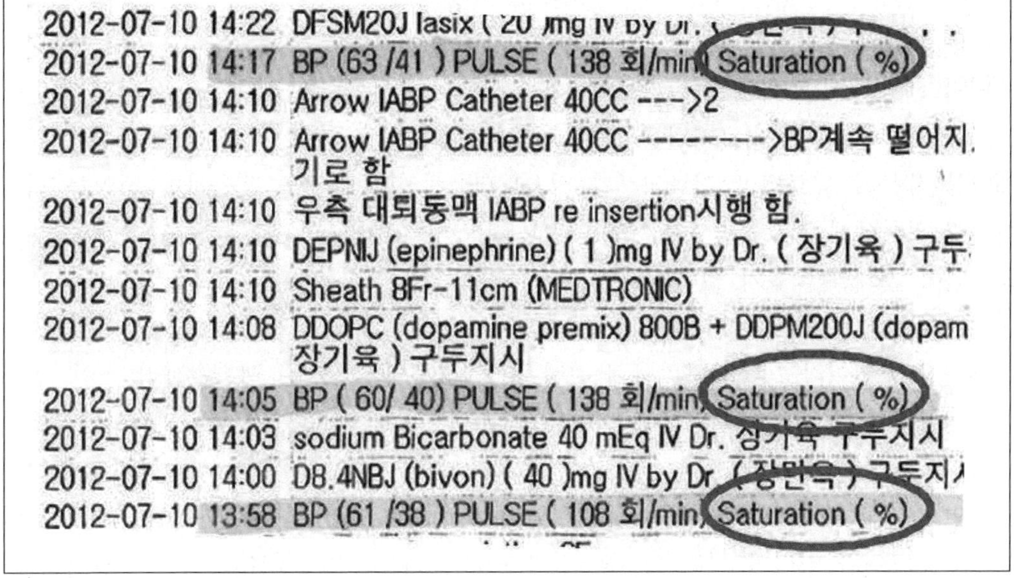

2012-07-10 14:22 DFSM20J lasix (20)mg IV by Dr.
2012-07-10 14:17 BP (63 /41) PULSE (138 회/min Saturation (%)
2012-07-10 14:10 Arrow IABP Catheter 40CC --->2
2012-07-10 14:10 Arrow IABP Catheter 40CC -------->BP계속 떨어지.
기로 함
2012-07-10 14:10 우측 대퇴동맥 IABP re insertion시행 함.
2012-07-10 14:10 DEPNIJ (epinephrine) (1)mg IV by Dr. (장기욱) 구두
2012-07-10 14:10 Sheath 8Fr-11cm (MEDTRONIC)
2012-07-10 14:08 DDOPC (dopamine premix) 800B + DDPM200J (dopam
장기욱) 구두지시
2012-07-10 14:05 BP (60/ 40) PULSE (138 회/min Saturation (%)
2012-07-10 14:03 sodium Bicarbonate 40 mEq IV Dr. 장기욱 구두지시
2012-07-10 14:00 D8.4NBJ (bivon) (40)mg IV by Dr. (장민욱) 구두지시
2012-07-10 13:58 BP (61 /38) PULSE (108 회/min Saturation (%)

13:58경부터 14:17경까지 산소포화도에 대한 기록이 기재되지 않아 있고, 혈압도 계속해서 낮은 상태인 것을 알 수 있습니다. 심폐소생술을 시행할 당시에도 환자의 활력징후와 산소포화도에 대한 내용이 없으며, 산소공급을 위해 산소를 얼마만큼 투여하였는지도 기재되어 있지 않습니다. 12:55경 심폐소생술을 시행할 당시부터 14:17경까지 한시간 이상 환자는 산소공급이 차단되고, 혈류가 조직에 제대로 공급되지 않은 것입니다.

결국 망인의 맥박이 소실되었음에도 불구하고 피고병원에서는 활력징후와 산소포화도 정상범위를 유지하기 위한 노력을 하지 않아 사망에 이르게 되었으므로 이에 대한 책임이 있다 할 것입니다.

≪관련 의학지식을 통한 입증≫

1. 체질적 원인이라는 주장에 관하여

(1) 피고의 주장

피고병원은 2006년도에 발생한 흉통, 어지러움증 등의 증상은, ① 심질환에 의한 흉통이 아니라 소화기질환으로 인한 가슴답답증에 불과하고, ② 따라서 소화기 내과에서 역류성 식도염으로 진단 및 치료받았고, ③ 궤양성 죽상판은 체질적 소인으로

발생한 것이니 피고병원의 과실이 아니라고 주장하나 사실이 아닙니다.

(2) 반 박

(가) 의사의 존재이유

먼저 의료기관은 아픈 질환자들이 가는 곳입니다. 체질적 소인이든 유전적 질환이든, 외상성 질환이든 의료기관은 환자를 조기진단하여 조기에 적절한 치료를 할 진료계약상 채무와 의료법상 진료의무가 있습니다. 체질적 소인을 운운하며 책임을 회피한다면 의사에게 진료독점권을 주고, 비싼 진료비를 내면서 치료를 받을 이유도 없고, 의료인이 존재할 이유가 없습니다.

(나) 체질적 소인의 근거 미제시

체질적 소인이라고 주장하려면 유전적 소인, 식습관적 소인, 생활습관적 소인, 환경적 소인을 어떻게 배제하여 그런 진단을 하였는지에 대한 증거가 제시되어야 할 것입니다.

망인의 심질환이 체질적 소인이라면 일반적 소인을 가진 환자들과 어떤 차이가 있는지,[179] 차이가 있다면 어떤 검사와 경과관찰, 그리고 어떤 치료를 하여야 잘 낫는지 등에 관하여 감별진단을 하여야 하나, 피고병원은 아무런 것도 하지 않았습니다. 망인의 체질적 소인이 어떤 기전에 의하여 심혈관질환을 발병 내지 악화시켰는지, 이를 막기 위해 피고병원이 현대의학적으로 어떤 치료를 하였고, 그런 치료에도 불구하고 심질환의 악화를 막지 못했는지 등에 대한 입증이 있어야 면책될 것입니다.

(다) 식도염과 감별진단, 추적검사 미실시

① 감별진단 미실시

피고병원의 주장과 달리 2006년 내원당시 흉통이 심질환에 의한 흉통인지 위장질환에 의한 가슴답답증인지에 대한 감별진단을 하지 않았습니다.

망인이 흉통을 호소하였다면, 경과관찰과 배제진단이 시행하였어야 하나 이를 시행하지 않은 과실이 있다 할 것입니다.

피고병원에서는 망인이 흉통으로 2012. 6. 20.경 순환기내과 내원시 흉통이 처음 발생한 것은 2006년이라고 기록하고 있습니다.

179) 피고병원은 한의원처럼 사상체질에 의하여 태양인, 소양인, 태음인, 태앙인 등 체질을 말하는 것인지, 양의학적으로 어떤 체질이라고 주장하는지에 대하여 민법 제683조 수임사무경과보고 의무규정에 의한 석명을 구합니다.

[그림 1] 갑 제4호증의1 입퇴원요약기록지

dizziness R/O old CVA 로 2006년부터 본원 신경과 f/u 하는 환자로,
수년간 간헐적인 chest pain 있었으나 신경과에서 medication 하면서 증상 호전되어 그냥 지내던 중
약1-2개월 전부터 상기 증상 다시 발생하여
이에 대해 본과 의뢰되어 외래에서 work up 진행하였고
TMT에서 positive 소견보여
r/o CAD로 CAG 시행위해 입원함.

=chest pain=
location: substernum
character: 찌르는듯함, 둔함
onset: 6 yrs ago
duration: few minutes

번역> 어지러움증으로 추정진단 과거 뇌졸중의증으로 2006년부터 본원 신경과 f/u하는 환자로, 수년간 간헐적인 흉통있었으나 신경과에서 약물투여하며 증상 호전되어 그냥 지내던 중 약 1-2개월전부터 상기증상 다시 발생하여 이에 대해 본과 의뢰되어 외래에서 검사진행하였고 운동부하검사에서 양성소견보여 추정진단 관상동맥질환으로 관상동맥혈관조영술 시행위해 입원함.

=흉통=
부위 : 흉골아래
특징 : 찌르는 듯함, 둔함
최초발생시기 : 6년전

② 추적검사 미실시

2007. 2. 13.경 CT상 협착 소견을 보였다면 피고병원은 꾸준히 경과 관찰을 시행하고 망인의 상태에 대하여 살폈어야 했습니다.

가사, 망인의 체질적 소인으로 인해 죽상궤양판이 생긴다고 할지라도 피고병원은 CT 결과상 이미 중등도에 해당하는 협착을 동반한 석회화 소견 및 동맥경화판의 궤양 소견이 있었다면, 면밀히 경과 관찰해야 할 주의의무가 있다 할 것입니다.

피고병원은 단순히 '역류성 식도염'의 치료를 했고, 이후에는 증상이 없어졌으므로 피고병원이 적절한 조치를 취했다고 주장하지만, 망인에게는 여전히 심장문제가 남아 있었고, 해결되지 않은 채로 방치되었다가 결국 2012년에 더욱 악화된 상태로 발견되었습니다.

피고병원은 충분히 그전에 추적관찰과 적절한 치료를 통해 망인의 상태 악화를 막

을 수 있었음에도 불구하고 이를 시행하지 않은 과실이 있다 할 것입니다.

2. 시술방법 선택상 과실에 관하여

(1) 피고병원의 주장

피고병원은 "가이드와이어가 4차례 망가져 나온 것은 가이드와이어가 저항을 조금만 받아도 망가지고, 관상동맥조영술 시 가이드와이어의 교체는 늘상 있는 일이므로 개흉술 등과 같은 수술적 치료방법을 선택해야 할 이유가 없다"고 주장합니다.

(2) 반 박

이 건 시술전과 시술시 혈관내 초음파검사와 혈관조영검사를 통하여 혈관내벽의 상태를 파악하면서 시술합니다.

그렇다면 망인의 혈관의 석회화정도, 위치, 혈관의 구부러져 있는 형태, 궤양성 죽상판은 모두 예측 가능하다 할 것입니다.[180]

그런데 피고병원은 예측가능함에도 불구하고, 망인에게 무리하게 시술을 진행하여 결국 심부전으로 인한 사망에 이르게 했다 할 것입니다.

3. 가이드와이어 손상에 관하여

(1) 피고병원의 주장

피고병원은 "가이드와이어가 구부러지고 망가진 것은 미숙하고 과도한 시술이 아니다"라고 주장합니다.

(2) 반 박

가이드와이어는 철사입니다. 잘 사용하면 생명을 구할 수 있지만, 잘못 사용하면 외상성 손상을 일으키는 흉기가 될 수 있습니다.

피고병원은 가이드와이어 삽입시 모니터를 보면서 카테타가 들어가는 혈관내를 예의주시하면서 혈관벽을 손상시켜 혈전이 발생하지 않도록 사전에 예방하여야 했습니다. 예방이 혈전사고를 막는 최선의 방법이기 때문입니다.

만약 혈관을 긁으면서 혈전이 발생하게 만들었다면 '겸허하게 삽입을 중단'하고 혈전치료부터 하였어야 합니다. 혈전이 발생하면 혈관을 폐색시켜 즉사할 수 있기 때문에 약물치료 및 혈전제거술 등 신속한 치료를 통하여 혈류장애로 인한 뇌손상을 입지 않도록 하였어야 합니다.

180) 예를 들어 군사작전을 할 때 미리 항공촬영을 하거나 척후병을 보내 어느 지역이 가파르거나 만곡도가 심하고, 어디에 눈이 쌓여있고, 얼음이 어디에 얼어 있는지 등을 미리 알고 작전하는 것과 같다고 할 수 있습니다.

(3) 입증방해

피고는 망인에 대한 카테타시술동영상을 제출하지 않고 있습니다.[181]

원고측이 제출한 교육용 동영상에서 본 바와 같이, 가이드와이어를 혈관 내에 삽입시에는 부드럽게 삽입되고, 혈관벽에 걸리게 하여서는 아니 됩니다. 가이드와이어가 혈관내벽에 걸렸다고 한다면, 당연히 혈관내벽을 긁어 상처를 입힐 수밖에 없는 철사줄입니다. 카테타는 탄력을 가지고 있어 자연상태에서 구부러져 망가지지 않습니다.

[그림 2] 가이드와이어 및 스텐트 삽입 과정

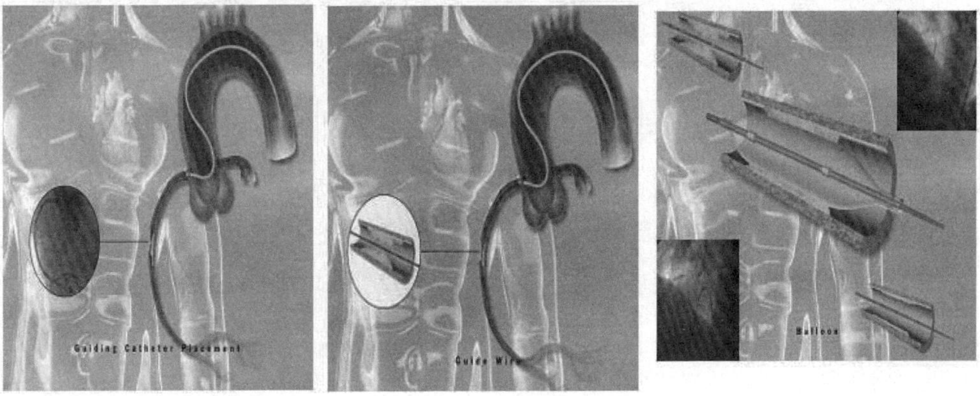

이 건에서 카테타가 구부러졌다는 것은 무지막지하게 외력을 가했기 때문입니다. 피고 주장대로 망인에게 석회화가 심했다면 이를 중지하였어야 합니다.

판례[182]는 이 건과 같이 담석제거수술 중 카테타에 의한 외상성 손상을 입힌 사건에 대하여,

『일반인의 경험칙을 가지고 A의 십이지장천공이 피고의사에 의하여 수술 중에 생긴 것이라고 충분히 추인하기에 족한 객관적인 상황이 존재하고, 동 검사기구인 카테타의 조작순서로 장관(腸管)에 천공이 생길 가능성이 있고, 다른 천공원인을 발견할 수 없다.』

라고 한 후,

『카테타 시술의사는 냉정하게 검사에 임하여 기본기법에 따라서 충실하게 행하고 또 카테타가 장관에 들어가는 상황, 특히 끝부분의 위치에 충분히 주의하여 그 조작도 정밀하고 기민하게 행하여 될 수 있는 한 끝부분이 장관벽에 닿지 않도록 피하고, 다

181) 피고대리인이 법정에서 제출하겠다고 진술한 바 있습니다.

182) 일본 大分地判 소화 60. 12. 19. 소화 54년(ワ) 제520호 判時 1180호 7면.

른 한편 유동운동에 유의하여 이를 충분히 예측하여 때로는 검사를 재빨리 중지하여 카테타의 신중한 조작을 함으로써 카테타에 의한 장관벽의 손상 등의 위험을 회피하여야 할 주의의무가 있다.』

고 판시한 바 있습니다.

피고병원은 가이드와이어 삽입시 주의의무를 다하지 않은 과실이 있습니다.

4. 혈전치료에 관하여

(1) 피고병원의 주장

피고병원은 혈전발생 후 빠른 시간 내로 조치를 취하였기 때문에 응급처치상 과실이 없다고 주장합니다.

(2) 반 박

(가) 혈전발생과실

우선 피고병원은 혈전발생 이전에 대한 변명이나 반증이 없습니다. 사후약방문격으로 혈전발생 이후에 최선을 다했다는 변명에 그치고 있습니다.

모든 사고는 일어나지 않도록 하는 것이 가장 중요합니다. 피고병원은 주의를 다했는데도 혈전이 발생하였다고 반증하기 전에 혈전을 발생시킨 과실에 대하여 책임을 져야 할 것입니다.

시술중 혈전이 발생할 수 있다는 점은 예견가능하고, 이 건에서도 시술중 혈전이 발생하였습니다. 그렇다면 혈전으로 인한 폐색은 막았어야 합니다.

(나) 피해확대방지의무 위반

가사 백보를 양보하여 혈전을 막을 수 없었다면 혈전이 커지면서 대형혈관을 막지 못하도록 하거나 막았다면 뇌손상을 입기 전에 혈전을 제거하여 죽지 않도록 피해확대방지를 위한 처치를 하였어야 하나, 혈전폐색을 막지 못했습니다.

피고병원은 심정지 시간은 불과 1분 미만이었고, 쇼크발생 8분만에 혈관폐색이 해소되었으며, 11분 만에 좌회선지 혈류까지 회복되는 소견을 보였으므로 시간적으로 보았을 때 빠른 조치를 취했다고 주장합니다.

첫째, 망인에게는 여러 차례 심정지가 발생하였습니다.

피고가 '심정지 시간은 불과 1분 미만이었고, 쇼크발생 8분만에 혈관폐색이 해소되었다'고 주장하는 자체가 스스로 의료과실을 범했다는 선행자백입니다. 즉, 뒤집어 보면 "1차례 이상 심정지 발생하였다면 과실이지만 단 1차례만 발생하였기 때문에 불가항력적 사고이다"라는 주장입니다.

둘째, 망인은 죽음에 이를 정도로 반복적으로 장시간 심정지 발생하였는데 피고병원에서 적절한 응급처치를 하지 않았습니다. 망인에게 심정지발생한 시간은 [그림 3]과 같이 불과 1분이 아닌 수차례였으며, 8분, 11분이라는 시간적 개념으로는 매우 짧은 것 같지만 망인에게 이상이 생긴 부위가 심장이기 때문에 이는 결코 짧은 시간이 아닙니다.

[그림 3] 을 제1호증의4 진료의뢰서

#1. 관련 순환기내과 입원하 금일 CAG c PCI 시행 도중
환자 arrhythmia 발생하며 CPR 시행함.

estimated hypoxic time – several seconds to minutes? (10여초간 수회 CPR 시행)

#1. 관련 순환기내과 입원하 금일 관상동맥조영술과 혈관성형술 시행 도중
환자 부정맥 발생하여 심폐소생술 시행함.
저산소증 시간 평가– 몇 초에서 몇 분간의 빈번한 발생(10여초간 수회 CPR시행)

심장은 온 몸으로 혈액을 순환시키는 우리 몸의 펌프인데, 망인과 같이 혈관폐색으로 인해 심장이 재기능을 잃게 되면 온 몸으로의 혈액순환이 중단되지 않기 때문에, 곧바로 조치를 취하지 않으면 사망하거나 심각한 뇌손상이 일어날 수 있습니다. 보통 4~5분 정도 심장이 기능을 하지 못하게 되면 뇌의 영구적 손상으로 생각하게 됩니다.

이 건에서 망인의 심장기능 회복이 8분, 11분이라면 이미 영구적 뇌손상을 입었다고 추정할 수 있습니다.

한편, 가이드와이어의 삽입으로 스텐트성형술까지 성공한 시간은 13:00경으로 부정맥이 발생한지[183] 33분이나 지난 시점이었습니다.

따라서 피고병원은 망인에게 뒤늦은 조치를 취한 바, 응급처치상 과실이 있다 할 것입니다.

183) 12:49경으로써 부정맥에 쓰이는 약물들을 사용한 것으로 보아 추측할 수 있습니다.

≪원·피고 주요쟁점≫

		원 고	피 고
인과관계			
과실	시술상 과실	<지나친 혈관벽 자극> 1. 부정맥 발생 2. 혈전 터트림 → 혈전성 폐색 발생	동맥경화판 파열에 의한 혈전이 발생한 것은 사실이나 이는 미숙한 조작 때문이 아니라 파열이 잘 일어나는 궤양성 죽상판이였기 때문임.
	응급처치 및 경과관찰상 과실	<혈전성 폐색과 부정맥 발생시 응급처치 지연으로 사망> 1. 혈관 폐색부위 검사 및 중재 시술 시행하지 않음. 2. 산소공급차단 : 기관삽관지연, 산소포화도 측정 안함.	12:39경 혈전성 폐색이 발생하였을 당시 스텐트 삽입, 해파린 투여 등 혈류 재개통을 위한 처치하였고, 부정맥이 발생하는 즉시 제세동, 강심제 투여, 심폐소생술, 대동맥내 풍선펌프 삽입 등 시행
설명의무 위반		선택진료 의사인 윤○○이 아닌 장○○이 시술 시행할 것이라는 설명 듣지 못함.	사실임. 그러나 윤○○은 심장영상 진단을 전문으로 하는 의사이고, 장○○은 관상동맥중재술을 전문으로 하는 의사임.
		시술중 가이드 와이어가 망가져서 혈전성 폐색이나 심실성 빈맥이 발생할 수 있다는 설명듣지 못해 시술 선택할 기회 박탈당함.	시술 내용과 부작용 및 합병증에 충분히 설명하고 원고들도 이를 동의함.

≪1심 판결≫

1. 피고의 과실

『나. 이 사건 시술상의 과실…

이 사건 시술 과정에서 시술 도구를 잘못 사용하고 그로 인하여 망인에게 발생한 부정맥 등을 적절히 처치하지 못한 과실을 인정할 수 있고, 이와 같은 이 사건 의료진의 과실과 망인의 사망 사이에 상당한 인과관계가 있음을 인정된다.

① …이 사건 의료진은 망인에 대하여 관상동맥조영술을 실시하여 망인의 좌전하행지 입구에 70%의 궤양성 죽종을 동반한 협착 등 소견을 확인한 다음 망인의 좌주간지와 좌전하행지에 관상동맥스텐트삽입술을 위해 가이드와이어를 삽입하고 혈관 내 초음파를 실시한 직후 좌주간지와 좌전하행지 입구에 혈전성 폐색이 발생하였는 바, 이는 이 사건 의료진이 망인에게 가이드와이어를 삽입하는 과정 또는 이를 이용한 혈관 내 초음파 과정에서 망인의 좌전하행지 입구에 있던 궤양성 죽종을 손상했기

때문으로 판단된다.

② …이 사건 의료진이 망인의 혈전성 폐색을 발견한 것은 2012. 7. 10. 12:39경이었다. 이 사건 의료진은 그 직후 망인에게 항응고제 등을 투여한 다음 스텐트삽입술을 시행하였으나, 그 과정에서 삽입한 가이드와이어가 12:46경, 12:49경 2차례에 걸쳐 망가졌고, 이로 인하여 망인의 혈전 개통이 지연되었을 뿐 아니라 혈관에 자극을 줌에 따라 망인에게 심실세동 및 심정지 증상이 발생하게 되었다. 이 사건 의료진은 망인에게 동율동전환술을 실시한 다음 재차 스텐트삽입술을 시행하였으나, 그 과정에서 삽입한 가이드와이어가 12:58경, 13:21경 2차례에 걸쳐 망가졌고, 그 과정에서 망인은 지속적으로 심실세동 및 심정지 증상이 발생하게 되었다. 최종적으로 이 사건 시술은 14:30경 종료되었고, 당시 망인의 협착 부위는 모두 해결되었으나, 망인은 혈압이 63/47mmHg로 측정되는 등 쇼크상태였으며, 그 후 중환자실로 이실하여 인공심폐기, 지속적 신대체요법 등의 치료를 받았으나, 2012. 7. 14. 13:01경 이 사건 시술로 인하여 생긴 심부전 및 그로 인한 심인성쇼크를 직접사인으로 사망하였다.』

2. 인과관계

『이 사건 시술 과정에서 시술 도구를 잘못 사용하고 그로 인하여 망인에게 발생한 부정맥 등을 적절히 처치하지 못한 과실을 인정할 수 있고, 이와 같은 이 사건 의료진의 과실과 망인의 사망 사이에 상당한 인과관계가 있음을 인정된다.』

3. 인용금액 : 5천 8백만 원

4. 피고의 책임비율 : 60%

≪관련 판례≫

• 서울중앙지법 2012. 2. 8. 선고 2010가합95005 판결(술기상 과실 및 설명위무위반을 인정한 사례)

법원은 관상동맥성형술을 시행하는 도중 의료진의 시술 중 심폐정지로 사망한 사건에 대하여,

『…확장풍선 및 스텐트의 크기를 선택할 때 지나치게 크지 않도록 하며, 너무 무리한 힘을 가하여 확장시키지 않도록 주의할 필요가 있는 점, 원위부 혈관을 기준으로는 다소 큰 풍선도자가 사용되었고, 원위부 혈관의 크기와 스텐트의 직경을 고려할 때 풍선의 압력이 다소 과다한 것으로 보이는 점, 사용된 스텐트의 길이가 짧아 원위

부의 병변 말단부위의 잔여 협착부위(대략 4-5mm)를 완전하게 커버하지 못하고 걸쳐있게 되어 스텐트는 추가 확장으로 잘 늘어나 있으나 연속되는 혈관은 그렇지 못하여 스텐트의 금속재질이 심장의 박동과 함께 계속 혈관벽을 자극하여 혈관 손상이 발생한 것으로 봄이 상당하다. 또한 피고병원 의료진은 망인에게 관상동맥성형술과 관상동맥우회술의 시술방법 및 차이점 등을 비교 설명한 바가 없고, 관상동맥성형술을 시행할 경우 발생 가능한 관상동맥 천공 및 파열에 대하여 자세히 설명하지 아니하여 망인의 자기결정권을 침해한 과실이 있다. 앞서 본 바와같이 이러한 시술상의 과실과 망인의 좌주간지 협착으로 인하여 관상동맥 혈류의 상당 부분이 차단되고 심낭으로 새어나간 혈액이 심장을 압박하여 심장의 수축이 제한됨으로써 망인에게 저산소성 뇌손상이 발생하였다고 보는 것이 타당하다.』

라고 하여 피고병원의 과실을 인정한 바 있습니다.

6. 심장 관상동맥에 대한 풍선확장술 후 관상동맥이 파열되어 심낭압전으로 사망한 사건[184)]

≪사건 개요≫

• 원고 남○○(남, 66세) / 피고 분당○○병원

※ 사건 경과
스텐트삽입술(PTCA) 후 관상동맥 파열 → 급성 심장마비, 심낭압전, 급성 심근경색증 → 심폐소생술 및 스텐트재삽입술 → 무산소성 뇌손상

날짜/시간	상 태	처 치
과거력	2009. 6. 분당○○병원 재활의학과 외래에서 척추 손상 의심하 약물복용 2009. 9. 분당○○병원 재활의학과 진료상 허리 보정기구 착용 권유받음. 흉통에 대해 심장센터 진료 받고 입원 계획함.	
2009. 10. 4.	분당○○병원 내과 입원 입원경위 : 2~3개월 전부터 오르막 오르면 흉통생겨 외래 진료 후 심혈관 조영술 위해 입원 진단 : 협심증	계획 : 약물 투여, 보존적 치료, 심혈관 조영술
10. 5. 08:35		심혈관조영술 시행 *LCA d-LCX 90% 협착 Lt. main 40% 협착(심한 섬유화 상태) *RCA 50% 협착 *결론 2-VD LCx 90% 협착 부위에 PCI
09:08		관상동맥 성형술(스텐트 삽입술) 시작 PTCA dLCX 부위에 풍선 2.0×15mm – 협착 70% 남음.

184) 서울중앙지방법원 2012. 2. 8. 선고 2010가합95005 판결.

09:20		Endeavor stent implant(3.5×18mm) – 협착 5% 남음. 결론 : 3.75×14mm 풍선 시행
09:27		높은 압력에 풍선 시행
09:40	혈압 : 140/60-75	병동 전실
09:45	병실로 이송	
09:48	우측 흉통 호소함.	
09:50	의식 없음. 혈압 측정×, 맥박 약하게 느껴짐. 산소포화도 86%	의사 하○○에게 알림 상태 관찰
09:53		산소마스크 적용하에 처치실 이송 심폐소생술
09:55		기도 확보/응급약품 투여
09:57		기관내삽관 시행하고 고정
10:00	50/10-42-산소포화도 80%	심도자실 이송 * 이송 중 기관내삽관 튜브 23cm 재고정함.
10:12		심폐소생술
10:18		일시적 pacemaker 삽입
10:48		PCPS(Percutaneous cardiopulmonary support) 시행
10:58		심초음파 초음파상 심낭 삼출액로 관찰되어 관상동맥 천공에 의한 심장압전으로 생각됨.
11:15		심장막천자
11:27		pacemaker 제거
11:30		d-LCX 스텐트 삽입술
12:25		수혈 시작
12:40		경식도 심초음파 d-LCx distal stent edge site에 perforation 관찰됨.
13:15		심장막천자
14:50	중환자실 이송	
현재	무산소성 뇌손상 진단하 중환자실 치료중	

※ 분당○○병원 중환자실 있는 중 : 자발 호흡하는 중(기관 절개술 상태)

≪소장에서 주장하는 피고의 과실≫

피고병원 의료진은 2009. 10. 5.경 원고에 대한 확장성형술 및 스텐트삽입술에 임하였는 바, 이러한 경우 심장내과 의사로서는 확장성형술 및 스텐트삽입술의 장·단점, 치료과정, 합병증, 예후 등을 망인과 가족에게 설명하여야 하며, 시술에 임하여서는 스텐트삽입술을 하는 경우에는 혈관천공 등의 문제가 발생할 수 있으므로 혈관 등 조직손상을 방지하기 위한 고도의 주의의무가 필요로 하고, 집도의는 시술의 종료 후 환자의 충분한 회복을 살피고, 언제든지 합병증의 발생에 대비할 수 있도록 할 업무상 주의의무가 있음에도 불구하고, 위 주의의무를 위반하여 결국 원고로 하여금 현상태에 이르게 한 것입니다.

≪관련 의학지식을 통한 입증≫

1. 시술당시 혈관의 크기 및 길이

2009. 10. 5.경 피고병원은 원고 남○○(이하, '망인'이라 칭함)에게 관상동맥조영술을 시행한 뒤 협착혈관 부위에 관상동맥 스텐트삽입술 및 풍선확장술을 시행하였습니다.

관상동맥조영술 시술당시 망인의 병변부위 혈관크기를 살펴보면 약 3.5mm 전후로 측정되고, 이 중 병변 원위부의 혈관크기는 3.26mm로 측정됩니다. 또한 관상동맥스텐트 삽입술 이후 2차례 시행한 혈관내초음파상 망인의 원위부 혈관크기는 3.5mm로 측정됩니다.

▶ 원고측 사실조회 회신문
: 관상동맥조영술을 목측하면(도자의 굵기 및 풍선도자의 굵기와 비교하였을 때) 대략 3.5mm 전후로 보임 … 원위부는 3.26mm로 측정됨{원고측 사실조회 회신문 나-1)항 참조}.

▶ 원고측 사실조회 회신문
: 혈관크기 측정에 이어 혈관내초음파에 의하면 … 원위부의 혈관 크기는 대략 3.5×3.2mm로 보임{원고측 사실조회 회신문 나-2)항 참조}.

이와 더불어 망인의 병변혈관 부위의 길이는 정상혈관의 근위부 혈관부위부터 원위부 혈관부위까지 약 22mm로 측정됩니다.

▶ 원고측 사실조회 회신문
: 병변혈관의 길이를 (근위)정상부위에서 (원위)정상부위로 할 때 대략 22mm라고 할 수 있음{원고측 사실조회 회신문 나-5)항 참조}.

그렇다면 피고병원은 망인의 혈관(혈관병변) 크기 및 길이에 맞추어 풍선도자를 적용하고 적정수준의 압력으로 혈관을 확장하여 망인의 시술부위 혈관이 파열되지 않도록 해야 할 주의의무가 있습니다.

2. 시술상 과실

(1) 지나치게 굵은 스텐트를 선택한 과실
: 크기가 큰 풍선도자 사용 및 과도한 압력으로 풍선도자를 확장한 과실
피고병원은 원위부 혈관을 기준으로 망인에게 크기가 큰 풍선도자를 사용하여 과도한 압력으로 풍선도자를 확장함으로 인해 시술부위의 혈관파열 및 출혈을 유발하였습니다.
피고병원은 망인에게 관상동맥 스텐트삽입술 및 풍선확장술을 시행할 당시 첫 번째로 직경 3.5mm의 스텐트를 삽입하여 13기압의 압력을 적용하였고, 추가적으로 3.75mm 크기의 풍선도자를 사용하여 2회에 걸쳐 20기압의 압력으로 혈관을 확장하였습니다. 이에 망인에게 적용된 풍선도자의 크기는 3.93mm까지 확장되었는바, 풍선도자 및 혈관 비율은 원위부 혈관을 기준으로 1.12:1∼1.225:1로 측정됩니다.

▶ 피고측 사실조회 회신문
: …추가로 사용한 풍선도자(3.75×10mm Sapphire NC, OrbusNeigh, 네덜란드)를 20기압까지 올린 바 이때 직경은 3.93mm로 풍선 : 혈관 비율은 원위부 혈관을 기준으로 1.12:1-1.225:1이며…(피고측 사실조회 회신문 1-나항 참조).

▶ 원고측 사실조회 회신문
: 3차 확장술을 스텐트삽입 후의 추가확장으로 9:29:46, 09:30:27 2회에 걸쳐 20기압까지 시술함… {원고측 사실조회 회신문 라-4)항 참조}.

통상적으로 적정수준의 풍선도자 및 혈관의 비율인 1.1:1.0을 기준으로 살펴보면, 피고병원이 망인에게 적용한 풍선도자 및 혈관의 비율은 1.2 이상으로 높게 측정됩니다. 따라서 망인의 원위부 혈관크기와 스텐트의 직경이 3.5mm임을 고려할 때, 피고병원은 망인에게 추가적으로 3.75mm 크기의 큰 풍선도자를 사용하여 망인의 풍선도자를 3.93mm 크기가 되도록 2회에 걸쳐 20기압의 높은 압력으로 과도하게 확장한 과

실이 있습니다.

▶ 피고측 사실조회 회신문
: …원위부 혈관을 기준으로는 다소 큰 풍선도자라고 할 수 있음(피고측 사실조회 회신문 1-다항 참조).

▶ 피고측 사실조회 회신문
: 통상 추가확장 시 풍선도자의 압력은 조영술에서 보이는 혈관/스텐트의 확장이 원하는 만큼 이루어질 때까지 점진적으로 올림. 원위부 혈관의 크기와 스텐트의 직경(3.5mm)를 고려할 때 풍선도자의 크기가 3.93mm가 되는 압력은 다소 과하다고 판단됨(피고측 사실조회 회신문 2-다항 참조).

진감의도 이 건 시술 후 망인에게 발생한 관상동맥 파열부위는 스텐트의 말단부위로 피고병원이 이 부위에 큰 크기의 풍선도자를 사용한 것이 관상동맥 파열의 원인이고, 이 건 관상동맥 파열로 인한 출혈은 풍선도자 및 혈관크기의 불일치가 가장 가능한 원인이라고 판단하여 회신하였습니다.

▶ 피고측 사실조회 회신문
: 환자의 관상동맥 파열 부위는 스텐트의 말단부위로 이곳에 큰 크기의 풍선도자를 사용한 것이 관상동맥 파열의 원인으로 보임(피고측 사실조회 회신문 3-가항 참조).

▶ 피고측 사실조회 회신문
: 혈관내초음파 영상에서 혈관 파열이 쉽게 일어날만한 다른 혈관상태 및 특성은 발견되지 않아 전술한 바와 같이 풍선도자/혈관크기의 불일치가 가장 가능한 원인으로 판단됨(피고측 사실조회 회신문 3-나항 참조).

(2) 지나치게 짧은 길이의 스텐트를 선택한 과실 : 잔여협착을 커버하지 못한 과실

피고병원은 망인에게 길이가 짧은 스텐트를 사용하여 망인의 약 4~5mm 길이정도 잔여협착 부위를 커버하지 못하여 시술부위의 혈관파열 및 출혈을 유발하였습니다.

피고병원이 망인에게 적용한 스텐트의 길이는 18mm로, 피고병원은 망인에게 원위부 정상혈관부터 근위부 정상혈관까지의 길이인 약 22mm보다 짧은 스텐트를 적용하였습니다.

▶ 원고측 사실조회 회신문
: 커버되지 않은 잔여협착부위는 대략 4-5mm로 보이며(관상동맥조영술 및 IVUS 참조) 커버되지 않은 이유는 사용된 스텐트(Endeavor 3.5mm×18mm)의 길이가 짧아서임

{원고측 사실조회 회신문 나-4)항 참조}.

망인은 시술 직후 피고병원이 적용한 스텐트의 원위부 말단부위 5mm 이내 지점에서 혈관파열 및 출혈이 발생하였습니다.

▶ 원고측 사실조회 회신문
: 관상동맥조영술에서 스텐트의 원위부 말단에서 5mm 이내의 지점에서 출혈이 있는 것으로 관찰됨{원고측 사실조회 회신문 다-2)항 참조}.

이는 피고병원이 적용한 스텐트의 원위부가 망인의 혈관병변을 완전하게 커버하지 못하고 걸쳐 있는 상태로, 스텐트를 적용한 부위는 추가 풍선도자 확장의 영향으로 잘 늘어나 있으나 커버되지 못한 연속되는 혈관은 확장되지 못함으로 인해 커버되지 못한 혈관부위에 파열 및 출혈을 유발하였습니다.

▶ 원고측 사실조회 회신문
: …스텐트 삽입 후 파열 원인으로 추정되는 것은 스텐트의 원위부가 병변을 완전하게 커버하지 못하고 걸쳐 있으며 스텐트는 추가 확장의 영향으로 잘 늘어나 있으나 연속되는 혈관은 그렇지 못하여 스텐트의 금속재질이 심장의 박동과 함께 계속 혈관벽을 자극하여 일어났을 개연성이 있음… {원고측 사실조회 회신문 마-1)항 참조}.

따라서 피고병원은 망인에게 관상동맥 스텐트삽입술 및 풍선확장술 당시 18mm의 짧은 길이의 스텐트를 사용하여 망인의 잔여협착 혈관부위를 제대로 커버하지 못한 과실이 있습니다.

(3) 혈관파열 부위의 그라프트스텐트 사용 및 심낭압전 부위의 심막천자를 효과적으로 시행하지 못한 과실

피고병원은 망인의 혈관파열 부위에 그라프트스텐트를 적용함에 있어서 적정한 크기를 사용하여 효과적으로 지혈하고, 출혈로 인한 심낭압전 부위에 효과적으로 심막천자를 시행하여 심장이 압박되지 않도록 해야 할 주의의무가 있음에도 불구하고 이를 제대로 시행하지 않았습니다.

시술이후 망인은 혈관파열 및 출혈로 인하여 의식이 없고 맥박이 약하고 혈압이 측정되지 않는 응급상황이 발현되었습니다. 이에 피고병원은 망인에게 대동맥내 혈관펌프(IABP, intraaortic balloon pump)를 삽입하고, 경피적심폐보조장치(PCPS, percutaneous cardiopulmonary support)를 적용하였습니다. 이후 피고병원은 심초음파 검

사를 시행한 결과 망인에게 혈관파열로 인한 출혈이 발현된 것을 확인하였는 바, 망인의 파열된 스텐트 원위부 말단부위의 출혈량은 상당히 많았습니다.

▶ 원고측 사실조회 회신문

: 09:50 기록에 환자의 의식이 없으며 맥박이 약하고 혈압이 측정되지 않음이 기록됨 {원고측 사실조회 회신문 마-3)항 참조}.

▶ 원고측 사실조회 회신문

: …2차 관상동맥시술(10:15-12:40)에서는 처음부터 스텐트내 혈전이 관찰되며 약 42분 뒤{기록에 의하면 이 시간 동안 대동맥내 혈관펌프(IABP, intraaortic balloon pump)를 삽입 및 경피적심폐보조장치(PCPS, percutaneous cardiopulmonary support)를 시행함}인 10:57:17에 출혈이 관찰됨. 그 부위는 스텐트의 원위부 말단으로 보임. 출혈의 정도는 상당하며 … {원고측 사실조회 회신문 가-3)항 참조}.

그러나 피고병원은 망인의 원위부 말단부위 혈관보다 작은 3.0mm 크기의 그라프트스텐트를 삽입하여 망인의 출혈부위를 효과적으로 지혈하지 못한 과실이 있습니다.

▶ 원고측 사실조회 회신문

: …혈관파열이 확인된 이후에는 첫 번째 그라프트스텐트를 삽입한 후(11:22:34)에도 지혈이 완전하지 못함 … {원고측 사실조회 회신문 마-7)항 참조}.

이에 피고병원은 망인에게 2차적으로 좀 더 큰 3.5mm 크기의 그라프트스텐트를 삽입하였는 바, 이에 망인의 출혈부위가 바로 지혈되지는 않았지만 이후 출혈량이 많이 줄어들었습니다.

▶ 원고측 사실조회 회신문

: 그라프트스텐트를 삽입 후 바로 지혈이 되지는 않았지만 12:40:43의 혈관촬영에서 출혈이 많이 줄어든 것으로 보임{원고측 사실조회 회신문 마-13)항 참조}.

또한 망인은 이 건 시술당시 원위부 말단부위인 잔여협착 부위가 파열로 인하여 출혈이 발생하였는 바, 이 당시 이미 심낭압전이 발생하였다 하겠습니다.

▶ 원고측 사실조회 회신문

: …이 당시 심낭압전이 시행되기 시작했다고 추정할 수 있음{원고측 사실조회 회신문 마-4)항 참조}.

그러나 피고병원은 망인의 출혈로 인한 심낭압전 부위에 심막천자술을 시행하였으나 심막 안쪽에 공기가 들어간 양상이 확인되는 바, 따라서 피고병원은 망인에게 효과적인 심막천자술을 시행하지 못한 과실이 있습니다.

▶ 원고측 사실조회 회신문
: …그러나 이 건에서 심막천자술이 효과적으로 시행되지 못하였고, 심막 안쪽에 공기가 들어간 양상이 관찰됨. 이후 추가적으로 그라프트스텐트를 삽입하여 지혈하였고(12:39:20) 흉부외과에서 외과적으로 심막에 구멍을 내어 혈액을 배액하고 안정됨(13:15) {원고측 사실조회 회신문 마-8)항 참조}.

≪원·피고 주요쟁점≫

	원　　고	피　　고
1. 시술상 과실	혈관 등의 조직 손상을 방지하기 위한 주의의무 위반	관상동맥 천공 또는 파열은 시술로 인한 합병증이며, 스텐트 크기, 압력 등을 준수하였는 바 시술상 주의의무 위반 없음.
2. 설명의무위반	확장성형술 및 스텐트삽입술에 대하여 설명하지 않음.	관상동맥조영술 및 관상동맥성형술에 대하여 구체적으로 설명함.

≪1심 판결≫

1. 피고의 과실

『① 망인은 스텐트 원위부 말단 5mm 이내의 지점에서 혈관 손상에 기한 출혈이 발생하였는 바, 경피적관상동맥성형술 시술시 합병증으로 관상동맥 천공, 파열이 발생되는 기전은 혈관벽이 확장되는 풍선의 힘을 견디지 못하였을 경우이므로 확장풍선 및 스텐트의 크기를 선택할 때 지나치게 크지 않도록 하며, 너무 무리한 힘을 가하여 확장시키지 않도록 주의할 필요가 있은 점, ② 적정한 스텐트 혈관의 비는 1.1:1.0 이고, 관상동맥조영술상 망인의 병변의 혈관 굵기는 근위부 3.54mm, 원위부 3.26mm이며, 혈관내초음파 검사결과에 의하면 근위부 3.7×3.4mm, 원위부 3.5×3.2mm이었던 점, ③ 피고병원 의료진은 경피적 관상동맥성형술 시술시 망인에게 직경 3.5mm의 스텐트를 사용하여 13기압까지 올려서 삽입하였는 바, 이때 스텐트는 3.68mm까지 확장되므로 스텐트/혈관의 비율은 원위부의 혈관을 기준으로 대략 1.05:1에서 1.15:1이며, 근위부 혈관을 기준으로 1.08:1 이하여서 스텐트 크기와 압력은 적절한 것으로 볼 수 있는 점, ④ 이후 피고병원 의료진은 망인에 대하여 혈관내 초음파를 시행하고 삽입할 스텐트가 혈관벽에 밀착되지 않았다고 판단하여 더 큰 풍선도자를 사용하여 20기압까지 올렸는 바, … 원위부 혈관을 기준으로 다소 큰 풍선도자가 사용되었고, 원위부 혈관의 크기와 스텐트의 직경을 고려할 때 풍선의 압력이 다소 과다한 것으로 보이는 점, 병변 혈관의 길이가 근위 정상부위에서 원위 정상부위로 산정할 경우 대략 2.2mm 정도인데 피고병원 의료진이 망인에게 사용한 스텐트는 3.5mm×18mm로 스텐트 길이가 병변 혈관보다 짧아서 병변 말단 부위(대략 4~5mm)는 스텐트로 커버되지 않고 잔여협착부위로 남아 있었던 점, 진료기록 감정의는 '스텐트 삽입후 파열의 원인으로 추정되는 것은 스텐트의 원위부가 병변을 완전하게 커버하지 못하고 걸쳐 있으며, 스텐트는 추가 확장의 영향으로 잘 늘어나 있으나 연속되는 혈관은 그렇지 못하여 스텐트의 금속재질이 심장의 박동과 함께 계속 혈관벽을 자극하여 일어났을 개연성이 있다'고 회신하였던 점 등에 비추어 볼 때, 망인에게 발생한 혈관 손상 및 출혈은 피고 병원 의료진이 망인에게 확장성형술 및 스텐트삽입술을 시행하는 과정에서 과실로 풍선도자/혈관크기의 적정비율(1.1:1)보다 좀 더 큰 풍선도자를 사용하였고, 사용된 스텐트의 길이가 짧아 원위부의 병변말단부위의 잔여 협착부위(대략 4~5mm)를 완전하게 커버하지 못하고 걸쳐있게 되어 스텐트는 추가 확장으로 잘 늘어나 있으나 연속되는 혈관은 그렇지 못하여 스텐트의 금속재질이 심장의 박동과 함께 계속 혈관벽을 자극하여 혈관손상이 발생한 것으로 봄이 상당하다.』

2. 인과관계

『피고병원 의료진에게는 망인에게 발생한 좌관상동맥 파열에 의한 출혈과 관련하여 시술상의 과실이 있고, 이러한 시술상의 과실과 망인의 좌주간지 협착으로 인하여 관상동맥 혈류의 상당 부분이 차단되고 심낭으로 새어나간 혈액이 심장을 압박하여 심장의 수축이 제한됨으로써 망인에게 저산소성 뇌손상이 발생하였다고 보는 것이 타당하다.』

3. 인용금액 : 5천 7백만 원

4. 피고의 책임비율 : 60%

≪관련 판례≫

1. 대법원 1996. 12. 10. 선고 96다28158, 28165 판결(신장적출술중 하대정맥손상으로 과다출혈쇼크 사건)

위 대법원 판결은 신결핵에 따른 신장 적출수술 중 하대정맥 열상으로 인한 과다출혈이 있었고 수술 후 저산소성 뇌손상에 의한 기질성 장애 등의 후유장애가 발생한 의료사고에서, 과실책임을 인정하였습니다.

폐결핵 및 신결핵 진단을 받고 피고대학병원에서 우측신의 적출수술을 받는 과정에서 의사의 과실로 하대정맥에 1.5cm 가량의 열상을 가하여 과다출혈로 저산소성 뇌손상에 이르게 한 사건에 대하여,

『…우측신이 불현신의 농신상태였을 정도로 악화되어 있었던 점에 비추어 그 주위 조직과의 유착이 심하게 진행되어 그 신장으로부터 약 1.5cm 떨어진 하대정맥과 유착되었을 가능성도 배제할 수 없었으므로 수술 의사들은 위 원고의 신장을 주위 유착조직에서 박리함에 있어 하대정맥과의 유착 여부를 확인하고 만일 그 유착이 확인되면 그 박리중의 열상 가능성에 대비하여 사전에 하대정맥의 손상과 그로 인한 출혈에 대비한 만반의 조치를 취한 후 조심스럽게 박리를 하여야 함에도 불구하고 만연히 위 원고의 신장을 박리하다가 그에 유착된 위 원고의 하대정맥에 열상을 가하여 과다출혈에 이르게 한 수술상의 잘못으로 위 원고의 혈압이 허혈성 쇼크상태였던 시간 동안 뇌에 대한 산소공급이 저하되어 위 원고가 위와 같은 뇌손상에 의한 기질성 장애와 시각유발전위체계의 기능부전이 생겼다 … 이 사건의 경우 원고의 우측신과 하대정맥의 유착가능성이 높아 신장을 절제함에 있어서 더욱 세심한 주의가 요구되는데 다량의 혈액이 통과하는 위 하대정맥에 수술시 보통은 발생하지 않는 정도의 커다란 열상이 생겨 대출혈이 일어났고 그로 인한 과다실혈로 급격히 혈압이 저하되어 상당한 시간 동안 뇌에 필요한 산소공급이 되지 못하게 되어 뇌손상이 생겨날 수 있는 상태가 야기된 것은 명백하고, 그러하다면 이는 하대정맥의 열상으로 인한 대출혈에 대응하는 효과적인 지혈조치와 수혈이 적시에 이루어지지 못한 것으로 봄이 상당할 것이고, 기록을 살펴보아도 원고의 뇌손상이 다른 원인으로 생겨났다고 볼 수 있는 특단의 사정을 찾아 볼 수 없으며, 또 기록상 피고 주장처럼 현대의학으로 위와 같은 열상을 예방하는 방법이 없다거나 위와 같은 출혈을 피할 수 없는 합병증이라거나, 위 원고의 뇌손상이 결핵에 의한 혈관변병이나, 선천적 혈관 이상에 기인한 것이라고 볼 자료가 없고 보면, 위 원고의 뇌손상에 의한 기질성 장애와 시각유발전위체계의 기능부전은 위 수술의사들의 이 사건 수술과정에서의 잘못을 비롯한 피고병원측 의료과실에 기인한 것이라고 추정할 수밖에 없다고 할 것이다 …』

고 하여 인과관계와 과실을 추정하고 손해배상책임을 인정하였습니다.

2. 부산고등법원 1966. 3. 23. 선고 65나3337 판결(수술 중 척추혈관손상으로 실혈사사건)

위 법원은 디스크수술 중 척수혈관을 손상시켜 실혈사에 이르게 한 사건에 대하여,

『…척추유합수술은 환자의 늑골을 절취하여 질환국부인 요추체부의 요골을 제거하고 위 늑골을 이식하는 수술로서 소외인이 망인의 좌측계늑골부에 길이 20센티미터의 절개수술을 하여 늑골을 절취한 다음 좌측상골상방복부에 가로 20센티미터 세로 10센티미터 길이의 T자형으로 절개하여 그 부위에 요골과 1센티미터 거리에 복부대동맥으로부터 분기된 수리한 대소동맥이 엇갈려 있으므로 동 혈관 등을 위하여 예리한 끌과 망치로서 질환부위인 제 2, 3 요추체부의 요골을 제거하던 중 복부대동맥의 분기점에서 약 10센티미터(심장쪽) 위의 부위에 길이 약 0.5센티미터의 절상을 입혀 동 상처로부터 출혈이 지나쳐 실혈사하였다면 소외인에게 업무상 과실이 있다….』

고 한 바 있습니다.

7. 뇌수막종 제거 수술 중 중대뇌동맥 손상에 의한 뇌부종 · 뇌경색으로 사망한 사건[185)]

≪사건 개요≫

• 원고 남○○(여, 63세) / 피고 학교법인○○학당

※ 사건 경과

(1) 2007. 4. 10.경 경련을 주호소로 ○○병원 내원하여 시행한 뇌 CT검사 결과 뇌종양 소견이 의심되어 전원

(2) 4. 10. 05:25경 ○○대병원 응급실 내원하여 뇌 MRI촬영 후 수막종(양성) 진단 받음.

(3) 같은 달 12.경 색전술 시행

(4) 같은 달 16.경 개두술 시행하여 종양제거함 : 수술 시 우측 중뇌동맥의 손상으로 뇌부종 발생하여 수술 후 혼미상태

(5) 같은 달 17.경 뇌 CT촬영 결과 심한 뇌부종 발생하여 만니톨 투여함.

(6) 같은 달 18.경 우측 중뇌동맥 경색과 심한 뇌부종, 폐울혈 및 부종소견 보임.

(7) 같은 달 23.경 수술 부위 혈종 및 뇌경색, 뇌부종, 뇌전위 소견

(8) 같은 달 24.경 기도삽관하고 인공호흡기 치료 시작

(9) 같은 달 25.경 동공고정, 심한 뇌부종 소견으로 응급개두술을 통한 감압술 시행함.

(10) 5. 7. 11:25경 사망

시 간	상 태	처 치
4. 10. 05:25	경련증상으로 ○○병원 경유하여 CT상 종양 소견 의심되어 내원	CT-4×3cm 가량의 종양소견(우측 중대뇌 동맥을 침범한 소견)
4. 10.		MR : 뇌수막종(4.7×3.9×3.8 크기의 경계가 분명한 종양)
4. 12.		뇌혈관 조영술 및 색전술 시행
4. 14.		동의서(양성 수막종으로 경계가 분명하고 수술시 접근이 용이하며 90-95% 성공률, 사망

185) 서울북부지방법원 2009. 5. 21. 선고 2007가합9195 판결, 서울고등법원 2009나58175 결정.

		률 20%)
4. 16.	종양제거술(08:05～15:30)	보호자 설명(수술시 우측 중대뇌동맥 손상으로 뇌부종)
13:18	－실혈량 2000, 수혈량 PRBC 4팩	간호기록지상 수술 중으로 NICU 전실
4. 17.	의식 : deep drowsy	MR : 급성 뇌경색(우측 기저핵 및 측두엽 부위), 뇌부종 CT : 허혈성 뇌경색, 우측 전측두부의 출혈
4. 18.	폐부종	
4. 22.	Cr 1.2	
4. 23.	양측 폐부종, BUN/Cr 43/1.2	CT : 좌측으로 뇌전위 소견 좀 더 분명해진 허혈성 뇌경색(우측 전두두정부 및 기저핵), 뇌출혈과 뇌부종
4. 24.	CBC : 12.5-36.4-19940-104K OT/PT 상승 시작 56/33,E : 129-2.7	17:00경 호흡곤란 발생하여 17:30경 기도삽관 및 인공호흡기
4. 25.	BUN/Cr 51/1.6, OT/PT 60/38	CT : 크기가 증가한 허혈성뇌경색 소견
18:00	양쪽 동공 반응 느려지며 오른쪽 4mm, 왼쪽 3mm로 크기 달라짐.	
18:30	혼수, 빛반사 소실 우측 7mm고정	CT : 심한 뇌부종으로 뇌중심선의 좌측 쏠림 → 수술결정
19:10～23:45	수술 : 감압술, 우측 측두엽 제거 －실혈량 2500, 수혈 FFP12, PC 12, PRBC 10	
4. 26.		CT : 우측반구 허혈성뇌경색 소견 증가
4. 29.	CRP 6.1	헤모박 제거, 기관절개술
4. 30.	고열(37.8-38), 거품섞인 피가래 수술부위 괴사소견	
5. 1.	CRP 12.1, PLT 49K	패혈증 검사 시행
5. 2.		반코신 투여(4. 29.혈액배양 MRSA)

≪소장에서 주장하는 피고의 과실≫

망인은 최초 피고병원 내원시 뇌의 가장 바깥쪽에 위치하는 양성 종양이며 뇌종양 중 가장 예후가 좋은 뇌수막종으로 진단되었고, 피고병원 역시 원고들에게 개두술을 통하여 뇌종양만을 제거하면 아무런 장애없이 80까지 살 수 있다고 장담하였습니다.

그러나 망인은 수술 중 술기상 과실로 인해 발생된 중대뇌동맥의 손상으로 인하여

4. 16. 08:00경 시작된 수술이 15:00이 지나서야 종료되는 등 7시간 이상의 수술시간이 소요되었습니다(피고병원 간호기록지에 의하면 수술이 한창 진행중인 13:18경 피고병원은 망인을 일반병동에서 중환자실로 전실시킨 내용이 기재되어 있습니다. 이는 망인의 경우 수술 도중 중대뇌동맥에 손상이 발생하였고, 이에 대한 처치가 시행되면서 수술시간이 많이 지체되었다는 것을 알 수 있습니다. 또한 이러한 중대뇌동맥손상으로 인하여 망인의 경우 수술 후 악화될 수 있다는 점을 피고측에서 인지하고 수술도중임에도 불구하고 중환자실로 망인을 전실하였음을 충분히 추정할 수 있다고 하겠습니다).

수술 후 촬영된 망인에 대한 뇌 MRI 결과 우측 중대뇌동맥의 손상으로 인하여 이 부위에 뇌경색과 함께 심한 뇌부종 소견이 확인되었습니다. 이러한 사실은 망인에 대한 수술 중 중뇌대동맥의 손상과 출혈 등으로 인하여 혈류공급을 받지 못한 뇌부분에 뇌경색이 발생하고 이로 인하여 심한 뇌부종이 발생한 것이라고 하겠습니다.

≪관련 의학지식을 통한 입증≫

1. 술기상 과실

피고병원은 망인에 대한 뇌수막종 수술과정에서 중대뇌동맥의 손상을 발생시켜 뇌경색증을 야기하였습니다.

(1) 술기상 주의의무

뇌수막종은 혈관 분포가 비교적 많은 종양으로 수술후 뇌출혈을 예방하기 위하여 적절한 지혈을 시도하여야 하고, 종양 제거시에 종양 주변부 유착된 혈관손상이나 뇌손상을 최소화하고 적절한 항생제 사용을 통하여 수술 후 감염의 가능성을 줄여야 합니다{사실조회 회신문 나-(2)항 참조}. 또한 혈관과 종양 사이를 박리하는 과정에서 혈관손상이 발생할 수 있으므로 혈관과 종양 사이의 박리경계를 따라 조심스럽게 박리하여 혈관의 손상을 가능한 예방하는 것이 중요합니다{사실조회 회신문 나-(4)항 참조}.

(2) 수술과정에서 2,000cc의 대량의 출혈이 발생하였습니다.

망인은 이 건 수술전 종양에 영양을 공급하는 혈관을 막음으로서 수술시 출혈을 줄이고 종양제거를 용이하게 하기 위하여 중대뇌동맥부위에 색전술을 시행받았습니다{진료기록감정 회신문 (2)-(가), (나)항 참조}.

그럼에도 불구하고 망인의 경우 종양제거술 과정에서 2,000cc의 다량의 출혈이 발생하였습니다. 일반적인 성인 남성의 혈액량이 5,500cc임을 고려하면 약 36% 이상의 출혈이 발생한 방대한 양의 출혈이었습니다.

수술과정에서 출혈이 발생하는 원인은 혈관의 손상 이외에 다른 이유를 찾을 수는 없습니다. 이는 피고병원의 의료진조차 인정한 사실입니다.

▶ 사실조회 회신문

'…개두술과 관련되어 뇌경색이 발생하였다면 수술과 관련 있을 것으로 사료 … 원인으로는 우측 중대뇌동맥 혹은 중대뇌동맥에서 기시하는 천공동맥의 손상…'{사실조회 회신문 다-(1)항 참조}.

▶ 진술조서(하○○)

'…박○○ 교수님과 4년차 문○○ 선생님에게 물어보았는데, 출혈이 많았다 … 종양을 박리하는 과정에서 우측중대뇌 동맥의 뒤쪽 가지가 손상되었을 가능성이 있다 … (갑 제14호증의4 하○○ 진술조서).

망인의 경우 뇌수막종이 우측 중대뇌동맥과 근접하게 있었고 수술과정에서 2,000cc의 대량의 출혈이 발생하였고, 수술 후 이 중대뇌동맥이 혈류를 공급하고 있는 영역에서 허혈성 뇌경색이 발생하였습니다. 그렇다면 망인에게 이렇게 다량의 출혈이 발생한 것은 종양제거술 과정에서의 손상으로 밖에 추정할 수 없다고 하겠습니다.

(3) 뇌출혈로 인한 혈관연축으로 허혈성 뇌경색이 발생하였습니다.

망인의 경우 수술과정에서 대량의 출혈이 발생하였고, 수술 후 CT소견에서도 수술부위 출혈소견은 여전히 관찰되었습니다. 과다한 출혈에 노출된 혈관은 혈관연축을 일으킬 가능성이 높습니다.

[그림 1] 지주막할 출혈시 관찰되는 동맥병증

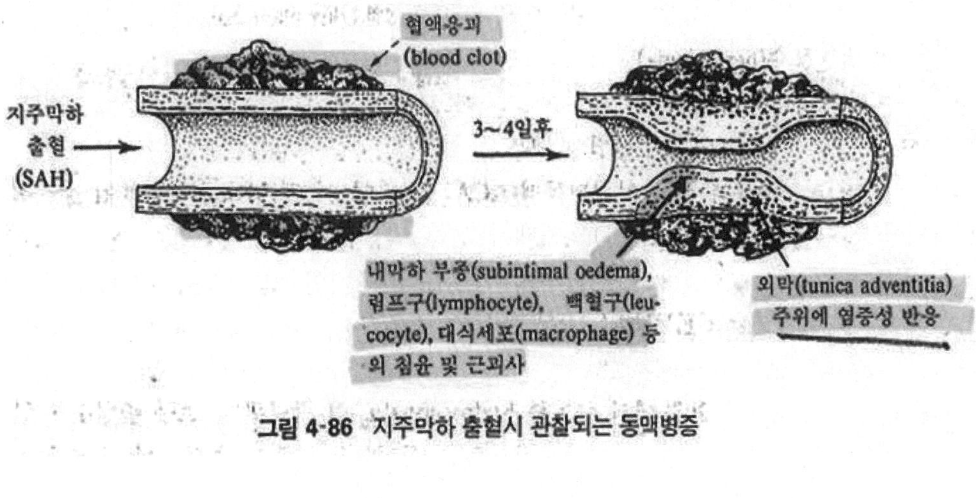

그림 4-86 지주막하 출혈시 관찰되는 동맥병증

출혈 후 뇌척수액내에는 혈관벽 및 혈괴로부터 유리된 세로토닌, 프로스타그란딘, 옥시헤모글로빈 등의 혈관 수축물질들이 다량 발견되면, 혈관벽에서는 동맥병증의 소견이 관찰됩니다. 이와같은 요소들이 혈관 연축 생성에 복합적으로 기여하는 것으로 알려져 있습니다. 이러한 혈관 연축이 발생하는 경우 허혈성 뇌경색의 합병증이 동반되게 됩니다(갑 제21호증 임상신경학 466, 467쪽 참조).

망인의 경우도 수술과정에서 중대뇌동맥의 2,000cc에 달하는 대량의 출혈이 발생되었고, 이러한 출혈로 인하여 혈관연축이 발생하면서 허혈성 뇌손상이 발생하게 된 것입니다.

2. 경과관찰상 과실

(1) 진단적 검사의 지연

망인의 경우 수술 직후 의식은 혼미상태로 중환자실로 이송되었고, 좌측 반신불완전마비 증상이 발생하는 등 수술 전과 비교하여 확연한 신경학적 악화소견이 발생하였습니다{진료기록감정 회신문 (3)-(가)항 참조}.

수술 직후 허혈성 뇌경색 및 출혈이 발생하여 의식이 저하되는 경우에는 뇌 CT, MRI검사 등의 영상 진단을 시행하여 의식저하의 원인이 되는 병소를 찾아야 하며 그 원인에 따라 내과적 치료, 외과적 치료를 시행하여야 합니다{사실조회 회신문 나-(8)항 참조}. 이러한 처치가 지연되는 경우 점차적으로 뇌부종이 진행되는 것으로 알려져 있습니다{사실조회 회신문 다-(4)항 참조}.

그러나 피고병원은 원고의 신경학적 악화소견의 원인을 찾기 위한 영상학적 검사는 수술 다음날인 4. 17. 07:00경에야 시행하는 등 진단적 검사를 해태한 과실이 있다고 하겠습니다(갑 제15호증의11 간호기록지 참조).

(2) 혈관연축에 대한 미처치

망인은 수술과정에서 대량의 출혈이 있었고, 이로 인하여 혈관연축의 가능성이 발생할 수 있음은 예견된 사실이었습니다.

그렇다면 피고병원으로서는 혈관연축으로 인한 상태악화를 예방하기 위하여 적극적인 처치를 시행하였어야 하나, 이를 해태하였습니다.

이러한 뇌혈관연축을 예방하기 위해서는 칼슘 길항제인 니모디핀을 투여하여 뇌허혈 발생을 줄이고, 혈압이 감소되는 경우 뇌혈류가 감소되어 뇌경색이 악화될 수 있으므로 고혈압을 유도하고, 충분한 수액을 공급하여 혈장량 감소를 예방하고 혈장확장제를 투여하여 혈압 및 뇌혈류를 증대시키는 등의 처치를 시행하여야 합니다(갑 제

20호증 신경외과학 258쪽 및 갑 제21호증 임상신경학 473, 474쪽 참조).

그러나 피고병원에서 이러한 처치를 시행한 부분은 찾아볼 수가 없습니다. 칼슘 길항제인 니모디핀을 투여하지도 않았고, 혈장 확장제 등도 투여된 바 없었습니다. 즉, 적극적인 약물적 처치 등을 시행조차 하지 않았습니다.

이에 대하여 조정위원 고○○은 혈관연축을 막기 위하여 피고병원에서 만니톨을 투여하였고, 만니톨이 혈관연축에 가장 처음 쓰는 약제라고 하였으나, 실제 만니톨이나 스테로이드 제제의 경우 뇌부종에 쓰이는 약제로 혈관연축에 있어 약물 효과가 분명하게 나타나 있지 않는 약제입니다(갑 제21호증 임상신경학 474쪽 참조). 따라서 조정위원의 조정의견은 의학적 근거가 명확치 아니한 것으로 배척되어야 마땅합니다.

이 건 역시 피고병원은 망인의 혈관연축에 대하여 적극적으로 약제를 투여하거나 예방을 위하여 노력한 바 없었고, 이로 인하여 망인의 혈관연축은 더욱 악화되면서 심한 뇌부종이 뇌전위가 발생한 것이므로 적극적 투약의 의무 및 처리를 위반한 과실이 있다고 할 것입니다.

(3) 뇌부종 악화로 인한 폐부종의 발생

조정위원 고○○은 망인의 경우 수술 2일째 폐렴이 발생하였고, 이러한 폐렴으로 인하여 폐기능이 저하되면서 뇌부종이 악화되었다고 이야기하여, 마치 망인의 체질적 소인으로 인하여 상태가 악화된 것처럼 진술하였으나, 이는 사실과 다릅니다.

망인의 폐부종 악화는 허혈성 뇌경색에 대한 처치 미비로 인한 뇌부종 악화로 인한 결과물입니다.

일반적으로 뇌경색이나 뇌부종으로 의식 저하가 진행되면 기도의 방어 기전을 저하시키고 기도 흡인의 가능성을 증가시켜 폐렴의 가능성을 증가시켜 이로 인하여 폐부종, 호흡곤란이 발생할 수 있습니다. 또한 심한 뇌압 상승 등의 중추신경계에 이상이 있으면 병발하여 신경인성 폐부종으로 인하여 원인 불명의 호흡 곤란, 저산소증, 방사선 검사에서의 이상 소견이 발생할 수도 있습니다{사실조회 회신문 라-(1)항 참조}.

망인의 경우 이 건 수술 당시 37세의 건강한 성인 남성으로 폐에 아무런 기능 장애도 없었습니다.

그러나 수술 직후 발생한 혈관연축으로 인한 허혈성 뇌경색에 대한 피고병원에서의 처치가 지연되면서 점차 뇌부종이 악화되었고, 이러한 뇌부종으로 인하여 폐부종이 발생하여 결국 수술한지 2일 후에는 폐부종으로 인하여 인공호흡기까지를 달게 되었습니다{진료기록감정 회신문 (3)-(차)항 참조}.

이는 피고병원에서 수술 후 발생한 뇌경색으로 인한 뇌부종에 대한 처치가 지연되면서 뇌부종의 악화로 인한 뇌압 상승으로 결국 발생한 것이라고 하겠으며, 조정위원의 의견은 이 사건의 전후의 사실관계를 오해한 것이라 하지 않을 수 없습니다.

≪원・피고 주요쟁점≫

	원 고	피 고
술기상 과실	망인에 대한 뇌수막종 수술과정에서 중대뇌동맥의 손상을 발생시켜 뇌경색증 야기하였다.	종양 제거술시 혈관손상은 없었으며 혈관 박리 과정에서 자극에 의해 발생된 혈관연축에 의한 뇌허혈증과 뇌부종이 발생하였다.
경과관찰 해태	수술 후 우측 중대뇌동맥의 손상으로 인하여 이 부위에 뇌경색과 심한 뇌부종이 확인되었음에도 불구하고 이에 대한 경과 관찰 및 처치가 지연되어 심한 뇌부종으로 인한 의식변화가 발생하였다.	뇌부종에 대하여 만니톨, 스테로이드, 니모디핀 등을 투여하면서 경과를 관찰하였으나, 폐부종 및 급성신부전, 간기능 저하 소견이 발생하면서 악화되었다.
설명의무 위반	뇌수막종 제거술과 관련하여 뇌수막종의 위치, 치료방법, 수술방법, 수술 후 예후 등에 대한 구체적인 설명이 없었나.	종양과 혈관과의 관계에 대한 설명뿐만 아니라 수술로 인한 이환율과 사망률에 대하여 설명하였다.

≪1심 판결≫

1. 피고의 과실

『피고병원은 이 사건 수술에 앞서 망인에 대한 뇌 CT, 뇌 MRI, 뇌혈관조영술을 통하여 망인의 종양이 우측 중대뇌동맥과 유착하여 우측 중대뇌동맥을 뒤로 밀어내고 있는 상태에 있고, 이로 인하여 종양제거수술과정에서 우측 중대뇌동맥의 손상가능성이 있다는 사실을 충분히 알고 있었던 점, 뇌수막종의 경우 혈관분포가 비교적 많은 종양으로 수술 후 뇌출혈을 예방하기 위해 적절한 지혈을 하여야 하고, 종양제거시에 종양 주변부 유착된 혈관손상이나 뇌손상을 최소화하기 위한 적절한 조치를 취하여야 하는 점, 망인의 종양과 유착된 우측 중뇌대동맥의 경우 뇌의 많은 부분에 혈류공급을 담당하는 매우 중요한 혈관이며, 혈관과 종양의 유착이 매우 심한 경우 수술과정에서 다른 혈관보다 쉽게 손상될 수 있는 점, 이 사건 수술 직후 망인의 우측 바닥핵, 관자 마루엽 부위에서 허혈성 뇌경색이 발생하였던 점, 위 우측 바닥핵, 관자마루엽 부위는 우측 중대뇌동맥이 혈류를 공급하는 부분인 점, 이 사건 수술 이전에 망인에게는 뇌경색의 소견이 없었으며, 이 사건 수술 외에는 망인에게 뇌경색이 발생할 특별한 원인이나 증상이 없었던 점, 피고병원 의사 하○○ 또한 이 수술 이후 원고들에게 수술시 우측 중대뇌동맥의 손상으로 망인의 좌반신마비가 발생한 것으로 보인다고 설명하고 있는 점 등을 종합하여 보면, 이 사건 수술 이후 망인에게 발생한 뇌경색은 이 사건 수술과정에서 피고병원의 의사들이 망인의 우측 중대뇌동맥을 손상시키는 잘못으로 인하여 초래된 것으로 추정할 수밖에 없다고 할 것이다.』

2. 인과관계

『피고병원 의사들의 수술상의 의료과실로 이 사건 수술 이후 망인에게 뇌경색이 발생하였고, 이로 인한 뇌부종의 악화로 다시 감압적 머리뼈절제술을 실시하게 되었으며, 이러한 과정에서 발생한 전신기능의 악화 및 합병증으로 망인이 사망하기에 이른 이상, 망인의 직접적인 사인이 감염 또는 폐기능의 상실로 인한 것이라고 하더라도 피고병원 의사들의 의료상의 과실과 망인의 사망 사이에 인과관계가 단절된다고 할 수는 없다고 할 것이므로, 피고병원 의사들의 위 의료상의 과실과 망인의 사망 사이에 인과관계도 인정된다.』

3. 인용금액 : 1억 7백만 원

4. 피고의 책임비율 : 30%

종양이 우측 중대뇌동맥과 유착되어 종양절제술시 이에 따른 후유증발생 가능성이 높은 위험한 수술인 점 고려함.

≪관련 판례≫

1. 대법원 1995. 3. 10. 선고 94다39567 판결

의사의 전방경추융합술 시행 이후에 나타난 환자의 사지부전마비증세가 의사가 시술과정에서 수술기구 등으로 환자의 전면척추동맥 또는 신경근 동맥을 과다압박 또는 손상하게 하여 척수혈류장애를 초래하였거나, 또는 환자의 제6 또는 제7 경추부위의 척수를 손상시킨 잘못으로 인하여 초래된 것으로 추정된다고 하여 의료진의 술기상 과실을 인정하였습니다.

2. 대법원 1996. 12. 10. 선고 96다28158, 28165 판결

신결핵에 따른 신장적출 수술중 하대정맥 열상으로 인한 과다출혈이 있었고 수술 후 저산소성 뇌손상에 의한 기질성 장애 등의 후유장애가 발생한 의료사고에서, 피해자의 입증책임을 완화하여 병원측의 손해배상책임을 인정하였습니다.

8. 지주막하 출혈에 대한 뇌동맥류 결찰술 후 결찰주위 재출혈과 뇌부종으로 인하여 사망한 사건[186)]

≪사건 개요≫

• 원고 망 이○○(남, 35세) / 피고 ○○대병원

※ 사건 경과

날 짜 (2007)		상 태	처 치
3	12	○○대 구리병원 응급실 내원 주호소 : 3. 10. 23:00경부터 시작된 두통, 구토(5회), 오심 이학적 검사상 의식 : 명료 혈압 150 운동력 : 정상	* 뇌 CT 출혈 소견 * 진단 지주막하 출혈 * 계획 CT(전교통 동맥류 소견이 보임) 수술전 준비 중환자실 입원
			수술동의서 작성(환자 및 이○○ 서명)
		마취시간 4시간 50분 수술시간 3시간 55분 * 수술직후 상태 중환자실 이송 의식 : 명료 운동 : 모두 정상 수술직후 두통 호소	* 뇌동맥류 결찰술 수혈 : PRC 2U 실혈량 : 600ml
	13	두통 완화	
	14	일반병실로 이송	
	16	발열	
	17	발열, 구토	
	19	발열, 구토	
	20		고열 검사
	24		뇌 CT : 우측 T-P hygroma 소견과 뇌부종 소견(혈관연축 보호자에게 설명함).

186) 서울동부지방법원 2009. 1. 22. 선고 2008가합4764 판결, 서울고등법원 2009나25427 결정.

	25	00:00 두통, 오심 호소함. (혈장증량제와 혈관확장제 투여했다 함) 혈압 150/80	의사 김○○에게 핸드폰 연락하였으나 연락되지 않음. → 간호사 박○○에 의해 케토란 근육주사 3. 24. 23:30 ※ 비고 두통 호소시점과 진통제 투여시점 전후가 바뀜.
		03:00 머리가 깨질듯 아프고 울렁거려 혈압 150/110	의사 김○○ 타세놀 2T 구강투여 지시함.
		06:00 두통 mild하게 지속됨. 구토 1회 후 다소 편안해졌다함.	의사 김○○ 연락 안됨.
		07:40 머리가 아프다며 머리를 감싸고 울고 있음. 혈압 170/100	의사 김○○ 지시로 케토란 주사함.
		09:00 두통은 조금 나아서 자고 있음.	
		11:40 휠체어 타고 다녀오면서 구토 1회 함. 혈압 180/110 머리가 깨질듯이 아프다고 함.	의사 김○○에게 알리고 타세놀 2T 구강투여
		13:00 점심 드시면서 구토 1회 함.	
		15:30 의식 : 경련 후 깊은 기면 상태 혈압 200/120	(경련과 함께 지주막하 출혈이 발생했다 주장함.)
		15:35	처치실로 이송 의사 박○○, 송○○ 환자 봄
		15:50 구토함.	
		17:20	뇌 CT촬영 : 클립핑 주위로 재출혈 소견과 뇌충혈 심화된 소견
		18:05 의식 혼돈, 운동력 저하 혈압 190/40	중환자실 이송
		18:45	수술동의서 작성
		20:10 마취시간 3시간 25분 수술시간 3시간 00분 * 수술후 상태 의식 : 혼돈(deep stuper)	* 응급 감압술 수혈 : PRC 7U, FFP 6U 수액 : 3600 실혈량 : 3100ml 혈색소 : 10.9

		23:40	중환자실 이송, 인공호흡적용
4	4	사망	* 사인 뇌동맥류 파열 뇌지주막하 출혈 혈관 연축 중증 뇌부종 및 허니아

≪소장에서 주장하는 피고의 과실≫

1. 술기상 과실

피고병원은 망인의 동맥류에 대해 동맥류 결찰술을 시행하였는 바, 이러한 경우 술전 검사를 통하여 뇌동맥류가 어디에 위치해 있는지, 크기는 어떠한지, 어떠한 수술방법을 택할 것인지 여부를 살펴야 하고, 수술시에도 동맥류를 완전히 결찰하여야 하는 등의 업무상 주의의무가 있음에도 불구하고, 이러한 주의의무를 게을리하여 원고로 하여금 술후 재출혈발생 및 사망에 이르게 하여던 것입니다.

2. 술후 재출혈에 대한 진단 및 처치지연의 점

피고병원에게는 술후 발생된 재출혈에 대한 진단 및 처치를 지연한 과실이 있습니다. 위에서 기진술한 바, 피고병원은 망인에게 두통이 발생한지 무려 17시간 20분이 경과하고, 의식의 변화가 온지 무려 1시간 50분이 경과해서야 뇌 CT검사가 이행하였습니다. 설상가상, 뇌 CT검사상 결찰부위의 재출혈 소견과 뇌충혈 심화된 소견이 확인되었음에도 응급감압술은 진단이 된 시점에서 2시간 50분이 경과된 같은날 20:10경이 되어서야 시행되었습니다.

결국, 술후 재출혈에 의한 두통이 발생한 시점에서 20시간 10분이 경과하여 조치가 이행된 것입니다.

이에 대해 피고병원 전공의 박○○는 각서를 통해 "25일 새벽에 환자(이○○) 분이 구토 증세를 보인 것을 담당 교수님(김○○)께 보고드리지 않았습니다."라고 자백까지 하였습니다(박○○ 각서 참조). 결국, 당시 망인의 주치의인 위 김○○ 교수에게 망인의 상태에 대한 보고가 이루어지지 않으면서 술후 재출혈에 대한 진단 및 처치가 더욱 지체되었던 것입니다.

이 건과 같이 두개내 출혈에 있어 의식이 있는 경우에는 두통을 가장 많이 호소합니다. 그 외 오심, 구토, 현훈 등을 나타내고, 의식이 없는 경우에는 글라스고우 혼수

계수, 동공 반응, 활력징후, 전해질 균형, 수액 및 칼로리 섭취량 및 배출량의 비정상 소견 등을 관찰할 수 있습니다.

두개내 출혈에 의한 두통, 오심, 구토 등의 증상은 혈종에 의한 뇌피질 압박, 혈종 및 뇌부종에 의한 두개강 내압 상승, 이로 인한 뇌중심 구조물의 이동 및 뇌경막 또는 소뇌 천막, 대뇌겸 등의 압박, 혈관 압박 및 이동, 이로 인한 혈류 장해 등으로 나타나게 됩니다.

두개내 출혈의심이 있는 환자가 시간이 지나면서 두통, 오심, 구토 등의 증상을 보이면 즉시 뇌 CT검사를 실시하여야 하며 두개강내 출혈의 조기진단은 환자의 예후에 결정적인 영향을 미칩니다.

또한, 수술적인 요법이 필요한 경우라면 통상 두개강내출혈의 경우는 서둘러서 응급 수술을 시행함으로서 환자의 예후를 향상시킬 수 있습니다. 따라서 두개강내 출혈이 발생하면 가능한 한 빠른 시기에 응급 수술을 시행해야 합니다.

그러나 피고병원은 술후 발생된 망인의 재출혈에 대한 진단 및 처치를 지연한 과실을 범하여 망인으로 하여금 사망에 이르게 하였습니다.

≪관련 의학지식을 통한 입증≫

1. 망인의 사인은 뇌수술 부위의 출혈 및 뇌부종의 악화입니다.

피고병원은 망인의 사망원인이 뇌혈관연축에 의한 것이라고 주장하고 있습니다. 그러나 사인은 뇌동맥류 결찰부위의 출혈 및 이로 인한 뇌부종의 악화입니다(회신문 (14)-(다)항 참조).

피고병원은 3. 25.경 망인의 뇌 CT결과에서 클리핑 주위의 출혈과 뇌부종의 악화 소견을 확인하였습니다. 또한 이후 피고병원이 시행한 응급감압술의 수술기록에서도 망인의 뇌동맥류 결찰부위의 출혈소견을 확인하였으며 뇌부종이 악화되었다고 기록하고 있습니다(갑 제9호증 수술기록지 참조).

이처럼 망인은 피고병원으로부터 뇌동맥류결찰술을 받은 뒤 수술부위의 재출혈로 인해 뇌부종이 악화되었으며, 이러한 과정에서 피고병원으로부터 조기에 적절한 진단 검사 및 처치를 받지 못하여 치료기회를 잃고 사망에 이른 것입니다.

2. 수술 중 주의의무를 해태하여 재출혈을 발생시켰습니다.

(1) 뇌동맥류 결찰술 후 재출혈은 수술 중 주의의무 위반에 의해 발생됩니다.

뇌동맥류를 진단하고, 뇌동맥류 결찰술을 시행할 때에는 수술전 검사를 통하여 뇌동맥류의 위치, 크기 등을 정확히 진단하고, 이에 따른 적절한 수술방법을 선택하여 시술에 임하여야 합니다. 또한 시술시 신중을 기하여 동맥류를 결찰함으로서 시술부위의 재소통, 재출혈 등 악결과를 사전에 예방하여야 할 주의의무가 있습니다(회신문 3-가-(3), (4)항 참조).

(2) 이 건의 경우

망인은 피고병원 내원 당시 의식이 명료하고 신경학적으로 정상소견을 보이며 단순 두통 정도를 호소하는 것으로 미루어 예후가 상당히 좋을 것으로 예상되는 상태였습니다(회신문 (1)항 및 3-가-(1)항 참조). 그러나 피고병원은 망인의 수술 중 주의의무를 다하지 않아 수술 후 12일만에 수술 부위에 재출혈을 발생시켰습니다.

피고병원은 같은 달 12.경 망인에게 뇌동맥류 결찰술을 시행하였고, 이후 같은 달 24.경 망인의 CT를 확인한 결과 '클리핑 시술한 주위로 재출혈 소견이 있으며, 뇌충혈이 심화된 상태'라고 하였습니다(갑 제8호증의3 3. 25.자 경과기록지 및 번역문 참조). 또한 부검감정서에도 '수술부위 주위로 출혈 및 혈관경련수축 등으로 인하여 뇌출혈 및 뇌부종이 발생하였다'고 설명하였습니다(부검감정서 3쪽 참조).

이러한 결과 자체가 피고병원이 망인에 대하여 뇌동맥류 결찰술중 주의의무를 다하지 않아 재출혈이 발생되었음을 의미하는 것입니다.

3. 망인의 증상을 간과하였습니다.

(1) 수술 후 합병증 조기발견을 위한 경과관찰을 하여야 합니다.

뇌동맥류결찰술후 합병증으로는 수술부위 출혈, 뇌부종, 감염, 뇌혈관연축, 뇌수두증 등이 나타날 수 있어 의료진은 환자의 수술 후 이러한 합병증 발생을 조기 진단 및 처치하기 위하여 신중한 경과관찰을 시행하여야 합니다.

뇌압상승은 뇌출혈, 뇌부종, 뇌종양 등 뇌의 다양한 이상증상에 의해 발생되는 대표적인 증상중 하나로서 뇌압상승의 일반적인 증상으로는 두통, 구토, 시력 감소, 복시, 후안와 동통(retrobulbar pain) 등이 있고 드문 증상으로 이명(tinnitus), 사지 말단의 저림증, 요통이 있을 수 있습니다(갑 제11호증 신경외과학 156~157쪽 참조).

뇌혈관연축은 뇌지주막하출혈 후 약 30%의 환자에서 발생되는데, 발열과 두통, 의식변화 등의 증상이 발생되며, 특히 뇌수두증, 발열 등의 증상이 있는 경우 뇌혈관연축의 위험이 더욱 증가하게 됩니다. 뇌혈관연축으로 인한 영구적인 신경손상을 예방하기 위해서는 지속적인 경과관찰을 통해 증상 발생시 신속하게 혈관내중재술을 통해 치료되어져야 합니다(갑 제11호증 신경외과학 516쪽 참조).

뇌수두증은 뇌척수액 생산과 흡수기전의 불균형이나 뇌척수액 순환통로의 폐쇄로 인하여 뇌실내 또는 두개강내에 뇌척수액이 과잉축적된 상태를 말합니다. 뇌수두증의 증상 역시 뇌압상승과 유사하여 두통, 오심, 운동실조, 시력 및 보행장애 등이 나타납니다. 또한 뇌수두증도 뇌지주막하출혈에 동반될 수 있으며, 뇌실확대로 인한 뇌압박이 발생하므로 뇌의 불가역적 변화가 일어나기 전 조기에 진단 및 치료가 이루어져야 합니다(갑 제11호증 신경외과학 441~446쪽 참조).

(2) 이 건의 경우

망인은 수술 후 4일째 되는 같은 달 16.경부터 발열과 두통, 구토증상을 호소하였으며, 이러한 증상은 같은 달 24.경까지 지속되었으나 피고병원은 이러한 망인의 뇌압상승 및 뇌수두증 증상을 간과하여 사망에 이르게 한 과실이 있습니다.

망인은 수술 후 위와 같은 합병증의 발생을 예견할 수 있었습니다. 망인은 16.경부터 24.경까지 발열과 두통, 구토 등의 증상을 호소하였고, 이를 통해 피고들은 망인에게 뇌압상승, 뇌수두증, 뇌혈관연축 등 뇌의 이상을 예견할 수 있었음에도 피고병원은 그에 대하여 구체적으로 진단검사 및 경과관찰을 시행하지 않았습니다.

피고병원은 망인에게 뇌압하강제, 항생제, 진통제, 항경련제, 뇌혈류개선제 등을 투여하였다고 하였으나, 이러한 약물들을 지속적으로 투여함에도 망인의 증상 호전이 없었다면, 다른 질환과의 감별진단이 필수적일 것입니다.

또한 적극적으로 뇌압을 측정하거나, 뇌부종 및 뇌혈관연축을 확인하기 위한 방사선검사를 시행하였어야 했습니다. 그러나 피고병원은 같은 달 24. 14:00경에야 뇌 CT를 시행하여 경막하수종 및 뇌부종을 확인하였습니다.

뇌수종 및 뇌부종이 지주막하 출혈 후에 발생 가능하고, 두통, 발열, 구토 증상을 동반하며, 이러한 증상이 나타날 경우 뇌수종과 뇌부종을 의심하여 조기진단 및 처치를 시행하여야 함에도 피고들은 약 8일간 망인의 증상을 간과한 채 진단적 검사조차 시행하지 않은 것입니다.

4. 처치 지연으로 인하여 피해를 확대시켰습니다.

(1) 재출혈이 발생될 경우 즉각적인 지혈조치 및 감압술이 필수적입니다.

두개강내 출혈 및 뇌부종은 조기 진단 및 즉각적인 수술이 예후의 향상에 최선의 조치입니다(갑 제11호증 신경외과학 161쪽 및 446쪽 참조).

뇌압상승은 원인을 교정하지 않으면 점차 출혈, 뇌부종, 뇌수두증 등의 질환이 악화되는 경과를 보입니다(갑 제11호증 신경외과학 156~157쪽 참조). 또한 뇌수두증도 뇌지주막하출혈에 동반될 수 있으며, 뇌실확대로 인한 뇌압박이 발생하므로 뇌의 불가역적 변화가 일어나기 전 조기에 진단 및 치료가 이루어져야 합니다(갑 제11호증 신경외과학 441~446쪽 참조).

(2) 이 건의 경우

피고병원은 망인이 회복 불가능한 뇌부종에 이르러서야 수술부위 재출혈 및 뇌부종을 진단하고 수술을 시행하는 등 진단 및 처치지연으로 인해 망인을 사망에 이르게 하였습니다.

망인은 극심한 두통을 호소하였지만, 피고병원의 담당의는 원고의 반복적인 통증호소를 무시한 채 구두로 진통제 투여를 지시하였고, 진통제 투여에도 반복되는 통증호소에 대면진료를 시행하기는 커녕 간호사의 연락마저 받지 않는 등 경과관찰을 해태하였습니다.

망인은 피고병원으로부터 단지 진통제만을 투여 받다가 두통을 호소한지 무려 17시간 20분이 경과하고, 의식의 변화가 온지 1시간 50분이 지나고 나서야 뇌 CT검사를 받을 수 있었습니다{회신문 (6)~(11)항 및 표2 참조}.

≪1심 판결≫

1. 피고의 과실

『진단지연 및 처치지연 과실 여부

…① 망인은 이 사건 수술 후부터 2007. 3. 24.까지 경미한 두통 증상에 관하여 발생과 호전을 반복하였고, 간혹 일시적인 발열이나 구토 등이 있었던 사실, ② 피고병원 의료진이 2007. 3. 24.까지 망인에 대하여 실시한 뇌 CT촬영 결과 망인에게 뇌혈관연축 소견이 있었던 사실, ③ 그런데 망인은 2007. 3. 25. 00:00 담당간호사가 주치의를 호출할 정도로 극심한 두통을 호소하였고, 그 후 같은 날 03:00경, 07:40경 및 11:40경 서너 시간 간격으로 극심한 두통을 호소하면서 구토를 하였고, 같은 날 15:30경에는 깊은 기면상태에 빠져 침상에 배뇨한 사실, ④ 피고병원 의료진은 2007. 3. 25. 00:00경부터 망인이 기면상태에 빠진 15:30경까지 망인의 증상을 뇌혈관연축에 따른 증상이라고 보고 이에 따른 처방 및 투약을 하였던 사실, ⑤ 피고병원 의료진은 같은 날 15:35경 망인을 처치실로 옮기고 즉시 뇌 CT촬영을 하려고 하였으나 대기환자로 인하여 같은 날 17:20경에야 뇌 CT촬영을 한 결과, 망인의 동맥류 결찰부위 재출혈이 있고 뇌부종이 심화된 상태임을 알게 된 사실, ⑥ 그 후 피고병원 의료진은 곧바로 망인에 대하여 응급 뇌압감압술을 실시하기로 결정하고, 같은 날 20:10

경 수술을 시행한 사실을 인정할 수 있는 바, 위 인정사실에 비추어 보면 피고병원 의료진은 망인이 2007. 3. 25. 00:00경부터 11:40경까지 두통의 정도가 매우 극심하고 그 발현 간격이 매우 짧아져서 그전과는 전혀 다른 상태를 보이므로 망인에게 다른 합병증이 발생했는지 여부를 진단할 필요가 있었음에도 그전과는 매우 다른 망인의 증상들을 종전의 진단에 다른 뇌혈관연축에 따른 증상이라고만 단정하여 다른 합병증의 발견을 위해 필요한 뇌 CT촬영 등의 진단검사를 하지 아니하였고, 결국 망인이 같은 날 15:30경 깊은 기면상태에 빠지는 등의 심각한 상태에 이른 후 같은 날 17:20경에야 다른 합병증 여부를 진단하기 위한 뇌 CT촬영을 하여 비로소 망인의 수술부위 재출혈을 알게 되어 응급 뇌압감압술을 시행하게 된 것으로 위와 같은 피고병원 의료진의 행위는 환자에 대하여 최선의 주의의무를 다하여야 할 의사로서의 의무를 소홀히 한 과실이 있다고 봄이 상당하다.』

2. 인과관계

인과관계에 대하여 특별히 판단하지 않고 과실부분만 판단함.

3. 인용금액 : 1억 5천만 원

4. 피고의 책임비율 : 40%

≪관련 판례≫

1. 서울고등법원 2006. 6. 22. 선고 2005나86783 손해배상(의) 판결

(1) 사건 개요

망인은 두부외상으로 제일○○병원에 내원하여 뇌 CT결과상 뇌부종 및 후두엽 뇌경색 의증으로 진단받고 ○○병원 응급실로 전원되었으나, ○○병원은 망인의 생체징후가 안정되고, 의식이 명료하며, 뇌 CT촬영 필름상 신경학적 이상 소견이 없자, 위 병원 응급실이 만석이 되었음을 이유로 망인을 ○○병원으로 전원조치하였습니다. ○○병원에서는 망인의 상태를 뇌좌상이라 진단하고 입원조치하였으나, 망인은 사고발생 6시간만에 호흡이 정지하고, 대광반사가 없자, ○○병원 의료진은 망인에 대한 응급 심폐 소생술을 시행한 후, 뇌 CT촬영을 하였는데, 양측 후두부에 급성 뇌경막상혈종 소견이 보였고, 이미 혈압이 저하되어 수술을 할 수 없는 상태였고, 망인은 사고 후 8시간만에 사망하였습니다. 부검감정서상 망인의 사인은 외상성 뇌경막상출혈이며, 원인은 후두부 둔력에 의한 것으로 기재되었습니다.

(2) 재판부의 판단

위 건에 대하여 재판부는,

『넘어져 신경외과적 문제로 호송된 망인을 진료하게 된 ○○병원의 의료진으로서는 망인 및 망인의 보호자들로부터 넘어져 머리를 부딪히게 된 사고경위나 이송 중 구토, 오심 등의 증세가 있었음을 알 수 있었을 것이고, 제일○○병원 및 ○○병원에서 구토 및 비강 출혈 증세가 있었고, ○○병원 이송 도중 언어적 반응의 소실이 보이는 점, ○○병원에 입원 후 망인이 술취한 상태에서 자고 있었다고 간호기록지에 기재되어 있는 점 등에 비추어 망인이 두부 외상에 의한 뇌손상을 입었을 가능성을 의심할 수 있었을 것으로 판단되고, 특히 음주환자의 경우 구토나 언어적 반응의 소실, 의식 저하 등이 음주로 인한 것인지 신경학적 이상에 기인한 것인지를 구별하기 곤란하므로 혈압 및 체온, 맥박수의 변화 등 활력징후 및 신경학적 반응을 지속적으로 관찰하여야 할 의무가 있으며, 나아가 뇌손상에 따른 신경학적 이상은 시간이 지나면서 비로소 드러나는 경우가 있고 또 그에 의하여 단시간 내에 환자의 생명에 위험이 초래될 위험이 있으므로 적어도 2001. 8. 11. 03:00경 망인의 동공반사가 불안정한 상태를 보인 때 뇌출혈 가능성에 대하여 뇌 CT촬영의 재검사 및 신경학적 검사를 실시하였어야 할 의무가 있다. 그럼에도 불구하고 ○○병원 의료진은 망인이 단순히 음주상태에 있고, 제일○○병원에서의 뇌 CT촬영 결과에 이상이 없었음을 근거로 위와 같은 검사를 시행하지 아니하여 망인으로 하여금 조기에 응급수술을 받을 수 있는 기회를 상실케 한 잘못이 있다.』

고 하여 망인의 사망에 대하여 ○○병원에 책임을 물었습니다.

2. 서울동부지방법원 2002가합8016 손해배상(의) 판결

원고의 두부 외상 후 발생한 뇌출혈에 대하여 피고병원 당직의는 병원내에 없고, 수련의만 있는 상태로서 전공의는 전화상으로 원고의 증상에 대하여 진토제, 항경련제만 투여지시하였을 뿐이며, 원고의 증상악화상태를 방치하여 조기에 적정의 처치를 받지 못하여 사지마비 상태에 이르게 한 사건에 대하여 경과관찰 소홀, 전원의무 위반, 설명의무 위반 등에 대하여 1억 원에 합의하도록 화해권고한 바 있습니다.

3. 서울고등법원 98나55743 손해배상(의) 판결

(1) 사건 개요

망인은 교통사고로 두부손상 후 05:05경 ○○병원에 내원할 당시 의식이 명료하고 활력징후도 비교적 정상적이었으나, 피고 ○○병원은 CT검사 후 우측 후두부의 뇌경막상혈종은 그 정도가 심하여 외과적 수술로 제거하고 좌측 전두부의 외상성뇌출혈과

뇌부종은 그 정도가 심하지 아니하여 약물로 치료하기로 결정하였습니다. 그러나 08:30경에 이르러 피고는 망인의 우측 후두부의 출혈상태가 더 이상 지체할 수 없는 지경에 이르렀다고 판단하여 전신마취하에 개두술 및 혈종제거술에 착수하여 경막 상·하의 혈종을 제거한 다음 10:10경 두개골을 봉합하고 수술을 종료한 후 망인을 중환자실로 옮겨 뇌대사촉진제, 지혈제, 근이완제, 뇌압강하제, 항경련제 등을 계속 투여하고, 매 1, 2 시간마다 활력징후를 검사하였습니다. 그런데 망인은 20:00경부터 갑자기 의식이 혼미하여지고 동공이 풀리는 등 상태가 급속히 악화되었고 뇌 CT촬영은 다음날인 같은 달 31. 08:35경 실시되었는 바, 뇌부종이 매우 심하여졌고 전두부에 지연성 뇌실질내출혈이 발생하여 혈종이 생긴 것으로 판독되었습니다. 망인은 같은 해 9. 3. 04:50경부터 완전혼수상태에 빠져 있다가 같은 달 11. 01:00경 사망하게 되었습니다.

(2) 재판부의 판단

이에 대하여 재판부는,

『망인의 상태가 급격히 나빠진 당일 20:00경 즉시 뇌 CT 등을 통하여 반충부위의 상태를 정확히 파악한 다음(당일 20:10경 만니톨을 투여하였음에도 동공 크기가 변화하지 아니하고 의식상태가 나아지지 아니하였는 바, 이러한 경우 더욱 뇌 CT 등으로 정밀진단을 실시하여야 할 필요성이 있다고 하겠음에도 이튿날 08:35경에 이르기까지 이를 실시한 흔적이 전혀 없으며, 이튿날 아침에 실시된 위 뇌 CT 결과 비로소 고도의 뇌부종 및 반충손상 부위에 뇌출혈이 있음을 확진하기에 이른 것으로 보인다) 그에 따라 응급개두술을 시행하는 등 뇌압의 상승에 적절히 대처하였어야 할 것임에도, 그러한 정밀진단과 응급조치를 취하지 아니한 잘못으로 말미암아 치료의 적기를 놓쳐 망인을 사망에 이르게 한 과실이 있다고 판단된다.』

고 판단하여 피고에게 60%의 과실책임을 물었습니다.

9. 담낭용종이 있어 복강경 담낭절제술시 담관을 절제하여야 하는데 담도를 절단한 과실로 인하여 장애가 발생한 사건[187]

≪사건 개요≫

• 원고 전○○(남, 34) / 피고 ○○병원

※ 사건 경과

담낭용종－복강경 담낭절제술－담도손상－담도공장문합술－담도염

(1) 2007. 1. 3.경 담낭용종으로 입원 조치됨.

(2) 〃 1. 4.경 복강경 담낭절제술 시행

(3) 〃 1. 6.경 복통 호소

(4) 〃 1. 7.경 상복부 통증 호소

(5) 〃 1. 9.경 담도 누출로 담도공장문합술 시행

(6) 2007. 7. 3., 2007. 7., 2007. 11., 2008. 3., 2008. 5.경 5차례 담관염 발생

(광주○병원 2007. 2. 3.~3. 19.－급성 담도염)

2008. 3. 17.~3. 21.－담관염

2008. 5. 23.~5. 26.－담관염 치료 시행

2008. 9. 24. : 간농양

2009. 6. 15. : 황달기

2009. 8. 24. : 간농양 의심

2010. 7. 20. : 우상복통－의증 담관염

2011. 7. 28.~－담관염

<table>
<tr><th colspan="2">시 간(2007)</th><th>증 상</th><th>검 사 및 처 치</th></tr>
<tr><td colspan="2">1. 3.</td><td>담낭용종
(사이즈 5→7㎜ 증가)</td><td>피고병원 외과 입원조치</td></tr>
<tr><td rowspan="3">1. 4.</td><td>14:00~
15:45</td><td></td><td>복강경하 담낭절제술</td></tr>
<tr><td>16:40</td><td></td><td>병동으로 전실</td></tr>
<tr><td>20:30</td><td>복부팽만, 복부통증</td><td>진통제 투여</td></tr>
</table>

187) 광주고등법원 2012. 9. 5. 선고 2009나8030 판결, 대법원 2014. 5. 16. 선고 2012다89955 판결.

	22:00	복부통증	진통제 투여
1. 5.		걷기 힘들 정도로 통증	진통제 투여 CBC 검사 시행 : 기록 부재
1. 6.	00:00	복통 호소	진통제 투여
	02:30	복통 호소	진통제 투여
	09:30	복부팽만	
	10:00		복부 초음파 : 가스성 이완증(장마비) - 금식 유지 KUB : 기록 부재
1. 7.		상복부 통증 진통제 거부 (효과 없어서)	
1. 8.		우측하부복통, 압통 발생	15:00 복부초음파 : 의증 복막염
1. 9.		간수치 상승	
	13:15		복부 CT : 기록 부재
	16:45		복부 초음파 복수천자술
	17:15		담도조영술 삽입 내시경유두부 절개를 이용한 역행성 담췌관조영술 췌관 정상 주행, 담도는 중간부위까지 조영됨, 금속클립에 의한 폐색 의심.
	18:00		병동으로 전실
	18:25		전원 조치
○○대병원			
	19:27		○○대병원 도착
	22:35	수술전 진단 : 총담관 폐색으로 인한 급성 복막염	수술명 : 간공장수술 수술소견 : 복강내 2000cc의 담즙 있음. 간문에 담즙이 배출되는 0.4cm 크기 관 있음. 총담관 전체 가로 절단, 담관 손상 타입Ⅲ

≪항소심에서 주장하는 피고의 과실≫

원고가 1심에서 패소하여 온 사건이라 항소심에서의 주장사실을 기록합니다.

1. 술기상 과실

(1) 복강경하 담낭 절제술시 주의의무

복강경하 담낭 절제술은 짧은 재원기간, 일상업무로의 빠른 복귀 및 수술 후 적은 통증치료 등의 장점으로 인하여 일반적으로 많이 시행되는 치료 방법입니다. 그러나 복강경하 담낭 절제술은 개복 담낭 절제술에 비하여 담관 손상 등의 합병증 발생률이 1.4~10배 이상 높습니다(갑 제21호증 418쪽 및 갑 제22호증 327쪽 참조). 이와 같이 복강경하 담낭 절제술시 담도 손상이 발생되는 직접적인 원인 중 하나는 담도를 담낭관으로 잘못 알아 총담도를 손상시키는 경우입니다.

▶ '복강경적 담낭절제술중 발생한 담관 손상' 참조.
: 복강경 담도 손상의 직접적인 원인은 크게 두 가지로 나눌 수 있습니다. 첫째, 담관을 담낭관으로 잘못 안 경우로서 총담관 또는 기형적인 우측 담관이 손상을 받을 수 있습니다 … (갑 제21호증 418쪽 참조).

▶ '복강경 담낭절제술 중 발생한 담관 손상 치료의 임상적 경험' 참조.
: 복강경 담낭 절제술 중 발생하는 총담관 손상의 가장 흔한 원인은 총담관을 담낭관으로 오인하는 것으로 전체 발생률의 70~80%를 차지합니다(갑 제22호증 330쪽 참조).
더욱이 복강경하 담낭 절제술시 담관 손상에 미치는 위험요소로는 '외과의의 숙련과 경험'이 포함됩니다(갑 제21호증 418쪽 참조).

▶ '복강경 담낭절제술 중 발생한 담관 손상 치료의 임상적 경험' 참조.
: 복강경 담낭절제술시 발생하는 담관 손상의 원인으로는 여러 가지 요인이 있을 수 있는데 우선 시술자의 경험, 즉, 학습곡선(learning curve)을 들 수 있습니다(갑 제22호증 330쪽 참조).

그러므로 복강경 담낭 절제술 중 담관 손상을 유발시키지 않기 위해서는
첫째, 숙달된 시술자에 의해 시술이 시행되어야 합니다.
둘째, 담낭관과 총담관의 오인을 막기 위해 충분한 시야를 확보해야 하며 담낭과 담낭관의 연결부위에 가깝게 박리를 시행하고 담낭관과 총담관의 연결부위에서는 불필요한 과도한 박리를 피합니다.
셋째, 담낭관 등의 해부학적 구조의 파악이 힘든 경우 개복술로 전환하여 수술을 시행하여야 합니다(갑 제22호증 330쪽 참조).

(2) 이 건과 관련하여

2007. 1. 9.경 복강경하 담낭 절제술 후 원고에게 시행된 역행성 담췌관 조영술에서 원고의 담도는 금속 클립에 의해서 완전 폐색이 되어 있는 상태였습니다.

▶ ○○대학교병원 신체감정 회신문 참조
: …역행성담췌관조영술은 췌관 및 담도로 작은 관을 주입한 후 조영제를 주입하여 담관, 췌관 모양을 보기 위한 검사인데 담도로 관을 꽂을 수가 없어 담도의 일부를 절

개하여 조영을 시행한 것으로 시술기록지에 기재되어 있음(○○대학교병원 신체감정 회신문 5항 참조).

▶ ○○대학교병원 진료기록감정 회신문 참조.
: 1월 9일 시행한 역행성 담췌관조영술 보고서에 따르면 췌관조영과 담도삽관을 위하여 유두부절개술을 시행하였고, 췌관은 정상적으로 조영되어 보였으나 담도는 중간부위까지만 조영되고 상부는 조영되지 않아 복강경담낭절제술시 사용한 금속클립에 의한 담도 폐쇄가 의심된다고 기술되어 있음(○○대학교병원 진료기록감정 회신문 5항 참조).

▶ ○○대학교병원 진료기록감정 회신문 참조.
: …담도관 손상은 해부학적 변이 여부는 알 수 없으나 담낭 제거 수술시 발생된 것으로 생각됩니다(○○대학교병원 진료기록감정 회신문 9항 참조).

즉, 같은 달 4.경 복강경하 담낭 절제술시, 피고들은 원고의 담관을 클립핑한 것이 아니라, 해부학적 위치를 확인하지 않음으로써 담도를 잘못 클립핑하였던 것입니다. 이는 [그림 3] 및 [그림 4]에서 볼 수 있듯이 피고들이 수술 과정 중 조직의 해부학적 위치를 정확하게 파악하지 못하였음에도 무리하게 복강경 수술을 진행하여 결찰 또는 클립핑이 되어서는 안 되는 담도를 손상시킨 것입니다.

원고의 담도를 손상시킨 과실이 있습니다.

▶ '복강경 담낭절제술 중 발생한 담관 손상 치료의 임상적 경험' 참조.
: …수술 중 담관조영술을 항상 시행하는 것이 담관 손상의 예방뿐만 아니라 담관 손상의 조기진단에도 도움을 준다고 하였으며, Ludwig 등은 수술 중 항상 담관조영술을 시행한 경우, 선택적으로 담관조영술을 시행하는 경우보다 낮은 담관 손상 빈도를 보인다고 하였습니다(갑 제22호증 330쪽 참조).

원고의 담도 손상을 치료하기 위하여 피고들은 원고를 ○○대병원으로 전원 조치하였으며, ○○대병원 의료진들은 전원 조치 직후 시행한 응급수술에서 원고의 복강에는 담즙이 2000cc 가량 있으며, 총담관이 완전히 절단되어 있는 사실을 확인한 바 있습니다.

더욱이 피고들은 담관 및 담도가 정확하게 해부학적으로 구분하기 어려우면, 개복술로 전환하기 전 간단하게 담관조영술을 시행함으로서 담관손상을 예방할 수 있음에도 불구하고, 피고들은 담도조영술 역시 시행하지 않고 결과적으로 미숙한 술기로 인하여 결국 피고들의 술기상 과실로 인하여 원고 총담관은 폐색이 되었으며, 결과적으로 절단까지 발생되어 원고는 담도공장문합술을 시행 받게 되었습니다.

[그림 3] 정상부위 클립핑

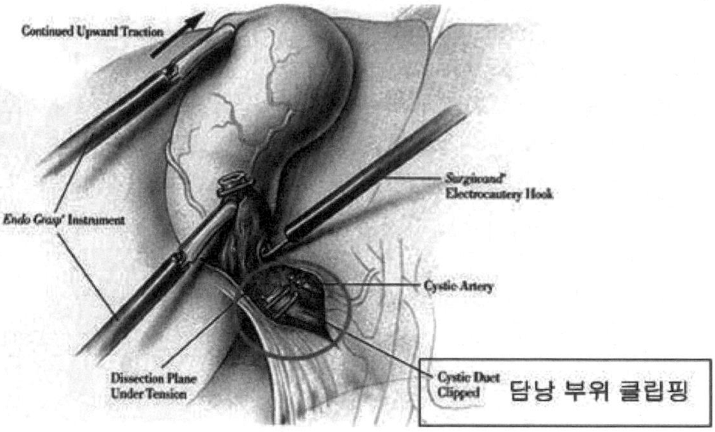

[그림 4] 이 건과 관련하여 잘못된 부위(담도) 클립핑

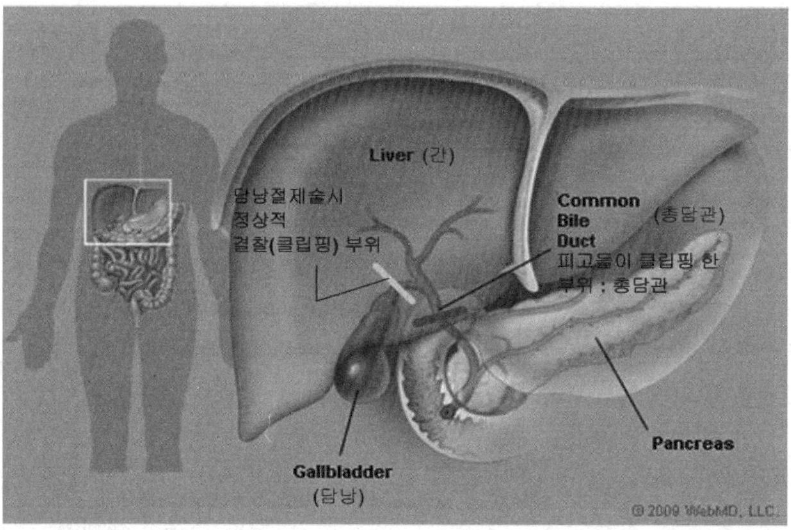

▶ ○○대학교병원 진료기록감정 회신문 참조.

: …담도손상으로 인하여 담즙이 담도에서 복강 내로 누출되어 복막염을 발생시켰음 (○○대학교병원 진료기록감정 회신문 8항 참조).

▶ ○○대학교병원 신체감정 회신문 참조.

: …담도공장문합술을 시행한 것으로 보아 총간관의 절단 혹은 협착을 유발한 담도 손상으로 여겨지며 … {○○대학교병원 신체감정 회신문 10-(2)항 참조}.

[그림 5] ○○대병원 수술기록지

Gross findings :

Abdominal cavity 내에 약 2000cc 가량의 bile 있었으며
bowel 의 전반적인 edema 와 dilatation 심함.
previous cholecystectomy evidence 있었으며
hepatic hilum 에 bile이 배출되는 0.4cm sized duct 있음.
(transected totally of common bile duct. bile duct injury type III)

The CBD was dissected from the heatic artery and portal vein and transected on the level of 1 cm proximal to the cystic duct remnant.

<번 역>
복강내에 약 2000cc 가량의 담즙 있었으며
…
간 문에 담즙이 배출되는 0.4cm 크기의 관 있음.
(총담도 완전히 절단됨, 담도 손상 형태 Ⅲ)
…
총담도는 간동맥 및 문맥에서 박리되어 있으며, 남아있는 담관의 근위부 1cm 부위에서 절단되어 있음.

2. 진단적 검사 지연 과실 : 피고들의 진단적 검사지연 과실

원고는 수술 이후 지속적으로 복부팽만 및 복부 통증으로 호소하였습니다. 피고병원은 수술 후 원고의 복부 통증에 대하여 진통제를 투여하였으나, 원고의 복부 통증은 완화되지 않았습니다. 수술 다음날인 2007. 1. 5.경 원고는 걷기도 힘들 정도로 복부 통증을 호소하였으며, 같은 달 6.경 원고는 복통 및 복부 팽만이 지속된다고 호소하였습니다. 같은 달 7.경 원고에게는 상복부 통증까지 발생되었으며, 같은 달 8.경 우측하복부 통증까지 발생되었습니다.

위와 같은 원고의 복부 통증은 복강경하 담낭 절제술 시행 받은 환자에게 나타나는 일반적인 증상이 아니었습니다. 일반적으로 복강경하 담낭절제술은 개복술에 비하여 통증이 거의 없으며(특히 진통제 이용시 심한 복통은 존재하지 않습니다), 수술 시행 받은지 하루 후에는 퇴원 조치됩니다. 이러한 복부 통증은 복강경하 담낭 절제술 후 담즙성 복막염이 발생하였을 때 약 89%에서 나타날 수 있는 증상이며 복부 팽만은 담즙누출 및 간기능의 악화로 인한 복수로 발생 가능한 바, 피고들은 원고의 복부통

증 및 압통, 복부 팽만 등의 이상 증상을 인식하였을 때 즉시 담즙 누출의 가능성을 고려하여 복부 초음파, 담도 조영술 등을 시행할 주의의무가 있습니다(갑 제21호증 418쪽 참조).

▶ '복강경적 담낭절제술중 발생한 담관 손상' 참조.
: 복강경적 담낭 절제술 후 환자들에게서 복부 동통, 발열, 복부압통 등이 보이면 담즙누출의 가능성에 대하여 반드시 생각하고 검사와 치료를 하여야 합니다(갑 제21호증 418쪽 참조).

구체적으로 살펴보자면 2007. 1. 4.경 복강경담낭절제술 시행한지 3일째인 같은 달 6.경에도 원고의 복부 통증은 계속 호소하였으며, 더욱이 압통 증상까지 발현되었음에도 불구하고, 피고들은 복부통증 및 압통 등의 원인으로 담즙 누출에 대하여 전혀 확인하지 않은 채 단순히 장마비 증상이라고 간과하여 담즙누출이 되고 있는 원고를 방치한 과실이 있습니다.

▶ ○○대학교병원 신체감정 회신문 참조.
: …수술 3~4일 이후에도 복통을 계속 호소하는 것은 담즙누출에 의한 복막자극 때문이었을 것으로 생각됨{○○대학교병원 신체감정 회신문 10-(1)항 참조}.

▶ ○○대학교병원 진료기록감정 회신문 참조.
: …환자의 경우 복통이 계속된 이유는 수술로 인한 담도 손상에 따른 담즙누출성 복막염에 의한 것일 가능성이 있음(○○대학교병원 진료기록감정 회신문 11항 참조).

▶ ○○대학교병원 신체감정 회신문 참조.
: 수술 후 복부 팽만은 (1) 마취제에 의함 마비성장폐색, (2) 장유착 등에 의한 기계적장폐쇄, (3) 비정상적으로 많은 체액(혈액, 담즙, 복수, 유미, 내장액 등)이 축적될 경우 발생함. 전○○의 경우 1월 6일 시행한 복부엑스선 촬영에서 가스에 의해 장이 팽창되어 있었던 점으로 미루어 (1) 기존에 시행한 충수절제술 때문에 발생한 장유착에 의한 기계적장폐색증 (2) 수술 후 일시적인 장기능 감소에 의한 마비성장폐색증 (3) 담즙누출 (4) 간기능의 급속한 악화로 인한 복수로 복부 팽만이 발생할 수 있음(○○대학교병원 신체감정 회신문 4항 참조).

더욱이 2007. 1. 7.경 원고의 복통은 상복부까지 확장되었으며, 같은 달 8.경에는 우측 하복부통증, 압통 및 반발통 증상에 복부 초음파 결과상 농양이 존재하는 것이 확인되었습니다. 그럼에도 불구하고 피고들은 즉시 복부 CT 또는 역행성담췌관조영술 등의 진단적 검사를 시행하지 않은 채 원고를 방치하여, 원고의 담도는 클립으로 폐색이 지속적으로 유지되어 결국 절단까지 발생되게 하였습니다.

▶ ○○대학교병원 진료기록감정 회신문 참조.
: …담도손상에 대한 가능성을 빨리 인지하지 못하여 이에 대한 검사가 지연된 것이 적절한 의학적 조치가 시행되지 못하여 악화되었다는 것으로 생각됩니다(○○대학교병원 진료기록감정 회신문 11항 참조).

3. 설명의무 위반 : 정보제공의무 위반

설명의무와 관련하여 대법원은 누차,

『일반적으로 의사는 환자에게 수술을 시행하는 과정 및 그 후에 나쁜 결과가 발생할 개연성이 있는 의료행위를 하는 경우에 있어서는, 응급환자의 경우나 그 밖의 특별한 사정이 없는 한, 진료계약상의 의무로서 또는 수술에 대한 승낙을 얻기 위한 전제로서 당해 환자나 법정대리인에게 질병의 증상, 치료 방법의 내용 및 필요성, 발생이 예상되는 위험 등에 관하여 당시의 의료수준에 비추어 상당하다고 생각되는 사항을 설명하여 당해 환자가 그 필요성이나 위험성을 충분히 비교해 보고 그 의료행위를 받을 것인가의 여부를 선택할 수 있도록 하여야 할 의무가 있을 뿐만 아니라, 그 진료 목적의 달성을 위하여 환자 또는 그 보호자에 대하여 요양의 방법 기타 건강관리에 필요한 사항을 상세히 설명하여 후유증 등에 대비하도록 할 의무가 있으며, 한편 의료행위로 인하여 중대한 결과가 발생하여 환자가 의사의 설명의무 위반으로 인한 위자료를 청구하는 경우에도 환자에게 발생한 중대한 결과가 의사의 의료행위로 인한 것이어야 한다.』

라고 판시하여 왔습니다.

의사는 환자에게 진단결과나 치료방법, 환자 상태 변화, 환자 증상에 따른 예견되는 합병증 및 이에 따른 검사 및 처치 방법 등을 충분히 설명을 할 주의의무가 있습니다. 그러나 피고들은 수술 후 원고 상태, 원고 복통 및 팽만 등이 유발될 수 있는 원인들, 이에 따른 검사 방법 등에 대해서 전혀 설명하지 않았으며, 2007. 1. 9.경 역행성담췌관조영술에서 담도가 금속클립에 의하여 폐색되었다는 사실 역시 전혀 설명하지 않은 과실이 있습니다. 따라서 피고들은 원고의 상태에 대하여 원고 당사자에게 알리지 않은 채 위와 같은 사실관계를 숨겼는 바, 통상 요구되어지는 설명의 의무를 충분히 이행하지 않은 과실이 있습니다.

≪관련 의학지식을 통한 입증≫ PPT를 통한 변론자료

1-1. 임상경과

시간(2007)		증상 및 경과	처치
1. 3.		담낭용종 (1년 사이즈 5 →7mm 증가)	피고병원 외과 입원조치
1. 4.	14:00~ 15:45		복강경하 담낭절제술
	20:30	복부팽만, 복부통증	진통제 투여
	22:00	복부통증	진통제 투여
1. 5.		걷기 힘들 정도로 통증	진통제 투여
1. 6.	00:00	복통 호소	진통제 투여
	02:30	복통 호소	진통제 투여
	09:30	복부팽만	
1. 7.		상복부 통증	

1-2. 임상경과

시간		증상 및 경과	처치
1. 8.		우측하부복통, 압통, 반발통 약간	복부초음파: 의증 복막염
1. 9.	13:15	간수치 상승	복부 CT
	16:45		복부 초음파 이용한 복수천자술
	17:15		내시경 유두부 절개를 이용한 역행성 담췌관조영술: 담도 중간부위까지만 조영 됨(∵수술시 담도 윗 부위 금속클립으로 폐색 때문)
	18:25		전남대병원 전원 조치
	19:27		전남대병원 도착
	22:35	수술전 진단: (금속클립 및 절단) 총담관 폐색으로 인한 급성 복막염	수술명: 간공장루술(Roux-en Y) 수술소견: 복강내 2000cc (간에서 형성된) 담즙 간운에 담즙이 배출되는 0.4cm 크기 관 있음 총담관 전체 가로 절단, 담관 손상 타입 III

2. 쟁 점 안

쟁점	원고측 주장
1. 술기상 과실	담관을 절제하여야 하는데 과실로 담도절단 과실 (담도를 금속클립하고, 절단함)
2. 진단적 검사 지연 과실	담즙누출로 복부통증, 압통, 고름 발생을 간과, 임상병리 및 방사선(복부 CT 및 역행성담췌관조영술 등) 등의 진단적 검사를 주기적으로 반복하지 않고 지연시킨 과실
3. 설명의무 위반	. 정보제공의무위반 : 수술 후 원고의 복통, 압통 등에 대한 원인들, 이에 따른 검사 방법 등에 대하여 전혀 설명하지 않음 : 2007. 1. 9.경 역행성담췌관조영술 상 담도 손상(금속클립 폐색) 확인 후에도 원고에게 어떠한 설명도 시행하지 않음

3. 술기상 과실

가. 복강경하 담낭절제술 과정

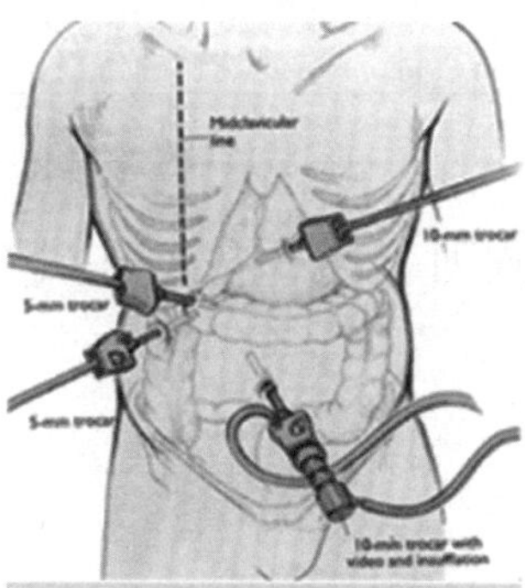

복강경식 담낭절제술의 모식도

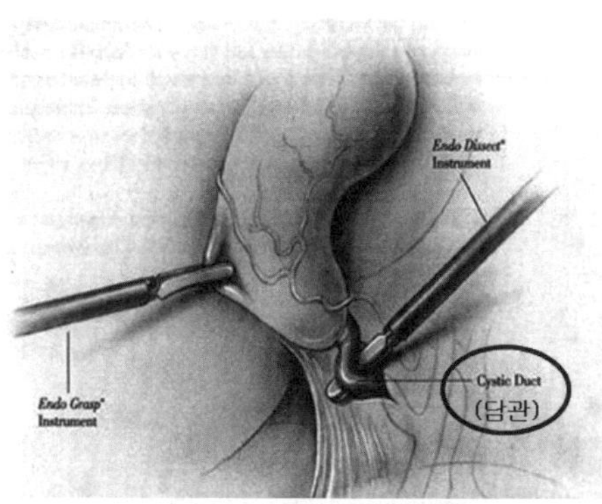

배꼽관: 비디오 카메라가 장착된 복강경
투관침들: 검상돌기 하방, 중앙 쇄골선과 전방 액와선이 각 늑골선과 만나는 선상 아래 장치

경자로 담낭 저부를 하방으로 당겨서, <u>담관을 노출시킴</u>

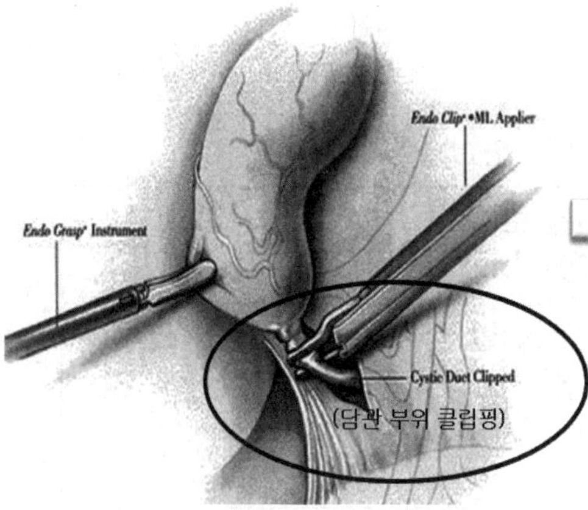

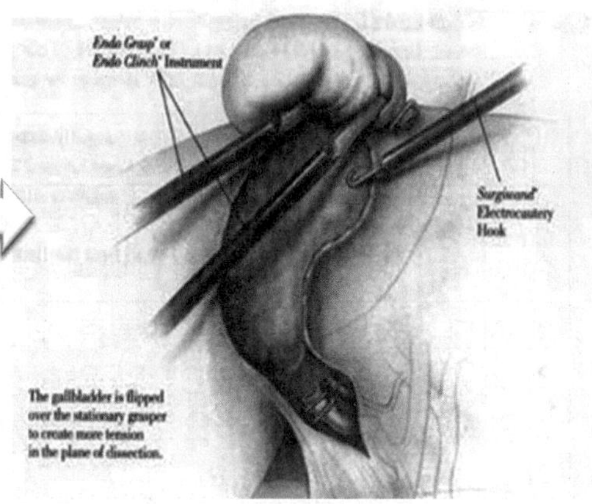

담관 부위를 클립핑 한 후 절단시킴

담낭을 밑에서부터 박리하면서 분리 후 배꼽부위를 통하여 제거함

3. 술기상 과실

▶ 갑 제20호증 2'사비스톤 외과학'참조

수술 종료하기 전
1. 담낭관 클립 및 담낭동맥 클립이 적절하게 장치 되었는지 여부 2. 간 접합부의 출혈 여부 3. 담즙누출 여부 확인

3. 술기상 과실

나. 술기상 주의의무

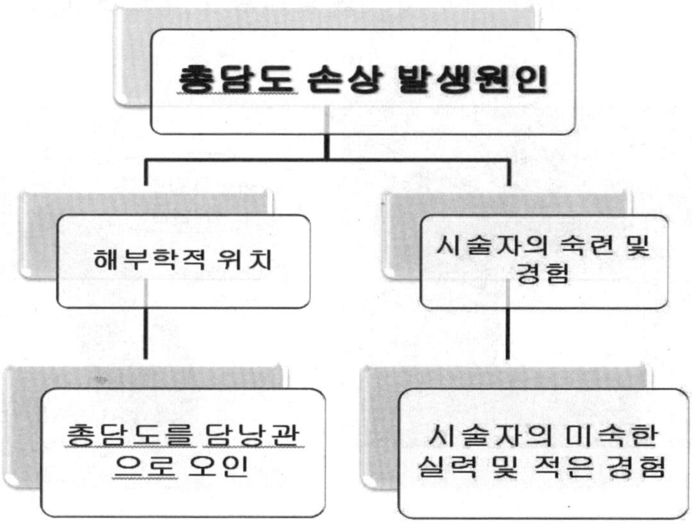

3. 술기상 과실

나. 술기상 주의의무

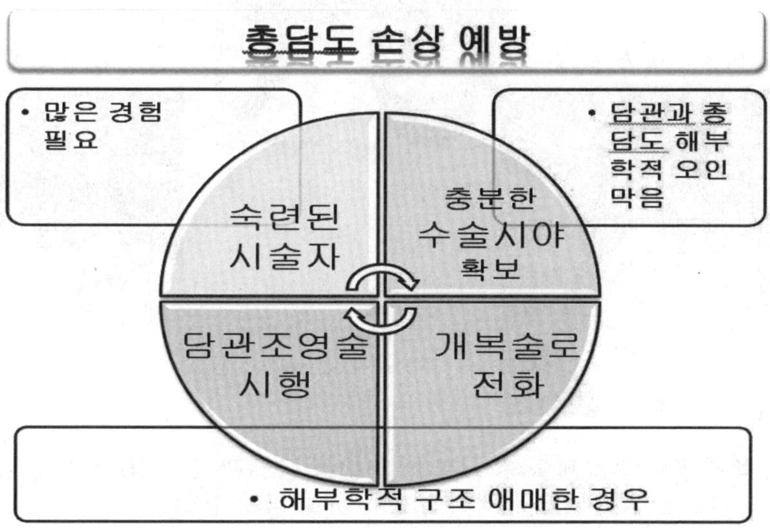

다. 술기상 과실

; 2007. 1. 4.경 복강경하 담낭절제술시 담관(cystic duct)이 아닌 총담도(CBD, common bile duct)를 클립핑 및 절단한 과실

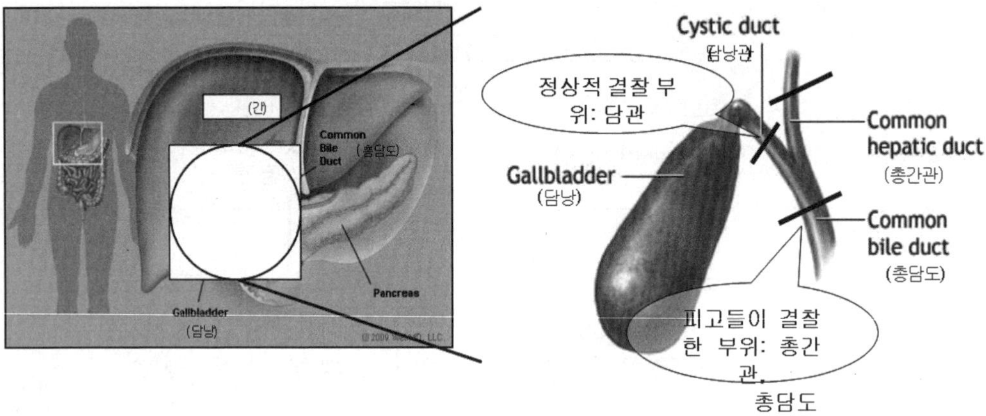

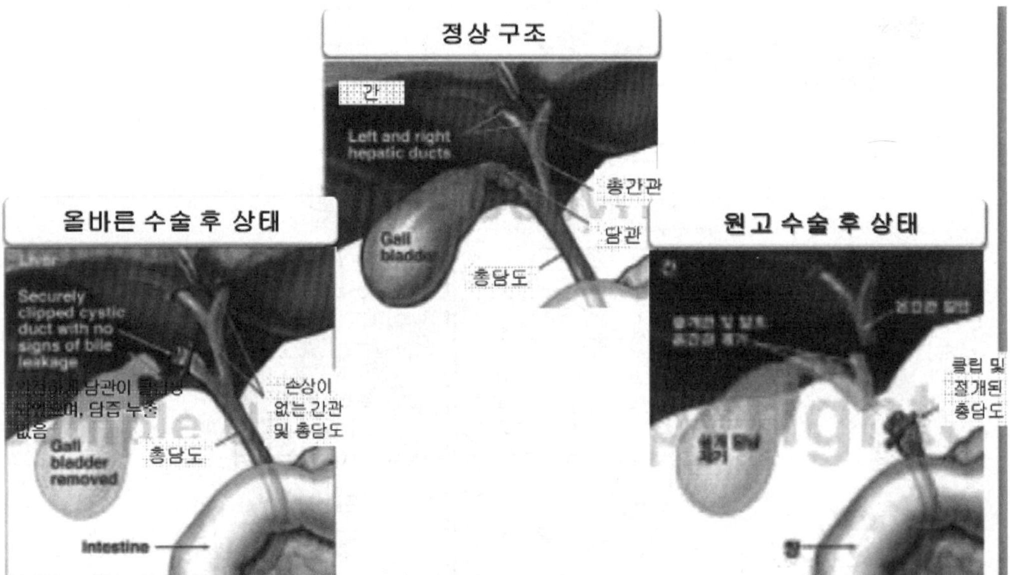

; 복강경담낭 절제술 후 시행한 역행성 담췌관 조영술 검사 결과상 원고 담도는 금속클립에 의하여 완전히 폐색된 상태

다. 술기상 과실

▶ **대학교병원 신체감정회신문 5항 참조**

…역행성담췌관조영술은 췌관 및 담도로 작은 관을 주입한 후 조영제를 주입하여 담관, 췌관 모양을 보기 위한 검사인데 **담도로 관을 꽂을 수가 없어 담도의 일부를 절개하여 조영을 시행한** 것으로 시술기록지에 기재되어 있음

▶ **대학교병원 진료기록감정회신문 5항 참조**

1월 9일 시행한 역행성 담췌관조영술 보고서에 따르면 췌관조영과 담도삽관을 위하여 유두부절개술을 시행하였고, 췌관은 정상적으로 조영되어 보였으나 담도는 중간부위까지만 조영되고 상부는 조영되지 않아 **복강경담낭절제술시 사용한 금속클립에 의한 담도 폐쇄가** 의심된다고 기술되어 있음

▶ **대학교병원 진료기록감정회신문 9항 참조**

…**담도관 손상은** 해부학적 변이 여부는 알 수 없으나 **담낭 제거 수술시 발생된 것으로** 생각됩니다

4. 진단적 검사 지연 과실

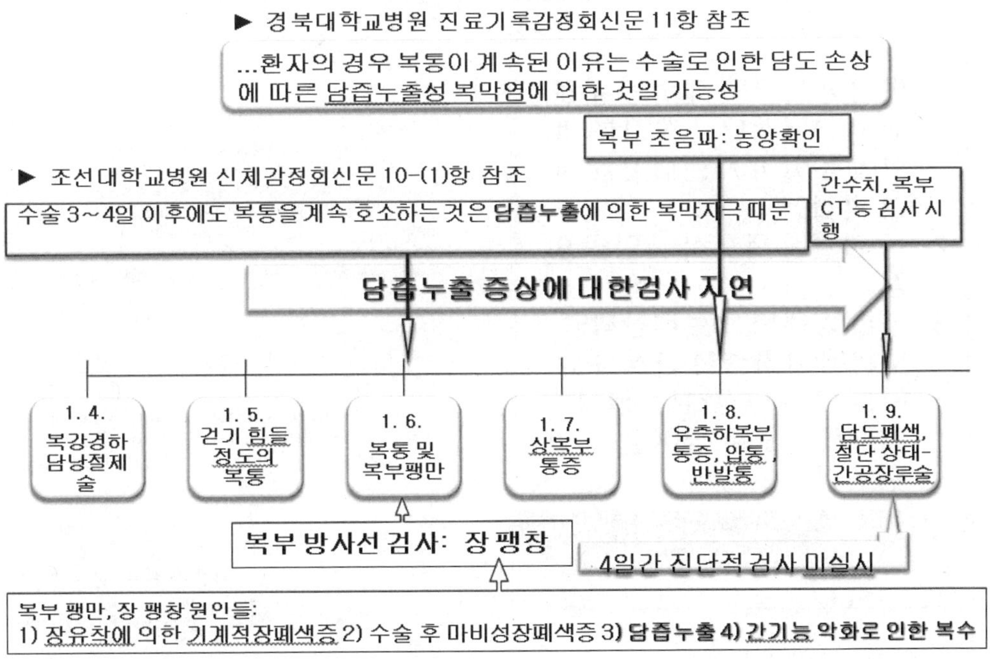

4. 진단적 검사 지연 과실

▶ 갑제21호증 '복강경적 담낭 절제술 중 발생한 담관 손상' 참조

복강경적 담낭절제술 후에 환자들에게서 복부동통, 발열, 복부압통 등이 보이면 담즙누출의 가능성에 대하여 반드시 생각하고 검사와 치료를 하여야 한다. 복강경 담

▶ 대학교병원 진료기록감정회신문 11항 참조

..담도 손상에 대한 가능성을 빨리 인지하지 못하여 이에 대한 검사가 지연된 것이 적절한 의학적 조치가 시행되지 못하여 악화되었다는 것으로 생각됩니다.

6. 과실자백

과실 자백 내용

1. 환자가 복통을 계속 호소하였고 결과적으로 적절한 의학적 조치가 시행되지 못하여 악화됨
2. 동 시술상 의학적 책임을 인정
3. 우리 병원의 의료배상책임보험에 환자측의 입장과 요구를 모두 인정하여, 환자측 요구사항 모두 들어줄 수 있도로 함

▶ 갑제13호증 '사건확인서' 참조

사 건 확 인 서

○ 환자인적사항
- 성 명 : 전
- 주민등록번호 : 73
- 주 소 : 광주시

○ 사고관련 인정사항
- 상기환자는 광주 병원 입원당시(2007.1.3-1.9)에 수술한 복강경하 담낭절제술을 시행한 사실이 있으며, 환자가 복통을 계속 호소하였고 결과적으로 적절한 의학적 조치가 시행되지 못하여 악화됨.
- 동 사실과 관련하여 광주 병원에서는 동 시술상 의학적책임을 인정합니다.
- 위 사건과 관련하여 우리병원의 의료배상책임보험에 환자측의 입장과 요구를 모두 인정하여 환자측의 입장에서 요구사항을 모두 들어줄 수 있도록 함.
- 보험회사에 최대한 보상을 받을 수 있도록 환자측의 모든 조건에 동의함.
- 환자가 전원한 전남대병원과 수시 논의하여 환자의 회생을 위한 모든 노력과 협력에 동의함.

※ 환자의 상태가 회복되기를 충심으로 기원하며 이후에 동 사건과 관련한 모든 사항을 환자가족과 성실하게 협의하고 합의하는데 최선을 다하겠으며, 첨부된 환자측의 요구사항을 수용하며 사고 해결에 동의함.

2007. 1. 10

광주 병원 진료부장 송

환자가족 대표(서) 김

광주 병원장 정

7. 결 론

피고들의 술기상 과실 및 검사 지연과실

원고의 담도폐색 및 절단 발생

간공장문합술 시행

담도 손상에 의한 재발성 담도협착에 의한 간기능장애

≪원고 측 주장≫

쟁 점	원 고 측 주 장
1. 술기상 과실	담관을 절제하여야 하는데 과실로 담도절단 과실(담도를 금속클립하고, 절단함)
2. 진단적 검사지연 과실	담즙누출로 복부통증, 압통, 고름 발생을 간과, 임상병리 및 방사선(복부 CT 및 역행성담췌관조영술 등) 등의 진단적 검사를 주기적으로 반복하지 않고 지연시킨 과실
3. 설명의무 위반	정보제공의무 위반 : 수술후 원고의 복통, 압통에 대한 원인들, 이에 따른 검사방법 등에 대하여 전혀 설명하지 않음. : 2007. 1. 9.경 역행성담췌관조영술상 담도 손상(금속클립 폐색) 확인 후에도 원고에게 어떠한 설명도 시행하지 않음.

≪2심 판결≫

1. 피고의 과실

『피고 송○○의 이 사건 수술상의 과실

…① 원고 전○○가 2007. 1. 3. 이 사건 수술을 받은 후 복통을 호소하고, 진통제를

투여받았으나 통증이 완화되지 않은 사실, ② 피고 공단의 의료진이 원고 전○○에 대한 2007. 1. 8. 복부초음파 검사 결과 복수의 양이 증가하고, 장막이 두꺼워졌으며, 장벽에 부종이 있어 심한 복막염 소견이 나왔고, 2007. 1. 9. 혈액 검사 결과 간기능 수치에 이상이 있다는 소견이 나온 사실, ③ 피고 공단의 2007. 1. 9. 유두부절개술 및 내시경적 역행성 담췌관 조영술(ERCP)검사에서 총담관(담도)은 중간부위까지만 조영되고 금속클립에 의한 폐색이 확인된 사실, ④ ○○대학교 병원에 전원되어 응급수술을 받을 때 원고 전○○의 복강에 담즙이 2,000cc가량 차 있었고(간에서 하루 생산되는 담즙의 양은 약 500~1,000cc인데, 원고 전○○에게는 배액관이 설치되어 있어 배액관으로 담즙이나 장내분비액이 배액되었다), 장 전반의 부종과 확장이 심하였으며, 총담관의 전체적인 횡단면에 완전절단 등 중대한 손상이 있었던 사실, ⑤ 그리하여 ○○대병원에서 원고 전○○에 대하여 총담관공장문합술을 시술한 사실을 각 인정할 수 있는 바, 위 인정사실을 앞서 살펴본 담낭 절세술의 방법 등에 비추어 보면, 피고 송○○ 등 피고 공단의 의료진이 이 사건 수술을 시행함에 있어 위에서 설시한 담도 손상을 예방하기 위한 주의의무를 게을리한 채 겸자 또는 소작기 등으로 총담관을 절단하거나 손상시킨 과실로, 원고 전○○로 하여금 총담관 손상, 담즙에 의한 복막염, 재발성 담관염 후유증을 앓게 하였다고 할 것이다.

피고 송○○의 이 사선 수술 후 검사 지연 등 후속 조치를 게을리한 과실 여부

…원고 전○○가 2007. 1. 4. 이 사건 수술을 받은 후 복부 팽만, 복부 통증, 압통을 호소하여 2007. 1. 4.부터 2007. 1. 6. 까지 진통제를 5회 투여받았음에도 통증이 완화되지 않았고, 백혈구 수치(WBC)의 정상치는 4~10인데 이 사건 수술 이후 원고 전○○의 백혈구 수치는 2007. 1. 4.경 16.5., 같은 달 5.경 19.8., 같은 달 6.경 14.6., 같은 달 7.경 12.2.로 정상치를 넘은 사실을 인정할 수 있는 바, 위 인정사실에 의하면 피고 송○○ 등 피고 공단의 의료진은 담관손상을 의심하고 신속하게 간효소 검사, 복부초음파 검사, 단층촬영, 내시경 역행성 췌담관 조영술 등으로 담관 손상을 확인하고, 이에 대한 치료를 실시하여야 함에도 이를 게을리한 채 2007. 1. 8. 복부초음파 검사, 2007. 1. 9. 간효소 검사 및 내시경적 역행성 담췌관 조영술(ERCP) 검사를 실시하여 그 검사를 지연하였고, 이에 따라 원고 전○○의 총담관 손상에 대한 치료 또한 지연시킨 과실로, 원고 전○○로 하여금 중증 복막염, 담관염을 앓게 하였고, 총담관 손상을 악화시켰다고 할 것이다.』

2. 인과관계

과실만 판단하고, 인과관계는 판단하지 않음.

3. 인용금액 : 1억 4천 6백만 원

4. 피고의 책임비율 : 100%

이는 1심에서 피고병원이 거짓으로 재판부를 속인 것에 대한 페널티로 보인다.

≪관련 판례≫

1. 의정부지방법원 고양지원 2006. 7. 7. 선고 2004가합1004 판결

위 법원 판결은 내시경적 역행성 담관 조영술(Endoscopic Retrograde Cholangiopancreatography, ERCP) 및 내시경적 유두괄약근 절개술(Endoscopic Sphinterotomy, EST) 후 췌장염, 출혈 및 범발성 복막염을 유발하여 사망한 사건으로,

> 『…위 인정사실에서 알 수 있는 바와 같이 망인은 이 사건 수술을 받기 전에 치루수술을 받은 이외에는 특별히 아프거나 특별한 병력을 가지고 있지 아니하였던 점, 망인은 이 사건 수술을 받은 지 불과 만 3일도 안 되어 사망한 점, 망인의 사인이 췌장염 및 담낭과 췌장의 후면을 비롯한 복막후강에 광범위한 출혈과 염증, 지방괴사로 인해 발생한 범발성 복막염인 점, 위와 같은 췌장염이나 담낭과 췌장 부위의 출혈은 이 사건 수술의 전형적인 합병증인데 이러한 합병증 요인 중 환자측 요인으로 볼 수 있는 요소가 망인에게 거의 존재하지 아니하였던 점에 비추어 보면, 이 사건 수술을 함에 있어서 피고 P2의 시술상의 부주의로 인하여 망인에게 급성췌장염과 담낭 및 췌장의 후면 부위에 출혈을 발생시켰다고 추정함이 상당하고, 따라서 위와 같은 급성췌장염 및 출혈 등이 범발성 복막염으로 발전하여 망인이 사망하는 결과를 초래하였으므로, 피고 P2는 이 사건 수술을 담당한 의사로서, 피고 P1은 피고 P2의 사용자로서 망인 및 원고들이 입은 손해를 배상할 책임이 있다.』

고 하여 피고의 과실을 인정한 바 있습니다.

2. 일본 나고야지방재판소 평성 14. 2. 18. 선고 평10(ワ)3580 判決(判例時報 평성 15. 3. 21. 통권 1808호 85~90면)

나고야지방재판소는 뇌동맥류에 대하여 클리핑술을 할 때의 의사의 수기(手技)상의 과실에 의하여 환자의 우전맥락총동맥(右前脈絡叢動脈)을 폐색(閉塞)시켜 뇌경색을 일으킨 의료사고에 대하여 병원의 불법행위책임을 인정하였습니다.

(1) 사건 개요

X는 1996. 2. 4. 어지러움 증세(眩暈)을 나타나 Y병원 신경과에 입원하였습니다. Y병원은 어지러움증 등의 원인을 확진하기 위하여 같은 해 4. 1. 입원시켜, 4. 9. 뇌혈관조영검사를 시행하였습니다. 위 검사의 결과 우내경동맥에 직경 9mm, 좌중대뇌동

맥에 직경 3.5mm, 뇌저동맥에 직경 3.5mm로 추정되는 동맥류가 각각 발견되었습니다. Y병원의 A의사는 4. 11. X에게 '뇌동맥류가 터지기 전에 예방적 차원에서 수술받을 것'을 권유하였고, X가 이에 동의하였습니다. A는 B의사와 같이 4. 22. 우내경동맥 및 뇌저동맥의 동맥류에 대하여 크리핑술에 의한 뇌동맥류파열예방수술을 시행하였습니다. 그런데 수술 후 X는 의식이 회복되지 않았고, 4. 26. CT검사결과 뇌경색이 발생된 것이 진단되었습니다.

이후 X는 우뇌경색 때문에 좌측편마비의 후유장애가 남아, 좌상지는 사용불능, 좌하지는 보행불능으로, 좌반신기능은 전폐의 영구장애를 입게 되었습니다.

이에 X는 Y병원의사들이 ① 술기상 과실, ② 설명의무위반, ③ 미파열의 뇌저동맥의 동맥류의 수술적응에 대한 판단상 과실을 주장하면서 일실이익 및 위자료 등의 손해배상청구소송을 제기하였습니다.

(2) 판결 요지

나고야지방재판소는 X에 대하여 이루어진 클리핑술에 의한 뇌동맥류 파열예방수술의 경과를 인정한 다음,

『…본건 수술 중 발생한 뇌경색은 우내경동맥의 동맥류에 대한 클리핑 때 생긴 우내경동맥에서 분기하는 천통지(穿通枝)인 우전맥락총동맥의 폐색(閉塞)에 의한 것이고, 그것은 B의사가 시행한 클리핑 과정에서 혹은 그 결과, 우전맥락총동맥이 기시부근처에서 굴곡・협착을 초래하였거나, 혹은 손상되었고, 이것이 폐색한 것이라고 추인된다. 따라서 X의 뇌경색은 B의사의 클리핑술을 시행할 때의 술기상의 과실에 의하여 발생된 것이라고 인정된다.』

고 하여 의료과실을 인정하고 전손해배상을 명하였습니다.

3. 수원지방법원 안산지원 2009. 6. 25. 선고 2007가합7611 손(의) 판결

위 법원 판결은 ERCP시술 후 급성 췌장염이 발생된 사건으로,

『…ERCP를 시행할 경우 5% 정도의 환자에게서 급성췌장염이 발생하는 것으로 알려져 있고, 급성췌장염 발생할 경우 환자의 복부나 등에 심한 급성 통증이 있게 됨과 동시에 아밀라아제 수치와 리파아제 수치가 증가하게 되며, 아밀라아제 수치가 정상의 3배 이상이면 급성췌장염으로서 진단적 의미가 있고, 급성췌장염으로 인한 복통의 경우는 통상적인 ERCP 시행 후에 발생하는 복통과 달리 통증의 정도가 더 심하고 시간이 경과하여도 쉽게 호전되지 않으며, 급성췌장염이 발병한 경우 약 20% 정도의 환자는 패혈증, 쇼크, 다발성 장기부전 등의 중한 합병증이 동반되어 그 사망률이 약 10~15%로 보고되고 있으며, 급성췌장염으로 인한 합병증은 췌장염 발생 이후 48시간 내지 72시간 이내에 발생하여 초기의 집중적인 치료가 중요하고, 급성 췌장염의

초기 치료에 있어서는 금식 조치와 함께 충분한 수액을 공급하는 것이 필수적이며, 특히 급성췌장염의 정도가 심한 전격성 췌장염 환자일수록 더 많은 수액을 공급하여야 하는 바, 앞서 인정한 기초사실에 의하면, W는 제1차 ERCP를 시행 받은 때로부터 약 4시간이 경과한 2007. 5. 23. 19:20경부터 심한 복통을 호소하여 다음날 06:00경 혈액검사를 받을 때까지 4차례나 진통제를 투약 받았음에도 복통이 호전되지 않았고, 위 혈액검사 결과 서○○의 아밀라아제 수치와 리파아제 수치가 정상 수치의 약 6배 내지 9배에 달하였으므로, P을 비롯한 피고병원의 의료진은 늦어도 위 혈액검사 무렵에는 W에게 급성췌장염이 발생하였음을 알았거나 알 수 있었다고 보이고, 앞서 본 바와 같이 급성췌장염이 발생한 경우에는 초기 치료가 매우 중요한데도, W의 신체활력지수가 급격히 저하되어 의식까지 혼미하게 되어 P에게 그 상태를 보고하게 된 2007. 5. 25. 02:30경에 이르기까지 담당간호사가 W의 복통 호소에 따라 진통제를 투여한 외에는 W에게 급성췌장염 치료를 위한 조치가 취해진 적이 없고, 제1차 ERCP 시행 당일인 2007. 5. 23.은 물론이고 혈액검사 결과 W의 아밀라아제 수치 및 리파아제 수치가 급격하게 상승되었음이 확인된 그 다음날에도 5% 포도당 생리식염수 1ℓ만이 공급되었는데, 이는 급성췌장염 치료를 위해 초기에 공급되어야 할 최소한의 수액량인 3ℓ에 현저하게 부족한 양으로 보이며(W의 경우 ERCP를 시행받은 이후 48시간도 지나지 않아 신체활력지수가 급격히 저하되고 의식까지 혼미하게 되는 등 급성췌장염의 정도가 심한 전격성 췌장염 환자이므로, 3ℓ/1일보다 더 많은 수액이 공급되어야 하였을 것으로 보이고, P이 W의 응급상태를 보고받은 이후인 2007. 5. 25. W에게 5,520㎖의 수액을 공급하기는 하였으나, 이는 이미 W의 의식까지 혼미하게 된 응급상황이 발생한 이후의 조치여서 이로써 급성췌장염 치료에 필요한 초기 수액 공급을 적절히 하였다고 보기는 어렵다), 담당간호사가 W의 아밀라아제 수치와 리파아제 수치를 확인한 이후에도 W에게 금식조치를 취함이 없이 적은 양의 식사를 할 것을 권고하기까지 한 사정을 알 수 있는 바, 그렇다면 W의 담당의사인 P 및 W의 담당간호사들은 W에게 급성췌장염이 최초 발생하였다고 볼 수 있는 2007. 5. 23. 17:20경부터 담당간호사가 W의 응급상황을 P에게 보고한 2007. 5. 25. 02:30경까지 W에게 충분한 수액을 공급하지 않고, 금식조치도 취하지 않은 의료상의 과실이 있다고 봄이 상당하다.』

고 하여 병원과실을 인정한 바 있습니다.

10. 자궁근종 수술 후 과다출혈로 사망한 사건[188)]

≪사건 개요≫

• 원고 망 홍○○(여, 54) / 피고 ○○병원

※ 사건 경과
자궁근종 → 과다출혈 → 사망

날 짜 (2011)		증 상	검 사 및 처 치	비 고
전주부터 출혈과 복통 호소하여 외래진료 후 자궁근종(크기 9cm 이상) 진단				
7. 21.	09:30	혈압 140/90 맥박 69, 체온 36.9	부분적 복부자궁절제술 위해 입원함.	
	13:15		부분적 복부자궁절제술 및 양측 난소난관 절제술	156cm, 60kg
	14:40	혈압 133/80		
	15:10	혈압 134/78		
	16:00	혈압 110/70-62 20 36.7	수술 후 병실 옴.	
	17:00	혈압 90/80		
	19:00	모래주머니 때문에 불편하다며 제거 원함.	모래주머니 제거함. 체위변경 가능성 설명함.	
	21:20	혈압 100/50 맥박 60 체온 36.8		
	22:55	혈압 80/40 맥박 108 체온 36.5 현기증 안면색 청백함. 질 출혈 묻어나는 정도임. 소변 배액량 불량함.	의사에게 전화로 보고함. (당직의가 직접 확인하지 않고 내일 정규 일반혈액검사 확인후 주치의 보도록 하라함) 정규수액(5% 포도당) 증량 주입함. 하지상승 시킴.	
	23:40	숨참 및 가슴 답답함. 혈압 60/40 맥박 116 호흡 28 맥박 약함. 소변 배액 상태 불량함.	산소 2리터/분 공급함.	
	23:42		당직의사 김○○ 회진함. 분만실로 이송하자 함.	

188) 수원지방법원 2013. 2. 7. 선고 2011가합26394 판결, 서울고등법원 2014. 2. 6. 선고 2013나2004942 판결.

	23:53	혈압 60/40 맥박 126 호흡 26 체온 36.4	분만실로 내려옴. 산소 5리터 공급후 산소포화도 92%	
7. 22.	00:05	소변 배액 거의 안됨.	이뇨제(라식스 5mg) 투약함.	
	00:20	혈압 53/40 맥박 130 호흡 26 의식 : 기면	수액 증량 투여함. 산소 10리터 공급함.	
	00:40	혈압 60/40 맥박 140 산소포화도 80% 의식 : 기면		
	00:45	의식상태 급격히 깊은 기면으로 바뀜. 혈압 100/70	심폐소생술 시작함. 에피네프린, 아트로핀 투약함. 앰브배깅 시작함.	
	00:50	의식 : 깊은 기면상태	펜토탈 투약함. 기관내 삽관 시행함.	
	01:00	혈압 54/48	경복부초음파, 경질 초음파 검사함 (결과 없음).	
	01:10	혈압 90/40	심폐소생술 지속 에피네프린, 아트로핀 투약함. 테트라헤스 투약함.	
	01:15		에피네프린 투약함. 분당○○병원으로 전원조치함.	
	01:40	혈압 88/49 맥박 118 의식 : 반혼수 상태 동공반응 : 최대 확장된 고정 상태	===========○○대병원=========== 내원동기 및 당시 상태 : 오후 9경 갑자기 혈압저하되면서 의식 혼미상태 보여 기관삽관하고 응급실 내원. 내원 당시 의식없으며 동공 최대 확장 고정 상태.	
	01:52		응급수혈요청서 내림	
	02:00		인공호흡기 연결함.	
	02:02		- 혈액검사결과 혈색소 : 2.4g/dL (정상 : 12-16)	
	02:13		다량의 급속수혈 시작	
			현재 있을 수 있는 출혈에 대하여 탐색술이 필요함. 수술로 인하여 성공적으로 지혈이 이루어진다고 하여도 뇌, 심장, 신장, 간 등 기타 장기에 비가역적인 손상이 있어 장기적인 후유증이 있을 수 있음을 설명함.	
	02:24		혈색소 : 1.7g/dL	
	04:35		혈색소 : 10.4g/dL	

	05:54		제세동하면서 수혈중	↑ 수혈 지속
	06:54		뇌 CT : 지주막하 출혈여부를 알 수 없을 정도로 뇌 부종이 심한 상태 : 저산소성 뇌손상	
	07:20 ~ 08:20		혈관조영술 복벽 동맥 색전술 시행함 : 양측 장골동맥 색전술 및 좌측 복벽 동맥 색전술 시행함. 활력징후 불안정하여 혈관 조영술은 시행하지 못하였음.	
7. 22.	09:24		혈색소 : 8.5g/dL	
			수술 필요하나 중환자실 부족 출혈의 원인을 찾고 치료를 위해 개복수술 필요하나 병실 부족 관계로 응급처치후 ○○병원으로 전원조치함.	
	11:19		혈색소 : 8.2g/dL	
			수혈, 약물요법하면서 전원가능한 병원 탐색중	↓
	13:50		의사 동행하여 ○○병원으로 전원조치함.	
	15:11	사망	○○병원에서 사망	

부검감정서
사인 : 자궁절제술 후 발생한 다량의 배안 복막강출혈로 판단함.
- 배안 복막강에 응고혈이 혼재된 혈액이 3500cc 이상 형성되어 있고 몸 안 실질장기는 전반적으로 창백한 상태로 확인되는 바, 이는 다량의 배 안 복막강출혈로 인한 순환혈액량 감소쇼크의 근거로 인정되는 점.
- 참고사항 : 자궁절제술 과정 중 왼쪽 난소동맥 및 분지와 주위 복막층에 대한 혈관 결찰이나 지혈 처치가 불완전하게 시행되었을 가능성을 배제할 수 없음.
- 자궁의 근종 혹은 자궁 표면 일부가 직장 또는 장관과 국소적으로 유착이 있었던 것으로 보이며 이에 대해 박리하는 과정에서 직장 앞쪽에 손상이 발생했을 상황이 가능하며 이에 대한 봉합이나 지혈 처치가 완전하지 못한 상황일 수 있음.
  수술이 종료된 후 약 9시간 지나서 변사자는 혈압저하 상태로 이미 신장부전 상태로 진행되었고 이는 다량의 배 안 복막강출혈로 인한 순환혈액량 감소에 기인한 것으로 보임. 수술 종료 후 이러한 임상 상황에서는 보다 적극적이고 빠른 진단 및 처치가 이루어져야 할 것으로 생각되며 이와 관련하여 임상의학적 처치에 있어 적시성과 적절성에 문제점이 있는 것으로 생각함.

≪소장에서 주장하는 피고의 과실≫

1. 술기상 과실

피고병원은 망인의 부분적 복부자궁절제술 및 양측 난소난관 절제술을 시행하였는 바, 수술 중 주위조직과 혈관 등의 손상을 입히지 않고, 수술부위의 문합 등을 적절히 시행하여 수술 후 출혈 등의 부작용이 발생하지 않도록 할 주의의무가 있습니다.

그러나 피고병원은 망인의 이 사건 수술 과정 중 왼쪽 난소동맥 및 분지와 주위 복막층에 대한 혈관결찰이나 지혈 처치를 완전하게 하지 않은 과실이 있습니다.

피고병원의 이러한 과실로 인하여 망인은 자궁절제술이 끝난 직후부터 문합부위에서의 과다출혈이 발생하기 시작하였고, 과다출혈로 인해 순환혈액량감소 쇼크에 빠져, 결국 사망에까지 이르게 되었습니다(부검결과, 배안 복막강에 응고혈이 혼재된 혈액이 3500cc 이상 형성되어 있었습니다).

망인의 부검의 역시, "이 건의 경우, 망인의 자궁절제술 과정 중 왼쪽 난소동맥 및 분지와 주위 복막층에 대한 혈관 결찰이나 지혈 처치가 불완전하게 시행되었을 가능성을 배제할 수 없으며, 또한 직장의 앞쪽 조직층(장막층, 장막밑층, 근육층)에 절창과 유사한 형태의 손상이 국소적으로 나타나 있는데, 자궁근종이 있는 자궁을 수술적으로 절제하는 과정에서 부적절하게 형성되었을 가능성이 있음… 자궁근종 혹은 자궁 표면 일부가 직장 또는 장관과 국소적으로 유착이 있었던 것으로 보이며 이에 대해 박리하는 과정에서 직장 앞쪽에 손상이 발생했을 상황이 가능하며 이에 대한 봉합이나 지혈 처치가 완전하지 못한 상황일 수 있음."이라는 회신을 하였습니다.

이를 통해 피고병원이 망인에 대한 자궁절제술 과정 중 가장 중요한 술기라고 할 수 있는 봉합 그 자체의 과실로 인하여 망인이 사망한 사실은 명백하고, 이러한 피고병원의 과실은 너무도 크다고 할 수 있습니다.

2. 응급처치 지연 —— 피고병원은 망인에게 이 건 수술 시행 후 망인이 과다출혈로 인해 사망에 이르게 될 때까지 필요한 응급처치를 즉각 취하지 않았습니다.

피고병원 의료진은 환자의 상태변화에 따라, 이상 징조가 보이면 즉시 원인을 찾기 위한 검사 및 경과관찰을 시행하여야 하고, 이상 증상의 원인이 확인되면, 즉시 후속 처치를 취함에 있어 최선의 주의의무를 다 해야 합니다.

즉, 전신마취 하 자궁절제술을 시행받은 망인의 경과는 순간적으로 변화할 수 있기 때문에 세밀하게 관찰하여야 하고, 상태의 변화가 있을 시 즉각적으로 그에 따른 응급처치를 시행하여야 합니다.

그러나 피고병원은 수술 직후부터 망인에게 현기증과 안면색이 창백해지고, 혈압이 낮아지고, 맥박이 빨라지고, 소변 배액량이 불량해지고, 의식까지 저하되는 등 과다출혈의 전형적인 증상들이 지속적으로 발현되었습니다. 그럼에도 불구하고 피고병원은 어떠한 처치도 시행하지 않은 채 망인을 방치하였고, 피고병원의 이러한 지속적인 방치 속에 망인은 점점 죽어가고 있었습니다.

피고병원이 망인의 자궁절제술 과정 중의 술기상 과실로 인하여 문합부위에서의 출혈이 되었다 하더라고 수술 후 망인의 경과관찰 중 과다출혈로 인한 망인의 이상증상을 조기에 적절히 확인하고 즉각적인 응급지혈조치 및 수혈요법 등을 취하였다면 망인이 사망까지는 이르지 않았을 것입니다.

결국 피고병원은 망인에게 자궁절제술 후 약 9시간이 넘는 시간동안 과다출혈과 관련한 어떠한 처치도 시행하지 아니고 이토록 망인을 지속적으로 방치한 사실은 일반인의 상식에 비추어보더라도 납득하기 어렵다 할 것입니다.

3. 전원조치 위반

전원의 요건으로는 첫째, 환자의 질환이 자신의 임상 경험 내지 의료 설비에 의하여서는 환자의 질병의 진료를 감당하기에 곤란하여야 하고, 둘째, 환자의 상태가 전송을 견딜 수 있어야 하고 전송을 통하여 치료의 기회를 받는 것에 이미 뒤늦은 상태가 되지는 말아야 하며, 셋째, 지리적・환경적 요인으로 환자의 병상과의 관련하여 전송 가능한 지역 내에 적절한 설비 및 전문의를 배치한 의료기관이 있어야 하고, 넷째, 전원을 통하여 환자에게 중대한 결과 회피의 가능성이 있거나 그 질병 개선의 전망이 있어야 할 것을 요건으로 합니다.

따라서 이 건에 있어서, 피고병원은 망인이 과다출혈로 인하여 깊은 기면상태에 빠졌고, 혈압이 60/40mmHg로 극저혈압 상태에 빠졌고, 맥박이 140회/분인 빈맥증상, 산소포화도가 80%로 심한 저산소증으로 나타나는 등 기본적인 활력징후조차 불안정한 상태였는 바, 이를 감안할 때 최대한 빨리 상급 의료기관으로 전원하여 망인이 조기에 적절한 치료를 받아 호전의 기회를 제공할 수 있어야만 했습니다.

그러나 피고병원은 망인이 자궁절제술이 끝나고 지속적으로 과다출혈로 인한 이상증상이 지속적으로 나타나고 있었음에도 그 경과관찰을 소홀히 하였고, 그 결과 망인을 적절한 시기에 전원시키지 못한 과실까지 범하였습니다.

나아가, 피고병원은 망인을 소외 분당 ○○대병원으로 전원조치하였는 바, 전원당시 피고병원은 분당○○대병원의 병상여건의 상황을 고려하지 않은 채 망인을 전원조치 하였습니다. 그 결과, 병실이 없는 소외 분당○○대병원에서 응급처치를 받은 후 망인은 다시 소외 국민건강보험공단 ○○병원으로 전원조치 되었습니다.

결국 이와 같은 피고병원의 전원조치 위반의 과실로 인하여, 적절한 조기치료의 기회를 상실하게 된 망인은 급전직하로 전반적인 상태가 악화되어 사망에까지 이르게 되었다 할 것입니다.

≪관련 의학지식을 통한 입증≫

1. 술기상의 과실

피고병원 의료진은 외과적 수술을 시행하는 산부인과 의사로 수술에 임하여서는 근종 등을 절제하는 경우에 주위조직과의 절제 중 절제부위가 조금만 잘못되어도 출혈이 발생하고 그에 따른 심각한 합병증이 발생할 수 있으므로 정확한 술기를 통한 근종의 제거 및 봉합을 시행하여야 하는 주의의무가 있으나, 피고병원은 망인의 수술 중 자궁근종제거 중 절제술 그 자체의 과실을 범하여 망인을 사망에까지 이르게 하였습니다.

(1) 망인은 과거 복부수술의 과거력도 없는 젊은 여자 환자로 수술 후 그 예후가 매우 좋은 상태였습니다.

망인은 단순 자궁근종을 진단받고 수술을 위하여 입원조치 되었고, 과거 복부 수술을 시행 받은 적도 없는 상태였으며, 전신이 쇠약하지도 않았을 뿐만 아니라 감염성 질환을 앓은 사실이 없어 수술 후 합병증의 발생률을 증가시키는 소인이 없는 상태였습니다.

▶ 원고측 진료기록감정 회신문

: …과거 복부 수술을 시행 받은 적은 없는 것으로 기록되어 있습니다(원고측 진료기록감정 회신문 1)-나)항 참조).

이에 피고병원은 망인 및 보호자들에게 단순자궁근종이라며 간단한 부분절제술만으로 수술이 가능하다고 설명하였고 '부분적 복부자궁절제술 및 양측 난소난관 절제술'을 시행하였습니다.

▶ 사실조회 회신문

: …간단히 수술 시 유의할 점을 요약하면, 첫째, 자궁절제술 및 난소 수술 시 난소동맥을 결찰 후 자르게 되는 과정에서 난소동맥은 대동맥에서 직접 유입되는 혈관이므로 수술 후 결찰부위가 높은 압력에 의해 풀릴 위험이 다른 혈관보다 높은 까닭에 난소동맥을 결찰할 때는 이중 결찰하는 것이 중요하며, 둘째, 난소를 절제시 난소의 주변을 주행하고 있는 요관을 자르지 않도록 주의하는 것이 중요합니다(사실조회 회신문 1장 참조).

위에서 살펴본 바와 같이 망인의 수술은 풀릴 위험성이 높은 난소동맥을 자르고 다시 결찰하기 때문에 특별한 주의를 요하고, 특히 망인은 근종주위의 유착까지 확인되었기 때문에 출혈이 되지 않도록 더더욱 세심한 주의가 필요한 상황이었습니다.

(2) 수술 후 망인의 상태

망인은 수술이 끝난 직후부터 수술부위의 출혈이 발생하여 혈압의 저하, 소변배액량 불량, 의식변화 등의 이상소견이 지속되고 악화되었습니다. 그러나 피고병원은 매너리즘에 빠져 이러한 망인을 방치하였고 결국에 망인은 사망에까지 이르게 하였습니다.

망인의 부검결과, 망인의 사인은 '자궁절제술 후 발생한 다량의 배안 복막강 출혈'이었고, 배안 복막강에는 3500cc라는 엄청난 양의 혈액이 고여 있었으며, 이러한 출혈의 원인은 좌측난소동맥의 손상에 의한 것임이 밝혀졌습니다(갑 제4호증의1~2 '부검감정서' 참조).

(3) 피고병원의 술기상 무과실 주장에 대한 반박

이상의 엄청난 과실을 범한 피고병원은 망인이 과거 외과적 수술력이 있었기 때문에 자궁절제술시에 장유착이 있었고, 이러한 장유착 정도가 심하여 장기의 손상 및 출혈은 어쩔 수 없는 결과였다는 주장을 하나, 이는 사실이 아닙니다.

▶ 피고측 진료기록감정 회신문

〔문〕 피고병원의 간호정보조사지에 의하면 환자가 31년 전 양측 난관결찰술을 시행하였고, 2005년경 좌측 인대수술을 시행한 과거력이 있음을 확인할 수 있는지

〔답〕 간호기록지상에 31년전 양측 난관결찰술 및 2005년에 좌측 인대수술을 시행한 과거력이 있다고 기록되어져 있습니다{피고측 진료기록감정 회신문 나-(1)항 참조}.

피고측은 위에서 보는 바와 같이 망인에게는 이 사건 수술과 관련하여 합병증이 발생할 수 있는 요소로 외과적 수술의 과거력이 있었던 것처럼 질의하고 회신을 받았으나, 망인의 난관결찰술 및 인대수술은 이 건 수술과 아무런 연관이 없습니다.

망인이 31년전 시행 받은 난관결찰술은 직경 1cm 정도의 내시경을 배꼽 주위를 통해 복강 내로 삽입하여 난관을 찾아 전기로 지지거나 링을 이용하여 결찰하는 시술이고, 좌측 인대 수술은 말 그대로 이 건 복부수술과는 아무런 관련이 없는 바 이들 수술로 인해 자궁 및 장의 주위조직의 유착이 발생할 수 없습니다.

(4) 유착시 피고병원 의료진의 주의의무

피고측의 주장처럼 망인의 자궁근종 절제 시에 주위조직의 유착이 있었다면, 유착박리를 시행하는 과정에서 출혈의 위험성을 미리 예상하여 보다 더 주의 깊게 절제를

시행하여 예상시간보다 더 긴 수술시간이 소요되었을 것이고, 수술을 끝마친 후에도 출혈 소견 확인을 위한 경과관찰에 주의를 기울였어야 합니다.

▶ 피고측 진료기록감정 회신문

〔문〕 장유착증이 있는 환자에게 외과적 수술을 시행할 경우, 위와 같은 합병증 발생 예방을 위하여 의료진이 반드시 취하여야 할 조치로는 무엇이 있는지요.

〔답〕 유착박리를 시행하는 과정에서 출혈과 장손상 및 주변장기의 손상 위험이 높으므로 이러한 위험성을 잘 인지하고 수술 마지막 단계에서 유착되었던 장기의 손상 여부를 확인하고 손상되었다면 치료하는 것이 필요합니다. 또한 뒤늦게 증상이 나타날 수 있으므로 입원 중에도 주의깊게 관찰하는 것이 필요합니다(피고측 진료기록감정 회신문 1-마.항 참조).

특히 피고측은 망인의 자궁근종절제술 시행 당시부터 유착 소견이 있음을 확인하였기 때문에 예정된 수술시간이 지연되더라도 좀 더 세심하게 유착박리 및 결찰술을 시행하였어야 하고, 수술 술기 중, 수술종료 후 출혈 여부를 지속적으로 확인하기 위하여 수술부위에 배액관을 삽입하는 등의 시술이 필요하였습니다.

▶ 피고측 진료기록감정 회신문

: …장유착이 있는 경우 이후에 시행하는 외과적 수술시 수술시간이 길어지고 장손상의 위험이 증가하게 됩니다. 또한 마취시간 및 회복시간의 연장을 초래하고 출혈량의 증가, 방광과 장을 포함한 내부 장기 손상의 증가 및 손상된 장을 절제하게 될 가능성을 높이게 되며 유착으로 인한 이차적인 불임의 위험이 증가하게 됩니다(피고측 진료기록감정 회신문 1-라.항 참조).

그러나 피고병원은 망인의 근종의 유착증상 때문에 출혈은 어쩔 수 없다는 변명을 하고 있으면서도 유착이라는 특별한 소견에 대한 어떠한 언급도 하지 않고, 그에 대한 특별한 처리 과정도 특정하지 않은 채 통상 걸리는 시간 내에 일반적인 술기로 수술을 마쳤습니다.

결국, 원고에게 근종과 장 사이의 유착이 있었다고 하더라도 통상 걸리는 시간 내에 일반적인 술기로 수술이 시행되었다는 사실에 비추어, 자궁근종 그 자체로 발생할 수 있는 근종 주위조직과 근종 사이 약간의 유착이 있었을 뿐이라고 할 것입니다.

▶ 원고측 진료기록감정 회신문

〔문〕 수술 시작과 종료 시점은 언제이며, 총 수술시간을 바탕으로 일반적으로 걸리는 시간과 비교하여 지연되었다 보이는지요.

〔답〕 …총 수술시간은 약 1시간 정도이며 총 마취시간은 1시간 15분으로 기록되어 있습니다. 이러한 수술시간은 일반적으로 걸리는 시간에 비해 지연되지 않았습니다{원고측 진료기록감정 회신문 1)-라)항 참조}.

▶ 원고측 진료기록감정 회신문

: …유착을 어떻게 처리했는지에 대한 기록은 찾을 수 없습니다{원고측 진료기록감정 회신문 1)-마)항 참조}.

(5) 소 결

이렇듯 피고병원은 망인의 자궁근종의 절제술을 시행함에 있어 미흡한 술기로 인하여 근종의 박리 과정에서 직장 앞쪽의 손상을 가하였고, 손상 후에도 혈관 결찰 등을 통한 지혈 처치를 불완전하게 시행하였으며, 그 결과 망인은 수술직후부터 과다출혈이 발생하여 사망에까지 이르게 되었습니다.

▶ 원고측 진료기록감정 회신문

: …부검 결과 복강내 출혈의 원인은 좌측난소동맥과 직장의 부분적 손상에 의한 출혈이 원인이 되었을 가능성이 있으며 난소동맥은 대동맥에서 직접 분지하므로 대동맥이나 난소동맥을 막아야만 출혈을 막을 수 있습니다… {원고측 진료기록감정 회신문 2)-다)항 참조}.

결론적으로 양성 자궁근종의 부분절제술이라는 단순한 수술을 시행받기 위해 입원한 망인은 자궁근종 절제술의 가장 중요한 술기라고 할 수 있는 절제술 및 봉합 그 자체의 과실로 인하여 사망에까지 이르게 되었는 바, 이상에서 피고병원의 과실이 너무도 크다고 할 것입니다.

2. 경과관찰 해태로 인한 응급처치 지연

피고병원은 망인의 자궁근종의 절제술을 시행하였고, 그 과정 중 주위조직과의 유착소견이 있었음을 확인하였다면, 보통의 환자들에 비해 망인에게 출혈의 합병증이 특별히 높을 수 있음을 인지하고, 망인에게 수술 후 합병증이나 후유증이 발생하지 않도록 주의 깊은 경과관찰을 시행해야하며, 추적관찰 중 이상증상이 나타나면 즉시 필요한 각종 검사를 통한 조기 진단을 내려 그에 맞는 처치를 시행하는 등 망인이 수술 후 정상적으로 회복할 수 있도록 최선의 주의의무를 다하여야 합니다.

그러나 피고병원은 망인에게 자궁근종절제술을 시행한 후 망인에게 이상증상이 지속적으로 발생하고 악화되었음에도 이를 방치하여 결국 망인을 사망에 이르게 한 과실이 있는 바, 아래에서 자세히 살펴보겠습니다.

(1) 수술 후 일반적인 경과관찰 해태

망인은 단순 자궁근종으로 인하여 근종제거수술을 시행받은 직후부터 적절한 호전 양상을 보이기는 커녕 수술 후 과다출혈을 예견할 수 있는 이상증상이 나타나기 시작하였습니다.

입원당시 및 수술 전 망인의 혈압은 140/90, 133/80mmHg정도였습니다.

▶ 원고측 진료기록감정 회신문

〔문〕 수술 전 2011. 7. 21. 09:30경 및 수술 중인 14:40, 15:10경 환자의 혈압 수치는 어떠하였는지요.

〔답〕 09:30경 환자의 혈압 수치는 140/90mmHg … 14:40경 혈압 수치는 133/80mmHg … 15:10경 혈압 수치는 134/78mmHg로 기록되어 있습니다 … {원고측 진료기록감정 회신문 1)-자)-(1)항 참조}.

그러나 수술 직후 같은 날 16:00경 병실로 이송되었을 때부터 망인의 혈압은 110/70mmHg, 90/80mmHg 정도로 그 수치가 현저히 저하되었습니다.

▶ 원고측 진료기록감정 회신문

: …16:00 활력징후 혈압 110/70mmHg … 17:00 활력징후 혈압 90/50mmHg{원고측 진료기록감정 회신문 1)-바)항 참조}.

위에서 보는바와 같이 수술과정 중 자궁근종과 장 사이의 유착 증상이 보였던 망인은 수술 후 병실로 이송되어 왔을 시점부터 수술 전 측정되었던 혈압소견과는 달리 확인되었는 바, 피고병원은 이를 확인하였다면 망인의 증상변화를 좀 더 주의 깊게 집중 관찰하였어야 합니다. 통상 외과적 수술 직후 활력징후 측정은 그 수치가 안정적일 때까지 15분마다 측정하고, 이후 30분마다, 1시간마다 측정합니다.

그러나 피고병원은 망인을 16:00경 일반병실로 이송한 후 한시간동안 아무런 확인도 하지 않았고, 1시간 뒤 혈압이 90/80mmHg이었음에도 추가적인 검사도 시행하지 않은 채 망인을 방치하였습니다. 그 결과, 망인은 수술부위의 출혈증상이 지속되고 있었고, 급기야 22:55경 망인은 얼굴색이 창백해지고 현기증을 호소하였고, 80/40mmHg이라는 심각한 저혈압에 빠졌고, 소변 배액량 불량이라는 과다출혈이 상당 진행된 소견이 나타났습니다.

(2) 상당 출혈증상 후 중증의 상황에서의 경과관찰 해태

수술 당일인 2011. 7. 21. 22:55경 망인의 상태는 분명, 과다출혈로 인한 심각한 합병증이 발생하였음이 충분히 인지된 상황이었고, 응급처치를 요하는 상태였습니다.

따라서, 피고병원은 그 즉시 산소 투여 등을 통해 환자가 안정을 취할 수 있게 돕고, 응급혈액검사를 시행하여 출혈소견을 빨리 확인하여 급속수혈 등을 시행하고, 복부 CT검사 및 혈관조영술을 시행하여 출혈부위를 조기에 찾아 결찰 및 지혈을 시행하여야 합니다.

그러나 피고병원은 이러한 긴박한 상황에서도 수술을 시행한 집도의는 물론 당직의조차 환자상태를 직접 확인하지 않았고, 즉시 혈액검사를 시행하기는 커녕 내일 검사하자며 환자를 방치하였으며, 단순히 저하된 혈압을 표면적으로 높이기 위하여 하지를 상승시키고, 정규적으로 주입 중이던 포도당 수액을 좀 더 빨리 투여할 뿐이었습니다.

[표 1] 2011. 7. 11. 22:55경 경과기록지

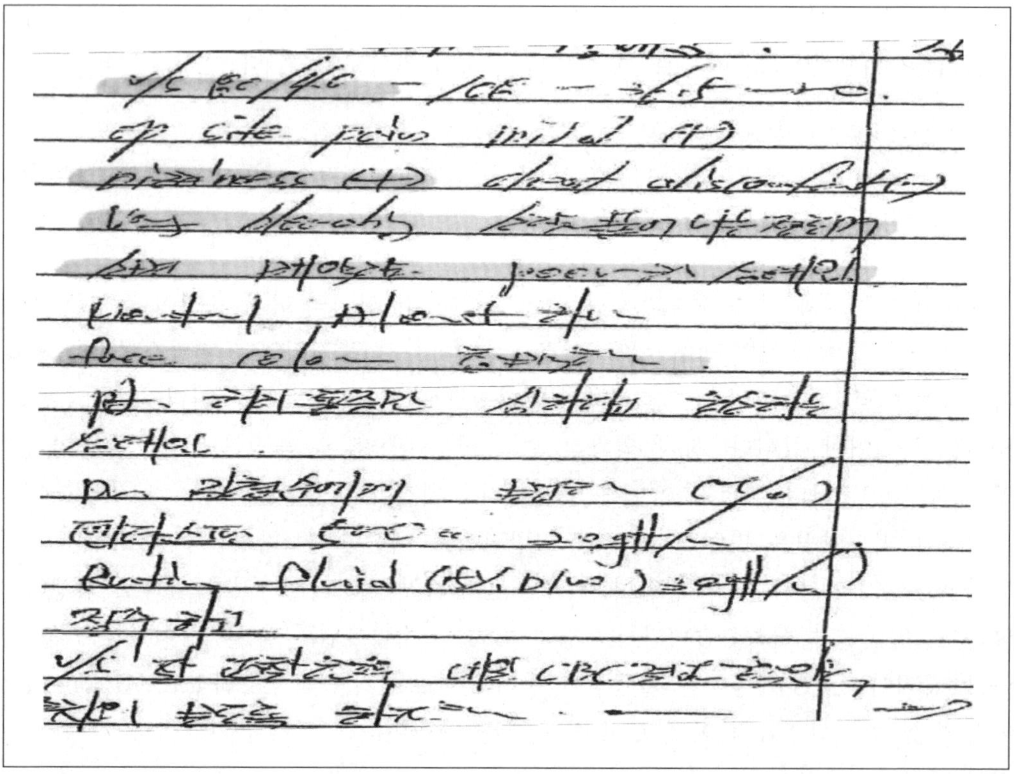

[표 2] 2011. 7. 11. 22:55경 경과기록지 번역문

10:55p	활력징후 80/40-108-36.5-20
	수술 부위 통증 경미함 (+)
	현기증(+) 흉부 불편감(-)
	질 출혈 소량 묻어 나는 정도며
	소변 배약량 불량한 상태임.
	의식 명료하나
	안면색 창백함.
	환자 허리 통증만 심하다고 호소하는
	상태임.
	의사 김형순에게 보고함 (전화처방)
	펜타스판 500cc 20점적수/cc
	정규 수액 (5% 포도당) 30점적수/cc
	정주하고
	활력징후 잘 관찰한 후 내일 일반혈액검사 결과 확인후
	주치의 보도록 하자함.

(3) 펜타스판 투약으로 인한 출혈 악화

급기야 과다출혈 환자에게는 투약하지 말아야 한 주사제인 펜타스판을 주입하는 과실까지 범하였습니다.

망인에게 투약한 펜타스판은 몸에 수분이 부족할 때 혈관에 투약하여 혈관 내 수압을 증가시켜 혈압을 유지시키는 역할을 하는 약물로서, 출혈이 멈춰진 후 수혈량을 줄이기 위한 제재로 사용할 수는 있지만 출혈중이나 이미 대량의 출혈이 일어난 상태에서는 오히려 출혈을 조장하거나 혈액을 희석시켜 대단히 위험합니다.

[표 3] 갑 제8호증 '펜타스판 약품정보' 중-1

1. 다음 환자에는 투여하지 말 것.
1) 히드록시에칠전분에 과민반응 환자
2) 중증 출혈장애 환자
3) 울혈성심부전 환자
4) 핍뇨나 무뇨를 수반한 신부전 환자
5) 급성 뇌경색 환자

[표 4] 갑 제8호증 '펜타스판 약품정보' 중-2

1) 혈장증량목적으로 투여하였을 때 응고장애 또는 출혈이 나타났다는 보고가 있다. 2) 임상시험에서 두통, 설사, 구역, 허약감, 일시적인 체중증가, 불면증, 피로감, 발열, 감각이상, 좌창, 권태, 부종, 동요, 어지러움, 흉통, 오한, 비충혈, 불안 및 심박수 증가가 보고된 바 있다. 3) 과민반응(쌕쌕거림, 두드러기, 저혈압), 아나필락시양/아나필락시 반응이 보고되었다. 4. 일반적 주의 1) 혈장증량목적으로 이 약을 대량투여한 경우 적혈구용적율 및 헤모글로빈이 감소할 수 있으며, 혈장단백이 과잉 회석될 수 있다. 2) 대부분의 혈장증량제와 마찬가지로 이 약의 대량투여는 응고기전을 다소 변경시킬 수 있다. 이 경우 프로트롬빈 시간(PT) 및 부분 트롬보플라스틴 시간(PTT)의 일시적인 연장이 일어날 수 있으므로 출혈시간의 일시적 연장 가능성이 있다. 3) 20%까지 이 약으로 동량치환 하더라도 수혈교차적합시험을 방해하지 않는다. 4) 이 약은 혈액의 세포성분 또는 혈장의 신선한 성분을 위한 대체물로 적합하지 않다.

이상과 같이 피고병원은 망인이 수술직후부터 지속되는 출혈 소견으로 인한 이상소견이 지속되었으나, 방치했음은 물론 절대적으로 투약하지 말아야 할 약물을 투약한 것입니다.

(4) 망인의 상태를 확인하기 위한 진단적 검사의 미실시

수술 집도의나 담당의는 당직의 한명조차 망인의 상태를 확인하기 위해 방문하지 않은 상태에서 지속적으로 방치되고 있었던 망인은 과다출혈에 대한 근본적인 검사(혈액검사, 복부 CT검사, 혈관조영술 등) 및 치료(급속수혈, 색전술, 개복술 등을 통한 결찰 및 지혈조치 등)를 받지 못하였습니다.

▶ 원고측 진료기록감정 회신문

〔문〕 수술 후 혈액검사는 언제 시행되었는지요.

〔답〕 연세○병원에서의 기록상으로는 수술 후 혈액검사에 대한 기록은 관찰되지 않습니다{원고측 진료기록감정 회신문 1)-사)항 참조}.

이에 망인은 급기야 같은날 23:40경 가슴 답답함과 함께 숨참 증상을 호소하였고, 쇼크상태로까지 판단할 수 있는 60/40mmHg의 극저혈압 소견이 나타나면서 힘들어 하였으며, 소변 배액량은 여전히 불량하였습니다.

▶ 원고측 진료기록감정 회신문

: …23:40부터의 혈압은 shock으로 정의될 수 있는 혈압상태입니다{원고측 진료기록감정 회신문 1)-자)-(2)항 참조}.

망인에게 위와 같이 심한 저혈압의 원인이 나타나게 된 것은 과다출혈로 인한 저혈량성 쇼크로 추정됩니다. 또한, 망인의 소변배액량 불량의 원인은 과다출혈이 지속되어 신체의 가장 중요한 심장 및 뇌의 기능 유지를 위하여 심장 및 뇌의 혈류 보호를 위한 작용하게 되고, 이러한 상태가 지속된 결과 장기내의 혈류가 감소한 상태가 지속되어 신장의 자동조절능력이 망가져 급성 신부전에 빠졌던 것으로 추정된다고 할 것입니다.

▶ 원고측 진료기록감정 회신문

〔문〕 이상의 혈압변화의 원인은 무엇이라 판단하시는지요.

〔답〕 …이 사건의 경우 기존에 환자가 심장질환을 앓은 병력이 없고 폐쇄성 질환이 없으며 수술 후 감염에 대한 명확한 증거는 관찰되지 않으므로 저혈량성 shock이 원인이 될 수 있을 것으로 판단됩니다{원고측 진료기록감정 회신문 1)-자)-(3)항 참조}.

▶ 원고측 진료기록감정 회신문

〔문〕 과다출혈로 인해 소변배액량이 불량해지는 기전은 무엇인지요.

〔답〕 저혈류량에 대한 정상적인 생리적 반응은 혈액량 회복이 효과적으로 될 때까지 뇌와 심장의 관류를 유지시키는 것입니다… 그러나 심한 저관류 상태(hypoperfusion : 장기내로 혈류가 감소한 상태)에서는 이러한 반응이 부적절하게 되고 신장에서의 여과율이 떨어져 급성신부전이 발생됩니다. 자동조절에 의한 신장의 여과율 유지는 평균 전신 동맥압이 80mmHg일 때 최대이고 이 이하의 저혈압은 신장여과율의 급격한 저하를 일으키게 됩니다{원고측 진료기록감정 회신문 1)-카)항 참조}.

(5) 망인의 증상에 따른 적절한 처치의 미실시

앞에서 살펴본 바와 같이 망인에게 과다출혈을 의미하는 명백한 증상들이 다발적으로 나타나고 있었으나, 피고병원 의료진은 매너리즘에 빠져 망인에게 즉각적이고 적절한 처치를 시행하지 않았습니다.

▶ 원고측 진료기록감정 회신문

〔문〕 담당의가 환자를 직접 확인한 시점은 언제라고 기록되어 있는지요.

〔답〕 수술당일인 7월 21일 23:42에 주치의는 아니지만 병원 당직의로 판단되는 의사가 직접 환자를 확인한 것으로 기록되어 있으며 이후 7월 22일 00:35에 환자의 수술을 담당했던 의사와 마취의를 호출하여 00:45에 마취의가 환자를 직접 확인하였고 00:50에 수술을 담당했던 의사가 환자를 직접 확인한 것으로 기록되어 있습니다{원고측 진료기록

감정 회신문 1)-아)항 참조}.

이처럼 수술직후 병실로 이송된 후 약 한시간 후 90/60mmHg(수술전 140/90mmHg)의 혈압이 확인되었고, 이후에도 수술 전의 혈압이 확인되지 않은 채 수술부위 압박을 위한 모래주머니까지 제거한 망인에게 수술 후 단 한 번의 회진도 시행하지 않은 피고병원 의사들은 출혈소견으로 망인의 얼굴이 창백해지고, 80/40mmHg의 심한 저혈압 소견이 나타나고 소변 배액량이 불량한 심각한 이상소견이 나타난 같은날 22:55경에도 망인의 상태를 확인하지 않았고 이후 약 1시간 가량이 경과한 같은날 23:42경에야 당직의가 망인을 확인하였을 뿐이었습니다.

그러나 같은날 23:42경 망인의 병실에 방문한 의사(김○○ 의사) 역시 별다른 처치도 없이 망인을 방치하였고, 과다출혈로 인하여 소변배액이 안되는 망인에게 단순 이뇨제만 투약하는 불합리한 처방을 할 뿐이었으며, 급전직하로 상태가 악화된 망인은 의식의 변화 소견까지 나타나게 되었습니다.

▶ 원고측 진료기록감정 회신문

: 7월 22일 00:20경 의식상태는 drowsy(기면, 졸린)하였으며 00:50경 의식은 좀 더 drowsy하였던 것으로 기록되어 있습니다{원고측 진료기록감정 회신문 1)-차)-(2)항 참조}.

▶ 원고측 진료기록감정 회신문

〔문〕 이상의 의식변화의 원인은 무엇이라 판단하시는지요.

〔답〕 …이 환자의 경우 과다출혈에 의한 저혈량성 shock으로 인해 뇌로의 혈류가 감소하면서 상기 기전에 의해 의식의 변화가 초래된 것으로 판단됩니다{원고측 진료기록감정 회신문 1)-차)-(3)항 참조}.

위에서 언급하였듯이 우리 몸에 출혈이 발생하여도 그 중 가장 중요한 역할을 하는 심장 및 뇌로의 혈액량은 일정부분 유지됩니다. 그러나 망인은 과다출혈이 장시간 지속되어 급성 신부전에 빠진 후 뇌로의 혈류까지 감소하여 의식까지 잃었던 것입니다.

단순한 자궁근종의 절제술을 시행 받은 망인이 수술 후에 지속된 과다출혈로 인하여 만 하루를 넘기지 못하고 심정지 상태까지 이르게 되자, 피고병원은 그제서야 부랴부랴 기관내 삽관, 심폐소생술을 시행하였으나 이는 이미 뒤늦은 처치였고, 과다출혈의 치료를 위한 근본적인 처치는 더더욱 아니었습니다.

(6) 뒤늦은 전원조치

망인이 심각한 과다출혈로 이미 심정지까지 되자 응급처치를 해보더니 망인을 소외 분당○○대병원으로의 전원을 결정하였으나, 이는 뒤늦은 조치였고, 그 결과, 소외 분당○○대병원에 도착한 망인의 상태는 심각하였습니다.

▶ 피고측 진료기록감정 회신문
: …전원결정을 더 빨리 시행하지 못한 것에 대한 아쉬움이 있습니다{피고측 진료기록 감정 회신문 라-(3)항 참조}.

소외 분당○○대병원 도착 당시 망인은 이미 혼수상태에 빠졌고, 혈색소 수치는 2.4g/dl(정상참고치 : 12-14g/dl)로 몸 안에 피가 거의 없는 시체 상태였습니다.

▶ 피고측 진료기록감정 회신문
〔문〕 7. 22. 01:40경 분당○○대병원 입원 당시 환자의 상태는 어떠하였는지요.
〔답〕 …동공은 최대 확장되어 있으며 의식은 혼수상태로 기관내삽관을 유지한 상태라고 기록되어 있습니다. 내원 당시 측정한 혈색소 수치는 2.4g/dl(정상참고치 : 12-14g/dl)로 중증 급속 빈혈상태를 보이고 있습니다(피고측 진료기록감정 회신문 3-가.항 참조).

피고병원 의료진의 결정으로 소외 분당○○대병원으로 전원조치된 망인은 분당○○대병원의 입원병상이 없어 재차 소외 국민건강보험공단 ○○병원으로 전원조치되었으나 이미 치료기회를 상실한 망인은 결국 사망하였습니다.

▶ 원고측 진료기록감정 회신문
〔문〕 위 환자가 색전술 등의 처치에도 불구하고 사망에 이른 사유는 무엇인지요.
〔답〕 과다 출혈로 순환기 장애가 초래되어 심박출량(심장에서 내보내는 피의 양)이 감소하면 혈압을 유지하기 위해 혈관의 저항이 상승합니다. 다시 말해 증가된 혈관 저항으로 근육과 피부, 그리고 특히 위장관으로 공급되는 혈류는 감소되고, 심장과 뇌로 가는 혈류량은 유지됩니다. 심장과 뇌에서는 에너지로 사용될 기질의 보유량이 적기 때문에 이들 장기는 산소와 영양분의 지속적인 공급이 필요하며, 이는 전적으로 혈류량에 의존하는 까닭에 잠시라도 심한 허혈이 생기면 견디기 어렵습니다. 이러한 자동조절능력은 심한 저혈압으로 위험상태에 빠진 뇌와 심장의 관상동맥의 관류를 유지하는 데 중요한 역할을 합니다. 그러나 평균 동맥압이 60mmHg 이하로 떨어지면 이들 장기의 혈류도 감소하고 기능의 손상이 옵니다.
심한 저혈류량(혈액량의 40% 이상 감소)인 경우 혈압이 감소하고 환자가 누워있어도 혈압 등이 불안정하며 심한 빈맥, 핍뇨(소변량의 감소) 및 흥분 또는 착란을 일으키게 됩니다. 심한 쇼크 상태가 되기 전까지는 중추신경계 관류가 잘 유지됩니다. 그러므로 정신 혼미는 불길한 임상징후입니다. 저혈류량성 쇼크는 서서히 진행되기도 하고 급속히 진행될 수도 있습니다. 만약 심한 쇼크가 바로 회복되지 않으면 사망에 이르고, 특히 환자가 고령이거나 동반된 질환이 있는 경우 그러합니다. 아주 짧은 시간 차이긴 하지만 적극적인 치료로 환자가 회복할 수도 있고 반대로 대상 기능장애와 세포의 비가역적인 손상이 진행될 수 있습니다.

이 환자의 경우 지속적인 출혈이 발생하였고 이로 인해 저혈량성 shock(hypovolemic shock)이 진행되면서 뇌 및 심장으로의 혈류까지 감소하여 사망한 것으로 판단됩니다 {원고측 진료기록감정 회신문 2)-마)항 참조}.

(7) 소 결

이상 일련의 과정에서 나타나듯이 자궁근종의 치료를 위해 피고병원에 입원조치된 망인은 자궁근종절제술 후 난소동맥의 손상으로 다량의 출혈이 방생하였으나, 적절한 치료시기를 놓쳐 회복되지 못한 채 사망에 이르게 되었습니다.

결국, 피고병원은 기본적인 경과관찰 의무를 해태하여 망인으로 하여금 조기응급치료의 기회를 상실하게 하고, 증상에 따른 진단적 검사를 시행하지 않았으며, 그에 따른 적절한 조치를 취하지 않은 과실이 있다 하겠습니다.

3. 전원조치상 주의의무 위반

(1) 전원조치의 지연

망인은 수술부위 동맥의 과다출혈로 인하여 의식이 저하되고 혈압 등 전반적인 전신상태가 급격히 나빠지는 상태였는 바, 이를 감안할 때 최대한 빨리 망인에게 적절한 치료를 시행할 수 있는 상급 의료기관으로 전원하여 망인이 조기에 적절한 치료를 받아 호전의 기회를 제공할 수 있어야만 했습니다.

그러나 피고병원은 망인이 자궁절제술을 시행 받은 직후부터 과다출혈로 인한 이상 증상이 지속적으로 나타나고 있었음에도 경과관찰을 소홀히 하였고, 이로 인해 응급치료를 받을 수 있고 응급치료로 인해 회복할 수 있을 가능성이 있을 시점에 전원시키지 못한 과실이 있습니다.

(2) 전원조치상 주의의무 위반

피고병원이 망인을 전원시킨 목적은 피고병원에서 망인에게 시행할 수 없는 응급처치를 받게 하기 위해서였는 바, 이를 위해서는 피고병원 의료진이 망인이 전원 후 즉시 혈관조영술, 색전술, 개복술 등을 시행 받을 수 있는지, 전원조치된 병원에 환자 수용능력이 있는지는 기본적으로 확인한 후 전원하였어야 합니다.

그러나 피고병원은 망인을 수술 후 과다출혈로 인한 불길한 징후를 보이는 망인을 전원하면서 이상의 사실관계도 확인하지 않은 채 무작정 소외 분당○○대병원으로 전원 조치하였고, 소외 분당○○대병원에는 병실이 없어 소외 건강보험공단 ○○병원으로 또다시 이송되었습니다.

사정이 이와 같다면 일반인의 상식에 비추어보더라도 심각한 저혈량성 쇼크 상태에 빠져 있던 망인이 이러한 긴 시간 동안의 전원과정을 감내할 수 있다고 보기 어렵고, 결국 망인은 피고병원의 전원조치상 주의의무 위반의 과실로 인하여 적절한 조기치료의 기회를 상실하게 된 것입니다.

4. 설명의무 위반

피고병원은 망인의 질병의 과정 즉, 자궁근종으로 인한 복부자궁절제술 후 동맥손상으로 인한 출혈, 출혈 발생 시 나타날 수 있는 좋지 않은 예후, 그로 인해 추가로 발생 가능한 합병증(사망) 등을 설명하지 않은 과실이 있습니다.

만약 피고병원이 망인 및 보호자들에게, 망인은 자궁근종 수술 후 동맥의 손상, 이로 인한 출혈이 발생하였고, 이는 매우 심각한 합병증으로 응급상황이고, 이로 인해 사망에까지 이를 수 있다는 점을 설명하였다면 망인 및 망인의 가족들은 좀 더 빨리 상급병원으로의 전원 및 좀 더 적극적인 치료를 요구하였을 것입니다.

≪1심 판결≫

1. 피고의 과실

『술기상의 과실

…피고 양○○을 포함한 피고병원 의료진을 원고의 자궁을 직장 등 주위 유착조직에서 박리함에 있어 사전에 직장 등 장기 손상 및 그로 인한 출혈에 대비한 만반의 조치를 취한 후 조심스럽게 박리를 하여야 하고, 또한 자궁절제술을 시행함에 있어 난소동맥의 결찰부위가 풀릴 위험성 및 유착부위의 출혈 가능성에 대비하여 더욱 주의를 기울여 혈관을 결찰하였어야 함에도 불구하고, 만연히 원고의 자궁을 박리하다가 그에 유착된 원고의 직장 앞쪽에 손상을 가하였고, 난소동맥 등이 혈관을 완전하게 결찰하지 못하여 원고로 하여금 과다출혈에 이르게 한 술기상의 과실이 있다고 봄이 상당하다.

경과관찰 해태로 인한 응급처치 및 전원 지연

…피고병원 의료진은 망인에 대하여 이 사건 수술 당시 자궁과 장의 유착, 수술 이후의 혈압저하 등의 상태로 보아 출혈 합병증의 가능성을 예견할 수 있었으므로, 그에 대비하여 수술 이후 과다출혈로 인한 이상증상의 발생 여부 등을 주의 깊게 관찰하여야 하고, 실제로 이상증상이 발생한 경우 신속하게 과다출혈을 진단하고 적절한 처치를 하여야 할 주의의무가 있음에도 불구하고, 수술 이후 망인에 대한 경과관찰과

검사를 태만히 하여 같은 날 23:40경 망인에게 과다출혈로 인한 심각한 저혈압 소견이 나타난 상황에서 주치의나 당직의의 적극적인 치료 없이 당직의의 전화 처방에 따른 조치를 취하였고, 같은 날 23:40경 망인이 과다출혈로 인한 저혈류량성 쇼크 상태에 빠진 이후에야 당직의가 직접 망인의 상태를 확인하고 분만실로 망인을 옮겼으며, 그로부터 약 1시간이 경과한 2011. 7. 22. 00:40경 심폐소생술을, 같은 날 00:50경 출혈 여부를 확인하기 위한 초음파 검사를 각 시행하였고, 같은 날 01:15.경에야 뒤늦게 망인을 분당○○대병원으로 전원하여 응급 혈관색전술을 받게 하였다. 따라서 피고병원 의료진에게는 망인의 과다출혈을 신속히 감지하지 못하고 망인으로 하여금 그에 대한 신속하고 적절한 조치를 받을 기회를 상실하게 한 과실이 있다.』

2. 인과관계

『피고병원 의료진이 적절한 술기로 이 사건 수술을 시행하였고, 수술 이후 망인을 면밀히 관찰하고 망인의 이상증상을 발견한 후에 적절한 조치를 취하였더라도 망인의 사망을 피할 수 없었다거나 망인이 피고측의 과실이 아닌 전혀 다른 원인으로 사망하였다는 점을 입증하지 못하는 이상, 피고병원 의료진의 술기상의 과실과 경과관찰 해태로 인한 응급처치 및 전원 지연의 과실과 망인의 사망 사이에 인과관계가 추정된다고 할 것이다.』

3. 인용금액 : 1억 1천 4백만 원

4. 피고의 책임비율 : 80%

≪관련 판례≫

1. 대법원 1996. 12. 10. 선고 96다28158, 28165 판결

신장절제술 후 대출혈로 인한 사망사건에 대하여,

『원고의 우측신과 하대정맥의 유착가능성이 높아 신장을 절제함에 있어서 더욱 세심한 주의가 요구되었는데 다량의 혈액이 통과하는 위 하대정맥에 수술시 보통은 발생하지 않는 정도의 커다란 열상이 생겨 대출혈이 일어났고, 그로 인한 과다실혈로 급격히 혈압이 저하되어 상당한 시간동안 뇌에 필요한 산소공급이 되지 못하게 되어 뇌손상이 생겨날 수 있는 상태가 야기된 것은 명백하고, 그러하다면 이는 하대정맥의 열상으로 인한 대출혈에 대응하는 효과적인 지혈조치와 수혈이 적시에 이루어지지 못한 것으로 봄이 상당할 것이고, 기록을 살펴 보아도 원고의 뇌손상이 다른 원인으로 생겨났다고 볼 수 있는 특단의 사정을 찾을 수 없으며, 또 기록상 피고 주장처럼 현대의학으로 위와 같은 열상을 예방하는 방법이 없다거나 위와 같은 출혈이 피할

수 없는 합병증이라거나, 위 원고의 뇌손상이 결핵에 의한 혈관변병이나, 선천적 혈관 이상에 기인한 것이라고 볼 자료가 없고 보면, 위 원고의 뇌손상에 의한 기질성장애와 시각유발전위체계의 기능부전은 위 소외 ○○○ 등의 이 사건 수술과정에서의 잘못을 비롯한 피고병원측 의료과실에 기인한 것이라고 추정할 수밖에 없다.』

고 판시하고, 피고의 과실을 인정하였습니다.

2. 대법원 1997. 8. 22. 선고 96다43164 판결

분만 후 실혈사한 사건에 대하여,

『망인의 사망원인은 희소한 양수색전증으로 인한 것이라고 보기보다는 일반적인 산모 사망의 주원인을 차지하는 이완성자궁출혈증에 의한 분만 후 심한 출혈로 봄이 상당하다고 판단하고, 나아가 피고 1은 망인의 수술 후의 상태로 보아 분만수술 후 산후출혈 등 합병증의 가능성을 예견하였거나 예견할 수 있었음에도 불구하고, 그에 대비하여 신선한 혈액을 준비하여 두거나 수술 후 망인의 결과 및 혹시 발생할지도 모르는 합병증에 대비한 관찰과 검사를 태만히 한 채 수술 직후 수련의 등에게 망인에게 이완성자궁출혈증의 합병증이 일어날 가능성이 있다는 점과 그에 대비하라는 말만하고서 그 합병증에 대비한 구체적인 지시도 없이 수술직후 바로 퇴근하여 버림으로써 그 결과 망인의 산후출혈이 신속히 감지되지 못하고, 따라서 망인이 신속하고 적절한 조치 또한 받지 못하여 결국 사망에 이르게 한 과실이 있다고 전제하고, 그렇다면 망인은 피고 1 및 당직 간호사, 의사들의 경합된 과실로 인하여 사망하였다고 판단하였는 바, 기록에 비추어 살펴보면 원심의 사실인정과 판단은 정당하다.』

고 판단하여, 피고의 과실을 인정하였습니다.

3. 대법원 2005. 6. 24. 선고 2005다16713 판결

응급개복술에 관한 전원의무 위반 사건에 대하여,

『전원 전 병원인 피고 1 병원과 전원 후 병원인 피고 2 병원간 전원의무에 관한 사안에서 피고 1 병원에 대하여 복부 자상을 입어 피고 1 병원 응급실에 내원하여 피고 2 병원으로 전원할 당시에 망인의 활력징후가 비교적 좋아 즉각적인 응급개복술 실시가 가능한 병원으로 망인을 전원하였다면 망인이 생존할 가능성이 높았음에도 피고 1 병원의 의사 1은 망인의 상태를 잘못 판단하여 즉각적인 응급개복술이 불가능한 피고 2 병원으로 전원시키고, 더욱이 전원과정에서 피고 2 병원의 일반외과 과장에게 피고 1 병원 응급실에서의 초기상황과 시행된 처치에 대한 정보를 제공하지 아니하였고, 그 결과 망인에 대한 즉각적인 응급개복술의 실시가 지연됨으로써 망인이 사망에 이르게 된 것으로 보이므로 피고 1 병원의 전원의무 위반을 인정한 원심은 정당하다.』

며 피고의 과실을 인정하였습니다.

11. 호흡부전으로 인공호흡기 치료중 기관내 삽관 빠져 재삽관시도 중 기도 손상으로 인한 저산소성 뇌손상 발생한 사건[189)]

≪사건 개요≫

• 원고 유○○(남, 75세) / 피고 ○○병원

※ 사건 경과

호흡부전 → 기관내 삽관 → 인공호흡기 치료 중 기관 내 삽관 빠짐 → 기관 내 삽관 시도 중 산소공급 불충분, 기도손상 → 저산소성 뇌손상, 피하기종 발생

<table>
<tr><th colspan="2">날 짜
(2011)</th><th>증 상 및 상 태</th><th>검 사 및 처 치</th></tr>
<tr><td colspan="4">2010. 1. 31.경부터 결핵으로 이○○내과에서 치료받음.</td></tr>
<tr><td colspan="2">2. 1.</td><td>산소포화도 70%
폐렴, 결핵으로 파괴된 폐
호흡곤란</td><td>외래 통해 중환자실 입원</td></tr>
<tr><td colspan="2">2. 3.</td><td>산소포화도 70% 미만.
청색증</td><td>기도삽관 시행, 인공호흡기 적용</td></tr>
<tr><td colspan="2">2. 10.</td><td>폐렴 호전없음.
2. 9.경부터 이산화탄소 저류로 호흡곤란 악화</td><td>기관절개술 시행</td></tr>
<tr><td rowspan="8">2. 12.</td><td>8:00</td><td>의식 : 거의 명료</td><td></td></tr>
<tr><td>10:30</td><td>맥박 : 130, 호흡수 34.
산소포화도 96%</td><td></td></tr>
<tr><td>15:30</td><td>의식 : 혼미
호흡 29회
노란색 객담</td><td>객담흡인</td></tr>
<tr><td>16:30</td><td>불안정</td><td></td></tr>
<tr><td>17:00</td><td>기관절개관 3cm정도 밀려나옴.</td><td></td></tr>
<tr><td>17:05</td><td>기관 흡입 팁 들어가지 않음.</td><td>기관절개관 변경 후 인공호흡기 연결</td></tr>
<tr><td>17:15</td><td>산소포화도 : 50%,
맥박 : 90회
앰브배깅시 뻑뻑한 양상</td><td>기관절개관 재삽입했으나 청진시 호흡음 들리지 않음.</td></tr>
</table>

189) 수원지방법원 안양지원 2013. 5. 10. 선고 2012가합100482 판결, 서울고등법원 2014. 4. 17. 선고 2013나2013922 판결.

	17:20	맥박 : 50회	기도유지하면서 응급심폐소생술 방송 아트로핀 2앰플, 에피네프린 1앰플 정맥주사
	17:22		기관삽관 시도 아트로핀 2앰플, 에피네프린 1앰플 정맥투여
	17:25	맥박 20~30회으로 촉지되었다가 촉지 안됨.	2분마다 에피네프린 1앰플씩 정맥투여, 앰브로 산소주면서 심장마사지 시작
	17:30	맥박 : 90회	심장마사지 멈춤.
	17:33	맥박 : 50~60회 산소포화도 50~60%	에피네프린 1앰플 투여 기관절개술 준비함.
	17:35	맥박 : 170대 상체와 얼굴 기종 보임.	기도관 앰브배깅
	17:45		기관절개술 시행함. 인공호흡기 연결함.
	17:50	산소포화도 : 98%	
	18:00		피하기종 제거
	18:15		좌측 대퇴 중심정맥관 삽입
	18:50	수축기혈압 : 60대	생리식염수 500cc 주입, 노어에피린 투여
	19:20	수축기혈압 : 110대	
	20:30	3분에 한번씩 2초가량 경련 지속	아티반 투여
	23:00	안면 부종, 상부 흉부 부위 기종 활력징후(130/70-37.3-88-28) 산소포화도 98%	수시로 흡인치료, 인공호흡기 적용 중 미다졸람 지속투여 중 오르필 투여
2011. 3. 4. 반혼수 상태로 폐렴 및 저산소증은 호전 상태이며 추후 뇌, 인지능력이 돌아올지 관찰해야 함.			

<주의의무 위반>

① 시술상 과실 : 기관내 삽관 위치 잘못

—— 기도손상 → 상부 흉복부 부위 기종

—— 폐에 산소공급 안됨 → 저산소성 뇌손상 : 경련, 반혼수 상태

② 응급처치의 부적절성

—— 기도 염증과 부종으로 기관삽관 어려울 때 신속하게 판단하여 지원팀에 연락 했어야 하는데 안함.

—— 지원팀 호출하는 데 25분 걸림으로써, 산소포화도가 낮은 상태가 수십분 유지됨.

≪소장에서 주장하는 피고의 과실≫

1. 시술상 과실

원고는 내원 전 의식이 명료하였고, 결핵과 폐렴으로 인해 호흡부전이 올수 있는 상태였기 때문에 경과를 신중하게 관찰해야 했던 상태였습니다. 피고병원은 원고의 호흡부전을 염려하여 기계 환기가 필요할 때 적극적으로 치료할 수 있도록 중환자실 입원을 권유하였습니다.

중환자실 내원 이후 원고의 호흡곤란상태가 악화되어 기도삽관 및 기관절개술을 시행하게 되었고, 피고병원은 원고가 기계 호흡을 통해 산소가 원활히 공급되도록 최선을 다 하여야 했습니다.

그러나 2011. 2. 12. 17:00경 피고병원은 원고의 기관절개관이 이탈된 것을 확인한 뒤 17:25경까지 기관절개관을 정확한 위치로 삽입하지 못하고 폐렴 및 결핵으로 염증과 부종이 심한 원고의 기관지를 여러 번 자극하였습니다. 결국 피고병원은 원고의 기도를 손상시켜 공기가 폐가 아닌 주변 조직으로 흘러들어가 상부 흉부부위에 기종이 발생되게 하였습니다.

피고병원은 원고가 외래 내원 당시 2010. 1. 31.경부터 결핵을 앓아 왔던 과거력과 폐렴이 상당히 진행되어 있던 것을 알고 있는 상태였습니다. 또한 사건 당일인 2011. 2. 12. 10:30경부터 맥박 130회(정상 60~80회), 호흡수 34회(정상 14~20회), 산소포화도 96%(이전 산소포화도는 98% 이상임)로 원고의 호흡상태가 불안정해지고 있음을 알 수 있었고, 15:30경부터 염증이 더욱 악화되어 호흡수가 29회(정상 14~20회)로 증가하고 염증을 나타내는 노란색의 객담이 배출되었던 당시 상황을 보면 피고병원은 충분히 원고의 기도가 염증과 부종으로 좁아진 것을 알 수 있었고, 침습적 시술인 기관절개관 삽입 시 평소보다 더욱 주의를 기울여야 올바른 위치에 정확히 삽입할 수 있다는 것을 예측할 수 있는 상태였습니다. 그러나 피고병원은 시술상 부주의로 인하여 두 번이나 기도 외로 기관절개관을 삽관함으로써 원고의 기도를 손상시킨 과실이 있습니다.

2. 경과관찰 해태

의료인이라면 기관 삽관을 적용한 환자들의 경우 그렇지 않은 환자보다 기관내 분비물이 많이 발생하기 때문에 가래흡인치료를 적절히 하여야 기도 확보가 되어 산소 공급이 원활히 되며, 분비물에 의한 이차감염을 예방할 수 있다는 것을 압니다. 피고 병원은 이러한 기초지식에 입각하여 환자의 호흡상태 및 가래 양상을 규칙적으로 확인하고 환자의 상태에 따라 적절한 가래 흡인처치를 시행하여야 했는데 이를 태만한 과실이 있습니다.

이러한 피고병원의 주의의무 위반으로 인해 원고는 사건 당일 10:30경부터 맥박 130회(정상 60~80회), 호흡수 34회(정상 14~20회), 산소포화도 96%(이전 산소포화도는 98% 이상임)로 호흡상태가 불안정해지기 시작했습니다. 이후라도 환자의 호흡 상태와 가래양을 확인하고 흡인처치를 적절하게 시행했다면 원고 상태가 악화되지 않았을 텐데 그 이후도 경과관찰을 소홀히하여 15:30경부터 원고는 의식이 혼미해지고 염증성 노란색 객담이 나오며 호흡 29회(정상 14~20회)로 상태가 더욱 악화되었습니다. 기관절개관내에 가래가 가득찬 상태에서 산소를 계속 투여하다 보면 가래는 말라붙게 되어있습니다. 결국 기관절개관이 매우 좁아져서 숨쉬기가 매우 어려워지자 원고는 매우 고통스러운 상태에서 침대에서 일어나려고 하는 등 매우 불안정한 상태를 보였습니다. 원고는 괴로움에 몸부림치다 결국 17:00경 기관절개관이 3cm정도 밀려나오게 되었습니다. 17:05경 간호기록지를 보면 기관흡입 팁이 들어가지 않았다는 기록이 있습니다. 피고병원이 뒤늦게 가래흡인을 하려 하였으나 이미 막힐대로 막혀버린 기관절개관으로 흡입 팁이 들어갈 리가 없었습니다.

또한 피고병원은 기관절개관 삽관 시 원활한 산소공급을 위하여 원고의 산소포화도 상태를 지속적으로 관찰하고, 저산소상태에 빠지지 않도록 적합한 처치를 시행하여야 함에도 불구하고 이를 지키지 않은 과실이 있습니다.

원고는 기관절개관 삽관을 시도했던 25분간 산소공급이 제대로 되지 못해서 저산소성 쇼크가 왔고, 심장마사지까지 시행 받게 되었습니다. 응급의학과 팀이 도착하고 심폐소생술을 시행하고 나서야 맥박수도 정상으로 돌아오게 되고, 17:45분경 응급의학과 의사에 의해 원고의 기관절개술이 시행되고 인공호흡기가 연결됨으로써 원고는 98% 이상의 적절한 산소포화도를 유지하게 되었습니다. 결국 원고는 기관절개관이 이탈 뒤 기관절개술이 시행되기까지 45분간 적절한 산소공급을 받지 못하였고, 이로 인해 회복할 수 없는 저산소성 뇌손상이 발생하였습니다. 저산소성 뇌손상으로 이후 원고는 경련이 지속되었고 현재까지 반혼수 상태로 의식이 없고 움직임조차 전혀 없는 상태입니다.

일반적으로 기관삽관술을 시행할 때 시술자는 환자의 저산소상태를 막기 위하여 기관내 삽관 전후 앰브배깅과 산소투여를 통해 90% 이상의 산소포화도를 유지합니다. 시술자가 정확한 기도위치를 찾아가며 기관절개관을 삽입하다가도 환자의 산소포화도가 90% 이하로 떨어지게 되면 시술을 멈추고 앰브배깅과 산소투여를 하는 것이 원칙입니다. 그러나 피고병원은 시술하면서 기관절개관을 통해 앰브배깅할 때 공기가 잘 짜여져 들어가지 않고, 청진시 호흡음을 듣지 못하는 등 기관절개관이 정확한 위치에 삽입되지 못한 것을 확인하였으나 원고의 원활한 산소공급에는 주의를 기울이지 못하여 산소포화도가 50% 이하로 떨어지게 만들었습니다.

결국 피고병원은 경과관찰 해태로 인하여 원고에게 적절한 산소공급을 하지 못했고, 회복 불가능한 저산소성 뇌손상을 입게 하였습니다.

3. 응급처치의 부적절성

피고병원은 호흡기내과에서 기도 염증과 부종으로 기관내 삽관 시도가 어렵다고 느꼈을 때 삽관 성공 여부를 신속하게 판단하여 마취과 혹은 응급의학과 등 난이도가 높은 기관내 삽관 시술이 가능한 지원팀에 연락하여 원고의 기도 유지 및 산소공급에 최선을 다하여야 함에도 불구하고 이를 신속하게 시행하지 않은 과실이 있습니다.

일반적으로 환자에게 기관내 삽관을 시도하던 중 환자의 기도가 붓고, 다음 시도시 환자의 기도 자극 및 손상이 예상되는 경우에는 마취과 등의 다른 부서에 연락하여 지원을 요청합니다. 그러나 이 건의 경우 2011. 2. 12. 17:00경 피고병원은 원고의 기관절개관이 3cm정도 밀려나온 것을 확인한 뒤 기관절개관을 재삽입했으나 잘못된 위치로 들어가서 원고의 기도를 손상시키고 산소포화도가 50%로 떨어졌는데도 불구하고 무리하게 기관절개관을 재삽입했고, 두 번째 시도도 잘못된 위치로 삽입되면서 원고의 맥박이 50회로 떨어지는 응급상태가 발생하였습니다. 그때서야 응급 심폐소생술을 위해 지원팀을 호출하였으나 피고병원 호흡기내과는 응급의학과팀이 도착하기 전 17:22경 무리하게 기관절개관 재삽입 시도를 함으로써 원고의 상태를 더욱 악화시켰습니다. 응급의학과 팀이 도착하고 17:45경이 되어서야 기관절개술이 시행되고 인공호흡기가 연결되었습니다.

사건 당일 10:30경부터 맥박 130회(정상 60~80회), 호흡수 34회(정상 14~20회), 산소포화도 96%(이전 산소포화도는 98% 이상임)로 원고의 호흡상태가 불안정해지고 있음을 알 수 있었고, 15:30경부터는 의식이 혼미해지고 염증성 노란색 객담이 나오며 호흡 29회(정상 14~20회)로 상태가 더욱 악화되어 원고의 원활한 산소공급을 위해 적절한 유지가 필요한 상태였습니다. 따라서 17:00경 원고의 기관절개관이 이탈되고 기관흡입 팁이 들어가지 않을 정도로 환자의 상태가 안 좋다면 원고의 저산소 상태를 예방하기위해 신속하게 기관 삽관을 성공하고 적절한 산소포화도를 유지시키기 위한 최선의 판단을 하여야 함에도 불구하고 이를 지체하였습니다. 그리하여 원고는 기관절개관 이탈 후 45분이나 저산소상태가 지속되어 심각한 뇌손상을 입게 되었습니다.

결국 피고병원은 원고의 기도확보가 최대한 빨리 필요한 응급상황에서 적절한 산소공급을 위한 기도 확보를 위한 판단 및 처치를 지연함으로써 원고를 저산소성 뇌손상을 입게 한 과실이 있습니다.

4. 소 결

따라서 피고병원은 기관절개관 삽관 시 다른 조직의 손상 없이 정확한 위치에 삽입하여 발생 가능한 합병증을 예방했어야 함에도 불구하고 시술시 부주의로 인하여 원고의 기도를 손상시키고, 적절한 경과관찰 해태 및 응급처치 지연으로 저산소 상태에 빠뜨려 심각한 뇌손상에 이르게 한 과실이 있습니다.

≪관련 의학지식을 통한 입증≫

1. 호흡부전 예견

피고는 원고가 고령, 폐렴, 결핵 등의 호흡기계 질환자로 호흡부전 등이 올 수 있다는 것을 예견하고 있었습니다(갑 제6호증 참조).

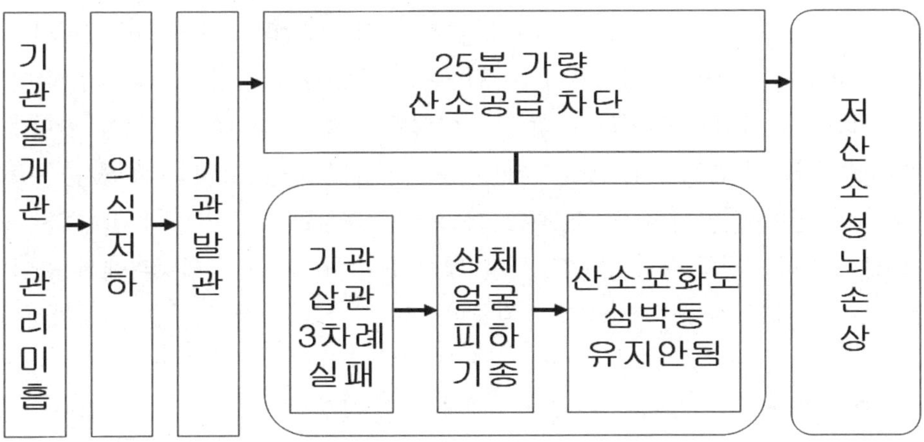

[그림 1] 갑 제6호증 2011. 2. 1.경 경과기록지

> 현재 폐렴, tb dysroyed lung, hypoxia 로 repiratory failure 올 가능성이 매우 높아 ICU 로 입원하여야 함도 설명 드린 상태.
>
> 번역>
> 현재 폐렴, 결핵 파괴된 폐, 저산소로 호흡부전 올 가능성이 매우 높아 중환자실로 입원하여야 함도 설명드린 상태

원고는 피고에게 현재 상태에 대한 설명과, 현재는 나빠보이지 않으나 매우 위험할 수 있고, 기계호흡이 필요하다는 설명을 들었습니다. 원고는 저산소증에 노출되는 것을 막고, 위험한 응급상태가 발생되는 것을 예방하기 위해 피고의 치료지침을 따랐습니다.

2. 호흡부전 유발

피고는 가래흡인을 제대로 실시하지 않아 원고의 기도확보 및 산소공급에 문제를 발생시켜 호흡부전을 유발시킨 과실이 있습니다.

기관절개술을 하면 튜브라는 이물질이 기도로 들어가기 때문에 생리적으로 가래가 많이 생깁니다. 기관절개술을 실시한 환자들은 그렇지 않은 환자에 비해 산소포화도를 자주 모니터링하고 흡인간호를 시행하여야 합니다. 흡인치료는 몇 시간 간격으로 시행해야한다는 기준이 있는 것이 아니며, 환자의 상태에 따라 시행하게 됩니다.

특히 환자가 객담량이 많아지거나 호흡곤란을 호소하거나 산소포화도가 떨어지는 양상을 나타내면, 흡인을 시행하고 양상이 어떻게 변화되는지 확인하여야 합니다. 그러나 피고는 환자가 2. 12. 10:30경부터 호흡수가 34회/분(정상 14~20회/분 이하)으로 빈호흡 증상이 나타나며, 산소포화도가 SpO2 96%(평소 98%~100% 측정됨)로 떨어지고, 노란색객담이 나오고, 명료했던 의식이 혼미해지면서 침상위에서 불안정한 모습을 보이는 데도 불구하고 피고는 원활한 산소공급을 위한 처치를 시행하지 않았습니다.

일반적으로 원고처럼 기도유지가 불안정해질 경우 산소포화도측정, X-ray검사, ABGA(동맥혈가스분석검사) 등을 측정하여 원인을 파악한 뒤 기도흡인, 검사결과에 따른 산소투여 증감, 흡입치료, 진해제 및 항생제 등의 약물처방 등을 시행하고 환자의 의식, 활력징후, 객담양상, 산소포화도 및 ABGA 결과 변화 X-ray검사결과 등을 확인합니다.

그러나 피고는 이러한 경과관찰에 따른 치료를 시행하지 않았습니다. 결국 피고의 태만한 진료행위로 인하여 원고의 기도는 객담으로 가득차고 부종이 악화되어 산소포화도가 떨어지고 맥박이 촉지되지 않게 된 것입니다.

3. 기관절개술 후 T-tube관리 미흡

(1) 예견 가능한 기관절개술의 합병증

기관절개술을 시행할 경우 수술부위 출혈 및 감염, 주변조직 손상, 피부 및 공기증이 생길 수 있으며, 튜브가 점액이나 피딱지에 의하여 막히거나 빠질 수 있습니다. 따

[그림 2] 기관절개술의 합병증

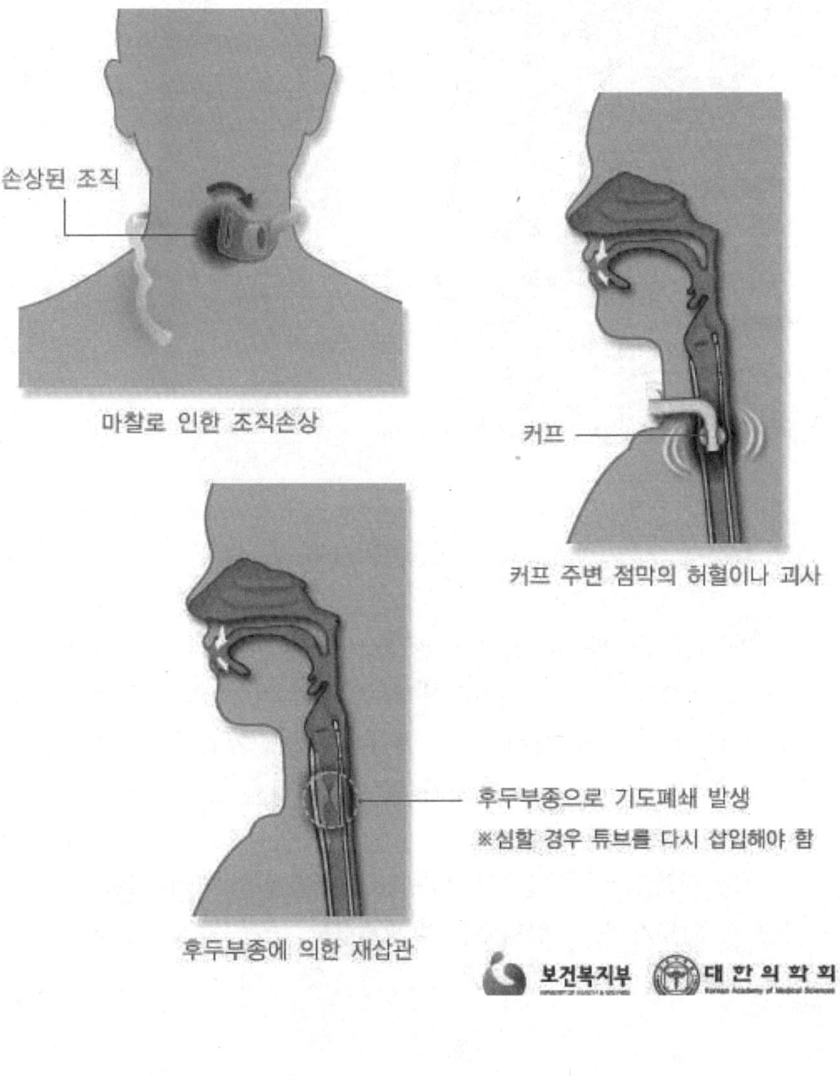

라서 수술 후에는 지속적인 흡인을 하여 가래 등은 빼주어야 하며, 특히 수술 후 수일 36시간 이내에 T-tube가 빠지게 되면 재삽관을 하는 것이 어려울 수 있으므로 수술직후에는 각별한 주의가 필요합니다.

T-tube가 빠지지 않도록 하기 위해선 기관지 절개술 후 [그림 3]과 같이 T-tube를 기관에 고정시키기 위해 커프에 공기를 충분히 넣어 빠지지 않도록 하고 고정끈으로 흔들리지 않게 묶어야 합니다.

[그림 3] T-tube의 고정방법

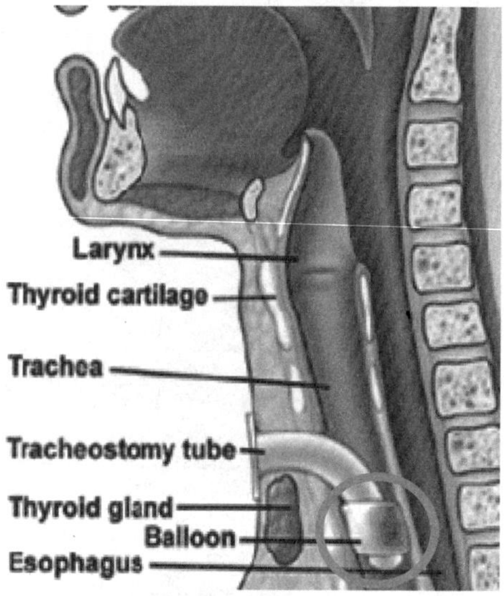

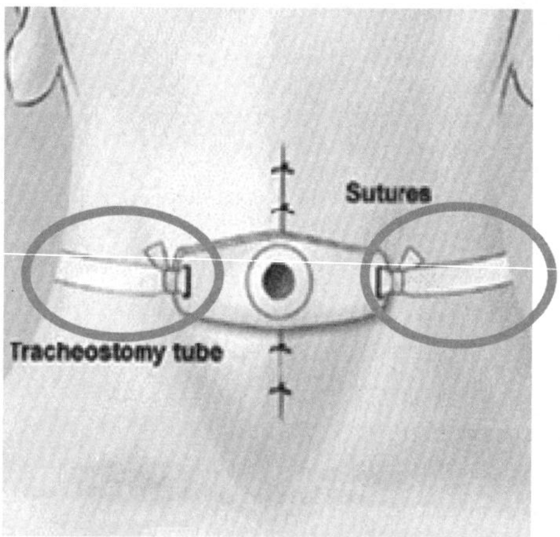

T-tube의 고정 여부는 기관절개술 시술 후 초기에는 더욱더 유념하여 관찰하여야 합니다.

또한 처음 2~3일 간 T-tube안의 내관을 1~2시간마다 꺼내 소독하여 마른 점액에 의해 튜브가 폐쇄되는 것을 방지하여야 합니다. 처음 몇 일동안은 기관-기관지 분비물이 증가하므로 되도록 분비물로 인한 감염이나 기관지가 막혀서 폐의 일부에 공기가 전혀 들어가지 못하는 상태를 막기 위하여 가래제거를 자주 시행하여야 합니다.

(2) T-tube를 발관시킨 과실

그러나 피고는 위와 같이 합병증발생과 T-tube발관을 막기 위한 주의의무를 다하지 않아 시술 후 기도가 붓는 합병증을 발생시켰고, 고정을 제대로 하지 않아 T-tube를 발관시킨 과실이 있습니다.

환자가 호흡곤란으로 진정하지 못하고 움직이는 상태에서 T-tube가 밀려나왔습니다.

[그림 4] 갑 제6호증 2011. 2. 12. 간호기록지

진정되지 않음.

일어나려고 하면서 T-tube 3cm가량 밀려나옴.

진료기록에서도 확인할 수 있듯이 T-tube는 환자가 손으로 뽑아내서 발관된 것이 아니라 일어나는 도중 빠지게 된 것입니다. 이는 피고가 T-tube를 일어나는 동작에도 빠져버릴 정도로 고정을 제대로 하지 않았다는 것을 의미합니다.

원고는 기관절개술을 2011. 2. 10. 12:30경 시술하는 바, 기관절개술을 시술한지 이틀밖에 되지않은 시점이었습니다. 기관절개술은 시술후 36시간동안은 기도폐색과 기도부종이 생기지 않도록 흡인치료를 실시하고, T-tube가 빠지지 않도록 특히 주의를 요하여야 하는 바, 피고는 이러한 주의의무를 다하지 않은 것입니다.

4. T-tube 재삽관 시술상 과실

기관절개술을 시술한 뒤 이틀만에 T-tube가 발관되었다면 재삽입의 어려움을 예측하고, 호흡부전은 막기위해 크기가 작은 T-tube를 신속하게 삽입하여야 합니다. 그러나 피고는 T-tube재삽입과 기관내삽관을 여러번 실패하면서 원고를 저산소상태에 빠뜨린 과실이 있습니다.

피고는 원고에게 기도 및 기관절개관 삽관을 시행함에 있어서 5번 가량의 시도를 하였습니다. 피고의 기관내삽관 및 기관절개관삽관 시도를 정리해 보면 [표 1]과 같습니다.

[표 1] 2011. 2. 12.경 기도 및 기관절개관 삽관 시도

시간	삽관 종류	성공 여부
17:05	기관절개관	실패 – 흡인용 tip 들어가지 않음.
17:15	기관절개관	실패 – 청진시 호흡음 들리지 않음.
17:20	기관내삽관	실패 – 이를 악물어 벌어지지 않음.
17:22	기관내삽관	실패
17:25	기관내삽관	실패
17:35	기관절개관	성공 – 흡인용 tip 잘 들어감

기관내삽관은 [그림 5]와 같이 구강을 통해서 기도 내에 튜브를 삽입하는 방법을 의미합니다.

[그림 5] 기관내삽관

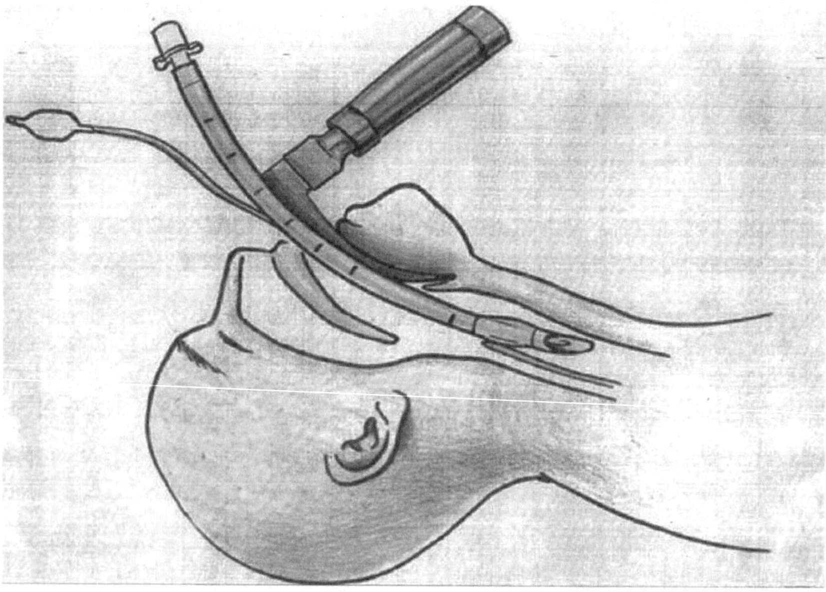

기관내삽관에 사용되는 E-tube는 T-tube보다 길이도 훨씬 길기 때문에 기관절개술이 시행된 상태라면 T-tube를 재삽입하는 것이 신속합니다. 그러나 피고는 기관내삽관을 세 번이나 실패하면서 기도부종을 더 악화시키고 저산소상태에 빠지게 만들었습니다.

피고의 잘못된 기도삽관은 흡인용 tip이 들어가지 않고, 청진시 호흡음이 들리지 않으며, 시술 후 상체와 얼굴에 기종이 발생된 것을 통해서 확인할 수 있습니다. 상체와 얼굴에 기종이 발생된 것은 의무기록을 통해서도 확인할 수 있습니다.

따라서 잘못된 부위의 기도 및 기관절개관 삽입으로 상부 흉복부 부위로 기종이 생기고, 폐로 산소공급이 안되어 저산소성 뇌손상이 발생되었으므로 피고는 이에 대해 책임을 져야 마땅하다 할 것입니다.

[그림 2] 갑 제6호증 진료기록부

2011-02-12	17:35	HR 170대 check 됨. E-tube ambu bagging 중임. T-stomy 준비함. 상체와 얼굴 emphysema 보임

2011-02-12	17:35	심박동수 170대 측정됨. 기도관 앰브배깅 중임. 기관절개술 준비함. 상체와 얼굴 기종보임.

5. 응급처치의 지체

환자가 기도유지불능으로 기관내삽관 또는 기관절개관 삽관시 원활한 산소공급을 위하여 산소포화도 상태를 지속적으로 관찰하고, 저산소상태에 빠지지 않도록 적합한 처치를 시행하여야 함에도 불구하고 피고는 이를 지키지 않은 과실이 있습니다.

피고는 기관절개관이 발관되었던 17:00경부터 20분가량 산소공급을 제대로 하지 못해서 저산소성 쇼크가 왔고, 심장마사지까지 시행하게 되었습니다. 심장마사지를 시행했던 시간부터 17:50경까지도 산소포화도는 50~60%로 측정되었으므로 약 50여분가량 원고는 저산소상태에 놓이게 되면서 현재의 뇌손상이 발생된 것입니다. 기관절개관이 발관된 때부터 기관절개관이 정확한 위치에 삽입되기까지 산소포화도를 정리해보면 [표 2]와 같습니다.

[표 2] 2. 12.경 응급상황시 산소포화도 변화

시간		산소포화도
17:00	기관절개관 3cm밀려나옴.	57%
17:15		50%
17:33		50~60%
17:45	기관절개술시행, 인공호흡기 연결	
17:50		98%

[표 2]에서와 같이 환자는 17:00경부터 산소포화도가 57%로 매우 위급한 상황이었으나 산소포화도는 17:15경과 17:33경 두 차례 밖에 시행하지 않았습니다. 산소포화도가 낮으면, 산소를 투여하고 산소포화도가 정상범위로 측정되면 그 다음 기관삽관을 시행했어야 하나 그러한 주의의무를 지켰다는 기록이 전혀 없습니다. 또한 ABGA를 통하여 원고의 혈액속에 얼마만큼의 산소가 녹아 있는지, 검사결과에 따라 산소투여는 얼마만큼 하여야 하는지 등의 처치를 아무것도 시행하지 않은 것입니다.

또한 재삽관하는데 걸린 기간이 50분 가량 길어진 이유도 피고가 삽관하는 부위를 잘못 선정한데 있다고 할 것입니다. 원고는 이미 기관절개관을 가지고 있었는데 두 번 정도 기관절개관 변경이 실패하지 삽관용 튜브를 절개부위가 아닌 입으로 삽입하려고 하였습니다. 결국 세번의 시도가 실패하고 나서야 기관절개를 다시 시행하여 인공호흡기를 연결하게 되었습니다. 처음부터 기관절개술을 시행하여 산소공급이 되었다면 원고가 저산소 상태에 놓인 시간이 줄었을 것입니다.

6. 소 결

따라서 피고는 기관지 절개술 후 주의의무를 다하지 않아 원고의 기도가 막혀버려 호흡부전을 발생되게 한 점, T-tube를 제대로 고정하지 않아 발관되게 한 점, T-tube 재삽입과 기관내삽관의 실패로 기도부종을 악화시키고 저산소 상태에 빠지게 한 점, 응급처치 시 산소포화도유지 등 적절한 산소공급을 시행하지 않은 점 등을 비추어 볼 때 피고의 태만한 의료처치로 인하여 원고가 입원전에는 없었던 저산소성 뇌손상을 입게 되었으므로 이에 대해 책임을 져야 할 것입니다.

≪원 · 피고 주요쟁점≫

쟁 점 안	원 고	피 고
경과관찰 해태	– 가래흡인 규칙적으로 시행 안하여 응급상황 발생	– 결핵성 파괴폐 및 폐렴, 만성호흡부전증의 악화로 중환자실에서 치료하였으나 치료에 반응보이지 않음. – 환자상태의 악화로 발생된 것으로 인과관계가 단절됨.
시술상 과실 (기도삽관 위치 잘못됨)	기관내 삽관 위치 잘못 – 기도손상 : 상부 흉복부 부위 기종 – 폐에 산소공급안되어 저산소성 뇌손상 발생	

응급처치의 부적절성	- 기도 염증과 부종으로 기관삽관 어려울 때 신속하게 판단하여 지원팀에 연락했어야 하나 안함. - 지원팀 호출하는데 25분 걸림으로써, 산소포화도가 낮은 상태가 수십분 유지됨=산소포화도 측정기록이 기관지삽관 중간, 기관지삽관 후 두 번밖에 없음.	- 응급상황 발생 뒤 산소 포화도 저하로 기관내삽관과 인공호흡기 연결함. - 재삽관과정중 당직의 도착 지연 안됨. - 환자 협조 안함 : 의사 4명이 시도하였으나 환자가 이를 악물고 협조 안해 결국 맥박이 촉지되지 않음. - 기도부종으로 기도 잘 형성되지 않음.

≪1심 판결≫

1. 피고의 과실

『진료상 과실과 인과관계
… 원고가 기관절개술을 마친지 48시간도 지나지 않은 시점에 원고의 목에서 기관절개관이 밀려나온 이상, 피고병원 소속 담당의 채○○에게는 기관절개관을 삽입하는 것이 개구부를 찾지 못하여 치명적인 위험이 발생할 수 있어 부적절함에도 불구하고 만연히 기관절개관을 다시 밀어넣었다가 여의치 않자 빼내어 새로운 기관절개관을 삽입하려다가 실패하고, 위와 같이 기관절개관이 빠져 나올 경우 적절하다고 보이는 기관내삽관을 충분히 행할 수 있도록 도움을 줄 수 있는 숙련된 의사를 부르지 않고 혼자 기관내삽관을 시도한 끝에 이도 실패하는 한편, 그 와중에 시간을 지체하여 피고병원 의료진들이 원고에게 적절한 응급조치를 뒤늦게 시행하도록 한 진료상 과실이 있고, 이로 인하여 원고가 저산소증 상태에서 회복되는 것이 약 20분가량 지연됨으로써 원고에게 저산소성 뇌손상에 따르는 의식장애와 사지마비 및 강직 등의 장애가 발행하였다고 할 것이다.』

2. 인과관계

과실과 인과관계를 같이 판단하고 있음.

3. 인용금액 : 2억 4천만 원

4. 피고의 책임비율 : 75%

≪관련 판례≫

1. 대전지방법원 2007. 12. 12. 선고 2006가합7574 판결

발열 및 기침으로 폐렴 및 세기관지염을 진단받고 입원한 소아가 의식소실 및 전신 청색증이 발생했는데 소아과 전공의에게 알리기만 하고 이에 대한 응급처치를 지연시키고 잘못된 기관삽관으로 저산소성 뇌손상을 입게 된 사건에 대하여 법원은…,

『위 인정사실에 나타난 바, ㉮ 채권자가 청색증을 일으킬 당시 산소포화도가 78%였고, 그 이후 정확한 산소포화도가 제대로 측정되지 않았으며, ㉯ 그 때 특별한 열이나 경련이 없었고, ㉰ 채권자는 그 전에 해열제를 먹은 후 구토를 하고 보챘으며, ㉱ 김○○이 간호사로부터 호출을 받고 현장에 도착하였을 때 채권자의 입안에 구토물이 있었고 개구개(airway)가 물려있지 않았으며, ㉲ 그 때까지 간호사들이 한 조치는 채권자에게 신체징후를 측정하는 기구를 부착하고 산소를 공급하는 것밖에 없었으나, 당시 채권자의 심박수는 0 상태로 이미 임상적 사망 상태에 이르렀고, ㉳ 채권자가 청색증을 일으킨 장소는 채무자 병원의 응급실 안에 위치한 입원대기실로서 당시 채무자 병원 응급의학과 실장인 양○○가 입원대기실 바로 앞에 있었던 점 등의 사정을 종합하면, ① 채권자는 해열제 복용 후 발생한 구토 증상으로 인하여 이물질이 기도를 폐쇄함으로써 저산소증으로 인한 청색증의 현상이 일어났던 것으로 판단되고, ② 이 경우 채무자 병원 의료진들로서는 채권자에게 즉시 산소를 공급하여야 하며, 그럼에도 불구하고 산소포화도가 90% 이상으로 올라가지 않는다면, 불과 몇 분이라는 짧은 시간의 경과로도 생명을 잃거나 중대한 장애를 일으킬 수 있으므로 이를 급박한 응급상태로 단정하여 지체 없이 기본소생술인 가슴압박을 시행하고, 앰브배깅을 통한 인공호흡 및 기관삽관을 시도하였어야 함에도 불구하고, 처음 이를 발견한 간호사들이 소아과 의사를 호출하는 것 외에 심폐소생술을 위한 어떠한 조치도 취하지 아니한 채 10분 가까이 방치하여 필요한 처치가 지연된 잘못이 있다. 또한 채권자에 대한 기관 삽관은 2006. 4. 18. 14:23경 이루어졌고, 채권자에 대한 흉부사진은 2006. 4. 18 14:47경 촬영되어 기관 삽관 튜브가 우기관지에 위치한 것이 확인되었다. 기도삽관이 주기관지를 지나 우기관지에 위치하는 경우 삽관되지 않은 폐의 허탈이 발생하여 이로 인한 저산소혈증이 발생할 수 있는 점에 비추어 볼 때, 채무자 병원 의료진은 채권자에 대한 기관 삽관 후 즉시 그 정확한 위치를 확인하였어야 함에도 불구하고, 그 확인이 늦은 결과 산소가 우측 폐로만 공급되게 하여 채권자의 저산소증을 더욱 심화시킨 잘못이 있다.』

라고 판결하였습니다.

2. 수원지방법원 안산지원 2011. 12. 1. 선고 2009가합7523 판결

충수돌기 수술 중 기관내 삽관을 시도하였으나 구토물 등으로 인해 2회에 걸쳐 삽관에 실패하여 수술을 받고 난 후 저산소성 뇌손상으로 인하여 지적장애 3급 상태가 된 사건에 대하여 법원은…,

『채권자 이○○이 수술이 시작되기에 앞서 유치원 교사가 채권자 김○○에게 밥을 먹인 것 같다고 밝혔으므로, 위 채무자들은 채권자 김○○에게 수술 전 금식 상태가 확보되지 아니하였고, 식사량 등에 대한 채권자 이○○의 진술 또한 전문(傳聞)에 불과하다는 점을 충분히 고려했어야만 한다. 그럼에도 불구하고 채무자 김○○, 김○○은 구토물이 있더라도 흡인 등을 통해 쉽게 대처할 수 있으리라는 생각으로 수술을 위한 전신마취를 강행하여 채권자 김○○으로 하여금 수술 전 마취유도제 주사후 기관삽관을 하기 전에 구토를 일으키게 하고, 이후 구토물 등으로 인하여 기관삽관에 실패하고 다시 기관삽관을 실시하는 등 총 3회에 걸쳐 기관삽관을 실시하는 과정에서 약 8분간 채권자 김○○에게 산소가 제대로 공급되지 않게 한 과실이 있다 할 것이고, 그 이후 채권자 김○○에게 저산소성 뇌손상이 발생한 이상, 위 과실과 채권자 김○○에게 발생한 장애 사이에는 상당인과관계가 추정된다 할 것이다.』

라고 채무자의 과실을 인정하였습니다.

12. 유방확대수술을 하면서 상완신경총 손상을 입힌 사건[190)]

≪사건 개요≫

• 원고 윤○○(여, 40세) / 피고 ○○성형외과

※ 사건 경과

(1) 유방확대술(재수술) → 상완신경총 손상 → 불완전 상지마비

(2) 코 수술(재수술) → 코뼈 부러짐, 실리콘 제대로 고정 안됨(통증, 시림)

날 짜 (2011)	증 상 및 상 태	검 사 및 처 치	비 고
9. 27.	1차 유방확대술 이후 오른쪽 가슴이 왼쪽보다 위로 올라간 상태	전신마취하 2차 유방확대술 시행 (겨드랑이 절개법)	프로포폴, 미다졸람, 항생제 투여
9. 28.	왼쪽 팔 힘이 안 들어감, 수술부위 배액관 3번 정도 비움.	수술부위 소독후 붕대 감음. 항생제 투여	
9. 29.	왼쪽 팔 움직이지 못함.	수술부위 소독후 붕대 감음. 항생제 투여, 수술부위 배액관 제거하고 봉합	
9. 30.		전신마취하, 2차 코 수술 시행	사진촬영(+)
10. 1.		코 부위 소독, 항생제 투여, 유방수술부위 붕대 다시 감음. 겨드랑이 부위 소독	
10. 4.		겨드랑이 부위 소독, 연고 바르고 항생제 투여	겨드랑이 부위 실밥 풀지 않음.
10. 5.	왼쪽 가슴 밑 물 차 있음.	왼쪽 가슴 밑 물 뺌, 항생제 투여	
10. 6.		유방 수술부위 소독, 왼쪽 가슴 밑 물 30cc 빼냄, 겨드랑이 실밥 풀기, 항생제 투여	
10. 7.		왼쪽 가슴 밑 물 30cc 빼냄, 유방 및 코 부위 소독, 항생제 투여	
10. 10.	유방 물 차지 않음.		
10. 11.		○○성형외과 옆 김○○ 통증의학과에서 유방부위 고주파치료, 마사지 시행	

190) 수원지방법원 2012가합641 조정.

10.15.	통증 심함.	고주파, 마사지, 운동치료	
10.17.	좌측 팔 운동장애 지속	고주파, 마사지, 운동치료	
10.24.	콧등 주변 붉음		

―― 2009. 10. 27.경 분당○○여성병원에서 같은 허○○의사로부터 1차 유방확대술, 코 수술 시행 받음.

―― 겨드랑이 절개법 : 겨드랑이 주름을 따라 4~5cm의 길이로 절개. 절개흉터가 눈에 띄지 않는 장점. 수술부위와 절개부위가 멀어 보통 수술기구를 이용하여 무디게 박리하여 주머니를 만들게 되는데 이 과정에서 출혈이 잘 발생하며 지혈이 어려움. 보형물이 들어갈 주머니가 비대칭이 될 수 있음.

―― 2011. 2. 10.경 양재동 ○○클리닉에서 코 수술 시행 받음(콧등에 실리콘 삽입, 오른쪽 귀 연골 코끝 삽입).

―― 2011. 4. 13.경 실리콘 부작용으로 실리콘 제거술 시행 받음.

≪소장에서 주장하는 피고의 과실≫

1. 시술상 과실

(가) 유방확대술시 상완신경을 손상시킨 과실

일반적으로 상완신경총이란 경추에서 나와서 상지로 가서 운동과 감각 등을 담당하는 신경들이 목 아래 부분에서 겨드랑이까지 뭉쳐있는 부분을 말합니다. 이 신경다발이 여러 가지 원인에 의해서 손상되었을 경우 팔의 기능인 운동과 감각이 마비되는 상완신경총 손상이 발생합니다. 이 건과 같이 유방확대술시 겨드랑이 절개방법으로 시행할 경우 수술부위와 절개부위가 멀어 수술기구를 이용하여 박리할 때 신경손상이 유발될 수 있으므로 주의하여 시술하여야 합니다.

그러므로 피고 2는 원고에게 유방확대술을 시행할 당시 겨드랑이 절개방법 이외에 여러 가지 절개방법의 장단점을 고려하고, 겨드랑이 절개방법으로 시행할 때 위치상 신경손상이 유발되지 않도록 수술기구를 정확한 부위에 위치하도록 주의 깊게 조작해야 할 주의의무가 있습니다. 그러나 피고 2는 원고에게 유방확대술을 시행하기에 앞서 어떤 절개방법으로 시행할 지 전혀 고려하지 않았고, 겨드랑이 절개방법으로 시행하면서 수술기구 조작을 제대로 시행하지 않아 수술당시 원고에게 상완신경총 손상을 유발한 과실이 있습니다.

원고는 상완신경총 손상으로 인하여 거주지가 아닌 제주도에서 오랜 기간 생활하면서 재활치료를 시행 받았으나 전혀 마비가 호전되지 않았고, 이에 현재까지 생계를 책임지고 있는 상황에서 일도 하지 못한 채 심신이 허약해져 정신적, 육체적, 금전적으로 막대한 피해가 발생한 상태입니다.

(나) 코 수술 시 코뼈 손상 및 실리콘을 제대로 고정하지 않은 과실

원고는 이전에 코수술을 시행 받았고, 실리콘 부작용으로 삽입된 실리콘을 제거하는 수술을 받은 기왕력이 있는 바, 이에 대해 피고 2에게 "현재 실리콘이 없는 상태다. 원래 코가 높으니 콧대는 그대로 두고, 코끝만 교정해 달라."고 충분히 설명하였습니다. 또한 원고는 코수술까지 시행 받을 생각이 전혀 없었으나, 피고 2로부터 유방확대술을 시행 받은 이후 발생한 상지마비로 제주도에 좀 더 체류해야 되는 상황이었고, 코 재수술을 하도록 적극 권유하면서 어렵지 않은 수술이라 설명하여 코끝만 교정해달라고 요구한 것입니다.

그렇다면 피고 2는 원고에게 코수술을 시행함에 있어서 코뼈를 손상시키지 않아야 하고, 원고가 원했던 코끝만 귀연골을 사용하여 교정하는 수술을 시행하여야 할 주의의무가 있습니다. 그러나 피고 2는 원고에게 코수술 시행당시 실리콘이 없는 원고의 콧등 부위에 도구를 이용하여 긁어내고, 코뼈를 치다가 코뼈를 부러뜨리고 이를 감추기 위해 낮아진 원고의 코에 실리콘을 삽입하였을 뿐만 아니라 실리콘을 제대로 봉합하지도 않은 채 수술을 마친 과실이 있습니다.

이로 인하여 원고는 수술 이후 코에 이물감 및 통증이 심화되었고, 콧등이 점점 검붉은 색으로 변하여 현재까지 색깔이 변한 상태이고, 제대로 고정되지 않은 실리콘이 밑으로 점점 내려와서 코끝이 뾰족해지는 등의 악결과가 발생하였습니다. 원고는 다른 성형외과를 다니면서 코 부위의 재수술을 상담하였으나, 어느 성형외과에서도 이미 망가진 원고의 코를 수술해주려 하지 않고 있습니다. 이에 원고는 현재 실리콘을 제거하지도 못하여 미용상의 문제뿐만 아니라 코 부위의 통증과 시린 증상으로 고통받고 있습니다.

2. 검사 및 처치 미실시 과실

(가) 수술 전 검사 및 처치 미실시 과실

피고 2는 원고에게 유방확대술 및 코수술을 시행하기에 앞서 방사선검사, 외관 사진촬영, 혈액검사, 심전도검사, 활력징후 측정 등의 수술 전 검사를 시행한 뒤 수술해야 할 주의의무가 있습니다. 또한 원고는 이미 피고 2로부터 1차 유방확대술을 시행받았고, 타병원에서 코 수술도 시행 받은 상태로 재수술이기 때문에 수술 전 방사선

검사를 시행하여 수술부위 위치를 정확하게 파악하고 주의 깊게 수술하여야 함에도 불구하고 어떠한 검사도 시행하지 않았습니다. 이로 인하여 피고 2는 원고의 상태를 정확히 파악하지도 않은 채 침습적인 수술을 시행하였고, 무리한 시술을 시행하여 원고에게 상완신경총 손상으로 인한 상지마비 및 코 부위 부작용을 유발하였습니다. 따라서 피고 2는 원고에게 유방확대술 및 코수술 전 어떠한 사전검사도 시행하지 않은 채 수술을 강행한 과실이 있습니다.

(나) 수술 후 검사 및 처치 미실시 과실

피고 2는 원고에게 유방확대술을 시행하고 원고가 마취에서 깨어난 직후부터 상지마비 증세가 발현되었으므로 신경손상 여부를 즉각적으로 검사하여 진단하고 적절한 재활치료를 시행하거나 타 병원으로 전원 조치하여 진단적 검사 및 적절한 치료를 시행 받을 수 있도록 해야 할 주의의무가 있습니다. 그러나 피고 2는 원고에게 유방확대술 이후 발생한 상지마비 증상에 대하여 대수롭지 않게 여기며 몇 일후면 괜찮아질 것이라고 원고를 안심시키는 말만 할 뿐, 상완신경총 손상 여부를 정확히 파악하기 위한 어떠한 이학적 검사, 근전도 검사 등의 진단적 검사도 시행하지 않은 과실이 있습니다. 이로 인하여 원고는 조기에 근전도 검사를 통하여 수술 후 발생한 상완신경총 손상으로 유발된 상지마비 상태에 대하여 정확히 진단 받지 못하였고, 적극적인 재활치료를 조기에 시행 받지 못하였습니다. 단지 피고 1이 운영하는 '김○○ 통증의학과'에서 보름이 넘어서야 형식적인 운동치료만 받았을 뿐입니다.

또한 피고 2는 원고에게 코수술을 시행한 이후 발생한 코 부위 이물감, 통증, 시린 증상, 실리콘이 제대로 고정되지 않아 아래로 밀려 내려오면서 코끝이 뾰족해지는 이상소견이 발생하였으므로, 이에 대하여 즉각적으로 방사선 검사를 시행하거나 큰 병원으로 전원 조치하여 진단적 검사를 시행 받고 치료받도록 해야 할 주의의무가 있음에도 불구하고 이를 시행하지 않은 과실이 있습니다. 결국 원고는 코수술 후 위와 같은 부작용으로 인하여 현재 실리콘 제거술도 시행 받지 못하고, 실리콘이 밀려 내려와 코끝이 뾰족해지고 있음에도 불구하고 아무런 조치도 취하지 못하고 있는 상태입니다.

≪관련 의학지식을 통한 입증≫

1. 인과관계

가. 인과관계 인정법리

환자측에서는 일응의 증명이론에 따라 인과관계를 인정받기 위해서는 ① 의료행위의 미숙, ② 의료행위와 결과와의 시간적 근접성, ③ 장소적·부위적 근접성, ④ 일반적 통계적 인과관계, 의료행위의 양과 결과발생률, 의료행위의 내용과 결과발생률, ⑤ 자해행위 등 타 원인의 불개입 등을 주장·입증하면 일응 의사의 과실이 증명된 것으로 간주받게 됩니다.[191] 이때 의사인 피고는 일응의 추정을 번복할 수 있는 반증을 제출하여야 면책이 됩니다.

영미법에 있어서 일응의 증명이론(res ipsa loquitur : 존재하는 그 자체가 증명한다), 독일법에 있어서 표현증명이론(Anscheinsbeweis) 등이 있습니다.

의료사건에서 ① 그 사태가 누군가의 과실이 없다면 통상 일어나지 않고, ② 그것이 의사인 피고가 전적으로 지배하는 곳에서 생긴 것이고, ③ 그것이 환자측의 행위에 의한 것이 아니라는 것이 입증된 경우에 인과관계를 추정하고 있습니다.

나. 원고의 자격 등

피고 2는 다음 [도표 1]과 같이 성형외과 전문의 자격이 없습니다(2013. 1. 18.자 복지부 사실조회 회신문).

[도표 1] 비전문의

성명	주민등록번호	면허종별	면허번호	취득일자	전문의취득여부
허	60	의사	46	1992.03.10	없음

그나마 다음 [도표 2]와 같이 2002. 6. 7.경 의사면허가 취소되어 3년간 쉬다가 2005. 6. 16.경 재교부를 받았습니다(2013. 1. 25자 복지부 사실조회 회신문).

[도표 2] 면허취소기간

순번	처분종류 (처분기간)	처분사유	면허증 재교부여부 (재교부일자)	비고
1	면허취소 (2002.06.07.~2005.06.16)	무자격자로 하여금 의료행위를 하게 함 (징역1년, 집행유예 2년)	○ (2005.06.17.)	
2	경고 (2009.09.09.)	진료기록부 미서명		

191) 唄 孝一·宇都木 伸·平林 勝政 編, 醫療事故判例百選 237면, 有斐閣, 1989.

다. 이 건의 적용

원고는 이 건 수술 이전에 상지마비증상이나 코에 어떠한 이상 증후도 없었습니다.

① 피고 2가 성형외과수술을 제대로 할 수있는 자격이 없고, 장기간 면허취소와 자신감 상실로 미숙한 수술을 할 개연성이 있고(의료행위의 미숙),

② 수술전 정상이든 양측상지와 코에 수술직후부터 마비증상, 이물감과 변색이 발생하고(의료행위와 결과와의 시간적 근접성),

③ 이 건 장애는 수술부위와 일치하고(장소적 · 부위적 근접성),

④ 유방확대술시 시술자의 부주의로 인한 상완신경총 손상과 융비술시 이물감, 변색, 시린감 등은 의학계에서 발생가능한 부작용이라는 점은 공지의 사실이고(일반적 통계적 인과관계, 의료행위의 양과 결과발생률, 의료행위의 내용과 결과발생률, 의료행위와 생체반응의 생물학적 관련),

⑤ 이 건 장애가 원고의 자해행위 등으로 인하여 발생된 것이 아닙니다.

원고는 이 건 유방확대술과 코수술 후 각각 상완신경총 손상으로 인한 상지마비장애와 코끝 뾰족감과 변색 등의 추상장애를 입었습니다.

영미법상 이론에 의하더라고 역시 인정됩니다.

① 이 건 장애는 집도의사인 피고 2의 과실이 없다면 통상 일어나지 않고, ② 그것이 집도의 피고 2가 전적으로 지배하는 수술실에서 생긴 것이고, ③ 그것이 환자측은 전신마취된 상태에서 벌어진 일이므로 원고의 행위에 의한 것이 아니기 때문에 피고의 의료행위와 장애 사이에 인과관계를 추정할 수 있습니다.

그렇다면 이 건 수술과 원고의 현 장애는 이 건 수술로 인한 것입니다.

2. 과 실

가. 결과예견의무

(1) 상완신경총 손상으로 상지마비 유발

이 건 수술시 상완신경마비가 발생할 수 있다는 예견이 가능하고 실제로 마비가 왔습니다. 피고 2는 원고에게 유방확대수술 도중 상완신경총 손상을 입혀 상지마비의 영구장애를 일으킨 과실이 있습니다.

▶ 신체감정 회신문

좌측 상지의 상완신경총 부전마비, Mcbride표 말초신경 상완신경총 Ⅰ-A-4-a항에 의거하여 34%의 노동능력상실(○○대학교 재활의학과 교수 김○○의 신체감정 회신문).

피고 2는 원고에게 유방확대술을 시행할 당시 겨드랑이 절개방법 이외에 여러 가지 절개방법[192]을 고려하지 않았고, 겨드랑이 절개방법으로 절개 시 수술기구 조작을 조심스럽게 하여 상완신경총 손상이 발생하지 않도록 주의하여야 하나 조작 실수로 인해 신경손상을 유발하였습니다.

▶ 진료기록감정 회신문

: …① 두 팔의 감각, 운동에 관여하는 세 개의 신경들은 손상을 입지 않았습니다. ② 근전도검사상 견갑상근, 견갑하근, 삼각근, 이두박근, 손목굴근, 손목신전근 등에 이상 소견이 있습니다. ③ 위에 적은 두 소견상으로 양측의 상완신경총 손상을 짐작할 수 있다는 결론입니다{진료기록감정 회신문 Ⅲ항 참조}.

▶ 진료기록감정 회신문

〔문〕 환자의 주호소는 무엇이었는지요.

〔답〕 ① 왼쪽 팔의 힘이 안들어갑니다(수술 1일째). ② 왼쪽 가슴부위에 물이 차 있습니다(수술후 8일째){진료기록감정 회신문 Ⅰ-2)-다)항 참조}.

▶ 진료기록감정 회신문

〔문〕 유방확대술 후 환자의 주호소는 무엇이었는지요.

〔답〕 수술후 1일째 왼쪽 팔에 힘이 안 들어갑니다{진료기록감정 회신문 Ⅲ-1)-가)항 참조}.

▶ 진료기록감정 회신문

〔문〕 좌측상지의 통증 및 마비 증상에 관하여 기록은 어떠한지요.

〔답〕 수술 후 2회에 걸쳐(수술 1일째, 수술 2일째) 환자가 왼팔 움직임의 어려움을 호소하였습니다. 그 이후 호소하거나 그것을 처치한 기록이 없습니다{진료기록감정 회신문 Ⅲ-1)-라)항 참조}.

▶ 진료기록감정 회신문

〔문〕 양○○정형외과에서의 환자의 상태 및 진단명은 무엇인지요.

〔답〕 상　태 : 양측 팔의 운동력 약화 및 감각이상

진단명 : 상완신경총 손상{진료기록감정 회신문 Ⅲ-2)-가)항 참조}.

▶ 진료기록감정 회신문

〔문〕 근전도검사를 의뢰한 이유는 무엇인지요.

〔답〕 상완신경총 손상의 확진을 위함입니다{진료기록감정 회신문 Ⅲ-2)-나)항 참조}.

▶ 진료기록감정 회신문

192) 유방아래주름절개법, 유륜주위 절개법, 배꼽 주위 절개법 등.

〔문〕 ○○병원에서 검사한 근전도검사의 내용은 무엇인지요.

〔답〕 ① 두 팔의 감각, 운동에 관여하는 세 개의 신경들은 손상을 입지 않았습니다. ② 근전도검사상 견갑상근, 견갑하근, 삼각근, 이두박근, 손목굴근, 손목신전근 등에 이상 소견이 있습니다. ③ 양측의 상완신경총 손상을 짐작할 수 있다는 결론입니다{진료기록감정 회신문 Ⅲ-2)-다)항 참조}.

▶ 진료기록감정 회신문

〔문〕 주호소에 대하여 어떤 검사를 추가로 하였는지요.

〔답〕 검사가 없었습니다{진료기록감정 회신문 Ⅰ-2)-라)항 참조}.

▶ 진료기록감정 회신문

〔문〕 상완신경마비증세를 언제 확인하였는지요.

〔답〕 자료상 확인이 불가능합니다{진료기록감정 회신문 Ⅰ-2)-바)항 참조}.

▶ 진료기록감정 회신문

〔문〕 주호소에 대하여 어떤 검사를 시행하였는지요(특히 좌측상지마비 증상에 관하여 어떤 조치를 취하였는지요).

〔답〕 기록상 없습니다{진료기록감정 회신문 Ⅲ-1)-나)항 참조}.

▶ 진료기록감정 회신문

〔문〕 환자의 마비 증상 완화를 위하여 어떠한 처치를 하였는지요.

〔답〕 기록상 없습니다{진료기록감정 회신문 Ⅲ-1)-마)항 참조}.

▶ 진료기록감정 회신문

〔문〕 치료 종료 후 좌측상지마비에 관하여 추후 치료계획을 한 기록이 있는지요.

〔답〕 기록상 없습니다{진료기록감정 회신문 Ⅲ-1)-바)항 참조}.

▶ 진료기록감정 회신문

〔문〕 유방수술부위의 상태는 어떠한지요.

〔답〕 의무기록상으로는 수술후 10일째에 수술부위에서 30cc의 장액을 뽑아내고 수술 후 9일째 겨드랑이 수술부위의 봉합사를 제거한 것 이외의 수술부위 상태 기록은 없습니다{진료기록감정 회신문 Ⅰ-2)-가)항 참조}.

▶ 사실조회 회신문

; 상완신경은 척추의 척수신경의 앞가지들에 의하여 이루어집니다. 신경얼기는 위신경줄기, 중간신경줄기 및 아래신경줄기를 형성하였다가 다시 나뉘어졌다가 또 합쳐서 겨드랑이 동맥과의 위치에 따라 이름붙인 외측, 뒤쪽 및 내측 신경다발을 형성합니다. 이들 줄기와 신경 다발에서 상흉부와 견갑부와의 상지의 운동, 감각 및 자율신경을 지

배하는 개개의 신경들이 나옵니다{의협 사실조회 회신문 4-가-5)항 참조}.

▶ 사실조회 회신문 ; 겨드랑이 절개법

겨드랑이 주름을 따라 4~5cm의 길이로 절개를 합니다. 절개 흉터가 눈에 띄지 않는 장점이 있습니다. 유방조직 아래 위치나 가슴근 아래 위치 모두 가능하지만 수술 부위와 절개 부위가 멀어 수술 기구를 이용하여 무디게 박리하여 주머니를 만들게 되는데 이 과정에서 출혈이 잘 발생하며 지혈이 어렵습니다. 또 보형물이 들어갈 주머니가 비대칭이 될 수 있습니다{의협 사실조회 회신문 4-가-1)-(3)-③항 참조}.

▶ 사실조회 회신문

〔문〕 겨드랑이 절개수술 시 발생 가능한 합병증 및 부작용은 무엇인지요.

〔답〕 단점은 시야확보가 어려워 직접 눈으로 보고 수술하기 어렵기 때문에 근육 밑 공간 박리가 충분치 않을 수 있고, 지혈이 완벽하게 되지 않을 수 있어서 수술 후 불충분한 공간 확보에 의한 비대칭 및 혈종 등의 발생으로 구형구축의 가능성을 높일 수 있는 점입니다{의협 사실조회 회신문 4-가-6)-나)항 참조}.

▶ 사실조회 회신문

〔문〕 겨드랑이 절개수술 시 일반적인 주의점과 특히 상완신경마비를 막기 위하여 주의하여야 할 점은 무엇인지요.

〔답〕 환자의 양쪽 팔을 90° 벌려서 겨드랑이가 들어나도록 고정합니다. 지나치게 팔을 벌리면 생리적 신경차단이 일어나므로 주의합니다. 그 다음 피부밑 조직층까지만 피부를 절개하고 거기서부터 큰가슴과 가장자리에 이르기까지 터널을 만듭니다. 터널을 만들 때는 갈비사이위팔신경과 안쪽위팔피부신경이 손상되지 않도록 겨드랑이의 지방은 박리하지 말아야하고, 또 겨드랑이정맥과 팔신경얼기가 손상되지 않도록 겨드랑이의 높은 곳을 지나치게 당기거나 박리하지 말아야 합니다{의협 사실조회 회신문 4-가-6)-다) 참조}.

▶ 사실조회 회신문

; 상완신경총 손상은 대부분 자연회복을 기대할 수 없는 경우가 많아 수술적 치료를 하게 되며 예후 또한 좋지 않은 것으로 알려져 있습니다{의협 사실조회 회신문 4-가-7)항 참조}.

(2) 코뼈 손상 및 실리콘삽입 · 고정 실패

피고 2는 원고 2가 요구하는 코끝에 귀 연골을 사용하여 교정하는 수술 대신 다른 수술을 하던 도중에 코뼈 골절을 일으키고, 실리콘을 삽입하고 고정하는 시술의 실패로 콧등이 검붉게 변하고 실리콘이 내려와 코끝이 뾰족해지는 악결과를 유발하였습니다.

▶ 신체감정 회신문
– 유방구축
– 비변형(중앙대학교 성형외과 교수 김○○의 신체감정 회신문).

이는 피고 2가 이 건 유방확대술과 융비술을 제대로 하지 않아 신경손상뿐 아니라 구축증세와 코의 변색 등을 발생시켰다는 것을 알 수 있습니다. 피고들이 작성한 수술기록에는 어떤 방법으로 어떻게 시술하였고, 경과관찰은 어떠하였는지에 대하여 기록하지 않아 알 수 없습니다.

▶ 진료기록감정 회신문
〔문〕 외과수술기록상 이 건 환자에게 시행한 융비술 시행방법과 경과는 어떠한지요(이 건 환자에게 시행한 시간대별 융비술 과정 포함하여).
〔답〕 자료상 기록이 없습니다{진료기록감정 회신문 Ⅱ-1)-라)항 참조}.

▶ 진료기록감정 회신문
〔문〕 재수술 직후 코의 상태변화는 어떠한지요.
〔답〕 객관적 기록이 없습니다{진료기록감정 회신문 Ⅱ-1)-아)항 참조}.

▶ 진료기록감정 회신문
〔문〕 같은 해 10. 24.경 '콧등 주변 붉으심', '코가 또 뾰족해졌다'라고 기록되어 있는바, 상태변화가 나타나게 된 이유는 무엇인지요.
〔답〕 수술후 2주후 상태로 콧등 주변이 붉어질 수도 있으나 그 정도에 대한 기록이 없어 이유를 설명하기 곤란합니다{진료기록감정 회신문 Ⅱ-2)-가)항 참조}.

▶ 진료기록감정 회신문
〔문〕 같은 해 10. 24.경 '콧등 주변 붉으심', '코가 또 뾰족해졌다'라고 기록되어 있는바, 의료진이 시행한 처치는 무엇인지요.
〔답〕 기록상 없습니다{진료기록감정 회신문 Ⅱ-2)-나)항 참조}.

일본 미야자키판결[193]은,

『…다시 환자의 기록에 대하여 보면 환자의 챠트에는 병명과 진료비 계산 이외에 입원 중의 증상에 대하여는 아무런 기재가 없고, 환자의 모의 체온측정표란에 첨부된 출생당시의 체중, 주사약, 구토증상의 기재 정도만 남아 있을 뿐이고 이로 미루어 보더라도 의사가 환자의 증상에 대하여 상세한 관찰을 다하지 아니하였음이 추정된다.』

고 하면서 진료기록의 부실기재는 결국 의사의 진찰과실이 추정된다고 하였습니다.

193) 일본 宮岐地裁 소화 47. 3. 31. 판결(判時 682호 64면).

▶ 사실조회 회신문

; 융비술의 합병증으로는 다음과 같은 증상이 있습니다.

——출혈 및 혈종 형성 : 수술 후에 부종의 정도는 출혈량에 비례합니다. 아스피린, 스쿠알렌과 같은 동물유 섭취에 의해 발생할 수 있으며 월경 등도 영향을 미칩니다. 만약 혈종이 한쪽에만 생기면 삽입물을 반대쪽으로 밀어서 삽입물을 변위시킬 수 있습니다. 이런 사실은 종창이 가라앉아야 비로소 알 수 있으므로 삽입물에 어떤 조취를 취하기는 너무 늦습니다. 종창의 70%는 2주안에 사라지고 나머지 30%가 사라지는데 2~3개월 걸립니다.

——삽입물 변위 및 이동 : 삽입물의 변위는 흔히 일어나는 합병증의 하나입니다. 삽입물의 변위 때 재수술은 수술 후 2~3개월이면 할 수 있으며, 삽입물의 이동은 수년에 걸쳐 서서히 일어나므로 발견되는 대로 재수술을 합니다.

——감염 : 이물에 의한 감염이 발생했을 때 일반적 원칙은 이물을 제거하고 배양 및 감수성 검사에 적절한 항생제를 투여하는 것입니다. 경우에 따라 삽입물의 제거를 지연시키고 대량의 항생제를 투여하여 드물게 성공할 수도 있지만 대부분의 경우 보형물을 제거해야 합니다. 제거하는 시기도 삽입물이 돌출되기 전에 시행하여야 반흔을 피할 수 있습니다. 삽입물 제거 후 다시 삽입할 수 있는 시기는 1~6개월로 다양하지만 최소한 3개월은 지나야 합니다.

——삽입물의 돌출 : 삽입물이 변위되어 돌출이 임박하면 피부가 지속적으로 창백해집니다. 이렇게 창백해지는 이유는 삽입물을 덮고 있는 피부에 압박이 지속적으로 가해지고 또 증가됨으로써 혈액공급이 지장을 받기 때문입니다. 피부의 창백을 교정하지 않으면 괴사가 일어나 결국에는 삽입물이 돌출됩니다. 삽입물이 위쪽 또는 아래쪽으로 이동되어 피부가 창백해지면 삽입물을 재위치시킴으로서 교정해야 합니다. 삽입물이 올바로 위치하고 있는데도 비첨이 창백하면 자가근막이식이나 자가연골이식을 삽입물의 첨부에 위치시킴으로써 교정할 수 있습니다. 대부분의 경우 이런 이식물들은 피부가 더 이상 얇아지는 것을 막아 피부 돌출을 방지합니다{의협 사실조회 회신문 4-나-2)항 참조}.

(3) 우울증 발생

원고는 유방성형수술과 융비술의 실패로 인하여 우울증을 겪고 있습니다.

▶ 신체감정 회신문

- 우울감, 불안감, 무기력, 불면, 분노, 신체증상 등
- Mcbride표 Ⅶ-B-2-a에 의거 16%의 노동능력 상실

(○○대학교병원 정신건강의학과 교수 나○○의 신체감정 회신문)

2011. 9. 27.이후 꾸준히 외래 통원치료를 받으며 약물을 복용하고 있고 심각한 우

울, 불안, 불면 및 여러 신체화 증상이 지속되고 있습니다.

다. 결과회피의무

(1) 사전회피의무 —— 수술 전 검사 미실시

피고 2는 원고에게 유방확대술 및 코수술을 시행하기전 방사선검사, 혈액검사, 심전도검사, 활력징후 등 수술전 검사를 시행하지 않고 수술을 진행하였습니다.

▶ 진료기록감정 회신문

〔문〕 수술 전 환자의 상태에 대하여 진찰 및 검사한 항목, 활력징후는 어떠하였는지요.

〔답〕 첨부한 의무기록에는 수술 전 환자 상태에 대한 검사, 활력징후는 없습니다{진료기록감정 회신문 Ⅰ-1)-다)항 참조}.

▶ 진료기록감정 회신문

〔문〕 융비술 전 환자의 상태에 대하여 진찰 및 검사한 항목, 활력징후는 어떠하였는지요(27일 시행한 유방확대술과 시기를 고려한 기록이 있는지요).

〔답〕 자료상 기록이 없습니다{진료기록감정 회신문 Ⅱ-1)-다)항 참조}.

(2) 피해확대방지의무 —— 수술 후 검사 미실시

피고 2는 유방확대술 직후 원고가 상지마비 증상을 호소하였지만 신경손상 여부를 확인하기 위한 검사와 진단을 시행하지 않았습니다.

▶ 진료기록감정 회신문

; 첨부한 의무기록상으로는 수술기록이 없어 수술시행방법, 경과를 알 수 없습니다{진료기록감정 회신문 Ⅰ-1)-라)항 참조}.

▶ 진료기록감정 회신문

〔문〕 유방확대 수술 후 어떤 검사 및 처치를 하였고, 그 결과 및 진단은 어떠하였는지요.

〔답〕 수술후 특별한 검사, 처치의 기록은 없습니다{진료기록감정 회신문 I-2)-나)항 참조}.

▶ 진료기록감정 회신문

〔문〕 주호소에 대하여 어떤 검사를 추가로 하였는지요.

〔답〕 검사가 없었습니다{진료기록감정 회신문 I-2)-라)항 참조}.

≪원 · 피고 주요쟁점≫

과실	원 고	피 고
1. 시술상 과실	① 유방확대술 시 상완신경손상 : 겨드랑이 절개법으로 유방확대술 시행 당시 수술기구를 정확한 위치에 조작하지 않아 상완신경을 손상시킨 과실 ② 코수술 시 코뼈 손상, 실리콘 제대로 봉합하지 않음. : 코수술 당시 실리콘이 없는 원고의 콧등부위에 도구를 이용하여 무리하게 긁어내고 코뼈를 치다가 부러뜨리고 실리콘 삽입 후 고정하도록 제대로 봉합하지 않은 과실	① 유방확대술에 관하여 : 원고가 수술 2009. 10.말경 1차 수술 직후 교통사고 발생하여 그 영향으로 가슴이 딱딱해진 것 같다고 하면서 2차 수술(2011. 9. 27.경) 시행, 최선을 대해 수술하였음. ② 코수술에 관하여 : 원래 코가 낮아져 있는 상태였는 바, 수술과정상 코뼈를 부러뜨리지 않았음.
2. 검사 및 처치 미실시 과실	① 수술 전 검사 및 처치 미실시 : 1차 유방확대술 및 코수술을 시행 받은 상태인 원고에게 수술 전 진단적 검사(방사선, 외관 사진촬영, 심전도, 혈액검사 등)를 시행하지 않은 과실 ② 수술 후 검사 및 처치 미실시 : 유방확대술 및 코수술 후 상지마비 및 코부위 이상증상(이물감, 통증, 시림, 실리콘 코끝으로 밀려 내려오는 증상 등)이 발현되었음에도 불구하고 상완신경손상 여부 및 코부위 이상소견을 판단하기 위한 진단적 검사 및 처치를 시행하지 않은 과실	
3. 설명의 무위반	① 유방확대술에 관한 설명의무위반 : 수술방법 및 과정(절개방법, 수술도구 및 경로 접근방법 등), 종류와 더불어 발생 가능한 합병증에 관해 설명하지 않아 자기결정권을 침해한 과실 ② 코수술에 관한 설명의무위반 : 불필요한 코수술을 강요하면서 문서로 동의도 얻지 않았고, 수술방법 및 과정(코뼈를 긁어내고, 쳐내고, 실리콘 고정방법 등), 발생가능한 합병증에 관해 설명하지 않아 자기결정권을 침해한 과실	① 유방확대술에 관하여 : 병원에서보다는 병원 밖에서 식사 등을 함께 하면서 수술과 관련한 여러 이야기를 나누었음. ② 코수술에 관하여 : 원고가 코수술을 원하면서 부탁한 것임.

≪1심 판결≫

1. 인용금액 : 1억 원

판결까지 가지 않고 재판부의 조정으로 1억 원으로 조정결정되어 사건이 종결됨.

≪관련 판례≫

1. 서울북부지방법원 2004. 9. 24. 선고 2003가합923 손해배상(의) 판결

『…살피건대, 일반적으로 의료행위에 있어서 그 주의의무 위반으로 인한 불법행위 또는 채무불이행으로 인한 책임이 있다고 하기 위하여는 일반적인 경우와 마찬가지로 의료행위상의 주의의무 위반, 손해의 발생 및 주의의무 위반과 손해의 발생과의 사이의 인과관계의 존재가 전제되어야 하고 이는 이를 주장하는 환자측에서 입증하여야 할 것이지만, 의료행위가 고도의 전문적 지식을 필요로 하는 분야이고, 그 의료의 과정은 대개의 경우 환자 본인이 그 일부를 알 수 있는 외에 의사만이 알 수 있을 뿐이며, 치료의 결과를 달성하기 위한 의료 기법은 의사의 과실로 말미암은 것인지 여부는 전문가인 의사가 아닌 보통인으로서는 도저히 밝혀낼 수 없는 특수성이 있어서 환자측이 의사의 의료행위상의 주의의무 위반과 손해의 발생과 사이의 인과관계를 의학적으로 완벽하게 입증한다는 것은 극히 어려우므로, 환자가 치료 도중에 하반신 완전마비 등 사지부전마비 증상이 발생한 경우에 있어서는 환자측에서 일응 일련의 의료 행위 과정에서 저질러진 일반인의 상식에 바탕을 둔 의료상의 과실 있는 행위를 입증하고 그 결과와 사이에 일련의 의료행위 외에 다른 원인이 개재될 수 없다는 점, 이를테면 환자에게 의료행위 이전에 그러한 결과의 원인이 될 만한 건강상의 과실로 말미암은 것이 아니라 전혀 다른 원인으로 말미암은 것이라는 입증을 하지 아니하는 이상, 의료상 과실과 결과 사이의 인과관계를 추정하여 손해배상책임을 지울 수 있도록 입증책임을 완화하는 것이 손해의 공평·타당한 부담을 그 지도 원리로 하는 손해배상제도의 이상에 맞는다 할 것이다… 현재 원고에게 신경손상으로 인한 감각소실이 발생한 제5흉추 이하의 부위가 제1차 수술의 대상이 된 부위와 일치하고, 더구나, P37/N45 전위가 사라진 시점에 위 석○○ 등이 시행한 후방척추절제술이 제4, 7흉추에 행하여지고 있었고, 원고가 감각을 잃은 부위가 제5흉추 이하 부분인 점, 비록 원고가 제1, 2차 수술을 받을 당시 척추 결핵의 후유증으로 인하여 진행성 하지마비를 동반한 척추후만증으로 강직성 보행, 배뇨장애, 심부건 반사의 항진 등의 증상을 보이고 있었으나, 계단오르기, 달리기, 슬관절 근력, 전경근 근력, 장족지 근력 평가에서는 모두 정상으로 평가를 받았으며, 다만 고관절 근력에 관하여는 좌측하지의 근력이 4단계에 머물렀을 뿐이나, 이 역시 일상생활에는 큰 무리가 되지 않을 정도의 근력을 가지고 있는 것으로 볼 수 있는 등 원고에게 제1차 수술 전후를 통하여 척추손상으로 인한 급격한 양하지의 마비를 초래할 만한 특별한 원인이나 증상이 관찰되지도 아니한 점에 비추어 볼 때 1차 수술 중 원고에게 나타난 완전하지마비 등의 증세는 석○○ 등 피고병원의 의사들이 시술과정에서 주의를 게을리하여 직접 척수신경을 일부 손상시켰거나 또는 직접 손상에 이르지는 않았다 하더라도 척

수를 무리하게 견인하는 등의 잘못으로 인하여 초래되었다고 추정할 수밖에 없다. 따라서 피고법인은 원고의 현증세가 수술상의 잘못으로 인한 것이 아니라 전혀 다른 원인으로 인한 것이라는 입증을 다하지 못하는 이상, 피고병원 의사들의 사용자로서 위와 같은 피고병원 의사들의 진료상의 과실로 인하여 원고가 입게 된 재산적, 정신적 손해를 배상할 의무가 있다.』

고 판단하여 시술상 주의의무 위반을 인정한 바 있습니다.

2. 서울고등법원 2011. 8. 30. 선고 2010나82334 손해배상(의) 판결

『…① 종아리 근육퇴축술은 침습적 처치이고, ② 수술 과정에서 운동신경뿐만 아니라 감각 신경이 손상될 가능성이 항상 내재하며 위험성이 높기 때문에 성형외과의사들 중 상당수가 수술 자체를 꺼려하고, ③ 감각신경은 손상을 입으면 파괴되는 것을 피할 수 없고, ④ 시술 부작용을 막기 위해서는 오랜 경험 이외에 파괴의 범위를 정확히 제어할 수 있는 기술이 아직 없고, ⑤ 정형외과학회측에서 이 시술이 정상조직을 파괴하는 것이라는 이유로 수술에 반대하고 있고, 성형외과학회측의 경우와 찬성과 반대의 두 입장이 대립되어 있어 학회차원에서 공식적인 입장을 표명하지 못하고 있고, ⑥ 정형외과가 아닌 의사들에 의하여 이 사건 시술이 행해지고 있는 점에서 이 시술은 위험하며, 피고의 전공도 혈관외과이고, 이 분야에 관하여 전문적으로 교육을 받은 바 없고, ⑦ 시술시 사용된 기계도 운동신경 이외에 과다 조사나 주변신경의 조사 등의 위험을 안고 있고, ⑧ 시술후 피부 손상, 색소 침착 등으로 인하여 미용의 측면에서도 시술받기 전보다 시술후가 더 나쁠 수 있고, ⑨ 결국 이 시술은 치료목적이 아닌 미용목적의 시술임에도 불구하고 위험부담이 큰 시술이다.』

고 판단하여 설명의무 위반에 대하여 전손해를 인정하였습니다.

제 4 절 경과관찰 단계에서의 의료분쟁 사례

1. 신생아 MRSA감염에 의한 패혈증으로 사망한 사건[194]

≪사건 개요≫

• 원고 신생아(조산아) / 피고 ○○병원

※ 사건 경과
정상분만(9점/10점) → 2시간 뒤 청색증소견 → 패혈증 의심(MRSA감염) → 사망

1. 2001. 5. 25. 06:40경 출생

—— 정상
출생 직후 소외인은 지극히 정상이었고 감염의 이상소견도 관찰되지 않았습니다.
소외인 출생당시 2001. 5. 25.경 작성된 신생아 기록지를 살펴보면,
<이학적 소견>
전신상태 활동성 : 좋음
울　음 : 좋음
피　부 : 색깔 – 핑크빛, 청색증 → 후드로 산소 공급 후 분홍빛으로 바뀜
폐　: 호흡시 팽창 – 좋음
호흡음 : 깨끗함
심　장 : 규칙적인 심박동
아프가 점수 : 1분 9점, 5분 10점(신생아 기록지 참조).

즉, 소외인은 출생 당시 활동성 및 울음소리 모두 좋았고 피부색도 분홍색을 띄었고 전반적인 이학적 검사상 이상소견도 관찰되지 않았습니다. 아프가 점수도 1분 → 9점, 5분 → 10점으로 지극히 정상이었습니다. 조산아로 태어난 것 외 일반적인 정상신생아들과 구별되는 다른 이상소견은 관찰되지 않았습니다.

---

194) 서울지방법원 북부지원 2002. 12. 26 선고 2001가합5696 판결, 서울고등법원 2004. 7. 8. 선고 2003나12849 판결, 대법원 2004. 10. 14. 선고 2004다42005 판결.

2. 2001. 5. 26. 09:00경

소외인은 2001. 5. 26. 09:00경부터 신음소리는 내고 청색증을 보이기 시작하였고 이 후 발열, 폐확장, 복부팽만, 장기 확대 등의 증상을 보이며 패혈증에 이르게 되었습니다. 패혈증의 경우 위와 같은 증상을 보이는 이유는 세균에서 분비되는 효소 및 독소가 우리 인체 내의 많은 염증 대사물과 반응하기 때문입니다. 이에 피고병원은 소외인을 소아과로 입원시켰고 소아과에서는 패혈증으로 의심하였고 혈액배양검사를 포함한 각종 검사를 시행하였는 바, 2001. 5. 26.경 혈액배양검사상 MRSA균이 동정되었고 이후 같은 달 31.경 카테터 팁배양검사상에서도 MRSA균이 동정되었습니다.

이후 환아의 상태 악화되어 2001. 9. 18.경 ○○대학교병원으로 전원되어 치료를 받았으나 2001. 10. 9. 11:20경 간기능 부전 및 균감염으로 인한 패혈증으로 사망하였습니다.

≪소장에서 주장하는 피고의 과실≫

원 고 주 장	피 고 주 장
1. 신생아의 MRSA감염은 원내감염이다. －입증자료 : 태내감염 또는 원내감염의 판단은 감염발현시간이 절대적 기준이 아니다. －재태기간, 체중 등의 여러 가지 변수를 고려할 때 망인은 미숙아로 정상신생아에 비해 감염증상발현시간이 조기에 나타날 수 있다.	1. 신생아의 MRSA감염은 태내감염이다. －출생후 48~72시간내 감염증상의 발생은 태내감염.
2. 분만 과정상 무균적 처치를 적절히 시행하지 않아 감염을 유발하였다(오염된 손에 의한 내진, 오염된 분만의료기구 등에 의한 감염). －MRSA는 손씻기만으로도 감염의 30%를 방지할 수 있다.	2. 분만 과정상 무균적 처치를 적절히 하더라도 감염은 100% 방지하지 못한다.

≪관련 의학지식을 통한 입증≫

1. 산모는 감염되지 않았습니다.

가. ○○산부인과 진료기록지에 의할 때

2000. 11.경 이 건 산모는 ○○산부인과에서 임신진단을 받고 이후 지속적으로 산전진찰을 받아 왔습니다. 산전진찰 중 ○○산부인과에서는 위 산모에게 혈액검사를 시행하였는 바, 2000. 11. 14.자 혈액검사상 백혈구→10100(정상 : 5000~10000), 적혈구 침상속도→0(정상 : 15까지), 2001. 5. 19.자 혈액검사상 백혈구→10000(정상 : 5000~10000)로 모두 정상이였습니다.

나. 피고병원 진료기록지에 의할 때

위 산모는 ○○산부인과에서 산전진찰을 받던 중 2001. 5. 22.경 조기진통으로 피고병원 산부인과를 방문하였습니다. 내원 당시 위 산모의 활력징후는 혈압→150/110, 체온→36.2도, 맥박→108회/분, 호흡→22회/분으로 모두 양호하였고 분만 전 시행한 일반혈액검사에서도 백혈구→8800(정상 : 5000~10000)으로 정상소견을 보였습니다.

피고병원 입원 후 위 산모는 2001. 5. 25.경 자연분만으로 재태기간→34주 5일의 3,090g의 소외인을 분만하였습니다.

다. 소 결

이 건 산모에게 감염증세는 없었습니다.

피고가 이 건 사고 후 자신의 면책을 위하여, 산모에 대하여 많은 검사를 하였으나, 아무런 감염증거를 찾아내지 못했습니다. 산모로부터의 감염이라는 점만 밝혀진다면 면책을 주장할 수 있기 때문입니다.

그러나 ○○산부인과의원을 비롯하여 피고의 진료기록지를 살펴보더라도 위 산모에게 감염증세가 있었다는 기록은 어디에도 찾아 볼 수 없습니다. 만일 어떤 세균이나 바이러스에 감염되면 인체내에서는 ① 발열, 빈맥, 빈호흡과 같은 활력징후의 이상소견, ② 전신쇠약, 식욕감퇴, 체중저하와 같은 감염의 임상증세, ③ 혈액검사상 백혈구↑, 혈구침강속도↑, C-반응성 단백질↑와 같은 이상소견 등을 보이게 되는 바, 위 산모에게는 위와 같은 감염소견을 전혀 관찰할 수 없었습니다.

위 산모는 오히려 매우 정상이었습니다. 만일 위 산모에게 전신의 감염증세가 있었다면 유산, 사산 또는 조산을 초래하였을 것입니다{사실조회 회신문 (1)-(나)항 참조}.

2. 소외인의 MRSA감염시기

가. 피고의 주장

피고는 출생 후 24시간 내지 72시간 이내에 발생하는 조발형 감염은 일반적으로 산모로부터 전염된 병원균에 의해 초래된다고 하며 이 건 소외인의 경우는 병원내 감염으로 보기 힘들다고 주장하고 있습니다.

나. 피고주장의 부당성

피고는 소외인의 감염증상이 출생한지 72시간내에 발생한 조발형감염이기 때문에 모체감염이라고 주장하고 있으나 이는 다음과 같은 논리적 오류가 있습니다.

첫째, 신생아 감염의 전파경로는 다양하여 자궁내 감염, 분만 중 감염, 출생 후 감염 등으로 나눌 수 있습니다. 피고의 주장대로 출생 후 72시간 이내의 감염은 대부분 자궁내 감염이나 분만중의 감염이기는 하나, 72시간 이내의 감염이라고 하여 모두가 다 자궁내 감염이나 분만중의 감염은 아닙니다(갑 제9호증 산과학 662쪽 참조).

일반적으로 신생아가 출생직후 원내감염이 되어 증상이 발현되는 시기는 ① 환아의 재태연령, 출생체중, 즉 미성숙 여부 ② 환아의 동반질환 ③ 환아의 면역성 저하 여부 ④ 원인 병원체의 종류(세균, 세균 중에서도 병원성 또는 비병원성 여부, 진균, 바이러스 등)에 따른 원인 ⑤ 전파경로 등에 따라 매우 다양한 시기를 보일 수 있어 일률적으로 한정할 수는 없으나 세균의 경우에는 조기에 나타날 수 있습니다{사실조회 회신문 (2)-(자)항 참조}.

둘째, 신생아의 능동면역능력은 소년기나 성인에 비하여 낮은 편이고 피동면역의 정도는 만삭아보다 미숙아에서 훨씬 낮습니다.

미숙아 및 저출생 체중아는 정상 체중 만삭아에 비하여 3~10배의 높은 감염률을 나타내고 남아가 여아에 비해 2배 이상의 패혈증 빈도를 나타낸다고 하고 정상 만삭아에서는 0.5~1.7%의 낮은 발생률을 보이나 신생아 집중 치료실의 저출생 체중아의 경우 20~33%에 달하는 감염률을 나타내며 재태 주령, 재원 기간과 상관성을 나타낸다고 합니다(갑 제10호증 소아과학 342쪽 참조).

이 건 소외인은 35주 4일의 미숙아로 출생하였는 바, 위와 같은 감염률의 고위험성으로 인해 더욱 쉽게 감염되었고 감염진행속도도 만삭아에 비해 매우 빠르게 진행되었습니다.

셋째, 산전진찰상 위 산모에게는 감염증세가 없었습니다. 만일 위 산모가 MRSA균에 감염된 상태였다면 산전검사 중 감염증세를 나타내었을 것입니다. 피고는 위 산모는 불현성감염환자였다고 주장하고 있으나 MRSA는 대표적인 병원성 세균으로 불현성 감염을 일으킬 수 없습니다.

넷째, 분만 직후 소외인은 지극히 정상이였습니다. 정상으로 출생한 신생아가 패혈증에 이르게 되었다면 분명 출생 후 세균이나 바이러스 등에 감염되어 발생한 것입니다.

다. 소 결

MRSA는 주로 병원에만 존재하는 균입니다. 소외인은 피고병원의 부주의로 인하여 분만 후 병원성 세균인 MRSA균에 감염되었습니다.

3. MRSA감염에 관하여

가. MRSA감염의 심각성

황색포도상구균은 사람의 호흡기(코, 목 등)와 환경에 상존하는 세균으로 건강인에게는 병을 잘 일으키지 않으나 면역저하자에게는 중증 감염을 일으킬 수 있으며, 내성균 발생이 잘되어 일단 감염된 후에는 치료에 어려움이 많습니다{사실조회 회신문 (3)-(가)항 참조}. 현재 병원에서 분리되는 황색 포도구균의 90% 이상은 MRSA이며 MRSA의 비율은 나날이 증가하고 있습니다. 미국의 경우 병원 내에서 분리되는 전체 황색 포도구균 중에서 MRSA가 차지하는 비율은 1975년 당시 2.4%에 불과하였으나 99년에는 50% 이상으로 급격히 증가하고 있습니다. 국내 사정도 마찬가지여서 보고에 의하면 70년대에 5% 정도를 차지하던 비율이 80년대부터 급격히 증가하였고 1996년 전국 병원감염률 조사연구에서 병원에서 분리되는 MRSA가 차지하는 비율은 83.7% 나타났습니다.

이렇게 MRSA가 증가하면서 이 균주에 의한 감염증 또한 심각한 문제로 대두되고 있습니다. 특히 병원감염에서 문제가 되는데 미국의 자료에 의하면 MRSA에 의한 병원 감염이 25%에 달하는 것으로 보고되고 있고 국내의 경우 1996년 실시된 병원감염률 조사연구에서 MRSA이 원인균의 14.4%를 차지하였으며 점차 증가하는 추세입니다.

나. 원내 전파방법

MRSA는 주로 의료인의 손을 통하여 감염됩니다. 이 때문에 의료인들이 손만 제대로 씻어도 30%는 줄일 수 있다는 것입니다. 기타 장기간의 입원, 광범위 항생제의 사용, 항생제의 장기간 사용, 중환자실 입원, 욕창이 있을 때, 수술 창상 등이 존재할 때 위험성이 높습니다. 이러한 위험 요인을 가진 환자들의 콧구멍, 피부, 창상 그리고 드물게 항문 부위에 메티실린 내성 균주들이 분포하게 되고 결국 이들과 접촉하게 되는 의료인들이나 환자 보호자의 손, 환자 주변의 환경 등이 오염되어 다른 환자에 전파되고 주변 환경을 오염시킬 수 있습니다. 호흡기 감염의 경우에는 공기 전파도 가능한 것으로 알려져 있다.

이 건 신생아의 경우도 분만 중의 부적절한 관리와 출생 후 신생아실에 입원하여 정맥 주사용 바늘과 수액제, 분비물을 제거하는 흡입기 등의 여러 기구와 의료인과의 접촉, 공기 등으로 감염되었을 것으로 추정가능합니다{사실조회 회신문 (2)-(가), (3)-(나)항 참조}.

다. 예 방

병원에서 MRSA의 전파를 차단하기 위해서는 여러 가지 노력이 필요합니다. 가장 중요한 것은 손씻기입니다. 환자와 접촉하기 전에는 반드시 손을 깨끗하게 씻어야하며 MRSA을 가지고 있는 환자와의 접촉이 필요할 경우에는 고무장갑을 끼고 가운을 착용하여 균에 의한 오염을 차단해야 합니다. MRSA에 의한 폐렴을 앓고 있는 환자의 경우에는 공기를 통한 전파가 가능하므로 이에 대한 관리가 필요합니다. 또한 환자의 진료기록 등에는 특별히 쉽게 식별이 가능하도록 표시를 하여 주치의 외 다른 사람들도 주의할 수 있도록 하고 보호자 혹은 간병인들도 주의할 수 있도록 교육을 해야 합니다.

일반적으로 분만시 태아에게 병원감염을 막기 위해서는 수술 중 위생포의 사용, 산도 소독, 상처 소독, 위생복 착용 등을 철저히 시행하여야 합니다{사실조회 회신문 (2)-(라)항 참조}.

분만 후에는 특히 미숙아의 경우에는 정상 신생아보다 산모에게서 태반을 통해 받은 수동항체가 부족하여 균감염에 미숙하므로 감염의 기회가 더 크며 감염시 중증화되기 쉽기 때문에 위생복 착용, 자주 손 씻기, 환자에 대한 조작시 위생포 사용 등 미숙아에 대한 감염관리는 매우 중요하다 할 것입니다{사실조회 회신문 (2)-(사), (아)항 참조}.

라. 소 결

MRSA는 이미 우리나라 병원에서도 쉽게 검출되는 균으로 그만큼 MRSA감염의 기회가 심각한 지경에 이르게 되었다고 할 것입니다. 따라서 MRSA의 병원내 감염을 예방하기 위한 철저한 관리가 요구됩니다. 그러나 피고병원의 부적절한 관리로 인하여 소외인은 MRSA에 감염되었고 결국 사망에 이르게 되었습니다.

4. 거대 세포바이러스(CMV)·B형 간염 바이러스의 감염

소외인은 패혈증 의심하에 치료를 받던 중 2001. 8. 7.경 시행한 혈액검사상 CMV IgM → 음성, CMV IgG → 양성, HBsAg → 양성으로 나타나 CMV 및 B형 간염에 감염되었음을 확인하였습니다.

소외인은 피고병원에서 교환수혈과 같은 치료 과정 중 CMV, B형 간염 바이러스에 감염되었습니다.

가. CMV감염

우리나라 국민 대다수(일부는 90% 이상으로도 봄)이 CMV에 감염되었다가 자연적으로 치유되면서 CMV항체를 가지고 있다고 할 정도로 CMV감염증은 흔합니다. 우리 국민이 이렇게 많이 CMV항체를 가지고 있는 것은 태어나면서 산모나 의료인 또는 수혈 등을 통하여 감염되어 왔기 때문이고, 별다른 문제가 없습니다. B형 간염은 간경화나 간암으로 발전될 위험성이 높기 때문에 예방접종을 국가적으로 실시하지만, CMV는 별다른 문제가 없기 때문에 우리 국민들이 이렇게 많이 항체를 가지고 있음에도 국가적인 차원에서 신경을 쓰지 않는 것입니다.

이 건 산모는 출산 후 검사에서 CMV IgG항체가 양성, IgM항체가 음성으로 진단되었습니다. 이 진단의 의미는 산모도 전에 한번 감염되었다가 저절로 나았고, 항체가 형성된 것입니다. 마치 홍역예방접종 후 항체가 형성되면서 평생을 가는 것과같은 이치입니다.

대한의협회장도 CMV는 출생 후 살아오는 과정에서 어느 시기든 특이 증상없이 자연 감염이 가능하기 때문에 어른이 되면 거의 대부분의 사람이 CMV를 앓은 증거로 항체를 보유하며, CMV는 그 특성상 한번 감염되면 인체내에서 잠복 감염되어 평생 사람 몸 속에 있게 된다고 회신하고 있습니다{사실조회 회신문 (4)-(다)항 참조}.

위 산모의 CMV IgM항체는 음성이었습니다. 이는 검사한 시점에서 CMV감염의 상태가 아니란 것을 의미합니다{사실조회 회신문 (4)-(마)항 참조}. 다시 말해 산모는 이 건 당시 CMV에 감염되지 않은 정상상태였다는 것입니다. 진료기록감정의도 모체의 CMV감염 시기에 관하여 임신 또는 출산 시에 모체의 감염 여부를 판단할 수는 없다고 합니다{진료기록감정 회신문 Ⅳ-(4)의 (다)항 참조}.

만일 CMV감염이 태내에서 이루어진 것이라면 자궁내 성장장애, 청력, 뇌 신경발달, 시력발달, 간장 발달 등 여러 장기의 발달 장애, 간비종대, 폐렴, 창백, 황달, 빈혈, 혈소판 감소 등 여러 가지 선천적 문제를 일으켰을 것입니다{사실조회 회신문 (4)-(라)항 참조}.

CMV감염은 수혈로 감염이 가능하다고 합니다{사실조회 회신문 (4)-(가)항 참조}.

이 건 소외인의 CMV감염 경로로 추정되는 것은 교환수혈과 같은 피고병원의 치료 과정입니다. 특히 교환수혈은 제대혈관을 통해 이루어지는 바, 제대혈관에 대한 처치 시 감염이 쉽게 될 수 있기 때문에 철저한 무균적 처치가 요구됩니다.

또한, CMV는 황색포도상균 감염으로 인한 면역력 약화 등으로 더욱 쉽게 감염될 수 있다고 하는 바, 이 건 소외인은 면역력이 약한 미숙아로 출생하였고 출생 후 MRSA에 감염되어 면역력이 약화된 상태에서 CMV에 쉽게 감염되었습니다{사실조회 회신문 (4)-(나)항 참조}.

피고병원에서 치료 도중 ○○대학교로 전원되어 2001. 9. 19.경 시행한 혈청검사상에서도 CMV가 검출되었는 바, 소외인의 CMV감염은 피고병원에서 이루어진 것이 자명합니다{진료기록감정 회신문 Ⅴ-(2)항 참조}.

나. B형 간염 바이러스 감염

B형 간염 바이러스 감염에 있어도 이 건 산모에게는 B형 간염바이러스 검사 결과 음성으로 진단되었는 바, 이 건 소외인의 B형 간염 바이러스 감염은 모체로부터 감염된 것이 아니라 출생 후에 감염된 것을 의미합니다{진료기록감정 회신문 Ⅴ-(3)항 참조}. 소외인은 피고병원에서 교환수혈과 같은 치료과정 중 피고병원의 부주의로 인하여 B형 간염 바이러스에 감염되었습니다.

다. 소 결

피고병원에게는 치료과정 중 소외인에게 CMV 및 B형 간염 바이러스을 감염시킨 과실이 있다 할 것입니다.

≪원·피고 주요쟁점≫

원 고	피 고
1. 신생아의 MRSA감염은 원내감염이다. - 입증자료 : 태내감염 또는 원내감염의 판단은 감염발현시간이 절대적 기준이 아니다. - 재태기간, 체중 등의 여러 가지 변수를 고려할 때 망인은 미숙아로 정상신생아에 비해 감염증상발현시간이 조기에 나타날 수 있다.	1. 신생아의 MRSA감염은 태내감염이다. - 출생후 48~72시간내 감염증상의 발생은 태내감염
2. 분만 과정상 무균적 처치를 적절히 시행하지 않아 감염을 유발하였다(오염된 손에 의한 내진, 오염된 분만의료기구 등에 의한 감염). - MRSA는 손씻기만으로도 감염의 30%를 방지할 수 있다.	2. 분만 과정상 무균적 처치를 적절히 하더라도 감염은 100% 방지하지 못한다.

≪1심 판결≫

1. 피고의 과실

『① 박○○은 출생당시 울음과 움직임이 좋았고, 피부색은 동체는 홍색, 손발은 청색이었으며 후두(hood)로 산소를 2리터 공급하자 손발도 곧 홍색으로 변하였고, 태아에 대한 분만후 기본 검사 결과 폐확장도 좋았고, 호흡음이 깨끗하였으며, 심박동도 규칙적이고, 복부팽만, 태아곤란증 등의 이상증세도 보이지 않았으며 아프가 점수는 출생 후 1분경 9점, 5분경 10점으로 출생 당시 상태가 양호하였던 점, ② ○○산부인과 및 피고병원에서 원고 김○○에게 대하여 실시한 산전, 산후 혈액검사 등 일반검사결과 별다른 이상이 없었던 점, ③ 박○○이 신생아실로 입실한 다음날인 2001. 5. 26.경 오전경에 박○○에게 신음 및 복부팽만, 백혈구 수치의 증가, 황달 등 감염을 나타내는 증상이 나타났고, 이후 박○○에게 황달 및 범발성혈액응고증이 나타나는 등으로 패혈증을 의심할 수 있는 증상이 니타났던 점, ④ 신생아실 입실이후인 2001. 5. 26.경 박○○에게 실시하였던 혈액배양검사 결과 아주 강한 세균인 메치실린에 내성이 있는 MRSA에 감염된 사실이 확인되었던 점, ⑤ 한편 피고병원에서는 2001. 5. 28-29.경에 핵황달을 예방하기 위한 목적으로 교환수혈을 하였던 점, ⑥ 피고병원에서는 박○○의 패혈증을 치료하기 위하여 항생제를 계속 투여하였으며, 복부팽만을 치료하기 위하여 2001. 6. 17.경에는 박○○에게 위관과 직장관을 삽입하였고, ⑦ 피고병원에서 2001. 8. 7.경 박○○에게 실시한 CMV 및 B형 간염 바이러스 검사 결과 모두 양성반응이 나타났던 점의 사정에, ⑧ 박○○과 같은 미숙아의 경우 병원내 감염의 위험도가 크고, 병원 내 감염의 위험요소로는 혈관 내 도관 및 기관지 삽관, 광범위한 항생제 사용 등이 있는 점, ⑨ 특히 MRSA 감염은 보건 의료 종사자들의 손에서 환자에게로 전파된 풍토병성 균주들에 의해 발생하기 쉬우며 병원 내 감염을 일으키는 가장 흔한 병원체 중의 하나라는 점, ⑩ 박○○이 출생 당시에는 그 상태가 양호하였다가 이후 피고병원의 신생아실에서 치료를 받던 중 비로소 위 MRSA, CMV, B형 간염 바이러스 등에 감염된 증상이 나타났던 점, ⑪ 박○○이 MRSA에 감염되어 이미 면역력이 약화된 상태에서는 CMV 등의 바이러스에 쉽게 감염될 수 있는 점 등의 사정을 합하여 보면, 결국 피고병원이 미숙아에 대한 병원 내 감염의 위험성을 예방하기 위한 무균조작을 철저히 할 주의의무에 위반한 채 항생제 투여, 위관 및 직장관 삽입, 제대동맥을 통한 교환수혈과정 등 박○○에 대한 처치과정에서 박○○에게 MRSA, CMV, B형 간염 바이러스 등에 감염되도록 하고, 이로 인하여 박○○으로 하여금 간기능 부전, 패혈증 등으로 사망에 이르게 하였다고 봄이 상당하다고 할 것이므로(피고병원도 박○○의 CMV, B형 간염 바이러스는 교환수혈과정에서 감염되었을 가능성이 가장 높다는 점을 인정하고 있다. 한편 대한 의사협회장에 대한 진료기록감정결과에 의하면 위 박○○의 간기능 부전의 원인은 신생아 간염이고, 위 신생아 간염의 원인은 CMV 감염으로 인한 것일 가능성이 가장 큰 것으로 보인다고 판단하고 있다), 피고병원은 그 이행보조자의 지위에 있는 피고병원 의료진의 과실로 인하여 박○○ 및 친족관계에 있는 원고들이 입은 손해를 배상할 책임이 있다.』

2. 인과관계

인과관계에 대한 판단은 없음.

3. 인용금액 : 8천 2백만 원

4. 피고의 책임비율 : 60%

≪관련 판례≫

1. 서울지방법원 동부지원 2000. 10. 27. 선고 98가합5645 판결

신생아실에서 MRSA에 감염되어 좌측 대퇴골 원위부의 조기성장관 외측의 폐쇄로 인한 성장장해에 이른 사건에 대하여,

『…신생아감염은 저체중아나 미숙아가 항상 있고 이들의 면역체계가 미숙하여 감염의 발생 및 전파가 쉽게 일어나는 신생아실에서 발생하며 미숙아의 생존율이 높아짐에 따라 이들에 대한 병원내 감염의 위험성은 증가하고 있으므로 이를 예방하기 위하여 손씻기 및 무균조작을 철저히 하여야 한다.

MRSA(methicillin resistant staphylococcus aureus)란 포도상구균이 메치실린이라는 페니실린 계통의 항생제에 내성을 갖는 것을 말하며, MRSA 병원균에 감염되었다는 것은 아주 강한 세균에 감염되었다는 것을 의미하는데, MRSA 감염은 환자 자신의 균주로부터 야기되거나 보건 의료종사자들의 손에서 환자에게로 전파된 풍토병성 균주들에 의해 발생하며, 병원 내 감염을 일으키는 가장 흔한 병원체 중에 하나이다.

신생아가 세균에 감염된 경우 아무 증상이 없을 수도 있으나 대개 첫 징후로는 열이 나거나 호흡수가 빨라지고 수유 장애 등이 오게 되며, 특히 미숙아는 패혈증에 걸리기 쉬우므로 조기 진단과 치료가 중요하다.

패혈증이란 세균이 신체에 들어와 혈액내에 돌고 있는 상태를 말하는데, 이때 세균이 관절에 정착하면 관절염이 된다. 특히 신생아의 골간단은 작은 모세혈관이 많이 분포되어 있고, 혈류의 속도가 완만하며, 해부학적으로 연결이 적어 세균증식의 좋은 장

소가 되므로 골수염과 관절염이 잘 생기는데, 세균감염으로 인해 관절염이 유발되는 경우에는 증상이 없는 수도 있으나 대개 발열, 감염 부위가 붓거나 움직임의 제한이 있는 등의 징후를 통하여 발견이 가능하며, 조기에 발견하여 적절히 치료하면 치료가 가능하다…'고 전제한 후 '…원고는 출생 이후 피고병원의 신생아 중환자실 또는 일반 신생아실에서 강한 세균에 감염된 사실이 추정된다 할 것인 바, 미숙아는 면역체계가 미약하여 세균이나 바이러스에 쉽게 감염이 될 수 있는 반면 오늘날 미숙아의 생존율이 높아짐에 따라 이들에 대한 병원내 감염의 위험성이 증가하고 있으므로 이를 예방하기 위하여 무균조작을 철저히 할 주의의무가 있다 할 것이고, 특히 MRSA 감염은 보건 의료 종사자들의 손에서 환자에게로 전파된 풍토병성 균주들에 의해 발생하기 쉬우며 병원 내 감염을 일으키는 가장 흔한 병원체 중의 하나라는 점, 원고가 출생 이후 외부와 차단된 상태에서 피고병원의 보육기에서 관찰치료를 받는 동안에 이미 감염증세가 나타났고, 그 후 피고병원의 신생아실에서 치료를 받던 중 감염이 확인되었다는 점을 감안하면 피고병원이 위와 같은 무균조작을 철저히 할 주의의무에 위반하여 위 원고에게 병원 내 감염이 발생한 것으로 봄이 상당하다 할 것이다…』

고 하여 의료과실을 인정하였습니다.

2. 일본 판결

일본 廣島地裁 吳支部 소화 58년 9월 16일 판결(判時 1091호 9면, 判タ 507호 221면)도 신생아가 병원균에 감염되어 사망한 사건에 대하여,

『원래 신생아는 세균에 대한 저항력이 약하고 이것이 감염하기 쉬운데다가, 모아 이실(母兒 異室)이라고 하여 독립된 신생아실을 설치하고 있는 경우에는 특히, …세균감염이 발생하기 쉽고, 의료기관을 개설하고 있는 피고로서는 입원중인 신생아에게 애초 세균이 감염되는 것을 방지하기 위하여, 특히 신생아실(그 부속시설을 포함하여)을 중심으로, 인적 물적으로 충분히 그 청결을 유지하도록 최선을 다해야 할 주의의무가 있었다….』

라고 하면서 손해배상책임을 인정하였습니다.

2. 치과 신경치료 후 농양이 확대되어 패혈증으로 사망한 사건[195)]

≪사건 개요≫

• 원고 정○○(남, 56세) / 피고 ○○치과+○○대병원

※ 사건 경과

(1) 6월 3일 ○○대병원 치과 신경치료 후부터 뒷목통증 증상 있어 외래 치료했으나 호전없어 6월 14일 신경외과 외래 통해 입원

(2) 6월 14일 경추 CT상 경추 3~4번 척추 전방부 농양 발견됨.

(3) 6월 17일 농양 절개 배액술 후 중환자실 입실, 혈소판수치 감소 등 패혈증 상태 보임.

(4) 6월 27일 수술 부위 부종, 농이 새어나와 재수술 (피부절개 후 배농, 반코마이신, 겐타마이신 세척) 다시 시행함.

(5) 6월 29일 경추, 흉부 CT상 목과 종격동의 농양이 발견되어 목 농양 배액술(이비인후과), 종격동 농양 배액술(흉부외과) 시행함.

(6) 7월 7일 목부위 지속적인 혈액성 삼출물 보여 다시 이비인후과에서 상처 세척 교정술 시행(명확한 출혈 부위는 발견되지 않음, 삼출되는 부위 지혈, 상처 세척)

(7) 7월 13일 확인 CT상 7/7일 CT와 비교하여 이전 농양은 줄었으나 오른쪽 전척추, 척추 주변부위 다량의 작은 농양 주머니가 남아있음.

(8) 7월 20일 호흡곤란 호소, 산소포화도 떨어지면서 심박동수 느려짐. 심폐소생술 후 회복되었으나 다량의 흑색변 증상 있어 내과적 치료 병행함.

(9) 7월 21일 혈압 점점 낮아지고 심박수 점점 느려져 심폐소생술 시행했으나 회복되지 않고 사망함.

시 간	상 태	처 치
	기왕증 : 고혈압	
2010. 6. 5.	피고 1 의원 내원	신경 치료
6. 7.	피고 2 병원 응급실 방문 주호소 : 치과 치료 후 뒷목이 뻐근하여 내원. 오전 오후 2차례 발열 있었음.	경추부 방사선검사 : 일자목 소견, 척추증, 골증식증, 골다공증 통증 조절 및 RTO, 진통제 주사

195) 의정부지방법원 2012. 10. 18. 선고 2010가합9921 판결.

6. 8.	피고 2 병원 치과 외래 주호소 : "신경 치료 후 얼굴이 부었어요" 신경 치료 후 3일 전부터 안면종창 시작	절개배농술 1. #21 apex 부위 및 상순 부위 I&D-배액관 2개. 농양(+++) -내부에 공동 형성. #21 뿐만 아니라 주위 상악 전치부도 이환 → 추후 EPT 소독 항생제 flagyl, sulbacin 정맥주사 moxicle 하루 3번 3일분 처방
6. 9.	피고 2 병원 치과 외래 주호소 : 발열, 부종, 배액관 통해 농양 나옴.	소독 오심에 대한 약 더 처방 항생제 flagyl, sulbacin 정맥주사
6. 10.	피고 2 병원 치과 외래 주호소 : 부종 거의 감소함.	배액관 제거 #12, 21 치료 필요함. 항생제 flagyl, sulbacin 정맥주사
6. 10.	피고 2 병원 정형외과 외래	경추 5-6번 디스-공간 좁아짐과 퇴행성 변화 있다는 설명 듣고 경과관찰
6. 11.	피고 2 병원 치과 외래 I&D 부위로 아직 농양 나옴.	#12 마취 없이 발수 #13, 22, 23은 EPT(+) #21 임시 sealing 제거하자 depulpin으로 추정되는 보라색 물질 묻은 솜 나옴. 항생제 flagyl, sulbacin 정맥주사 moxicle, flasinyl 하루 3번 3일분 처방 1. 절개 부위 통한 소독 2. #12 사정 위한 절개 3. #21 소독 4. 둘다 #25, 23mm까지 NiTi로 확대 염증 개선 후 보철물 제거
6. 14	피고 2 병원 신경외과 외래 통해 입원 뒷목 통증, 통증으로 목 운동 장애 주호소로 신경외과 외래 통해 입원 과거력 : 고혈압 6년간 투약중 WBC : 11100(Seg : 83.6) Hb : 17.9 PLT : 195K ESR : 31 CRP : 13.92 Glu : 306 BUN/Cr : 20.7/1.19 V/S : 100/60-80-20-36.1 (16:00) 발열 37.4 (18:00)	경추 CT : 경추 3~4번 척추전방부 농양, 경추 4번과 5번 후종인대 석회화
6. 15.	WBC : 15500(Seg : 93.1) Hb : 16.9 PLT : 186K ESR:35 CRP : 17.54 Glu : 259 BUN/Cr : 23/0.97 발열 38.2	경추 MRI : 경추 3~4번 척추전방부 농양, 경추 4번과 5번 후종인대 석회화 혈액, 소변 배양검사 해열제 : 케토락 투여
6. 16.	WBC : 18310(Seg : 92.8) Hb : 15.6 PLT : 132K ESR:25 CRP:17.54 Glu : 302 BUN/Cr : 24.9/1.07 발열 39.2(08:20), 39.8(19:00)	해열제 : 타이레놀, 케토락 투여 감염내과 의뢰(항생제 문의) → 6/17 답변 : ampicillin & sulbactam 투여 바람. 복부CT : 전반적인 지방간, 소수의 작은 담석

6. 17.	발열 39.7(04:00) 수술 후 하지 마비증상(상지Ⅴ/하지Ⅱ) BT : 38.8 WBC : 18700(Seg : 96.0), Hb : 16.8 PLT : 100K(수술전) ESR : 27 CRP : 17.94 Glu : 274 WBC : 13900(Seg : 96.7), Hb : 16.3 PLT : 37K(수술후) ESR : 14 BUN/Cr : 32.4/1.21	농양 절개 배액술 : C3-4 전척추근육절개하자 농양주머니 보여 배액후 반코마이신 세척 항생제 : 반코마이신, 세파졸린(최초 투약: 16:35 수술전 예방적 항생제) 수술후 기관내삽관 발관했으나 호흡 힘들어 하여(산소포화도 88~90%) 재삽관 → 인공호흡기 적용
6. 18.	발열 지속됨(39.2). WBC : 29000 Hb : 15.4 PLT : 37K BUN/Cr : 45.4/1.73 하지마비 증상 Motor G Ⅱ → Ⅰ 하지 감각 있음.	항생제 : 반코마이신→설바신(ampicillin+sulbactam) 감염내과에서 항생제 타조신으로 변경(6/15 혈액배양 : GNB) 내분비내과 협진(blood glucose 높음) : DM control하겠음. 경추 3D CT : 하나의 큰 고밀도 전척추 농양 공기밀도를 포함함. C3, 4, 5번의 전척추 농양형성이 의심됨.
6. 19.	WBC : 10900 Hb : 14.2 PLT : 36K ESR : 31 CRP : 16.95 Glu : 384 BUN/Cr : 102.7/3.57 발열 : 38.3	혈소판 감소소견 지속되어 혈소판 대치 유지 : 패혈증
6. 20.	흑색변, 하지 감각 유 → 무 WBC : 10100 Hb : 12.2 PLT : 76K CRP : 6.6 Glu : 531 HbA1C : 10.7 BUN/Cr : 104.6/3.48 발열 38.1	
6. 21.	WBC : 6200 Hb : 11.7 PLT : 65K ESR : 24 CRP : 6.6 Glu : 249 BUN/Cr : 88.1/2.63 발열 38.2	소화기내과 : active bleeding으로 보기에는 무리가 있음. 대변검사, 복부방사선검사 요함. 감염내과 협진 : 현재 항생제 유지 호흡기내과 협진 : 폐렴 의심됨. 현재 항생제 유지, 흉부 CT요함. antithrombin 투여(패혈증)
6. 25.	38.0 WBC : 10100 Hb : 11.8 PLT : 127K Glu : 230 BUN/Cr : 49.4/1.5	기도내삽관 제거 → 의식 떨어지며 호흡곤란보여 재삽관(인공호흡기) 뇌 MRI : 정상 요추 MRI : 하부 경추와 상부 흉추를 따라 척수내 증가된 T2 신호적 감도, 척수병증 혹은 허혈의 가능성 높음. T1과 T2W1에 낮은 신호적 감도의 전반적인 비정상적 척추 골수의 신호감도 L1 척추체의 척추혈종 좌측 신장부위 견갑골하부에 큰 혈종
6. 27.	38.2 수술부위 부종, 농이 새어나옴.	재수술(피부 절개 배액술) : 피부 절개후 배농, 반코, 겐타마이신 세척

6. 28.	발열(38.9) 배양검사 결과 6/15 혈액, 6/15 소변, 6/18 혈액 6/16,18 객담, 6/21 배농관 6/18 혈액, 6/21 소변에서 Klebsiella pneumonia (타조신에 감수성) WBC : 22400 Hb : 11.2 PLT : 183K ESR : 22 CPR : 15.69 Glu : 270 BUN/Cr : 47.2/1.57	항생제 : 타조신+(시프로프록사신 추가) 경추 CT : 전척추부위와 경추부 농양이 발견됨. 흉부 CT : 위쪽 흉곽에 종격동농양 목 CT : 다발성 농양 이비인후과 협진 : 절개배양술 시행하겠음. 흉부외과협진 : 종격동농양 절개배농 요함. 이비인후과, 흉부외과에서 보호자 설명 후 수술동의서 작성 감염내과 협진 : 배양검사 재시행, carbapenem+teicoplanin으로 교체
6. 29.	WBC : 17000 Hb : 11.1 PLT : 117K ESR : 43 CRP : 22.56 BUN/Cr : 57.8/1.73	목 농양 배액술(이비인후과) 종격동 농양 배액술(흉부외과) : 흉관삽입 항생제 : 테이코신, 메로펜으로 변경
6. 30.	하지 Motor Grade : 0	
7. 3.	흑색변 WBC : 6.8 Hb : 9.6 PLT : 85K CPR : 7.51 BUN/Cr : 42.1/1.1	소화기내과 협진 위장관 출혈 배제할 수 없음, 내시경 및 필요시 지혈술해야 할 것으로 판단되나 내시경 불가능할 경우 투약 처치
7. 7.	목부위 혈액성 삼출물 새어나옴.	목 CT : 드레인 튜브 끝이 기관 주위에 있으며 이 튜브를 따라 높은 밀도를 보이는 진행된 병변이 있음. 급성출혈 의심됨. 응급수술(상처 세척, 교정술) : 심경부 고름집 절개 및 배액 : 명확한 출혈부위는 발견되지 않음. 삼출되는 부위 지혈, 상처세척
7. 8.		목(angio) CT : 대경동맥, 정맥계 이상 없음.
7. 13.		목 CT : 이전 7/7 CT와 비교시 이전농양은 줄었으나 오른쪽 전척추부, 척추 주변 부위에 다량의 작은 농양주머니가 남아있음.
7. 14.	산소포화도 떨어짐.	기도내 삽관 재삽관(튜브 막힘)
7. 16.		흉부 배액관 제거(흉부외과)
7. 19.	WBC : 5500 Hb : 9.5 PLT : 156K ESR : 17 CRP : 3.73 Glu : 136 BUN/Cr : 54.9/0.8 e : 138-4.6-102	
7. 20. 04:00	WBC : 4900 Hb : 6.5 PLT : 170K Glu : 321 BUN/Cr : 79.2/0.66 e : 143-5.8-106	
10:22	호흡곤란 호소 산소포화도 79% 70/20-105-25-35.6	호출, 앰브배깅, 심폐소생술 시행 심장내과 협진(갑자기 심박수 감소) : 과칼륨혈증이 원인이 되었을 가능성 있음.

	갑자기 심박동수 20회/min으로 느려짐. WBC : 4910 Hb : 6.7 PLT : 104K Glu : 435 BUN/Cr : 93.8/0.89 e : 146-7.0-110	portable 심초음파 시행
10:50		전체 혈액검사
11:00	Hb : 6.7 (7/19 Hb : 9.5)	PRC 7pint, FFP 5pint
13:50	다량의 tarry stool	
21:00	혈변 두차례 WBC : 6500 Hb : 8.0 PLT : 1296K Glu : 528 BUN/Cr : 146.7/1.42 e : 148-6.6-113 암모니아 : 394	
22:00	비위관튜브로 혈액성 구토물	비위관튜브 배액, 흡인
7. 21. 00:00	BT : 37.9	SBP : 100 이상 유지 위해 투약 증량
04:17	WBC : 5100 Hb : 5.6 PLT : 126K ESR : 2 CRP : 1.68 Glu : 426 BUN/Cr : 156.1/1.85 e : 152-7.7-113	
06:00	SBP : 80mmHg, 산소포화도 : 76～85% 흑색변 3차례 Hb : 5.6	
06:50	산소포화도 : 72～86%	
08:00	혈압 80/50	
08:02	혈압 60/30, 심박수 51회/min, 점점 느려짐.	권○○ 의사 앰브배깅, 심장마사지(GCS :3점, 운동반응 없음, 동공 8size 확대됨)
08:34		Dr. 조○○ 보호자와 면담
09:00		Dr. 권○○ 보호자와 면담
09:17	사망(직접사인 : 패혈성 쇼크, 중간사인 : 패혈증)	

≪소장에서 주장하는 피고의 과실≫

1. 피고 1 의원의 과실

피고 1 의원에게는 망인에 대한 치과 치료시 감염증을 유발한 과실이 있습니다. 2010. 6. 5. 피고 1 의원 치과치료 후 망인은 발열, 안면부 종창 등 감염증이 유발되어 결국 척추, 목, 종격동에까지 감염이 확대되어 결국 패혈성 쇼크로 사망에 이르게 되었습니다. 2010. 6. 11. 피고 2 병원 치과 치료시 #21 치아에서 보라색 물질이 묻은 솜이 발견되었는 바, 2010. 6. 5. 피고 1 의원에서는 신경치료시 솜을 제거하지도 않았던 것입니다. 결국 이와 같은 일련의 감염예방을 위한 처치상 주의의무를 위반한 피고 1 의원의 과실로 감염증이 유발되었던 것입니다.

2. 피고 2 병원의 과실

피고 2 병원에게는 치과치료 후 발생된 감염증으로 내원한 망인에 대해 조기에 패혈증을 의심하고 적극적으로 치료하지 아니하여 망인으로 하여금 패혈성 쇼크로 사망에 이르게 한 잘못이 있습니다.

패혈증이 심해져 신체의 불균형이 심화되면 장기기능부전 및 혈압저하를 특징으로 하는 패혈성 쇼크(septic shock)로 진행하게 됩니다. 패혈증이 패혈성 쇼크로 진행됨에 따라 사망의 위험성은 증가하게 되는데 패혈증은 일반적으로 가역적이지만 패혈성 쇼크(septic shock)로 이환된 환자는 적극적인 치료에도 불구하고 사망할 가능성이 높습니다. 보고에 의하면 패혈성 쇼크(septic shock)환자의 40~60%가 30일 이내에 사망하게 됩니다.

패혈증이 의심되는 환자는 신속한 조치가 이루어져야 합니다.

왜냐하면 패혈증은 치사율이 전체적으로 20% 내지 50%, 특히 그람음성 장관성 패혈증의 경우는 40% 내지 60%에 이르는 치명적인 병이므로 빠른 시일 내에 패혈증을 진단하여 치료를 하여야 하고 패혈증에 대한 진단이 늦어 치료시기가 늦어지면 그 치료도 어렵고 치료 후의 예후도 나빠지기 때문입니다.

따라서 패혈증에 의한 유병률과 사망률을 줄이는 가장 좋은 방법은 예방이라 할 것입니다. 성공적인 치료를 위해서는 감염부위에 대한 처치, 혈 역학과 호흡기에 대한 치료, 침범된 미생물 제거 등이 시행되어야 하며 환자의 기저질환 역시 적극적으로 치료되어야 합니다.

그러나 피고 2 병원은 감염증으로 내원한 망인에 대한 처치시 경추 CT 및 경추 MRI 상 경추 3~4번 척추전방부 농양이 진단되어 조기에 적극적으로 항생제 치료 등을 통해 치료가 가능하였음에도 이를 지체하여 망인으로 하여금 패혈성 쇼크로 사망에 이르게 하였던 것입니다.

≪관련 의학지식을 통한 입증≫

1. 피고들의 주장에 대하여

가. 피고 1 의원의 주장과 관련하여

(1) 경추농양의 원인균인 폐렴간균에 관하여

피고 1 의원은 망인의 경추농양에서 확인된 폐렴간균은 구강내 상재균이 아닌 바, 피고 1 의원의 처치로 인하여 감염된 것이 아니라 망인의 기왕증인 당뇨병 등이 작용하여 원인 불분명하게 혈행성 전파로 유발된 것이라 주장하나, 이는 사실이 아닙니다.

(가) 구강내 상재균

피고는 구강내 상재균이 아니라며 면책을 주장하는 바, 이는 뒤집어 보면 구강내 상재균일 경우 과실이 있다는 전제하에서 면책논리를 전개하고 있습니다.

폐렴간균은 구강내 상재균입니다(갑 제10호증 인터넷 자료 참조). 피고들은 진감의의 취지만을 바탕으로 폐렴간균이 구강 내에 상재하는 균이 아니라고 주장하나, 진감의는 의학적 사실과 다른 편파적인 감정회신을 하였습니다. 문헌상 폐렴간균은 구강내 상재균이라는 점은 공지의 사실입니다. 폐렴간균은 엄연히 코인두, 구강 내에 상재하는 균입니다.

폐렴간균이 구강내 상재균이라면 피고 1 의원은 더 이상 면책을 주장을 할 근거가 없어졌습니다.

(나) 당뇨병 등

피고 1 의원은 단순히 망인의 당뇨병 및 알코올섭취 기왕증 등을 바탕으로 균 감염의 원인을 망인에게 전가하고 있습니다.

첫째, 망인은 당뇨병 및 알콜섭취 그 자체로 사망하지 않았습니다. 당뇨병 등이 사인이 아니라, 이 건 치료로 인한 패혈증입니다. 당뇨 및 알콜섭취가 감염에 약할 수는 있지만 이 건과 같은 단순한 신경치료만으로 사망하지는 않습니다.

피고 1 의원의 주장은 스스로 과실을 자백하고 있는 것입니다. 악결과예견가능성이 있었음에도 불구하고 이를 예견 및 회피하지 못했다는 자기반성 내지 변명이기 때문입니다.

망인에게 기왕증이 있었다면, 그에 대한 사전 검사(문진, 혈액검사 등)를 통하여 확인하였어야 하고, 치료전, 치료중, 치료후 더욱더 위생관리에 만전을 기하여 폐렴간균에 의한 치주감염의 발병, 악화에 이르지 못하도록 하였어야 합니다. 이를 간과한 채 피고 1 의원의 손과 치과치료기구 등을 제대로 소독하지 않았고, 신경치료부위에 대한 소독과 치료 후 감염관리를 하지 않은 채 매너리즘에 빠진 치료를 한 끝에, 단순 신경치료가 치주농양으로 발전, 결국 피를 통해(혈행성 전파) 경추에까지 파급, 농양 및 감염을 유발하여 패혈증까지 상태를 악화시킨 전형적인 의료과실행위입니다. 이러한 질병의 기전에 대해서는 진감의도 같은 취지로 회신하였습니다.

(다) 디펄핀 장기적용

당뇨 등으로 감염위험이 높았다면, 더욱이 솜(디펄핀을 묻힌)과 같은 이물질을 치아 속에 장기간 삽입시켜놓고 관리를 제대로 하지 않았다면 일반인보다 더 훨씬 더 감염의 속도나 범위, 중증도가 확대될 수 있다는 것은 일반인의 상식입니다.

단순 신경치료 후 그 부위에 감염, 악화되었다면 자연과학적 입증이 되었다고 볼 수 있습니다. 그렇지 않다고 하더라도, 시간적 근접성, 장소적 부위적 근접성, 의학적 개연성 등에 상당인과관계가 있다고 할 수 있습니다.

(2) 피고 1 의원의 인과관계 부인에 관하여

피고 1 의원은 상악좌측중절치 부위와 경추농양이 발생한 척추부위와의 해부학적 인접관계가 전혀 없고, 감염의 전파가능성이 거의 없어 망인의 사망과 피고 1 의원 처치 사이에 인과관계가 단절된다고 주장하나, 이는 사실이 아닙니다.

(가) 해부학적 인접성

피고 1 의원은 단순히 해부학적으로 경추와 치아 사이의 근접성이 없어 감염이 전파될 수 없다고 주장하나, 사실과 다릅니다.

첫째, 턱과 목은 붙어있습니다. 해부학적으로나 장소적으로 매우 근접합니다. 특히 턱을 지나는 혈관과 신경은 경추부분과 뇌신경부분으로 연결되어 있습니다.

(나) 감염경로의 의학적 기전

둘째, 이 때문에 심경부 감염의 60%는 치주감염으로 밝혀질 정도로 비율이 매우 높습니다(갑 제7호증 참조). 치주에 감염되면 치주부분을 지나는 혈관을 통하여 심경부로 전파됩니다(일부 임파성 또는 직접 확산으로 감염이 전파될 수도 있음).

그러므로 피고 1 의원의 치과치료 당시 발생한 망인의 치주감염은 혈행성 전파경로로 심경부 감염을 유발하였고, 감염이 확산 및 악화되어 경추농양 및 감염을 유발한 것입니다.

(다) 임상적 경과

망인은 이 건 치료전 치주감염, 치주농양, 목통증과 안면부종 등의 이상소견은 없었습니다.

이 건 치료 후부터 목통증을 지속적으로 호소하였고 점점 심화되었으며, 발열 및 안면부종까지 발생하였고, 더 나아가 상악좌측 중절치 부위에 농이 형성되어 절개 및 배농술까지 시행 받게 되었는 바, 이는 전형적인 감염 및 감염확대경과를 보인 것입니다. 이와 같은 망인의 임상증상과 이후 경추농양에서 발견된 원인균인 폐렴간균을 통하여 망인의 치주감염은 피고 1 의원의 처치 당시 발생하여 이후 악화된 것임을 알 수 있는 바, 따라서 피고 1 의원의 주장에는 이유가 없습니다.

(3) 2011. 11. 17.자 원고들의 준비서면 내용 반박에 관하여

(가) 기왕의 치주염감염주장에 대하여

피고 1 의원은 망인이 내원 당시 이미 치근단염증이 존재하였고, 충치치료를 위해 내원한 것이 아니라 급성 치근단 치주염으로 내원하였다고 주장하나, 이는 사실이 아닙니다.

망인은 내원 당시 충치(치아 우식증)가 치수(pulp)까지 진행되어 피고 1 의원으로부터 신경치료를 시행 받은 것으로 충치 때문입니다. 치주감염으로 내원한 것이 아닙니다.

만약 치주감염이었다면 배농술을 하거나, 최소한 적극적 감염관리 및 치료를 하였어야 합니다. 피고 1 의원이 행한 치료는 예방적 목적으로 적용되는 아목사실린을 먹도록 하였을 뿐입니다.

내원 당시 목통증과 치주감염으로 인한 치아부위 농형성이 발생하지 않은 상태였는바, 충치치료를 위한 신경치료 당시 망인에게 균감염이 유발되어 농이 형성되고 확산 및 악화된 것입니다.

(나) 디펄핀 적정 적용 주장에 관하여

피고 1 의원은 신경치료 시행 당시 망인에게 적용한 디펄핀을 3일 후 제거하기 위하여 재내원하도록 교육하였으나 다시 내원하지 않은 망인의 잘못으로 디펄핀을 제거하지 못하였다고 주장하나, 이는 사실이 아닙니다.

의료인이 아닌 망인은 디펄핀 약제의 효능 및 부작용에 관해 알지 못하였고, 이로 인하여 디펄핀을 오랫동안 제거하지 않고 방치할 경우 치아부식 및 감염을 확대시킬 수 있다는 사실에 관하여 전혀 알지 못하였습니다. 당시 이에 대해 알고 있었다면 감염증상 발현 후 상급병원인 피고 2 병원 내원 당시 즉시 이를 제거할 수 있었을 것인바, 피고 1 의원이 약제의 부작용 및 제거시기 등에 관하여 요양방법지도의무를 다하지 않았다는 사실을 반증한다 하겠습니다(갑 제11호증의2 정○○ 진술서 참조).

피고 1 의원은 디펄핀 약제를 48~72시간 이내에만 사용하라는 규제가 없고, 치아뿌리를 녹인다는 부작용이 없다고 주장하나, 이는 사실이 아닙니다. 디펄핀에는 파라포름알데히드가 포함되어 있고, 이 파라포름알데히드가 장기간 치아에 적용될 경우 디펄핀 주변의 골괴사가 발생하게 되어 신경치료 중인 치아 틈새 사이로 파라포름알데히드가 새어나와 치은괴사를 유발하게 되는 부작용이 있습니다. 그러므로 진통 및 소염제 목적으로 디펄핀을 사용할 경우 대부분 3일 이내에 제거하게 되어있고, 디펄핀 약제 단독을 주입하는 것이 아니라 이 건과 같이 솜에 약제를 묻혀서 신경치료 후

치아 구멍사이로 삽입하고 있는 바, 그 자체가 오래 방치할 경우 이물질로 작용할 수 있습니다. 따라서 피고 1 의원은 신경치료 후 디펄핀을 적용하고 제거하지 않아 방치하게 한 과실이 있는 바, 위 주장에는 이유가 없습니다.

(4) 피고 1 의원의 감염관리 실패

의료소송에서는 Res Ipsa Loquitur원칙, 즉 "사물 내지 현상은 그 자체 스스로가 말한다"는 원칙이 적극적으로 적용됩니다. 이 원칙은 의료과실에 대한 직접적인 증거는 없으나 의미 있는 간접적 또는 정황적인 증거가 있는 경우 정황으로부터 추론을 이끌어내는 방법으로 의료과실을 입증하자는 이론으로서, 영국의 불법행위소송에서 사용되다가 1900년대 초 미국의 의료과오소송에서 제3의 객관적인 전문가의 도움에 지나치게 의존하는 경향을 완화하고자 위 원칙으로 입증될 수 있을만한 경우 의료과오소송에서 도입되기 시작하였습니다.

이 건에서 치주농양→경추농양→패혈증으로 발전된 것은 피고 1 의원의 치료행위가 적절하지 못했다, 나아가 실패하였다는 점을 나타내고 있습니다.

피고 1 의원이 "기왕증이다. 치료는 다했다."며 면책을 주장입증하려면, "왜 경부농양, 패혈성 쇼크, 사망에 이르게 되었는가?"에 대한 적극적 해명과 입증이 있어야 할 것입니다. 피고 1 의원의 변소행위는 ① 의료행위의 미숙, ② 의료행위와 결과와의 시간적인 근접성, ③ 일반적·통계적 인과관계, ④ 의료행위의 양과 결과발생률, ⑤ 의료행위의 내용과 결과발생률, ⑥ 의료행위와 생체반응의 생물학적 관련, 등에 대한 과학적이고 객관적인 반론이 없습니다.

나. 피고 2 병원의 주장과 관련하여

(1) 망인의 사망원인에 관하여

피고 2 병원은 망인이 경부농양 및 패혈증 소견이 호전되었고, 스트레스성 위궤양에 기인한 위장관 출혈로 저혈량성 쇼크가 유발되어 사망하였다고 주장하나, 이는 사실이 아닙니다.

(가) 위장관출혈의 원인

위장관출혈은 패혈증으로 인한 것입니다.

망인은 2010. 7. 21. 09:30경 구강농양이 목농양 및 패혈증으로 악화되어 패혈성 쇼크로 사망하였습니다(갑 제5호증 사망진단서 참조).

또한 망인은 같은 해 6. 14.경 경추 CT검사 결과상 경추 전방부 농양을 확인하고 3일 뒤인 같은 달 17.경 농양 절개 및 배농술을 뒤늦게 시행 받았으나 이미 경추농양이 종경동까지 파급되어 전신에 퍼져있어 패혈증이 유발된 상태였습니다. 이에 자가 호흡이 힘들어 중환자실 입원조치 후 인공호흡기를 적용하였고, 감염징후 및 증상(발열, 혈액 감염수치 증가 등)이 지속적으로 발현되었고, 수술 후 하지마비 증상까지 발생하는 등 상태가 악화되었습니다. 망인의 농은 전신으로 전파되었고 목부위에서 혈액성 삼출물이 계속 새어나오는 상태로 인해 피고 2 병원으로부터 수차례에 걸쳐(같은 해 6. 27.경, 6. 29.경, 7. 7.경) 절개 및 배농술, 응급수술을 시행 받아야 할 정도로 상태가 악화되었습니다. 더욱이 같은 해 7. 7.경 응급수술(심경부 고름집 절개 및 배액술) 당시 명확한 출혈부위는 발견되지 않으나 목부위에 출혈소견까지 발현된 상태였습니다. 망인은 지속적인 농양제거술에도 불구하고 경추주변 농양주머니가 존재하였고, 목부위 농양은 기관의 개통이 원활하게 이루어지지 않도록 하여 호흡곤란을 유발하고 지속적으로 기관내삽관을 통한 인공호흡기 치료를 시행받을 수밖에 없는 상태였습니다(갑 제11호증의1 유○○ 진술서 참조).

(나) 패혈증 악화

그러므로 망인은 피고 2 병원 처치로 인하여 패혈증이 호전된 것이 아니라 경추농양이 전신으로 퍼져 중증 패혈증 상태로 자가 호흡 불능, 하지마비, 목부위 출혈 및 지속적인 농양발생 등이 유발되어 전신상태가 호전되지 못하고 있었고, 패혈증의 악화로 위와 같은 다양한 합병증과 병합하여 사망 당시 다량의 상부위장관 출혈까지 유발된 상태였습니다. 따라서 망인의 사망은 패혈증의 악화로 유발된 것인 바, 위 피고 2 병원의 주장에는 이유가 없습니다.

(2) 경추농양 진단지연 과실에 관하여

피고 2 병원은 망인에게 반드시 혈액검사 및 균 배양검사를 시행할 필요성이 없는 상태였다고 주장하나, 이는 사실이 아닙니다.

(가) 목통증, 발열, 안면부종, 치주농양 확인

망인은 2010. 6. 7.경 피고 2 병원 내원 당시 이미 지속적인 목부위 통증을 호소하였고, 발열 및 안면부종 등의 이상증상이 발현된 상태였습니다. 같은 달 8.경 피고 2 병원은 망인의 21번 치아부위에 농 형성 및 주위 상악 전치부로 이환된 상태까지 확인하고 치주염증 부위 농 절개 및 배농술을 시행하였으나, 고름이 계속 새어나오는 등 악화되고 있었습니다.

게다가 감염원인 솜조차 제거하지 않고 방치하고 있었습니다.

(나) X선 검사, 균배양검사의 필요성과 미실시

피고 2 병원은 망인의 상태가 호전되지 않고, 악화되고 있음에도 그 원인을 파악하기 위한 검사－단순X선, CT, MRI검사, 균배양검사, 반복적 혈액검사 등－을 집중적이고 주기적으로 반복시행하여야 할 주의의무가 있습니다.

만약 이를 시행하였다면, 원인균의 종류, 침습부위 및 범위, 패혈증의 중증도 등을 조기에 진단함으로써 병소(감염된 솜)를 제거하고, 적정한 항생제를 선택하여 투여하고, 산소공급, 교환수혈 등 패혈증악화로 인한 패혈성 쇼크로의 악화를 막을 수 있었습니다.

(3) 패혈증 치료지연 과실에 관하여

피고 2 병원은 망인의 경추농양 원인균인 폐렴간균에 유효한(민감한) 항생제를 조기에 투여하였고, 경추농양 확인 후 경험적 항생제를 적절하게 투여하였으므로 패혈증 치료지연 과실이 없다고 주장하나, 이는 사실이 아닙니다.

피고 2 병원은 2010. 6. 14.경 망인의 경추농양을 확인하였습니다. 그럼에도 불구하고 감염의 원인인 농양을 3일 뒤인 같은 달 17.경이 돼서야 제거하였습니다. 농양제거 당시 이미 망인의 농이 종격동으로 퍼져 전신에 전파된 상태로 패혈증이 유발된 상태였습니다.

따라서 피고 2 병원은 감염 및 패혈증의 근본적인 치료방법인 망인의 감염원인 경추농양을 조기에 제거하지 않아 망인에게 중증 패혈증 상태를 유발한 과실이 있습니다.

피고 2 병원은 외래 내원 당시 망인에게 유효한 항생제인 경구용 항생제를 처방하였다며 적절한 항생제 치료를 시행하였다고 하나, 첫째, 원인균이 무엇인지도 모르면서 '유효한' 항생제를 선택하였다는 주장도 잘못이고, 둘째, 망인과 같은 중증환자에게 정맥이나 근육주사방법으로 고단위 용량의 항생제를 집중적으로 투여하여 패혈성 쇼크로의 발전을 조기에 방지할 주의의무를 다하지 아니한 과실로 이 건 사망에 이르게 된 것입니다.

결국 피고 2 병원은 망인의 증상이 악화되자, '광범위' 항생제를 정맥으로 투여하였으나, 이미 '사후약방문'격 치료가 되고 말았습니다.

(4) 피고 2 병원의 감염관리 실패

피고 2 병원이 항생제의 종류와 양, 투약방법을 바꾼 것은 최초 선택이 잘못되었다는 증거입니다.

앞서 주장한 Res Ipsa Loquitur원칙상 "패혈성 쇼크로 악화 사망하였다"는 현상은 그 자체에서 "피고 2 병원의 진단 및 치료에 과실이 있다"는 것을 알 수 있다 할 것입니다.

≪원 · 피고 주요쟁점≫

과 실	원 고	피 고
1. 감염관리상 주의 의무 위반	치과치료인 신경치료를 시행할 당시 주의의무를 소홀히하여 구강내 상재균(폐렴간균)이 치과치료 부위를 통해 유입되어 치성감염을 유발하고, 이로 인하여 혈행성 전파를 통해 심부감염인 경추농양을 유발한 과실	– 충치치료인 신경치료 당시 치수제거, 세척 통한 배농, 진통제 삽입, 항생제 처방 등의 적절한 처치를 시행함. – 신경치료(근관치료)로 인하여 경추부 감염의 전파가능성은 희박함. – 피고 2 병원의 패혈증에 대한 처치상 과실(치료지연 등)로 인하여 사망한 것임.
2. 약물 장기 적용 과실	신경치료 시 디펠핀을 장기 적용하여(6일간) 치료부위 사이로 디펠핀이 스며들어 치아를 부식시키고, 감염을 확대시킨 과실	디펠핀은 치수실활제로 근관치료에 일반적으로 사용하는 진통소염제로 문제가 없고, 3일 후 재내원하도록 설명하였으나 내원하지 않아 장기 적용됨.
3. 설명 의무 위반 과실	신경치료 시 치수부위에 적용하였던 디펠핀 약제의 부작용 및 위험성에 대해 설명하지 않았고, 디펠핀 및 솜을 48시간 내지 72시간 내에 제거해야 할 필요성(6일후 제거), 제거하지 않을 경우 발생 가능한 합병증 등에 대하여 설명하지 않은 과실	망인의 상태, 검사결과, 치료계획을 충분히 설명하였고, 동의를 얻어 치과치료를 시행하였으며, 3일 후 재내원하도록 충분히 설명함.
과 실	원 고	피 고
1. 조기 진단 지연 과실	단순히 안면종창에 대한 구강내 배농술을 시행하였을 뿐, 조기에 망인의 경추농양을 확인하기 위한 진단적 검사를 시행하지 않았고, 이후 악화된 상태에 대하여 정밀진단 검사를 시행하지 않아 경추농양에 대한 조기진단을 지연시킨 과실	– 구강부위 검진 및 활력징후를 측정하여 감염에 의한 활력징후 변화 여부를 확인하였고, 원인규명을 위한 경부 방사선 검사를 시행한 것임. – 현재 임상에서 치주염증으로 내원한 환자에게 반드시 혈액검사 및 균배양 검사를 시행하고 있지 않음.
2. 조기 치료 지연 과실	경추부위 CT검사를 시행한 결과 감염성 척추염 및 농양이 있음을 확인하였음에도 불구하고 즉각적으로 항생제 투여 및 절개배농술을 시행하지 않아, 치료지연으로 인하여 패혈증을 악화시킨 과실	– 패혈증에 대하여 농양제거 및 세척술을 시행하고, 감염내과에 협진 의뢰하여 적절한 항생제 치료를 시행함. – 패혈증 쇼크로 사망한 것이 아니라, 갑작스럽게 발생한 위장관 출혈로 인하여 저혈량성 쇼크가 유발되어 사망함.

≪1심 판결≫

1. 피고의 과실

『패혈증 임상증상이 없다면 경추 농양에 대하여 바로 항생제 치료를 시작하지는 않는다고 하더라도, 망인은 2010. 6. 14. 피고병원에 내원할 때부터 발열을 호소하고 있었고 실제 체온도 정상 체온보다 다소 상승한 37.5℃인데다 감염여부를 확인할 수 있는 백혈구 수치, CPR 수치, ESR 수치가 모두 정상 수치보다 상승해 있었으며, 피고병원은 망인이 고혈압과 음주벽 등으로 면역력이 저하된 상태임을 알고 있었으므로 패혈증을 의심해 볼 수 있었고 이에 따라 경험적 항생제 치료의 시작을 고려해 볼 수 있었던 점, 망인이 2010. 6. 15. 12:30경 두통 및 오한을 호소하고 16:20경에는 체온이 38.2℃상승하고 백혈구 수치가 15,500을 넘었으며 CRP 수치, ESR 수치 역시 전날보다 상승하여 패혈증을 진단할 수 있는 임상양상이 2가지 이상 나타났으므로 피고병원은 망인에 대하여 패혈증을 진단할 수 있었을 것으로 보이는 점, …그렇다면 피고병원은 망인의 균배양검사를 기다리며 경과 관찰을 지속하기 보다는 경험적 항생제를 투여했어야 할 것임에도 해열제만을 투여한 점, 2010. 6. 16. 망인의 체온 및 백혈구, CRP, ESR 수치 모두 더 악화되고 오한 증상이 나타났음에도 만연히 해열제만을 투여하다가 2010. 6. 17. 16:35경 1차 절개 및 배농술 직전에서야 경험적 항생제를 처방한 점, 그 결과 1차 절개 및 배농술 당시 농양이 이미 망인의 종격동까지 확대되었던 것으로 보이는 점, 일반적으로 감염 및 패혈증의 치료는 감염 원인균을 알아내기 위해서 균배양검사 및 유효 항생제 검사를 실시하면서 경험적 항생제 치료를 시행하고 감염 원인균 및 유효 항생제가 확인되면 추적 균배양검사를 시행하면서 유효 항생제 치료를 하게 되는 점 등을 종합하면, 피고병원은 망인에 대하여 패혈증을 의심할 수 있었던 2010. 6. 14. 또는 늦어도 망인에게 패혈증 진단 양상이 나타난 2010. 6. 15.에는 바로 경험적 항생제를 사용하면서 망인에 대하여 패혈증 치료를 할 필요가 있었음에도 그로부터 상당시간 경과한 2010. 6. 17. 16:35경에야 처음으로 항생제를 투여하여 망인에 대한 치료를 지연한 과실이 있다고 인정되고, 망인에게 발생한 감염에 대하여 조기치료를 하였다면 감염성 척추염 및 경추 농양이 다른 부위로 확대되는 것을 막아 망인의 예후에 차이가 있었을 것으로 봄이 상당하다.』

2. 인과관계

『피고병원은 피고병원 의료진의 사용자로서 원고들에게 조기치료 지연과실로 인하여 발생한 손해를 배상할 책임이 있다.』

3. 인용금액 : 5천 2백만 원

4. 피고의 책임비율 : 40%

≪관련 판례≫

1. 대법원 2002. 8. 23. 선고 2000다41776 판결

(1) 사건 개요

W의 피상속인 망 A는 1996. 8. 7.부터 좌측 견갑부에 바늘로 찌르는 듯한 경부통증이 있었고, 좌상지 소력감이 있어서 ○○시 소재 ○○한의원에서 '풍'이라는 진단을 받고 침을 맞았으나 호전이 되지 아니하여 다음날인 8. 8. 12:30경 한의사인 P가 경영하는 1차 진료기관인 ○○한방병원에 갔는데, P의 피용자로서 위 병원의 침구 1과장인 의사 M1은 견갑부 X-ray 촬영결과와 문진·촉진결과를 종합하여 A의 병명을 경추디스크 및 근상(근육통)으로 추정 진단하고 ○○한방병원 침구과에 입원시키면서 같은 P의 피용자로서 위 병원의 한방수련의인 M2, M3 등으로 하여금 목디스크에 대한 치료로 침, 부황, 물리치료를 하게 하였고, 양방협진의사인 M4는 근육통에 대한 치료로 소페낙(소염진통제)을 투여하고 A의 혈액, 소변, 간기능, 신기능, 혈당, 류마치스인자, 씨피알, 간염 및 초음파검사 등을 실시하였습니다.

A는 ○○한방병원 입원 당시 위 통증 외에도 17:00경 오한과 38℃ 정도의 열이 있었고, 기왕증에 대한 문진을 통하여 그가 1995.경 지방간으로 진단을 받아 담배를 끊고 2개월간 양약을 복용하였고, 1996. 7.경 간기능 검사상 수치가 높아 다시 양약을 1일 2알씩 복용 중인 사실이 밝혀졌으며, 입원 중인 같은 해 8. 9. 혈액검사결과 망인의 백혈구 수치가 정상인의 경우인 4,000-10,000uL보다 높은 15,000uL로 나타났으며 초음파검사결과 경증의 지방간 및 비장종대의 소견이 관찰되었습니다.

A의 체온은 같은 달 9. 정상체온으로 돌아왔으나, 위와 같은 치료를 받았음에도 견갑부의 통증의 정도는 호전되었다가 다시 재발하기를 반복하여 M1 등은 그 경과를 지켜보면서 임상적인 대증요법을 시행하고 있었습니다.

같은 달 11.에도 계속하여 A의 전신에 소양 및 발적 증세는 계속되어 수차 아이스팩과 대황치자가루로 맛사지를 하고 아빌(알레르기성 질환, 염증증상, 피부소양증 등에 사용되는 약), 갈근해기탕(열병성 습진 발진 등에 쓰는 약), 오르틴(약두드러기, 습진, 피부염에 사용되는 약), 방풍해독탕(감기, 오한발열과 전신동통에 사용하는 약), 활락탕(요통, 견비통에 사용하는 약) 등을 투여하였으며, 같은 날 14:00경에는 정상이던 체온이 갑자기 38.5℃로 오르고, 맥박이 분당 86회, 호흡이 분당 22회로 상승하였

으며, 발적과 소양증이 다시 심해져서 해열제 및 오르틴 2정, 황연해독탕(발열, 갈증에 사용되는 약) 1포를 복용하게 하였고, 그로 인하여 A의 체온은 같은 날 20:00경 37.9℃까지 떨어졌으나 같은 날 19:00경부터는 호흡곤란 증세까지 나타났습니다.

다음날인 같은 달 12. 새벽에도 A의 호흡곤란, 발열, 전신에 발진이 계속되었고, 같은 날 6:00경 A의 혈액검사를 하였으며, 같은 날 9:30경 A의 호흡곤란 및 발진, 가슴통증 등의 증세가 더 악화되었는바, 그 때 휴가에서 돌아온 P가 A의 증상을 보고는 바로 목디스크나 근육통과는 전혀 별개의 한방상의 단독(양방으로는 농흉, 농심낭, 화농성폐렴)으로 진단하고 내과로 옮겨 치료를 받도록 하였으나, A의 처인 W 등 A의 가족들의 요구로 A를 ○○대학교병원으로 후송하였습니다.

○○대학교병원에서는 X-ray 촬영결과 A의 좌측 폐상부에 폐렴을 발견하고 산소공급, 인공호흡기의 사용, 수액공급, 고단위 항생제의 투여 등의 치료를 하고 원인균을 규명하기 위하여 혈액배양검사를 실시하였으나, A는 폐렴의 악화로 간과 신기능이 나빠지고 항생제의 투여가 효과를 보지 못한 채 같은 달 15. 13:50경 원인균이 규명되지 않은 상태에서 패혈증 쇼크로 사망하였습니다.

A의 패혈증을 초래하게 한 원인은 왼쪽 어깨와 가슴부위의 피하농양으로 추측되고 위 농양이 진전되어 농흉과 농심낭과 폐렴을 일으켜 패혈증의 증상이 나타나게 되었다고 추정됩니다.

(2) 판 단

『…패혈증이 생기면 체온이 38℃ 이상 또는 36℃ 이하, 맥박은 분당 90회 이상, 호흡은 분당 20회 이상, 백혈구수는 12,000uL 이상 또는 4,000uL 이하 등의 증상을 나타내고, 설사, 구토 등은 상태가 더욱 악화되어 패혈성 쇼크로 진행될 때 비로소 동반되는데, 설사, 구토, 복통 등의 증상이 나타나지 않았다고 하여 패혈증을 의심할 수 없는 것은 아니다. A경우 패혈증을 초래하게 한 원인은 A의 왼쪽 어깨와 가슴부위의 피하농양으로 추측되고 위 농양이 진전되어 농흉과 농심낭과 폐렴을 일으켜 패혈증의 증상이 나타나게 되었다고 추정되며(갑 제8호증의34, ○○대학교 법의학교실의 감정서, 기록 234면), A은 P한방병원에 입원할 당시부터 ○○대학교병원으로 전원될 때까지 일관하여 왼쪽 어깨와 팔에 지속적이고 심한 통증을 계속 호소하였던 점에 비추어 입원 당시에 이미 왼쪽 어깨와 가슴부위의 피하농양이 진행되고 있었던 것으로 추정된다(대한의사협회에 대한 사실조회결과, 기록 725면)… 입원시에 보인 증상인 왼쪽 어깨와 팔의 통증은 P한방병원에서 목디스크로 진단하고 이를 전제로 치료를 하였음에도 불구하고 사라지지 아니한 채 지속되었다. M1은 1996. 8. 10.(토요일) 10:00경 망인의 증상과 그 때까지의 치료결과 특별히 호전되지 않았고 백혈구수가 많아서 염증의 소견이 의심되니 12일(월요일) 다시 정밀검사를 하자고만 하였을 뿐 의심되는 염증에 대한 별다른 처치를 하지 아니한 채 퇴근하였다. A는 1996. 8. 11.(일요일) 14:00경 정상이던 체온이 갑자기 38.5℃까지 상승하고, 맥박이 분당 86회, 호흡이 분당 22회로 상승하였으며, 발적과 소양증이 다시 심해져서 해열제 및 오르틴 2정, 황련해독탕 1포를 복용하였으나 19:00경부터는 호흡곤란 증세까지 나타났고, 그 다음날인 8. 12. 새벽에도 A의 호흡곤란, 발열, 전신에 발진이 계속되었으며, 9:30경 A의 호흡곤란 및 발진, 가슴 통증 등의 증세가 더 악화되었음에도 그 때까지도 A에 대하여 진단과 처치를 제대로 하지 못하고 있다가, 휴가에서 돌아와 처음으로 A를 본 병원장인 P가 A의 증상을 보고는 바로 목디스크나 근육통과는 전혀 별개인 한방상의 단독(양방으로는 농흉, 농심낭, 화농성폐렴)으로 진단을 하고, 뒤늦게서야 비로소 단독에 대한 처치를 시작하려고 하다가 ○○대학교병원으로 전원하게 되었다. ○○대학교병원에서 X-ray 촬영을 한 결과 A의 좌측 폐상부의 폐렴을 발견하였고, 산소공급, 인공호흡기의 사용, 수액공급, 고단위 항생제의 투여 등의 치료를 하였으나, 폐렴의 악화로 간과 신기능이 나빠지고 항생제의 투여가 효과를 보지 못한 채 같은 달 15. 패혈증 쇼크로 사망에 이르게 되었다… 패혈증은 혈액 내에 있는 세균 또는 세균독소에 의하여 발생하는 질환으로서 오한과 38℃ 이상의 발열로서 시작하는 것이 보통이고 구토·설사·복통 등도 올 수 있으며, 그 확진은 혈액배양으로 병원균을 증명하는 방법뿐이지만 급격히 악화되는 치명적인 질환으로서 그에 대한 조기 발견 및 치료가 필수적이고 확진 전 임상진단이 무엇보다도 중요하며, 일단 패혈증이라는 의심이 들면 우선 광범위 항생제를 투여한 후 혈액배양검사를 실시하여 원인균을 밝혀내고 그 원인균에 대한 적절한 항생제를 처방하여 투여하여야 하는 점 등은, M1 등이 A를 치료할 당시 표준적인 교과서 기타의 의학문헌을 통하여 임상의학의 분야에서 통상의 의사에게 일반적으로 알려져 있는 의학기술에 속한다… 앞서 본 법리를 전제로 하여 위와 같은 여러 가지 사정을 종합하여 보면, 오한과 38℃ 정도의 열이 있었던 입원 당시는 물론이고 늦어도 1996. 8. 10. 내지 같은 달 11.경 38℃ 이상의 발열과 백혈구수의 이상 증가가 있는 등의 증후가 보일 때, P한방병원의 의사인 위 M1 등으로서는 그와 같은 증세가 목디스크와는 무관하므로 곧바로 단독(폐렴)이나 패혈증 등 다른 발병을 의심하고 양방 협진을 통하여 광범위 항생제의 투여 등 그에 따른 적절한 처치를 시작하거나 그러한 처치가 가능한 종합병원으로 신속히 전원시킴으로써 폐렴의 악화로 인한 패혈증 쇼크라는 결과를 회피하기 위하여 최선을 다할 주의의무가 있음에도 이를 위반하여 패혈증의 가능성에 대한 진단을 적기에 하지 못하고 그에 대한 적절한 처치를 하지 못한 잘못이 있다고 보아야 할 것이다. 그럼에도 불구하고, 원심은 ○○대학교병원으로 전원될 때까지 A의 체온, 피부발진, 백혈구수, 오한 등의 증상만으로 P한방병원의 의사들인 M1 등에게 A의 폐렴 및 패혈증을 의심하고 그에 대한 검사 및 치료를 할 것을 기대하기는 어렵다고 판단하였으니, 거기에는 채증법칙을 위반하거나 필요한 심리를 다하지 아니하여 사실을 잘못 인정하거나 또는 의사의 의료행위에 있어서 주의의무에 관한 법리를 오해한 위법이 있다고 하지 않을 수 없다….』

고 하여 피고의 과실을 인정한 바 있습니다.

3) 이 건에의 적용

이 건에서 망인은 피고 1 의원으로부터 충치에 대한 신경치료를 시행 받은 직후 목부위 통증 및 발열 증상과 더불어 안면종창의 이상소견이 발현되었습니다. 이후 망인은 피고 2 병원 외래내원 및 입원 조치할 당시부터 지속적으로 심한 목부위 통증을 계속 호소하였던 점에 비추어 피고 1 의원의 과실로 인하여 유발된 치주농양이 혈행성으로 전파 및 악화되어 경추농양이 이미 진행되고 있었던 것임을 추정할 수 있습니다. 또한 패혈증의 확진은 혈액배양으로 병원균을 증명하는 방법뿐이고, 급격히 악화되는 치명적인 질환으로서 그에 대한 조기 발견 및 치료가 필수적이고 확진 전 임상진단이 무엇보다도 중요하며, 일단 패혈증이라는 의심이 들면 우선 광범위 항생제를 투여한 후 혈액배양검사를 실시해야 할 주의의무가 있습니다. 그럼에도 불구하고 피고 2 병원은 치주감염 및 그로 인한 경추농양에 관하여 조기진단 및 적절한 치료를 시행하지 않아 패혈증을 악화시켜 망인을 결국 패혈증으로 인해 사망에 이르게 한 과실이 있습니다.

또한 근본적으로 망인의 치주감염은 피고 1 의원의 감염관리주의의무를 소홀히 하여 유발된 것이고 이물질인 디펄핀 약제를 제거하지 않아 망인의 치주감염이 악화된 것인 바, 따라서 피고 1 의원은 망인에게 치주감염을 유발하여 혈행성 전파로 경추농양 및 패혈증까지 발생케 한 과실이 있습니다.

2. 서울서부지방법원 2011. 6. 1. 선고 2009가단153 판결

(1) 사건 개요

망 B(여, 1925. 3. 9.생)는 2008. 3. 10. 14:00경 턱 밑이 부어 있음을 주호소로, Y대학교병원의 응급실에 내원하여 Y병원의 의료진으로부터 하악골 농양이라는 진단을 받고, 같은 날 16:35경부터 16:45경까지 부분마취 아래 절개 및 배농술을 받은 후 17:10경 치과병동 내 1인 병실에 입원하였습니다.

내원 당시 체온 36.4도, 맥박 분당 88회, 호흡 분당 20회, 혈압 110/70 mmHg로서 활력징후상 이상증세는 없었으나, B는 Y병원의 간호사에게 2003년경 당뇨병을, 2005년경 고혈압을 각 진단받았으나 복용약 등 치료 내역에 대하여 모두 알지 못한다고 답하였는데, B의 혈당수치는, 내원당시 심각한 병증을 가지지 않는 당뇨병 환자의 공복혈당 권고수치 126mg/dl, 식후혈당 권고수치 200mg/dl를 초과하는 259mg/dl이었

고, 이는 같은 날 22:00경 273mg/dl로 상승하였으며, 2008. 3. 11. 검사결과 최근 2~3개월간의 평균적인 혈당상태를 반영하는 당화혈색소가 당조절이 되지 않는 기준수치인 8%를 넘는 13%에 달하는 것으로 나타났습니다.

한편 Y병원의 의료진은 B의 수술 후에도 B에게 산소를 공급하며, 산소포화도 측정용 모니터를 연결하였는데, 혈액내 산소와 헤모글로빈의 결합정도를 나타내는 산소포화도 수치가 2008. 3. 10. 18:40경 99%이었으나, 같은 달 11. 18:30경 93%로, 같은 달 12. 01:15경 94%로 떨어졌습니다.

또한 Y병원의 의료진은 2008. 3. 11. 컴퓨터단층촬영을 통해 망인의 하악과 목 심부에 염증과 부종이 있음을 확인하고, 식도천공의 가능성을 배제하기 어렵다고 보아, 항생제(fullgram, flumarin)를 투여하였는데, B가 정신이 혼미한 상태에서 소리를 지르며 혈관에 확보된 주사와 수액을 잡아 빼고 옆 병실에 들어가 소란을 피우는 등 불안정상태를 계속 보이자, 보호자와 상의하여 같은 날 16:40경 수면진정제 미다졸람(midazolam)을 시간당 3.5mg씩 투여함으로써 B를 진정상태를 유지시켰습니다.

그 후 Y병원의 간호사는 2008. 3. 12. 02:00경까지 B에 대하여 경과관찰을 하였으나, 같은 달 11. 20:00경을 마지막으로 더 이상 활력징후를 체크하지 않았고, 같은 달 12. 01:15경 이후부터 역시 산소포화도 수치를 별도로 기록하지 않았습니다.

그 후 같은 날 03:00경 W의 호출에 따라 B를 관찰한 Y병원의 간호사는 B에게 맥박과 호흡이 없고, 산소포화도 측정용 모니터에서 심정지 파형이 보이자 담당 주치의 M1에게 이를 알리고, 원내 심폐소생술팀을 호출하였는데, 그로부터 15분이 경과한 같은 날 03:15경에서야 Y병원 의료진은 B에 대해 심폐소생술과 기관내 삽관을 하였고, 그럼에도 B에게 변화가 없자 같은 날 03:20경 B를 중환자실로 옮겼습니다.

Y병원의 의료진은 같은 날 05:05경 직접사인 급성심근경색증, 중간선행사인 악하부의 급성 화농성 감염, 선행사인 당뇨, 고혈압, 치매로 B가 사망하였다고 진단하였습니다.

(2) 판 단

『…B는, 고령의 나이, 하악감염으로 인한 영양섭취 부족으로 인해 영양결핍과 탈수상태임이 추측되는 상황에서 수술 후에도 여전히 하악과 목 부위에 부종과 염증이 남아 있고, 조절되지 않는 높은 혈당수치의 당뇨병 등이 겹쳐 기도폐색이나 저칼륨혈증 등에 의하여 심장박동에 영향을 받아 급사할 수 있는 등 여러 합병증이 예상되는 고위험군 환자에 속한다. 그러므로 Y병원의 의료진에게는 대학병원의 의료수준에 맞는 검사 및 집중관찰을 통하여 목 부위 부종으로 인해 B의 후두나 기관이 압박되지 않도록 예방함과 아울러 식도천공의 확진을 위한 추가 정밀검사를 통하여 심한 염증을 수반하여 중증의 폐혈증으로 진행되는 것을 방지하며, 심정지가 발생하는 경우 신속한 심폐소생술을 시행하여 저산소증 뇌손상을 방지할 의무가 있음은 물론, B가 수술회복과정에서 수액주사를 잡아 빼는 등 이상증세를 보여 불가피하게 수면안정제인 미다졸람을 투여하게 되었다면 부작용인 호흡률 감소나 호흡정지의 가능성 또한 예상할 수 있던 반면 위 약의 투여로 인해 고령의 B가 자신의 증세를 제대로 호소할 기회가 제한되고, 이상반응 또한 제대로 관찰하기가 어려워지게 되었으므로, 활력징후 변화 등을 좀더 집중적으로 감식할 수 있는 중환자실로 B를 전실하여 이상이 발생한 경우 즉시 응급조치가 가능하도록 조치할 의무가 있다. 그럼에도 불구하고 Y병원의 의료진은 B에 대하여 식도천공의 확진을 위한 추가검사와 전해질 장애 여부를 확인할 수 있는 검사도 하지 않은 가운데 B의 혈당수치를 낮추는 데에만 치중하여 저칼륨혈증이나 케톤산증 등 합병증의 발생에 대하여 아무런 예방 조치를 취하지 않았을 뿐 아니라, 중환자실이 아닌 1인실에서, B의 활력징후 변동여부를 제대로 인지할 수 없는 보호자의 감시 하에 둠으로써 응급상황에서 즉각 대처할 수 없도록 방치한데다가, 실제로 2008. 3. 11. 20:00경 이후 B의 활력징후를 체크하지 않았고, 같은 달 12. 02:00경 이후부터 오로지 B를 보호자의 관리하에 둠으로써 위와 같이 B의 심정지 상태가 온 직후 즉각적인 기도확보와 충분한 산소공급 등 심폐소생술을 신속히 하지 못하고 15분이 지나서야 심폐소생술과 기관내 삽관을 함으로써 B에게 치명적인 저산소성 뇌손상이 초래된 것으로도 볼 수 있는 점 등을 종합하면 B의 사망사고는 Y병원 의료진의 위와 같은 의료과실에 기한 것으로 추정함이 타당하므로, Y병원은 진료계약의 당사자로서 B 및 가족인 W에게 그로 인한 재산적 및 정신적 손해를 배상할 책임이 있다….』

고 하여 피고병원의 과실을 인정한 바 있습니다.

(3) 이 건과 관련하여

이 건에서 원고는 피고 1 의원의 신경치료 후 발생한 치주감염으로 치주와 목 부위에 부종과 염증이 남아 있는 상태였고, 기왕증으로 당뇨병이 있는 상태로 염증이 악화되어 주변부위로 감염확산 및 그로 인한 패혈증까지 유발할 수 있는 등 여러 합병증이 예상되는 고위험군 환자에 속하였습니다. 그러므로 피고 2 병원은 치주감염의 혈행성 전파로 인한 경추농양 및 감염을 충분히 예견 가능하였으므로 망인에게 대학병원의 의료수준에 맞는 검사 및 집중관찰을 통하여 경추농양 조기진단 및 적절한 치료를 시행하여 패혈증으로 악화되지 않게 할 주의의무가 있습니다. 그럼에도 불구하고 피고 2 병원은 망인에게 수차례의 절개 및 배농술만 시행하였을 뿐 원인을 규명하기 위한 조기 진단적 방사선검사나 혈액배양검사 등을 시행하지 않아 망인에게 필요한 광범위한 항생제를 조기에 투여하지 못하고 심한 염증을 수반하여 중증의 패혈증으로 진행되는 것을 방지하지 못한 과실이 있습니다.

3. 위암수술 후 문합부위 누출로 인한 복막염과 흉부천자 과실로 인한 과다출혈로 사망한 사건[196)]

≪사건 개요≫

• 원고 망 최○○(남, 53세) / 피고 ○○대학교병원

※ 사건 경과
위암수술 후 문합부위 누출－복막염 및 출혈
수술 후 MRSA 감염, 흉부천자술－과다출혈－사망
(1) 2010. 1. 4. 위암진단하에 위암부분절제술 및 대장절제술
(2) 1. 9. 문합부 누출로 인한 복막염－봉합 재수술
(3) 1. 12. MRSA 감염
(4) 1. 20. 수술부위 출혈－응급수술
(5) 1. 26. 혈관조영술로 출혈부위 지혈조치
(6) 2. 27. 복부 출혈량 증가－혈종제거술 및 지혈 수술 시행
(7) 3. 6. 흉막액 증가로 흉부천자술－출혈 발생
(8) 3. 7. 09:43경 사망

시 간 (2010)	증 상	검 사 및 처 치	비 고 (항생제)
2009. 12. 28.	위암 의증 CRP : 1.0	피고병원 내과 입원조치	
12. 29.		CT검사, 위내시경검사	
1. 3.		위 조직검사 결과 설명	yamatetan (2세대 세팔로스포린 계열), trizele(메트로니다졸, 항혐기성균)
1. 4.		08:30～14:30 로봇 이용한 위 부분절제술(1차) (B-Ⅱ, T-colon wedge resection)	
1. 5.	복통 I/O 1400/650		
1. 6.	복부 통증(불편감) 호소 I/O 2700/1270		

196) 서울남부지방법원 2012. 6. 19. 선고 2010가합6469 판결.

<table>
<tr><td rowspan="3">1. 9.</td><td>01:16~</td><td>복통 지속 및 수술부위 우징 소견</td><td></td><td rowspan="3"></td></tr>
<tr><td>17:45~
18:55</td><td>문합부 누출로 인한 담즙 복막염</td><td>십이지장 봉합술(2차 수술)
: 담즙 섞인 복강액(약 1000mL)
십이지장 가장자리 부분 0.5cm 크기 개방되어 있는 상태</td></tr>
<tr><td>22:30</td><td>발열 38</td><td></td></tr>
<tr><td rowspan="6">1. 10.</td><td>00:02</td><td>발열 38.5</td><td></td><td>혈액투석?</td></tr>
<tr><td>08:30</td><td>발열 38.5</td><td>항생제 교체</td><td rowspan="5">cefotam
(3세대 세팔로스포린)</td></tr>
<tr><td>16:03</td><td>호흡곤란, 호흡수 30회</td><td></td></tr>
<tr><td>17:10</td><td></td><td>기관내삽관, 인공호흡기</td></tr>
<tr><td>20:20</td><td>발열 39.5, 심박동수 188회</td><td></td></tr>
<tr><td>21:55</td><td>발열 40.7</td><td></td></tr>
<tr><td colspan="2">1. 11.</td><td>전신염증반응증후군(SIRS)</td><td></td><td rowspan="3">cefo 취소
trizele(메트로니다졸, 항혐기성균)</td></tr>
<tr><td colspan="2">1. 12.</td><td>비위관에 혈액양상으로 걸쳐 있음.</td><td>혈액검사(23:19 Hb 9.7)
균배양검사 : MRSA</td></tr>
<tr><td colspan="2">1. 13.</td><td></td><td>적혈구 농축액 수혈(2파인트)</td></tr>
<tr><td colspan="2">1. 14.</td><td></td><td></td><td rowspan="5">trizele(메트로니다졸, 항혐기성균),
Tabaxin(페니실린계 항생제)</td></tr>
<tr><td rowspan="4">1. 15.</td><td>07:10</td><td>수술 부위에서 출혈 우징
배액관으로 출혈양상으로 교체</td><td></td></tr>
<tr><td>10:10</td><td></td><td>혈액검사</td></tr>
<tr><td>13:10</td><td>수술부위 배액
(혈액양상 200cc)</td><td>수혈 조치(관 삽입?)</td></tr>
<tr><td>14:45</td><td>발열 38도</td><td></td></tr>
<tr><td>1. 16.</td><td>19:00</td><td>발열 38도</td><td>감염내과 협의진료
: MRSA 커버 및 복강내 균을 위한 tigecycline 사용 권고</td><td rowspan="6">trizele 및 tabaxin 취소
→ tygacil
(그람양성 및 음성균 항생제)</td></tr>
<tr><td>1. 18.</td><td></td><td></td><td>수술부위 배액 검사</td></tr>
<tr><td rowspan="4">1. 19.</td><td>22:12</td><td>복부 통증</td><td></td></tr>
<tr><td>22:54</td><td>호흡곤란</td><td></td></tr>
<tr><td>23:10</td><td></td><td>수술 부위 흡입조치(400cc)-혈액양상</td></tr>
<tr><td>23:20</td><td></td><td>수혈</td></tr>
</table>

1. 20.	00:30~03:10	수술 부위로 출혈	출혈 조절 수술(3차)	
	05:40	JP1 : 100cc, JP2 : 210cc, JP3 : 200cc	문제진단 1. 복강내 감염	
	06:50	JP1 : 100cc, JP2 : 210cc, JP3 : 200cc		
	14:15	발열 38.8	감염내과 협의진료 : 현 항생제 유지	
1. 23.		JP1 : 혈액양상	흡입조치	
1. 24.		Hb : 10.3 JP1 : 750cc (좀 더 혈액양상으로 변화) 발열 : 38.2 18:10 JP1-신성 출혈 양상	수혈	
1. 25.		혈변 200cc JP1, 2, 3 : 혈액양상 혈변 100cc 혈변 200cc	세척술 시행 수혈 21:50 혈관조영술-출혈 조절(췌십이지장 부위 누출 소견)	
1. 30.			감염내과 협의진료 : 균 배양균에 맞추어 meropen 사용 권고	tygacil 취소(Plt 감소)→trizele(메트로니다졸, 항혐기성균), meropen(그람양성, 음성)
2. 11.				trizele 취소, meropen 사용
2. 12.			균배양검사결과(acinetobacter baumani 배양)에 대한 감염내과 협의진료 : 현 meropen에 rifampin 추가 권고	
2. 18.		출혈(혈변)	PEG관 재이동으로 출혈 조절 전문합부위에서 누출 소견	
2. 22.			감염내과 협의진료 : 상처에서 MRSA 같이 배양 teicoplanin 투여 권고	
2. 23.		좌측 후복부 부풀어져 있는 부드러운 덩어리 촉지	절개 : 찐득한 양상으로 갈색 200mL 농 배액 검사	meropen 취소→tapocin(그람양성 항생제)

2. 24.				
2. 25.		수술부위 출혈 발열 39	거즈로 패킹 수혈	tapocin에 trizele 추가
2. 26.		CVP : 0 혈변, 상처부위 출혈지속	서지셀 지속적으로 패킹 감염내과 협의진료 : 타 항생제 중지 권고(meropen 단독사용 권고)	
2. 27.		좌측 복부 출혈량 증가	의증 : 소장 부위 출혈	
	19:32	복강내 출혈	12:50～16:00 복부 출혈 조절 수술(4차) 수술장 소견 : 혈종 복강 내에 다량으로 차 있었음. 출혈 부위 : 십이지장 부위 및 J-J 부위 장간막 출혈부위 봉합	
3. 5.			좌측 흉부배액술 : 150mL 흡입	
3. 6.	16:30	혈압 감소(60/40)	좌측 흉부천자술 시행(흡입시 배액 없어 제거)	
	16:33	심박동수 160회 이상		tapocin, trizele 취소 → meropen
			흉부방사선 검사 : 기흉	
	17:17		흉부배액관 삽입	
			흉부방사선 검사 : 폐 허탈	
	22:52	흉부관으로 출혈(시간당 500～700mL)	좌측 흉부배액관 교체 혈액양상으로 배액 수혈	
3. 7.	03:30～04:20		혈관조영술(좌측 흉벽부위 활동성 출혈 소견－젤폼으로 지혈)	
		혈압감소－승압제 반응(－)		
	09:22	심정지	심폐소생술	
	09:43		사망	

≪소장에서 주장하는 피고의 과실≫

1. 술기상 과실 및 경과관찰 해태——수술 문합부위에 누출 발생

망인은 피고병원에서 로봇을 이용한 위부분절제술을 시행 받았습니다. 피고병원은 수술, 즉 위부분절제술 과정 중 수술부위인 문합부위에 대해서 섬세하게 봉합을 시행함으로써 문합부위가 벌어지지 않도록 할 주의의무가 있음에도 불구하고, 망인의 수

술과정 중 주의를 게을리하여 봉합을 적절하게 시행하지 못함으로써 문합부위 누공을 발생시킨 과실이 있습니다. 그로 인하여 2010. 1. 9.경 피고병원은 망인의 2차 수술시 십이지장 가장자리 부분이 0.5cm 크기로 개방되어 있는 상태를 확인한 바 있습니다.

또한 피고병원은 망인의 상태에 대해서 주의 깊은 경과관찰을 시행함으로써 수술부위 문합부 누출 여부를 조기에 확인하여 근본적인 치료를 시행하고 복막염으로 진행되지 않도록 예방조치를 할 주의의무가 있습니다. 그러나 피고병원은 수술 후 망인에게 복부통증 및 소변량 감소 등 이상증상이 발생되었음에도 불구하고 망인에게 진통제만 투여하면서 망인을 방치하여 복막염 및 패혈증 등을 악화시킨 과실이 있습니다.

2. 감염에 대한 피고병원의 과실——수술 후 병원균인 MRSA 감염 유발 및 조기 치료 지연

MRSA(methicillin resistant staphylococcus aureus)란 포도상구균이 메치실린이라는 페니실린 계통의 항생제에 내성을 갖는 독한 균을 말합니다. MRSA 병원균에 감염되었다는 것은 아주 강한 세균에 감염되었다는 것을 의미하는데, MRSA 감염은 일반적으로 보건 의료종사자들의 손에서 환자에게로 전파된 풍토병성 균주들에 의해 발생하며, 병원내 감염을 일으키는 가장 흔한 병원체 중에 하나입니다. 이와 같은 MRSA는 주로 의료인의 손을 통하여 감염되므로, MRSA를 예방하기 위한 가장 좋은 방법은 의료진들의 손씻기를 포함한 무균적 처치술입니다.

위에서 살펴 본 바와 같이 망인에게 MRSA 감염을 발생하지 않도록 예방하기 위해서 피고병원은 수술 중 및 수술 후 병원내 감염의 위험성에 대비하여 무균조작을 철저히 할 주의의무가 있다 할 것입니다. 그러나 피고병원은 위와 같은 감염에 대한 주의의무 해태로 인하여 망인에게 병원내 감염인 MRSA감염을 유발시킨 과실이 있습니다.

또한 전형적인 병원균인 MRSA를 치료하기 위해서는 조기진단 및 적절한 항생제의 조기 투여가 필요하며, 환자에게 고열, 빈맥, 백혈구증가 등의 증상이 나타나면 일단 감염이 의심되므로 균을 확인하기 위한 균배양검사와 함께 적절한 항생제 선택을 위한 감염내과로 조기에 협의진료를 시행할 주의의무가 있다 할 것입니다. 그러나 피고병원은 2차 수술 직후부터 망인에게 고열 및 빈맥 등의 감염 증상이 발생되었음에도 불구하고 적절한 항생제 선택을 위한 감염내과 협의진료를 조기에 시행하지 않은 과실이 있습니다. 더욱이 피고병원은 2010. 1. 11.경 망인의 이상증상이 전신염증반응증후군으로 발생된 것으로 추정함에도 불구하고, 같은 달 16.경이 되어서야 감염내과

로 협의진료를 요청하는 등 조기치료 시기를 놓침으로써 망인의 감염 및 패혈증을 악화시킨 과실이 있습니다.

3. 시술상 과실 —— 흉부천자술 후 과다출혈 발생

흉부천자술은 천자용 바늘을 흉부에 삽입하여 흉부에 고여있는 액 등을 배출하는 시술로써, 바늘 삽입시 혈관 등의 손상을 입히지 않음으로써 출혈방지를 위해 시술상 주의가 필요합니다. 피고병원은 망인에게 시행한 흉부천자술 시행 과정 중 주변 혈관 및 조직을 손상시키지 않을 주의의무가 있음에도 불구하고, 흉부 주변 혈관을 손상시킴으로써 망인에게 다량의 출혈을 유발시킨 과실이 있습니다. 위와 같은 피고병원의 흉부천자술의 시술상 과실로 인하여 2010. 3. 6.경 망인에게 시간당 500~700mL의 과다출혈 및 혈압저하 등의 증상이 발생되었으며, 결국 망인은 과다출혈로 인한 저혈량성 쇼크 사망하게 된 것입니다.

≪관련 의학지식을 통한 입증≫

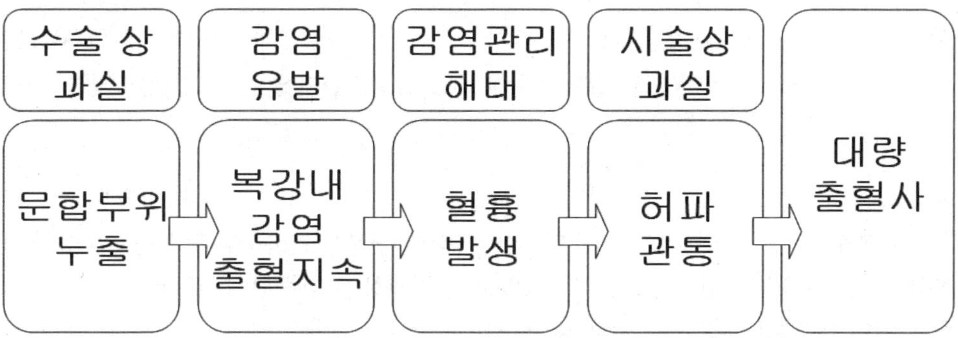

1. 문합부위 술기상 과실

2009. 12. 29.경 피고병원은 망인에게 CT검사 및 위내시경검사를 시행한 결과 망인의 위벽 비후소견 및 좌측 위 부위 림프절, 위전정부의 궤양소견과 같은 위 부위의 이상소견을 확인하였고, 상행결장과 맹장부위 게실소견과 같은 대장부위의 이상소견을 확인하였습니다(진료기록감정 회신문 나-1)항 참조). 이에 2010. 1. 4. 08:30경부터 14:30경까지 피고병원은 망인에게 로봇을 이용한 위아전절제술 및 횡행결장 부분절제술(이하, '로봇수술'이라 칭함)을 시행하였습니다.

▶ 진료기록감정 회신문

: 로봇보조 위아전절제술 및 횡행결장 부분절제술 시행함{진료기록감정 회신문 나-2)항 참조}.

그렇다면 피고병원은 원고에게 로봇을 이용하여 수술을 시행함으로서 수술부위를 개복하여 시야를 충분히 확보하지 못하므로, 망인의 위아전절제술 및 절제부위 봉합술을 시행함에 있어서 계획 하에 정밀하게 암 조직을 제거하고 절제부위를 제대로 문합해야 할 주의의무가 있습니다. 그러나 피고병원은 로봇수술 이후 지속적으로 복통 등의 이상증상이 발현되었습니다. 이후 2010. 1. 9.경 피고병원은 망인에게 시행한 수술부위 검사결과 담즙 색깔의 체액이 배액 되는 등 이상소견을 확인하였고, 이에 망인의 수술부위 상태를 확인하기 위하여 개복수술을 시행하였습니다.

▶ 진료기록감정 회신문

: 수술상처 부위의 검사에서 담즙 색깔의 체액이 배액되어 응급 수술을 시행한 것으로 판단됨{진료기록감정 회신문 나-4)-가)항 참조}.

2010. 1. 9.경 피고병원은 망인에게 개복수술을 시행한 결과 복강에 약 1000cc의 담즙성 체액이 있었고, 십이지장 절단부위에 0.5cm 크기의 열린 구멍인 누공이 확인되었습니다.

▶ 진료기록감정 회신문

: 개복술을 시행하여 복강세척 및 십이지장 절단부의 열린 부위의 봉합술을 시행함. 복강에 약 1000cc의 담즙성 체액이 있었고 십이지장 절단부위에 0.5cm 크기의 누공(열린구멍)이 발견됨{진료기록감정 회신문 나-4)-나)항 참조}.

즉, 피고병원은 망인에게 로봇수술을 시행함에 있어서 십이지장 문합부위를 완전히 봉합하지 않았는 바, 이로 인하여 망인의 수술부위인 십이지장 절단부위가 0.5cm 크기로 천공되어 장 내용물인 1000cc의 담즙성 체액이 망인의 복강 내로 누출하는 사고가 발생하였습니다.

▶ 진료기록감정 회신문

: 위아전절제술 시행 후 십이지장 절단부위가 완전히 봉합되지 않았거나 … {진료기록감정 회신문 나-4)-라)항 참조}.

▶ 진료기록감정 회신문

: 십이지장의 절단부위 천공으로 인하여 장 내용물이 복강내로 누출하여 발생된 것으로 판단됨{진료기록감정 회신문 나-4)-다)항 참조}.

피고병원은 망인에게 로봇수술을 시행함에 있어서 십이지장 절단부위를 제대로 봉합하지 않아 망인의 수술 문합부위에서 담즙성 내용물이 다량 복강 내로 배출되는 바, 따라서 피고병원은 망인에게 문합부위의 누공을 발생시킨 술기상 과실이 있습니다.

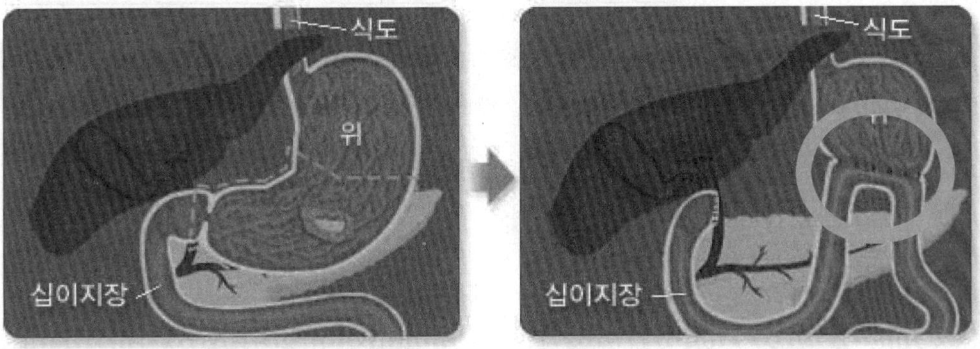

2. 경과관찰해태 과실

2010. 1. 4.경 망인은 로봇수술직후부터 지속적으로 극심한 복통을 호소하였고, 이에 진통제를 투여 받았음에도 불구하고 통증이 호전되지 않았습니다. 또한 망인은 로봇수술이후 복통 증상과 더불어 고열 등 이상소견까지 발현되었습니다.

▶ 진료기록감정 회신문
: 수술 후 수술부위의 복통을 호소하였음{진료기록감정 회신문 나-3)-가)항 참조}.

▶ 곽○○ 진술조서
: …남편이 날이 갈수록 고열이 나고 배가 아프다고 고통을 호소했는데 병원에서 참아야 한다고 하면서 진통제를 맞으면 회복이 늦어진다고 하면서 진통제를 주지 않고 참아보라고 했지만 남편이 너무 고통이 심하고 아파 진통제를 투여하게 되었는데 다른 사람들보다 2배는 더 맞았습니다{곽○○ 진술조서 참조}.

더욱이 2010. 1. 5.경 망인은 소변량이 감소하는 등 체내순환부전 등의 이상증상이 발현되어 의사로부터 집중감시의 지시가 내려질 정도로 수술 이후 상태가 호전되지 않고 더욱 악화되었습니다.

▶ 진료기록감정 회신문
: 섭취량 1400cc 배설량 650cc로 기록되어 있음. 배설량이 적어 이에 대해 보고받고 관찰을 지시한 것으로 판단됨{진료기록감정 회신문 나-3)-나)항 참조}.

그렇다면 피고병원은 망인에게 로봇수술 이후 진통제 투여로도 지속적으로 발현되는 극심한 수술부위 통증, 전신체내순환감소, 고열과 같은 이상소견이 지속적으로 발현되었는 바, 이와 같이 수술이후 악화된 망인의 상태를 파악하기 위하여 진단적 검사 및 적절한 치료를 시행해야 할 주의의무가 있습니다. 그럼에도 불구하고 피고병원은 망인의 수술부위의 상태를 확인하기 위한 복부 CT검사와 같은 어떠한 진단적 검사도 시행하지 않은 채 망인을 방치하였습니다.

▶ 진료기록감정 회신문
: 수술부위의 상태를 확인하기 위한 복부 CT검사에 대한 내용을 찾을 수 없었음{진료기록감정 회신문 나-3)-라)항 참조}.

결국 망인은 수술부위의 좌측 배꼽 옆에 있는 구멍에서 악취가 나는 피고름이 분출되어 환자복에 피고름이 범벅될 정도로 문합부의 천공 및 누출로 인하여 복막염 및 패혈증의 상태가 더욱 악화되었습니다.

▶ 곽○○ 진술조서
: …남편이 다빈치 수술은 몸에 5개의 구멍을 넣고 로봇으로 수술을 하는 것인데 5개 구멍 중 왼쪽 배꼽 옆에 있는 구멍에서 피고름이 분출이 되어서 환자복에 피고름이 범벅이 되었기에 제가 그걸 냄새를 맡아보니 악취가 나서 바로 간호사실에 가서 그걸 알리고 남편이 이상하게 된 것을 알게 된 것입니다{곽○○ 진술조서 참조}.

즉, 피고병원은 로봇수술을 시행한 이후 망인에게 발현된 이상소견에 대하여 면밀히 경과관찰하고, 수술부위 문합부 누출 등의 원인을 확인하기 위하여 조기에 복부 CT검사와 같은 진단적 검사를 시행하여 즉각적으로 망인에게 응급봉합수술과 같은 적절한 처치를 시행하지 않았는 바, 따라서 피고병원은 망인의 경과관찰을 해태한 과실이 있습니다.

3. 감염유발 과실

망인은 2010. 1. 9.경 피고병원으로부터 십이지장 봉합술(이하, '재봉합수술'이라 칭함)이후 다음 날인 같은 달 10.경 고열 및 빈맥 등의 이상소견이 발현되었습니다. 또한 피고병원은 망인에게 호흡곤란 및 빈호흡이 발현되는 등 망인의 상태가 악화된 것을 확인하고 기관내삽관 후 인공호흡기 치료를 시행하였으며, 망인에게 발현된 소변량 감소로 인하여 인공혈액투석까지 시행하였습니다.

▶ 진료기록감정 회신문

: 2010년 1월 10일경 고열과 빈맥소견이 관찰되었음. 그리고 호흡곤란과 빠른 호흡으로 기관지 삽관후 인공호흡기 치료를 하였고 소변량 감소로 인공혈액투석을 시행하였음{진료기록감정 회신문 나-5)-가)항 참조}.

망인은 로봇수술 당시 수술문합부위가 제대로 봉합되지 않아 누공이 발생하였고, 이로 인하여 복강 내로 다량의 담즙내용물이 누출되면서 재봉합술을 시행하였음에도 불구하고 수술이후 고열, 빈맥, 호흡곤란, 빈호흡, 소변량 감소가 발현되는 등 상태가 악화되었습니다. 그렇다면 피고병원은 망인의 상태가 악화되어 인공호흡기 치료 및 인공혈액투석 치료를 시행 받을 정도로 전신상태가 좋지 못한 것을 충분히 파악하고 있었으므로, 망인에게 병원내 감염이 유발되지 않도록 무균조작을 철저히 해야 할 주의의무가 있습니다.

또한 2007. 7.경부터 2008. 6.경 전국병원감염감시체계(KONIS)의 중환자실 자료에 의하면 MRSA(메티실린내성 황색포도구균) 감염이 병원내 감염 중 89.7%나 해당할 정도로 빈번하게 발생하고 있습니다(을 제3호증의1 의학논문 참조). 따라서 피고병원은 망인과 같이 로봇수술 후 문합부 천공 및 누출로 인하여 재봉합술을 시행한 경우 빈번하게 발생하는 병원내 감염인 MRSA 감염이 유발되지 않도록 더욱 철저하게 무균술을 적용하여 검사 및 처치 등을 시행하여야 할 주의의무가 있음에도 불구하고 이를 소홀히 하였습니다. 즉, 피고병원은 망인에게 MRSA 감염이 유발되지 않도록 검사 및 시술 전후 손씻기, 감염환자와의 격리조치를 통한 접촉주의, 적절한 감시배양 및 항생제의 신중한 사용, 의료기구의 소독관리 등의 예방적인 처치를 시행하여 망인에게 MRSA 감염을 유발시키지 않아야 합니다. 그러나 피고병원은 2010. 1. 12.경 망인의 창상부위 검체와 가래 미생물 배양검사에서 MRSA 균이 동정되어 망인에게 MRSA 감염이 유발되었음을 확인하였습니다.

▶ 진료기록감정 회신문

: …창상부위 검체와 가래 미생물 배양검사에서 MRSA 균이 분리(isolation)됨{진료기록감정 회신문 나-5)-나)항 참조}.

따라서 피고병원은 로봇수술 및 재봉합수술 이후 망인에게 무균술을 철저히 시행하지 않아 병원내 감염인 MRSA 감염을 유발시켜 망인의 전신 상태를 더욱 악화시킨 과실이 있습니다.

4. 감염에 대한 처치상 과실

2010. 1. 9.경 망인은 로봇수술이후 발생한 문합부의 누출로 인하여 재봉합술을 시행받은 이후 다음날인 같은 달 10.경부터 빈맥(맥박수 90회/min 이상), 빈호흡(호흡수 30회/min 이상), 고열(체온 38도 이상), 백혈구증가(백혈구수 12,000개/uL 이상) 등의 전신염증반응증후군이 발현되었습니다. 이에 같은 달 11.경 피고병원은 망인에게 발현되는 지속적인 이상소견을 바탕으로 전신염증반응증후군(SIRS)을 의심한 바 있습니다.

▶ 진료기록감정 회신문

: 맥박수가 90회/분 이상으로 빈맥, 호흡수 30회/분 이상으로 빈호흡, 체온 38도 이상의 고열, 백혈구수가 12,000개/uL 이상으로 백혈구증가 … 자료를 근거로 전신염증반응 증후군으로 진단한 것으로 판단됨{진료기록감정 회신문 나-5)-다)항 참조}.

또한 망인은 로봇수술 이후 발생한 수술부위 문합부 누출로 인하여 복막염 및 패혈증이 발생하였고 이로 인하여 고열 및 호흡곤란 등의 이상증상이 발현되었습니다. 이러한 망인의 상태는 기존에 사용하던 항생제가 효과를 보이지 않음으로 인하여 복막염 및 패혈증의 감염증상이 지속되고 있음을 의미합니다.

▶ 진료기록감정 회신문

: 패혈증에 의한 발열 및 호흡곤란 증상이 발생하고 기존의 사용 항생제가 효과가 없는 것 … {진료기록감정 회신문 나-5)-라)항 참조}.

▶ 진료기록감정 회신문

: 대개 감염에 의한 농양이 발생한 것으로 추정됨{진료기록감정 회신문 나-7)-다)항 참조}.

즉, 피고병원은 망인에게 재봉합수술 직후부터 MRSA 감염증상인 고열 및 호흡곤란, 빈호흡의 이상증상이 지속적으로 발현되었고, 2010. 1. 11.경 전신염증반응증후군 및 다음날인 같은 달 12.경 MRSA 감염을 확인하였습니다. 그렇다면 피고병원은 망인에게 MRSA에 대항할 수 있는 유일한 항생제인 반코마이신과 같은 적절한 항생제를 투여하여야 함에도 불구하고 효과가 없는 항생제만을 투여하여 망인의 MRSA 감염 및 전신염증반응증후군 상태를 더욱 악화시켰습니다.

더욱이 피고는 망인의 복막염 및 패혈증으로 인한 전신염증반응증후군에 대하여 감염내과와 조기에 협진의뢰를 시행하였다고 주장하고 있습니다. 그렇다면 2010. 1. 11.경 및 같은 달 12.경 피고병원은 망인의 전신염증반응증후군 및 MRSA 감염을 확인한 직후 즉각적으로 망인에게 효과가 있는 항생제를 투여하여야 함에도 불구하고 같은 달 16.경까지 MRSA 감염 및 전신염증반응증후군에 대한 적절한 항생제를 투여하지 않은 과실이 있습니다. 즉, 피고병원은 감염내과 협진의뢰를 통하여 망인에게 효과도 없는 항생제를 투여한 것인 바, 이는 망인의 전신감염에 대하여 적절한 처치를 시행하지 않았다는 것을 반증하는 바 입니다.

따라서 피고병원은 망인의 악화된 감염상태에 대하여 적절한 항생제를 투여하는 등의 처치를 시행하지 않아 망인의 복막염 및 패혈증을 더욱 악화시킨 과실이 있습니다.

5. 흉부천자 시술상 과실

피고병원은 망인에게 흉부천자술을 시행하는 과정에서 주변 혈관 및 조직을 손상시켜 망인을 과다출혈 및 저혈량성 쇼크로 인하여 사망에 이르게 한 과실이 있습니다. 즉, 망인은 흉부천자술을 시행 받을 당시 피고병원의 시술상 과실로 인하여 허파가 손상 및 이에 따른 과다출혈이 유발되어 사망하였습니다.

▶ 부검감정서

: …가슴천자술 후에 공기가슴증 생겨서 가슴관을 삽입하였고, 이 과정에서 가슴관의 관통에 의한 허파 손상으로 많은 양의 출혈이 생겨 사망한 것으로 판단됨(갑 제7-1호증의 부검감정서 참조).

일반적으로 의료진은 환자에게 흉부천자술과 같은 침습적인 처치를 시행함에 있어서 주변 혈관 및 조직을 손상시키지 않도록 주의해야 합니다. 더욱이 의료진이 환자에게 흉부천자술을 시행하는 도중 허파를 관통하는 일은 매우 희박합니다.

▶ 부검감정서

: …삽입된 가슴관에 의한 허파의 관통(penetration)은 드물게 보고되고 있음(갑 제7-1호증의 부검감정서 참조).

그러나 망인은 피고병원으로부터 흉부천자술을 시행 받은 이후 시간당 500~700ml의 과다출혈이 발현되었고, 이로 인하여 저혈량성 쇼크가 반복되는 등 상태가 악화되었습니다.

▶ 부검감정서

: …가슴관출혈이 시간 당 500~700ml까지 관찰되며 저혈량성 소크상태가 반복됨 … 이후 심정지가 되어 심폐소생술을 시행하였으나 … 사망을 선언함(갑 제7-1호증의 부검감정서 참조).

더욱이 망인의 경우 로봇수술과 문합부의 누출 및 출혈로 인하여 재봉합수술을 포함하여 총 5차례에 걸쳐 수술을 시행 받아 심장, 폐, 간, 신장 등의 주요장기 기능이 저하되는 등 전신상태가 악화되어 있었습니다.

▶ 진료기록감정 회신문

: 5차례의 수술이 … 환자의 주요 장기(심, 폐, 간, 신장 등)의 기능저하에 영향을 미쳤을 것으로 판단됨{진료기록감정 회신문 나-9)항 참조}.

그렇다면 피고병원은 망인에게 흉부천자술을 시행함에 있어서 혈관, 조직, 허파 등을 손상시키지 않도록 고도의 주의의무를 다하여야 함에도 불구하고 이를 소홀히 하여 망인에게 과다출혈이 유발되어 사망에 이르게 한 과실이 있습니다.

≪원・피고 주요쟁점≫

쟁 점	원 고	피 고
1. 술기상 과실	수술과정 중 봉합을 적절하게 시행하지 않아, 문합부위 누공 발생시킨 과실 -2차 수술 소견 : 십이지장의 일부 0.5 cm 천공되어 있었음.	술기상 과실 없음. -수술의사 : 외과 전문의로 경력 16년차 의사임. -십이지장 절주 부위 누출이 발생한 것은 위암으로 인해 면역기능이 저하된 상태에서 병합절제술의 부작용 또는 알 수 없는 이유로 발생된 것임.
2. 경과 관찰 해태	복부 통증 및 소변량 감소 등 이상증상이 발견되었음에도 진통제만 투여하면서 방치하여 수술부위 문합부 누출 여부를 뒤늦게 확인하여 복막염 및 패혈증까지 악화시킴.	복부 통증 호소시 적절히 경과에 따른 평가를 하여 처방 및 검사를 진행하였으며, 소변량의 변화를 관찰하고 지속적, 정기적으로 혈액검사를 통해 신장기능을 확인함.
3. 감염 유발 과실	병원내 감염의 위험성에 대비하여 무균조작을 철저히 할 주의의무을 다하지 않음으로써 병원내 감염인 MRSA감염을 유발시킴.	질병관리본부의 protocole 대로 MRSA 감염관리를 시행하였음. 그럼에도 불구하고 MRSA가 확인된 것은 현재의 임상의학 수준에 비추어 불가항력적임.

4. 감염에 대한 치료상 과실	환자에게 감염 의심 증상이 나타났으나 균배양검사와 함께 적절한 항생제 선택을 위한 감염내과로 조기에 협의진료를 시행할 주의의무를 다하지 않음. – 망인에게 염증반응증후군이 발생된 것으로 추정됨에도 불구하고 조기치료 시기를 놓침으로써 망인의 감염 및 패혈증을 악화시킴.	혈액투석, 항생제 변환 및 투여, 신기능에 맞춘 항생제 용량 조정, 승압제 사용 등 전신 염증성반응 증후군에 대한 적절한 치료를 다하였음.
5. 시술상 과실 (흉부 천자술)	흉부천자술 시행 과정 중 주변 혈관 및 조직을 손상시킴으로써, 과다출혈 및 저혈량성 쇼크 유발시킨 과실	불가피한 치료과정 중 발생된 위험 – 흉부천자 및 흉관삽관술 시행 시에 가장 흔히 발생하는 합병증이 혈관손상으로 인한 출혈과 폐실질 손상으로 인한 기흉임.

≪1심 판결≫

1. 피고의 과실

『MRSA 검출후 조치에서의 과실 인정 여부
망인은 2010. 1. 9.경 절주 부위 봉합술 시행 이후 38~38.5℃ 가량의 발열, 소변량 감소, 호흡곤란 등 전신 염증성반응 증후군의 증상을 보인 점, 2010. 1. 12.경 망인의 코 속에서 MRSA가 배양되었으며, 그 다음날인 13. 망인의 보강액에서도 MRSA가 검출된 사실은 위 기초사실에서 본 바와 같고, …그럼에도 피고병원은 MRSA에 대하여 효력이 없는 항생제인 trizele와 tbaxin만을 계속 투여하다가 2010. 1. 16.에서야 복강내 감염의 치료제이면서 MRSA를 함께 커버할 수 있는 tigecycline으로 항생제를 교체한 사실, 그 후 망인은 복강내 감염이 제대로 조절되지 못하여 감염상태가 지속된 사실을 인정할 수 있다.
여기에 앞서 살펴본 바와 같이 MRSA는 현재 병원 내 감염의 가장 중요한 원인균이고 특히 수술상처부위 감염의 가장 흔한 원인균인 점, 이러한 MRSA 감염은 조기진단 및 조기치료가 필수적이고 반코마이신 등 MRSA를 커버할 수 있는 일부 항생제를 투여하기 전에는 사실상 치료가 곤란한 점, 2010. 1. 10.경 망인은 이미 전신성 염증반응 증후군 증상을 보이고 있었고, MRSA에 의해 이러한 증상을 보이는 경우에(패혈증) 초기에 치료하지 못하면 사망률이 높아지는 점 등을 보태어 보면, 피고 망인에게 MRSA감염에 대하여 적시에 치료시기를 놓친 과실이 있다고 판단된다…
흉관삽관술 시술상의 과실
피고병원이 흉관삽관술을 시술하다가 망인의 허파를 관통하여 이로 인하여 망인에게 과다출혈이 발생함으로써 망인이 사망에 이르게 된 사실은 위 기초사실에서 본 바와 같고, …흉관 삽입으로 인한 합병증의 발생은 흔하나, 삽입된 흉관에 의한 허파의 관통은 드문 점을 인정할 수 있는 바, 그렇다면 피고병원이 흉관 삽관 당시 주의의무를 위반하여 망인의 허파를 관통시킨 과실이 있다고 판단된다.』

2. 인과관계

『망인의 직접적인 사망원인은 흉관삽관술 중 흉관이 허파를 관통함에 따라 출혈이 발생하였기 때문인 점… 이러한 과다출혈이 발생하게 된 원인은 복막염 등 망인의 만성적인 복강내 감염으로 인하여 지혈이 잘 되지 않았기 때문이었던 것으로 보이는 점, MRSA가 복막액에서 검출된 것에 비추어 볼 때 MRSA가 적어도 망인의 복막내 감염을 악화시킨 것으로 보이는 점 등을 인정할 수 있으므로, 피고병원의 위 과실과 사망 사이에 인과관계가 있다고 판단된다.』

3. 인용금액 : 7천 6백만 원

4. 피고의 책임비율 : 40%

≪관련 판례≫

1. 의정부지방법원 2007. 5. 31. 선고 2006노1807 업무상과실치사 판결

법원은 이 건과 거의 유사한 내시경수술후 복막염사망사건에 관하여 유죄를 선고하였고, 민사적으로도 전손해배상책임을 선고하였습니다.

(가) 사건 개요

사건 개요는 다음과 같습니다.

환자(여, 59세)는 담석으로 진단되어 2003. 8. 1. 경기 일산소재 국민건강보험공단 ○○병원에서 집도의 ○○○로부터 내시경으로 담석제거술을 받았습니다. 그 직후부터 복부통증 지속되어 같은날 17:00경 ○○병원에 입원하여 진통제를 투약 받았으나 통증은 여전히 지속되었습니다.

같은 달 2.경 급성췌장염이라는 진단 하에 진통제 처치와 위배액관 삽입시행 하였고, 이후 핍뇨 증상 있어 인공도뇨 실시하였습니다. 같은 달 3.경부터 복부팽만이 심해지고, 같은달 4. 05:30경부터는 숨 몰아 쉬고 동공 산대된 상태로 혈압이 확인되지 않다가 같은 날 12:22경 '직접사인 : 급성 심폐정지, 중간선행사인 : 급성췌장염, 선행사인 : 총담관결석'으로 사망하였습니다.

나) 형사유죄 인정

이에 검찰은 집도의 ○○○에 대하여 약식명령신청을 하였습니다(사건번호 의정부지방법원 고양지원 2005고약9376 사건).

그러나 의정부지방법원 고양지원은 정식재판에 회부하였고, 심리 끝에 금고형(집행유예)을 선고하였습니다(사건번호 의정부지방법원 고양지원 2006. 11. 3. 선고 2005고단1197 판결).

집도의는 대학교수 신분이어서 금고 이상의 형의 선고를 받으면 해임되므로 항소하였고, 망인의 유족에게 금3,000만원을 형사합의금으로 지급하였습니다. 항소심인 의정부지방법원 형사1부는 이를 참작하여 벌금형으로 낮추어 선고하였습니다(사건번호 의정부지방법원 2007. 5. 31. 선고 2006노1807 판결, 피고인 상고포기로 확정).

즉, 법원은,

『…피고인은 고양시 일산구 소재 ○○병원 내과 전문의인 바, 2003. 8. 1. 14:00경 ○○병원 내과 수술실에서 피해자 이○○(여, 49세)에 대하여 관외담관담석을 진단한 뒤 내시경적 유두괄약근 절개술을 통하여 담관담석제거시술을 함에 있어 위와 같이 절개술을 통한 담석제거술의 경우에는 췌장염 발생 가능성이 높고, 피해자가 시술을 받은 뒤에 복통을 호소하여 췌장염이 발생한 것으로 판단하고 염증 억제를 위한 조치를 취하였으나, 상태가 호전되지 아니하고 계속하여 피해자가 지속적인 복통을 호소하였으므로 이러한 경우 시술을 담당한 의사인 피고인으로서는 복부 초음파나 복부 씨티(CT)촬영을 통하여 췌장염 및 그로 인한 합병증의 발생 여부를 면밀하게 검사하여 췌장염의 악화 정도, 합병증의 발생 여부 및 정도를 신속하게 파악하여 수액을 다량 투여하고, 외과수술을 받게 하는 등 그에 알맞은 조치를 취하여야 함에도 불구하고, 씨티 촬영 등 정밀검사를 하지 아니한 채 단순 경증 췌장염환자에 필요한 정도의 약물치료만을 계속하고, 휴가를 가면서 피해자를 인계한 의사에게 중증 췌장염을 앓고 있는 피해자의 상태에 대하여 제대로 설명하지 아니한 업무상과실로 피해자의 췌장염이 악화되어 그로 인하여 다발성 복막염이 발생하도록 하여 피해자로 하여금 같은달 4. 12:22경 ○○병원 응급실에서 범발성 복막염으로 인한 심폐정지로 사망에 이르게 한 것이다….』

라고 하면서 검찰의 공소를 모두 인정하였습니다.

2. 서울고등법원 2007. 1. 23. 선고 2006나75568 판결 —— 민사유책 인정

위 사건에 관하여,

『…망인의 사인이 췌장염 및 담낭과 췌장의 후면을 비롯한 복막후강에 광범위한 출혈과 염증, 지방괴사로 인해 발생한 범발성 복막염인 점, 위와 같은 췌장염이나 담낭

과 췌장 부위의 출혈은 이 사건 수술의 전형적인 합병증인데 이러한 합병증 요인 중 환자측 요인으로 볼 수 있는 요소가 망인에게 거의 존재하지 아니하였던 점에 비추어 보면, 이 사건 수술을 함에 있어서 집도의 ○○○의 시술상의 부주의로 인하여 망인에게 급성췌장염과 담낭 및 췌장의 후면 부위에 출혈을 발생시켰다고 추정함이 상당하고, 따라서 위와 같은 급성 췌장염 및 출혈 등의 범발성 복막염으로 발전하여 망인이 사망하는 결과를 초래하였으므로 … 망인 및 원고들이 입은 손해를 배상할 책임이 있다고….』

고 판시하였습니다.

3. 서울지방법원 남부지원 2003. 11. 12.자 2002가합4727 결정

위 결정은 이 건과 거의 유사한 사건에 대하여 과실 책임을 인정하였습니다(피고의 이의포기로 확정·집행됨). 피고 E대학병원에서 췌장염수술을 받은 후 수술부위감염으로 범발성 복막염, 패혈성 쇼크 등의 경과를 거쳐 사망에 이르게 된 의료사고에 대하여 법원은,

『…망인에 대한 양성췌장종양을 제거하는 수술을 하였으면, 수술부위에 대한 정밀한 봉합을 하여 수술부위가 터지거나 췌장액이 새어나와 염증을 일으키지 않도록 하고, 수술부위에 설치한 배액관으로 병원균이 감염되지 않도록 하고, 감염되었는지 여부에 대하여 배액관에서 새어나오는 액의 양이나 탁한 정도, 냄새 등을 수시로 살펴야 하고, 배액에서 나온 액체, 환자의 피와 오줌에 대한 배양검사를 하여 패혈증에 감염되었지를 살피고, 만약 감염되었다면 병소제거, 산소공급, 항생제투여 등을 적극적으로 하여 패혈성 쇼크에 이르지 않도록 하여야 할 업무상주의의무가 있음에도 불구하고, 이를 게을리한 채 만연히 방치한 과실로 환자로 하여금 췌장누공, 병원균 MRSA감염, 패혈성 쇼크 등으로 2002. 1. 10. 22:10경 사망에 이르게 하였습니다….』

는 원고의 주장을 모두 받아들여 손해배상책임을 인정한 바 있습니다.

4. 대퇴골 골절에 대한 내고정술 후 골수염이 발생하여 하지가 13cm 단축되고 관절강직이 남은 사건197)

≪사건 개요≫

• 원고 이○○(남, 48) / 피고 ○○병원

※ 사건 경과
우측 대퇴골 근위부 개방성 분쇄골절 → 관혈적 정복술 및 내고정술 → 수술부위 농, 골수염 → 배농술, 대퇴골 부분절제술 및 하지길이 연장술 → 우측하지 13cm단축, 고관절 슬관절 운동제한, 고관절 부분강직

날 짜		증 상 및 상 태	검 사 및 처 치	비 고
(2009)		8년전 결핵 완치, 2006년 11월 알콜성케톤산증, 급성 신부전, 횡문근 융해증으로 입원.		
3. 31.		만취 후 3층 옥상에서 낙상 오른다리 통증, 볼 열상 호흡곤란, 흉통	우측 대퇴전자간 골절, 개방성 좌상 우측 대퇴부 탈구 골반뼈 골절, 다발성 갈비뼈 골절 침상 안정 전신상태 호전되면 오른쪽 다리 수술하기로 계획	
4. 1.		(갈비뼈 골절로 기도유지 어려울 것으로 판단)	기관 삽관 시행	
4. 2.		PT : 49		
4. 3.			X-ray상 급성 폐손상 보이지 않아 기관삽관 제거 소화기내과 협진 : 수술위험성 문의	
4. 6.			호흡기내과 협진 : 수술위험성 문의	
4. 7.			정형외과 협진 : 수술가능성 모두 해결해주면 수술 준비하겠다고 회신	4. 9.경 해결하여 전과 (4.5. 소화기내과 4. 8. 호흡기내과 회신옴)

197) 춘천지방법원 원주지원 2015. 1. 29. 선고 2012가합1784 판결.

4. 8.		미열 37.5℃	오른쪽 대퇴부위가 미열의 원인일 가능성 있어 배양검사함.	포도상구균 발견
4. 10.			개방성 고관절 도수정복술	
4. 15.			상처부위 : 황색포도상구균, 루코노스톡균 검출	
4. 17.		ESR : 120		
4. 19.		수술부위 혈종	혈종 짜자 피고름 400cc나옴.	
4. 20.			수술부위 실밥 제거	
4. 24.			활동성 결핵 확인 격리	
4. 30.			감염내과 협진 : 항생제 변경 여부 의뢰 타고시드에서 타포신으로 변경하라고 회신	
5. 4.			상처재건술 : 광범위하게 세척 시행 후, 죽은 조직 제거, 배양검사 시행. 뼈까지 침검하지는 않음.	
5. 14.		전날까지 보였던 피고름은 배액되지 않음.		
5. 31.		고관절부위 통증, 부종	절개 및 배농 시행. 피고름 배액됨(감염재발).	
6. 7.			상처부위에서 노락색의 배액물 나옴.	
6. 10.			수술부위 판제거술 : 수술중 고름 관찰, 뼈는 외관상 괜찮아 보임. 염증조직 제거	
6. 14.			뼈에서 고름양상 관찰	
6. 22.		ESR-85 통증심함.	무균적 소독, 배양검사	
6. 23.			오른쪽 고관절 상처 세척, 죽은 조직 제거술 : 오른쪽 고관절 목부위에서 고름 보임.	수술 후 통증 더 심해짐.
6. 27.			무균적 소독수술 : 육아조직 모두 제거, 고관절 부위 고름, 골절부위로도 고름 나옴.	
7. 9.			절개 및 배농 술	
7. 17.			죽은 조직 제거 및 무균적 소독술	

7. 23.			배양검사 : 프로테우스 미라빌리스(대장균)	이전까진 MRSA 검출
8. 4.			죽은 조직 재건술, 상처 재건술	
10. 9.			스크류 제거	
11. 8. ~ 11. 11.		하루에 고열 1-2회 관찰		
11. 19.		수술부위 통증 부종	흡인술-노란색 고름 120CC	
11. 20.			절개 및 죽은 조직 제거술 bead 삽입	
12. 11.			bead제거술 및 수술부위 재건술	
12. 18.			MRSA 다시 검출됨.	
(2010)				
1. 27.			우측 고관절 세척술	
2. 18.			고정술(대퇴간부 뼈 골절부위)	
2. 22.		수술부위 약간 누출		
3. 10.			우측 원위부 대퇴골 고정술	
11. 17.			퇴원	
현재 상태		우측 고관절과 슬관절의 부분강직과 운동제한, 통증, 우측하지 13㎝ 단축, 일상생활에도 개호인이 필요하며 35.2% 영구장해 예상, 향후 우측 고관절 인공관절 치환술이 필요함.		

※ 수술상 과실

- 수술시기 늦어짐 : 감염되어 수술부위 유합이 늦어짐.
- 감염으로 수술부위 유합이 늦어졌고, 유합되기전 판제거하여 재고정술하게 됨.

※ 감염관리 해태

- 골절하여 응급실 내원했을 때 소화기내과와 호흡기내화 협진하여 응급수술의 금기증인지 확인하고 수술진행하여야 했으나 협진안하고 불필요한 기관 삽관하며 수술 늦게 시행. 개방성 골절이어서 상처부위로 감염됨.
- 1차 수술 이후 감염관리 제대로 못해 감염증상악과 피고름 나와 배농술 수차례 시행하게 됨. 감염내과 협진 늦음. 환자는 입원당시 술로 인해 간수치 높은 상태여서 수술시기 늦어졌을 경우 간수치 고려하여 효과적인 항생제 사용했어야 함.

≪소장에서 주장하는 피고의 과실≫

1. 수술상 과실

피고병원은 수술시기를 지연시키고, 수술부위에 혈종을 발생시킨 과실이 있습니다.

원고의 경우 내원 당시 수술 금기사항에 해당하는 소견이 없었으나 피고병원은 원고가 기도유지가 어려울 것으로 잘못 판단하여 불필요한 기관삽관을 시행하고, 폐손상이 없다는 것을 확인하였는데도 불구하고 골절부의 치료를 지연시켰습니다.

[그림 4] 갑 제4호증 경과기록지 3

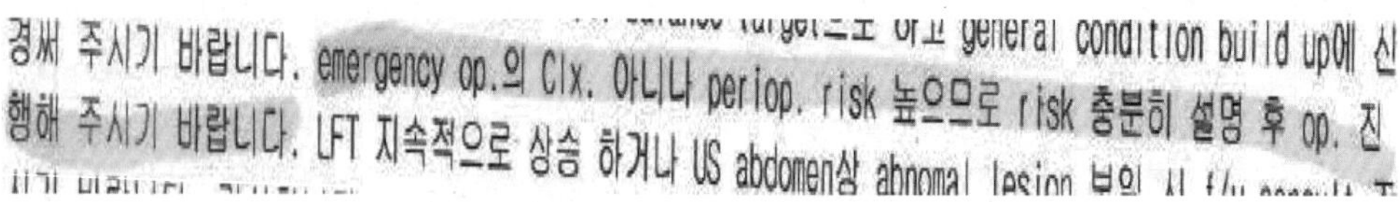

번역> 응급수술의 금기증 아니나 수술전 위험성 높으므로 위험성 충분히 설명 후 수술 시행해 주시기 바랍니다.

또한 수술 중 주의의무를 다하지 않아 수술부위에 혈종을 발생시켰습니다.

[그림 5] 갑 제4호증 경과기록지 4

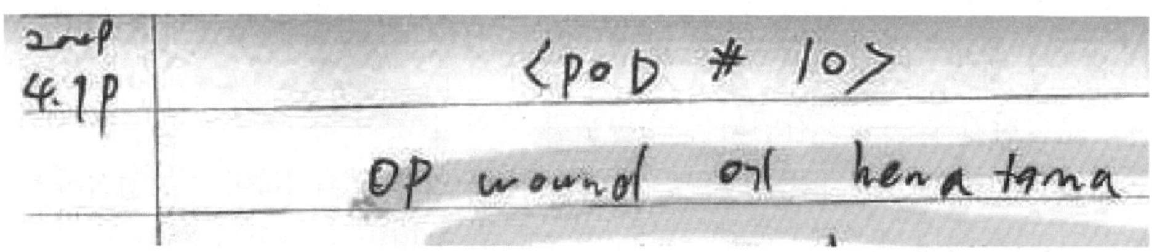

번역>

2009. 4. 19. <수술후 10일째>

수술부위에 혈종

수술시기가 늦어짐으로 인해서 원고는 우측 고관절 인공관절 치환술까지 필요하게 되었고, 수술부위 출혈로 혈종 흡인술까지 시행하면서 치료기간이 연장되었으므로 피고는 이에 대한 손해를 배상하여야 할 것입니다.

2. 감염관리 해태

원고의 외상은 개방성 좌상으로써 상처부위가 공기중으로 노출되어 있기 때문에 감염이 발생할 확률이 높았습니다. 피고병원은 원고가 다른 환자에 비해 감염이 발생할 확률이 높고, 감염이 발생하게 되면 골절부분의 상처치유가 늦어지고 강직과 운동제한 등의 합병증이 발생할 수 있다는 것을 충분히 예견할 수 있었음에도 불구하고 감염관리를 소홀히 한 과실이 있습니다.

개방성 좌상이 있다면, 수술 등의 처치를 통해 벌어진 상처부위를 봉합하여 세균에 노출되지 않도록 하여야 하고, 수술 중 지혈을 철저히 하여 출혈이 발생하지 않도록 해야 합니다. 수술 후 수술부위 출혈로 혈종이 생기게 되면 혈종은 감염의 배지로 작용할 수 있기 때문입니다.

그러나 피고병원은 개방성 좌상에 대한 감염관리를 소홀히하여 4. 8.경 감염을 의미하는 미열이 발생하였습니다. 수술 후 5일째인 4. 15.경에는 상처부위에서 병원감염균인 황색포도상구균과 루코노스톡균이 발견되었습니다. 게다가 피고병원은 수술부위에 혈종까지 발생시켜 혈종부위가 감염되어 피고름이 나오게 되었습니다. 이후에도 감염된 부분의 염증조직을 제거하고 감수성에 맞는 항생제를 사용해야함에도 불구하고 감염치료를 소홀히하여 원고는 뼛속까지 염증이 생기는 골수염까지 발생되었습니다.

[그림 6] 갑 제4호증 경과기록지 5

번역>
대퇴간부내에 염증성조직이 차있음 관찰됨.

피고병원은 원고가 사고 후 약 1년 가량이 지난 2010. 1. 18.경까지 수술부위 감염을 치료하지 못하고 악화시켜, 수술부위 유합이 늦어지고, 고관절을 다시 고정하여야 했고, 수술부위의 잦은 수술과 감염증상은 우측 고관절과 슬관절의 부분강직과 운동제한을 유발하였습니다. 결국 피고병원의 과실로 인해 원고의 우측하지가 비정상적으로 회복하여 길이가 무려 13㎝가량이나 줄어들게 되었습니다.

≪관련 의학지식을 통한 입증≫

1. 골수염에 관한 의학적 개념과 진료지침

가. 개방성 골절과 골수염의 발생기전

(1) 급성감염증

골수염은 골수부위감염이 급성으로 나타나는 질환입니다. 골수는 다음 [그림 2]와 같이 미세혈관과 신경, 기타 여러 세포로 구성되어 있는데, 외상 등 수상감염이나 수술감염으로 골수에 균이 들어가면서 발생됩니다.

[그림 2] 골수의 구조

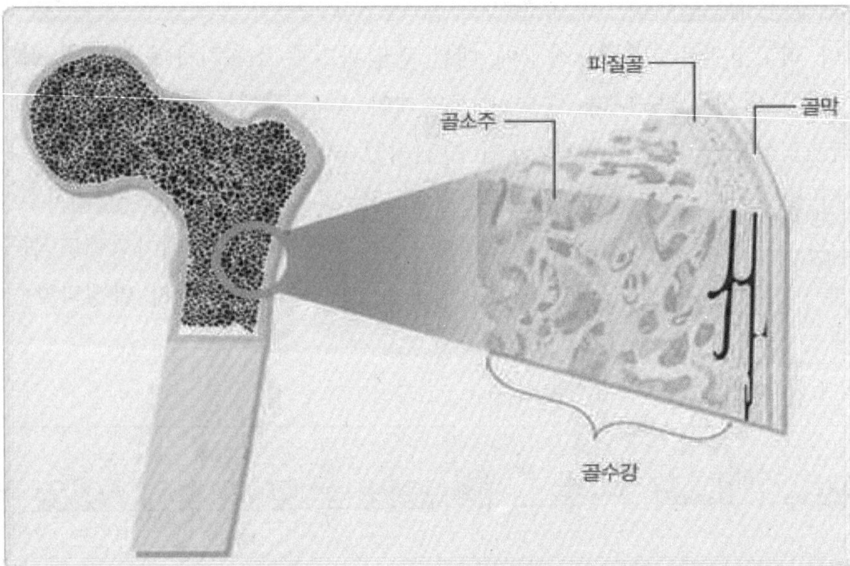

보건복지부 대한의학회

임상증상은 다음 [그림 3]과 같이 초기에는 국소열감, 통증 등이 나타나고, 급성 골수염은 조직괴사, 농양발생 등이 발생합니다.

[그림 3] 골수염 증상

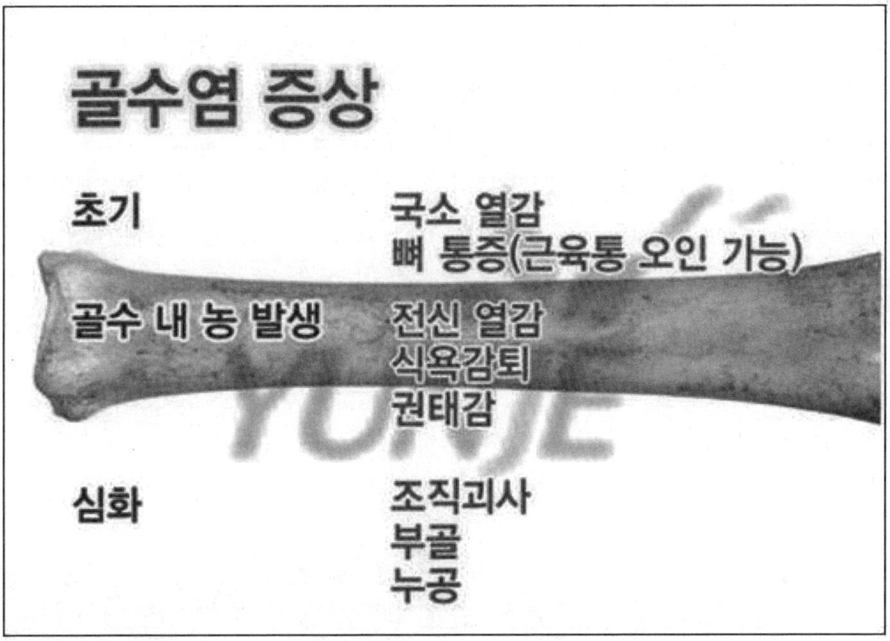

(2) 조기 감염확산 차단의 필요성

감염이 확인되면 소독과 항생제투약이 필수적입니다.

이를 방치하면 골수염과 패혈성 쇼크로 진행됩니다. 따라서 고름의 발생을 막아야 하고, 고름이 발생한다면 고름을 빼내고, 썩은 부위를 생살이 나타날 때까지 칼로 도려내어 썩어가는 것을 막아야 합니다.

▶ 사실조회 회신문

…감염이 확인된 경우 치료법은 감염부위에 대한 적절한 소독과 항생제의 사용이며, 만일 농양이 형성되거나 조직의 괴사를 야기한다면 이에 대한 배농과 괴사조직의 외과적 제거가 필요합니다{사실조회 회신문 가-3)-라)항 참조}.

특히 이 건과 같이 외상으로 인한 감염시 감염확률은 매우 높아 치료시 감염여부는 물론 수술 후에도 이에 대한 추적치료가 필수적입니다.

▶ 사실조회 회신문

…오염된 창상이 있을 경우 감염의 발생률이 상당히 높고{사실조회 회신문 가-1)항 참조}.

나. 감염에 대하여 반복하여 진찰, 검사해야 하는 프로토콜

(1) 수상시 감염환자에 대하여

원고와 같이 3층 옥상에서 떨어져 뼈가 근육 바깥으로 튀어 나온 '개방성 골절'은 다음 [그림 4]와 같이 뼈와 신경, 혈관, 근육이 공기 중에 노출되고, 오염된 흙이나 콘크리트로부터의 감염을 피할 수 없습니다.

때문에 감염확진을 위하여, ① 발열검사, ② 조직배양검사, ③ 혈액배양검사, ④ CT, MRI 등의 방사선검사, ⑤ 생화학검사(CRP, WBC 검사) 등을 매일 시행하여야 합니다.

만약 감염이 확인되면 균을 동정하고, 항생제민감성 테스트를 거쳐, 가장 잘 듣는 항생제를 선택함으로써, 골수염으로의 확대를 막아야 합니다.

[그림 4] 개방창 사진[198]

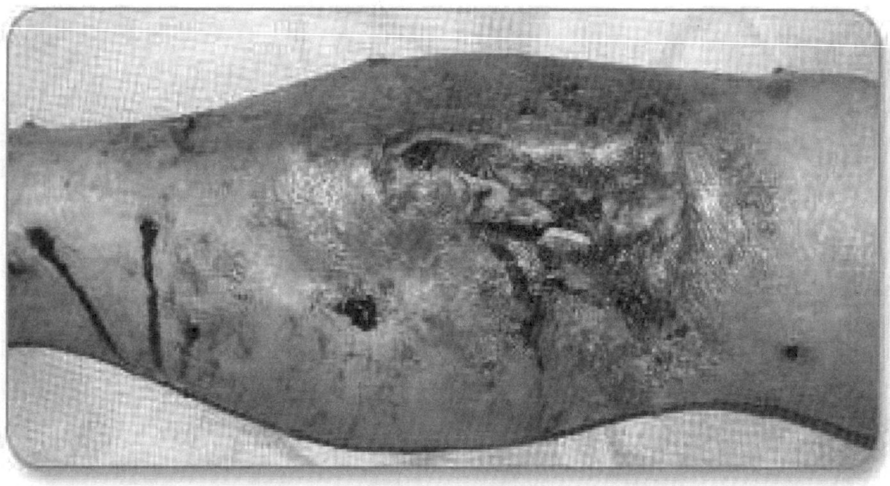

▶ 사실조회 회신문

감염확진을 위한 검사는 발열이나 수상부위의 염증증상과 수상부위의 배양검사 및 혈액배양검사를 통한 미생물학적 진단 및 CT, MRI 등의 영상의학적 검사, CRP[199]나 백혈구 숫자와 같은 생화학적 검사들을 종합하여 진단하게 되며 미생물학적 검사에서 원인균으로 추정되는 미생물이 확인될 경우 감염을 확진하게 됩니다. 확진을 위한 검사들 중 미생물학적 검사의 경우 수상후 항생제사용 전 시행한 검사가 가장 중요하며, 그

198) 수상 당시 경골부위가 개방성 골절된 환자의 사진으로 원고의 사진은 아닙니다.

199) C반응단백검사로 감염진단의 한 방법입니다.

외에 생화학적 검사들을 입원환자에서 매일 시행하여 경과가 악화되는 환자라면 감염을 강력히 시사하는 소견으로 판단할 수 있습니다{사실조회 회신문 가-2)-가)항 참조}.

피고병원은 원고가 수상당한지 8일이나 지난 2009. 4. 8.경에야 균배양검사를 하여 포도상구균을 발견하였고, 이에 대한 치료가 제대로 되지 않아 같은달 15.경에는 황색 포도당구균과 루코녹스특균 등의 감염으로 악화된 것입니다.

(2) 병원감염환자에 대하여

원고와 같이 입원시 수상부위 감염증세가 없고 감염균도 확인이 되지 않았다면 입원 중(수술 전, 중, 후) 감염될 수 있기 때문에 수술부위에 대한 소독, 수술도구나 의료진의 손소독 등을 철저히 하여 병원감염과 골수염으로의 확대를 막아야 합니다.

▶ 사실조회 회신문

…입원당시 감염의 증거가 없었고, 입원 48시간 이후에 발생한 감염의 경우 원내 감염으로 평가하는 것이 일반적입니다. MRSA 등 슈퍼박테리아는 원내감염에 의해 발생하는 것이 보통… {사실조회 회신문 가-3)-가)항 참조}.

이 건은 전형적인 병원감염으로 추정됩니다.

다. 치료 및 개선여부에 대한 추적검사 프로토콜

(1) 수상시 감염환자에 대하여

(가) 항생제 투여 등

이 건에서 피고는 원고에 대하여 수상시 감염여부에 대한 배제진단(R/O, rule out)을 하고, 감염위험성이 있을 경우에는 다음과 같이 치료하여야 할 의무가 있었습니다.

원칙적으로는 동정된 ① 균에 맞는 항생제를 선택하여야 하고, 만약 균의 종류를 모를 때는 1차적으로는 ② 예방적 항생제치료를, 2차적으로는 ③ 경험적 항생제 치료를 순차적으로 하여야 합니다.

▶ 사실조회 회신문

…오염된 상처라면 수술전 예방적 항생제 사용이 필요합니다. 골절수술전에 미생물학적 검사에서 분리된 균이 있다면 아에 적절한 항생제를 사용하게 되나, 그렇지 못하다면 경험적으로 감염의 위험도가 높은 미생물을 표적으로 적절한 항생제를 수술전에 투약합니다{사실조회 회신문 가-2)-나)항 참조}.

(나) 추적검사의무

감염치료가 되고 있는지에 대한 추적검사는 1차 수술부위감염에서 차단하여야, 2차 골수염, 3차 패혈성 쇼크로까지 확대되는 것을 막는데 매우 중요합니다.

▶ 사실조회 회신문

감염치료가 제대로 되고 있는지 확인하는 검사로는 환자의 체온측정, 발열상태인데, 생체징후가 안정화되고 백혈구숫자, CRP, ESR[200] 검사 등의 생화학적 검사에서 호전 여부를 보아 판단하게 됩니다. 감염의 합병증으로 심하면 패혈증이 병발할 수 있습니다 {사실조회 회신문 가-2)-다)항 참조}.

(다) 수술전 감염부위 우선 치료의무

이 건은 수상시 감염이 아니라, 병원감염으로 추정되지만, 백보를 양보하여 만약 수상시 감염이라고 하더라도, 피고는 감염부위에 대한 철저한 소독을 하여야 하고, 가능하면 빠른 시기에 감염부위를 제거하고, 항생제치료 등 골수염으로 인한 하지단축까지는 막았어야 합니다.

▶ 사실조회 회신문

…피부상재균이나 오염균에 의한 2차적 감염증과 이로 인한 패혈증 및 파상풍 등을 꼽을 수 있습니다. 이를 예방하기 위하여 환부에 대한 적절한 청결, 소독과정과 무균적 수술 및 수술전 예방적 항생제 사용을 고려할 수 있습니다{사실조회 회신문 가-2)-라)항 참조}.

(2) 병원감염환자에 대한 치료 프로토콜

(가) 수상부위 소독의무

가사 원고의 전신상태가 나빴다고 하더라도 수상부위에 염증이 발생하고 있는지, 악화되고 있는지 여부에 관하여 이학적 검사와 미생물학적 검사, 방사선검사를 하고, 주기적으로 반복하여 세척, 항생제투여 등이 필요합니다.

▶ 사실조회 회신문

개방골절부위에 대한 수술시까지 오염된 상처에 대한 적절한 세척(irrigation), 과 Dressing이 필요하며, 오염정도에 따라 예상되는 미생물에 대한 항생제투약이 필요합니다{사실조회 회신문 가-3)-나)항 참조}.

개방골절부위에 감염이 확진되면 조기에 미생물학적 검사, 방사선검사 등을 시행하

200) 적혈구침강속도로 감염진단검사의 한 방법입니다.

고 적극적으로 치료하여야 합니다.

▶ 사실조회 회신문
감염여부를 조기에 확진하기 위한 검사는 … 미생물학적 검사와 영상의학적 검사, 생화학적 검사를 시행합니다(사실조회 회신문 가-3)-다)항 전단 참조).

환자의 상태에 따라 매일 검사를 하는 것이 바람직합니다. 주치의사의 결정에 따라 중한 경우에는 하루에도 3~4회 검사하는 경우도 종종 있습니다. 경증이라고 하더라도 최소한 1주일에 2회 이상은 검사하여야 합니다.

▶ 사실조회 회신문
환자가 중한 상태라면 매일 검사하거나 일주에 2회, 주치의가 더 위중하다고 판단하면 하루에 3~4회 검사할 수 있습니다(사실조회 회신문 가-3)-다)항 후단 참조).

피고병원은 전신상태 불량이어서 조기수술을 하지 못했다고 주장하나, 설득력이 떨어집니다. 속담에 '구더기 무서워서 장 못담군다'는 핑계와 같습니다. 이 건처럼 골수염으로 인한 패혈성 쇼크로 생명이 위태로울 경우에는 구명활동을 우선하였어야 하기 때문입니다.

▶ 사실조회 회신문
병원균감염증이 제대로 치료되지 않았다면 … 패혈증, 패혈성 쇼크 등으로 인한 뇌손상, 사망 등의 전신적 중증반응까지 발생할 수 있습니다(사실조회 회신문 가-3)-사)항 참조).

(나) 수술부위가 악화되지 않도록 추적감시의무

수상시 오염으로 인한 감염이든 수술중 감염이든 다친 부위가 악화되고 있는지 여부에 대하여 반복하여 관찰하고, 추적검사하여 조기에 감염확산을 막아야 하는 것은 의사가 아니라도 알 수 있습니다.

감염치료에 실패할 경우 골수염, 패혈증, 파상풍 등으로 생명을 잃을 수 있기 때문에 철저한 추적검사와 치료가 필요합니다.

▶ 사실조회 회신문
수술 후 치료과정에서 감염발생의 여부에 가장 중요한 것은 상처부위에서 발생하는 감염의 증후들을 관찰하는 것이며, 그 외에도 WBC, CRP, ESR 등 검사를 시행하고, 환자경과를 관찰하면서 감염발생을 판단할 수 있습니다 … 감염으로 판단되고, 병원균이 배양되었다면 배양된 병원균의 항균제 감수성 결과에 따라 항균제를 처방하여 투여합니다{사실조회 회신문 가-3)-바)항 참조}.

추적검사과정에서 환자에게 질병의 예후, 임상경과, 위험성 등에 대한 요양방법지도를 포함하여 자기결정을 할 수 있도록 설명해 주어야 합니다.

▶ 사실조회 회신문

…감염악화로 인한 패혈증의 발생위험, …부정유합이나 변형이 남아 일상생활과 운동에 장애가 발생할 수 있는 점에 대한 설명이 필요합니다{사실조회 회신문 가-3)-마)항 참조}.

2. 과실의 성립에 관하여

가. 다툼없는 사실

(1) 원고가 2009. 3. 31. 우측 대퇴전자간 개방성 골절, 우측 대퇴부 탈구, 골반골 골절, 다발성 갈비뼈 골절 등의 부상을 입고 피고병원에 입원한 사실,

(2) 2009. 4. 1.경 기관삽관을 하였다가, 같은달 3.경 X선검사상 급성폐손상이 발견되지 않아 발관한 사실,

(3) 2009. 4. 8.경 포도상구균이 발견된 사실,

(4) 2009. 4. 10.경 고관절 정복술을 실시한 사실,

(5) 2009. 4. 15.경 수상부위에 황색포도당구균, 루코노스톡균발견된 사실,

(6) 2009. 4. 19.경 수술부위에서 고름같은 혈종 400cc 나온 사실,

(7) 배농술과 변연절제술을 지속하다가, 2010. 2. 18.경 단축술 시행하였고, 현재 우측하지 13㎝단축, 고관절 슬관절 운동장애 및 부분강직의 장애가 남은 사실은 다툼이 없습니다.

나. 과실일반론

과실이란 결과예견의무와 결과회피의무를 다하지 아니한 법적 비난입니다.

(1) 결과예견의무 위반

피고병원은 이 건과 같은 개방골절시 개방창을 통한 근육 및 혈관감염의 위험성이 매우 높고, 이를 방치하면 골수염과 그로 인한 패혈성 쇼크로 사망할 수도 있다는 점에 대하여 충분히 예견하고 이를 사전에 회피할 수 있었으나, 이를 게을리하였습니다.

(가) 감염여부에 대한 악결과예견의무

우○○ 교수도 감염여부 및 감염부위를 확인하는 방법으로 배액관의 위치확인,[201]

방사선검사가 있다고 회신하고 있습니다.

▶ 사실조회 회신문

〔문〕 (2009. 4. 19.) 고관절 수술부위의 혈종을 배액하자 피고름이 400cc가량 나왔다면, 어느 부위에 감염증이 발생하였다고 추정할 수 있는지…

〔답〕 …배액관의 해부학적 위치를 파악하는 것이 도움이 되며, X-ray, CT, MRI 혹은 초음파검사 등의 영상의학적 검사를 통하여 보다 정확한 해부학적 위치를 확인할 수있습니다(사실조회 회신문 나-3)항 전단 참조).

이어서 감염이 추인되면, 배액관을 통해 배출된 혈종이나 혈액, 고름 등을 배양하여 균의 종류를 확인한 후 감염부위를 외과적 수술로 제거하고, 항생제치료를 통하여 세균을 죽이는 방법이 있다고 합니다.

▶ 사실조회 회신문

〔문〕 …감염부위 및 감염균의 종류 등을 정밀진단하기 위해서 어떤 검사를 실시하여야 하는지요.

〔답〕 …감염의 원인균을 확인하기 위한 가장 중요한 검사는 배액되는 혈종으로 배양검사를 시행하여 분리되는 균을 확인하는 것입니다(사실조회 회신문 나-3)항 후단 참조).

(나) 골수염의 악결과예견의무

개방성 골절시 수상당시 1차감염으로 발생하는 경우와, 수상으로 인한 1차 감염 후 방치시 2차로 골수염으로 악화되는 경우가 예견되기 때문에 이에 대한 기전을 사전에 확인하여야 합니다.

우○○ 교수는 우측 대퇴전자간 골절(개방성 좌상), 우측 대퇴부 탈구 수술부위에 혈종이 발생하고, 이어서 혈종부위에 고름이 형성된 환자의 뼈에서도 고름양상이 보이는 경우에 골수염으로 진행될 확률이 매우 높아 추적검사가 필요하다고 회신하고 있습니다.

▶ 사실조회 회신문

〔문〕 골수염의 발생원인 및 기전, 임상양상은 무엇인지요.

〔답〕 …2차적 골수내 감염에 의한 경우와 (1차적으로) 관절손상부위 감염에 의해 염증이 국소적으로 파급되어 (2차적으로) 생기는 경우가 있습니다(사실조회 회신문 다-1)-가)항 참조).

---

201) 배액관이 들어간 끝부분이 어디인지 알면, 그 부분에서 감염이 된 것으로 쉽게 확인할 수 있습니다.

이럴 경우 동통, 열감, 부종 및 전신적인 발열, 오한 등의 염증증상이 나타나므로 이에 대하여 최소한 4~6시간 단위로 체크하여 증상의 변화가 안정적(stable)인지 불안정적(unstable)인지 확인하여야 합니다.

▶ 사실조회 회신문

…침범부위의 동통, 열감, 부종 및 전신적인 발열, 오한 등의 염증증상이 나타날 수 있습니다{사실조회 회신문 다-1)-가)항 후단 참조}.

골수염은 3~25%에 이를 정도로 매우 높게 나타납니다{사실조회 회신문 다-1)-나)항 참조}.

골수염은 사망에 이를 수 있기 때문에 혈액배양 및 골수염이 발생한 부위에 대한 조직배양검사를 통해 원인미생물을 빠른 시간내에 확인하어야 합니다{사실조회 회신문 다-1)-다)항 참조}.

(다) 병원균감염 예견의무

골수염을 일으키는 원인미생물은 다양하나, 그 중 슈퍼박테리아라고 불리우는 MRSA, leuconostoc균의 감염을 우선적으로 막아야 합니다. 이는 항생제 내성을 갖고 있어 치료가 어렵기 때문입니다.

우○○ 교수는 위 균이 감염될 경우 예후가 매우 나쁘다고 회신하고 있습니다.

▶ 사실조회 회신문

〔문〕 정형외과수술 후 창상부위에서 MRSA, leuconostoc 균 등이 검출되었다면, 예후는 어떠한지요.

〔답〕 창상부위에서 MRSA, leuconostoc이 분리된 경우 그렇지 않은 경우보다 예후는 양호하지 않습니다{사실조회 회신문 라-1)항 참조}.

(2) 악결과 사전회피의무 위반

(가) 1차, 2차 감염방지의무

2차 골수염으로의 감염악화를 막기 위해서 오염부위 세척과 드레싱, 항생제투여가 우선되어야 합니다{사실조회 회신문 가-3)-나)항 참조}.

감염을 조기 진단하기 위하여 골스캔, MRI검사 등을 하여야 골수염으로 인한 악결과를 막아야 합니다.

▶ 사실조회 회신문

〔문〕 골수염을 조기진단하기 위하여 시행하여야 하는 검사 및 진찰방법은 무엇이 있고, 이런 검사를 얼마의 주기로 반복하여 시행하는지요.

〔답〕 …골수염이 의심되는 시점에 Bone scan검사나 MRI검사를 시행 … 진찰만으로 골수염을 명확히 감별하기는 어렵습니다{사실조회 회신문 다-3)항 참조}.

감염이 확인되면 배농과 변연절제술 등 외과적 제거가 필요합니다{사실조회 회신문 가-3)-라)항 참조}.

(나) 배양검사 및 항생제 감수성 검사의무

① 균배양 전 처치

감염이 예견되는 경우 균의 종류를 알기 전에는 경험적 항생제를 투여하여 감염악화를 막아야 합니다.

▶ 사실조회 회신문

〔문〕 정형외과수술 후 창상부위감염소견이 나타날 때, 균배양검사가 나타나기 전까지는 어떠한 항생제를 사용하는지요.

〔답〕 균배양검사결과가 확인되지 전까지 환자의 기저질환을 고려한 경험적 항생제를 투여하는데, 일반적으로 1세대 세팔로스스포린 또는 비슷한 종류의 항생제를 처방합니다{사실조회 회신문 나-4)항 참조}.

그러나 피고병원은 경험적 항생제처방을 하지 아니하였습니다.

② 균배양 후 처치

MRSA 등 슈퍼균에 감염이 확인되면 즉시 감수성검사를 하여 골수염이나 패혈증으로의 악화를 막아야 합니다.

우○○ 교수는 감수성 검사와 지속적 진찰이 필요하다고 합니다.

▶ 사실조회 회신문

〔문〕 슈퍼박테리아에 의한 감염균이 확진된 경우 어떠한 처치를 시행하여야 하며, 얼마간의 간격으로 주기적 반복적으로 시행하여야 하는지요.

〔답〕 슈퍼박테리아가 감염균으로 확인된 경우라면 슈퍼박테리아에 적절한 감수성을 가진 항생제를 적절한 용법과 용량으로 사용하는 것이 가장 중요하며, 환자의 임상상태에 따라 2~3일에 1번 또는 1주일에 1~2번 간격으로 배양검사를 시행하여 균의 음전이나 다른 2차 감염균의 발생을 확인하는 것이 필요합니다. 또한 검사(활력증후검사, 혈액검사 등 미생물검사, 방사선검사)를 지속적으로 하여 호전여부를 판단하게 됩니다{사실조회 회신문 나-4)항 참조}.

▶ 사실조회 회신문

〔문〕 개방성 골절시 수술전 MRSA가 검출되고 수술 후 수술부위에서 혈종 및 농양이 발생하였을 경우 뼈까지의 감염을 예방하기 위해서 어떠한 처치를 시행하여야 하는지요.

〔답〕 …MRSA가 분리가 되었다면 이에 적절한 감수성을 갖는 항생제(vancomycin, teicoplanin 등)을 투여하여야 합니다. 혈종, 농양에 대해서는 감염미생물이 증식되는 배지가 될 수있으므로 배농을 시행합니다. 그리고 관찰, 소독, 항생제사용을 유지해야 합니다(사실조회 회신문 다-2)항 참조).

▶ 사실조회 회신문

〔문〕 상처부위 MRSA감염의 경우 항생제 선택은 어떻게 이루어지며, 주로 선택되는 항생제로는 무엇이 있는지요.

〔답〕 …1차적 항생제는 vancomycin이며, 이외에도 teicoplanin을 비롯하여 daptomycin, linezolid, tigecycline, quinupristin daifoprstin 등을 사용할 수 있습니다(사실조회 회신문 라-3)-가)항 참조).

▶ 사실조회 회신문

〔문〕 개방성 골절시 수술전 MRSA가 검출되고 수술 후 수술부위에서 혈종 및 농양이 발생하였을 경우 뼈까지의 감염을 예방하기 위해서 어떠한 처치를 시행하여야 하는지요.

〔답〕 …MRSA가 분리가 되었다면 이에 적절한 감수성을 갖는 항생제(vancomycin, teicoplanin 등)을 투여하여야 합니다. 혈종, 농양에 대해서는 감염미생물이 증식되는 배지가 될 수있으므로 배농을 시행합니다. 그리고 관찰, 소독, 항생제사용을 유지해야 합니다(사실조회 회신문 다-2)항 참조).

그러나 피고병원은 이런 검사를 제대로 이행하지 않아 골수염으로의 확대 및 MRSA균의 추가감염을 막지 못했습니다.

이를 제대로 하지 못해 골괴사에까지 이르게 된 것입니다.

▶ 사실조회 회신문

〔문〕 슈퍼박테리아감염치료가 늦어지거나, 적절히 시행되지 않을 경우 발생할 수 있는 악결과로는 어떠한 것들이 있는지요.

〔답〕 …적절한 항생제치료가 시행되지 않는다면 감염증의 악화로 상처부위 혈종이나 괴사, 변형 등의 국소적인 합병증에서부터 패혈증, 패혈성 쇼크 등으로 뇌손상, 사망까지 발생할 수 있습니다(사실조회 회신문 나-5)항 참조).

이 건에서 원고는 피고병원의 무성의한 치료로 혈종, 골괴사, 변형 등의 악결과가 발생하였습니다.

항생제 등 감염치료가 잘되고 있는지를 확인하여 피해확대를 막아야 할 주의의무가 있습니다.

▶ 사실조회 회신문

〔문〕 치료가 효과적으로 시행되고 있는지 확인하기 위해서 어떠한 검사를 시행하며, 얼마간의 간격으로 주기적으로 시행하는지요.

〔답〕 활력증후, 미생물검사, 방사선검사, 임상경과를 보아 판단합니다. 환자의 상태가 불량할 경우 매일, 양호해지면 1주 2~3회 검사합니다{사실조회 회신문 가-3)-가)항 및 라-3)-나)항 각 참조}.

③ 사후피해확대방지의무 위반

골수염이 진단되면 항생제치료와 더불어 외과적 수술을 통하여 썩은 부위를 모두 도려내야 이 건과 같이 골이 파괴되어 잘라내는 악결과를 회피할 수 있습니다.

골수염을 방치할 경우 관절이 파괴되고, 파괴된 관절이 구조적 변형을 일으키고, 조직이 섬유화되면서 원고와 같이 강직, 운동제한, 통증이 발생하게 되므로 그전에 조기치료가 중요합니다.

▶ 사실조회 회신문

〔문〕 골수염의 치료방법은 무엇이며, 이를 방치할 경우 관절부위 강직, 운동제한 및 통증이 발생하게 되는 기전은 무엇인지요.

〔답〕 …골수염을 일으킨 부위를 수술적으로 모두 제거… 항생제를 감염원이 제거되고 상처가 호전될 때까지 처방합니다.

골수염을 방치할 경우 염증이 진행하는 동안에 관절이 파괴되고, 파괴된 관절이 구조적 변형과 주위조직의 염증반등이 지속됨으로 인한 섬유화로 관절강직, 운동제한, 통증이 발생할 수 있습니다{사실조회 회신문 라-4)항 참조}.

특히 원고와 같이 수술이 늦어져 수술부위 감염으로 골수염까지 발생하는 경우 수술부위 유합이 늦어지고 불유합 내지 부정유합으로 영구장애에 이르게 되므로 조기수술이나 감염예방 및 확산방지를 우선하여야 합니다.

▶ 사실조회 회신문

〔문〕 정형외과 수술부위 감염으로 골수염까지 발생하는 경우 수술부위 유합이 늦어지는 이유는 무엇 때문이고, 감염으로 인한 불유합 발생비율은 얼마로 학계에

보고되고 있는지요.

〔답〕 골수염이 발생하는 경우 염증반응으로 상처의 회복이 지연되거나 덧나게 되어 지연유합, 불유합, 부정유합 등이 발생할 수 있습니다. … 부정유합에 의한 하지단축 등은 특히 견인요법 혹은 석고고정만을 시행하는 경우에 흔히 나타날 수 있다고 알려져 있습니다(사실조회 회신문 라-5)항 참조).

≪원·피고 주요쟁점≫

<table>
<tr><th colspan="3">쟁 점</th><th>원 고</th><th>피 고</th></tr>
<tr><td colspan="3">인과관계</td><td>수술시기 지연, 감염관리 해태 → 우측 고관절, 슬관절 부분강직</td><td>기왕증(간기능저하), 비협조적 치료과정으로 인한 불가피한 합병증</td></tr>
<tr><td rowspan="3">과실</td><td colspan="2">결과 예견</td><td>원고가 다른 환자에 비해 감염발생 확률이 높고, 감염발생시 상처치유 늦고 강직, 운동제한 등 합병증 발생에 대해 예견가능함에도 관리소홀</td><td></td></tr>
<tr><td rowspan="2">결과회피</td><td>사전회피의무</td><td>– 수술시기 지연으로 인공관절 치환술까지 시행
– 술기상 주의의무위반 : 수술부위 혈종</td><td>– 알코올성 간염, 활동성 결핵으로 인한 연기
– 수술 지연으로 인해 감염이 잘 발생한다고 볼 수 없음(논문).
– 혈종에 대해 지혈 및 배액관 등으로 적절한 조치 취함.
– 수술 후 감염에 의한 농의 증가로 인해 형성됨. 발생된 농에 대해 적절히 처치함.
– 간기능 저하로 인해 출혈발생, 감염 및 농양생성의 주요 원인</td></tr>
<tr><td>사후피해확대방지</td><td>– 개방성 좌상 감염관리소홀 : 골수염까지 발생
– 사고 후 1년 가량 지나도 수술부위 감염 치료하지 못함 → 수술부위 유합 지연
– 수술부위의 잦은 수술과 감염증상</td><td>– 매일 소독 반복함. 광범위 항생제 사용
– 감염 확인 후 적극적인 치료 시행, 절개, 배농술 등 적절히 시행, 균 동정 이후 항생제 바꿈.
– 간기능 저하, 치료 비협조(지속적 흡연)인한 불가피한 합병증</td></tr>
<tr><td colspan="3">설명의무위반</td><td>수술 지연이유, 개방성좌상의 치료방법 수술적 처치 없이 둘 경우 발생가능한 합병증, 수술부위 감염이 예후에 미치는 영향 등 설명 부재</td><td>– 수술 전 수술 후 출혈, 통증, 감염 및 불유합 발생 가능성 설명, 전신상태 저하로 감염 및 출혈가능성 많음도 설명
– 합병증 지속적으로 설명</td></tr>
</table>

≪1심 판결≫

1. 피고의 과실

『이 사건 수술 전에는 원고의 백혈구 수치가 정상범위 내이고 감염 소견이 없었는데 수술 후 원고의 수술 부위에 혈종이 발생하였고, 균배양검사 결과 원고는 메티실린 내성 황색포도상구균에 감염된 것이 발견된 사실, 메티실린 황색 포도상구균은 병원 감염을 일으키는 주요 병원균인 사실, 감염은 이 사건 수술 직후 수술부위에서 발생한 것으로 추정되는 사실 등은 앞서 본 바와 같고, 여기에다가, 입원 48시간 이후에 발생한 감염의 경우 원내 감염으로 평가하는 것이 일반적인 점, MRSA 병원균의 감염경로가 병원 내에서 의료진의 손 등 접촉, 특히 수술과정에서의 창상감염일 가능성이 많은 점, 그런데 피고병원측은 이 사건 수술 당시 감염 예방을 위하여 취하여야 할 모든 조치를 다하였다거나, 감염후 적정한 치료조치를 다하였음을 제대로 입증하지 못하고 있는 점(피고병원측은 MRSA 예방을 위한 별다른 감염지침도 제시하지 않고 있다) 등을 더하여 보면, 위 수술부위의 감염은 이 사건 수술과정이나 수술 직후에 수술 준비 및 시행 과정 또는 수술 후 환부처치 과정에서 세균감염을 예방하기 위한 조치를 소홀히 함으로써 수술부위에 세균이 침투하게 하여 초래되었다고 추인된다.』

2. 인과관계

『나아가 원고가 골수염과 우측하지 단축, 고관절과 슬관절 부분강직과 운동제한 장애 등에 이른 것이 피고병원의 위와 같은 감염예방조치 미흡 및 감염부위 사후 관리 소홀이 아닌 다른 원인으로 말미암은 것이라는 입증이 제대로 없으므로, 피고병원의 이와 같은 과실과 원고의 현장애 사이에는 상당인과관계가 있다고 추정된다.』

3. 인용금액 : 1억 2천만 원

4. 피고의 책임비율 : 30%

≪개방성골전 관련 논문≫

대한골절학회지 제23권, 제2호, 2010년 4월
Journal of the Korean Fracture Society
Vol. 23, No. 2, April, 2010

■ 종 설 ■

개방성 골절의 치료
(Management of Open Fracture)

정 구 희

고신대학교 복음병원 정형외과

서 론

개방성 골절은 골절 부위가 개방성 상처를 통하여 외부 환경과 연결되어 피부에 노출되는 단순한 의미보다는 고에너지 손상에 의해 발생하는 경우가 대부분이므로 골절 자체도 더 심한 경향을 보이고 동반 손상의 가능성이 높다는 특징이 있다. 특히 대퇴골 개방성 골절은 고에너지 손상으로 발생하는 경우가 대부분이므로, 심각한 동반 손상에 대한 평가가 먼저 이루어져야 한다[26]. 그러나 의식의 저하로 인한 환자의 비협조 및 혈류역학적 불안정으로 인하여 철저한 정형외과적 평가와 적절한 방사선적 검사가 이루어지지 않아 중증 외상 환자의 5~20%에서 초기 평가 시 정형외과적 손상이 누락되는 것으로 알려져 있다[16]. 따라서 Advanced Trauma Life Support System[1]의 가이드 라인에 따라 골절 부위에서 동맥성 출혈이 있는 경우를 제외하곤 다른 동반된 생명을 위협할 수 있는 심각한 손상의 유무에 대해 먼저 평가를 시행한 후 개방성 골절 부위에 대한 평가 및 치료가 시작되어야 한다[14].

개방성 골절에서 동반된 연부 조직 손상의 초기 치료는 이전 호에서 자세히 기술되어 있는 바[60], 개방성 골절이 고에너지 손상에 의해 발생하게 되는 중증 외상의 일부분임을 인식하여 다른 동반 손상과 함께 협동적으로 치료되면서, 가능한 빠른 시간에 감염 없는 골 유합을 얻고 다친 부위의 기능을 수상 전으로 회복시키려는 개방성 골절의 치료 목표[33]를 위한 골절 고정술에 대해 본 종설에서 기술하고자 한다.

개방성 상처의 초기 평가

다른 동반 손상에 대한 평가 및 치료가 이루어지면 개방성 골절 부위에 대한 정확한 평가 및 응급처치가 필요하게 되며, 우선적으로 신경 및 혈관의 손상 유무와 구획증후군 발생 가능성에 대한 평가부터 시작되어야 한다. 전이된 골절로 인한 주위 연부조직과 신경 및 혈관에 대한 압박의 가능성이 있으므로, 우선적으로 견인을 통해 손상된 사지에 대한 대략적인 정렬이 회복되어야 한다. 대략적인 정렬의 회복 후, 개방성 상처에 대한 철저한 평가를 시행하면서 오염 물질이 골수강 내로 유입되지 않도록 주의하여야 하며, 먼저 원위부의 맥박, 정맥 혈류 및 감각 상태의 평가와 함께 손상 부위에서의 동맥성 손상 유무에 대해 확인한다. 하지의 제3형 개방성 골절과 같이 심하게 손상된 사지 중에서 초기 족장부 감각 소실이 발생한 경우 상당수에서 회복될 수 있다고 하였으나[26], 족장부 감각의 보존 상태가 사지 구제 (limb saving)에 대한 주요 예후 인자로 알려져 있으므로 반드시 초기 평가에서 기록되어야 한다[39].

정확한 개방성 상처의 평가 및 응급처치를 위해 지혈대를 사용하는 것은 추가적인 신경 손상의 가능성이 있어 사용하지 않는 것이 좋으며, 출혈이 있는 경우에 충분한 시야가 확보되지 않은 상태에서는 지혈 겸자의 사용은 주위 신경 및 혈관의 손상을 야기할 수 있으므로 주의하여야 한다. 개방성 상처에 대한 초기 평가가 끝난 뒤, 반드시 사진을 촬영한 후에 소독된 드레싱 및 부목고정을 시행한다. 개방성 상처의 초기 평가에서는 쉽게 제거될 수 있는 이물질만 제거하여야 하며, 심하게 오염된 상처에서 응급실에서의 상처 세척술이 유용할 수 있으나[59], 변연 절제술 및 상처 세척술을 응급실에서 시행할 경우 병원내 감염의 가능성이 있어 가능한 조기에 24시간을 넘지 않는 범위에서 수술실에서 시행하여야 한다[1,30]. 수상 당시 손상 부위에 흡수된 에너지가 연부조직 손상 정도, 골절 분쇄성을 결정할 뿐만 아니라 순간적인 진공 상태로 인한 창상의 심부

통신저자 : 정 구 희
부산시 서구 암남동 34번지
고신대학교 복음병원 정형외과
Tel : 051-990-6229 • Fax : 051-243-0181
E-mail : jyujin2001@kosin.ac.kr

Address reprint requests to : Gu-Hee Jung, M.D.
Department of Orthopaedic Surgery, Kosin University Gospel Hospital, 34, Amnam-dong, Seo-gu, Busan 602-030, Korea
Tel : 82-51-990-6229 • Fax : 82-51-243-0181
E-mail : jyujin2001@kosin.ac.kr

감염을 야기하게 되므로, 수상 기전에 대한 자세한 병력 청취가 필요하다[1]. 따라서 수상 기전 및 주위 환경에 대한 자세한 병력 청취를 통해 연부 조직 손상 및 오염의 정도, 손상된 부위의 압궤 여부 및 에너지 정도를 확인하여 손상된 사지에 대해 평가하게 된다. 흙에 의한 심한 오염은 Clostridium perfringens, 수중에서의 심한 오염은 Pseudomonas aeruginosa or Aeromonas hydrophilia에 의한 감염이 많이 발생하는 것으로 알려져 있어[36], 병력 청취는 개방성 골절 초기 치료의 시작이라고 할 수 있다.

적절한 치료적 지침 및 예후 인자의 평가를 위해 개방성 골절에 대한 다양한 분류가 시도되어 왔으나[34,35,80], 개방성 창상의 크기와 연부조직 오염 정도에 의해 분류된 Gustilo and Anderson에 의해 제안된 분류[34]가 가장 널리 사용되고 있다. 그러나 제3형 골절의 범위가 너무 광범위하여 창상 정도에 대한 평가가 부족하여 1984년 Gustilo 등[35]은 뼈의 노출 정도, 연부 조직의 피복 정도 및 혈관 손상 유무에 따라 제3형을 3개의 아군으로 다시 분류하였으며, 지금까지도 널리 사용되고 있으나[17], Brumback and Jones의 연구[13]에서처럼 관찰자간의 일치성이 떨어지는 단점이 있다 (Table 1).

감염의 예방

수상 시 오염된 상처가 감염의 원인이 될 수 있으나, 상처에 대한 치료 중 외부 환경의 노출에 의한 이차 세균 감염이 보다 많은 원인이므로 가능한한 빨리 폐쇄성 상처로 전환시켜 주는 것이 좋다[60,62]. 피부 결손이 동반되지 않은 개방성 창상의 치료에 있어서 피부 봉합 시기는 많은 이견이 있지만[22,89], 일반적으로 널리 알려진 치료는 초기에 봉합하지 않고 변연 절제술만 시행한 후, 2차 봉합을 시행하는 것으로 되어 있다.

응급실에서 개방성 상처를 통해 확보된 배양 검체는 정상 피부 세균총이나 표피 감염원으로부터 분리되는 경우가 대부분이며, 또한 개방성 상처에서 검체를 채취하는 중 심부 오염을 야기할 수 있는 위험성이 있어 응급실에서의 배양 검체 채취는 논란의 여지가 있는 상태이다[1]. Patzakis와 Wilkins에 의한 전향적 연구[63]에서, 1,104의 개방성 창상의 초기 배양에서 64.1%가 양성이었으나 단지 7.0%에서만 감염이 발생하였다고 하였으며, 감염된 창상에서 배양된 균주는 66%에서만 일치하였다고 하였다.

개방성 상처에서의 높은 세균성 오염은 연부조직 손상 정도와 관련하여 감염을 일으킬 가능성이 높으므로 예방적 항생제의 사용은 필연적이다[36]. 개방성 골절로 인한 감염에서 그람 양성 및 그람 음성균이 주로 역할을 하게 되어, 혼합 요법이 대개 사용된다[65]. 제1형 개방성 골절에서는 2세대 cephalosporin이 48~72시간 정도 예방적으로 사용되어야 하며, 제2형 및 3형 골절에서는 제2세대 cephalosporin과 aminoglycoside을 같이 사용하여 그람 양성 구균 및 그람 음성 세균에 대한 예방적 치료를 하여야 감염률을 줄일 수 있다[29,64]. 흙으로 인하여 심하게 오염된 개방성 골절에서 상당한 압궤 손상 및 혈관 손상이 동반된 경우 penicillin G를 세 번째 항생제로 추가하는 것도 도움이 된다. 일반적으로 3일간의 예방적 항생제 사용으로 충분하여 장기간의 사용은 항생제에 대한 내성을 일으킬 뿐만 아니라 감염 예방에 대한 효과에는 도움이 되지 않는 것으로 알려져 있다.

개방성 골절의 고정술

- 개방성 골절에서 조기 고정술의 목표[55]
  - 침상 안정의 합병증을 예방하기 위하여 환자의 조기 이동이가능하여야 한다.
  - 안정적 고정을 통하여 수차례의 변연 절제술에도 환자의 불편이 적어야 한다.
  - 조기 관절 운동이 가능할 정도로 견고한 고정이 되어야 한다.

개방성 골절 부위에 대한 조기 고정은 골절부위의 유동성으로 인한 추가적인 연부조직 손상을 예방하면서 세균 전파를 막게 되는 역할을 하게 되고[88], 손상된 사지 원위부에 대한 동맥 순환뿐만 아니라 정맥 순환도 호전시킴으로써 외상 후 부종, 동통 및 강직을 줄일 수 있다[53]. 따라

Table 1. Gustilo classification of open fractures[35]

Type	Wound description
I	Clean wound <1 cm in length
II	Clean wound >1 cm in length without extensive soft-tissue damage, flap, or avulsions
IIIA	Adequate soft-tissue coverage despite extensive soft tissue damage, flaps or high-energy trauma irrespective of the wound size
IIIB	Inadequate soft tissue coverage with periosteal stripping, often associated with massive contamination
IIIC	Arterial injury requiring repair

서 골절 부위에 대한 조기 고정은 아주 중요하며 최초의 변연 절제술을 시행하면서 시행되는 것이 이상적이다. 수술적 변연 절제술 시, 개방성 골절의 작은 골편 중 연부조직 부착이 없거나 심하게 오염된 경우는 감염 예방을 위해 제거되어야 하나, 큰 골편의 처리에 있어서 명확한 기준은 없는 실정이다. 그러나 제거되지 않을 큰 골편에 대한 직접적인 고정술은 추가적인 연부조직 손상을 야기할 수 있으므로 시행하지 않는 것이 좋으며, 골결손을 야기할 수 있을 정도의 큰 골편이라도 연부조직 부착이 없는 유리성 골편은 감염의 원인이 될 수 있으므로 골결손의 예방보다는 감염의 예방에 더욱 주의하여야 한다.

개방성 골절의 조기 고정술은 변연 절제술 시 확정적 고정술을 시행하는 경우 (일차적 고정술)와 일시적인 외고정 장치 후 단계적인 내고정술을 시행하는 경우로 나눌 수가 있으며, 골절의 형태 및 위치뿐만 아니라 연부조직 손상의 정도에 따라 결정된다. 제1형 개방성 골절은 폐쇄성 골절에 사용될 수 있는 방법들이 대부분 사용될 수 있으나, 제2형 및 3형 개방성 골절의 치료는 동반 손상 및 연부조직 손상 등이 고려되어야 한다. 골절 고정 방법은 손상된 부위, 골절 형태, 변연 절제술의 효과 및 전신 상태에 따라 결정이 되며, 변연 절제술 시 시행되는 일차적 고정술에서는 수술로 인한 추가적인 연부조직 손상을 최소화하여야 한다. 안정적인 골절에서는 정복 및 석고 붕대 고정 후 부분적인 창 (window)을 통해 상처를 치료하는 방법이 전통적으로 사용되어 왔으나 최근에는 외고정 장치가 널리 사용되고 있다. 일시적인 외고정 장치를 사용하게 되면 손상된 사지의 전체적인 연부 조직 상태를 확인할 수 있을 뿐만 아니라 고에너지성 경골 원위 관절면 골절에서처럼 추가적인 부종 및 수포의 발생이 예상되는 경우에는 유용하게 치료될 수 있는 장점이 있다 (Fig. 1).

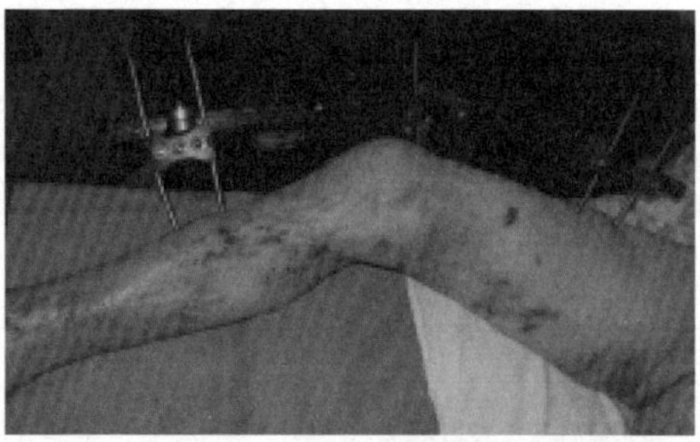

Fig. 1. For staged operation, the preliminary stabilization was achieved with spanning external fixator. The entire skin of limb can be easily managed while the soft tissue is healing.

1. 일차적 고정술 및 단계적 내고정술

변연 절제술시 시행되는 일차적 고정술은 골절의 형태 및 위치뿐만 아니라 연부조직 손상의 정도에 따라 외고정 장치, 금속판 및 골수정 등이 사용될 수 있으며, 골절로 인해 손상된 연부조직에 대해 추가적인 손상을 최소화하는 것이 가장 중요하다. 그러나 동반 손상 및 연부 조직 손상으로 인하여 일차적 내고정술이 불가능할 경우 골 견인을 사용할 수 있으나 골 견인 (skeletal traction)은 손상 받은 연부조직이 치유되고, 부종이 소실되는 시간을 벌 수 있는 좋은 방법이나 환자의 이동이 제한되어 폐렴, 욕창, 심부정맥 혈전증 및 폐 색전증 등이 발생할 수 있는 단점이 있다. 개방성 골절에서 일차적 외고정술은 연부 조직의 합병증을 줄일 수 있지만 그 자체로는 골절과 관절면의 해부학적 정복이 어렵고, 부피가 커서 환자의 순응도가 비교적 낮으며, 핀 경로 감염의 위험성이 높다. 따라서 연부 조직의 손상을 최소화하면서 골편에 혈류를 보존하여 골 유합을 높이고, 기능적인 면에서도 양호한 결과를 얻기 위하여 단계적 술식이 시도되었다[23,38,47,51,61,74,90].

일시적 외고정술은 골절부의 안정화를 도모할 수 있고 관절 연골의 손상을 방지할 수 있으며, 상처 치료에도 편리한 장점이 있어[23,47], 하지 골절에서 널리 사용되고 있다. 일시적 외고정술의 경우, 확정적인 내고정술의 접근 부위를 예상하여 외고정 장치를 위한 하프핀을 삽입하게 되며, 외고정 장치는 가능한 한 연부조직 치유 후에 조기 제거되어야 하며, 제거 후에는 확정적인 내고정술을 시행하게 된다. 단계적 내고정술 시 확정적 내고정술을 전통적인 관혈적 금속판 고정술로 고정하는 방법[23,38,73], 최소 침습적 금속판 고정술로 고정하는 방법[42,90], 골수강 내 금속정으로 고정하는 방법[6,8] 및 최소절개를 통한 내고정과 함께 외고정하는 방법 등이 사용되고 있다[31,79]. 개방성 골절에서 외고정술 후 내고정술로 전환 시기에 대해서는 많은 논란이 있어왔으나 Gustilo는 제3형 개방성 골절에서 지연된 골수정 내고정술을 시행할 경우에는 수상 후 2주 정도까지 지연되어야 한다고 하였다[33]. 외고정 장치가 6주 이상 시행된 경우에는 확정적인 내고정술을 시행하기 전에 3주에서 6주까지 기다린 후에 시행되어야 한다[33].

2. 외고정 장치

외고정 장치는 골절의 형태에 따라 나사못 및 금속판과 같이 사용되면서 비교적 쉽게 적용할 수 있을 뿐만 아니라 연부조직 합병증을 줄일 수 있다는 장점으로 인해 일차적 고정물로 개방성 골절에서 많이 사용되었으나, 관절 내 골절의 경우 골절의 정복이 만족스럽지 못하고 외고정과 관련된 주위 관절 강직 등이 발생할 수 있다. 그리고 장기간 착용으로 생리적 응력 차단에 의한 골 위축, 정복의 소실, 지연 유합 및 부정 유합, 핀 삽입구 감염이 발생할 수 있어 환자의 불편함이 크고 고가의 비용이 지출되는 단점이 있다[4] (Fig. 2).

Fig. 2. A muscular atrophy and pin site infections occurred to the lower leg due to chronic application of Ilizarov apparatus.

전통적으로 모든 제3형의 개방성 골절 및 장골의 불안정성 제2형 개방성 골절에서는 외고정 장치가 사용되어 왔으나 최근 생물학적 고정술 (biologic fixation)의 대중화와 함께 일차적 고정술로 외고정 장치의 사용이 많이 감소되었다 (Fig. 3). 그러나 광범위한 창상 오염이 동반된 중증 외상 혹은 제3C형 개방성 골절에서 혈관 봉합을 위해 빠른 고정술이 필요한 경우, 손상에 대한 환자의 생리학적 변화를 최소화 (damage control orthopaedics)하기 위하여 외고정 장치 사용이 불가피하지만[90], 최근에는 일차적 외고정술보다는 일시적 외고정술로서 널리 사용되고 있다.

3. 골수정 삽입술 (Intramedullary nailing)

골수정은 하지 간부 골절의 고정에 널리 사용되는 고정물로서, 비역동적 교합성 골수정은 골절부위의 길이 및 정렬의 유지에 있어서 생역학적으로 제일 우수한 것으로 알려져 있으며[95], 개방성 골절에서 외고정 장치에 비해 연부조직의 처치가 쉽고 부정 유합 또는 불유합의 빈도가 적으면서도 심부 감염의 차이는 거의 없는 것으로 알려져 있다[57,69]. Bhandari와 동료들[4]은 개방성 경골 골절의 치료에서 금속판 내고정술에 비해 외고정 장치가 재수술을 줄일 수 있으며, 비확공성 골수정은 외고정 장치에 비해 재수술, 감염 및 부정 유합의 빈도가 낮았으며, 확공 과정은 골 안

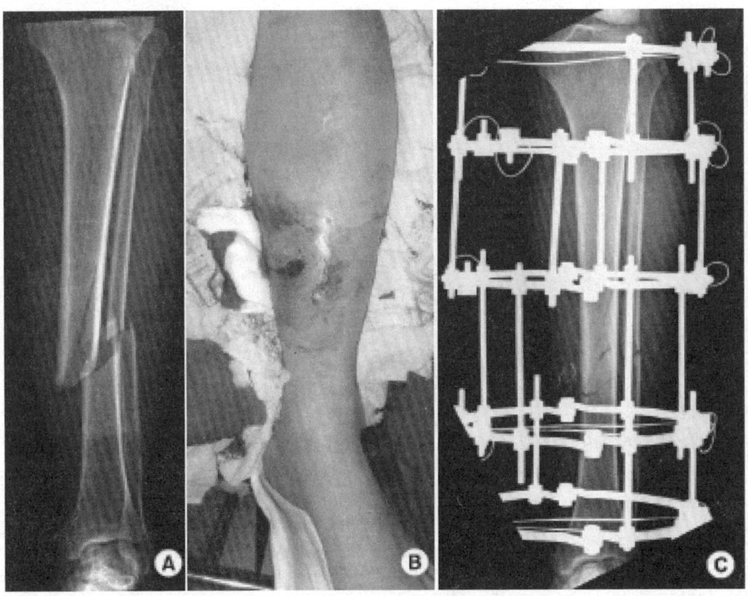

Fig. 3. (A) A 46-year-old man sustained a type II open fracture of tibia.
(B) Open wound about 2 cm was located on the medial aspect of lower leg.
(C) The primary fixation with Ilizarov apparatus was applied.

정성을 높일 수 있으나, 개방성 골절에서는 확공 과정이 유용하지 않다고 하였다[4]. 확공성 골수정 내고정술은 이론적으로 골수강의 혈행에 손상을 주어서 개방성 골절에서의 연부조직 손상과 더불어 감염과 지연 또는 불유합의 발생률을 높일 수 있으나[18,20,49,70], 비확공성 골수정은 골내막의 혈류를 손상하지 않고, 속이 찬 (non-cannulated) 형태로 인하여 감염의 잔류 가능성을 줄일 수 있으므로 개방성 골절의 치료에 유용한 것으로 알려져 있다[10,43,57,58]. 그러나 최근 교합 나사 고정술의 발전 및 새로운 골수정의 개발 등에 힘입어 개방성 제1, 2형의 경우 확공에 의한 감염률의 차이는 거의 없는 것으로 보고되고 있다[45].

Oh 등[57]에 의하면, 제3형의 개방성 골절에서 일차적 비확공성 골수정 고정술을 시행하여, 29예 중 5예에서 감염이 있었으며, 이 중 실질적인 심부 감염은 2예에서만 발생하였고, Tornetta 등[78]은 제3B형의 개방성 경골 골절에서 비확공성 골수정은 외고정 장치에 비해 합병증의 발생은 적고 감염의 발생은 높지 않으므로 유용한 치료방법이라고 하였다. Tielinen 등[77]은 제3B형 및 C형 19예의 개방성 경골 골절에서 변연 절제술 후, 2일 이내에 비확공성 골수정 및 연부조직 재건술을 이용한 치료에서 모두 감염 없이 유합되었다고 보고하였다. 따라서 개방성 골절에서 일차적 골수정 내고정술은 제3B형에서도 외고정 장치에 비해 감염률이 높지 않으면서 합병증의 발생이 적으며, 또한 연부조직의 처치 및 골 이식을 쉽게 시행할 수 있는 장점이 있다 (Fig. 4).

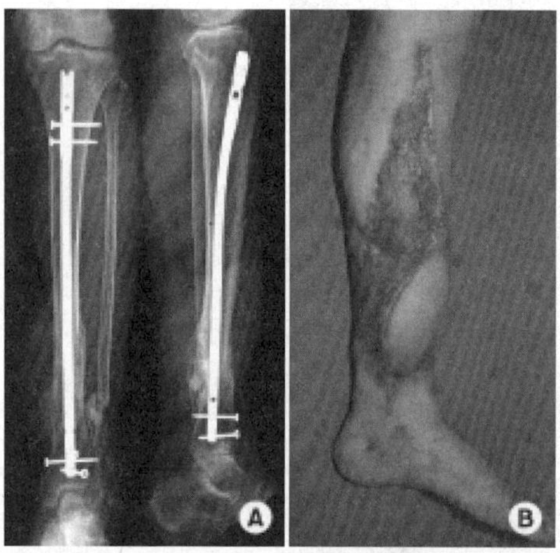

Fig. 4. The type IIIB open fracture of tibia was healed without infection and joint stiffness.
(A) The fracture was primarily stabilized with the intramedullary nailing and (B) A soft tissue injury was reconstructed by the latissimus dorsi muscle flap.

4. 금속판 내고정술

고식적인 관혈적 정복 및 금속판 고정술은 손상된 연부조직에 대한 추가적인 연부 조직의 절개로 인해 피부 및 연부 조직 괴사의 높은 위험성, 지연 유합 및 불유합으로 인한 골 이식의 가능성이 높은 것으로 알려져 있다 (Fig. 5). 그러나 관절내 골절 및 골간단부 골절에서 특히 개방성 상처의 심한 오염이 동반되지 않은 상지 간부의 골절에서 사용될 수 있으며, 관절면 정복에 유용하게 사용할 수 있고 외고정 장치와 같이 제한적으로 사용될 수 있다[95].

최근 널리 시행되고 있는 최소 침습적 금속판 고정술을 통한 생물학적 고정은 주위 연부조직의 손상을 줄이고, 골절부의 혈류를 보존하는 데 목표로 하고 있으며[66], 전통적인 관혈적 정복술의 합병증을 최소화할 수 있는 좋은 방법으로 개방성 골절의 치료에서 각광 받고 있다[24,56]. 대부분의 골절에서 사용되고 있는 잠김 금속판은 전통적인 압박 금속판과 달리 금속판 하부의 골외 혈행을 손상시키지 않는 특징이 있어 생물학적 고정술을 통해 단계적인 방법으로 혹은 연부조직 피복이 가능한 경우 일차적 내고정술로 제한적인 경우에 사용될 수 있다[27].

주요 개방성 골절의 치료

개방성 골절은 고에너지 손상에 의해 발생하는 경우가 대부분이므로 골절 자체도 더 심한 경향을 나타내지만 골

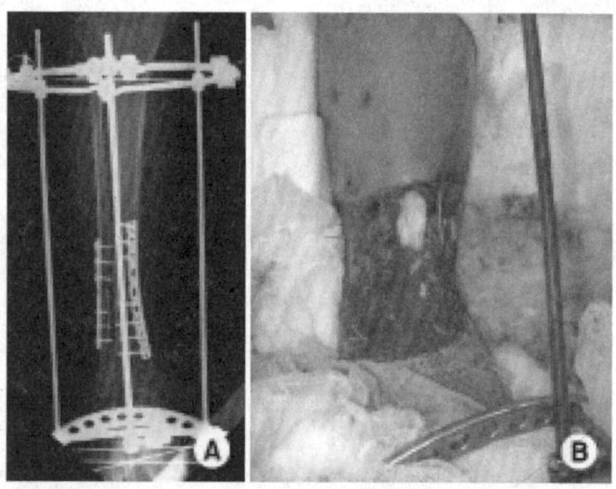

Fig. 5. (A) A definitive external fixation was achieved with Ilizarov apparatus combined with plate and screw.
(B) However, the implant and bone were exposed due to soft tissue necrosis.

절의 양상보다는 골막 박리를 동반한 심한 연부 조직 결손, 골조직의 노출, 심한 상처 오염 및 동맥 손상이 주요 예후 인자로 알려져 있고[33], 주요 합병증으로는 감염, 불유합 및 지연 유합과 절단이 있다. 이러한 합병증을 예방하고 감염 없는 골 유합을 통한 기능의 회복을 조기에 얻기 위해서는 적절한 골절 고정술이 연부 조직 치료와 함께 시행되어야 한다.

1. 구획 증후군이 동반된 개방성 골절

급성 구획 증후군은 임상적으로 추정 확진하여 즉시 치료를 시작함으로써 치료 시기를 놓치지 않는 것이 중요한 것으로 알려져 있다. 급성 구획 증후군의 가장 흔한 원인인 골절 등의 외상에서, 급성 구획 증후군이 발생할 가능성이 있는 경우에는 발생을 의심하는 자세가 기본적으로 필요하며, 개방성 창상이 있는 경우에도 구획 증후군의 발생이 가능하므로 고에너지 손상에서는 항상 주의를 하여야 한다[9,92]. Blick 등[9]은 198명의 개방성 경골 환자에 대한 후향적 연구에서 9.1%에서 구획 증후군이 발생하였고, 구획 증후군이 발생한 환자의 83%에서 제3형 개방성 골절이었으며, 94%에는 중등도 이상의 분쇄성이 동반되어 분쇄 정도 및 골절 손상의 정도와 밀접한 관련이 있었다고 보고하였다. Kim 등[48]은 상지에서 동맥 손상, 개방성 골절 등이 구획 증후군의 발생과 밀접한 관련이 있다고 하였다. 그러므로 중증 외상 환자에서 기도 삽관 및 다른 부위에 대한 치명적인 손상으로 인하여 구획 증후군의 증상이 노출되지 않을 수 있을 뿐만 아니라 개방성 골절, 특히 제3C형에서 재혈류 손상으로 인한 구획 증후군[3]이 발생할 수 있으므로 이에 대한 주의가 필요하다.

구획 증후군이 발생한 골절에서는 연부 조직 손상이 심하여 원형 혹은 혼성 외고정 장치를 이용한 확정적 고정술이 전통적으로 많이 시행되었으나, 외고정 장치로 인한 문제점을 줄이기 위하여 단계적 내고정술의 시행을 통한 높은 골유합 및 낮은 합병증을 보고하였다[29,38,74]. 최근에는 생물학적 고정술이 널리 보편화되면서, 단계적 내고정술에서 관혈적 내고정술이 아닌 최소 침습적 금속판 고정술을 단계적으로 시행하는 방법이 시도되고 있다[47].

2. 소아에서의 개방성 골절

소아에서의 개방성 골절은 감염 예방을 위한 예방적 항생제 및 불안정성 골절에서의 고정술은 성인 손상과 유사하다 할지라도, 어른에서의 치료와 차별화되어야 한다[76]. 소아에서의 연부조직 치유력은 성인에 비해 높으므로 변연절제술 시 신중해야 하며, 고에너지 손상으로 인한 동반 손상이 흔하므로 순차적인 이학적 검사를 통해 추가적인 손상을 확인하여야 한다[76]. Greenbaum 등[29]은 62예의 전완부 개방성 골절에서 구획 증후군은 발생하지 않았다고 하였으나, Haasbeek과 Cole[37]은 11%에서 구획 증후군이 발생하였으며, 간부 중앙부위에서 발생한 2형 및 3형 개방성 골절에서 대부분 발생하였다고 하였다. 따라서 소아 전완부 및 경골 개방성 골절에서도 구획 증후군의 발생에 주의하여야 한다.

재현성에는 적지 않은 논란이 있을지라도, 성인에서처럼 변형된 Gustilo-Anderson 분류[34,35]를 소아에서 적용할 수 있다. 1형 개방성 골절은 저에너지성 수상 기전, 오염, 골절 분쇄 및 연부 조직 손상이 거의 없으면서 상처가 1 cm 이내인 경우이며, 10 cm 이내의 상처를 가지면서 심한 골절 분쇄 및 골막 박리가 없으면서 연부조직 피복이 가능한 경우는 2형 골절이다. 제3형 개방성 골절은 성인에서처럼 세분되어 있으며, 3A형은 심하게 오염된 분쇄 골절이나 연부조직 피복이 가능한 경우이며, 과도한 골막 박리와 함께 연부조직 피복을 위하여 추가적인 술식이 필요한 경우는 B형이고, 동맥 손상이 동반된 경우는 골절 형태에 상관없이 C형으로 분류한다.

응급실에 내원한 소아 개방성 골절 환자는 성인에 비해 수상 기전, 수상 시 주위 환경 및 마지막 경구 섭취에 대한 정보가 정확하지 않은 경우가 대부분이며, 개방성 상처의 상태가 중요하다 할지라도 수상 당한 환경 및 기전이 예후에 많은 영향을 미치게 된다. 제1형 개방성 골절에 의해 발생한 상처가 seroma를 형성하면서 치유되면 *Clostridium perfringens*을 위한 배지 역할을 하면서 가스 괴저(gas gangrene)가 발생할 수가 있으며, Fee 등[25]은 전완부 개방성 골절 후에 가스 괴저로 인하여 절단술을 시행한 5예를 보고하였다. 이 중 4예는 낙상하면서 근위 골편이 주위 흙에 오염되어 있었으나, 단순한 개방성 상처로 생각하여 충분한 치료를 시행하지 않았다고 하였다[25]. 가스 괴저의 발생률은 높지 않으나 발병 시 심각한 합병증을 야기하므로 수상 기전 및 주위 환경이 흙에 대한 오염의 가능성이 있으면 이에 대한 주의가 필요하며, 오염이 강력히 의심되면 개방성 상처의 추가적인 절개를 통해 양측 골편의 오염 유무에 대한 확인이 필요할 수 있다[25].

Greenbaum 등[29]은 16세 이하의 개방성 전완부 골절 62예에서 심부 감염은 1예에서만 발생하였으며, 이는 제1형의 골절에서 변연 절제술이 24시간 이후에 시행된 환자에서 발생하였다고 보고하였다. 고식적인 치료에서는 소아의 개방성 상처는 수상 후 6~8시간 이내에 변연 절제술 및 창상 세척술을 시행하는 것이 좋다고 알려져 있으나, 여러 저자들[46,75,76]은 24시간 이내에서 지연된 수술군에서의 감염률이 8시간 이내에 시행한 군과 비교하여 높지 않다고 하였다. 따라서 개방성 상처에 대한 적절한 변연 절제술 및 세척술은 가능한 조기에, 즉 24시간 이내에 시행되는 것이 적당하다[76]. 그리고 소아 개방성 골절의 치료 시 감염을 줄이기 위해 즉각적인 비경구 항생제를 투여하여야 하며, Patzakis 등[65]이 제시한 것처럼 cephalosporin과 aminoglycoside를 동시에 투여함으로써 감염률을 줄일 수 있다[20]. Cramer 등[21]에 의하면, 감염률은 성인에 비해 낮으나 17세 이하의 2형 및 3형 하지 간부 개방성 골절에서는 지연 유합 및 불유합이 보다 높게 발생한다고 하였고, Greenbaum 등[20]은 16세 이하의 개방성 전완부 골절 62예에서 평균 8.9주 (범위, 6~17주)에서 유합되었으며, 이 중 지연 유합된 3예에서 환자의 나이, 골절 부위, 개방성 골절의 정도 및 고정의 방법은 골유합 시기와는 관련이 없었다고 보고하였다.

소아 개방성 골절에서는 즉각적이고 반복적인 변연 절제술 및 적당한 고정술을 통해 좋은 결과를 얻을 수 있으며, 하지 부동 및 부정 유합은 거의 발생하지 않았다고 하였다[21]. 그러므로 적절한 변연 절제술을 통한 연부 조직의 치료가 감염 없는 골유합을 획득하는 데 아주 중요한 요소이다.

3. 상완골의 개방성 골절

상완골 간부에 발생한 골절에서 수술적 치료의 적응증에는 논란의 여지가 있을 수 있으나 개방성 골절에서는 대부분 수술적 치료를 시행하게 되며, 다른 장관골 간부 개방성 골절에서처럼 변연절제술, 세척술 및 적절한 내고정이 주요 치료 방법이다. 그러나 이상적인 내고정물의 선택을 위한 명확한 기준은 없는 실정이며[2,41,71,82,86], 외고정 장치는 심하게 오염된 상처나 심한 연부조직 결손이 있는 경우, 동맥 손상이 동반된 경우를 제외하곤 추천되지 않는 방법이다[86]. 금속판 고정술은 가장 널리 사용될 수 있는 방법이며, 심한 연부 조직 손상 및 분쇄성 골절에는 골수정이 사용될 수 있으나 삽입구에서 발생하는 견통 및 주관절 동통, 불유합 등에 주의하여야 한다[86].

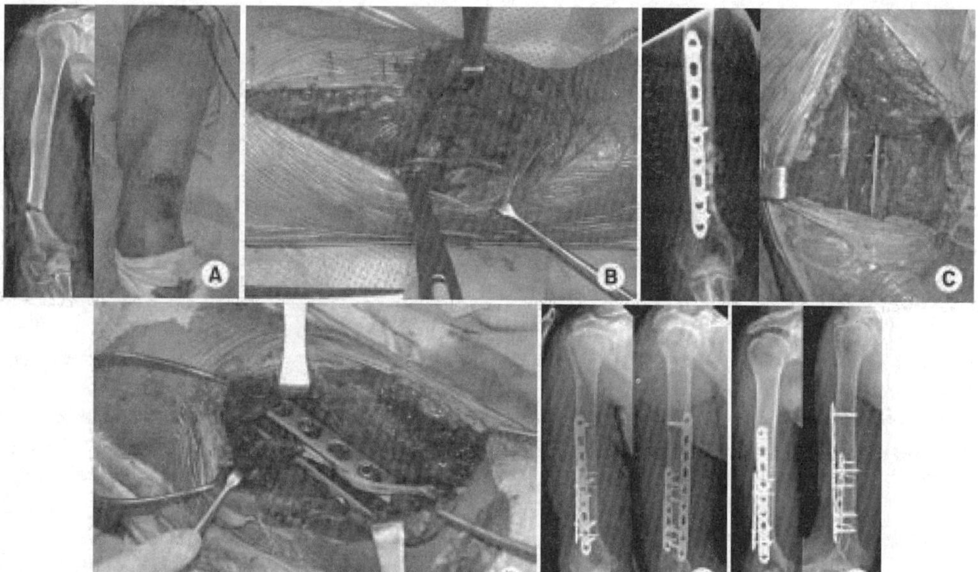

Fig. 6. A 54-year-old man sustained a open type II fracture of distal humerus.
(A) Simple radiograph and clinical photograph show the distal shaft fracture and the anterior open wound.
(B) The radial nerve was injured at the fracture site.
(C) The fracture was primarily fixed with a locking plate with attention to further damage of the soft tissue.
(D) 2 weeks later, the nerve graft was done with additional plating.
(E) The postoperative radiographs show the anatomic reduction and (F) radiographs taken 14 weeks after surgery, satisfactory union and alignment.

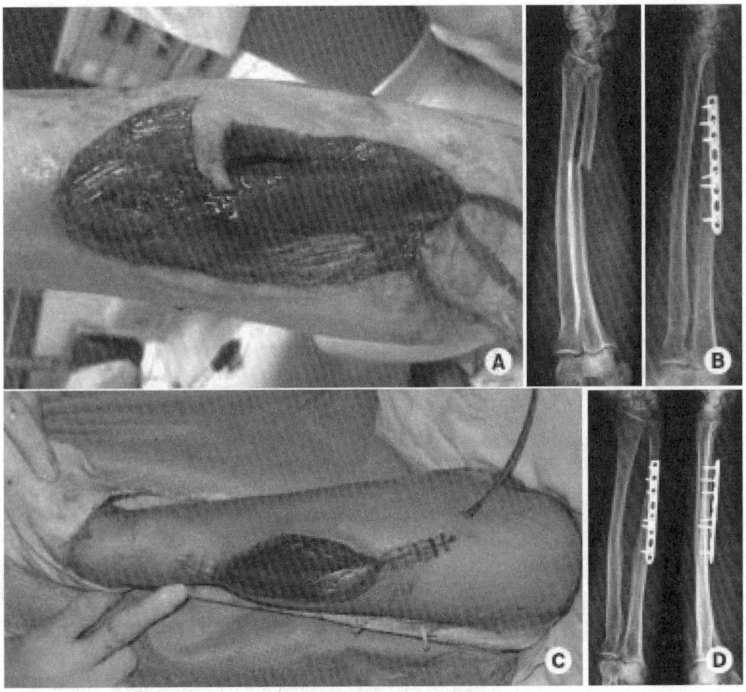

Fig. 7. (A, B) A 59 year-old man had a type IIIA open shaft fracture of the ulna.
(B, C) After the surgical debridement, the primary internal fixation using the locking plate was applied, but the skin was not closed.
(D) The fracture was healed without complication.

상완골 골절에서 요골 신경 손상은 2~17%에서 동반될 수 있으며, 이 중 70%에서 회복되는 것으로 알려져 있다. 따라서 상완골 간부 골절에서 요골 신경 마비 징후가 보이는 경우 조기 신경 탐색술은 수상 기전, 골절 부위, 골절 양상 및 신경 마비의 정도에 따라 신중히 결정되어야 하며, 명확한 기준은 없는 상태이다. 그러나 관통 손상 및 상당한 연부조직 손상을 동반하는 개방성 골절의 경우는 조기 신경 탐색술이 필요한 것으로 알려져 있다[52,72,86] (Fig. 6).

4. 전완부의 개방성 골절

전완부의 제1형 및 2형 개방성 골절에서는 일차적인 금속판 내고정술을 시행할 수 있으나, 제3형 개방성 골절에서는 일차적 내고정을 대개 시행하지 않으며, 5~7일간 개방성 상처에서 감염이 발생하지 않으면 골절에 따른 적절한 내고정을 시행하게 된다. 요골 혹은 척골만의 골절에서는 석고 부목 고정이 외고정 장치의 역할을 하게 되며, 상처가 회복되면 내고정을 시행할 수 있다[86].

Duncan 등은 103예의 1형, 2형 및 3A형 개방성 골절에서는 변연 절제술 및 일차성 금속판 고정술을 통해 90%에서 양호한 결과를 얻을 수 있었으나, 3B 및 3C형에서는 불량하였다고 하였고, Jones[44]은 일차성 금속판 내고정술이 1형 및 2형 개방성 골절에서는 유용한 치료 방법이나 3형의 개방성 골절에서 동반 손상, 수상 기전 및 환자 상태에 따라 선택적으로 시행되어야 한다고 하였다. 따라서 감염의 위험성이 있는 경우에는 확정적 금속판 고정술을 지연해서 시행하는 것이 적합하다 (Fig. 7).

5. 골반골의 개방성 골절

근골격계 손상에서 가장 심각한 손상인 골반골 개방성 골절은 여러 전문가들이 함께 적극적으로 치료함으로써 출혈 및 패혈증으로 인한 사망을 줄일 수 있는 고에너지성 골절로, 개방성 상처 및 골격 손상 정도에 따라 새로운 분류[7]를 이용할 수 있다 (Table 2). 전체 골반골 골절의 2~4%를 차지하게 되며 낙상 및 압궤 손상보다는 오토바이 사고에 의해 발생하는 경우가 많으며, 성인보다 소아에서 호발하는 것으로 알려져 있다[32]. 그러므로 개방성 골절이 의심되면 골반골 주위 피부뿐만 아니라 항문 및 질 (vagian) 주위에서 개방성 상처 유무에 대한 확인이 필요할

Table 2. Proposed open pelvic fracture clasification[7]

Open classification	Primary skin lesion	Additional soft tissue injury	Tile/AO classification
A1	Penetrating trauma e.g., bullet	Dependent on velocity, character of missile and its path	A
A2	Outside-in injury iliac crest	Superficial skin abrasion	A
A3	Outside-in injury	Extensive skin loss and soft tissue damage; soft tissue cover needed	A
B1	Inside-out injury	No obvious external soft tissue damage; bladder, urethral or vaginal penetration	B (LC)
B2	Inside-out injury	Extensive degloving (Morel-Lavalle); bladder penetration	B (LC)
B3	Perineal splits	Partial genitourinary; relatively little skin loss, partial urethral injury; posterior element often intact	B (open book)
C1	Perineal and sacral shear Split	Some skin loss; bladder/urethral complete lesion; fecal contamination	C
C2	Hemipelvis destabilization	Extensive degloving and shearing of tissues; a continuation of a B2 injury with complete Genitourinary lesions, bowel laceration with fecal contamination	C
C3	Pelvic crush	Massive soft tissue injury both internally and externally; complex commimuted bony damage (associated acetabular fractures)	C

수 있다.

개방성 골절에서는 탐폰 효과 (tamponade effect)가 소실되어 첫 24시간 동안 비개방성 골절에 비해 4배 이상의 수혈이 필요하므로, 혈류역학적 안정이 가장 중요한 초기 치료 목표이다. 혈류역학적 안정을 위한 수혈 및 약물 투여를 하는 동안에 골반골에 대한 임시적 안정 및 압박을 위하여 양측 하지 내회전, 골반 바인더 혹은 침대 시트 등을 위하여 골반을 감싸게 된다[11,40]. 출혈로 인한 불안정이 지속되면 내부 장기 손상을 의심하여야 하며, 조기 외고정 장치 고정술을 시행하여 골격 안정성을 제공함으로써 출혈을 줄일 수 있다[40]. 골반골에 대한 조기 외고정 장치 고정술은 골절의 형태에 따라 골반 C형 집게 (pelvic C-clamp)나 하프핀을 이용한 외고정 장치를 사용할 수 있다. 골반골 개방성 골절에서 Injury Severity Score, 골반골 불안정성의 정도, 개방성 상처의 크기 및 오염 정도, 직장 손상, fecal diversion 및 수혈량이 사망률에 영향을 미치는 것으로 알려져 있다[52].

6. 대퇴골의 개방성 골절

총상 등에 의한 관통 손상을 제외하곤 대퇴골 간부 골절이 발생하기 위해서는 상당한 양의 에너지가 가해져야 하며, 개방성 골절이 발생하기 위해서는 보다 더 강한 에너지가 필요하게 된다. 따라서 대부분 다발성 외상을 동반하게 되므로, Advanced Trauma Life Support System[1]의 가이드 라인에 따라 우선적으로 생명을 위협하는 동반 손상에 평가 및 치료가 우선적으로 시행되어야 한다.

전통적으로 대퇴골 개방성 골절은 변연 절제술 및 골 견인술이 일차적으로 시도되었으나, 골 견인술로 인한 합병증 및 내고정물의 발전으로 응급 수술을 통한 일차적 내고정술이 널리 사용되고 있으며[68], 여러 저자들[12,50,55,68,85,87]에 의해 일차적 골수정 내고정술이 유용한 것으로 보고되었다. 제1형, 2형 및 3A형 개방성 골절은 변연 절제술 후 확공성 골수정을 일차적으로 사용하는 것이 일반적이나 제3B형 개방성 골절의 치료에는 아직도 논란이 있다[68]. 제3B형 골절은 심한 상처 오염이 동반되어 있어 확공성 골수정을 사용할 경우 감염의 위험성이 있을 뿐만 아니라, 기존 보고[12,50,55,68,85,87]에서도 3A형 및 3B형이 구분되어 있지 않아 명확한 치료 기준이 없는 상황이다. 그러나 변연 절제술 후에 제한적으로 골수정을 시행할 수 있으며, 감염의 위험성이 높은 경우에는 일시적인 외고정 장치를 시행한 후, 감염의 징후가 발생하지 않은 경우에 지연된 골수정 내고정술을 시행하게 된다[68]. Brumback 등[12]은 1형 및 2형 개방성 골절에서 확공성 골수정 내고정술을 시행하여도 감염은 발생하지 않았다고 하였으며, Winquist 등[85] 및 Lhowe 등[50]도 각각 2%, 5%에서만 감염이 발생하여 확공성 골수정은 유용한 치료방법이라고 보고하였다. 여러 저자들은 제 3A형 개방성 골절에서 일차적 확공성 골수정 내고정술을 시행하여도 감염이 거의 없었다고 하였으며[12,50,55,85,87], Brumback 등[12]은 27예의 3B형 골절 중 3예에서만 감염이 발생하였다고 보고하였다. 따라서 대퇴골 개방성 골절에서 일차적 확공성 골수정 내고정술은 제1형, 2형 및 3A형에서 감염의 위험 없이 사용될 수 있으나, 3B형 골절에서는 창상 오염에 따른 감염의 위험성을 고려하여 지연적으로 시

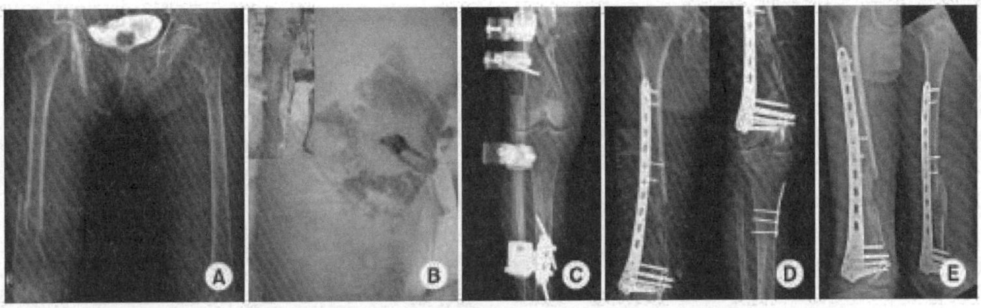

Fig. 8. (A, B) A 78 year-old woman sustained the multiple fractures and type I open fracture of right femur.
(C) For staged operation of open fracture, the preliminary stabilization was achieved with a spanning external fixator.
(D) 2 weeks later, the fracture was managed with minimally invasive plate osteosynthesis.
(E) Radiographs taken 4 months after surgery show the process of bone union and no infection.

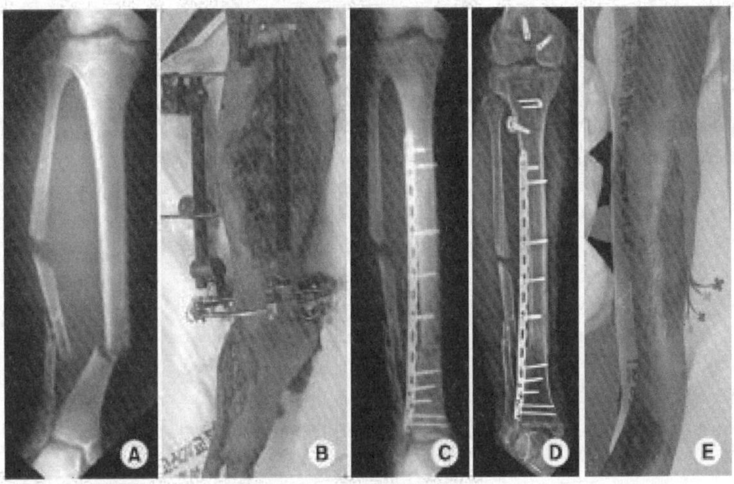

Fig. 9. (A) A 33-year-old man sustained type IIIB open tibia shaft fracture with medial soft tissue injury.
(B) The preliminary stabilization was achieved a hybrid external fixator.
(C) The fracture was managed with minimally invasive plate osteosynthesis because of cruciate ligaments injury and the postoperative radiographs showed the functional reduction.
(D, E) The fracture was healed without complication.

행될 수 있을 것으로 생각된다. 감염을 줄이기 위해 경골에서처럼 비확공성 골수정을 사용할 수도 있으나 대퇴골에서는 감염률의 차이가 없는 것으로 알려져 있으며, 비확공성 골수정을 사용함으로써 이차적인 수술이 증가할 수도 있어 확공 유무에 대한 주의가 필요하다[19].

대퇴골 개방성 골절에서 골수정 내고정술의 시기는 개방성 상처의 오염 정도와 동반된 손상의 정도에 따라 시행되어야 하며, 술자의 선호도에 따라 관절을 침범한 경우, 골수정 내고정술이 적당하지 않는 경우에는 제한적으로 간접 정복술을 통한 최소 침습적 금속판 고정술이 사용될 수 있다 (Fig. 8).

7. 경골의 개방성 골절

전체적으로 근육에 둘러싸여 있는 대퇴골과는 달리 경골의 내측부는 근육의 보호가 없이 피부와 피하 조직만으로 덮여 있어, 내부의 골절편에 의해 쉽게 손상을 받게 되며 심한 부종이 일어나면 골절 수포 (fracture blister)와 피부 괴사가 일어나게 된다. 따라서 경골 개방성 골절의 치료에서 가장 중요한 예후 인자는 연부조직의 상태 및 그에 따른 적절한 치료와 적당한 내고정물 선택이다. 내고정물 선택에 대한 명확한 기준은 없으나 개방성 골절이 24시간이 경과된 경우, 총상, 심한 분쇄가 동반되었거나, 제3C형 골절 및 사지 구제의 가능성이 낮을 경우에는 내고정물을 사용하는 것보다는 외고정 장치를 조기 고정물로 사용하는 것이 적합한 것으로 알려져 있다[84].

개방성 경골 골절에서 관혈적 금속관 고정술은 추가적인 연부조직 손상으로 피부 및 연부 조직 괴사, 골수염 등의 발생이 적지 않아, 1980년대를 지나면서 일차적 외고정 장치 고정술이 널리 사용되었다. 그러나 정복의 소실, 지연 유합 및 부정 유합, 핀 삽입구 감염과 족근 관절 운동 제한의 가능성이 있으며, 환자의 불편함이 크고 고가의 비용이 지출되어 최근에는 제2형 및 제3A형까지 비확공성 골수정이 일차적 내고정물로 사용되고 있다. Bhandari와 동료들의 문헌 고찰을 통한 연구[5]에서, 총 396명의 개방성 골절에서 비확공성 골수정을 이용한 치료는 외고정 장치에 비해 감염 및 불유합 등으로 인한 재수술률이 낮았으며, 분쇄성 골절, 골 결손 및 상당한 연부조직 손상이 동반된 감염의 고위험군에서는 재수술을 50%에서 25%까지 감소시켰다고 하였다. 제3B형 골절은 고정물에 상관없이 감염률이 높은 것으로 알려져 있으나, Tornetta 등[78]은 29예의 제3B형 개방성 골절에서 골수정으로 치료 후 1예에서만 심부 감염이 발생하였으며, 외고정 장치에 비교하였을 때 골유합에 걸린 시간도 차이가 없었다고 하였다. 그러므로 제1형, 2형 및 3A형 뿐만 아니라 제한적으로 제3B형까지 사용될 수 있다.

근위부 및 원위부 골절에서의 높은 부정 정렬 발생률[15,28,54,67,81,89,91]과 침습적 금속관 내고정술의 대중화로 인하여 금속정 내고정술의 사용이 많이 줄었지만 분절 분쇄 골절, 다발성 손상이 동반된 골절에서 선택적으로 시행될 경우 유용한 방법이다[15,91]. 최근 널리 시행되고 있는 최소 침습적 금속관 고정술은 관절면 주위 골편의 크기가 너무 작거나 골절이 관절면을 침범한 경우에 연부 조직의 상태를 고려하여 시행될 수 있으며, 술자의 선호도에 따라 원위부 및 근위부 골절에서 시행될 수 있다 (Fig. 9).

요 약

1. 고에너지에 의해 발생한 개방성 골절은 개방성 상처의 심각한 동맥성 출혈이 관찰되지 않는다면 타 부위 및 장기에 대한 평가 및 조치 이후에 개방성 골절에 대한 평가 및 치료가 이루어져야 한다.

2. 손상된 사지에 대한 신경 및 혈관 상태와 구획 증후군의 발생 가능성에 대한 평가를 시작으로 수상 기전 및 주위 환경에 대해 정확한 병력 청취가 이루어져야 한다.

3. 개방성 상처 및 골절에 대한 평가가 이루어지면 오염물질이 골수강 내로 유입되지 않도록 주의하면서 제거할 수 있는 이물질에 대해서만 제거작업을 시행하여야 한다. 대략적인 정렬 회복을 위한 부목 고정 및 소독된 드레싱을 시행하기 전 사진 촬영을 통해 기록을 남겨야 한다.

4. 수술적 변연 절제술은 24시간 이내에서 가능한 한 조기에 시행되어야 하며, 골절 부위에 대한 고정술은 동반 손상, 개방성 상처 및 골절의 형태에 따라 결정되어야 한다. 상지에서는 일차성 금속판 내고정술이 1형 및 2형 개방성 골절에서는 유용한 치료 방법이나 3형의 개방성 골절에서 동반 손상, 수상 기전 및 환자 상태에 따라 선택적으로 시행되어야 한다. 하지 장관골 간부 골절에서 제1형, 2형 및 3A형까지도 일차적 골수정 내고정술이 시행될 수 있으며, 일차적 내고정술이 불가능할 경우 일시적 외고정 장치를 통한 단계적 내고정술을 시행할 수도 있다. 그러나 개방성 골절이 24시간이 경과된 경우, 총상, 심한 분쇄가 동반되었거나, 제3C형 골절 및 사지 보존의 가능성이 낮을 경우에는 외고정 장치가 적합하다.

5. 개방성 골절에서 감염 없는 골 유합을 통한 기능 회복을 위해서는 적절한 고정뿐만 아니라 연부조직에 대한 치료가 중요하다.

참 고 문 헌

1) **American college of surgeons Committee on Trauma:** ATLS: Advanced trauma life support for doctors. student course manual. 8th ed. Chicago, American college of surgeons: 2008.

2) **Bell MJ, Beauchamp CG, Kellam JK, McMurtry RY:** The results of plating humeral shaft fractures in patients with multiple injuries. The Sunnybrook experience. J Bone Joint Surg Br, **67:** 293-296, 1985.

3) **Beyersdorf F, Schlensak C:** Controlled reperfusion after acute and persistent limb ischemia. Semin Vasc Surg, **22:** 52-57, 2009.

4) **Bhandari M, Guyatt GH, Swiontkowski MF, Schemitsch EH:** Treatment of open fractures of the shaft of the tibia. J Bone Joint Surg Br, **83:** 62-68, 2001.

5) **Bhandari M, Tornetta P 3rd, Sprague S, et al:** Predictors of reoperation following operative management of fractures of the tibial shaft. J Orthop Trauma, **17:** 353-361, 2003.

6) **Bhandari M, Zlowodzki M, Tornetta P 3rd, Schmidt A, Templeman DC:** Intramedullary nailing following external fixation in femoral and tibial shaft fractures. J Orthop Trauma, **19:** 140-144, 2005.

7) **Bircher M, Hargrove R:** Is it possible to classify open fractures of the pelvis? Eur J Trauma, **30:** 74-79, 2004.

8) **Blachut PA, Meek RN, O'Brien PJ:** External fixation

5. 허리에 대한 인대강화주사 후 요추농양과 뇌수막염이 발생한 후 하지마비 및 인지장애가 발생한 사건[202]

≪사건 개요≫

• 원고 곽○○(남, 74세) / 피고 ○○병원

※ 사건 경과

허리통증 → 인대강화주사요법 2회 시행 → 극심한 허리통증 → 요추농양과 뇌수막염 발생 → 염증으로 고열과 의식 혼돈 상태 지속 → 하지마비 및 인지기능장애로 재활치료 중임.

장소	날짜 (2011)	증 상 및 상 태	검 사 및 처 치	비 고
○○ 병원	4. 26.	척추 협착으로 인한 허리통증	3차 인대강화주사요법 위해 내원 ESR 20mm/h	2010. 12. 1. 인대강화주사요법 1차 시술, 2011. 1. 5. 인대강화주사요법 2차 시술
	4. 27.		요추 3-4-5번 인대강화주사요법 시행	
	4. 28.	인대강화주사요법 시술 한 시간 뒤 열나고, 의식변화 보임. 시술 후 허리통증 악화되어 거동 못함.	요추 3-4-5번 인대강화주사요법 시행	○병원 및 ○병원 의무기록 기재
	4. 30.		퇴원조치	
○○ 병원	5. 2.	인대강화주사요법 이후 허리통증 점점 심해짐. 의식 명료함.	응급실 내원 MRI : 요추 4번, 5번 앞공간에 염증소견보이고 척수 중심관에 협착증상 있음. 척추농양의증 신경학적 검사 : 하지직거상검사상 오른다리 20도 올림. 요추 4, 5번 피부분절에 피부 이상감각 있음.	CRP : 30.34 WBC : 15700 녹색연쇄상구균 동정됨.

202) 광주지방법원 목포지원 2013가합10067 결정.

	5. 3.	고열 지속 의식 기면상태		CRP : 26.58 WBC : 15390
신촌○○병원	5. 4.	내원 직후 의식상태 혼돈	입원조치 감염성 척추, 뇌수막염 의증하 치료 시작	서울○○병원 갔으나 자리 없어 가정의학과 외래 통해 입원
	5. 6.		요추 MRI : 척추 앞 공간 확장은 감염성 척추염 암시, 흉곽 아래와 허리 척수신경의 농양은 뇌척수염과 격막 외 농양 형성 암시. 요추 4번 5번 압박 가능성 있음. 흉추 8-9번 척추 중심관 추간판 탈출증 있음.	
	5. 7.	체온 38.2도		CRP-188 ESR-101
	5. 29.		MRI : 감염성 척추염부위 확장 뇌수막염, 경막 외 농양 암시 전원조치	항생제 치료를 통해 CRP 감소 중이어서 연고지 관계로 전원
○○병원	6. 9.		입원조치 항생제치료 유지하며 통증관리 및 재활치료 유지함.	
	6. 10.	체온 38.1도로 관찰되면서 열성경련 보임.	체온조절 및 항생제치료 지속	
○○대학병원	9. 16.	가래 양 많고 폐렴 심해져 ○○대학교 병원으로 이송	척추염과 폐렴으로 항생제 치료 유지하며 통증 관리함.	
○○재활병원	9. 29.	재활치료 받기 위해 전원		
○○대학병원	10. 14.	호흡곤란으로 재이송	기관절개 시행	
○○재활병원	10. 17.	환자 증상 안정되어 재활병원으로 전원		

• ○○병원에서 5. 7.경 뇌 MRI시 급성 허혈 손상 없음. 교뇌와 기저핵에 오래된 경색있다고 나오나 중요한 소견 아님. 환자의 의식저하나 경련은 뇌졸중이나 간질

은 아니며, 뇌수막염과 관련된 열성 경련임. 경련이 고열과 함께 동반되었다는 기록 있음. ○○병원 입원 시에도 열과 떨림 증상 있었는데 간질이라면 염증과 관련이 적을 것이고 뇌파검사 시행했을 것임.

- prolotherapy 인대강화 치료 또는 인대증식 치료

인대강화주사요법이란?

인대강화주사요법은, 단순히 통증억제 주사가 아닌 인대보다 삼투압이 높은 물질을 주입시켜 인대를 새롭게 재생시킴으로서 약해진 인대를 튼튼하게 하여 만성통증을 해결하는 치료방법입니다. 일시적인 통증억제가 아닌 원인을 근본적으로 치료하여 통증을 없애는 시술입니다.

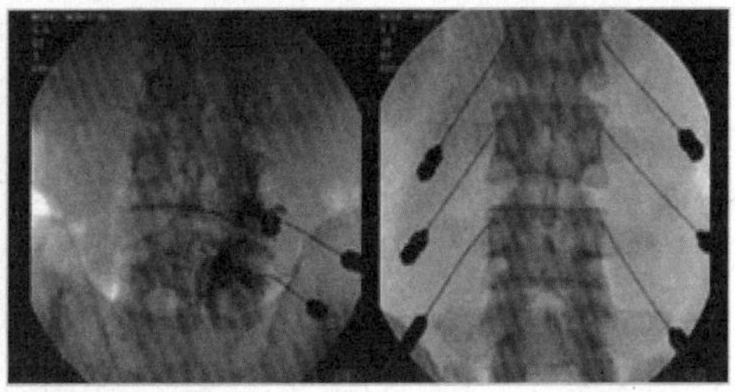

인대강화주사요법의 특징 (비수술입니다.)

- 비수술적 요법으로 외국에서는 대중화된 의료시술입니다.
- 칼을 대지 않기 때문에 수술을 하지 않으려는 분에게 좋습니다.
- 허리통증의 원인을 치료하며, 통증 유발을 차단합니다.
- 남녀노소에 구분을 두지 않으며, 혈압, 당뇨 환자에게도 시술이 가능합니다.

인대강화주사요법의 종류

인대강화주사요법에는 여러가지의 종류가 있으며 다음과 같습니다.

✓ 프롤로 테라피

인대강화주사 종류에서 공통으로 시행이 되는 시술입니다.
단순한 통증억제주사가 아닌 인대보다삼투압이 높은 물질을 주입시켜 인대를 새롭게 재생시킴으로서 약해진 인대를 튼튼하게 하여 만성통증을 해결하는 치료방법입니다.
일시적인 통증억제가 아닌 원인을 근본적으로 치료하여 통증을 없애는 시술입니다.

✓ 메조테라피

메조층(피부)에 순환을 원활하게 하는 약물을 투여하여 통증을 완화시키는 요법입니다.
환자에 따라 프롤로테라피 시술 또는 IMS시 병행하여 사용하는 주사요법 중 하나입니다.

<프롤로 테라피의 작용기전 —— 인대 재생시키는 원리>

포도당과 소량의 마취액을 주입해서 주입한 부분(인대)이 염증을 일으키게 한다. 백신과 비슷한 개념으로 일부러 소량의 상처를 내면 몸은 자기치유력이 있기 때문에

스스로 더 강하게 만들려고 하며 치유하려고 한다.

≪소장에서 주장하는 피고의 과실≫

1. 시술방법 선택상 과실

일반적으로 인대강화주사요법은 척추 겉을 둘러싸고 있는 인대에 포도당과 소량의 마취액을 주입해 염증반응을 유발하여 자가 증식이 발생하도록 하고, 이로 인해 인대를 두껍고 강하게 만드는 치료요법입니다. 이와 같은 방법으로 강화된 인대는 척추를 지지하여 요통을 완화시키는 역할을 하게 됩니다. 이는 사지의 병변이나 통증에 대해서 비교적 효과가 입증되어 있으나, 척추의 인대강화주사요법에 대해서는 의학적 효과의 입증이 확실히 되지 않았습니다. 개별적으로 좋은 효과를 보았다는 보고는 있지만, 큰 집단 규모의 연구가 아직 부족한 상황으로서, 의료계 안에서 논란의 여지가 많습니다. 또한 일반적으로 인대강화주사요법은 한 번에 3차례씩 총 9차례에 걸쳐 시술해야 하므로 여러 차례 침습적 처치를 시행해야 하는 위험성이 있습니다.

그러므로 인대강화주사요법은 이 건 원고와 같이 척추협착증으로 요통이 유발된 상태에서 의료계에서 입증이 확실히 되지 않은 시술을 여러 차례 시행하는 것은 감염 및 신경손상 등의 부작용 및 합병증을 유발할 위험성이 높으므로 시술의 적응증 상태 및 시술 필요성을 충분히 파악하고, 정확히 시행해야 할 주의의무가 있습니다.

그러나 피고는 요추부위 협착증 및 통증을 호소하는 원고에게 의학적으로 널리 입증되지 않은 인대강화주사요법이 적절한 시술방법인지에 대해 제대로 파악하지 않았고, 수술적 치료 등을 고려하지 않은 채 보존적인 처치인 주사시술을 무리하게 시행하였습니다. 따라서 피고는 원고에게 반드시 필요한 치료가 아니고, 적응증에 해당하지 않은 인대강화주사요법 시술을 시행하여 시술부위 감염을 유발한 과실이 있습니다.

2. 시술상 과실

피고병원은 원고의 요추 3~4~5번 인대강화주사요법 시술을 시행함에 있어서 시술도구를 정확한 위치에 안전하게 삽입해야하는 주의의무가 있습니다. 또한 피고병원은 원고에게 인대강화시술을 시행함에 있어서 감염이 발생하지 않도록 무균적인 처치를 시행해야 할 주의의무가 있습니다.

그러나 2011. 4. 28. 18:00경 피고병원은 원고에게 인대강화주사요법 시술을 시행함에 있어서 주사바늘을 정확한 위치에 안전하게 삽입하지 않았고, 무균술을 적용하여 주의 깊게 시술하지 않았습니다. 따라서 피고는 원고에게 인대강화주사요법 시술을 시행함에 있어서 주의의무를 소홀히 하여 원고의 요추 4-5번 경막 외 공간에 염증을 유발시킨 과실이 있습니다.

3. 진단적 검사 및 처치 미실시 과실

원고는 피고로부터 인대강화주사요법 시술을 시행 받았고, 시술 받은지 한 시간 만에 고열 및 의식저하가 발현되었습니다. 그렇다면 피고병원은 원고에게 발현된 이상증상에 대하여 척추 MRI검사, 혈액검사, 척수액검사 등의 진단적검사를 시행하여 원고의 상태를 정확하게 파악해야 할 주의의무가 있습니다. 또한 피고병원은 원고에게 진단적 검사를 시행하여 감염여부를 파악한 뒤 증상완화를 위한 해열제 투여, 수액요법 등과 더불어 원인균을 파악하고 균에 효과적인 항생제를 투여하는 등 적절한 처치를 시행해야 할 주의의무가 있습니다.

그러나 2011. 4. 29.경 피고병원은 인대강화주사요법 시술직후 이상증상이 발현된 원고에게 무리하게 재차 인대강화주사요법을 시행하려다 실패하였습니다. 이와 더불어 같은 달 30.경까지 피고는 원고의 이상증상에 대하여 원인을 파악하기 위한 어떠한 진단적 검사 및 처치도 시행하지 않은 채 원고를 방치하였습니다. 결국 원고는 악화된 허리통증으로 거동이 불가능하게 되었고, 고열이 지속되었고, 염증이 악화되어(감염이 확대되어) 원고의 시술부위와 근접한 경막외 농약 및 뇌수막염까지 유발하였습니다.

따라서 피고병원은 원고에게 인대강화주사요법 시행 후 발현된 원고의 감염증상에 대하여 원인을 파악하기 위한 진단적 검사 및 이에 따른 적절한 처치를 시행하지 않은 과실이 있습니다.

≪관련 의학지식을 통한 입증≫ PPT 자료에 의한 변론

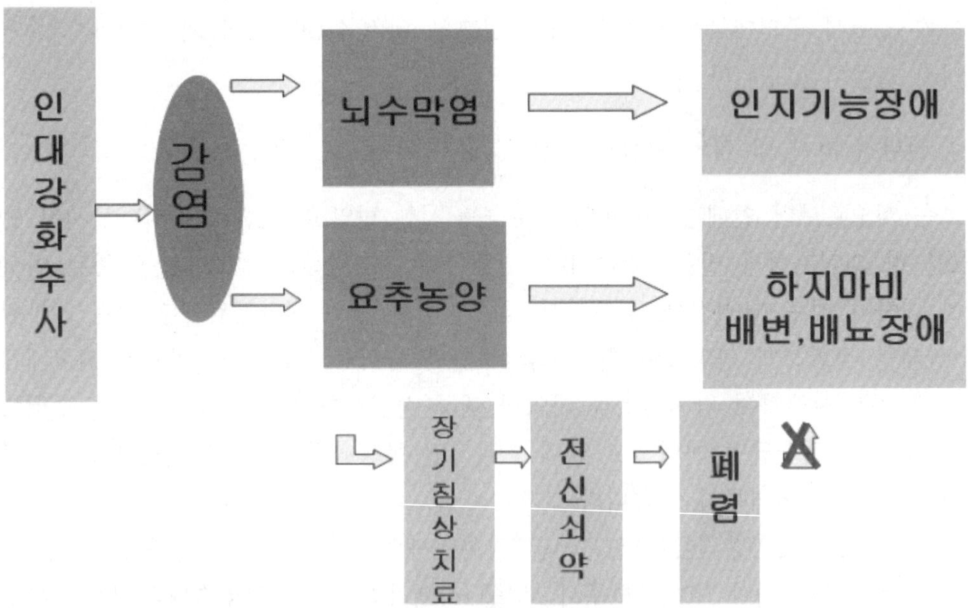

1-1. 임상경과

날짜 (2011)	병원	증상 및 상태	검사 및 처치
4. 26 11:00			
4. 27 16:30			
4. 28 18:00		고열, 의식변화, 시술 후 허리 통증으로 거동 못함	2차 인대강화주사요법
4. 29		고열, 의식변화, 허리통증악화	감염으로 인하여 3차 인대강화주사요법 시행 못함
4. 30		고열, 의식변화, 허리통증악화	적절한 조치없이 퇴원함

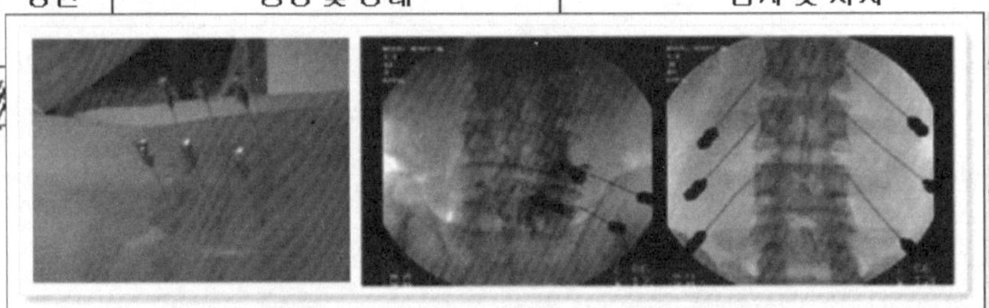

1-2. 임상경과

날짜 (2011)	병원	증상 및 상태	검사 및 처치
5			MRI사
5.3.		상태	해열제, 항생제 투여함
5.			요막추 경척

L-spine MRI: 척추앞공간에 염증
Diffuse inflammatory change in perivertebral space of L4-5.
Bulging dis... sis.

R/CRP /30

2011-05-03	01:10	160	90	39.1
	01:51			39.1
	03:12	180	100	38.5
	06:30	170	100	38.4
	07:30	180	110	38.8
	07:30			
	08:36			38.5

WBC 15700

최종결과 녹색연쇄상구균
Streptococcus mitis/Streptococcus oralis

감염성 척추염
L-spine MRI(6) : suggestive of infectious spondylitis
suggestive of meningitis and epidural
abscess formation 뇌수막염및경막외 농양
R/O epidural abscess
spinal stenosis at L4-5
Disc herniation at T8-9 level with central
canal stenosis
L-spine MRI, outside(2) : diffuse inflammatory change in
perivertebral space L4-5

WBC/RBC/Hct/Plt : 16060(86.7)/10.3/31.9/727k(5/13)
<14360(83.1)/10.0/31.3/672k(5/12)
<15940(89.8)/11.0/33.7/633k(5/11)
<16640(88.3)/10.6/32.2/507(5/10)
<17400(87.1)/11.2/34.0/432k(5/9)
<18410(87)/11.7/34.8/311k(5/8)
<18810(84)/11.5/33.9/276k(5/7)
<23850(88.1)/11.9/37.0/225k(5/6)
<18000(86.9)/11.9/36.8/185k(5/5)
ESR/CRP : 86/(5/13)<82/(5/12)<74/268(5/11)<77/215(5/10)
<106/(5/9)<98/199(5/8)<88/188(5/7)<93/253(5/6)
<101/253(5/5)

1-3. 임상경과

날짜 (2011)	병원	증상 및 상태	검사 및 처치
6.9.	세브란스	스스로 대소변처리못함 혼자서 앉지도 서지도 못하는 상태, 석션기를 이용한 가래제거 해줘야 함	퇴원강요
6.10.	목포 기독 병원	38.1도, 열성경련 tremor 증상 더했다가 덜하다가 하고 있음 v/s: 110/70-38.1	전신컨디션저하, 허리통증 지속됨
9.16.	전남 대학	가래 양 증가, 폐렴 심해짐 가래양 많아지며 chest상 pneumonia(폐렴) 소견	기관절개 시행
9.29.	광주 시티		재활치료
현 상태			하지마비, 인지기능장애

	원고(우리측)주장	피고(상대방)주장
인과 관계	인대강화주사 중 감염 → 감염성 척추염 (L4-5 경막외 공간 염증), 뇌척수염 → 하지마비, 인지장애(3차 요법은 시행하지 못함)	염증발생사실 부정(3차 시술하지 않은 이유는 2회 주사요법으로 증상 호전되었기 때문)
시술방법 선택상 과실	수술적 치료를 고려하지 않고, 의학적으로 입증되지 않은 인대강화 주사요법을 무리하기 시행함	인대강화주사요법 후 호전 없을 시 수술적 치료 고려
시술상 과실	주사시 시술부위, 시술기구, 시술자의 손,주입약물 등 무균처치 않아, L4-5번 경막외 염증발생	시술상 주의의무 다했음
진단적 검사 및 처치미실시	주사직후(1시간) 고열, 의식저하 발생 후 혈액검사 및 균 배양검사 등 감별진단 미실시, 항생제 미투여	2회 주사후 통증 호전, 고열 및 의식저하 등 이상소견 미발생, 진단적 검사 불필요했음

인대강화요법 시술 중 감염 기전 및 주의의무에 대하여

▶ 한국배상의학회 사실조회 회신문 다-1)항 참조 (2012. 9. 21)

문	**인대강화시술 중 척추부 농양, 지주막염, 경막외 농양 등 감염이 주로 발생하는 부위는 어디이고, 그 감염기전은 무엇인지요**
답	**시술 때에 주사바늘을 통하여 균이 침입하였다고 본다.**

▶ 한국배상의학회 사실조회 회신문 나-3)항 참조 (2012. 9. 21)

문	**인대강화요법 시술 중 시술 부위 감염 방지를 위하여 주의하여야 할 점은 무엇이 있는지요**
답	**바늘로 찌르는 등 사람 몸에 침습적인 모든 시술을 하기 전에는 감염의 우려 때문에 시술 부위, 시술 기구, 시술자의 손, 주입하는 약물 등을 소독하여야 하고 그러하더라도 시술 부위가 본디 오염되는 등으로 감염의 위험이 있다면 예방 목적으로 항생제를 투여하기도 한다. 시술도중에는 감염을 일으킬 수 있는 미생물이 시술부위를 통하여 몸에 들어가지 않도록 주의하여야 한다. 또 시술 기간을 줄이도록 노력한다.**

인대강화요법 시술 중 감염 기전 및 주의의무에 대하여

▶ 한국배상의학회 사실조회 회신문 다-3)항 참조 (2012. 9. 21)

문	감염 확인을 위하여 반복 시행하여야 할 검사로는 무엇이 있고 각각 몇 시간 혹은 며칠 단위로 반복 시행하여야 하는지요
답	단순한 정맥주사보다는 깊고 오래 그리고 혈액 공급이 상대적으로 적은 부위를 찌르므로 더 주의를 기울여야 한다. 인대강화요법 시술 뒤에 시술 부위와 전신 상태를 관찰함으로써 감염여부를 판단한다.

▶ 한국배상의학회 사실조회 회신문 라-다)항 참조 (2012. 9. 21)

문	감염증을 방치할 경우 예상되는 합병증 및 위험성에는 무엇이 있는지요
답	감염증은 당해 부위의 조직을 망가뜨려서 여러 종류의 장애를 초래하기도 하고 전신적으로 패혈증으로 악화할 수도 있으며, 다른 부위로 번지기도 한다.

4. 과실

가. 시술방법 선택상 과실

통증효과 및 안정성에 관하여 의학계에 보고 및 논문을 통해 검증된 시술요법이 아님

▶ 한국배상의학회 사실조회 회신문 I-가항 참조 (2012.

정상의학에서 효과가 있다고 인정받은 시술이라고는 할 수 없다.

▶ 한국배상의학회 사실조회 회신문 I-가항 참조 (2012. 9. 21)

문	시술하려는 부위에 감염증이 있음에도 불구하고 시술할 경우의 예후,부작용, 합병증 등 위험성은 어떠한지요
답	만약 인대강화주사요법을 시행할 부위에 감염이 있거나 전신적인 감염이 있다면 원칙적으로 시술하지 않는다. 이 사건 시술로 얻을 수 있는 효과보다는 감염이 확신되는 등의 부작용이나 합병증과 같은 악결과가 더 크기 때문이다. 인대강화주사요법은 시급하게 시술해야 할 의료행위가 아니다.

4. 과실

나. 시술상 과실-감염예방주의의무 위반 및 감염유발과실

▶ 한국배상의학회 사실조회 회신문 I-나-2)항 참조 (2012. 9. 21)

문	시술시 감염예방을 위하여 시술 전 수술부위, 수술 도구 및 시술자의 손의 소독, 약물 부패 여부 확인, 예방적 차원 항생제 투여 등 취하여야 할 주의의무로는 무엇이 있는지요
답	…인대강화주사요법 시술 후에 합당한 시기에 감염증이 생겼다면 시술 때에 주사바늘을 통하여 균이 침입하였다고 본다. 바늘로 찌르는 등 사람 몸에 침습적인 모든 시술을 하기 전에는 감염의 우려때문에 시술부위, 시술기구, 시술자의 손, 주입하는 약물 등을 소독하여야 하고 감염의 위험이 있다면 예방 목적으로 항생제를 투여하기도 한다. 시술 도중에는 감염을 일으킬수 있는 미생물이 시술 부위를 통하여 몸에 들어가지 않도록 주의하여야 한다. 또 시술 시간을 줄이도록 노력한다.

▶ 한국배상의학회 진료기록감정회신문 IV-4)항 참조 (2012. 9. 21)

문	요추 MRI상 감염성 척추염, 경막외 농양 등이 의심된다고 하였는바, 이와 같은 염증의 발생 원인으로 무엇이 추정되는지요
답	달리 척추 주변에 염증을 일으킬 만한 원인이 없으므로 인대강화주사요법이 감염성 척추염이나 경막외 농양이 원인이라고 추정한다.

4. 과실

나. 시술상 과실-감염예방주의의무 위반 및 감염유발과실

▶ 한국배상의학회 진료기록감정 회신문 IV-5)항 참조 (2012. 9. 21)

문	같은 달 2.경 및 같은 달 7.경 외부 병원에서 시행된 MRI 검사 결과에 대해서 재판독하였는바, 같은달 2.경 시행한 MRI 검사 결과는 어떠한지요
답	외부병원에서 2011. 5. 2.에 검사한 MRI를 재판독하였고, "감염성 척추염 의식, 척수염과 경막외 농양 형성 의심" 이라고 하였다.

▶ 한국배상의학회 진료기록감정회신문 IV-6)항 참조 (2012. 9. 21)

문	발열 당시 시점을 언제로 추정하였으며, 또한 주사 시술 부위 감염을 통한 중추신경계 감염으로 추정한 이유는 무엇인지요
답	2011- 05-05에 작성한 의무기록에 6일전에 발열이 있었다고 하고 "인대강화주사요법 이후 fever 있었으며" 라고 기재한 것으로 보아 인대강화주사요법 후에 발열이 시작하였다고 보았음을 알 수 있다. 인대강화주사요법 시술한 부위에 시술 후에 감염이 있었으므로 그렇게 보았을 것이다.

4. 과실

다. 진단적 검사 및 처치미실시-감염피해확대 주의의무위반

▶ 한국배상의학회 사실조회회신문 I-다-1)항 참조 (2012. 9. 21)

문	감염 관리를 위하여 시행하여야 할 조치로는 무엇이 있는지요
답	…단순한 정맥주사보다는 깊고 오래 그리고 혈액 공급이 상대적으로 적은 부위를 찌르므로 더 주의를 기울여야 한다. 인대강화주사요법 시술 뒤에 시술부위와 전신 상태를 관찰함으로서 감염 여부를 판단하고…

▶ 한국배상의학회 진료기록감정회신문 I-라-1)-나)항 참조 (2012. 9. 21)

문	그 감염원이나 감염기전, 경로, 감염균의 종류 등을 확진하기 위하여 추가적으로 어떠한 검사가 필요한지요
답	감염증을 치료하여야 한다…감염균을 배양하여 효과가 있는 항생제를 확인… 항생제로는(여러 가지 일반적인 세균에 효과가 있는)광범위 항생제를 쓸 수도 있고, 특정 또는 내성이 있는 세균에 효과적인 항생제를 쓸 수도 있다.

→ 감염균 확인을 위한 균배양 검사와 항생제 투여하지 아니함

다. 진단적 검사 및 처치미실시-감염피해확대 주의의무위반

▶ 한국배상의학회 진료기록감정 회신문 I-6)-다)항 참조 (2012. 9. 21)

문	시술 부위 누울액이 있는지,삼출물 및 시술 부위 색깔은 무엇인지, 냄새는 어떠한지 등의 감염 여부를 확인하였는지요
답	기록한 내용이 없다.

▶ 한국배상의학회 진료기록감정회신문 I-7)항 참조 (2012. 9. 21)

문	인대강화주사요법 시술 전, 중, 후 환자에게 어떠한 항생제를 사용하였는지요
답	항생제를 사용한 기록이 없다.

▶ 한국배상의학회 진료기록감정회신문 I-6)-나)항 참조 (2012. 9. 21)

문	시술 후 활력징후, 의식상태 확인, 이학적 검사, 혈뇨검사, 방사선 검사 등을 시행하였는지요
답	시술 후 상태나 검사를 하였다는 기록이 없다.

라. 설명의무위반

-유사판례

;서울고등법원 2007. 5. 31.선고 2006나87158

일반적으로 의사는 환자에게 수술 등 침습을 과하는 과정 및 그후에 나쁜 결과 발생의 개연성이 있는 의료행위를 하는 경우 또는 사망 등의 중대한 결과 발생이 예측되는 의료행위를 하는 경우에 있어서 응급환자의 경우나 그 밖에 특단의 사정이 없는 한 진료계약상의 의무 내지 위 침습 등에 대한 승낙을 얻기 위한 전제로서 당해 환자나 그 법정대리인에게 질병의 증상,치료방법의 내용 및 필요성,발생이 예상되는 위험 등에 관하여 당시의 의료수준에 비추어 상당하다고 생각되는 사항을 설명하여 당해 환자가 그 필요성이나 위험성을 충분히 비교해 보고 그 의료행위를 받을 것인가의 여부를 선택할 수 있도록 할 의무가 있고…1 사건 1차 수술은 환자에 대한 설명의무를 다하지 아니함과 아울러 원고000의 선택권을 침해하여 이루어진 위법한 수술이라 할 것이어서 피고는 이로 인하여 위 원고가 입은 손해 역시 배상할 책임이 있다 할 것이다고 판단하여 설명의무위반을 인정한바 있습니다.

→ 인대강화주사요법 시술을 시행함에 있어서 원고 당사자에게 시술의 적응증 및 필요성, 시술과정 및 방법, 시술로 인하여 발생 가능한 부작용 및 합병증에 대하여 설명하지 않았음

5. 결 론

피고는 의학적 효과가 검증되지 않은 시술방법을 비급여로 시술하여 금전적 이익을 챙기고, 시술의 필요성, 시술상 주의의무, 경과관찰 해태로 인한 조기치료실패 설명의무위반 등으로 **시술부위에 감염을 유발하여 원고에게 하지마비 및 인지기능장애를 일으켰으므로** 이에 대한 전 손해를 배상하여야 합니다.

≪원・피고 주요쟁점≫

과 실	원 고	피 고
1. 시술 방법 선택상 과실	요추부위 협착증에 관하여 수술적 치료를 고려하지 않은 채 의학적으로 입증되지 않은 인대강화주사요법을 무리하게 시행한 과실	약 10년 전부터 만성요통 및 좌골신경통 증상이 있었던 원고에게 보존적 치료요법 시행후 호전없을 때 수술적 치료를 고려하였고, 실제 2회에 걸친 인대강화주사요법 후 증상 호전됨.
2. 시술상 과실	인대강화주사요법을 시행함에 있어서 주사바늘을 정확한 위치에 안전하게 삽입하지 않고, 무균술을 적용하지 않아 요추 4-5번 경막외 공간에 염증을 유발한 과실	방사선 영상장치(C-arm)를 통해 요추 3-4-5번간 극상인대 및 극간인대의 정확한 위치에 시술함.
3. 진단적 검사 및 처치 미실시 과실	인대강화주사요법을 시행받은지 한 시간만에 고열 및 의식저하 등의 이상소견이 발현되었음에도 불구하고 감별진단을 위한 진단적 검사를 시행하지 않았고, 감염의심 하에 원인균을 파악하고 적절한 항생제 투여 등을 시행하지 않은 과실	2차례에 걸친 인대강화주사요법 후 경과관찰하였는 바, 통증이 호전되고 고열 및 의식저하와 같은 이상소견이 없었으므로 증상 원인을 위한 진단적 검사 및 처치가 불필요함.
4. 설명 의무 위반	시술과정 및 방법, 발생 가능한 합병증, 특히 감염 위험성을 포함한 시술 부작용 및 악결과에 관하여 설명하지 않아 원고 당사자의 자기결정권을 침해한 과실	척추액이 아닌 혈액검사 결과상 균이 동정되었는 바 원고의 감염성 척추염은 혈행성 감염을 배제할 수 없으므로 설명의무위반 문제되지 않고, 시술필요성 및 방법, 합병증에 관해 충분히 설명함.

≪1심 판결≫

1억 8천만 원의 재판부 조정결정으로 사건이 종결됨.

≪관련 판례≫

• 서울북부지방법원 2004. 9. 24. 선고 2003가합923 손해배상(의) 판결

『살피건대, 일반적으로 의료행위에 있어서 그 주의의무 위반으로 인한 불법행위 또는 채무불이행으로 인한 책임이 있다고 하기 위하여는 일반적인 경우와 마찬가지로 의료행위상의 주의의무 위반, 손해의 발생 및 주의의무 위반과 손해의 발생과의 사이의 인과관계의 존재가 전제되어야 하고 이는 이를 주장하는 환자측에서 입증하여야

할 것이지만, 의료행위가 고도의 전문적 지식을 필요로 하는 분야이고, 그 의료의 과정은 대개의 경우 환자 본인이 그 일부를 알 수 있는 외에 의사만이 알 수 있을 뿐이며, 치료의 결과를 달성하기 위한 의료 기법은 의사의 과실로 말미암은 것인지 여부는 전문가인 의사가 아닌 보통인으로서는 도저히 밝혀낼 수 없는 특수성이 있어서 환자측이 의사의 의료행위상의 주의의무 위반과 손해의 발생과 사이의 인과관계를 의학적으로 완벽하게 입증한다는 것은 극히 어려우므로, 환자가 치료 도중에 하반신 완전마비 등 사지부전마비 증상이 발생한 경우에 있어서는 환자측에서 일응 일련의 의료행위 과정에서 저질러진 일반인의 상식에 바탕을 둔 의료상의 과실 있는 행위를 입증하고 그 결과와 사이에 일련의 의료행위 외에 다른 원인이 개재될 수 없다는 점, 이를테면 환자에게 의료행위 이전에 그러한 결과의 원인이 될 만한 건강상의 과실로 말미암은 것이 아니라 전혀 다른 원인으로 말미암은 것이라는 입증을 하지 아니하는 이상, 의료상 과실과 결과 사이의 인과관계를 추정하여 손해배상책임을 지울 수 있도록 입증책임을 완화하는 것이 손해의 공평·타당한 부담을 그 지도 원리로 하는 손해배상제도의 이상에 맞는다 할 것이다… 현재 원고에게 신경손상으로 인한 감각소실이 발생한 제5흉추 이하의 부위가 제1차 수술의 대상이 된 부위와 일치하고, 더구나, P37/N45 전위가 사라진 시점에 위 석○○ 등이 시행한 후방척추절제술이 제4, 7흉추에 행하여지고 있었고, 원고가 감각을 잃은 부위가 제5흉추 이하 부분인 점, 비록 원고가 제1, 2차 수술을 받을 당시 척추 결핵의 후유증으로 인하여 진행성 하지마비를 동반한 척추 후만증으로 강직성 보행, 배뇨장애, 심부건 반사의 항진 등의 증상을 보이고 있었으나, 계단오르기, 달리기, 슬관절 근력, 전경근 근력, 장족지 근력 평가에서는 모두 정상으로 평가를 받았으며, 다만 고관절 근력에 관하여는 좌측하지의 근력이 4단계에 머물렀을 뿐이나, 이 역시 일상생활에는 큰 무리가 되지 않을 정도의 근력을 가지고 있는 것으로 볼 수 있는 등 원고에게 제1차 수술 전후를 통하여 척추손상으로 인한 급격한 양하지의 마비를 초래할만한 특별한 원인이나 증상이 관찰되지도 아니한 점에 비추어 볼 때 1차 수술 중 원고에게 나타난 완전하지마비 등의 증세는 석○○ 등 피고병원의 의사들이 시술과정에서 주의를 게을리하여 직접 척수신경을 일부 손상시켰거나, 또는 직접 손상에 이르지는 않았다 하더라도 척수를 무리하게 견인하는 등의 잘못으로 인하여 초래되었다고 추정할 수밖에 없다. 따라서 피고법인은 원고의 현증세가 수술상의 잘못으로 인한 것이 아니라 전혀 다른 원인으로 인한 것이라는 입증을 다하지 못하는 이상, 피고병원 의사들의 사용자로서 위와 같은 피고병원 의사들의 진료상의 과실로 인하여 원고가 입게 된 재산적, 정신적 손해를 배상할 의무가 있다.』

고 판단하여 시술상 주의의무 위반을 인정한 바 있습니다.

6. 임플란트 위한 발치 후 염증의 확산으로 인하여 심경부 염증과 호흡곤란으로 기관절개를 한 사건[203)]

≪사건 개요≫

• 원고 김○○(여, 45세) / 피고 ○○치과의원

※ 사건 경과

(1) 우측 하악 대구치 #46 통증에 대한 치료

2008. 12. 20.경 신청인은 피신청인이 운영하는 춘천○○치과에 방문하여 #11에 대한 발치치료를 받아오다 2009. 2. 6.경 우측 하악 대구치 통증이 발생되어 피신청인으로부터 #46에 대한 드레싱 및 약물치료를 받게 되었습니다.

(2) 우측 하악 대구치 #46 발치

치료를 받던 중인 같은 날 10.경 피신청인은 신청인에게 "치조골도 내려앉고 치아를 살려도 오래가지 않으니 발치하고 임플란트를 심자"고 권유하였습니다.

이에 피신청인은 신청인에게 곧바로 #46 치아를 발치하고 약물을 처방해 주었습니다.

(3) 통증 및 부종 악화

그런데 #46 치아를 발치한 부위에 통증 및 부종이 악화되었습니다.

이에 신청인은 피신청인에게 문의하니 가평○○의원에서 입원치료를 받으라고 하여 같은 달 13.경 소외 가평○○의원에 입원을 하게 되었습니다.

(4) 소외 가평○○의원 입원치료

신청인은 가평○○의원 입원 후 염증 및 통증에 대한 치료를 받았습니다.

그러나 통증 및 부종이 호전되지 않고 오히려 지속적으로 악화되었습니다. 신청인은 다시 피신청인에게 문의하였고 피신청인은 신청인에게 "일단 피신청인병원으로 와라. 내가 입원시켜 치료해 주겠다."고 답변해 주었습니다. 이에 신청인은 소외 춘천○○병원에서 입원치료를 받게 되었습니다.

(5) 소외 춘천○○병원 입원치료

같은 달 16.경 신청인은 소외 춘천○○병원에 입원하여 구강내 농양 진단하에 항생제 및 수액 등 치료를 받았습니다.

203) 춘천지방법원 2011가합139 결정.

소외 춘천○○병원 입원 중 같은달 17. 및 18.경 위 춘천○○치과의원을 방문하여 서울에서 왔다는 성명불상의 부원장과 피신청인으로부터 절개, 배농, 드레싱 등의 치료를 받았습니다.

(6) 호흡곤란 발생

같은 달 18.경 춘천○○치과의원에서 치료를 받은 뒤 소외 춘천○○병원으로 돌아오게 되었는데 갑작스럽게 호흡곤란이 발생되었습니다. 신청인이 호흡곤란에 대해 즉각적으로 조치해 줄 것을 요구하자 소외 춘천○○병원에서는 같은 달 19.경 신청인이 치료받기 원하는 소외 춘천○○병원으로 전원조치 하였습니다.

(7) 춘천○○병원 입원치료

소외 춘천○○병원에서는 신청인에 대해 양측 심경부 염증, 호흡곤란 진단하에 기관절개술 및 수차례에 걸친 구외 절개, 배농술 등의 치료를 받았습니다.

경부CT 및 수술소견에 의하면 다발성의 농양이 산재해 있음이 확인되었는 바, 그 감염의 확대 정도가 매우 심각하였다 하겠습니다.

(8) 소외 ○○대학교병원 입원치료

소외 춘천○○병원에서의 구외 절개 및 배농술을 받은 뒤 같은해 3. 18.경 신청인은 소외 ○○대학교병원으로 전원조치되었습니다.

이후 신청인은 개구장애 등에 대한 치료를 시행받았는데 우측 하악 제1소구치(#44) 부위에도 농양 소견이 확인되어 같은달 29.경 발치를 하게 되었습니다.

(9) 현상태

현재 신청인은 이 건 사고로 인해 #46, #44 치아를 발치하고 호흡곤란에 대해 시행된 기관절개술로 시술 부위에 반흔이 잔존하게 되었습니다.

나아가 신청인은 치아결손부위에 골수염 및 감염소견으로 추후 감염 및 재발 방지를 위한 주기적 외래 통원치료가 필요한 상태에 있습니다.

상기환자는 하악 우측 제2소구치 및 제1대구치의 결손으로 해당부위 임플란트 보철 치료 예정이며, 이 경우 치료비는 다음과 같이 추정할 수 있음.

1. 임플란트 식립 1,2차 수술(2개치아) = 2,300,000 * 2 = 4,600,000(원)
2. 술후 처치료 및 재진비(5회) : 13,300 * 5 = 66,500(원)
3. 술후 방사선사진 촬영 비용(5회) : 53,000 * 5 = 265,000(원)
4. 임플란트 보철 행위료 = 959,000 * 2 = 1,918,000(원)
5. 임플란트보철 - 금관가공의치 = 518,800 * 2 = 1,307,600(원)
6. 보철물 재제작(10년마다 재제작) = 518,800 * 2 * 2회 = 2,705,200(원)

≪조정신청에서 주장하는 피고의 과실≫

1. 인과관계 성립

신청인의 심경부 염증에 의한 현상태(#44 및 #46 치아 발치 및 기관절개술 부위의 상흔)와 피신청인의 치과적 치료 사이에는 상당인과관계가 있다 하겠습니다.

당시 피신청인으로부터 적정의 치료를 받았더라면 심경부에 까지 염증이 확대되지 않았을 뿐 아니라 이로 인해 #44번 치아를 발치하지도 않았을 것입니다. 나아가 기관절개부위에 상흔도 남지 않았을 것입니다.

따라서 피신청인의 치과적 치료와 신청인의 현상태 사이에는 상당인과관계가 있다 하겠습니다.

2. 감염예방 및 감염피해확대방지 주의의무 위반

피신청인에게는 치과적 치료시 감염을 예방하고 감염의 피해확대를 방지할 주의의무를 위반한 과실이 있습니다.

치조부 농양은 환자의 상태나 해부학적 위치에 따라 농양의 전파가 지속될 수 있으며 이로 인하여 하악골 외부로 감염이 전파되어 농양이 발생될 수 있는 바, 피신청인으로써는 신청인에 대한 치료시 이를 예견할 필요성이 있었다 하겠습니다.

이 건 신청인은 2009. 2. 10.경 피신청인으로부터 #46 치아를 발치받은 후 발치부위에 통증 및 부종이 발생되어 결국 구강내 농양 및 양측 심경부 염증으로 그 피해가 확대되었고 이로 인한 호흡곤란으로 진행되어 생명의 위협을 받기에 이르렀습니다. 당시 피신청인은 전문적 치료가 가능한 상급병원으로 보다 조기에 전원할 필요성이 있었다 하겠습니다.

결국, 피신청인에게는 치과적 치료시 감염을 예방하고 그 피해확대를 방지할 주의의무를 위반하였다 하겠습니다.

≪관련 의학지식을 통한 입증≫

1. 관련 의학적지식

가. 구강내 감염경로 —— 병원감염

구강내 감염은 평소 건강할 때 발생하지 않지만, 발치, 피부절개 등 개방창상을 입을 경우 의료인의 인두, 구강 속에 있던 타액이나 기침, 가래 등이 치료과정 중에 직접, 혹은 의료기기나 장갑 등에 묻어 있다가 2차적으로 개방창안으로 들어가게 되어 발생합니다(물론 의료인 뿐 아니라 환자의 구강 내에 있던 세균이 들어갈 수 있기 때문에 치료 전에서 환부를 소독하고, 치료 후 감염되지 않도록 하여야 함).

나. 감염예방 및 피해확대방지 주의의무

구강내 감염의 대부분 균 감염 경로는 병원 내 감염으로 흔히 발생하고 있다고 하고, 치료상 주의의무를 다하도록 저술하고 있습니다. 예를 들면 창상, 연조직, 혈관 내 및 카테터 관련하여 감염이 많이 된다고 기술하고 있고, 감염이 우려되거나 감염이 확인될 때 세파로스폴린계 항생제가 민감성이 높아 주로 사용하도록 하고 있습니다.

더욱이 의료인들은 환자에게 자신의 구강 및 인두 내에 존재하는 세균이 직접 전염되지 않도록 주의해야 하고, 의료기관내의 소독을 철저히 시행하여야 합니다. 의료인들은 환자를 볼 때마다 손을 씻어 감염가능성을 줄여야 하고, 장갑과 의료기기를 멸균 처리하여 사용하고, 수술부위를 잘 소독하여 환자 체내에 있는 균이 개방창으로 들어가지 않도록 주의하여야 합니다.

특히, 발치 시에는 감염 가능성이 상대적으로 높아지기 때문에 치료부위에 대한 주기적인 치료(드레싱), 항생제투약 등을 하고, 농양이 발생하였을 경우 감염원 제거를 위해 즉시 절개 및 배농술을 시행하고, 상급병원으로 전원 조치하여 상태가 악화되지 않도록 감염피해확대 방지를 해야 할 주의의무가 있습니다.

다. 심부경부 감염에 관하여

교과성상 심부경부 감염은 치성 감염이 60%를 차지할 정도로 비율이 매우 높습니다(갑 제7호증 구강악안면의 감염질환 참조).

감염경로는 혈액을 통하여 퍼지는 '혈행성'이 대부분이고, 일부 임파성 또는 직접 확산을 통해 심부경부로 확산됩니다. 심부경부 감염은 농양 및 부종으로 인한 호흡곤란, 패혈증으로 이어질 위험성이 높아 조기 진단과 조기 치료가 무엇보다 중요합니다. 진단이 되면 감염원을 제거하고(배농술), 범용성이 높은 광범위 스펙트럼 항생제를 적극적으로 사용하여 악결과를 방지하여야 합니다.

라. 이 건의 적용

이 건 원고의 사고경위는 다음과 같이 「발치 → 통증 및 부종 → 구강내 감염 → 치주농양 → 심경부 감염 → 경추농양 → 농양에 의한 부종 → 호흡곤란 → 기관내절개술 및 영구치 발치 → 반흔」의 감염경로를 거쳤습니다.

원고는 발치 후 치성 감염(치주농양)이 발생하여 턱 주위를 지나는 혈관 및 직접적인 근막을 통하여 경부나 뇌실질 부위로 농양(세균)이 퍼져 나가면서 심경부 감염증으로까지 확대되었고 경추농양이 유발되어 농양으로 인한 부종이 심화되어 호흡곤란이 발생하여 기관내절개술을 시행 받아 영구적인 반흔이 남게 되었고, 우측 하악 제1소구치(#44번 치아)에도 염증이 발생하여 추가적으로 발치를 시행 받은 상태입니다.

2. 피고의 과실에 관하여

가. 인과관계 성립

원고는 이 건 발치 및 치과치료를 시행 받고 구강내 감염 및 농양이 발생하였고, 감염확대 및 전파로 인하여 심경부 감염 및 농양이 유발되었고, 경부농양이 확대되어 부종으로 호흡곤란이 유발되어 기관절개술 및 농양제거를 위한 처치를 시행 받고 현재 기관절개술 부위 영구적인 반흔 및 추가 #44번 영구치 감염확대로 인하여 발치를 시행 받은 상태입니다.

▶ 진료기록감정 회신문

: 염증에 의해 생성된 농양을 빨리 체외로 빼냄으로써 다른 부위로 퍼지는 것을 막고 기도를 눌러 호흡곤란 상태가 오는 것을 막기 위함입니다{진료기록감정 회신문 Ⅲ-2)-(나)항 참조}.

▶ 진료기록감정 회신문

: 절개후 관을 삽입하였기 때문에 반흔이 남을 수 있으며 … {진료기록감정 회신문 Ⅲ-3)항 참조}.

▶ 진료기록감정 회신문

: …2009. 3. 18일 입원하여 핵의학검사, 조직검사 및 농양 배양검사를 시행받고 조직검사결과 염증조직으로 확진되었으며 4월 3일 퇴원하였습니다{진료기록감정 회신문 Ⅴ-2)항 참조}.

따라서 원고의 현 장애는 시간적 인접성, 장소적 근접성, 의학적 개연성이 성립되는바, 이 건 피고의 치과치료 의료행위 사이의 인과관계가 존재합니다.

나. 감염예방 주의의무 위반

(1) 원고의 치과치료내역 및 치료과정 중 주의의무

2008. 12. 20.경 원고는 피고가 운영하는 소외 춘천○○치과에 내원하여 피고로부터 #11번 치아에 대한 발치, 신경치료, 큐렛 치료 등을 시행 받아 오다가, 2009. 2. 6.경 우측 하악 대구치 통증을 주호소로 내원하여 같은 달 10.경 피고로부터 #46번 치아 발치를 시행 받았습니다.

그렇다면 피고는 원고에게 #11 및 #46번 치아 발치, 신경치료, 큐렛 치료 등과 같이 침습적인 처치를 시행함에 있어서 감염이 발생하지 않도록 해야 할 주의의무가 있습니다.

▶ 진료기록감정 회신문

신경치료 : 치아의 신경이 충치, 외상 등에 의해 감염되거나 손상 받았을 경우 손상된 신경을 제거하고 불활성 물질을 이용하여 신경관을 폐쇄하여 줌으로써 치아를 보존하는 방법입니다. 큐렛치료 : 치주염 환자에서 치아주위의 염증에 이환된 조직을 제거하기 위해 기구를 이용하여 긁어서 제거하여 주는 방법입니다. 발치 후 큐렛을 하는 경우는 발치의 원인이 되는 염증조직이 발치 후 발치와에 남아 있을 수 있기 때문에 이것을 제거하는 술식입니다{진료기록감정 회신문 Ⅰ-1)-마)항 참조}.

(2) #11 및 #46 치아에 관한 감염예방 주의의무 위반

피고는 원고에게 #11 및 #46번 치아 발치, 신경치료, 큐렛치료를 시행함에 있어서 현 상태에 관한 진단적 검사를 시행하지 않았고, 활력징후를 측정하지 않았는바, 발치를 시행할만한 상태였는지 조차 객관적인 근거가 불충분합니다. 또한 피고는 원고에게 발치와 같은 침습적인 처치를 시행함에 있어서 감염이 발생하지 않도록 항생제 투여, 무균적인 처치 및 소독 등을 시행하여야 함에도 불구하고 이를 소홀히하여 원고의 구강내 감염 및 농양을 유발하였습니다.

▶ 진료기록감정 회신문

〔문〕 환자에 대한 활력징후는 몇 차례에 걸쳐 검사하였고, 그 내용은 무엇인지요.

〔답〕 활력징후 검사기록 없습니다 … {진료기록감정 회신문 Ⅰ-1)-가)항 참조}.

▶ 진료기록감정 회신문

〔문〕 #11번 치아에 대하여 어떤 검사를 하였고, 발치를 결정한 근거는 무엇인지요.

〔답〕 검사 및 기록 없습니다{진료기록감정 회신문 Ⅰ-1)-다)항 참조}.

▶ 진료기록감정 회신문

〔문〕 환자의 하악 대구치 #46번 치아에 대하여 충치검사를 한 바 있는지요.

〔답〕 기록 없습니다{진료기록감정 회신문 Ⅰ-1)-아)항 참조}.

(3) 요양방법지도의무 위반

피고는 원고에게 위 치과치료로 인해 발생 가능한 부작용 및 합병증에 관하여 설명하고, 이상증상이 발현되었을 시 재내원하고 즉각적으로 치료 받도록 요양방법을 지도하여야 함에도 불구하고 이를 시행하지 않았습니다.

▶ 진료기록감정 회신문

〔문〕 11번 치아 발치에 따른 합병증 및 부작용에 대한 설명한 동의서나 설명하였다는 진료기록이 있는지요(동의서가 있는지요).

〔답〕 …없습니다{진료기록감정 회신문 Ⅰ-1)-라)항 참조}.

다. 감염피해확대 주의의무 위반

(1) 악결과 예견가능성

피고는 원고에게 발치를 포함한 침습적인 치과치료로 인하여 구강내 염증 및 농양 발생을 충분히 예견 가능하였습니다.

원고는 피고로부터 발치 및 치과치료를 시행 받은 직후부터 치료부위 통증 및 부종이 발생하였고 점차 악화되었는바, 자세한 내용은 다음과 같습니다.

첫째, 2009. 2. 10.경 원고는 피고로부터 #46번 치과치료를 시행 받은 이후 같은 달 13.경 치료부위 통증 및 부종이 심화되어 소외 춘천○○치과에 문의하여 상의한 뒤 소외 가평○○의원에 입원 치료를 시행 받기로 하였습니다. 이에 원고는 소외 가평○○의원에 입원하여 치료를 시행 받았는 바, 활력징후 확인, 항생제 및 진통제 투여 처치 등을 시행 받았습니다.

▶ 진료기록감정 회신문

〔문〕 2009. 2. 13.경 가평○○의원에 내원한 이유는 무엇인지요.

〔답〕 잇몸염증 치료중 통증으로 내원하였다고 기록되어 있습니다{진료기록감정 회신문 Ⅱ-1)항 참조}.

▶ 진료기록감정 회신문

〔문〕 환자의 상태에 대한 어떠한 처치가 시행되었는지요.

〔답〕 입원하여 활력징후 검사 및 항생제 진통제 등의 투여가 지시되었습니다{진료기록감정 회신문 Ⅱ-2)항 참조}.

둘째, 그러나 원고는 구강내 통증 및 부종이 지속되고 상태가 심화되었는 바, 이에 같은 달 16.경 재차 소외 춘천○○치과에 문의하여 소외 춘천○○병원에 입원치료를 시행 받으라는 설명을 듣고 구강내 농양 진단 하, 항생제 및 수액 등의 치료를 시행 받았습니다.

▶ 진료기록감정 회신문
〔문〕 2009. 2. 16.경 내원경위는 무엇인지요.
〔답〕 목이 아파서라고 간호기록지에 기록되어 있습니다(진료기록감정 회신문 Ⅲ-1)항 참조).

▶ 진료기록감정 회신문
〔문〕 2009. 2. 16.경 환자의 활력징후는 어떠하였고, 주호소는 무엇인지요.
〔답〕 주호소 : 목이 아프다. 체온 : 37.3-37.8도 … (진료기록감정 회신문 Ⅲ-2)항 참조).

따라서 피고는 원고에게 #46번 발치 및 치과치료 후 치료부위 통증 및 부종이 지속되고 있음을 여러 차례 확인하였고, 타병원에서 입원치료 받도록 계획하는 등 원고의 상태가 악화 및 피해가 확대되고 있음을 충분히 예견하였다 하겠습니다.

(2) 악결과 회피가능성

피고는 원고에게 #11 및 #46번 치과치료 후 치아 치료부위 및 전신상태가 호전되었는지 여부를 확인하여, 구강내 농양 및 감염으로 인하여 심경부의 광범위한 감염 및 농양이 발생하지 않도록 회피 가능하였음에도 불구하고 이를 시행하지 않았는 바, 자세한 사항은 다음과 같습니다.

첫째, 피고는 같은 달 11.경 #46번 치아 제거부위 드레싱을 시행할 당시 주호소를 확인하고, 감염 및 농양이 발생하였는지 여부를 확인하여 조기에 진단하여 피해확대가 예방 가능하였음에도 불구하고 이를 시행하지 않았습니다.

▶ 진료기록감정 회신문
〔문〕 위 치료 후 환자의 #11번 치아 상태는 호전되었는지요.
〔답〕 발치후의 상태에 대한 기록은 없습니다(진료기록감정 회신문 Ⅰ-1)-바)항 참조).

둘째, 같은 달 13.경 피고는 #46번 치료부위 통증 및 부종이 지속되고 상태가 악화되어 원고로부터 전화통화 문의를 받았음에도 불구하고 조속히 상급병원으로 전원의뢰하여 방사선검사, 진찰을 통해 진단적 검사를 시행하여 농양을 조기에 발견 및 제거하여 심경부로 광범위하게 감염 및 농양이 확대되지 않도록 악결과 회피 가능하였음에도 불구하고 이를 시행하지 않았습니다.

(3) 감염피해확대방지 주의의무 위반

같은 달 17.경 및 18.경 원고는 소외 춘천○○병원에 입원치료를 시행 받을 시 소외 춘천○○치과에 방문하여 서울에서 온 성명불상의 부원장과 피고로부터 #46번 발치부위 농양에 관하여 절개 및 배농술, 드레싱 처치를 시행 받았습니다. 그렇다면 피고는 원고에게 발생한 구강내 농양을 효과적으로 제거하고 소독하여 심경부 감염 및 농양이 발생하지 않도록 해야 할 감염피해확대방지 주의의무가 있고, 조속히 상급병원으로 전원 조치하여 정확한 감염부위 진단 및 효과적인 감염원 처치를 시행 받도록 해야 할 주의의무가 있습니다.

그러나 같은 달 18. 12:00경 원고는 구강내 농양으로 인한 부종으로 호흡곤란을 호소하여 산소를 공급받았고, 다음날인 같은 달 19.경에도 호흡곤란이 지속되고 상태가 악화되어 같은 날 14:00경 타병원으로 전원 조치되었습니다.

▶ 진료기록감정 회신문

〔문〕 2009. 2. 18.경 환자에게 호흡곤란이 발생된 원인은 무엇이고, 어떠한 처치가 시행되었는지요.

〔답〕 부종으로 인한 호흡곤란이 발생했을 것으로 판단됩니다. 간호정보 기록에 의하면 아래와 같은 처치가 추가적으로 이루어졌습니다.

2/18 10:00am 얼굴이 많이 붓고 아파하심.
12:00am 환자분 숨이차다고 해서 산소발생기 연결하고 과장님께 연락
8:00am ○○치과가서 소독함.
2/19 6:00am 코가 막혀서 잘 못 주무심.
10:00am mild dyspnea sign(약한 호흡곤란 증세) 있음.
2:00pm 타병원 전원{진료기록감정 회신문 Ⅲ-3)항 참조}.

▶ 진료기록감정 회신문

〔문〕 입원조치부터 퇴원조치 시까지 환자의 상태는 호전되었는지요.

〔답〕 호전되지 않은 것으로 보입니다{진료기록감정 회신문 Ⅲ-4)항 참조}.

결국 같은 달 19.경 원고는 소외 춘천○○병원에 입원 조치되어 양측 심경부 염증 및 농양으로 유발된 호흡곤란 증상에 관하여 기관절개술을 시행 받았고, 이후 광범위하게 확대된 심경부 감염 및 농양에 관하여 수차례에 걸쳐 절개 및 배농술, 소독 등의 처치를 시행 받았고, 추가적으로 #44번 치아까지 염증이 확대되어 영구치를 발치하고 개구장애까지 유발되었습니다.

▶ 진료기록감정 회신문

〔문〕 2009. 2. 19.경 기관절개술, 구외절개 및 배농술이 시행되었는 바, 그 이유는 무엇인지요.

〔답〕 환자의 호흡곤란과 통증이 있고 2. 19에 촬영한 CT상태에서 다발성 농양이 보이며 가스형성이 진행중이라는 판독소견으로, 심경부감염 및 R/O 괴사성 근막염 진단을 내렸습니다. 이에 따라 환자의 호흡곤란 및 전신감염을 예방하기 위해 기관절개술로 기도를 확보하고 산재된 농양을 제거하기위해 여러 방향에서 절개 배농술이 시행되었습니다 … {진료기록감정 회신문 Ⅳ-1)항 참조}.

▶ 진료기록감정 회신문

: …2/19 CT : 다발성 농양이 보이며 가스형성이 진행중이었습니다. 심경부감염 및 R/O 괴사성 근막염 진단을 내렸습니다. 3/11 MRI : 우측 mastoid의 염증이 있는 것 … {진료기록감정 회신문 Ⅲ-2)-(다)항 참조}.

▶ 진료기록감정 회신문

: 2/19 전신마취하에서 구강내, 편도주위, 설하부위에서 절개 배농실시하였습니다. 농양배출 되었습니다{진료기록감정 회신문 Ⅲ-2)-(가)-1항 참조}.

▶ 진료기록감정 회신문

: 2/21 국소마취하에서 구강내와 측두부에서 추가적인 절개 및 배농, 편도 주위에서 배농실시하였습니다 … {진료기록감정 회신문 Ⅲ-2)-(가)-2항 참조}.

▶ 진료기록감정 회신문

: 2/22 국소마취하에서 추가적인 배농 및 소독 실시하였습니다 … {진료기록감정 회신문 Ⅲ-2)-(가)-3항 참조}.

▶ 진료기록감정 회신문

: 2/23 국소마취하에서 추가적인 배농 및 소독 실시하였습니다 … {진료기록감정 회신문 Ⅲ-2)-(가)-4항 참조}.

▶ 진료기록감정 회신문

: 2/24 국소마취하에서 추가적인 배농 및 소독 실시하였습니다 … {진료기록감정 회신문 Ⅲ-2)-(가)-5항 참조}.

▶ 진료기록감정 회신문

: 2/25 국소마취하에서 추가적인 배농 및 소독 실시 drain 제거하였습니다 … {진료기록감정 회신문 Ⅲ-2)-(가)-6항 참조}.

▶ 진료기록감정 회신문

: 2/26 국소마취하에서 소독 실시하였습니다. 이부 아래로 추가 drain 삽입하였습니다 … 편도주위 약하게 농양배출되었습니다{진료기록감정 회신문 Ⅲ-2)-(가)-7항 참조}.

▶ 진료기록감정 회신문

: 2/27 국소마취하에서 소독 실시하였습니다…{진료기록감정 회신문 Ⅲ-2)-(가)-8항 참조}.

▶ 진료기록감정 회신문

: 2/28 국소마취하에서 소독 실시하였습니다…{진료기록감정 회신문 Ⅲ-2)-(가)-9항 참조}.

▶ 진료기록감정 회신문

: 3/5 국소마취하에서 소독 실시하였습니다. 기관절개술 구멍 막았습니다{진료기록감정 회신문 Ⅲ-2)-(가)-10항 참조}.

▶ 진료기록감정 회신문

〔문〕 2009. 3. 18.경 내원당시 환자의 상태는 어떠하였는지요.

〔답〕 개구장애 및 추가적인 치과 치료위해 내원하였으며 특이 사항 없으며 개구량은 손가락 한 개 정도 들어갈 정도로 벌어진다고 기록되어 있습니다{진료기록감정 회신문 Ⅴ-1)항 참조}.

따라서 피고는 원고에게 발치 및 치과치료 후 발현된 통증 및 부종에 관하여 구강내 감염을 조기에 진단하여 감염원을 제거하고, 원고의 상태변화를 확인하여 조속히 상급병원으로 전원 조치하여 광범위한 심경부 감염으로 확대되지 않도록 주의의무를 다하지 않은 과실이 있습니다.

≪원・피고 주요쟁점≫

과 실	원 고	피 고
인과관계	치아 발치 및 드레싱, 약물치료로 인하여 심경부 감염 유발되었고, 이에 기관절개술로 인한 시술부위 반흔 및 추가 치아발치 상태 발생함.	치주농양 및 부종은 치과치료로 인한 것이 아니라 기왕증으로 인한 것이므로 인과관계 단절됨.
감염예방 및 감염피해 확대방지 주의의무 위반	#46 치아 발치 시 감염을 유발하여 구강내 농양을 유발시켰고, 발치부위 통증 및 부종이 발생하였음에도 불구하고 심경부 염증으로 피해가 확대되지 않도록 즉시 효과적으로 절개 및 배농술을 시행하고 상급병원으로 전원 조치하여 심경부 감염상태를 조기에 파악하고 처치하지 않은 과실	현 의료수준에 있어 최선의 진료의무를 이행하였고, 구강내 농양의 전파로 인해 심경부 감염이 유발되어 농양에 따른 호흡곤란 및 기관절개로 인한 반흔 등의 악결과를 예견할 수 없었음.

≪조정 결정≫

4,000만 원 재판부 결정에 의하여 종결됨.

≪관련 판례≫

1. 대법원 2002. 8. 23. 선고 2000다41776 판결

(1) 사건 개요

W의 피상속인 망 A는 1996. 8. 7.부터 좌측 견갑부에 바늘로 찌르는 듯한 경부통증이 있었고, 좌상지 소력감이 있어서 ○○시 소재 ○○한의원에서 '풍'이라는 진단을 받고 침을 맞았으나 호전이 되지 아니하여 다음날인 8. 8. 12:30경 한의사인 P가 경영하는 1차 진료기관인 ○○한방병원에 갔는데, P의 피용자로서 위 병원의 침구1과장인 의사 M1은 견갑부 X-ray 촬영결과와 문진·촉진결과를 종합하여 A의 병명을 경추디스크 및 근상(근육통)으로 추정 진단하고 ○○한방병원 침구과에 입원시키면서 같은 P의 피용자로서 위 병원의 한방수련의인 M2, M3 등으로 하여금 목디스크에 대한 치료로 침, 부황, 물리치료를 하게 하였고, 양방협진의사인 M4는 근육통에 대한 치료로 소페낙(소염진통제)을 투여하고 A의 혈액, 소변, 간기능, 신기능, 혈당, 류마치스인자, 씨피알, 간염 및 초음파검사 등을 실시하였습니다.

A는 ○○한방병원 입원 당시 위 통증 외에도 17:00경 오한과 38℃ 정도의 열이 있었고, 기왕증에 대한 문진을 통하여 그가 1995.경 지방간으로 진단을 받아 담배를 끊고 2개월간 양약을 복용하였고, 1996. 7.경 간기능 검사상 수치가 높아 다시 양약을 1일 2알씩 복용 중인 사실이 밝혀졌으며, 입원 중인 같은 해 8. 9. 혈액검사결과 망인의 백혈구 수치가 정상인의 경우인 4,000-10,000uL보다 높은 15,000uL로 나타났으며 초음파검사결과 경증의 지방간 및 비장종대의 소견이 관찰되었습니다.

A의 체온은 같은 달 9. 정상체온으로 돌아왔으나, 위와 같은 치료를 받았음에도 견갑부의 통증의 정도는 호전되었다가 다시 재발하기를 반복하여 M1 등은 그 경과를 지켜보면서 임상적인 대증요법을 시행하고 있었습니다.

같은 달 11.에도 계속하여 A의 전신에 소양 및 발적 증세는 계속되어 수차 아이스팩과 대황치자가루로 맛사지를 하고 아빌(알레르기성 질환, 염증증상, 피부소양증 등에 사용되는 약), 갈근해기탕(열병성 습진 발진 등에 쓰는 약), 오르틴(약두드러기, 습진, 피부염에 사용되는 약), 방풍해독탕(감기, 오한발열과 전신동통에 사용하는 약),

활락탕(요통, 견비통에 사용하는 약) 등을 투여하였으며, 같은 날 14:00경에는 정상이던 체온이 갑자기 38.5℃로 오르고, 맥박이 분당 86회, 호흡이 분당 22회로 상승하였으며, 발적과 소양증이 다시 심해져서 해열제 및 오르틴 2정, 황연해독탕(발열, 갈증에 사용되는 약) 1포를 복용하게 하였고, 그로 인하여 A의 체온은 같은 날 20:00경 37.9℃까지 떨어졌으나 같은 날 19:00경부터는 호흡곤란 증세까지 나타났습니다.

다음날인 같은 달 12. 새벽에도 A의 호흡곤란, 발열, 전신에 발진이 계속되었고, 같은 날 6:00경 A의 혈액검사를 하였으며, 같은 날 9:30경 A의 호흡곤란 및 발진, 가슴통증 등의 증세가 더 악화되었는바, 그 때 휴가에서 돌아온 P가 A의 증상을 보고는 바로 목디스크나 근육통과는 전혀 별개의 한방상의 단독(양방으로는 농흉, 농심낭, 화농성폐렴)으로 진단하고 내과로 옮겨 치료를 받도록하였으나, A의 처인 W 등 A의 가족들의 요구로 A를 ○○대학교병원으로 후송하였습니다.

○○대학교병원에서는 X-ray 촬영결과 A의 좌측 폐상부에 폐렴을 발견하고 산소공급, 인공호흡기의 사용, 수액공급, 고단위 항생제의 투여 등의 치료를 하고 원인균을 규명하기 위하여 혈액배양검사를 실시하였으나, A는 폐렴의 악화로 간과 신기능이 나빠지고 항생제의 투여가 효과를 보지 못한 채 같은 달 15. 13:50경 원인균이 규명되지 않은 상태에서 패혈증 쇼크로 사망하였습니다.

A의 패혈증을 초래하게 한 원인은 왼쪽 어깨와 가슴부위의 피하농양으로 추측되고 위 농양이 진전되어 농흉과 농심낭과 폐렴을 일으켜 패혈증의 증상이 나타나게 되었다고 추정됩니다.

(2) 판 단

『…패혈증이 생기면 체온이 38℃ 이상 또는 36℃ 이하, 맥박은 분당 90회 이상, 호흡은 분당 20회 이상, 백혈구수는 12,000uL 이상 또는 4,000uL 이하 등의 증상을 나타내고, 설사, 구토 등은 상태가 더욱 악화되어 패혈성 쇼크로 진행될 때 비로소 동반되는데, 설사, 구토, 복통 등의 증상이 나타나지 않았다고 하여 패혈증을 의심할 수 없는 것은 아니다. A 경우 패혈증을 초래하게 한 원인은 A의 왼쪽 어깨와 가슴부위의 피하농양으로 추측되고 위 농양이 진전되어 농흉과 농심낭과 폐렴을 일으켜 패혈증의 증상이 나타나게 되었다고 추정되며(갑 제8호증의34, ○○대학교 법의학교실의 감정서, 기록 234면), A은 P한방병원에 입원할 당시부터 ○○대학교병원으로 전원될 때까지 일관하여 왼쪽 어깨와 팔에 지속적이고 심한 통증을 계속 호소하였던 점에 비추어 입원 당시에 이미 왼쪽 어깨와 가슴부위의 피하농양이 진행되고 있었던 것으로 추정된다(대한의사협회에 대한 사실조회결과, 기록 725면) …입원시에 보인 증상인 왼쪽 어깨와 팔의 통증은 P한방병원에서 목디스크로 진단하고 이를 전제로 치료를 하였음에도 불구하고 사라지지 아니한 채 지속되었다. M1은 1996. 8. 10.(토요일) 10:00경 망인의 증상과 그 때까지의 치료결과 특별히 호전되지 않았고 백혈구수가 많아서 염증의 소견이 의심되니 12일(월요일) 다시 정밀검사를 하자고만 하였을 뿐 의심되는 염증에 대한 별다른 처치를 하지 아니한 채 퇴근하였다. A는 1996. 8. 11.(일요일) 14:00경 정상이던 체온이 갑자기 38.5℃까지 상승하고, 맥박이 분당 86회, 호흡이 분당 22회로 상승하였으며, 발적과 소양증이 다시 심해져서 해열제 및 오르틴 2정, 황련해독탕 1포를 복용하였으나 19:00경부터는 호흡곤란 증세까지 나타났고, 그 다음날인 8. 12. 새벽에도 A의 호흡곤란, 발열, 전신에 발진이 계속되었으며, 9:30경 A의 호흡곤란 및 발진, 가슴 통증 등의 증세가 더 악화되었음에도 그 때까지도 A에 대하여 진단과 처치를 제대로 하지 못하고 있다가, 휴가에서 돌아와 처음으로 A를 본 병원장인 P가 A의 증상을 보고는 바로 목디스크나 근육통과는 전혀 별개인 한방상의 단독(양방으로는 농흉, 농심낭, 화농성폐렴)으로 진단을 하고, 뒤늦게서야 비로소 단독에 대한 처치를 시작하려고 하다가 ○○대학교병원으로 전원하게 되었다. ○○대학교병원에서 X-ray 촬영을 한 결과 A의 좌측 폐상부의 폐렴을 발견하였고, 산소공급, 인공호흡기의 사용, 수액공급, 고단위 항생제의 투여 등의 치료를 하였으나, 폐렴의 악화로 간과 신기능이 나빠지고 항생제의 투여가 효과를 보지 못한 채 같은 달 15. 패혈증 쇼크로 사망에 이르게 되었다… 패혈증은 혈액 내에 있는 세균 또는 세균독소에 의하여 발생하는 질환으로서 오한과 38℃ 이상의 발열로서 시작하는 것이 보통이고 구토·설사·복통 등도 올 수 있으며, 그 확진은 혈액배양으로 병원균을 증명하는 방법뿐이지만 급격히 악화되는 치명적인 질환으로서 그에 대한 조기 발견 및 치료가 필수적이고 확진 전 임상진단이 무엇보다도 중요하며, 일단 패혈증이라는 의심이 들면 우선 광범위 항생제를 투여한 후 혈액배양검사를 실시하여 원인균을 밝혀 내고 그 원인균에 대한 적절한 항생제를 처방하여 투여하여야 하는 점 등은, M1 등이 A를 치료할 당시 표준적인 교과서 기타의 의학문헌을 통하여 임상의학의 분야에서 통상의 의사에게 일반적으로 알려져 있는 의학기술에 속한다… 앞서 본 법리를 전제로 하여 위와 같은 여러 가지 사정을 종합하여 보면, 오한과 38℃ 정도의 열이 있었던 입원 당시는 물론이고 늦어도 1996. 8. 10. 내지 같은 달 11.경 38℃ 이상의 발열과 백혈구수의 이상 증가가 있는 등의 증후가 보일 때, P한방병원의 의사인 위 M1 등으로서는 그와 같은 증세가 목디스크와는 무관하므로 곧바로 단독(폐렴)이나 패혈증 등 다른 발병을 의심하고 양방 협진을 통하여 광범위 항생제의 투여 등 그에 따른 적절한 처치를 시작하거나 그러한 처치가 가능한 종합병원으로 신속히 전원시킴으로써 폐렴의 악화로 인한 패혈증 쇼크라는 결과를 회피하기 위하여 최선을 다할 주의의무가 있음에도 이를 위반하여 패혈증의 가능성에 대한 진단을 적기에 하지 못하고 그에 대한 적절한 처치를 하지 못한 잘못이 있다고 보아야 할 것이다. 그럼에도 불구하고, 원심은 ○○대학교병원으로 전원될 때까지 A의 체온, 피부발진, 백혈구수,

> 오한 등의 증상만으로 P한방병원의 의사들인 M1 등에게 A의 폐렴 및 패혈증을 의심하고 그에 대한 검사 및 치료를 할 것을 기대하기는 어렵다고 판단하였으니, 거기에는 채증법칙을 위반하거나 필요한 심리를 다하지 아니하여 사실을 잘못 인정하거나 또는 의사의 의료행위에 있어서 주의의무에 관한 법리를 오해한 위법이 있다고 하지 않을 수 없다….』

고 하여 피고의 과실을 인정한 바 있습니다.

2. 서울서부지방법원 2011. 6. 1. 선고 2009가단153 판결

(1) 사건 개요

망 B(여, 1925. 3. 9.생)는 2008. 3. 10. 14:00경 턱 밑이 부어 있음을 주호소로, Y대학교병원의 응급실에 내원하여 Y병원의 의료진으로부터 하악골 농양이라는 진단을 받고, 같은 날 16:35경부터 16:45경까지 부분마취 아래 절개 및 배농술을 받은 후 17:10경 치과병동 내 1인 병실에 입원하였습니다.

내원 당시 체온 36.4도, 맥박 분당 88회, 호흡 분당 20회, 혈압 110/70 mmHg로서 활력징후상 이상증세는 없었으나, B는 Y병원의 간호사에게 2003년경 당뇨병을, 2005년경 고혈압을 각 진단받았으나 복용약 등 치료 내역에 대하여 모두 알지 못한다고 답하였는데, B의 혈당수치는, 내원당시 심각한 병증을 가지지 않는 당뇨병 환자의 공복혈당 권고수치 126mg/dl, 식후혈당 권고수치 200mg/dl를 초과하는 259mg/dl이었고, 이는 같은 날 22:00경 273mg/dl로 상승하였으며, 2008. 3. 11. 검사결과 최근 2~3개월간의 평균적인 혈당상태를 반영하는 당화혈색소가 당조절이 되지 않는 기준수치인 8%를 넘는 13%에 달하는 것으로 나타났습니다.

한편 Y병원의 의료진은 B의 수술 후에도 B에게 산소를 공급하며, 산소포화도 측정용 모니터를 연결하였는데, 혈액내 산소와 헤모글로빈의 결합정도를 나타내는 산소포화도 수치가 2008. 3. 10. 18:40경 99%이었으나, 같은 달 11. 18:30경 93%로, 같은 달 12. 01:15경 94%로 떨어졌습니다.

또한 Y병원의 의료진은 2008. 3. 11. 컴퓨터단층촬영을 통해 망인의 하악과 목 심부에 염증과 부종이 있음을 확인하고, 식도천공의 가능성을 배제하기 어렵다고 보아, 항생제(fullgram, flumarin)를 투여하였는데, B가 정신이 혼미한 상태에서 소리를 지르며 혈관에 확보된 주사와 수액을 잡아 빼고 옆 병실에 들어가 소란을 피우는 등 불안정상태를 계속 보이자, 보호자와 상의하여 같은 날 16:40경 수면진정제 미다졸람(midazolam)을 시간당 3.5mg씩 투여함으로써 B를 진정상태를 유지시켰습니다.

그 후 Y병원의 간호사는 2008. 3. 12. 02:00경까지 B에 대하여 경과관찰을 하였으

나, 같은 달 11. 20:00경을 마지막으로 더 이상 활력징후를 체크하지 않았고, 같은 달 12. 01:15경 이후부터 역시 산소포화도 수치를 별도로 기록하지 않았습니다.

그 후 같은 날 03:00경 W의 호출에 따라 B를 관찰한 Y병원의 간호사는 B에게 맥박과 호흡이 없고, 산소포화도 측정용 모니터에서 심정지 파형이 보이자 담당 주치의 M1에게 이를 알리고, 원내 심폐소생술팀을 호출하였는데, 그로부터 15분이 경과한 같은 날 03:15경에서야 Y병원 의료진은 B에 대해 심폐소생술과 기관내 삽관을 하였고, 그럼에도 B에게 변화가 없자 같은 날 03:20경 B를 중환자실로 옮겼습니다.

Y병원의 의료진은 같은 날 05:05경 직접사인 급성심근경색증, 중간선행사인 악하부의 급성 화농성 감염, 선행사인 당뇨, 고혈압, 치매로 B가 사망하였다고 진단하였습니다.

(2) 판 단

『…B는, 고령의 나이, 하악감염으로 인한 영양섭취 부족으로 인해 영양결핍과 탈수상태임이 추측되는 상황에서 수술 후에도 여전히 하악과 목 부위에 부종과 염증이 남아 있고, 조절되지 않는 높은 혈당수치의 당뇨병 등이 겹쳐 기도폐색이나 저칼륨혈증 등에 의하여 심장박동에 영향을 받아 급사할 수 있는 등 여러 합병증이 예상되는 고위험군 환자에 속한다. 그러므로 Y병원의 의료진에게는 대학병원의 의료수준에 맞는 검사 및 집중관찰을 통하여 목 부위 부종으로 인해 B의 후두나 기관이 압박되지 않도록 예방함과 아울러 식도천공의 확진을 위한 추가 정밀검사를 통하여 심한 염증을 수반하여 중증의 폐혈증으로 진행되는 것을 방지하며, 심정지가 발생하는 경우 신속한 심폐소생술을 시행하여 저산소증 뇌손상을 방지할 의무가 있음은 물론, B가 수술회복과정에서 수액주사를 잡아 빼는 등 이상증세를 보여 불가피하게 수면안정제인 미다졸람을 투여하게 되었다면 부작용인 호흡률 감소나 호흡정지의 가능성 또한 예상할 수 있던 반면 위 약의 투여로 인해 고령의 B가 자신의 증세를 제대로 호소할 기회가 제한되고, 이상반응 또한 제대로 관찰하기가 어려워지게 되었으므로, 활력징후 변화 등을 좀더 집중적으로 감식할 수 있는 중환자실로 B를 전실하여 이상이 발생한 경우 즉시 응급조치가 가능하도록 조치할 의무가 있다. 그럼에도 불구하고 Y병원의 의료진은 B에 대하여 식도천공의 확진을 위한 추가검사와 전해질 장애여부를 확인할 수 있는 검사도 하지 않은 가운데 B의 혈당수치를 낮추는 데에만 치중하여 저칼륨혈증이나 케톤산증 등 합병증의 발생에 대하여 아무런 예방 조치를 취하지 않았을 뿐 아니라, 중환자실이 아닌 1인실에서, B의 활력징후 변동여부를 제대로 인지할 수 없는 보호자의 감시 하에 둠으로써 응급상황에서 즉각 대처할 수 없도록 방치한데다가, 실제로 2008. 3. 11. 20:00경 이후 B의 활력징후를 체크하지 않았고, 같은 달 12. 02:00경 이후부터 오로지 B를 보호자의 관리하에 둠으로써 위와 같이 B의 심

성지 상태가 온 직후 즉각적인 기도확보와 충분한 산소공급 등 심폐소생술을 신속히 하지 못하고 15분이 지나서야 심폐소생술과 기관내 삽관을 함으로써 B에게 치명적인 저산소성 뇌손상이 초래된 것으로도 볼 수 있는 점 등을 종합하면 B의 사망사고는 Y병원 의료진의 위와 같은 의료과실에 기한 것으로 추정함이 타당하므로, Y병원은 진료계약의 당사자로서 B 및 가족인 W에게 그로 인한 재산적 및 정신적 손해를 배상할 책임이 있다….』

고 하여 피고병원의 과실을 인정한 바 있습니다.

7. 급성 세기관지염이 있는 영아가 몇 차례 개인의원 내원 후 악화되어 급성폐렴으로 사망한 사건[204)]

≪사건 개요≫

• 원고 망 김○○(여, 2세) / 피고 ○○의원

※ 사건 경과
급성세기관지염 → 폐렴악화 → 갑작스런 사망(집)

(1) 2008. 10. 17.경 오후부터 열 증상 (38.2)있어 피고의원에 내원
(2) 같은 달 20.경 열 오르락 거리면서 콧물 및 기침 증상으로 재내원(급성 세기관지염 및 근육통)
(3) 같은 달 22.경 코 그렁거리는 증상 및 열 지속되어 재내원
(4) 같은 달 24. 및 같은 달 29.경 코 그렁거림, 기침 및 콧물로 인하여 재내원
(5) 같은 해 11. 1.경 열 및 기침 재발하여 재내원 – 건성수포음 들림
→ 이후 39.2로 열경련 증상 발현되어 오후에 재내원
(6) 같은 달 3.경 건성수포음 및 열 지속되어 재내원
(7) 같은 달 5.경 안 먹고 쳐지는 등 증상 악화되어 재내원-영양제 투여
(8) 같은 달 6. 05:30경 호흡 및 맥박 소실되어 ○○병원에 내원
– 내원 당시 이미 사망한 상태(기관내튜브 삽입 후 관 안에서 다량의 액 나옴)
(9) 부검 결과 : 사망원인 급성폐렴

≪소장에서 주장하는 피고의 과실≫

영유아의 호흡기는 큰 아이들이나 어른들에 비해 호흡에 관한 모든 조건이 불리하게 되어 있습니다. 이처럼 어린 영유아들은 호흡에 중요한 환기와 확산에 장애를 받기 쉽고 호흡 운동에 직접 관여하는 호흡근도 미숙하기 때문에 영유아의 호흡기 질환을 다루는 의사는 이러한 특징을 잘 이해하고 있어야 합니다. 특히, 세기관지염과 같은 급・만성 폐질환은 서로 다른 몇 가지 기전에 의하여 급사(急死)에도 이를 수 있

204) 대구지방법원 2012. 2. 16. 선고 2009가합994 판결, 대구고등법원 2012나1635 결정.

는 바, 철저한 병력청취, 이학적검사, 진단검사를 통해 환아의 상태를 정확히 파악해야 하는데 피고는 망아에 대한 진료시 위 주의의무를 다하지 않아 망아의 상태를 제대로 파악하지 못한 채, 만연히 치료에 임하여 망아로 하여금 사망에 이르게 하였다 할 것입니다.

또한 피고는 망아의 상태가 지속적으로 악화되어 피고의원에서는 적절한 치료 및 검사가 어렵다고 느껴졌다면 바로 큰 병원으로 전원 시켜 망아의 상태에 따른 적절한 처치가 시행될 수 있도록 하여야 할 의무가 있음에도 불구하고 피고는 망아의 상태를 간과한 채 전원조치조차도 실시하지 않은 과실이 있습니다.

≪관련 의학지식을 통한 입증≫

1. 망아의 사인

(1) 망아는 급성폐렴으로 인하여 사망하였습니다.

부검 결과 상 망아는 급성폐렴으로 인하여 양측 폐 전 부위에서 경화 및 출혈 증상이 있었으며, 폐 전체에서 염증세포가 침윤이 된 상태로 결국 양측 폐에 무기폐를 발생시키면서 사망에 이르게 되었습니다.

▶ 갑 제8호증의3 '사체검안서' 참조.
『10. 사망의 원인－직접사인 : 급성폐렴으로 추정
11. 주요해부소견 : 1. 양측 폐장 전엽에 경화 및 출혈
2. 기관지 내의 점막출혈 및 부종
3. 양측 늑막의 삼출물…』

▶ 갑 제8호증의4 '부검감정서 가-5항' 참조.
『…폐 및 기도 : 양측 폐는 심한 경화현상이 일어나 딱딱하다. 양측 폐에서 무기폐가 인정된다. 기도에는 점막출혈과 부종이 있다.』

▶ 갑 제8호증의4 '부검감정서 나-1항' 참조.
『…좌우측 폐 전엽에는 폐렴이 동반되어 심한 염증세포의 침윤이 있다.』

결국 망아는 [양측 폐 전체 부위 폐렴(심한 염증 세포 침윤) → 폐경화 및 폐출혈 → 무기폐 → 사망]에 이르게 되었습니다.

(2) 망아에게는 사망할 만한 선천적 이상이 없었습니다.

망아에게는 갑작스럽게 사망할 만한 선천적 이상이 없었으며, 특히 갑작스런 호흡

곤란 및 심정지를 발생시킬 만한 심폐기관의 선천적 이상은 없었습니다.

▶ 갑 제8호증의4 '부검감정서' 참조.
『2. 체강 : …각 장기의 해부학적 위치는 이상이 없다.
3. 흉선 : 이상이 없다.
4. 심장 및 대혈 관계 : …심장의 각 판막들은 이상이 없다. 심장의 관상동맥과 대동맥에도 이상이 없다.』

(3) 소 결

망아는 폐렴에 의한 호흡장애로 사망하였습니다. 사망 전 망아에게 폐렴에 대한 증상이 있었으나, 위 증상에 대하여 피고는 지속적으로 간과한 채 호흡기 질환 영유아에 대한 치료시 주의의무를 다하지 않음으로써 망아로 하여금 사망에 이르게 하였습니다.

▶ 갑 제8호증의4 '부검감정서' 참조.
『…종합하면 양측 폐장의 급성 폐렴으로 추정한다. …양측 폐장 전엽에 경화 및 출혈이 일어나 있고, 현미경 소견에서 광범위한 폐실질에 급성 염증세포의 침윤이 일어나 있다. 그리고 이로 인하여 기관지 내의 점막출혈 및 부종과 양측 늑막의 삼출물이 동반되어 있다. 양측 폐장에 급성 폐렴이 발생하면 합병증으로 전신 감염을 동반하거나 호흡곤란으로 사망할 수 있다.』

원고들은 다음에서 영유아기 호흡기계통의 취약성에 관해 살펴보고 피고의 과실을 적시하고자 합니다.

2. 의학적 자료

가. 호흡기계의 영, 유아와 성인과의 차이점

영유아는 성인에 비해 기도의 안지름이 좁아 기관지 감염과 이물 심지어는 가래 등으로도 기도 폐쇄가 쉽게 발생하고, 심한 호흡곤란을 유발합니다(갑 제9호증의2 소아과학 617쪽 참조).

▶ 소아과학
"…기도 저항은 기도도 반지름의 4제곱에 반비례하기 때문에 전반적인 기도 안지름이 작은 소아에서는 어떠한 원인에 의해 작은 폭의 감소라도 기도 저항은 매우 심각하게 나타난다. 영, 유아는 기관지 감염과 이물 심지어는 가래만으로도 기도 폐쇄가 쉽게 발생하고 또 심한 호흡 곤란을 일으키기도 한다. 말초 기도의 저항 자체도 많이 증가되어 있다.”

더욱이 영유아는 큰 아이들이나 어른들에 비하여 공기를 폐로 인도하는 기도가 좁아서 환기 장애가 일어나기 쉽고, 폐포 표면적이 좁으므로 확산 장애를 초래하기 쉽기 때문에 호흡곤란 장애가 쉽게 발생 가능합니다(갑 제9호증의2 소아과학 617쪽 참조).

▶ 소아과학

“…코, 인두, 후두, 폐와 상기도에 존재하는 여러 가지 수용체들은 팽창, 온도, 자극물질, 기타 여러 자극에 민감하게 반응하여 재채기, 기침, 기관지 경련, 무호흡 등의 호흡기 증상 뿐만 아니라 서맥 등의 순환기 증상도 일으킨다. 신생아와 어린 영아는 이러한 반응이 심하게 나타나 상기도의 자극만으로도 쉽게 기관지 경련 또는 무호흡이 일어날 수 있다.”

나. 영유아의 호흡기 질환 진료시 주의의무

(1) 영유아기의 호흡기계 환자에게는 자세한 병력과 철저한 이학적 검사의 시행이 무엇보다 중요합니다.

위에서 살펴 본 바와 같이, 영유아는 성인과 큰 아이들에 비해 호흡기계통이 미숙하여 적절한 치료를 받지 못하는 경우, 성인과 다르게 쉽게 기도 폐색 등으로 인한 호흡곤란이 발생하기 때문에 영유아의 호흡기 질환을 다루는 의사들은 이런 특징을 잘 이해하고 세심한 이학적 검사를 통해 호흡곤란의 정도를 정확히 파악하고 그 정도가 심하면 조기에 종합병원으로 입원 조치하여 적절한 경과관찰 및 치료를 시행해야 합니다.

더욱이 영유아는 자신의 증상에 대한 말로의 의사표현이 불가능하기 때문에 상세한 이학적 검사 등의 중요성이 강조되는 것입니다.

(2) 호흡장애가 있거나 증상완화가 되지 않는 경우, 주의 깊은 경과관찰을 위한 입원조치 및 진단적 검사 등이 필요합니다.

주의 깊은 이학적 검사 결과상 영유아에게 호흡 장애가 동반되거나, 처방된 약물치료에도 증상이 완화되지 않고 지속되는 경우, 의료진은 영유아의 상태를 정확하게 확인하기 위한 진단적 검사를 시행해야 하며, 작은 자극에도 발생할 수 있는 기도 폐색 및 호흡곤란 등에 대한 경과관찰 및 조기치료를 시행해야 합니다.

이 건 역시 망아는 2세의 영아였으며, 망아의 호흡기계 또한 성인에 비해 위와 같은 취약점을 갖고 있기 때문에 피고는 망아의 폐 상태 및 호흡곤란의 정도를 확인하기 위해 기침, 호흡음, 호흡곤란의 심한 정도, 성격, 특징 등에 유의하여 이학적 검사 및 정확한 진단을 위한 진단적 검사 등을 시행하여 이에 맞는 처치를 시행할 주의의무가 있습니다. 또한 피고는 이와 같은 진단적 검사를 시행할 수 없거나 망아의 상태가 심하여 치료할 수 없는 경우, 빠른 시간 안에 상급병원으로 전원조치 하여 정확한 진단을 받은 후 보조 호흡기 치료 등을 시행 받을 수 있도록 할 주의의무가 있다 할 것입니다.

3. 피고의 과실

가. 망아의 상태에 대한 검사 미실시

(1) 피고는 망아 내원 당시 청진 등의 이학적 검진을 성실히 이행하지 않았습니다.

망아는 사망 전 열 경련, 지속되는 미열 및 기침 등의 증상으로 피고의원에 지속적으로 내원하였습니다. 그러나 피고는 2008. 11. 5.경 망아에게 지속적인 미열, 심한 기침 및 먹지 못하고 쳐지는 등의 증상이 발현되었음에도 불구하고 망아의 폐 상태 및 호흡 상태를 정확하게 확인하기 위한 이학적 검사를 시행하지 않았습니다. 이와 같이 망아의 악화되는 증상에 대하여 피고의 무성의한 진료는 피고의 진료기록지에서도 알 수 있습니다.

▶ 갑 제3호증 '피고의원 진료기록지' 참조.
"2008년 11월 05일 11:07
진단 : 급성 기관지염
근육통
미열
안 먹고 쳐진다
기침 심…"

위에서 볼 수 있듯이 피고는 망아의 증상에 대해서만 물어보고 간단히 기재했을 뿐 호흡기 질환 영·유아 환자에 대해 세심히 살펴보아야 할 호흡음, 호흡횟수, 호흡곤란의 정도, 성격, 특징, 열이 있다면 체온은 어떠한지 등에 대해 전혀 관찰하지 않았습니다.

(2) 피고는 망아의 상태에 대하여 정확한 진단을 하기 위한 검사조차 실시하지 않았습니다.

망아는 피고의원에 사망전날인 2008. 11. 5.경 처음 내원한 것이 아닙니다. 망아는 2008. 10. 17., 같은 달 20., 같은 달 22., 같은 달 24., 같은 달 29., 같은 해 11. 1., 같은 달 3., 같은 달 5.경 피고의원에 열, 콧물, 기침 및 경련 등의 증상으로 지속적으로 내원하였습니다. 이와 같은 망아의 지속적인 내원에도 불구하고 피고는 단 한차례도 망아의 정확한 기도 및 폐 상태를 확인하기 위한 혈액 검사 및 흉부방사선검사를 실시한 적이 없습니다. 더욱이 망아는 피고의 약물치료에 증세의 호전을 보이지 않았으며, 기침이 심하고 안 먹고 쳐지는 등 망아의 상태는 악화되어 갔습니다.

위에서 살펴 본 바와 같이 피고의원의 약물처치에도 불구하고 망아의 증세는 호전이 보이지 않았으며, 오히려 기침이 심하고 먹지 못하는 등 망아의 상태는 악화되고 있었습니다. 이에 대하여 피고는 폐병변의 상태 및 부위 등을 확인할 수 있는 흉부방사선 및 망아의 호흡기능의 정도를 평가하기 위한 동맥혈 검사 등을 시행하였거나, 위와 같은 시설이 없는 경우 그 시설이 갖추어져 있는 타 병원으로의 전원조치를 취해야 할 주의의무가 있음에도 불구하고, 망아의 상태에 대하여 막연하게 나아질 것이라는 안이한 생각에 망아를 방치하였습니다.

결국 피고는 망아에 대해 기관지염으로 진단하고 단순히 반복적인 약물만 처방하여 망아로 하여금 폐렴에 대한 적정의 치료 기회를 상실케 하였으며, 망아가 사망한 이후에도 망아에게 폐렴이 발생한 것조차 모르고 있었던 것입니다.

(3) 피고는 악화되어 가는 망아의 상태에 대하여 전원조치를 시행하지 않은 채 망아를 방치하였습니다.

2008. 11. 5.경 망아의 심한 기침 및 못 먹고 쳐지는 등의 증상으로 피고의원을 내원한 당시 피고는 망아에 대하여 진단적 검사도 실시하지 않은 채 망아에게 수액 처치만 시행하였습니다. 망아는 수액을 다 맞고 나서도 얼굴이 창백하였으며, 이에 원고 2는 피고를 만나고 간다고 요청하였음에도 불구하고 피고를 만나지도 못하였으며 집에 가서 지켜보면 괜찮을 거라는 피고의원의 의료진 말을 믿고 집으로 돌아왔습니다. 그러나 망아는 지속적으로 음식을 먹지 못 하는 등 상태는 더욱 악화되어 갔습니다. 이와 같은 사실에 대하여 피고의원에 알렸으나, 피고는 조금씩 자주 먹이고, 한 숨 자면 괜찮아질 거라고만 언급한 채 피고의원에 다시 내원하라거나 정확한 상태를 확인하기 위하여 3차병원으로 가보라고 전혀 언급조차하지 않았습니다.

피고는 망아의 상태가 지속적으로 악화되어 피고의원에서는 적절한 치료 및 검사가 어렵다고 느껴졌다면 바로 큰 병원으로 전원 시켜 망아의 상태에 따른 적절한 처치가 시행될 수 있도록 하여야 할 의무가 있음에도 불구하고 피고는 망아의 상태를 간과한 채 전원조치조차도 실시하지 않은 과실이 있습니다. 당시 피고가 원고들에게 망아의 상태가 급격히 악화되어 호흡곤란이 올 수 있으니 상급병원으로 가서 즉시 망아의 상태에 대하여 정확하게 검사 및 진단을 받으라고 설명만 하였다면 망아의 사망이라는 악결과는 회피할 수 있었던 것입니다.

≪원·피고 주요쟁점≫

쟁 점	원 고	피 고
1. 처치상 주의의무 위반	병력 청취, 이학적 검사, 진단 검사 등의 진단적 검사를 시행하지 않음. －폐렴으로 인하여 호흡부전 발생하여 사망	진료 당시 중하지 않은 기관지염이 귀가 후 관리상의 문제 및 다른 원인으로 인하여 폐렴 악화되어 사망에 이름. －혈액검사 및 방사선검사 필요 없는 상태였음.
2. 전원상의 과실	상태가 악화되어 적절한 진단 및 치료가 어려움에도 빠른 전원 조치를 시행하지 않음.	－08. 11. 5.경 오전 진료 당시 입원조치 및 전원의 필요성 없었음.
3. 설명의무 위반	망아에 대한 치료방법, 부작용 및 예후, 합병증에 대해 자세히 설명하지 않음.	악화될 경우 응급실을 통하여 입원시키라고 주의시킴.

≪1심 판결≫

1. 피고의 과실

『피고는 2008. 10. 17. 망아의 증상을 기관지염으로 진단하고, 항생제, 해열제 등을 처방한 이래 2008. 11. 5.까지 망아의 증상을 기관지염 또는 편도염이 동반된 기관지염으로만 진단하고 유사한 약물치료를 계속하였다. 그럼에도 불구하고 망아의 증상은 일시적인 호전과 악화를 반복하기는 하였지만, 눈에 띄게 개선되지는 않았고, 오히려 시간이 지날수록 기침, 건성수포음, 고열로 인한 열성 경련, 구토, 식욕부진, 처짐 등의 증세가 나타나는 등 망아의 상태가 악화되었다. 이와 같이 거듭되는 항생제 등의 처방에도 불구하고 뚜렷한 치료 효과 없이 발열, 기침, 콧물 증세 등이 10일 이상 계속되고, 더구나 청진상 수포음마저 발견되었다면, 고열, 호흡곤란 등의 전형적인 폐렴 증상을 동반하지 않았더라도 피고는 피고 스스로도 폐렴의 가능성을 언급한 2008. 11. 1. 경에는 폐렴이나 다른 질환의 동반을 의심하고 흉부 방사선검사 등의 진단적 검사를 실시하거나 진단적 검사가 가능한 병원으로 망아를 전원시킬 주의의무가 있었다. 특히 망아가 2008. 11. 5. 탈수에 따른 수액처치를 받았음에도 불구하고 기력을 찾지 못하였고, 원고 이○○이 같은 날 18:30경 피고의원의 간호사에게 망아의 상태가 악화되었음을 전화로 호소하였는 바, 그렇다면, 피고는 당장 망아를 피고의원에 내원케하여 망아의 상태를 확인하거나 다른 병원의 진단을 받도록 조치를 취하여야 할 것임에도 불구하고 아무런 조치를 취하지 아니하였으므로, 의사로서의 주의의무를 다하였다고 할 수 없다. 결국 망아는 위와 같은 피고의 진단·처치상의 잘못으로 폐렴에 관하여 아무런 치료도 받지 못한 채 사망에 이르렀다고 할 것이므로, 피고는 피고의 잘못으로 인하여 망아와 원고들이 입은 손해를 배상할 의무가 있다…

피고는 원고 이○○에게 망아를 입원시설이 있는 병원에 입원시키라고 수차례 권유하였음에도 원고 부부가 망아를 입원시키지 않아 망아가 사망에 이르게 된 것이므로, 피고에게 망아의 사망으로 인한 책임이 없다고 다툰다…

망아에 대한 진료기록부에 '열 호전 안되면 입원하세요(2008. 11. 1.자 기록)' '심하면 입원하세요(2008. 11. 5.자 기록)'라고 기재되어 있는 사실은 인정되지만 위와 같이 피고가 원고 이○○에게 망아의 입원을 권유하였다고 하더라도 망아의 상태에 대한 충분한 설명없이 '열 호전되지 않으면' 또는 '심하면' 등의 추상적인 기준을 제시하면서 비전문가인 원고 부부에게 망아의 입원에 관한 판단의 책임을 떠넘기는 형태로 의례적으로 입원을 권유한 사실만으로 피고가 망아에 대한 진료를 담당한 의사로서 최선의 조치를 다하였다고 볼 수는 없다.』

2. 인과관계

인과관계에 관한 판단은 없음.

3. 인용금액 : 7천만 원

4. 피고의 책임비율 : 25%

망아의 폐렴이 비정형적이고, 입원을 권유하였는데 망아의 부부가 거부한 점 감안.

≪관련 판례≫

1. 서울지방법원 1999. 2. 3. 선고 97가합7863 판결

서울지방법원은 폐결핵 및 급성폐렴으로 사망한 사건에 대하여,

『…(1) 위 인정사실에 의하면 소외인에게 중증폐결핵 및 이로 인한 급성 폐렴 이외에 달리 사망의 원인이 될 만한 특별한 사정이 존재하였음을 인정할 만한 아무런 자료가 없는 이상 소외인의 증상 및 사망에 이르기까지의 경과에 비추어 볼 때 소외인은 위와 같은 질환으로 점액괴사성 폐조직편, 농, 핏덩어리, 기타 분비물 등이 갑자기 기도를 폐쇄한 결과 발생한 급성호흡부전으로 사망에 이르렀다고 추정된다.

(2) 그런데 소외인에 대한 진찰 및 치료를 담당한 피고 □□□로서는 소외인이 중증의 폐결핵 및 급성폐렴환자로서 전신이 매우 허약한 상태에서 입원치료를 받고 있었고 이러한 경우 그 합병증으로 갑작스런 기도폐쇄에 따른 호흡곤란으로 사망할 수 있다는 점을 예상할 수 있었음에도 전염의 우려 때문에 소외인을 1인실에 입원조치하였으므로 소외인에게 항결핵제와 항생제 등을 투여하는 데 그칠 것이 아니라 나아가 위와 같은 갑작스런 호흡곤란 증세의 발생가능성을 염두에 두고 소외인의 간호를 담당하는 간호사들로 하여금 소외인에게 절대적인 안정을 취한 상태에서 심신에 무리가 가지 않도록 조치를 취함과 아울러 갑작스런 호흡곤란 증세가 발생할 경우 신속한 발견 및 대처가 곤란한 야간의 수면시간에는 수시로 소외인의 상태를 관찰, 확인하도록 하여 소외인이 수면 중 기도폐쇄로 호흡곤란 상황에 처하더라도 신속히 이를 발견, 응급조치를 취함으로써 치명적인 결과의 발생을 방지하여야 할 주의의무가 있음에도 이를 게을리한 채 소외인의 담당 간호사들에게 위와 같은 구체적인 간호지시를 전혀 내리지 아니함으로써 담당간호사들로 하여금 밤늦도록 장시간 TV를 시청하는 소외인의 무리한 병상생활을 방치하게 하였을 뿐만 아니라 야간의 수면시간에도 통상적인 관찰에 그치도록 하여 소외인이 수면 중 호흡곤란으로 인한 비가역적 상태에 빠져 있는 것을 뒤늦게 발견함으로써 각종 응급조치에도 불구하고 결국 사망에 이르게 한 잘못이 있다 할 것이다. 따라서 피고는 위와 같은 불법행위로 인하여 소외인 및 그와 가족관계에 있는 원고들이 입게 된 모든 손해를 배상할 의무가 있다 할 것이다.』

고 판시한 바 있습니다.

2. 서울지방법원 1999. 1. 13. 선고 97가합57042 손해배상(의) 판결

영아가 탈수와 전해질 대사 이상으로 사망한 사건에 대해 법원은,

『구토와 설사를 반복하는 아기에 대하여 1차 진료를 한 의사는 아기를 두 번째 진찰할 당시 그 부모를 통하여 자신이 전날 내린 처방에 따른 투약에도 불구하고 오히려 아기가 간밤에 심하게 보채면서 구토와 함께 설사를 11번이나 하는 등 자신의 처방이 아무런 효험을 나타내지 못한 채 아기의 병세가 더욱 악화되었다는 사정을 알게 되었으므로 아기의 연령에 비추어 단기간에 지속된 심한 설사와 구토 증세로 인하여 쉽게 탈수 및 전해질 대사의 이상이 발생할 수 있는 가능성을 염두에 두고 혈압과 맥박 및 소변량 등을 확인하고 피부의 탄력 상태나 구강 내 점막의 건조 정도 등을 통하여 탈수 증세의 발생 여부 및 그 정도를 확인한 후 수액을 공급하거나 부족한 전해질을 보충하는 한편 부모에게 아기가 즉시 혈액내 전해질 농도 및 혈액 가스분석 등의 검사를 받을 수 있도록 조치함으로써 이틀간 지속적인 구토와 심한 설사를 보였던 아기에게 탈수와 전해질 대사의 이상으로 인하여 초래될 수 있는 위험을 방

지하여야 할 의무가 있음에도 불구하고 위와 같은 조치를 전혀 취하지 아니한 채 단지 전날과 똑같은 고식적인 진료 및 처방만을 반복하면서 증상이 더욱 심하여지면 상급병원에 가보라는 막연한 권유만을 한 잘못으로 부모로 하여금 아기의 병세가 악화되는 것을 방치하게 한 잘못이 있고, 2차 진료를 한 의사는 부모로부터 아기가 이틀 전부터 심한 설사와 구토증세를 보여 개인의원에서 치료를 받았으나 병세의 호전 없이 더욱 증상이 악화되었다는 내원 경위를 듣고 아기를 진찰한 결과 체온이 39℃까지 상승한 것을 확인하였으면, 지속적인 설사와 구토 증세로 인한 탈수 등 심각한 합병증의 발생 가능성을 염두에 두고 이를 예방하기 위하여 아기의 상태를 좀 더 관찰하면서 위에서 본 바와 같은 검사 등을 실시하여 그 결과에 따라 수액을 공급하거나 부족한 전해질을 보충하는 조치를 취하여야 할 의무가 있음에도 불구하고 외관상 탈수의 증세가 확진되지 아니하고 해열제의 투여로 아기의 체온이 내려갔다는 점에만 치중한 나머지 약제만 처방한 채 성급하게 아기를 퇴원시킨 잘못이 있는 경우, 탈수 및 전해질대사 이상으로 추정되는 사인으로 인한 아기의 사망은 두 의사의 위와 같은 잘못으로 말미암아 초래되었다고 판단되므로 아기 사망의 결과가 진료상의 과실로 말미암은 것이 아니라 전혀 다른 원인으로 말미암은 것이라는 입증을 다하지 못하는 이상 두 의사의 소속 의료기관들은 위와 같은 불법행위로 인한 손해를 배상할 책임이 있다.』

고 판시하였습니다.

제 5 장 진료기록부의 부실기재나 추가작성시 입증방해의 문제

제5장

진료기록부의 부실기재나 추가작성시 입증방해의 문제

의료사고에 대한 손해배상청구소송에 있어서 의료진의 과실에 대한 입증책임이 원고에게 있으므로 환자측에서 의료진의 과실을 밝혀야 한다. 의료진의 과실을 밝히기 위한 가장 중요한 증거자료가 진료기록부이다. 그런데 이 진료기록부가 전자차트의 도입과 함께 진료기록부의 진정성이 의심받고 있다.

따라서 소송실무에서는 진료기록부와 관련하여 개인병원의 진료기록부는 거의 잘 믿지를 않으며, 환자측의 사건경위서를 작성하게 하여 이를 토대로 먼저 진료기록부의 진위여부를 확인하는 절차를 밟게 된다.

이 절차를 거친 후에 진료기록부에 따른 사건경위를 정리하여 대응하게 된다.

1. 진료기록부의 의의

진료기록부 등이란 의료인이 진료에 관한 사항, 즉 진료에 의한 소견, 진단, 투약, 주사, 수술 기타 처치의 내용과 그 결과 또는 경과 등을 특정한 환자에 대하여 구체적으로 기재한 문서 또는 전자기록을 말한다.[205]

의료법은 '의료인은 각각 진료기록부, 조산기록부, 간호기록부, 그 밖의 진료에 관한 기록(이하 "진료기록부 등"이라 한다)을 갖추어 두고 환자의 주된 증상, 진단 및 치료 내용 등 보건복지부령으로 정하는 의료행위에 관한 사항과 의견을 상세히 기록하고 서명하여야 한다.'고 규정하고 있다(의료법 제22조 제1항).

2. 진료기록부의 작성취지와 관행의 불인정

진료기록부를 작성토록하는 취지는 진료를 담당하는 의사 자신으로 하여금 환자의

205) 주호노, 의료법 총론, 법문사 142쪽.

상태와 치료의 경과에 관한 정보를 빠뜨리지 않고 정확하게 기록하여 이를 그 이후 계속되는 환자 치료에 이용하도록 함과 아울러 다른 의료관련 종사자들에게도 그 정보를 제공하여 환자로 하여금 적절한 의료를 제공받을 수 있도록 하고, 의료행위가 종료된 이후에는 그 의료행위의 적정성을 판단하는 자료로 사용하도록 하고자함에 있다.[206]

우리나라의 개인병원들이 진료기록부를 작성하면서 중요사항이나 특이사항이 있을 때만 그 진료결과를 기재하고 진료결과가 정상적인 경우에는 기재를 소홀히 하는 것이 관행처럼 되어 있다고 하더라도 이러한 부실기재 행태는 잘못된 것이 분명하므로, 이를 가지고 바로 의료과실을 추정할 수는 없다고 하더라도, 의료법 제21조에 의하여 환자 등의 진료기록에 대한 열람권 등이 인정되기까지 한 이상, 의사측이 진료기록을 성실히 작성하지 않음으로 인하여 진료경과가 불분명하게 된 데 따른 불이익을 환자측에게 부담시키고 그와 같은 상황을 초래한 의사측이 유리한 취급을 받아서는 안 된다 할 것이다[207]고 판시하고 있다.

3. 입증방해의 일반이론

입증방해라는 것은 증명책임을 부담하지 않는 자가 고의 또는 과실에 의한 행위 또는 부작위로 인하여 증명책임을 부담하는 당사자에 의한 증명을 못하게 하거나 곤란하게 하는 것을 말한다. 입증방해이론은 이러한 입증방해를 한 당사자에게 소송법상 일정한 제재라는 부담을 지우도록 하는 것이다. 이러한 입증방해이론은 증거수집에 방해를 하면 일정한 제재를 부담시킨다고 함으로써 방해자가 상대방의 증거수집활동을 방해하지 못하도록 미리 예방하는 예방적 기능과 일단 방해행위가 있는 경우에는 방해자에게 불리한 사실을 의제할 수 있는 제재적 기능을 함께 가지고 있다.

가. 입증방해의 효과

① 법관이 자유심증의 범위내에서 입증자의 주장의 진위를 자유롭게 평가하는 것이라는 자유심증설 ② 입증을 방해한 경우에는 입증책임이 상대방에게 전환된다는 입증책임전환설 ③ 법원이 구체적인 사안을 고려하여 자유재량으로 입증책임자의 주장을 진실한 것으로 의제할 수 있다는 자유재량설 등이 있다. 다수설은 자유심증설로

206) 대법원 1998. 1. 23. 선고 97도2124 판결, 대법원 1997. 8. 29. 선고 97도1234 판결, 대법원 2008. 7. 24. 선고 2007다80657 판결.

207) 서울중앙지방법원 2013가합555959 판결.

보인다.

이러한 진료기록부의 부실기재나 추가기재가 있는 경우 원고의 입증을 방해하는 것이 되어 입증책임이 전환되거나 과실 추정이 될 수 있다.[208] 그러나 진료기록부가 일부 변조되었다고 하더라도 그러한 사정만으로 피고측의 의료상 과실에 대한 입증책임 전환되거나 원고의 위 주장사실이 그대로 증명된 것으로 볼 수는 없다.[209]

나. 소송실무에서 진료기록부의 부실기재나 추가기재

소송 실무를 진행하여 보면 의료기관이 제출한 진료기록부와 환자측이 병원에서 제출받은 진료기록부가 상이한 경우가 종종 있다. 지엽적인 문제의 상이한 진료기록부의 경우에는 문제가 되지 않으나, 중요한 부분, 결정적인 부분에서 누락되거나 가필된 경우에는 이에 대한 주장과 입증을 하는 것이 좋다.

특히 진료기록부의 부실기재나 추가기재의 경우 의료사고가 발생하였을 때 병원마다 대응하는 방법이 달라서, 어떤 병원은 결정적으로 중요한 부분은 누락시키는 병원도 있고, 어떤 병원은 QA팀 등에서 조직적으로 대응하여 의료사고가 난 부분을 중심으로 아주 자세하게 가필하여 대응하는 경우도 있다.

따라서 의료사고를 당한 가족이나 환자들은 가능하면 신속히 진료기록부 사본에 대한 확보를 통하여 이러한 진료기록부의 부실기재나 추가기재를 막을 필요가 있다.

4. 입증방해 관련 판례

가. 대법원 1995. 3. 10. 선고 94다39567 판결

(1) 사실관계

이 사건 소제기 후 의사진료기록 등에 대한 제1심 법원의 서증조사기일에 제출된 피고명의의 의사진료기록 및 레지던트 명의의 의사 진료기록의 기재 중 원고에 대한 진단명의 일부가 흑색볼펜으로 가필되어 원래의 진단명을 식별할 수 없도록 변조되어 있다(서울고등법원 1994. 6. 22. 선고 92나67782 판결). 서울고등법원은 이렇게 사실관계를 확정한 다음 이를 입증방해로 보고 피고의 수술과정상의 과오를 추정하거나 하나의 자료로 삼았다.

208) 대법원 2011. 10. 13. 선고 2011다5290, 2011다55306 판결(병합).
의료소송에서의 입증방해란 의사 측에서 진료기록 등을 변조하는 경우 법원이 의사 측에게 불리한 평가를 할 수 있는 것을 의미한다.

209) 대법원 1991. 4. 13. 선고 98다9915 판결.

(2) 법원의 판단

의료분쟁에 있어서 의사측이 가지고 있는 진료기록 등 기재가 사실인정이나 법적 판단을 함에 있어 중요한 역할을 차지하고 있는 점을 고려해 볼 때 의사측이 진료기록을 변조한 행위는 그 변조이유에 대하여 상당하고도 합리적인 이유를 제시하지 못하는 한 당사자간의 공평의 원칙, 또는 신의칙에 어긋나는 입증방해행위에 해당한다 할 것이고, 법원으로서는 이를 하나의 자료로 하여 자유로운 심증에 따라 의사 측에게 불리한 평가를 할 수 있다… 원심이 인정한 바와 같이 진료기록이 변조되어 있다면 피고 측이 그 변조이유에 상당하고도 합리적인 이유를 제시하지 못하고 있는 이 사건에 있어서 이는 명백한 입증방해행위라 할 것이므로 원심이 이를 피고의사의 수술과 정상의 과오를 추정하는 하나의 자료로 삼았음은 옳고 거기에 입증방해행위에 관한 법리오해의 위법이 있다고 할 수 없다.

나. 서울지방법원 1999. 9. 8. 선고 98가합54194 판결

『치료 및 경과기록지가 피고의원에서 제왕절개수술을 받은 다른 산모들에 대하여 정상적으로 작성된 것으로 보이는 진료기록부에 비하여 피고의원에 유리한 사항에 관하여는 영문만이 아니라 한글로도 지나칠 정도로 자세하고 구체적으로 기재되어 있는 반면(피고 의사가 전원을 의뢰하였다는 병원들의 이름이 모두 기재되어 있기까지 하다) 피고병원에 불리한 영향을 미칠 수 있는 분만 당일의 하혈 등 이상증세에 대하여는 아무런 기재가 없으며, 복부 제모를 한 것이 마치 이 사건 제왕절개수술 직전인 것처럼 기재되어 있으나 진료기록부의 다른 기재에 의하면 복부 제모를 한 것은 의사가 사후에 자신에게 유리하게 일부 내용을 사실과 다르게 작성한 것으로 보여 이를 그대로 믿기 어렵다.』

다. 서울지방법원 1999. 9. 8. 선고 98가합51874 판결

『피고병원은 환자의 응급실 내원 시각은 1998. 1. 13. 22:20경으로 의사는 그의 응급처치로 환자의 증세가 호전되었음을 확인하고 불과 20여 분만에 원고들로 하여금 환자를 다른 피고병원을 후송하도록 하였으므로 전원을 지체시킨 바 없다고 주장하나, 이에 부합하는 듯한 을 제1호증의 3(진료기록부, 1998. 1. 13. 재방문 시각과 관련하여 '10:30'이라는 기재가 있으나 '8:30'이라는 원래의 기재 상단에 가필된 것으로 이 부분 기재는 믿을 수 없다), 을 제3호증의 1, 2의 각 기재와 증인 등의 일부증언을 선뜻 믿기 어렵고 을 제5, 6호증의 각 기재만으로는 이를 인정하기에 부족하며 달리 이를 인정할 만한 증거가 없으므로 위 주장은 이유없다.』

라. 서울지방법원 의정부지원 1999. 6. 3. 선고 97가합18025 판결

『피고 의사 측은 저나트륨혈증 상태에 있는 환자에게 적절한 수액치료를 하였다고 주장한다. 이에 을 제1호증의 2(진행일자)의 기재는 우선 환자가 나트륨혈증으로 치료하였다는 위 진행일지는 그 작성일자가 1997. 8. 18.로 되어있는데, 환자는 그 다음날인 같은달 19. 탈장수술을 한 후 혼수상태에 빠졌는 바, 위 작성일자와 당시 상황이 서로 다르다. 위 진행일지에는 환자의 혈중나트륨농도가 122mEq/L로 확인하고 나트륨을 보충하였다는 기재와 혈중나트륨농도가 119mEq/L인 것을 확인하고 전해질을 보충하였다는 기재가 각 있으나 구체적으로 어떠한 농도의 어떠한 수액을 어떻게 투여하였는지에 대한 내용이 없을 뿐만 아니라 만약 피고가 수액치료에 대한 처치지시를 하였다면 간호기록에 그 내용이 기재되어 있어야 할 것인데 간호기록에는 이에 대한 아무런 처치내용이 기재되어 있지 아니하다. 피고는 환자에게 처음 전해질검사를 한 시간이 1997. 8. 19. 21:30경이었고, 이에 대한 검사결과를 확인한 것이 같은 날 22:20경으로서 그 결과가 나올 때까지 약 50분이 소요되었으며, 다시 전해질 검사를 한 시간이 같은 날 23:10경이고 환자를 피고병원으로 전원시킨 시간이 같은 날 23:50경이었는 바, 그렇다면 두 번째 시행한 전해질 검사결과 역시 약 50분 정도가 지난 다음날 00:00경에 확인하였을 것으로 보이는데도 이를 확인하고 수액치료를 한 후 같은 날 23:50경 피고병원으로 전원시킨 것으로 기재되어 있는 점 등에 비추어 이를 믿기 어렵고, 따라서 위 진행일지에 기록되어 있는 자발적인 호흡이 있었다는 기재 역시 믿기 어렵다.』

마. 수원지방법원 2009. 1. 22. 선고 2007가합5253 판결

(진료기록부의 부실기재시 태아감시를 소홀히 한 것으로 추정)

(1) 사건 개요

초산부인 산모는 임신 16주 4일째인 2005. 11. 1.경부터 피고운영의 산부인과에서 산전진찰을 받았으나 특별한 이상이 없었습니다. 임신 39주가 되어 태아가 다소 크고 임신성 고혈압이 진단되어 유도분만을 위하여 2006. 4. 6.경에 피고병원에 입원하게 되었습니다.

입원 다음날인 2006. 4. 7. 00:00경과 04:00경 산모에게 각각 사이토텍 질정 1/4을 질내투여하였고, 같은 날 07:00경부터는 옥시토신 10유닛을 5%포도당액 1리터에 혼합하여 투여하였는데, 피고병원의 간호기록지상 초기 투여속도는 기재되어 있지 않고 10:00경 투여속도 분당 30방울로 유지하고 있다고 기재되어 있습니다.

위와 같은 유도분만제의 투여이후 산모는 극심한 통증을 호소하였고, 같은 날 12:50경 양수내 태변이 착색된 소견이 나타나자, 피고병원은 13:15경 산모에게 산소를 공급하면서 옥시토신 투여를 중단하였으며, 산모는 16:14경 신생아를 자연분만하였습니다.

진료기록상 비수축검사(NST) 그래프에 따르면 13:20부터 13:50까지 태아심박동이 약 3회 정도 감소되었으며, 13:45부터 14:10경까지 태아심박동의 변동성이 감소하는 소견이 나타났다가 다시 정상수준과 비슷해졌는데, 피고병원 진료기록에는 13:50 이후 분만시까지 태아심박동수에 대한 기록이 없고, 간호기록지상 산모 입원후 분만시까지 약 1시간 간격으로 'NST keep(비수축검사 유지)'이라는 기재가 있음에도 14:40부터 분만까지의 비수축검사 결과 그래프는 존재하지 않습니다.

신생아는 출생 당시 3.48kg의 남아로, 초기 자발호흡이 없었고, 근육정도가 저하되어 있으며, 자극에 반응하지 않고 피부는 창백한 소견을 보였으며, 태변을 흡입한 상태였습니다.

16:25경 자가 호흡을 시작하였으며, 16:50경 기도삽관 상태를 유지한 채로 삼성서울병원으로 전원하였습니다. 2008. 3. 현재 영아는 운동능력이 거의 없는 중증의 뇌성마비 및 강직성 사지마비와 중증 정신지체, 경련성 질환 상태에 있으며, 향후 개선가능성은 없는 상태입니다.

(2) 태아에 대한 분만감시 후 위험요소가 있으면 즉각적인 응급제왕절개 수술 필요

위 판결문 2-가-(2)항에서는 태아에 대한 문제가 발생시 즉각적인 응급제왕절개 수술을 시행하여야 할 주의의무가 산부인과 의사에게 있다는 사실을 판시하고 있습니다. 즉,

> 『일반적으로 분만을 담당하는 의사에게는 태아심박수, 자궁수축의 정도 등을 자주 측정함으로써 분만의 진행상황을 정확히 평가하고 이에 따른 적절한 분만방법을 선택함으로써 산모와 태아의 안전을 확보하기 위한 최선의 주의를 다하여야 할 의무가 있다고 할 것이고, 특히 원고 정○○과 같이 유도분만을 위해 유도분만제를 사용하였고, 유도분만 중 한동안 태아의 심박동 감소 소견 및 변동성 감소 소견이 발생한 경우라면 이후 진통과정에서 보다 주의 깊게 내진과 태아심박동수 및 자궁수축 정도에 대한 측정 등을 실시하여 태아 상태가 안정적인지를 확인하면서 문제가 발생한 경우 즉각 분만을 위한 응급 제왕절개술 등을 시행할 주의의무가 있다고 할 것이다.』

고 판시하고 있습니다.

(3) 진료기록부의 부실기재시 분만감시를 소홀히 한 것으로 추정

분만감시에 대한 진료기록부의 기재가 부실한 경우 분만감시를 해태한 것으로 추정이 됩니다. 위 판결문에서도,

『피고병원 진료기록에는 13:50 이전까지의 태아심박동수에 대한 기록이 있으나, 그 이후 분만까지 태아심박동수에 대한 기재가 없고, 간호기록지상 산모 입원 후 분만까지 약 1시간 간격으로 'NST keep(비수축검사 유지)'이라는 기재가 있으나, 미소프로스톨 투여 시작시부터 14:40이전까지의 비수축 검사 그래프만 있고 14:40부터 분만시까지의 비수축 검사 결과 그래프는 누락되어 있는 등, 위와 같이 태아 심박동 및 심박동 변동성이 감소 추세 등의 이상 징후가 발생하여 태아 곤란증이 의심될 수 있는 상황에서 태변이 배출된 무렵부터 출산 당시까지의 태아 심박동수에 대한 아무런 기록도 남아 있지 아니한 점 등에 비추어 피고 병원의 진료기록의 기재는 피고 병원의 의료행위의 적정성을 판단하는 자료로 사용할 수 있도록 한 취지에 합당할 만큼 의료행위에 관한 사항과 소견이 상세하고 성실하게 기록되어 있지 않다 할 것이다.

결국, 의료소송에서의 사실인정은 대부분 병원측이 작성한 진료기록을 토대로 이루어질 수 밖에 없고 병원측은 자신의 의료행위의 정당성을 방어하는 차원에서라도 자신이 행한 진료, 처치 내역을 기록에 명백히 남겨야 할 것인데, 위에서 살펴본 부분에 대한 기록이 남아 있지 않는 점에 비추어 볼 때, 피고병원 의료진에게는 분만중 태아 심박동수와 자궁수축의 빈도, 강도와 시간 및 수축에 대한 태아심박동의 반응을 살피는 등 태아의 상태에 대해 감시를 소홀히 한 잘못 역시 있다고 봄이 상당하다.』

[위 판결문 2-가-(2)항, 9~10면 참조]고 판시하고 있습니다.

바. 춘천지방법원 원주지원 2002. 2. 28. 선고 2000가합573 판결

디스크수술 후 MRSA에 감염되어 마미총손상을 입은 사건에 대하여 병원에서 진료기록을 분실하였다고 하면서 원본제출을 거부하자(사본은 이미 수사기록에 첨부되어 있음) 입증방해이론을 적용하여 과실책임을 인정하였다. 위 판결은 배추를 신다가 허리를 다쳐 제4-5요추부 추간판탈출증으로 진단받고, 수술을 하였으나 MRSA균에 의한 병원감염으로 하반신마비에 이른 사건에 대하여 소송진행중 법원의 진료기록원본제출명령에 따르지 않자, '…원고는 피고병원에서 실시한 제1·2차 수술과정에서 수술부위가 MRSA에 감염되었고 피고병원이 위 감염부위의 치료를 위하여 1차례의 수술(제3차 수술)을 시행하고 3개월이 넘는 기간 동안 치료를 하였으나 염증부위가 악화되어 신경조직이 손괴됨으로써 불완전 하지마비 및 배뇨, 배변 곤란 등의 장해를 입게 되었다. 비록 통상의 수술과정에서 감염되는 경우가 30%에 이른다 할지라도 원고에게 이 사건 감염의 원인이 될 기질적 요인이 있었다고 판단할 수 있는 아무런 자료가 없는 이 사건에 있어서는 원고에 대한 수술 및 치료과정 전반을 장악하고 있음에도 진료기록의 원본을 제출하지 아니하는 피고에게 입증책임을 전환하는 것이 합리적이므로 피고가 감염예방을 위하여 취하여야 할 모든 조치를 다하였고 감염 후 적정

한 치료조치를 다하였음을 입증하지 않는 한 피고병원 관계자들의 과실로 원고가 감염되었고 그 감염부위가 악화되었다고 추인하는 것은 옳다…'고 판단하여, 진료기록을 제출하지 않은 행위는 입증방해행위로서 과실추정이 되므로 입증책임이 전환된다고 하고 있다.

제 6 장 징벌적 손해배상제도의 의료사고 사건에의 도입

제 6 장
징벌적 손해배상제도의 의료사고 사건에의 도입

1. 현행 손해배상제도의 모순점[210)]

가. 현행 손해배상제도

현행 민법하에서 손해배상제도의 주된 목적은 불법행위 책임이든 채무불이행 책임이든 발생된 구체적 손해를 금전으로 전보하는 것이다. 형사책임은 행위자의 위법행위를 대한 처벌로서 행위자의 주관성을 중시하여 응보적, 사회방위적, 교육적 견지에서 대응하는 것이고, 민사책임은 불법행위로 인한 손해의 전보를 목적으로 하므로 행위자의 주관성이 중요하지 않았다(종래의 통설 판례에 따른 민사, 형사 책임에 대한 분화사상이다). 따라서 민사책임에서 가해자의 제재적 기능이나 억제 기능에 대하여 소극적으로 생각하였다.

나. 새로운 유형의 불법행위와 가해자에 대한 제재의 필요성

종래의 통설, 판례에 따른 법기능론적 분리는 한계가 있다. 민사책임은 손해의 전보에 한정하고, 제재의 기능은 형사적, 행정적 제재에 맡기는 것은 형사적인 체재와 행정적 제재가 제대로 작동하고 있다는 사실에 대한 전제로 한다. 그러나 복잡한 현대사회에서 국가기관이 시민에 대한 권리침해나 위협에 대하여 이를 전부 적발하여 적절한 제재를 가한다는 것은 불가능하다.

특히 형사적인 국가권력에 의한 제재의 경우 국가권력의 남용에 대한 위험성으로 인하여 형벌권의 행사에는 항상 엄격한 조건이 따르게 되어 악의적이고 교묘한 가해행위에 대하여 대처하기가 매우 어렵다. 특히 가해자가 대형로펌 등을 변호사로 수임

210) 대법원 사법정책연구원과 국회입법조사처 공동주체 심포지엄 '국민의 생명 · 신체 보호 적정화를 위한 민사적 해결방안의 개선'에서 이점인 교수의 발제문을 참고하면 현재 우리나라의 징벌적 손해배상 제도의 시행과 문제점, 도입의 방향을 이해하기 쉽게 정리하고 있다.

하여 대처를 하고, 적당한 선에서 타협을 하면서 말단의 직원에만 책임을 떠넘기는 일이 발생하곤 한다. 이런 현실에 대하여 국민의 법감정은 과연 사법시스템이 제대로 작동하고 있는지 의심하게 되었다.

다. 가습기 살균제 사건과 폭스바겐 배출가스 조작 사건

최근에 발생한 옥시레킷벤키즈사, 롯데마트 등의 가습기 살균제 사건과 폭스바겐 경유차 배출가스 저감장치 조작사건에서 보는 바와 같이 새로운 유형의 대량의 불법 행위에 의하여 많은 생명과 피해가 발생하였음에도 그 행정적, 형사적 책임의 추궁이 쉽지 않음을 볼 수 있다.

영국에 본사를 둔 옥시사는 독극물(폴리헥사메틸렌구아니딘-PHMG)을 판매하면서 영국 본사에서 당연히 거쳐야 할 안전성을 확인하지 않았다. 그 독극물로 인하여 수많은 사람이 죽거나 중증의 장애인이 되었음에도, 그 원인이 옥시사의 가습기 살균제 때문이라는 사실이 밝혀졌음에도 피해보상은 하지 않고, 국내 최대 대형로펌인 김앤장을 수임하여 대응을 하고, 서울대학교 조모교수를 돈으로 매수하여 피해실험을 조작까지 하였다. 이 과정에서 국민의 생명과 재산을 지켜야 할 국가는 오히려 방해요소가 되었고, 피해자나 그 가족이 온갖 고초를 겪고 난 뒤 5년이 경과하고 나서 피해자에게 정당한 합의가 아닌 적당한 합의를 제안하였으며, 지금도 완전히 해결되지 못하고 있다.

폭스바겐 배출가스 조작사건도 세계 최대의 자동차 회사가 배출가스 시험중에는 배출가스 저감장치를 작동케하고, 실제 도로 주행에서는 배출가스를 그대로 배출하게 하는 소프트웨어를 장치하였다. 이는 지금도 수사중이나 폭스바겐 본사 차원에서 조직적으로 이루어진 사건으로, 미국에서는 피해자에 대하여 147억 달러의 배상액에 합의를 하였으나, 우리나라와 유럽 등에서는 소액의 위자료 정도의 배상액만 제시하였다.

라. 징벌적 손해배상제도의 도입 필요성

(1) 위 옥시 사건과 폭스바겐 사건 등을 현행 정형화된 손해배상제도에 따라 손해배상을 청구한다면 ① 소극적 손해로의 일실소득 ② 적극적 손해로서 개호비와 기왕치료비와 향후치료비, 보조구비 등 ③ 정형화된 소액의 위자료를 지급받게 되는데, 여기에 원고측의 과실이 경합하는 것을 전제로 과실상계를 당하게 된다.

그런데 제품을 생산할 때는 이미 이런 배상금에 대하여 제품가격에 전가되어 있으므로, 소액의 배상액이 결정된다면 기업입장에서는 엄청난 이득을 보는 결과가 된다. 현행 손해배상제도는 이런 현대적인 새로운 유형의 불법행위에 대하여 당사자간의 힘의 비대칭(개인과 거대기업)에 의하여 가해행위의 억제 내지 예방의 역할은 기대하기 어렵다.

(2) 이러한 관점에서 영미법에 특유한 '징벌적 손해배상제도' 즉 악의적인 불법행위로 인하여 발생한 손해에 대하여 전보적 손해배상에 부가하여 불법행위를 징벌함으로써 불법행위자 및 제3자가 장래 동일한 불법행위를 반복하는 것을 억제하기 위한 제도로서 받아들일 필요성이 있다.[211]

2. 현행 징벌적 배상제도

현재에도 옥시 가습기 살균제 사건과 폭스바겐 배출가스 조작 사건 등을 보면 징벌적 손해배상 제도의 도입의 필요성에 대하여 국민적 합의가 있다고 할 수 있다. 그러나 아직 일반법인 민법이 아니라 개별입법으로 도입되고 있다. 즉 2011년 '하도급거래의 공정화에 관한 법률의 개정으로 하도급 업체에 대한 기술유용행위에 대한 3배 배상제도가 처음으로 도입되었고, 2013년에는 '기간제 및 단시간 근로자 보호 등에 관한 법률' 및 '파견근로자 보호 등에 관한 법률'과 '신용정보의 이용 및 보호에 관한 법률'에서 역시 3배 이내에 배상책임을 지도록 규정되었다.

3. 의료분야에서의 징벌적 손해배상이 적용된 사례

– 태아의 감시해태를 숨기기 위하여 태동검사기록지를 손괴한 신생아 사망사건(부산지방법원 2016. 9. 28. 선고 2014가합3880 판결)

가. 사건 개요

(1) 원고 이○○은 2011. 10. 21. 09:49경 사건 병원에 입원하여 같은 날 16:30경

---

211) 미국에서 거액의 징벌배상으로 유명한 맥도널드 드라이브 스루사건[McDonal's Restaurants, P,T,S,Inc, 1995 WL 360 309(N.M Dist.1994)]에서 맥도널드 사가 제조물 책임소송을 제소당한 뒤 거액의 징벌적 배상판결을 선고하자 그 다음날 위 맥도널드 패스트푸드점은 온도를 158 F로 하여 커피를 제공했고, 인근의 던킨도우넛 패스트푸드점은 "제공되는 커피가 뜨거우니 조심하라"는 문구를 평결 즉시 게시하였다고 한다. 즉 가해자 측에서 소비자에 대한 즉각적인 안전보호 조치를 취한 사례에서 보듯이 가벼운 벌금형 등의 형벌보다는 징벌적 배상제도가 가해행위 억제 효과가 가시적이었음을 알 수 있다. 김용대, 미국불법행위법상의 징벌적 손해배상제도, 재판자료 제119집, 법원행정처(1999), 43면 주 81면에서 재인용.

김○○을 출산하였는데, 원고 이○○과 태아의 상태 및 이 사건 병원 의료진의 주요 처치 내용은 아래 표와 같다.

시 간	원고 이○○과 태아 상태 및 처치 내용
11:00	－원고 이○○과 태아의 상태 확인 ・혈압 120/80mmHg, 맥박 92회/분, 호흡 20회/분, 체온 36.5℃ ・자궁 경부 1.5cm 열림 ・태아심박동수 : 156회/분 －유도분만을 위한 옥시토신 투여
13:10	－원고 이○○ 및 태아의 상태 확인 ・혈압 110/70mmHg, 맥박 84회/분, 호흡 20회/분, 체온 36.9℃ ・자궁경부 3~4cm 열림 ・태아심박수 : 143회/분
15:30	－원고 이○○ 및 태아의 상태 확인 ・혈압 120/80mmHg, 맥박 76회/분, 호흡 20회/분, 체온 36.7℃ ・태아심박동수 136회/분
15;48	－태아심박수 100회/분, 미만으로 감소하였다가 회복 (태동검사기록지)
15:50	－원고 이○○ 및 태아 상태 확인 ・자궁 경부 4~5cm 열림 ・태아 심박동수 : 130회/분
16:15	－태아심박동수 60~70회/분으로 떨어져 회복 느림 －간호사 배○○이 피고에게 태아 상태 보고 －피고 도착하여 응급수술 결정
16:20	－원고 이○○을 수술실로 이송
16:30	－응급 제왕절개술로 김○○ 출산

(2) 간호사 배○○은 2013. 10. 14. 부산지방법원으로부터 '2011. 10. 21. 11:00경 원고 이○○에게 유도분만을 진행하기 위하여 피고의 지시에 따라 유도분만촉진제인 옥시토신을 투여하였음에도 투여 사실을 간호일지에 기록하지 않았다'는 범죄사실로 유죄판결을 선고받았고(부산지방법원 2012고정2474 판결), 피고도 2016. 2. 4. 부산지방법원으로부터 배○○에게 위와 같이 옥시토신의 투여를 지시하고도 의사지시기록에 그 내용을 삭제하였다는 범죄사실로 유죄판결을 선고받았다(부산지방법원 2015고정2933 판결).

(3) 한편 배○○은 2013. 10. 14. 부산지방법원으로부터 '2011. 10. 21. 16:15경 이 사건 병원 7층 분만실 간호사 데스크에서 태아(김○○)의 맥박이 약하다는 호출을 받

고 태동검사기록지를 살펴보다가 태아의 상태를 주의깊게 살피지 못한 잘못을 은폐하기 위하여 15:52경부터 16:15경 사이의 태동검사기록지를 찢어내어 손괴하였다'는 범죄 사실로 유죄판결을 선고받았다(부산지방법원 2012고정2474 판결).

(4) 출산이후 경과 및 김○○의 사망

김○○은 2011. 10. 21. 16:30경 출생한 후, 주산기가사로 인한 저산소성 허혈성 뇌병증 등으로 ○○○대학교병원으로 전원되어 인공호흡기 등으로 치료를 받았으나 2011. 11. 25. 사망하였다.

나. 판결요지

『가. 이 사건 병원 의료진의 과실

…피고를 비롯한 이 사건 병원 의료진이 2011. 10. 21. 15:50경에 원고 이○○ 및 태아의 상태를 확인한 후 25분 가량이 경과한 같은 날 16:15경에야 원고 이○○ 및 태아의 상태를 확인한 것은 경과관찰의무를 해태한 것에 해당한다고 봄이 상당하다.

① 원고 이○○은 VBAC[212] 산모이므로 고위험군 산모에 해당하고, 2011. 10. 21. 15:50경에는 자궁경부가 4~5cm 가량 열려 분만 1기에 해당한다. 따라서 원고 이○○의 진료의사인 피고는 적어도 15분 간격으로 태아심박동수를 확인하였어야 한다.

② 더군다나 원고 이○○은 2011. 10. 21. 11:00 분만유도제인 옥시토신을 투여받아 자궁파열의 위험성이 높아졌으므로 태아의 심박동수 등을 충분히 감시가 필요한 상태였다.

③ 2011. 10. 21. 15:48경 태아(김○○)에 대한 태동검사기록지의 태아심박동수는 정상범위에 미치지 못한 100회/분 이하로 감소하였다가 회복하였다.

④ 그럼에도 배○○은 2011. 10. 21. 15:50경에는 원고 이○○ 및 태아의 상태를 확인한 후 약 25분 가량이 경과한 같은 날 16:15경에야 원고 이○○ 및 태아의 상태를 확인하였다.

나. 인과관계

위 기초사실에서 알 수 있는 다음과 같은 사정 즉, ① VBAC은 자궁파열 등 이상소견이 발생하면 30분 이내에 응급제왕절개술이 실시되어야 함에도 불구하고, 피고는 김○○에게 이상소견이 발생한 2011. 10. 21. 15:52경(배○○이 태동검사기록지를 찢어낸 부분인 15:22경 이상이 발생한 것으로 봄이 상당하다)으로부터 23분 가량이 경과한 같은 날 16:15경에야 태아심박동수 감소사실을 발견하는 바람에 이상소견이 발생한 같은날 15:52경으로부터 38분 가량이 경과한 같은 날 16:30경에야 김○○을 제왕절개술로 충분하게 한 점, ② 김○○은 2011. 10. 21. 15:48경 심박동수가 100회/분

212) 브이백이란 예전에 제왕절개했던 산모가 자연분만을 시도하는 것을 말합니다.

미만으로 감소하기 전까지는 원고 이○○에 대한 산전검사 및 이 사건 병원에서의 분만 과정에서 아무런 이상소견도 나타나지 않았던 점 등에 비추어 보면, 김○○은 피고를 비롯한 이 사건 병원 의료진이고 이○○과 태아에 대한 경과관찰의무를 해태하여 태아심박동수 감소라는 이상소견을 제때 발견하지 못하는 바람에 주산기가사상태가 오래 지속되어 저산소성 허혈성 뇌병증이 발생하였다고 봄이 상당하다. 따라서 이 사건 병원 의료진의 경과관찰의무 해태와 김○○의 저산소성 허혈성 뇌병증 발생 사이의 인과관계를 인정할 수 있다.』

다. 해 설

위 판례의 사실로부터 알 수 있는 것은 진료기록부를 부실기재하고, 이를 숨기기 위하여 진료기록부를 손괴한 의료진측에 과실과 인과관계를 인정하고 있다. 위 사실관계를 보면 15:50경에 태아심박수가 130회/분으로 측정이 되어 정상범위이고, 16:15경까지 태아심박수를 측정하지 않은 부분에 대하여, 이 시간대에 태아심박수를 측정하지 않은 과실을 물은 것이다.

분만 1기의 경우 태아심박수를 15분 간격으로 측정하라고 하였으므로 결국 10분만 태아심박수를 측정하지 않은 것이 된다. 이렇게 10분 정도 태아심박수를 측정하지 않은 것을 의사의 과실로 인정하고 인과관계까지 인정하고 있음을 알 수 있다.

이런 가혹하다면 가혹하다고 할 수 있는 기준에 맞추어 의사의 과실을 인정하고 인과관계까지 인정한 것은 의사와 간호사가 진료기록부를 부실기재하고, 또한 진료기록부를 손괴한 잘못에 대한 징벌적 판단이라고도 할 수 있다.

위 판례와 함께 "담낭용종이 있어 복강경 담낭절제술시 담관을 절제하여야 하는데 담도를 절단한 과실로 인하여 장애가 발생한 사건[213]"에서도 원고의 청구금액 100%를 인정하였다. 원심에서는 패소하였으나 항소심에서 의사의 과실을 인정하여 청구금액의 100%를 인정한 사건이다. 이 사건에서 의사가 원심에서 재판부를 속이고 총담관을 절단하거나 손상시킨 사실을 속일 수 있었으나, 항소심에서 감정을 통하여 총담관 절단 내지 손상시킨 사실이 드러나자 항소심에서 이런 명백한 과실을 숨긴 피고에 대하여 100%의 손해배상책임을 물은 것도 징벌적 손해배상의 적용례라고 할 수 있다.

213) 광주고등법원 2012. 9. 5. 선고 2009나8030 판결, 대법원 2014. 5. 16. 선고 2012다89955 판결 (수술관련 사례 9번).

4. 개별입법이 아닌 일반법인 민법에 의한 징벌적 손해배상제도의 도입

현행 민법하에서도 징벌적 손해배상제도를 도입하는데 법체계상의 문제를 포함하여 특별한 장애는 없다. 현행 손해배상제도는 산업사회의 진전에 따라 환경, 식품, 위생, 의료, 소비자 피해, 대규모 불법행위, 기업의 사기행위, 악의적인 성차별 등과 같이 새롭게 대두되는 현대적 유형의 불법행위 사건이나 공권력에 의한 기본권 침해, 악의적 명예훼손 사건 등의 경우 피해자의 권리회복은 물론 가해자의 재발행위의 억제도 기대하기 어렵다. 이런 분야에서 영미법상의 징벌적 손해배상제도의 개별입법을 도입할 수 있다.

그러나 우리나라에서 현재에도 징벌적 손해배상 제도가 일부 도입되고 있음에도 옥시 가습기 살균제 사건이나 폭스바겐 배출가스 조작 사건에 직면하고 있으며, 피해자들이 우리나라 법정이 아닌 미국이나 영국의 법정에서까지 가서 피해구제를 청구하고 있다. 다국적 기업 옥시가 한국에서만 유해성분이 들어 있는 가습기 살균제를 판매한 것이나, 폭스바겐이 미국과 달리 허술한 리콜계획을 내고 미국과 달리 배상에 인색한 것, 애플, 퀄컴, 오라클 등 글로벌 기업들이 우리나라 손해배상 법체계나 징벌적 배상 시스템의 허술함을 잘 알고 있기 때문이라 보인다.

5. 징벌적 손해배상제도를 의료사고 분야에 도입할 필요성

의사는 환자의 생명을 다루는 직업으로서 고도의 직업윤리가 필요하다. 대법원 2000. 1. 21. 선고 98다50596 판결에서도,

『인간의 생명과 건강을 다루는 의료영역에서는 그 업무의 성질에 비추어 위험방지를 위하여 필요한 최선의 주의의무가 요구된다.』

고 판시하여, 의사에게는 고도의 주의의무가 있음을 밝히고 있습니다.

또한 의료사고는 다른 사고와 달리 전문적인 영역이고, 최선의 의료 기술이 계속 경신되어 의료사고의 과정을 알기가 매우 어려운 분야이다. 여기에 수술 등의 경우 전적으로 의료진의 지배영역이고, 이 지배영역에서 이루어지는 사고에 대하여 환자측에서 입증을 하는 구조이다.

그리고 입증의 가장 큰 증거자료라고 할 수 있는 진료기록부도 의사의 수중에 있고, 작성이 된다. 따라서 이런 불리한 상황에서 재판이 이루어지므로 의료사고 분야에

징벌적 손해배상제도가 우선적으로 도입되어야 한다.

재판을 진행하다보면 진료기록부의 가필과 수정이 쉽게 나타나고, 의사에게 책임제한으로 상계를 하는 불합리함이 보편적으로 발생하여 손해배상액의 저감이 일반적으로 받아들여지고 있는 것이 현실이다. 그러다보니 의료진들도 의료사고를 매우 가볍게 여기며, 쉽게 배상해주면 되는 문제아니냐고 생각하게 된다. 따라서 의료사고로 인한 신체에 대한 중요한 위해에 대하여 손해배상의 제재적 기능이나 억제적 기능을 위해서도 징벌적 손해배상 제도가 의료사고 분야에 도입되는 것이 필요하다.

6. 위자료 산정방안을 통한 징벌적 손해배상제도의 도입시도

대법원은 2016. 10. 24. 불법행위 유형별로 적절한 위자료 산정방안을 확정하여 재판에 적용하기로 하였다고 발표하였다. 즉 4개 불법행위에 새 기준 적용하여 기준액의 2배+50% 증액까지 가능하도록 하였다. 새 방안은 주요 불법행위 유형을 정해 기존의 위자료 범위를 크게 넘는 일종의 '징벌적' 개념을 가미한 것이다.

불법행위 유형은 (1) 영리적 불법행위, (2) 명예훼손, (3) 대형 재난사고, (4) 교통사고 등 4개다. 고의적인 범죄이거나 사회 통념상 인정하기 어려운 위법이 결합한 경우, 중대 과실이나 부주의가 있는 경우 위자료가 많이 늘어난다.

새 위자료 산정방식은 3단계로 구성된다.

유형별로 위자료 기준액수를 마련하고, 법원이 정한 특별가중인자가 있는 경우 기준금액을 2배로 늘린다. 이후 참작해야 할 일반 가중·감경사유가 있다면 기준액의 최대 50%를 증액 또는 감액한다.

불법행위별 기준액은 영리적 불법행위 3억 원, 명예훼손 5천만 원~1억 원, 대형 재난사고 2억 원, 교통사고 1억 원이다.

특별가중인자가 있으면 영리적 불법행위 6억 원, 명예훼손 1억~2억 원, 대형 재난사고 4억 원, 교통사고 2억 원이 기준이 된다. 여기에 일반 가중·감경사유가 있으면 각 기준액에서 최대 50% 증가 또는 감소한다.

새 기준에 따르면 영리적 불법행위에는 최대 9억 원의 위자료를 책정할 수 있다. 영리적 불법행위란 사업자가 재화·용역의 제조·유통·판매·공급 과정에서 불법행위로 불특정 또는 다수의 소비자나 일반인을 사망하게 한 경우다.

특별가중인자는 영리적 불법행위의 경우 고의나 중과실에 의한 불법행위, 수단·방법이 사회 통념상 허용될 수 없을 정도로 위법한 경우, 이익 규모가 현저히 큰 경우,

생명・신체에 직접적인 위해 가능성이 있는 경우, 소비자・일반인이 상당한 신뢰를 했던 경우 등이다.

명예훼손 사건에서는 허위사실, 악의적・영리적 목적, 인지도・신뢰도・전파성 등을 고려할 때 영향력이 상당한 사람이나 단체의 행위 등이다. 직업・사회적 지위의 박탈・현저한 저하 등 명예・신용의 훼손이나 피해가 큰 경우도 중대 피해로 간주한다.

항공기 추락이나 건물 붕괴 등 대형 재난사고에서는 고의적 범죄로 인한 사고, 부실 설계나 시공・제작, 관리・감독에 중대한 주의의무나 안전의무 위반이 있는 경우, 관리・감독기관이 운영・시공업체 등과 결탁한 경우 위자료가 가중된다.
교통사고에서는 음주 운전이나 뺑소니 사고가 해당한다.

일반 가중・감경사유는 구체적인 재판 과정에서 재판부가 정한다.

[표] 불법행위별 기준금액과 특별가중 기준금액(대법원 제공)

불법행위 유형		기준금액	특별가중
교통사고		1억 원	2억 원
대형재난사고		2억 원	4억 원
영리적 불법행위		3억 원	6억 원
명예훼손	일반피해	5천만 원	1억 원
	중대피해	1억 원	2억 원

그러나 이런 새 위자료 산정방안의 재판과정에서의 적용도 입법을 통한 적용이 아니고, 재판과정을 통하여 구체적인 사례에 개별적으로 적용되는 것이다. 최근에 문제가 된 가습기 살균제 사건과 폭스바겐 매연저감장치 조작사건이라는 개별적인 사건이 영향을 미쳐서 새 위자료 산정방안을 적용하는 것으로 민법에 규정하여 적용하는 것이 아니라 아쉬움이 남는다.

또한 의료사고와 관련된 개별적인 사례의 경우 적용이 되지 않아 징벌적 위자료배상이 의료사고에 도입되지 않는 현재의 상태가 지속되게 되었다.

판례 찾아보기

*대판 - 대법원 판결, 대판(전) - 대법원전원합의체 판결
대결 - 대법원 결정, 대결(전) - 대법원전원합의체 결정

[대법원]

대판 1973. 1. 30. 72다2319 52
대판 1980. 3. 25. 79다2280 53
대판 1981. 6. 23. 81다413 54
대판 1984. 4. 24. 82도1882 52
대판 1985. 12. 10. 84가합1378 94
대판 1986. 10. 28. 84다카1881 55
대판 1987. 9. 29. 86다카2780 53
대판 1989. 6. 16. 88가합2508 65
대판 1990. 12. 11. 90도694 65
대판 1991. 2. 12. 90도2547 225
대판 1991. 4. 13. 98다9915 857
대판 1992. 5. 12. 91다23707 72
대판 1993. 7. 27. 92다15031 ..... 94, 108
대판 1993. 7. 27. 92도2345 71
대판 1994. 4. 15. 93다60953 ..... 89, 226
대판 1994. 4. 26. 92도3283 69
대판 1994. 11. 25. 94다35671 65
대판 1994. 12. 19. 93도2524 55
대판 1994. 12. 27. 94다35022 67
대판 1995. 2. 10. 93다52402 105
대판 1995. 3. 10. 94다39567 ..... 651, 857
대판 1995. 3. 17. 93다41075 68
대판 1995. 4. 14. 94다29218 186
대판 1996. 6. 11. 95다41079 66
대판 1996. 9. 24. 95도245 456
대판 1996. 12. 10. 96다28158, 28165 ..... 641, 651, 700
대판 1997. 2. 11. 96다5933 504
대판 1997. 5. 9. 97다1815 56
대판 1997. 7. 22. 95다49608 611
대판 1997. 7. 22. 96다37682 367
대판 1997. 8. 22. 96다43164 701
대판 1997. 8. 29. 96다46903 66
대판 1997. 8. 29. 97도1234 856
대판 1997. 11. 14. 97도2156 463
대판 1998. 1. 23. 97도2124 856
대판 1998. 2. 27. 97다38442 ..... 84, 186, 434, 552
대판 1998. 11. 24. 98다32045 67
대판 1999. 2. 12. 98다10472 ..... 58, 454
대판 1999. 6. 11. 98다33062 52
대판 1999. 6. 11. 99다3709 532
대판 2000. 1. 21. 98다50596 871
대판 2000. 7. 7. 99다66328 108
대판 2000. 9. 8. 99다48245 85
대판 2002. 1. 11. 2001다27449 59
대판 2002. 4. 26. 2000다16237 434
대판 2002. 8. 23. 2000다41776 ..... 758, 836
대판 2003. 1. 24. 2002다3822 ..... 105, 505, 529
대판 2004. 4. 9. 2003다33875 51
대판 2004. 10. 14. 2004다42005 ..... 80, 733
대판 2004. 10. 28. 2002다45185 102
대판 2004. 12. 24. 2003다38238 323
대판 2005. 4. 29. 2004다64067 88
대판 2005. 6. 24. 2005다16713 ..... 85, 450, 701
대판 2005. 8. 19. 2005도4102 46
대판 2005. 9. 30. 2004다52576 100
대판 2005. 10. 28. 2004다13045 ..... 50, 107, 459, 555
대판 2006. 1. 26. 2005다65296 369
대판 2006. 8. 25. 2006다20122 68
대판 2006. 10. 27. 2004다2342 ..... 72, 448, 459
대판 2007. 5. 31. 2005다5867 72
대판 2007. 5. 31. 2005다41863 105
대판 2008. 7. 24. 2007다80657 856
대판 2009. 1. 15. 2008다60162 88
대판 2009. 5. 21. 2009다17417 91
대판 2010. 7. 8. 2007다55866 ..... 50, 257
대판 2010. 7. 22. 2007다70445 88
대판 2011. 10. 13. 2011다5290, 2011다55306 ... 857

대판 2012. 1. 27. 2009다82275 ························ 557
대판 2013. 12. 12. 2013다74387 ························ 235
대판 2014. 4. 10. 2014다200084 ················ 70, 405
대판 2014. 5. 16. 2012다89955 ·········· 77, 662, 870
대판 2015. 10. 29. 2014다22871 ························ 61

[고등법원]

부산고판 1966. 3. 23. 65나3337 ······················ 642
서울고판 1994. 6. 22. 92나67782 ···················· 857
부산고판 1995. 7. 27. 94나3872 ······················ 419
서울고판 2001. 11. 29. 2000나36455 ········· 505, 529
서울고판 2004. 1. 15. 2001나10559 ················· 484
서울고판 2004. 7. 8. 2003나12849 ··········· 80, 733
서울고판 2005. 10. 11. 2005나13204 ················· 369
서울고판 2006. 6. 22. 2005나86783 ················· 659
서울고판 2006. 10. 24. 2005나70597 ················· 461
서울고판 2007. 1. 23. 2006나75568 ················· 779
대전고판 2008. 4. 24. 2007나1621 ··················· 220
서울고판 2008. 8. 19. 2007나24406 ········· 148, 150
서울고판 2009. 7. 9. 2008나47949 ········· 429, 443
서울고판 2010. 5. 13. 2009나17587 ················· 418
서울고판 2011. 3. 8. 2010나17040 ················· 440
서울고판 2011. 8. 30. 2010나82334 ················· 732
광주고판 2012. 9. 5. 2009나8030 ····· 77, 662, 870
서울고판 2013. 4. 4. 2012나93680 ················· 233
서울고판 2013. 9. 5. 2011나85422 ················· 235
서울고판 2013. 12. 5. 2013나2005181 ······· 70, 405
서울고판 2014. 2. 6. 2013나2004942 ········ 78, 86, 110, 682
서울고판 2014. 4. 17. 2013나2013922 ············· 702
서울고판 2014. 5. 29. 2013나2013526 ············· 191
서울고판 2015. 6. 25. 2013나2013182 ····· 109, 353
광주고판 2016. 7. 21. 2015나100421 ··············· 266

[지방법원]

전주지판 1995. 11. 22. 94가합7798 ··················· 529
서울지판 1999. 1. 13. 97가합57042 ··················· 850
서울지판 1999. 2. 3. 97가합7863 ······················ 849
서울지법 의정부지판 1999. 6. 3. 97가합18025 ·· 859
서울지판 1999. 9. 8. 98가합51874 ···················· 858
서울지판 1999. 9. 8. 98가합54194 ···················· 858
서울지판 2000. 7. 26. 98가합72031 ·················· 485
서울지법 동부지판 2000. 10. 27. 98가합5645 ·· 742
서울지판 2001. 8. 8. 99가합67609 ···················· 484
춘천지법 원주지판 2002. 2. 28. 2000가합573 ·· 861
광주지판 2002. 7. 10. 2000가합4915 ·················· 53
서울지판 2002. 12. 11. 99가합84116 ················ 189
서울지법 북부지판 2002. 12. 26 2001가합5696 ·· 80, 733
서울지법 서부지판 2003. 7. 25. 2002가단6121 ·· 56, 297
서울지법 남부지결 2003. 11. 12. 2002가합4727 ·· 780
서울북부지판 2004. 9. 24. 2003가합923 ··· 106, 731, 823
인천지판 2005. 1. 12. 2003가합3153 ················· 369
서울서부지판 2005. 7. 22. 2002가합2188 ·········· 461
서울동부지판 2005. 10. 12. 2003가합576 ·········· 114
서울중앙지판 2006. 1. 11. 2002가합28468 ······· 208, 284
대구지판 2006. 4. 4. 2004가합6355 ············ 56, 298
의정부지법 고양지판 2006. 7. 7. 2004가합1004 ·· 679
수원지판 2006. 8. 22. 2004가합5740 ········· 207, 283
인천지판 2006. 11. 1. 2005가합15235 ········· 55, 611
의정부지법 고양지판 2006. 11. 3. 2005고단1197 ·· 779
수원지판 2006. 12. 12. 2005가합6825 ··············· 150
의정부지판 2007. 5. 31. 2006노1807 ········· 778, 779
청주지법 충주지판 2007. 8. 10. 2006가합289 ·· 527
서울동부지판 2007. 8. 17. 2005가합433 ·········· 519
대구지판 2007. 8. 21. 2005가합5533 ················· 440
서울중앙지판 2007. 10. 30. 2006가합56508 ······ 309
의정부지법 고양지판 2007. 11. 21. 2005가합5362 ·· 149
대전지판 2007. 12. 12. 2006가합7574 ······· 396, 716
수원지판 2008. 11. 20. 2007가합15878 ············· 528
수원지판 2009. 1. 22. 2007가합5253 ················· 859
서울동부지판 2009. 1. 22. 2008가합4764 ··· 77, 652
의정부지법 고양지판 2009. 4. 24. 2007가합5298 ·· 241
수원지법 성남지판 2009. 4. 30. 2006가합7798 ·· 338
서울북부지판 2009. 5. 6. 2007가단71940 ·········· 546
서울중앙지판 2009. 5. 19. 2008가합112396 ······ 401

서울북부지판 2009. 5. 21. 2007가합9195 … 76, 644
수원지법 안산지판 2009. 6. 25. 2007가합7611 ……… 680
수원지판 2009. 7. 9. 2007가합21378 ·· 72, 109, 459, 470, 554
서울지법 북부지판 2009. 8. 20. 2007가합11129 ……… 524
서울북부지판 2009. 9. 3. 2008가합8557 …. 68, 108, 380
서울서부지판 2009. 11. 6. 2008가합5301 ……… 445
광주지판 2010. 8. 26. 2010가합349 ……… 147
서울서부지판 2010. 10. 15. 2010가합8037 ……… 527
서울중앙지판 2010. 12. 10. 2009고단6568 ……… 308
광주지판 2011. 2. 17. 2009가합8897 … 55, 105, 291
서울서부지판 2011. 6. 1. 2009가단153 …… 761, 839
서울서부지판 2011. 6. 10. 2009가합9546 ……… 308
서울남부지판 2011. 7. 12. 2009가합23437 ……… 368
서울중앙지판 2011. 9. 21. 2009가합110793 ……… 51, 235
서울서부지판 2011. 10. 7. 2009가합12696 ……… 307
수원지법 안산지판 2011. 11. 17. 2010가합8003 ……… 122
수원지법 안산지판 2011. 12. 1. 2009가합7523 ……… 716
서울중앙지판 2012. 2. 8. 2010가합95005 … 75, 631, 633
대구지판 2012. 2. 16. 2009가합994 …… 83, 87, 842
서울남부지판 2012. 6. 19. 2010가합6469 … 82, 103, 764
서울중앙지판 2012. 6. 19. 2010가합93870 ……… 368
서울중앙지판 2012. 7. 3. 2010가합70167 ……… 157
의정부지판 2012. 10. 18. 2010가합9921 …… 81, 744
수원지판 2013. 2. 7. 2011가합26394 …. 78, 86, 110, 682
서울중앙지판 2013. 2. 13. 2011가합107721 ……… 70, 405
수원지법 안양지판 2013. 5. 10. 2012가합100482 ……… 702
서울서부지판 2013. 5. 30. 2011가합7413 ……… 191
서울남부지판 2013. 6. 11. 2011가합17725 ……… 109, 353
서울북부지판 2013. 8. 22. 2012가합7759 ……… 154
대구지법 포항지판 2013. 11. 22. 2011가합936 ·· 58, 324
서울동부지판 2014. 1. 21. 2011가합403 ……… 486
부산지판 2014. 2. 19. 2013가합3579 ……… 580
서울남부지판 2014. 6. 3. 2012가합8469 … 104, 569
서울남부지판 2014. 10. 7. 2013가합14775 ·· 51, 222
서울중앙지판 2014. 10. 15. 2012가합84719 ……… 74, 617
춘천지법 원주지판 2015. 1. 29. 2012가합1784 ·· 82, 110, 781
전주지판 2015. 2. 11. 2013가합4158 ……… 266
서울중앙지판 2015. 10. 6. 2013가합555720 ……… 74, 107, 556
인천지판 2015. 11. 3. 2012가합6864 ……… 131
전주지판 2016. 2. 17. 2013가합2695 … 52, 108, 249
대전지판 2016. 3. 30. 2014가합101020 ……… 165
서울중앙지판 2016. 4. 19. 2013가합555959 …… 424
서울중앙지판 2016. 4. 20. 2013가합28693 ·· 73, 536
서울북부지판 2016. 8. 25. 2013가합5026 ……… 548
부산지판 2016. 9. 28. 2014가합3880 ……… 867
인천지법 부천지판 2017. 2. 17. 2013가합9474 ……… 285

사항 찾아보기

[가]
가래흡인치료 705
가사 440
가성동맥류 241, 612
가습기 살균제 866
가이드 와이어 621
각성검사 559
간 독성 326, 335
간기능 부전 331
간접사실 101
간접적 또는 정황적인 증거 753
감경사유 873
감수성 검사 795
감압술 135
감염관리 해태 783
감입태반 519
개구장애 833
개방성 좌상 785
개연성 101
개흉술 237
객담도말검사 595
거대아 507, 522, 527
겨드랑이 절개방법 719
견갑난산 506, 527
결과예견의무 792
결과회피의무 792
결핵성 심막염 326
결핵성 척추염 592
결핵약 327, 330
결핵의 진단 328
결핵진단검사 329
경과관찰 해태 707
경구용 배란유도제 340
경막외출혈 135
경막하출혈 135
경추농양 750
경피적 관상동맥중재술 621
경피적 미세침흡인술 238
경험적 항생제 795
고관절 탈구 612
고위험군 산모 869
고탄산혈증 465
고혈압 377
고혈압의 기준 373
과다출혈 685, 769
과숙아 464
관상동맥 157
구강내 감염 827
구강내 상재균 750
구토 증상 396
국소마취제 302
귀연골 720
귀책사유 452
근육퇴축술 732
근전도검사 263, 721
금속봉 단축술 565
금속봉 연장술 561
급성감염증 786
급성 파종성 뇌척수염 268
급성폐렴 843
급속분만 540
기관내삽관 408, 696
기관삽관술 705
기관절개관 705
기관절개관 삽관 705
기관절개술 705
기관지연축 308
기관지염 847
기관흡입 팁 705
기도부종 712

기도삽관 390
기도 폐쇄 293
기종 712
기흉 118
긴장성 기흉 116, 288, 289, 607

[나]
낙상 142
난관결찰술 688
난관 파열 167
난산 448
난소과잉자극증후군 340
난소난관 절제술 687
난소동맥의 손상 688
내부고정장치 558
내외측 회음절개법 541
뇌경색 341, 343
뇌동맥류 228
뇌동맥류결찰술 655
뇌막 자극 197
뇌부종 649
뇌부종완화 약물 144
뇌수두증 657
뇌수막염 266
뇌수막종 645
뇌 CT검사 143
뇌압상승 656, 657
뇌염 283
뇌졸중 365
뇌종양 645
뇌지주막하출혈 657
뇌척수액 204
뇌척수액검사 268, 283
뇌출혈 151, 647
니모디핀 649

[다]
다른 원인의 개재가능성 배제 108
다발성 장기부전 335
단기소멸시효 283
담관 손상 664
담낭관 664
담낭염 592
담낭 절제술 663
담도 665
담도공장문합술 665
담도 손상 664
담즙성 복막염 667
담췌관 조영술 664
당뇨 506
당뇨병 750
대동맥박리 124
대사성 산증 465
동맥류 654
동맥류 결찰술 654
두개강내종괴 138
두개골 골절 505
두개내압 상승 142
두개내 출혈 655
두개절제술 135
디필린 752

[라]
로봇수술 769
로이코보린 315
로피바카인 307
루코노스톡균 785
류마티스 관절염 314
리도카인 308, 418

[마]
마미신경 574
마미신경손상 577
마미증후군 578
마취와 관련된 주의의무 64
만니톨 649
맥로버트 수기법 530
Mcbride표 723
몰딩 464
무책(無責)한 오진 52
문진 47
문합부 누출 772
문합부위 686
문합부위 누공 768

[바]
발륨 116
발치 827
방광훈련 576
방사통 156
배농술 828, 833
배란유도제 340
배변배뇨장애 573, 574
배액관 689
배출가스 저감장치 조작 866
법기능론적 분리 865
법률적 인과관계 103
변연절제술 610
복막강 출혈 688
복막염 768
복약지도의무 58
부실기재 857
부정맥 622
부정유합 792
부피바카인 301, 308
분만방법 선택 445
분만방식 선택 529
분만손상 기준 429
분만정착 555
분만진행정착 459
Brudzinski징후 197
비자극검사 441
빈맥 183, 697

[사]
사실적 인과관계 103
산소포화도 289, 706
삽입물 728
상당인과관계설 103
상완신경총 719
상완신경총 마비 506
상완신경총 손상 523
상장간막동맥색전 209
상장간막동맥의 혈전증 212
상지마비 721
색전술 697
생물학적 관련 753
성립요건으로서의 인과관계 103
세균성 뇌수막염 195, 208, 283, 284
세기관지염 842
세포도말검사 237
소극적 손해 866
소멸시효 283
소파수술 413
속립성결핵 587
손해배상청구권의 범위에 관한 인과관계 103
손해배상청구의 성립요건 90
수막염 196, 268
수면내시경 381
수면유도용량 385
수술부위 유합 783
수유 296
슈퍼박테리아 796
스텐트삽입술 635
스트레스성 위궤양 753
시각 장해 336
시간적 근접성 105, 753
시진 47
신경차단술 301
신경치료 830
신경학적 후유증 284
신부전 696
신생물 251
실리콘 720
심경부 감염 751
심관상동맥경화 156
심근경색 159
심근경색의 응급의료체계 158
심근경색증 156
심근염 185, 189
심근조직검사 186
심낭삼출 326
심방세동 357
심장혈관조영술 160
심장효소검사 123, 159
심전도 124, 141
심전도 검사 159
심폐소생술 295, 408, 696
십이지장 봉합술 772
쐐기절제술 237
CPK 123

[아]
아두골반 불균형 472
아드레날린 억제제 376
아스피린 357
INR수치 361
아프가스코어 464
악의적인 불법행위 867
약품설명서의 법적 효력 57
약화사고 59
양성종양제거술 251
양악교정술 308
Erb씨 마비 525
에탐부톨 336
NST 436
MRSA 768
MTX 313
역행성 담췌관조영술 665
염산 메피배케인 397
예상체중 523
오진 51
오진(誤診)의 유형 587
옥시토신 435, 550
와파린 357
완전하지마비 579
외상성기흉 591
외상성 출혈 135
요양방법 831
요양방법지도의무 88, 224
요천추부 신경근 574
요추천자 208, 283, 284
용수박리술 511, 519
운동유발 전위감시 559
위부분절제술 767
위아전절제슬 769
위장관출혈 753
유도분만촉진제 868
유두부절개술 665
유방확대술 719
유병무진 187
유착박리 689
유착태반 511
유책(有責)한 오진 51
유치도뇨관 576
융비술 727
응급제왕절개술 551
응급처치 지연 384, 707
의료사고와 진료비의 관계 91
의료행위의 내용과 결과발생률 753
의료행위의 양과 결과발생률 753
의료행위의 준칙 위반 104
의진 46
이뇨제 376
E-tube 712
인공관절 삽입술 609
인공관절 치환술 784
인공혈액투석 773
인과관계 99
일반가중 873
일반적·통계적 인과관계 753
일부승소와 진료비 95
일응의 증명이론 557, 721, 722
임상단계의 신약 사용 59
임신성 당뇨검사 506
임파선 종창 252
입증방해 627, 856, 857
입증책임전환 857
입증책임전환설 856

[자]
자궁경관개대 504
자궁경부소실 504
자궁근종 685
자궁근종절제술 308
자궁압 436
자궁외 임신 167
자궁적출술 512
자궁절제술 685
자기결정권 침해 529
자기재판 101
자기재판금지의 원칙 33, 101
자동조절능력 697
자연과학적 인과관계 99
자유심증설 856
자유재량설 856
장골동맥 611
장골동맥 손상 616

장유착 688
재출혈 654
저산소성 쇼크 713
저산소증 549
저혈량성 쇼크 241, 753
저혈류량 695, 697
저혈압 691
적극적 손해 866
전립선 절제술 357
전신마취 62, 309, 420
전신염증반응증후군 774
전원의 요건 84
전원의무 84, 450, 515
전원조치 686
전자태아감시장치 438
정맥주사 294, 296
정상심박수 431
정중절개법 538
제대혈 검사 443
조작된 진료기록부 465
조정의 강제주의 29
종아리 퇴축술 418
좌심실 부전증 185
주사 치료의 주의의무 54
죽상궤양판 625
중대뇌동맥 646
중심 정맥관 삽입 586
중환자 감시 141
증명력 101
증명책임을 완화 557
지주막하 출혈 135
직장손상 542
직장-질 누공 538
직접적 인과관계 102
진료계약의 성격 91
진료기록부 855
진료기록의 부실기재 463
징벌적 손해배상 871
징벌적 판단 870

[차]

창상부위세척술 610
척수부신경 손상 252
척수신경손상 558
척추관 협착증 301
척추교정술 558
척추측만증 558
천자 119
청력손실 284
청진 48
체성감각 유발전위 559
체질적 소인 624
초음파 검사 522
촉진 48
총담관 664
총담관 손상 664
추가기재 857
췌관 665
치료부위와 악결과 부위의 일치성 107
치조부 농양 827
치주감염 750
치주농양 750
치핵 401

[카]

kernig징후 197
콧대 720
큐렛치료 830
클로미드 340
클리핑 655

[타]

타진 48
탈감작요법 588
태동검사기록지 869
태변착색 484
태변흡입 551
태변흡입증후군 552
태아곤란증 431, 440
태아심박동 549
태아심음 436, 439
태아심음감소소견 555
태아 저산소증 429
태아전자감시장치 432
태아하강도 504

테놀민 372
통계적 인과관계 107
투베루쿨린검사 595
투약상의 주의의무 56
특별가중인자 872
T-tube 709

[파]
파라포름알데히드 752
패혈성 쇼크 592, 748
패혈증 604, 749
퍼고날 340
페노바비탈 488
페니라민 287
페니실린 768
PET 238
펜타스판 693
폐렴간균 750
폐부종 649
폐암 237
폐엽절제술 237
폐절제술 236
표현증명이론 722
풍선확장술 635
프로포폴 381, 407
핍뇨 697

[하]
하지단축 790
하지마비 565, 567
항결핵 약물 585
항고혈압제제 372
항문괄약근 손상 542
항문괄약근의 이완 550
항문열상 538
항바이러스제 269
항생제 796
항응고제 360
항진균제 269
항혈소판제 360
해열제 396
허탈 118
허혈성 뇌경색 647
허혈성 심질환 161
허혈성 장병변 212
헐떡 호흡 464
헤모글로빈(혈색소)수치 178
HCG검사 177
헤파린 344
혈관연축 647
혈관조영술 616
혈관파열 638
혈관확장제 376
혈심낭 124
혈압 측정법 373
혈액배양검사 788
혈액응고검사 357
혈전발생 628
혈전 색전 359
혈전용해제 343
혈행성 828
협착골반 434, 444
호흡부전 708
확장성형술 635
회음부절개술 538
회음부파열 538
횡행결장 부분절제설 769
후방추체간 유합술 571
흉강경하 폐생검술 236
흉곽천자 116
흉부천자술 769, 775
흉통 156
흡입 마취 62
흡입분만 504, 538

권 종 현(權宗鉉)

■ 약력

ㅇ 부산대학교 법과대학
ㅇ 고려대학교대학원 의료법학 전공
ㅇ 고려대학교 의사법학연구소 선임연구원
ㅇ 의료법률정보센터 부소장

■ 저서

『15년 의료사고에 숨은 이야기』

실전 의료사고 소송

2017. 6. 20. 제1판 1쇄 발행

저　자　권 종 현
펴낸이　백　　욱
펴낸곳　**육 법 사**
04039　서울특별시 마포구 홍익로5길 65
TEL (02) 332－1830・1831
FAX (02) 332－1836
http://www.yp1966.co.kr
등록연월일 1966. 8. 19. 1－300호

ISBN 978-89-7214-209-6 93360
정가 60,000원

저자와의
협의에 따라
검인 생략함